中立国スイスとナチズム
第二次大戦と歴史認識

独立専門家委員会 スイス=第二次大戦 第一部原編
黒澤隆文 編訳
川﨑亜紀子・尾崎麻弥子・穐山洋子 訳著

京都大学学術出版会

目　次

略語一覧　　　　　　　　　　　　　　　　　　　　　　　　　　　　iv
日本語版のための前書き　　　　　　　　　ジャン・フランソワ・ベルジエ　vii
第一部の底本と凡例　　　　　　　　　　　　　　　　　　　　　　　xi

第一部　ナチズム・第二次大戦とスイス　最終報告書

前書き………………………………………………………………………… 1

1 委員会設立の経緯と課題　　　　　　　　　　（黒澤隆文訳）　9

1.1 ナチス期のスイス　現在の問題として　9
1.2 研究対象，課題および方法　14
1.3 史料の保存状態と閲覧特権　25

2 国際情勢とスイス……………………………（黒澤隆文訳）　37

2.1 国際情勢　37
2.2 スイスの内政と経済　41
2.3 戦中戦後のスイス　66
2.4 戦争とその帰結　79
2.5 民族社会主義者による犯罪　87

3 難民と難民政策………………………………（川﨑亜紀子訳）　95

3.1 経過　95
3.2 認識と行動　107
3.3 関係者とその責任　115
3.4 費用負担　134
3.5 国境越えとスイス滞在　137
3.6 身代金と解放　144
3.7 文脈と比較　147

4 国際経済関係と資産取引……………………（黒澤隆文訳）　161

4.1 国際経済関係　161
4.2 兵器産業と軍需品輸出　181
4.3 電力　199
4.4 アルプス通過交通と運輸サービス　204

    4.5 金取引　214
    4.6 銀行システムと金融サービス　230
    4.7 ドイツにおけるスイス保険業　253
    4.8 スイスの製造業と在ドイツ子会社――戦略と経営　265
    4.9 戦時捕虜と強制労働者の使用　281
    4.10 「アーリア化」　290
    4.11 各種の文化財の流出・取引・略奪　314
    4.12 ドイツによるスイス国内でのカモフラージュ・回避工作　334

5 法とその運用……………………………………（川﨑亜紀子訳）　357
    5.1 公法　358
    5.2 私法　369

6 戦後における財産権の問題………………………（尾崎麻弥子訳）　385
    6.1 補償に関する諸概念とその前提　385
    6.2 スイスにおける返還の要求　交渉と立法の取り組み　394
    6.3 銀行部門，休眠資産と返還阻害要因　405
    6.4 保険業における返還問題　419
    6.5 略奪された有価証券の返還問題　427
    6.6 略奪された文化財の返還問題　432
    6.7 カモフラージュ工作と返還要求　440
    6.8 結論　445

7 結論：研究成果と未解明の問題……………………（尾崎麻弥子訳）　455

第二部　スイスの近現代史と歴史認識

はしがき………………………………………………………………………489

1 多国籍企業・小国経済にとってのナチズムと第二次大戦
　……………………………………………………………黒澤隆文　491

2 スイス・フランス国境地域と第二次大戦………………尾崎麻弥子　579

3 スイスのユダヤ人解放をめぐって
　――アルザスユダヤ人との関係を中心に…………………川﨑亜紀子　593

4 スイスの外国人政策
　——19世紀末から「外国人の滞在と定住に関する連邦法（1931年）」成立まで
　……………………………………………………………… 穐山洋子　603

5 スイスの「過去の克服」と独立専門家委員会……………… 穐山洋子　623

第一部付録　　　　　　　　　　　　　　　　　　　651
日本語版付録　　　　　　　　　　　　　　　　　　690
編者あとがき　　　　　　　　　　　　　　　　　　702
索引　　　　　　　　　　　　　　　　　　　　　　711

略語一覧

独語版の略語一覧を基本に，英語・仏語の原語を示す必要性が高い略語を，英語版・仏語版略語一覧から部分的に追加した。ただし，本文中で略語を使わず訳出・補足したもの，企業・団体名等で本文・索引等で原語を示したものについては，原註出典表記等での引用の有無を基準に，適宜省略した。

ADAP	Akten zur Deutschen Auswärtigen Politik
AF	Archives fédérales
AfZ	Archiv für Zeitgeschichte
AHN	Archives Historiques Nestlé
Akz.	Aktenzeichen
Art.	Artikel / article
AS	Amtliche Sammlung
AS/FF	Amtliche Sammlung / Feuille fédérale
ATF	Arrêt du Tribunal fédérale
AVP RF	Archiv der Aussenpolitik der Russischen Föderation
BA–MA	Deutsches Bundesarchiv-Militärarchiv
BAR/AF	Bundesarchiv Bern / Archives fédérales
BArch	Bundesarchiv Berlin
BBl	Bundesblatt
BBl/FF	Bundesblatt / Feuille fédérale
Bd. /Bde.	Band/Bände
BDC	Berlin Document Center
BGE	Bundesgerichtsentscheid
Bger	Bundesgericht, Lausanne
BGHZ	Bundesgerichthof, Entscheidnugen in Zivilsachen
BR	Bundesrat
BRB	Bundesratbeschluss
BV	Bunesverfassung
CFB	Commission fédérale des banques / Eidgenössiche Bankenkommission
CSG	Credit Suiss Group
DDS	Diplomatische Dokumente der Schweiz / Documents Diplomatiques Suisses
EAZD	Eidgenössiches Amt für Zivilstanddienst
EBK	Eidgenössische Bankenkommission / Commission fédérale des banques
Ed.	Edité par
EDI	Eidgenössiches Departement des Innern
EFV	Eidgenössische Finanzverwaltung
EFYD	Eidgenössische Finanz- und Zolldepartement
EIBA	Eidgenössische Bank

Eidg.	Eidgenössich
EJPD	Eidgenössiches Justiz- und Polizeidepartement
EMD	Eidgenössiche Militärdepartment
EPD	Eidgenössiche Politisches Departement
EVA	Eidgenössiche Versicherungsamt
FF	Feuille fédérale
FO	Foreign Office
FRUS	Foreign Relations of the United States
+ GF +	Georg Fischer AG
GLA	Generallandesarchiv, Badisches (Karlsruhe)
IB	Institutioneller Bestand
ICEP	Independent Committee of Eminent Persons ("Volker-Committee")
ICHEIC	International Commission on Holocaust Era Insurance Claims ("Eagleburger-Commission")
JRSO	Jewish Restitution Successor Organization
KHVS	Kunsthandelsverband der Schweiz
KTA	Kriegstechnische Abteilung
MAK	Maggi-Archiv Kemptthal
MAS	Maggi-Archiv Singen
MF	Mikrofilm
NARA	National Archives and Records Administration
NL	Nachlass
OKW	Oberkommando der Wehrmacht
PA/AA	Politisches Archiv der Auswärtigen Amtes
PCI	Pabianicer Aktiengesellschaft für Chemische Industrie
RWM	Reichswirtschaftsministerium
RWWA	Rheinische-Westfälisches Wirtschaftsarchiv
SB	Schweizer Börse
SBB	Schweizerische Bundesbahn
SBG	Schweizerische Bankgesellschaft
SBV	Schweizerischer Bankverein
SBVg	Schweizerische Bankiervereinigung
SEK	Schweizerischer Evangelischer Kirchenbund
SHEK	Schweizerisches Hilfswerk für Emigrantenkinder
SHIV	Schweizerischer Handels- und Industrieverein
SIG	Schweizerische Industrie-Gesellschaft
SIG	Schweizerischer Israelitischer Gemeindebund
SIK	Schweizerisches Institut für Kunstwissenschaft

SKA	Schweizerische Kreditanstalt
SNB	Schweizerische Nationalbank
SP(S)	Sozialdemokratische Partei (der Schweiz)
SR	Systematische Rechtssammlung (Systematische Sammlung des Bundesrechts)
SS	Schutzstaffel der NSDAP
StaF	Staatsarchiv Freiburg im Breisgau
SVB	Schweizerische Volksbank
SVSt	Schweizerische Verrechnungsstelle
SVV	Schweizerischer Versicherungsverband
SWA	Schweizerisches Wirtschaftsarchiv
SZF	Schweizerische Zentralstelle für Flüchtlingshilfe
UBS–SBG	UBS –Schweizerische Bankgesellschaft
UBS–SBV	UBS –Schweizerischer Bankverein
UEK	Unabhängige Expertenkommission Schweiz – Zweiter Weltkrieg
UFA	Universum–Film–Aktiengesellschaft
UNRRA	United Nations Relief and Rehabilitation Administration
URO	United Restitution Organization
VR	Verwaltungsrat
VSIA	Verband Schweizerischer Israelitischer Armenpflegen
VSJF	Verband Schweizerischer Jüdischer Fürsorgen
VSM	Verein Schweizerischen Maschinen–Industriellen
WJC	World Jewish Congress
WO	Werkzeugmaschinenfabrik Oerlikon
ZGB	Zivilgesetzbuch
ZKB	Zürcher Kantonalbank
ZL	Zentralleitung für Heime und Lager

日本語版のための前書き

　本報告書が日本で公刊されることは，私にとって大変名誉であり，また喜びでもあります。この報告書は，第二次大戦中のスイスの役割や行動に関して，1996年から2001年の5年間になされた膨大な調査の結論を総括したものです。人々の記憶と歴史を取り扱うこの重大な任務は，歴史家と法律家，スイス人と外国人の9名からなる，「独立専門家委員会」によって遂行されました。この委員会は，スイス連邦政府によって設けられ，強力な調査権限を与えられたうえで，スイスの内外で大きな論争となっていた一連の問題の全てに答えを出すよう求められたのです。いったいどのような事態のために，歴史像を示すことが俄かに必要となり，また，あいまいな過去を可能な限り明らかにしようとする試みが始められたのでしょうか。

　よく知られているように，戦争の全期間を通じて，スイスは中立を保つことに成功しました。スイスは攻撃を免れ，また自ら戦争に加わることもなく，戦争の恐怖を直接には体験しませんでした。スイスは，連邦制に基づく民主主義と，歴史の中でつちかってきた伝統的な価値を，ほとんど無傷なまま守り通したのです。もちろん，スイス人もまた不安を感じてはいました。それは，侵略されるのではないかという恐怖であり，自らの意志に反してヒトラーが唱える「新秩序」に組み込まれ，ナチスドイツの属国になるかもしれないという危惧であり，あるいはまた，食糧，燃料，原材料が不足することや，それによって工業部門の雇用が失われることへの不安でした。しかしながら，そうした不安のいずれも，現実のものにはなりませんでした。戦後，スイス人たちは，毅然とした抵抗の意志と，軍隊の勇敢さを称え，スイスを救った神の摂理に感謝しました。スイス人は，この苦難に充ちた数年間について，多分に理想化したイメージを創り上げ，それを守り続けたのです。

　とはいえ，こうしたほとんど奇跡といってもよい幸運が代償を伴っていたことを，私たちは知っていました。少なくとも，代償があるかもしれないと危惧していたのです。侵略を免れるため，食糧を得るため，また輸出をするため，あるいは，外国との不可欠な経済関係を維持するために，ナチスドイツやファシストのイタリアに対して，少なからぬ譲歩がなされたことは否定できません。1940年の夏以降，フランスは占領され，ドイツ，イタリアという二つの大国がスイスをすっかり取り囲むことになりました。しかし危機が過ぎ去ると，政府や経済団体は，この譲歩が後々もたらした結果に対して責任を負うことを拒み，これらが露見しないよう手を回したのです。そのため，スイス国内で預けられ，スイスに残されることになった資産，とりわけ，ナチスの絶滅収容所で虐殺されたユダヤ人たちの「休眠口座資産」の権利保有者への返還請求は，無視されたか，あるいは往々にして，拒絶されたのです。戦後数十年の間，幾人かの歴史家や

ジャーナリストが，戦時中のスイスで一部の人々がとった振る舞いや，疑惑に満ち，犯罪的とさえいえる行動に注意を促そうとしました。しかし彼等は，こうした推測を立証するための史料を利用することができませんでした。あるいはこれらの人々は，そもそも相手にされなかったか，左派イデオロギーの肩を持ったとして非難されたのです。しかし，私たちが後に気づいたように，たとえそれが不完全な真実にすぎなかったとしても，それらは，洞察力に富んだ見方であったのです。

それから後，1990年代半ばになって，スイスに対し，休眠口座の残金の払い戻しを要求するきわめて激しいキャンペーンが繰り広げられました。この運動は世界ユダヤ人会議を頂点とした国際的なユダヤ人団体によって組織されたもので，多かれ少なかれ，アメリカ合衆国，イギリス，イスラエルの政治家や政府の支援を受けていました。とりわけ非難の対象となったのは，何十億フランとも見積もられる未返還財産によって私腹を肥やしたとされた銀行でした。次いで，スイスの経済界が，ドイツの戦争遂行を支えたとして糾弾されました。さらには，スイスの民衆に対しても，ヒトラーとムッソリーニの言いなりになったとの非難が投げかけられました。スイスがドイツに協力したために戦争は長引き，そのために連合国側の多くの兵士や民間人が殺されたというのです。このような非難は，明らかに誇張されていました。しかしそれにもかかわらず，スイス人はこれによって衝撃を受け，戦後にはそれまで一度も経験したことのなかった政治的・道徳的危機に陥ったのです。こうした状況の下，連邦政府は，完全に独立した，しかも関連史料の利用において妨げられることのない調査が行われるべきことを決定したのです。1996年12月13日の連邦議会決議は，歴史研究の前に立ちはだかっていた銀行の守秘義務を取り除きました。これは，関係する全ての企業に対し，社内文書を委員会に無条件で開示する義務を課したのです。

この点からすると，危機を生み出し，調査のきっかけとなったのは，国際的な圧力であり，スイスにとっては馴染みのない，スイスに対して異様に厳しい国際世論でした。とはいえ，この調査が，スイス社会にあった潜在的な欲求に応えたものであったことも確かであります。冷戦の終結と新しい世代の登場によって，タブーを乗り越え，あまりにも善意の彩りで描かれてきた歴史像や，過去に由来し未来への道を塞いでいる神話を克服して，過去に関する新しい見方を示すことは可能であるばかりか，不可欠なことにもなっていたのです。飽くことなく繰り返し語られる薔薇色の伝説と，私たちが異論を唱えずにはいられない暗黒の伝説の間に，公平でバランスのとれた見方を提示することが，差し迫った課題となったのです。私たちの使命は一つの歴史像を破壊してもう一つの歴史像に置き換えることではありませんでした。そうではなく，歴史に微妙な陰影を与えること，当然のものとされてきた栄光の歴史の中に，それまで知られることのなかった影の部分を正しく位置づけること，これが私たちの使命であったのです。

私を長とするこの独立専門家委員会は，研究に取りかかり，約100人の研究者を採用しました。これらの人々は，政府や民間の，またスイス内外の，あらゆる種類の何万と

いう文書を吟味しました。委員会は，委嘱された任務に関わる全ての主題の各々について，大変詳細な研究書を公刊しました〔独立専門家委員会叢書各巻，巻末目録参照〕。本報告書〔本書第一部「ナチズム・第二次大戦とスイス――最終報告書」〕は，それら各巻の主要な結論を再録したものであり，2001年秋に，ほんの数週間で編集されたものです。したがって本報告書は，第二次大戦期のスイスの歴史一般を扱ったものではありません。むしろ本報告書は，国内政治，社会生活，政治的中立などに関する他の書物を踏まえて読まれるべきものであり，また，来るべき新しい研究の礎石となるものです。

　私たちの報告書は2002年3月に出版されましたが，それに対する反応は様々でした。国外においては，とりわけ歴史家の間や，あるいは5年前まではスイスに対してあれほどまでの敵意を示していた人々には，報告書は多くの敬意をもって受け入れられました。自らの行為を省みたスイスの勇気のみならず，研究の膨大さと質の高さが強調されました。そればかりではなく，研究がまだ進行中の段階，こうした形で出版される前においてさえも，私たちの活動は尊敬をもって迎えられていました。私は，歴史家や政治的指導者との会話の中で，このことを確認する多くの機会に恵まれたのです。こうした意味で，この研究の取り組み自体が，1995年から翌年にかけてのバッシングによって損なわれたスイスの名誉の回復に，少なからず貢献するものであったといえるでしょう。私が，消極的な姿勢をとった母国の政府に逆らって，本報告書の成果をできるかぎり広めるよう努め，また本報告書が信頼できるものであることを請け合ってきたのは，そのためなのです。実際，私が当初から明言していた独立性をめぐっては，私に任務を与えた政府との間で，小さな軋轢が絶えませんでした。

　しかしスイスにおいては，状況は異なっていました。報告書が完成した2002年には，調査の決議がなされた1996年の高揚感は，ほとんど残っていませんでした。1996年に，狼狽と情熱とが奇妙に混ざり合う中で行動した政治家たちは，時の経過とともに他の懸案に関心を移していました。政治家たちは寝た子を起こすこと，あるいは有権者たちをうんざりさせることを恐れていたように思われます。彼らは，かつて約束したはずの審議を拒否しました。しかしそれとは反対に，一般市民，とりわけ若者たちは大きな関心を寄せ，しかもそれは，冷静なものでした。委員会の報告書のみならず，一般読者向け（フランス語版），あるいは学校向け（ドイツ語版）に編集された要約版の売り上げも順調でした。大勢の人々が，スイス全土で催された講演会やシンポジウム，そして，私たちの研究成果のいくつかを解りやすく解説した巡回展へと押しかけました。それらは，非常に保守的な少数の人々から抗議を受けました（この抗議は2006年の今になっても続いています）。こうした人々は，自分の国の過去を無傷なまま守りたいと欲しており，そうした歴史像をほんの僅かでも修正することを拒絶しているのです。そのような人々は，信憑性を損なうような誤りを報告書の中に見つけることができなかったため，悪意に満ちた一連のパンフレットの中で，私たちが扱わなかったことがあるとして，―

—周知の事実であったためにあえて言及しなかったに過ぎないのですが——報告書をあげつらっています。それ以外の点では尊敬に値する人物——概して年配の人々——に，そのような知性の麻痺を見出すことは，大変残念なことです。これらの人々は影響力を持ち，活動的でもありましたが，大多数のスイス人は，彼らの見方には従いませんでした。

というのも，多くの人々には，過去の記憶に対する社会全体の義務と，その記憶が意味する歴史的な責任についての自覚があったからです。問題は裁くことではありません。歴史家は裁判官ではないのです。独立専門家委員会もまた，有罪判決を下したり，無罪放免にしたりする裁判所ではありません。行われたこと，また行われなかったこと，その双方について振り返り，責任を引き受けることこそが問題なのです。そして，理解しようと努めつつ，それらを知ることこそが大切なのです。

歴史的現実の復元という，スイスが成し遂げた試みは，参照すべき事例となったようです。多くの国が，よりささやかな意図に基づき，またあるいは，犠牲者への補償という，より具体的な目的をもって，私たちの試みとよく似た仕事に取り組みました。というのも，すべての国が，この「世界」大戦という劇的な歴史を共有しているからです。すべての国，ということは——私の考えでは——日本もまた，この責任の重い一端を負っています。偽ることも逃げることもせず，冷静かつ正直なまなざしで，歴史をみることが必要なのです。過去を知ることは，未来を照らすことです。そしてそれこそが，世界平和への大きな一歩なのです。

2006 年 11 月

ジャン=フランソワ・ベルジエ
「独立専門家委員会　スイス＝第二次大戦」委員長
（2009 年 10 月 29 日，77 歳にて死去）

第一部の底本と凡例

  底本について
1. 最終報告書は，ドイツ語・フランス語・イタリア語・英語の4つの言語で公刊されており，いずれが正本であるとも明記されていない。しかし，ドイツ語版以外の版では独語版からの翻訳である旨が明記され，翻訳者名が記載されている。そのため本書は，基本的には独語版を底本とした。
2. 上の原則にもかかわらず，フランス語・英語の文献や発言に基づく引用や，各言語固有の概念，仏・英・米等特定国に関わる事項については，それぞれ各言語版の表現から直接に訳出した。また適宜，独・仏・英語の原語を併記した。
3. 上記三言語の版相互の間で表現が大きく異なる箇所が少なくない。総じて，ドイツ語版と英語版の相違の多くは微妙な語義や修辞法の相違であるが，フランス語版では大胆な省略や言い換えが目立つ。歴史解釈上，各言語版相互の差違が無視しえない場合には，訳註を付した。

  表記原則など
1. 各章ごとの表記の不統一については，原文解釈に必要な限りで統一した。
2. 原文での丸括弧（　）と，挿入句を示す罫線──は，原則としてそのまま丸括弧（　）および罫線──に置き換えた。ただし，各国語版で相違がある場合や，文法・語法上困難な場合，また日本語として不自然となる場合は，この限りではない。
3. 原文での二重括弧《　》は，「　」とした。
4. 重要な固有名詞については，索引に原語を併記した。また，スイスに関する組織名等を中心に，初出箇所に鍵括弧［　］で原語を併記した。その他の語についても，解釈上，原語を示す意味が大きい表現については，①カタカナでルビを振る（抽象的な名詞・動詞，原文イタリックの表現等），②鍵括弧［　］内に原語を併記する等の方法によった。原語は，原則としてドイツ語／フランス語の順とした。二言語の併記が不要な場合はその限りではなく，また必要に応じて英語も加えた。
5. 各版では，引用される文献の言語の表記原則ではなく，引用する側の言語の原則に基づいて引用関連の表記がなされている。これに倣い，引用表記は，固有名詞部分ならびに日本語に置き換えると検索が困難となる場合を除き，日本語で行った（例：ページ表記では，p. あるいは S. ではなく「頁」等）。また日本語には子音「v」の音素がないことに鑑み，原則として「ヴ」の表記は地名・人名等の固有名詞にとどめた。
6. 原文でのイタリック体は，①外国語・法諺等の原語表記，②固有名詞等，③その他である。①，②については必要に応じて上記4に準じて表記し，③については必要に応じて括弧「　」あるいは二重括弧『　』を用いた。
7. 原註は，章末註とし，（　）内に番号を算用数字で示した。
8. 訳者による文中での補足・短い訳註は，〔　〕で示した。その他，スイス史固有の概念を中心に，訳註を脚註として付した（★記号を使用）。
9. 原文の固有名詞に対する略号など，各国語版で扱いに著しい相違があるものについては，読者の便宜を考慮して統一・補足を行った。
10. Nationalsozialismus の訳語としては「民族社会主義」を用い（「国民社会主義」としない理由については「あとがき」を参照），日本語として違和感が残る場合には「ナチス」の語をあてた。また原文ではいくつかの章で「NS」「Nazi」の語が好んで

用いられているが，これには基本的に「ナチス」の語を，また個々人としての民族社会主義者には「ナチ」の語をあてた。
11. 訳註内の参照文献は第二部のそれとともに巻末「日本語版付録」にまとめた。

第一部

ナチズム・第二次大戦とスイス
最終報告書

独立専門家委員会　スイス＝第二次大戦［編］
黒澤隆文・尾崎麻弥子・川﨑亜紀子［訳］

Unabhängige Expertenkommission Schweiz - Zweiter Weltkrieg
Die Schweiz, der Nationalsozialismus und der Zweite Weltkrieg
Schlussbericht
©Pendo Verlag GmbH, Zürich 2002
ISBN 3-85842-601-6

Commissison Indépendante d'Experts Suisse - Seconde Guerre Mondiale
La Suisse, le national-socialisme et la Seconde Guerre mondiale
Rapport final
©Pendo Verlag GmbH, Zürich 2002
ISBN 3-85842-602-4

Rapporto finale della Commissione Indipendente d'Esperti Svizzera - Seconda Guerra Mondiale
La Svizzera, il nazionalsocialismo e la Seconda Guerra Mondiale
Rapporto finale
©Pendo Verlag GmbH, Zürich 2002
ISBN 3-85842-604-0
©Armando Dadò editore, Locarno 2002
ISBN 88-8281-094-1

Independent Commission of Experts Switzerland - Second World War
Switzerland, National Socialism and the Second World War
Final Report
©Pendo Verlag GmbH, Zürich 2002
ISBN 3-85842-603-2

前書き

　本書は，ドイツで民族社会主義〔＝ナチズム［Nationalsozialismus］──「編者あとがき」参照〕が支配していた時代，また一般に，第二次大戦期のスイスに焦点を当てる。同時に，こうした過去が戦後どのように扱われたのかについても，歴史研究の対象とする。それにより本書は，今日的な問題でもある重要な論点を扱うことになる。というのも，この時代の歴史は，目下進行中の論争やそれに関する決定，さらには将来についての見方にも，影響を及ぼしているからである。

　本書では，480 頁にわたって，「独立専門家委員会──スイスと第二次大戦」（Die Unabhängige Expertenkommission Schweiz—Zweiter Weltkrieg, UEK / La Commission Indépendante d'Experts: Suisse—Seconde Guerre Mondiale, CIE）〔以下日本語版では，「独立専門家委員会」と略記〕が，その 5 年間の存続期間に達成した研究成果が総括されており，またそれが国際的な文脈で位置づけられている。1996 年末の独立専門家委員会の設立に先立つ数ヵ月間，スイス国立銀行〔中央銀行〕とナチス支配下にあるドイツとの間の金取引と，スイスの銀行が保有する休眠資産に関する論争が，予想外に先鋭化していた。国外からの批判が高まる中で，当時の議会と連邦内閣は，戦後決して絶えることのなかったこれらの非難に関して，抜本的な調査を行うことを決定した。独立専門家委員会が設立され，論争の的となっていた歴史的経緯と犯罪の実態についての歴史研究が，この委員会に委嘱されたのである。連邦議会の両院，すなわち全州院と国民院の双方において全会一致で採択された 1996 年 12 月 13 日の連邦議会決議は★1，その第一条である「対象」の項目において，委員会の任務を下記のように規定していた。「銀行・保険会社・弁護士・公証人・信託業者・資産運用会社・あるいはその他の，スイスに居所もしくは本拠を持つ自然人・法人・各種団体によって取得され，あるいは，安全の確保・投資・第三者への転送のためにこれらに委ねられた全ての財産，さらには，スイス国立銀行が受け入れたあらゆる種類の財産に関して，その規模と命運についての調査を行う」1)。

　このような委員会の設置は前例のない試みであった。国内政治と外交の双方で危機的な状況が続く中で，1996 年★2の春以降，この委員会の他にもいくつかの対応がなされていた。まず 5 月 2 日に，「理解のための覚書」が交わされ，これを基に，「独立有識者委員会」（ICEP，委員長の名を冠してヴォルカー委員会と通称される）に対して調査が

★1 連邦議会決議（Bundesbeschluss / arrêté fédéral）とは，成文法の制定行為ではない点では連邦法（Bundesgesetz, BG）とは明確に区別されるが，法的拘束力を有し，選択的（機能的）レファレンダムの対象にもなる。国際条約の批准なども，この連邦議会決議として行われる。
★2 英語版では 1997 年とあるが誤記である。

委嘱された。秋には，銀行，製造業の諸企業，スイス国立銀行が資金を提供して，「困窮するホロコースト／ショアー犠牲者のためのスイス基金」が設立された。翌1997年の3月5日には，当時の連邦大統領，アルノルト・コラーが，「スイス連帯基金」の設立を表明した。ただし，この最後の基金の実現は，本報告書の出版時点〔2001年末〕においてはなお不確実である★3。

　過去に関わる諸問題を克服し，また現在と未来を志向した革新的な構想を打ち出すために，スイスが勇気ある行動を迫られているのだという認識は，なによりも独立専門家委員会の設立に関する連邦決議に表れている。強制的な閲覧権を定めたこの議会決議は，決定的な一歩であった。というのも，銀行業，保険業，製造業など民間企業の文書や，個人が所蔵する文書は，それまでは歴史研究に対してほとんど閉ざされてきたからである。これに類するような公権力による私権への介入は，1945年から翌年にかけて連合国の圧力の下で行われたドイツ資産の差し押さえと登録，略奪財産の返還以来，絶えてなかったことであった。銀行の守秘義務や，文書の利用に関連するその他の法規も，委員会とその参加者の活動を妨げないとされた。疑惑の対象時期に業務を行っていた全てのスイス企業は，独立専門家委員会の調査に関連する書類の処分を禁じられた。そのかわり，研究プロジェクトに従事する者の全てに，公職従事者の守秘義務その他関連の守秘義務が課せられた。また透明性を確保するために，政府は，委員会の調査結果全体を出版する義務を負うことになった2)。この決定によって，政治的圧力に屈せずに自らの判断で自由に研究を行うことが容易になった。

　1996年12月19日の連邦内閣の閣議決定によって，委員会を構成する委員が決定された★4。ヴワディスワフ・バルトシェフスキ，サウル・フリートランダー，ハロル

★3 この構想は，スイス国立銀行が所有する余剰準備金の売却益を原資として，「スイス連帯基金」(Stiftung solidarische Schweiz / Fondation Suisse solidaire) を設け，今日の戦争・国際紛争・自然災害の被害者への援助を行うというものであった。その後，連邦議会で長い審議が行われるなか，連帯基金を設立するか否かという問題ではなく，スイス国立銀行が保有する余剰準備金をどのように利用するのかという問題に移行した。国民党が提出したイニシアティブ「余剰金を年金基金へ」は，スイス国立銀行が所有する金約1300トン分の余剰金の売却益約190億フラン（当時）を全額年金基金へ投入する案であった。連邦内閣および連邦議会はこのイニシアティブを受け入れず，反対案として，「年金・州・基金のための資金」を提出した。これは，スイス国立銀行の保有する余剰金は特別財源として次世代に持ち越し，その利子を3分の1ずつ，年金基金，州，連帯基金に配分する案であった。両案は2002年9月に国民投票にかけられたが，いずれも否決された。このように，「スイス連帯基金」は，スイスが世界中の非難を浴びているさなかに提案され，スイスの世界的な名誉回復の意図を込めた構想であったが，結局，日の目をみることはなかったのである。Maissen, Thomas [2005]，307-313頁，ならびに連邦政府の下記の関連 URL を参照。http://www.efd.admin.ch/dokumentation/gesetzgebung/00573/00868/

★4 以下，委員の略歴等を略記する。http://www.uek.ch/de/index.htm の委員会メンバーに関する情報に基づき，適宜情報を補足した。

　ジャン＝フランソワ・ベルジエ（委員長。氏名綴りは巻末索引参照。以下同様）。1931年ローザンヌ生まれ。スイス国籍。ローザンヌ，ミュンヘン，パリ，オックスフォードに学ぶ。ジュネーヴ大学教授（経済史），チューリヒ連邦工科大学教授（歴史学）を歴任。国際経済史会議 (IEHC) 名誉理事。スイスを中心にヨーロッパ中世・近世史，経済史を専攻。(*Historische Lexikon der Schweiz / Dictionnaire historique de la Suisse* (http://hls-dhs-dss.ch) 等による)

　ヴワディスワフ・バルトシェフスキ。1922年ワルシャワ生まれ。ポーランド国籍。1940年

ド・ジェイムズ，ゲオルク・クライス，シビル・ミルトン，ジャック・ピカール，ヤー

から翌年にかけ，カトリックの政治犯としてアウシュヴィッツに8ヵ月間収容されたが釈放され，後にはワルシャワ蜂起に加わり，ここでも生き延びた。戦後はスターリン主義の犠牲となり6年半にわたり政治犯として勾留された。釈放後，編集者として連帯運動の思想的支柱となる。ポーランド（ルブリン大学，現代史），ドイツ（ミュンヘン大学他，政治学）で教授職を務める。1991年，イスラエル名誉市民，1990-94年，駐オーストリア・ポーランド大使，1995年，ポーランド外務大臣，1997年より，ポーランド上院議員。http://wladyslawbartoszewski.blox.pl/html，『現代外国人名録 2008』日外アソシエーツ 2008, 830頁，および，独立専門家委員会事務局マルク・ペルヌ氏提供の情報にもよる。

サウル・フリートレンダー。1932年，ドイツ語を話すプラハのユダヤ人家庭に生まれる。ナチス占領下の南仏で，カトリックの寄宿舎学校に隠れて生き延び，この間にカトリックに改宗。両親はスイスへの亡命を図るがヴィシー政府に捕らえられ，ドイツに引き渡されてアウシュヴィッツで虐殺された。戦後，14歳でシオニストとなり，16歳でイスラエル独立戦争に従軍。1963年，ジュネーヴ大学で博士号を取得，ピウス12世の研究等，ナチス史関連研究で著名。1980年代には左派に転じ，1997年，ユダヤ人迫害を日常史の観点から描いた *Nazi Germany and the Jews* を公刊。カルフォルニア州立大学ロサンゼルス校教授，テルアヴィヴ大学教授。2008年，*The Years of Extermination: Nazi Germany and the Jews, 1939-1945.* でピュリッツァー賞を受賞。(http://sc.tagesanzeiger.ch/dyn/news/vermischtes/761822.html その他の関連報道も参照)

ハロルド・ジェイムズ。1956年，英国生まれ。英国国籍。ドイツ現代史を専攻，ケンブリッジ大学で1982年博士号を取得，1986年よりプリンストン大学教授。大恐慌期のドイツや，ドイツの国民的アイデンティティの変遷に関する研究，国際金融史の研究者として知られ，*The Deutsche Bank And the Nazi Economic War Against the Jews: The Expropriation of Jewish-Owned Property* 等の業績がある。ドイツ銀行が資料公開に先立って公刊した社史（*The Deutsche Bank, 1870-1995*）のナチス期の部分も担当した。

ゲオルク・クライス。スイス国籍。1943年バーゼル生まれ。バーゼル大学卒，バーゼル大学現代史教授。国際関係，国民統合史を研究。1995年の創設以来，「人種主義に反対する連邦委員会」（スイス連邦内務省傘下の議会外委員会）委員長。スイスの中立政策や，国民意識の変遷に関する著作多数。(http://histsem.unibas.ch/seminar/personen/person-details/profil/person/kreis/ も参照)

シビル・ミルトン。1941年生まれ。米国国籍。コロンビア大学，スタンフォード大学に学び，1971年，現代史の分野で博士号取得。スタンフォード大学でドイツ史を講じた後，1974-84年，ニューヨークのレオ・ベック研究所（ドイツ語圏のユダヤ人の歴史文化保存研究機関）文書館長となり，また1987-97年，ワシントンDCにあるアメリカ合衆国ホロコースト記念博物館の顧問を務める。ホロコースト関係の出版多数。独立専門家委員会副委員長在職中の2000年10月に死去。(http://query.nytimes.com の関連URL記載の訃報記事他も参照)

ジャック・ピカール。1952年，バーゼル生まれ。スイス国籍。ベルン大学，フリブール大学で歴史を専攻。ナチス期のスイス・ユダヤ人問題に関する論文で博士号取得。ベルン高等専門学校講師。2001年よりバーゼル大学教授，ユダヤ人研究センター長。ナチス覇権期におけるスイスの中立や，難民の資産とその返還に関する著作などがある。(http://jewishstudies.unibas.ch/institut/personen/profil/portrait/person/picard/ も参照)

ヤーコプ・タンナー。1950年，ルツェルンに生まれ。スイス国籍。チューリヒ大学で学び，1997年以降，チューリヒ大学教授。専攻はスイス社会経済史。第二次大戦期スイスの財政構造に関する論文で博士号を取得，国際経済関係史，工業化史，社会史，歴史人類学等で著作多数。(http://www.fsw.uzh.ch の関連URLも参照)

ジョセフ・ヴォアヤム。1923年，ジュラ生まれ。スイス国籍。ベルン大学で法学を修め弁護士資格を取得，カントン・ベルン高等裁判所判事，ジュネーヴの世界知的所有権機関（WIPO）事務総長，ローザンヌの連邦裁判所判事，連邦知的財産局長，連邦司法警察省司法局長（司法次官）などを歴任，またローザンヌ大学で教鞭をとる。(Schweizer Lexikon, Band12, Visp 1999, 102-103頁も参照)

ダニエル・テューラー。1945年ザンクト・ガレン生まれ。スイス国籍。チューリヒ大学，ケンブリッジ大学で法学を専攻。マックスプランク研究所（独），ハーヴァード大学ロースクール研究員等を経て，1983年，チューリヒ大学教授。国際法，ヨーロッパ法，憲法，行政法を専攻。1992年，赤十字国際委員会委員。その他法学関係の各種団体で要職を歴任。(http://www.ivr.uzh.ch/lstthuerer/thuerer/Lebenslauf.pdf も参照)

ヘレン・B・ユンツ。米国国籍。オランダ，アメリカ合衆国で学ぶ。1962-79年，FRB理事，財務省経済諮問委員会委員他，アメリカ政府で要職を歴任。1982-94年，IMFに勤務。これらの職の前後には，民間企業でも勤務。独立有識者委員会（ヴォルカー委員会）の委託研究にも参加。1999年から翌年にかけ，「アメリカ合衆国におけるホロコースト期資産に関する大統領諮問委員会」調査委員長。(http://jcpa.org/JCPAの関連URL他も参照)

コプ・タンナー，ジョセフ・ヴォアヤム，委員長のジャン＝フランソワ・ベルジエからなる9名である。その後委員会は，政府からの独立の下で歴史学的・法的調査を実行に移すべく研究プロジェクトの具体化にとりかかった3)。リヌス・フォン＝カステルムールが事務局長に就任した。2000年の初め，ジョセフ・ヴォアヤムに代わって，行政法・憲法・国際法の専門家であるダニエル・テューラーが委員に就任した。ヴウァディスワフ・バルトシェフスキは2000年6月にポーランドの外務大臣に任命された。彼はその後も委員としてとどまったが，しかし研究組織者としての積極的な活動は不可能になった。2000年秋，シビル・ミルトンが死去した。委員会は，学術的に大変優れた，魅力に溢れた人物を失ったことになる。2001年には，連邦内閣はその後任として，経済学者であるヘレン・ユンツを任命した。2001年4月，ミルタ・ヴェルティがリヌス・フォン＝カステルムールの後任として事務局長に就任した。すでに1996年の時点で，連邦政府は，委員会の研究課題を議会決議よりも詳しく規定していた。1933年から1945年の時期のスイスの役割に関する問題に，経済的取引関係，軍需品生産，「アーリア化」，通貨システム，それに難民政策といった微妙な主題を加えることを表明したのである。これは論理の必然的な帰結といえよう。委員会はさらに研究対象を広げ，ドイツあるいはナチス支配地域に立地するスイス企業による強制労働という，新たに関心が高まっていた問題にも取り組むことにした。委員会に与えられた任務には，戦後の問題，とりわけ財産返還，所有権の取り扱い，またより一般的に，過去と記憶をどう扱うのかという問題についての研究が，明示的に含まれていた。

　1997年春，議会は，独立専門家委員会の要請を受けて，当初500万フランとされた予算を増額することとし，2200万フラン★5をこのプロジェクトに充てることを約束した。この資金をもって，ジャック・ピカールの指揮のもと，研究組織が編成され，研究の計画が作成された4)。複数のチームが，ベルンとチューリヒで公文書館史料や民間企業の史料の評価と選別にあたった。同時に委員会は幾人かの専門家に専門的な主題に関する研究を委嘱した。その一人であるマルク・ペルノーは，委員会傘下のいくつかのプロジェクトに対して学問的な助言を行い，またベネディクト・ハウザーは，民間所蔵文書の調査の調整にあたった。研究チームはまた，ドイツやアメリカ合衆国，それにその他の諸国でも史料調査を行った。イタリア，イスラエル，オーストリア，ポーランド，ロシアでは，何人かの研究者が委嘱を受けて調査にあたった〔フランス，イギリス，オランダにおいてもより詳細な調査がなされた──仏語版〕。最も集中的に作業がなされた2年間には，40名を超える研究者が，他の職務との兼業であるとはいえ，スイス内外の文書館で同時期に史料収集にあたっていたのである（第一部付録　被委嘱者名簿参照）。

　1998年，独立専門家委員会は，連邦内閣の要請に応えて，スイスの民間銀行ならびにスイス国立銀行が「第三帝国」との間で行った金取引に関する中間報告を公表した。

★5 当時の為替相場で約17億円に相当する。

その一年後，ナチス期の難民についての報告書がそれに続いた。これと並行して，七つのチームが，議会からの委嘱内容にとって重要な各分野，すなわち，1933年から1945年の時期の，銀行業，保険業，製造業，対外経済関係，および，有価証券・文化財を含む財産取引とこれら財産の返還について，調査を行った。歴史上の事件についての法的な判断の基礎は，法学的見地に基づく一連の意見書によって築かれた。2000年の夏以降，史実の検証作業——これは常に補償に関わる問題を含んでいたが——に成果が出始めた。2000年の年初には，「科学的プロジェクト・マネジメント」チームが設けられ，シュテファン・カーレン，マーティン・マイヤー，グレゴール・シュプーラー（2001年3月まで），ベティーナ・ツォイギン（2001年2月以降）がそのメンバーとなった。そしてこのチームの下で，25巻の研究書（6巻は比較的短い。また法律専門家による11の意見書をまとめた2冊の報告書を含む）が作成された。独立専門家委員会事務局（レギーナ・マティス，エステレ・ブランク）の尽力で，これらの文献は，2001年8月以降，研究書専門出版社であるクロノス・フェアラーク社から出版された（本書巻末，第一部付録，独立専門家委員会叢書一覧を参照）。

　本報告書は，この一連の研究によって明らかになった事実を相互に関連づけ，集大成したものであり，委員会の委員によって執筆された。また，委員会からの委託により，委員との協働作業を踏まえて，ペーター・フーク（4.2），クリスチャン・ルーフ（4.9），グレゴール・シュプーラー（4.10），フランク・ハルデマン（5）らも執筆陣に加わった。編集はマリオ・ケーニッヒが担当し，ベティーナ・ツォイギンが調整にあたった。報告書は全体で7章からなる。1章と2章は研究プロジェクトに関する紹介であり，研究の課題を設定し，さらに歴史的背景について概説する。3章から6章は研究成果の総括に充てられている。7章では，冒頭で設定した問題に対する結論を示し，また現代スイス史における中心的な問題点に焦点を当てる。総括報告書としての性格のために，本書には若干の文体の相違がある。しかし独立専門家委員会は，これまでの研究の成果でありすでに公開されている結果を単に要約し，これを独立の作品として描写するのではなく，統一的な歴史観のもとでこれらの研究を統合し，比較の観点に基づく解釈を提示するよう試みた。こうした目的のために執筆されたのが1章と2章である。中立国たるスイスは，国際的なシステムの一構成要素であったのであり，多くの点で，ヨーロッパの「普通の国」の一つであった。しかしいくつかの点では，スイスが持つ独自性のために，「特殊な事例」［Sonderfall］でもあったことは，指摘されねばならない。すでにスイス史について基礎知識を持ち，独立専門家委員会の調査内容に焦点を絞りたい読者は，これらを読み飛ばして，直接3章から6章を読んでもよいだろう。3章から6章では，個々の主題ごとに研究の成果が要約されており，本全体をあちこち探し回らないですむように叙述がされている。最後の7章においては，スイスの歴史像やスイス史についての解釈において，本研究の結論が如何なる意味を持つのかが，示される。またそれに関連して，独立専門家委員会の研究プロジェクトの限界についても検討されてい

る。

　複雑な研究課題に取り組むにあたって支援を惜しまなかった多くの人々に，この場を借りて謝意を表したい。まず，民間企業の文書館で働く専門職員たちに御礼申し上げる。独立専門家委員会のメンバーは，重要な文書が保管されている数百の書庫について状況を把握するにあたって，多くの企業の協力に支えられた。内外の公文書館においてもまた，献身的な支援を得た。また我々は，助言や情報を提供し，またインタビューに応じるなどして，1930年代・40年代に関する知見を提供し，我々を支えてくれた多くの人々に感謝を捧げたい。また，我々に与えられた任務を果たすためには，法学的観点からの意見書は不可欠であった。それらの専門家による鑑定の内容は，報告書の一部として公刊されたのみならず，我々の歴史的解釈の一部にもなっている。また最後になるが，最大の感謝を，プロジェクトに参加した多数の研究者と，事務局とに捧げたい。これらの人々は，5年間の長きにわたり，時には困難を極めた状況と，移ろいやすい雰囲気の中にあって，その情熱と能力とによって独立専門家委員会の研究プロジェクトを支えてくれた。委員会がその任務を成功裏に果たすことができたのは，彼らの不撓不屈の努力によるものである。それによって生まれた刺激に満ちた雰囲気のお陰で，このプロジェクトは，委員会のメンバーにとっても，非常に実り多い経験となったのである。

---

1) 法律の条文はすべて，http://www.uek.ch/ に掲載されている。1996年12月13日付，「民族社会主義の支配に起因してスイスにもたらされた資産の命運に関する歴史的・法律的な調査に関する連邦決議」。AS/FF 1996, 3487. これは2001年12月31日まで有効な時限立法である。
2) 連邦決議第7条の条文は以下の通り。「連邦内閣は調査結果を完全に公開する」。唯一の例外として，人格権に対する配慮から，個人情報は匿名化されることになった。法律の第二項は以下のように明示している。「調査結果の公表に際し，個人情報に関しては，存命の個人の利益の保護のために必要な場合には，匿名とする」。
3) 1996年12月19日，「独立専門家委員会設立に関する連邦内閣決議」http://www.uek.ch/ を参照。
4) この研究計画は，以下の文献に手短に纏められている。Sarasin, Philipp / Wecker, Regina [1998], 169–181頁。

1 委員会設立の経緯と課題

　ナチズム（民族社会主義）と第二次大戦の時代を回顧するということは、これからも難しい問題であり続けるであろう。ホロコーストという惨事を前にしては、我々の文化に刻まれた記憶に終止符を打つことなどできない。アウシュヴィッツ＝ビルケナウ、ソビブル、ヘウムノ、ベウジェッツ、マイダネク、トレブリンカの絶滅収容所に「没した」（プリーモ・レーヴィ）★1人々、すなわち、ユダヤ人、ロマ、シンティ、その他、政治的・宗教的・「人種的」理由で迫害を受けた人々は、ヨーロッパやその他の世界の歴史の中で語り継がれるのみならず、それらのマイノリティや政治集団のアイデンティティの一部として、生き続けているのである。

　戦争終結後、多くの人々が、この途方もない大量犯罪に戦慄し、ヨーロッパの偉大な文化国家の一つでなぜそうしたことが起こりえたのかを問題にした。それに対して、迫害の犠牲者やその財産に対する自らの行為については、深く問われることはあまりなかった。研究や論争で新たな側面が取り上げられるようになってからも、しばらくの間は、没収され、奪われ、あるいはホロコーストの結果として行き場を失った財産（これは後に、「ホロコースト期財産」として知られるようになる）がどのように扱われたのかについては、あまり関心が寄せられなかった。ようやく20世紀の末になって、これら財産の取引やその他の状況を明らかにするために、ナチス支配体制の犠牲者の財産がその時々でどう扱われたか、略奪財産の返還、民間企業や当局の責任について、歴史学的な調査の機運が高まった。これはすでに、25の国において着手されている。

1.1　ナチス期のスイス　現在の問題として

　今日スイスは、これまで支配的であった歴史像には全く反映されてこなかった過去の問題に直面している。歴史に由来するこの問題は、スイスの進路という難問と不可分である。これはいかなるわけであろうか。

★1 プリーモ・レーヴィ（1919-1987）。トリノ生まれの作家・化学者。1944年から1949年までアウシュヴィッツに収容されたが生還した。邦訳書に、竹山博英訳『アウシュヴィッツは終わらない——あるイタリア人生存者の考察』（朝日新聞社、1980年刊）がある。

場外の傍観者としての「中立的小国」

スイスは戦後、はるか過去に遡る国民的な自己認識の延長で、自らを、中立を守った小国、抵抗の意志と賢明な政策によって 1939 年から 1945 年の間、戦争に巻き込まれなかった国とみなしてきた。事実スイスは、民族社会主義の勢力圏の真っただ中に位置したにもかかわらず、占領されることなく、法治主義・民主主義・連邦主義に基づく自立的な国家体制を守り通した。ラウル・ヒルバーグが明言したように1)、「台風の目」に位置したスイスは、「傍観者」であったのであり、物質的破壊のみならず、倫理的な荒廃をも免れたのである。1940 年夏から 1944 年秋までの数年間、枢軸国に完全に包囲されたスイスは、人種イデオロギーに脅かされ、またドイツの「生存圏」へのナチスによる攻撃的な拡張によって、侵略の脅威に曝された。そのためスイスは、「籠城陣地」［Reduitstellung / réduit national2)］に立て籠もり、不確実な未来に備えねばならなかった。ドイツとの経済交渉にスイス代表団の中心的メンバーとして加わったロベルト・コーリ参事官は、1943 年 10 月 13 日に、ロンドンへと発つ使節団を前にして、下記のように表明した。「すべての政策の狙いは、――時間稼ぎにある」3)。戦争終結の数日前、1945 年 5 月 4 日、コーリとともに経済交渉使節団に加わっていたハインリヒ・ホムベルガーは★2、スイス商業会議所［Schweizerische Handelskammer / Chambre suisse de commerce］に対して次のように述べた。「状況が作り出す条件にその都度順応［anpassen］しようとするのは、中立政策の一つの特質である。しかしそれには一つの条件がある。それは我々が状況を進展させるということである」4)。この「順応戦術」［Taktik des Temporisierens］は、スイスの国民と政府の双方に蔓延していた。この態度のために、スイスを「特殊な事例」［Sonderfall］として世界史の文脈から切り離し、外交的には孤立主義を維持し、世界史を眺める展望台すなわち、――ピエール・ベガンが 1951 年にむしろ肯定的に表現したように――「ヨーロッパのバルコニー」に引っ込んでいようとする強い傾向が生じたのである5)。

しかしもう一つの見方からすると、スイスは、およそ傍観者などではなかった。スイスの住民の生活水準は、ヨーロッパ各国や海外〔欧州大陸外〕との貿易にも左右されたが、当然ながら、とりわけ隣接諸国との密接な経済関係に依存していた。そのため 1940 年以降になると、ドイツとの貿易は緊密化した。スイスは安定的で交換可能性を持つ通貨を有しており、これは、慢性的な外貨不足に悩む「第三帝国」にとってはとりわけ魅力的であった。またスイスは、効率的なアルプス縦貫鉄道を提供しえた。この路線は、ドイツとイタリアという枢軸国の二つの国を最短経路で結んでいたのである。それに加え、とりわけドイツ語圏スイスは、学問や文化の面で、ドイツと密接に結びつい

★2 ハインリヒ・ホムベルガー（1896-1985）。チューリヒ生まれ。1934 年、スイス商工業連盟代表部（フォアオルト）の最初の事務局長となり、1939 年から 1965 年まで長期にわたりその会長を務めた。連邦内閣が設立した常設の対外通商交渉委員会の一員として、第二次大戦時のスイス政府の経済通商政策に大きな影響力を持った。*Historisches Lexikon der Schweiz*, Band 6, Basel 2006, 456 頁。

ていた。〔ナチスが政権を掌握した〕1933年以降，ドイツと距離を置こうとする動きが顕著となり，これは戦争の開始とともにさらに強まった。しかし人的なネットワークは完全には切断されておらず，西スイス（フランス語圏スイス）とフランスとの結びつきと同程度の関係が〔ドイツ語圏スイスとドイツの間にも〕残った。スイスの自国イメージからするならば，こうした多面的な貿易関係や隣国との共通利害を完全に排除するということはありえなかった。例えば，バーデン市〔スイス〕のブラウン・ボヴェリ社（BBC）の取締役で，1941年以降，連邦戦時産業労働局長という要職を務め，また1943年からは自由民主党★3の国民院議員となっていたエルンスト・シュパイザーは，1946年に，戦時中のドイツとの経済関係を扱った著作で，以下のように記している。「『スイスの危機』[Le malaise suisse] との表現を耳にするようになった。私的な会話の中や飲み屋でよりも，むしろ公式の場での議論や各種の論説の中で使われている」と[6]。この記述は，1945年頃，連合国がスイスに対して行った非難が，政治的な場では論争をひきおこしたものの，そうした議論は，個々人の態度にほとんど影響しなかったらしいということを裏づけている。さらに一例を挙げるならば，1939年から1945年のスイスの戦時経済に関して連邦経済省が1950年に作成した報告書の前文には，こうした姿勢がその後も続いていたことが表れている。「達成意欲と適応能力，団結精神と人々の連帯，官庁の指揮と民間の主体的行動の豊かな協働によって，我々は困難な時代を耐え抜くことができた。そうした経済史上の一つの時代を，スイスの人々の記憶にとどめること」，これが，報告書の目的であるとされたからである[7]。国民が共有する記憶と一致したこともあって，「あの時代の教訓」が，国の将来のためのモデルにまで祭り上げられたのである。自国が成し遂げたことに対するこの肯定的な評価は，軍事的な抵抗の準備ができていたこと，軍隊が強い戦意を有していたことなどの指摘によっても強められている。

両極端なスイス像

すでに戦時中から，スイスの自己イメージと連合国による受け止め方の間には，溝ができていた。これについては，ウィンストン・チャーチルが1944年の秋に行った以下の発言が，しばしば引用されてきた。

「あらゆる中立国の中でも，スイスは別格に扱われるべき最大の資格を持っている。スイスは，ひどく隔たってしまった諸国と我々とを結ぶことのできる唯一の国際的な勢力だ。スイスが，我々が切望する通商上の優位を提供しえてきたか，それと

★3 自由民主党〔急進民主党〕[Die Freisinnig-Demokratische Partei der Schweiz, FDP/ Parti radical-démocratique suisse, PRD] は，1848年の連邦国家の成立以降，最大の政治勢力を有した自由主義急進派の流れを汲む政党であり，1894年に政党として設立された。地域政党の連合体という性格が強い。経済的・政治的自由主義を掲げており，主要政党の中では経済界・大企業寄りの姿勢が最も強い。

も，自国が生き残るためにあまりに多くのものをドイツに与えているか，そのようなことは，この際どうでもよろしい。スイスは民主的な国であり，自衛のためにスイスの山に立て籠もっているのであって，その人種にもかかわらず，思想の点でも，もっぱら我々の側に立っているのだ8)。」

しかしこれは，スターリンのスイス非難に対する反応として解釈されるべきであろう。むしろ総じて，スイスに対する見方は肯定的ではなかった。早くも1941年の春，『ロンドン・タイムス』のジャーナリストの意見を記したイギリス外務省宛てのある覚え書きは，「第三帝国」は冷徹な打算ゆえにスイスを占領しないだろうと指摘している。スイスの工業や銀行がドイツ軍の軍備を支えているばかりか，「スイスは，ナチスの大物がその略奪財産を持ち込んでいるような場所であるからである」9)。アメリカ合衆国の態度も総じて批判的であった。1942年に在ロンドン・アメリカ大使館の中に設けられた経済戦争部のメンバーの間では，スイスは，「枢軸国の経済的な衛星国であり，枢軸国の経済的・軍事的な力の源泉の一部である」10)との見方が支配的であった。1944年からアメリカ合衆国が開始した「逃避所(セイフヘイブン)作戦」〔ナチスの国外逃避阻止を目指す作戦。本書6.1の叙述を参照〕では，スイスは，巨額の資産取引の潜在的な中心拠点であると見なされており，そうした取引によって——とその推測は続くのであるが——軍事的には崩壊中の「帝国(ライヒ)」が，次の戦争に備えて資金と作戦の基盤を築こうとしているのだとされたのである。これらの文書にみられる英米両国の見解は，ドイツの資本が大規模にスイスに流入した第一次大戦後の時期の経験に基づいていた。

この両極端の見方は，いずれも影響力のある二つの歴史像の存在を示している。その一つでは，高度に発展した工業国であるスイスの，枢軸国との経済的・金融的なつながりが前面に押し出されており，他方，もうひとつの見方では，団結心に基づく強い防衛の決意と，「中立を守る小国」が社会的・文化的な独立を守り抜いたことが強調される。もしこの二つの側面を切り離すことができるとするならば，それらはいずれも極端に単純化された，しかし互いに完全に対立する見方をなすといえよう。一方では，スイスは，金儲け主義と不道徳の巣窟とされ，他方では，毅然とした生き残り戦略の一つの事例とみなされる。「順応」［Anpassung / adaptation］か「抵抗」［Widerstand / résistance］か。これは何十年ものあいだスイスでも，いやスイスにおいてとりわけ，最も根源的な歴史認識上の分岐点であった。抵抗の宣言や避難所としてのスイスのイメージが——例えば『最後のチャンス』（*Die letzte Chance*, 1945）といった映画に描かれたように——国民の文化的な記憶において好まれたとしても，驚くべきことではないだろう。戦後ずっと，歴史のもう一つの側面を軽視しようとする支配的な傾向に対して，少なからぬ著名人が批判を行ってはいたのであるが。

歴史叙述の盲点

　1970年以降, スイスの自己理解に関する議論が次第に盛んになってきた。歴史家や事情に通じたジャーナリストたちは, 1939年から1945年の歴史の様々な側面について, 多くの経済史的・社会史的・政治史的研究を公刊してきた。これらの研究では, 権威主義的な風潮, ナチス体制への譲歩, 枢軸国との経済的協力に対して激しい批判がなされたが, 通常これらの批判的な歴史書は, ナチス体制の犠牲者に対する財産返還の問題や, 当時犯された不正義がどの程度であったのかといった問題については, ごくわずかしか取り上げなかった。スイスがもっぱら「国際政治の犠牲者」[11]であったとのテーゼに挑戦したのは, それよりむしろ, スイスが重要な分野, とりわけ経済的な側面で犯罪者を手助けしたのだというアンチテーゼであった。たしかにこれによって, 批判の矛先は正反対の方向に向けられるようになった。重要でありながら, それまでは忘れられ抑圧されてきた側面, あるいはまったく知られていなかった経緯に光が当てられるようになったのである。しかしそうした批判もまた, 国内に視野を限定して問題を論じる傾向が著しく, その対象は, 政策決定に携わったエリート層の行動に依然として限られていたのである。少数の例外を除き, 批判的な歴史研究が狙いとしてきたのは, 国民的な抵抗の物語の中で英雄視されてきた偶像を玉座から引きずり下ろすこと, そして, ナチスドイツに対する順応にスイスを陥れた「張本人」を分析対象とすることであった。これらの文献の中では, ナチス体制の犠牲者が辿った運命や, それらの人々からみた見方に対しては, やはりごくわずかの光しか当てられなかったのである[12]。

　これはもっぱら, スイスにおいては, 歴史学上の問題関心がホロコーストよりも戦争と戦時経済に向けられてきたことに関係している。逆説的なことに, 戦時中に世論を支配していた構図が再生産されているのである。スイスにおいても, 1942年以降, ナチス支配地域での大規模な犯罪に関する情報を知りえたが, 絶滅が工業的な規模で, かつきわめて組織的になされたことが確実なものとして知られるようになったのは, 解放の後のことであった。しかし〔その解放後においてさえも〕, スイスに逃れようとした亡命者と, 彼らに対する迫害や大量虐殺とを結び付けて考えた人々は, ほとんどいなかったのである[13]。同様の欠落は, 歴史を描いた文献にもみられる。ようやく1960年代以降になって, アイヒマン裁判, アウシュヴィッツ裁判との関連で, 倫理的な動機に基づくホロコーストへの関心が生まれたのである。これは, スイスとナチスドイツとのあらゆる形の協力関係・経済関係に対する批判的な議論のきっかけとなりえたはずであった。これこそまさしく, 国の行為を正当化しようとする国民的な歴史書に対して批判的な研究が目指したことであった。しかしそうした研究は, ナチスドイツとスイスとの間のイデオロギー上の親和性や経済的取引に標的を絞り続けた。そうすることにより, 過ちを犯した国家のエリートの前に鏡を突きつけようとしたのであるが, それらエリートは, 鏡に写った自分を見分けることができず, またそもそも見分けようともしなかったのである。こうした「圧殺された記憶の再訪」の試みは, たしかに, スイス史の問題として

ホロコーストを意識してはいた。しかしそれにもかかわらず，ドイツとスイスの金融関係，銀行システム，工業部門に関する研究には，空白が残ったのである。空白とは，ホロコーストの犠牲者についての具体的な歴史であり，1945年以前に，スイスの銀行や保険会社がナチス当局に引き渡したか，あるいは1945年以降に，「放置され」もしくは「消息不明」〔休眠状態〕★4となった財産，さらにはそのように仕向けられた財産のことである。

1.2 研究対象，課題および方法

　フランスの歴史家，マルク・ブロックは，「問題を立てることほど，必要なものはない。実際これこそ，あらゆる良質の歴史研究にとって第一に要請されるものである」と記している14)。以下では，独立専門家委員会が，どのような研究領域にその研究を位置づけようとしたのか，また如何なる問題を設定したのかを示す。

　研究の文脈と問題設定

　我々は，二つの研究主題を結びつけようと試みた。一つはホロコーストであり，もう一つは第二次大戦である。我々は，ヒトラーのもとでの国家による組織的な大量虐殺が戦争によって初めて可能となったのか否か，あるいは戦争がそれをどの程度促進したのかという問題ではなく，むしろ，この二つの惨劇に対するスイスの反応，および，スイスがそれにどの程度関わったのかという問題に関心を寄せた。ホロコーストを組み込んだ歴史の解釈は，戦争という試練に対象を限定する場合とは異なったものにならざるをえない。スイスでは，戦時期に関しては，スイスは試練を耐え抜いたのだとの見方が支配的であった。それに対して，スイスがホロコーストに関わったかもしれないという問いは，たいていの場合，猛烈な反発と，多くの場合には当惑ゆえの防御反応をも引き起こす。この問題を上手に解きほぐすのは容易なことではないが，難民をどう扱ったのかという主題と，ナチス体制の犠牲者の財産に関する研究が，スイスとホロコーストとの関係という研究主題の一つであることに疑問の余地はない。1997年の研究開始後すぐに，独立専門家委員会は，民族社会主義の時代を扱うスイスの歴史書が，いずれも戦争という主題に非常に偏ってきたことを確認した。自国に対して肯定的な立場であれ，あるいは社会批判的な立場であれ，こうした傾向がある。スイスが，ナチス体制によって生み出された不正義にどのように反応したかについての研究は，ホロコーストの犠牲者やそれと関連する補償の問題よりもはるかに，当時決定を下した人々——彼らは今日，ある人々からはその行動にはそれほどの問題がなかったと評され，他の人々からは批判

★4 金融機関から見て顧客との連絡が取れない状態を示す概念として，独語版では「消息不明」[Nachrichtenlos (igkeit)]，仏語版では「相続人不在」[déshérence]，英語版では「休眠」[dormant] の語が，ほぼ同義で用いられている。以下の訳文では基本的に「休眠」とし，文脈により，これと同義の言葉として「消息不明」の語を用いる。

されているのだが——に焦点を当てていたのである。ナチス体制の犠牲者を守るために私法やその運用を変更するような立法を行うことに対して，スイスでなぜこれほどまでに執拗な抵抗があったのかということは，ほとんど問題にされてこなかった。1946 年 5 月のワシントン条約に関する研究においても，また，1952 年まで長引くことになった，同条約に基づく在スイスドイツ資産の処理に関する研究においても，犠牲者に対してはわずかな関心しか払われなかった。そのため，例えば，スイス領内における，「死亡し，かつ相続者が不在のナチス犠牲者の財産」の調査について，善処する旨をスイスが非公式ながら宣言していたことや，これが遵守されなかったことについても[15]，言及されなかったのである。略奪財産に関する戦後の各国の立法について，国際比較を試みた研究も存在しない。またドイツ経済の「アーリア化」へのスイス企業の関わりについての分析や，スイスの保険会社の「第三帝国」での業務方針に関する研究も欠落している。何度も挫折したあげくに成立した 1962 年の「報告政令」［Meldebeschluss］〔迫害を受けた者の休眠資産について連邦政府に報告することを義務づけた連邦政令，414 頁のコラムを参照〕は，連邦内閣の表現によれば，スイスが，「忌まわしい出来事の犠牲者の財産で私腹を肥やそうとしている」[16] との嫌疑を払拭するためのものであるが，これはなんらの歴史調査を伴うものではなかった。もっとも，そうした調査によっても，ホロコースト犠牲者の財産権請求についての有効な解決はみいだされなかったであろうことも明らかではあるが。独立専門家委員会に対する委嘱の文言はそうした不十分さを考慮してのものである。

　こうした研究状況を踏まえて，独立専門家委員会は，その任務においてはとりわけ犠牲者の視点を重視することにした。これにより，第一の問題系列，すなわち人格権・財産保護・補償といった問題が焦点となる。最初の二つの報告書——金取引に関する中間報告と亡命者に関する報告書——は，スイスと略奪を受けた人々・財産の関係にとどまらず，不法行為と犯罪の痕跡を「第三帝国」の内側まで追跡した。スイスの銀行・保険会社・メーカー・金融仲介会社・政治家・軍幹部と，ナチス体制との経済的な協力関係という，倫理的な問題性を孕む文脈の中から，スイスの関係者はナチス体制の犠牲者やその財産をどのように取り扱ったのかという，最も基礎となる問題が浮かび上がる。これらの人々の権利は尊重され，その財産権は法によって守られたのだろうか。迫害され財産を奪われた人々の扱いにおいて，「公序」［ordre public］というべき，正義の基準あるいは基礎となる法原則はどれだけ表れていたのだろうか。企業は，既存の法秩序によって与えられていた自由度を，どの程度活用しただろうか。生き残った家族の一員や親族に対して，あるいは，犠牲者の正当な代理人として活動する組織に対して，殺され，または生き延びた犠牲者の「休眠」化した口座の資産を返還するためには，何らかの特別な措置が必要であったのであるが，そうした措置が，私法の首尾一貫性という論拠によって否定されるにあたっては，個別的な利害に基づく思惑がどの程度まで働いたのだろうか。そこでは，民間企業・経済的利益団体・国の行政機関・政党組織は，ど

ような状況にあったのだろうか。国はより積極的に対応して，法的に権利を持つ所有者やその相続人を見つけ出すか，あるいはそうした人々がいない場合には，犠牲者団体を支援すべきではなかっただろうか。あるいは，国にはそもそも補完的な役割しかなかったのだろうか。またナチス体制と妥協したスイスの企業は，そもそも，補償請求を行うべき相手であっただろうか。それとも，1949年にドイツ連邦共和国が建国され，「第三帝国」の法的義務を引き継いだ後には，補償請求はドイツに向けられるべきで，ドイツ国家こそが包括的な補償に責任を負っていたのであろうか。この問題は，とりわけ戦後の状況，すなわち社会的な変化，政治組織の発展，スイスにおける法観念の変化等と関連している。これらのどの過程も，一国だけを切り離した文脈では分析できるものではない。したがって常に，「スイスの事例」を他国と，また国際的な傾向と比較しうるようなアプローチが選択されるべきなのである。

　こうした連関においては，当時の人々が何をどれだけ知っていたのかという知識の問題が重要であり，これが第二の問題系列をなす。当時の知識の水準についての調査も，多くの点で同様に重要である。第一にそれは，実際にとられたのとは異なった決定や行動の余地がどれだけあったのかという問題を含む。多くの情報を持つ者は，より多くの選択肢を見出し，他の者とは異なった優先順位を持つ。それによってもしかすると，例外的な状況では「通常の業務（ビジネス・アズ・ユージュアル）」から逸脱すべきかもしれないと気づき，特別に慎重な手段を講じたかもしれず，また特定の行動を控えたかもしれない。第二に知識の問題は，責任の問題と結びついている。過去の不正義や行われつつある犯罪について知る者は，何も知らず，あるいは何も知ることができなかった者とは異なった形で，一つの，存在に関わる重大な倫理的問題に直面する。難民の受入や拒絶，接収あるいは略奪された金の取引，略奪財産（有価証券・文化財・宝石・切手・現金）の取引，保険証書保持者を犠牲にしての「第三帝国」の国庫に対する保険金の支払，銀行資産のドイツ政府への譲渡，「アーリア化」の過程で強制的に没収もしくは低価格で取引された企業株式の取得。当事者の知識水準次第で，これらの行為をどう判断すべきかは変わってくる。人は何を知ることができ，何を知るべきであったのだろうか。また彼自身は，何を知らねばならないと考えたのだろうか。

　知識の獲得は動的な過程であり，一国の政治文化に左右され，また特定の社会的・倫理的環境で支配的な考え方と密接に結びついている。知識とは一つの決まった量ではなく，他者への配慮の結果でもあり，また危険を冒す覚悟がどれだけあるかにも左右されるのであって，要するに倫理的な努力の結果でもある。不正義に対して感受性の高い者は，倫理的な問題に煩わされたくないと思いながら過ごしている者に比して，決定的な情報をより早く入手して，これを行動に反映させるであろう。したがって知識は，行動を不断に問い直すことで生まれるものであり，反対に，知らずにいることは，余計な関わりを回避しようとする心理的な態度と密接に関連している。したがってまた，この知識をどう扱うかも問題である。恐るべき報道を耳にした時，ある人々は，あの国の体制

ならば，そのようなことも起こりかねないと推測し，その報道を真実のものと考える。しかし異なった経験を持つ他の者は，同じ情報を，心理戦の一環として展開される，敵の残虐性を強調するためのプロパガンダに過ぎないと判断するかもしれないのである。もう一つの側面は，後知恵の問題である。最終的にどのような事態に至ったかがはっきりしてから回顧した場合，誰しも，「それは最初から判っていた」(あるいは少なくとも予想できた)と思いがちである。こうした傾向からして，いつ知識を得たのかがやはり重要となる。そもそもどの時点で，情報が得られるようになったのだろうか。それはどのようなルートで広まり，またどの程度検閲されていたのだろうか。1933年あるいは1938年の時点で，ユダヤ人その他の「人種的劣等者」，あるいはその他の排斥されたグループの迫害について，人々は何を知ることができただろうか。また体系的・組織的になされた略奪や，絶滅収容所に関する情報は，どのようなものが，どの時点で，どのような人々の間に流れたのだろうか。何も知りたくないがゆえに何も知らずに決定を下した者は，情報を持ち，間違っていると知りつつ行動した者と同じように扱われるべきだろうか。

　第三の問題系列は，これらのものよりも幅広い。それは，1933年から1945年の間にスイスが置かれた状況が，どれだけ正当化の根拠となりうるのかという問題である。民族社会主義体制からの圧力とは，どのような種類のものであっただろうか。スイスはどのような挑戦に直面しており，それに対してどのように対応したのか。難民政策での冷淡さと，経済分野では国境を通過する取引が可能であったことの間には，如何なる関係があっただろうか。これらの問題に関する分析には，抵抗の意志と，順応への用意が，ともに組み込まれねばならない。その場合，〔単なる状況への〕適応［Akkommodation/accommodation］と，〔同意に基づく〕協力［Kooperation/coopération consentie］とを概念的に区別することが，重要となる。この区別によって初めて，「善い」態度と「悪い」態度の硬直的な二分法が克服され，また状況が如何に矛盾していたかを示すことができるからである。脅威の源泉である勢力との協力と，この脅威に対抗しての自国の防衛を，スイスは如何にして結びつけ得たのだろうかという問題は，こうした二重の視点で問われるべきである[17]。このような条件の下で，中立という，国の政治上の格律は，どのように解釈され，利用されたのであろうか。

　スイスが「第三帝国」にとって金融と産業の面で有用であったという事実は，どのような役割を演じただろうか。スイスの軍事的防衛が，侵略の代償を引き上げ占領の費用をいっそう大きくすることで侵略を抑止する効果を持ったとしても，そうした費用とスイスの有用性を天秤にかけるような計算は，そもそも可能なのだろうか。スイスの有用性と防衛力が生み出す「侵略を思いとどまらせる効果（抑止効果）」が，スイスの意図によってではなく，むしろ潜在的な侵略者に認識されて初めて実現するという理解があったとすると，そうした理解に基づく，「侵略の意図を殺ぐような認識」や，そうした種類の「コミュニケーション」[18]は，どのような機能を果たしたのだろうか。最後

に，次の問題が加わる。順応と抵抗のこの複雑な混合状況は，個々人の態度，さまざまな社会集団の記憶構造，さらには国民の集団的な記憶に対して，どのような影響を及ぼしたのであろうか[19]。

　この三つの問題群の全てについて，歴史となった過去に対する評価を，如何なる価値基準に基づいて行うべきかという根底的な問題がある。第二次大戦という過去に，スイスがどう向き合ってきたのかをめぐる論争は，二つの考え方の対立としてなされてきた。近代的な国家形成過程の開始以来，また強力な「我々」意識を持つ共同体としての国民［Nation / nation］の勃興以来，目的が手段を正当化するという想定は，「国家理性」［Staatsräson / raison d'Etat］の鉄の行動規範であった。近代の国民国家にとって，目的とは，主権の主張，独立の維持，国力の確保，そしてしばしば勢力拡張であった。それに対し，両極をなす論理のもう一方，すなわち普遍的な価値や人権の擁護は，国家倫理［Staatsmoral / morale d'Etat］の領域に属する。しばしば，以下のような主張がなされてきた。あらゆる国家は，たしかに，平時においては文明的かつ法治的な原理に立脚しなければならないという共通の義務を負っている。しかしいったん暴力的な脅威に直面した場合には，国内においては緊急避難的な措置を講じ，また国外に対しては自らを守らなければならない。重大な危険が迫る中で，敵が尊重しようともしない真善美への信念，それゆえ一方的かつお人好しとしかいえないような信念のために，かの，憲法に基づく，自由と民主主義のそもそもの大前提となるような制度を破壊に委ねるとするならば，それこそ無責任というものである，と。このように，第二次大戦中のスイスの役割に関する議論の多くは，国家理性と国家倫理の間の，あるいは国益と人権・自由権の間のジレンマから抜け出すことができなかったのである。

歴史研究の状況

　歴史を見直すための努力は，連邦政府の難民政策に関する政府からの委託研究によって着手された。バーゼルの元州閣僚［Regierungsrat］であるカール・ルートヴィヒが1957年に作成した報告は，議論の引き金となったが，関心は長続きしなかった[20]。論争の次の契機もまた，上からやってきた。「休眠口座」の報告を求めた前述の「報告政令」が定められたのと同じ1962年，連邦政府は，歴史家エドガー・ボンジュールに対して，スイスの中立性に関する膨大な調査を，たった一人で行うよう委嘱したのである。これは大きな前進であった。というのも，ギザン将軍★5がフランス参謀本部と結んだ協定は，中立政策に反するかもしれないと感じられており，これを組織的に隠蔽する動きが，政府の上層部でそれまで続けられてきたからである。第二次大戦に関する歴史研究は，この隠蔽によって，十年以上もの間，阻止されていた[21]。その後，多くの研究が急ピッチでなされた。それらの研究は，砦に立てこもったスイスという常識的なイメージを強めるものではあったが，しかし同時に，新しい議論の引き金となった。エドガー・ボンジュールは，1970年代の初めに8巻からなる大部の報告を公刊し，批判

者にさえ畏敬の念を与えた。この業績によって彼は，スイス現代史の第一人者となった[22]。しかし彼の場合にも，スイスの第三帝国への順応の動きを，例えば「200 人の請願書」[23]の推進者や，ハインリヒ・ロートムント★6，ハンス・フレーリッヒャー★7，マルセル・ピレ＝ゴラ★8その他の，少数のスケープゴートの行為に矮小化する傾向があった。1970 年代以降，歴史学的研究は，それまでタブーとされてきた対象や，忘れられかけていた問題に注目するようになった。一連の研究によって，それまで戦時期の脅威によってつくられてきた歴史像が書き換えられた。第一に，ヒトラーがスイスの役割として婉曲に示唆した側面，すなわち経済取引と金融サービス，特に金と外貨の取引を考慮に入れた「国の安全保障」についてのより複雑な見方によって，軍事的な国土防衛に与えられた重要性が相対化された。また著名人の評価でもパラダイムの転換があった。詳しい研究では，アンリ・ギザン将軍は，彼を神秘化してきた通俗的なイメージよりも，ずっと多面的な人物として描かれた。1980 年代半ばには，もう一つ出版の波があった。これは重心の移動を伴いつつ，1990 年代まで続いた[24]。

しかしこうした豊富な研究にもかかわらず，1990 年代の半ばに生じた論争においては，しばしばグロテスクなまでの誇張が横行した。金塊取引についてのメディアの報道は，1970 年代末には周知となっていた基本的な事実や，1985 年にヴェルナー・リンクスの著書によって幾分詳しく描かれた内容を，体裁だけ焼き直したものであった[25]。

★5 アンリ・ギザン（1874-1960）。ヴォー生まれの軍人。第二次大戦での総動員時（1939-45）のスイス軍総司令官であり，戦後スイスの国民的英雄。1894 年，砲兵学校を出た後，軍中尉となり，以後，参謀本部付士官等を務める。1919 年のゼネストに際しては，チューリヒ市で治安維持部隊の士官として勤務したが，この体験は，第二次大戦時に社会不安の回避を最優先する彼の判断の土壌となったとされる。1927 年より職業軍人となる（民兵制のスイスでは，士官であっても常勤的職業軍人とは限らない）。1939 年 8 月 30 日，仏語圏出身のギザンは，親ドイツ的とみられていた対立候補を抑えて，連邦議会によって総司令官（戦時・非常時にのみ設けられる）に選出された。フランス降伏後の 1940 年 7 月 25 日，ギザンはスイス建国の伝説の地であるリュトリに軍幹部を集め，独立維持の意志を明確にし，戦略としては「レデュイ」作戦（33 頁の原注 2 参照）を採用した。以後，ドイツ覇権下で独立維持を図るスイス国民の抵抗の意志の象徴となって，国民統合に貢献した。他方，フランス参謀本部との間での秘密の相互協力協定（本文参照）や，ドイツの SS 少将シェレンベルクの許への交渉団の派遣は，厳格な中立政策の範囲を逸脱していた。今日では，難民政策に対するギザンの態度や，出版の自由の規制を主張した点への批判的評価など，歴史的評価も多面的なものとなっている。Schweizer Lexikon, Band5, Visp 1999, 249-250 頁を参照。
★6 ハインリヒ・ロートムント（1888-1961）。スイス連邦政府官僚。1919 年，2 年前に設立された外国人警察統括局の長となり，1929 年以降，連邦司法警察省警察局長を務めるなど，両大戦間期・第二次大戦期スイスの入国管理政策，難民・外国人政策を統括した。戦後はこれに関して批判を受けている。Historisches Lexikon der Schweiz / Dictionnaire historique de la Suisse（Web 版，http://hls-dhs-dss.ch）の関連項目を参照。
★7 ハンス・フレーリッヒャー（1887-1961）。ベルン生まれの弁護士・外交官。1935 年，連邦政務省外務局長（外務次官）となり，イタリアによるエチオピア支配の承認や，フランコ政権下のスペインとの外交関係正常化で重要な役割を果たす。1938 年，パウル・ディニッヒェールトの後任として駐ベルリーン大使となる。対独関係の維持のために左派の一部や反ナチス的なジャーナリストを批判した。またスイスの国際連盟脱退を主張し，オイゲン・ビルヒャーによるドイツ東部戦線への医師団派遣構想を支援した。1945 年 5 月，大使の職を解かれた。Historisches Lexikon der Schweiz, Band 4, Basel 2004, 848 頁。

それに対して，ホロコーストの犠牲者や生存者の財産が，どれほどの規模でスイスに持ち込まれ，またその後どうなったのかという問題については，実証的な研究は非常に少なかった。また補償問題に関する研究も同様である。こうした状況のために，「休眠資産」の残高に関してセンセーショナルな報道がなされ，さまざまな憶測が流れた。この問題は，ジャック・ピカールによって，1993年に初めて本格的な研究の対象とされたのである[26]。ペーター・フークとマルク・ペルノーによる1997年の報告によって，さらに多くの事実が明らかとなった[27]。

1997年5月，アメリカ合衆国政府の委嘱によるアイゼンスタット報告が公表された★9。スイスが戦争を長引かせたとのテーゼに立ち，しかもナチスの金・資本取引の効率的な金融中枢としてスイスを位置づけていたため，この報告書はスイスで激しい反響を巻き起こした[28]。しかし205ページの報告のうち，戦時期を扱ったのは4分の1以下に過ぎなかった。調査の重点は明らかに戦後に置かれており，スイスの姿勢だけではなく，アメリカ合衆国の姿勢もその主題であった。この報告書は，スイスが「通常の業務（ビジネス・アズ・ユージュアル）」の標語の下で，中立国に期待される範囲を超えて，ナチスの戦時体制の片棒を担いだとの見方を代表していた[29]。スイスは，金融活動によって「ナチス体制を支え，その戦争遂行を引き延ばすことを助けた」国の一つと指弾された。かくしてスイスは，「ヨーロッパで最も豊かな国」として戦争の終結を迎えたというのである[30]。総じてこの報告は，センセーショナルな新発見をもたらしたものではなかった。これはむしろ，一次史料に依拠した部分においては，すでに知られている事実について，これまでとは異なった一つの歴史解釈を示したものである。しかし同時にこれは，ドイツの帝国銀行（ライヒスバンク）からスイス国立銀行〔スイスの中央銀行〕への送金に「死者の金」が含まれたことを指摘することで，その後の研究のきっかけとなった。またアイゼンスタット報告は，全体として，アメリカ合衆国特有の中立解釈を示していた。スイスとアメリカ合衆国では中立に関する認識が事実異なっており，そのために両国の政策は大きく相違するに到ったことが，他の研究によっても明らかにされている。スイスが次第に中立の信念に引きこもったのに対して——そこでは，「通常の状態（クラン・ノルマル）」の範囲を越えてい

★8 マルセル・ピレ＝ゴラ（1889–1958），ヴォー生まれの弁護士・政治家。世界恐慌と戦争の時代に経済政策を始め，スイスの重要な政策分野を統括した。急進派所属の州議会議員，国民院議員を経て，1928年に連邦内務相に就任，翌1929年には交通・エネルギー相となった。1940年に連邦閣僚のモッタが死去すると，大統領職にあったピレ＝ゴラは連邦政務相も兼任した。フランスの対独降伏後になされた1940年6月25日の親独的な演説は，一部の国民と軍の間で内閣の対独姿勢に対する疑念を呼び起こした。また，連邦閣僚であるヴェッターの仲介で親ナチス的な右派運動である「人民同盟」の代表と会談するなど，連邦内閣の順応路線を主導し，スイスの迎撃機が撃墜したドイツ機に対する補償，スイス内での親ナチス組織の活動の黙認，ポーランド亡命政府外交官一名の認証の拒絶，ドイツ東部戦線への医師団派遣の許可といった譲歩によって，原材料輸入の確保を図った。他方，報道をめぐるドイツからの干渉は拒絶し，また人道的目的で赤十字国際委員会の活動を支援した。1944年11月に，ソヴィエト連邦政府がスイスとの外交関係の更新を拒絶した際，ピレ＝ゴラは辞職した。Schweizer Lexikon, Band 9, Visp 1999, 144頁を参照。
★9 この問題とアメリカ合衆国の関わりについては，本書第二部の亀山洋子による論考を参照。

たにもかかわらず，ナチスドイツとの経済的な協力関係も排除されなかった――，アメリカ合衆国は，第一次大戦後に国際連盟への加盟を妨げた孤立主義的な態度を，1941年に捨てたのである。そのため，外交政策のこの分野においては，スイスとアメリカ合衆国の間には，数十年にわたって拡大してきた顕著な乖離と相互不信とがあったのである。もっとも，1998年6月の第二次アイゼンスタット報告★10においては，多角的な視点がずっと強くなり，また他の諸国の行動との比較も盛り込まれたために，スイスとの乖離はいささか和らいではいるのだが。

歴史学と法学の関係

独立専門家委員会は，研究対象である過去の出来事についての歴史的・法律的判断を委嘱された。しかしこれは，裁判権［Gerichtsbarkeit］になぞらえられるような「歴史裁断権」［Geschichtsbarkeit］を意味するものではない。むしろ，解釈を提示し評価を行うものの，なんら判決は下さないような，一つの歴史学的プロジェクトとして理解されている。それだけに，歴史学と法学との関係，あるいは法の歴史を明らかにすることが重要である。歴史的な分析と法学的な鑑定は，非常にさまざまな形で結びつきうるのであり，法律と政治の関係も常に議論の対象となる。法は，一つには政治権力の道具になりうる。しかし同時に，法は社会の一つの鏡ともみなされうる。さらに，法は，「一般法」を判断する際に規範となるような，普遍的な価値基準である「より高次の法」をも包摂しうる概念である。

歴史学にとって，法学は，「我に事実を与えよ，汝に法を与えん」（Da mihi facta, dabo tibi ius）という重要な機能を提供する。法律家はここで，客体化に貢献する。彼らは，「あるべき法」（lex ferenda〔形成途上の法〕）に過ぎないものや，ましてや「後法」（lex posterior）と混同することなく，〔その時代における〕「現行法」（lex lata〔形成された法〕）を再構築する。法律家は，当時の裁判官が行ったのと同じように事実関係を判断しようと試みるのである。言い換えれば，第二次大戦中の出来事を，そのはるか後になって初めて法的な有効性を得た原理や原則に基づいて判断することは，時際法［intertemporales Recht］の原則に抵触するのである。

しかしながら，法が，「時代精神」や政治や経済の支配的傾向を反映していたか否か，また反映していたとすればどの程度にそうであったかを検討することも，同様に重要である。民族社会主義的な思考様式は，スイスの法や法律用語に影響を与えていたのだろうか。もしそうした影響があったとするならば，それはどの程度までスイスに「浸透」していたのであろうか。この問題は同時に，法秩序自身が，どの程度まで「正しき法」［richtiges Recht］の諸規範を含んでいたか，またそうした諸規範が，どの程度まで現実に対して影響力をもったのか，という問題と不可分である。憲法は，国の法的な基礎

★10 本書第二部参考文献一覧の次の文献を参照。Slany, William Z. / Eizenstat, Stuart E.（United States Central Intelligence Agency, Corporate Author）［1998］.

秩序としての役割を果たし，政治的・社会的秩序の正当性を保障し，これらを導く機能を貫徹したのだろうか。例えば，第二次大戦後，ドイツの法哲学者であるグスタフ・ラートブルッフは，それまで支配的であった法実証主義に批判的な態度をとり，またそのような見地はドイツの法秩序に採用されたが，スイスの憲法は，そうしたより高次の正義の原則に準拠していただろうか。まさにナチスの不正義に対する明確な反応の結果，新しい国際法が，現代国家の法秩序の正当性を判断する根拠となったのではなかっただろうか31)。ナチス体制においては，法規範の無批判な受容を前提とする法実証主義的な相対主義が，「国に幇助された犯罪の刑法上の特権化」32) に帰結したことを，これらの問題は明瞭に示している。

　法史学は，法規範と法律実務の意味を社会の変化と関連づけて明らかにする努力を重ねてきた。しかし，だからといって，一般的な歴史の文脈に解消されえず，特別の分析を必要とするような，法律固有の影響関係・慣性・動因といったものの存在を忘れてきたわけではない。法システムとは，権力の単なる派生物ではなく，また，社会的な力関係や政治的な対立とは無関係な「独自の」(sui generis) 実在でもない。法は社会の中で，ある程度の自律性を持っている。法は，社会政治的なシステムを構成する一つの複合的要素であって，これを明らかにするためには独自の法史学的な研究が必要である。独立専門家委員会は，基本的にはこうした法史学的な理解に立っている。

　独立専門家委員会は，歴史家による委員会として組織された。委員会のメンバーのうち1名と，おおよそ25名の共同研究者のうちの1名が，法律家であるに過ぎない。しかし委員会は，歴史研究に際して直面した問題をより深く検討するために，11の法学的所見を得た33)。独立専門家委員会は，法律的な視点に関心を持つ人々のために，これらの法学的研究についても公表することにした。また同時に，委嘱内容に即しかつ法学的見地からも妥当な解釈を提示するために，これら所見の核心部分を，歴史研究に組み込むのみならず，報告書の中にも盛り込んだ。

研究計画と作業段階

　特定の課題に即してアドホックに設けられた独立専門家委員会には，参照すべきモデルは存在しなかった。委員会には，広範な，また法的観点からすると異例の文書閲覧特権が付与された。これによって初めて，委員会はその任務を果たすことができたのであるが，研究組織はこれによって影響を受けた。具体的には，このプロジェクトをスイス国立科学基金の枠組で行うことが難しくなったのである。もう一つ考えられる方法は，与えられた任務を分割し複数のモジュールに分類したうえで，各分野について競争的なルールに基づいて公募を行い，最も優れた研究計画を提出した独立の研究者もしくは研究者組織に研究を委ねることである。しかしこれも，文書特権と守秘義務からして困難であった。というのも，委員会の委員，研究プロジェクトへの参加メンバー，およびこれらから委託を受けた者全てに，公務従事者としての厳格な守秘義務が課せられたから

である。研究成果のみが，守秘義務を解除されて報告書として公刊される。独立専門家委員会は，学術的な品質を満たした全ての研究成果を，統一的な出版物の形で公刊することにした。

　1997年初に，独立専門家委員会がその作業組織の構築に着手した際の状況は，以上のようなものであった。研究主題の大枠は，委員会への委嘱内容によって与えられていたが，しかし同時に，非常に大きな課題があることも認識されていた。民族社会主義の時代にスイスに持ち込まれ，またはスイスを経由した資産の「規模と命運」に関する「真実」を明らかにするという指示は，この取引が誰によりどのように行われたのかについて，ほとんど何も判っていなかったことを示唆している。それはどれほどの規模で，どのようになされ，そこでは，企業・個人・政治組織は如何なる役割を演じたのであろうか。数ヵ月間続いたセンセーショナルな報道は，事実と憶測の混同や，根拠ある主張からグロテスクに歪められた誹謗中傷にいたる種々雑多な情報を生みだしており，それらを解きほぐすのは当初はほとんど不可能であった。政治的には，独立専門家委員会は，激しさを増すいっぽうのスイスへの非難を和らげるための措置として位置づけられていたが，しかし委員会自身の理解では，これはむしろ，2001年まで5年間の存続期間を持つ，かなり恵まれた学術的な研究プロジェクトであった。連邦内閣が明示的に示した希望に沿って，この委員会は，まず二つのきわめて微妙な主題，すなわちスイス国立銀行による金塊の購入と，スイスの難民政策という二つの主題に取り組み，中間報告を公刊した。しかし委員会は，その活動の初めからより広い領域を視野に入れており，研究対象の広範さを考慮に入れた研究計画を作成した。独立専門家委員会が，個々の財産の額や請求権者の探索を任としえないことは，そもそも明らかであった。そうした問題については，銀行組織によって進められた「独立有識者委員会（ICEP）」〔通称ヴォルカー委員会〕の調査に頼ることになった。独立専門家委員会よりもはるかに大きな予算と多くの人員を持つICEPは，ナチスの犠牲者からなされた個別の請求について調査を行う。それに対して独立専門家委員会は，こうした問題について，より一般的な次元で研究を行う。こうした分業関係が，研究の開始後すぐに成立した。

　1997年の年初に行われた研究スタッフ公募に対して，500人もの応募者があったことは，この研究プロジェクトに対する大きな関心を示している。その後，国内から20名，国外から10名の研究員が選出され，研究管理者の調整の下で研究に着手した。機能的な作業組織を編成した後，委員会は二つの次元でプロジェクトを進めていった。第一に委員会は，玉石の混交が著しい各種の史料を，精力的に分析していった。研究員が各地で進める開かれた形での「発見のための作業」を，文書による問い合わせによる体系的な調査と結びつける努力がなされた。これと並行して，独立専門家委員会は研究計画の最終的な調整を行った。1997年6月，委員会は主な研究テーマを公表した[34]。委員会の任務に即して，研究対象となる一連の領域が定められたのである。実際に研究を進める上での便宜を考慮して，これらの領域はその後いっそう絞り込まれた。しかしそれで

も，分析の深さの点でも主題の幅の点でも，研究対象は依然として広い範囲に及んでいた。最も重要なキーワードは，以下のようなものであった。国際的な経済関係，金融業，逃避資金と略奪品，戦時経済にとって重要であったサービス，外国人・難民政策，文化的記憶，それに，1945年以降における過去の問題に関する対応である。

　5年にわたる研究にはいくつかの段階があったが，各段階の作業は，時間的にも内容的にも互いに重なり合っていた。当初は，多数の論点や仮説に即して，全研究領域に関する幅広い史料調査が行われた。1997年の半ばからは，各研究テーマごとに作業チームが編成された。委員会は，これら作業チームの研究成果を，単に最終報告書作成のための内部文書に終わらせるのではなく，一般に公開することを決定した。これは最も重要な転換点であった。これによって各作業チームは，委員会が学問的に十分な品質に達していると判断した場合には，その研究結果を公刊できることになったのである。これによって実際に，1998年の秋以降，25冊の研究書（6冊は比較的短く，また2冊は法史学的問題に関するもの）が公刊された〔巻末第1部付録3.1を参照〕。委員会の任務は，これら研究チームの作業を監督し，また各チームに顧問を割り当ててその作業を助けることであった。こうした組織によって，学問的に有益な議論が生み出され，また，達成可能な目標に集中することが，可能となったのである。

　史料状況が次第に明らかになり，知識の水準が向上するにつれ，学問的にみて非常に魅力的な多数の選択肢が生まれ，そのため取捨選択が不可避となった。一つの例を挙げよう。工業の場合では，化学・製薬業，機械工業，食品製造業，繊維工業，その他の分野の全てを，一度に取り上げることは不可能であった。そのため，与えられた研究課題にとって重要な論点――とりわけ強制労働と金融取引――に即して，また産業部門ごとに，代表的ないくつかの事例を取り上げ，これについて集中的な分析を行った。これはまた，史料の保存状況や，各企業・産業の輸出における重要性など，実際的な考慮にもよる選択であった。また，金取引と難民政策についての調査や，これらについて1999年に公刊された中間報告の作成に多くの時間を要したために，いくつかの主題については，研究書の公刊は断念せざるをえなかった。当初は，「エリートとイデオロギー」，「犠牲者保護」，それにオーラル・ヒストリー（口述史学）の方法論についても研究が構想されたが，これらは途中で打ち切られた。しかし他方で，いくつかの主題については外部の専門家への委嘱が行われ，また少数の新しいテーマがプロジェクトに取り込まれた。とりわけ法律上の問題を解き明かすために，法学的所見の作成が専門家に委嘱された。

　委員会の組織と戦略を選択する上で決定的であったのは，史料特権によって初めて門戸が開かれた分野を中心に作業を行いたいという希望であった。そのため民間企業の史料が焦点となった。とはいえ，企業の戦略と取引についての有益な示唆は，国の内外，例えばモスクワやワシントンの公文書館でも見つかった。また同時に，ICEPの活動によって利用可能となった文書や，ICEP自体の調査結果がどの程度まで利用できるのか

という点も，この組織の作業が終わりかけていたために，考慮に入れなければならなかった。また各企業が，〔独立専門家委員会の調査が終了する〕2001 年末以降に，研究者に対して社内文書をどの程度まで公開し続けるかについては，当時も今も，まったく不明である★11。

2000 年春，この学術研究プロジェクト管理チームは，前年からの計画に基づいて，研究成果の出版準備に取りかかった。これは，委員会のメンバーと外部の専門家による各研究成果へのコメントおよび所見の作成や，必要に応じてなされた追加的な研究を含む。また研究の中で取り上げた企業や，史料を提供した企業に対しては，研究成果の全部あるいは該当部分が送付されたが，それらの企業からは，しばしば非常に多くのフィードバックが寄せられた。委員会が妥当と判断した場合には，それらの異議やその他の指摘にも考慮が払われた。2001 年の初め以降，委員会は，出版を引き受けたチューリヒのクロノス社と密接な共同作業を行った。2001 年 8 月から 2002 年の 3 月にかけて，三つの段階に分けて研究成果が公刊された。これと並行して，本最終報告書を公刊するための濃密な作業がなされた。1998 年末に，大まかな構成案についての叩き台が作成されていたが，その後の研究の進展と成果に合わせて変更がなされた。全体を俯瞰するこの最終報告書の作成には，全ての委員会メンバーが参加した。

独立専門家委員会は，この 5 年の間，未解決の倫理的問題と陰鬱な事実に彩られた主題についての，刺激に満ちてはいるが，しかし挑戦的かつ困難な研究プロジェクトを遂行してきた。委員会は，民族社会主義の勢力圏からスイスに搬入されあるいはスイスを経由した「財産の命運」について，単に重要な知識を得たのみではない。同時に我々は，それを人々の運命と結びつけようとしてきた。結局それこそが，最も肝心な問題であるからである。こうした財産の「額」については，なお不明な点が多く残されている。記録の保存が不完全であったのか，また取引が最初から記録されずに隠蔽されたのかは不明であるが，いずれにしても，金額を推定できたのはきわめて少数の事例にすぎなかった。したがって，専門家委員会は，委嘱された課題について，委員会自身が設定した戦略目標を達成したのみならず，歴史研究がなしうることは，全て試みたといえるであろう。

1.3 史料の保存状態と閲覧特権

独立専門家委員会が取り組んだ問題は，すでに二世代前から知られていた。委員会の任務の新しさは，幅広い分析を行うこと，またありうる一つの解釈を，理論的検討に基

★11 5 年に及んだ「独立専門家委員会」の調査の終了後，少なからぬ企業が，社内史料の利用可能性を閉ざした。これに関して，アリアンツをはじめナチス期のドイツ企業に関する専門家として知られるジェラルド・フェルドマンは，独立専門家委員会による調査に対象を限定した史料閲覧特権の狭い規定が，むしろ各企業によるその後の史料の廃棄や史料非公開の決定に帰結したと指摘している（European Business History Association 10th Annual Conference（2006 年）での発言）。

づいて提示することであった。そのためには，研究状況や既知の史料を概観するのみでは不十分であった。むしろ独立専門家委員会は，研究対象に新しい光を当てるべく，それまで利用不可能であった史料を探索しなければならなかったのである。

　この点では，委員会はよいスタート地点に立っていた。委員会は深い研究のための予算と人員を有したのみではなく，史料，とりわけ民間企業の文書の閲覧に関して，異例の権限を与えられていたからである。「史料閲覧許可の義務」を定めた 1996 年 12 月 13 日付連邦〔議会〕決議の第 5 条は，独立専門家委員会の調査に関係する民間企業に対して，委員会とその協力メンバーに「全ての文書の閲覧」を認めることを義務づけ，またこの義務が，「あらゆる法律上・契約上の守秘義務に優先」すると規定していた。これが公文書と民間の文書の双方に該当することは明らかであった。しかし，民間の文書の多くが，それまで歴史研究に対して門戸を閉ざしてきたことからすると，これはとりわけ，民間の文書の利用にとって重要な決定であった。しかもこうした民間の文書資料こそが，より大きな重要性を持っていたのである。というのも，これらの文書により，委員会の任務にとって非常に重要な企業の決定過程を追体験することが可能になるばかりか，政策形成とその実施について，これまで知られていなかった知見が得られるからである。したがって，独立専門家委員会の 5 年の任務の間，1996 年の連邦決議によって法的に保障された史料公開原則は，委員会の任務の遂行上はきわめて決定的だったのであり，客観的にも十分な根拠を有していた。しかしながら，これは問題をも伴っていた。一度限りの委嘱に基づき，ある特定の研究者集団に対してのみ史料を公開するというのは，学問的な研究の基本原則に反するからである。というのも，研究成果が学問的に妥当であるか否かを検証するためには，研究成果は，単にその史料を確認・追試できるというにとどまらず，その後の研究や，研究対象となる現象に関する，より深い理解の基礎となりえなければならないからである。

　人格権の重要性と，それが史料の利用に制限を及ぼしうることを認識していた委員会のメンバーは，研究のために収集した史料を丸ごと保管しなければならないと考えていた。しかしスイス連邦内閣は，2001 年 7 月にこれとは異なった決定を下し，史料を保有していた企業に，これらの企業文書室内で作成されたコピーを取り戻すという選択肢を与えた。これは 1 万 2000 件の文書に影響を与えた。

　独立専門家委員会にとって史料閲覧特権の重要性と同じくらい明瞭であったのは，閲覧特権によっても，半世紀前に生起したことの全貌を明らかにしうるという保証はほとんどないということであった。というのも，企業の文書は歴史の一部に過ぎず，ありうる多くの歴史の一つを語りうるに過ぎないからである。まず第一に，そもそも何が記録として書きとめられ，その結果，今日なお文書として目にとまるのかを明らかにするような史料はまったく存在しない，という問題がある。何日もかけた会議でも，多くの場合，会議の結論についてのわずか数行の文書が残されるに過ぎない。紙の上には，通常は意見の相違や論争の跡は残らない。これは，ロビーや電話での会話，偶然に顔を合わ

せた際の意見交換にも当てはまる。内輪のことになればなるほど，文書での記録は希となる。第二に，企業には，何が保存され何が保存されないかを決定的に左右する無意識の基準がある。第三に，歴史的資料として評価の対象となる文書は，特定の利害と目的のために作成されたものである。それは，事実の「中立的」な描写からはほど遠く，事実を特定の視角のもとに置く。それゆえ，意識的であるか無意識的であるかにかかわらず，それはある特定の解釈を促すことになる。しかし，企業文書がこのように相対的なものであることは，それに大した利用価値しかないということを意味するのではない。むしろ反対である。これらの史料によってのみ，経営者たちの決定過程を理解しうるのであり，より複雑な，他の方法によるのとは異なった歴史の解釈が可能になるのである。それゆえ，多様な角度から分析することが常に重要であり，これは，金融持株会社であるインターハンデルをめぐる取引に典型的に示されている[35]。この例は，スイス，ドイツ，アメリカ合衆国の史料が，どれほど異なった解釈で色づけされていたかを示している。史料の内容は互いに著しく異なっており，それによって利害の相違も生じたのである。同社の史料を用いて史実を明らかにしようという試みは，落胆に終った。1960年代半ばにインターハンデル社を吸収し，同社の史料を所有していたスイス・ユニオン銀行（UBS）が，〔委員会の調査が始まる2年前の〕1994年に，同社から引き継いだ史料の90％以上を廃棄していたからである。しかしそれにもかかわらず，銀行に残る文書でも，内外の公私の文書館の史料とつき合わせたところ，事件の全容をおおよそ信頼できるかたちで再構築することができたのである。

　この経験は，同時に疑いも生む。公的であると私的であるとを問わず，文書室が定期的に，またしばしば意図的に史料を廃棄しているということは，よく知られた否定し難い事実である。スイスの公的機関と連邦政府機関に関する限り，行政・官僚機構に提出された文書の取扱いはそれなりに透明であり，文書の閲覧についても法律による統一的なルールがある。官庁で作成された文書でもその多くは破棄されているが，重要な文書はよく保存されている。またワシントン，ロンドン，モスクワなど，外国にある国公立の文書館は，戦勝国がドイツから持ち出した書類を保管している。これは雑多かつ断片的ではあるが，欠かすことのできない文書を含んでいる。ドイツから持ち出された史料（これは1945年以降にマイクロフィルム化された）がなければ，多数かつ詳細な金輸送の一覧を作成することはできず，スイスの銀行とドイツのライヒスバンクの間で行われた金取引の内容を明らかにする報告の作成は，不可能であったろう。これらの文書は，対応するオリジナルな文書が後にドイツ連邦共和国で破棄されるか，あるいは少なくとも今日ではもはや見つからないだけに，非常に重要である。

　スイスでは，企業の文書保管の状況は，千差万別である。社内での複雑な情報の流れから吐き出される書類の山を，一律に，またそのつど資料室に保存してゆくなどということは，不可能である。法律的には，スイスの株式会社法は，経常的な業務文書を10年間保存することを義務づけているが，10年が過ぎれば，あらゆる文書は破棄可能で

ある。社史やコーポレート・アイデンティティ作成に直結しないような文書を長期間保存することに，会社は関心を持つだろうか。また逆に，法がまったく求めていないようなことまで文書にしておこうと努める者がどれだけいるだろうか。こうした問題のために，文書の価値に関する判断には非常に大きなばらつきがあり，そのために文書の保存の程度にも大きな差がある。銀行・保険・製造業の間では，企業の機能や規模の点ではそれほどの違いはないが，文書の保存ではしばしばまったく異なったパターンと行動様式がみられた[36]。

　ここ数十年間の経済成長の加速と技術・労働組織の変化によって，文書の保存はいっそう困難になってきた。企業の合併や買収では，文書はしばしば計画的に廃棄され，あるいは誰も気づかぬうちに失われる。またデータ処理のデジタル化や管理コスト削減の動きが，図書室や資料室といった企業内の支援組織の軽視につながることもある。こうした中で，文書は断片的にしか保存されなくなり，また保管された文書の利用も難しくなっている。多くの文書室史料は，登録されることもなく放置されており，検索の手段が減ったり，あるいは無くなってしまったりし，その結果，その企業の記憶が失われる。しかも自社に関する記憶のみならず，歴史文書の状況と保管についての記憶までもが失われるのである。

　こうした状況を考慮にいれると，むしろ，未だに多くの企業が，主要な社内史料を保管し続けていることに印象づけられる。こうした企業には必ず，社員その他の，所蔵文書を救い出した人々がいた。彼らは，企業戦略が劇的に変化する時代にありながら歴史の重要性を知っていた人々であり，所蔵史料を大幅に削減しなければならなくなった場合には，その専門知識と細心の注意によって，重要な文書を守ったのである。

　自社の歴史的資産に対する感受性の欠如に起因する恣意的で場当たり的な文書の廃棄ばかりではなく，会社が受ける打撃を少なくする目的でなされるような重要文書の意図的な廃棄もあった。例えば，スイスの大手武器輸出企業，エーリコン・ビューレ株式会社の場合には，よりにもよって1939年から1945年の年次報告書が今日失われているが，これが偶然であるとはほとんど考えられない。文書資料の評価に際して，意図的な隠滅の可能性を考慮しないとすれば，無邪気に過ぎよう。反対に，史料の欠落のみを根拠に，企業家が体系的に証拠隠滅を行ったと結論するならば，それは軽薄な陰謀説というべきであろう。独立専門家委員会が企業史料の調査から得た経験によれば，むしろ偶然の要素が重要である。非常に多くの文書や参考情報が残されており，意図的に何かが隠されたらしいとの心証が得られた場合でさえ，しばしば隠蔽されたはずの文書や，隠そうとした事実の痕跡が見つかる。独立専門家委員会はいたずらに憶測を行ったわけではない。しかし，隠蔽があったかもしれないとの疑いを始めから除外して，結果として証拠の隠滅に手を貸すこともしなかった。疑わしい場合には，欠落した史料を他の史料で補うべく最大限の努力がなされた。そのような場合，専門家委員会は，連合国側や旧枢軸国で得られる史料のみならず，スイスの，連邦文書館・各カントン〔＝州〕の州立

文書館・連邦裁判所等で入手しうる史料をも用いて，調査を行った。このように，たとえ直接的な情報が欠落していたとしても，間接的に真相に迫ることは可能であったのである。

　1996年12月13日の連邦決議によって，1945年以前に業務を行っていた企業は，社内史料を自由に処分することができなくなった。決議の第4条が，「文書保管の義務」を以下のように明確に規定している。「第1条に規定された調査に有益たりうる文書を，破棄し，あるいは外国に持ち出し，あるいはまた他の手段で利用困難な状態にすることは，これを禁じられる」[37]。しかしスイス・ユニオン銀行においては，文書廃棄の行為は，連邦決議の成立後も行われた。1997年の初め，ある注意深い警備員が，廃棄待ちの書類を同行のシュレッダー室で発見し，これを救い出した。この文書には，ドイツでの業務の破綻のために1945年に破産し，スイス・ユニオン銀行の傘下に入った盟約者団銀行の議事録が含まれていた。危うく廃棄を免れた書類の中には，1930年から1940年にかけて，および1945年の後になされた，この会社の改組の記録が含まれていた。この改組が「アーリア化」の一環でなされたとの推測も成り立ち，これが微妙な問題に関わる文書であることは確実であった。そのため連邦法違反の可能性を視野に，刑事事件として捜査が行われた。これに対して銀行は，チューリヒ・ユダヤ信徒共同体［Israelitische Cultusgemeinde Zürich］に書類を持ち込んだ警備員を，銀行の守秘義務を定めた法に違反したとして告発した。この二つの嫌疑のいずれも，証拠不十分との結論に終わった★12。

史料の現況とオーラル・ヒストリー

　以下では，独立専門家委員会が直面したその他の問題について検討しよう。まず第一に史料の量の問題があった。スイスとドイツとの間の主要な取引を記録・監視・統制していたスイス清算局［Schweizerische Verrechnungsstelle / Office suisse de compensation］の文書室のみでも，1000箱を優に超える文書が，チューリヒの10の保管所から，ベルンのスイス連邦文書館に届けられた。1950年代に8分の1程度の文書が廃棄され，次いで1959年から61年の間に残りの約4分の3というまとまった量が廃棄されたにもかかわらず，かくも大量の文書が残されていたのである。これらの文書は，現在，いわゆるレース報告［Rees-Bericht］を例外として閲覧可能である[38]。1933年から45年のスイス金融市場の役割に関して，独立専門家委員会にとって重要な史料を全て確認するだけでも，連邦文書館の所蔵文書のみで，およそ45名が1年間作業を行うだけの労力を要するとの予測が，1996年9月の内々の調査の時点ですでに出ていた[39]。そればかりでなく，スイス国立銀行には，これまでほとんど検討されてこなかった大量の文書も残されているのである。アメリカ合衆国，イギリス，ドイツ，ロシア，ポーランド，イ

★12 このいわゆる「マイリ事件」については，本書第二部第五章での言及を参照。

タリア，フランス，オランダ，オーストリアなどで所蔵されている史料など，その他様々な主題で利用対象となりうる厖大な文書については，言うまでもない。

とりわけ複雑であったのは，独立専門家委員会の調査の中核をなす民間企業と各種経済団体の史料に関する調査であった。委員会は，調査の初期に，スイスの主要企業に質問票を送った。これに対しては，1社（ビュルス株式会社，ローザンヌ）を除いて回答が寄せられた。これによって，保存状態にかなりのばらつきがあるにもかかわらず，厖大な量の文書があることがすぐさま明らかとなった。これらは，非常に種々雑多でしばしば断片的であり，たいていはまとまってもおらず整理もされていないような史料であり，しかも何ら標準的な検索手段がないようなものばかりである。いったいどのようにしたら，目的にも研究主題にも合った形でそれらの内容を確認することができるのだろうか。これは，その後ずっと独立専門家委員会を悩ませた大きな問題であった。調査にとって恵まれた条件を備えていた文書室はごく少数に過ぎなかった。いくつかの大企業では，専門家が配置されて歴史的な社内文書を管理していたが，それ以外の企業では，まず埃を払い整理を行わねばそもそも利用もできないというような，惨憺たる状況が一般的であった。いったい何が保存されているのかさえ判らないということも珍しくはなかった。一例を挙げてみよう。スイス銀行コーポレーション（SBC）は，1945年に，ドイツ・東ヨーロッパ市場への深入りのために破綻したバーゼル商業銀行を傘下に収めた。その後の1989年，スイス銀行コーポレーションは同行をルクセンブルク企業に売却したが，同行の文書は，誰からも忘れ去られたまま，地下倉庫の一室に残されたのである。おまけにその一室の鍵はどこかへいってしまっていた。独立専門家委員会の調査があって初めて，「事実の検出」のためにこの地下室に入ろうという者が現れたのであり，これによって初めて，スイス銀行コーポレーションの経営陣は，すでに自行の所有物ではないはずの文書が地下に死蔵されていたことを知ったのである。

もう一つの厄介な問題は，主要企業の多くが，すでに1930年代の時点で国際的に事業を行っていたのに，史料閲覧特権はスイスの領内にしか効力が及ばないという点であった。子会社の文書が親会社の監督を受けるということは珍しくはなかったが，その場合でも通常は，外国子会社はこうした文書を自ら保管していた。そのため独立専門家委員会は，こうした子会社の文書を利用するには，それらの企業と協定を結ばねばならなかった。アルグループ，ロンツァ〔ロンザ〕，ネスレといった企業は，こうした協定に基づいて，在ドイツ工場が所蔵する文書を公開した。

文書目録などの検索の手段が欠けているか，あるいは不完全な場合，アーキビストの知識だけが頼りである。独立専門家委員会は，当初から，混沌と宝の山の中からしかるべき史料を探り当て，合理的な研究戦略の立案を可能にする情報こそが，文書室での作業の鍵であると考えていた。そしてこの点こそが，最後に至るまで，研究の上で最も大きな困難をなしていた。例えば銀行業の場合には，二重に非対称な情報が問題を生みだした。銀行では，ICEPの下で行われた調査によって，史料の所蔵状況の把握が進展し

ていた。複数の会計事務所（アーサー・アンダーセン，クーパーズ・アンド・ラインブラント，デロワ・アンド・トゥーシェ，KPMG，プライス・ウォーターハウス）が，銀行文書室に入って休眠口座について調査を行ったからである。彼らは，各銀行の歴史担当係〔ヒストリー・チーム〕やタスクフォースと協力しながら，また自ら，検索用の新しいデータベースを作成していた。独立専門家委員会の場合には，古い文書リストを用いたり，自前のリストを作成したりしたものの，包括的ではあっても与えられた課題からするととても十分とはいえないような所蔵情報のもとで作業せざるをえなかったが，それにひきかえ銀行は，自前の新しい検索手段のおかげで，所蔵する文書についてはるかに多くの情報を得られたに違いないのである。しかも，二，三の銀行は，こうした検索手段を独立専門家委員会の調査チームに使用させるべきか否かについて，密かに通信を交わしていたのである。独立専門家委員会は，1997年に，UBSから〔同行の二つの前身である〕旧スイス・ユニオン銀行とスイス銀行コーポレーションの双方に関する文書目録を受け取った。2001年の年初になってようやく，独立専門家委員会の研究者は，大部分は新規に構築されたいわゆるIRAS〔情報資源検索システム〕の存在を偶然知り，これを用いて調査に関する広範な情報を集めるとができるようになって，新たな研究領域を拓くことができたのである。UBSがIRASデータのプリントアウトをようやく独立専門家委員会に提出した時には，二，三の分野ではなお決定的に重要ではあったとはいえ，委員会の作業はこれがもはやほとんど用をなしえない作業段階に入っていた。この事例からは，独立専門家委員会と銀行が，「文書室」〔Archiv/archives〕の語をまったく違った形で理解していたことが判明する。銀行側は，新たに構築した検索ツールを企業経営の手段であり自社利用に限られるものと理解し，そのため独立専門家委員会にその存在を知らせる必要はないと判断したのに対して，独立専門家委員会は，検索手段は資料室に不可欠な要素であって，その存在を隠すなどということは全く不適切な対応であると考えたのである。

　独立専門家委員会もまた，企業との共同作業から多くの経験を得た。委員会の調査は，特にその企業にとって新たな問題領域が切り開かれる場合には，企業内のいわゆる探索者〔エクスプローラー〕の伴走を得て進められた。こうした状況では，当初の情報上の優位は，すでに他の文書館で経験を積んでいた独立専門家委員会の側にあった。しかしながら，独立専門家委員会が新しい領域を切り開き，それまで知られていなかった史実に光を当てた分野では，その後より多くの文書が発掘されて，その会社によって公刊されるということもあったのである。ここで，読者にもう一度これら文書史料の膨大さについて注意を喚起しておく必要があろう。2200万フランの総予算を擁する独立専門家委員会の調査は，歴史研究の分野では巨大プロジェクトではあるが，委員会の任務や，なしえたかもしれないことに比するならば，きわめてささやかな規模しか持たなかったのである。

　そのため，何十年もの間，社内文書の保存に力を注ぎ，その結果豊富な史料と効率的な検索手段を備えるに至っていたような企業は，独立専門家委員会にとっては，財産取引の実態や枢軸国との経済関係を明らかにするうえで，非常に重要な存在であった。し

かしそのために，これらの企業はしばしば割り切れない思いを感じることになった。というのも，文書室を整備し，専門家を置いて管理していたばかりに，歴史的な文書を早々に処分し，あるいはどこに何があるかもわからないような同業他社とは違って，独立専門家委員会の報告書で事細かに取り上げられたと感じたに違いないからである。しかし独立専門家委員会の研究全体の文脈の中では，そうしたことは問題にならない。というのも，戦時中，連合国に疑わしく映った企業は厳しい目で観察されており，また利用可能な文書にも多くの痕跡が残されていたからである。例えばアメリカ合衆国は，とりわけ「避難所作戦」の下で，疑わしい取引を行っていたスイス企業に対する大規模な調査を行っていた。西側連合国と同じく，ソヴィエト連邦も，今日歴史研究に使えるような厖大な文書を終戦時に入手し，これを保管している。スイスにおいても──とりわけ，スイス清算局や，戦時経済関連省庁，それに連邦政府の各組織によって──，焦点となる厄介な案件については史料が残されており，その一部は非常に重要なものである。それに加え，裁判資料や情報機関の調査などもある。もしある企業の行為が，官民の文書室史料で跡づけられるならば，その企業自身がなんらの証拠書類を保存していないとしても，歴史的な調査を中断する理由にはならない。しかも独立専門家委員会は，個々の事例や，個々の口座について検証することよりも，構造的な要因，システムに依存するようなメカニズム，業務慣行，典型的な行動パターンの分析に重点を置いたのである。委員会の調査に大量の文書資料を提供しえた企業は，それによって過去の究明に対する真摯な姿勢を示したといえるのであり，当然ながら，そうした姿勢は独立専門家委員会の研究者によっても正当に評価されている。

　独立専門家委員会の研究は，主として記述史料に基づいている。しかし同時に，オーラル・ヒストリーの手法も用いられた。時代の生き証人を組み入れる作業は三段階に分けて行われた。第一に，委員会の協力メンバーは，事実の検出に努めた。文書資料では行き詰まってしまったような場合に，研究テーマについて事実関係を明らかにしその他のヒントを得るために，当時重要な職務についていたり，特別の情報を得る立場にあったと推定される人に対して，聞き取りを行ったのである。銀行・保険会社職員，会計士，信託業者，美術商，画廊店主に対する約50のインタビューが，いくつかの作業チームによって行われた。第二に，独立専門家委員会の研究メンバーは，スイスに在住するナチス体制の犠牲者に対して，半ダースほどの，より長い個人史的なインタビューを行った。この場合には，特定の情報を得ることではなく，伝記として語られるべきこと，個々人の運命に焦点をおいていた。第三に，独立専門家委員会は，1997年に，研究内容に関わる重要な情報を寄せるよう，当時の体験を持つスイスの住民に対して呼びかけを行った。独立専門家委員会のスタッフが，ベルンの事務所で，3ヵ月の間，電話による情報提供を受け付け，400件の情報が寄せられた。またこれは，「アクション・ロゥーブ」によって提供された120の文書によって補完された[40]。重要な情報が得られそうな情報提供者に対しては，その後インタビューが行われた。その内容は基礎資料

として用いられた。こうした努力が継続されれば，心性史・日常史の分野で新しい領域を開拓しえたかもしれないが，しかしそれには資源が限られており，この研究はやむを得ず打ち切らざるを得なかった[41]。

　個人情報を匿名にするか否かという問題では，歴史学は，個人の人格権と学問の自由のいずれを重視するかという選択に直面する。独立専門家委員会は基本的に，氏名を公開することで深刻な批判が起こりうるような場合にのみ，匿名とすることにした。多くの場合，例えば，難民についての報告などでは，言及される人物本人が，実名でもよいとの意向を示すか，あるいは積極的にこれを希望した。銀行の顧客のうち，ナチス体制によって殺害された人物の場合には，犠牲者本人が公開に同意するか否かが確認しえないので，匿名とした。しかし，今後なされる研究や，補償のために必要なデータは，ICEPによってすでに公開されている場合を除いて，別途公表した氏名リストに掲載した。他方，略奪された株式をカントン〔州〕の取引所で売買した顧客の名は匿名とはしなかった。また一般に，企業で指揮をとる幹部社員や役員，国の機関や官庁で重要な決定に携わった人々の名も，実名とした。

　本報告書の主題は，およそ単純化できるようなものではなく，複雑かつ慎重な考察を必要とする。こうした複雑さを知るがゆえに，できる限りわかりやすい表現に努めた。本報告書は，スイスの歴史についてあまり知識を持たない読者と，従来の研究水準について熟知し，この研究で何が新たに明らかにされたのだろうかと関心を持つ読者の，双方を対象としている。

---

1) Hilberg, Raul［1996］, 280 頁以下。
2) レデュイ (reduit)〔普通名詞としては「城の中の砦」を意味〕の語は，1940 年以降，枢軸国に包囲された後にスイスがその中央山岳部に構築した軍事的な防御線を指す。本書第1部「2.3 戦中戦後のスイス」も参照。スイスにおいては，この語はしばしば比喩的に，防御的な性格を持つ「撤退および模様眺め」の姿勢を示す語として用いられてきた。
3) Perrenoud, Marc［1988］, 79 頁からの引用。
4) BAR/AF, E 2800 (-) 1967/61, Bd./vol. 101, Protokoll der 160. Sitzung der Schweizerischen Handelskammer vom 4. Mai 1945, 21 頁。
5) Beguin, Pierre［1951］。
6) Speiser, Ernst［1946］, 738-748 頁。Perrenoud, Marc［1997］, 477 頁以下も参照。
7) Eidgenössische Zentraistelle für Kriegswirtschaft［1950］〔第1部付録1.2, 官公庁公刊物に記載〕XIII 頁。
8) Churchill, Winston S.［1953］, 712 頁。
9) PRO〔訳註:現 The National Archives, 以下同様〕, FO 371/27012, Memorandum by Press Attaché, "Axis Powers and Swiss Independence" 6 June 1941. また, Uhlig, Christiane / Barthelmess, Petra / König, Mario / Pfaffenroth, Peter / Zeugin, Bettina［2001］(独立専門家委員会叢書第9巻), 4 章も参照。
10) Jost, Hans Ulrich［1998］, 116 頁, Schiemann, Catherine［1991］, 68 頁以下。
11) Hofer, Walter, "Wer hat wann den Zweiten Weltkrieg verlangert? Kritisches zur merkwurdigen These einer Kriegsverlangerung durch die Schweiz", *Neue Zürcher Zeitung*, 7/8 June 1997 を参照。

12) この問題に取り組んだ数少ない文献の著者であるアルフレート・A・ヘスラーが、職業的な歴史家ではなかったということは、この点で象徴的といえよう。Häsler, Alfred Adolf [1967] を参照。
13) 本書第一部「3.2 知識と行動」を参照。
14) Bloch, Marc [1949], 26 頁〔松村による邦訳書では 45-46 頁。省略に合わせて新たに訳出した〕。ブロックは自らレジスタンス運動に身を投じ、1944 年、ドイツ人により射殺された。Friedlander, Saul [1999] も参照のこと。
15) Durrer, Marco [1984] や、Castelmur, Linus von [1992] は、この事実を看過している。
16) BBl/FF 1962/I, 936.
17) Wegmüller, Hans [1998], Tanner, Jakob [1986]。
18) Wegmüller, Hans [1998], Däniker, Gustav [1996]。
19) 「順応」(Anpassung) と「抵抗」(Widerstand) という言葉は、Meyer, Alice [1965] によって知られるようになったが、この表現は、当時すでに用いられていた。
20) Ludwig, Carl [1957] を参照。
21) Zala, Sacha [2001]。
22) Bonjour, Edgar [1970], vol. IV-VI 参照。ニクラウス・マイエンベルクによる批判も参照のこと。Meienberg, Niklaus [1972]。
23) 報道をドイツに友好的な内容に改めることを当局に求めた 1940 年の請願書を指す。本書第一部「2.3 戦中戦後のスイス」、および、Waeger, Gerhart [1967] を参照。
24) 1990 年代半ばまでに達成された研究成果の状況については、Kreis, Georg / Müller, Bertrand [1997]、またこの問題に関する概観と論争の内容については、Kreis, Georg [1997], 451-476 頁を参照。
25) 独立専門家委員会 [2002]（独立専門家委員会叢書第 16 巻）も参照。
26) Picard, Jacques [1993]
27) Hug, Peter / Perrenoud, Marc [1997]。
28) Eizenstat, Stuart E. [1997]。
29) 1997 年 5 月に公表されたアイゼンスタット報告の初版は批判的な見方を示していた。その序文では以下のように述べられている。「第二次大戦中とその後のナチスの金塊やその他の資産の命運のあらゆる歴史において、スイスは顕著な役割を演じた。というのもスイスは、ナチスにとって最も重要な銀行家であり金融ブローカーであったからである」(Eizenstat, Stuart E., iii 頁)。その後 2001 年になって、アイゼンスタットは、あるインタビューにおいて、彼がスイスに対して行った非難の調子を弱めた。*Cash*, no. 17, 27 April 2001.
30) Eizenstat, Stuart E. [1997], Conclusions.
31) Thürer, Daniel [2000], 557-604 頁。民族社会主義の不法な法システムを乗り越えることが、法秩序の変化の出発点となったことが言及されている。
32) Naucke, Wolfgang [1996]。
33) 独立専門家委員会 [2001]（独立専門家委員会叢書第 18 巻、19 巻）参照。
34) Jacques Picard, "Forschung zwischen politischem und wissenschafrlichem Anspruch", in: *Neue Zürcher Zeitung*, 28 October 1997. なおより詳しくは、Sarasin, Philipp / Wecker, Regina (Hg.) [1998], 169-181 頁所収の、ジャック・ピカールによる論考を参照。
35) König, Mario [2001]（独立専門家委員会叢書第 2 巻）、4.12、6.7 の各節参照。
36) クレディ・スイスについては、信頼できる研究がある。Halbeisen, Patrick [1999]。
37) AS/FF 1996, 3487.
38) Schweizerisches Bundesarchiv (Archives fédérale), Archiv der Schweizerischen Verrechnungsstelle. Standort und Aktenüberlieferung. Bericht zuhanden der UEK, 8. Juni 1998. いわゆるレース報告とは、IG 化学持株会社［Holding IG Chemie］（後のインターハンデル社）に対するドイツ親会社からの支配の継続に関して 1946 年に作成された監査報告書であり、永らく非公開とされていた。独立専門家委員会はこの報告書を閲覧し、また 2001 年秋以降、この文書はスイス連邦内閣によって公開された。
39) Hug, Peter [1996], 6 頁。
40) このキャンペーンは、1998 年にベルンの国民院議員であるフランソワ・ロゥーブによって始められた。彼はメディアを通じ、第二次大戦中にスイスに入国を許されたユダヤ人難民に対して、スイスの難民収容所についての記録や記憶について情報を寄せるよう呼びかけを

行った。
41）チューリヒ連邦工科大学の現代史文書館（Archiv für Zeitgeschichte, AfZ）では，1973 年以降クラウス・ウルナーの主導で，専門家を交えつつ，現代史上の人物から，過去について重要な知見についての聞き取りを行う研究会を継続開催している。ここでは戦時期に重要な地位にあった人物も多数の証言を行っている。またこの間，映画関係者と歴史家によって開始されたプロジェクトも進められており，「アルヒムーヴ（Archimov）」の名称のもと，非常に内容豊かな映像ドキュメンタリーが作成されている。全国各地の，あらゆる社会階層の人々に対する 555 件のインタビュー映像は，戦時の体験についてのきわめて興味深い資料となっている。またスイスの映像文化資産の保存を目的に，「メモリアーヴ（Memoriav）」という団体が活動している。http://www.memoriav.ch 参照。

2
国際情勢とスイス

　1940年の春に開始されたナチスドイツによる西側民主主義国家に対する攻撃は，数週間の間，前例のない快進撃のうちに進んだ。パリは占領され，ヨーロッパ大陸の大半がナチスドイツの勢力圏に組み込まれた。これにより，スイスは未曾有の状況に追い込まれた。残忍かつ暴力的な単一の軍事同盟勢力に包囲されるに至ったのである。しかもスイスは，経済的にも文化的にも，外国ときわめて深い関係を常に維持してきた国である。工業部門の濃密な通商関係や，国境を跨ぐ金融取引の緊密さのために，スイスの国民経済は，ヨーロッパ市場や世界市場に非常に強く依存していた。それにもかかわらず，〔この時期までのスイスにおいては，〕外交政策上の引きこもりによって，単に「覇権ゲーム」のみならず社会と政治を揺るがす奔流からも超然としていられるとの幻想が生まれていた。しかし1940年の出来事は，ヨーロッパや世界の中でも比較的安全と考えられていたスイスの立場を一変させた。スイスの命運は，突如として外国の手に握られるに至った。1933年以降スイスが直面していたナチスドイツという危険な隣国からの脅威が，ここに至って切迫した危機へと高まったのである。この苦境は数年の間続いた。1942年から1943年にかけて戦況が変化し，ドイツの敗色が次第に濃厚になった後にも，スイスの危機は続いていたのである。

　この窮境から如何なる事態が生じたか，またそれがどのようにして克服されたのか，これが，本章の中心的な研究主題である。ここでは，1933年以降の出来事へのスイスの関わりを，社会秩序をめぐる内政上の対立や，スイスが自らの意志として遂行した外交政策を含む広く複雑な過程の一部として検討する。外交と内政は常に密接に絡み合っており，むしろ「相互規定関係の優位」を強調すべきであろう。とりわけ両大戦間期には，この相互規定関係は非常に強かった。しかしここでは，読みやすさを優先して，この二つをさしあたり分けて論ずることにする[1]。

2.1　国際情勢

　20世紀前半，とりわけ1914年から1945年の時期は，軍事的・政治的・経済的・社会文化的な対立の時代として描かれる。この数十年間は，争いと絶望，それに幻滅の時代であったのみならず，途方もない憎悪を生みだし，また人間性の根源の問い直しを不可避としたイデオロギー的確信の時代でもあった。19世紀末から20世紀初めの人々に

は，これは予想だにしなかった状況に違いない。というのもその時代には，まだ楽観的な未来像に十分な根拠があったからである。内政では，多くのヨーロッパ諸国で，代議制と立憲制に基づく議会主義的な統治体制が確立しつつあった。外交では，列強は協定を結んで紛争を回避していた。経済面では国際的な統合が非常に進んでいた。財・資本・労働力は各国の枠や政府の規制の手を離れて相当程度に自由に移動するようになっていたのであり，少なからぬ歴史家が，これをグローバル化の第一局面と称している。私的財産権は保証されており，近代文明の基礎と受け止められていた。大きな社会的格差があったが，それでも社会改良が可能と信じられていた。より多くの責任とより少ない恣意に基づく政治への各国の変化と，国際政治の安定や経済的統合への動きとが，相互にリンクし，互いに強めあうというような歴史の流れも，ありえたように思われる。また多くの人々が進歩を確信していたが，これも同時代人には当然のことであった。イギリス人のノーマン・エンジェルは，その著書『大いなる幻想』[The Great Illusion]★1において，統合と相互依存があまりに進んだために戦争はほとんど不可能になったとの見方を示していた。この本は多くの言語に翻訳されたが，こうした主張をしたのは彼だけではなかった。この楽観的な予測は1910年になされたものである。その4年後にヨーロッパでおこった衝突は，それまで想像だにしえなかったほどに人々の生活を破壊し，当時の全ての人々の生涯に影を落とす社会的・政治的な荒廃をもたらした。戦争は文字通り大量殺戮の域に達した。これに伴い，社会生活は著しくイデオロギー化されていったが，その起点は，開戦よりもずっと以前に遡る。すなわち，ナショナリズムと外国人への怖れ，深刻な社会的対立，急進化する社会主義的労働運動に対する市民層の恐怖と嫌悪，さらには，現代のあらゆる厄災の元凶をユダヤ人に求めて攻撃性を増していった反ユダヤ主義である。

　第一次大戦の結果，ヨーロッパの政治地図は一変した。四つの大帝国が破壊された。ロシア革命は国際的にも広く影響を及ぼした。戦争に敗れた他の三つの帝国では，サンジェルマン，トリアノン，ヴェルサイユおよびセーブルで署名された講和条約によって国境が引き直され，これら帝国の旧領土から新たな国家が生まれた。この国境は，アメリカ合衆国大統領のウッドロー・ウィルソンが1918年に唱えた自決の原則と必ずしも合致していなかった。とはいえ和平の主導者は，少数民族の保護を，新種の国際組織である国際連盟の監督の下に置いた。連盟は同時に，革命勢力に対する防塁としても位置づけられた。

　戦争末期，革命運動が各国を揺るがし，とりわけボルシェヴィキによる革命は，国際的な大衆運動を刺激し，大きな希望をもたらした。しかし他方，社会的な騒乱と半内戦状態の中で，多くのヨーロッパ諸国の軍部は，世界革命の実現を恐れ，これに対抗すべく動いた。ヨーロッパ大陸は，ロシア革命によって，70年以上の長い間，一種の政治

★1 安部磯雄による邦訳名は『現代戦争論』(博文館，1912年)。

的な善悪二元論に基づく対立を経験したのである。民主主義的な社会改革を求める勢力は、こうした中でしばしば無力であった。反ボルシェヴィズムの名の下に、早くも1920年代には、反革命的・反自由主義的・ファシスト的体制が、多くのヨーロッパ諸国で権力を掌握した。

大戦では、人命の損失のみならず、財政負担もまた前例のない規模に達した。交戦国は一部は増税でこれらの出費を賄ったが、同時に、可能な限りこれを他国に押しつけ、あるいは次の世代へと先送りした。インフレーション促進的な通貨政策や、敵国民財産の接収に訴えたのである。こうした中で、財政的・通貨的な負担が軽く、当然ながら外国人の資産をあてにすることもなかった中立国は、すぐに、例外的に安定的な場と見なされるようになったのである。

戦争の劇的な影響によって進歩への確信が失われたことも、驚くにはあたらないだろう。1919年から翌年に戦後和平の体制構築を担った保守・市民政党の政治家たちは、戦前の世界の再建、「平常への回帰」を目指していた。国際的な安定は、1919年に創設された国際連盟のような組織や、政策手段としての戦争の放棄を定めた1928年のブリアン・ケロッグ協定などの条約によって、保障されるはずであった。この新しい国際秩序の下で、政治の担い手たちは、市場の力や、復活を遂げた国際的な資本の流れに信頼を寄せていた。彼らは、金本位制、すなわち各国通貨と金の間の固定的な交換比率の再建が、財政規律を保証し、それにより責任ある金融・財政政策が行われるようになるだろうと期待していた。ジョージ・グロス★2のある風刺画で、ドルが、ヨーロッパ大陸を照らす太陽として描かれていたことは、特筆に価する。市場経済の機能は、平和をも安定化させうると考えられたのである。例えば、新たにイタリアの独裁者となったベニート・ムッソリーニのような常軌を逸した破壊的な人物でさえ、外国からの資本流入に依存した状況では節度を持った振る舞いをせざるをえないだろうと、国際政治の舞台の有力な政治家達は楽観視していたのである。

1929年に始まる世界大恐慌の経験は、市場によって制御される安定的な秩序の再建に対するこうした期待感を打ち砕いた。過激な社会的大衆運動と、それを捉えた経済的ナショナリズムや保護主義が、1930年代の世界を決したのである。市場経済や民主主義は、これに反対する者には、いずれも陰惨な社会像にしか映らなかった。両者とも所詮は「資本主義」であって、単に「金権支配」［Plutokratie/ploutocratie］を言い繕ったものに過ぎないとして、攻撃されたのである。端緒についたばかりの国際協調は危機に瀕した。ジュネーヴに拠点を置く国際連盟と、1930年にバーゼルに設立された国際決済銀行（BIS）は、いずれも世界秩序の安定のために設立されたが、この任務を果たすことができなかった。これは主として、両機関が、いずれも戦争の負の遺産に絶望的なまでに巻き込まれてしまったことによる。

★2 ジョージ・グロス (1893–1959)。ベルリーン生まれの風刺画家。1933年、米国に亡命、1938年に米国籍を取得した。

戦争の再発を避けるために設立された国際連盟は，実際には，ドイツが強いられたヴェルサイユ条約の一つの産物に過ぎなかった。ドイツと，崩壊したロシア帝国の継承国たるソヴィエト連邦は，当初は連盟への加盟の道を閉ざされていた。ドイツは1926年に加盟したが，ソヴィエト連邦が加盟したのはようやく1934年であった。アメリカ合衆国の加盟は，同国の議会によって阻止されていた。そのため三つの主要な大国が，一時的に，あるいは一貫して，この重要な国際機関の外に位置したのである。国際連盟は，日本による1931年の満州侵略に対して無力であった。同様の状況は，その数年後の1935年，イタリアのアビシニア侵略においても再現された。
　ドイツの賠償金支払の管理を目的に設立され，各国中央銀行間の協力や金本位制の再建の担い手になると期待された国際決済銀行も，満州事変勃発の1931年，やはり無力さを露呈した。同行は，オーストリア，ハンガリー，ドイツなど中欧諸国で発生した銀行・金融危機の拡大を阻止することができなかったのである。
　両大戦間期のヨーロッパで最も劇的な民主主義の崩壊は，社会的・政治的な危機が頂点に達していたドイツにおいて発生した。極度のナショナリズム，反自由主義的あるいは反社会主義的な憎悪，敗戦による屈辱感，過激な反ユダヤ主義によって，民族社会主義的な大衆運動に，権力掌握の道が開かれた。1918年のドイツの敗北と現前の経済的な困窮に対する責任は，ヴァイマル共和国，民主主義的諸政党，労働組合，そして「ユダヤ人」に押し付けられた。ヴァイマル共和国の没落は，それゆえ，民主主義的正統性の深刻な危機を象徴していた。とはいえヒトラーは，直接的には，保守・市民層や貴族層のエリートや財界の大物からなる，比較的僅かな人々の支持によって，首相に就任したのである。ヒトラーは当初は連立政権の首班にすぎなかったが，迅速に，また確信に基づいて，民主主義的な諸要素——憲法・政党・労働組合——を破壊していった。しかしそうした破壊の他には，「民族的覚醒」という曖昧なスローガンと，ユダヤ人に対する底知れない憎悪を除けば，ヒトラーには明確に定義された政策などはなかった。民族社会主義者にとっては，ユダヤ人を「敵」とみなすことで，ドイツが抱えた全ての問題に説明がついたのである。
　1933年4月，ユダヤ人は公職から追放された。1935年のニュルンベルク法によって，ユダヤ人は，人種主義的な基準に基づき，ドイツでの社会生活から全面的に排除された。差別が苛酷になるにつれ，ユダヤ人の経済状態や職業生活は次第に困難さを増していった。1938年，ユダヤ人は学問的な職業からも追放された。テロ，排斥，経済的な困窮のために，多くのユダヤ人が出国せざるをえなくなった。ドイツに残ったユダヤ人，そして後にドイツに併合されあるいは占領された地域にいたユダヤ人は，体系的な民族絶滅政策の犠牲となった。
　外交においては，ヒトラーは，「生存圏」の拡張によってドイツ民族の退化を回避しなければならないと称して，領土拡張政策を追求した。彼は当初，オーストリア，チェコスロヴァキア，ポーランド，国際連盟の委任統治領であったダンチヒ自由市などの隣

接諸国を不安定化させる梃子として，ドイツ系少数派住民を用いる戦術をとった。彼はまた，オーストリアのドイツライヒへの「併合」を禁じたヴェルサイユ条約の規定によって，ドイツの利益が無視されていると主張した。チェコスロヴァキアやポーランドでは，ドイツ系少数派住民に対する「迫害」が焦点となった。列強と国際連盟が構築した秩序は，少数派を集団として保護することに大きな価値を認めたものの，個人の権利についてはほとんど注意を払っていなかったが，ヒトラーはそこにつけこんだのである。

深刻な経済危機の下，当時の政治的指導者の考えを支配していたのは，社会モデル間の競争という考えであった。彼等は，経済的な保護主義・外交協定・軍事同盟によって自国の安全を確保しようと試みた。法治国家原則の毀損，政敵に対する迫害（イタリア，スペイン，ドイツ，ソヴィエト連邦），1933年に公然と導入されたユダヤ人に対する体系的な差別政策，人権の蹂躙といったことは，1933年からの数年間の時期には，未だ国際政治上の懸案にはなっていなかった。そのため，1938年にエヴィアン〔フランス，レマン湖南岸〕で開催された難民に関する国際会議で主な議題となったのは，迫害された人々の運命ではなく，迫害による大量の難民発生で難民が流れこむかもしれない国にとっての脅威，すなわち，各国がこのような間接的な攻撃に耐えられるか否かという問題であった。人権の尊重は，組織的な大量虐殺と民族絶滅政策の経験を経た戦後においてようやく，新しい国際社会の基本原則と宣言された──ソヴィエト連邦を除き──に過ぎないのである。

1941年8月14日の大西洋憲章は，しばしば新しい世界秩序の原則を列挙したものとみなされている。しかし当時においては，この憲章はむしろ，アメリカ合衆国とイギリスの軍事行動の協調を目的としたものであって，さらにまた，イギリスが──第一次大戦時のように──秘密の領土協定を結び，19世紀的な勢力圏拡張政策を推進することを阻止しようとのアメリカ合衆国の意図を反映したものでもあったのである。1945年6月26日，サンフランシスコで国際連合が設立された。これは大西洋憲章に盛り込まれた原則を実現するための組織ともいえ，終結したばかりの世界大戦の再発を防ぐことを目的としていた。1948年12月10日，パリを舞台に国連総会が開催され，30条からなる世界人権宣言が採択された。この，当初は拘束力を持たなかった文書が採択されたことは，この時点で大戦中の反ヒトラー連合がすでに解体していたことを考慮すると，驚くべきことかもしれない。いずれにせよこれは，単に公約に過ぎないものであり，その履行は，今日に至るまで課題として残されているのである。

2.2　スイスの内政と経済

　スイスの状況は，上述の国際情勢に大幅に規定されていた。スイスにおいても，戦争による多面的な影響とともに，社会的危機，経済的な不況，政治における権威主義への転換がみられたのである。しかしスイスは，周辺国とは違って侵略を受けず，戦争に加

わらなかった。スイスは一見，傍観者に過ぎなかったように見え，「廃墟のヨーロッパ」の中の「平和の孤島」というスイスのイメージが，スイス国内のみならず，国外においても影響力を持った2)。しかしこの時代の深刻なイデオロギー的・社会的な対立は，スイス社会においてもその痕跡を残さざるをえなかったのである。

中立的小国か，経済大国か

ヨーロッパや世界におけるスイスの役割に関する議論は，いつも，「平和の使命」と「善き任務」［Guter Dienst/bons offices=外交上の「仲介」］に忠実な「中立的小国」という（自己）イメージと，経済的にあらゆる面で成功した国，工業化過程で強い地位を築くことができた国という，これとは反対のイメージの間の対立として行われてきた。この二つの次元は相互に補完的で，かつ互いを強め合う関係にある。これはとりわけ，二度の世界大戦において顕著である。戦争に巻き込まれずにすんだ小さな中立国スイスは，自国による人道的な支援について誇らしげに語るが，しかし同時にスイスは，金融サービスや交戦国への工業製品供給によって特別な利潤をも獲得したからである。しかし同時に，こうした特権的な地位は，交戦国との関係ではいつも厄介事の源泉となってきた。第一次大戦時，交戦国がスイスの国内政治に強く介入し始めた時にはそうであったし，また第二次大戦での連合国のように，中立国と交戦国の経済取引について限定的な理解しか示さなかった場合もそれにあたる。

> 小国スイス
>
> スイス人が自国を小国であると考える理由は，その国土の小ささにある。スイスの国土面積は4万1000平方キロメートルであり，フランス領土の7.5％，ドイツの領土の11％，イタリアの領土の14％でしかない。四つの隣国（フランス・ドイツ・オーストリア・イタリア）は，1930年代までは，ある程度まで均衡を保ってきた。この均衡は，1938年3月の〔ドイツによる〕オーストリア併合と，1940年6月のドイツとフランスの間の停戦によって破壊された。近代的な連邦国家としての歴史において初めて，スイスは単一の勢力圏に包囲されることになったのである。小国スイスは内陸国で，海に直接に接していない。ライン河は海洋へ出るための最重要のルートであった。戦争の間は，この航路の使用は非常に限られた。1930年代末，戦時経済構築の過程で，スイスは自国の貿易のために外洋で船舶をチャーターしたが，これは不十分な代替策に過ぎなかった。スイスはまた，自国領内に重要なアルプス越えルート（ゴットハルト線およびレッチベルク・シンプロン線）を有していた。輸送力の大きなこの南北交通路は，戦時中は枢軸国に対しては強みであったが，連合国との関係においては弱みとなった。
>
> 1941年の時点で，スイスには430万人が居住していた3)。そのうち5.2％が外国人であり，この比率は20世紀で最も低い数値である。他方，1940年には26万人のスイス人が外国で暮らしており，そのうち15万人が隣接諸国の居住者であった。スイスに住む22万3554人の外国人のうち，イタリア人は9万6000人（男性4万5800人），ドイツ人は7万8300人（男性2万9800人），フランス人は2万4400人（男性9200人）であった。1941年時点ではオーストリア人はもはやドイツ人と区別されていない。宗教に関し

> ては，1941年には人口の57.6％がプロテスタント，41.4％がカトリック，0.7％が古カトリック★3であり，約1万9500人，全人口の0.5％がユダヤ教の信徒であった。市民権取得が容易でなかったため，ユダヤ人共同体の中の外国人比率は50％前後ととりわけ高かった。人口の72.6％がドイツ語，20.7％がフランス語，5.2％がイタリア語，1.1％がレト・ロマンス諸語を母語としていた。

　スイスは経済的には非常に開放的であり，国外との緊密な関係によって世界経済に結びついていたが，規模が小さなスイス経済は，世界経済に対してはほとんど影響を及ぼすことができなかった。雇用構造では約20％が農業人口であり，45％が工業部門で，また35％がサービス部門で生計を立てていた。スイスの製造業には世界的な企業があり，高付加価値製品に特化していた。スイスの領内には非常に優れた鉄道・郵便・電信網があった。また多くの山岳地域が水力発電のために開発されていた。スイスは異例なまでに輸出に依存していた。人口の3分の1前後が，金属・機械・電機・時計工業部門での輸出に生計の基盤をおいていた。世界経済恐慌の渦中にあった1930年代に景気を下支えした化学・製薬産業は，製品の90％を国外に輸出していた。国内産業部門，とりわけ建設業と製材業は1930年代の危機の時代にその重要性を増し，戦争中もその地位を維持した。

　以上の構図は，スイス企業が外国に築きあげた「秘密の帝国」〔小国スイスの大きな経済力を描いたロレンツ・シュトゥッキの著書の書名〕[4]や，輸出指向の工業部門と資本輸出の間の最適な協働を支えていた金融センターにも該当する。スイスの工業部門の大企業と，これらが大銀行の支援を受けて設立した金融会社は，1936年まで金ブロックにとどまり続けた強いフラン通貨に支えられ，恐慌にもかかわらず国外への直接投資を拡大した。その際，ヨーロッパ大陸，特にドイツから，アングロサクソン圏，とりわけアメリカ合衆国への資産移動があったことが確認される。スイスの金融業はこの動きに対抗しつつ資産管理業務を拡大し，また外国企業は新規に設立した持株会社を用いて，世界規模の業務の拠点としてスイスを利用した。このような点でスイスは，1930年代から戦時期を通じて，およそ「小国」などではなく，押しも押されもせぬ経済大国であった[5]。この点から生じる問題こそが，独立専門家委員会の主たる調査対象であった。

スイスの対外経済関係とその重点

　スイスの貿易を担っていたのは，近代的で輸出指向的な工業部門である。工業部門の主要企業は，資本輸出にも深く関わっていた。スイスからの輸出の部門構成は比較的安定していた。決定的な変化は1930年代の恐慌の時代に起こり，その他の，より緩やか

★3 古カトリック教会（スイスでは Christkatholische Kirche，ドイツ，オーストリアなどでは Altkatholische Kirche）は，第1ヴァティカン公会議の後の1871年に，ローマ・カトリックの教皇不可謬説を拒否して分離・成立した組織。信者はドイツ語圏を中心に分布し，スイスの9カントンで公法団体としての地位を持つ。*Schweizer Lexikon*, Band 3, Visp 1998, 33頁を参照。

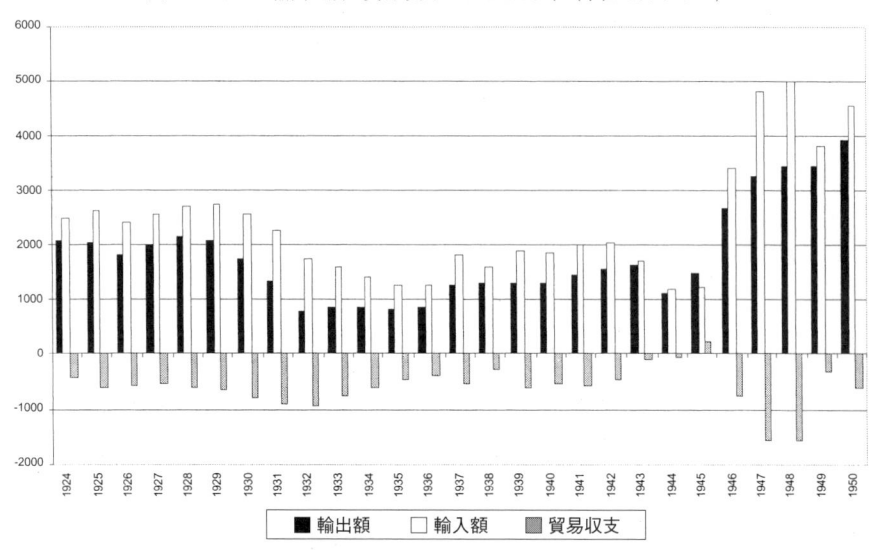

図1 スイスの輸出入額と貿易収支　1924-1950年（単位 100フラン）

出典：Ritzmann-Blickenstorfer, Heiner［1996］，表 L7，L8，L9，672-673頁。

な趨勢は，戦時期を越えて戦後まで持続した。1930年代における化学・製薬工業ならびに金属・機械工業の持続的な成長と，繊維工業の長期にわたる縮小が言及に値する。食品工業もまた後退を余儀なくされたが，1945年以降，その割合は再び幾分増えている。

　図1は1924年から1950年の間のスイスの輸出入額を示したものである。1920年代の高い水準の後，1930年代初に急減し，第二次大戦の数年前に幾分の回復をみせていることが読み取れる。戦争の最後の二年間に貿易環境の変化による危機を経験した後，1946年以降は，国境を越える商品流通の急拡大が確認される。輸出入の相対的な重要性では，1920年代末と1950年代には，輸入は国民純生産の30％に相当したのに対して，輸出は20％から25％の水準であった。この二つの時期の間に，恐慌と戦争の時代が挟まっており，輸入が国民純生産に占める比率は1932年の時点ですでに10％に減少していた。1945年には輸入・輸出が国民純生産に占める比率はいずれも9％弱と，歴史的な低水準に落ちていた。

　19世紀・20世紀を通じてスイスは，例外的な年を除いて貿易赤字を計上してきた。輸入額は輸出額を大きく上回っていたのである。これは1945年の例外を除き戦時期にも該当する。これは一見，工業やサービス業の輸出指向の非常な強さと矛盾するかにみえる。しかしスイスは，大量の原料・中間製品のみならず，消費財と食料品も外国から購入しなければならなかったのである。これらの一部はスイスで加工され，高品質・高付加価値の輸出財となり，スイスで産出しない原材料の輸入を可能にした。こうした貿

易活動により生じた赤字は，第一に，観光業，輸送サービス，保険業，外国資産からの投資収益によって，埋め合わされた。資本収支を勘定に入れると，結局，スイスの国際収支はほとんどの年度で大幅な黒字であり，その一つの帰結が，スイス国立銀行の外貨準備の増大であった。1939年から1945年の間に平均で3億フランに達した貿易赤字にもかかわらず，外貨資産保有額は平均で毎年4億フラン増加したのである。

資本の輸出入については，歴史研究はほとんど進んでいない。国際連盟の要請や国立銀行の度重なる努力にもかかわらず，スイスの銀行は資本移動について信頼できる統計を作成することを断固として拒否してきた。こうした統計がなければ，スイスの資本収支を知ることはできない。民間銀行の抵抗が成功してきたことは，民間企業と政治当局の間の非対称な力関係を傍証している。そのため今日の歴史家は，当時の監督省庁がすでに認識していた問題に直面している。国際連盟は1934年にスイスの民間銀行に関する調査の中で以下のように記している。「スイスの銀行統計を用いて，スイスに逃避している外国資産額の規模を知ることは不可能である」と[6]。戦後もずっと後になるまで，スイスの国際収支の全体像については大まかな推計しか存在しない。しかし国際収支と外貨準備の増減の差額から，ある程度の傾向はわかる。この「省略項目」は常に黒字であり，資本輸入の超過を示唆している。しかしこれをそのまま資本取引の額とすることはできない。スイス金融市場への絶え間ない資産の流入は——資本取引の結節点である以上当然に——これに対応する外国への資本の（再）輸出を伴っていたからである。資本の輸出と輸入は，収支計算の上では相殺されており，その規模は推計に頼る他はない。4章6節で示すとおり，スイスへの資産流入額はこれまでの推測よりもずっと大きく，したがってそれに相当する巨額の資本輸出があったはずである。

二国間主義，クリアリング協定，強いスイスフラン

1930年代の世界経済恐慌は，多くの国で外貨準備（金・外国為替）の急激な不足を引き起こした。スイスは，保護主義の台頭に対し即座に対策を講じた。1930年にアメリカ合衆国が定めたスムート・ホーレイ関税に対しては，米国製品に対する対抗措置とボイコット運動による威嚇で応じた。同時にスイスの通商政策当局は，為替管理を導入した主要通商相手国に対して，統制的な為替協定の締結を提案した。スイスはしたがって，二国間為替清算協定［Clearingabkommen］の導入において先駆者の役割を果たしたのである。通商政策は，1950年代末まで続く「二国間協定の時代」[7]に突入した。

こうして導入された二国間決済の方法（クリアリング）においては，スイスの経済主体が貿易相手国の経済主体に対して持つ債権債務は，国の機関を通じて相殺される。スイスからの輸出に対する外国からの支払い，またサービス輸出・観光業・資本収益から生じる支払いもまた，この清算システムによって決済される。スイスの債務者（主として商品輸入者）は，1934年に設立されたスイス清算局に対してフラン建てで支払う。この機関は，銀行法による守秘義務の下に置かれた独立の機関であり，連邦官庁，金融機

関，国立銀行，多数の外国の経済主体の間で，仲介者の役割を演じた。対外債権を持つ輸出業者は，輸入業者による輸入代金の支払いによって初めてその債権を回収しえた。しかし支払いを待つ輸出業者は多く，スイス経済の中でその配分をめぐる紛争が生じた。資本取引はこの強制的な決済方法には組み込まれていなかったが，諸外国による外貨持ち出し禁止政策のために，いずれにせよ著しく制約を受けていた。

1930年代の世界経済恐慌の中でスイスは，過去の経験に基づき二段構えの戦略を講じ，戦時期から戦後の時期，これを基本的に維持した。この戦略でスイスは，あえて二国間協議を選び，クリアリング協定ならびに関税率や輸入割当に関する協定を締結した。したがってスイスは，自由貿易に背を向けた国々との間で直接的な交渉を行うことを選択したのであって，国際法に基づく双務的な国際条約の締結に努めた。他方でスイスは，安定した国際的枠組を構築することがより望ましいと表明しており，1920年代に再建された国際通貨体制に執着した。これは1914年以前の古典的な金本位制をモデルにしており，間もなく，第一次大戦前にその安定性を支えていた条件がもはや存在しないことが明らかとなった。しかし，長期的に機能する代替案が見あたらない中では，固定相場制と金平価の維持はスイスに不可欠のものと考えられたのである。金本位制の下では，国際通貨体制への参加国は厳格なルールに従う他はなく，それゆえこれは，なんとか続けられている外国貿易を適切な経路で拡大するためにどうしても必要な安全性を保障しうるものと考えられた。1931年9月，イギリスは突如としてポンド・スターリングの金兌換義務を放棄し，各国通貨の切下げの連鎖の口火を切ったが，その後もスイスの通貨当局は，金貨に基礎をおく国際通貨システムのモデルを擁護しつづけた。同時に，金ブロックの一員であることは，緊縮財政路線を維持し，また積極的な雇用政策を断念することを意味していた。

介入主義的な二国間主義と自由主義的な国際主義。この二つの政策目標が重複したことで，1930年代にはしばしば混乱が生じた。この両者は，スイスの対外経済政策と戦時経済の構築においても，重要な基本方針となると考えられていた。スイスは，恐慌の時期には貿易活動を厳格な管理体制下に置いたが，同時に通貨の交換性を維持した。しかしその目標は，貿易の振興であって自給自足的な国民経済の構築ではなかった。ドイツによって喧伝されていた「大陸ブロック」を目指す自給自足経済的な概念に対しては，スイスはとりわけ強く反対の姿勢を示した。スイスの関税率は，保護主義的な政策を導入した諸国に比すれば依然として低かった。しかし，1931年から1934年の間に35ヵ国もの諸国が外国為替に対する規制を導入し，しかも一部の国々は全面的かつ厳格な外国為替統制を導入するという新しい事態に直面して，スイスは，伝統的な自由貿易主義から離脱せざるをえなくなったのである[8]。

スイス経済と金融センター

金融センター［Finanzplatz / place financière］は，銀行の他，各種の金融機関，保

険会社，それに，資産管理・仲介・投資顧問業務を行う一連のいわゆる仲介業者（弁護士，公証人，信託業者）からなっている。その基礎は，スイスの最も重要な銀行拠点都市（ジュネーヴ，チューリヒ，バーゼル）の金融業が全国的に統合することで創出された。銀行と同様に保険会社も，第一次大戦の後，多くの国を襲った通貨価値の動揺を利用して，ヨーロッパ全域に業務を拡大した。スイスの保険会社の国外業務は，両大戦間期には国内業務よりも急速に成長し，これら保険会社の国際化の度合は高くなった。

顧客との息の長い取引と秘密保持重視の経営姿勢は，ヨーロッパ市場・世界市場を重視するスイスの銀行の二つの主要な特徴である。第一次大戦の結果，特にスイスの銀行は，国際的に重要な役割を演ずるようになった[9]。1914年の大戦勃発によって国際金本位制と世界市場が解体した後，スイスにおいても金兌換義務は停止され，スイスの通貨フランを法定支払手段とすることが宣言された。交戦諸国の経済状態と通貨価値が急速に悪化する中で，軍事作戦を免れた中立国は逃避資金の避難所となり，またヨーロッパ規模の資金のターンテーブルにもなって，中立国としての地位から少なからぬ利益を得ることができた。1918年以降の危機的な時期においては，とりわけドイツとの経済関係が重要であった。1920年代半ば，スイスは（スウェーデンの少し後，イギリスと同時に），戦前の金平価で金本位制に復帰した。1929年の国立銀行法の改正，1931年の貨幣法の改正により，すでに1925年から事実上再導入されていた金通貨が法的に追認された。これ以降，金平価と強いスイスフランを守ることは，他の経済政策上の目標に優先する課題となった。

これにより，スイスが急速に重要性を高め資産管理の国際的な中心となるための重要な条件が創出された。外国の投資家は，安全性と安定性を求めていたが，スイスの金融センターはその双方を提供したのである。金融・通貨技術的な側面のみならず，スイスの政治体制と国際秩序の中でのスイスの位置もまた，スイスへの信頼を生み出した。それによってスイスは，長期的な資本移動の最も重要な結節点となったのである。

スイスの金融センターはスイスの国内政治で肯定的な扱いを受けてきたが，それは，一部の批判者による思いこみとは違って，国民経済の中での金融センターの機能が，金融業の国際的な拡大と理想的な形で結びついていたからである。全国的な，村落レベルにまで濃密に張り巡らされた銀行支店網によって，地元の貯蓄資金が吸い上げられた。資本輸出が続いたにもかかわらず，逃避資本の避難所になったためにスイスの金融市場は高い流動性を維持することができ，それによって低い金利水準が保証された。大銀行はまた，工業を支える輸出金融業務と資本輸出とをつなぐギアとして機能した。これによって高付加価値部門は，スイス国内市場の需要能力をはるかに超えた成長を実現しえた。スイスの投資家による外国資産への投資（その残額は外国人が所有する在スイス資産の額を大幅に上回っていた）は，スイスに投資収益をもたらし，――旅行収支での黒字とともに――恒常的に生じていた貿易赤字を埋め合わせ，スイスの国際収支を長期的に均衡させる役割を果たした。紛争や摩擦があったにせよ，強い通貨と効率的な金融セン

ターが国民経済全体にとって有用であることが，明らかとなっていた10)。

　1933年から1945年の全期間にわたって，銀行は行動の自立性を維持していた。これは自明なことではない。1920年代には，交換可能な通貨を備えた自由な世界市場を再建する努力がなされたが，これは世界経済恐慌によって深刻な打撃を受けた。1931年が転換点であった。ドイツにおける外貨統制への移行とイギリスポンドの金平価からの離脱は，その後の数年間に息をのむほどの速度で進行した世界経済の解体の前兆であった。スイスでも，銀行（とりわけスイス・フォルクス銀行★4）は深刻な危機に陥り，連邦政府の支援によってようやくこれを乗り切った。国による再建支援に対する直接・間接の対価として，銀行界は，初の連邦銀行法の制定に同意せざるをえなかった★5。しかし銀行はその制定過程に積極的に関与し，1934年に議会で審議された法案は，金融市場の活動の余地をほとんど制約しないものとなった11)。同法には銀行守秘義務条項が盛り込まれた。秘密保持を旨とする業務慣行が刑法上の罰則を伴う保護を獲得して大幅に強化され，外国政府による当該国市民の資産状況調査に対して防衛線が引かれたのである。これによりスイスの金融センターが国際的な資産管理拠点としての地位を高めたことは，長期的にみて両大戦間期の最も重要な変化であった12)。

国家機構，政治文化，国民的アイデンティティ

　スイス社会は複雑な構造を持つ。教育水準・職業活動・資産状態・言語・宗派に関する境界線は重なり合っておらず，錯綜して，すなわち社会学者の言う「交差するクリービッジ」の形で走っている。民族的［ethnisch/ethnique］な単一性の欠如のために，スイスは，他の諸国と異なり，「〔政治的な〕意志による国民」［politische Willensnation / nation de volonté］と定義される。この概念は，国の政治的・領土的統一性が，単一の基準では定義しえないことを含意している。それゆえスイスでは，歴史――19世紀末以降はスイス盟約者団創設の伝説――がとりわけ重要な役割を果たす13)。歴史についてのこの文化的な記憶は，連邦制・中立・直接民主制という三つの様式化された国家形成原理と結びつけられ，とりわけ第二次大戦時に重要な役割を演じた。「城塞襲撃」「よそ者による支配からの解放」「異国の代官たちとの戦い」といった古来のイメージに

★4 スイス・フォルクス銀行は，1869年にベルン・フォルクス銀行（Volksbank in Bern）の名で，公益目的の協同組合組織の金融機関として設立された。その後非組合員にも顧客を広げ，1881年にはスイス・フォルクス銀行（Schweizerische Volksbank）と改称した。1930年時点では，スイス第二の規模（資産額65億フラン，行員数1639名）を持つ銀行であった。1933年に経営危機に陥り，連邦政府が1億フランを出資し支援を行い，1936年には外国業務から撤退した。1960年代以降は拡大に転じたが，1993年，クレディ・スイス・ホールディングによって買収された。*Historisches Lexikon der Schweiz/ Dictionnaire historique de la Suisse* (Web版, http: //hls-dhs-dss.ch) の関連項目を参照。

★5 それまで銀行業を規制する連邦法はなく，銀行は各カントンの州銀行法に服するのみであった。1934年11月に制定された連邦銀行法は，銀行の守秘義務と国立銀行への業務報告義務を定め，また州立銀行を除く銀行の開業を，連邦銀行委員会（Eidgenössische Bankenkommission）による認可制の下に置いた。*Schweizer Lexikon*, Band 1. Visp 1999, 375頁を参照。

刻印された歴史像には，時としてヴィルヘルム・テルとかアルノルト・フォン・ヴィンケルリート★6といった伝説上の人物も住み着いていた。同時にまた，スイスは，自国をヨーロッパのある種のミニチュアとみなしていた。ヨーロッパの主な大河はスイスにある源流から流れ出る。スイスは，自国を「ゴットハルト峠の国」として描いた。すなわち，「結合と分離の山」に，国民的アイデンティティを求めたのである14)。

　国家体制や憲法構造の点では，1848 年の連邦国家の創設は，コンフェデラティオ・ヘルヴェティカ（Confoederatio Helvetica, CH）という正式名称を持つこの国の歴史の中でも画期的な出来事であった15)。たしかに社会的には，とりわけ社会層間の対立構図の変化やメディア革命によって，政治構造はその後も大きく変化した。とはいえ，19世紀半ばに創出された連邦国家の形態は，今日に至るまで基本的に維持されているのである16)。1848 年以来，22 のカントン〔州〕が，統一的な外交政策，共同防衛体制，国内共通の一般投票権，ならびに二院制（国民を代表する国民院と，カントンを代表する全州院）を持つ，一つの連邦国家を構成している。1848 年以来保障されている市民的な基本権（宗教・出版・団結の自由その他）は，その後，直接民主主義的参政権（1874 年の法律レファレンダム，1891 年のイニシアティブ〔発議〕権）を加え，拡張された。スイスのユダヤ人は 1866 年および 1874 年になって初めて，それも外国からの圧力で他のスイス人と同じ権利を獲得した17)。半直接民主主義は★7，平等原理を戦闘能力と結びつけることで主権者を男性に限定した共和政的伝統の範囲にとどまっていた。男女の政治的権利の同権化はすでに 19 世紀から政治の場で議論となっていたが，しかし連邦レベルでこれが実現したのはようやく 1971 年のことであった★8。

　連邦制をとるスイスは，連邦・カントン・自治体の各段階に非常に分権化されているが，しかし同時に，経済・軍・政治におけるエリート層は全国規模で高度に統合されており，しかもこれらは，新しい勢力や反対勢力をも取り込んでいた。民兵制にとどまらず公職一般に及んだ市民参加制度（ミリッツ・システム）★9のために，自律的な「軍人階級カースト」のみならず「政治家階級」や官僚層もスイスには存在せず，そのためこれらのエ

★6 アルノルト・フォン・ヴィンケルリートは，1386 年，スイス領の回復を狙うハープスブルク家の騎士団とスイス盟約者団が戦ったゼンパハの戦いで活躍したとされる伝説的英雄である。槍を持って包囲する敵の中に突撃し，盟約者団に勝利をもたらしたとされるが，長槍が盟約者団で普及したのは 15 世紀半ば以降であること，最初の言及が 1531 年の叙事詩であり，ゼンパハの戦いから大きな年代的空白があること，伝説が普及した 16 世紀前半，スイスがイタリア各地で敗戦を経験していたこと等を根拠に，その実在は疑わしいとされる。*Schweizer Lexikon*, Band 12, Visp 1999, 248 頁を参照。
★7 小林武は，半直接民主主義について次のように解説している。「スイスでは，連邦の統治機構を，慎重に，「半直接民主政」（halbdirekte Demokratie）と特徴づけることが通例である。そこでは，直接民主政（direkte Demokratie）は，厳密には，邦における全邦民大会」（Landsgemeinde）や自治体における自治体住民集会（Gemeindeversammlung）のような，全有権者の集会において重要案件を決定する制度，すなわち，「介在するもののない国民の統治」の形態のみを指す。これに対し，代表民主政（repräsentative Demokratie）が直接民主政的な国民のレファレンダムおよびイニシアティブの権利によって制約されている混合形態（Mischform）が，半直接民主政にほかならない」。小林武［1989］，239-240 頁より抜粋。

リート層は自らの意志を貫徹することができた。スイスの連邦国家は，政治面では1848年以降，自由主義勢力の支配下にあった。文化闘争★10の沈静化の後，カトリック保守派〔後のスイス保守人民党，現在のキリスト教民主人民党（CVP）〕が，連邦内閣の7つの閣僚ポストの一つを占めるに至った。第一次大戦中，また1918年のゼネストに際して，市民・農民ブロックは対立勢力である労働運動に対して優勢を保った。翌1919年〔の国民院の選挙で〕自由主義急進派［Freisinn/libérale］権力の危機が表面化すると，カトリック保守派勢力は，〔七つの〕連邦閣僚ポストのうち，二つ目を獲得した。1929年には保守的な「農工市民党」の代表が連邦閣僚に就任し，これによって得票数の53％を基盤とする連立政権が行政権を行使した。1935年には，左派と並ぶもう一つの野党勢力が出現した。「革新運動」［Erneuerungsbeweg / mouvements de rénovation］★11の中で生まれた大衆運動的な「独立者の全国連合」［Landesring der Unabhängigen, LdU / Alliance des Indépendants］であり，これはカリスマ的な存在であるゴットリープ・ドゥトヴァイラー★12によって率いられていた18)。

　スイス社会民主党は，連邦レベルでは，社会的に弱体な層の地位改善のための闘争と，労働者政党たることを規定したその綱領のために，両大戦間期全般にわたって権力に距離を置き続けた。そのため，カントンや自治体，特にいわゆる「赤い都市」では社会民主党も「政権担当能力」をかなり以前から示していたものの19)，連邦次元ではそ

★8 連邦憲法の改正に先立ち，ヴォーやヌシャテル（1959年），ジュネーヴ（1960年）など，複数のカントンで女性参政権が実現している。しかし1959年の連邦での国民投票では，67％の有権者（男性のみ）が女性参政権に反対した。なお1971年の国民投票で承認された憲法改正（投票率57,7％，賛成65,7％，三つの半カントンと五つのカントンで否決）は，連邦レベルの参政権について規定したに過ぎず，カントンや自治体に対して男女同権の選挙資格を明示的に義務付けるものではなかった。そのため農村部の保守的な小規模カントンや自治体では，その後も長く女性の排除が続いた。1990年11月，カントンレベルでの女性参政権を最後まで拒否していたアッペンツェル・インナーローデンの投票規定に対し，連邦裁判所が違憲判決を下し，ようやく全てのカントンと自治体で女性参政権が実現した。もっともその後の変化は早く，「各国議会同盟」の2008年の集計では女性議員比率は世界ランキングで26位（28.5％，国政レベル・下院基準）と欧州では平均的な水準にあり，例えば103位の日本（9.4％）よりもはるかに高い。*Historisches Lexikon der Schweiz*, Band 4, Basel 2004, 705–706頁，ならびにhttp://www.ipu.org/wmn-e/classif.htmを参照。

★9 原語はMilizsystem / systèm de miliceであるが，日本語の定訳はない。「自治」に基づくスイスの社会原理を最も端的に示す社会制度概念の一つである。一般的には，公的な任務や官職を自発的・副業的・名誉職的に担うことであり，例えば連邦・カントン・自治体の議員，下級審裁判官，消防士などの公職（連邦・カントンの閣僚，連邦裁判所判事など非常勤形態では困難な職を除く）が対象となる。典型は，「非職業政治家による議会」［Miliz Parlament］や「民兵軍」［Miliz Armee］であり，例えば後者においては，軍の最高幹部を除き，兵士や下士官・士官は通常は他の職業に就き，必要時にのみ，ないしは副業的に軍務に従事する。一般的には，少数者や特定集団への権力集中を回避することや，民間部門の人的資源を有効に利用することが目的であるとされ，近年では，医療や高齢者介護等の福祉の分野でもこの原理が重視されている。Hans Baur［1998］，50–51頁を参照。なおこの制度については，岡本三彦［2005］，32–37頁が詳しい。

★10 文化闘争［Kulturkampf］とは，一般にカトリック教会と国家との闘争であり，また自由主義的カトリシズムと教皇庁に忠誠を維持するカトリシズムの対立である。ドイツの文化闘争がよく知られているが，スイスにおいても19世紀初から断続的に文化闘争が発生し，1880年代半ばに最終的に終息するまで続いた。*Schweizer Lexikon*, Band 7, Visp 1999, 99頁を参照。

の能力を持たないとみなされていた。いわば当然のことではあるが，財界団体や公的機関の上層部には，社会民主党や労働組合の代表の姿はなかった。1930年代の「精神的国土防衛」［Geistige Landesverteidigung / défense spirituelle］は，かなりの程度まで労働運動の主導で行われたが，当初はこれによっても市民諸政党側★13からの歩み寄りを引き出すことはできなかった。1940年に4回行われた連邦閣僚の補選に際して，社会民主党は閣僚ポストを一つ譲るよう要求したが，この要求は隣国ドイツに対する外交的な配慮もあって拒否された。しかし1943年の欧州戦線での戦況の転換後，スイス社会民主党はその得票率を28.6%にまで高めることに成功し（1939年には25.9%），議会の最大会派となって，1943年12月に最初の連邦閣僚の座を獲得した。1945年以降の冷戦の時代に確立した国民的なコンセンサスの結果，1959年には，今日なお存続している「魔法の公式」［Zauberformel / formule magique］が成立した★14。すなわちスイ

★11 「革新」［Erneuerung/ rénovation］の語は，従来の自由主義的市民勢力に飽きたらず，国粋主義的，権威主義的，反共的立場から既成秩序の打破を要求する諸戦線運動（58頁訳註23参照）で多用されたが，同時に，既存の市民諸政党（次頁★13参照），有力な経済諸団体など，エスタブリッシュメントを含むより広範な反共勢力によっても用いられた。諸戦線運動とも部分的に親和的であるこの両大戦期間の政治運動を，スイスでは革新運動と総称する。経済政策的には，この運動は国家による介入や社会的な施策に対する激しい批判，個人や私企業の自由の強調を基調としており，また政治手法としては，明確に「敵」を設定し，センセーショナルに単純化されたスローガンを掲げてイニシアティブ，レファレンダム闘争に訴えるという戦略がしばしばとられた。これは後に，経済団体による政治過程へのコーポラティズム的な関与へとつながっていった。

　革新運動を担ったのは，以下の組織であった。ブルジョワ政党のレファレンダム・イニシアティブ委員会である「スイス中道プレス」［Schweizer Mittelpresse, SMP］。大企業の利害を代表しつつ，反社会主義的姿勢を明確にした，経済政策志向の強い「経済的連帯のためのスイス連合」［Schweizerische Vereinigung für wirtschaftliche Solidarität, SVS］。フランス語圏を中心に多くの財界人・反共主義者が加わった「国民復興」［Die Aktionsgemeinschaft Nationaler Wiederaufbau, ANW/ Redressement National, RN］。部分的に「国民復興」の母体となり，諸戦線運動とも近かった「民族と故郷のための同盟」［Bund für Volk und Heimat, BVH］。1941年に設立された「スイス経済振興協会」［Gesellschaft zur Förderung der schweizerischen Wirtschaft, Wf］。なお同協会は，財界の宣伝機関として近年まで活動を続けている。Werner, Christian［2000］を参照。

★12 ゴットリープ・ドゥトヴァイラー（1888-1962）。チューリヒ生まれの企業家。商人・投機家・植民事業者として活動した後，1925年，チューリヒにミグロ（Migros）を設立，限られた品目の生活必需品を安価に販売し，スイスの小売業に革命をもたらした。彼の成功は既存の小売業者の反発と攻撃を招いたが，これはアルコールの非売といった理想主義的営業方針とあいまって知名度を高めた。ミグロを標的にした支店開設禁止令に反発して政治への進出を決意し，無所属候補者と統一名簿を作成して1935年の国民院議員に立候補し，自身も含め6名を当選させた。翌1936年には「独立者の全国連合」を設立，自ら代表に就任した。連邦閣僚マルセル・ピレ=ゴラの演説に対する批判が原因で全権委員会（66頁参照）から排除されたことに抗議し，1940年，国民院議員（ベルン選出）を辞職した。1943年-49年にはチューリヒ選出の国民院議員，1949-51年には同全州院議員，その後はその死去までベルンの国民院議員を務めた。

　ドゥトヴァイラーには子供がおらず，1940年，ミグロを株式会社から共同組合組織に転換し，売上（利益ではなく）の1%を毎年文化・社会・福祉目的の非営利事業に投じるなど，社会貢献で先駆的な役割を果たした。その後もミグロは拡大を続け，銀行業・旅行業等にも進出し，今日では8万人弱の従業員を抱え，スイス小売業で最大の勢力となっている。Historische Lexikon der Schweiz/ Dictionnaire historique de la Suisse (http://hls-dhs-dss.ch)の関連項目を参照。日本語に訳された関連文献として，アルフレート・A・ヘスラー著，山下肇，山下萬里訳［1996］がある。

ス社会民主党［SPS/PSS］，自由民主党［FDP/PRD］，スイス保守人民党〔現在のキリスト教民主人民党 CVP/PDC〕がそれぞれ二つの閣僚ポストを，また農工市民党［BGB/PAB］〔今日のスイス人民党（SVP/UDC）の前身の一つ〕が一つの閣僚ポストを占めるという体制である。この幅広い大連立政権の共通項は，反共主義と，スイスが「特殊な事例」であり，国際的な勢力争いの中で独自の道を歩んで行けるという信念であった。

　政党政治における妥協は，政治団体の役割の変化を伴っていた。歴史家エミール・ドゥールは，1929 年，「政治的動機および政党の経済化［Verwirtschaftlichung］」に言及し，第一次大戦を契機に顕著になった国政での経済諸団体の影響力拡大を指摘していた20)。工業，農業，それに労働者は，1860 年代末頃から次第に，団体を結成して自らの利益の擁護を図るようになった。20 世紀初めには，四つの利益団体が政治的に重要となって，「民間政府」とでも言うべき地位を獲得した。これらの団体は，レファレンダム制度を武器に法案を国民投票に持ち込む力を持っていたため，議会審議に先立っての協議（意見聴取手続）［Vernehmlassungsverfahren / procédure de consultation］の制度が生まれることになった。集権的な構造を持つこれらの団体は，カントン単位に分立し相対的に弱体であった政党組織を補完した。重要な政治的決定は，次第に影響力を増したこの疑似国家的な機構において下されるようになり，そこでは，スイス商工業連盟代表部〔フォアオルト〕［Vorort des Schweizerischen Handels- und Industrieverein / Directoire de l'Union suisse du commerce et de l'industrie］〔スイスの各種業界団体を束ねる上部組織〕が，対外経済関係の主要な分野で支配的な役割を演じた。これに，第一次大戦以降は国立銀行が加わり，さらに 1930 年代にはスイス清算局も加わった。1930 年代の世界恐慌によって，1874 年の連邦憲法で定められた営業の自由は次第に時代遅れとみなされるようになった。連邦内閣は，1937 年，連邦憲法の経済条項の見直しに関する報告書で，

★13 「市民諸政党」（bürgerliche Parteien / partis bourgeois）は，自由民主党（急進民主党），キリスト教民主人民党，スイス人民党，その他の中小政党など，左右対立軸の上で中道から右側に位置する勢力を総称する概念であり，スイスでは今日なお頻繁に使用される。この「市民」（ビュルガー／ブルジョワ）という語は，話者の政治信条や階級観によって，否定的にも肯定的にも用いられる。いずれにせよこの「市民」概念は，通常は保守勢力と対立的に位置づけられる日本での「市民」概念とは異なり，門閥的市民層や伝統的保守勢力などを幅広く含んでおり，日本の対立軸からの連想ではむしろ，「中道・右派」の語に相当するような概念であることに，注意が必要である。
　スイスでは，1890 年代以降，この市民諸政党と左派政党の対立が，最も重要な内政上の対立軸をなしてきた。連邦や大規模カントンでは比例代表制のために市民諸政党は互いに協力せざるをえず，「市民ブロック」として行動した。地方レベルでの選挙や州民・住民投票では過半数を制する必要がある事情も，この傾向を強めた。封建遺制が弱く，都市問題もそれほど深刻でないために労働者勢力の伸張が遅れたスイスの近現代史では「市民」勢力の優位が続いた。連邦・州・自治体の三つの階層で，市民諸政党は，レファレンダムや自発的合意民主主義という制約はあるものの，近年まで過半数を制してきている。本書では，bürgerlich / bourgeois の語には形容詞的に「市民」の語を，また Bürgertum / bourgeoisie には「市民階級」ないし「市民層」の語をあてる。*Historisches Lexikon der Schweiz*, Band 3, Basel 2003, 90–92, 94–97 頁。
★14 欧語版出版後の 2004 年に本文で示された各政党のポスト配分数は崩れている。

「経済の政治化」およびこれと並行する「政治の経済化」に言及した21)★15。10 年後の 1947 年になってようやく，この新しい「国家体制上の現実」が，国民投票によって承認された★16。それ以降，これらの団体は，——政党組織と異なり——立法過程において憲法上保証された発言権を持つに至った22)。

民間の，あるいは半官半民の勢力が国家と立法過程に強力な影響を及ぼすこのシステムは，「自由主義的コーポラティズム」［liberaler Korporatismus / corporatisme libéral］と称される。第二次大戦と全権〔委任〕体制〔後述〕は，自由主義的コーポラティズムの発展と，諸団体が支配する交渉〔合意〕民主主義［Verhandlungsdemokratie /démocratie de consensus］への移行を，加速させた。このような文脈からすると，多党連立政権原則あるいは合意〔民主主義〕原則［Konkordanzprinzip / principe de concordance］が★17，国民的な統合を強めたのみではなく，同時に責任の所在を不明確にする機能を果たしたことも明らかである。

国民皆兵原則は共和主義的市民原理の一つに数えられるが，しかしこれが実質的に確立したのは，1874 年の軍事教練の中央集権化と，1907 年の新軍事組織法の間の時期のことであった23)。従軍義務は，歴史的には，もちろん一つの権利，すなわち武器携行と集団的自衛という男性の権利であって，このうち後者は，政治的共同決定権と一対のものであった。軍は，19 世紀のスイスにおいては国民統合の最も重要な手段であって，また——工場労働に不可欠な規律から衛生観念に至るまでの——文民的な能力をも陶冶

★15 同時代のヨーロッパでは，ファシズムと社会主義に挟撃された自由主義者の間で，古典的自由主義の刷新を求める「新自由主義」の動きが生まれつつあった（権上康男編［2006］を参照）。「経済の政治化」も「政治の経済化」も，そうした時代状況を反映した用語法といえる。

★16 1947 年 7 月 6 日の国民投票では，「取引および営業の自由，カントンの権限」を定めた連邦憲法第 31 条に，以下の新しい条文を付加することが承認された。2「連邦の福祉措置，全体利益に基づく取引・営業の自由の制限」，3「ホテル・レストラン経営に関するカントンの権限，連邦による権限委譲」，4「銀行制度に関する連邦の権限，州立銀行との関係」，5「景気対策・失業対策に関する連邦の権限，営業の自由との関係」。同時に第 32 条の改正も承認されたが，その第 3 項には，「権限ある経済組織は，施行法の制定に先立って意見聴取の機会を得るものであり，また，施行令の実施に際して協働のために参加することができる」ことが明記されていた。コーポラティズム的な経済政策立案の手法が，憲法による裏づけを得たのである。憲法中で経済団体が明示的に言及されていたのに対して，政党についてはなんらの規定も置かれていなかった。なおスイス憲法の条文については，小林武［1989］の訳と解説を参照。

★17 コンセンサス・デモクラシー（Konkordanzdemokratie/ Démocratie de concordance）は，合意民主主義，交渉民主主義，協和民主主義，調和民主主義等と訳される。一般には，「政治社会の基本的ルールについてのコンセンサスが存在し，それが体制の安定条件となっているデモクラシーのあり方，もしくはそうした方向をめざすデモクラシーの理念」（『新訂版現代政治学事典』ブレーン出版，1998 年，361 頁）と定義されるが，スイスの場合には，その内容はより具体的であり，主要政党の全てが連立して同僚制に基づく内閣を構成し，かつ地域・宗派バランスを考慮して閣僚を選出するといった慣行が確立している（本文前頁，「魔法の公式」）。また政治文化としても多数決による即決を避け，時間をかけて合意形成を図る傾向が顕著であり，これが，レファレンダムやイニシアティブによる多数決原理と均衡をなしている。なお，比較政治学者のレイプハルトは，民主主義体制を「ウェストミンスターモデル」と「コンセンサスモデル」の二つの類型に大別しているが，スイスはベルギーとともに後者の代表例と位置づけられている（レイプハルト，アレンド〔著〕，粕谷祐子〔訳〕［2005］，7-38 頁）。

する教育の場であった。20世紀初，新しい権威主義的な統率スタイルと，プロイセンに範をとった教練が導入され，ストライキに訴える労働者を標的とした国内の治安維持活動で威力を発揮した。こうした経験のために，第一次大戦中は左派の反軍国主義傾向が強まった。左派勢力が軍事的な国土防衛に積極的な態度をとるようになったのは，ナチスによる脅威の印象が強まった1930年代半ば以降のことである[24]。

1939年の戦争勃発により，スイス軍の総司令官に誰を任命すべきかが，重要な問題となった。当時も今も，スイスの防衛組織では，深刻な脅威がある場合と動員令が出た場合にのみ，最高司令官と称すべき者を任命する。1939年8月31日，両院合同で開催された連邦議会は，伝統的にドイツに友好的な士官層を支持基盤とするチューリヒ出身のウルリッヒ・ヴィレに反対票を投じ，ヴォー〔フランス語圏〕出身のアンリ・ギザンを選出した。

脅威の認識と安全保障上の諸概念は，第二次大戦後もずっと後まで，19世紀に由来する戦争観に忠実でありつづけた。これについての教訓は，第一次大戦からはほとんど得られなかった。第二次大戦ではこの時代遅れのイメージはむしろ強化され，戦後においても決定的な意味を持ちつづけた[25]。スイス独特の民兵制度は，動員時には43万人（ここでは1941年の数字を例示）の男性，すなわち人口の10%，就業人口の20%を軍事的防衛目的で投入しえた。動員の頂点をなした1940年6月には，就業可能な男性のほぼ3分の1が武器をとっていた。したがって戦争勃発の予測は，企業と労働市場にはある種の適応のためのショックを生みだした。また同様に，軍事的な国土防衛の構想と構造は，システムに内在する「きわめて高い水準の軍事化」に立脚していたため，軍の上層部は，利用可能な人的資源を軍事面に投入するべきか，あるいは民生面に投入するべきかという選択に即座に直面した。動員によって数十万人の兵士を長期にわたって引き抜いた場合，「我が国の経済生活の［……］麻痺」を覚悟しなければならず，また逆にすぐに動員を解除した場合には，「戦闘力の空洞化」が予想された[26]。このジレンマは，特に第二次大戦ではとりわけ顕著であった。危険が高まった時期に，部隊の動員と解除が議論となった。また他方では，休暇願を裁可するいわゆる「軍務免除制度」［militärische Dispensationswesen / service des dispenses］が様々な利害の対立の場となり，絶えず問題となった。経済活動が決定的に重要——国内物資供給や購買力維持，輸出などの面で——であったために，「軍事的に必要な水準の臨戦態勢を，総動員体制★18の全期間にわたって維持することは，まったく不可能であった」のである[27]。

★18 総動員（Aktivdienst / service actif）とは，普段は市民生活を行う民兵を動員した状態，あるいはその下での軍務を指す。総動員の場合，連邦内閣は部隊を招集し，連邦議会は総司令官（General）を選出する。また各種の緊急法が施行され，また動員された民兵に対してはジュネーブ条約による戦時法が適用される。総動員が実施されたのは，1848/49年，1853年，1856/57年，1859年，1866年，1870/71年，1914–19年，1939–45年の各年である。第二次大戦中には，70万人が動員され，歩兵部隊の場合には828日の動員日を記録した。動員中の死者は4050人，33名が反逆罪で死刑に処され，1万400人の外国人兵士が抑留された。*Schweizer Lexikon*, Band 1, Visp 1999, 96頁を参照。

中立

　中立は，スイスの国民意識の重要な要素であった。中立は単に外交上の重要原則であったにとどまらず，スイス内の様々な対立を和らげる効果を持っていた。とりわけドイツ語圏スイスとフランス語圏スイスの間の関係が言及に値する。そこには，長い歴史を持つドイツとフランスの「宿敵関係」が心理的に投影されていた。第一次大戦時には，スイスの独仏言語圏間の対立は，双方の住民がそれぞれドイツとフランスに対する連帯を表明したために，危険な水準にまでエスカレートした。1930 年代に再び，ヨーロッパの政治情勢は，独仏間の緊張関係がスイス内の分裂を深めかねないような状況を生み出した。しかし第二次大戦では，いわゆる精神的国土防衛と国内に対しては厳しく適用された中立政策とが合意の形成を促し，スイス内に働く遠心力は抑えこまれた。

　外交上，スイスは，国際連盟に加盟し，しかもその経済制裁に参加する用意がある旨を明らかにしていたが，1920 年 2 月 13 日の「ロンドン宣言」によって，国際社会からその「永世中立」［immerwährende Neutralität / neutralité perpétuelle / eternal neutrality］を承認されていた。1938 年になると，連盟の理事会は，スイスに対し経済制裁の義務を免除し，「絶対中立」［integrale Neutralität / neutralité intégrale / integral neutrality］への回帰を許容した。1937 年 2 月，ドイツライヒ総統兼首相［Reichskanzler］のアドルフ・ヒトラーが，「何があろうとも」[28] スイスの中立の不可侵性を尊重すると宣言した際には，スイスはこれを非常に歓迎した。しかしながらその 2 年後，1939 年の 1 月と 2 月に仏英両国が中立の保証を提案し，政策論争となった際には，スイスは非常に慎重な姿勢をみせた。戦争が始まると，政府は軍事力で中立を守る方針を明らかにした。陸戦・海戦での中立国の権利義務を規定した 1907 年のハーグ会議第 5 条約と第 13 条約は，中立国に対し，交戦国軍隊抑留の義務，交戦国軍隊の通過ならびに国による交戦国への軍需物資供給の禁止などを義務づけていた。しかし重要な分野が除外されており，例えば民間ベースの貿易は，たとえ軍事物資であろうとこの禁止事項には含まれていなかったのである[29]。

　このように，中立が，国際的な軍事的衝突への単なる不参加原則という形で消極的に定義されていたため，——1914 年から 1918 年の経験が示したように——スイスにとっては，人道分野で積極的に活動しその成果を示すことが，重要であった。歯止めのない絶滅の意思のために，戦争と迫害は第一次大戦時とは根本的に異なった次元に至っていたが，それにもかかわらず，前述のように，第二次大戦中のスイスの自己認識は，第一次大戦時のそれと非常に似ていた。カトリック系のある主要日刊紙は，1943 年 9 月に，スイスを，「ヨーロッパの救護所」，「ヨーロッパの巨大な野戦病院」，「世界規模の子供部屋」と描写していた[30]。

　赤十字国際委員会（IKRK/CICR）は★19，政府としての地位を持たないにもかかわらず，国際社会において国際法上の機能を果たしており，世界におけるスイスの地位にとって大きな資産と見られていた。しかし赤十字国際委員会は，国家理性〔=国益，国

家の優越性〕★20に配慮して，戦時期のドイツによる迫害・絶滅政策に対して受身の態度に終始した。ずっと後の1989年になって初めて，赤十字国際委員会は，ドイツ支配地域のユダヤ人，さらにはドイツに併合された地域の住民のために活動することが倫理上の義務であったことを認めたが，しかし同時に赤十字国際委員会は，民間人の保護に関する国際法上の合意は，1949年にジュネーヴ諸条約第4条約★21で規定されるまで存在しなかったことも指摘した[31]。戦争のために通常の外交関係が失われた状況の下で交戦国の代理としてスイスが演じた「仲介」(ボン・オフィス)は，国際社会との貴重な接点であり，また，中立政策が生み出す孤立主義的傾向を相殺する重要な要素であった[32]。戦争勃発直後から，スイスは，各国からの要請を受け，その代理として外国人の利益擁護に努めた。戦線が拡大するにつれ，利益保護国★22としての保護受託件数は増加し，1943/44年には219件に達した。しばらくの間，1200人以上が保護の対象となってい

★19 ジュネーヴに本部を置く赤十字国際委員会は，スイスの私法人であるが，スイス連邦政府からの直接の財政支援を受けるなど，国家としてのスイスとも特別に密接な関係を有していた。赤十字国際委員会については，上野喬[2003]，221-247頁を参照。

★20 国家理性〔Staatsräson/raison d'Etat〕とは，「国家はそれ自身において存在理由をもち，法や道徳や宗教に優越して行動しうるという国家の行動原理」『哲学事典』平凡社，1971年，1508-1509頁。マキアヴェリズムとともに，16世紀後半以降用いられるに至った概念であり，国民国家の成立後は，「国民国家の利益」「体制の利益」といった文脈で用いられる。『新訂版現代政治学事典』ブレーン出版，1998年，1070頁他，関連項目も参照。

★21 戦争犠牲者の保護強化を目的とするいわゆる赤十字諸条約は，1949年のジュネーヴ条約で体系化された。その第4条約が，「戦時における文民の保護に関する1949年8月12日のジュネーヴ条約」である。防衛省の条約関係ホームページ，http://www.mod.go.jp/j/library/treaty/geneva/geneva4.htm を参照。

★22「利益保護国」〔Schutzmacht / protecting power〕関係は，二国間に外交関係が存在しない場合に発生する。そのうち一国が，相手国と外交関係を持つ第三国に，「外交的仲介」(guter Dienst / bons offices / good services) の提供（保護の委託）を依頼した場合，当該の第三国は利益保護国となる。利益保護国は，各国領土において，委託国の利害を代表し，その利益を擁護し，その在外公館は，委託国国民に保護を提供する。例えば「俘虜の待遇に関する1929年7月19日の条約」(ジュネーヴ条約)では，第三国を含む[利益]保護国が，捕虜に対して保護を提供しうることと，その場合の関係各国の権利義務に関して規定しており，また外交関係に関する国際条約(1961年4月18日のウィーン条約)では，その第46条において，〔外交使節団の〕「派遣国は，接受国に使節団を設置していない第三国の要請に基づき，接受国の事前の了解を得て，当該第三国及びその国民の利益を一時的に保護することができる」と規定されている（条文は，『解説条約集2007』三省堂，2007年，272頁より引用)。

永世中立国スイスは各国の中でも利益保護国として最も豊富な歴史的経験を持する。普仏戦争時，スイスはバイエルン王国，バーデン公国の利益保護国となった。また第一次大戦では，スペイン，オランダなどとともに同様の役割を果たした。第二次大戦期には，スイスは35ヵ国の利益保護国となり，それら各国の交戦相手国領内において依頼国の利益を代表していた。戦時捕虜の交換や，交戦国間の外交的通信の仲介などその役割は多岐にわたる。戦後も利益保護国としてのスイスの活動は活発に行われた。Direktion für Völkerrecht, Fremde Interessen. *Völkerrechtliche Aspekte der Schutzmachtpolitik im Allgemeinen und für die Schweiz im Besonderen EDA, Gutachten vom 14. September 2007*（http://www.bk.admin.ch/dokumentation/02574/04084/掲載)，および，Edmund Jan Osmańczyk, *Encyclopedia of the United Nations and International Agreements* (3rd. Edition), Vol.3, London/New York, 2002, 1867頁を参照。なお，アダム・レボー[1998]の286頁以下では，枢軸国側であったハンガリーにおいて，連合国各国の利益保護国となっていたスイスの外交官カール（邦訳書ではシャルル）・ルッツが，英国統治下のパレスチナへの移住許可証を英国の了解を得て発行し，多数のユダヤ人を救った事実が紹介されている。

た。利益保護国の重要な活動の一つは，捕虜収容所の訪問と捕虜交換の手配であったが，これは連合国，とりわけイギリスによって高く評価された。この限りでは，スイスの「ボン・オフィス」は単に人道的な価値のみならず政治的な価値をも持ったのであり，スイスの国際的な声価を高めたのである。

第一次大戦，ゼネスト，政党

　第一次大戦の経験は，戦後数十年の間，持続的な影響を及ぼし続けた。4年半の戦争の間，スイスでも，ヨーロッパの他の多くの諸国と同様，幅広い社会層で購買力が低下し，他方，企業部門のみならず農民にも戦時利得が生じた。配給と戦時経済は，着手が遅く手法も稚拙で，社会的な困窮を軽減することがほとんどできなかった。社会のこうした分極化は政治的対立を深刻化させ，政治情勢の大変革や革命運動へと流れ込んでいった。スイスでの階級闘争的な対立は，インフルエンザ〔スペイン風邪〕が猖獗する中で先鋭化し，1918年11月のゼネストで頂点に達した。ストライキに突入した労働者は，結局，投入された軍隊によって降伏を余儀なくされた。

　スイスのゼネストは，労働運動と市民層の間の両極化と対立を表していた[33]。ストライキはまた，二つの戦争に狭まれた危機の時代の先触れとなるものでもあった。市民層が持つ権力に対する挑戦という問題は，第二次大戦の末においてさえ，幾人かの政治上の要人にとっては依然として重要な判断基準であった。しかもこれは，社会主義革命の危険に警鐘を鳴らす人々にも，また国内対立の克服の必要性を強調する人々にも，当てはまったのである[34]。1930年代半ばに至るまでは緊張関係が続いており，ゼネストのトラウマは未だ非常に生々しかった。例えばスイス自由民主党の幹事長であったエルンスト・シュタインマンは，ヒトラーの権力掌握の半年後に，次のように述べていた。「ドイツの社会民主主義と労働組合の殲滅によって初めて道が開けた。というのも，この両者の敗北は，いわば根治し難い病とみられていたスイスの社会主義に決定的な打撃を与え，またスイスの市民層に，激しい闘争によって目的が達成されるのだとの確信を──もちろん我々は今でもそうした信念を持っているのだが──もたらしたからである」[35]。

　社会的危機の中で，この頃までに，各種の急進勢力が新たに地歩を獲得した。共産主義者は社会民主主義者を「社会的ファシスト」［Sozialfaschisten / sociaux-fascistes］呼ばわりし，1932年に「赤い」チューリヒで街頭での武力衝突を引き起こした[36]。ファシスト的な「諸戦線」［Fronten / fronts］勢力★23は，自らを市民諸勢力結集運動，国民的な革新運動であると喧伝していたが，その攻撃は，もっぱら，彼らが無能と評価していた自由主義勢力に向けられた。しかし，「諸戦線」と自由民主党右派の間には一致点もあり，1933年のチューリヒ市議会選挙では統一候補者名簿さえ実現していたのである[37]。保守勢力は，その原則においても手法においても，「諸戦線」と懸け離れてはおらず，戦後に至っても，社会の──保守主義的な──刷新［Erneuerung / renouveau]を自らの歴史的使命と位置づけていた38)。1932年秋には，ジュネーヴで悲劇的な衝突が発生した。労働者のデモの鎮圧に未熟な新兵が投入されたために，13人が死亡し80人以上が負傷したのである。1918年にゼネスト鎮圧を指揮したエミール・ゾンダーエッガー大佐は，その後は兵器貿易に携わり，1933年には「諸戦線」運動に加わっていたが，彼の目からみるならば，ジュネーヴの事件が，騒擾を再び起こそうとしてなされた扇動の結果であることは，疑いない事実であった39)。

　幅広い市民——当時の市民の自己理解では男性に限定されたが——の参加と議会が実現するはずの民主主義モデルは，1930年代には次第に，平和な時代にしか通用しない制度とみなされるようになった。すでに1933年には，その直後に連邦閣僚に選出されることになるフィリップ・エッターが★24，以下のように予言していた。「より強い権威主義的体制が，再び民主主義の中に組み込まれねばならない。そして，権威を妨げ麻

★23「諸戦線運動」[Frontenbewegung]は，ファシズム・ナチズム・社団国家思想等に傾斜した両大戦間期スイスの反民主主義的・反共主義的・権威主義的な政治潮流の総称であり，フロンティズム[Frontismus]とも称される。その主たる主張は，社会の現状を，精神的・政治的・経済的に刷新すること[Erneuerung]であり，自由主義に失望した小市民・ブルジョワ層を主たる支持層とし，部分的に青年運動としての特質も持つ。穏健勢力は外国と一定の距離を維持したが，一部の急進勢力は明確に親ナチス的態度を示した。
　諸戦線運動の兆しは1918年のゼネストに溯り，1933年のヒトラー政権掌握を契機に運動が本格化したが，背景には，社民勢力とブルジョワ政党の間の思想闘争に飽きたらず，1930年代の経済的危機に不満を募らせた若年層の増加があった。1930年，チューリヒ大学に「新前線」[Neue Front]が設立され，1933年には，他のファシスト団体と合流し，「民族戦線」[Nationale Front]を結成した（1940年に連邦議会決議により非合法化）。1931年にはドイツ出身のテオドール・フィッシャーによってナチスを模した民族社会主義盟約者団労働者党（NSEAP）が設立されたが，1933年にはその支持者の大半は民族戦線に移った。この時期，「戦線」[Front]の名を冠した多くの団体が登場したが，1933年の「諸戦線の春」以降，互いに合同と分裂を繰り返し，急速に衰退していった。
　諸戦線の政治的な成功は限定的かつ短期的であった。「戦線」勢力はナチスの政権掌握後の1933年，ライン河右岸に位置し，ドイツの影響の濃いシャフハウゼンの全州院議員選挙では27％の得票率を獲得し，またチューリヒ市の議会選挙ではブルジョワ政党との統一候補者名簿により125議席のうち10議席を獲得した。しかし連邦レベルでは，1935年の国民院議員選挙で187議席のうち，1議席（チューリヒのロベルト・トーブラー）を獲得したにすぎない。その後，1940年夏のドイツの電撃戦の成功で諸戦線は再び活発化し，ナチス覇権下のヨーロッパの新秩序への順応と，枢軸国に敵対的な勢力の国内政治からの一掃を要求した。1940年11月15日の「二百人の請願」（72頁訳註49参照）はこうした文脈にある。しかし戦局が転換した1943年には，諸戦線運動は姿を消してしまった。
　この運動は，ファシズムが優勢となったこの時期のヨーロッパにおいて，スイスもまた例外ではなかったことを示すものであるが，上記の議席獲得数にみられるように，スイスでのその政治的影響力を過大視することはできない。
　Schweizer Lexikon, Band 4, Visp 1999, 325頁，および，*Historisches Lexikon der Schweiz*, Band 4, Basel 2004, 851-854頁を参照。
★24 フィリップ・エッター（1891-1977），ツーク生まれの政治家・法律家。1918年よりカトリック保守派の政治家として活動，1930-34年に全州院議員，1934年から1959年まで連邦閣僚を務める。連邦内務相として1937年にレト・ロマンス語を第4の国語とし，1939年にはプロ・ヘルヴェティア財団を創設。自由主義的民主主義は権威への敬意を危険にさらすと考えたが，スイスの内政へ干渉しようとしたナチスの試みは拒絶した。1952年にはスイス国立科学財団を創設。また公的老齢遺族年金制度の拡張や公的障害者保険（IV）の導入や道路網の整備を進めた。
　Schweizer Lexikon, Band 4, Visp 1999, 52頁を参照。

痺させるすべてのものは，消え去らねばならない」と[40]。手始めに，連邦憲法89条第3項に基づくいわゆる「緊急政策（条項）」[Dringlichkeitspolitik / clause d'urgence]★25，すなわち対象法案を任意的レファレンダムの対象から外す規定が発動され，民主主義的共同決定権を制約した[41]。実際に議会は，1934年にこの規定を発動し，前年5月に国民投票で否決されていたのにもかかわらず，連邦職員の賃金を7％削減する決定を下した[42]。しかし反議会主義的な流れには★26，もう一つ，これよりも深い根があった。市民諸政党の苦い経験，すなわち，より公正な比例代表制が1918年に導入された結果，翌1919年の選挙で社会民主党の議席が倍増し，自由民主党の議席が3分の1以上も減ってしまったことが，それである。スイスの反議会主義は色々な点で諸外国のそれとの共通点を持っていた。とりわけ隣国では，フランスとドイツで，ピエール・ラヴァルとハインリヒ・ブリューニングが，緊急令を用いて不人気な政策を貫徹しつつあった。

国粋主義的な「諸戦線」運動，すなわちファシズムのスイス的変種の成功は，短い時期に限られた。1930年から1934年と，1940年秋の「諸戦線の春」[Frontenfrühling / primtemps frontiste]の短い期間がそれである。とはいえ，市民層出身の名望家たちの間でも，議会主義の制限，「政党支配」[Parteienherrschaft / règne de partis]の廃止，強力な指導者原理[Führertum / pouvoir autoritaire]の確立を求める声高な要求など，民主主義の根本的解体を指向するこの時期の傾向がさらに強まりつつあった[43]。「諸戦線」は政治的にはとるにたりない勢力に止まり，連邦議会ではわずか1議席を獲得したに過ぎなかったが，反民主主義的勢力は，たとえ少数ではあっても幅広い層に支持者を見出した。連邦憲法を権威主義的な方向で全面改正するよう求めたイニシアティブは，「諸戦線」の要求と同様の内容を持っており，1935年に国民投票で否決されたものの，この改正運動はとりわけカトリック保守派〔スイス保守人民党〕の若い支持層によって推進され，28％もの賛成票（西スイスでは38％）を獲得したのである。とはいえスイスでは，こうした権威主義への傾向は，中央政府権力たる連邦内閣の権限をごく限られた範囲で強めたに過ぎなかった。むしろ反民主主義的勢力は，近代的連邦国家の解体と，カントンの強化を目指していたのである。

世界恐慌と労働市場

対外依存度が極めて高いスイスは，時間的な遅れがあったとはいえ，やはり世界恐慌から打撃を受けた。タイムラグは，スイスの高付加価値部門が恐慌発生後も輸出能力を

★25 小林武［1989］，345頁によれば，連邦憲法第89条第3項はその後の改正で削除され，第89の2におきかえられた。
★26 直前で指摘されている状況は，「反議会主義」というよりむしろ連邦内閣と議会が一体となって直接民主主義原理を制約する動きであるが，この動きは，実体としては連邦内閣の議会に対する権限増大と，議会によるその追認からなっていた。「反議会主義」は，この後者を重視した表現と考えられる。

維持したことや，国内経済部門の一部が安定性を保ったことによる。恐慌による影響はアメリカ合衆国やドイツの場合ほどには破壊的ではなかったが，しかしこの両国よりも長い期間続き，1936年の夏にも再び深刻な状況となった。輸出量は1929年から1932年の間に半分以下となり，輸入も同様に減少した。1933年には，大規模な資金の流出がおこった。抵当貸付・商業信用の借手は金利の上昇に直面し，少なからぬ銀行が支払不能となった。多くの企業が倒産し，また農家の困窮も著しかった。購買力は大幅に縮小し，農産物は劇的な価格低下に見舞われた。端的に言えば，恐慌は，自己増殖的にますます深刻化していったのである。実効性のある失業保険制度がなかっただけに，勤労者にとって長期失業の負担は著しいものであった。

　戦争が始まったとき，これらの問題は大幅に改善していた。戦時期には，逆に労働力不足さえ発生した。とはいえ，1940年夏時点でも，最も危惧されていたのは，条件次第では再び失業が発生するかもしれないということであった。これについて連邦大統領のマルセル・ピレ=ゴラは，議論を巻き起こした1940年の6月のラジオ演説で，「如何なる対価を払おうとも」雇用を確保すると約束した[44]。その後間もなく，彼は，対外的安全保障のみならず国内治安維持にも責任を負っているギザン総司令官に対して，「失業は，騒乱を生みかねない非常に重要な問題であることが明らかになるだろう」と言明している[45]。恐慌の経験に影響されたこのような判断によって，すでに情勢が変わっていたことが無視されてしまった。ドイツとの1940年8月9日のクリアリング協定の締結によって，以前から顕著になっていた労働力不足はますます深刻になり，軍務のための休職に起因する紛争が絶え間なく起こった。しかし完全雇用が維持できるだろうかという危惧はその後も消えず，当時予想されていた戦後恐慌への不安へと延期されたにすぎなかった。1942年に，「自国の人々」の雇用を長期的に確保するためという理由で難民の入国を拒否した際には，戦後に起こると危惧されていた景気の悪化が念頭にあったのである[46]。各政党のうちでも特に左派政党は，1943/44年の時点で，戦時から平時への危機に満ちた転換過程に，大量失業が再び発生する危険が潜んでいると予測していた[47]。

外国人過剰への不安と反ユダヤ主義

　労働市場の問題やボルシェヴィズムに対する危惧の長期化は，他国同様スイスでも，外国人排斥の高まりと結びついており，その一部は，激しい反ユダヤ主義的傾向を帯びていた。議論の中心には，外国人(よそもの)過剰［Überfremdung/surpopulation étrangère］という★27，政治の場ではきわめて多様に用いられたキーワードがあった。これにまつわる不安は，第一次大戦と，1917/18年の社会的騒乱の経験に由来していた。「外国人過剰」に対する政治的・官僚機構的手段となったのは，全権委任体制の下で1917年に全国組

★27 この概念については，本書第二部第四章を参照。

織として創設された連邦外国人警察である[48]。

　外国人に対する敵意は，メディア，政治の場での攻撃，国民投票に表れていた。行政上は，難民庇護政策は外国人政策の一部をなしていたが，その基本方針は1931年の「外国人の滞在と定住に関する連邦法（ANAG / LFSEE）」によって確立され，これにより，「外国人過剰」に対する闘いに法的根拠が与えられた。しかし逆説的なことに，この時期，スイスの定住外国人比率はむしろ下がり続けていた。1910年には14.7％に達していたこの比率は，1920年には10.4％，1930年には8.7％となり，1941年には5.2％という20世紀で最も低い数字に低下したのである。このように，外国人過剰に対する不安は一面では非常に漠然としており，明確な根拠を欠いていた。しかし他方では，これは非常にはっきりと，ユダヤ人移民や，——これとしばしば同一とみなされていた——外国から来住した社会主義者，ただでさえ危うくなっていた国内の社会文化的な団結を破壊しかねない危険な「諸分子」を，標的としていた[49]。

　反ユダヤ主義を判断する際に重要なのは，それが，漠然たる基本姿勢として時と場合によって影響力を持ったに過ぎないのか，それとも，行政慣行や立法行為を基礎づけるような原則を生み出したのか，という点である。第一次大戦以降，スイスでは，自国を「ユダヤ化」［Verjudung / judaisation］から守ろうとの動きが次第に定着してきていた[50]。こうした態度は市民権付与手続に影響を及ぼし，これは次第に厳しくなった★28。1916年以降，市民権申請者の書類に手書きで印をつけたものが見られるようになるが，これはユダヤ人によるスイス市民権取得を防ごうという意図を物語るものである。1919年には，連邦官庁は同様の目的でダヴィデの星の形をしたスタンプを使用した[51]。1936年以降，すなわち良く知られた1938年のユダヤ人への烙印よりもずっと早く，スイスの官吏は同じようなマークを書類に付していたのである[52]。

内政安定化要因と恐慌の克服

　両大戦間期の特徴は，階級闘争のレトリックと，金に固定された通貨の有益性への政党を越えた信念とが，逆説的に共存していた点にあった。スイスの連邦内閣は，戦前金平価への復帰を決定し，早くも1920年代の半ばには再建された金本位制に加わった。金本位制は拘束的な体系あるいは政治的に自らを縛るメカニズムともいえ，経済政策的な自由度を制約し，通貨政策とそれに結びついた利害を優先するものであった。労働運動は，市民勢力との時折先鋭化する対立にもかかわらず，金本位制の原則を支持してお

★28　19世紀のうちに市民権概念を一元化した隣国の連邦国家ドイツとは異なり，スイスの場合には，市民権の重層構造——基礎自治体（ゲマインデ，コミューン），カントン，連邦の各段階の——が今日まで残存している。市民権付与基準に関しては次第に統一化が進められてきたが，実際の手続きはカントンごと，自治体ごとに異なっており，多くの市民・住民自治体では，市民権の付与を住民集会での議決ないし住民投票に委ねてきた。この場合，一般には，外国人の市民権取得はより困難となる。Weinmann, Barbara［2002］の各章，Sonderegger, Christian/Stampfli, Marc［1996］，38頁，ならびに黒澤隆文［2009］，55-71頁を参照。

り，内政に関しては，金本位制は安定化要因であったといえよう53)。強い通貨についての合意は，第二次大戦時にも大きな意味をもった。対外経済関係に依存した脆弱な小国は，固定相場に基づく安定的な国際通貨体制を必要としており，金本位制以外に現実的な代替案はないと考える点で，人々は，政党間のあらゆる対立を越えて一致していたのである。

　金通貨の維持を目的とした経済・財政政策は，世界恐慌に対する景気対策的な介入の余地を狭めた。市民諸政党が多数派を占める政府と議会は，国民投票を封じ込める緊急法［Notrecht］の助けを得て，厳しいデフレ政策を貫徹した。これは，賃金と物価の全般的な切り下げによってスイスの輸出競争力を回復しようとする政策であった。赤字財政による「ケインズ主義的」・社会介入主義的な景気対策を行うべきとの労働運動からの要求に対しては，市民諸政党は，そうした政策は通貨価値の安定に対する攻撃であるとの妥協の余地のない論理を示して，これを拒絶した。労働組合によって組織された「恐慌イニシアティブ」［Kriseninitiative / initiative de crise］は，ささやかな，また市場原理に何ら反しない要求であったが，スイス銀行家協会［Schweizerische Bankiervereinigung / Association suisse des banquiers］はこれに対抗するために，労働組合運動の殲滅を目標に掲げる「諸戦線」運動に対して躊躇することなく多額の資金援助を行った。アメリカの「ニュー・ディール」に倣ったこのイニシアティブは，1935年半ばの国民投票ではそれでも43%の支持を獲得し，否決されたものの賛成票との差はわずかであった。これとは対照的に，政治的に反対の極に立つ勢力のイニシアティブによって行われた連邦憲法の権威主義な方向での全面改正案は，同年の国民投票では，はるかに多くの反対票によって否決された。これは，「諸戦線」主義者による民族共同体指向★29で反共主義的なプロパガンダが，全国レベルでは通用しなかったということを示したものであった54)。

　1936年9月，縮小する金ブロックに所属し続けたスイスフランは，フランスフランの切り下げにかなり遅れて，ようやく30%切り下げられた。賃金引き下げに対する激しい批判にもかかわらず，労働運動が，とりわけ価格政策・対外貿易政策に関する信条に基づいてこの政策を基本的に支持したという点は，特記に値する。スイスフランの切り下げによって，金ブロックは解体した。スイスの世論にとっては通貨切り下げは驚きであった。政府も国立銀行も，直前まで，通貨切り下げは論外であると断言していたからである。切り下げの結果，スイスの通貨に対する投機は沈静化し，資本市場の流動性が高まって，国際的な再軍備の流れを背景とした景気の回復を支えた。何よりもこれによって，スイスフランに対する信頼が強まった55)。外国での景気の回復と相俟って，通貨切り下げは待ちに待った景気の回復をもたらしたのであり，しかもこれによって国内政治の連帯感が強まった。デフレ圧力の消滅は，以下で触れるような，精神的国土防

★29 独語版［volksgemeinschaftlich］による。仏語版は「ポピュリスト的」［populiste］，英語版は「国粋主義的」［nationalist］。

衛の下で実現した1930年代末の国内政治上の統合にとって，重要な前提であった。軍の拡張が雇用対策と結合したことによって，国民的支持に基づく経済・金融政策の共通分母が見出されたのである。

文化的共通理解と国内政治における立場の収斂

一時は激しい対立があったことからすると，1930年代半ば以降，協調路線が急速に広まったことは驚くべきことかもしれない。しかし1918年以降，20年の間，スイスの議会勢力——自由民主党，カトリック保守派，社会民主党——においては，中道路線が幅広く勢力を占め，1918年や1933年の極端な立場からしだいに距離を置くようになり，さらに1935年以降は，精神的国土防衛という共通項を見出した。もっとも，急進勢力は，各党内の派閥として，あるいは独立の政治勢力として，その後も存在し続けたのではあるが[56]。

1936年の晩秋，当時のある批評家は，すでに明白となっていた経済的な趨勢の転換が，政治の方向転換をもたらしうることを正しくも予見していた。「民主主義を無条件に支持する建設的な勢力を党派を越えて糾合し，それによって不毛な政党間の陣取り合戦を終結させようとの努力が，ますます具体化な運動となりつつある」と[57]。「恐慌イニシアティブ」はそこそこの成果を収めたが，労働運動は，「労働勢力による戦線」，すなわち農民層の重要な一勢力を巻き込んだ連合が，現実的な選択肢でないことは十分認識していた。『ディー・ナツィオン』紙編集部の提言から生まれた「綱領運動」[58] ★30 では，左派勢力と右派勢力は互いに歩み寄り，思慮分別ある解決の模索のための共通の場を作り出すことに成功した。自由主義勢力（自由民主党）は，純然たる経済自由主義の原則から離れ，限定的ながら，社会国家的な改革に同意した。左派の側でも，労働組合は，すでに1920年代に階級闘争を部分的に放棄していた（1927年，階級闘争に関する条項が綱領から削除された）。スイス社会民主党は，1933年には民主主義の防衛が最優

★30 「綱領運動」[Richtlinienbewegung / mouvement des lignes directrices]は，1935年6月2日に僅差で否決された「危機イニシアティブ」〔世界恐慌下，空前の33万4699人の署名を集めて成立した左派主導のイニシアティブであり，連邦内閣のデフレ政策に反対し，積極的景気対策を求めた〕の発議委員会から生まれた左派中道勢力主導の政党横断的な糾合運動であり，その基本理念は，「社会的な民主主義」[soziale Demokratie]であった。世界恐慌を背景に生まれたこの運動は，経済への国家介入を含め積極的な失業対策を求めたが，同時にこれは，既存の民主主義的国家秩序を，両極の過激な運動から守ろうとする運動でもあった。スイス労働組合総同盟，職員や官吏の諸団体，「若き農民」（Jungbauer，1930年代，40年代にベルン州を中心に活動した政党）からなる「全国行動委員会」等の上記イニシアティブへの参加勢力の他，スイス社会民主党，自由経済同盟，東スイスの複数の民主主義的政党，シャフハウゼン農民党，『ディー・エントシャイドゥンク』誌に集うカトリックの労働者団体などが加わった。政権を担う3大政党は既存の国内政治構図の転換をおそれ，また従来からの懐疑的態度のためにこれには加わらなかった。しかしそれにもかかわらず，この綱領運動は，「人民の権利の排除に反対するイニシアティブ」によって，大きな成功をおさめた。これは，連邦内閣による緊急条項の発動に対して憲法上より強い制約を課そうとするものであり，予想を超える29万人弱の署名を得たからである。その後，このイニシアティブはより穏健な反対提案が出たために1938年に取り下げられ，国民投票ではこの反対提案が34万票を得て承認された。*Schweizer Lexikon*, Band 9, 330頁を参照。

先の目標であると宣言した。また1935年には，同党は，国土防衛への支持の表明と，「国民政党」としての新しい自己規定によって，国民的な合意に加わった[59]。時計・金属・機械工業における1937年夏のいわゆる「産業平和協定」[Friedensabkommen/paix du travail] は，労働市場における対立の沈静化を示すものである[60]。

さまざまな立場が接近した結果，「精神的国土防衛」なるものが生まれたが，これは種々雑多の要素を含んでおり，その一部は相互に矛盾を抱えていた[61]。精神的国土防衛は，スイスの「特殊性」を強調し，それにより，政治的独立の維持と軍事的な国土防衛への意志を強めようとするものであった。したがってこれは，外部世界，とりわけ「第三帝国」との間に，明瞭に線を引きたいとの欲求（およびその必要）によるものであった。しかし他方でこれは，国内の社会の安定化にも貢献した。精神的国土防衛は社会的な自己動員の過程から生じたものであったが，同時に，例えば当時の切手や児童書が示しているように，国や民間のエリートによるお膳立ての産物でもあった[62]。これは伝統的な価値を非常に強く指向し，反近代主義的で，保守的な女性像を称揚していたが，それでもしかし，国内政治の安定性を高め，労働運動側からの社会改革要求に対する譲歩を市民諸政党から引き出す効果を持ったのである。スイスの住民の圧倒的多数が，ナチズムのイデオロギーを拒絶したことにはなんらの疑いもない。こうした拒絶はまた，例えば公法学のようないくつかの学問領域においても明瞭であった[63]。そればかりでなく，学界，教会，人道的諸団体，メディア，政界からも，国際政治情勢に対してスイスが長期的な共同責任を果たすよう求める発言がなされていたのである。

スイスの二大教会組織である福音主義改革派教会（プロテスタント教会）とローマカトリック教会は，ある程度まで，「宗教的」[geistlich / spirituelle] 国土防衛の形で心理的な防衛運動に加わった[64]。教会と国家は互いに歩み寄ったが，これはとりわけローマカトリック勢力にとって利益が大きかった[65]。ローマカトリックは，多種多様な改革派・プロテスタント勢力に比して，当時の反啓蒙主義的な雰囲気から得るところが多く，しかも，スイスの大部分がいわば原初スイスたらんとしていた時期に，自らをスイスで最も古い勢力と位置づけることができたからである[66]。プロテスタントの側では，この時代に特徴的なのは大衆集会である。1942年6月にヴィンドニッサ〔アールガウ州ヴィンデッシュ［Windish］の古称。ローマ時代の円形劇場がある〕で開かれた人民集会では1万人の参加者を数え，また1942年8月に「若き教会」★31がエーリコンで開いた集会には，6000人が参加した。しかし政党間でみられた城内平和は，二つの宗派間ではあまり感じられない。両宗派の間では，その後も部分的にはまったくの不寛容が支配的であり続けた[67]。改革派・プロテスタントの側においては，さらにこれに，

★31 1916/17年，「改革派青少年東スイス同盟」[Bund evangelischer Jugend Ostschweiz] として設立され，1937年に同種の団体と合同した後，「若き教会」[Junge Kirche / jeune Eglise] を称した。1942年の集会では，牧師のヴァルター・ルーティは，国境の閉鎖を激しく批判した。1943年には難民受け入れのために大規模な募金活動を行った。http://www.jungekirche.ch/content/verein_geschichte.htm を参照。

保守的な「積極的教会肯定派」［Positiven］対「自由思想派」［Freisinigen］の間の路線対立に起因する不一致が加わった。さらに，有名な神学者であって，政府に非常に批判的であったカール・バルト★32による弁証法神学の信奉者や，レオンハルト・ラガツ★33を含むキリスト教的社会主義者からなる第三の勢力があった。しかし，カール・バルトが早くも1938年に公式に表明した立場，すなわち，〔ヒトラーの進駐に抵抗する〕「チェコの兵士は，スイスやキリスト教会のためにも戦っているのだ」という信念は，それほどは広まらなかった68)。ユダヤ人勢力は，キリスト教会から理解を得るよう慎重に模索しており，そのためにキリスト教とユダヤ教が共通の倫理的淵源を持つことを強調した。しかし迫害の時代には，協力と支援への期待は，多くの場合，幻滅に終わった。両宗教の間の対話は，ようやく戦後になって一歩一歩開始されたのである69)。

精神的国土防衛を歴史的に解釈する場合，これが権威主義的傾向を帯びたという批判はあるにせよ，これが，自由主義的かつ社会改良主義的であり，民主主義の基本的な特徴をも帯びていたことを見逃すべきではない。これは実際の政治行動では，改革を指向する市民層と，国民政党としての性格を強めた社会民主党の間の協力関係である「国民的抵抗行動」［Aktion Nationaler Widerstand / Action de résistance nationale］に結実した。また思想的次元においても，精神的国土防衛は排他的なものではなく幅広い勢力を糾合するものと理解されていた。

1939年6月，軍事的国土防衛を失業克服策に結びつけた財政法案の成立によって，もともと違う方向を向いていた諸勢力の間の溝が克服された。扶養者を抱えた者が軍務に従事する場合には，深刻化する生活苦を緩和するために賃金・所得の喪失分を補償する制度が必要であるという考えには，1940年には異論が出なかった。これは第一次大戦時には全く考えられないことであった。この制度は各種の財源で賄われた。雇用者と被雇用者がそれぞれ賃金額の2%を拠出し，また政府の財政資金（連邦が3分の2，カントンが3分の1）からこれと同額を拠出したのである。これがうまくいったために，この負担割合は，1947年に老齢〔遺族〕年金保険（AHV / AVS）に引き継がれた。これは，憲法上は1925年以降実施可能となっていた社会保障制度が，戦後になってようやく実現したものであって，改革の遅れの一事例といえる。

国内政治での各勢力間の融和の動きは，他のヨーロッパ諸国よりも遅れた社会国家の

★32 カール・バルト（1886-1968）。バーゼル生まれの神学者。スイス，ドイツの多数の大学で学ぶ。宗教社会主義の影響を受け，社会民主党にも入党。第一次大戦中の聖書への沈潜を契機に，弁証法神学の開拓者となる。ゲッティンゲン大学，ミュンスター大学，ボン大学で神学を講ずるが，ナチスが台頭すると，これとの闘争姿勢を明確にする「告白教会」の指導者となった。1935年，ヒトラーへの忠誠宣言を拒否してボン大学を辞し，バーゼル大学教授となった（*Schweizer Lexikon*, Band 1, Visp 1999, 389頁，および，E. ディヴァイン他編『20世紀思想家事典』誠信書房，2001年，852-860頁参照）。
★33 レオンハルト・ラガツ（1868-1945）。チューリヒ生まれの改革派神学者・社会批評家。深刻化する社会問題に関心を深め，ドイツ，イギリスのキリスト教的社会主義から影響を受け，1913年には社会民主党に入党。1918年以降は国際的な平和運動にも携わった。*Schweizer Lexikon*, Band 9, Visp 1999, 250頁参照。

出現によって促進されたが，これは国家財政，とりわけ租税制度の再編を伴っていた[70]。追加的な支出（防衛費やその他の臨時の財政支出など）を賄うために連邦は特別税を徴収したが，その際に控えめではあるが再配分政策をとった。戦時利得税★34が，利益の70％までを吸い上げた。「防衛のための犠牲」［Wehropfer / sacrifice de défense］との名目でなされた二度の資産課税で，6億フラン以上が徴収された。さらに奢侈品に対する税が設けられ，また隠匿資産に対する重加算税も新たに導入された。1941年に初めて徴収された連邦所得税（1990年代に至るまで，これは「国防税」［Wehrsteuer / impôt de défense nationale］の名を使い続けていた）は，とりわけ高所得層に大きな負担を課した。その対価として，労働者・職員の世帯は，同時に導入された物品売上税により相対的には大きな負担を課せられた。逆進的な性格をもつ消費課税と累進的に設計された所得課税を組み合わせる「二本立ての財政改革」の原則は，戦後においては，連邦の全ての財政法案において妥協の基礎となった。

戦争で動員された世代は，今日，1947/48年の〔公的〕老齢年金保険の導入が，戦時期の最も印象深い帰結であった——年金額は当初非常に少額で，生活保障という目標にはまったく不十分であったにせよ——と回顧している。また1914/18年に比べるとずっとうまくいった戦時経済の経験は，戦時期に関する肯定的な記憶を強めている。

2.3　戦中戦後のスイス

すでに言及したように，1939年秋には，それまで時に先鋭化していた国内での緊張は，ほとんど沈静化していた。未解決の社会的・政治的な問題に関する公然たる議論が再開されたのは，戦争の後半，ドイツの敗色が濃厚になってからのことであった。そこではまず内政問題が焦点となったが，戦争末期には，ドイツや連合国との関係をめぐって，公然たる対立が生じたのである。

「権威主義的民主主義」と全権委任体制

開戦時，両院は，1914年と同様，連邦内閣に非常権限を付与した。これによって，行政府は，憲法の認めた範囲を超えて，必要と考えられる措置を講ずることが可能となった[71]。未だ行政府に参加しておらず，無条件の権限付与を好まなかった社会民主党の圧力で，両院は特別の「全権委員会」［Vollmachtenkommission］を設けた。しかしこれは市民諸政党の好むところではなかった。連邦閣僚のエルンスト・ヴェッターは，あまりに早く妥協に応じたとして自党の議員を非難した。彼はこの委員会を，「議会が課した厄介物」と呼び，これが「第二の政府」となることを危惧した[72]。しかし

★34 戦時利得税は，総動員経費や臨時の軍事支出を賄うために，1915–1920年と1939–1945年に徴収された特別税である。これは主として法人収益に課されたもので，純益のうち戦前期の平均利益額を上回る額が，この税の課税対象とされた。第二次大戦時のこの税による税収総額は7億600万フランに達し，そのうち5500万フランはカントンの税収となった。*Historisches Lexikon der Schweiz*, Band 7, Basel 2004, 449–450頁。

今日の知見においては，この全権委員会の機能はむしろ，行政府を支える追認機関たることにあったのであって，自ら決定を下して連邦内閣に対立するような組織ではなかった。そのため委員会の審議でも，明確な反対票が投じられることはあっても，大きな対立が表面化することはなかった。

　この全権委任体制によって，本来の主権者である有権者は，憲法によって保証された共同決定の権利を行使する機会を奪われた。しかしレファレンダムは，これに先立つ緊急政策によってすでに大幅に空洞化していた。有権者はこの権利の制限に対し沈黙で応じ，暗黙の同意を与えた。しかしぎりぎりのところ，直接民主制的要素の抑圧は全面的なものではなく，戦争中にも全国規模での国民投票が全部で7回行われている。全権委任体制による秩序は，同床異夢ではあっても非常に幅広い勢力の同意に支えられていた[73]。この体制が，新進の若手憲法学者であるザッカリーア・ジャコメッティ★35によって，憲法に背馳する「連邦官僚による人民委員会的独裁制」[kommissarische Diktatur]であり，「権威主義的で全体主義的な傾向」を帯びていると規定されたのも事実である。しかしジャコメッティがこの見方を公的な場での発言として表明したのは，比較的後の1942年7月のことで，しかも彼の見方は専門家の中では唯一の例外であった[74]。法律家は法的・形式的正統性の欠如を批判したが，体制上の現実から確認できるのはむしろ，全権委任体制によって，各種の団体に影響力行使のより大きな機会が与えられたということであった。これはいわゆる〔事前〕意見聴取の役割を拡大し，——とりわけ財政政策の部門で——「組織化された利害」の間の妥協を，人民投票による否決から守ったのである。これによってこの体制は，長期的には，各種の団体が支配的な影響力を行使する交渉民主主義[Verhandlungsdemokratie]のさらなる発展に寄与したのである。

　全権体制のもとで導入された検閲（報道機関，ラジオ，映画，写真，書籍に対するもの）の運用方法は，当時の社会の政治的状態を知るための格好の指標である。多種多様な新聞に対して，非常に多数の制約が加えられた。他方，ジャーナリストやメディア事業者は，相互統制と自己規制の過程を通じ，何が出版されるべきかに関して自ら決定を行っていた。決定的であったのは，公衆の期待，それに各メディアの姿勢に対する賞賛や非難であった。ジャーナリズムとしての成功，ひいては商業的な成功は，枢軸国に反対しこれと明確に距離を置く視角の有無や，単なる形式的独立にとどまらない国民的な自由を擁護する立場に立てるか否かに，かかっていたのである[75]。これに対し外国貿易に関わる全ての分野では，特別に厳しい検閲が行われた[76]。

★35 ザッカリーア・ジャコメッティ（1893-1970），グラウビュンデン生まれの法律家・政治家。1970年没。芸術家のジョヴァンニ，アルベルト，アウグストらとは血縁である。1924年，行政法で教授資格を取得，1936年から61年まで，公法担当教授。1954-56年，チューリヒ大学学長。スイス法，憲法，行政法，教会法を専攻。自由主義的・民主主義的・スイス的国家理念で知られ，政教分離や厳格な憲法原理の適用を主張し，1935年から1949年の緊急体制を激しく批判した。*Schweizer Lexikon*, Band 5, Visp 1999, 67頁を参照。

全権体制の展開と拡大から，政府の目からしてどのような分野で追加的な規制が必要であったか，また如何なる領域が規制をまったく必要としなかったのかが，明らかになる。毎週上映されるニュース映画は規制されるべきと考えられ，他方例えば武器貿易ではそうは考えられなかった点は，目を惹く。国内での物資供給に関しては私経済の自由が大幅に制限されたのに対して，国際貿易の分野や，大規模な金融取引，外国有価証券の取引，あるいは芸術品の輸入に関しては，同様の措置は不要と見なされていた。戦時物資貿易の制限は，短期間試みられた後に断念され，かなり後になってからようやく再着手された。

連邦内閣と総司令官

恐慌期から戦時期にかけての政治文化は，総じて権威主義的傾向を有していた。政党政治においては，これは連邦内閣の構成に表れている。この7名からなる組織において，カトリック保守派は，1919年からは（とりわけ彼らがゼネストの鎮圧を支持したために）二つの閣僚ポストを獲得し，右派ナショナリストであったジュゼッペ・モッタ[36]とジャン=マリー・ムズィ[37]（1934年からはフィリップ・エッター）が就任した。1929年には，創設間もない農民党[38]も，農民出身のルドルフ・ミンガーを閣僚として送り込むことに成功した[39]。その後継者で，1941年からベルンの法律家であるエドゥアルド・フォン・シュタイガー[40]が連邦閣僚となり，右派の立場はいっそう強化された。連邦軍務省[41]の彼の後任で，1941年に閣僚に就任した自由民主党のカール・コベルト[42]と，1940年にモッタの後任として選出されたカトリック保守派のエンリーコ・

---

[36] ジュゼッペ・モッタ（1881-1940）。ティチーノ生まれの弁護士・政治家。カトリック保守人民党党首，国民院議員を歴任，1912年から1919年，連邦財務・関税相を，また1920-1940年には連邦政務相を務める。戦間期のスイス外交政策を実質的に担い，スイスの国際連盟加盟を推進し，ファシズム政権下の独伊との1930年代の関係では宥和政策をとった。Schweizer Lexikon, Band 8, Visp 1999, 203頁を参照。

[37] ジャン=マリー・ムズィ（1876-1952），フリブール生まれ。カトリック保守派の政治家。1929年，フリブールの州閣僚，1913-19年，スイス国立銀行評議員，1914-19年，国民院議員。1920-34年は連邦閣僚となり財務担当相。社会保障制度の導入を延期しつつ，印紙税・関税引上げによる財政再建や，公務員のストライキ禁止（1929年），銀行守秘義務を定めた連邦銀行法改正（1934年）などを進めた。恐慌期にはデフレ政策を採用。1934年，公共秩序維持を目的とするヘベーリン法が国民投票で否決され，連邦閣僚であったヘベーリンが辞職すると，ムズィは内閣総辞職を求めたが容れられず，自身の続投の条件として，デフレ的経済政策の承認，階級闘争封じ込め策の採用，左派を標的とした外国人危険分子の排除を求めた。しかしこれは容れられず，辞職した。この動きの背後には親ナチス的な諸戦線運動があり，以後は国民院議員として反共運動を続けた。ナチスドイツの敗北直前にベルリンを訪れ，ヒトラーやシェレンベルク（ヒムラー補佐官のSS少将）と会談し，テレージエンシュタットからの1210名のユダヤ人の解放と特別列車でのスイスへの入国を実現させた。Schweizer Lexikon, Band 8, Visp 1999, 251頁を参照。

[38] 農民党（農民・市民党）は，1917年にチューリヒに，また翌年にベルンに設立された。自由民主党の農業政策への不満と社会主義の伸張への危機感が背景である。1921年には，これに自営業者勢力とベルンの自由主義的保守派が加わり，1936年には同党を母体に「農工市民党」が設立された。同党出身の連邦閣僚は全てベルン出身である。同党は，1971年，グラールス，グラウビュンデンの民主党（Demokratische Partei）とともにスイス国民党〔中道民主連合〕に合流した（http://www.svp.ch の関連URLを参照）。

チェーリオ★43は，政治的には位置づけが難しいが，おおよそ当時の中道派に分類されよう。戦時期の連邦内閣，とりわけ 1940 年のそれは，重要な問題について意見が割れることはなく，全会一致で決定を下していた[77]。自由民主党選出の二人の有力な閣僚，チューリヒのエルンスト・ヴェッター★44とヴォーのマルセル・ピレ=ゴラ〔19 頁の訳註 7 参照〕は，同党の右派に属していた。この二人の後任であるゾロトゥルン自由民主党出身の経済相ヘルマン・オプレヒト★45とヴァルター・シュタムプフリ★46は，これ

★39 ルドルフ・ミンガー（1881-1955），ベルン生まれの農民・政治家。ベルン農協連合会副会長であったミンガーは，1817 年の演説で，比例代表制の導入と農民党の設立による農民の政治参加を要求。翌年，ベルン農民・市民党を設立しその初代党首となる。1919 年に同党は国民院でミンガーも含め 17 議席を獲得した。スイス国立銀行評議員を務め，また 1929 年から 1940 年には連邦閣僚となる。軍務相として武装中立政策で広い支持を得て，軍の近代化も進めた。*Schweizer Lexikon*, Band 8, Visp 1999, 134 頁を参照。

★40 エドゥアルド・フォン=シュタイガー（1881-1962），ベルン生まれの法律家・政治家。ベルンの旧保守党員として，市議会議員，ベルン州議会議員を歴任，ベルン農工市民党に合流する。1931 年以降，スイス国立銀行評議員，理事。1939 年，ベルン州閣僚となる。ベルン議会では社会民主党勢力とも協力し，1943 年には社会民主党の閣僚ポスト獲得をも支持した。1940 年，連邦閣僚（連邦司法警察相）就任。1942 年，シュタイガーは，難民政策に関連して「乗員で満杯の救命ボート」との表現を用い，治安維持のため左右両派に対する監視を強化し，検閲を導入した。他方戦後は，ナチス党員の亡命者に対して非妥協的な態度をとり，緊急法制の解消を進め，外国人と結婚したスイス人女性の国籍の維持を可能とする市民権法の改正を行った。1951 年，閣僚辞職。*Schweizer Lexikon*, Band 11, Visp 1999, 75 頁を参照。

★41 軍務省（Militärdepartement / Département militaire）は 1848 年の連邦創設時に設けられた省の一つであり，1998 年の改組後は「連邦国防・住民保護・スポーツ省」〔Eidgenössisches Departement für Verteidigung, Bevölkerungsschutz und Sport (VBS) / Département fédéral de la défense, de la protection de la population et des sports (DDPS)〕となっている。なお，1979 年まで連邦政府各省の正式名称は「連邦」（Eidgenössisch / fédéral）の語を欠いていたが，本書では州の組織と区別するために，それ以前の時期についても「連邦」の語を冠する。

★42 カール・コベルト（1891-1968），ザンクト・ガレン出身の建築家・政治家。チューリヒ連邦工科大学で建築を学び，1919 年から連邦職員として水利を担当。1933 年より，自由民主党所属のザンクト・ガレン州閣僚となり，1939/40 年には国民院議員，1940-54 年，連邦閣僚。参謀本部勤務（大佐）の後，軍務相となるが，戦争中はスイス軍の志気を維持するためカリスマ的なギザン総司令官の権威を尊重した。*Schweizer Lexikon*, Band6, Visp 1999, 428 頁を参照。

★43 エンリーコ・チェーリオ（1889-1980），法律家・政治家。1924 年からティチーノのカトリック保守派の政治家として活動，1932 年にかけ，断続的に国民院議員を務める。1940-50 年，連邦内閣郵便・鉄道相として交通政策を統括。*Schweizer Lexikon*, Band 2, Visp 1999, 407 頁を参照。

★44 エルンスト・ヴェッター（1877-1963），チューリヒ州生まれの経済学者・政治家。チューリヒ大学で銀行経営を講ずる。1920 年，連邦経済省事務次官，1924 年，スイス商工業連盟代表部の幹部となる。世界恐慌期にはデフレ政策と輸出振興策を支持。自由民主党に所属し，1926 年から，チューリヒ州議会議員，国民院議員を歴任，1938 年には連邦閣僚に選出され，1943 年に辞職するまで財務・関税相を務めた。1941 年には自ら大統領ピレ=ゴラに「諸戦線との面会」をお膳立てした。また同年 8 月のスイス建国 650 年記念演説では，防衛の意志と人道的義務を強調しつつも，他国に対する「独善的」判断に警告を発した。ドイツの略奪財産の受け入れに関しては，1943 年に全連邦閣僚は国立銀行の慣行に理解を示す旨表明。1943 年の閣僚辞職後は，戦争被害者に対する募金活動を主導した。*Schweizer Lexikon*, Band 12, Visp 1999, 220 頁を参照。

★45 ヘルマン・オプレヒト（1882-1940），ゾロトゥルン州生まれの政治家。教師・裁判官書記を経て，財務省職員となる。1907 年より『ゾロトゥルナー・ツァイトゥング』編集者。自由民主党の州閣僚等を経て，1917-28 年に国民院議員を務める。1935-40 年，連邦閣僚。雇用創出策を打ち出し，1939 年になされた連邦憲法への経済条項の追加を主導した。ナチスに対しては，1939 年に断固とした態度を示した。*Schweizer Lexikon*, Band 8, Visp 1999, 399 頁を参照。

とは違いむしろ改革に積極的な市民層の一翼に属していた。1945年にはマックス・プティピエール★47が,「時の人」として政府に加わった。彼は経済界に近く,世界市場に関心を持ってはいたが,しかし同時に,外交的関与は限定的にすべきだというイデオロギー的立場に立っていた78)。

全権委任体制は連邦内閣を実質的に強めたわけではなかった。というのも,議会の支持をあまり必要としなくなった連邦内閣は,その分だけ利益団体からの圧力に直接に曝されるようになり,しかも,ますます人気を高めた総司令官と競合するようにもなったからである。1940年5月に成立した連邦内閣が,消息筋に評されたように,連邦の歴史が始まって以来の弱い内閣であったかどうかは,ここでは判断しえない79)。それに対し,この時期の連邦内閣の任務がとりわけ難しいものであったことは,疑うことなく断言しうる。

さまざまな発言や文書,振る舞い,とりわけ連邦閣僚であるフィリップ・エッターとマルセル・ピレ=ゴラのそれからは,連邦内閣が,さまざまな点で模範的と考えられていたフランスのペタン主義に類する権威主義的な社会構造を,スイスに押し付けようとしていたとの印象が得られる80)。1940年〔のフランスの占領の後〕には,(1935年の論争の後再び)憲法を巡る議論が激しくなるかに見えた。しかし,おそらくこうした傾向を最も強く持っていた連邦閣僚のエッターでさえもが,国際情勢の帰趨が明らかになるまで待つことを望んだ。連邦閣僚のピレ=ゴラは,1940年9月に公式の場で,各種の国家組織は「言われているほど悪くはなく」,これらは「その根幹においては健全である」と宣言していた81)。もちろん,内輪の会話ではその語調はだいぶ違っていた。例えば彼は,1940年9月9日に,ギザン総司令官への手紙で以下のように述べている。「もしも我々が,厄介なイデオロギー的見方,すなわちフランス風の議会主義から着想され,またフランスにとってかくも致命的であったデマゴギー的超民主主義から解放されるならば,われらが北の隣国との関係を決定的に改善しうるとの確信を,私は個人的には持っています。しかしこれは,あらゆる機会を利用し,我々の力が及ぶ範囲でできる限り不測の事態を回避することで,ようやく実現するに過ぎないでしょうし,それには時

★46 ヴァルター・シュタムプフリ (1884-1965),ゾロトゥルン州生まれの経済学者・政治家。チューリヒ大で学んだ後,1908年から『オルテナー・タークブラット』紙主筆となり,自由民主党左派的な立場で社会批判を行うが,ゼネストの後,社会民主党に対し非妥協的となる。1918年,ゾロトゥルン商工業連盟事務長,1912年よりゾロトゥルン州閣僚,国民院議員を歴任し,財界寄りの姿勢を示す。1940-47年連邦閣僚(経済相)。戦時経済,経済外交を担当。戦後の1947年には,公的老齢遺族年金など憲法の経済条項を実現した。*Schweizer Lexikon*, Band 11, Visp 1999, 61頁を参照。

★47 マックス・プティピエール (1899-1994),ヌシャテル生まれの法律家・政治家。ヌシャテル大で国際私法を講じ,1937年より急進民主党選出の州閣僚。1942年,全州員議員,ならびにスイス時計協会(Chambre Suisse de l'Horlogerie)会長に就任。1944年12月,連邦閣僚に選出され,1961年まで連邦政務〔外務〕相。国際的連帯を重視した中立解釈に基づき外交政策を展開。1946年にはソヴィエト連邦と国交正常化,1950年には西側諸国として初めて中華人民共和国を承認した。連邦閣僚辞職後は赤十字国際委員会でも要職につく。*Schweizer Lexikon*, Band 9, Visp 1999, 102頁を参照。

間がかかるでしょう」82)。1940年の夏には，メディアもまた，非常に明確に指導と権威の強化を求めた83)。政府の強化を望んでいた人々，例えば影響力のあるカトリック保守派の知識人，ゴンザッグ・ドゥ・レイノルド★48, 84)のような人物は，連邦国家の中央権力を強化しようと望んだのではなく，カントン内の指導構造の強化を考えていた。しかしそれとは反対に全国レベルでは，同じ政治勢力は，政党と議会の影響力を遮断して経済界の力を強めることを望んでいたのである。連邦内閣が服従と忠誠を欲し，またいずれにせよ軍務では階級秩序的な思考法が自明である中で，より低いレベルでも，また公的・私的いずれの領域においても，小さな権威者たちが，服従と規律をますます求めるようになっていた。

　追加的な権力ではあるが，見方によっては文民政府の長よりも高い地位を占めさえした総司令官もまた，同様の影響を及ぼした。近年まで忘却されていたことだが，ギザン総司令官は，議会主義や自由主義的な民主主義の熱烈な信奉者ではなかった85)。1934年に彼は，イタリアの独裁者の人格に強い畏敬の念を表して以下のように述べた。「この人物，この天才の功績は，国民の全勢力を規律化する術を熟知していた点にある」86)と。また1936年に，ドイツのナチス体制よりもむしろフランスの人民戦線政府に対して危惧を抱いたことも，彼らしい。あるフランス人の会談相手に，彼はこう言明している。「ドイツ〔は〕，たしかにそうです。〔……〕しかし，目下我々は，ドイツではなくむしろ，〔……〕貴国に不安を感じています」87)。それゆえ彼は，フランス語圏スイスでの共産党の禁止を支持し，また1944年に至るまで，ペタン政府との友好的な関係の維持に努めた。それにもかかわらず，総司令官はその職務とともに成長を遂げ，社会民主党ともすぐに良好な関係を構築することができた88)。ギザンは戦時期の国民統合にとって中心的な人物であって，スイスの抵抗の意志を体現していたため，彼を相対化する後の時代の試みは，古い世代からのきわめて激しい拒絶に直面することになった89)。

国民的団結と新しい緊張

　1935/36年以降に形成され，1939/40年に共同行動の確固とした基盤を形成した国民的団結と理念的な凝集力は，「トンネル」のイメージでしばしば描かれる戦争の期間中，ある種の弱体化を経験した。1939年から1942/43年の間，諸政党は，なんらの公式の取り決めなしに内政での政党間の抗争を停止した。ある種の城内平和の表れである。1940年に，主要な自由主義的新聞の編集長の罷免を求めるいわゆる「二百人の請願」が提出された★49。これが深刻なスキャンダルであったのは，この請願が「帝国」の期待に対する屈服であったからではなく，むしろ，市民層右派がこの国民的な危機に乗じて市民層左派の代弁者たちに意趣返しをし，城内平和を破壊しようとしたからであっ

★48 ゴンザッグ・ドゥ・レイノルド（1880-1970），フリブール出身の小説家，文学者，歴史家。Schweizer Lexikon, Band 9, Visp 1999, 319頁を参照。

た[90]。〔城内平和という〕この不動性は，他の時期・他の状況であれば弱みを意味したかもしれないが，ここでは強さとして機能した。スイスでは，外部からの影響と国内での攪乱に対して，ヘルベルト・ルーティ〔スイスの経済史家〕が指摘したように，なんらの組織的な中心や計画・指令中枢も欠いたまま，多様な防御反応を各個人や集団が示したのである。スイスはいわば，「生存の能力を持つ，柔構造を持つがしかし求心力のある社会的組織体」であることを証明したのであり，現状を維持するために無意識的に行動していたのである[91]。こうした態度は，自国政府の浮わついた野望や，お仕着せの国家市民思想に対する健全な懐疑心の基礎となったのである。

　しかしながら，1940年以降，企業家と労働者の関係は悪化した。価格統制にもかかわらず，国民経済的な資源を軍需生産に向けたために，消費者物価の上昇は避けられなかった。開戦から1942年までの間に消費者物価指数は50％近くも上昇した。賃金の上昇はこれに後れを取ったため，実質賃金は下落し，購買力は6分の1ほど低下した。そのため社会問題が再び焦点となった。重要な争点は1942/43年の各種のイニシアティブに表れていた。これらは，家族の保護，老齢年金保険，労働の権利，投機の禁止，さらには全面的な経済改革などを求めたものであった[92]。こうした改革の提案は，1942年に始まった戦後に関する議論に規定されていた。そうした戦後についての議論は，早くも1940年夏，ナチスの覇権の下でしばらくは生きねばならないと考えられた時期に起こっていたが，1942年から翌年にかけてのスターリングラードでのドイツの敗北と，それに続く連合国側の勝利によって，――当初こそどれだけ時間がかかるか予測はつかなかったが――連合国側によって作られる和平秩序に目が向けられるに至ったのである。1942年秋，連邦政務〔外務〕省に，諸外国の戦後計画を精査する特別な部局が設置された[93]。いずれにせよ，「選挙年」の1943年には，戦後秩序が最も重要な争点の一つとなった。

軍事的状況と脅威の認識

　脅威としての戦争のイメージは，長い間，特に第一次大戦の記憶によって規定されていた。「前回の」過ちはくり返されてはならなかった。今回もまた，希望は中立の効果と軍事的国土防衛の成否にかかっていた。1939/40年の時点では，スイス住民の大半は，戦争がすぐに終わってほしいと希望していた。しかしドイツ軍の緒戦での勝利の後，――スイスの住民の大半は――戦争の早期終結への望みをむしろ捨てて，軍事的な

★49　1940年11月15日に連邦内閣に提出された「二百人の請願」は，平和と中立を守るためと称して，検閲によって報道内容をナチスドイツ寄りに転換することを求めていた。発起人の中心となったのは，1921年に設立された親ドイツ組織「スイスの独立のための人民同盟」〔Volksbundes für die Unabhängigkeit der Schweiz〕である。請願には，80名の将校と，右派の学者・政治家・財界人等173名が署名していた。連邦大統領のピレ＝ゴラは，閣僚であるヴェッターの仲介でこの運動の指導者と会談していた。1941年，連邦内閣は，口頭で，この請願の要求に応じない旨を表明した。*Historisches Lexikon der Schweiz*, Band 4, Basel 2004, 134頁。

決着はまだついておらず，戦争の帰結は，「第三帝国」が覇権を握る「新秩序」ではないかもしれないと，希望を持ち続けた。もしも戦争がナチスによる新秩序に終わるならば，スイスの独立には終止符が打たれるという認識は，広く共有されていた。当時の雰囲気についての同時代人の記録によれば，スイスの人々は，両陣営のいずれかに自己を強く重ね合わせることはなかった。とはいえ，民族社会主義と——これと同じくらい強い——強大なドイツに対する深くまた公然たる嫌悪のために，スイス人は次第にイギリスびいきとなり，また驚くべきことに早くも1942年頃には，親ロシア的な見方をするようになっていた。事態の経緯を描写する際には，情勢判断，戦況や個別の作戦についての各人の見方には，必然的に大きな差が伴うということを考慮に入れねばならない。侵略に対する切迫した不安は，必ずしも軍事的な敵対勢力による直接の攻撃計画の産物として現れるわけではない。むしろ反対に，一国が直接の攻撃の危険に曝されている時に，比較的安全であると誤認することもありうる。いつ，どの程度まで，スイスが軍事的脅威の下にあったのかという問題について，ここ数年論争が行われている[94]。当時支配的であった印象とは反対に，今日の軍事史では，ドイツ軍がフランスに対する勝利の直後にスイスに対する攻撃計画を立てたものの，実施に移さなかったことを強調している[95]。反対に，1940年5月と1943年3月には，外部からの軍事的な脅威がわずかであったにもかかわらず，脅威感は強かった[96]。ノルウェーでの出来事★50は，とりわけ強い危機感を生みだした。スイスが，前線の背後に降下するパラシュート部隊と「第五列」の脅威に曝されているとの危惧は，1940年の4月から5月に高まり，その後も持続した[97]。1940年5月7日の決議によって，まだ動員対象となっていない男性による在郷民兵隊が数百設けられたが，これもこうした流れの中にある。しかし1940年の夏については，今日の視点から回顧するならば，——ドイツの覇権一般に対する危惧ではなくそれによる軍事的な侵略に限るならば——脅威感は驚くほど乏しかったとの印象を持たざるを得ない。スイス商工業連盟代表部の長であったハインリヒ・ホムベルガーは，1940年11月に，スイスの生存にとって，「軍事的な脅威は経済的な脅威よりもずっとわずか」であるとみていた。彼は1941年の3月に，以下のように述べた。「幸い我々は，［…中略…］価値ある生産設備と大きな資金力を有している。ドイツは，自発的なパートナーとしてのスイスに対してのみ，関心を持っている」[98]。いずれにせよスイス金融市場の投資家達は，早くも1940年6月〔同22日，独仏休戦協定締結〕にはすでに，スイスが数ヵ月前よりも安全になったとみなした[99]。しかしこの危機的な時期に，軍の雰囲気が目立って悪かった点は見逃されるべきではない。1940年8月13日のある報告は，軍の志気が低く，敗北主義的な態度が広まっていたことを示している。

★50 1940年4月9日，ドイツ海軍は突如中立国ノルウェーに上陸し，3週間で同国南部を占領した。5月には北部からノルウェー・イギリス連合軍が撤退し，政府も亡命して同国はドイツの支配下に置かれた。ノルウェー極右勢力の指導者であり，1933年まで農民党内閣で国防相を務めたクヴィスリングは，ドイツの占領下で首相に名乗り出て，国民の反発を買った。百瀬宏，熊野聰，村井誠人［1998］，336-347頁参照。

兵隊たちの75％が，攻撃があった場合に戦闘命令が出るとはもはや信じていなかった100)。またドイツ軍の作戦立案者も，1940年10月の分析では，奇襲攻撃を掛けた場合には短期間での降伏が期待できるとしていた。もし奇襲が実施されていたならば，この予測はあるいは外れたかもしれないが101)。

総じて，1930年代末以降，不安感と脅威の下にあるという感覚が支配的となっていた。しかしそれにもかかわらず，スイスは国内の問題に追われていた。国際的な舞台での出来事も人々の心理に影響を与えなかったわけではない。しかし全体的に見れば，「国内の」状況が，人々の態度をもっぱら規定していたのである。

物資供給と食糧確保

ドイツ支持派として悪名高い集団やドイツの覇権に眩惑された人々を除けば，大部分の同時代人にとっては，ヒトラーが遅かれ早かれスイスを属国としようとし，さらにはスイスの分割さえ目論むだろうことは，自明であった102)。こうした状況下で「国土防衛」は重要な意味を持つに至り，社会的な次元にまで拡張された。すなわち，国の安全と独立は，軍事・経済・社会・文化と宗教の全ての面にわたる防衛の努力によって守られねばならないと考えられたのである。前回の戦争での1918年のゼネストに類するような社会的動揺を回避するためには，兵士達に対して，より高い社会的安全を保証し，過度の物価騰貴を回避し，不足してゆく食糧をより公正に配分することに成功しなければならなかったのである。さらにスイスが，外国貿易における主権を維持し，交戦諸国によるスイス国内情勢への直接の介入を回避することに〔第一次大戦と違って〕成功するか否かが，問題となった。

開戦時には，スイスがその食糧需要を賄えるかどうかは全く判らなかった。そのため行政でも一般人の間でも，最悪の事態に備えようとする傾向が強かった103)。不安は，スイスがそのカロリー消費量の半分しか国内で賄えないことに由来していた。残りは輸入頼みである。しかし戦時中の食糧輸入は減るばかりであった。1941/42年の輸入量は1939年の半分となり，1944年は20％に過ぎなくなった。もし海外〔＝欧州外〕からの輸入のみを計算すると，1943年のこの数字は，1943年の春から年末まで連合国が食糧供給を遮断したので，ずっと低くなる。いくつかの品目では生産量と需要量は大きく食い違った。公式の農業政策は，畜産での過剰生産を阻止し穀作を促進することを目標としていた。農産品余剰は隣接諸国――すなわち実際問題としては枢軸国――に輸出しえたが，不足する食糧は，大部分は連合国の勢力圏から輸入されねばならなかった。

1940年の11月に開始された農業プログラム（ヴァーレン計画）は，西側勢力からの輸入の停止を穴埋めする措置ではなく，むしろ，枢軸国による兵糧攻めの危険に対する自衛策として計画されていた。この耕作地拡大計画は「開墾戦」［Anbauschlacht］と称され，耕作地を3倍近くに増やすことを目指した。1943年までに，18万2500ヘクタールから36万6000ヘクタールへの耕作地の倍増が実現し，これにより農産品自給率

は開戦時の52％から59％に引き上げられた。しかしこの数字は平均消費カロリーの減少を含まない数字であり，もしこれを考慮するならば，自給率は80％以上に上昇したことになる。耕作地のこうした拡大によって，大陸欧州の外側からの輸入の途絶は，かなりの部分，埋め合わされた[104]。スイス側では抵抗と持久戦の意志の表れと理解されていたこの「開墾戦」は，ドイツの側からも，ヨーロッパ内の食糧確保に貢献するものとして，歓迎された。

　生活維持に不可欠な物資の個々人への供給は，一律ではない配給システムによって保障された。配給制度は，物価騰貴による購買力の低下がそれほど進行せず，住民の大半が配給品を買う金も欠くような状況が生じない場合にのみ，機能する。こうした点でも，戦時経済担当者は第一次大戦から多くの教訓を得ており，価格騰貴の抑制に努め，これにおおよそ成功した。段階的に，配給対象の食品が拡大された。1942年からは全ての重要な食品が配給制度に統合された。しかし家禽肉・魚・ジャガイモはその後も自由な売買が可能であった。心理的な要素も重要であった。当時の体験を回顧する人々は，困窮感と欠乏感を記憶している。1941年，戦時食糧局は，「我々は飢餓なき戦争を展望できるだろうか」との示唆に富む問いを表題に掲げた文書において，昼食時の胃袋の空腹感や，慣れた食事から内容が変わったことによる不満感は，飢餓を示すものなどではなく，実際に長期にわたって続く栄養不足のみが，飢餓といえるのだと宣言している。国際連盟の研究によれば，1944年のヨーロッパ中立国の食糧事情は比較的良好であった。1946年に，連邦戦時食糧問題委員会は，スイス国民の戦時期の栄養状態は良好で，「多くの点では申し分ない状態とさえいえた」と断言している。当時の文書が示しているように，スイスの栄養状態はヨーロッパの隣接する諸社会との比較では，しばしば「楽園のよう」とさえ評価されていた[105]。したがって，難民政策に関しては，食糧確保の問題は重要な要素ではなかった。しかし他方，スイスの非常に多くの住民が，衣類や住居の確保の心配といった，より実態にみあった問題よりも，難民の受け入れによって食糧確保が難しくなることを危惧していたとしても，なんら驚くべきことではなかろう。配給制度の主要部分は戦後も長く維持され，パンの自由な販売が許されるようになったのはようやく1948年4月のことであった。

国土防衛

　国土防衛のための多岐にわたる努力は，1939年よりもずっと以前から開始されていた。逆説的なことに，1939年9月1日には軍事的防衛態勢の点では最も縮小した状態にあり，1914年に比較してさえ，備えができていなかった。政治的・法的観点では，すでに1930年代初めに若干の準備がなされていた。1933年6月12日に政党が制服を定めることが禁止されたこと（1938年7月1日に厳格化）と，1935年6月21日になされた連邦の安全確保に関する緊急連邦決議（連邦警察の創設）が言及に値する。その他，1935年9月8日に連邦憲法の全面改正を求めるイニシアティブが，また1937年11月

28 日にフリーメーソンの禁止を求めるイニシアティブが，いずれも否決されたことは重要である。さらに，国家にとって危険な宣伝物に対する 1938 年 5 月 27 日の連邦決議や，国家に危険を及ぼす陰謀と民主主義の防護に関する 1938 年 12 月 5 日の連邦決議も，重要である。1938 年には，国土防衛のために様々な措置が実施に移された。例えば，国際連盟から経済制裁への参加義務をようやく免除されたことにより，「絶対中立」への回帰が可能となり，スイスは，国際法上の地位を新たに定義した。また，連邦閣僚のヘルマン・オプレヒトは，ドイツ人が経営権を握るゾロトゥルン武器製造所の取締役に就任していたことで，これに先立つ時期に非難を浴びていたが，その彼によって同じく 1937 年末頃，連邦経済省内に戦時経済に備えるための非公式の組織が設置された。彼は，「物資供給のための〔1938 年〕4 月 1 日の連邦法」と，戦時の輸入維持を目的に 1938 年 9 月に開始された外交交渉によって，何事にも怯まぬ自由主義的政治家として力量を発揮した。この功績に対しては，1940 年 8 月に彼が若くして死去した際に早くも讃辞が送られた。

　連邦閣僚フィリップ・エッターによって作成された「スイス文化の護持・振興の組織と責任」に関する連邦内閣報告書も，やはり 1938 年に出版されたが，これはそのナショナリズム的・権威主義的な方向性もあって，すぐに「精神的国土防衛のマグナ・カルタ」となった。スイス的な信条は，以下の言葉で表明されていた。「スイスの国家思想は，人種や肉体からではなく，精神から生まれる。ある並はずれて偉大な考え，ヨーロッパ的で普遍的な思想によって，〔ヨーロッパを〕分かつ山，そしてこれを結びつける峠であるゴットハルトの周りに，〔スイスという〕国が生みだされたというのは，何とも素晴らしく記念すべきことではないか。その偉大な考えとは，諸民族［Völker/peuples］と西洋諸文化による精神的共同体という思想である」106)。報告書はさらに続けて言う。それは，「国家という堅固な大地の上での，精神による肉体に対する勝利に他ならない」と。

　1939 年 9 月から施行された戦時経済体制は，連邦経済省の下に置かれ，「経済的国土防衛」の背骨をなした。戦時経済委員会［Kommission für Kriegswirtschaft / commission pour l'économie de guerre］の勧告を受けて任務を遂行する連邦戦時経済中央庁［Eidgenössische Zentralstelle für Kriegswirtschaft / service central de l'économie de guerre］は，その傘下に，戦時食糧局〔以下，組織名の原語については巻末索引を参照〕，戦時産業・労働局，戦時運輸局，戦時福祉局，連邦価格統制庁，連邦経済省貿易局が置かれた★51。しかしこれらの戦時経済組織には著しい不均衡があった。一面で連邦官庁は，国内での物資供給と資源の確保にとって重要な分野には積極的に介入した。卸売・消費者物価，家賃・賃貸借料，電気・ガス料金は許可制となった。労働市場と食品市場とはとりわけ厳しく統制されていた。労働奉仕義務と完結的で等級化された配給制度によって，重要な経済的資源を十分かつ巧みに管理することが可能となった。他方，通貨面においては，スイスフランの自由交換性は維持され，国による管理はほとんどなされ

なかった。この両者の中間には，外国貿易，原料，投資があった。これらの分野では戦争経済的なシンジケートが存在し，重要な経済主体はこれを通じて自立的に利害調整を行っていた。これらとともに近代的な工業国であるスイスを困難な状況の下で動かし続けたのは，戦時期に勢力と権限を著しく拡大した各種の交渉代表団であった。各種の義務や配給は，スイス経済の近代化を何ら妨げなかった。それどころか反対に，1940年以降，著しい技術革新が確認される。これは様々な戦後シナリオに基づく動きであり，スイスの工業は，早くも1942年には，来たるべき平時の経済への備えを開始していた。

　軍事的国土防衛は経済的国土防衛と密接に関連していた。この関連性は，早くも1936年に2億3500万フランの「防衛債」が発行され，多くの人々がこれを購入したことに表れている。軍備費調達のためのこの借入れは，左派からも雇用創出に寄与するものとして歓迎されたが，その額は，同年の連邦の通常的歳出の半ばの額に相当する規模であった[107]。これによって，少なくとも部分的には，軍事的な防備を当時必要とされた水準に引き上げることができるとされていた。しかしそれにもかかわらず，開戦時には軍事的国土防衛は不安定な状態にあった。作戦計画が欠落しており，重火器は不十分であり，輸送手段も時代遅れで——もっぱら馬に依存しており自動車が不足していた——，戦車や軍用機は事実上存在しないに等しかった。この弱点を少しで補うために，スイスとフランスの軍部は，早くも1938年から翌年にかけ，ドイツ軍がスイスを攻撃した場合の協力について秘密の協議を行った。この時期には歩兵部隊の状況は良好で，また兵隊達も困難な防衛戦争を遂行すべく備えていた。国土防衛のためのごくあたりまえの士気が，当初はみられたのである。国土防衛は，前述の動員令，軍の維持，戦債の発行，戦争開始時の総動員，それに特別の脅威がある場合に予定されていた総司令官の任命によって，実施に移された。こうした軍備は，国外向けの表現である「武装中立」[bewaffnete Neutralität / neutralité armée] によっても補強された。他国を支援しないという外交政策の論理的帰結でもあったが，武装中立は，交戦国によるスイス領占領の阻止をも目的としていた。どの交戦国もスイス占領によって優位を得るということがあってはならず，そのためには，潜在的あるいは現実の交戦国に対して，スイスがその国境を軍事的手段で防衛しうる状態にあるということを信じさせる必要があった。実際の軍備の水準はこうした想定を満たしていなかったが，それでも中立は，自国の存立が

★51 スイスの連邦行政府を構成するのは，連邦内閣とその下に置かれる連邦官房 [Bundeskanzlei/Chancellerie fédérale]，それに，7人の連邦閣僚がそれぞれ所轄する七つの「省」[Departement/department] である。省の内部組織の呼称は，Amt / office, Verwaltung / Administration, Direktion / Direction と省によって異なるが，本書では，原語にかかわらず基本的に省を構成する二次的組織単位に「局」の語を用いる。また各省や連邦官房の外部に位置する外庁的・臨時組織に関しては，「庁」の語を用いる。なお，クリアリング業務を担った Schweizerische Verrechnungsstelle, SVSt / Office suisse de compensation, OSC に関しては，連邦官庁組織の外部に設置されており上のような意味での「局」ではないが，同時代の日本での呼称を踏襲して「清算局」とした。今日のスイス連邦政府の組織構成については，http://www.admin.ch/を参照。

交戦諸国の戦略にどれほど依存しているかを痛いほど熟知している国にとって，国民的な自己理解の最も重要な要素であった。

　1939年から1940年にかけての開戦後最初の冬に，軍は，北方，すなわちドイツに対する国境線防備を行った。その後，フランスとスイスの国境をなすスイスの西側で，――1940年夏のフランスの予想外の降伏の結果――突如としてドイツ軍の存在に直面すると，最高司令部は部隊の再配置を行った。これは古えの模範に倣ったものであるが，しかし当該の状況下では，新しい概念に基づく国土中央部への撤退（砦への籠城(レデュイ)）戦略と同一視された。これに伴い――ドイツの強力な戦車部隊が国境線の直ぐ向かい側に布陣しているまさにその時に――部分的動員解除の指令が出された。時を同じくして，軍の負担を軽くし，来たるべき「平和の時代」にスイスは備えるべきだとの議論がおこった。早くも1940年6月21日（ドイツとフランスの休戦の前日），連邦閣僚のフィリップ・エッターは，その発言で小説家のツェーザル・フォン・アルクスを愕然とさせた。外からの脅威に対する1291年の英雄的な闘いを記念して1941年に予定されていた祝祭行事を，軍事的な抵抗の意志を誇示するものにしようと望んでいたフォン・アルクスに，エッターは，「来年，我々がスイス創設650周年を祝う時には，おそらく，わが軍隊はもはや時代にあった主題ではなくなっているだろう」と言い放ったからである[108]。1940年の7月から10月の間に，動員中の兵員数は約45万人から15万人へと減少した。まだ動員中の兵員の主力は国境地帯からスイス中部に撤退し，アルプス山岳地域やその周辺の丘陵地帯に防衛拠点を築き始めていた。「戦争遂行のドクトリン」から，ますます非軍事的な要素への依存を強めていった「国土防衛」戦略への移行によって，経済的生産活動に振り向けるための労働力が解放された。これ以後，国土防衛は，軍事的な抵抗手段を用いての（領土という意味での）全国土の短期的な防衛というよりも，むしろ，枢軸諸国に対する経済的な協力と政治的な宥和に，軍事的防衛の準備の維持が混ざり合った長期的な戦略を意味するようになった。しかし当時の，そしてまた今日の軍事的専門家は，こうした戦略には，もっぱら単なる「象徴的な性格」しか認めていない[109]。戦闘部隊が「国民防衛のレデュイ」へ撤退したために，それまで支配的で，人気もあった「国境配備」［Grenzbesetzung/occupation des frontières］の語が価値を下げた。1940年夏以降は，「総動員」［Aktivdienst/service actif］は政治的な議論の場での鍵概念となった。また1945年以降も，スイスのほとんどすべての防衛行動はこの語に集約され，またその結果，非軍事的な活動，すなわち決定的に重要であった経済的な要素は，ごくわずかの認知しか受けなかったのである。

　国と民間企業の緊密な協力関係に基づく経済的国土防衛の，対外関係における課題は，まず第一に，生存のための必需物資や，工業生産と農業に必要な原燃料を確保することにあった。これを確実にするためには，連合国による海上封鎖と第三帝国による大陸反封鎖からなる二重の封鎖線を可能な限り通過可能なものにし，また統制措置ができる限り緩やかに運用されるよう，巧みな交渉を行う必要があった。政策当局は，外国貿

易を，何よりも国内必需物資の確保と雇用の維持，それゆえまた社会平和の鍵であるとみなしていた。この外国との経済関係が，少なからぬ場合に，国民の利益よりも企業の私的利益に奉仕したかもしれないという問題も，あまり検討されていない。これまでは，戦争に起因する輸出の拡大で特に軍需産業に生じた巨額の利益に対する課税の問題が，重視されてきた。スイス社会民主党の国民院議員であるマックス・ヴェーバー〔スイスの経済学者・政治家。同姓同名のドイツの社会学者とは別人〕は，すでに1939年の開戦時に以下のように明言している。「通常の利益は侵害されるべきではないが，それを越える分は全て，『所有の国防義務』〔財産接収〕の対象とされるべきである」110)。また1940年秋の会期には，彼は次のように要求している。「戦争が個々人の金儲けの手段になってはならないという原則が，連邦の政策の基本線でなくてはならない」111)。経済的な国土防衛のもう一つの形は，戦後を見据えて販売市場を確保するというものであった。雇用についての不安と，「新たな大量失業の危険」への危惧が，社会主義者であるロベルト・グリム★52の思考をも支配していた。彼は1940年に，軍需産業の受注が減少するのではないかと心配していたのである。

2.4 戦争とその帰結

ヒトラーがヴェルサイユ条約に反してラインラントの再軍備を強行した1936年以降，ヨーロッパで再び大戦が勃発するかもしれないと考えられるようになり，次第にその可能性は高く，また不可避的と考えられるようになっていった。1938年のズデーテン地方の「祖国への回収」と，1939年初の「チェコの残余部分」の併合により，この印象は強まった。

戦争の経緯の各局面

1939年9月1日にポーランドを攻撃したヒトラーは，――彼の欲望はこれだけで満たされるものではなかったが――この戦争を地理的に限定しうると考えていた。しかし他の点ではまったく受身に行動してきたイギリスとフランスは，この攻撃の直後，ドイツに対する宣戦布告でこれに応じた。この「第一次」東部戦役での戦闘の終結後，「奇妙な戦争」[drôle de guerre / phoney war]が始まった。ドイツ側は一般に考えられていたよりもずっと弱体だったが，その後も主導権はドイツ側が握り続けた。1940年4月，ドイツ軍は北欧を攻撃した。デンマークの占領とノルウェーの侵略に続き，1940年5月10日にはフランス，ベルギー，オランダを奇襲した。これによって開始された

★52 ロベルト・グリム (1881-1958)，チューリヒ州生まれの労働運動家・政治家。植字工として遍歴後，労働運動で頭角を現し，『ベルナー・タークヴァハト』の編集主幹としても活動した。1939年から1946年，「電力・暖房部」(経済統制団体)を統括。バーゼル市，ベルン市，ベルン州での政治家として活動し，1920年から1955年，国民院議員を務める。1911年から1943年，ベルン社会民主党党首，また1936-45年，同会派議長。*Historisches Lexikon der Schweiz*, Band 5, Basel 2005, 703-704頁。

主要敵フランスに対する戦闘は，全ての予想を裏切って，わずか 41 日後には終結した。1940 年 6 月 22 日の停戦後に焦点となったのは，大陸駐留軍を最後の瞬間に撤退させることに成功した英国が，戦争を多かれ少なかれ単独で継続するか否かという点であった。しかしイギリス空軍(ロイヤル・エアフォース)はドイツ空軍(ルフトヴァッフェ)に対する優位を維持し，ドイツ軍によるイギリス侵攻の計画は実施されなかった。炯眼を持つ少数の者は，早くもそこに，ドイツの弱さの最初の兆候を読み取っていた112)。

スイスは，1939 年 9 月に総動員令を発し全権委任体制を確立した後，防衛態勢をとって待ち受けた。勢力均衡がまだ機能するとの幻想，それどころか，西側勢力がこの対立の中で優位を持つはずであるとの自己欺瞞に満ちた希望にスイスは縋りついていたが，開戦後の半年は，スイスにとって比較的平穏に過ぎていった。1940 年春の時点では，フランスへの進撃がスイスをも通過するか否かは不確かであった。1940 年 6 月のイタリアの参戦により，スイスの南部国境も，数年間にわたり危険地帯となった。フランスの敗北によって，一つの世界が崩壊した。パリの占領はスイスに激しい衝撃を与えた。これは不安というよりはむしろ狼狽と悲嘆とに彩られていた。今や，ドイツのプロパガンダと歩調を合わせつつ，ドイツ寄りの勢力が，戦争は終わったと宣言し，軍の動員解除を要求した。それに対し，連邦大統領ピレ゠ゴラは，歴史上は弱腰で大勢順応的と位置づけられている 1940 年 6 月 25 日のラジオ演説においても，「[……] 我らの大陸は，危険な状態が続く」と明言して，態度を変えなかった113)。1940 年 7 月 25 日，ギザン総司令官は，リュトリ，すなわちスイス盟約者団の伝説上の創設地において，未だ構築途上のアルプスの陣地，「レデュイ」に拠って，軍事的国土防衛を継続することを表明した。これによって総司令官は，スイスにとっては戦争は終わっておらず，軍事的な抵抗の意志は放棄されていないことを知らしめたのである114)。しかしこれ以後スイスは，枢軸国に完全に包囲されてしまった。当時，オイゲン・ビルヒャー大佐〔スイス人軍医・軍事史家・軍事理論家。1938-42 年のスイスの第 5 師団長〕は，ドイツ軍はたった一個の戦車連隊で易々とベルンに進軍しうるだろうとの見方を示したが，これは的確な状況認識であった115)。

1940 年 9 月以降，ヒトラーはその野望を再び東方に向けた。1941 年 4 月からバルカン半島での作戦が開始され，1941 年 6 月 22 日には，かなり前から準備されていたソヴィエト連邦への奇襲が行われた。これは戦争法規や国際法に反しつつ，例をみない粗暴さで遂行された。緒戦における勝利の後，ドイツ軍は早くも 1941/42 年の冬の作戦で深刻な反撃に遭遇した。ドイツの「電撃作戦」の局面は終わった。同時にまた，戦局の明確な転換までなお数ヵ月を要したとはいえ，アメリカ合衆国の参戦により，情勢変化の明確な兆候が生じた。アメリカ合衆国は，1941 年 12 月 8 日の公式の参戦で初めて戦争に関わったのではない。1935 年に施行され 1939 年に改正された中立法は，──スイスの場合とは反対に──段階的に骨抜きにされており，1941 年の夏には，アメリカ合衆国の大西洋艦隊がついには英国輸送船団の一部の護衛にあたるまでになっていたので

ある。開戦は明らかにずっと前から準備されていた。

スイスではこの時期においても——フランスの降伏以降——，民族社会主義下のドイツによる覇権への備えに追われていた。大部分の人々は，この状況が最終決着であるとは認めずにこれに加わっていた。人々はただ，——1945 年から 1947 年の時期もそうだったように——，好機を待つことにしたのである。連邦閣僚のピレ=ゴラは，早くも 1940 年の 9 月に，「耐え抜かねばならない」というスローガンを口にしている。「耐え抜くのだ。我々の独立と自由とを維持するために，あらゆることをするのだ」と彼は補足している。しかし彼はまた，「我々が，実質的に枢軸国に依存してしまっては，耐え抜くことは困難だ」とも言っていた[116]。経済面では，新しい状況の帰結はすでに 1940 年夏には明らかとなり，人々に受け入れられた。「抵抗派の連邦閣僚」であり，1936 年に防衛債の発行を主導したルドルフ・ミンガーでさえも，フランスの降伏の数日後には，貿易の方向転換，とりわけ武器輸出の転換を支持して発言している。「我々は，ドイツと，ドイツによって占領されている地域への輸出の増加によって，西側勢力への輸出の減少に起因する目下の輸出の減少の一部を補うことができるはずだ。目下のところドイツでは軍需品に対する強い需要がある」[117]。1940 年 8 月 9 日には，ドイツと協定が結ばれ，より密接な経済的協力の基礎となった。

1941 年から 1942 年にかけて，2 年近くの間，「第三帝国」はその覇権の頂点にあったが，これはスイスでは非常に強く感じられていた。この時期，戦争は，地理的にはスイスからずっと「遠隔地」で行われており，スイスは「レデュイ」の構築にいそしんでいた。長期的な成り行きについては，控えめな楽観主義が広まっていたが，だからといってスイス当局がいっそう譲歩することが妨げられたわけではなかった。オイゲン・ビルヒャーによるドイツ東部戦線への医師団派遣といった外交政策上のジェスチュアや，1941 年 6 月 18 日のドイツとの経済協定が特記に値する[118]。1941 年 12 月，日本による真珠湾への奇襲によってアメリカ合衆国が参戦し，ほぼ時を同じくして，ドイツの進軍がモスクワを前に停滞した際にも，これらはすぐには決定的な転換点とは見なされなかった。「終わりの始まり」として初めて受け止められたのは，1942 年秋のドイツの敗退であった。1942 年 9 月，社会民主党所属でベルン選出の国民院議員，エルンスト・ラインハルトは，枢軸国は敗北するであろうが，「しかし我々がドイツに対してまったく無力である」ことも認識しなければならないという事実を認めざるをえなかった[119]。1943 年 1 月の一般的な雰囲気についてのある報告は，反ドイツ的な態度が親ソ的な態度と驚くほど結びついているとしていたが，これは何より，西側連合国諸国の攻勢の遅さに対するいらだちの表現であった[120]。

決定的で，またスイスにとって重要であったのは，経済戦争であった。20 世紀の両大戦は，いずれも，全ての利用可能な経済資源の動員に基づく生産戦争と解釈される。枢軸国によって支配されている大陸を，海上での輸入の遮断——それほどでないにせよ輸出も同様であった——によって封じ込めることは，戦争の最初から，西側連合国の最

も重要な戦略目標の一つであった。これに対してドイツは反封鎖で応じた。これは，ナチス覇権下の「新しいヨーロッパ」を，戦後においても，ドイツの「広域経済」的な，自立的で自給自足的な大陸ブロックとして結合し続ける計画として，理解される。事実上，ドイツの占領支配は，「略奪経済」との表現も十分ではないような体系的で計画的な搾取と奴隷化に基づいていた。ナチス国家は，この侵略行為の中で，金・外貨・その他の有価証券を不法に自らのものとした。略奪を受けた所有者は，占領軍がとりわけ冷酷に荒らし回った「東方」においては，追放され殺害された。それに加え，奴隷化された男女，すなわち「東方労働者」と称された人々，強制労働者，戦争〔戦時〕捕虜，強制収容所収容者が，生産過程に投入された。

　アメリカ合衆国とヨーロッパ各国政府による激しい反ボルシェヴィズムと，1918年以降広まっていた共産主義への恐れからするならば，ドイツがソヴィエト連邦を攻撃した後，連合国がすぐに反枢軸国の立場をとったことは，驚くべきことかもしれない。もしも「西側」と「東側」がヒトラーのドイツに対する戦いを共同の戦いと理解していたとするならば，それは利害の一致による論理的帰結である。しかしそうはいっても，連合国相互間の理解と協力の実情については，しばしば過大視されている。赤軍の防衛力はもっぱら自らの力による。重要な戦時物資の供給者であったアメリカ合衆国との取り決めは，最小限のものであった。ソヴィエト連邦は，負担軽減のために「第二戦線」を開くことを要求していたが，これはなかなか実行されなかった。西側諸国が力を温存しようとしているのではないかとのソヴィエト連邦の疑念は，1942年11月の北アフリカへの〔西側連合国軍の〕侵攻，1943年7月のシチリア上陸によっても消えなかった。1944年6月6日のノルマンディー上陸によって初めて，ソヴィエト連邦の期待が実現することになった。しかしそれでも，西側諸国が，――ヒトラー後の――ドイツと単独講和を結ぶかもしれないとの不信は，ドイツの「無条件降伏」を求めたローズヴェルト米大統領の1943年1月のカサブランカ宣言にもかかわらず，残った。しかしスイスにとっては，国際的な状況の転換は脅威が去ったことをまったく意味しなかった。戦局の進展とともに，戦場は再びスイスに近付いてきた。1943年にはイタリアが，翌1944年にはフランスが新たに戦場となった。1944年8月には，ヨーロッパの解放者はスイスの西部国境に到達した。これによって枢軸国による包囲は解かれたが，しかしそれは，供給状況が好転したことを意味せず，むしろまったく逆であった。この期に至って，スイスでは，航空戦で最大の巻き添えが生じていた★53。連合国各国の軍隊による国境侵犯が危惧された。さらにまた，敗者の側が，戦争の最終段階で何らかの「自暴自棄の行動」に打って出る可能性への不安も増していた。国内情勢も，物価騰貴と実質賃金の下落，従軍への志気の低下，連邦内閣が批判した「休暇気分」，すなわち戦争はもはや終わったと考える危険な思い込みの蔓延で，ますます悪化していた。終戦が間近となった

　★53 とりわけライン河右岸に位置するシャフハウゼンでは，連合国側航空機による誤爆が少なくなかった。

ことは，国際的にも国内的にも，情勢が容易になったということを意味せず，むしろ新たな問題への直面を意味していたのである。

将来展望と戦後への道

1945年5月8日，ヨーロッパの人々は戦争を引き起こした勢力の無条件降伏を祝い，スイスでも人々はこれを祝した[121]。ヨーロッパでの終戦は，同時に，二つの意味で深い転換点を意味した。第一に犯罪的なナチス体制が崩壊し，第二にその絶滅機構が停止したのである。1945年8月6日と9日の広島・長崎への二つの原子爆弾の投下によって，1945年9月2日〔戦艦ミズーリ号での降伏文書署名日〕に日本もまた降伏し，第二次大戦は完全に終結した。しかし戦争が生み出した状況は，戦争の公式の終結を越えて存続した。まず第一に，これにより，すでに非常に不安定になっていた物の流れが崩壊し，まったくの混沌下にある大陸で，あらゆる方向への人々の奔流が生じた。これらはいずれも，スイスに直接に影響を及ぼした。物資の調達は一時的にいっそう困難となり，同時に約5万人の帰国スイス人を受け入れねばならなかった。

戦勝国は，戦後にはよりまともな集団的安全保障の体制を創らねばならないという点で一致していた。アメリカ合衆国は，不承不承参戦し，当初は倫理的な動機から関わったわけではない戦争に——1917年と同様，これは国内政治的な正当化のためのものにすぎなかった——新しい世界秩序のための十字軍，あるいは，最後の「戦争に対する戦争」となるだろうといった宣教師的な意味づけを行った。同国はこうした方向での具体的な進展を目指し，1945年春の国際連合創設〔同年4月～6月のサンフランシスコ会議で国際連合憲章採択，発足は10月24日〕につながる複数の国際的な会議を組織した。例えばヴァージニアのホットスプリングス会議では，早くも1943年5月，大西洋憲章に明記された「飢餓からの自由」の実現のために，食糧農業機関（FAO）の創設が決議された。1943年11月には，敵国占領地域の再建を目的として，ワシントンに連合国〔国連〕救済復興機関（UNRRA）★54が設立され，また1944年4月には，フィラデルフィアで国際労働機関（ILO）が活動を再開した。ワシントンで開かれたダンバートン・オークス会議によって，国際連合の骨格が作られた。それと並行して，新しい国際通貨秩序の準備が進められた。1944年7月のブレトン・ウッズ会議では，——英国の対案を退けて——金とドルとに基づく新しい通貨システムが構築された。自由な世界貿易，自由な交換可能通貨と開発政策的な目的のために，国際通貨基金（IMF）と，世界銀行

★54 第二次大戦中の連合国（Allies）に対しては，米国は参戦時からUnited Nationsの呼称を用いており，1942年1月1日の連合国共同宣言（Declaration by United Nations）以降，この呼称が広まったとされる。1945年10月に設立された国際機関としての国際連合（United Nations）は「連合国」を継承する存在であり，英語圏を初め多くの言語圏で，同一語で表される。本書では国連発足以前に対しては——ドイツ語版でのVereinigten NationenならびにUN〔英語概念の引用〕の表記を含め，一部の例外を除き——「連合国」の語を，発足以後のそれについては「国際連合」ないし「国連」の語を充てた。

すなわち国際復興開発銀行（IBRD）が創設された。これら新組織のいずれにも、スイスは加わらなかった。

しかしながら、国際秩序には、その成立の瞬間から緊張が生じていた。主要な創設国の間でその目的が対立するにもかかわらず国際連合がかくも長く存続しえたという事実は、両陣営が、国際機関を自らの覇権と影響を確保するために利用しようとしたということによるであろう。1945年以降の時期、社会・政治面で互いに対立する二つの陣営あるいはブロックが形成された。1940年代末に先鋭化していった対立を表現する「冷戦」の概念は、すぐに人口に膾炙していった。

戦争の終結は、それまで占領されていた諸国にとっては根底的な分岐点を意味したが、スイスは、戦後においても顕著な連続性の下にあった。親ドイツ的勢力に対し内政の上で決着をつける短い局面の後、冷戦の深まりの結果、スイスの反全体主義は、1944年から1947年の間の時期にはある程度広い支持を得ていた共産主義的運動に対して、非常に急速に、全面的な敵対姿勢で対峙するに至った。それに対し、中道的な立場に立つ幅広い勢力や経済界の有力者の間では、自己批判的に過去を省みる姿勢はまったくみられなかった。西側陣営でも、冷戦は、急進的な左派勢力やさまざまの反体制勢力を排除しつつ国内の政治的な規律を強化する動きを促進した。こうした状況下ではなおのこと、直近の過去についての愉快ならざる問題は、蒸し返されることなく放置された。

スイスにおいては、戦時期から戦後期にかけての切れ目のない連続性は、幾人かの個人の履歴に最もよく現れている。連続性は、政治の転換の影響を受けにくい民間部門の重要人物では非常に頻繁であるが、しかし政界の有力者の場合でも、例えば連邦閣僚のフィリップ・エッターやエドゥアルド・フォン・シュタイガーのように、それほど稀ではない。エッターは1934年から1959年まで閣僚を務め、1940年にはスイス連邦の「権威主義的民主主義」への再編を支持した人物である。またフォン・シュタイガーは、1941年から1951年に連邦閣僚を務め、難民受け入れを制限する政策を推進した。1940年以降、外交政策を担当した連邦閣僚マルセル・ピレ=ゴラが1944年にその職を辞したのは、一つの例外である。また1938年から1945年にかけ駐ベルリーンスイス大使を務め、そのナチス宥和的な政策──これはベルンの連邦政府の多数派の支持を得ていたが──のために新しい時代にそぐわなかったハンス・フレーリッヒャーは、戦争終結とともに解任された[122]。それに対し、高級官僚に関しては、顕著な連続性を確認しうる。1919年以降、連邦外国人警察を統括し、庇護を求めた人々に対する反ユダヤ主義的な入国阻止政策に大きな責任を負うハインリヒ・ロートムントは、1955年に定年で退職するまでその職にあった。他方、駐ヴィシースイス大使であったヴァルター・シュトゥッキは★55、スイス連邦内閣の予想に反して、1944/45年にそのまま切れ目無くパリ駐在大使となることはできなかった。しかしそれでも彼は、スイスによるナチスからの金塊購入や、ドイツ国籍保持者がスイス国内に持つ資産に関して行われた1946年のワシントンでの協議では、代表団を率いて交渉に当たった。また、新たに建国され

たドイツ連邦共和国との「数十億のクリアリング資金」に関する1952年の協議でも，同様の役割を演じている123)。スイスの外国貿易を担い，その交渉術を駆使してスイスのための物資確保やその配給に努めたのみならず，同時にドイツの戦時経済へのスイスの統合を促進した「有力者たち」もまた，要職に就きつづけ，——ジャン・ホッツやハインリヒ・ホムベルガーのように——その仕事について自己分析と正当化の書を著し，しかもこれらは広く読まれた124)。国立銀行の理事会でも人事面での断絶はない。

　スイスにおいて，戦中・戦後の間にはっきりとした連続性がみられるという事実は，スイスが歴史的な審判に十分に堪えたという広く共有された印象と関連していた。この肯定的な国内政治でのイメージは，1943年以降の連合国，とりわけアメリカ人の間でのスイスに対するマイナス・イメージと鮮烈な対照をなしていた。戦争終結時には，中立の評判は最低の水準に達しており，戦勝国はスイスを厳しく批判していた。

　ヴァルター・シュトゥッキは，国民院の外交委員会で1945年3月7日に次のように発言している。「1944年11月の『ロシアの爆弾』の後，1945年1月4日には，今度は『アメリカの爆弾』が炸裂した。アメリカの報道は，アメリカの不倶戴天の敵を支えているとして我々を非難している。我々はドイツの有力者から盗品と知りつつ略奪品を購入しているというのである。またスイスは，単に中立でないにとどまらず，ドイツに友好的な国と位置づけられているのである」。ロシア人はこのプロパガンダを「嬉々として」受容しているし，こうした攻撃には，南米や，近東・極東でも反響がある。「我々がかつて経験したことがなかったような孤立が，我が国を脅かしている。こうした状況に鑑みて，何らかの対応が必要であることは自明である」125)。連合国代表団とスイス代表団の間で1945年2月12日から3月8日までベルンで開催されたいわゆる「カリー交渉」★56では，これら異なる立場の間で，冒頭から激しいやりとりが行われた。スイス代表団を率いるヴァルター・シュトゥッキは，交渉の冒頭の演説で，スイスを，「恐るべき戦争」を生き抜いた毅然とした民主主義国，非の打ち所のない法治国家として描いた126)。しかし，ラクリン・カリー〔ローズヴェルト大統領主席経済顧問〕★57の返答は，まったく異なった印象を伝えるものであった。経費のかかる戦争の目標達成が枢軸

★55 ヴァルター・シュトゥッキ（1888-1963），ベルン生まれの政治家・外交官。1917年連邦経済省次官，1925年，連邦経済省貿易局長を歴任，1927年から各種の国際会合に参加してスイスの経済外交を担う。1935年，連邦内閣外交代表団長，1938年，駐フランス大使（1940年以降も駐ヴィシー大使）。ヴィシー政権とマキ（フランスのレジスタンス勢力）の仲介などを行う。1945年以降，連合国とのいわゆるカリー交渉を担当。1946年には在スイスドイツ資産に関するワシントン交渉にあたり，1953年，ドイツの対外債務に関するロンドン協定に関する外交交渉を最後に引退。著書に，*Von Pétain zur vierten Republik*（1947）がある。*Historisches Lexikon der Schweiz/ Dictionnaire historique de la Suisse* の関連項目を参照（http://www.hls-dhs-dss.ch）。
★56 詳しくは，第6章の叙述を参照。
★57 ラクリン・カリー（1902-1993）。カナダ生まれの経済学者。銀行理論・金融政策を専攻，ハーヴァード大学より博士号取得。1934年，アメリカ合衆国国籍を取得し，財務省，連邦準備制度理事会で，銀行制度の設計や金融政策の立案に携わる。1939年，ローズヴェルト大統領主席経済顧問。土屋慶之助・小林健一・須藤功（監訳）『アメリカ経済経営史事典』（Olson, James S. *Dictionary of United States Economic History*）創風社，2008，83-84頁。

国の金融取引によって妨げられ，将来の平和と安全への希望が破壊されるような事態を，連合国は座視するわけにはいかないと，彼は指摘したのである。「我々の敵がスイスを金融取引の拠点に選んだのは，単にその地理的な位置によるのではなく，スイスの銀行法や銀行の業務慣行が，身元を隠したり，取引を秘密にしたりしたがる者にそれを許すようにできているからでもある」と[127]。カリーは最後に，連合国三ヵ国の要求を示した。1944年7月のブレトン・ウッズ会議の決議第6条〔略奪財産に関する条項〕の要求が満たされねば，「議題に挙がっている通商条約の締結もありえない」と。スイスは，カリー代表団の強硬な態度に直面して，妥協せざるをえなかった。3月5日，アメリカの駐ベルン大使は，スイスの代表団が3週間に及ぶしぶとい抵抗の後，今日ようやく「降伏した」と報告している[128]。これを受けて，連邦内閣は，スイス内のドイツ資産の凍結，ドイツとの通過交通と貿易の大幅な抑制，金購入の停止を指示した。シュトゥッキは，この譲歩の目的を以下のように説明した。「遅れをとる危険はあまりに大きい。［…中略…］我々は今日，西側国境を開放することを考えねばならない。［…中略…］我々は連合国勢力への参加を模索しなければならない。これは核心的な問題である」[129]。しかしスイスにとって，情勢はきわめて切迫していた。カリー交渉に関する1945年3月23日の連邦政務〔外務〕省の報告では，連合国のプログラムについて，次のように述べられていた。「疑いなく，このプログラムは，我々の中立と両立し難い目標を追っている。これは実際，経済的な戦争遂行の計画だ」[130]。

戦争の終結後，スイスの人々は，小国かつ中立国であるスイスは守るべき法規範を守り通したのであり，侵略の脅威に抗して国家主権を守るべく尽力したのだ，との議論に救いを求めた。連合国，とりわけアメリカ人は，またもや執拗に，しかも今度は意識的に財産返還問題を取り上げ，そして——スイス側の無理解と衝突した。アメリカ合衆国，イギリス，フランスは，スイスがドイツから購入した略奪金塊に対し賠償金を支払い，また全てのドイツ人資産に対して銀行秘密を解除するよう主張した。スイスは，やむなく1946年3月に代表団をワシントンに派遣した。使節団代表として閣僚相当の地位を与えられたシュトゥッキは，ベルンでの準備会議で，連合国側から寄せられた信書を読み，「憤怒に震えた」と述べた。「我々は，実際には侵略され占領された国のように扱われるのだ。連合国がドイツ当局に宛てる信書が，我々に対するそれと違った語調であるとは思われない」[131]。ワシントンでの開会の辞では，シュトゥッキは，アメリカ合衆国の「民主主義の武器庫」を，ヒトラーのドイツと同列に並べさえしている。その後，冷戦の開始に伴い，こうした不満は強まっていった。例えば，スイス・ユニオン銀行の社長であったアルフレート・シェーファーは，連邦の金融行政の長〔連邦財務省金融財政局長〕であるマックス・イクレーとの1952年6月12日の会合での報告書で，「東西貿易」というキーワードに関連して以下のように述べている。「連邦議会では，スイスの状況をまったく考慮に入れようとせず，戦時期のドイツよりも劣る理解しか示さないアメリカ人に対する怒りが高まっている」[132]。しかしワシントンでは，1946年，

スイスの代表団はこうした態度で苦杯を喫することになった。ドイツから略奪された金の購入に対する和解金として，スイスは，2億5000万フランを払わねばならなくなったのである。スイスは，これは補償金ではなく，破壊されたヨーロッパの再建に対する自主的な拠出であるとした。

　もう少し後になると，スイスの外交政策における自由度は再び拡大した。スイスを排斥する動きも，スイス側の自主的な孤立も，1947/48年には，冷戦下での東西陣営の対立の中で消えていった。「西側陣営」は，あらゆる――すなわち政治的・経済的・軍事的――観点から，スイスとの良好な関係に関心を持っていた。スイスの側でも，強いられるまでも無く，西側の価値共同体や経済的共同体，それにOEEC（今日のOECD）に――国連とNATOには加盟しなかったが――加わった[133]。戦勝国相互間の急激な対立の拡大は，敗戦国に対する態度にも影響を及ぼした。占領下にある昨日の敵国は，明日の同盟国である。1949年に，西側の防衛同盟と時を同じくしてドイツ連邦共和国が成立し，これによって戦時期の財産問題解決に関する交渉相手が誕生すると，スイスはこの好機を捉えた。ワシントン協定のドイツ資産に関する条項の履行は，1946年以降，大幅に遅らされていたが，1952年8月末，スイスはこの協定を破棄し，これをドイツ連邦共和国との協定に代えたのである。また戦勝国側でもこの時期には，――5年の長きにわたったニュルンベルク裁判の終了で――過去の犯罪に対する関心は，大幅に低下していたのである。

2.5　民族社会主義者による犯罪

　民族社会主義者［Nationalsozialist］による支配は，無限の空間を支配したいという侵略の欲望からのみ生まれたものではない。その支配は，ナチズムに内在する，イデオロギー的に正当化され，かつ官僚制的・効率的に実施に移された非人間性に立脚している。この非人間性の最大の犠牲者であり，またこれを最も凄惨な形で体験したのはユダヤ人であった。しかし絶滅政策は，ツィゴイネ★58，病人，障害者といった，人間のその他の「範疇（カテゴリー）」にも向けられた。またその他の集団も，組織的な迫害の対象となった。同性愛者や，共産主義者，反体制的カトリック信徒，あるいはエホヴァの証人など，「反社会的」とみなされた集団がそれであるが，これに限らず，ポーランド人，ウクライナ人，ベラルーシ人，ロシア人など，民族集団全体あるいは特定国の「異民族的」な住民集団全体，端的には「スラヴ的」と片付けられる全ての人々も，こうした迫害の対象となった。

　「最終的解決」に関してどれだけの知識があったか，特にその知識を評価することがスイスにとっては重要な問題であり，これについては次の章で詳細に分析する。疑いないのは，最初の反ユダヤ的ボイコットや1933年初の立法だけでは，後年の組織的な絶

★58 英語版では単に「ジプシー」と表記されている。シンティ・ロマ等の社会集団の総称で，蔑称でもある。

滅政策は予測不可能であったということであろう。しかし，1935年のニュルンベルク法の導入，また1938年11月9日の，いわゆる「水晶の夜」にユダヤ人を標的に行われた暴力行為は，いったい何を意味したのであろうか。人々は，ヒトラーが1939年1月30日に帝国議会(ライヒ)で行った次のような脅迫を，どれだけ真に受けたのであろうか。「もし，ヨーロッパの内外のユダヤ人国際金融業者が，諸民族を再び世界大戦に陥れることに成功するならば，その結果は地上のボルシェヴィキ化とそれによるユダヤ主義の勝利ではなく，ヨーロッパにおけるユダヤ人種の絶滅であろう」134)。絶滅への意志は，世界大戦に帰結する対立と，1941/42年の東部戦線での戦闘による軍事的な凶暴化によって，エスカレートした。今や東部戦線において，組織的なユダヤ人絶滅が開始されたのである。ユダヤ人の殺戮に先立ち，障害者の大量虐殺が行われた。1941年秋には，ユダヤ人ならびにロマ・シンティの「ライヒ」から東方への移送が行われた。1942年1月20日，ラインハルト・ハイドリヒは，ヴァンゼー会議において，すでに着手されていた絶滅政策に関する調整を行った。移送された人々の一部はゲットーや収容所に収容されたが，一部は到着するや否や殺された。1942年春，移送は西ヨーロッパでも開始された。戦争終結時までに，約600万人のユダヤ人と，10万人以上のロマ，シンティらが虐殺された。

当時においても，1941年に開始されたユダヤ人の大量殺戮は，もっぱら戦争に付随する「通常の」犯罪とみなされていた。いずれにせよ軍人よりも民間人の犠牲者が多かったことが，この戦争の特徴でもあったからである。しかしながら，すでに1942年後半頃までには，これが「単なる」殺害ではなく，全面的な絶滅・根絶政策であるという事実に注意を喚起するいくつかの報告が入り始めていた。1942年9月27日，この問題についてのラジオ放送〔BBCの対独放送〕で，トーマス・マン★59は，「ヨーロッパのユダヤ人の完全なる殲滅」が意図されていると述べた135)。1942年12月17日，ソヴィエト連邦，イギリス，アメリカ合衆国，被占領国の亡命政府は，連合国［United Nations］の名で，組織的なユダヤ人絶滅政策を非難する共同宣言を発した。なにゆえに連合国は，戦争が終わる前に強制収容所に収容されている人々を救い出さなかったのだろうか。これについての文献は，強制収容所の爆撃が実際上は困難であったことを挙げている。しかしその主たる理由は，国家間，軍隊間で遂行されている戦争においては，

★59 トーマス・マンは，1930年以降，活発にナチス批判を行っていた。フランス・スイスへの長期旅行中の1933年3月にナチスによる政権掌握に遭遇し，ドイツには帰国することなく，そのままチューリヒ州のキュスナハトに移住した。1936年，チェコスロヴァキア国籍を取得し，1938年のオーストリア併合の直前，彼は家族とともにアメリカ合衆国に居を移した。その後，1944年にアメリカ合衆国国籍を取得し，その数週間後，ナチスにより市民権を剥奪された。その間，1940年から，終戦に至るまで，彼は英BBCの対独宣伝放送を通じて，ナチスへの抵抗を訴え続けた。「ドイツの聴衆へ」［"Deutsche Hörer!"］と題されたこの番組はレコード盤へ収録され，英国に郵送されて，英国から長波で放送された。Historische Kommission bei der Byerischen Akademie der Wissenschaften (Hg), *Neue Deutsche Biographie, München*, 1990, 45-46頁，*Historisches Lexikon der Schweiz/Dictionnaire historique de la Suisse*（http://www.hls-dhs-dss.ch）の関連項目を参照。

ユダヤ人の救出には優先順位がおかれていなかったということにあるのである。

1) 以下の概説では，国際的な状況について参考文献を示すことは断念せざるをえない。しかしスイスの立場に関する本章第2節では，すでに公刊されている重要な文献に言及する。
2) 例えば，Schwengeler, Arnold /Grellet, Pierre / Jordan, Joseph, Schweizerische Demokratie 1848-1948/ La démocratie suisse, 1848-1948, Morat 1948 を参照〔書名は訳者による補足〕。
3) 10年ごとに行われていた国勢調査は，戦争中は1940年にではなく，1941年に行われた。
4) Stucki, Lorenz [1968], Hopflinger, François [1977].
5) Guex, Sébastian [1999].
6) Société des Nations. Service d'Etudes économiques [1933], 230 頁。
7) Hug, Peter / Kloter, Martin [1999], Perrenoud, Marc [1988].
8) Hug, Peter / Kloter, Martin [1999], 43 頁。
9) 銀行の発展の契機としての第一次大戦の重要性については，Guex, Sébastian [1993] を参照。
10) Baumann, Jan / Halbeisen, Patrick [2000], La crise des années 30 / Die Krise der 30er Jahre, *traverse* 1997/1.
11) Halbeisen, Patrick [1998], 61-79 頁。
12) Hug, Peter [2001].
13) Kreis, Georg [1991].
14) Tanner, Jakob, "Kollektives Gedächtnis und nationale Identität. Die Schweiz im europäischen Kontext", in: *NZZ*, 31 January 1998, 81 頁。
15) Thürer, Daniel [1998], 163 頁以下を参照。
16) 初歩的な概説としては，Aubert, Jean-François, *Exposé des institutions politiques de la Suisse a partir de quelques affaires controversées*, Lausanne 1978 〔書名は訳者による補足〕。
17) この点に関しては，Weldler-Steinberg, Augusta [1970], vol.2, 48-83 頁。
18) ゴットリーブ・ドゥトワイラーや「独立者の全国連合」(LdU) については，新しい研究が不足している。Jenni, Manuel [1978], Lüönd, Karl [2000].
19) Degen, Bernard [1993].
20) Dürr, Wandlungen, 1928.
21) 連邦憲法の経済に関わる条文の部分改正（1937年9月10日改正）をめぐる駆け引きについては，BBl/FF 1937/TI, 840 頁。
22) Morandi, Pietro [1998], 197-248 頁。
23) Jaun, Rudolf [1999].
24) Lezzi, Otto [1996].
25) Wegmüller, Hans [1998], 155 頁および173 頁以下。
26) Wegmüller, Hans [1998], 155 頁，Tanner, Jakob [1986].
27) Wegmüller, Hans [1998], 177 頁。
28) 〔独語・英語版では，Bonjour, Neutralität, Bd./vol.III, 1967, S./p.119 とあるが，巻末文献一覧に1967年刊の当該文献はない。仏語版では，Documents Diplomatiques Suisses, Vol. 12, p.75 とある。〕
29) この点については，以下を参照。Schindler, Dietrich [2001]（独立専門家委員会叢書第18巻），Thürer, Daniel [1998a], 121 頁以下，Thürer, Daniel [1986], 279 頁以下。
30) Kunz, Mattias [1998], 42 頁の，Vaterland, 4 September 1943, No. 206, Das Land mit dem Samariter-Kreuz からの引用に基づく。
31) 独立専門家委員会叢書第17巻，第3章参照。
32) Stamm, Konrad Walter [1974], Rechenschaftsbericht der Abteilung für fremde Interessen des Eidgenössischen Politischen Departements für die Zeit von September 1939 bis Anfang 1946, Bern, BAR/AF, E2001(D)11, 1.〔DDSのこの主題に関する項目も参照〕
33) Gautschi, Willi [1968] は依然有用である。また両大戦間期全般については，Ruffleux, Roland [1974] も依然一読に値する。
34) Lasserre, André [1989], 314 頁以下，Kunz, Matthias [1998], 24 頁，Degen, Bernard

[1991], Degen, Bernard [1998], 127-143 頁。
35) Steinmann, Ernst, Spreu und Weizen, in: Politische Rundschau, August 1933, 312 頁以下。
36) とりわけ 1932 年 6 月 15 日のチューリヒの「血の夜」においては，30 名の重傷者と 1 名の死者が出た。Lindig, Steffen [1979]，185 頁以下。ジュネーヴでの事件との比較に関しては，Tackenberg, Marco / Wisler, Dominique [1998], Studer, Brigitte [1994] を参照。
37) Wolf, Walter [1969], Glaus, Beat [1969] を参照。
38) Imhof, Kurt [1996]。
39) Zeller, René [1999], 193, 217,243 の各頁。
40) Etter, Philipp [1933], 23 頁。
41) Fleiner/Giacometti, Bundesstaatsrecht, 1949, 775 頁以下，および Hungerbühler, Helmut [1951] を参照。
42) Dickenmann, Heinz [1983]。
43) 1970 年前後の初期の研究（W. Wolf, B. Glaus, K.D. Zöberlein, R. Joseph）に続くファシズム・フロンティズムに関する最近の研究成果としては，以下がある。Stutz, Hans [1999], Dosi, Davide [1999]。
44) この演説とその反響については，Bucher, Erwin [1993], 536 頁以下参照。1940 年夏の失業に対する不安の政治的な帰結については，Gauye, Oscar [1984] を参照。
45) ピレ=ゴラーツからギザンへの 1940 年 7 月 1 日付書簡。Gauye, Oscar [1978], 32 頁に基づき引用。
46) 連邦閣僚であるシュタイガーの，1942 年 9 月 22 日の国民院での難民問題をめぐる討議での発言。BAR/FA, E 1301 (-) 1960/5 1, vol. 352, Protokoll des Nationalrats, 21 bis 30 September 1942, 48-59 頁，ここでは，54 頁以下。Butikofer, Roland [1996]。
47) 1944 年 3 月から 1965 年 6 月まで社会民主党所属の国民院議員であったヴァレンティン・ギターマンは以下のように予測していた。「世界市場の分割をめぐる英国と米国のライバル関係が」戦争終結後に燃え上がるであろう。また連合国諸国は共同で，「征服した敵国の世界貿易での持分を確保し，それによって自らの商業的な拡張のための十分な余地を確保しよう」と努力するだろう」。Gitermann, Valentin [1944], 46 頁。
48) Gast, Uriel [1996]。
49) 外国人排斥の反ユダヤ主義的な方向性については，Picard, Jacques [1994] を参照。
50) 以下参照。Kamis-Müller, Aaron [1990]; Gast, Uriel [1997]; Mächler, Stefan [1998]; Kury, Patrick [1998]。
51) Perrenoud, Marc [1990], 82 頁以下参照。帰化手続きについては，Kreis, Georg/Kury, Patrick [1996]。
52) Droz, Laurent [1999], 353-367 頁, 373 頁以下。
53) Eichengreen, Barry [2000], 12 頁。
54) Stadler, Peter [1969], 75-169 頁。
55) Tanner, Jacob [2000]。
56) 時に重なり合う諸団体を位置づけることの困難さは，国粋主義的で保守的な「ヴォー連合」(Ligue vaudoise) の例にみることができる。Butikofer, Roland [1996]。既存政党の外部での新しい団体の形成の動きについては，Werner, Christian [2000] も参照。
57) チューリヒの『ターゲス・アンツァイガー』紙が 1936 年 11 月 14 日に掲げた特徴的な見出し「中道の前線？（Front der Mitte?)」の記事より。Hettling, Manfred/König, Mario/Schaffner, Martin/Suter, Andreas/Tanner, Jacob [1998], 53 頁より引用。
58) Morandi, Pietro [1995]。
59) Degen, Bernard/Kübler, Markus [1998]。
60) 以下参照。Humbel, Kurt [1987]; Degen, Bernard [1987]。
61) この現象についての新しい評価については，とりわけ，Mooser, Josef [1997]; Imhof, Kurt [1996] を参照。
62) 切手に関する最近の研究としては，Schwarzenbach, Alexis [1999]。書籍に関しては，チューリヒのクロノス社から公刊された，Barbara Helbling, Verena Rutschmann, Doris Senn らの，児童書における国民概念についての三部作を参照。Helbling, Barbara [1994]。
63) こうした点については，例えば，Aubert, Jean-François [2001]（独立専門家委員会叢書第 18 巻）。

64) ドイツ語圏スイスについては，Binnenkade, Alexandra［1999］を参照。
65) フィリップ・シュノーは，両大戦間期は，スイスのカトリシズムにとっての「黄金時代」であったと評価している。Chenaux, Philippe［1992］。
66) ジュルネ神父によるカトリックのヒエラルヒーについての分析は興味深い。Boissard, Guy［2000］。
67) *Ökumenische Kirchengeschichte der Schweiz* では，教会一致運動の強まりの動きのみが言及されている。Kirchengeschichte, 1994, p. 277. これらの文献は，難民問題に対する教会の態度を扱ったものを含め，ほとんどがドイツ語圏スイスの問題を扱っている点が目を引く。そのため，Mariama Kaba（ジュネーヴ）による未公刊の修士論文はとりわけ重要である。Kaba, Mariama［1999］; Dentan, Paul-Emile［2000］。
68) Conzemius, Viktor［2001］。
69) Weil, Arthur［1947］; Altermatt, Urs［1999］; Kocher, Hermann［1996］; Käser-Leisibach, Ursula［1994］, Picard, Jacques［1994］; Ehrlich, Ernst Ludwig/Richter, Klemens［1982］。
70) Tanner, Jakob［1986］。
71) Kreis, Georg［1991］。
72) ヴェッターの日記。1939年8月30日の記述。
73) Imhof, Kurt/Ettinger, Patrick/Boller, Boris［2001］（独立専門家委員会叢書第8巻）。
74) 戦争終結時には，彼はこの最初の姿勢を一段と強め，広範かつ鋭い批判を行った。Giacometti, Zaccaria［1942］; Giacometti, Zaccaria［1945］。
75) Kreis, Georg［1973］。
76) Imhof, Kurt/Ettinger, Patrick/Boller, Boris［2001］（独立専門家委員会叢書第8巻），8章，221頁以下。
77) ブッハーは，この点をとりわけ，Bucher, Erwin［1993］, 520頁以下，および527頁で強調している。
78) 詳しくは，Altermatt, Urs［1991］. また以下も参照。Perrenoud, Marc［1996］。
79) Böschenstein, Hermann［1978］, 293頁。Böschenstein は1939年以降，連邦議会付き編集者であった。
80) Bucher, Erwin［1993］, 525頁以下は，しかし，ピレ＝ゴラにはペタン体制のことは頭に無かったと強調している。
81) Comptoir de Lausanne での，1940年9月12日の演説。Bucher, Erwin［1993］, 525頁参照。
82) DDS, vol.13, 919頁。
83) この点については，Imhof, Kurt/Ettinger, Patrick/Boller, Boris［2001］（独立専門家委員会叢書第8巻）を参照。
84) Mattioli, Aram［1994］。
85) Gauye, Oscar［1984］，また，Bourgeois, Daniel［2000］, 31頁, 185頁も参照。
86) Gautschi, Willi［1989］, 45頁。
87) Senn, Hans［1991］, vol.VI, 26頁における引用による。
88) Gautschi, Willi［1989］, 600-615頁。
89) Kreis, Georg［1990］。
90) この事件について，異なった見方もある。Waeger, Gerhart［1971］。
91) Lüthy, Herbert［1973］, 91頁。
92) 連邦閣僚の直接公選制導入を求めるイニシアティブを除くと，これは戦争中に提出された唯一のイニシアティブであった。1943年秋の選挙後は，終戦にいたるまで，イニシアティブは提起されていない。この時期に関する概説では，このイニシアティブは，1939年までの時期についての Oswald Sigg（1978）の言及と，1945年以降に関する Hans Weder（1978）の叙述の間にある空白期に入ってしまっている。
93) Fleury, Antoine［1995］。
94) 軍隊の有用性に関する論争については，Kreis, Georg［1997］, 457頁以下を参照。1989年，軍隊廃止イニシアティブをめぐる論争の中，マルクス・ハイニガーは軍隊の必要性に疑問を呈した。Heiniger, Markus［1989］. 反対の立場は，とりわけ，元参謀総長であり歴史家でもあるハンス・ゼーンによって代表されている。"Die Rolle der Schweizer Armee im Zweiten Weltkrieg. Widerstandswille und Opferbereitschaft der Aktivdienstgeneration, in: *NZZ*, 25 April 1997. "Der Reduit-Vorschlag eine Demutsgeste? Nachlese zu einer Debatte über die

Rolle der Armee", in: *NZZ*, 22 August 1997. Senn, Hans [1998]. Das Schicksalsjahr 1940. Gründe für die Verschonung der Schweiz vor einem deutschen Angriff, in: *NZZ*, 12 September 2000.
95) Urner, Klaus [1990]; Wegmüller, Hans [1998]。
96) 5月警戒令については Vetsch, Christian [1973] を，また3月警戒令については Braunschweig, Pierre Th. [1989], 259 頁以下を参照。
97)「第五列」の概念はスペイン内戦に由来し，侵略者のシンパでこれに呼応しようとする自陣営内の裏切り者，ならびに潜入した侵略者側の工作員を指す。
98) AfZ, NL, Homberger, 4. Protokoll des Referats von Homberger an der 145, Sitzung der Schweizerische Handelskammer, 15. November 1940, 6 頁，二番目の引用は，AfZ, IB SHIV/Vorort, 1.5.3.11; Protokoll Vorort, 24. März 1941, 3 頁。
99) Marcel, Kucher; Bruno S. Frey: Bedrohte Schweiz im Zweiten Weltkrieg? Eine ökonomische Analyse von Finanzmarktdaten, in: *NZZ*, 13/14 March 1999.
100) Wegmüller, Hans [1998], 40 頁。
101) Zimmermann, Horst [1980]。
102) ドイツ大使館報道官であるトルゥンプが 1940 年 7 月に行った分割シナリオについての傲慢な談話は，スイスの同時代人にとってもっとも明瞭な証拠となった。
103) Tanner, Jakob [1999], 383 頁以下。
104) Maurer, Peter [1985] を参照のこと。農業政策については，Baumann, Werner/Moser, Peter [1999] も参照。
105) 例えば，ラクリン・カリー指揮下の連合国代表団の 1945 年 2 月の評価。Bonjour, Edgar [1970], vol.VI, 363 頁。
106) Botschaft des Bundesrates an die Bundesversammlung über die Organisation und die Aufgaben der schweizerischen Kulturwahrung und Kulturwerbung, BBl 1938/II, 99 頁。
107) 近年の研究は，投資対象としての防衛債の魅力の大きさと，この借入れ政策が，市民諸政党が信奉していたデフレ政策からの離脱を意味したことを明らかにしている。Degen, Bernard [2000]。
108) Cäsar von Arx が August Kamber に宛てた 1940 年 6 月 22 日付書簡。Arx von, Cäser [1985], 185 頁以下からの引用。
109) Wegmüller, Hans [1998], 177 頁。
110) Stimme der Arbeit, Nr. 9 vom 7. September 1939; Eichenberger, Patrick [1999], 55 頁における引用。
111) BAR/FA, E 1301 (-) 1960/51, Bd./vol.342. Motion Weber vom 5. June 1940, Sitzung im Nationalrat vom 18. September 1940.
112) Lasserre, André [1989], 140 頁。
113) ドイツ語での表現は，Bonjour, Edgar, vol.VII, 160 頁以下参照。もとのフランス語の表現については，Bonjour, Edgar, vol.IV, 117 頁以下参照。
114) Gauye, Oscar [1984]。
115) Bonjour, Edgar [1970], vol.IV, 379 頁。1940 年 6 月の軍事的な脅威については，Urner, Klaus [1990] を参照。
116) BAR/AF, E 1050.1(-) 1995/489, Bd./vol.1. Vollmachtenkommission des Nationalrates vom 11. September 1940.
117) BAR/AF, E 1050.1(-) 1995/489, Bd./vol.1, Vollmachtenkommission des Nationalrates vom 26./27. Juni 1940.
118) Vogler, Robert U. [1997]。
119) BAR/AF,E 1050.1 (-) 1995/489, Bd./vol.3, Vollmachtenkommission des Nationalrates, 16./17. September 1942.
120) Lasserre, André [1989], 224, 281 頁。
121) Gysling, Erich /König, Mario /Ganz, Michael T. [1995]; Bundesarchiv, Elan, 1995 (Dossier 1); Chiquet, Simone /Meyer, Pascale /Vonarb, Irene [1995]。
122) Widmer, Paul [1997]. フレーリッヒャーは，不適切にもスイスの公式の政策の理不尽な犠牲にされたのではないか，との議論がある。
123) Castelmur, Linus von [1997]。

124) Homberger, Heinrich［1970］; Hotz, Jean［1950］.
125) Protokoll der Nationalrätlichen Kommission für Auswärtige Angelegenheiten, Sitzung vom 7. März 1945, in:DDS, Bd./vol.15, 976 頁。
126) 1945 年 2 月 12 日のシュトゥッキの発言。Jost, Hans-Ulrich［1998］, 154 頁から引用。
127) この発言は，連合国代表との金融問題に関する連邦政務省の報告書に記録された。DDS, Bd./vol.15, 1015 頁以下。
128) Leyland Harrison から国務長官宛ての報告。FRUS［1945］, vol.V, 782 頁。
129) Protokoll der Sitzung vom 7. März 1945 der Nationalrätlichen Kommission für Auswärtige Angelegenheiten, DDS, vol.15, 981 頁。
130) Compte-rendu de la séance du 7 mars 1945 de la Commission des Affaires étrangères du Conseil national, DDS, vol.15, 1028 頁。
131) BAR/AF, E 2801 (-) 1968/4, Bd./vol.129, また Durrer, Marco［1984］も参照。
132) Rapport von Alfred Schaefer, 12. Juni 1952; Archiv UBS-SBG, 1200000 2747.
133) Mantovani, Mauro［1999］.
134) Domarus, Max［1973］, Bd.3, 1058 頁。
135) Mann, Thomas［1986］, 543 頁。

3

難民と難民政策

　民族社会主義（ナチズム）による 12 年にわたる支配の間，何万人もの人々がスイスに亡命しようとした。その中には，政治的・宗教的・人種主義的迫害を受けた人々，交戦国の兵士，戦禍から逃れた国境地域の一般市民，あるいは終戦直前にスイスへの逃亡を図った確信的な民族社会主義者も含まれていた。これらの人々は広い意味で全て「難民」である。しかしスイスの難民政策で焦点となったのは，ナチス体制に迫害された人々であった。というのも難民政策は，隣国ドイツによる反体制勢力やユダヤ人その他に対する迫害という，あらゆる民主主義国に対する挑戦への，一つの反応であったからである。本章では，1999 年 12 月に出版され，2001 年末に改訂版が出された独立専門家委員会編の『ナチス期のスイスと難民に関する報告書』[1] に基づき，また最新の研究から得られた知見も考慮して，以下の問題に答えていきたい。保護を必要とした人々のうちどのような集団が，1933 年から 1945 年までの時期のいつ，どのような理由で，スイスに逃れようとしたのか。戦時中，スイスはどのくらいの民間人難民［zivile Flüchtlinge / réfugié civil］を受け入れ，あるいは拒否したのか (3.1)。ユダヤ人に対する迫害・絶滅政策について，スイス当局は何を知っており，どのような動機に基づいて行動したのか (3.2)。最も重要な責任者は誰であったのか。誰が難民政策を策定し，誰がそれに責任を負ったのか (3.3)。難民の住居費や生活費を負担したのは誰だったのか (3.4)。難民はどのようにしてスイスへたどり着き，どのように扱われたのか (3.5)。ナチスによる身代金要求と，これに応じようとする動きの中で，スイスはどのような役割を果たしたのか (3.6)。そして最後の問いとして，スイスの難民政策は，国際比較の観点ではどのように位置づけられるであろうか (3.7)。

3.1　経過

　1942 年 9 月 22 日，2 人の男性と 1 人の女性がサヴォワからヴァリスに通じるバルム峠を越えスイスにたどり着いた。日暮れ過ぎ，三人は国境警備員に取り押さえられた。翌日，2 人の男性は，有効な入国書類を持たなかったがゆえに来た道をフランスへと引き返さねばならなかった。女性はその名をエリザベト〔姓は匿名〕といい無国籍者であったが，入国ビザを持っていたため入国を許可された。3 日後，エリザベトと同行していた男性の 1 人，やはり無国籍者のユリウスは，マルティニの近くで再度不法越境を

試みた。今度は彼の入国は認められた。3人目の難民についてはその後の情報はない2)。

　エリザベトとユリウスは2人ともユダヤ系だったが，1942年秋にスイスに逃れようとする何年も前から，亡命生活を送っていた。2人の祖国であるオーストリアが併合されて数ヵ月後の1938年夏，エリザベトはパリに居を定めたが，2年後，ドイツ軍の進攻の前に再び逃亡せざるを得なかった。法学博士号を取得していた彼女は，フランス自由地区〔ヴィシー政権支配下〕でしばらくの間，比較的安全に暮らしていた。彼女は家政婦として働き，海外への移住を準備していた。しかし，1941年末のアメリカ合衆国の参戦によって，その計画は頓挫した。ユリウスは，1936年に彼女と落ち合うためにポーランドを脱出しスイスへ向かった。チューリヒ州がこのユダヤ人共産主義者の滞在を拒否したので，彼もまたフランスへ向かった。1942年の晩夏，フランスに住む2人の難民の生命は危機に瀕した。エリザベトは収容され，いまや絶滅収容所への移送を待つのみとなったのである。生き延びる唯一の可能性は，ナチスの勢力圏外の国への入国ビザを手に入れることであった。ザンクト・ガレン出身の国民院議員ヨハネス・フーバーの口利きで，エリザベトはスイスへの入国許可を得た3)。彼女はこうしてフランスの収容所からの出所を許され，スイス国境でも送還されずに済むという保証を得たのである。しかし，彼女の2人の同行者は，大半の難民と同じく，ビザを持っていなかった。彼らは国境で拘束され，その運命はスイス当局次第となった。彼らは国境からの追放を覚悟しなければならず，その場合彼らを待つのは，逮捕，移送，そして死であった。

　1933年から1942年の間に，ナチスの迫害を受けた人々にとってのスイスの重要性が根底的に変化したのは，明らかである。1930年代には，スイスは迫害された人々の数ある逃亡先のひとつに過ぎなかった。しかし1942年には，国境にたどり着いた人々にとってスイスは，多くの場合最後のチャンスとなっていた。それゆえ以下では，難民の数や類型についての情報や，彼らに対するスイスの政策の大きな転換を，ナチスによる迫害の熾烈化や戦争に起因する難民の動きに結びつけながら，時系列に沿って叙述する。

1933年から1937年までの民間人難民

　1933年1月に民族社会主義者が政権を掌握すると，多くの人々がドイツを離れた。彼らは大きく二つの集団に分けられる。政治的迫害を受けていた共産主義者や社会民主主義者と，反ユダヤ的暴力行為やボイコット，法的差別によって脅かされていたユダヤ人である。1933年春，スイスの連邦当局は政治難民とその他の難民とを区別した。この措置は1944年まで続けられた。政治難民とされたのは，その政治活動のために個人として脅かされている人々であった。当局は政治難民の認定に非常に慎重であり，とりわけ共産主義者は忌避された。連邦司法警察省（EJPD / DFJP）の指針によれば，「政府

高官，左派政党の指導者，著名な文筆家」のみが政治難民として認められた。この解釈を厳格に適用した結果，スイスは1933年から1945年にかけてわずか644人に政治的庇護を認定したにとどまった。なお戦時中の認定は252人であった。連邦内閣は政治難民の庇護に関する最終決定機関であり，政治難民は連邦司法警察省傘下の連邦検察庁の管轄下に置かれた[4]。

その他の全ての難民は，法律上は単に外国人とみなされ，1934年に施行された「外国人の滞在と居住に関する1931年3月26日連邦法」の規定に即して扱われた。行政的には，彼らはカントン（州）警察当局の管轄下に置かれた。カントン警察は，滞在許可，居住許可，それに滞在許可を数ヵ月に限定したいわゆる寛容許可［Toleranzbewilligung / autorisation de tolérance］を所轄していた。他方，連邦司法警察省警察局は，各カントンの外国人政策の調整を行っていた。とりわけ稼得労働への就業許可と長期滞在許可に関しては，最高監督機関である同局の承認が必要であった。同局はまた，カントンの決定に対する異議申し立ての権限を有した。それでもなお，難民政策の実施に関しては，1933年から1938年までは，カントンも大きな裁量権を有していた。非常に制限的な政策を取るカントンもあれば，寛容許可を気前よく交付するカントンもあったのである。しかしこうした許可が出る場合でも，稼得労働は禁止され，できるだけ早くスイスから出国する義務が課せられていた[5]。スイスは自国を，フランスやオランダ，アメリカ合衆国といった他国への移住を準備するための一時的な通過国とみなしていたのである。第一次大戦末以後，スイスは制限的な外国人政策をとっており，長期滞在を前提に難民を受け入れることは論外であった。ユダヤ人社会学者のマルク・ヴィシュニッツァーは，1935年に出版した国外移住の手引書の中で，「外国人の雇用禁止は，スイスでは非常に厳格に適用されている」と述べていた。彼はまた，とりわけユダヤ人移民にとって不利に働いたスイス当局による「外国人過剰」対策にも言及している[6]。これらの結果，1937年末の時点でスイスに滞在する難民は，わずか5000人程度に過ぎなかった[7]。

ユダヤ人迫害の激化と1938年における「J」スタンプの導入

1937年以降のドイツにおける反ユダヤ政策の強化，1938年3月のオーストリア併合，1938年11月のポグロムと，それに続く一切の経済活動からのユダヤ人の排斥により，状況は急激に深刻化していた。「併合（アンシュルス）」から1939年9月の開戦までの間に，オーストリアのみでも10万人以上のユダヤ人が脱出した。滞在期間はさまざまであるが，そのうち5500人から6500人がスイスに入国した。スイス内の難民の数は，1938年から1939年にかけて，一時的に1万人から1万2000人にまで増加した[8]。難民政策で共同歩調をとろうという国際社会の試みは，1938年7月のエヴィアン会議で挫折した[9]。多くの国は難民の入国を制限し続けた。連邦内閣は国境の監視を強化し，一連の行政的な措置を講じた。1938年3月28日，オーストリアのパスポートを保持する者全てにビ

ザ取得を義務づけ,同年8月18日には,ビザを持たない難民の無条件送還を決定した。また同年10月4日以降,「非アーリア系」ドイツ人に対し,ビザ取得を義務付けた。

早くも1938年4月,入国するドイツ人がユダヤ系か非ユダヤ系かを識別する措置を導入するために,スイスはドイツと交渉を始めた。全ドイツ市民にビザの取得を義務付けるという連邦内閣案に対して,ドイツ当局は,両国の外交関係を悪化させるシグナルとなりかねず,また他国にも同様の措置が波及しかねないとして,懸念を表明した。こうした中でドイツ当局は,自国のユダヤ人のパスポートに「J」スタンプを押す用意がある旨を表明した。連邦司法警察省の警察局長ハインリヒ・ロートムントは,連邦内閣やベルリーンのスイス大使館とは違って,最後にはビザの一律強制案を支持した。この意見は,全てのドイツ人を効率的に管理したいという欲求から出たものでもあったが,同時に,ユダヤ人を識別する協定が差別的であり,法的観点からして問題があることを認識していたためでもあった。というのも,この差別措置がスイスのユダヤ人にも拡大される可能性があったからである。協定の双務的性格からして,スイスのパスポートにも〔ユダヤ人に対する〕特別の識別標を要求する権利が,ドイツライヒ側にも生じるというのが,その理由である。連邦閣僚のジュゼッペ・モタは,ロートムントの疑問に対して以下のように述べた。

「連邦内閣はドイツとの協定を全員一致で承認した。同様に(全員一致で)報道機関への発表も了承した。ロートムント氏は,未だ頭を悩ませているその他愛もない不安から,安んじて自由になってよろしい」10)。

1938年8月に決定された国外退去措置は,容赦なく適用された。スイス当局は,難民を脅かす危険について知っていたにもかかわらず,しばしば彼らを直接ドイツ警察へ引き渡した。国境警備兵が銃の床尾で難民をつき返すことすらあった11)。それにもかかわらず,オーストリアの数千人のユダヤ人がスイスに逃避地を見出した。その多くは,ザンクト・ガレンの警察次長パウル・グリュニンガーに助けられた人々であった。彼は1939年初めまで,数百人を当時の規則に反し入国させたのである。1939年,グリュニンガーは役職を解任され,1940年末,ザンクト・ガレン地区裁判所は公職義務違反と文書偽造の咎で彼に有罪を宣告した。1960年代には名誉回復のための請願が何度もなされたが却下され,結局ザンクト・ガレン政府が政治的にパウル・グリュニンガーの名誉を回復したのは,彼の死後かなり経った1993年のことであった。続いて1995年,ザンクト・ガレン地区裁判所は,法律的にも彼に対する有罪判決を取り消した12)。イタリアやオーストリアのスイス領事館員もオーストリア難民に寛大に入国ビザを発行したが,それが理由で彼らは政府から懲戒処分に処された13)。例えば,ブレゲンツの領事館員エルネスト・プロドリエは,懲戒手続きの中で,「我々領事館の任務はユダヤ人の処遇をよくしてやることではない14)」と指弾されたのである。

開戦——帰郷者，亡命者，軍人

　1939年9月初旬の開戦によって，難民をめぐる政治情勢は根本的に変化した。第一に，開戦時点ですでにスイスに入国していた難民の他国への出国が，困難になった。第二に，ドイツの独裁体制下で迫害を受けた人々とは別に，その後の数年間に何万人もの人々が戦禍を逃れてスイスに流入した。すでに1939年9月の段階で，1万5000人以上のスイス人が祖国に引き揚げ，その働き口と住居を確保することが必要になっていた。1945年5月までに，さらに4万1000人のスイス人が帰国した[15]。

　1939年9月以降，すでにスイスに入国していた難民にとって，第三国への出国の可能性は突如として狭まった。その後の2年間には，なお数百人の難民が出国に成功したが，しかし1942年から1944年までは，スイスからの出国は事実上不可能になってしまった。連邦内閣は，戦争の勃発と，通過国という原則の破綻を受けて，1939年10月17日の決議によって亡命者の法的地位を定義した。これにより，これらの亡命者は可能な限り早くスイスから出国することを義務づけられ，政治的な活動や，中立政策に違反する行為，さらに稼得活動への従事が，国外追放の脅しをもって禁じられた。連邦内閣には全権が付与されていたため，この決議は，1940年から実施された民間の労働収容所への亡命者の収容や，富裕な亡命者からの徴収資金を難民救援団体に割り当てる政策の法的根拠となった[16]。実施方法に対しては不満もあったが，救援団体は，労働収容所の設立や亡命者による財政負担を，基本的には歓迎した。これらの政策は，1933年以来難民の支援にあたり，1938年末には資金が枯渇しかけていた諸団体の負担を軽減するものであった。労働収容所は，稼得労働への就業が禁じられていた亡命者に国益に資する労働をあてがい，同時に収容者の規律維持と監督を容易にする目的で，設立された。開戦時には，約7000人から8000人の亡命者がスイスにいたが，そのうち約5000人がユダヤ人であった。戦時中，スイスは全部で9909人の亡命者を受け入れた。したがって，2000人程度が1939年9月から1945年5月の間に入国を許され，寛容許可を交付されたことになる[17]。加えて，開戦から1941年末にかけて，200人の難民が，不法に入国したものの強制送還には時期が悪いと判断されて，外国人法に基づき収容された[18]。したがって戦争初期の2年間には，1938年や1942年以降とは違って，スイスにやってきた民間人難民は比較的少なかったのである。ただしこの時期にも1200件を超える送還があったことが確認されており，そのうち約900件は1940年の6月に，主としてフランスとの国境地域で行われたものであった[19]。

　同時にスイスは，フランスが敗北する直前の1940年6月に，もっぱらフランス人とポーランド人からなる4万2600人の兵士を受け入れた。スイスはまた，休戦協定に先立つ数日間に，約7500人の国境地域のフランス市民を受け入れた。その中には，多くの子供が含まれた。これに続く外国軍人の大規模な受け入れは，1943年秋のものである。〔1943年9月にイタリアが連合国に降伏し，その直後にドイツがイタリア中・北部の占領を開始すると，〕2万1300人を超えるイタリア人兵士がスイス・イタリア国境を越え，

さらに，戦争末期の数ヵ月間にも大量の兵士がスイスに入国した[20]。戦争の全期間の合計で，スイスは総計 10 万 4000 人の軍人を難民として受け入れた。このうちフランス人兵士は，早くも 1941 年 1 月には故国へ帰還した。他方ポーランドとその他多くの国の兵士は，大部分は戦争終結までスイスに残留していた。軍人は，戦時中の中立国の法と義務に関する 1907 年のハーグ条約に即して扱われた。すなわち彼らの大半は収容所に抑留され，1940 年 6 月に連邦軍務省の下に創設された「抑留・収容委員会」の監督下に置かれたのである。軍関係の難民の中には，傷病兵，脱走兵，兵役拒否者，捕虜収容所からの脱走者も含まれていた。脱走兵も原則的に受け入れられ，収容された。同様に，戦争末期に兵役を逃れるためイタリアから逃亡した多くの若者も軍所属の難民と見なされ，受け入れられた。脱走した捕虜の場合，特殊な問題があった。ハーグ条約によれば，中立国は彼らを受け入れることができたが，これは義務ではなかった。スイスは態度を明らかにしていなかった。ドイツの捕虜収容所からスイスに逃げてきたフランス人兵士は，1942 年まで，非占領フランス地域に出国することができた。しかしこれらを除けば，連邦司法警察省は，関係当局に極力受け入れを控えること，また「望ましくない分子（ユダヤ人，政治的過激派，スパイ容疑者）を遠ざけておく」ことを要求した[21]。実際には，軍人難民と民間人難民を区別することは非常に困難であった。とりわけ南ドイツから逃げ込んだ強制労働者には，民間人と脱走した捕虜軍人の双方が含まれていた。特にドイツで強制労働を強いられていたロシア人とポーランド人は，1944 年までは通常は国境で送還されていた。これは彼らに，しばしば深刻な結果をもたらした[22]。

> 抑留されたポーランド軍人とビューレン・アン・デア・アーレの「集中収容所」[23]
>
> 　1940 年 6 月，フランス第 45 軍団はスイス方面に逃れた。連邦内閣の承認後，4 万 2600 人の兵士がスイス西部国境を越えた。その中には 2 万 9000 人のフランス人のほかに，1 万 2000 人のポーランド人師団，800 人のモロッコ騎兵隊，そして数十人のベルギー人とイギリス人が含まれていた。ポーランド人に対するスイス住民の共感は，かなりのものであった。彼らは意外にも「誇り高く」「規律正し」かったのみならず，ポーランドの軍事的敗北の後，故郷を守るために自発的にフランス軍に加わっていたからであった。
>
> 　当初は，ポーランド人はスイス各地に収容され，その一部は個人宅に宿泊していた。しかし，1940 年 7 月，参謀総長は〔ベルン州の〕ビューレン・アン・デア・アーレに 6000 人のポーランド人を収容するための収容所を建設することを決定した。というのも，この兵士たちはフランス兵とは違ってフランスに送還するわけにはいかず，またソヴィエト連邦とドイツによってポーランドが破壊された後となっては，ポーランドから彼らの抑留費を得る見込みもなかったからであった。そのため冬の気候に耐えうる宿舎を設け，また一か所に兵士を集中させることで，費用節約を図ったのである。
>
> 　収容所がまだ建設計画段階にある時から，軍はこれを「集中収容所」〔Concentra-

tionslager/camp de concentration〕と呼んでいた。〔ナチスの〕絶滅収容所がまだ存在しなかったこの時期，当局がこの言葉で意図していたのは，捕虜収容所あるいは労働収容所であった。それまでスイスには，抑留者の生活を支えつつこれを管理し，スイス住民との接触を制限し，安価な寝場所を提供するような施設のモデルはなかった。「集中収容所」という呼称はすぐに使われなくなった。この問題含みの呼称を避けるために，「ポーランド人収容所」〔Polenlager/camp des Polonais〕，「抑留者収容所」〔Interniertenlager/camp d'internement〕，「大規模収容所」〔Grosslager/camp de masse〕といった表現が用いられた。収容所の完成後，ビューレンの住民のみならずスイス政府も，収容所の建設が効率的に行われ，問題が抜本的に解決されたことを誇りとした。

収容者の多くには仕事がなく，彼らは無為に過ごさねばならなかった。住民との接触やスイス人女性との結婚は禁じられた。スイス住民による熱狂的な歓迎の後のこの「監獄」への収容で，ポーランド人兵士たちは唐突な幻滅を味わった。スイスに対してドイツ当局からの圧力があったとの噂がすぐに広まった。この噂は，「集中収容所」への収容に対するポーランド人の不満の大きさを示すものであった。しかしこうした不満の増大に対して，収容所当局は規律の強化で応じた。1940年12月末，激しい衝突が起こり，当局側の発砲によって数人のポーランド兵が負傷した。

1941年1月末以降，軍司令部の指令により，収容者は就労することになった。もはや無為を強いられることがなくなった限りにおいては，状況は改善された。1940年11月に策定された「開墾戦」の一環で，収容者は主に農作業に動員された。スイス当局は，1941年春，収容所への収容が誤った政策であったことを認めた。収容者数は3500人に達し，明らかに収容能力を超えていたので，1941年3月以降，ポーランド人のそれ以上の収容は中止された。その後，同収容所の多くのポーランド人は他のカントンに移され，そこで工業・道路建設・林業その他で労働に従事した。また一部の者（1945年3月で約500人）はスイスの大学への就学が認められた。1942年3月，この収容所は，軍人抑留者収容所としての役割を終えた。しかしその後も，ユダヤ人難民や，〔ナチスによる〕強制労働から逃れたソヴィエト連邦出身者が収容されることになったのである。

ナチスによる絶滅政策と1942年8月の国境封鎖

ユダヤ人を標的とした政策は，1938年以降ドイツライヒで，また1940年以降は占領地域でも，強化される一方であった。ドイツ軍がソヴィエト連邦への侵略を開始した1941年夏以降，ナチスによる迫害は組織的な絶滅政策に移行した。ソヴィエト連邦のドイツ占領地域では，ドイツ部隊は地元の協力者の手も借りてユダヤ人と共産主義者を大量に殺戮した。1941年10月，ユダヤ人やロマ，シンティの第三帝国からの計画的移送が開始された。同時にユダヤ人の他国への移住も禁止された。1941年11月には国外のユダヤ人からドイツ国籍を剥奪し，その財産を没収した。12月には，ヘウムノでガス室による最初の大量虐殺が行われた。1942年1月，「ユダヤ人問題の最終的解決」を調整するために，ベルリーンでヴァンゼー会議が開かれた。1942年3月，フランスからポーランドへのユダヤ人の移送が開始され，7月初め，フランス当局とドイツ当局は，フランス国籍を持たない全てのユダヤ人を移送することで合意した。その後の数週間のうちにフランス全土で一斉検挙が行われ，その後の数ヵ月間のうちに，西欧諸国と

その他大半のドイツ占領地のユダヤ人は、絶滅収容所に移送された。西ヨーロッパのユダヤ人には、二つの逃げ道しか残されていなかった。スペインを経由して海を渡るか、あるいはスイスに逃れるかのいずれかである。

　1942年春以降、スイスに入国しようとする難民の数は増加した。4月には55人が不法入国を試みて警察局によって収容されたが、7月にはその数は243人になった。1942年4月以降、全部でおよそ450人が、有効な書類を持たぬまま入国した。ロートムントの補佐官であったロベルト・イェツラーは1942年7月30日の報告に以下のように記した。

　「移送がどのように行われ、また東部のユダヤ人地区の状況が如何なるものであるかについての報告は、いずれも一致しており信用できる。しかしそれらはあまりにも凄惨な内容なので、難民がそうした運命から逃れようと行った絶望的な死の努力も理解できる。強制送還に責任を負うことは、もはやほとんど不可能だ」[24]。

　それにもかかわらず彼は、この戦時下においては、スイスもまたある意味では自らの生存のために戦わねばならず、それゆえ「神経質」になることは許されないのであり、今後の難民の受け入れは「きわめて慎重に」すべきであると強調している[25]。ロートムントは同じ日、この報告を、上司であり担当閣僚であるフォン・シュタイガーに、「我々はどうすべきか?」という添え状を付して転送した。入国を認められるのは、脱走兵、逃亡した戦時捕虜——彼らが第三国に出国できる限りにおいて——、そして1933年の連邦内閣政令が定義した政治難民である。「しかし今日ではこの政令は欺瞞にすぎなくなっています。というのはすべての難民は、ただ国を逃れたというだけで死の危険に曝されているからです。(……)ユダヤ人だけ送還する? そうした案がしつこく浮かんできます」。警察局は、1939年10月17日の連邦内閣政令に背いて、「しばらく前から難民をほとんど送還していません。しかも大臣に意見を求めずにそうしております。私はそれに対して責任を負うことを厭いません。イェツラー博士の報告をお読みになれば、連邦内閣は、こうした方針を否定しないと思います」。それに続けて、ロートムントは、小規模の機動的な警備隊を創設し、密入国が多発する国境地区ごとにそれぞれ数日間ずつ配備し、そこで難民を徹底的に送還することを提案した。これにより、不法越境の案内人を怯ませ、殺到する難民を「受け入れ可能な数に制限する」ことができるかもしれないと期待したのである。しかしこの案は、国境監視を強化しない場所では、これまでどおり入国を認めるとしていた。この文書の矛盾した表現からは、「この問題について協議するために明日の夜か土曜日の午前に面会[26]」を上司に求める高官の不安と混乱が読み取れる。この協議が行われたか否か、また連邦閣僚フォン・シュタイガーが何を話したのかを示す文書は存在していない。いずれにせよ、1942年8月4日にロートムントが起草した大統領令は、フォン・シュタイガーと連邦大統領エッター

の承認を受け，全員出席による閣議によって——これは 7 月 29 日から 8 月 14 日まで招集されなかったので——事後的に承認された。連邦内閣のこの決定は，次のような意見で締めくくられている。「将来において，この措置によって対象となる外国人に深刻な不利益（身体・生命の危険）が生じるとしても，外国籍の民間人難民の送還は，より大規模に行われねばならない」27)。

警察局が軍民の当局宛てに発した 1942 年 8 月 13 日付の通達により，詳細が規定された。それによれば，難民の流入，「特に，さまざまな国籍のユダヤ人」の殺到は，1938 年のユダヤ人の流入を思わせる規模に達していた。国内の食糧事情や内政上・外交上の安全の必要性，ならびに，全ての難民に宿を提供し，監視し，さらには新たな受け入れ国を見つけることの困難性に鑑みて，これらの難民の送還が不可欠であると結論づけていた。「単に人種的な理由のみに基づく難民，例えばユダヤ人は，政治難民とはみなされない」。これらの人々の送還は，厳格に実行されねばならない。初めての不法越境の場合には，越境者は目立たぬように国境の反対側に追い返されねばならず，また再犯の場合には，直接隣国の官憲に引き渡されるべきである。実際に，この規則は無国籍の難民には容赦なく適用された。それに対して，ベルギーやオランダといった，亡命政府が自国民の保護に努めていた国々の出身の難民に対しては，当局は，時折手心を加えることがあった。脱走兵，逃亡した戦時捕虜，そしてその他の軍関係者，狭義の政治難民，そしていわゆる「困難事例」——高齢者，病人，児童，妊婦——は送還の対象とはならなかった28)。こうして当局は，不適切と知りつつ，政治難民を厳格に定義し続けたのである。ロートムントはすでにこの欺瞞について言及していたが，1942 年 8 月 28 日に行われた警察本部長会議の議事録には，フォン・シュタイガーの発言の断片が，次のように記録されている。「政治難民。無益な理論。ユダヤ人も一種の政治難民」29)。

1942 年から 1945 年までの民間人難民の受け入れと送還

1942 年 8 月 13 日の指示にもかかわらず，何千人もの難民がその後数ヵ月にわたってスイスにたどり着いて収容されたという事実は——上述の困難事例での受け入れは別として——，主に二つの理由によって説明される。第一に，当局は国境を意図した通りに監視することができなかった。独力で，あるいは協力者の助けを得て，1942 年 12 月に国境から 10km ないし 12km の幅の地域として定義された国境地帯を越えることができた者は，通常は送還されなかった。これは，地域住民がこれらの難民の送還に反対して，繰り返し抗議を行ったからである。第二に，1942 年晩夏に実施された国境封鎖は，全国的に世論の激しい反発を引き起こし，スイスユダヤ人共同体連盟［Schweizerischer Israelitischer Gemeindebund, SIG / Fédération suisse des communatés israélites, FSCI］★1や多数の著名人が当局に直接の働きかけを行った。これらの抗議の結果，先に決定された方針は事実上緩和された。しかし，世論の勢いが弱まると再び方針が強化され，国境管理は厳しくなった。これらの変化は数字にも反映されている。

1942年9月1日から12月31日の間に受け入れられた難民は7372人であり，統計的に裏づけられる数字では同じ時期に1264人が追い返された。一方，1943年1月1日から8月31日までの間に受け入れられた難民は，4833人にとどまっており，しかも2243人が追い返されているのである[30]。

1943年9月，イタリアが降伏した。ドイツ軍はイタリア中・北部を占領し，すぐさまユダヤ人の移送が開始された。この時点で何千人もの人々がティチーノ方面に逃げ込んだ。その中には，ユダヤ人，政治的抵抗者，兵役拒否者，その他の市民が含まれていた。2万人を超える兵士の他に，年末までに1万人近くの民間人難民の入国が認められ，収容された。しかし同時に，国境では9月21・22・23日の3日間だけで1700件以上の送還が行われ，また1943年9月から1944年3月の間には，1万2000件の送還が記録された[31]。ユダヤ人に対する入国制限政策は1943年の晩秋以降は緩和されたが，大部分の難民にとってはもはや手遅れであった。1944年には，合計1万8000人弱の民間人難民がスイスに受け入れられた。しかし，生命の危険に脅かされている全ての民間人を受け入れるよう連邦司法警察省が公式の指示を出したのは，ようやく1944年7月12日のことであった。しかも，これによって間接的にユダヤ人が難民として認められたにもかかわらず，ユダヤ人や，東欧出身で強制労働から逃亡した人々の送還は，その後もさまざまな形で行われた[32]。

終戦と終戦直後の時期

終戦時には，11万5000人以上の人々がスイスで庇護を求めていた。いずれの範疇の人々についても，これは空前の数字であった。その大部分は，数週間ないしは数ヵ月のうちにスイスを去った。ナチス体制によって迫害された亡命者や民間人難民は，今度は，できるだけ速やかにスイスから出国するよう圧力をかけられた。問題は，彼らが出身国へ帰るのか，それとも他のヨーロッパ諸国や海外諸国，パレスチナといった別の国で新しい生活を築くべきなのか，という点であった。戦争が終結しても，スイスでの滞在権を得た者はほんのわずかであった。1947年以降は，年齢や健康上の理由で第三国への出国が困難な難民は，長期庇護を要求することができるようになった。しかしこの制度を利用したのは1345人のみで，当局の予想よりもずっと少なかった。元難民の多くはもはや生活費を自弁することができなかったので，1947年末，連邦議会は，連邦，カントン，救援団体が金銭的援助を行う旨を定めた[33]。

民間人難民の受け入れと送還に関する数字

1947年11月，連邦司法警察省の代表は，難民問題に関する専門委員会の会合で，ス

★1 ユダヤ人共同体（公法上の存在である各種ゲマインデ・コミューン）の上部団体であり，1904年に設立された。傘下の団体は宗教的にもその他の点でも多様で，自律的である。*Schweizer Lexikon*, Band 10, Visp 1999, 265頁。

イスは戦時中 30 万人の難民を受け入れたと説明した。これに対し「難民牧師」として知られていたパウル・フォークトは次のように非難した。

> 「当時送還された難民はほんの一部に過ぎず，全部で 30 万人が受け入れられたと今日言われているのは，必ずしも正確ではありません。当時私達が取り組み，何よりも心を痛めていたのは，ユダヤ人がかくも長い間，政治難民と見なされず，送還されてしまったことなのです」[34]。

当局の言う 30 万人の難民という数字は，スイスに庇護を求めるあらゆる範疇の人々を含めた結果であり，中心的な問題，すなわち，ユダヤ人に対して行われていた制限的な政策から目を逸らすことになる。カール・ルートヴィヒは，1957 年の報告の中でこの数字を再び取り上げ，スイスが戦時中に長期あるいは短期に受け入れた人々の数を，29 万 5381 人と算出した。彼は，兵士，各国からの亡命者，収容された民間人難民の他に，療養のために一時的にスイスにやってきた 6 万人の児童，そして非常に短期間滞在したに過ぎない 6 万 6000 人の国境難民を加えていた[35]。この種の「全体的な収支」には大して意味がない。かえってそれは，政治的局面や戦況による相違や，ナチスによる迫害政策が次第に激化した事実を隠蔽してしまうことになる。またそれは，庇護を求める人々はさまざまな理由でスイスにやってきたのであり，そこで彼らは国内外の法に基づいてそれぞれ異なった処遇を受け，当局によって――ときに問題のある方法で――さまざまな行政上の範疇に分類されていたという事実も，無視してしまうのである。

民間人難民の受け入れと送還の規模は，上記のような数字よりも難民政策の実態をよりよく示す証拠であるが，その数を特定するのは容易ではない。第一に，難民の受け入れは記録に残されているが，送還の場合には，記録がないか，あったとしても断片的である。第二に，送還の記録の多くは氏名を記載しておらず，件数と対象者数の関係の解釈が厄介な問題となる。第三に，スイスの制限的な政策に怯んでスイスへの入国をはじめから断念してしまった人々については，把握できない。そもそも，統計が語りうる事柄には本来的な限界がある。実際には，どの数字の背後にも，人間の運命が隠されている。行政的な決定が，多くの場合，生と死を分けたからである。

1939 年 9 月 1 日から 1945 年 5 月 8 日の期間に，入国許可を得ぬままスイスに入国した 5 万 1129 人の難民が収容された。そのうち 1 万 4000 人弱がイタリアから，1 万 400 人がフランスから，8000 人がポーランドから，3250 人がソヴィエト連邦から，そして 2600 人がドイツからの難民であった。2200 人が無国籍者とされるが，実際の無国籍者の数はこれよりさらに多かった。また男性は 2 万 5000 人，女性は 1 万 5000 人であり，児童は 1 万人を超えた。このうちユダヤ人は 1 万 9495 人であり，ユダヤ系という理由で迫害された人々がその他に 1809 人いた[36]。

この 5 万 1000 人の民間人難民にカントンの「寛容許可」（前述）によって受け入れら

れた約2000人を加えれば，スイスが戦時中に受け入れた民間人難民は5万3000人以上となる。これに，開戦時にすでにスイスに入国していた7000人から8000人の——もっぱらユダヤ人からなる——亡命者や，少数の政治難民を考慮に入れると，戦時中のスイスは，ナチスによって迫害された約6万人の民間人に，2, 3週間から数年間の期間，避難先を提供したという結論が得られる。これらの人々の半数近くがユダヤ人であった。

しかしながら，送還された人々の数を確定するのは非常に難しい。連邦公文書館で行った初期の研究に基づいて1999年に我々が発表した数字に対しては，その後，各方面から疑問が投げかけられた[37]。少なくとも9703人の人々が送還されたことは確実で，それらの人々については氏名が記録されている。1957年，今日もはや残っていない被送還者の記録に基づき，カール・ルートヴィヒはスイスが合計で約1万人の難民を送還したと結論づけた。この数字は，史料から異論の余地なく確認される最少の推計とされたものである。しかし，ここ数年に行われた大規模な研究では，戦時中に2万4500人が国境で送還されたことが，統計的に確認されている。この数字から氏名が記録されている1万人を除くと，1万4500人の氏名不詳の被送還者が残る。相当数の難民が国境越えを複数回試みており，遂には入国に成功した人々もいただろう。そのため，被送還者の統計で同一人物が何度も計上され，かつ受け入れられた難民の統計にも含まれている可能性がある。直接に〔隣国の〕国境警備隊に引き渡されて逮捕され，そのまま移送された者もいた。さらに，再度失敗したならばナチスの官憲に直接に引き渡されると知って，二度と国境越えを試みなかった人々もいたであろう。今となってはそうした人々の数を確定することは不可能である。しかしそれでも，難民の送還の多くが，まさしく迫害者に難民を引き渡す際に記録された点からすると，1人で何度も送還の統計に記録された難民が多数いたとは推定しにくい。そこで3人に1人が2回送還されたと仮定するならば，1万4500人の氏名不詳の送還者は，約1万人に相当する。またそもそも，全ての送還が記録されたわけではなかったことも確実である。これらの点を勘案すると，第二次大戦中に，2万人を超える人々が，国境で追い返され，あるいはスイス国外に移送されたと推定される。さらに，1938年から1944年11月にかけて，スイスへの入国を希望する人々が申請した約1万4500のビザが，スイスの在外公館によって却下された。これら却下された申請者のうちどれだけの人々が，それでも諦めずにスイスへの入国を試みたのか，またそれらの人々が上記の受け入れ者・被送還者の統計にどれだけ含まれているのかは，不明である[38]。

氏名不詳の被送還者の統計に関する上記の検討を，まったく逆の方向で用いることも可能である。氏名不詳の1件の送還が，複数の人々，例えば，夫婦と子供のいる家族に対してなされた可能性もあるのである。この場合，被送還者の数は送還数を上回ることになる。いずれにせよこうした推測は実証可能なものではなく，単なる憶測に過ぎない。

史料の欠落のために，第二次大戦中にスイスが送還した難民数を正確に割り出すことは不可能である。同様に，被送還者の逃亡理由・宗教・政治信条・年齢・性別を知ることもできない。スイスは3万人のユダヤ人難民を送還したという説がそこかしこに流布しているが，これは誤りである[39]。確実なのは，1944年春までに送還された難民の大半がユダヤ人であったことである。しかしまた，戦争末期の数ヵ月間，スイスが，ナチス支配地域から胡散臭い理由でスイスへの逃亡を図った幾人かの人々を送還したことも，また事実である[40]。送還された難民が正確には何人だったのかという議論は，往々にして，政治的な断罪や免罪を動機に行われている。しかし我々にとって，それよりもはるかに重要に思われるのは，1942年夏に「人種的理由のみによる難民」を原則的に送還すると決定した時，東欧で起こっていた出来事をスイス当局はどれほど知っていたのか，そして彼らはなぜ，そのような決定を下したのか，という問題である。

3.2 知識と行動

スイス当局は不十分な情報しか持たなかったのであり，「もし第三帝国内で何が起こっていたか知っていたならば」違ったように行動したはずだ，と考えることは，誤りである[41]。1939年の時点ですでに，ユダヤ人に対する差別・迫害・追放は，公然と行われていた。スイス当局とスイス住民は，とりわけ1938年3月のオーストリア併合後にみられた蛮行や，1938年11月の第三帝国各地におけるポグロムに関して，十分な情報を得ていた。たしかにナチス政権は，ユダヤ人の完全な絶滅を目指して1941年末に開始した「最終的解決」を，隠そうとしていた。しかしそれでも，〔スイス〕当局は，1942年8月初めには，ユダヤ人難民が著しい脅威に曝されていることを知るに至っていた。当局は，この時点では，産業的規模で運営される絶滅収容所については未だ詳細な情報こそ得ていなかったが，しかし1941年末以降は，大量殺戮に関する情報がさまざまな経路でスイスに伝えられたのである。

1. 一つの重要な情報源は国外のスイス人外交官であった。早くも1941年末以降，スイスの外交官らは――とりわけケルン，ローマ，ブカレストから――，ドイツとドイツ占領地域において凄惨な状況下で行われたユダヤ人の移送について報告を寄せており，大量虐殺についても，かなり正確な情報を送っていた[42]。1942年5月，駐ケルンスイス領事のフランツ゠ルドルフ・フォン・ヴァイスは，ドイツの貨物列車内のユダヤ人の窒息死体が写った写真を，軍の情報部長であるロジェ・マッソン大佐に届けた[43]。
2. 国境の向こう側で起きていることについて可能な限り情報を集めようとしていたスイス軍当局は，難民に対する聞き取り調査を行った。スイスで抑留されたドイツ人脱走兵に対する尋問を通じて，スイスの情報当局は，1942年2月には大量銃殺についての詳細な報告を得て，その概要を把握していた[44]。

3. 1941年末と1942年初め，東部戦線のスイス医療派遣隊は，いわゆる「人質の銃殺」に居合わせた。彼らはさらにユダヤ人の大量虐殺についても信用できる情報を入手した。医師ルドルフ・ブッハーは，1950年代に，目撃した事実を連邦閣僚カール・コベルトに1942年3月に伝えたと証言している。ただしコベルトは，これを否定している。ブッハーは，1942年5月にスイス医師会で初めてこれについて報告し，その後，上層部に禁止されたにもかかわらず，これに関して繰り返し講演を行った[45]。
4. 戦時期を通じて，スイスは多くの国々と緊密な経済的・文化的・政治的関係を維持していた。それゆえ個人的な接触，とりわけ財界人のそれを介して，多くの情報が伝わった。スイスユダヤ人共同体連盟の報道部長ベンヤミン・サガロヴィッツもまた，あるドイツ人財界人から，ユダヤ人の完全な絶滅の計画について情報を得た。サガロヴィッツは世界ユダヤ人会議のジュネーヴ代表ゲルハルト・M・リーグナーに相談し，リーグナーは1942年8月8日以降，この情報を連合国諸国に伝えた[46]。
5. スイス人と外国人の双方が所属する政治的・宗教的・人道主義的団体もまた，情報の経路となった[47]。赤十字国際委員会の副委員長で「合同救援委員会」（Vereinigtes Hilfswerk / Commission mixte / Association of Relief Organisations）[48] 委員長のカール・ヤーコプ・ブルクハルトは，ユダヤ人絶滅についての正確な情報を持っていた。それは，彼がゲルハルト・リーグナーに1942年11月に明言したように，ドイツから入手したものであった[49]。
6. 最後に，ラジオや新聞もまた情報の伝播に一役買った。例えば，1942年2月のラジオ放送で，ヤン・ロドルフ・フォン・サリス教授は，ヒトラーが——権力掌握の記念日に最悪の脅迫を行うという彼の習慣に忠実に——，「この戦争では『アーリア人』ではなくユダヤ人が絶滅させられるのだ」と発表したことを指摘していた[50]。1942年夏以降，メディアは繰り返し組織的虐殺について報道した。1942年7月時点ですでに，複数のスイス紙が，ナチスが100万人前後のユダヤ人を殺害したと報道していた[51]。

公平を期すために，これらの情報が懐疑的に受け取られる素地があったことにも注目しておこう。一つには，第一次大戦中の経験から，そのような情報は中傷的なプロパガンダに過ぎないとして切り捨てられる傾向があった。また，これらの報告の内容があまりにも凄惨であったので，ユダヤ人の間ですら，1942年8月になってもなお，報告の詳細——例えば，殺害された人々の遺体の経済的利用——については，全面的に信じられたわけではなかった[52]。しかしそれでも，1942年8月の国境封鎖の頃には，スイス当局は非常に正確に状況を把握していた。それゆえここで問われるべきは，多面的な情報から事実が判明し，12月17日に連合国が公式にも組織的虐殺を非難した1942年末になって，スイス当局が難民受け入れの基準を逆に厳しくし，かつその受け入れ抑制的な政策を数ヵ月にわたって維持したのは如何なる動機によるのか，という点である。その際には，長期的な決定要因と，主として戦争に規定される要因とを，区別するべきで

ある。

外国人への敵意と「外国人過剰」

　外国人への敵意と外国人過剰への恐れは，戦争の結果ではない。これは外国人政策の長期的な決定要因であったが，二つの淵源を持っていた。一つは，国民国家原理の強まりである。19 世紀末にはこの傾向は顕著となったが，これは工業社会の近代化に対する反応として解釈することができる。もう一つは，第一次大戦末の社会的・政治的危機が引き起こした防衛反応である。外国人への敵意の高まりの背景には，革命の扇動者，復員兵，脱走兵，東欧からのユダヤ人移民，そして失業者などからなる「外来分子」に「圧倒される」のではないかという恐怖があった。この「脅威」を抑え込むために，連邦内閣は，第一次大戦初期に議会から委任された全権を根拠に，1917 年に外国人政策を一元化し，「外国人警察統括局」[Zentralstelle für Fremdenpolizei / Office central de la Police des étrangers] を創設した。その後これは「連邦外国人警察」[Eidgenössische Fremdenpolizei/ Police fédérale des étrangers] となり，1919 年以降ハインリヒ・ロートムントの指揮下で急速に組織を拡大し，スイスの外国人政策のまさしく原動力となった[53]。ただし，外国人に対する防御はまた，スイスの国籍を持つか否かにかかわらず，定住地のない人々や放浪民に対しても向けられた[54]。「外国人過剰」への危惧といっても，第三国にただちに出国することが保証されている限りは，必ずしも短期間の難民受け入れへの反対を意味したわけではなかった。しかし，戦争がいつまで続くのか，また難民の第三国への出国の可能性がその後どうなるかについては誰もわからなかったから，人々は，「その後」の時代に危惧を抱いた。戦争が終わり事態が正常に復しても，その間に国内に「根を下ろして」しまった歓迎されざる「外国人」は，いまさら出国しないだろうと危惧したのである。外国人過剰への不安はまた，人口政策的な要素を色濃く帯びていた。というのも外国人過剰に対する防衛的な態度は，国民の生物学的世界像の中で「死活的」とみなされたものに根ざしており，それゆえ強い感染力を持ったのである。そのために当局は，戦間期にある程度の好意を持たれていたロシア難民・アルメニア難民の帰化手続きの条件緩和さえ，拒否した。というのは，そのような措置は「(スイス) 国民の民族的均衡の基礎を根底から破壊しかねない」からであった[55]。しかし，「外国人過剰」に対する一般的な恐れは，大きく広がった反ユダヤ主義と特殊な結びつきも持っていた。

ロマ，シンティ，イェニッシュ

　流浪民の移動は，ナチスがロマ，シンティ，イェニッシュに対して迫害を始める以前から，ヨーロッパ全域で大幅に制限されていた。互いに協力しあっていた各国の警察当局は，似非科学的な認識に基づいて流浪民に対する防御のシステムを構築し，制限的な入国規制が導入された。この制限はナチスの権力掌握後には各地で強化された。その結

果，これら迫害された人々の逃げ道は，閉ざされてしまった。

　ヨーロッパの大半の国が戦間期に採用した外国籍・無国籍のロマ，シンティに対する追放政策の結果，流浪民たちは，各国による絶え間ない押し付け合いに直面することになった。1930年代の追放政策の激化によって，国境地帯ではしばしば深刻な事件が発生し，外交問題にも発展した。というのも開戦前においては，「望ましくない」外国人を各国の警察当局が隣国に「密かに」越境させることが，慣行と化していたからである。

　スイスの難民リストの中にロマ，シンティ，イェニッシュの存在を突き止めようとする体系的な研究は，すぐに研究手法上の限界に逢着してしまい，何ら具体的な数字は得られていない。とはいえ，よくある姓を名乗っている定住化したロマとシンティは，「望ましくない」「ツィゴイナー」[Zigeuner / Tiganes]とされずにスイスに逃亡しえたと推定することはできる。

　スイス当局が早くも1906年に告示した「ツィゴイナー」に対する国境封鎖は，列車や船への彼らの乗車・乗船をも禁止しており，おそらく開戦後も適用された。1939年から1944年にかけて4件の強制送還の証拠があり，少なくとも16人が対象となった。1944年9月のアントン・ラインハルトの送還は，明らかに危険に曝されていたシンティを，庇護を制限する措置が緩和されていた時期であったにもかかわらずスイス当局が追い返したことを示している。アントン・ラインハルトは送還後にドイツ当局に逮捕され，逃亡を試みて銃殺された。

　いくつかの事例では，強制収容所あるいは絶滅収容所へのスイス国籍の流浪民の収容を，スイス当局が容易に阻止しえたであろうという証拠がある。しかしこれらの事例では，彼らのスイス国籍が認識されなかったか，あるいは，彼らを救うためのナチス当局への働きかけをスイス当局は一切行っていなかった56)。

反ユダヤ主義

　「ユダヤ人」や「反ユダヤ主義」といった用語は，1920年代以降，ヒトラーの民族社会主義ドイツ労働者党（NSDAP）の専売特許となり，遂にはナチス化されたドイツ全体を覆い尽くした。そのため〔ナチス的概念を忌避したスイスでは〕，「外国人過剰」[Überfremdung]という表現が，戦間期に，「スイス化された」反ユダヤ主義を表す隠語となった57)。「外国人の過剰」を問題視する議論は，当時，多種多様な経済的・政治的・文化的立場の人々によって行われており，必ずしも反ユダヤ主義と同一視することはできないのも事実である。とはいえ「外国人過剰に対する戦い」には，たいていの場合，「スイスのユダヤ化に対する戦い」の意味が込められていた。

　反ユダヤ主義的な動機に基づく暴力行為は，〔スイスでは〕たしかに特殊な事例に限られた。しかし反ユダヤ主義的な固定観念は広く浸透しており，あらゆるユダヤ人に無差別に向けられた。外国籍のユダヤ人，特に東欧のユダヤ人の場合には，これらの固定観念は，より遠慮なしに，外国人敵視や社会文化的偏見と結びついた。反ユダヤ主義は，「東方ユダヤ人」に対して最も露骨に示されたのである。例えばロートムントは，スイスの伝統や慣習に適応したスイスユダヤ人を擁護すると好んで強調していたが，一方外国籍のユダヤ人に対しては，無数の，反ユダヤ的固定観念に根ざした露骨な表現を

用いていたのである。しかもそれは彼に限られたものではなく，難民政策全体の傾向から読み取れる58)。難民政策を批判したある議員に対し，ロートムントは自らの政策を以下のように説明した。

　　「我々がそれほど冷酷な人非人でなかったということは，貴殿にもそのうちわかるでしょう。しかし我々は連中を好き勝手にさせるわけにはいかないのです。ことに，周知のとおりいつも何かごまかしを企んでいる東方ユダヤ人には。我々の解釈が我がスイス国民の態度と完全に一致していることが，いずれわかるでしょう」59)。

　スイス国籍のユダヤ人と外国籍のユダヤ人をこのように区別したのは，当局の場合も同様であった。基本的には60)，スイスの行政当局は，民族社会主義的な理論や実践を模倣しようとすることは決して無く，それどころか，ドイツの人種主義政策はスイスの法と社会の基本的な原則に背馳すると，繰り返し宣言していた。しかしこれに反する流れも存在した。ユダヤ人を法的に差別し，あるいは人種的な分類を容認しようとする傾向もみられたのである。そうした風潮から最も自由でいられたのは，スイス在住のスイス国籍のユダヤ人であった。もっとも，彼らに対してさえも，少なくともスイス社会の一部には，――ドイツユダヤ人のパスポートにスタンプを押すことを定めた上述の協定などの形で――憲法で保証された法の下での平等を危うくする傾向があったのだが。それに対して，外国に住むスイス国籍のユダヤ人に関しては，とりわけドイツとの外交的な摩擦を回避するために，当局は大幅な譲歩をも厭わなかった。最もよく知られたその実例は，フランスに居住するスイスユダヤ人に対する外交的保護に関して連邦内閣がとった態度である。在外スイス人の保護の問題は，1938年4月に，ドイツ当局によるユダヤ人財産の登録令に関する議論で，初めて注目をあびた。その後1941年に，連邦内閣は，社会民主党所属の国民院議員であるエルネスト＝パウル・グラベーの質問に対し回答した。これらの者は，非ユダヤ系スイス人と同等の処遇，したがってフランス在住の他国籍のユダヤ人よりも優遇された「特別待遇」を要求する権利を持たないというのが，その内容であった。これは，憲法が保障する法の下での平等と，それまで連邦行政が支持してきた国際法の下での最低限の水準の保障からの，ゆゆしき逸脱を意味していた61)。

　スイスに居住する外国籍ユダヤ人のスイスへの帰化は，当局の組織的行為の結果，遅くとも第一次大戦以降には，非ユダヤ系外国人よりも困難になった。1919年以降，ユダヤ人の帰化申請書類に，事務組織内部でのみ通用する特別の識別標，例えばダビデの星や「J」の押印を付すことが，組織的ではないにせよ頻繁に行われるようになった62)。そして1938年10月には，ドイツ籍の「非アーリア人」に対してビザ取得義務を課すに至った。スイス当局は，その入管規則にニュルンベルク人種法に基づく分類を導入した

のである。行政組織でも、「アーリア人」と「非アーリア人」の区分法が随所で用いられ、カントンや自治体は、ドイツ人との結婚契約やドイツでの労働許可取得といった目的のために、「アーリア人証明書」を発行した[63]。

経済的保護主義

失業と、労働市場で競争相手が増えることへの不安は、難民政策にも何らかの影響を及ぼしたとみられる。しかしそうした動機には、失業率が低く一部の経済部門では労働力不足さえみられた戦時中よりも、1930年代の方が、はるかに根拠があった。連邦内閣もこうした危惧を抱いており、早くも1933年には、亡命者と難民に対して稼得労働への就業を禁止した。この政策は、なによりも自国民に対する雇用の確保を狙ったものであったが、副産物として期待されていたのは、スイス社会への難民の統合を不可能にすることで、できるだけ早く彼らが第三国へ出国するよう圧力をかける効果であった。就業を禁止された以上、労働市場で難民がスイス人と競合することは実際にはほとんどなかったのだが、例外的にそうした事態が生じた場合には——例えばその名声ゆえに受け入れ許可の恩恵を受けた作家など——、各種の職業団体は外国人との競合に対して必ず抗議を行った[64]。

在外スイス人に対する配慮という議論も盛んに行われたが、実際にはそうした配慮が具体的な行動につながることはほとんどなかった。しかしこの問題もまた、外国人に就業を禁止する論拠として用いられた。1938年11月、ロートムントは以下のように述べた。

「我々はどんな場合においても、亡命者に何らかの形でスイスの労働市場での就業を許可するわけにはいかない。外国から帰国したスイス人を多数含む我が国の失業者は、当然それに反対するだろう」[65]。

しかし、難民の就業禁止が経済的利益と対立するという面もあった。特に1920年代には、人口政策的観点に立つ外国人警察と、必要な労働力を確保するために滞在・労働許可証を請求する経済界の対立が目立った。自治体もまた、外国人の移住許可が問題になる時には、原則よりもむしろ移住者の担税力といった非常に実際的な材料を重視した。スイス国境の近くに住み、スイスで商売を営んでいたあるドイツユダヤ人の事例は、こうした傾向をよく表している。彼は、滞在と行商の許可を何度も申請した。自治体とカントンは、彼が多くのスイス人を雇用しており、スイスに移住すれば自治体の税収増に直結することから、許可に前向きであった。しかしロートムントは、1935年の内部文書に以下のように記している。

「この件は気にくわない。農村の顧客を訪問してユダヤ人が行う中古機械の売買、

こうしたものは不愉快だ。まさしくこうしたユダヤ人『商売人』の振る舞いが，住民の反感を買っているのだ。同業者が反対するのも当然だ。私は〔許可証の交付を〕認めない」[66]。

　外国人過剰への不安と反ユダヤ主義は，こうして経済的・労働市場政策的な顧慮と結びついた。世界恐慌の後，職業団体から次第に強い支持を得るようになった連邦司法警察省は，「経済的な外国人過剰」に対する闘争を進めていった。
　難民には稼得労働が禁止されており，労働市場でスイス人と競合することがなかったにもかかわらず，難民が特に脅かされていた戦時中にも，こうした議論が何度も持ち出された。第一次大戦終結後と同様に，戦後すぐに激しい恐慌が発生するのではないかとの不安があったからである。1918 年のゼネストの指導者であるロベルト・グリムは，1943 年 9 月，イタリア人難民の流入によって労働需給が悪化し失業が増加するのではないかというスイス人労働者の懸念を強調した[67]。ユダヤ人難民に対する教育も，競合への不安を高めた。例えば，ヴォー急進民主党の青年組織は，1943 年 11 月，「難民には何の借りもない」というスローガンを掲げ，全ての難民を高等教育から排除するよう要求したのである[68]。

国内での物資確保の問題
　戦争によって困難さを増した食糧・工業製品の確保の問題も，難民受け入れを抑制する論拠として繰り返し持ち出された。連邦閣僚エドゥアルト・フォン・シュタイガーは，1942 年 8 月 30 日に行われた会議で，スイスを超満員の救命ボートに例えて，「限りある蓄え」に言及しつつ，国境の閉鎖を正当化した[69]。彼は，1942 年 9 月の議会での審議でも同じ論理を用いた。「国境封鎖を理解しない者は，我々の通商交渉が直面する困難と状況の深刻さを理解しない者である」[70]。それに対しヴァルター・ルーティ牧師は，8 月 30 日，やはり議会で，10 万頭の犬に食糧を分け与えていながら，数万人の難民さえ養えないというのは，あまりに無慈悲であろうと指摘していた[71]。連邦閣僚ピレ＝ゴラもまた，1942 年 9 月付のある内部文書に「食糧供給は差し迫った問題ではない」と記し，スイスが難民をもっと受け入れられるようにとアメリカの救援組織が行った食糧援助の申し出を断った[72]。このように，食糧確保の問題についての判断は人によって大きく相違しており，当時の供給状況や予測困難な将来についての見通しよりも，むしろ難民問題に対する基本姿勢に左右されていたのである。1942 年 10 月 16 日に開始されたパンの配給制も，こうした中では，往々にして難民の滞在と結びつけられた。配給制の導入に際して連邦内閣は，スイスが払う犠牲は，「他国民が払っている犠牲に比すれば大したものではない」と強調した。自分たちが十分に食べていけるかだけを心配していた人々もいれば，迫害されている人々のためにわずかでも犠牲を払おうとしていた人々もいた。食糧配給と耕地面積の拡大のお陰で，スイスに住む人々の食糧

事情は比較的良好であった。制限的な難民政策を正当化するような本格的な食糧不足を，スイスは一度も経験しなかったのである73)。

安全保障に関する懸念

国内外の安全の問題は，スイスの難民政策において中心的な役割を占めた。ギザン将軍は，スイスが戦争に突入した場合には追加的なリスクになりうるとして，外国人の滞在について懸念を持っていた74)。スパイ行為，破壊工作，侵入といった危険に対し政府の関心を喚起するため，彼は1940年5月4日，連邦内閣に長い報告書を提出した。彼はそこで一連の予防的・防衛的措置を提案している。これらは何よりもスイスに居住するドイツ人に向けられたものであったが，同時に難民に対する警戒も含んでいた。

> 「内部の敵というもう一つの範疇とは，ある程度までは亡命者のことである（……）。オランダとイギリスの報告書からは，庇護を受けている多数のユダヤ人亡命者が，少なからぬ危険の源泉となっていることが読み取れる。スカンディナヴィア，イギリス，オランダでの経験からすると，この種の外国人を無視しえない。今日スイスが置かれている状況からして，もはや同情や寛容の余地はない。必要なのは厳格さだけである」75)。

難民は安全保障上の大きなリスクと見られたので，当局は国境での制限的な政策によって彼らの数をできるだけ少なくしようと試み，またすでに国内にいる者に対しては厳格な管理を行った。警察による身元調書の作成の他，移動の自由の制限，郵便物の検閲その他の措置がとられ，難民のスイス滞在は厳しいものになった。

とりわけ開戦前の数年間，スイスの難民政策は，ドイツのメディアから頻繁に非難されていた。しかし，難民政策を理由に，ドイツから外交的要求や軍事的脅迫などの圧力を受けたわけではなかった。1942年春，ドイツの大使が，ドイツ出身の全難民の個人情報を引き渡すよう要求したとされているが，これは無駄に終わっている76)。ロートムントとピレ＝ゴラは，1942年夏，国境封鎖の決定においてはドイツからの脅迫は重要でないと述べた。1942年8月，ロートムントはロンドン駐在スイス大使に次のように書き送っている。

> 「イギリスの誤解を避けることは，もちろんきわめて重要である。それゆえ，我々が何らかの外部からの圧力で動いているわけではないことを，特に言明しておきたい。私は秩序を守りたいだけだ。秩序が守られていれば，北の隣国が，ユダヤ人問題や私の管轄下のその他の問題に介入しようとしても，断固として退けることができるのだ」77)。

人道主義的使命という理念

スイスの人道主義的使命という理念は，難民受け入れの数少ない論拠の一つであった。時とともに人道主義的伝統と呼ばれるに至った姿勢には，二つの起源がある。その第一は，スイスで庇護を求める特定の集団が，彼らに近い集団から援助を受けたという先例が，歴史上に多数あることである。第二は，人道主義的使命という補完的な教義によって中立主義の正統性を高めるという，19世紀後半に生じた必要性である[78]。その際に何よりも念頭にあったのは，戦争がもたらす苦難を軽減するという中立国の役割であった。しかし人道主義的使命を，ドイツの脅迫を前に犠牲にされ，あるいは裏切られさえした自明の原則であると解釈するならば，それは誤りであろう。人道主義的使命とは何よりも，行動が望ましい場合に引き合いに出すことができ，また逆に消極的な姿勢を正当化するためにも用いられる公準であった[79]。早くも19世紀には，庇護の付与は，国家の権利の一つとしてしか見なされなくなり，国家主権の強化と誇示のために庇護権が行使された。他方，個々の難民には受け入れを要求する権利は認められていなかった。第二次大戦中，特に兵士――例えば負傷兵の後方への移送――や戦災に遭った市民――例えば児童の受け入れ――はスイス当局による人道主義的行動の恩恵に与ったが，ナチスに迫害された人々は，たいていの場合，その対象にはならなかった。しかし同時に，スイス人の意識に広く根を下ろした人道主義的伝統は，ユダヤ人難民に対してより開かれた対応を要求する人々にとっての精神的支柱となった。人道主義的伝統は，当局の拒絶政策に反対しその業務を「妨害する」有力な論拠となったのである。これは，以下のロートムントによる批判から窺える。

「庇護の伝統は我が国に非常にしっかりと根付いているので，スイス市民のみならず，個々の案件で難民を取り扱わなければならない各種の行政組織もまた，疑わしい場合には難民を受け入れてしまう傾向があり，受け入れを拒否するのは，特段の理由があるときに限られる」[80]。

3.3 関係者とその責任

当時，誰が難民政策に責任を負っていたのだろうか。研究書や公の場での議論では，長い間，難民政策を管轄する連邦司法警察省の役割，とりわけ連邦閣僚フォン・シュタイガーと警察局長ハインリヒ・ロートムントの役割が重視されていた。しかし歴史家のエドガー・ボンジュールは，1970年に，スイス全体が過ちを犯したのだと述べた。

「当時の人々全てが，過ちを犯し共犯者だったのである。スイスのような直接民主制の下では，民衆が本気で求めたならば，10年もの間，耐え難い政府の政策を甘受し，これに消極的に従うよう強いられるなどということは，なかった筈だからである。(……) 市民一人一人の心に巣食うエゴイズムと隠れた反ユダヤ主義のため

に，当局の庇護政策のある種の非人間的な側面に対して，人々は目を閉じてしまったのである」[81]。

　この二つの解釈——連邦司法警察省のみに責任があるとする見方と，スイスの住民全てに責任を認める見方——は，あまりにも単純である。責任を評価するには，意思決定に関する権限の大小，情報の水準，様々な関係者の社会的・政治的影響力の多寡を考慮しなければならない。そのうえで，スイスの政治制度がどのように機能していたかについての考察と併せて，検討を行わねばならない。

連邦内閣と連邦司法警察省

　難民政策に関する政治的責任は，同僚制の原則★2に基づく連邦内閣にあった[82]。わずかな例外を除き，連邦内閣は全ての重要な決定を自ら下し，あるいは事後的に承認した。1938年8月18日の国境封鎖，同年9月29日のドイツとの協定締結（「J」スタンプ），続く10月4日の「非アーリア人」ビザの導入を決定したのは，連邦内閣であった。連邦大統領エッターが1942年8月4日に行った国境封鎖の決定も，連邦内閣によって事後的に承認を得ている。また連邦内閣は，各種の連邦内閣政令によって難民政策の法的枠組みを定めた。とりわけ重要だったのは，全権委任決議に基づく1939年10月17日の連邦内閣政令であり，これは1931年の外国人法とともに民間人難民政策にとって最も重要な法的基礎となった。同政令の9条は，諸カントンに対して，不法に入国した全ての難民の強制送還を求め，また14条は，送還できなかった難民の収容に関する連邦権限を定めていた。1942年8月の国境封鎖も，新たな方針の結果ではなかった。むしろ，連邦司法警察省警察局がそれに先立つ数ヵ月間，国境での難民送還をしばしば見送るようになっていたので，1939年政令の9条を再び厳格に適用するために実施された措置であった。戦時中は，連邦内閣は全権委任のために異例とも言える広範な決定権を有しており，難民政策についても主たる責任を負っていた。連邦内閣は，この実権を難民のためではなく，制限的な政策を実行するために行使したのである。

　しかし，難民問題は，政府が直面する多種多様な任務の中では副次的なテーマでしかなかった。連邦内閣の議事録では難民問題についての言及は稀であり，また最小限の表

★2 同僚制（Kollegial System / système collégial）。スイスで一般的な政治組織原理であり，同格の構成員からなる少人数（一般に5名～7名程度）の組織が，非公開の合議によって決定を下し，共同責任を持つしくみを指す。連邦内閣，カントン内閣，自治体の参事会など，広くみられる。連邦内閣の場合，閣僚の一員である連邦大統領が対外的に元首として国家を代表するが，内閣の中では，ごく少数の権限を除き，閣僚が輪番で務める形式的な筆頭者に過ぎない。閣議は非公開であり，多数決が用いられる場合も票決は非公開で，反対票を投じた閣僚も決定に対して共同責任を負う。連邦閣僚は政党・地域等の均衡を考慮しつつ議会で選出される（カントン〔ヌシャテルを除く〕や多くの自治体では，有権者の直接投票による場合が多い）が，それぞれ所轄官庁を持ち，所管の分野に関しては政策策定を主導するが，内閣の決定に関しては，やはり他の閣僚も含めた内閣全体で責任を負う。岡本三彦［2005］ならびに Sonderegger, Christian / Stampfli, Marc［1996］，181, 221頁。

現にとどまる。1938年8月30日の閣議では、ユダヤ人亡命者問題の解決にかけるスイスの期待を強調するため、ドイツとの間の既存の出入国管理協定を先行して廃止する決定がされたのだが、その時でさえ、この問題よりずっと多くの時間が連邦予算の問題に割かれていた[83]。連邦内閣は、一般的にもよくあるように、難民政策においてもしばしば、所轄の省庁とその官僚によって準備された議案をそのまま承認していたのである。それゆえ、連邦司法警察省の責任が焦点となる。

連邦司法警察省は、二つの中心的な問題に関して、多かれ少なかれ単独で責任を負っていた。一点目は、第一次大戦末期以降、同省がスイスの人口政策に関するイデオロギー的・法的枠組みを作成し、戦間期には反ユダヤ主義的な外国人政策を貫徹したという点である。もっとも人口政策を理論的に基礎づけたのは、ハインリヒ・ロートムントというよりも〔警察局長補の〕マックス・ルートであった。当時彼は著名な法律家であったが、彼が主要な役割を果たしていたことはこれまでほとんど無視されてきた[84]。二点目は、同省が開戦直後から難民政策の実施に関して最大の責任を負っていたという点である。というのも、1938年から1942年にかけて、カントンが有していた権限が連邦官庁に移管されたからである。同省は、数多くの政令や通達によって、難民政策の実施方法の大半を決定した。また、(非「政治的」)難民の受け入れと送還に関する決定を行ったのは同省の警察局であり、しばしばこれは、ハインリヒ・ロートムント自身によって決定されていた。同省には外国敵視・反ユダヤ的な傾向が強くあり、警察局が難民の受け入れ拒否に全力を傾けていたことはよく知られている。しかし、連邦司法警察省のみが単独でスイスの難民政策を方向づけたわけではない。その政策は、むしろ、その他の省庁、議会やカントン、ならびに各種の圧力団体との協議を踏まえて策定されたのである。例えば経済的な配慮が必要であることから、連邦経済省がしばしば決定過程に参加した。国境の監視を担当する国境警備隊は連邦財務・関税省の管轄下にあったので、両省は定期的に協議の場を設けており、また連邦財務・関税省は独自の観点で影響力を行使していた。しかし、連邦官庁の中でこの問題に最も深く関与していたのは、連邦政務省であった。

連邦政務省と国際救援団体への代表

連邦政務省〔後の連邦外務省〕★3は、国内の難民政策の策定にはほとんど関わってい

★3 1848年の連邦国家創設当時、閣議主催機関［Präsidialamt］である連邦政務省（Eidgenössisches Politisches Departement / Département fédéral politique, DFP）が外交をも兼務し、連邦大統領が一年の任期で担当相となった。1888年にこの省は改組され、連邦外務省（Departement des Äussern / Département des affaires étrangères）と改称されたが、1896年に旧来の組織形態と名称に戻された。1914年以降、同省は閣議主催権を喪失し、また1979年、連邦外務省（Eidgenössisches Departement für auswärtige Angelegenheiten / Département fédéral des affaires étrangères）と改称された。したがって、本報告書の主たる分析対象時期において、外交を統括する官庁は政務省と称されていたことになる。Historisches Lexikon der Schweiz, Band 4, Basel 2004, 650-651頁。

なかった。しかし，難民政策の多くの問題は外交と密接な関係を持っていたから，同省も大きな責任を共有していた。とりわけ同省は，難民問題にとって重要な他国との交渉を所轄していた。例えば，「J」スタンプ協定に関するドイツとの交渉は明らかにこうした事例である。駐ベルリーン大使のハンス・フレーリッヒャーは「非アーリア人」パスポートに識別標を付す案を支持し，同省担当閣僚であるジュゼッペ・モタが，この件に関するロートムントの懸念を払拭したのである。連邦政務省は，このように直接に責任を有しただけでなく，難民政策に関する問題に間接的にも関与した。在外公館の同省職員たちは，ユダヤ人迫害について情報を送り，迫害を受けた人々からのビザ申請を受理した。また彼らは在外スイス人の保護にあたり，数多くの利益保護国関係の下で他国民の利益のために活動を行った。これらの活動では，現地の外交官たちはそれぞれかなりの行動の余地を持っていた。しかし一般的には，ベルンで策定された連邦政務省の方針は非常に制約的なものであり，難民のために行動した外交官の多くが，それによって本省からの指示に背くことになり，処分を受けた。さらに，連邦政務省の任務にはスイスの人道主義的政策も含まれていた。これはもっぱら外交政策上の利害，とりわけ国際社会の中での中立国スイスの立場を念頭に遂行された。

　1942年1月，連邦内閣は外交官エドゥアール・ドゥ・アレールを「国際救援団体連邦内閣代表」［Delegierten des Bundesrates für internationale Hilfswerke / délégué du Conseil fédéral aux oeuvres d'entraide internationales］に任命した。ドゥ・アレールは，1938年から1940年まで国際連盟の委任統治委員会の長を務め，1941年には赤十字国際委員会の委員となった。新設のポストに就いた彼は主に調整業務にあたったが，彼は自らを，人道主義的原則の擁護者というよりは国家理性の代弁者とみなしていた。1942年9月，彼は，スイス連邦が受け入れを表明していた児童への配給を増やすためにアメリカ赤十字が食料品を届けたがっている旨を，ピレ=ゴラに伝えた。この申し出はしかし，ドゥ・アレールの意にそぐわなかった。1942年8月の国境封鎖直後のことだったので，彼は，アメリカ側が「連邦内閣の公式の論拠たる食糧確保の問題という議論を弱めようと[85]」画策しているのではないかと疑ったのである。1943年3月にも彼は，外交的・経済政策的考慮から，アメリカからの衣類提供の申し出に反対した。この国際的な援助の申し出はドゥ・アレールをジレンマに追い込んだ。スイスがこの種の申し出を断れば，もはや食糧不足を制限的な難民受け入れ政策の根拠とすることはできない。しかしもしこの申し出を受けるならば，連合国が今後，スイスにより寛大な難民政策を要求することが危惧される。そればかりか，スイスが自国の人道的政策の経費を自弁しないということになれば，その威信も低下しかねない。この種の政治的考慮においては，難民の運命への配慮はきわめてわずかな役割しか果たさなかった。

　政府による人道主義的政策の問題性は，非常に有名なスイスの児童援助に示されている。早くもスペイン内戦の時に民間ベースで児童援助団体が生まれ，戦災児童のためにスイスでの一時保養活動を組織した。1941年，スイス赤十字と「スイス戦災児童救援

協会」は合併し,「スイス赤十字・児童救援」という新団体に再編された86)。この団体は, 多くのスイス人家庭の善意と献身に支えられて, 戦時中に 6 万人以上の児童のスイスでの保養疎開を実現した。これは当局にとっては, 他のどんな団体にも増して連邦の人道主義的取り組みの宣伝として役立った。しかしロートムントは, 早くも 1941 年 5 月には, ユダヤ人児童を救援対象から除外するよう命じた。世論の抗議や批判的な新聞報道を受けて, この救援団体は, 3ヵ月スイスに滞在する児童の一団に, それぞれ 200 人のユダヤ人児童を含めることを認めるように政府に要求した。しかし, これは拒否され, 3ヵ月の滞在期間後にフランスへ送り返すことができるフランス籍のユダヤ人児童のみが, 例外とされた。また 1942 年 8 月には, 両親が移送されてしまい孤児となった数千人の児童が, フランスの非占領地区にとり残されていた。同団体のフランス内の救援施設にいたこれら児童の拘禁に衝撃を受けた運営委員会は, 一定数の児童をスイスに受け入れることを提案したが, ドゥ・アレールは, 以下のような侮蔑的な言葉でこれに答えた。

「運営委員会のメンバーは, 目下国内に蔓延している純朴な寛大さという風潮を免れていない。彼らはただ単に, これらの, 16 歳になり次第, またあるいは最低年齢が引き下げられればそれ以前にも収容所に送られてしまう全ての児童を, 何としてでも『救いたい』だけなのである」87)。

さらに 1942 年 9 月には, ピレ＝ゴラが, 二つの児童救援計画を却下した。一つ目は, スイスに 500 人のユダヤ人児童を長期疎開の形で受け入れようとするもの, 二つ目は, 移送から救い出しアメリカへ出国させるために, 数千人の児童を一時的に受け入れようとするものである。ピレ＝ゴラの拒絶で, いずれの計画も実施されずに終わった。その後数人のユダヤ人児童がスイスに不法に入国できたが, それは, 赤十字その他の, フランスで活動する児童救援団体関係者の尽力の結果であった88)。

赤十字国際委員会は, 公式には独立の国際機関であったが, 実際にはその政策はスイス当局による影響を強く受けていた。民族社会主義による犯罪とホロコーストに対する赤十字国際委員会の態度は, すでに 1988 年に公刊された研究で指摘されているので, ここでは詳細には立ち入らない★4, 89)。赤十字国際委員会に対するスイスの外交政策の影響力を端的に示す事例が, 交戦国に対する 1942 年秋のいわゆる「ノン・アピール」である。赤十字国際委員会のメンバーによって起草された声明文は, 交戦国に対して国際法上の「戦争法規」を遵守するよう求めており, 明示的というより婉曲的にではあったが, ナチスが進める移送政策を非難するはずのものだった。連邦政務省外務局長〔外

★4 この問題については, ウォルター・ラカー著, 井上茂子他訳,『ホロコースト大事典』(柏書房, 2003 年) 315-319 頁の「赤十字国際委員会」に関する項目が, 本書と同じく, ジャン＝クロード・ファヴェの著書に基づいて解説を加えている。

務次官〕であったピエール・ボナは，この表現は移送政策に対する非難と解釈しうるが，「しかしこの移送は現在の労働力不足を考えると不可避に思われる」し，また英米諸国では，目下敵に打撃を加えるための唯一の手段である空襲に対する非難として受け止められるだろう，と指摘した[90]。連邦内務相で，1940年以降赤十字国際委員会の一員であったフィリップ・エッターは，この声明の採択が予定されていたために，1942年10月14日の会合に自ら参加したが，この声明は結局，採択されなかった。これについてドゥ・アレールは，連邦政務省に以下のように伝えた。

「本日午後開催された会議は順調に進んだ。我々が先週の金曜日に話し合った懸念すべき問題は取り上げられることもなく，審議事項は葬り去られた」[91]。

連邦政務省が，民族社会主義独裁の下での組織的な民族虐殺と，西側民主主義諸国が犯していたかもしれない国際法上の戦争法規違反とを，同列に置いていたことは明らかである。同省は，ユダヤ人を人道主義的援助の対象から除外し，伝統的な意味での戦争犠牲者に援助を集中した。同省は，ジュネーヴ協定の遵守状況を監視するという赤十字国際委員会の主要任務さえ，スイスの中立性を危うくしかねないと危惧していた。そのためユダヤ人難民に対する同省の態度は，連邦司法警察省の態度とほとんど同一であった。この点から，両省が，制限的な難民政策を互いに是認し合い，その政策を強化していったものと推論できるのである。

軍

難民政策は，1930年代には一般官庁の所轄事項であったが，戦時中は，安全保障政策を預かる軍が，そこで中心的な位置を占めるようになった。フランスの降伏の直前，アンリ・ギザン総司令官は難民の受け入れに反対し，1940年6月16日，これを各種の政治的・軍事的危険をもって根拠づけた。同年6月18日と19日，軍司令部はカントン，税関当局，各部隊に通達と指令を出し，「フランス人，スペイン人，ポーランド人難民（人民戦線の残存兵）」の不法入国を，情に流されることなく阻止するよう求めた[92]。軍首脳は繰り返し，難民の受け入れを最小限に制限するよう求めた。1942年秋，1943年9月，1944年6月，それに1945年初めには，とりわけそうであった[93]。軍司令部の情報・安全保障局は，1942年7月16日，連邦司法警察省警察局に下記のように伝えた。

「しばらく前から，ユダヤ人，オランダ人，ベルギー人の民間人難民や，これらの国に住んでいたポーランド人難民が，憂慮すべきペースで増加している。国を離れた理由は全て同じで，占領国による労働収容所への収容から逃れるためである。（……）最近あったような集団入国を阻止する措置を取ることが緊急（に必要であ

る）と思われる。（……）我々の意見では，いくつかの分子は送還されるべきである。それらの組織は間違いなくその措置を耳にするであろうし，これによって彼らの活動にも歯止めがかかるであろう」[94]。

　1942年7月のこの文書は，未だ「労働収容所」への収容と，強制送還の威嚇的効果を前提としたものであったが，1942年秋までに，状況ははるかに深刻化した。軍警察のヤーコブ・ミュラー中尉は，ロートムントとの協議後，ジュネーヴ付近とジュラ付近の厄介な国境地帯の監視を警察的手段と軍事的手段の併用によって強化することを提案した。軍事的手段との語で彼が念頭においていたのは，「大人数の部隊の投入，銃器，投光機，場合によってはガスの使用による厳格な国境監視，全ての区域における有刺鉄線の設置」であった。ロートムントは，「この向こう見ずな老兵」の提案をあまり真に受けるわけにいかないとのコメントを付して，これを連邦閣僚フォン・シュタイガーに送付した。「それでも，この手紙には将来の国境警備組織にとって有益な示唆（ただしガスはなし！）が含まれています」[95]。難民に対する国境警備にガスを投入するという提案は，間違いなく極端なものであった。しかしこの提案は，連邦司法警察省に対し，軍がどのような考えに基づいて働きかけたのかを示している。

　難民政策の実施のために軍に委任された任務，例えば国境監視や収容施設の管理などが軍の能力を超えていたことは，終戦の時点ですでに認識されていた。しかし，軍がそうした次元を超えて文民当局に大きな圧力をかけてもいたことや，そのために軍もまた，制限的な難民政策に大きな責任を負っていたことは，長い間，知られてこなかった。戦後，連邦司法警察省は軍からの圧力の存在を指摘したが，これは責任逃れを狙ったものと解釈された。影響力のある著名な軍人たちは，自ら思うとおりにできるのならばはるかに過激な難民政策を採用したに違いないが，彼らの不名誉な役割は封印されてしまった。軍とギザン将軍とは，スイスの抵抗の意志の象徴であり，侵すべからざる存在であったからである。

連邦議会，政党，報道機関

　連邦議会では，何年もの間，難民政策はほとんど議題にならなかった。1942年9月になって国民院は，1933年以来初めて，庇護政策に関する基礎的な審議を行った。審議の狙いは，連邦閣僚エドゥアルト・フォン・シュタイガーが策定した方針の承認にあったが，それにもかかわらずあらゆる政治陣営から批判があがった。その中には，自由民主党所属でザンクト・ガレン出身のルートヴィヒ・リットマイヤー，自由党所属でバーゼル出身のアルベルト・エーリ，社会民主党所属でヌシャテル出身のパウル・グラベーがいた[96]。グラベーの見解は所属会派の支持を受けたもので，難民政策に対してとりわけ批判的であり，連邦行政の反ユダヤ主義的行動様式を糾弾した。またアルベルト・エーリは，フォン・シュタイガーの有名な喩えに反論した。

「我々の救命ボートはまだ超満員になっておらず，そもそも満員にさえなっていない。満員でないからには席を求める者をまだ受け入れるべきであって，そうでなければ我々は重大な罪を犯すことになるだろう」[97]。

そうした意見にもかかわらず，連邦内閣の政策は，議会多数派である市民諸政党によって支持された。ただし投票にはかけられなかったため，正確な意見分布は不明である。その後の何年かの間，さまざまな思惑で多様な動きがあった[98]。議会の外でも，多くの代議士は，難民を救うために自らの人脈を用いて口利きを行った。これらの議員の多くが，生身の人間としてこの悲劇に直面せざるを得なかった国境地域のカントンの出身であったこと，またしばしば，主要政党中，最も強く開放的庇護政策を主張していた社会民主党に所属していたことが，目を惹く。二つ目の点は，当時まだ政党とのつながりが非常に密であった新聞各社の報道姿勢の違いからも確認できる[99]。

議会がスイスの難民政策に対してどの程度の責任を負っていたのかも，一つの問題である。というのも，連邦内閣には開戦時に非常権限が委任されており，行政府権限の拡大が著しかったからである。しかしこの点については，全権委任体制下においても，議会が連邦内閣の決定を事後的に承認したり拒否したりする権限を保持していたことが指摘されるべきであろう。そして難民政策では，この権限は一度たりとも行使されなかったのである。それどころか，全権委任体制への移行に伴って設けられた委員会は，重要な政省令——例えば難民を宿泊させることについての1943年3月12日連邦内閣政令——の策定に当たり，事後的な拒否を回避するために事前に行政府との協議を行っていた。それゆえ議会は，連邦内閣の難民政策の基本的な原則を承認したのみならず，内閣とともにこの原則を作ったといえるのである。

カントン

スイスの極度に分権的な体制の下，各カントンは，1938年まで「寛容許可」の交付権を有したように，難民政策に関してかなりの権限を持っていた。しかしその権限は，1942年までに，段階的に連邦当局に移された。同時にカントンは，連邦による政策の実施において，かなりの裁量権を持っていた。カントンの警察組織もまた，部分的には，国境において難民を受け入れるか送還するかの決定を行っており，また実際の送還業務に責任を負ったのも彼らであった。また各カントンは，難民の滞在について，独自の規則を定めることができた。カントンの権限喪失は，部分的には連邦による集権化に起因していたが，各カントンが共通政策を作り上げるだけの力を持たなかったためでもあった。その一例として，オーストリア「合邦」以降，特にいくつかの制限的なカントンが，難民を組織的に他のカントンへ追い出していたという事実がある。1942年，結局ほとんどのカントンは，より多くの難民を受け入れることを拒否した。カントン間で

も，また連邦とカントンの間でも，財政的負担を公平に分担しようとする姿勢はほとんど見られなかったので，連邦内閣は，カントンとの分担という提案を撤回し，1943年3月には，難民に関する全権限を自らの手に集中し，かつ，カントンが負っていた財政義務を免除した。

カントンはどの程度まで，全国的な難民政策に対する共同責任を負っていたのだろうか。個々のカントン当局ごとにさまざまな意見がみられたことや，制限的政策に関して多数のカントンが連邦司法警察省に加えた圧力については，カントン警察本部長連絡会議の議事録から直接に読み取れる。連邦が決定を下すまで諸カントンが立場を表明しないことも，たしかに珍しくはなかった。しかし通常は，カントンは連邦の政策を追認し，これがまた連邦のその後の行動に影響を与えたのである。諸カントンは，1938年8月18日の国境封鎖に前もって同意を与えていた。また1942年8月13日の国境閉鎖の後には，諸カントンは，この措置はスイスの現状と将来の可能性を考慮したものだと表明した[100]。カントン当局と連邦の間には絶えず緊張があったが，それでも，連邦司法警察省の基本政策に反対したカントンは一つもなかった。それどころか，国境沿いのカントンなどの若干の例外を除けば，非常に多くのカントンが，異常な状況に対してなんらの理解も持っていなかったのである[101]。警察本部長連絡会議の雰囲気からみて，もしもカントンの多数によって難民政策が決定されたならば，それはいっそう制限的なものになりえたであろう。カントンの係官による提案がどの程度まで届いたのかは，アロイス・ボンゾンの例に示されている。ユダヤ人とキリスト教徒の間で性的関係が生じかねないことを恐れたカントン・ヴォー司法省の事務次官は，1943年，区別がつくように民間収容者の衣服に識別標を縫い付けることを提案した。しかしロートムントはこれを拒否した。「他国の事例に従うのは，スイスには許されないだろう」[102]。

経済界

スイスの経済諸団体，例えば産業別団体や職業団体，労働組合が，難民政策の方向に対して影響力を有していたのか，影響力があったとすればそれはどの程度かという問題は，これまでほとんど研究されてこなかった。当然ながら，個別の案件に対しては多数の働きかけが確認できる。例えば，上述のように1943年には，労働組合が，労働需給への悪影響を懸念してイタリア人難民の受け入れに反対し，運動を起こした。反対に，ヌシャテルの半官半民の組織である「新産業研究所」［Office de recherches des industries nouvelles］は，1939年，難民の受け入れは一つのチャンスであるとみた。「各国における日常的な政治的・宗教的迫害のために会社を手放し，国を去らざるを得なくなった実業家から，多数の申請があった。我々はこれを，スイスに新しい工業を根付かせるまたとない機会と考えた」。このヌシャテルの公的財団は，かつてユグノー難民がスイスの経済発展に大きく寄与したことを思い起こさせ，繊維工業の発展におけるイタリア人難民の役割を強調したザンクト・ガレンの「産業多様化公社」［Amt für industrielle Diversifikation〕の議論を繰り返したのである103)。ここで持ち出された経済的利益という論拠は，難民の一部にしか妥当しないものである。それゆえ経済界からの働きかけは，難民政策一般の概念的枠組みに影響を与えるためというよりは，むしろ特定の個別利害に基づいたものであったと推測できよう。

　またスイス人の実業家が個々の案件について当局に働きかけることもしばしばあり，これは聞き入れられることもあれば，拒否されることもあった。例えばチューリヒのある実業家は，1938年10月に，オーストリア出身のあるユダヤ人難民を密告した。それによれば，就業が禁止されていたにもかかわらず，この難民はスイスに滞在中も業務上の連絡をとっていた。今やこの難民は，スイス人の取引先からの推薦状を用いて入国ビザを得ようとしているが，地元企業間の競争も十分激しく，彼のスイス滞在は，「絶対に望ましくない」104)。

　一方当局には，スイスの大物財界人が支援する人々からの個人的な入国許可の申請も寄せられていた。これらは，自社にとって有用に違いない優れた専門家を雇用しようとしての申請であったり，あるいは古くからの取引先で，友人関係を持つに至った人々を助けるためであったりした。この種の請願は，しばしば受け入れられた。しかし難民の大半は，受け入れの見込みを良くするようなスイス経済界とのコネを持ってはいなかった。それゆえ，難民政策に対するスイス経済界の共同責任の度合を一般化することは，ほとんど不可能である。確かなことは，経済界からは当局の政策に対する原則的な反対の声はなかったということであり，それゆえ，この政策は経済界によってもおおよそ支持されていたと推測できよう。とはいえ経済界には権限がなく，また経済界内の利害の相違も大きいので，その一般的な共同責任について語ることは非常に困難である。

　教会
　教会やその代表者は，難民問題に対して統一的な態度をとっていたわけではなかった。宗派の違いや，持ち場（連邦，カントン，司教区，小教区）による職務の違い，あるいは個人の考え方が態度を決定し，しかも時とともにそれは変化したのである105)。
　連邦やカントンの難民政策に対する各種教会による関与の試みは，狭い範囲にとどまった。教会は，国が定めた通過国という原則を受け入れ，一部はこれを明確に支持しさえした106)。他方，就業の禁止に対しては，生活苦の問題を悪化させるとして批判的であった。難民の送還に反対する運動は，プロテスタント教会によって，1939年10月と1942年8月に行われた。1939年のそれはチューリヒ改革派教会長老会によるもので，ユダヤ人難民の送還を非難したが，この非難に対しては，チューリヒ警察本部長で，「スイス難民救援センター」〔後述〕の長でもあったロベルト・ブリナーが，激しい反批判を行った。1942年には，改革派教会連盟〔Reformierter Schweizerischer Kirchenbund / Fédération des Eglises protestantes〕の長であるアルフォンス・ケヒリンが，関係者との会談や，私的書簡あるいは公式声明といった文書を通じて，当局に対し

制限的措置を厳格に適用しないように要求した。しかしジュネーヴの雑誌『ラ・ヴィー・プロテスタント』は，これを，ユダヤ人難民を優遇し，スイスにおける犯罪を奨励するものと非難した[107]。1942年8月30日に開かれた「若き教会」〔64頁の★31参照〕の全国集会では，連邦閣僚フォン・シュタイガーはスイスを満員の救命ボートに例えたが，その集会の場で，チューリヒ改革派教会会議の長であるマックス・ヴォルフ判事とバーゼルのヴァルター・リュッティ牧師は，連邦内閣の難民政策を激しく批判した[108]。難民施設で活動するパウル・フォークト牧師と「キリスト教平和運動」［Christlicher Friedensdienst / Mouvement chrétien pour la paix］の長ゲルトルート・クルツ＝ホールもまた，何度も当局の政策に働きかけを行った。例えば，1942年8月23日，ゲルトルート・クルツは連邦閣僚フォン・シュタイガーの休暇先をわざわざ訪れた。またパウル・フォークトは，1944年7月に，1万人のユダヤ人をハンガリーから救い出すための具体的な措置を連邦内閣に対し提案した。連邦内閣は，この提案に対し「必要な注意」を払ったが，しかし軍のことも考慮しなければならないと回答した。「あなた方自身よく御存じのように，外国人が多くなれば，我々の国防体制にとっての負担と日常的障害が増します。彼らの収容先を見つけるのはますます困難になっているのです」[109]。ここに挙げたような政治的活動はいずれも個人としての立場で行われたものであるが，その中には改革派教会の最高位の代表者によるものも含まれていた。カトリック側では，難民のために司教などが類似の行動をとるということはなかった。スイスの司教団は，とりわけ国家への忠誠を重視していたために政府による難民政策を一度たりとも批判せず，その一部は，はっきりとこれに賛成しさえした。司教のマリウス・ベッソンは，1942年9月に次のように述べた。「……スイス当局が，見境なしに開放政策を進めることなく，国のために必要なあらゆる措置を講じることは，まったく理にかなっている」。しかし同時に彼は，自らの立場とまったく矛盾しているのであるが，信徒に対し，「非常に感じのよい難民たちの大群」を，伝統的な「寛大なもてなし」でもって受け入れるよう促したのである[110]。ルツェルンの神学者でありカリタス難民委員会［Flüchtlingskommission der Caritas / Commission des réfugiés de Caritas］の長でもあるアロイス・シェンカーは，数少ない例外であった。1942年10月，彼は，国民院の多数派の態度と，間接的にではあるが連邦閣僚フォン・シュタイガーを激しく批判し，その中で9000人の亡命者がスイスの受け入れ数の最大限であるという意見を「称賛には値しない」とし，スイスは歴史の審判に耐えられないだろうと宣告を下した[111]。

　教会の主要な役割は，庇護を求める人々を救援団体を通じて物質的・精神的に支援することだった。教会は，支援に際しては当局からの期待に応えなければならなかった。これについてロートムントは，1940年3月，「プロテスタント難民のためのスイス教会救援委員会」［Schweizerisches kirchliches Hilfskomitee für evangelische Flüchtlinge］のメンバーの前で次のように述べている。「連邦が援助を始めてしまうと際限がなくなってしまうだろう。新たに貧窮状態に陥った難民の扶養は，彼らを入国させた人々の

責任である」112)。またこれら救援団体は，信徒のために海外に避難先を見つけようと尽力した。しかし，このうちカトリック勢力が行ったこうした努力，とりわけ南米のカトリック諸国での試みの結果は，意気阻喪せざるをえないものであった。それは，ユダヤ人難民の場合にこれと同様の努力が如何に困難で絶望的であったかを，十分に示唆している。

　教会による援助は，最初は信徒に対してのみ行われた。例えば，ヴォー州立教会★5は，ユダヤ人に対しては当時の反ユダヤ的風潮を受けて慎重な態度をとっていたが，1939年に改革派難民のための組織をスイスで初めて創設した教会でもあった113)。カリタスは，1940年に難民を登録する際に，これを「アーリア人」「半アーリア人」「非アーリア人」に分類した114)。プロテスタント教会は，1942年からユダヤ人難民に対しても援助を始めた。各小教区が「難民バッツェン」〔義援金，バッツェンはスイスの旧少額通貨単位〕を寄付したのである。カトリック教会の救援の対象は，カトリック信徒に限られていた。カトリックの場合，「よそ者」（他国のカトリック信徒）を優先し，「自国民」（スイス人カトリック信徒）を軽視しているとの非難が常にあったので，慎重に振舞わなくてはならなかったのである。

　総括するならば，スイス各カントンの州立教会も，その他の多くの宗教団体も，信仰を同じくする者を援助するという原則から出発した。ユダヤ人難民の救援が始められたのはその後のことであるが，総じて，難民の支援と救援に積極的に関わったといえよう。しかし，社会的な影響力を持つ教会が行い得たであろうはずの政治に対する働きかけは，カトリック教会によってはまったく行われず，また改革派の側でも，ユダヤ人難民のために個別的に行動したのみであった。パウル・フォークトの指導下で1943年に作成された綱領は，過去の経験を総括し，将来の難民救援活動の基本方針を定めたものであり，序文において「キリストの教会」の責任を強調しつつ，次のように明言している。「彼らはこの分野に関するキリスト教団の怠慢を認め，彼ら自身の罪を認めている」。しかし，スイス改革派教会連盟の指導者にとって，フォークトの文書は行き過ぎであった115)。

　救援団体
　スイスには，ナチスに迫害された人々のための組織が数多くあった。国際的に活動していた組織や救援団体にとって，さまざまな経路の情報が集中するジュネーヴは，とりわけ重要であった。赤十字国際委員会と「世界教会協議会」［Ökumenischer Rat der Kirchen / Conseil œcuménique des Eglises / World Council of churches, WCC］の他では，「ユダヤ人戦争犠牲者のための救援委員会」［Relief Committee for Jewish War Victims, RELICO］が筆頭に挙げられる。これは，ゲルハルト・M・リーグナーが代表

★5 かつての領邦教会。カントンの公法団体であり，州政府の税収から公的支援を受ける。

を務める世界ユダヤ人会議と連携していた★6。この「ユダヤ人戦争犠牲者のための救援委員会」は，占領されたポーランドのユダヤ人住民と，フランス南部の収容所に，食糧，衣服，医薬品を送った。1942年11月にフランス自由地区が占領された後，多くの国際救援団体がジュネーヴに撤退したので，ジュネーヴはこの種の団体の事実上の本拠となった。キリスト教青年会（YMCA）〔の世界組織〕もここに拠点を置き，戦時捕虜や収容者に対する支援を行った。「ユニテリアン奉仕委員会」［Unitarian Service Committee］，「アメリカ・フレンド派奉仕委員会」［American Friends Service Committee］といった救援団体の他，1900年頃にサンクト・ペテルブルクで創設された二つのユダヤ系団体である「組織・再建・労働」［Organisation, Reconstruction et Travail, ORT］と「児童救援協会」［Œuvre de secours aux enfants, OSE］もまた，ジュネーヴに拠点を置いていた。スイスでは，「組織・再建・労働」は戦後を見据えて難民向けの教育プログラムを実施していた。また児童救援協会は，フランスからスイスへの亡命ルートを確保し，スイスのフランス語圏地域に孤児院を設け，ブーヘンヴァルトの集中収容所を生き延びた児童の面倒を見た。「フランスプロテスタント教会連盟」の長で「避難民のための共同運動委員会」［Comité inter-mouvements auprès des évacués, CIMADE］★7のメンバーであるマルク・ベグナーが，1942年秋，いわゆる「非送還者〔ノン・ルフラーブル〕」のリストに登録されている何人かの選ばれた人々を受け入れるよう連邦司法警察省に働きかけて成功したといった事例もある。しかし，国際救援団体は，スイスの難民政策にはほとんど影響力を持っていなかった。

スイスの民間の救援団体は，難民政策に関してなんらの決定権も持っていなかった。とはいえ，難民がどのような形でスイスに滞在するかについては，影響力を行使することができた。というのもこれらの組織は，1940年までは完全に，またそれ以後においてもなおかなりの程度，亡命者や難民の扶助やこれに対する財政支援を担当しており，また彼らのために受け入れ国探しを支援していたからである。それだけでなくこれらの団体は，難民のためにしばしば当局に働きかけを行った。原則的な問題についてはそれらの試みのほとんどは成功しなかったが，個々の事例に関しては，団体代表の働きかけによって難民の受け入れが当局に認められることもあった。

これら多数の団体は，その目的，スイスや外国との関係，メンバーの数や政治的社会的宗教的構成の点で，それぞれ異なっていた。その多くが，民族社会主義者による権力掌握の直後に生まれたものであった。迫害はまず，左派政党の党員やそのシンパ，それ

★6 仏語版では，リーグナーは世界ユダヤ人会議の代表ではなく「ユダヤ人戦争犠牲者のための救援委員会」の代表として訳されているが，誤訳である。

★7 「避難民のための共同運動委員会」（CIMADE）は，1939年，アルザスなどのドイツ占領地からユダヤ人を含む住民をフランス南西部へ避難させるために設立され，レジスタンス運動にも関わった。現在も人権NGOとして活動を続けており，「サン・パピエ」と呼ばれるいわゆる非正規滞在者の正規化運動に対するその支援は，GISTI（ジスティ，移民への情報提供・支援団体）の活動とともによく知られている。http://www.cimade.org を参照。

にユダヤ人に向けられたので，スイスにおける左派やユダヤ人共同体が，難民救援のための新しい組織を創設したのである。スイス社会民主党とスイス労働組合総同盟★8は，1933年3月，ドイツの社会民主主義者と労働組合員の支援のために，「スイス難民救援」[Schweizerische Flüchtlingshilfe, SFH] を創設した。またスイスユダヤ人共同体連盟は，同年，ドイツ出身のユダヤ人難民のための委員会を創設した。1934年以降，「スイスユダヤ貧窮者救援連盟」(Verband Schweizerischer Israelitischer Armenpflege, VSIA，後に「スイスユダヤ難民救援連盟」[Verband Schweizerischer Jüdischer Fürsorgen / Flüchtlingshilfen, VSJF / Fédération suisse des comités d'entraide israélite] となる) 116) は，ユダヤ人難民の救援の組織化に関する全責任を引き受けることとなり，後には，民間ベースでの難民救援の負担の大半を担った。これらの難民救援は，団体構成員の連帯の原則に基づいて行われ，各救援団体は，自分たちと関係の深い難民を扶助した。この原則は極端なまでに適用された。例えば，スイス社会民主党は，迫害を受けた組合員もまた扶助すべきかを，またスイス労働組合総同盟は，社会民主党員を支援すべきかを議論した。また同様に，労働組合総同盟を構成する個々の組合（例えば鉄道員組合）でも，他の職業組合の組合員をも扶助する必要があるかどうかが，議論となった117)。これらに加え，複数の救援団体が，児童救援を任務の中心に据えていた。

　1936年6月，主要救援団体は，一致団結して当局にあたるために合同し，「スイス難民救援センター」[Schweizerische Zentralstelle für Flüchtlingshilfe, SZF / Office central suisse d'aide aux réfugiés, OSAR] ★9を設立した。1936年11月，同センターは，ロートムントとの厄介な交渉の末に，警察との協力を謳った協定に署名した。これにより同センターは，亡命者が来るたびに当局に報告し，またスイスでは労働の権利も長期滞在の権利も持たないことを難民に伝える義務を負わされた。連邦は，これとの交換条件で，第三国への難民の出国のために，年2万フランを同センターに支払うことになっていた。この協定は，1936年にはまだ実行可能のように見えた。しかし，ドイツ

★8 スイス労働組合総同盟（Schweizerischer Gewerkschaftsbund / Union syndicale suisse）は，1880年に設立されたスイスの労働組合組織の上部団体で，カントン・地域別の組合組織と業種ごとの団体を束ね，本拠をベルンに置く。1873年にオルテンに設立され，1880年に解散したスイス労働者同盟（Schweizerischer Arbeiterbund）をその前身とする。Schweizer Lexikon, Band 10, Visp 1999, 264頁を参照。
★9 スイス難民救援センターは，1936年，スイスユダヤ人救援連盟，労働組合・社会民主党系の「スイス難民救援」（今日の「スイス労働者救援機構」Schweizerisches ArbeiterInnenhilfswerk, SA），カトリック系の「カリタス難民委員会」などを含むスイスの13の各種難民援助団体によって設立され，官民の難民支援の調整主体となった。第二次大戦後，同センターは，難民向けの法律相談，出身国への送還事業，高齢者・疾病者に対する長期滞在の支援などを行い，その後は，ハンガリー動乱（1956/57年），チェコスロヴァキアでの「プラハの春」の弾圧などによる東欧からの難民の支援で重要な役割を担った。1970年代からは，第三世界の難民問題にも取り組んでいる。1991年，母体団体の一つの旧称である「スイス難民救援」に改称し，1995年には本部をチューリヒからベルンに移した。同団体の公式HP (http://www.fluechtlingshilfe.ch/ueber-uns)，ならびにHistorisches Lexikon der Schweiz / Dictionnaire historique de la Suisse（Web版, http://www.hls-dhs-dss.ch）の関連項目を参照。

の迫害・絶滅政策が激化するにつれて救援団体は当局と激しく対立するようになり，1942年8月の国境封鎖の際に，この対立は最高潮に達した。

救援団体と当局の協力関係を根拠に，救援団体もまた制限的難民政策に対して共同責任を負うといえるだろうか。救援団体が，難民政策をより開放的な方向に修正する圧力を加えたことは確かである。今日の目には，救援団体の人々の態度が当局のそれに近く，問題があるように見えることも稀ではない。しかし歴史解釈においては，二つの点が考慮されなければならない。まず，1930年代後半に形成された社会的・政治的な大連合を前にしては，これに明白に反抗するような難民救援の余地は，きわめて僅かであった。唯一共産主義者のみが——もっとも彼らは非民主主義的で，次第にモスクワの指導を受けるようになったのであるが——抵抗を続けたのである。共産党と同様に1940年に非合法化された「赤い救援」[Rote Hilfe / Secours rouge] は，不法入国した難民について連邦当局に報告することを拒否した。これは，「赤い救援」が1936年に創設されたスイス難民救援センターに加わらなかった理由の一つであった。第二に，救援団体と，私的な慈善活動を義務の一つと考えていた政治エリートとの間には，何重にも緊密な関係が結ばれていた。これは，連邦閣僚の一人（エッター）が自らメンバーとなっていた赤十字国際委員会のみならず，スイス難民救援センターや，もっぱら市民層に支援基盤を持つ救援団体も当てはまった。これを代表するよく知られた事例は，チューリヒ州警察の長であると同時にスイス難民救援センターの長でもあったロベルト・ブリナーである。1938年8月17日に開かれたカントン警察本部長連絡会議の際，彼は以下のように質問した。「我々は国境をより強固に封鎖できないだろうか。難民を近寄せないことよりも彼らを退去させることの方が困難である」[118]。1942年8月28日に開かれた同じ会議でも，彼は，国境は厳格に封鎖されるべきと述べつつ，他方で，自分のカントンは今いる難民のために資金も出して労働収容所を建設する用意があり，ユダヤ人難民を受け入れることができる家族を探していると述べた。連邦閣僚であるフォン・シュタイガーは，ブリナーに，会議の結果を救援団体に伝える任務を与えた[119]。一ヵ月後，ブリナーは警察本部長たちに以下のように述べた。

> 「難民問題を解決するためには，両『陣営』[Lager] は，互いに完全に理解しあわねばならない。というのも，このきわめて困難な任務は，協力なくしては果たしえないからである。この協力を容易にするために，私はセンターの長の任をお引き受けした」[120]。

このように，救援団体は同時に当局の政治的パートナーであり，難民政策の多くの課題の解決のために用いられ，一般には協力的であった。諸団体の合同は一方では立場の強化や当局との連絡の改善につながったが，他方では方針の軟化に帰結し，当局の代表が組織内部で重要な役割を果たすようになった。これは例えば，1943年3月，人種的

迫害を庇護の根拠とすることを拒否した連邦司法警察省に対し，スイスユダヤ難民救援連盟が再度の抗議を行った時に明らかになった。ブリナーは，ユダヤ人難民のために連邦司法警察省へ圧力をかけることに理解を表明したが，しかし同時に，スイス難民救援センターが国境での送還の中止を当局に要求するならば辞職すると恫喝したのである。引き続いて行われた投票では，各救援団体は 22 票対 2 票でブリナーの意見に同調し，スイスユダヤ難民救援連盟は，救援団体の中で孤立してしまった[121]。かくして救援団体は，当局から強制された枠組みを，自分たちの活動の法的基礎として受け入れた。このように救援団体は，少なからぬ場合，より勇敢に行動し，ユダヤ人難民のためにより決然と運動しえたかもしれない。しかしそれだからといって，これらの団体に，当時の政策に対する共同責任を求めるのは，無理というものである。

スイスユダヤ人共同体連盟

スイスユダヤ人共同体連盟〔前出，以下この小節でのみ「共同体連盟」と略記〕は，スイスユダヤ難民救援連盟と並び，ユダヤ人難民の支援において中心的な役割を果していた。この組織は民間による難民救援の負担の大半を引き受けており，また当局にとっては，ユダヤ人難民問題に関する公式の交渉相手であった。当局にとっては，この団体はスイスに生活する約 1 万 9000 人のユダヤ人を代表する機関だったが，そのうちスイス国籍を所有するものは半分程度しかいなかった。

1999 年 12 月に難民についての〔独立専門家委員会による〕報告が出版された後，文脈を無視しての引用などによって，共同体連盟に制限的難民政策の責任を負わせようという試みがなされた[122]。以下では，当局の政策に対する共同体連盟の態度について説明していこう。ここでは三つの側面が中心になってくる[123]。

第一に，共同体連盟は，解放によって達成された法的地位を守った。この地位は，反ユダヤ主義と民族社会主義が具体化したような特異なモラルによって，危機に曝されていた。〔獲得した法的地位を防護しようという〕その態度は，開戦前の数年間における共同体連盟の妥協のない自衛闘争の経験に示されており，『シオン賢者の議定書』なる偽文書に対してベルンで起こした訴訟はその例である。当時は，反ユダヤ主義や人種主義に対し有効に闘うための法的根拠が欠落していた。さらに共同体連盟は，スイス国内のユダヤ人の地位さえ危うくしかねない 1938 年 10 月 4 日の連邦内閣政令と難民に対する行政上の措置に，懸念を持っていた。1938 年 6 月，当局は，ドイツに居住するスイスユダヤ人のためにドイツに要求を行うことを拒否した。これによって共同体連盟は，1848 年憲法がスイスユダヤ人に権利の平等を認めていたわけではないことを思い知らされたのである[124]。連邦内閣がフランス在住のユダヤ系スイス人に対する法的保護を公式に放棄した 1941 年，共同体連盟は，1866 年の政治的解放と 1882 年の居住に関するフランス・スイス二国間協定を根拠とした法律家による意見書を添えて，抗議を行った。総じて共同体連盟は，普遍的な法原則，とりわけ平等の原則は不可侵であると強調

したのだった。

　第二に共同体連盟は，その内部の諸力を結集しようと試みた。こうした努力は，困窮した外国のユダヤ人のための募金活動を組織し，後にスイス内で難民を援助したことにとどまらなかった。共同体連盟は，人道主義的活動が達成されるか否かは，もっぱら当局や1936年以降スイス難民救援センターに統合された非ユダヤ人組織の理解にかかっていることを，承知していた。政治的配慮から，自国に忠実ではないのではないかと疑われることを恐れたために，共同体連盟は，難民支援の目的で当局との協働を図る傾向にあった。共同体連盟はまた，同様の理由，とりわけ，容易に反ユダヤ・反難民的な言説の犠牲になりかねないという恐れから，団結と規律を高めるよう努めた。これに関しては，社会的な条件や出自，それに宗教的・政治的な違いによる著しい相違と対立とが浮き彫りになった。これは例えば，外国籍ユダヤ人の流入に対するスイスユダヤ人のさまざまな態度に表れており，それはまた，特に反ユダヤ主義の高まりや外国出身のユダヤ人に対する当局の拒絶に直面して，かなりの人々が〔スイス〕国民としての地位について懸念するようになったからでもあった。また，スイス籍ユダヤ人や，長い間スイスに住んできたユダヤ人の国外移住が如何なる結果をもたらすかについても，さまざまな立場がみられた。外部に向けられた熱意・協力・規律〔の是非〕は，共同体連盟内部で論争の対象になった[125]）。

　第三に，スイスユダヤ人は，難民政策においてはスイスをまずは通過国と位置づける政策を支持した。というのは，1938年以降，ナチスの勢力圏で迫害に苦しむ人々を救い出すには，スイスは格好の位置にあるように見えたからであった。共同体連盟は，迫害から逃れた人々にとっては海外〔すなわちヨーロッパ大陸外〕が最も安全であり，ヨーロッパのユダヤ人には将来の見込みがほとんどないと判断していた。したがって，共同体連盟とスイスユダヤ難民救援連盟は，当局から課された任務を果たし，難民に新しい移住先での可能性を提供するために，1938年以降，英米のユダヤ系救援団体と緊密に協力した。1938年と1940年，迫害された外国のユダヤ人を扶助するための救援委員会が，地域のユダヤ人共同体内に創設された。いくつかのユダヤ系救援団体が，戦時中，ナチス勢力圏内で迫害された人々に対してスイスから援助を行い，またスイス国内でも積極的に活動した。これに必要な資金の大部分を提供した「アメリカユダヤ人合同分配委員会」★10の場で，1940年以降スイス代表を務めたのは，共同体連盟の長であるサリ・マイヤーであった。彼は，共同体連盟の会長を辞した後，1943年春からは，ア

★10「アメリカユダヤ人合同分配委員会」［American Jewish Joint Distribution Committee, AJJDC/JDC］は，ヨーロッパとパレスチナのユダヤ人への救援物資輸送を調整するために，1914年に設立された。ヒトラーの台頭後，第二次大戦の終結まで，この組織は大陸ヨーロッパのユダヤ人にとって援助の主要な源であった。1941年12月のアメリカ合衆国の参戦まで，この組織はドイツ占領諸国でも合法的に活動を行っていた。スイス代表部の長を務めたのはスイスユダヤ人共同体連盟の指導者でもあったサリ・マイヤーである（ウォルター・ラカー編，井上茂子他訳，『ホロコースト大事典』，柏書房，2003年，201-204頁を参照）。サリ・マイヤーがスイスを舞台に行ったユダヤ人救出の活動については，アダム・レボー［1998］が詳しい。

メリカユダヤ人合同分配委員会のヨーロッパ担当コーディネーターとして，ナチス占領地域で苦しむ人々のために尽力した。

　共同体連盟とスイスのユダヤ人は，就業活動が厳禁されている難民に関しても，その入国の許可と居場所の提供，さらには就業の許可を求めて，あらゆる手段で当局を説得しようと試みた。ナチス国家による攻撃の標的となる可能性を考慮して，共同体連盟は1938年以降公式声明を控え，自分たちの懸念を当局に口頭で伝えるにとどめた。1941年にユダヤ人追放政策がユダヤ人絶滅政策へと移行すると，共同体連盟の難民に対するそれまでの配慮が意味を失ったことが明らかになった。1942年春以降，共同体連盟にとっては，居場所の提供や再出国による救援は二次的なものとなり，死の危険に曝されている人々の救出が最優先されるようになった。1942年8月以降，共同体連盟の当局との関係は深刻化した。こうした中で，個々のユダヤ人代表者は，非合法の救援活動に乗り出したり，これを手伝う覚悟を強めたりすることになった。1943年3月，スイスユダヤ難民救援連盟は，連邦司法警察省が庇護の付与条件に政治的迫害と同様に人種的迫害を加えることを拒絶したことに対し，再度の抗議を行った。しかしスイス難民救援センターに統合された救援団体は，この抗議を支持しようとはしなかった。1944年以降，共同体連盟はナチスの犠牲者をスイスが無条件に庇護することを要求した。しかしこの要求が通ったのはようやく1947年のことであり，それもほんの一部にしか適用されなかった。

　このような状況に鑑みると，1942年までの共同体連盟と当局の協力関係を，当時の難民政策に対する共同体連盟の共同責任と解釈し直すのは適切ではない。スイス籍ユダヤ人の法的・政治的地位が安泰でなかったがゆえに，共同体連盟やスイスユダヤ難民救援連盟の行動の余地は，その他の一般的な救援団体よりもいっそう小さかった。依然として確かなのは，共同体連盟は，1942年から1943年にかけて最も精力的に，組織力の全てを用いて，それまでの難民政策の原則を転換するよう要求したが，成功せずに終わったという事実である。

　　住民

　住民の総体的な態度や役割を正確に判断することは，今日ほとんど不可能である。しかし，救援団体に対して何年にもわたって行われた財政的支援，国境での難民救援，さらに児童の自宅への受け入れや，パウル・フォークト牧師によって始められた空き部屋提供運動［Freiplatzaktion］への参加などは，住民の一部に，難民に対し真剣に救援の手を差しのべようとしていた人々がいたことを示す事例である。しかしそれだけに，当局が住民をどのようにみていたかは，興味深い問題である。例えば連邦司法警察省は，ユダヤ人難民の受け入れは反ユダヤ主義を煽る結果になると繰り返し主張していた。周知のように，ロートムントは，当局の反ユダヤ主義を，ユダヤ人亡命者や難民を遠ざけておくことによって，「我々の国にふさわしくない」反ユダヤ主義からスイスとスイス

籍ユダヤ人が守られるのだという議論で粉飾していた。これとは反対にロベルト・ブリナーは，1942年8月末，次のように述べた。「反ユダヤ主義の危険は何もない。我が国の民衆は免疫を持っている」126)。当局の代表によるこの矛盾した主張は，双方ともドイツの反ユダヤ主義を念頭に置いていた。というのも，「免疫」は外部からの「伝染」を前提としているからである。「スイスにふさわしくない」反ユダヤ主義は，あくまで外国のものであるという理解である。とはいえ——ここで示唆されていることとは違い——，反ユダヤ主義的偏見やキリスト教的ユダヤ人嫌悪は，スイス住民の中に一般にみられるものであった。しかしながら，命の危険に曝されているユダヤ人難民の善意での受け入れが，住民の反ユダヤ主義運動につながるとか，いわんや民族社会主義的な様相を帯びた伝染性の「救済としての反ユダヤ主義」★11に帰結しかねないなどというのは，はなはだ疑問である。

はっきりしているのは，住民，あるいは少なくともその一部が1942年夏にその政治的意見をはっきりと示した際に，当局が自分たちの政策に不安を覚えたということである。連邦閣僚フォン・シュタイガーは，国境封鎖に反対するデモに無関心ではいられなかった。いずれにせよ彼は，カントン警察本部長連絡会議の場で，〔難民の受け入れに対し〕否定的な態度を取っていたカントンに対し，このことを論拠として持ち出した。

「今日協力しえないといっているカントンは，我々と歩調を合わせられないか熟考すべきです。スイス全体が難民を受け入れられると宣言すれば，そうしたカントンも，超然としているわけにはいかないでしょう」127)。

他方，庇護権の伝統を引き合いに出した人々に対して当局は，現実的な立場に立てば，庇護の拒否はやむをえないと回答した。連邦政務省は，連邦当局の任務について次のように説明した。

「スイスの世論が，政治的・社会的な違いを無視して，しばしば熱狂的な調子で，より間口を広げて寛大に庇護を与えるよう要求しているために，〔事態は〕いっそう微妙になっている」128)。

当然，世論にも色々と揺れがあった。とりわけ，戦争終結までの1年半には，住民——軍人であれ市民であれ——と難民との間に，緊張関係があった。また，1942年秋の

★11 「救済としての反ユダヤ主義」[Erlösungsantisemitismus] は，独立専門家委員会のメンバーでもある歴史家サウル・フリートレンダーによる歴史分析概念である。ユダヤ人を絶滅する十字軍によって初めて，「アーリア人種」の救済が実現すると考える極端な反ユダヤ主義を指す。ホロコーストを人種的反ユダヤ主義の観点からのみ解釈する支配的な見解に対し，似非宗教的な反ユダヤ主義の影響力が人種概念と結合したことの重要性を強調する歴史観でもある。Friedländer, Saul [1998]，および，同 [2007]，28-51頁参照。

抗議が住民の大多数の意見を反映したものなのか，それとも他に多くの心配事を抱える住民の大半は難民と彼らの苦難にはむしろ無関心で，消極的に振る舞ったにすぎなかったのではないかということも，問題になりうる。しかしそれでも，1942年秋に，もしもスイスの政治エリートが義務を怠らず，ユダヤ人が脅かされていることを知らせて戦禍を免れているスイスで人々に連帯を呼びかけていたならば，住民はより開放的な政策を支持したと推測されるのである。

3.4 費用負担

　民間人難民を受け入れた場合，誰がそれに伴う費用を負担するのかについては，国際法上の規定がなかった。対照的に，軍人を難民として収容した場合には，中立国が費用を負担し，戦争の終結後に関係国による弁済を受けることが，1907年のハーグ条約で規定されていた[129]。このため，ナチス体制の迫害を受けた人々に対する政策の中で，財政問題は重要な意味を持っていた。

　1930年代には，当局も救援団体も原則的には，難民の滞在費用は私的な問題であって国家が関与するものではないという立場をとっていた。難民は可能な限り滞在費用を自弁するものとされ，万一の場合には，そのつど，各種救援団体が「自分たちの」難民に必要最低限の財政援助を行うことになっていた。1938年にユダヤ人迫害が激しくなり，何万人もの人々がドイツ，オーストリアを離れてからは，スイスの救援団体の資金は底をついてしまった。連邦はそうした状況でも方針を変更せず，難民のスイスからの出国に対してわずかな額を支弁したにとどまった。1940年以降，労働収容所への亡命者の収容によって，救援団体は一息ついた。連邦による財政援助は，何千人もの難民が収容所や一般家庭に寝泊まりするようになった1943年以降，本格化した。連邦は，戦後になっても難民に対して引き続き相当の額を負担し続けた。それゆえ1933年から1950年の全期間にわたり，難民自身の他，連邦と救援団体の双方が，スイスの難民政策の資金を負担していたことになる。

　民間人難民の受け入れによって国民経済に生じた総費用を算出することは，我々の見解では不可能である。これを計算するためには，食費，宿泊費，医療費といった直接的な支出のみならず，難民の滞在によって生じた経済的利益も算出しなければならない。これには労働力供給も含まれるだろうし，難民が宿泊代として下宿や個人宅に対して支払った出費も含まれるだろう。同様に，難民の監視のために連邦が負担した出費分は本当に必要であったのかどうか，またこの計算にそうした支出を丸ごと含めてよいのかという問題も残る。そもそも，個々人による援助額は，救援団体への寄付として支払われその経費に含まれない限り確認することはできない。それゆえ以下では，国民経済上の総費用の計算は断念し，主要な出資者の負担額について説明していこう。

　難民は，3通りの方法で自らの滞在費用を負担した。第一に，個人的支出，第二に，1942年以降に連邦司法警察省の管理下に移された彼らの財産からの控除（3.5参照），

そして第三に，富裕な亡命者に課されたいわゆる「連帯税」[Solidaritätsabgabe/contribution de solidarité] である。この連帯税は1941年3月18日の連邦内閣政令によって導入された。富裕な出国者により多くの醵金を求めるという案は，スイスユダヤ人共同体連盟内部ですでに1939年6月に議論されていた。ユダヤ系救援団体の厳しい財政難がその背景であった。1939年10月17日の連邦内閣政令によって，資産課税の法的根拠がつくられた。

　アメリカ人・オランダ人・イギリス人難民には，法的・外交的にみて問題が残るこの特別税は課されなかった。この税は，居住に関するいくつかの取り決めで合意されたスイス人と外国人の処遇の平等に違反すると思われたからであった[130]。1941年4月，警察局長補のマックス・ルートは，その他の難民について，出身国（例えばドイツ）が自国を出て行った元国民の権利を守ろうとしない以上，差別的な課税も問題はない，と述べた。1943年11月からは，亡命者のみならず，1942年8月1日以降に到着した難民についても，連帯税の対象になった。課税対象者の少なくとも3分の2は，スイス入国の際の申告とその他の課税に伴う評価によってなされた査定に対し，異議申し立てを行った。連邦の税務官庁は，次のように述べた。

　　「難民のほとんどには稼ぎがなく，生活費や出国の準備，家族に対する援助，税の
　　支払いなどに使われて，資金はほとんど残っていない」[131]。

　申告された財産の中には，まったく架空のものさえあった。難民がスイスへの入国許可を得るためには，富裕であることを装わねばならなかったからである。連邦閣僚のフォン・シュタイガーは，徴税に際しては「厳しい取り立て」を控えるよう促していたものの，「不正な行為（例えば脱税など）や，〔貧しい難民を〕助けようとする姿勢が乏しいような場合には」，厳格な対応が必要だとした[132]。

　2万フランかそれ以上の財産を所有した総計約500名の亡命者や難民が，1941年3月に連邦内閣によって導入された資産税である「連帯税」を支払った。「アーリア人」と「非アーリア人」とに区別されていた徴税リストからは，ユダヤ人亡命者が支払った額が，ユダヤ系救援団体に支払われた額より大きかったことが判明する。1946年までに5回に分割されて各救援団体に分配された240万フランのうち，およそ150万フランが，ユダヤ系救援団体に配分された。

　スイス難民救援センターに結集した救援団体は，1933年から1954年の間に約1億200万フランを支出した[133]。そのうち6900万フランがスイスユダヤ難民救援連盟〔前出〕に割り当てられた。「スイス亡命者子女救援委員会」[Schweizerisches Hilfswerk für Emigrantenkinder, SHEK / Comité suisse d'aide aux enfants d'émigrés] に800万フラン，プロテスタントの「福音派難民救援委員会」[Hilfskomitee für evangelische Flüchtlinge/ Comité de la Fédération des Eglises protestantes de la Suisse en faveur des réfugiés évangéliques〕に1010万フラン，カトリック系救援団体である「カリタス」〔前出〕に750万フラン，社会民主党系の「スイス労働者救援団体」〔Schweizerisches Arbeiterhilfswerk, SAH / Oeuvre suisse d'entraide ouvrière〕に220万フランが支出されている。残りは小規模の救援団体に配分された。救援団体の収入は，募金，関連の団体・組織からの寄付，メンバーやシンパからの醵金から成っていた。スイスユダヤ難民救援連盟の救援資金は，多様な資金源から得られたものであった。スイスのユダヤ人住民による寄付金が15%以上を占めていたが，スイス難民救援センターその他の組織からの資金も，同連盟の収入の約17%を占めていた。総収入の半分以上は，アメリカユダヤ人合同分配委員会から提供されたものであった[134]。各種のユダヤ人難民救援団体は，1933年から1950年の期間に連邦政府から総計で640万フランを受け取っており，これはこれら諸団体の総収入の10.5%を占めた。しかし，スイスユダヤ難民救援連盟への当局による資金援助が具体的な形をとるに至ったのは，恒久的庇護がようやく1947年に導入されて以降のことであった。1947年まで，連邦の拠出総額は200万フランにも満たなかった（しかも1941年までは，これは難民の出国のためにしか支出できなかった）[135]。

当初は，連邦の支出はもっぱら再移動の支弁に向けられており，1950年までに総額180万フランが支出された。また中央難民救援センターの運営費への支出は，1954年までで約37万3000フランとなっていた。労働収容所中央事務室の支出額を明確に算定することは不可能だったが，純支出は1100万フランにのぼったと推定されている。文民当局によって運営されていた労働収容所の他にも，連邦には出費が生じていた。中央収容所，隔離収容所，仮収容所など，軍の管理下にあり，労働収容所や難民宿泊施設に入所するまで難民たちが滞在した施設の維持費，警察局による出費（1950年まで3000万フラン近くに達した），国境警備費用1100万フランの軍に対する払い戻し負担，スイスを通過した難民のための支出である約170万フラン（特に1945年），そして連邦司法警察省の亡命者課と難民に関わる部局にかかった費用500万フランである[136]。

これらをまとめると，1939年から1945年までの難民政策に付随する連邦の支出額は，1億から1億300万フランであった。依拠する資料によって異なるが，この出費は1954年までに1億3600万フランもしくは1億6550万フランにまで増えた。1943年以降の支出の急増は特記に値する。それ以前に根拠とされた費用上の制約は，実際には，他の動機に基づいて講じられていた制限的措置を正当化するための口実に過ぎなかった。

カントンによる支出額には大きな差違があり，支出は自発的なもので，難民個々人や救援団体に向けられた。大多数のカントンは，スイス全体の支出について連邦に協力するのを拒んだ。1942年以後も，難民救援は民間の問題であり，あるいはせいぜい連邦の業務であるという意見が支配的だった。カントン・ベルン閣僚のアルノルト・ゼーマッターの1943年2月の発言は，連邦資金の大盤振る舞いに反対したものであり，そ

うした見解を代表するものである。「スイスの人々は，自らの寛大さが招いた結果を，自ら引き受けなければならない」[137]。カントンの財政負担が再び重要な問題となるのは，戦後になって初めて導入された恒久的庇護により，カントンもまた，国内に残留した難民の支援費用を連邦や救援団体とともに3分の1ずつ負担しなければならなくなってからのことであった。

3.5　国境越えとスイス滞在

　1942年8月22日，エドゥアール・グロは，ユベール・カン，ポール・カンの兄弟とともにジュネーヴ近くの国境を越えてスイス領に入った。この不法入国後間もなく，3人の無国籍ユダヤ人はジュネーヴの憲兵隊に捕らえられ，スイス領内に位置するラ・プレーヌのドイツ税関事務所[138]に車で連行されたうえ，徒歩でフランス占領地区へと連れ戻された。彼らはドイツの国境警察を見かけるやいなやローヌ河に飛び込み，スイス側の川岸まで泳いだ。彼らはそこで，スイスの官憲に庇護を求めて必死で哀訴したが無駄に終わった。彼らのうちの一人は自分の手首を切ろうとした。国境警備隊とスイス兵士は，彼の自殺の試みを阻止した後，待ちかまえるドイツ当局に引き渡すために，互いにしがみついて離れない3人の男を川岸から引きずって行こうとした。しかしこれはうまくいかなかった。騒ぎが大きくなるのを避けるために，ジュネーヴ国境区警察官のダニエル・オディエは，難民を占領フランス地域内で引き渡すことでドイツ側と合意した。3人のユダヤ人はそこでドイツ国境警察に逮捕され，——後に他の難民が報告したところによれば——ジェックスで収監された。エドゥアール・グロ，ユベール・カン，ポール・カンは，1942年9月18日，ドランシー経由でアウシュヴィッツに移送された[139]。

　この事例は，国境越えに伴う困難とリスクとを劇的な形で示している。ビザの取得義務と国境封鎖のために，迫害を受ける者たちが逃亡に成功する可能性は限られ，第三者の手助け次第となっていた。実際に国境を越えるにあたっては，難民はしばしば，現地をよく知るいわゆる越境案内人［passeur］に頼らざるを得ず，運命の全てを彼らに委ねることになった。こうした状況では，逃亡者の安全はまったく保証の限りではなかった。強奪や恐喝のリスクがあり，越境案内人に報酬を支払った後で見殺しにされたり密告されたりする危険性もあった。しかも，国境を越えた後にも危険はつきまとった。スイス当局が「国境地域」を12kmまで延長して以来，この帯状の区域で難民が捕まれば，難民は送還を覚悟しなければならなかったのである。

　国境越えに成功した難民の多くは，その親戚や友人のために，彼らもまた移送を逃れてスイスに入国できるようにと力を尽くした。例えば，メンデル・ヴィルナーは，ベルギー人の若者の逃亡に手を貸した。当局の尋問に対して彼は，ブリュッセルやアントワープの連絡係に，「若いシオニストがスイスに来られるようにすべきだ」と忠告したことを認めた。「ドイツ人によって移送されたり銃殺されたりするよりも，スイス入国

に命をかける方がましなのだから」140)。逃亡支援組織やその他の組織は，難民に偽造書類を手配した。偽造書類は，スイス国境に到達するためだけでなく，国境を越えるためにも使われた。戦時中，メンデル・ヴィルナーのように難民のために行動していた人々は，受け入れと占領地域への送還に関するスイス当局の運用方針に次第に通暁するようになった。「困難事例」に関する内規で，16歳もしくは18歳未満の未成年者や，幼い子供や妊婦を伴う家族の受け入れが可能とされていることが判明すると，難民たちは，この条件を満たすために架空の家族を作った。子供のいない者は，両親が移送されてしまった子供をブリュッセルで引き取るか，他の難民の家族から小さい息子や娘を一時的に借り出した。両親は子供たちの出生記録を偽造し，独身者は妊婦を見つけて夫婦になった。調査に当たっていたある係官は次のように語った。

「私が尋問したその自称母親は，同行の男は自分の夫であり，子供は自分の息子だと，命にかけて誓った。我々の調査で偽の身元が露見すると，その女は私にこう言った。『私たちは，自分たちの命を救うためなら何だってやります。必要なら，たとえ私たちの子供の命にかけてでも，何であれ誓います』」141)。

収容所や宿舎での滞在

難民は，いったんスイスに受け入れられた後，収容所や宿舎を長期間にわたり転々とすることになった。以下，戦争の進展につれ規模を拡大し，状況の変化により条件も変化していったスイスの収容所制度について述べよう。ここでは，収容所が最大規模に達していた戦争末期の2年間について言及する。難民たちは，民間の宿泊先に受け入れられるまでは，軍が運営するさまざまな収容所に一時的に収容された。通常は国境近くにある一時収容所に収容された後，少なくとも3週間，検疫収容所に滞在させられた。その後も難民は，軍によって運営される受け入れ施設で民間の労働収容所か宿舎に空きができるまで待たねばならなかった。この待機期間は，多くの難民にとっては数週間から数ヵ月，時に半年以上に及ぶこともあった。多くの場合，これら受け入れ施設の居住条件は最小限の水準も満たしていなかった。暖房がないことも頻繁で，衛生設備は不十分であり，食事も不足していた。もともとはポーランド軍抑留者の収容のために設けられ，1942年の晩秋に難民受け入れ施設に変更されたビューレン収容所の状況が，特に深刻だった。そのうえ，難民は収容所では厳しい統制の下に置かれた。郵便物は全て検閲を受け，ヘブライ語の手紙を送ることも，国際郵便も禁止された。新たに到着した難民を軍に任せたことは，明らかに政治的責任者の誤りであった。戦争末期には軍部自身も同じ結論に達していた。士官の多くは，自分たちとは異なる経歴を持つ人々の扱いに不慣れで，慣れ親しんだ軍隊的な管理に固執していた。いくつかの収容所の評判は非常に悪く，戦争の後半期には，連邦政務省はスイスの国際的イメージについて懸念するようになった。

しばしば数ヵ月に及んだ軍収容所での生活の後には，難民の多くは民間施設への受け入れを解放として受け止めた。ここでは休暇や近くの町への外出も認められて，宿舎生活の単調さを紛らすことができた。民間の施設では，難民はもはや「賤民や脱獄犯のように」扱われることはなかったと，マネ・スペルベは記している142)。しかし，一人の難民が同じ場所に1年以上留め置かれることはきわめて稀で，収容所や大規模宿舎に滞在中は，各自の必要を満たしたり，各人の能力を伸ばしたりといったことは，ままならなかった。後に，宿舎・収容所中央事務室は，活動報告の中で次のように述べている。「彼らは自分の部屋でも，心底求めていた平穏さを見つけることも，また溌剌とした気力を得ることもできなかった。彼らは何年も収容所や宿舎で過ごさなければならず，そこでは彼らは何の絆も見いだせないよそ者と付き合わなければならなかった」143)。当時は，収容所・宿舎制度の管理機関は，難民や彼らが背負っている負担にほとんど理解を示していなかった。当時の主たる関心事は，何よりもまず，稼得労働を禁じられた難民に何かやることを与え，厳しく統制し，市街地から遠ざけておくことであった144)。収容所の規律は実際上の必要性から設けられたものとは限らず，しばしば反ユダヤ的偏見の影響を受けた教育的意図に基づいたものであった。ある報告は，士官たちの態度を以下のように総括している。

　「ユダヤ人難民の場合，ある種の規律を維持することが必要だった。[……]ユダヤ人は，制服に対し非常に敬意を払い，それを着用している者には近づこうとさえしなかった。これが民間人相手となると，彼らはすぐにでも『取引』をしようとする。[……]また，とりわけユダヤ人の場合には性的な事柄も大きな問題であるが，〔我々はこれを〕決して放置しなかった」145)。

　1940年春以降，収容された全ての亡命者には，スイス市民と同様に労働の義務が課せられた。しかし通常は，労働の割り当てでは各人の技能や能力への配慮はなされなかった。男性は主に軍関連の建設現場や農場で労働に従事した。1943年秋には1100人の男性難民が農民のもとで働いたが，翌年は1780人，1945年8月には5000人以上になった。1944年末には，630人の女性の難民がスイス人の家で働いた。宿舎で暮らす女性たちは家事をしたり，収容所の男性のため，そして時には軍のために，裁縫，針繍い，編み物をした。当局は，家政婦への需要を充足するために，女性の難民にかなりの圧力をかけた146)。労働収容所や宿舎で生活する難民が提供した労働の価値については何の資料もないが，1950年のロートムントの言葉が参考になる。

　「総括するならば，戦争中，そして戦後すぐの時期に，何千人もの難民や亡命者が，歓迎すべき貴重な労働力として，困難な時期に軍や人々を助けた。彼らの労働は，しばしば連邦にとっては財政上は特段の利益にならなかったが，しかし当時そ

れは，経済的・軍事的な国土防衛に貢献したのである」[147]。

個人宅への難民の受け入れ

収容所の構造と労働義務の導入の結果，多くの難民家族が引き裂かれた。女性が宿舎に，また男性が労働収容所に送られた一方で，子供たちは里親に預けられた。1944年始めには，800人以上の男女が配偶者と遠く離れて生活し，200人以上の母親が子供たちを引き取る日を待ち侘びていた。必死になった親たちは救援団体に問い合わせた。ある女性はパウル・フォークト牧師に以下のような手紙を書いた。

「水曜日の今日は，2時から5時まで子供たちと一緒にいられたのですが，すぐに別れねばならないと思うと気が重くなりました。私たちは散歩をし，苦しみを感じながら子供たちを抱きしめました。すぐに引き離されてしまうことがわかっていたので，私たちはしっかりと抱き合いました。［……］私の夫はアンデルフィンゲンの収容所に，私の息子はヴィンターシュヴィル〔アールガウ〕に，孫娘と私はランゲンブルックにいます。孫娘は2階，私は3階です。夜中，私は目を覚まし，あの子は寝ているかしらと考えるのです」[148]。

子供たちと両親が離ればなれにさせられたことは，——これは法的観点でも問題があったのだが[149]——当局の規定によるのみならず，「スイス亡命者子女救援委員会」(SHEK) の賛同も受けていた。この組織は，難民宿舎で自分の母親と一緒に暮らすよりも，「普通の」家庭的な雰囲気の方が，子供たちの成育のためには望ましいと考えたのである。SHEKは，1943年に2000人を超える児童・未成年者の面倒をみており，その多くは独りでスイスにたどり着いた者であったが，そのうち1300人を超える者が，スイス人の里親のもとで生活していた。2年後，その数は2500人に達した。多くの場合，里親が住居や食事にかかる費用を負担した[150]。難民児童の90％以上がユダヤ人だった。スイスのユダヤ人自治体は小規模だったので，SHEKがユダヤ教徒の里親を確保できたのは，これらの子供達のごく一部に限られた。多くの児童はキリスト教的な環境の中で暮らし，そのため彼らの親は，当然のことながら，子供たちが家族の伝統を忘れ，その信仰から遠ざかってしまうのではないかと恐れた。さらに，家族一緒の休日が稀にしかなく，また短時間に限られたので，コミュニケーションの問題がしばしば生じた。というのも子供たちには，新しい言語をすぐに覚えて母語を忘れかける傾向があったからである。

戦局の進展に伴い，成人難民〔の一部——英語版〕もまた，個人宅の「空きスペース」の恩恵に与るようになった。これにより彼等は，宿舎や収容所での精神をすり減らすような日常から逃れて，知的・文化的生活を享受した。多くのスイス人は，難民との連帯を表明するためにこうした「空きスペース」提供運動に参加したが，中には多額の下宿

代を請求する者もいた。1943年秋以降，大規模な宿舎の確保が困難になると，当局もまた，個人宅での難民の受け入れを歓迎するようになった。難民の暮らしぶりが如何に多様であったかは，一部は推定のものだが，1944年春についての以下の数字に示されている。当時スイスに滞在していた約2万5000人の民間人難民のうち，9300人は民間の収容所や宿舎で生活し，また3000人は，一時収容施設で民間の居住施設に送られるのを待っていた。5300人が親戚の家か下宿で生活していた。1600人の男女は個人宅に住み込んで，農場で，あるいは家政婦として働いた。1000人が，スイス家族の「空きスペース」を得た他，2500人の児童が里親のもとで暮らしていた。580人の難民は大学教育を受けることができた[151]。

難民に課せられた要求という点では，前述の，軍によって運営される収容所に関して強調した点が一般にも妥当する。スイスに滞在する限り，難民たちは広範な統制の下に置かれ，状況に順応するよう強い圧力がかけられた。生活保護への依存や，例えば「素行不良」，「同性愛」，「反抗的態度」等，道徳的に問題ありとされた場合には，滞在許可を剥奪され送還される恐れがあった。これらの点から明瞭なのは，当局が送還に関しては自らに裁量権があると考えており，またその際には，政治的な合目的性が判断基準として決定的であったという点である。「追放が，『国家の自衛行為』として不可避となることもある。しかしまた，外国人が，個人的な理由で『庇護の恩恵を享受する資格無し』とされた場合にも，追放はありうる」〔傍点は原文イタリック〕というのが，1944年のロベルト・イェツラーの考えであった[152]。

当局は，1943年末になると難民に対する態度を見直し始めた。当局の側では，宿舎や収容所で暮らす難民の要求や希望に耳を傾けようとする傾向が見られるようになった。家族の切り離しは原則的に廃止された。学生だった者は，1943年以降，逃亡のために中断せざるを得なかった学業を，スイスの大学で続けることができるようになった。また民間主導で，難民のための大学寄宿舎と，イタリア人生徒のための高校寄宿舎が開設された[153]。この変化は，戦局の推移の帰結であった。連合軍が優勢となったため，難民は自分たちの避難生活の終わりを予想できるようになった。彼らは自信を持ち始め，自分たちの将来に関わる決定への参加を要求するようになった。スイスの国際的な立場が変化すると，当局もまた，次第に難民を将来のヨーロッパを担う人々として認めるようになり，以前よりも庇護政策を重視するようになった。こうした背景の下で，1945年6月，戦後に生じた多くの問題——例えば無国籍者の問題——に取り組むための「混成委員会」が創設された。1944年2月に創設された「連邦難民問題有識者委員会」が，救援団体の代表をメンバーとしながら難民自身の代表を含めなかったのに対し，混成委員会には，難民は自分たちの代表を送り込むことができた。

戦争末期になると，難民の将来に関する問題は，ますます重要となった。直接の当事者である難民の意向を把握するために，スイス難民救援センター〔前出〕と「国際移民サービス」[International Migration Service]★12のスイス支部が，難民の将来計画につ

いての調査を実施した。1944年に初めて行われた調査の結果，アンケートに答えた約5000人のうち出身国への帰国を希望したのは，25％にとどまった。とりわけポーランドおよびドイツ出身の難民は，出身国への帰国を断固拒否した。回答者の80％がユダヤ人であることからすると，迫害者の国へ帰る気持ちがなかったことも当然である。ドイツ人，オーストリア人，ポーランド人〔の難民〕は，祖国での反ユダヤ主義の復活を恐れていた。また多くの東欧ユダヤ人は，戦争が始まるはるか前に西欧へと出国しており，ドイツの侵入後にこれらの滞在国を追われた人々であった。難民の大半は，ヨーロッパ諸国への移住を希望した。他方，調査時点では政治情勢が不透明であったパレスチナへの移住を望んだのは，難民のわずか9％のみであった[154]。

しかし難民の多くは，三度目か四度目，時には五度目ともなる人生の再スタートを切る力を残していなかった。救援団体は，彼らのためにしばらく前からスイスでの永住権を要求していた。連邦内閣は，当初は難民ができるだけ早く出国するよう促していたが，1947年になって，長期居住の要求を受け容れた。1947年3月7日の連邦内閣政令では，いくつかの制限が残ったものの，難民に対する，出国を前提としない長期庇護の制度が導入された[155]。そして遂には，1951年に，スイスに残る全ての難民に対して，出国の義務が撤廃された。彼らの大半は漸次的に収容生活から解放され，カントンから定住許可を得て，稼得労働に就業することも可能となった。一般には，かつての難民たちは，スイスで生き延びられたことに感謝していた。しかし，それに先立つ時期については，連邦難民問題有識者委員会による1945年3月の評価が妥当するかもしれない。

「この4年間，我々は，難民に寝泊りの場や衣類，食べ物を与えるといったことをうまくやってきた。[……]しかし我々は，スイスにいることに彼らが幸福を感じるようにすることは，できなかった」[156]。

財産管理

難民の滞在は，難民に対する監視とその禁治産者化によって特徴づけられた。これは，入国後になされた当局による難民からの貴重品や現金の没収と，彼らの財産が連邦司法警察省の管理下に置かれたという事実に，とりわけ顕著に表れている。

財産管理の法的根拠は，1943年3月12日の連邦内閣政令である。これは，1942年8月1日以降スイスに到着した難民の所持品について，100フラン以上の現金，有価証券，貴重品を連邦の管理下に置くと定めていた。しかしすでにそれ以前から——怪しげな法的根拠に基づいて[157]——，庇護を求める人々からの財産没収が行われていた。い

★12「国際移民サービス」は，YMCA等により設立された組織で，1921年以降，欧州各地に移民支援のための事務所を開設した。1924年にはジュネーヴに本拠を置き，スイス法に基づく独立組織の形態をとった。1946年にはInternational Social Serviceと改称している。http://www.iss-ssi.org/を参照。

わば1943年の政令は，すでに実施されていた問題だらけの措置に法的根拠を与えるものだった。問題だらけというのは，一つには，没収した財産が行方知れずとなったからであった。またジュネーヴ国境警備隊のリストからは，難民が一時収容所でわずかな所持金を没収され，返還されないままに国外に送還された事例が，少なくとも10件あったことが明らかになっている[158]。

　1943年3月の政令は，1942年8月1日以降スイスに入国した難民についてしか適用されなかったので，警察局はそれより早く入国した亡命者や難民の財産に関する情報を入手しようとした。銀行は首尾一貫して秘密を守ったが，1939年10月17日の連邦内閣政令に基づいて警察局が情報を入手しようとした場合には，その限りではなかった。難民が貴重品の供託に関する規定を遵守しなかった場合には，国外追放あるいは刑務所への収監の恐れがあった。現金・貴重品の管理は，全国的に支店網を持つスイス・フォルクス銀行に委ねられた。

　難民の財産管理制度は，複数の目的のために導入された。これはまず，公法に基づく請求や難民の生活費の決済を確実にすることを目的とした。スイスに滞在中は，収容所であれ宿舎であれ，あるいはホテルや個人宅であっても，毎月毎月，難民の口座から宿泊・飲食費が引き落とされた。医療費も同様に決済された。財産に関するこれらの規定の根拠として，盗難や闇取引を防ぐことも挙げられていた。さらにいえば，当局による財産管理は難民に対する統制力を高め，物質的な面からその自立性を制約することを可能にした。「我々は（難民を）被害から守り，彼らが，多額であれ少額であれ，その財産を自由に用いることでスイス国家やカントン，あるいは彼ら自身に損害を与える事態を防止しようとしているに過ぎない」と，連邦閣僚のフォン・シュタイガーは述べていた[159]。かくして警察局は，難民自身が支払う日用品——例えば医薬品や靴など——の購入が適当なものであるか否かを，決定していたのである。

　当局の管理下に置かれた財産のうち，現金は当座預金口座に預金され，貴重品は預託された。1943年9月末時点ですでに，スイス・フォルクス銀行は，総額で約80万フラン，800の預託品からなると推測される2500の口座を管理していた。1944年12月には，これらの口座は大幅に増えており，「約7300の口座とおよそ2100の預託品」，ならびに250の封鎖ドル口座があった。戦争終結後，同銀行の社長は警察局代表との会談の中で，およそ7000の口座を管理しており，そのうち「625のみが500フラン以上の口座」であり，2700の預託品には，あまり価値のないものが多く含まれていると述べた[160]。

　原則的には，難民はスイスを出国する場合にはこれらの財産を返還された。しかしたいていは，スイスでの生活の間に口座の残高も著しく減ってしまっていた。生活費が引き落とされたのみならず，銀行は高額の管理費を徴収していたのである。さらに当局は，銀行に対して，これらの預金によって得られた利子収益の難民に対する支払いを免除した。警察局には，必要な場合には預託された宝飾品（たとえそれが家族の思い出の

品であっても）を持ち主の同意無しに売却することが認められていた。これは難民にとってことのほか辛いことであった。同様に，外貨はすぐにスイスフランに両替されたので，為替差損が生じた場合には，難民の負担となった。こうした，難民にとって非常に不利な条件にもかかわらず，この財産管理は，フォルクス銀行にとっても利益の出る業務ではなかった。当初フォルクス銀行は，連邦司法警察省からの委託業務から利益が得られ，また——戦後を見越して——顧客とも良好な関係が築けるのではないかと期待していた。しかしこの業務は赤字であった。戦後，銀行はこの業務について5万フランの損失を計上した。

　長期庇護の制度が1947年3月に導入されたことにより，この財産管理義務は廃止された。残っていた1600以上の口座のうち，340口座が引き出し自由となった。他の口座は廃止され，残金は，連邦財務会計機構に設けられた「収容者預託口座」という共同口座に振り込まれた。残る450ほどの預託品については，その半分が返還され，残りはスイス・フォルクス銀行に残された。戦争終結後，難民の一部は，連邦司法警察省やフォルクス銀行に財産返還請求をせずにスイスから出国した。そうした資金は，上述の預託口座に残されることになった。警察局自身の資料によれば，その後数年間，警察局は廃止された口座の所有者を探すために精力的な調査を行い，多くの財産を返還することができた。可能な限り返済を進めた後，最終まで残った口座の残高は，5万1241フランであった。1960年，警察局は，このうち5500フランを，外国から帰国したスイス人のために用いる目的で，帰還者救援中央事務所に委ねた。残る額は，スイス難民救援センターが受け取った。同センターは，難民だった人々から，将来返済請求があった場合の返還に備えて，5000フランを保管する義務を負った。

　スイス・フォルクス銀行による強制的な管理の終了後も返還請求がなされないまま残された預託貴重品の処理は，非常に長引いた。「人種的・宗教的・政治的理由で迫害された外国人および無国籍者の在スイス財産に関する1962年12月20日の連邦政令」〔いわゆる「報告政令」，414頁のコラムを参照〕に基づいて，警察局は，かつての難民の所有物であり，総額1万8524フランにのぼる50の預託品があることを公表し，このうち38件に関する書類が1965年，〔休眠口座〕届出事務所に引き渡された。しかし同事務所は，これら財産の所有者を1962年の政令が含意するナチスの犠牲者とは見なさず，管轄外であるとして受け取りを拒否した。そのため当局は，連邦財務省財務局に，「旧難民所有物預託品」と称する利子つきの口座を開設した。これは1978年に解約され，残金はスイス難民救援センターに引き渡された。同センターは，4万2820フランのこの資金を，「臨時救援活動のための特別基金」に充てた。

3.6　身代金と解放

　「第三帝国」の多大な外貨需要を満たすために，ナチス当局は，1940年夏以降，ユダヤ人の金を脅し取った。ナチス当局は一方で，ユダヤ人の外国資産の奪取を画策した。

また他方では，民間人捕虜の交換に際して，ドイツ人市民と交換するために囚われた人々を用いた。戦争が終わる頃になると，民族社会主義者の一部は，連合国から有利な条件を獲得するために，あるいはまた，敗戦後の逃亡資金を確保するために，人命を取引対象とした。独立専門家委員会は，占領下のオランダについて集中的に調査を行った。そこでは，いわゆる「人質ユダヤ人」［Austauschjuden］の取引がとりわけ盛んに行われていたからである[161]。そのうえで，戦争終結時にベルゲン＝ベルゼンとテレージェンシュタットの強制収容所で行われた身代金による解放の事例についても言及しよう。

　1940年から1945年にかけて，ドイツ占領当局である「オランダ・ライヒスコミサリアート」は，出国許可を求めるユダヤ人から，外貨やその他の財産を脅し取った。こうした交渉は，たいていは通用性の高いスイスフラン建てで行われたので，迫害者にとってもその被害者にとっても，中立国スイスが提供しうる仲介サービス——私人や銀行などの代理人による——を利用したことはむしろ当然であった。通常は交渉額は10万フランに達し，被害者が外国に何の資産も持たない場合には，第三者，とりわけ合衆国在住の親族や友人らがこれを工面しなければならなかった。交渉はたいていは数ヵ月，時には数年にも及び，決定的な瞬間に十分な金を用意することができず無に帰することもしばしばあった。そのためにごく少数の取引が成立したに過ぎず，身代金を払って解放され無事スイスにたどり着いた者は，わずかしかいなかった。多くの場合，金融センターは単に必要な資金の調達拠点として機能したに過ぎない。スイスの仲介者の動機は，多くの場合不明である。ある者は単に金儲けのためにこれを行い，またある者は，迫害されている人々を助けようと仲介に乗り出した。また両方の動機が結びついていた者もいた。

　オランダ亡命政府と英米は，ドイツの外貨獲得につながるとして，この種の身代金の支払いを拒んだ。この種の取引をやめさせるため，彼らは，疑わしいと目された仲介者に対し，取引を続けるならば「ブラックリスト」に登録すると圧力をかけた。

　スイス当局は，当時の規定に違反せず，また国内に難民を追加的に引き寄せるのでない限り，この問題にほとんど関心を持たなかった。1942年11月24日の連合軍による公式声明によって初めて，この問題に真剣に取り組むようになったのである。そこではスイスにとっての利害が最重視され，外貨の流出に歯止めをかけ，「亡命者の密輸」［Emigrantenschlepperei / trafic d'émigrants］とも呼ばれたこの身代金による取引によって領内に追加的に難民が流入することを阻止するための取り組みが行われた。カントンならびに連邦の当局者は被疑者の取調べを行った。しかしながら，スイスの外交・難民政策は，ドイツからの身代金要求の問題について，間接的に取り組んだに過ぎなかった。ドイツ，イギリス，アメリカ合衆国の利益保護国として，スイスは交戦国の間に立って仲介者の役割を果たし，民間人捕虜の交換を行っていた。これにより，ドイツの占領地域にいる連合国市民と，イギリス委任統治領のパレスチナの住民が，連合軍に

よって抑留されているドイツ人市民と交換された。これにより，ベルゲン＝ベルゼンの収容所にいた人々が交換対象となったが，それらの人々の多くはユダヤ人であり，交換前にドイツによって外貨を強奪されていた。そのため，身代金の支払い要求と，連合軍とドイツの民間人捕虜の交換にオランダのユダヤ人を含めることの間には，密接な関連があったのである。

独立専門家委員会は，オランダでの身代金要求について，総額3500万スイスフランに達する400近くの事例を個別に調査した。そのうち半分で，スイスとのつながりが確認された。これらは，スイス人が取引の仲介者となった事例か，あるいは当局やスイスの銀行が関わった事例である。そのうちおよそ40は，被害者——少なくとも154人の人々——が身代金支払いのおかげで解放されたという点では，成功した事例であった。この件では，1943年半ばまでに約20人がスイスに入国した。1945年にはほぼ同数の，ベルゲン＝ベルゼンとテレージェンシュタットに収容されていた人々が，交換・身代金交渉の結果，スイスにたどり着いた。1945年の事例では釈放された人々の中にユダヤ人はいなかったが，これは何よりもナチスの姿勢によるものであった。ナチス当局は，彼らの「売却」よりも絶滅を優先したのである。

上述の身代金支払いは個別交渉の事例であり，たいていは不成功に終わったのだが，戦争末期には，2件の大規模な集団的身代金取引があり，いずれの場合にも，解放された人々は一時的にスイスに滞在した。このうち第一の取引は約1700人のハンガリーユダヤ人に関するもので，彼らはまずベルゲン＝ベルゼンに連行され，その後，1944年8月と12月に，スイスへの入国を許された。交渉の一方の当事者はサリ・マイヤーとロス・マクレランドの両名であり，他方は，親衛隊（SS）少尉クルト・ベッヒャーと，人質として加えられたハンガリーユダヤ人共同体の代表，レスゾー・カストナーであった。第二の取引では，1945年2月に，ドイツ，オランダ，チェコスロヴァキアの約1200人のユダヤ人が解放された。彼らはテレージェンシュタットからスイスに入国した。この身代金取引では元連邦閣僚ジャン＝マリ・ムズィ，正統派ユダヤ人のシュトレンブッフ家の人々，そして一時的には，SSライヒ指導者ハインリヒ・ヒムラーそのひとによって交渉が行われた[162]。この二件はよく似ている。いずれも身代金を調達したのはユダヤ人たちであった。最初のケースでは解放されたハンガリー人たち自身（約700万フラン），二番目のケースでは，アメリカ合衆国から相当の醵金を得ての寄付（500万フラン）によって工面された。親衛隊の高官もこの交渉に参加していた。結局，他の多くの事例と同様に，スイス政府は直接この件には関与しなかった。しかしスイス政府はこの救助活動を容認し，あらかじめ1万4000人のハンガリー人の受け入れを承認さえしたのである。1945年2月の二件目の事例では，スイス政府はこれを既成事実として容認した。

ナチス政権の有力者と良好な関係を持っていたムズィは，1944年の夏に二つの身代金取引で解放を実現させた後，1944年10月に，スイス「在上海ユダヤ人難民救援協

会」（後に「在外ユダヤ人救援協会」と改称）から，大規模な身代金取引の仲介を依頼された。この救援団体は，主にアメリカ合衆国とカナダの正統派組織からの援助を受けており，あらゆる政治的・戦略的顧慮も峻拒し，また如何なる対価をも惜しまずに，脅威に曝されたユダヤ人の救援に非妥協的に尽力していた。これに対しサリ・マイヤーは，アメリカユダヤ人合同分配委員会〔AJJDC，前出〕のヨーロッパにおける代表であり，交渉によって移送を先延ばしにする戦略をとっていたが，そのための資金を欠いていた。こうした状況下で彼は，「戦争難民委員会」［War Refugee Board, WRB〔1944年設立，米国政府内組織〕］代表としてスイスに派遣されていたアメリカ外交官であり，在米ユダヤ人の救援資金を管理していたロス・マクルランドと協力した。というのも，この民間ベースでの資金移動は，合衆国の戦時経済法に抵触したからである。連合軍は身代金の支払いに原則的には反対であったが，マクルランドはマイヤーの活動を好意的にみており，そのため500万フランの大部分は，AJJDCからフィデス信託のバーゼル支店に届けられた。他方，ムズィが仲介に動いた動機は，おそらく以下の三つの理由が重なり合ったものだった。破滅しつつあるナチス政権と親密すぎた彼は，戦後を見越して，自分の立場を有利にしておこうと望んだ。同時にこの行動によって，西側諸国との——また場合によっては東方の宿敵に対しても——休戦・平和条約におけるナチス政権の立場を有利にしておこうとした。第三にまた，この働きに伴う見返りへの関心もあったであろう。

ドイツ側では，SSライヒ指導者ハインリヒ・ヒムラー，SS少将ヴァルター・シェレンベルク，SS少尉クルト・ベッヒャー，そしてその他の親衛隊員たちの決定的な関心は，そもそも交渉が実現すること自体にあった。彼らの意図や幻想に基づく希望は，おそらくは，ドイツの敗北を見越して西側連合国と接触を持つこと，さらに反ボルシェヴィキ的動機に基づく単独講和に持ち込めるようにすること，あるいは少なくとも，「人間的な」行動によって戦後における自分の立場を有利にすることにあったとみられる。ナチスの権力機構内部における対抗関係や離反の動きにもかかわらず，ユダヤ人・スイス人側の交渉力は限られていた。しかしそれでも彼らは，脅かされている人々を救う可能性を模索したのである。これらの行動に触発されて，スウェーデンではベルナドット伯爵がスカンディナヴィアの強制収容所の解放交渉を行った。さらにこれは，赤十字国際委員会による遅ればせながらの食糧補給活動や，戦争終結直前の，早期の収容者解放を目的とした赤十字国際委員会による代表の派遣にもつながっていったのである[163]。

3.7　文脈と比較

世界的な情勢の推移を考慮に入れずに，スイスの難民政策を理解あるいは評価することは困難である。ヨーロッパでも海外でも，「外国人（よそもの）」への反感と反ユダヤ主義が，19世紀末以降，蔓延していた。そうした風潮は，戦間期に試みられた難民問題に対する国

際的な取り組みを,阻害することになった。

　第二次大戦勃発に先立つ時期で最も重要な動きとなったのは,1938年7月にローズヴェルト大統領の呼びかけで行われたエヴィアン会議である。その目的は,オーストリアとドイツからの難民の出国支援を任務とする恒久的組織を創設することだった。しかし,会議の成果は乏しいものに終わった。というのも,これに参加した32の国の大半は,各国の難民受け入れ枠の引き上げのために一致団結するというよりは,むしろ,すでに国内に抱え込んでいる難民を「厄介払い」することに熱心であったからである164)。会議への招聘こそ断らなかったものの,スイスはむしろ懐疑的であった。アメリカの提案は,人道主義的なスイスという声評を高めるものであり,スイスの自尊心をいたくくすぐったが,しかしこれに乗ってスイスの都市でこの会議を開催することには,スイスは乗り気でなかったのである。スイス代表となったハインリヒ・ロートムントは,移民受け入れ国,特にアメリカ合衆国の役割を強調した。アメリカ合衆国は難民を寛大に受け入れるべきである。そうすれば,ヨーロッパ諸国は,その役割を通過国としてのそれに限定することができる。これが彼の主張であった。1939年7月,スイスはエヴィアン会議から生まれた「ロンドン委員会」[London Committee]の審議に参加したが,すでにスイスに滞在しているユダヤ人難民の数を減らすという主たる目的を達することはできなかった。

　国際法上は,難民の受け入れやその送還についてはほとんど何も規定されていなかった。それでもスイスには,ドイツ人難民の法的地位に関する1936年7月4日の暫定協定によって,1937年以降,合法的であれ非合法的であれすでにスイスに滞在している難民については,彼らがスイスから第三国への出国を目指している限り,これをドイツに送還してはならないことが義務づけられた。しかし国境での送還については各国が自主的に判断するものとされ,なんらの規定も設けられていなかった165)。スイスはこの合意に反して――組織的にではなかったものの,多くの個別事例において――,戦前にも戦時中にも,国境あるいは国境に沿った地域ではなく,国内で検挙されたドイツ(1938年以降はオーストリアも含む)からの難民を国外に追放した。スイスが,南部や西部の国境で難民を迫害者の支配地域に送還したこと自体は,この協定には違反しない。しかしこれも,脅威に曝された人々の迫害国への送還を禁じようとした協定の趣旨に反するものではあった。かくしてスイスは,両大戦期間に形成され始め,戦後に確立した国際法上の了解事項に,違反したのである。

　難民の出国に依然として固執していたスイス当局は,国内の難民数を減らすためにあらゆる機会を利用した。例えばドイツ・スイス二国間協定の交渉担当者は,出国者を乗せた列車が,イベリア半島を目的地としてフランスを通過することを認めさせた166)。連邦当局もまた,難民がビザの発給を受けて出国できるよう,ベルンやワシントンで繰り返し連合国と折衝を行った。1940年10月以降に政府が用意した手段でスイスを離れた難民に関する統計によれば,1940年末までに170人,1941年に1201人,1942年初

め以降は 148 名が，これらの方法でスイスから出国した。そのうち合衆国に向かったのは 1940 年には 32 人であった。1941 年には 566 人を数えたが，1942 年にはわずか 30 人にとどまった[167]。

ドイツの劣勢が明白となった後，スイス当局は，連合軍との緊密な連絡に努めた。同時に，人道的行動や救援活動が増えた。これは，ジャン＝クロード・ファヴェ〔歴史家〕の「人道的挽回」［rattrapage humanitaire］という表現を想起させる[168]。連邦当局は，戦後の評価が，もっぱらその戦争後半の行動によって決まるだろうことを，次第に自覚するようになった[169]。もっとも，スイスの中立性についての厳密な解釈に基づき，1943 年 11 月に創設された連合国救済復興機関〔UNRRA，前出〕にはスイスは参加しなかった。しかしいずれにせよ強調されねばならないのは，戦争末期の人道的行動でさえ，スイスへの難民受け入れを可能な限り減らそうとする原則に依然として基づいていた点である。例えば，1945 年の夏にブーヘンヴァルト〔収容所〕の 350 人の子供たちを一時的に受け入れた際にも，子供たちが後に第三国に出国することが保障されていないという理由で，当局は当初，受け入れを渋ったのである。連邦内閣の代表として国際的な救援組織に派遣されたエドゥアール・ドゥ・アレールは，「もし『吸収先』の保障がないならば，せめて，これら未成年者の厄介払いへの支援を得るためにも」，問題を連合国救済復興機関のロンドン本部で扱うよう提案したのである[170]。

スイスの難民政策に関する議論では，批判的な評価を否定し，あるいは相対化する目的で，スイスの態度は，他国のそれとの比較の上で評価されるべきであると，繰り返し主張されてきた。しかしそのような比較は，時代的・地理的・政治的状況が異なっているために容易ではない[171]。しかも，史料状況や研究の水準も，国によって大きく異なっているのである。

フランスとイギリスは，開戦に先立つ数ヵ月間，数千人のユダヤ人難民に対して国境を開放したが，1939 年 9 月以降，また当然ながら 1940 年 6 月〔のフランスの降伏〕以降は，これらの国々への彼らの入国はいわば不可能となった。イギリスの政策は，一時通過国の原則に依っていた。それに対しフランスの政策では，開戦までは外国人——ユダヤ人やその他の人々——に再出国の義務を課していなかったが，さまざまな方法で彼らを統制していた。戦争勃発時には，両国の数千人のユダヤ人は「敵性外国人」として収容された。この措置は後に，フランスでは難民に凶運をもたらした。1933 年から 1945 年の期間に，約 2 万人の難民がイギリスに一時滞在し，さらに戦争終結後，6 万人のユダヤ人が定住するに至った[172]。フランスでは，1933 年から 1939 年の間に，約 7 万人のユダヤ人難民が入国した。

イギリスは，アラブ・ナショナリストやアラブ政府が枢軸国に接近する事態を何としてでも避けようとしていたので，1939 年初め以降，5 年間で 7 万 5000 人という移住枠を除けば，1939 年以降，パレスチナへの門戸を閉ざした。同じ理由で，イギリスは救援事業の大半，とりわけ 1943 年と 1944 年の計画に反対した。結局，1933 年から 1941

年の間，約14万人のユダヤ人が，合法的にあるいは非合法的に，パレスチナへ移住した。イギリスのパレスチナ政策は，最終的にアメリカの決定に影響を与えることになった。英連邦自治領は，ユダヤ人の救援に事実上何の役割も果たさなかった。カナダは，とりわけケベック州の断固たる反対の結果，ユダヤ人移民の入国をほぼ完全に拒否したという点で，突出している[173]。

　オランダは，大半はドイツ籍である約4万人のユダヤ人を受け入れることで，戦争勃発までは比較的リベラルな移民政策を採用していたが，しかしここでも，オーストリア併合以降は，制限が強化された。スペインは，戦時中ずっとユダヤ人やその他の難民に一時通過国として国境を開放しており，フランス敗北後の数ヵ月間，また1943年から終戦までの時期にとりわけ多くの難民を受け入れたが，しかし定住については許可しなかった。そのため，戦時中には10万人以上のユダヤ人難民がスペインに入国し，その大部分は第三国へと出国した[174]。同じ時期，ポルトガルは最も重要な一時通過国の一つであっただけでなく，注目すべき柔軟な政策をとり，期間の長短を問わず難民の滞在に対して寛容であった。

　スウェーデンは，スイスとの比較で取り上げられることが多いが，特別な事例である。その地理的な位置のためにスウェーデンに逃れた難民はきわめて少なかったが，1942年の秋までは，ユダヤ人難民に対するスウェーデンの政策は，――スイスと同様――制限的なものだった。しかし1942年末以降，ノルウェーからのユダヤ人の移送に衝撃を受けて，スウェーデンの態度は一変した。ノルウェーに滞在していたユダヤ人の半分以上がスウェーデンに受け入れられ，またデンマークのユダヤ人の大半も，1943年秋に秘密裡に行われた救出活動によって，収容所への移送を免れた[175]。戦争が終結するまでスウェーデンは積極的な救出政策を続けたが，ラウル・ヴァレンベリがブダペシュトで交付した保護パスポートを別にすれば，わずかな成果を挙げたにとどまった。

　スイスの難民政策をめぐる議論においては，1920年代以降非常に制限的になり，また1930年代から戦時期に〔情勢が〕劇的に深刻化★13したにもかかわらず制限的なままであったアメリカ合衆国の移民政策との比較が，好んで行われてきた。ローズヴェルト大統領は，移民枠のわずかな引き上げさえ議会から拒否されるという事実を糊塗するために，エヴィアン会議を招集して体裁をつくろったとして，非難されてきた。ドイツとオーストリアからの移民に割り当てられていた受け入れ枠は，両国からのユダヤ人難民の受け入れで戦争勃発直前には満杯となっていたが，それ以上の枠の拡大は一切拒否された。2万人のユダヤ人児童の受け入れを計画したワグナー＝ロジャー法［The Wagner-Rogers bill］もまた，1939年初めに議会で否決され，数ヵ月後，『セントルイス

　★13 独語版では「劇的な深刻化」，仏語版では「情勢の進展」とあるのみであるが，英語版では「1930年代と戦時期に達した移民の劇的なピーク」とあり，この時期の合衆国の移民受け入れが非常に多かったと解釈される記述となっている。しかし，アメリカ合衆国の移民受け入れ数は第一次大戦直前にピークに達した後，歴史的な低水準を記録した第二次大戦時に至るまで急減を続けており（Miller, E.［1999］14頁），英語版の表現は読者の誤解を招くものといえよう。

号』★14の不幸な乗客たちは，議会や大統領への請願も空しく上陸を拒まれた。開戦，それにとりわけ西部戦線でのドイツの勝利によって，ヨーロッパに閉じ込められたユダヤ人へのビザの交付は，ますます制限的になっていった。1939年にはなお3万件を超えるビザが交付されたが，1941年には，わずかに約4000が交付されたにすぎなかった。この苛酷で，また庇護を求める人々にとって劇的な縮小と映った措置は，反ユダヤ主義の突発的な拡大の帰結とは考えにくく，むしろ，外国人スパイの侵入に対する漠然とした不安の結果であった。このほとんど根拠のない不安は，ローズヴェルト大統領の側近の間でも共有されていた。後に「最終的解決」に関する正確な情報が届くと，合衆国は救援の動きを見せたが，それは，例えば1943年4月にバミューダで開催された真剣味のない会議のように，ほとんど見込みのないものであった。1944年になってようやく，世論や財務省の圧力，そして何より戦争難民委員会〔前出〕の創設によって，難民問題への取り組みが開始された。1933年から1945年の間に，合衆国は総計で約25万人のユダヤ人難民を受け入れた。

難民受け入れ国が各国異なった条件の下に置かれていたことを前提としたうえで，なお比較を試みるとするならば，以下の点が重要になろう。

スイスでもその他の国でも，1938年における外国人・難民政策の厳格化とは，基本的にはすでに1920年代にとられていた姿勢を強化することだった。いずれの国の事例でも，難民の受け入れは，国益と定義されるものを根拠として，制限されていった。しかしそれでもスイス——ならびに1942年終わりまではスウェーデン——は，民族社会主義的な定義に即した人種的選抜基準を公然と採用していた唯一の国だったように思われる。

1940年以降のスイスの受け入れ拒否政策は，とりわけ劇的である。それは一つには，ヨーロッパ大陸の中央に位置するスイスが地理的に最も容易にたどり着ける逃避先であったからであり，また当局が，死の危険に曝されていることを知りつつ，数千人の難民を送還したからである。1942年秋には，影響力を持つ人々が，政府の政策への反対を表明した。しかしこれらの抗議は，一時的に政策の揺らぎを招いたに過ぎなかった。スウェーデンとは異なって，死の危険に曝されている難民の受け入れに当局が転じたのは，非常に遅くになってからのことに過ぎなかったのである。

結論として，1930年代のスイスの難民政策は，他国のそれと大きくは異ならなかったといえる。しかし1942年と1943年には，スイスは，歴史上類例がなく，また他国とも著しく異なる状況にあった。国際社会は，難民を救うためにできたであろうことを，ほとんど行わなかった。そのため各国は，それぞれの状況で直面した試練に対して，相

★14 「セントルイス号」は，1939年5月，主にユダヤ人からなる937名の乗客を乗せハンブルク港を出港，キューバに向かったがハバナで上陸を拒否された。その後アメリカ合衆国に進路を変えたがここでも上陸を拒否され，結局ベルギーのアントワープに帰投し，乗客の大半はその後ホロコーストの犠牲となった。http://www.ushmm.org/wlc/ の関連項目，ならびに http://www.jewishvirtuallibrary.org/jsource/Holocaust/stlouis.html を参照。

異なる反応をみせたのである。スイス，特にその政治的指導者は，迫害を受けたユダヤ人の保護が求められた時に，これを与え損なったのである。スイス当局は，1942年8月の国境封鎖の帰結のみならず，さらに一年以上にわたって制限政策を続けた場合に起こりうる事態についても，承知していた。この点を考慮すると，事はいっそう重大である。彼らは，さまざまな措置を講じて難民の脱出をいっそう困難ならしめ，また拘束した難民を直接に迫害者に引き渡した。これによって彼らは，民族社会主義者がその目的を達するのを手助けしたのである★15。

★15 独立専門家委員会の報告を，ユダヤ人の悲劇を金儲けの道具とする「ホロコースト産業」の恫喝に屈した結果であると位置づけ，スイスに対し過剰なまでに批判的な立場をとっていると評したフィンケルスタイン（強制収容所に収容されていた両親を持つユダヤ系アメリカ人研究者）は，本章最後のこの文（英語版168頁のinstrumentalの語を用いた表現）を取り上げ，この結論をそれまでの叙述からの飛躍であるとして批判している。Norman G. Finkelstein [2003]，200頁，および，日本語版，フィンケルスタイン，ノーマン [2004]，183–184頁参照。

1) 独立専門家委員会［1999］，独立専門家委員会［2001］。以下の出版物は，難民に関する報告と密接な関係にある（一部は，1999年の時点で難民報告書の付録として出版された）。Forster, Gilles［2001］, Huonker, Thomas / Ludi, Regula［2001］（独立専門家委員会叢書第23巻）, Imhof, Kurt / Ettinger, Patrick / Boller, Boris［2001］（独立専門家委員会叢書第8巻）, Kälin, Walter［2001］（独立専門家委員会叢書第18巻）, Zeugin, Bettina / Sandkühler, Thomas［2001］（独立専門家委員会叢書第24巻）。
2) BAR/AF, E 4264 (-) 1985/196, Bd. /vol. 255, Protokoll des Grenzwächters, 23. September 1942. その他，以下の文書を参照。BAR/AF, E 4264 (-) 1985/196, Bd. /vol. 301.
3) BAR/AF, E4264 (-) 1985/196, Bd. /vol. 255, Aussagen von Elisabeth St. in der Einvernahme durch die schweizerische Heerespolizei, 23. September 1942. BAR/AF, E 2200. 42 (-) -/24, Bd. /vol. 28, Johannes Huber an Walter Stucki, 15. September 1942.
4) Koller, Guido［1996］, 22-24頁。
5) Ludwig, Carl［1957］, 12-15頁, Koller, Guido［1996］, 24頁以下。
6) Wischnitzer, Mark［1935］, 177頁。
7) 独立専門家委員会［2001］, 3. 1参照。
8) Hoeschelmann, Claudia［1997］, 独立専門家委員会［2001］, 3. 1参照。
9) Weingarten, Ralph［1981］, Adler-Rudel, Salomon［1966］, 214-241頁, 同［1968］, 235-273頁, Citrinbaum, Tirza［1977］, 本書第1部「3.7 文脈と比較」も参照。
10) BAR/AF, E 2001 (E) 1970/217, Bd. /vol. 206, Rothmund an Feldmann, 24. Mai 1954. ならびに，ルートヴィヒ〔Carl Ludwig〕が，その報告書の中でこのメモ（原文仏語）に言及すべきか否かを扱った文書も参照。ロートムント自身の提案と，連邦政務省からの要求で，ルートヴィヒは，モタの声価のためにこの発言を公開しないことに同意した。
11) Koller, Guido［1966］, 65頁以下。独立専門家委員会［2001］, 4. 3. 3.
12) Keller, Stefan［1993］, 独立専門家委員会［2001］, Appendix. 2：Biographische Angaben zu Paul Grüninger（1892-1972）。
13) 独立専門家委員会［2001］, 4. 1. 2, DDS, Bd. /vol. 12, Nr. /no. 454, 1045-1047頁; Rothmund an Bonna, 23. November 1938も参照。
14) BAR/AF, E 2500 (-) 1990/6, Bd. /vol. 141, Protokoll der Einvernahme von E. Prodolliet, 20. Februar 1939. プロドリエに関しては，Keller, Stefan［1993］, 74-78頁も参照。
15) Stadelmann, Jürg［1998］, 64頁。
16) Ludwig, Carl［1957］, 170頁以下。
17) Ludwig, Carl［1957］, 164, 318頁。
18) Koller, Guido［1996］, 87頁。これによれば，212人の民間人難民が1939年9月1日から1941年12月31日までの間に収容された。ロベルト・イェツラーによる1942年7月10日付けの報告では，1942年1月1日以降，総計308人の外国人が警察部隊によって収監されていた。DDS, Bd. /vol. 14, Nr. /no. 222, 721頁。
19) Koller, Guido［1996］, 94頁。
20) Ludwig, Carl［1957］, 184-185, 260-272頁, Stadelmann, Jürg［1998］, 138-139頁, 143-149頁。
21) 連邦司法警察省の日付けを欠いた指令, Ludwig, Carl［1957］, 192頁にて引用。
22) 独立専門家委員会［2001］, 4. 1. 2。Ludwig, Carl［1957］, 191頁, Stadelmann, Jürg［1998］, 125, 131-132頁 ;Koller, Guido［1996］, 97頁も参照。
23) Stadelmann, Jürg / Krause, Selina［1999］; Lasserre, André［1995］, 150-158, 353頁。
24) DDS, Bd. /vol. 14, Nr. /no. 222, 722頁。.
25) Ludwig, Carl［1957］, 202頁。
26) DDS, Bd. /vol. 14, Nr. / no. 222, 725頁参照。
27) DDS, Bd. /vol. 14, Nr. / no. 222, 720頁; BAR/AF, E 4001 (C) 1, Bd. /vol. 259も参照。
28) BAR/AF, E 4001 (C) 1, Bd. /vol. 259, Kreisschreiben der Polizeiabteilung vom 13. August 1942. Ludwig, Carl［1957］, 205頁も参照。
29) この会議では何の公式調書も残されていない。それでもロートムント文書には，会議参加者の一人による速記メモからの5頁分のタイプ原稿が残されている。BAR/AF, E 4800. 1 (-) 1967/111, Bd. /vol. 53を参照。

30) Koller, Guido［1996］，94 頁。Tagebuch Wetter : Am 9. März 1943 も参照。連邦財務・関税省の長だったヴェッターは，連邦軍務省の長だったコベルト，関税管理局長だったガスマンとともにジュネーヴの国境沿いを視察した。その際彼は，以下のように記している。「ドイツへ働きに行かなければならないはずのフランス人の若者が，ますます来るようになった。彼らは皆ユダヤ人である。今では，たいていは送還されている。しかし彼らは再度試みる。2度試みた者は，フランス警察に引き渡される。今では，ドイツ側の監視所にはことごとくイタリア人が配置されている。彼らの体制はより厳格だ。以前そこにいたドイツ人たちは，親切で几帳面で，住民とも友好的な付き合いがあったのに，イタリア人はとっつきにくいと言われている」。
31) Koller, Guido［1996］，95 頁，註 223。
32) Koller, Guido［1996］，37 頁以下，57，87 頁。
33) Ludwig, Carl［1957］，314-331 頁。
34) BAR/AF, E 4800.1 (-) 1967/111, Akz. 1.011, Dossier 483, Sitzungsprotokoll der Sachverständigenkommission für Flüchtlingsfragen, 12. November 1947.
35) Ludwig, Carl［1957］，303 頁，独立専門家委員会［2001］，6.2.2。
36) Koller, Guido［1996］，87-91 頁。
37) Lambelet, Jean-Christian［2000］。Lambelet, Jean-Christian［2000b］，7-15 頁，Lambelet, Jean-Christian in : NZZ Nr. 192, 19/20 August 2000 も参照。Weltwoche, 31 August 2000 掲載の Guido Koller からの反論。『Le Temps』はこのテーマについて 2000 年 10 月 10 日以降 14 本の記事を掲載しており，そのうち独立専門家委員会の反論は 2000 年 10 月 20 日に掲載された。Flückiger, Pierre / Bagnoud, Gérard［2000］も参照。ジュネーヴについては，Fivaz-Silbermann［2000］も参照。この本の前書きでは，セルジュ・クラーズフェルドは，スイス国境で送還されたユダヤ人難民の数は 5000 人を超えないとの見方を示しているが，これには根拠がない。この数字にはスイス西部国境の状況しか含まれておらず，1943 年晩夏から発生したイタリアとの国境での出来事は考慮されていないようである。
38) Koller, Guido［1996］，91-101 頁。
39) Heinz Roschewski の論文の仏語・伊語による概要を参照。Rothmund, Heinrich［1996］，134，136 頁。Battel, Franco［2000］，147 頁も参照。
40) Spuhler, Gregor［2001］。
41) このテーマについては，ハースの詳細な研究を参照。Haas, Gaston［1997］。
42) このテーマについては，DDS, Bd. /vol. 14, ≪ 7.2. Attitude de la Suisse face aux persécutions antisémites ≫ にて公刊された文書，および，Bourgeois, Daniel［1998］，Cerutti, Mauro［1998］を参照。
43) BAR/AF, E 27 (-) 9564, Schreiben von Konsul von Weiss an Masson, 14. Mai 1942. ホロコースト記念博物館から連邦文書館に宛てられた 1994 年 10 月 10 日付の書簡によれば，貨物列車にすし詰めにされ窒息死したのは，1941 年のヤシーでのポグロムの犠牲者であった。
44) Favez, Jean-Claude / Mysyrowicz, Ladislas : ≪ La Suisse et la solution finale ≫, Journal de Genève, 21 avril 1979, DDS, Bd. /vol. 14, Nr. /no. 295, 982 頁，Anhag. 1 を参照。
45) Ludwig, Carl［1957］，219-221 頁。Bucher, Rudolf［1967］。ブッヒャーは，回想記の中ではコベルトに情報を伝えたことについて触れていない。このテーマについては，2000 年 6 月 16 日付けの『ノイエ・ツルヒャー・ツァイトゥンク』に掲載されたポール・シュタウファー（Paul Stauffer）による投書も参照。
46) Haas, Gaston［1994］，183-185 頁参照。
47) 連合国が持っていた情報については，Wood, E. Thomas / Jankowski, Stanislaw［1994］；Breitman, Richard［1999］を参照。
48) 合同救援委員会は，1940 年 11 月赤十字国際委員会と赤十字協会連盟［Föderation der Rotkreuzgesellschaften / Ligue des Sociétés de la Croix-Rouge］によって創設された。その主要任務は，民間人に対する援助であった。
49) Riegner, Gerhart M.［1998］，73-75 頁。Stauffer, Paul［1998］，231 頁以降。
50) Salis, Jean-Rodolphe von［1981］，223 頁。また，Stadelmann, Jürg［1998］，81 頁も参照。
51) Ludwig, Carl［1957］，224-232 頁；Kreis, Georg［1973］，189-195 頁；Haas, Gaston［1997］，229-249 頁参照。

52) Ludwig, Carl［1957］, 222 頁.
53) Gast, Uriel［1997］; Mächler, Stefan［1998］.
54) 特に 1919 年の連邦内閣の年次報告を参照。Weill-Lévy, Anne［1999］, 48-49 頁.
55) BAR/AF, E 2001 (C) -/5, Bd. /vol. 61, Réponses au questionnaire relatif aux réfugiés russes, arméniens, assyriens, assyro-chaldéens et turcs, annexé à la lettre de Dinichert au Haut-Commissaire, 24 avril 1929. ロシア革命以後スイスに住んでいたロシア人については, Hœrschelmann, Claudia / Gast, Uriel［1993］, 191-205 頁; Lasserre, André［1993］, 207-224 頁, Lasserre, André［1995］, 48-61 頁参照.
56) Huonker, Tomas / Ludi, Regula［2001］（独立専門家委員会叢書第 23 巻）; Meier, Thomas Dominik / Wolfensberger, Rolf［1998］.
57) スイスにおける反ユダヤ主義一般については, Mattioli, Aram［1998］; Kamis-Müller, Aaron［1990］; CFR,［1998］参照.「よそ者過剰」と反ユダヤ主義については, Arlettaz, Gérald / Arlettaz, Silvia［1998］; Mächler, Stefan［1998］; Lasserre, André［2000］, 280 頁参照. 反ユダヤ主義「スイス化」については, Picard, Jacques［2000］, 36-42 頁参照.
58) 独立専門家委員会［2001］参照. 連邦外国人警察の反ユダヤ主義については, Mächler, Stefan［1998］を参照.
59) BAR/AF, E 4800.1 (-) 1967/111, 1. 17［498/II: Persönliche Korrespondenz］1938, Schreiben Rothmunds vom 15. Januar 1938 an Ständerat Ernst Löpfe-Benz. ロートムントの反ユダヤ主義については, Roschewski, Heinz［1997］を参照. 彼の東欧ユダヤ人に対する態度については, Kury, Patrick［1998］を参照.
60) 第 4 章 10 節の「外交的保護」の項も参照.
61) 本書第 5 章および, Haldemann, Frank［2001］, Picard, Jacques［2000］, 199-221 頁参照.
62) 独立専門家委員会［2001］, 第 3.1 章（独立専門家委員会叢書第 17 巻）.
63) この慣行が批判されたのは 1941 年になってからのことであり, 特にブカレスト在スイス領事ルネ・ドゥ=ヴェック（René de Weck）が批判した. DDS, Bd. 14, Nr. 142, 427 頁.
64) Mittenzwei, Werner［1978］, 112-114 頁; Häsler, Alfred A.［1971］, 321-333 頁. Schütt, Julian［1996］も参照.
65) BAR/AF, E 4800.1 (-) 1967/111, Akz. 1.17, dossier 498［1938］, Schreiben Rothmunds an Erwin Schachtler von Wegelin & Co., St. Gallen, 18. November 1938.
66) Aktennotiz der Eidgenössischen Fremdenpolizei, 18. (M. Ruth) beziehungsweise 20. (H. Rothmunds) Februar 1935, Privatnachlass H. 独立専門家委員会［2001］（独立専門家委員会叢書第 17 巻）1.5 章も参照.
67) Häsler, Alfred A.［1971］, 320-321 頁参照. 人々が恐慌という亡霊を頭から振り払うためには, およそ 10 年を要した. Perrenoud, Marc［1989］, 117-130 頁参照.
68) Lasserre, André［2000］, 160 頁.
69) フォン・シュタイガーが, 1942 年 8 月 30 日にチューリヒのエーリコンにある「若き教会」で行った演説は,「ボートは満杯である」という象徴的な比喩によって有名となった. Ludwig, Carl［1957］, 377 頁.
70) BAR/AF, E 4001 (C) -/1, Bd. /vol. 259, Text und Entwurf der Rede.
71) Kreis, Georg［1997］, 570 頁.
72) BAR/AF, E 2001 (D) 1968/74, Bd. /vol. 10, Remarques manuscrites sur la note de Haller à Pilet-Golaz, « Projet de contribution américaine », 20 septembre 1942. また, 本書 3.3, 独立専門家委員会［2001］,（独立専門家委員会叢書第 17 巻）6.2.3 章参照.
73) Maurer, Peter［1985］参照.
74) 戦争の危機, およびヨーロッパでのユダヤ人の活動に対する 1939 年 1 月時点のギザンの立場については, DDS, Bd. /vol. 13, Nr. 13, 26 頁参照.
75) DDS, Bd. /vol. 13, Nr. 494, 695 頁（傍点の強調は原文〔イタリック〕による）.
76) Bonjour, Edgar［1970］, Bd. VI, 40 頁.
77) BAR/AF, E 4800.1 (-) 1967/111, Akz. 1.17, Dossier 498［1942］, Rothmund an Thurnheer, 23. August 1942.
78) Frei, Daniel［1967］, 46 頁以降.
79) Leuenberger, Martin［1996］; Vuilleumier, Marc［1987］; Kreis, Georg［1995］, 264-279 頁参照. 政策責任者および第二次大戦中の政策に批判的な者の双方による, 人道的伝統の利用

ひいては神秘化については，体系的分析が今のところみあたらない。Clavien, Alain [1993], Arlettaz, Gérald / Arlettaz, Silvia [1992], 137-147 頁, Arlettaz, Gérald / Arlettaz, Sylvia [1996], 257-268 頁, Arlettaz, Gérald / Arlettaz, Sylvia [1998], 327-356 頁, Busset, Thomas [1994].

80) BAR/AF, E 4001 (C) -/1, Bd. /vol. 123, Bericht vom 23. November 1941 von Rothmund an von Steiger bezüglich eines Schreibens von Nationalrat Ludwig Rittmeyer. また, Kreis, Georg [1998], 121-139 頁も参照。

81) Bonjour, Edgar [1970], 36-37 頁。

82) Ludwig, Carl [1957]; Koller, Guido [1996]; Schweizerisches Bundesarchiv [1999], 18-23 頁参照。難民政策の法的根拠については，Kälin, Walter [2001]（独立専門家委員会叢書第 18 巻）参照。

83) BAR/AF, E 1002 (-) -/1, Bd. /vol. 7, Handschriftliche Notizen des Bundeskanzlers zur Sitzung vom 30. August 1938. 連邦官房長オスカー・ライムグルーバー（Oskar Leimgruber）によるこのメモは，連邦内閣議事録の整理された記述に比して，議論の展開をより明確に示している。

84) 独立専門家委員会 [2001]（独立専門家委員会叢書第 17 巻），Anhang 2. Biographische Aufgaben zu Max Ruth. また, Mächler, Stefan [1998] も参照。

85) BAR/AF, E 2001 (D) 1968/74, Bd. /vol. 10, note de Haller à Pilet-Golaz, « Projet de contribution américaine », 20 septembre 1942.

86) 児童救出活動については，Schmidlin, Antonia [1999] を参照。児童援助団体のメディアに対する効果については，Imhof, Kurt / Ettinger, Patrick / Boller, Boris [2001]（独立専門家委員会叢書第 8 巻）5. 3 参照。また, Kreis, Georg: « Menschlichkeit-aber nicht in jedem Fall», Weltwoche, 11 mars 1999 も参照。

87) Note de Haller à Pilet-Golaz, 22. 9. 1942. DDS, Bd. /vol. 14, Nr. 237, 777 頁参照。

88) 救援活動については，Bohny-Reiter, Friedel [1993], Im Hof-Piguet, Anne-Marie [2001] 参照。

89) Favez, Jean-Claude [1988].

90) DDS, Bd. /vol. 14, Nr. 230, 751 頁, lettre de Bonna à de Haller, 2 septembre 1942.

91) DDS, Bd. /vol. 14, Nr. 230, 752 頁, annexe, note 5, communication téléphonique de Haller au EPD du 14 octobre 1942. 付録はドゥ・アレールからエッターとピレ=ゴラーツへ宛てられた 1942 年 9 月 30 日付の文書である。この点から，アピールの妥当性についての討議が 1942 年 8 月終わりから 10 月半ばまで続けられたことが窺える。Favez, Jean-Claude [1998], 156-164 頁参照。

92) DDS, Bd. /vol. 13, Nr. /no 311, annexe II, d'après Pierre Bonna dans sa communication du 18 juin 1940.

93) Bonjour, Edgar [1970], 17-18 頁, Ludwig, Carl [1957], 254 頁以下および 278 頁以下, Favez, Jean-Claude [1988], 391-402 頁参照。

94) BAR/AF, E 4260 (C) 1974/34, Bd. /vol. 135, Galay à Jezler, 16 juillet 1942.

95) BAR/AF, E 4001 (C) -/1, Bd. /vol. 257, Armeekommando, Kommando Heerespolizei, an Rothmund, 1. Oktober 1942 ; Rothmund an von Steiger, 3. Oktober 1942.

96) グラベーによる介入については，Perrenoud, Marc [1987], 156-158 頁, Mächler, Stefan [1996], 150, 170-204 頁参照。

97) BAR/AF, E 1301 (-) 1960/51, Bd. /vol. 352, BAR/AF, E 4800. 1 (-) 1967/111, Akz. 1. 015, Dossier 336. このときの議事録は 1942 年の連邦議会速記集では公表されなかった。これは 1979 年にスイス社会党によって編集された。この討議の分析については，Laserre, André [1996], 349-380 頁参照。

98) 議会の動きについては，連邦文書館に資料文書がある。Schweizerisches Bundesarchiv [1999], 81-88 頁参照。

99) Imhof / Ettinger / Boller [2001]（独立専門家委員会叢書第 8 巻），44 頁以下, 68 頁以下, 82 頁以下。

100) BAR/AF, E 4001 (C)-/1, Bd. /vol. 259, Mittelung vom 29. August 1942. 警察本部長会議の議事録は，BAR/AF, E 4260 (C) 1969/1946.

101) Ludwig, Carl [1957], 189-219 頁, 245 頁以降。カントンの態度については，Schürch,

第三章　難民と難民政策　157

Oskar [1941], 61-66 頁も参照。
102) Lasserre, André [2000], 207 頁より引用。
103) BAR/AF, E 7170(A) 1, Bd. /vol. 109, Rapport annuel 1938 adopté le 22 février 1939. また，Arlettaz, Gérald [1990], 319-337 頁も参照。
104) BAR/AF, E 2200. 41 (-) -/11, Bd. /vol. 104, H. Bolliger an die Schweizer Gesandschaft in Paris, 19. Oktober 1938.
105) この事実は Kaba, Mariama [1999], 129 頁で強調されている。
106) Arnold, Jonas [2001], 502, 507 頁。
107) Kocher, Hermann [1996], 210 頁以下。
108) Kocher, Hermann [1996], 220 頁以下。
109) Kocher, Hermann [1996], 280 頁より引用。
110) La semaine catholique, 15 octobre 1942, Bischof, Franz Xaver [2001], 483 頁より引用。
111) Alois Schenker, Zur Flüchtlingsfrage, in: Schweizerische Kirchenzeitung 110 (1942), p. 481/2; Bischof, Franz Xaver [2001], 482 頁より引用。
112) Sitzungsprotokoll der SKHEF vom 4. März 1940 (Archiv SEK, Dossier SKHEF 1938-1950). Kocher, Hermann [1996], 171 頁より引用。
113) Narbel, Nathalie, [2001].
114) Arnold, Jonas [2001], 502, 507 頁。
115) Kocher, Hermann [1996], 317-322 頁。
116) 1943 年，「スイスユダヤ貧窮者救援連盟」は，「スイスユダヤ難民救援連盟」に改称された。
117) Lupp, Björn-Erik: Sozialdemokratie und Flüchtlinge 1933-1940. Internationale Solidarität-begrenzt und vorsichtig. In: NZZ, 19 mars 2001.
118) BAR/AF, E 4260(C) 1969/1946, Bd. /vol. 6, « Konferenz mit den Polizeidirektoren der Kantone zur Besprechung der Frage der Flüchtlinge aus Deutsch-Österreich », 17. August 1938.
119) BAR/AF, E 4800. 1 (-) 1967/111, Bd. /vol. 53, Stichwortprotokoll der Polizeidirektorenkonferenz vom 28. August 1942.
120) BAR/AF, E 4260(C) 1969/1946, Bd. /vol. 7, Polizeidirektorenkonferenz, Sitzung vom 11. September 1942.
121) Picard, Jacques [2000], 445 頁。
122) Rauber, Urs: Brisante Akten zur Schweizer Asylpolitik, in: Schweizerischer Beobachter, Nr. 6, 17 März 2000; NZZ, 15 mars et 11 avril 2000. また，Zweig, Hanna: Absolute Fakten ? Relativität der Geschichte, Gisela Blau のコメント，Jüdischen Rundschau, vom 16 März 2000, さらに Stefan Mächler in: NZZ, 11 avril 2000 も参照。文献の引用についての論議は，Moma Manatsmagazin 6/6, Zurich 2000 ; Picard, Jacques [2001], 90 頁以降参照。
123) Bauer, Yehuda [1981], Picard, Jacques [2000], Haas, Gaston [1997] 参照。
124) また，本書 4 章 10 節および 5 章も参照。
125) チューリヒ州議会でのペスタロッチによる 1944 年 5 月 4 日の動議を参照。Picard, Jacques [1994] 94-100 頁。
126) BAR/AF, E 4800. 1 (-), 1967/111, Bd. /vol. 53. Stichwortprotokoll der Polizeidirektorenkonferenz vom 28. August 1842 .
127) BAR/AF, E 4800. 1 (-), 1967/111, Bd. /vol. 53. Stichwortprotokoll der Polizeidirektorenkonferenz vom 28. August 1842.
128) DDS, Bd. /vol. 14, 892 頁以降，circulaire du EPD du 17 novembre 1942.
129) SR/RS 0. 515. 21, Convention du 18 octobre 1907 concernant les droits et les devoirs des puissances neutres en cas de guerre sur terre, art. 12. また，Kälin, Walter [2001]（独立専門家委員会叢書第 18 巻），335-39, 432-34 頁も参照。軍人の収容者については，Stadelmann, Jürg [1998], 122-128 頁 ; Ludwig, Carl [1957], 15-16 頁参照。
130) Kälin, Walter [2001]（独立専門家委員会叢書第18巻）第 2 部，476-78 頁参照。
131) BAR/AF, E 4260 (C) 1974/34, Bd. /vol. 87, Bericht über die bisherige Durchführung des BRB vom 18. März 1941, 日付記載なし。
132) BAR/AF, E 4260 (C) 1974/34, Bd. /vol. 87, von Steiger an F. Hahn, Beauftragter für die

Solidaritätsabgabe, 7. April 1941.
133) このテーマについては，独立専門家委員会［2001］（独立専門家委員会叢書第 19 巻）5.3 を参照。
134) 合衆国からスイスへの資金移動の困難さについては，独立専門家委員会［2001］（独立専門家委員会叢書第 19 巻）5.4 を参照。AJJDC の寄付については，Bauer, Yehuda [1982], 217-234 頁; Picard, Jacques [2000], 280-281 頁, 382 頁。
135) 難民とその再出国のための救援団体の支出に関する比較表が，次の研究に掲載されている。Lasserre, André [1995], 105 頁。
136) Schürch, Oskar [1951], 231 頁, Ludwig, Carl [1957], 351 頁．シュルヒュによれば，亡命者担当部局の支出の 500 万フランは，「信頼できる計算と見積もり」に基づく。
137) BAR/AF, E 4001 (C) -/1, Bd. /vol. 259, Protokoll der Polizeidirektorenkonferenz vom 8. Februar 1943.
138) スイスはドイツに対して，フランス方面への輸出品をラ・プレーヌ経由で輸送する義務を負った。通関手続きのためにドイツ関税事務所がここに設置された。DDS, Bd. /vol. 13, 363 頁 ; Bd. /vol. 14, 240-243 頁。
139) BAR/AF, E 5330 (-) 1975/95, 43/2254, « Rapport sur le refoulement de trois juifs allemands au poste de douane de La Plaine » de Daniel Odier, 23 août 1942. 名前の綴りは原史料による。Klarsfeld, Mémorial, non daté, Convoi n° 34.
140) BAR/AF E 5330 (-) 1975/95, 43/5315, Einvernahmeprotokoll, 5. Dezember 1943.
141) BAR/AF E 5330 (-) 1975/95, 44/3427, « Concerne: Réfugiés avec fausse identité », 14 avril 1944, rapport du 21 juillet 1944.
142) Sperber, Mané [1979], 217-218 頁。
143) ZL, [1950], 126 頁。
144) Lasserre, André [1998], Lasserre, André [1995], 133-138 頁, Ludwig, Carl [1957], 150-152 頁。
145) BAR/AF E 4001 (C) 1, Bd. /vol. 258, « Rapport über die Inspektion der Flüchtlings-Auffanglager » von Oberstleutenant Hartmann, Abteilung für Sanität, 11 Dezember 1942. また，Lasserre, André [1995], 227 頁も参照。
146) 1940 年 5 月〔仏語版では 3 月〕以降，スイスの男女には労働奉仕義務が課せられた。Jost, Hans-Ulrich [1998], 88, 96 頁。
147) BAR/AF E 4260 (C), 1974/34, Bd. /vol. 88, Rothmund an Mertens, 22. Juni 1950.
148) Brief einer Frau an Pfarrer Paul Vogt, 16. November 1943, Kocher, Hermann [1986], 57 以降で引用。
149) Kälin, Walter [2001]（独立専門家委員会叢書第 18 巻），474-476 頁。
150) Lasserre, André [1995], 324 頁; Picard, Jacques [2000], 467-469 頁。
151) Lasserre, André [1995], 236-255 頁，特に 237 頁。
152) BAR/AF, E 4800.1 (-) 1967/111, Akz. 1.09, Dossier 285, « Ausschaffung von Flüchtlingen », expertise de Jezler, 26 avril 1944（傍点の強調は原文〔イタリック〕による）。
153) Lasserre, André [1995], 290 頁以降; Broggini, Renata [1993], 362-367, 493-527 頁。
154) Hohermuth, Berta [1945], 45-59 頁; Picard, Jacques [2000], 351-378 頁。
155) Ludwig, Carl [1957], 323-330 頁。1345 人の難民が通常の滞在許可証もしくは定住許可証を獲得し，ようやく福祉サービスの恩恵に与ることになった。長期庇護の財政問題については，独立専門家委員会［2001］（独立専門家委員会叢書第 19 巻）5.3 章を参照。
156) BAR/AF, E 4001 (C) -/1, Bd. /vol. 260, Protokoll des Arbeitsausschusses II der Sachverständigenkommission, 22. März 1945, Vorum Dr. med. Zangger.
157) Kälin, Walter [2001]（独立専門家委員会叢書第 18 巻），465-468 頁。
158) BAR/AF W 4264 (-) 1985/196, Bd. /vol. 349, « Etat des dépots de réfugiés restés en souffrance à l'Ar. Ter. GE », non daté.
159) BAR/AF, E 4260 (C), 1974/34, Bd. vol. 85, von Steiger an Polizeiabteilung, 14. Mai 1943.
160) BAR/AF, E 4260 (C), 1974/34, Bd. /vol. 86, « Protokoll-Notiz », 16. Juni 1945.
161) Zeugin / Sandkühler, [2001]（独立専門家委員会叢書第 24 巻）参照。この研究には，スイスと関係があったオランダの全てのケースについてのリストが含まれている。

162) 最初の買い戻しについては，Bauer, Yehuda [1994] 参照。ムズィによる買い戻しについては Dieckhoff, Alain [1995] 参照。また，Ludwig, Carl [1957], 285 頁, Castella, [1960], Bonjour, Edgar [1970], 32 頁も参照。
163) Favez, Jean-Claude [1988], 364 頁。
164) エヴィアン会議と難民についての政府間委員会については，Ben Elissar, Eliahu [1969], 240 頁以降; Weingarten, Ralph [1981] 参照。エヴィアンでのスイスの役割については，Citrinbaum, Tirza [1977] 参照。
165) Kälin, Walter [2001]（独立専門家委員会叢書第 18 巻), 323-367 頁。
166)「亡命者列車」あるいは「ユダヤ人列車」については，BAR/AF E 2200.42 (-) -/21, Bd. /vol. 2, Schreiben der Handelsabteilung an die Schweizerische Gesandtschaft in Vichy, 17. Oktober 1941 参照。
167) Breitman / Kraut [1987].
168) Favez, Jean-Claude [1995], 335 頁。
169) スイスが戦争末期そして終戦直後に置かれた状況については，特に Spahni, Walther [1977]; Kreis, Georg [1996] 参照。人道主義的行動の曖昧さについては，Kistler, Jörg [1980]; Herren, Madeleine [1997] 参照。また，Roulet /Surdez / Blättler [1980] も参照。
170) BAR/AF, E 2001 (E) 1, Bd. /vol. 155, Nota bene à la lettre de Haller à Tyler, 22 juin 1945. 児童のスイス滞在については，Weber, Charlotte [1994] 参照。
171) 国別比較の統計や表については，Charguéraud, Marc-André [1998]; Albers-Schönberg, Hein [2000], 140 頁以降参照。
172) Sherman, [1973] [1994]; London, Louise [2000].
173) Irving / Troper, [1982].
174) Belot, Robert [1998]; Haim, Avni [1982].
175) Levine, Paul A. [1996].

4
国際経済関係と資産取引

4.1 国際経済関係

　対外依存度が非常に高いスイス経済は，1930年代の国際情勢の下で困難に直面していたが，1939年秋の開戦によって，事態は突如として格段に深刻なものとなった。保護主義の高まりと自給自足体制構築への流れの中で，それまでとは異なる環境適応が必要となったのである。しかし貿易関係を〔意図的に〕縮小することは，一度たりとも真剣な議論の主題にはならなかった。戦時期スイスの持久戦略もまた，物資供給と労働市場の安定化という面では，外国貿易に依存していたのである。貿易交渉担当者は，交戦国によるますます厳しくなる封鎖と反封鎖の壁に，通商路を穿たねばならなかった。貿易・経済関係の維持は，重要な交渉代表者であったジャン・ホッツが回顧しつつ明言したように，「戦争経済の遂行のための決定的な前提条件」であった[1]。
　1936年に始まった軍需景気のお陰で，強い通貨フランを持つスイスは，為替管理に基づく決済システムの拡大の中で，貸付業務・金取引業務で大きな機会を得た。戦争の間も，スイスフランは交換可能であった。外貨管理と経済戦争が支配的になったヨーロッパで，スイスフランは例外になっていった。1941年の夏まで，ドイツ人にとっては，自由な外貨としてはドルが最も重要であった。しかしアメリカ合衆国とドイツが互いに相手国資産を凍結すると，周知のように外貨不足に苦しんでいた枢軸国にとっては，ヨーロッパ市場で軍需品を購入するための国際通貨としては，スイスフランが残るのみとなった。連合国もまた，外交活動やスパイ活動等のさまざまな支払いで必要なスイスフランに対し，強い関心を表明していた[2]。
　この章では，先行研究があるものの，企業・団体の新史料によって既存研究とは異なる分析やより深い分析が可能となった対外経済関係の問題について，検討する[3]。戦時経済体制やスイス国内での物資供給，枢軸国・連合国との交渉，ならびに戦時期における交戦国によるスイス関心が，分析の焦点となる。最後に，同時代文献にみられるスイスの対ナチスドイツ外交政策に対する批判論を示して，第二次大戦時に政治と経済が枢軸国との関係に一方的に傾斜したのはなぜなのかという問題について，検討する。

戦争経済と最優先された国内物資供給

1939年9月1日のナチスによる開戦によって，まずヨーロッパで，次いで世界中で，政治的・軍事的状況のみならず，国際経済の枠組みが大きく変化した。スイスもその例外ではなかった。1936年以降，戦時経済政策として「指令経済」[Kommandowirtschaft / économie dirigée] 4) の構築が計画されたが，その過程では，利害対立が頻繁に生じた。とりわけ，スイスの商工業企業が組織する〔スイス商工業連盟〕代表部〔前出〕は，国の権限増大を危惧し，「連邦官庁の中央集権的な傾向」を阻止するために，こうした傾向を，外敵や独裁制のイメージに巧みに結びつけた。ハンス・スルツァーは，1937年に開かれた代表部のある会議で，「我々は，ファシスト的・ナチス的な道に迷い込まないようにするために，予防措置を講じなければならない」と指摘した5)。こうした批判もあって，最終的には，民間主導の性格が強い混合経済的な組織が生まれたのである。

開戦数日後の9月4日，連邦内閣は，全権委任体制下の権限を用いて戦時経済体制を実施した。行政組織と各種の利益団体からなる複雑な歯車が動き始めた。同年末までに，この戦時経済的な機構は，人的にも組織的にも完成度を高めた。これらは，「1914年から18年の，経験と準備の不足のために生じた穴だらけの体制」の再現や，状況が生じてから慌てて対応するような事態を回避するための措置であった6)。「国内への物資供給」[Landesversorgung / ravitaillement du pays]の概念によって，外国貿易は，危機を耐え抜く国民共同体にとって不可欠のものと位置づけられたのである。経済は国家に従属することになったが，しかしその対価として，企業は国民の利害を口実に利益を得る機会をも得たのである。連邦内閣が，国内への物資供給の確保が最優先されると宣言し，また「労働は資本に優先する」との標語の下で雇用の安定化を試みた時，連邦内閣は，利潤を求める私企業と対立することになった。スイスの輸出活動が，外国から原料・中間製品・食糧を調達し続けるための不可欠の前提であることは，交戦国との貿易をきわめて困難な状況下でも続けるうえで，最も重要な論拠であった。中立国スイスが経済的にはあらゆる交戦国と多様な形で密接な経済的関係を有していることや，国内政治の重要目標，とりわけ国民の食糧と購買力の確保がこうした対外貿易に深く依存しているとの指摘によって，「敵との取引」を正当化することができたのである。中立政策の観点では，いわゆる「通常の状態」が維持されるならば，すなわちスイスが，戦争によって新たに生じた事業機会や市場を一方的に利用するのでなければ，経済的協力関係を維持しても特に問題はないと考えられていたのである。

戦時経済の最大の目標は外国貿易の統制であった。両陣営から，小さな中立国スイスの高い工業力が敵の作戦能力を支えているという非難を再び浴びるような事態を避けるべく，連邦内閣は，──民間部門の支持も得ながら──最大限の努力を払った。国内の経済活動に対するこの種の外国からの介入を回避するために，実効性のあるさまざまな措置がとられ，また政府は，各国との意思疎通に努めた。そのために第二次大戦では，

対外経済関係は，第一次大戦時よりもはるかに，戦時経済的全体戦略の中に統合されていた。これらの動きは複数のレベルで進められ，新規に創設された新しい組織がこれを主導した。経済交渉のために小規模だが有能な代表団が組織され，戦争の間，経済外交を担った。これは，エルンスト・ラウアー（農民連盟）の他，ジャン・ホッツ（連邦経済省貿易局），ハインリヒ・ホムベルガー（スイス商工業連盟代表部），ロベルト・コーリ（連邦政務省）の三人の有力者から構成された。早くも開戦の数日前に，連邦政府は輸出制限令を発していた。1939年9月2日，この措置は拡張されて，輸出は認可制となった。開戦3週間後の9月22日には，ハンス・スルツァーを委員長とし，20名からなる輸出入監視委員会が設立された。この委員会は，経済界内でしばしば生じる利害対立を調整し合意形成を行う場でもあった。政府による統制は，急速に数を増した戦時経済的シンジケートを介して行われたため，民間企業の団体と国の行政機関の融合が進んだ。経済的エリートと政治的エリートの役割の重複がいっそう顕著となったのである。1939年10月24日には，外国貿易監視中央事務所［Zentralstelle für die Überwachung des Aussenhandels / Office central de surveillance du commerce extérieur］が設立され，これは連邦経済省貿易局に統合された。一週間後，連邦内閣はスイス企業に対し，外国からの指示に服することを禁止した。これにより，財の輸入・使用・輸出は〔スイス商工業連盟の〕「輸出入部会」［Sektion für Ein- und Ausfuhr / Section des importations et des exportations］によって調整されるようになり，官庁による全面的な監視と団体的・私経済的な自主規制下に置かれたのである。この施策によりスイスは，軍事的衝突と経済戦の遂行で一変した経済環境の中で，辛くも残った国民国家としての主権と交渉の自立性を，実際に生かすことができたのである。

　しかし，スイスの政策は，単に危険な時代を生き残ることのみを目指したものではなかった。経済的エリートの多くは，はるかに長い時間軸で思考しており，戦後への長期展望を描いていた。これらの人々は，いずれの陣営が勝利するかにかかわり無く，輸出産業の競争力維持に努めており，また将来的に有望な販売市場や企業構造に向けた準備にも，余念が無かったのである。スイスのアルミニウム工業は，1940年以降は，枢軸国にのみ供給を行った。枢軸国には大きな需要があり，価格も高水準であったために，同じく拡大していたスイス軍と国内産業の需要を十分に賄うことができなかったほどである。また戦争遂行上重要な物資を輸出する機械工業も，イギリスとアメリカ合衆国への輸出途絶によって生じた穴を，枢軸国支配地域への供給ですんなり埋めることができた。必要であったのは，戦争経済の巨大な需要を満たすための根底的な転換ではなかった。多くの企業が生産品目を外国の戦争経済の需要に合わせたとしても，国外市場を重視する大企業は，それまでの成功を支えてきた路線に忠実であった。それまでうまくいっていた事業活動を継続すること，革新的な技術開発を重視することが肝要なのであって，これらこそが，高い付加価値の実現を約束し，高熟練労働力に理想的な雇用機会を与えるのである。それゆえ例えば，化学・金属・機械工業および電気関連の有力企

業は，当時開花しつつあったハイテク・ニッチ部門に力を入れていた。1942年のブラウン・ボヴェリ社（BBC）の取締役会議事録には，以下の記述がある。「来るべき平和の時代への最善の備えは，我が社の製品の高い技術水準を維持することである」7)。1914年から1918年の時代に比すると，第二次大戦では技術が重要な要素となっており，高い技術に基づく製品には大きなチャンスがあった。ドイツやその他の市場に供給を続けることで，かなりの程度自律的な高成長を実現することができたのである。

企業の拡大戦略は，戦争という条件の下で，国内への物資供給と雇用確保という国益に，非常にうまく合致した。輸出の減少の一部——これはドイツの反封鎖によって生じていたが——は，当面は国内需要増で埋め合わせることができた。ブラウン・ボヴェリ社は連合国市場の喪失による損失を国内向け生産の拡大で補った。早くも1942年には，同社では内需向け生産の比率は半ば近くに達した。発電会社による近代化投資，一般家庭の電化，スイス連邦鉄道による輸送機械需要増が，同社の国内市場への転換を支えた8)。

スイスの通商外交

開戦後，スイスは，第一次大戦時のようにあらゆる国との間で経済的関係を維持しようと試みた。しかし現実にはそうはいかなかった。イギリス・フランス向けの輸出は大幅に減少し——アメリカ合衆国への輸出では減少幅は小さい——，これとは対照的に枢軸国への輸出が急増したのである。1940年7月から1944年7月の間，ドイツ——1943

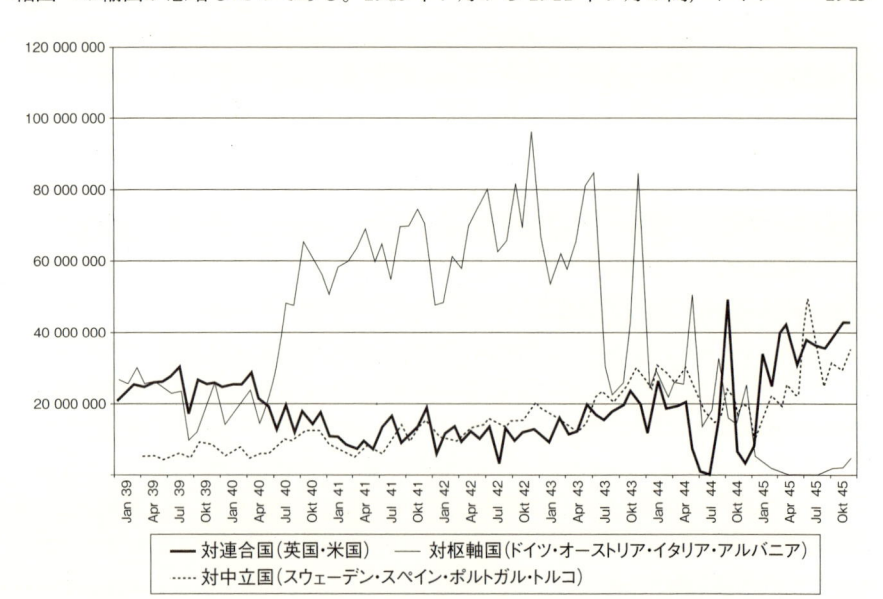

図2 各勢力への月別輸出額推移（単位 スイスフラン）

年半ばまではイタリアも——は，スイス製品の最大の買い手であり，他国に大きな差をつけていた。中立国（スウェーデン，スペイン，ポルトガル，トルコ）もまた，1940年以降は魅力的な市場を提供した。スペインとポルトガルからの輸入は盛んで，またスウェーデンとの貿易は，〔輸出入が〕ほぼ均衡していた。

　枢軸国や西側連合国との間で続けられた交渉によって結ばれた国際条約は，輸出入の細かい条件（輸出割当・支払方法等）を定めていた。これらの通商交渉は，交渉の時期によって六つの局面に分けることができる。各局面でスイスの自由度はめまぐるしく変わり，新たな強制・困難・隘路が次々と出現した。軍事作戦の進捗具合と戦況とが，局面の転換，交渉での期待，将来見通しの変化の要因であった。

　第一の局面は，1939年9月1日のドイツによるポーランドへの奇襲によって始まる。1939年から1940年のいわゆる「奇妙な戦争」の間，スイスは方向転換を模索してあらゆる方面で通商外交に努めた。この時期，敵国ドイツの弱体化を狙った経済戦が〔連合国によって〕開始された。スイスの目からすると，こうした「封鎖政策は，〔…中略…〕権力と恣意のシステム」[9]であり，そのため交渉には決意と慧眼が必要であった。

　第二の局面はドイツとフランスの休戦によって開始され，1年間続いた。1940年の夏にスイスはほぼ完全に枢軸国に包囲され，また1940年8月9日に，ドイツ・スイス通商協定の締結に成功した。同時にイギリスへの事実上の輸出禁止令が出された。これはスイスの中立を危うくするものであり，ドイツへの政治的な譲歩と見なされた。しかし早くも1940年9月には，イギリスとの経済関係は，その後も低い水準に止まったとはいえ，再開された。ファシスト政権下にあり，「第三帝国」の永年の盟邦で，1940年6月に参戦したイタリアとも，スイスはやはりこの時期に交渉を行った。イタリアの交渉担当者は，輸出入の拡大とともに，まずスイスの銀行による外貨での信用供与を要求し，次いで——ドイツがスイスから得た譲歩に倣って——，国によるクリアリング信用［clearingkredit/crédit de clearing/clearing loans］の供与を要求した。イタリアの経済と政治にとっては，スイスの金融センターのサービスとスイスの輸出工業は，様々な点で重要であった。信用供与や金購入と並び，偽装取引と，逃避資金の取扱いが言及に値する。1940年，こうした取引関係の中核には，スイス銀行コーポレーション（SBC）主導のコンソーシアムが1940年にイストカンビ〔イタリアの為替管理機関〕★1に供与した外貨信用があった[10]。

　第三の局面は，ナチスによる1941年6月のソヴィエト連邦侵攻によって開始された。ドイツは軍事的勢力拡張の絶頂にあり，傲慢な交渉姿勢を最もあからさまに示した。こ

★1 金本位制を維持したイタリアは，1933年以降，多額の経常収支赤字に悩んでいたが，1934年，ムッソリーニ政権は輸入割当制度を導入し，またブルガリア，ルーマニア，ドイツと為替清算協定を結び，1934年12月8日には厳しい為替管理を開始した。こうした中で，1918年に設立されていたイストカンビ（l'Istituto Nazionale per i Cambi con l'Estero, Istcambi Ince）が，外貨貿易を一元的に管理することとなった。Frech, Stefan［2001］（独立専門家委員会叢書第3巻），68-69頁参照。

の時期，スイスによる最大の譲歩が行われた。8億5000万フランに達するクリアリング信用の供与である。この第三の局面は，ミッドウェー，エル・アラメイン，スターリングラード等で明らかとなった戦況の大転換まで続いた。

1942年11月から1943年1月の時期は，ドイツの覇権が崩壊する時期といえるが，これによって第四の局面が幕を開けた。この局面は，対独通商関係に生じたスイスにとって危険な危機で始まった。ドイツの支配地域では「総力戦」が開始され，これにより，占領・併合された国々の人々は深刻な打撃を受けた。新たな交渉は成果なく終わり，1943年1月以降，ドイツとの関係は無協定状態となり，経済界や官庁では不安感が漂った。対独輸出の意欲は，幾分低下した。しかし1943年以降は，連邦内閣とその経済交渉担当者は，ドイツ軍の劣勢を背景に，「帝国」（ライヒ）に対し以前よりも強い態度で交渉にあたるようになった。連合国が中立国に圧力をかけていたことも，中立国のベルリーンに対する立場を強めた。スイスが，連合国からの圧力の強化のおかげで，対独通商での交渉の余地を——1940年夏以来初めて——回復したことは，この経済戦争の一つの逆説である。相手の交渉力を測る緊張に満ちたやりとりの後，1943年6月に暫定協定の締結に漕ぎ着けたが，しかしこれは，スイスの対独通商関係の若干の縮小をもたらした。この局面は，1944年8月末のフランスからのドイツの撤退で終結する。

第5局面は，連合国の進撃と，それによる対独通商関係遮断の要求のいっそうの強まりによって特徴づけられる。1944年10月1日，武器輸出が禁止された。武器以外の商品貿易はその後もわずかであるが続けられた。すでに1943年から，スイスは，英米両国が足並みを揃えて遂行する経済戦争の標的となっていた。1943年，ヴィントートゥールのスルツァー〔スルザー〕兄弟社がブラックリストに掲載され，スイスの経済界に衝撃を与えた。同社は連合国との「誓約書」〔Undertaking〕に署名することを拒絶した。これは，同社が枢軸国への供給を自主的には停止しないということを意味していた。1945年の年初，アメリカ合衆国大統領ローズヴェルトは，「自由を愛する諸国」に対して，ナチズムに対する戦いを支援するよう要求した。これに対し，スイス連邦大統領のフォン・シュタイガーは慇懃に返事をしたが，しかしドイツとの取引関係の遮断は，連邦内閣にとっては当時なお問題外であった。この問題では，外交上の配慮のみならず，国内への物資供給に対する影響も重視されたのである。連合国が西方と南方から接近するのに伴い，スイスの物資供給状況は，1944年から翌年にかけての冬に悪化した。というのも，連合国の司令官は，長い交渉の末合意された大陸外からの物資供給の約束を反故にしたからである。そのため，1945年になっても，ドイツとの経済関係を維持しなければならない十分な理由があったのである。

スイスは，英・米・仏代表団との交渉で，ようやく譲歩した。アメリカ人ラクリン・カリー〔85頁の訳註57参照〕が率いる代表団の1945年2月の到着は，戦後交渉への転換点をなす。この第六の局面は，戦後まで続く。1945年の2月と3月に行われた交渉の後，スイス側は，ドイツとの通商関係を遮断することに同意し，また連合国側の最大

の要求に譲歩して，スイス内のドイツ資産を凍結することを約束した。1945年2月16日には，連邦内閣はこれを実施に移し，在スイスドイツ資産を凍結した。これはアメリカ財務省が推進する「セイフヘイブン」作戦，すなわち，ドイツが中立諸国で行う金融取引を封じ込める作戦に沿った措置であった。この混乱期には，ドイツとの経済関係を完全に断絶することなく，連合国側に歩み寄ることが可能であった。こうした点で注目に値するのはスイスの大手企業の態度である。これら企業は，ドイツの経済的な重要性はその敗戦後も潜在的には残るだろうと想定し，危機的な状況においても，ドイツ企業との取引関係を，「少なくとも象徴的な形で」継続しようとしたのである[11]。スイスの経験豊富な通商交渉担当者であり，スイス商工業連盟代表部の事務局長でもあったハインリヒ・ホムベルガーは，ヨーロッパでの終戦の4日前に，スイス商業会議所で以下のように言明している。

> 「全ては，実際そうだったように，時間的に重なって，かつ起こるべき時に起こった。ドイツとの取引が，縮小しつづけてついには完全停止に至る可能性を有したことは，ドイツとの間の二国間関係の自然な展開である。しかし，我が国と連合国の関係にとってそれが不可欠の条件となった時期にこの途絶が起こったことは，『世界史におけるスイスの僥倖』の一つの章をなすといえよう」[12]。

この時期にフランスに供与された2億5000万フラン以上のスイスフラン建ての貸付けは，スイスの経済外交の転換で決定的な役割を演じた。というのもこれは，——企業レベルではずっと前から起こっていた——通商相手地域を，連合国によって解放された地域（とりわけフランス，ベルギー，オランダ）に転換する動きを確固たるものにしたからである。これによって，一時的に高まっていた中立諸国市場などからなる代替的市場の重要性は，戦後には再び低下した。

全体としてみると，スイスは，ドイツとの密接な経済的協力関係の維持に努めたのであり，これはスイスに二つの利点をもたらした。第一に，スイス企業は以前よりも技術的・財務的に強靭になって終戦を迎えた。第二に，国は，その防衛政策・経済政策の最大の目標を達成することができた。政府も企業も，通商上の協力関係なしには，国民にパンと労働を保障することはできなかったであろう[13]。また軍事的にも，軍備や要塞構築のための原材料を確保しえなかったであろう。さらには，スイスの高度に発展した金融業の担い手たる多くの銀行の存立も，外国資産の安全確保の行方に依存していた。少なくともそれは，危険な状態に陥りつつある資産からの秩序ある撤退の成否にかかっていたのである。

枢軸諸国との関係

戦争の間,ドイツによる侵略によって,クリアリング協定に基づく取引が急激に拡大し,スイスの通商相手国に占める枢軸国支配地域の割合が高まっていった。枢軸国は,その支配と軍事力のためにクリアリング協定を利用し,協定締結国に対しいわゆるクリアリング信用を要求した。これによって生じた負債は,戦争の末期には総計330億ライヒスマルクに達した。その2%にあたる11億2100万フランが,スイス政府が供与した信用であった[14]。このいわゆる「クリアリング資金(ミリアーデ)」(終戦後は連合国によって「対敵協力資金(コラボレイション・ビリオン)」と称された)は,スイスの輸出企業に対する国による支払保証として機能した。このクリアリング信用を用いて,ドイツ軍とイタリア軍はスイスから大量の軍需品を調達した。しかも,ナチスの行政機構は「ヨーロッパ中央クリアリング」〔Europäisches Zentralclearing〕を設け,これに,ナチスの占領地域とスイスの外国貿易に関する統制権を付与した。枢軸国は,戦争開始後1月もしないうちから,クリアリング信用を用いて,スイスからの輸入代金支払いのための信用獲得を試みた。これは,貿易相手国をドイツの戦争経済の中に埋め込むという一般的な戦略にも合致していた。1940年夏のフランス降伏後には,スイスは枢軸国にほぼ完全に包囲され,ドイツへの輸出に大きく依存するに至っており,ドイツからの圧力が強まっていた。スイスからの輸出の主要品目は,軽金属,武器,機械,繊維製品,化学製品,医薬品であった。反対にスイスは,大量の石炭,繊維原材料,銑鉄,非鉄金属,化学製品,機械部品をドイツから輸入していた。図3から,対独輸出の増減がはっきりと読み取れる。図は,1941

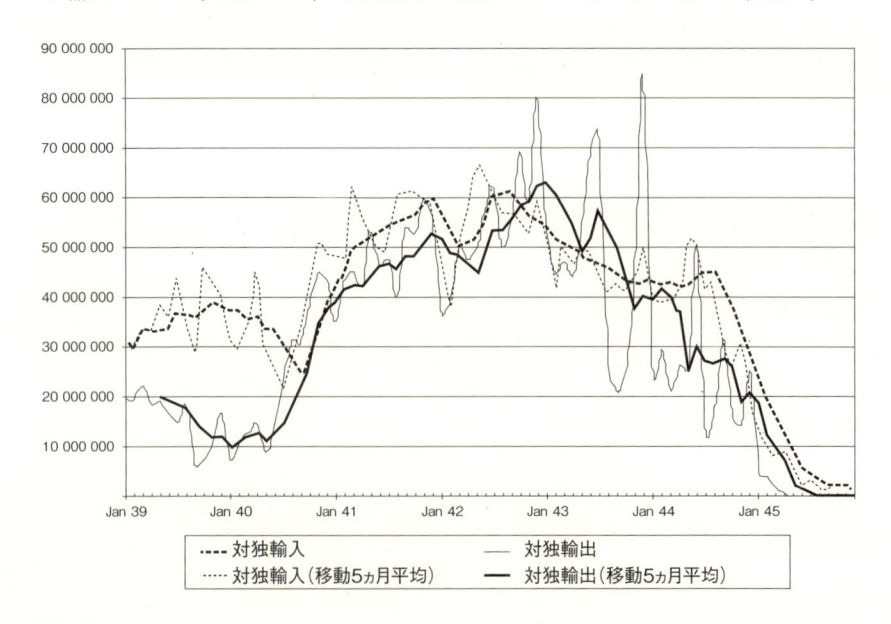

図3 スイスのドイツ・ライヒとの貿易(単位 スイスフラン)

年から 1943 年の間，ドイツ市場でのスイス工業製品の販売が増加したことを示している。しかしながら，スイス輸出業者による対独供給の能力と意思は，1943 年以降，またとりわけ 1944 年以降は，大幅に減退した。とはいえ，スイスとドイツの通商関係は，終戦時まで比較的高い水準でしぶとく続いた[15]。

通常は，スイスへの輸入額はスイスからの輸出額を上回っていた。スイスの対独貿易収支は，1943 年を除き，赤字であった。1942 年以前と 1944 年には，輸出よりもはるかに多額の輸入があった。ドイツとの経済関係は，他国との通商関係とは比較にならぬペースで拡大しており，それゆえもはや，「通常の状態」とはいえなくなっていた。ドイツの慢性的な外貨不足にもかかわらず，前述のクリアリング信用によって，──商品貿易のみならず，スイスのサービス業・金融機関による高水準の「見えない輸出」を含め──1945 年 4 月まで，多面的な経済関係が曲がりなりにも継続されえたのである。

しかしこの経済関係によって，スイスは強大な隣国の理解を得ることができたのであって，スイス国民の反ドイツ的姿勢が引き起こし得たかもしれないドイツ側の反応のリスクを，最小限の範囲にとどめた。外相であったマルセル・ピレ＝ゴラは，1940 年 7 月末に，政治的には対ドイツ順応派であったスイスの駐ベルリーン大使，ハンス・フレーリッヒャーに対して，以下のように述べている。

> 「我々は，現在進められている通商交渉の結果が，ヨーロッパ大陸の新しい状況に対する我々の順応の用意，また経済面でのドイツとの協力の意志を示す機会となることを強く望んでいる。これによって，我々の期待通り緊張緩和の印象を与えることができるならば，他の分野でも，ドイツからもスイスからもすぐ出てきかねない盲従であるとの非難を受けることなく，ドイツ側の共感を得ることができるであろう」[16]。

ドイツ軍に対してフランス軍が呆気なく敗退したことが，この時期，スイスの人々に衝撃を与えていた。スイスは包囲されてしまった。1940 年 6 月 21 日の停戦の日には早くも，スイスの諸官庁は，「ドイツへの輸出を全面的に促進するために」「あらゆる手段を動員し」た[17]。連邦大統領のピレ＝ゴラは，6 月 25 日のラジオ演説で，「どんなに高くつこうとも」雇用を創出すると約束した。経済交渉の担当者は，枢軸国との経済関係を深めようと，明確な目的意識を持って努力していた。交渉代表団の一員であったハインリヒ・ホムベルガーは，ドイツとの緊張を高めかねないことは全て回避しようとしていた。しかしまた，英国との関係を断絶してしまってはならないとの意志もあった。連邦閣僚のミンガーは，炯眼にも，戦争はまだまだ続くのであって，「ドイツに憐れみを乞うなどということ」[18]をスイスは考えるべきではないと宣言していた。その後の数年間で，この二つの判断はいずれも妥当だったことが明らかになった。連合国との経済関係を維持することにも──最小限であったが──成功したのである。しかしこの時期

に圧倒的であったのは，枢軸国からの理解を得るという戦略であった。1940年6月以降，経済界の代表からなる純度の高い「調査団」をベルリーンに派遣しようという提案が何度もなされた。これらは，総司令官や，ドイツに親近感を持つ勢力による提案であったが，これはまた，主要輸出企業で支配的であった見方，すなわち，スイスはドイツが支配する「大ヨーロッパ経済圏」に通商関係を絞るべきであるとの考えを，反映していた。ドイツは1940年にこれに関し明確なシグナルを発しており，これはスイス企業の一部で好意的に受け止められたのである。バーゼルの化学工業が形成した利益共同体（Interessengemeinschaft der Basler Chemischen Industrie）は，1940年8月に，以下のように指摘した。

「当面は，特に通商政策的な活動は，大陸圏に向けられるべきである。大陸では，これまでの戦争の結果，従来とは大いに異なった経済的新情勢が出現しており，我々の地位を確保するためにも，手遅れにならないうちにこれに影響を及ぼさねばならない」[19]。

> バリー社とその枢軸国との関係
>
> いくつかの企業の場合，ナチスドイツ市場への傾斜は，非常に露骨な方向転換の形をとった。この方向転換が，1940年の夏に初めて，しかも官庁からの圧力によってなされたことは，シェーネンヴェルト〔チューリヒ州〕の「バリー製靴株式会社」の事例に明瞭に表れている。1939年夏，同社の取締役会は，「イギリスによって公表されたブラックリスト」のリスクについて討議し，「ドイツ企業として扱わねばならないので，ヴィーンにあるバリー・ヴィーン製靴会社への供給は全面停止されねばならない」と結論づけた[20]。しかし1939年10月11日になると，取締役の1人は，「ベルンでは」，「我が社がドイツへの供給を停止することを（…中略…）望んでいないだろう」と書き留めている。「ドイツの我が社の顧客に商品を供給するよう，法律によって強制されるかもしれないこと」，「もしも我が社が協商（アンタンテ）国〔＝連合国〕にのみ無制限に供給し，他方ドイツへの輸出に尻込みした場合には，我が社もまた，中立的には扱われ得ないであろうことを，忘れるべきではない」[21]。
>
> しかしながら，「中立政策」を論拠とするこの議論（これは，全交戦国への商品供給を正当化する議論として用いられた）は，経営陣を説得するには至らなかった。いずれにせよ取締役会は，1940年5月4日，「現時点では，ドイツへの商品供給は我々にとっては問題外である」という結論を出した[22]。しかし1940年7月4日には，情勢は一変する。イヴァン・バリーは，「一般的に，雇用創出という差し迫った必要性」があること，「とりわけクリアリング協定での貿易収支がドイツ側の黒字となっている点に鑑み，輸出回復が必要であること」を指摘した。このクリアリング収支上の赤字は，「できるだけ早く，商品輸出によって解消しなければならない」。しかしバリーはこれに続けて，イギリスとの封鎖協定への違反を避けるため，「我が社が通常状態（クラン・ノルマル）の範囲内で業務を行う」よう留意されるべきとも発言していた。これを越える量については，製靴産業全体で取り組まねばならず，スイスと連合国の「合同委員会」〔Schweizerische Alliierte Commission Mixte / Commission mixte des Alliés〕に影響力を行使しなければならない

とされた23)。

　クリアリング信用は，枢軸国によるスイス包囲後，多くの企業が追求した輸出戦略において，機を見るに敏な交渉担当者にとっての前提となった。スイスの交渉団の間では，ドイツが「目下我々のすぐ目の前に迫っており，［……］他方イギリスは，非常に遠くに」24) ある，との印象が支配的であった。この局面においては，ドイツはその軍事的覇権の絶頂にあり，企業戦略，国家利害，ドイツ寄りの政策を結合することが可能であった。ホムベルガーは，1941年5月のスイス商業会議所のある会合で，「ヨーロッパの将来の構造」を視野に入れるべきこと，「建設的な協力関係」に備えるべきことを説いた。スイス自身の「犠牲」は，「我が国の独立を維持するために」払われねばならないというのである25)。ここには，通商政策が，完全に外交政策あるいは防衛政策でありえたこと，あるいはまたその両者であったことを示している。

　とはいえ，スイスを出先工場として利用し，スイスの経済力を自らの軍事力の支えにしようというドイツの目論みが，いつも上手く行ったわけではない26)。ドイツの各省，国防軍，それにナチス体制の下で新設された諸組織は，スイスを買い付け市場として利用しようとしたが，それはささやかな成功にとどまった。1941年春にベルンに拠点を設け，ここを足がかりに，ドイツからの発注・調達・買い付け活動を調整・強化しようとしていた「ドイツ工業委員会」［Deutsche Industriekommission］は，ひっきりなしに苦情を訴えていた。たしかに，スイスを「新しいヨーロッパ」に経済的に統合しようとするドイツの政策決定者の目論みは，政治的・概念的な面で効果を生んでいた。スカンディナヴィア諸国，東南欧諸国と同様，スイスもまた，「ヨーロッパ広域経済圏」に積極的に参加するよう，動機づけられたのである。しかしこうしたプロパガンダの効果も，ヨーロッパの大半の地域での粗暴な占領経済の事実を前に，次第に薄れていった。

　スイス企業が，ヨーロッパの新しい支配者との取引に努めるようになったという事実を，民族社会主義的な心情の表れと同一視してはならない。スイスの財界有力者の一部が，秩序思想やナチスドイツの反共主義とのイデオロギー的親和性を示していたのも事実である。しかし，経済的取引関係の濃密さは，その種の共感の反映ではない。連合国との間のいわゆる誓約書に署名すること，すなわち枢軸国との以後の取引を明示的に断念することは，スイス当局によって禁止されていた。これは，スイス企業がドイツに公然と距離を置いた場合には，厄介な事態に陥らざるをえないということを意味していた。それに対し，枢軸国への輸出に積極的な企業は，政治的に支持されていると感じることができた。これとは反対に，アングロサクソン諸国でのスイス企業の活動の拡大は，必ずしも枢軸国との関わりの減少を意味しない。スイス経済の重要な部門・分野——大銀行や化学・製薬産業——では，戦争の間，業務の重心をアングロサクソン圏に移していたが，しかしだからといって，ドイツでのビジネスや，ドイツとのビジネスへの関心を失ったわけではなかったのである。

スイスに対する交戦諸国の経済的・政治的関心

　中立国スイスに対する交戦諸国の経済的・政治的関心は，製造業・金融業部門でのスイスの経済力と，諜報活動拠点としてのスイスの役割，それに，スイスの外交・人道支援活動にあった。枢軸国は，戦力増強の競争ではるかに広い地域の資源を利用しえた連合国に比して，スイスの経済的役割をより重視する傾向があった。連合国による大陸封鎖によって，ドイツとイタリアは，ヨーロッパの経済力を極限まで利用せざるをえなくなった。1940年にスイスが枢軸勢力に包囲され，〔枢軸国による〕反封鎖が実施されると，枢軸国は，スイスの経済力を，ほとんど狙い通りに利用することができるようになった。続く2年の間，ドイツ軍は，スイス連邦内閣が承認したクリアリング信用のおかげで，何らの障害もなく，大量の軍需品をスイスから調達することができた。とりわけ，戦争物資［Kriegsmaterial / matériel de guerre］（武器・弾薬・起爆装置），アルミニウム，工作機械の需要が強かった。ドイツの軍需品生産は戦争開始後3年間伸び悩んだため，スイスからの戦争物資の供給は歓迎されたのである。しかしながらナチスドイツ内での生産量に比すると，戦争の全期間を通じて，スイスからの武器供給は非常に小さな規模にとどまった。スイスが供給した戦争物資はドイツでの生産量の1%に過ぎず，工作機械やアルミニウムの場合でも約3%に過ぎなかった[27]。それに対し，電炉での鋼生産に必要な黒鉛電極では，スイス製品はドイツでの生産量の10%に達しており，また対空防御兵器用の時限点火装置やその部品でも，やはり10%を超える規模に達していたと推定される。

　この比較的わずかな戦争物資供給量は，ドイツの閣僚や軍関係者がスイスからの供給の重要性を繰り返し強調していたことと矛盾する。しかしこれらの発言は往々にして自己矛盾に満ちており，客観的な状況よりも諸部局間の競合関係の反映であることが珍しくなかった。ナチスの諸官庁は，諸部門間の資源獲得競争のために，あらゆる物資について，それが戦争の帰趨にとってきわめて重要であり不可欠であると主張する傾向をもっていたのである。そのため，——本研究でもしばしば引用しているが——ナチスの諸部門による発言は割り引いて評価しなければならない。しかし同時に，特定の部門では，ドイツ経済がスイスに依存していたと断言することもできる。ドイツと占領地域の大半の工業部門の発展が，スイスからの供給を必要としない水準に達していたのは事実であるが，しかし機械部門，特に時計部門（および，これを使用する起爆装置）では，ドイツがスイス市場〔からの調達〕に大きく依存していたことを確認することができる。ドイツの時計工業の専門化の水準はスイスのそれよりも低かった。しかもスイス工業の品質と信頼性は折り紙付きであり，これはドイツの軍需工業も認めた利点であった。この高品質はとりわけスイスの工作機械で際だっていた。例えば歯車加工機械は，ドイツの航空機・戦車製造に不可欠であった。特定の精密工具，変圧器，アルミニウム，ベアリングへの需要もまた大きかった。しかし今日ではもはや，ドイツの工場がどの程度まで実際にスイスからの供給に依存していたか，またスイス製品以外の代替品を見つけら

れたのかか否かを，確定することはできない。またドイツは，占領地域や同盟国から，ずっと多くの，またより重要な財を輸入していた。

スイスからの供給は，ナチス体制が——東部戦線と北アフリカでの敗北に直面して——1943年に宣言した「総力戦」の結果，重要となった。その後2年間のドイツでの軍需品生産の急拡大に伴い，スイスを含む外国からの供給の必要性が高まった。特に1943年前半には，ドイツの諸官庁と国防軍は，スイスからの軍需品供給の重要性を何度も強調していた。軍需相アルベルト・シュペーアと国防軍最高司令部長官ヴィルヘルム・カイテルは，経済的な圧力（原材料封鎖）を用いてスイスに供給拡大を強いるべきと主張したが，アドルフ・ヒトラーは穏健な諸官庁の案を支持した。これについては以下の記録がある。

> 「彼〔ヒトラー〕は基本的には，スイスに対し強硬な姿勢を示すことを重視していた。しかし，やりすぎてはならないとも考えていた。というのも，もし我々が公然たる通商戦争を仕掛けるならば，スイスが，イタリアを通じ第三国からの輸入に逃げ道を求めるかもしれなかったからである。そのため総統は，スイスが我々の要求を呑まない場合でも，以後の交渉可能性を閉ざしてしまわない方がよいと考えていた」[28]。

こうした判断は，戦争終結に至るまで，スイスに対するドイツの経済外交の基本となっていた。ヒトラーは，枢軸国イタリアの協力姿勢にまったく信頼を置いておらず，同時に，スイスからの供給の完全な途絶を避けたいと考えていた。スイス政府は，1943年夏以降，輸出，特に戦争関連物資の輸出を制限した。その結果，ドイツ軍需省にとって，スイスからの物資供給は重要ではなくなった。

> 「スウェーデン，スペイン他の諸国からの輸入は多額で，また重要な原材料の輸入によって特徴づけられるが，スイスからの輸入構造はそれとはまったく異なる。というのも，これは全品目にわたり，しかももっぱら最終製品からなっているからである。スイスからの輸入は，平均的には，ドイツにとっては重要とはいえない。特に，ドイツからスイスへの輸出と対比するならばそうである」[29]。

その後は，ドイツの関心は，スイスの他のサービス，すなわち物資の通過交通と，それにとりわけ，外貨取引に収斂していった。これらの面では，スイスは，ドイツの戦争経済にとって重要な役割を果たした。スイスの自由な資本市場では，金や有価証券の販売などさまざまな取引が可能であり，かつそうした取引で手に入るスイスフランは，1941年以降のヨーロッパの貿易では特別の役割を演じた。ドイツのライヒスバンクによれば，スイスにおける外貨・金取引は，スイスフランが，ドイツにとってもその同盟

者にとっても，唯一自由に使用できる外貨であったために，「戦争にとって決定的な意味を持っていた」30)。ドイツによる国際的な決済取引のうち，外貨でなされるのはわずか10％未満であった。しかし，とりわけ1943年以降は，中立国・同盟国からの需要が特に多い原材料・財の輸入ないし密輸は，外貨によって支払わねばならなかったのである。いくつかの事例は，スイスフランが無かったならば，ナチスドイツはタングステンや鉱油など特に価値が大きな原材料を購入しえなかったこと，あるいはその入手量が限られたであろうことを示唆している。特にドイツの同盟国は，やはりスイスで戦争物資や機械を購入するために，スイスフランでの支払いを要求した。例えばルーマニアは，ドイツとの経済条約締結の条件にスイスフラン建決済を盛り込んだ。スイスフランはまた，スウェーデン（船舶）やスペイン・ポルトガル（タングステン購入）等の中立国との貿易でも用いられた。ライヒスバンクは，戦時期には20億フラン以上を有しており，そのうち半ばがスイスで，また残り半分が国際的な決済に用いられた31)。総じて，スイスの特別な重要性は，軍需品供給の面よりも，むしろ国際貿易の結節点としての機能にあったのである。とはいえスイスの特定の工業製品（工作機械，起爆装置）が，ドイツの軍需品生産に大きく貢献したという可能性も，非常に高い。

　連合国側のスイス関心は，ドイツのそれとは背景が異なっていた。連合国側にとっては，中立国の経済的な能力を利用することよりも，ドイツがこれを手にすることを阻止することの方が，はるかに重要であった。連合国は，枢軸国を弱体化させ，中立国が枢軸国を支える事態を阻止するために，戦略的にスイス企業に発注を回した。しかし，アメリカ合衆国とイギリスがスイスに再三にわたって警告したことは，この戦略がそれほど成功しなかったことを示している。連合国は，経済戦の一環で，在米資産の凍結や経済制裁――ブラックリストや封鎖海域航行許可証 [navicerts] の発行拒否――といった包括的な措置を発動した。しかしアメリカ合衆国やイギリスは，スイスに圧力をかけたにとどまらず，同時に商品の買い手でもあった。戦争初期に，郵便によって大量にイギリスやアメリカ合衆国に密輸された時計石〔時計軸受用の宝石〕は，連合国の軍需向け――起爆装置および航空機部品――に供されたが，同時にこの取引は，敵がこれを購入する可能性を狭めることも狙いとしていた。

　しかしながらスイスは，戦争末期の困難な状況の下でもなお，極端に圧迫されていたわけではなかった。というのも，連合国による経済戦は，ロンドンやワシントンの政策当局者が期待したほどには，中立国を効果的にあるいは無制限に締め上げるものではなかったからである。ブラックリストに載るか否かはしばしば偶然に左右された。戦争中ずっと，連合国は，中立国に対する政策では，慎重に利害を考量しなければならなかった。スイスを慎重に扱う方が利益が大きいようにも思われた。米国国務省の国務次官であったジョセフ・グルーは，こうした妥協姿勢を明瞭に示していた。

　「政治的な理由，および，スイスの中立的な姿勢の我々にとっての有用性，それに，

ヨーロッパ経済を将来再建する際のスイスの有用性に鑑みると，純粋に経済戦的な目標の達成のために，今の時点で過度の圧力をスイス政府にかけることは，得策とは言えない」[32]。

ワシントンやロンドンの外交当局は，ニュースの発信地，スパイ活動の舞台，そしてまた，枢軸国に捕らわれた連合国側の捕虜の扱いにあたる赤十字国際委員会の本拠としてのスイスの役割に対しては，常に寛大であった。そのためスイスは，二つの交戦国陣営の間にあって，常にある種の柔軟性を持ち続けたのである。

行動の余地と政治的な正当性

戦争と恐慌という条件の下で，通商関係に対する通商政策の影響が強まり，また外交も経済外交となった。しかし経済と政治のこうした交錯によって，逆説的なことに，対外関係において経済と政治を分離することが容易になった。めまぐるしく変わる利害状況と権力関係の下，スイスの諸官庁は，戦争の間，国内への物資供給を最優先課題とした。それゆえにこそ，ドイツの要求を満たし，スイス企業の希望に沿うことができたのである。供給の隘路と販売市場の喪失のために，あらゆる方面とひっきりなしに交渉することが必要となった。これらの交渉は，どうしても欠くことのできない国民経済的資源を確保するためには，不可欠に思われた。枢軸諸国や連合国との交渉ばかりでなく，他の中立国との交渉さえも，多様な反作用・相互作用を引き起こした。中立国スイスは前線の間に位置しており，交戦国のいずれもが拠って立つ近代的な産業が，経済的孤立と自給自足ではとても立ち行かないという事実を，巧みに利用していた。

通商交渉はまた，明示的には言及されなかった心理的・経済的・政治的要素からも影響を受けていた。例えば，金の購入，アルプス通過交通，武器の供給を要求されたスイスが，その交換条件として，原材料・食糧の供給をドイツ側に強く要求しなかったのはなぜだろうか。また逆にドイツの側でも，経済と政治の相互依存関係を，中立国である隣国に対する圧力の手段として，もっと利用しなかったのはなぜだろうか。こうした疑問への一つの答えは，交渉の対象を分割した方が，問題を処理するのが容易であったということである。もしも，経済的取引の相異なった分野を体系的に関連づけたならば，複雑な調整過程が必要になっただろうし，それによって交渉は困難になり，また妥協も難しくなったであろう。また同時に，こうした国家間の相互作用の一体性を過大評価することも適切でない。ヨーロッパ大陸を支配する「帝国（ライヒ）」には，複数の権力中枢があり，種々雑多な官庁・諸機関は，統合的な全体戦略を案出する意志や能力をわずかしか有していなかった。これは，スイスの軍事的な脆弱さと同様，その交渉力を損なうことになった。

ドイツとの経済交渉はスイスにとって厳しい力関係の下で行われ，スイスの代表団には，非凡な交渉力が要求された。交渉の焦点は二つあった。第一にドイツ側は，既存の

二国間クリアリング協定の枠内で有利な条件を得ようとした。その機会は，協定為替相場——政治的に決定された諸通貨間の価値関係——の適用，ライヒスバンクに対する「自由な外国為替余剰」[freie Devisenspitze]★2の供与，それに貸付利幅★3によって与えられた。第2の焦点は，ドイツの掌中にあるヨーロッパ規模の多角的なクリアリング機構への，スイスの組み込みであった。ドイツにとっては，いわゆるヨーロッパ中央クリアリング・システムへのスイスの参加が重要であった。若干の政治的・経済的懸念にもかかわらず，スイスは，1940年9月20日にこのシステムに加わった。スイスの当局者は，この一歩が，「ライヒ」による併合・侵略・占領政策を承認することに他ならないことを承知していた。それだけにこの加盟に対しては，政官財各界の指導者の中でも異論があった。財務当局のある者は，1941年1月に，多角的清算システムを，主体的な通商政策と通商協定の断念を糊塗する「隠れ蓑」であると評した。スイスは可能な限り，これに加わるべきではないというのである。しかし中立を維持する小国スイスは，結局は，「あるシステムに教条主義的に固執するよりも，自国の雇用を優先した」のである33)。ジュネーヴの銀行家アルベール・ピクテは，クリアリングシステムへの加盟を，「深刻な影響を及ぼす」決定であると評し，「なぜスイスはそう急いで交渉を進めようとするのか」と疑問を呈した34)。それに対し，繊維企業家のカスパール・イェニーは，こうした懸念を認めつつも，「加盟によってそれよりもっと悪いことが避けられるならば，加盟もやむをえない」としていた。しかしながら，多角的清算は，当初の期待を裏切り，ドイツが支配する「新しいヨーロッパ」の金融的インフラストラクチャーとなることはなかった。戦争の下での破壊の論理のために，その発展は限られ，実質的には，占領地域の経済的な搾取の道具に堕してしまったからである。そのため，長期的には二国間協定が支配的アプローチとなり，経済交渉は，ドイツとスイスの清算協定の不断の見直しを中心に進んでいった。

1940年と1941年のスイス・ドイツ経済協定は新聞でも採り上げられ，議会の委員会でも審議された。しかし，1940年の経済協定については，同年5月に始まる交渉の間，政府の公式発表が報道されたのみである。協定への署名の後，新聞各紙はこれを歓迎し

★2 ドイツ側は，外貨の収支がドイツにとって入超となる（＝自由に使用できる外国為替をドイツ側が常に確保する）ことをスイスが保障することを，クリアリング協定締結の条件とした。この入超分（ドイツ側にとっての外国為替余剰＝Devisenspitze）を，ドイツとスイスのクリアリング協定では「自由なライヒスバンク余剰」(freie Reichsbankspitze) と称した。1934年時点では，スイスは対独貿易で経常収支赤字を計上しており，この条件は容易に満たし得た。しかし，その後スイスの対独貿易黒字の拡大によって，これは，ドイツに対する大きな譲歩を意味するようになった。スイス側はこの「自由な外国為替余剰」の縮小をたびたび求めたが，ナチス・ドイツはこれを拒絶した。ヒャルマール・シャハトは，1938年に，ドイツがスイスとの経済取引で関心をもっているのは，この自由な外国為替余剰のみだ，と発言したという。Frech, Stefan [2001]（独立専門家委員会叢書第3巻），187-188頁を参照。

★3 スイスの貸付機関による契約金利と，ドイツとの二国間条約に定められた4.5％の上限金利の差額を指す。ドイツの戦時債務の償却に用いられた。Frech, Stefan [2001]（独立専門家委員会叢書第3巻），251-252頁を参照。

た。『ノイエ・ツルヒャー・ツァイトゥンク』は，ドイツ・スイス間の経済関係の自然な発展の帰結と評価した。チューリヒの『ターゲス・アンツァイガー』とルツェルンの『ファーターラント』は，柔軟なクリアリング信用を称賛した。批判的だったのはベルンの社会民主党系新聞である『タークヴァハト』のみであるが，同紙の批判は，スイスがドイツの圧力に屈したことよりもむしろ，連邦内閣が「スイスの財界」に一方的に有利な決定を下したことに向けられていた[35]。どの新聞社も，物資供給・雇用の確保を根拠に，1941年7月の協定におしなべて肯定的であった。通常であれば反ファシスト的論調を示す社会民主党系の新聞も，とりわけクリアリング信用の供与による受注増が雇用を創出するとの理由で，これを肯定的に評価したのである。

　1941年の夏の時点では，どれほどの額のクリアリング信用がドイツとスイスの輸出産業に供与されることになったのかは，公表されていなかった。交渉団に加わった議会メンバーが，経済相ヴァルター・シュテンプフリから，クリアリング信用を8億5000万フランに引き上げることを知らされていたことは事実であるが，連邦内閣は，連合国の反応も考えて，クリアリング信用の額を秘匿しておこうとした。しかしながら，約9億フランという額が噂として広まったため，連邦経済省貿易局長であるジャン・ホッツは，連邦議会の広報誌で，協定を弁護する論陣を張らざるをえなくなった。スイスの経済外交が公然たる議論の対象とならないように，新聞は検閲され官庁には箝口令が敷かれた[36]。これとは対照的に，1941年秋には，対外経済に関する連邦内閣の報告（年二回）の承認に際して，新聞での噂の報道をきっかけに，国民院で激しい議論となった。社会民主党の国民院議員であるハンス・オプレヒトは，連邦内閣に対し，クリアリング協定による前貸金と多角的クリアリングに関する情報を要求した。

　　「この外国貿易体制によってスイスは，自らの意志に反して，『新しいヨーロッパ』に組み込まれているのではないでしょうか。またそれによって，完全かつ絶対的な中立が脅かされているようには見えないでしょうか。[…中略…] 私達は急な坂道の上にいて，いよいよ滑り落ち始めているのではないかと，私達は危惧するのです」[37]。

国民院議員のヴァルター・ムシュク（独立者の全国連合）はこの議論を引き継いで，連邦内閣の親独的な経済政策に対する不快感を公然と示した。

　　「今日，互いを滅ぼすために戦っている各国は，戦争が終わったならば，世界を襲った運命を我が国が驚くほど巧みに遠ざけえたからといって，我が国に配慮しようとはしないでしょう。こうした倫理的な視点は，いつの日にか決定的な意味を持つに違いなく，私達は今日からそれを覚悟しなければなりません。私達自身の子孫も，いつの日にか，私達がこの時代に腹を空かし凍えていたか否かではなく，むし

ろ私達が，空腹と困窮にもかかわらず，スイスという国にふさわしく，また欠くことのできない威信を保つ力を示したか否かを，問いかけるに違いないのです」[38]。

この問題を担当する連邦閣僚，経済相のヴァルター・シュタンプフリの答弁は短く明瞭であった。

「ムシュク博士は，私達の子孫が，私達が凍えあるいは飢えたかどうかを私達に問うことはないだろうと示唆されました。私にとっては，私達の子孫が何というかはどうでもよいことであります。私の関心事はそんなことよりも，もし石炭や食べる物がなければ，今ここにいる世代は一体何と言うだろうかということであります。〔…中略…〕私が，すこし前に我が国の物資供給の責任の一端を担うようになってから今日に至るまで，理想主義的なヒロイズムに浮かされて，最も重要な物資を諦めてよいというようなスイス人には，1人もお目にかかったことがありません」[39]。

行政府と経済諸団体の合意による対独通商政策は，幅広い政治勢力から支持を得ており，新聞各紙からも支持された。しかし〔商工業連盟〕代表部の中には，ホムベルガー会長の独断専行ぶりに批判もあった。また国立銀行も，連邦内閣による信用供与は，通貨政策にとって危険なものとみていた。しかし，連邦内閣とその交渉担当者は，ドイツの圧力のみならず，1941年以降は輸出に積極的な企業からもより強く影響されるようになっており，今日の視点で振り返っても，他の選択肢はほとんど無かったように思われる。同じく，国家が主体となってクリアリング信用を供与したからこそ，スイスはナチスドイツと包括的な協定を結ぶことができ，それによって防衛支出を減らすことができたという点も，認められている。連邦経済省貿易局長であったジャン・ホッツは，1941年7月18日の協定を回顧して，「協定がもし成立しなかったら，軍事動員によるコストは毎年10億フランに達したであろう」と述べている[40]。

スイスの対独輸出に対して資金を前貸ししたおかげで，他にも多くの点でスイスの利益が実現した。西側勢力が「コンペンセイション・ディール」と呼んだ取引によって，戦争遂行上重要な物資を，ドイツ占領地域を経由してイギリスやアメリカ合衆国に発送することが可能となったのであるが，これは，スイスにとって長期的にも重要な，ドイツ側からの譲歩であった。この「自己金融」〔スイスの対独輸出品購入費のスイス自身による前貸し〕は，ドイツによる封鎖をこじあけ，連合国との通商関係を開いたのである。〔このように〕交戦勢力の片方のみを片務的なクリアリング信用の供与で優遇したことは，たしかにスイスが中立政策に違反したことを意味した。しかしその違反によって同時に，スイスは，「枢軸国による包囲の頂点においても，その主権と中立を維持する」ことができたのである[41]。潜在的な敵に対して経済的に順応することでなされた

この種の抵抗は，成功した戦術としても，またナチスドイツとの関係が二面性を有したことを示すものとしても，解釈できる。

ここで再度，枢軸国との関係を連合国との関係に比較すると，明瞭な非対称性が見出される。ジャン・ホッツは以下のように述べている。

> 「枢軸国との間では，1940年以降，戦時の通商関係に関し条約で規定された包括的なルールがあった——めまぐるしく変わる情勢にそのつど順応しなければならず，またもちろん何度も協定の失効で中断されたにせよ——。〔それに対し，〕連合国との経済的関係は，スイスが枢軸国に包囲されていた全期間を通じて，慢性的な危機の下にあった」[42]。

総じて，スイスは制約の多い体制の受け入れについて枢軸国と合意したものの，それにもかかわらずドイツはその後も圧力を加え，スイス側も譲歩を行ったということができよう。それに対して連合国は，経済戦争の遂行と自由貿易主義的な通商政策の奇妙な混合の下でスイスと経済的関係を持ったのだが，これはスイスにわずかな安全性しかもたらさず，この関係はしばしば危機に陥ったのである。

---

1) Hotz, Jean [1950]，54頁。
2) 戦争中のスイスフランの役割は，金取引と略奪金塊に関する4.5にて詳細に論ずる。
3) 特に記載のない限り，本節の叙述は，Meier, Martin / Frech, Stefan / Gees, Thomas / Kropf, Blaise [2002]（独立専門家委員会叢書第10巻），および，Frech, Stefan [2001]（独立専門家委員会叢書第3巻）による。
4) Schaffner, Hans [1950]，21頁。
5) AfZ, IB SHIV/Vorort, 1. 5. 3. 10, Protokoll Vorort, 5 November 1937.
6) BAR/AF, E 7800（-）-/1, Bd. /vol. 151, Bericht und Antrag des EMD an den Bundesrat "Vorbereitung und Organisation der Kriegswirtschaft", 15. Juni 1936.
7) Archiv ABB（整理記号なし），Bericht Verwaltungsrat BBC an Generalversammlung, 15. Juli 1942, 7頁。
8) Catrina, Werner [1991]，68頁。．
9) AfZ, IB SHIV/Vorort, 1. 5. 3. 11, Protokoll Vorort, 26. März 1940, 3頁。
10) Hauser, Benedikt [2001]（独立専門家委員会叢書第22巻）．
11) Vereinigung des Schweizerischen Import- und Grosshandels, "Grundsätzliche Bemerkungen zu unserem Handel mit Deutschland", Sonderdruck aus *Schweizerische Arbeitgeber-Zeitung*, No. 14, 6 April 1945.
12) Protokoll Handelskammer, 4. Mai 1945, 25頁。
13) Hotz, Jean [1950], 85頁。
14) これは政治的に定められた公定交換レート（1ライヒスマルク=1.7301スイスフラン）に基づいていた。両通貨は同じ扱いを受けたが，ドイツのクリアリング負債のうち，スイスが持つ債権は全体の3.3%以下にとどまった。ドイツの負債の大半は，占領諸国に対するものであった。
15) 中立諸国相互の比較については Martin, Bernd [1985] を参照。
16) ピレ=ゴラよりフレーリッヒャー宛文書。24 July 1940, in: Bonjour, Edgar [1975], vol.

VIII, 48 頁以下。
17) Protokoll der Sitzung der Finanzdelegation des Bundesrates und der Ständigen Delegation für Wirtschaftsverhandlungen mit Deutschland, 21. Juni 1940, DDS, Bd. /vol. 13, 739-744 頁。ここでの引用は 740 頁以下。
18) Protokoll der Sitzung der Finanzdelegation des Bundesrates und der Ständigen Delegation für Wirtschaftsverhandlungen mit Deutschland, 21. Juni 1940, DDS, Bd. /vol. 13, 739-744 頁。ここでの引用は 744 頁以下。
19) BAR/AF, E 7800 -/1, Bd. /vol. 163, Gesellschaft für chemische Industrie Basel (Basel I. G. の名で Handelsabteilung に宛てられたもの。27. August 1940.
20) Bally Archives, Schönenwerd (レファレンス記号なし), Direktionsprotokoll Sitzung vom 28. September 1939.
21) Bally Archives, Schönenwerd (レファレンス記号なし), Direktionsprotokoll Sitzung vom 11. October 1939.
22) Bally Archives, Schönenwerd (レファレンス記号なし), Direktionsprotokoll Sitzung vom 4. Mai 1940.
23) Bally Archives, Schönenwerd (レファレンス記号なし), Direktionsprotokoll Sitzung vom 4. Juli und 6. September 1940.
24) 連邦政務省局長であり、1940 年の 9 月連邦内閣の常設交渉団メンバーでもあるロベルト・コーリによる。AfZ, Homberger records, TB SHIV/Vorort, 10. 9. 1. 2. 1. 3, Homberger, stenographische Notiz, "Intern [e Sitzung]", 11 September 1940.
25) AfZ, NL Homberger, 4, Vertrauliches ungedrucktes Protokoll des Traktandums 2. "Aussenwirtschaftliche Beziehungen" der 146. Sitzung der Schweizerischen Handelskammer 9 Mai 1941 (草稿), 17 May 1941, 18 頁以下。
26) その一つの例である電力輸出については、4.3 で扱う。
27) アルミニウムの場合には、重要であったのは、スイス企業による供給量ではなく、むしろ、ドイツの総生産量の 15％を占める在ドイツ子会社による供給であった。
28) AfZ, RGVA 1458-1 1-86, MF 7, Staatssekretär [Landfried, RWM] an Seyboth, 12. März 1943 (1943). 1943 年 6 月に至るまでの時期のドイツ内での議論については、Frech, Stefan [1998], 53-64 頁も参照のこと。
29) AfZ, RGVA, 1458-11-84, MF 7, Schaafhausen (Reichswirtschaftsmznisterium), Vermerk "Besprechung bei Staatssekretär Hayler am 7. Januar 1944 über Fortführung der Verhandlungen mit der Schweiz ", 9. Januar 1944.
30) ライヒスバンク副総裁エミール・プールの発言。AfZ, RGVA, 1458-11-84, MF 7, Schaafhausen (Reichswirtschaftsministerium), Vermerk "Besprechung bei Staatssekretär Hayler am 7. January 1944 über Fortführung der Verhandlungen mit der Schweiz", 9. Januar 1944.
31) BAR/AF, E 6100 (A) -/25, Bd. /vol. 20, [Alfred Hirs, Generaldirektor SNB], "Die Goldtransaktionen mit der Deutschen Reichsbank, 1939/45" [30. /31. März 1946]. 推計方法については、Frech, Stefan [2001] (独立専門家委員会叢書第 3 巻), 191-193 頁。
32) State Department (Under Secretary of State Joseph C. Grew) to Foreign Economic Administration (Leo T. Crowley), 15 January 1945, in: FRUS, 1945 V, 770 頁以降。
33) Eduard Kellenberger (Vizedirektor der Eidg. Finanzverwaltung) in einer Sitzung der Vereinigung für gesunde Währung, Archiv SNB 2. 9, 2137, Der Vorsteher des Statistischen Bureaus [der SNB, Schwab], "Vereinigung für gesunde Währung. Kommission für Clearingsfragen, Sitzung vom 31. Januar 1941 (streng vertraulich)" [Januar 1941].
34) AfZ, IB SHIV/Vorort, 1. 5. 3. 11, Protokoll Vorort, 30 September 1940, 7-18 頁。
35) Imhof, Kurt /Ettinger, Patrick /Boller, Boris [2001] (独立専門家委員会叢書第 8 巻), 8. 1, 4. 1. の各節参照。
36) Kreis, Zensur und Handeispolitik, in: NZZ, No. 181, 8 August 2001; Eichenberger, Patrick [1999].
37) BAR/AF, E 1301 1960/51, Bd. /vol. 347, 95-120 頁、ここでは 100 頁以下、Sitzung des Nationalrates vom 29. September 1941, "Einfuhrbeschränkungen 23. Bericht des Bundesrates".

38) BAR/AF, E 1301 1960/51, Bd. /vol. 347, 95-120 頁，ここでは 100 頁以下, Sitzung des Nationalrates vom 29. September 1941, "Einfuhrbeschränkungen 23. Bericht des Bundesrates".
39) BAR/AF, E 1301 1960/51, Bd. /vol. 347, Sitzung des Nationalrates vom 29. September 1941, Einfuhrbeschränkungen 23. Bericht des Bundesstaates, 95-120 頁，ここでは 115 頁。
40) BAR/AF, E 1050.15（-）1995/516, Bd. /vol. 1, Protokoll der vereinigten Zolltarifkommissionen, 11. Mai 1944.
41) Hotz, Jean［1950］, 85 頁。
42) Hotz, Jean［1950］, 63 頁。

4.2　兵器産業と軍需品輸出

　スイスの工業は，1940 年から 1944 年の間に，6 億 3300 万フランの武器・弾薬を枢軸諸国，すなわちドイツ，イタリア，ルーマニア，日本に輸出した。それに対し——当時の，あるいは後の——連合国側諸国，すなわちフランス，イギリス，オランダ，デンマーク，ドイツ軍占領前のノルウェーには，5750 万フランを輸出した。また，ドイツ

表1　武器・弾薬・信管の輸出
（関税分類 811-813m 1048, 948a*），1940-1944 年，各国別。(単位1万フラン)

	1940	1941	1942	1943	1944	1940-1944
ドイツ	3461.8	15377.8	17438.2	20025.0	4322.1	60624.9
イタリア	3471.3	6201.6	3578.7	1563.6	3.2	14818.3
スウェーデン	1748.6	1738.1	1478.4	4471.1	635.9	6048.1
ルーマニア	401.2	160.7	1443.9	2315.3	301.0	4622.2
フランス	3307.9	41.8	407.1	39.2	7.4	3803.4
イギリス	2815.6	19.8	0	0	4.2	2839.6
日本	67.5	159.4	1431.9	60.9	0	17198
ユーゴスラヴィア	805.1	0	0	5	0	805.6
オランダ	664.3	9.9	13.1	7.0	5.7	700.0
フィンランド	377.6	3.5	3.5	2.0	1.0	387.6
デンマーク	278.8	48.2	9.1	4.9	14.0	355.0
トルコ	51.1	2.5	56.6	192.2	5.9	308.3
スペイン	7.2	28.5	23.8	100.4	57.5	217.3
蘭領インド	103.4	0	0	0	0	103.4
ハンガリー	3.6	9.5	26.5	39.6	22.9	102.1
ブルガリア	71.2	8.8	2.2	4.4	1.4	88.0
アメリカ合衆国	46.9	20.6	3.2	6.4	0.9	78.0
ベルギー	23.3	8.5	20.5	5.2	9.2	66.7
ノルウェー	48.4	1.6	1.1	0.1	0.2	51.4
その他	77.3	56.2	33.1	48.0	39.2	253.8
輸出計	178832.1	23897.2	25970.9	24861.7	5431.6	97993.5
輸入計	210.7	503.7	650.2	585.6	301.1	2262.8

（＊）関税分類 948a（信管）には少数のガスメーターが含まれる。しかしこれは，この表には含まれず，関税分類 934a（これは小型時計部品を含む）に含まれる信管部品輸出の額を下回っている。関税項目 934a の輸出額は 1940 年から 1944 年の合計で 8160 万フランに達しており，そのうち 2630 万フランがドイツ向け輸出であった。出典:AfZ, Handakten Homberger, 10.8.6.3; Oberzolldirektion, Aussenhandelsstatistik.

表2 ドイツおよびその他の諸国向けの戦争物資輸出許可額（1940-1944年）〔原語表記を基本とし，本文中で言及のある企業名に日本語表記をあてる〕単位：100万フラン

	対独	対他国	計
Werkzeugmaschinenfabrik Oerlikon-Bührle & Co.〔エーリコン・ビューレ工作機械製造所〕	318.3	172.2	490.5
Tavaro SA（ジュネーヴ）〔タヴァロ株式会社〕	72.7	32.9	105.6
Machines Dixi SA（ル・ロクル）〔マシーン・ディクシー株式会社〕	93.4	5.2	98.6
Hispano Suiza (Suisse) SA（ジュネーヴ）〔イスパノ・スイザ（スイス）株式会社〕	9.1	53.9	63.0
Waffenfabrik Solothurn AG（ゾロトゥルン）〔ゾロトゥルン兵器製造所〕	0	41.7	41.7
Verkaufs-AG Heinrich Wild geodät. Inst.（ヘールブルック）〔ヴィルト社〕	9.7	10.1	19.8
Hérios fabrique de pignons, Arnold Charpilloz（ベヴィラール）〔エリオピニオン製造所〕	14.7	0	14.7
Vereinigte Pignons-Fabriken AG（グレンヒェン）〔合同ピニオン製造所株式会社〕	13.8	0	13.8
Aktiengesellschaft Adolf Saurer（アルボン）	4.4	2.3	6.7
Autophon AG（ゾロトゥルン）	6.4	0	6.4
Nova-Werke Junker & Ferber（チューリヒ）	2.7	3.5	6.2
Cormoret Watch Co.（ラ・ショ・ドゥ・フォン）	0	5.5	5.5
Xamax AG（チューリヒ）	4.9	0	4.9
Sphinxwerke Müller & Co. AG（ラ・ショ・ドゥ・フォン）	3.8	0	3.8
Universal Motoradfabr. Dr. A. Vedova（オーバーリーデン）	3.6	0	3.6
Nouvel Usinage SA（ラ・ショ・ドゥ・フォン）	3.5	0	3.5
Messinstrumente Mess-Union G. m. b. H.（チューリヒ）	3.1	0	3.1
Cylindre SA（ル・ロクル）	1.9	1.1	3.0
Dornier-Werke AG（アルテンライン）	2.8	0	2.8
Louis Schwab SA（ムーティエ）	2.4	0	2.4
Albiswerk Zürich AG（チューリヒ）	2.3	0	2.3
Metallgiesserei & Amaturenfabrik（リス）	2.0	0	2.0
Record-Watch Co. SA（トラムラン）	1.9	0	1.9
Jean Schwab（ムーティエ）	1.6	0	1.6
Scintilla AG（ゾロトゥルン）	0	1.6	1.6
Ed. Dubied & Cie SA（ヌシャテル）	1.4	0	1.4
Celestin Konrad, Décolletage（ムーティエ）	1.4	0	1.4
Teleradio AG（ベルン）	1.3	0	1.3
Contraves AG（チューリヒ）	0	1.2	1.2
Ebosa SA（グレンヒェン）	1.2	0	1.2
Technica AG（グレンヒェン）〔テクニカ株式会社〕	1.2	0	1.2
Elemo Elektromotoren AG（バーゼル）	1.2	0	1.2
Société Industrielle de Sonceboz SA（ソンセボ）	1.1	0	1.1
Schweiz. Lokomotiv- und Maschinenfabrik（ヴィンタートゥール）	1.1	0	1.1
Schweizerische Industrie-Gesellscahft（ノイハウゼン）〔スイス工業会社, SIG〕	0	1.1	1.1
Soc. pour la fabrication de magnésium SA（ローザンヌ）	0	1	1.0
Standard Telephon & Radio AG（チューリヒ）	1.0	0	1.0
Herfeld Aktienges, Metallwarenfabrik（シュタイン・アム・ライン）	1.0	0	1.0
その他各社（100万フラン以下）	18.0	0	22.2
合計	608.9	337.5	946.4

出典：BAR/FA, E27, 19408, KTA, Memorandum, 11, September 1946 (DDS, Bd. 16, 270頁以下にて公刊)

が戦争物資を調達していた中立国，すなわちスウェーデン，ユーゴスラヴィア，トルコ，スペイン，フィンランドに対しては，総額6090万フランを輸出し，さらにスイスの企業は，ドイツ向けのみで1億770万フランの信管を輸出していた。1940年から1944年にかけてのスイスからの輸出は，武器とその部品で3400万フラン，弾薬で4120万フラン，信管で少なくとも2280万フランに達していた。武器・弾薬・信管の輸出は1940年から1944年の間に約9億8000万フラン，すなわち全商品輸出の13.8%であった[1]。輸出品目の幅は非常に狭かった。表1の数字のほとんどは，20ミリ対地・対空・航空機装備用機関砲，同弾薬，時計式（時限）信管とりわけ「S/30型」とその部品，それに「Dixi GPA」信管からなっている。

表1には，他の関税項目に分類される戦争物資やそれらの部品は含まれない。具体的には，軍用機（914h），軍用電話・軍用ラジオ（954/954a），あるいはボールベアリング・ローラーベアリング（809a1/a3）等である。こうした関税項目の製品は，連邦内閣が1944年9月29日に「戦争物資」［Kriegsmaterial / matériel de guerre］の輸出をスペイン，スウェーデンといった「中立国」のみに限定してドイツと連合国への輸出を禁止した際に，禁輸対象となった。この決定の際には軍事用光学機器は対象外とされた。そのため，望遠照準機，測距儀，経緯儀等を大規模に輸出していたアアラウのケールン社とヘールブルックのヴィルト社は，これらを従来どおりドイツに輸出しえた。1940年4月から1945年末まで，ヴィルト社は，3030万フランの（軍用）光学レンズを輸出した。そのうち1330万フランはドイツへの，770万フランはスウェーデンへの輸出であり，ルーマニアへは——対ソ連戦用に——430万フランの製品が輸出された。この数字には，ヴィルト社がビューレ社に納入した分は含まれていない。ビューレ社は，1936年以降，環型照準具その他の照準用レンズをヴィルト社から調達していた。

戦争物資の禁輸に関する1938年のスイス政府の決定は，これらに加え，戦争物資用の鉄・鋼鋳造品（関税分類809），戦争物資用アルミニウム部品，それに934aの時限信管をも対象としていた。こうした広い定義に基づき，〔連邦軍務省〕軍事技術局（KTA）が輸出許可を受けた戦争物資（実際に輸出されたとは限らない）に関して作成した統計が，表2である。

1943年夏に導入された戦略物資の割当制は，これよりさらに幅広い戦時輸出物資・戦略物資を対象としており，時計工作機械（関税分類747），金属加工用精密工作機械（同753/756），発電機器（894/898-Mdy），工作機械（-M6），クロノグラフ（935d, 936d），測地学的・物理学的・精密機械工学的測定機械器具（937, 947），ならびに電気的測定機器（953/956a/f）を含んでいた。これらの製品は，——武器，弾薬，信管と同様——1940年から1943年の夏まで，特段の制約なくドイツへの輸出が可能であった。1943年夏に導入された割当制によっても，これはほとんど変わらなかった。輸出を続けようとする企業は，当局とも調整のうえで，製品の関税分類を割当対象外の項目か割当上限に達していない項目に変更し，容易にすり抜けることができたからである。

ドイツの交戦能力にとってのスイスの（軍需品）工業の意義は，時期とともに，また製品・サービス品目によって大きく異なった。そのため個別に分析してゆくことが必要である[2]。スイスからの戦争物資供給に常に大きな需要があったと広く信じられているが，これは誤りである。スイスの大部分の武器・弾薬・信管製造業者の場合，ヒトラー支配下のドイツへの供給は，1940年末以降になって初めて開始された。それまで輸出が行われなかった理由としては，アウタルキー指向のドイツの軍備政策，調達諸官庁の間の激しい競合関係，ナチスドイツの武器弾薬産業の過剰な生産能力，そして深刻な外貨不足であった。こうした参入障壁は，戦争終結時まで，一部では決定的なものとして残った。ノイハウゼンにあるスイス工業会社（SIG）は有力な拳銃メーカーであったが，懸命の営業努力にもかかわらず，戦争中ずっと，銃器やその部品への受注をドイツから獲得することはできなかった。SIGの国外営業部の総代理店主である技師オット・ドゥトハーラーは，1942年末，オーベルンドルフのマウザー・ヴェルケ株式会社に出向き部品の提供を申し入れたが，徒労に終わった。〔ドイツの〕ラインメタル・ボルジッヒ社を介してドイツの国有企業ヘルマン・ゲーリング・ライヒ工業所の所有下にあった「ゾロトゥルン兵器製造所」でさえも，20ミリ砲の受注をドイツから獲得することがまったくできず，1943年夏には従業員の大部分を解雇しなければならなかった。この間に前線での物資消費がドイツ工業の補給能力を大幅に上回ったにもかかわらず，政治的要因がこの受注を妨げたのである。

物資供給の政治的な意味は，その機能上の意味と区別されねばならない。ドイツの諸官庁と外交官は，配分をめぐる内部闘争のために，ほとんど全ての供給を戦争にとって決定的で不可欠であると称する傾向があった。そのため1944年12月には，ライヒ経済省の1局部は，スイス産水晶をも「戦争物資」として，その輸入を可能にするためにこれを武器や弾薬と法的には同じ扱いとした。したがって，戦場で実際に兵器として用いるために，長期的研究開発・設計・検査・試用・導入・販売の対象となる物資を指す即物的概念と，単に第三者の特殊かつ往々にして個別利害に基づく「戦争物資」解釈，いわば論争のための概念を区別することが，必要である。スイスの通商的重要性は，それに加え第三の戦争物資概念，すなわち機能に基づく概念でも測られた。総力戦という条件下では，ほとんど全ての経済的要素（技術，資本，財，サービス，労働力，不動産）が，戦争遂行の手段として投入される傾向があった。機能的にみるならば，ある特定の状況のもとでは，ほとんど全ての資源は，交戦国の戦争能力にとって突如として重要な意味を持つということがありうる。他の状況では純然たる民生品であるベアリングや精密機器が，特定の状況下では，戦争にとって武器や弾薬よりも重要になるかもしれないのである。

国際的な黙認とドイツによる密かな軍備の条件

即物的概念としての戦争物資に関しては，武器・弾薬・信管の研究開発・設計・試

験・輸入と，その販売とは区別されるべきである。ドイツの軍備に対するスイスの最大の貢献は，最終製品としての武器・弾薬・信管のドイツ軍への供給にあったのではない。むしろそれは，1920年代と1930年代初頭に，ドイツによる隠密裏の軍需開発をスイス企業が支援したこと，またスイス当局がそれを黙認したことにあった。スイスはこれによって，民族社会主義下のドイツの軍事力が，短期間のうちに戦争遂行可能な水準に達するのを助けたのである。明瞭な転換点によって，この過程を3期に分けることができる。第1期は1920年代初頭から1932/34年である。ヴェルサイユ講和条約の結果，高度に発達したドイツの軍事技術はスイスに移され，そこでさらに発展を遂げた。1932/34年以降，これはドイツへと持ち帰られ，以後スイスの軍需産業は，国際的な市場で再びドイツ企業と競合するようになった。これは1940年まで続いた。その後終戦に至るまでの第3の時期には，ドイツが武器・弾薬・信管を段階的に輸入するようになったことが目立つ。第三国市場での競争者が消え，またスイス政府が与えるクリアリング信用によって〔買い手であるドイツ側の〕資金調達が容易になったため，スイスからの武器輸出は大幅に増加した。

　1920年1月10日，非常に厳格な軍備制限規定を盛り込んだヴェルサイユ条約が発効した時には，ドイツが，わずか20年後に，再び戦争によってヨーロッパ大陸を制覇しうるとは誰しも予測しなかったであろう。1933年10月14日，ドイツが軍縮会議と国際連盟から離脱した際には，ドイツはヨーロッパで最も軍備を縮小していた国家であった。アドルフ・ヒトラーの政府も，公式には，1935年3月16日に「総統」が徴兵制を宣言するまでは，ヴェルサイユ条約の遵守を表明していた。しかし，ドイツ国防軍の主要な兵器がヴァイマル共和国時代に密かに開発され，その大量生産が周到に準備されていたのでなかったとするならば，ドイツ国防軍は，1939年のポーランド侵攻に成功しえなかったであろう[3]。たしかに1939年時点では，「第三帝国」はヒトラーがドイツ国民と世界を信じさせたのよりもはるかに少ない兵器しか持っていなかった。しかしヒトラーのこけおどしは奏功し，ポーランドの後ろ盾であった西側諸国は，ドイツに二正面作戦を強いようとはしなかった。1940年4月，ドイツ軍はデンマークとノルウェーを襲い，また5月にはオランダ，ベルギー，フランスを攻撃した。この時期になって初めてドイツは，1934年以来，国の政策で支援されていた戦争物資の輸出を絞り込みはじめた。しかしそれでも，完全には停止しなかった。武器は常にきわめて価値の大きな交渉のカードで，どうしても必要な原材料の戦略的輸入や外貨と交換されうるものであり，それゆえこれは，潜在的敵国へも流れたのである[4]。1940年夏になって初めて，ドイツは軍需品生産を外国企業にも委ねるようになり，武器弾薬の輸入を開始した。しかしドイツへの輸出国となりえたのは，その後も，ドイツに輸出信用を与える国に限られた。ドイツの輸入需要は，1942/43年冬の軍事作戦での敗北以降，極度に高まった。新たに占領した地域での単なる略奪はすぐに行き詰まり，広域的な軍備経済圏という持続的な形に転換せざるをえなくなったのである[5]。

この秘密裏のドイツ再軍備は成功した。というのも，国際連盟を牛耳る諸国は，ヴェルサイユ条約の武装解除条項は厳しすぎると自ら感じており，むしろドイツを，ソヴィエト連邦に対する西側の防塁とすることを望んでいたからである。それに加えて，ある種の自己欺瞞もあった。これら諸国の政治家は，秘密裏に進められた軍事技術の開発と軍需産業の拡大について情報を持っていたが，その危険性を過小評価した。無思慮にドイツの武装解除を進めたために，ドイツの軍と軍需産業から，非常に多くの「戦友たち」，兵器設計者，軍需産業就業者が放り出された。国内でも国外でもよいから慣れ親しんだ分野で働きたいという強い思いと，〔戦勝国に対する〕深い反感とが，事態を急進化させた。軍指導部はこの動きを後押しし，効率的に導いた。1932年までは，秘密の再軍備は武器弾薬の研究開発にとどまっており，生産には至っていなかった。目標は，1923年の計画では102師団の規模で構想されていた軍のために，大量生産を準備することであったが，これはまさしく，1939年のドイツ国防軍そのものであった。兵器の研究・開発・試用の大部分は，ドイツ国外で行われた。史料からは，1922年のラッパロ条約の結果，こうした密かな再軍備が赤軍との協力でなされたことも明らかとなっている[6]。それに対し，当該ドイツ軍需企業の主導で設けられた代替的生産拠点については，ほとんど研究が行われていない。その一部はオランダ，スウェーデン，スイスなどの中立国に置かれ，またポーランド，チェコスロヴァキア，イタリアにもあった[7]。

ドイツの兵器開発・生産の代替的拠点としてのスイス

スイスには，ドイツ市場向けの武器・弾薬生産が確立するまでは，事実上，自前の技術に基づき輸出能力を持つような軍需産業は，皆無であった。スイス軍は輸入に頼るか，あるいは各地の連邦軍工廠とその下請企業から武器を調達していた。これらは第一次大戦時には武器やその部品を大量に輸出したが，しかしこれは自前の設計によるものではなかった[8]。スイス政府は，輸出能力のあるドイツの武器製造企業がスイスへ移転することを，軍事政策上・外交上の理由で歓迎した。終戦によって〔スイスの〕軍工廠の武器生産は急激に縮小し，社会問題を引き起こしていた。連邦軍工廠は，ドイツ〔資本の〕輸出企業に対して部品供給を行うことで，工場の稼働率を上げることができたのである。また外交的には，スイス政府は1918年以来，戦勝国の論理の行き過ぎに反対しており，勢力均衡の必要性を主張していた。スイスは，ドイツの武装解除の後，西側諸列強も軍備を縮小すべきと考えていた。ドイツは対等のメンバーとして国際連盟に加盟するべきであり，内外のボルシェヴィキ勢力による挑戦に対して，十分な軍備を持つべきであると考えていたのである。スイス軍総司令部・連邦検察庁・外交官の一部にみられた態度も，こうした見方の延長上にあった。彼等は，カップ一揆の失敗の結果国際化した右翼過激派のネットワークの拡大を，暗黙のうちに容認し，さらにはこれに共感を抱いていたのである。カップ一揆の二人の首謀者，マックス・バウアー大佐とヴァルデマー・パプス少佐らも属する人的ネットワークが，ドイツの密かな軍備の担い手に

なった[9]）。

　スイスは，この活動の最大の拠点だったわけではない。クルップは，砲の開発と戦車の生産では，発展した重工業を擁するスウェーデンを好んだ。ラインメタルは，自動小銃と軽火器をまずオランダで製造させた。海港を持つオランダは，伝統的な販売市場である南アメリカと中国への販売に好適であった。シュヴェリン〔ドイツ北部〕に本拠があった航空機製造のフォッカーは，350 両の鉄道車両に物資を満載してオランダへの移転を敢行し，ジーメンスもまた，軍事用通信機器の開発をオランダに移した。

　ヴェルサイユ条約による軍備制限の結果行われたスイスへの生産拠点の移転のうち，最も重要なものは，軽自動火器，軍事用通信機器，軍事用光学機器，航空機生産であった。まず，クレーフェルト近郊のヴィリッヒにあったベッカー製鋼所株式会社の 20 ミリ機関砲が言及に値する。1921 年，〔同社の〕エミール・ベッカーは，〔この機関砲に関する〕特許権を，彼が所有していたチューリヒ市エーリコン近傍の「ゼーバッハ機械製造株式会社」（Semag 社）に移した。1923 年，同社の取締役社長であった技師フリッツ・ヒルトは，ミュンヘンとベルリーンで，ドイツ陸軍幹部とソヴィエト連邦の関係者に，同社の機関砲を披露した。翌 1924 年，ヒルトは，エミール・ベッカーと彼の製鋼所の支配から逃れるために同社を計画倒産させ，兵器に関する同社の権利を，〔ドイツ領内の〕「マクデブルク工作機械製造株式会社」に譲渡した。同社社長のハンス・ラオフは，ドイツ陸軍司令部の武器・装置検査局と，公式の開発協定を結んだ。同検査局は，ベッカー機関砲の構造を改善するための物資と資金を提供した。その対価として，ラオフは，秘匿されていたドイツの兵器技術を提供した[10]。1924 年，ラオフは，ヴェルサイユ条約によって武器の開発・生産が禁止されたために，兵器の開発・生産活動を，彼がチューリヒに所有していた「エーリコン工作機械製造所」に移した。エミール・ゲオルク・ビューレがその初代社長となり，1924 年から 1956 年の間，その地位にあった。彼は 1918 年以降短い間であるが職業士官となっており，スイスに移住する以前には，マクデブルク工作機械製造株式会社のハルツ工場〔中部ドイツ〕を経営していた。1930 年 12 月 29 日，〔ドイツ陸軍〕兵器局参謀長であり，後に戦時経済体制を組織したゲオルク・トーマスは，ビューレが約束した目標を達成したと述べ，満足の意を示している。ビューレと親密な関係を持つヴァルデマー・フォン・ヴェタケ少佐は，「深刻な状況に陥った場合にエーリコンの製造を移管するために」，改良されたベッカー機関砲の設計図を全て複写し，ベルリーン近郊のマリーエンフェルデにあるフリッツ・ヴェルナー社にこれを預託していた[11]。ドイツ国防軍が戦場で用いた他の多くの兵器と同様に，ベッカー砲もまた，1940 年以降ビューレがドイツへと大量輸出したことに示されるように，完成度を高めていた。1931 年にビューレは，歩兵部隊用の 20 ミリ機関砲を，対空防御用・対戦車用にも使えるようにしたいとのドイツ兵器局の要求をも満たした。エーリコン社は，運搬が容易で航空機でも地上でも使用可能な汎用砲架「JLa 型」を開発した。これを改良型の「S」砲と組み合わせると，対地攻撃にも，低空（高

度約 2000 メートルまで）を飛行する航空機に対する攻撃にも使用できたのである。エーリコン社は，この兵器を単発の「JLaS 型」あるいは双発の「双子型」「2JLaS 型」として供給した。1930 年頃には，エーリコン社は，ローマの航空省［Ministero dell' Aeronautica］と共同で，20 ミリ砲をプロペラ翼端よりも外側の翼部分に装着する技術を開発した[12]。ブリシア〔イタリア〕の「スコッティ自動火器株式会社」（アルミスコッティ社）と共同開発した翼内搭載用機関砲（FF）は，エーリコン社が当時供給していた最も近代的な兵器であった。

　ノイハウゼンにある「スイス工業会社」（SIG）は，古くからベルンの連邦兵器廠の下請企業であったが，同社は〔ドイツにとって〕自動拳銃の代替的な生産拠点であった。スイスの軍事支出は第一次大戦後急激に縮小し，武器弾薬への支出が軍用馬への支出をさえ大幅に下回ったほどであったから，ノイハウゼンではベルンからの発注は皆無となった。1921 年，SIG は，かつてはドイツを代表する拳銃製造企業であったオーベルンドルフのマウザー・ヴェルケ株式会社から，同社が開発した軍用兵器を輸出向けに製造するライセンスを獲得した。さらに同年，SIG は，ドイツの設計者テオドール・ベルクマンから短機関銃の製造特許を購入した。また 1924 年には，ハンガリー人技師パウル・フォン・キーラレイ大尉の指揮で，彼の設計による軽機関銃が，ノイハウゼンで製造段階に達した。キーラレイもまた，トリアノン講和条約によってハンガリーの再武装が制限されたために，スイスにやってきたのである。1924 年から 1934 年の間，スイス参謀長の座を退いたエミール・ゾンダーエッガー少将は SIG と契約を結び，ドイツの隠れた軍備に，マックス・バウアー大佐ルートで協力する体制を構築した[13]。バウアーの意を受けてベッカー砲の開発を継承し「決定的な提案」を行ったのは，SIG，ビューレの両社であったが，バウアーはこの両社のために特に中国から大きな受注を獲得した[14]。バウアーによる受注獲得が無かったならば，SIG やビューレは，武器の開発段階で深刻な財政問題に陥らざるをえなかったであろう。

　大量生産を前提とする武器開発がスイスに移転された背景には，このようにドイツの大軍需企業があった。しかしこれら親会社との間には，一定の競合関係があった。そのため SIG は，1931 年に期限が切れたライセンス契約では，たった一丁のマウザー銃も販売することができなかった。決定的な時期が来ると，マウザーは，1931 年にスイス領のクロイツリンゲン〔ドイツ領コンスタンツに隣接〕に設立した自社の子会社「クロイツリンゲン金属製品製造所株式会社」に，この銃を製造させることにしたからである。マウザー銃の受注確保を狙って 7.92 ミリ口径銃製造工場へ出資を行ったが，これもやはり販売にはつながらなかった。1923 年，SIG はこうした思惑で，ゾロトゥルン近郊のツッフヴィルでの「ゾロトゥルン薬莢製造株式会社」設立に加わった。中心になったのは，第一次大戦中に「ベルリーン・カールスルーエ金属製品製造株式会社」の薬莢部を統括していた技師ハンス・フォン・シュタイガーであった。彼はベルリーンの武器弾薬製造企業，フリッツ・ヴェルナー社と密接な関係を有しており，ゾロトゥルン

の薬莢工場は，同社から必要な機械を調達した。

　スイス連邦内閣は，この薬莢工場の設立を支援するために非常に高い価格で発注を行ったが，それにもかかわらずこの企業は，オーストリアの実業家フリッツ・マンドゥルが所有する「ヒルテンベルガー薬莢製造所」との激しい競争のために，経営が悪化した。マンドゥルは，これに乗じてこのゾロトゥルンの企業を1928/29年に買収し，ラインメタル砲の製造拠点とするために，これを「ゾロトゥルン兵器製造所」に転換した。これにはラインメタル社も資本参加し，ラインメタル社役員であったハンス・エルツェを鍵となる役職につけ，SIGと包括的な市場分割協定を結んだ。お飾りとして取締役会議長に据えられたスイス人が，後に連邦閣僚となったヘルマン・オプレヒトである。ゾロトゥルン兵器製造所の重要な機能は，ラインメタル自動火器の開発の継続と，国際法上，あるいは国際連盟の規定上，武器を持つことができないはずの国への武器輸出にあった。ゾロトゥルン兵器製造所は，既存の武器規制の網の目をかい潜って，ドイツ，オーストリア，ハンガリーに輸出を行い，ソヴィエト連邦や中国との間でも微妙なビジネスを展開していた。デュッセルドルフのコンツェルン首脳部の目からみて，ゾロトゥルン兵器製造所は1933年には十分な成長を遂げており，ゾロトゥルン社で改良されたラインメタル火器は，デュッセルドルフとベルリーンで製造されることになった。しかし，ハンス・エルツェ，フリッツ・マンドゥル，ヴァルデマー・パープストらは，ゾロトゥルン社を，ラインメタル社の外国業務での表看板として，また外貨取引の隠れ蓑として維持しておくことに成功したのである[15]。

　その他，ヴェルサイユ条約の規定に起因する生産拠点の移転としては，ジーメンス・コンツェルンの事例がある。同社は「アルビスヴェルク・チューリヒ株式会社」と共同で，軍用無線機器の製造にあたる子会社を所有し，また「テレフンケン・ベルリーン」が1924年にチューリヒに設立した「技術事務所」にこれら機器の開発を行わせた。1921年には，フリードリヒスハーフェンに位置する「ドルニエ航空機製造所」も，「ドイツ航空機に関する条約の製造規定に合致しない」軍用機・民間機の組立を，国境の反対側〔スイス領〕のアルテンラインに移した[16]。1908年にイエナのカール・ツァイス社に入社し，上級技師として終戦まで民生用・軍事用光学機器の開発にあたっていたハインリヒ・ヴィルトは，シュミットハイニィ〔東スイスの有力な産業家〕から提供された資金と，〔スイス連邦軍務省〕軍事技術局からの技術開発契約の助けを借りて，ザンクト・ガレンのラインタールにあるヘールブルックに測地・軍事光学機器の製造工場を設立した。ヴィルトもまた，「ドイツ企業は講和条約によって軍需物資を製造することが禁じられている。それゆえヘールブルックはツァイスの後釜に座ることができるだろう」と見込んでいた[17]。「アオクスブルク＝ニュルンベルク機械製造所」（MAN）も，1923年，ドイツで禁止されるに至った潜水艦動力部の製造を，「ラオシェンバッハ・シャフハウゼン機械製造所」（MRS）に委託した。この製造所はその2年前に，〔スイスの〕「ゲオルク・フィッシャー株式会社」と合併していた[18]。

〔スイス領内の〕エーリコン，ゾロトゥルン，クロイツリンゲンで，上述したように自動火器の開発が継続されたことは，後の戦争でドイツが投入した武器の開発に大きく貢献した。その一つは，「マウザーがクロイツリンゲン金属製品製造所と共同開発した」機関銃である19)。これは軽機関銃「LMG32」と機関銃「MG34」に発展し，マウザーは，その後，ラインメタル社の設計陣とともにさらに改良を重ねた。「MG34」は，戦争ではドイツ国防軍に最も使用された銃器であった。ドイツ国防軍での役割で同様に言及に値するのは，20ミリ機関砲である。ビューレが，先進的なベッカー機関砲を持ちながら，1932年の受注合戦でラインメタル社の20ミリ砲に敗れたのは事実である。しかしラインメタル社の20ミリ火器の設計を大幅に改良したのも，ゾロトゥルン兵器製造所であった。それに加え，双方向的なノウハウの移転がなされていた。鍵を握る設計技師たちは，ラインメタル社，ゾロトゥルン社，ビューレ社の間を何度も往復していたのである。その中で指導的な役割を担ったのはフリードリヒ・ヘルラッハであった。テオドール・ラクラとともにラインメタル社からやってきた彼は，1930年から1932年にビューレ社に勤務した後にラクラとともにゾロトゥルン兵器製造所に戻り，1949年には再びビューレ社で設計部を指揮するに至ったのである。

立地上の利点——国の販売支援と政治的統制の欠如

武器の販売は簡単な仕事ではない。例えば〔スイス〕連邦軍務省は，何年もの間，ゾロトゥルン兵器製造所から武器を購入しようとはしなかった。連邦軍務省は1937年にはビューレ社から36基の対空砲を購入したが，これは後にも先にもないことであった。前述のSIGも，輸出に特化していた。しかし第三国市場でも，スイスの武器メーカーは，1930年代初め以降，長い歴史を持つドイツの兵器メーカーとの厳しい競争に直面するようになった。ドイツ企業は，技術を保持し新たな開発を行うためにスイスを熱心に利用したが，自ら新しい競争相手を作り出すことに関心は持たなかった。

経済的な生き残りは，当初から連邦による積極的な販売支援策に依存していた。連邦軍務省は，国による購入証明書類を外国の武器調達当局宛に発行し，〔スイスの〕軍基地での〔買い手による〕武器の試験を許可し，さらに連邦軍工廠から〔これら武器用の〕弾薬を供給したばかりか，戦争中でさえもこれらを続けた。世界恐慌のために多くの国が外貨不足に陥ると，〔連邦経済省の〕貿易局はこの問題に取り組んだ。その結果，特にビューレ社は，他の輸出企業よりも優先的に，クリアリング資金を得ることができた。また外交ルートでも，ビューレ社は武器販売に際してスイス政府から多面的な支援を受けた。スイスの駐ソフィア領事であり，のちに外務局の長となったアルフレート・ツェーンダーは，とりわけ熱心であった。

ドイツが有する他の国外武器供給拠点に比べると，スイスの立地上の利点は，熟練した専門労働者が得られるということを除けば，まず第一に，武器弾薬の製造・販売に対する国家による統制が欠けていたことであった。1938年までスイスにはなんらの法的

規定も無く，また戦争物資の製造と販売を監視するための行政的な資源も欠けていた。これは，連邦憲法41条改正〔の国民イニシアティブに対し〕対抗草案が成立し★1，民間軍需企業に対する統制権が初めて連邦政府に与えられた1938年以降も，変化しなかった★2。国際的にみてもきわめて遅い1939年9月18日，戦争物資の輸出入に許認可を与える部局が設けられたが，その長には，こともあろうに国際軍需産業界の大物，ハンス・フォン・シュタイガーが就任したのである。彼は，ゾロトゥルン薬莢製造株式会社を売却した後，アルザスのフランス系弾薬・薬莢製造会社であるマニュラン社の役員となっていたが，同社が国有化された後にスイスに戻り，マニュランの資本とともに，マシャップ株式会社を設立していた。フォン・シュタイガーは，マシャップ社を介することでフランスの法律をすり抜け，マニュラン社の製品を輸出向けに製造したのである。彼は，戦争の全期間を通じて，マシャップ株式会社で唯一代表権を持つ取締役会メンバーであり，また同時に，スイスの戦争物資輸出入統制行政のトップであった。連邦軍務省は，その後，イギリス政府がマシャップ社をブラックリストに載せるに至っても，こうした動きをただ傍観していたのである。

　戦後になってもスイスは，マルドゥル，パープスト，その他の者にとって，依然，魅力的な場所だった。マンドゥルは，チューリヒのヨーハン・ヴェールリ銀行を間に挟み，ナチスと交渉して，彼の資産をまんまとアルゼンチンに逃避させることに成功した[20]。しかもマンドゥルは，戦後には再びスイス経由でヨーロッパに足場を築いた。1955年以降，彼は，元スイス連邦閣僚ヘルマン・オプレヒトの息子であるカール・オプレヒトの助けを借りて，ヒルテンベルガー薬莢製造所を買い戻すことに成功したのである[21]。他方パープストは，1943年以来，スイス国民院議員のオイゲン・ビルヒャーの支援を得て，もっぱらスイスに滞在していた。パープストに対する内外の公然たる非難は，ドイツへ彼を強制送還することを求めた1946年12月のフランス・イギリス政府の外交文書を含め，無視された。彼は，グレゴーリイ・メッセン＝ヤーシチンという名の人物との関係と，ザルネン〔スイスのオプヴァルデン州〕にこの人物が所有するスフィンデックス株式会社を通じて，ナチスの逃亡・移転活動に関わったと告発されていたのである。彼は1970年にスイスで死去している[22]。

★1 1938年2月20日，連邦憲法第41条を改正し，民間企業による武器弾薬の製造・購入・販売を禁じて，これを連邦政府にのみ国防目的で認めるよう求めた国民イニシアティブ案と，それに対する対抗法案の国民投票が行われ，39万票対15万票弱の大差で対抗草案が成立した。対抗草案は，砲弾の火薬製造のみを連邦の独占とし，その他の民間軍需企業の活動を連邦の許可制の下に置くものとした。Alfred Kölz (Hrsg.), *Quellenbuch Zur neueren Schweizerischen Verfassungsgeschichte. Von 1848 bis in die Gegenwart.* Bern 1996, 305頁参照。
★2 スイスの連邦制においては，連邦憲法では連邦の権限を列挙し，その残余をカントンの主権に委ねている。新分野に関する連邦憲法の改正は，連邦に新たな領域に関する立法権限を付与するにとどまることが多い。その場合，実際に当該権限を行使して立法を行うか否かは，連邦内閣・連邦議会の裁量に委ねられている。

独・伊・仏・英・日・米に対する武器製造ライセンス

1930年代初め以降，スイス内の生産拠点からイタリアやドイツに供給を行うことは，〔両国の〕破局的な外貨状況とアウタルキーを指向する軍需政策のために，まったく不可能になった。そのためビューレ社は，イタリア市場での販売のために，アルミスコッティ社とともに設計した自動火器をブレシアで生産させていた。その対価として，〔アルミスコッティ社の〕アルフレード・スコッティは，その他の市場での販売権の全てを，チューリヒのペーパー・カンパニーで，社員は代表者のエミール・ビューレのみというブレヴェッティ・スコット株式会社に譲渡した。ビューレは主翼搭載型の機関砲を，このブレヴェッティ・スコット社を経由してドイツでも製造させた。ビューレはこの目的のために，1934年，ドイツ軍当局とともに，ベルリーンにイカリア社と称する子会社を設立した。その背後にいたのはゲオルク・トーマスである。このイカリア社は，後にビューレがエーリコン工作機械製造所を段階的に第三帝国の影響から離脱させた際に，最大の争点となった。この離脱に最終的に成功したのは，1939年，ビューレがイカリア社に対する影響力を断念してからであった。戦争終結まで，イカリア社はビューレに対して律儀にライセンス料を払い続けた。それまでにいったい何門のエーリコン砲をイカリア社が製造したのかは，不明である。

オーストリア出身の武器ブローカーであったアントワーヌ・ガズダは，1935年以降，チューリヒの貿易商会であるシイベルヘグナー社を通じて，エーリコンの多数の製造ライセンスを，日本海軍，日本陸軍，ならびに戦争中にはアメリカ合衆国に対しても仲介した。しかし外相のマルセル・ピレ＝ゴラは，1941年2月，アメリカ合衆国でのエーリコン社製兵器のライセンス生産を申請した同社に対しては，これを却下した。しかしそれにもかかわらず，アメリカ合衆国は，ライセンスの対象であった20ミリ砲を30万基製造したが，しかしそれに対する約500万ドルの特許料の支払いについては，これを拒否した。スイス外交当局は，ライセンス契約が当局の承認を無視して行われたことを理由に，ビューレを支援するための介入を拒絶した。

ビューレは，1932年にパリの航空機エンジン製造企業イスパノ・スイザとの間で結んだライセンス契約でも，あまり幸運に恵まれなかった。この会社は「エーリコンS砲」を，プロペラの間から射撃できるように同社のエンジンに搭載していた。しかしこの協力は1935年に仲違いに終わった。ビューレ向けにイタリアでの武器開発を指揮していたハンス・シュモッカーは，1934年に会社と意見が合わずにエーリコン工作機械製造所を退社し，スイスとフランスの資本および技術を用いて，ジュネーヴにタヴァロ株式会社を設立し，信管を製造した。同社は1936年以降，スイス軍に対し大量に自社製品を供給し，また同時に信管製造のライセンスをイタリアに対して供与した。同社は1937/38年，イスパノ・スイザ社によるジュネーヴへの子会社設立でも協力している。この子会社，イスパノ・スイザ（スイス）株式会社の目的は，フランス政府による国有化圧力を避けつつ，20ミリ砲と弾薬を製造することであり，また第三国にこれを輸出

することであった。同社は当初，西側市場を指向し，1939年にその20ミリ砲の製造ライセンスをイギリスに販売し，また翌年にはアメリカ合衆国企業からもライセンス契約を獲得した。戦争中には，同社は900万フラン以上をドイツに向けて輸出した。この頃，スイスには20ミリ砲の製造企業が4社あった。ビューレ社，イスパノ社，ゾロトゥルン社の他，もう一つ，国立のベルン兵器廠が20ミリ機関砲を開発していた。それにもかかわらず，スイス軍は1943年に連邦主義的観点〔＝フランス語圏への配慮〕からイスパノ社の機関砲を採用した。同社は当時，輸出業務の落ち込みが激しかったので，代わりとなる契約を必死で探していたところだったのである。国防上の視点からすると，四つの20ミリ機関砲メーカーが並行的に開発・製造を行うのは無駄であるが，民間の軍需企業が，小火器のコンポーネント部品や弾薬・信管を除くと，20ミリ機関砲以外の武器システムを一切製造していなかった点からすると，これにはなおのこと問題があった。

1938年から1940年にかけての西側（連合国）諸国・フィンランドに対する武器供給と，1940年以降の枢軸国に対する武器供給

　1938年から1940年夏までは，スイスの軍需物資輸出の非常に高い割合が，まずフランスへ，次いでイギリスに向けられた。1939年から翌年にかけての冬には，連邦軍務省は，国と民間企業で製造された武器を，フィンランドに供給するために非常に大きな努力を行った。ソヴィエト連邦に対するフィンランドの自衛の戦いは，スイス世論から強力な支持を得ていたからである。しかしこの武器供給は，二重の意味で中立法に違反していた。1907年のハーグ第13条約中立規約第6条は，国立の生産拠点が交戦国に武器を輸出することを禁止している。また第5条約の第9条は，民間で製造された武器の交戦国への輸出を制限する場合には，交戦国を平等に扱うよう要求している[23]。しかしソヴィエト連邦は，その歴史を通じて，スイス当局の容認あるいは承認の下に武器を輸入しえたことは，一度もなかったのである。

　とりわけフランスは，1939年に，ジュラに位置するスイス企業（ディクスィ，オメガ，マルヴィン，タヴァンヌ・ウォッチ）に起爆装置部品の供給を要求した。また同様に，エーリコン社にも20ミリ機関砲の供給を求めた。8月末から9月初めにかけて，ベルンには，1939年9月2日にスイス政府が発動した戦争物資の輸出禁止措置の緩和を求めるフランスからの外交文書が，何通も届けられた。1939年9月6日，連邦内閣は，連邦政務省の提案を受けて，この輸出禁止令を見直した。新たに，交戦国への輸出許可は，両陣営を同等に扱うとの原則で行われることになった[24]。しかしこうした輸出品に関心を抱いていたのは事実上西側交戦国のみであった。この時点では，ドイツは完成品として軍需品を輸入することに関心を持っていなかったからである[25]。1940年5月のスイスとドイツの通商交渉では，ドイツ外務省のカール・リッターは，「スイスが，もっぱらフランスとイギリスにだけ供給してきた巨大な軍事工場であること」を強

調していた[26]。

　1940年夏になると，スイスの軍事・外交当局者は，軍需企業がその生産能力の全てをドイツへの戦争物資輸出に向けるように，あらゆる手を尽くした。ベルリーンとの間で非常に良い関係を維持していたビューレが，契約の大半をさらった。早くも1939年末，ビューレは800万フランの最初の契約を獲得した。1940年8月始め，〔ドイツの〕陸軍総司令部と海軍は，さらに1億9500万フランを発注した。1943年1月までに，900万フラン〔英語版では1100万フラン〕の賄賂をビューレ社から得ていたドイツの武器商人ルドルフ・ルシェヴォイは，さらに2億4600万フランの受注をドイツ陸海軍から獲得することに成功した。内部帳簿によると，ビューレは，1944年10月までに，総額4億フランにのぼる20ミリ機関砲，弾薬，信管などをドイツに供給した。他方エーリコンは，4900万フランの受注残を消化することができなかった。当局が把握していたのは，このうち70％にあたる3億1830万フランにすぎない（表2参照）。ビューレは多数の下請企業に依存していた。薬莢はアルトドルフ連邦弾薬廠で，火薬はヴィンミスの連邦火薬廠で，製造されていた。これも，国の施設からの交戦国への武器供給を禁じた中立法に違反していた[27]。SIGもビューレの重要な調達先企業であった。ドイツの武器調達当局とのコネを持たなかったSIGは，前述のように自前ではドイツに輸出することができなかった。SIGの軌道敷設機のドイツへの輸出は重要な例であるが，スイス連邦内閣は，これを戦争物資とはみなしていなかった。

　ゾロトゥルン武器製造所の場合，1940年から1943年の間，最も重要な顧客はイタリアであった。ドイツに対しては，ラインメタル・デュッセルドルフ社の仲介によって，1942年4月と1943年12月に，戦車用火器と新開発の機関砲のサンプルを，それぞれ1組供給した。ラインメタル社はウンターリュスの自社の試射場でこれらを試験したが，しかしこれらゾロトゥルン社の20ミリ砲は採用に至らなかった[28]。これは，この時期ドイツ軍が，他のどの時期よりも20ミリ砲を必要としていたことからすると，驚くべきことである。1943年夏には，450基の20ミリ機関砲と，ドイツからの輸入品で，1万8600発の20ミリ砲用砲弾，計120トンが詰まった150箱の木箱が，ゾロトゥルン社に残されていた。これは，イタリアから受注し支払いも済んでいるものの，ムッソリーニ政権の倒壊で宙に浮いたものであった。これを転売しようとの危うい試みはうまく行かず，結局1961年に廃棄処分された。他方，ゾロトゥルン兵器製造所が同じくイタリア向けに製造した軍用車輛については，1943年にスイス軍に転売することができた。その後この会社は，大規模な人員削減を行った。

　ゾロトゥルン兵器製造所の販売を担ったのは，戦前においてはベルリーンのゾロ有限会社であったが，1939年7月1日からは，ゾロトゥルンに設立され，1941年に株式会社となったソリタ株式会社によって販売された。ソリタ社の唯一の成果は，イタリア向けの販売であった。このソリタ社の株式の5分の4は，フリッツ・マンドゥル〔前出〕の所有であった。ナチスは，ニュルンベルク法に基づき，彼のドイツでの市民権を剥奪

していた。オーストリア併合後，彼はゾロトゥルン武器製造所の持ち株の半ばをラインメタル社に売却している。

ドイツの信管製造

　1940年秋，タヴァロ社は，起爆装置のドイツへの大量輸出を開始した。二人のユダヤ系工場管理者，イサク・シュヴォプとモーリス・シュヴォプは，1940年10月，ドイツ市場向け販売の拡大のために同社の取締役を――少なくとも表向きは――辞任した。同社は，ドイツ陸軍兵器局のゼイボルト少佐がジュネーヴを訪問した後，「目下の情勢では，これら二人のユダヤ人が取締役会にいることは甚だ不都合」だと確信したのである[29]。この辞職に際して，二人は多額の補償金を得た[30]。さらに，シュヴォプ兄弟は，タヴァンヌ・ウォッチ社を通じて，タヴァロ社にドイツ向け起爆装置に必要なムーブメントを供給した[31]。これと同時に，このジュネーヴの会社は，イギリスへの供給を停止した。イギリスは，信管とその製造装置をイタリア経由でイギリスに密輸するように要請したが，タヴァロはこれを断った。またスイス当局も，これら信管のフランス非占領地区経由での対英輸出に対し，輸出許可を出さなかった。これもまた，戦時に一交戦国側に限定して戦争物資輸出を制限することを禁じた中立法に反するものであった[32]。1940年11月1日，タヴァロは，ドイツから80万個の「S/30型」信管を受注し，3月にはさらに120万個の追加受注を得た。このように迅速に受注活動を展開したのみならず，タヴァロは，1940年の春にはエルナ・ミシン〔初の可搬式電動ミシン〕の製造を開始し，アメリカ合衆国をはじめとする各国への販売を目論んで，ドイツの敗色が濃くなると，連合国との協議を開始した。同社は，ドイツへの信管供給を最も早く打ち切った会社の一つであり，1943年11月にこれに踏み切った。この時点で同社の累計供給量は170万個であった。1939年から1945年の間，タヴァロは，1億7600万フランの戦争物資を製造し，そのうち信管を含む7300万フランが，ドイツ向けであった。タヴァロへの部品納入企業としては，タヴァンヌ・ウォッチ社の他，ジュネーヴのガルディー機械製造株式会社，キュエノ株式会社，エド＝デュビエ株式会社，イスパノ・スイザ・スイス（ジュネーヴ）といった企業の他，トゥーン連邦弾薬廠，デルタヴィス・ゾロトゥルン社，メタルヴェルケ・ドルナッハ社があった。

　ドイツの調達官庁は，スイスの信管製造組織を「製造企業群」[Fertigungskreise] と表現していた。これは，時計ムーブメントを用いた機械式の時限信管が多数の中小零細企業によって製造されていたことを意味しているが，こうした企業群は階層的な構造を有していた。そのうち最も重要な企業群は，ディクスィ・ユンクハンス信管部品製造企業群であった[33]。その頂点に位置するのは，シュヴァルツヴァルトのシュラムベルクに立地するユンクハンス兄弟社の時限信管・時計工場であった。スイスからのサプライヤーはル・ロクルのディクスィ株式会社であったが，同社もまた，傘下に多数の下請企業からなるネットワークを擁していた。他の時計メーカーもピニオン（時計機構の歯車

部品）を直接にユンクハンスに供給していたが，そのうちの一つが，アルノルド・シャルピヨがベヴィラールに所有するエリオス〔ピニオン〕製造所である。これは総額1400万フランに達する約1億6500万個のピニオンをドイツ向けに販売し，またグレンヒェン（グランジェ）の合同ピニオン製造所株式会社もほぼ同量をドイツ向けに輸出していた。プライス・ウォーターハウスは，1942年1月から1943年7月の間，ディクスィはユンクハンス社に5186万フラン相当の信管部品を供給したとしている。1個の信管は，通常は7個のピニオンを必要とした。ユンクハンス社のライバルで，クルップとの関係も深く〔ドイツの〕ルーラに拠点を置くティール社もまた，信管部品をスイスから調達しており，例えばルコンヴィリエ時計製造株式会社は，ティール社に部品を納入すると同時に，ユンクハンス社にもこれを販売していた。

　ディクスィ株式会社は「ジョルジュ・ペルヌ／アラゴーネ信管」とよばれる独自の製品も開発しており，これはGPAと略称された。ジョルジュ・ペルヌは多数の中小企業からなるディクスィ帝国の所有者であった。イタリア出身の海軍技師であるカルロ・アラゴーネは，1933年から1938年の間に，ペルノーのためにこのGPAを開発した。1939年10月，ベルギー（13万個）とフランス（100万個）から，初の受注を獲得し，この両国ではこれは後にライセンス生産された。しかしこの信管の工業的な大量生産では，ディクスィ社は大きな困難に直面した。そのためドイツが両国を占領した時点では，受注品のうち一部が供給されていたに過ぎず，1941年には，ドイツの「S730型」時限信管の部品をドイツに供給したにとどまった。ようやく1942年5月，同社はドイツへのGPAの納入を始めた。ビューレと並び，ディクスィはドイツ向け販売に最も傾斜していた企業の一つであった。

　ディクスィ，タヴァロを除くと，エーリコン・ビューレ社は，ドイツに信管の完成品を大量供給できる唯一の企業であった。1941年3月7日，ドイツ軍最高司令部は同社に，200万個の「S/30型」信管，総額にして6200万フラン分を発注した。1944年10月までに，ビューレ社は6000万フラン分の信管を納入した。ドイツ軍のネーフ大佐は，1942年にエーリコン社を視察し，「第三の，いわゆる『製造企業群』の構築は，大きな困難を伴うことが判明した」と述べている[34]。この時点では，まだ25万個の信管しか納品されていなかった。ビューレにとっては，エボーシュ〔=時計の駆動部であるムーブメントの半製品〕製造企業の中からサプライヤーを確保するのは容易ではなかった。これらの企業は，戦時中には，アメリカ合衆国への莫大な規模の時計輸出で繁忙を極めていたからである。この隘路は，ドイツ向けエボーシュ製造に特化したテクニカ株式会社をグレンヒェンに設立することで解消され，この会社はビューレ社の主要サプライヤーとなった。第四の，しかし重要性ではずっと劣る信管製造企業群を構成していたのはヌーヴェル・ユズィナージュ株式会社であり，これは1941年にラ・ショ＝ドゥ＝フォンに設立された企業である。同社もまた同様の技術的困難を抱えてはいたが，10万個の「S/30型」信管の供給という単発の小規模な受注契約を，直接ドイツから獲得してい

た。

各企業の自由度の大きさと国防にとっての存在意義の小ささ

　ここに挙げた企業を相互に比較すると，企業家的な行動の自由度が大きかったことが確認される。ドイツにばかり供給している企業があるかと思えば，もっぱら英米にしか販売していない企業もある。また第三の，二つの陣営の両方に販売している企業群——その一部は時期によって——もある。スイスの当局は，実質的に，このいずれの方針をも是認していた。ドイツ・イタリアへの販売では，税金で賄われる連邦輸出保険という，クリアリング信用の形をとった支援が，武器・弾薬・信管の輸出にとって決定的であった。連邦軍工廠からの製品供給もまた，重要であった。これは，国が製造した武器を交戦国に輸出することを禁じた中立法に違反し[35]，また，国が検査証を発行し，軍の演習場で製品の披露や輸出用の武器・弾薬・信管の試験がなされたという点でも，問題であった。エーリコン・ビューレ社や，タヴァロ社，ディクスィ社その他の社屋には，購買担当のドイツ人士官が常駐していた。ドイツ工業委員会〔前出〕は，ドイツ外交団に随員を出して，ドイツの軍備のためにスイスの経済的潜在力を最大限利用すべく努めていた。競合した場合には，ドイツ向け輸出はスイス軍向け供給よりも優先された。戦後になって，〔連邦〕軍事技術局の長は，以下のように証言している。

　「スイスの軍需産業という概念が，少数のスイス軍需企業のグループ——武器と弾薬に関する限り，もっぱらビューレ社，イスパノ・スイザ社，タヴァロ社，ディクスィ社，SIG 社，それにゾロトゥルン武器製造所からなる——と同一であると信じたとするならば」，それは誤謬というものであろう。「これらの企業は，1939 年 9 月 1 日から 1945 年 5 月 20 日の期間に，総計で，（スイスの軍購買当局から）総計で 1 億 4400 万フランの受注を得たが，これは軍需品への支出額のわずか 5.3％を占めるに過ぎない。他の発注は，一部（10-15％）は連邦工廠に割り当てられ，残余は，いくつかの小さな例外を除き，軍需物資を輸出しない民間企業に発注された。（…中略…）もし過去のみを問題にするならば，軍需産業がスイスの軍事的ポテンシャルにとってきわめて重要な要素であるとする理論には，ほとんど同意することはできない。こうした見方が妥当するとしても，それは時限信管のごく一部の部門に限られる」[36]。

　ドイツの軍備拡大に対するスイスからの輸出の効果を，戦時期に関していくぶん高く見積もろうと，あるいは低めに評価しようと，我々の研究の主要な結論には影響はない。それよりも重要なのは，スイスが 1933 年以前に果たした役割，すなわち，他のヨーロッパ諸国と同じく，ドイツの密かな再軍備の拠点として果たした役割である。この事前準備がなかったならば，ナチスドイツは，かくも短期間にヨーロッパ全体を席巻

することはできなかったであろう。もう一つの重要な主題については，ここでは検討できなかった。内政においては，急速に成長した武器輸出部門が，戦後になって非常に影響力のあるロビー団体となった。その影響力は，第二次大戦時にこの産業が国防上重要な役割を果たしたとの論理で正当化されてきた。しかしこれはまったくの誤りである。スイスの軍需産業は，一方的に輸出に傾斜しており，20ミリ機関砲しか供給することができず，しかも連邦は，この機関砲を他国から購入していた。それゆえ，スイスの軍需産業の自国の防衛への貢献は，非常に限られた範囲にとどまったのである。

---

1) 本節の叙述は，特に記載の無い限り，Hug, Peter［2002］（独立専門家委員会叢書第11巻）による。
2) 全体的な評価は，Meier, Martin / Frech, Stefan / Gees, Thomas / Kropf, Blaise［2002］（独立専門家委員会叢書第10巻）6.1. による。
3) Whaley, Barton［1984］, 3, 4頁; Wohlfeil, Rainer［1972］, 188-194頁。
4) Volkmann, Hans-Erich［1975］, 81-131頁。
5) Eichholtz, Dietrich［1985］, Bd. 2, 136-139頁。
6) Zeidler, Manfred［1994］, 20頁以下。
7) ドイツ軍需産業の国外脱出については，Hansen, Ernst Willi［1978］, 35頁以下参照。
8) Ehrbar, Hans Rudolf［1976］, 157, 166頁; Hug, Peter［1991］, 28頁。
9) Kunz, Hans Beat［1981］, 274-299頁, Heller, Daniel［1990］, 73頁以下, 110, 111頁, 256-259頁; Vogt, Adolf［1974］.
10) Archiv WO［Werkzeugmaschinenfabrik Oerlikon］, Ordner "Ubernahme Semag/Becker Patente", Inspektion für Waffen und Gerät（Abteilung 3, Major Jungermann）, "Vereinbarung mit der Magde burger Werkzeugmaschinenfabrik AG（Generaldirektor Hans Lauf）betr. 2 cm Kanone, System Becker, neuster Typ, 25./28. November 1924".
11) BA/MA, RW 19, 1575, Deutsche Heeresleitung, Waffenamt, Stab III an Waffenamt Stab W, 21. September 1937.
12) Archiv WO, Heftordner "Von Oerlikon neuer Ted", WO（Bührle）an von Vethacke（Ankara）, 25. Januar 1935.
13) Zeller, René［1999］, 115-121, 182頁。
14) Archiv WO, Heftordner《Oerlikon new》, Waldemar von Vethacke（Bevollmächtigter der WO, Shanghai）, "Kurze Darstellung über die 2 cm Kanone〈Oerlikon〉, Ende Dezember 1932.
15) Vergleiche auch Bill, Waffenfabrik, 2001.
16) BAR/AF, E 27/ 18891, Bd. /vol. 1, Eidg. Luftamt（Isler）an die Abteilung für Auswartiges, 17. Mai 1924.
17) Wild anlässlich der Sitzung des Verwaltungsrats der Verkaufs-Aktiengesellschaft Heinrich Wilds geodätischer Instrumente, Heerbrugg, am 21. Februar 1925, Archiv Wild, Heftordner《Protokolle Geschäftsberichte》.
18) Knoepfli, Adrian［1998］, 111-160頁, ここでは139頁以下。
19) Hahn, Fritz［1986］, Bd. 1, 57頁。
20) ヨーハン・ヴェールリ銀行（Wehrli & Cie. AG）については，Uhlig, Christiane /Barthelmess, Petra /König, Mario /Pfaffenroth, Peter /Zeugin, Bettina［2001］（独立専門家委員会叢書第9巻）7.4参照。
21) Newton, Ronald C.［1986］, vol. 3, 579頁。
22) Zumstein, Hansjürg［1990］, 41-48頁も参照のこと。
23) Die beiden Abkommen finden sich in der Systematischen Rechtssammlung（SR）0.51521 und 0.5 15. 22; 同様にDürst, Daniel［1983］, 69頁以下, 89頁以下も参照。中立権の侵害

については Schindler, Dietrich［2001］（独立専門家委員会叢書第 18 巻），101 頁以下，105 頁以下も参照。
24) Protokoll Bundesrat, DDS, Bd. /vol. 13, Nr. /no. 156, 348 頁以下。
25) 1940 年 3 月 20 日の軍需物資受注額は，フランス向けが 1 億 4300 万スイスフラン，イギリス向けが 1 億 2100 万スイスフランであったのに対し，1940 年 3 月 15 日のドイツからの受注額は，15 万スイスフランであった。Vogler, Robert U.［1997］，59 頁参照。1939 年 9 月から 1940 年 6 月までの間に輸出された兵器，弾薬，信管（関税表項目 811-813, 1084, 948a）フランスとイギリス向けが計 9449 万 6000 スイスフラン，ドイツ向けが 34 万 5000 スイスフランであった。DDS, Bd. /vol. 15, Nr. 432, 1079 頁参照。
26) Ritter, Aktenvermerk, 30. Mai 1940, in: ADAP, D, IX, Nr. 329, 365 頁以下。
27) Schindler, Dietrich［2001］（独立専門家委員会叢書第 18 巻）101, 102, 105 頁。
28) DeTec-Ar. H 0476, Rheinmetall-Borsig AG an den Bevollmachtigten für die Maschinenproduktion der Reichsstelle Maschinenbau（Berlin），18. Januar 1945.
29) Archiv Tavaro, Mefina S. A.（Binningen），"Bericht über das Geschäftsjahr 1939. VI. ordentliche Generalversammlung," 31. Oktober 1940; Archiv Tavaro, Tavaro SA（Genève），"Procès-Verbal de l'Assemblée Générale Ordinaire＞ vom 31. Oktober 1940.
30) 二人のシュヴォプは，この年，それぞれ 8 万フランの年俸を得た。通常の取締役の報酬は 1 万フランであった。Siehe Archiv Tavaro, Schweizerische Treuhandgesellschaft Basel: Mefina AG Binningen, "Bericht vom 3. Oktober 1942 über die Prufung der Bilanz auf den 31. Dezember 1941 und der Gewinn- und Verlustrechnung für das Geschäftsjahr 1940", 17 頁。また，1942 年 12 月 31 日付の決算報告書も参照。
31) もう一つの取引である旋盤の供給については，Picard, Jacques［1993］，85-105 頁を参照。ここでは 94 頁以下を参照。
32) Schindler, Dietrich［2001］（独立専門家委員会叢書第 18 巻），105 頁以下。短期的に中立違反があったことは，次の文献で確認されている。Urner, Klaus［1985］，250-292 頁。ここでは，277 頁。
33) Deutsche Wehrmacht, Reisebericht（Oberst Neef），Werkbesichtigung der Werkzeugmaschinen fabrik Oerlikon, Bührle & Co., 21. September 1942, BA/MA-Freiburg, RW 19/3235.
34) Deutsche Wehrmacht, Reisebericht（Oberst Neef），Werkbesichtigung der Werkzeugmaschinen fabrik Oerlikon, Bührle & Co., 21. September 1942, BA/MA-Freiburg, RW 19/3235.
35) Schindler, Dietrich［2001］（独立専門家委員会叢書第 18 巻），105, 106 頁。
36) KTA（Oberstbrigadier René von Wattenwyl） an EMD, 25. September 1948, BAR/AF, E27/19344, Bd. /vol. 8.

4.3 電力

　第三帝国当局は，スイスからの電力供給を戦時経済を支える重要な要因と見ている旨を，ことあるごとに表明していた[1]。彼らの見方では，電力は，金融サービス，鉄道による通過交通，軍需品供給と同様の重要性を有していた。1944 年，アルベルト・シュペーア〔軍需相〕は，電力は他の側面よりも重要であるとさえ言明した[2]。しかし今日まで，歴史書の中では，電力の問題については十分な検討は行われてこなかった。
　スイスはその豊富な水力のおかげで，スイス唯一の「天然資源」である電力というカードを持った。戦間期・戦時期にスイスは，この強みを最大限利用しようとした。1930/33 年時点で，その総出力は 50 億キロワット時とすでに大きな規模に達していたが，これは 1939/40 年には 80 億キロワット時に達し，1944/45 年にには 96 億キロワット時となって，1930 年代初に比してほぼ倍となった。この発電能力の拡大は，なによ

りも，鉄道部門（幹線網の4分の3が電化されていた），産業部門，家計部門（「スイスの主婦は電気で調理」の宣伝文句）など，電力の安価さによってあらゆる部門で増加した電力需要増に応えるためのものであった。こうした発電力増強は，輸入エネルギーである石炭や石炭ガスへの依存を可能な限り減らすことをも意図していた3)。その結果，電力需要もまた，40億キロワット時から90億キロワット時に増加したのである。

　勃興するこの市場に，大小さまざまの多数の発電・送電企業が参入した。そのうちいくつかは民間企業であり，特にATEL（オルテンの「アーレ・テッスィン電化会社」）であり，またNOK（バーデンの「北・東スイス発電株式会社」）の2社が有力であった。これら民間企業はスイスでの電力生産の3分の1を占めており，電力輸出の最大の担い手であった。他の企業は公的な性格を持つ企業である。「西スイス電力」（EOS，ローザンヌ）や「ベルン電力」（BKW/FMB）には，カントンと自治体が出資していた。発電所は，スイスの内陸のみならず，国境河川にも位置していた。これらはローヌ河（シャンスィ＝プニィ，ジュネーヴ）にも立地するが，特にライン河に多数設立されていた（ラウフェンブルク，レッキンゲン，ラインフェルデン，リーブルク＝シュヴェアシュタット，アウクスト＝ウィーレン，アルプブルック＝ドゲルン，エグリサウ）。国境であるライン河に設けられたこれらの水力発電所は，その位置と出資比率によって，あるものはスイス法に，またあるものはドイツ法の下に置かれていた。その電力は一般に折半されており，共同で行われるその管理は，通常は戦時においても円滑であった。

　スイスの発電会社は，早くも1895年に設立されたスイス発電所連合 [Verband schweizerischer Elektrizitätswerke / Union des centrales suisses d'électricité] を基盤に，強力なカルテルを構築していた。連邦による電力立法とともに，スイス発電所連合は，水力資源の合理的な配分や，複数の電力ネットワークの統合による供給安定化を進めていた。スイス連邦政府は発電事業者に対する許認可権をカントンに委ねており，これら発電企業に直接関与することはなかった。しかし，連邦は発電に関する立法権限を有しており，また国内需要に影響を及ぼさぬよう，電力輸出をも統制していた。1930年以降，電力業全般についての監督を担ったのは，連邦電力局 [Bundesamt für Elektrizitätswirtschaft / Office fédéral de l'économie électrique] であった。設立以来1960年まで同局の長を務めたのは，技師フロリアン・ルッサーであった。戦時経済組織では，電力業界は，電熱セクション [Sektion Kraft und Wärme / Section production d'énergie et de chaleur] の下に置かれた。同セクションを統括していたのは，社会民主党員であり，またエネルギー消費よりもエネルギー保全に関心を持つロベルト・グリムであった。電力業界ロビーはこれを嫌い，その影響力を用いて1941年にこの連邦電力局を電熱セクションから独立させ，戦時経済にとって枢要な特別組織として認知させることに成功した。

　発電事業の特殊性は，大きな固定資本（ダムとタービン）のための初期投資を必要とするが，いったん設備が完成すれば，僅かの運転費用しか要しない点にある。これに対

する投資は，長期的にみれば非常に高い採算性を持ちうる。しかしそのためには，金融機関による強力な支援と，電力の全量の確実な販売，すなわち余剰電力が生じた場合にはこれを輸出することが，必要となる。若干の変動はあるものの，輸出は1930年から1943年の総出力の20％から24％を占めていた（ピークに達したのは1936年）。しかしこれは，1944年にはわずか13％，1945年には9％に過ぎなかった。

　主要な電力事業金融会社は，いずれも第一次大戦以前に設立された企業である。その株主は，大銀行や電力部門と関係の深いメーカー，例えばスイスのBBCやドイツのAEG，イタリアのピレーリなどであり，最も重要な金融企業はエレクトロバンク（チューリヒ），モトール・コルンブス（バーデン〔スイス，アールガウ州〕），インデレック（バーゼル）であって，これに，規模の小さいジュネーヴの二つの会社，イタロ・スイスと，ソシエテ・ジェネラル・プル・ランドゥストゥリー・エレクトリックが続いた。これらの企業は，すぐさま国外，すなわちドイツ，イタリア，フランス，南北アメリカ大陸へと事業を拡大した。1939年には，これら企業の総計4億フランに上る投資の4分の3が対外投資であった。4分の1超がイタリア向けであり，南米（17％），フランス（10％）と続いたが，ドイツに対する投資は5％にとどまった。

　スイスの電力業界に比べると，ドイツの発電事業では85％が火力発電であり，コスト高のために競争力に乏しかった。総発電量こそ，256億キロワット時という1933年の相対的には小さな規模から，1942年には740億キロワット時にまで拡大したが，この1942年の数字は，併合した領土を含めた数値である。開戦時まで，ドイツの発電量はその電力消費量をわずかに上回る水準にとどまっており，消費量に対する供給能力の割合は，1933年の108％から1939年の100％に落ち込んでいた。スイスの電力ははるかに安価であり，またヴァルツフート，ジンゲン，コンスタンツなどの購入者にとっては，ルール地方の火力発電所よりもスイスの発電所の方がずっと近く，スイスから大規模な電力輸入が行われていた。スイスからドイツへの電力輸出のピークは戦前においては1936年であり，ドイツの総電力消費量の2.1％を賄った。絶対量では，フランス（1940年まで継続，5億キロワット時）とイタリア（2億キロワット時）への電力輸出量はかなり安定的であった。それとは対照的に，ドイツへの電力輸出量は急増しており，1933年には3億キロワット時であったのが，1934年には5億キロワット時，1940年には11億キロワット時に達した。この増加は，ライン河への新たな発電所の建設の結果であるが，同時に，クリアリング機構での電力業界の有利な位置にも負っていた。

　戦争中は，経済的・政治的理由ではなく気象条件〔＝水量〕によって生じた輸出量の増減を無視すれば，ドイツへの送電量は，幾分減少傾向にあるとはいえ，おおむね安定していた。ただし終戦時には約1億キロワット時に落ち込んでいる。それに対して，フランスに対する供給は1944年秋に再開され，戦前水準を回復した。統計的には，スイスの電力輸出とドイツ向けの割合は，戦争によっても大きくは変化しなかったといえる。しかし質的には，第一にドイツが電力を戦争に伴う需要に向けたことで，また第二

には，スイスの経済政策に占める電力の重要性が変化したために，大きな変化が生じたのである。

〔官民の〕役職兼任★1の結果である当局との密接な関係のお陰で，電力産業は，電力の輸出許可を難なく得ることができ，またとりわけ，クリアリングの割り当てで大盤振る舞いを受けることができた。最大の経営者団体である〔スイス商工業者連盟〕代表部（フォアオルト）は，こうした特権を電力業界に認めることに反対したが，電力業界は自らの要求を貫徹した。終戦時には，フォアオルトは〔ドイツからの〕石炭供給の減少という好機を捉えて，電力輸出を削減し，それによって電力業界によるクリアリングの過大利用を阻もうとした。フォアオルトの会長であるハインリヒ・ホムベルガーは，1944年12月に次のように発言した。「石炭供給が今日破局的なまでに崩壊した今，我が国からの電力輸出は，むしろ対独援助の性格を持たざるをえないが，我々はそのようなことには責任を負えない。したがって我々は，電力輸出の調整に取りかからねばならない」4)。

ごく自明の技術的理由のために，送電は，近・中距離においてのみ意味をもった。それゆえ，電力業界が供給先に選んだのは，もっぱら近隣の地域であった。ティチーノあるいはポスキアーヴォ〔ベルニナ渓谷の村〕（ブルジオ発電所）からはロンバルディアやピエモンテへと送電され，またアルザス，ロレーヌ，バーデンへはライン河の発電所から送電された。ジュネーヴのシャンスィ＝プニィから，150キロメートル離れたル・クルーゾ（ソーヌ＝エ＝ロワール県）のルシュナイダー社への送電は，技術的な限界に直面した。そのため電力供給の対象となったのは南ドイツであり，1940年以降はアルザス・ロレーヌに供給された。これらの送電量は全ドイツの消費電力量からするとわずかに過ぎなかったが，ドイツの戦時経済にとっては重要であった。この電力はドイツ南部のアルミニウム工業の基盤であったが，これはドイツのアルミ需要量の相当部分を賄っており，航空機生産にとって格段の重要性を持っていたからである。

電力は地域会社に送電され，その後それらにより需用者に配電されるため，スイスの電力が如何に使用されたかを正確に再現するのは，不可能である。しかし少なからぬ割合が，各地の電気化学分野の企業に直接に供給されており，そのうちかなりの部分がスイス人の所有下にあった。その一つはヴァルツフートのロンツァ社である。同社は1940年に3億4000万キロワット時を，また1940年には4億9000万キロワット時をカーバイド生産のために購入した。バーデンのラインフェルデンに位置するアルミニウム工業株式会社（AIAG）は，ドイツのアルミニウム生産の10％を担っており，いっそう大きな「電力喰い」企業で，1940年には4億4500万キロワット時を，また1941年には5億キロワット時を消費した。フロリアン・ルッサーによる1943年初の発言では5)，ドイツへ輸出される電力の大部分は，スイス企業の子会社によって利用されてい

★50頁の訳註9に解説した「市民参加制度」からも窺えるように，スイスでは官民の役職の兼任や，複数の公職（連邦とカントン，カントンと自治体等）の兼任が頻繁にみられる。戦時経済体制下の時期は，政・官・財・軍の間の人的一体化が最も著しかった時期とも考えられる。

た。残余は，量が限られる民生用の消費を除き，ＩＧファルベンやデグッサなど，その他の戦略上の重要性を持つ域内の需用者に向けられていた。

こうした事実はまた，ドイツの交渉担当者が，あらゆる通商交渉において電力に大きな重要性を与えた理由でもあった。また反対にスイス側の交渉者は，それを知って，これを貴重な石炭を入手するための交渉材料とする機会を逃さなかった。1億5000万フランの信用の供与と並び，電力供給は，1940年8月9日の協定で約束された〔ドイツからの〕石炭供給に対する対価であった。これによる石炭供給量は，当初の予定よりも14万トン多く，87万トンに達した。

電気と石炭は，物的な単位をなしている。石炭一単位を電力一単位に換算するのは簡単で，一方を差し出して他方を得る取引は容易に成立する。それゆえ，もし石炭供給が協定の取り決めの量を下回ったならば，電力供給を制限することも，当然あり得たはずである。実際，1942年と翌年，何度かそうした脅しが行われたが，結局これは，電力輸出の削減に反対していたスイスの電力業界の意向もあって，実行されることはなかった。それでも電力の場合には，このギブ・アンド・テイクの原則がくり返し持ち出されたが，これは，同様に対価の関係がありながら，通商交渉で持ち出されることがなかった石炭供給と石炭通過交通の場合とは，まったく異なっていた。

スイスが枢軸国に対して提供した他のサービスとは異なって，電力供給は，少なくとも1944年までは，連合国の関心をほとんど惹かなかった。終戦間際になっても，電力に関してスイスに圧力を加えようとの動きはなかった。電力輸出の禁止は，1945年2月の「カリー交渉」で初めて連合国側の要求項目に登場したのである。それまで利益をもたらしていた電力輸出は，1944年秋以降にクリアリングが困難になったことや，ドイツの支払能力の低下によって，この交渉以前から減少していた。

スイスからの電力供給が，ドイツの戦時経済を支えたことは確かである。しかし，スイスの利害の代表は，電力における「併合」を避け，決定の独立性を維持しなければならないことを理解していた。エネルギー収支という点では，ドイツの石炭とアルプスの水力の交換は，有利な取引であった。戦後，連邦閣僚のエンリーコ・チェーリオは，ドイツがスイスからの電力輸入によって節約しえた石炭の3倍の石炭を，スイスに輸出したことを強調した。反対に，もしもスイスが，輸出した電力を国内で消費していたならば，その電力では，ドイツから得られた石炭の8％しか代替できなかったであろうと推計していた[6]。輸出に向けられたのは余剰電力であり，価格も通常の水準で，戦争による特段の利益といったものはなかったのである。

---

1) 本章の叙述は，特に記載の無い限り，Kleisel, Jean-Daniel［2001］（独立専門家委員会叢書第5巻）参照。
2) PA/AA, R 108046, Bericht Speer an Auswärtiges Amt vom 28. August 1944. また

Einschätzung im Memorandum Clodius vom 3. Juni 1943, ADAP, Bd. 6, 132 頁も参照。
3) 1939 年までのスイスの電化の歴史については，Paquier, Serge［1998］，および，Gugerli, David［1996］を参照。
4) BAR/AF, E 8190（A）-/3, Bd. /vol. 36, Transferverhandlungen Deutschland 1934-1945.
5) BAR/AF, E 2001（D）-/3, Bd. /vol. 444, Lusser an EPD, 22. Januar 1943.
6) BAR/AF, E 8190（A） 1981/11, Bd. /vol. 37, Protokoll der 72. Sitzung vom 27. Juni 1945 der Eidgenössischen Kommission für den Export elektrischer Energie, 5 頁。

4.4 アルプス通過交通と運輸サービス

　スイスのアルプス縦貫路は，枢軸国であるドイツ・イタリア両国を結ぶ交通にとって非常に重要であり，そのためスイスと隣国との関係においても，重要であった1)。この通過路(トランジット)は，純然たる〔交通〕サービス産業の一つとして運営されていた。しかし同時にこれは，スイスにとって死活的な財，とりわけ石炭の輸入を確実にするための見返りとも見なされていた。我々の研究は，もっぱら，枢軸国にとっての鉄道輸送の重要性に焦点を当てる。その他の交通手段，例えば道路，船舶，航空機は，ドイツやイタリアにとってはそれほどの重要性を持たず，ここでは部分的な検討しか行っていないが，これらについては，道路を除き，個別に言及する。

　アルプスの南北に位置する諸国間の商品流通は，ヨーロッパ史において常に重要な役割を演じてきた。長大なアルプス縦貫トンネルの建設は，その重要性をいっそう高めた。スイスの二つのアルプス縦貫路のうち，ゴットハルト線はより古く，1882 年に開通し，1909 年以降，スイス連邦鉄道（SBB/CFF）によって運行されている。シンプロン・レッチベルク線はこれよりも新しく，シンプロン線は 1906 年，レッチベルク線は 1913 年に営業を開始し，ベルン・レッチベルク・シンプロン鉄道会社（BLS）によって運行されている。1939 年以前から両線とも完全電化されていた。牽引力および距離の点で，これらは，スイス外の競合路線，すなわちモン・スニ線，ブレンナー線，それにオーストリアとイタリアの間のタルヴィジオ線より有利であった。さらにバーゼル・キアッソ〔スイス・イタリア国境の町〕間のほぼ全区間が複線であり，輸送力に余裕があった。スイスと，建設に出資したイタリア・ドイツ両国の間で 1907 年に結ばれたゴットハルト協定に基づき，この線は全国鉄道網に結ばれた。この協定はまた，1869 年の条約で定められたドイツとイタリアの通行権を再確認するものでもあった。この通行権は，スイスの安全保障上の必要と中立法上の義務によってのみ，制約を受ける。

　戦争中，通過交通は急増した。南北交通は，1939 年から 1941 年の間に 3 倍に増えた。輸送される品も当然変化しており，当局も，またスイス連邦鉄道や BLS 鉄道といった鉄道会社も，深刻な技術的・政治的・資金的問題に直面した。もちろん，通過交通の増大は公衆の注目も免れず，不安や，輸送品の種類についての憶測を呼んだ。これは次第に伝説となって広まり，今だに信じる者がいる。

旅客輸送

最近大きな議論となったのは，絶滅収容所へ向かう列車がスイス領を通過したかもしれないという可能性であった。1997 年に放送された〔イギリス〕BBC のあるテレビ番組が，そうした列車を 1943 年 11 月にチューリヒ駅で自ら目撃したという，「エリザベス」という仮名の証人の発言を放送した。しかし我々の調査の結論によれば，これは誤りである。フランスから絶滅収容所に向かった列車の全ては，ドイツを経由した。イタリアからやってきた 43 編成の列車のうち，39 編成は〔オーストリア南部の〕ブレンナー峠あるいは〔さらに東方の〕タルヴィジオを経由している。ヴェンティミーリア＝ニース間の仏伊国境を経由した列車が 1 編成あり，残る 3 編成については，スイス領を通過したことを示唆する如何なる証拠もない。そうした異例の輸送が，鉄道関係者や税官吏の目を惹かなかったということは，まずありそうもない。それにそうした列車があるとすれば，それがチューリヒ中央駅を避けたであろうことは疑いなく，しかもチューリヒ中央駅は，当時は〔通過駅ではなく〕終着駅だったのである。それに対して，1944 年から始まった集中収容所からの帰還列車については，スイスを通過した可能性もある。

同様に，1943 年秋に行われたドイツ軍による北部・中部イタリアの占領後，強制徴用された労働者がスイス領を通過してドイツに送られたのではないかという疑惑についても，否定することができる。それに対して，スイスが，それより以前，まだ労働力の募集が自由意志に基づいて行われていた時期に，有蓋貨物列車による多数のイタリア人労働者の両方向での輸送に関与したのは事実である。1941 年 4 月から 1943 年 5 月にかけて，18 万人以上がこれによってドイツに送られ，また同じ期間に 13 万 1000 人以上がイタリアに帰国した。スイスはしかし，1943 年 7 月，ムッソリーニ政権の倒壊の後であり，またドイツ軍のイタリア占領の数週間前にあたる時期に，この輸送業務を停止している。

軍隊による通過交通については，戦時における中立国の権利と義務についての 1907 年のハーグ条約が，はっきりとこれを禁止している。スウェーデンの場合には，ドイツの軍隊をノルウェーからフィンランドにスウェーデン領経由で輸送するようにとの公式の要求に直面したが，スイスに対しては類似の要求はなかった。ドイツ軍は，北アフリカ戦線や，後のイタリア戦線への人員輸送については，フランス経由や，特にオーストリア経由のルートで満足していたからである。1941 年 8 月，ベルリーン駐在のあるイタリア人官吏が，誇張した表現でイタリア人労働者を「兵士たち」と呼んで讃えた際には，スイスは，この表現が西側諸勢力に誤解を与えるのではないかと憂慮した。その少し前，連邦外国人警察は，約 200 名のイタリア人が，ドイツでパラシュート降下の訓練を受けるためにスイス経由でドイツへと向かったことを把握したとしている。ソヴィエト連邦に対する攻撃に参加した 6 万人のイタリア人のうち，少数の者がこれに先だって民間人としてスイスを通過してドイツ領に入った可能性は，否定できない。また同様

表3　石炭輸送，イタリアの石炭輸入量，スイス経由の石炭通過輸送 1938-44 年

	スイスを通過しての石炭輸送(1000t)	イタリアの石炭輸入(1000t)	イタリアの石炭輸入に占めるスイス経由の割合
1938	1397	11895	11.7
1939	1822	11021	16.5
1940	4788	13552	35.3
1941	5835	11435	51.0
1942	5122	10686	47.9
1943	3303	6166	53.5
1944	2479	4000	61.9

出典：Forster, Transit, 2001 (独立専門家委員会叢書第4巻)，59頁，表3

に，イタリアに駐留するドイツ兵士のうち，休暇をとった者が，ドイツに帰国する際に民間人としてスイス領を通過した可能性も残る。しかし公然たる軍人の輸送は，重傷を負った兵士の搬送に限定されていた。

石炭輸送　（北から南への輸送）

　ドイツ・イタリア間の輸送の大部分を占めたのは石炭であった。輸送量の変動は少なく，戦前から1942年まで，年間1000万トンから1200万トンの間を推移し，その後大幅に減少している。石炭は，1938年から1940年の南北貨物通過輸送の90%を占めており，その後この割合は75%前後となった。その他の輸送物資は金属，機械，製パン用穀物である。戦争に先立つ時期から〔イタリアにとっての〕石炭の輸入先はもっぱらドイツであったが，戦争が始まると，第三帝国は石炭のほぼ唯一の供給者となった。輸送体制にも大きな変化が生じた。1940年夏までは，供給量の4分の3は海上経由でイタリアに届けられたが，それ以降は，イギリス海軍の封鎖の結果，陸上輸送に全面転換したからである。このうちかなりの部分が，スイスを経由するようになった。スイス経由の輸送量は終戦の年には減少したが，輸入の総量の減少はより激しく，相対的にはスイスルートの重要性が高まった。

　イタリアの石炭自給率は20%に過ぎず，1943年まで，イタリアへ輸入された石炭は，工業・輸送・家庭部門で消費された。しかし1943年以降，ドイツの占領軍は，ますます供給が縮小している石炭を，全て自軍用に振り向けた。スイスでは，政府も世論も，長い期間にわたってイタリアへの供給量の半分以上を占めた〔スイス経由での〕供給の重要性に，当然気づいていた。毎日，約40編成の列車がバーゼルでライン河を渡り，30編成がゴットハルト峠を，また12編成がシンプロン峠を通過した。ドイツのインフラストラクチャーが崩壊して交通が途絶えた戦争最後の数週間の時期まで，スイスは，この流れに終止符を打つための行動を一切とらなかった。またスイスが，このサービスをドイツとの通商交渉のカードとしなかったことも，特筆に値する。

　スイス当局は石炭を「戦争物資」[Kriegsmaterial/matériel de guerre]に分類するこ

とは決してせず，1943年に幾分慎重になって民需と軍需の「両用品」という分類を設けてからも，石炭をこれに含めることはしなかった。スイスを仕向地とする原材料・燃料・食糧の，ドイツ経由での，またあるいはイタリア経由（ジェノヴァ港での陸揚げ）での通過交通は，スイス領の通過交通に対するある種の対価であった。また石炭の通過交通に対するスイス政府の黙認は，スイスへの石炭供給を確保するための措置であったようにも見える。しかし，スイスが許容した石炭の通過交通と，スイス向けの石炭供給の間には，なんらの直接的なリンケージも存在しなかった。スイス向けの供給は常にドイツ側の圧力の下にあり，しばしば大きな遅れが生じたが，スイス側では，対抗して圧力をかけるのは適切ではないと考えられた。石炭の自由な通過輸送を損なうならば，軍事的に優位に立つ隣国との間で，公然たる紛争が生じかねないと危惧したのである。

ライン河舟運と石炭輸送

海港に接続するのみならず，両岸で多数の運河網への接点をもつライン河は，1930年代のスイスの外国貿易のうち相当の割合を担っていた。1937/38年には，ライン河を運ばれバーゼルを経由した物資は，約280万トンに達しており，スイスの外国貿易額の約3分の1を占めた。そのうち90％が上流向け輸送（輸入），10％が下流向け輸送（輸出）であった[2]。1937年，ドイツ政府は，ライン河の国際自由航行を保証した1864年のマンハイム条約を破棄したが，スイスには直接の影響はなかった。1939年9月から1941年3月の時期，この交通は，戦争の結果完全に停止した。1941年3月以降，スイスは，ドイツを除けば，ライン河で船舶を自由に運行させられる唯一の国となった。輸送量がピークに達したのは1942/43年で，輸入は100万トン，輸出はやはりその10％の規模の10万トンであった。これはスイスの外国貿易の4分の1に相当する。海外貿易の途絶により，とりわけ穀物などでは水上輸送が行われなくなったが，水路は，石炭輸送が残ったためにスイスにとっては依然として重要であった。1941年（4月以降）29万トンの固体状の燃料が輸入され，その後もこの数字は，1942年63万トン，1943年62万トンを記録し，また1944年にも，10月までで52万トンに達した。1942年1月から1944年10月の間，輸入される石炭の40％が，ライン河経由でスイスにもたらされた[3]。1944年10月，この交通は，戦闘のために再び停止した。物資輸送が小規模な規模で再開されたのは，1946年のことであった。戦時中，スイスのライン河航行船は大きな損害を受けた。191隻のうち，36隻は一時的に使用不能となり，21隻は完全に失われた。しかしこれらの打撃は，ライン河の他の国籍の船舶に比すると，はるかに軽微であった。鉄道会社でも航空会社でも同様であるが，経営戦略の目標は，戦後に有利な位置で業務を再開できるよう，準備を怠らないことであった。

1938年以降に整備が進んだスイスの小規模な外洋船団については，内陸の小国にとっては意外な存在であることもあって，ライン河航行とは違いすでに何度も言及されてきた[4]。海外〔大西洋〕航路と鉄道網の連絡は，リスボン港とジェノヴァ港を結ぶ航路によって確保された。

兵器輸送（北から南への輸送）

戦争中，石炭の下や封印された貨車に隠された兵器がスイス経由で輸送されたという

表 4 戦争物資に対する通過許可の幾つかの事例

外交部の同意の下で交付された関税局による許可	
1940 年 3 月	ドイツからイタリアへ，日本を最終仕向地とする 100 トンの弾薬筒
1940 年 6 月	フランスからユーゴスラヴィアへ，560 キログラムの航空機部品を内容とする 3 箱
1941 年 11 月	ドイツからイタリアへ，各 145 グラムの信管なし薬莢 125 万個
1942 年 1 月	スウェーデンからポルトガルへ，600 キログラムの猟銃用火薬
1942 年 2 月	ドイツからイタリアへ，47 キログラムのピストル弾倉
1942 年 6 月	ドイツからイタリアへ，20 バレルのダイナマイト・グリセリン 1 車輌 (1 万 1645 トン)
1942 年 6 月	スウェーデンからイタリアへ，修理に出すための航空機用エンジン (6.3 トン)

出典：BAR, E 2001 (D) -/3, Bd. 352. また，Forster, Transit, 2001 (独立専門家委員会叢書第 4 巻)，199 頁，Dokument 7, Anhang 6 も参照。

噂が，今日なお流布しているが，これは真実だろうか。この種の輸送については，これまで本格的な調査はされてこなかった。武器弾薬や，あらゆる種類の戦時装備品を，中立国の領土を経由して交戦国に供給することは，民間の輸送業者が行う限りは合法的であった。1907 年のハーグ条約は，外見上，経済的としてのみ解釈しうる業務については，これを禁止するか否かの決定を，中立国に委ねていた。1941 年 2 月以降，ロンメル将軍率いるドイツのアフリカ軍団がイタリアの友軍とともにリビア戦線で作戦を展開しており，南方への通過交通の重要性がこの時期いっそう高まっていたにもかかわらず，スイス政府は，ドイツに対し，なんらの事前申請手続をも要求しないことを早々と決定していた。この問題には見て見ぬふりを決めこんだのである。1942 年になっても，連邦政務省のある官僚は，スイスを経由する輸送では，軍事的に重要なものは，ドイツがブレンナー峠を好んでいるので「きわめてまれ」であると，指摘していた[5]。とはいえ早くも 1941 年夏には，許可取得義務の導入が検討されていた。実際これは同年 10 月に導入されたが，許可を得るのは簡単であった。連邦は，1942 年夏になっても，交付・不交付の準則を定めようとはしなかった。「我々は，問い合わせに対し原則や理論に基づいて回答することを好まないということを，名誉をもって貴殿に伝達する」[6]。これは，同省外務局の長であり，したがってスイスの外交官僚の最高位にあるピエール・ボナが，航空機搭載艦船向けの離陸用カタパルトの通過が許可されるか否かについて，問い合わせを受けた際の言葉である。

しかし 1942 年夏以降は，官僚たちはより慎重になり，許可を得るのは次第に難しくなった。ムッソリーニの失脚とドイツ軍によるイタリア占領の結果，通過許可が必要な物資には，ラジオ，トラックといった「民需・軍需両用品」が加えられた。

連合国は秘密裏に武器が輸送されているのではないかと疑っており，スイス軍司令部も，そうした可能性を危惧していた。こうした疑念を拭うためには厳格な監視がどうしても必要であるし，これによって，通過交通の自由の濫用も避けることができる。跨線橋の上から石炭積載貨車を目視するのみだったり，あるいは有蓋貨車の検査を送り状のみで行うような場合には，あまり確かなことはわからない。しかしもちろん，貨車を一

輌一輌捜索することは物理的に不可能であったかもしれず，かつ実際に，この理由は言い訳に用いられた。そのようなことをすれば渋滞が起こり，軍の力を借りたとしても，税官吏の任務遂行は不可能になったであろう。一方，抜き打ち検査を常に行っていたとすれば，存在したかもしれない隠匿品を発見することもできたはずで，ドイツに対する抑止力となったであろう。イギリスが抗議を行った後の1941年7月，体系的な検査が，ムテンツ〔バーゼル農村州〕でたった1回のみ，実施されたが，何も出てこなかった。しかしこれは，何事をも意味していない。現在でも，それ以上のことは判っていない。しかしそれでも，このような甘い監視体制が，中立国に課せられた義務を満たすものでなかったことだけは，断言することができる[7]。

南から北への輸送

当局は，北から南への物資輸送よりも，これと同様に戦時中増加していた南から北への輸送に，注意を払っていた。戦前から1940年の夏にかけての時期には，輸送量は月1万5000トンから2万トンであったが，これは1941年には3万トンに増加し，1944年春には6万トンを超えた。輸送物資は非常に多様であった。1940年まで，輸送量の80%は消費財（農産物とりわけ米・トウモロコシ，続いて絹，原綿，亜麻，靴，自動車，機械，いくつかの鉱物類，それに東方からの植民地物産）であった。1940年6月のイタリアの参戦から1943年の夏にかけての時期には，これら消費財に，非常に多量の化学製品，とりわけ硫黄と水銀（イタリアは同盟国に対するこれら商品の主たる供給者であった）および金属（とりわけ銑鉄）が加わった。戦争を遂行する上で重要な物資の割合は，36%程度にまで上昇した。

ムッソリーニ政権の瓦解，西側勢力の南イタリアへの上陸，それにドイツ軍による中部・北部イタリアの占領の結果，根底的な情勢変化が生じた。ドイツ軍がアルプス縦貫路の両端をおさえるに至ったからである。アルプス縦貫路は，隠蔽工作にもかかわらずその商業的性格を失い，今や接収品・略奪品の輸送路と化した。国際法を完全に無視して，手に入る原材料は全てドイツに送られた。イタリアの工場は解体され，機械や器具は取り外されてドイツでの戦時生産に供するために送られた。略奪は，それ以前から欠乏していた食糧備蓄にまで及んだ。

ブレンナー峠の鉄道路線は単線であり，北から南への兵士と石炭の輸送のために能力の限界まで用いられており，反対方向に略奪品を運搬するには不十分であった。そのため，スイス経由の輸送路を利用する必要が生じた。1943年秋から翌年秋にかけての時期，この種の輸送品は，スイスを経由して南から北へ運ばれる物資の半ばに達した。この割合は，この動きが開始された1943年10月に，スイス当局が多方面で――連邦政務省から連邦関税局にいたるまで――対処しなかったとしたら，もっと高くなったであろう。こうした輸送は国際法に違反しており，これを容認すれば，スイスと連合国の関係は悪化する。もちろん，許可品と無許可品を国境での検査によって区別するのは容易で

なかった。しかし当時のスイス当局の考えでは，通過交通を完全に禁止することは，その全面的な許可と同様，国益に反した。1943年11月，いくぶん恣意的ではあるが，即座かつ容易に適用できる判断基準が導入された。中古品の通過は禁止し，新品のそれは許可するというルールである。ピエール・ボナが税関当局に書いたように，この基準の他には，「通常の交通」を麻痺させずに講じうる解決法はほとんどなかったのである[8]。この規則は，当然ながら原材料輸送には適用できない。これに関しては，単に略奪が疑われる財の輸送量が急増していないかが監視されたのみである。1943年から翌年にかけての冬，通過交通量が20%減少した点からすると，この措置はある程度奏功したようである。もっとも，永遠に同じ規模で略奪を続けることはできないので，略奪品の輸送が時とともに減少するのも当然ではあった。

帝国鉄道(ライヒスバーン)は，ブレンナー峠を越えて南に向かった列車の一部を，単線であるこの路線への負荷を減らすために，スイスのアルプス縦貫路経由でドイツに帰らせた。戦争開始時には，スイス当局は，これらの列車をスイスへの輸入品輸送に使うことを検討した。ライヒスバーンはこれに同意し，その条件として，例外的な場合には北から南への輸送にスイス連邦鉄道の車輛を使用できるよう，スイス側に求めた。しかしこの方法はほとんど利用されず，大した意味をもたなかった。北方へと向かう空の貨車の数は，荷物を積んで南方へと向かう貨車の数（1943年秋で月間約3400輛）をはるかに上回っており，これに課せられた通行料の徴収総額は，この時期87万フランに達した。

通過交通に対するその他の制限

1944年になってようやく，通過交通の制限が開始された。連合国は，両方向の通過交通を制限することを期待していた。それに対してドイツは，もっぱら軍用輸送に用いられ，しばしば爆撃を受けていたブレンナー線の負荷を軽減するために，「民間」貨物のためにスイスのアルプス縦貫路を最大限利用することを望んでいた。スイスは通過交通の制限に基本的には同意したが，しかしスイスの決定が，ドイツからの対抗措置を招く事態は望んでいなかった。1944年の1月と2月，この問題に関して両交戦国と交渉が行われた。二つの解決法が提案された。通過量の割り当てと，特定物資に対する通過の禁止である。結局後者の措置について合意が得られた。1944年3月20日の政令によって，戦争物資の通過輸送の全面的禁止が改めて定められた。そしてこの戦争物資の中に，それまでイタリアへ少量のみ輸送されていた液体燃料や，反対に南から北へ送られていた非鉄金属（銅・鉛・アルミニウム），ゴム，それに当然ながら，機械と中古品が含められた。かなりの種類の物資，とりわけ鉄と鉄鉱石に対しては輸送量の上限が定められたが，石炭の通過交通は依然として自由であった。この解決策は，ドイツの戦争経済にとって大きな変更を意味した。妥協は，ドイツの要求よりも連合国の期待に沿ってなされたのであり，また翌月には，さらに追加的措置がとられた。1945年3月には，通過交通は完全に途絶した。

鉄道企業の利害

　スイスの鉄道網を技術的・商業的に運営し，円滑な国内交通と通過交通を確保することは，鉄道企業の任務であった。そのためレールそのものだけでなく，人員，電力，燃料，蒸気機関車が，通過交通向けに振り向けられた。というのも，イタリアの給電システムはスイスのそれとは異なっており，またドイツ側の乗り入れ路線はまだ電化されていなかったからである。契約の多くはゴットハルト線を持つスイス連邦鉄道向けであった。レッチベルク=シンプロン線は，民間企業ながらカントン・ベルンの補助金を受けているベルン・レッチベルク・シンプロン鉄道会社によって運行されていたが，これへの発注はわずかであった。両会社とも1930年代の恐慌で打撃を受けて大きな赤字を抱え，政府からの補助金に依存していた。輸送能力の利用率は低下傾向にあり，またスイス外のアルプス縦貫路（フランスのモン・スニ峠線，オーストリアのブレンナー峠線やタルヴィジオ線）との競合関係も増していた。しかし戦争は，この状況を大きく変えた。それまで減少傾向にあった旅客輸送は，急増に転じた。1938年にはスイス連邦鉄道の人員輸送量は1億6600万人であったのに，1944年には，これは2億7900万人に増加した。また同期間に貨物輸送は2850万トンから3347万トンに増加した。1939年，収支は再び黒字に転じた。通過交通の貢献度は大きいとはいえないが，無視しうる規模でもない。戦前には，通過交通の割合は6％に過ぎなかったが，1940年には13.5％となり，1941年のピーク時には16％に達した。1942年には15％，1943年に10％，1944年には7.5％と推移している。しかし通過交通による利益は，1907年のゴットハルト条約が定めた優遇運賃原則のために，一定の規模にとどまった。この原則によって通過交通の運賃率は，平均して国内運賃率の半分以内と定められており，またその国内運賃も，インフレ抑制を目的に，政府の要請で1944年まで据え置かれていたからである。

　両鉄道会社とも，戦争の全期間を通じて，その限られた自律性の範囲で，国際競争力の強化を目指した積極的な収益拡大策を追求していた。第一に，スイスの鉄道企業は，――国による赤字補塡ルールにもかかわらず――，基本的には営利原則に基づく企業として活動しており，それゆえ枢軸国向けサービスにも関心を持っていた。第二に，発電所の場合ほどではないにせよ，鉄道においても初期投資の割合が高く，経営上の合理性の点でも，路線稼働率を高く保つ必要があった。それゆえ，できるだけ多くの通過交通を，技術的にも商業的にも有利な条件でスイスの鉄道線に呼び込み，将来の市場での競争優位を固めることが，目指された。しかもこれは，基本的には反ファシスト的立場をとる鉄道労働組合からの同意を得つつ，追求されたのである。1943年に戦況が転換した後，これら企業は，「政治的」決定が不可避であることを認識するに至った。それに加え，その顧客――当初イタリア，後にドイツ――からの支払いも滞るようになった。連邦政府は，終戦時に8900万フランに達していたこれら未収金を肩代わりしなければならなかった。こうした状況で，鉄道会社はますます頻繁に当局にその意向を問い合わせたが，当局はその場逃れの回答をするか，あるいはそもそも回答を避けたので，鉄道

会社はもっぱら自主的に決定せざるをえなかった。

鉄道車輌の貸与

　国際的な交通システムを円滑に運行するためには，ヨーロッパの各鉄道会社間の緊密な協力関係が不可欠である。しかし戦争中は，国境を跨ぐ交通の自由は，大いに制約された。スイスの鉄道会社が外国に送り出した車輌の多く——全体の85％，年間10万輌弱——はドイツ・イタリア方面向けであり，その全てが，スイスへの物資供給に用いられた。しかしこれのみでは，スイスへの輸入量の22％から32％を輸送しえたに過ぎない。国際的に利用されていたこれらの車輌のうち，失われたものは驚くほど少ない。1944年夏の時点で，わずか24輌である。しかし終戦間際になると，1000輌以上が行方不明と報告されている。全体の状況からして，1万8000輌の貨車を所有したに過ぎないスイスは，97万3000輌の貨車を保有するドイツライヒスバーンに対しては，戦争の帰趨に影響を及ぼすような支援は提供しえなかったと結論できる。1942年の2月，ライヒスバーンが，スイス向け物資の輸送を目的に25輌の機関車を要求してきた際には，スイス連邦鉄道は，連邦内閣の承認を得たうえで，この要求にあっさりと応じた。しかしさらに25輌の追加要求に対しては，ドイツがスイス向けの石炭供給を一時停止して圧力を掛けたにもかかわらず，スイス連邦鉄道は応じなかった。1944年10月，スイス連邦鉄道は，ドイツから解放されたフランスからの物資輸入のために，フランス国鉄（SNCF）に対して，37輌の機関車を提供した。

スイス航空

　スイスの航空会社であるスイス航空（エアー）は，戦争によって道路交通や鉄道交通が困難となり，枢軸国による反封鎖が行われていたことからすると，重要な役割を担い得たかもしれない。しかし現実には，この会社は，もっぱら，ドイツの勢力圏内の路線のみを運行することに甘じていた。当初はミュンヘン線，1941年以降はこれに代えてシュトゥットゥガルト経由ベルリーン線を運行し，また同時に，修理契約を受注することで経営の維持を図った。修理契約では，まずはスイス内のドルニエ社の工場から受注し，その後，その仲介でドイツのルフトハンザからも受注した。さらに，周辺的にではあるが，ドイツ空軍やスイス軍向けの修理も行い，また間接的にではあるが，連合国向けには，戦争末期，スイス上空で撃墜された航空機の救出・分解を行った。

　戦後の業務再開のためには，航空会社にとっては自社の専門的な人員を雇用し続けることが重要であった。イギリスに駐在するスイス航空の幹部は，1939年に次のように表明したが，開戦の週に示された下記の態度は，戦争の全期間を通じて変わらなかった。「戦争勃発直後，可能な限り通常のビジネスを続けることが国の経済的利益にとって重要だとの認識が，広まった。〔しかし〕予想される戦争の負担のことまで考慮するならば，通常の状況に満足しているだけでは不十分で，『可能な限り多くのビジネス』を獲得しようとする傾向が強まった」9)。

　そのためスイス航空は，総じて稼働率が低かったその航空機を最大限運行するため，可能であればどこへでもチャーター便を運航するようになった。1939年9月の開戦はこ

の会社にとっては最初の打撃であった。同社の業務は、スイスと交戦国の双方の当局が課した厳しい制約によって麻痺した。1940年夏にドイツがヨーロッパで覇権を確立する以前においては、限られた期間ではあったが、イタリア上空を通過してバロセロナに至る便を運行することができた。スイス航空の業務がドイツの認可当局に全面的に依存していたことは、1943年にベルリーン便が突如廃止されたことに表れている。またそれ以前から常にドイツ国防軍の利害が優先されていたし、また航空会社スタッフにも、「アーリア証明書」が要求されていた。1943年、戦後世界を連合国側が牛耳ることが予想されるようになると、ルフトハンザ向けの業務は中止された。また最後まで残ったシュトゥットゥガルトへの定期便も、1944年8月に廃止された。おそらく最も興味深い論点、すなわちどのような人々と物資が輸送されたのかという問題に答えることは、不可能ではないにしてもきわめて困難である。旅客数と貨物量に関する記録はあるが、しかし旅客の名や輸送された物資の内容については、まったく不明である。例外は、連邦経済省の農業局長であったエルンスト・ファイスト博士が1940年12月にベルリーンに飛んだことを示すある文書である。1940年夏まで続く戦争の第一局面に関しては、定期便を利用して多数の亡命者がバロセロナに向かったこと、またスイス銀行コーポレーションによるチャーター便が1940年5月にユーゴスラヴィアに金を積んで往復していること、またブロヴァ・ウォッチ社のビール〔ビエンヌ〕支店が、何らかの荷物を1940年の6月にバロセロナに空輸していることなどが知られている10)。

結語

本節では、スイス領内のアルプス縦貫鉄道による通過交通が、枢軸国の戦時経済にとっての重要性を次第に増したことを示した。性急な結論は慎まねばならないが、当局とスイスの鉄道会社が、この問題に対して常に受身で対応していたことが明らかになった。この両者が非常に及び腰であったことは、スイスを通過する輸送貨物に対する厳密な査察を怠ったこと、またイタリアへの石炭輸送を、最後の瞬間、すなわち1945年2月まで許容していたことに、象徴される。たしかに1943年末には、南北通過交通に対する監視と制限のために以前よりも積極的な措置が講じられたが、これは、この輸送が国際法に明らかに違反していたからであり、またおそらくは、連合国が強い圧力をかけたからでもあろう。

戦後、この件に関する責任者は、こうした政策を、それがもたらしたかもしれない威嚇と抑止の効果を根拠に正当化してきた。南北交通が確保されている限り、アルプス縦貫路への攻撃は不要であり、それゆえこの政策によって、そうした攻撃のリスクを最小化できるというのである。しかしそのためには、この威嚇には信憑性がなければならず、潜在的な攻撃者に、攻撃をしかけた場合には橋もトンネルも一つたりとも無傷では済まないことを理解させる必要がある。しかし、そうした破壊準備工作に関する調査は、これが技術的に困難であり、交通を危険に曝し、また大きな費用がかかることを示していた。この計画は、鉄道関係者やその他の政治勢力の強硬な反対のために、容易に進展しなかった。ドイツ側では、早くも1940年には爆破装置が仕掛けられていると信

じるに至っていたが，実際にトンネルの一部に爆破装置が仕掛けられたのは，ようやく1942年のことであった。

　戦争中，スイスの政治で他の要素がより大きな役割を果たしたとしても，こうした威嚇の効果は過小評価されるべきではない。というのも，外見を繕うこと，すなわち国際法（ゴットハルト条約やハーグ条約）の規定を字句通りに守ることが，重要であったが，しかし他方では，スイスが必要とする物資を調達することは，最優先事項であったからである。輸送の自由を制限したならば，即座に物質調達が危うくなるのではないかと，人々は非常に強く危惧していたのである。「第三帝国」の当局者もこれをよく認識しており，南北通過交通でのスイスの役割を如何に重視しているかを，事あるごとに強調していた。ドイツ側はこれを，武器や電力の供給よりもずっと重要で，スイス金融市場の重要性にも匹敵するものとして評価していたのである。それゆえにこそドイツ側は，スイスに圧力をかける——石炭供給の遅延，スイス向け物資のジェノバへの留め置き——ことさえ厭わなかったのである。

　それにもかかわらずスイスは，旅客輸送に関しては一貫してその基本原則に忠実であり続け，たとえ遅まきながらであるとはいえ，イタリアからの工業設備の略奪を阻止するための措置を講じたのである。

---

1) 本節の叙述は，Forster, Gilles［2001］（独立専門家委員会叢書第4巻）による。
2) 数字は全て，"Strom und Meer", 1945, H. 4, "Shiffahrt und Weltverkehr", Juli 1948. による。
3) BAR/AF, E 8300（A）1999/71, Bd. /vol. 31.
4) Bonjour, Edgar［1970］; Bachmann, Hans R.［1966］.
5) BAR/AF, E 2001（D）-/3, Bd. /vol. 352, Notice Hohl, 27 Juin 1942.
6) BAR/AF, E 6351（F）-/1, Bd. /vol. 655, Bonna à la Direction générale des douanes, 23 juillet 1942.
7) Schindler, Dietrich［2001］（独立専門家委員会叢書第18巻）.
8) BAR/AF, E 2001（D）-/3, Bd. /vol. 349, Bonna à la Direction générale des douanes, 23 novembre 1943.
9) SR-Archiv 1. 13, Kriegsbetrieb, Eindrücke des Swissair-Vertreters Charles Messmer aus England, vom 20. Oktober 1939.
10) Matt, Lukas［2000］; Muser, Alfred［1996］.

4.5　金取引

　第二次大戦中，スイスは「第三帝国」勢力圏に由来する金(きん)にとって最も重要な取引拠点であった1)。ドイツ帝国銀行(ライヒスバンク)は，外国への金の供給の5分の4をスイスを経由して行った。1940年から1945年に，ライヒスバンクは1億120万フランの金をスイスの市中銀行に売却し，12億3110万フランを，スイス国立銀行〔スイスの中央銀行〕に売却した。また1939年9月から1941年2月の期間には，ロシアの国立銀行が売却した1億6630万フラン相当の金の取引をも仲介した。「第三帝国」は，すでに開戦以前から強制

的な手段で入手した金をドイツの金融機関に供給していたが，戦争が始まると，略奪した金を外貨獲得に用いるようになった。こうした取引には，法律的にも政治的にも大きな問題があった。そのためこれらの取引は，第二次大戦中のスイスの役割をめぐる論争や，ナチズム下のドイツとの経済的協力の問題の中心に，位置している。

金取引史

　スイス国立銀行は，第二次大戦勃発後，ライヒスバンクの金を，他の中央銀行の金と同じように扱い続け，スイスフランその他の外貨との交換に応じた。戦時下での最初のこうした金取引は，1940年の3月から5月のものであり，その購入額は2730万フランであった。7月にはスイス国立銀行はこれより少ない額（1950万フラン）をライヒスバンクに売却した。これら初期の取引はその額からすると大した規模ではないが，しかしスイス国立銀行は，これらの取引によって，スイスフランの交換可能性を堅持し，それによりスイスの通貨の対外価値とスイス通貨当局の政策への信任を確保し続けるという意志を示したのであった。1940年11月には，スイス国立銀行は，ベルリーンへの金預託口座〔Golddepotkonto / dépôt d'or〕の開設を検討した。同行執行部の長〔国立銀行総裁〕[1]であるエルンスト・ヴェーバーによれば，これによって「何よりもライヒスバンクに対するジェスチャー」を示そうとしたのである[2]。この構想は断念されたが，しかしその後，金の購入額はますます大きくなっていった。

　開戦の初年には，ドイツの金の大半はスイスの市中銀行に販売された。それに対してロシアの金（1億6630万フラン）は，ロシアの国立銀行，ライヒスバンク，スイスの市中銀行の三角形の間を動いた。この金はもっぱら，スイス銀行コーポレーションに売却されて，ル・ロクルの金鋳造所で改鋳された。これは二つの局面に分けられる。開戦後間もない時期に早くもスイスが金取引に関与したという事実は，1940年前半のソヴィエト連邦による試みと密接に関連していた。ソヴィエト連邦は，アメリカ合衆国から石

---

[1] 当時のスイス国立銀行の管理運営組織は，最高意志決定機関である「銀行評議会」(Bankrat/ Conseil du Banque)，業務執行機関である「銀行理事会」(Bankausschuss)，およびその中核たる「執行部」(Direktorium/ Direction) からなる。銀行評議会には，各種の産業や地域の利害代表者が選出された。これは定員40名で構成され，うち23名は連邦内閣によって指名された。なお今日では，銀行評議会の規模は11名に縮小され，議長・副議長を含む6名が連邦内閣により，また残る5名が，株主総会によって選出されている。銀行理事会は総裁など執行部の3名を含み，戦時期には7名で構成された。今日この機関は，拡大執行部 (Erweiterte Direktorium / Direction générale élargie) と称し，3名の執行理事を含む6名で構成されている。執行部は，総裁，副総裁，専務理事の3名からなり，国立銀行の政策の基本線を実質的に決定し，かつ直接に国立銀行の事務機構 (Direktion/ Direction) を統括する。第二次大戦時には総裁のエルンスト・ヴェーバーは第一部（チューリヒ）の長を，副総裁のパウル・ロッシは第二部（ベルン）の長を，また専務理事のフリッツ・シュノルフ（1942年以降はアルフレート・ヒルス）が第三部（チューリヒ）の長を兼任していた。Unabhängige Expertenkommission Schweiz–Zweiter Weltkrieg（Hrsg.）[2002], *Die Schweiz und die Goldtransaktionen im Zweiten Weltkrieg*（独立専門家委員会叢書第16巻），110–111頁，および，http://www.snb.ch/を参照。なおエルンスト・ヴェーバーは，1942年12月から1945年11月まで国際決済銀行（BIS）の理事会議長をも務めていた。なお同時期のBIS総裁はアメリカ人のマッキトリック（1940年1月〜1945年6月）である。

油やその他の物資を輸入するために，金の出所を隠蔽しようとしたのである。帝政ロシア時代の対ロシア債権の有効性をソヴィエト連邦が否認していたため，ロシア金貨の刻印のある金は，接収を受ける恐れがあったのである。第二の，1940年6月から1941年2月のスイス・ソヴィエト連邦通商条約の締結に至るまでの時期においては，ソヴィエト連邦からスイスへの金の支払いは，ソヴィエト連邦が対スイス貿易で抱え込んだ貿易赤字を相殺するために必要になったものであった。これはほとんどが，営利目的の取引であり，ソヴィエト連邦やナチスドイツとの各銀行のイデオロギー的なつながりに帰せられるようなものは，皆無である。

　こうした取引やその他のドイツとの取引において，スイスの銀行は，スイスフランや，少額ではあるがその他の外貨——とりわけエスクード〔ポルトガル〕——を金の対価として販売した。ドイツの戦時経済はこうした外貨を用いて第三国への支払いを行ったのである。スイスフランは——ライヒスバンク経由か，あるいは市中銀行による外貨調達を通じて——，外国の中央銀行が持つ外貨準備に組み込まれ，その後，金の対価としてスイス国立銀行に還流してきた。ライヒスバンクは，戦争の進展とナチスによる迫害政策のために次第に多くの金を手にするようになったが，それらの金は，スイスというターンテーブルを経由して他の発券銀行へと流れていった。金の購入が売却を上回ったのは，主としてポルトガル，スペイン，ルーマニアであり，より小規模には，ハンガリー，スロヴァキア，トルコであった。これにより結局，「第三帝国」が不法に手に入れた金が，自由に用いることのできる通貨としての金に，密かに転換されたのである。こうした取引は，アメリカ合衆国が1941年6月14日に大陸欧州との取引を全面的に封鎖して以降，とりわけ問題含みとなった。というのも，スイス国立銀行は，戦争に巻き込まれる事態をも想定して同行の準備の大部分を大西洋の反対側に移していたので，1941年6月以降，その金準備の3分の2近くが封鎖されているという状態になってしまったからである。しかもその後数年の内に，この比率はいっそう上昇したのである。金本位制の維持を義務づけたスイスの法律は，紙幣発行量の少なくとも40％は，国内に保蔵された金準備の裏づけを持たねばならないとしていた。この条件は，1940年5月17日に秘密裏に定められた連邦内閣政令によって廃止され，それ以降は，イギリスやアメリカ合衆国など国外の金庫に保管された金準備も，この最低準備分に算定してよいことになった。スイスフランの準備率は戦時期にも常に100％を大幅に上回っていたが，しかし国内にある準備に限れば，1940年から1945年の間に，これは40％から31％に低下したのである。

　国内金準備のそれ以上の減少を避けるために，スイス国立銀行は1941年10月，金取引を集中化する決定を下した。この時点で，外国為替に対する統制の導入を検討したが，しかし結局，これは銀行との「紳士協定」にとどめられることになった。いずれにせよ，ライヒスバンクはそれまでのように市中銀行と取引をするのではなく，スイス国立銀行と取引するよう求められたのである。それ以降，市中銀行の外国との金取引は限

定的なものとなった。1942年12月7日，金取引に関するスイスの規制は，いっそう強化された。連邦内閣は，金貨および金塊の最高価格を公示し，金価格の高騰から諸銀行が利益を得る可能性を制限したのである。またこれ以降，金の輸出入はスイス国立銀行による許可制となった。クレディ・スイス銀行は，少量の金を輸入する許可を得た。しかし1943年に，ドイツ銀行のイスタンブール支店が行った疑わしい取引に関連して金を受け取ろうとした際には，同行は金輸入の許可を得ることができなかった[3]。

1942年夏まで，「エスクード取引」の形で大規模な取引がなされた。ライヒスバンクは，戦略的原材料やその他の戦争に重要な品の輸入代金とするために，スイス国立銀行に金を売却し，スイスフランあるいはエスクードを手にいれたのである。ポルトガル銀行〔ポルトガルの中央銀行〕は，通貨準備としてため込んだスイスフランを支払い手段として，スイス国立銀行から金を購入した。ライヒスバンクとの間のこうした取引は，1941年から翌年にかけての冬にピークに達した。1942年夏以降，ドイツは，ベルンの預託口座を介して金を直接にポルトガルに売却するようになり，スイスの金融センターにとってのエスクード取引の重要性は低下した。しかしそれでも，この取引に伴うライヒスバンクからの金輸送は，それ以降もスイスを経由して行われ続けた。

ドイツからの大規模な購入は，貨幣——ベルギー，フランス，イタリア，スイスが加盟するラテン通貨同盟の貨幣が主——の購入も含め，その後も続いた。後になって，これらの貨幣は，その全てがベルギー中央銀行の所有物に由来することが明らかとなった。時を同じくして，スイス国立銀行は，ライヒスバンクから購入した分も含め，大量

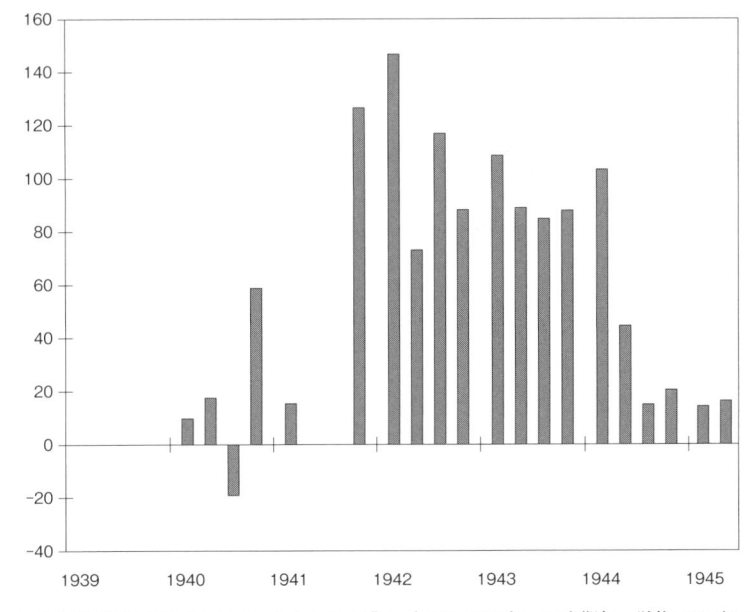

図4 スイス国立銀行のライヒスバンクからの金購入（1939-1945年，四半期毎，単位100万フラン）

の金貨を市中で売却していた。こうした取引は魅力的な収益源であった。戦争の間，スイス国立銀行は，外国で鋳造された金貨の売買で1230万フランの収益を得た。これら金貨のかなりの部分が，最終的には，民間人によって，外国，とりわけフランスに持ち出され，そこでおそらく，活発な地下経済を支えたとみられる。図4は，スイス国立銀行によるライヒスバンクからの金購入額の推移を，四半期ごとに示したものである。

これらの金購入とは別に，ライヒスバンクがスイス国立銀行に委ねた金は，約5億フランに達した。この金は，ベルンにライヒスバンク自身や他の金融機関が持つ貸金庫に預けられた。スイスはこうして，複雑な金取引の中心地となったのであり，ライヒスバンク，国際決済銀行に加え，その他の十数行にのぼる中央銀行に対して，サービスを提供したのである。ライヒスバンクからスイスへの金売却は，1941年第4四半期に前例のない規模に上ったと見られ，1942年と1943年の両年，高水準で推移した。この取引が大幅に縮小するのはようやく1944年第2四半期のことであり，しかもこの取引自体は，ヨーロッパの戦争が終結する最後の月まで続いたのである。

1943年の初め以降，スイスは，ドイツとの金取引を縮小するよう求める連合国からの圧力の増大に曝されていた。連合国は金の出所について知っていたので，イギリス人やアメリカ人は，購入した金は戦争終結後に全て返還されねばならないと，宣言していた。スイス国立銀行の執行部は，次第にこの警告に懸念を覚えるようになり，対策を取り始めたが，スイス国立銀行がライヒスバンクからの金購入を停止したのは，ようやくラクリン・カリー率いる西側諸国使節団との1945年3月8日の合意によってであった。またその際，ドイツ外交団の〔スイスでの〕支出を賄うための受託資金，戦時捕虜に関する支払い，赤十字国際委員会への拠出金は，この停止措置から除外されていた。またこの停止措置にもかかわらず，いわゆる「プール協定」[Puhl-Abkommen] ★2として知られる1945年4月11日のライヒスバンクとの協定によって，ドイツからの金購入が大規模に行われた。これは部分的には，対ドイツ債権の回収を目指す保険業界からの圧力の結果であった。そのため，欧州での戦争の最後の数週間においてさえも，カリー協定の内容に事実上反して，ドイツからスイスへの金の現送は続いていたのである。

同じ時期，スイス国立銀行は，連合国諸国からも大量の金を購入していた。イギリスからは6億6860万フラン，アメリカ合衆国からは22億4290万フラン（純購入額は15億2870万フラン）の金を購入しており，カナダからもこれより少額ではあるが購入していた。そのうち一部は，アメリカ合衆国による資産封鎖の対象となっていた。とはいえ，連合国からの金購入は，それが合法的に入手された支払い手段であり通貨準備である以上，これをドイツからの金購入と単純に比較することはできない。スイス，アメリカ合衆国，イギリスの各国間の金取引の半分以上が，1940年に開始された国際資本移動と資産の本国送還措置に起因したものである。これはスイスにとっては輸出代金の受

★2 ライヒスバンク副総裁で，国際決済銀行総裁でもあるエミール・プールの名をとった協定。

表5 スイス国立銀行による金購入と売却〔1939年9月1日～1945年6月30日〕（単位　百万フラン）

	購入	販売	純購入額
1. 当初残高			2860.2
2. 枢軸国			
2-1 ドイツ	1231.1	19.5	1211.6
2-2 イタリア	150.1	0.0	150.1
2-3 日本	0.0	5.0	－5.0
小計	1381.2	24.5	1356.8
3. 連合国			
3-1 アメリカ合衆国	2242.9	714.3	1528.7
3-2 イギリス	668.6	0.0	668.6
3-3 カナダ	65.3	0.0	65.3
小計	2976.8	714.3	2262.5
4. その他の純購入国			
4-1 ポルトガル	85.1	536.6	－451.5
4-2 スペイン	0.0	185.1	－185.1
4-3 ルーマニア	9.8	112.1	－102.3
4-4 ハンガリー	0.0	16.3	－16.3
4-5 スロヴァキア	0.0	11.3	－11.3
4-6 トルコ	0.0	14.8	－14.8
小計	94.9	876.2	－781.4
5. その他の純売却国			
5-1 アルゼンチン	32.7	0.0	32.7
5-2 フランス	193.2	0.0	193.2
5-3 ギリシャ	0.5	0.0	0.5
5-4 スウェーデン	77.5	3.0	74.5
小計	303.8	3.0	300.9
6 各種			
6-1 国際決済銀行	61.5	18.3	43.2
6-2 市場	71.6	667.8	－596.2
6-3 連邦	269.3	1087.9	－818.6
6-4 連邦造幣局	42.5	45.8	－3.3
小計	444.9	1819.8	－1374.9
7 総購入/総売却	5201.6	3437.7	1763.9
8 誤差			－1.2
9 差し引き残高			4622.9

出典　UEK, Goldtransaktionen, 2002（独立専門家委員会叢書第16巻）72頁〔原著で56頁とあるのは誤記〕。

け取りとして機能し，また連合国は，これを人道的な目的や，また戦争遂行に必要なサービスに対する支払いで使用していた。

　表5は，1939年9月1日から1945年6月30日にかけてのスイス国立銀行による金の購入・売却の概要をまとめたものである。純購入額の項目の大小から，金がどこから流入し，どこへ流出したかが読み取れる。表から明らかなように，スイス国立銀行の金保有高はこの期間に28億6000万スイスフランから46億2300万スイスフランへと増加

した。

　通貨政策の観点からすると，枢軸国や連合国からの金の購入は，市中での通貨流通量を増やすため，インフレ促進的な効果を持つ。スイスのドイツとの取引の他の側面，とりわけ，1944年までに10億フランに達したクリアリング信用も，国内物価の引き上げ要因となった。もっともこの時点では，アナリストは，スイス国立銀行の専門家も含め，インフレーションを，何よりも財やサービス供給に比してのマネーサプライの過度に急速な拡張であると定義してはいなかった。しかしそれでも，金や外国為替の流入によるマネーサプライの拡張は，物価の安定の観点からして望ましくないと認識されていたのである。

　スイス国立銀行の金購入によるインフレ効果の一部は，スイス連邦の金不胎化政策によっても軽減されていた。連邦は公債を発行し，市場から吸い上げたスイスフランを用いて中央銀行から金を購入することで，中央銀行による金購入によって増加した流通紙幣を吸収したのである。またスイス国立銀行は，急激な通貨供給量の増大を抑制するために，その他の措置も講じていた。特に，ドルのスイスフランへの両替の制限が，試みられた。戦前の対ドル為替相場である4.30は維持されたが，通貨政策上の理由で，スイスの中央銀行は，もはやこのレートでは持ち込まれたドルの両替に応じなくなったのである。これはドルの過剰を招き，自由な外国為替市場があるところ，特にニューヨークでは，アメリカドルはこの公定レートより安価に売買され，時に著しいドルの下落に帰結した。スイスの輸出業者は入手したドル為替をスイス国立銀行の窓口で公定価格で換金しえたが，他方スイスの輸入業者は，闇市場で安価なドルを入手し決済したので，外国貿易における価格の歪みが著しくなった。この問題を解決するため，ドル保有に対する統制が1941年秋に導入されて，「商品ドル」[Warendollar / dollar commercial]と「金融ドル」[Finanzdollar / dollar financier]の区別が設けられた。外国貿易は全て「商品ドル」によって行われ，他方，資本移動に由来するドル，あるいは，金利・資産所得・ライセンス料・特許収入・保険業収益による「金融ドル」には，それよりも不利な公式為替レートが適用されたのである。この統制を銀行に課した紳士協定は，同時に，「金融ドル」を最低為替レート以下で取引してはならないことも定めていた。商品ドルは，スイス国立銀行が，スイス内での各国外交団の支出や，人道的・公益的サービスの支出を清算する場合にも，適用された。しかし，1942年4月から1943年11月までの時期には，アメリカ合衆国のユダヤ人団体による難民支援を目的とした［スイスフランの］購入希望に対しては，スイス国立銀行は，ドルの購入を拒絶した。これは深刻な事態であった。というのも，1942年12月以降，市中銀行は，ますます膨れあがって不安定となった金融ドルの法定最低為替レートでの受け取りを拒否するようになり，スイス銀行家協会の勧告に応じて，この市場から撤退していたからである。

通貨の安定化

スイス国立銀行による戦時中の金購入を擁護するためにしばしば持ち出される議論は、これが、反インフレーション的な、通貨価値の安定のための政策の中心に位置していたというものである。こうした反論は、1980年代半ばにフィリップ・マルゲラによって提起され、また1998年以降は、独立専門家委員会が作成した金取引に関する中間報告に対する、ジャン=クリスティアン・ランベレ〔ローザンヌ大学教授〕による反論の論拠となった[4]。これらの著者は、独立専門家委員会が、スイス国立銀行の政治的な動機ばかりを取り上げ、通貨の安定のための国立銀行の努力に、あまりにわずかの注意しか払っていないと批判している。

論争は、金取引がスイスの通貨政策に与えた影響に対する見方が異なることから生じている。見解の相違の第一は、金購入がマネーサプライに直接に及ぼしたインフレ促進効果に関するものであり、第二は、市中での金売却と、金価格へのその影響についてであり、第三は、高い水準の金準備が、戦時中の通貨政策と、——おそらくより重要な——戦後の通貨政策に影響を与えたか否かという点である。

インフレーションの危険は、軽視しえないものであった。スイスは、第一次大戦時に、大幅な通貨価値の下落を経験した。その結果、企業が戦争特需で利益を拡大する中、被雇用者世帯の実質賃金は大幅に急減し、社会不安が増大して、当時のスイス社会は大きく動揺したのである。第二次大戦中、スイス国立銀行と連邦内閣、戦時経済を管掌する諸官庁は、同様の事態を避けるために全力を尽くした。しかしそれにもかかわらず、インフレーションが再来する徴候が随所に現れていた。ごく初歩的な通貨理論が教えるところによれば、中央銀行による金購入——もしくは中央銀行現在資産のその他の手段による増加（それゆえ有価証券の購入でも効果は同様である）——は、通貨供給量を増やしインフレ圧力を強める。金の購入は、中央銀行が同額の有価証券を通常は政府に対して販売することで不胎化しうる（この方法は戦間期に多くの中央銀行によって実施されたが、スイスでは行われなかった）。それに対してスイス連邦は、第二次大戦中、中央銀行が購入した金を不胎化する通貨価値安定政策へと移行していった。1943年から1945年の間に、連邦による金預託額〔米英など連合国内に連邦政府が保有する金の価額〕は1200万フランから10億フラン以上へと増加し、その分、マネーサプライも減少したのである[★3]。

マルゲラとランベレはこうした連関を無視し、スイス国立銀行が、当時みられた金価格の上昇を抑えるために市場への金貨の追加供給に踏み切っていた状況では、同行は金を購入する必要があったと、推測している。この経緯については、金取引に関する独立専門家委員会の報告書で分析されている。独立専門家委員会は、通貨価値の安定のためにそうした金価格調整政策が採られたというこれらの論者の想定には、同意できない。

これとはまた異なった見解が、スイス国立銀行が1999年に発表したヴィンセント・

★3 アメリカ合衆国への金預託額は、1943年の1160万フランから1945年の6億3630万フランへ、またイギリスへのそれは、同期間で1億9530万フランから3億7980万フランへと増加した。これらの預託の一部は、連邦が国債を発行して吸収したスイスフラン紙幣を連合国各国に引き渡す形で積み上げられ、これによってもスイス国内におけるマネーサプライは減少した。一方、連合国は、手にしたスイスフランを戦争遂行目的（中立国からの物資購入や各種の工作資金など）で使用したという。Unabhängige Expertenkommission Schweiz-Zweiter Weltkrieg (Hrsg.) [2002], 独立専門家委員会叢書第16巻, 228-229頁を参照。

クレットとパトリック・ハルプアイゼンの報告書に示されている5)。この学問的に堅実な研究の著者は，金の購入によって通貨は国外——すなわちライヒスバンク——に流出したのであり，それゆえスイス国内の通貨供給量には，インフレ促進的な効果は及ばなかったと論じている。しかしこの議論は，たとえその保有者に当初はそうした意図がない場合でも，彼らはそのスイスフランによってスイスの財やサービスを購入しうるということを，無視している。ライヒスバンクは，ポルトガルでの支払いでしばしばスイスフランを使用したが，それを受け取ったポルトガル人は，これを，スイス商品を購入するため，あるいはスイスの銀行に設けた口座の残高を増やすために——これによりスイスの通貨供給は増える——，用いたのである。

中央銀行による金購入はインフレ促進的なのであって，インフレーションを抑制するために金が購入されたという議論には，まったく説得力がない。

金取引をめぐる論争

金購入の是非は，すでに当時においても活発な議論の対象となっていた。したがって，1990年代に噴出した金購入の合法性に関する議論は，なんら目新しいものではない。すでに当時，連合国は，経済戦を遂行する立場から，ドイツの資源調達能力を削ぐために，金取引を非難し，略奪された金，とりわけ「通貨形態での金」の返還を要求していたが，戦後すぐの十年間には，この問題は顧みられることがなかったのである。しかし1980年にペーター・ウッツが，また1983年にはハンス・ウルリッヒ・ヨストが，新たに入手可能になった史料に基づいて金取引額の巨額さを明らかにし，この問題に対する注目を呼び覚ました。1980年代後半には，二つの本格的な研究が出版された。ヴェルナー・リンクスの著書と，アーサー・L・スミスによる著書である6)。この二冊への反響は驚くほどわずかであったが，いずれも，多くの核心的な問題に取り組んでいた。市場で売りに出せない略奪財産をスイスが仲介して合法性を示す刻印を押し，金の売却を可能にしたということが，どの程度あったのだろうか。スイスは一貫して「ヒトラーの銀行家」として振る舞ったのだろうか。あるいはスイスの金融サービスは，戦争を長期化させ，その結果として戦死者や，ナチスのテロによる民間人犠牲者の数を増やしたのだろうか。

1990年代半ばから，スイス国立銀行の金取引に関する論争が再開された。今度は，それまでよりもはるかに広く耳目を集めた。というのも，スイスの銀行がホロコースト犠牲者の財産を如何に扱ったのかという論争が，時を同じくして起こったからである。今回は，政府と公的委員会が最も重要な文書を示した。最初の報告書は，1996年に英国外務省が発表したものであり，金取引の規模に関するセンセーショナルであるが誤った主張を含んでいた。報告書の著者はドルとスイスフランを取り違え，今日立証されている数字の5倍に近い取引額を算出したのである7)。米国国務省は，これよりもはるかに包括的な調査を組織し，スイスとその他の中立諸国を，経済戦の歴史の中心に位置づけた8)。

その前書きで，米国国務次官であるステュアート・アイゼンスタットは，スイス国立銀行への金売却代金を用いての戦略物資の〔ドイツ勢力圏への〕輸入が戦争を長引かせたのではないかとの問題を，明示的に提起した[9]。1997年，独立専門家委員会は，英国外務省と米国国務省によって組織されたロンドン会議に，短い概説的な報告書を提出した。これはその後包括的な研究へと拡張され，1998年5月に公刊された。他の，各国の委員会による報告書も，時に激しい論争を呼んだ。とりわけポルトガルの報告は，疑惑に対して自国を弁護しようとする姿勢が目立った。それとは対照的に，アルゼンチン，チェコ，フランス，オランダ，スウェーデンの報告書は，いずれも第二次大戦の金融史に重要な光を当てるものであった。それに加え，ナチスの金取引に関与したドイツ大手民間銀行のうち，ドイツ銀行とドレスナー銀行も，それぞれ専門家に委嘱して報告書を作成した[10]。またデグッサ社などのその他の企業も，こうした問題に関する歴史研究を支援した[11]。これらの報告書は，戦争中や戦後直後に連合国によってほとんど無視され，かつ1980年代の文献でも取り上げられなかった主題を中心に据えていた。その一つは金の出所の問題であり，またこれに関連して，ドイツ人によって奪われた金がどの程度までナチス体制の犠牲となった人々の財産に由来するのか，という問題であった。そうした犠牲者の金のどれほどが，スイスで，あるいはスイスを経由して売却されたのであろうか。こうした金の購入や仲介に関わった人々は，「第三帝国」による迫害や絶滅政策についてどれだけ知っていたのだろうか。またもし知っていたならば，そうした人々は，自らの行いをどのように正当化していたのであろうか。

　この金取引におけるスイスの役割を分析すると，二つの問題が浮かび上がる。第一の，本質的に政治的な性格の問題は，スイス国立銀行と市中銀行がある取引を行い，そしてこれを，ただの日常的業務（通常の業務）とみなしたという点である。金本位制を維持した各中央銀行は，他の中央銀行との間で常に金を購入したり売却したりしていた。それは国際通貨体制の基礎をなしていた。しかしながら，1939年から1945年の間に支配的であった状況は，特殊な性格を帯びている。国際市場での支払手段として自国通貨を受け取らせることができなくなったドイツは，金の売却によって外貨を入手したが，これによってドイツは，戦争に不可欠な資源を輸入できるようになったのである。かくしてドイツの軍需産業は戦略的に重要な原材料やその他の財を入手した。とりわけスペイン，ポルトガル，南米からはタングステン，マンガン，その他の鉱物を，またルーマニアからは原油を，さらにユーゴスラヴィアからはボーキサイトを輸入したのである。しかし以上のような事実のみでは，金取引を，スイスの法と国際法の双方に違反する不法な取引であったとすることはできないだろう。しかし，たとえそうであったとしても，これら金取引が及ぼした効果を考慮するならば，これに対する政治的抗議はありうるし，また実際に異議が唱えられている。というのもこうした取引はナチスドイツにとって有益であり，連合国が遂行する経済戦の効果を損なったからである。

　スイス国立銀行は，この取引の政治的な意味合いを，非常にはっきりと，しかも早い

時期から認識していた。すでに 1940 年 10 月，スイス国立銀行執行部は，スイスが枢軸国を支援しているとの合衆国の新聞による非難について，知識を得ていた。執行部はこの問題について政府と連絡をとり，連合国が対抗措置をとった場合の対応について，連邦政務省と協議を行った。この時点でスイス国立銀行は，アメリカ合衆国自身がドイツ人やイタリア人の口座を封鎖しておらず，ライヒスバンクとのスイスの取引に異議を差し挟む立場にないはず，としていた。また同時に，ライヒスバンクとの取引は，ドイツによるスイス攻撃の危険を減らすとも考えられていた。1940 年 11 月には，スイス国立銀行総裁のエルンスト・ヴェーバーは，国際決済銀行の主任エコノミストであるペール・ヤコブソン★4からの手紙を連邦内閣に転送した。この手紙には，ライヒスバンク副総裁であるエミール・プールの見方が描かれており，それによれば，スイスフランの交換可能性は，「スイスを自由にしておく一つの理由」であった12)。しかしウェーバーは，連邦閣僚であるヴェッターとピレ゠ゴラへの添え状の中ではこの抑止効果については触れずに，むしろ「スイス側の必要性」を前面に押し出して，幅広い可能性がある点を強調した。「ヨーロッパでも唯一無二の自由な通貨であるスイスフランの存在が，我々の大陸の他の諸国にとっても有用でありうることには，一片の疑いもありません」と13)。スイス国立銀行当局は，ようやく戦後になってから，とりわけ 1946 年初のワシントン交渉の準備の過程で，金取引とドイツとの協調的関係が，スイスに対する軍事的な作戦を真剣に検討することを思いとどまらせたのだ，と主張したのである。それによれば，ドイツに対する金融サービスは，スイスにとってはドイツによる攻撃から逃れるための身代金のようなものであった。このような，後からこじつけた自己弁護のための論拠のすり替えは，意図と効果とを分けて分析することが如何に重要であるかを示している。経済的な関係，とりわけ金融的なサービスの機能が，スイスにとって「安全保障機能」を果たしたということは，もちろん十分ありうることである。しかし，これが金取引に手を染めた主たる動機であると考えるならば，それは短絡的な論理といわざるをえない。またそれと同じく，「通常の業務」であれば問題はないとするスイス国立銀行の態度こそが，ドイツとの通商交渉でスイスフランの交換可能性を交渉材料に使う道を塞ぎ，抑止力としての上記の効果を打ち消してしまったとも，いえるのである14)。

　第二の問題点は，法律的な次元のものである。ドイツのライヒスバンクが主張する所有権が，大部分の金について疑わしいという問題である。ライヒスバンクは，スイスでの売却には戦前からの保有分を充てていると主張していたが，しかしその売却額は，戦前のライヒスバンクの保有量をはるかに上回っていた。開戦直前にライヒスバンクが報告した金準備は，わずか 1 億 2400 万フランに過ぎなかった。とはいえ，消息通は，実際の保有額がこれをずっと上回っていたと指摘している。総額 3 億 5800 万フランに達

★4 ペール・ヤコブソン (1894–1963)。スウェーデン生まれ。国際連盟，国際決済銀行の要職や，第 3 代 IMF 専務理事を務める。なお第二次大戦後のヤコブソンについては，矢後和彦 [2001] を参照。

する多くの「秘密準備金」があり，またライヒスバンクは，オーストリアとチェコの中央銀行の金を，これら諸国を併合する直前・直後の時期に，国防軍経由で入手している。ライヒスバンクが1939年9月に保有していた金の量は，チェコやオーストリアに由来する分も含めると，現実的な推計では，約11億フランとなる。しかしこれは，スイスに流れ込んだ16億フランから17億フランという額よりも少ないのである。ドイツは戦争中も金を購入した——大部分はソヴィエト連邦からの購入——が，しかしこれは，金の主たる出所ではなかった。貴金属の入手ルートや量を詳しく調べるまでもなく，純然たる計算に基づいて，売却された金の一部は，ライヒスバンクが手にした各国中央銀行からの準備金の略奪，とりわけベルギー，オランダ，ルクセンブルクからのそれ（合計15億8200万フラン）の結果に他ならないと，推測できるのである。個々人からの略奪・没収が，さらにその金保有量を増やしたであろう。厳格な外国為替・外貨統制を監視していた四ヵ年計画庁は，3億1100万フランの価値の金を手に入れていた。東ヨーロッパのホロコースト犠牲者から強奪され，76のいわゆる「メルマー便〔下記コラム参照〕によってライヒスバンクに送られた金は，2577キログラム，価額にして1254万9442フランに達した。

　　金塊のゆくえ
　ライヒスバンクの金台帳の詳細な記録を手掛かりに，個々の金塊がたどった経路を再構成することができる。戦後直後，アメリカ合衆国の調査員は，この台帳とそこに記載された重量に関する細かな情報——これはあたかも指紋のように，改鋳された金塊を特定する情報となる——を手かがりに，スイス国立銀行に発送された金が，もともとベルギー国立銀行が保有し，パリ経由でベルリーンに送られたものであることを突き止めた。同様の方法で，ホロコーストの犠牲者から奪った金のルートを再構成することができる。その中でも，ライヒスバンクによって「メルマー」[Melmer]とラベルを付された輸送品は，外貨，貴金属，貨幣，宝飾品を含んでいた。これは，1942年にSS大尉ブルーノ・メルマーによって封印のうえ発送されたものである。これには，歯科治療用の金も含まれ，1942年半ばまで，これらの金はSS衛生局によって，親衛隊員の歯科治療のために再利用されていたが，そのうちこうした再利用による使用量をはるかに上回るようになったのである。こうした輸送品は全部で76個あった。
　合計で37.5411重量キログラム（kgf）になる「メルマー」との標章がついた三本の延べ棒（36903，36904，36905の連番が打たれている）は，1942年11月27日の，第7次の「メルマー便」によって送られたもので，これは，ライヒスバンクによって1943年1月5日にベルンのスイス国立銀行に発送された。その他の「メルマー」の延べ棒は，より複雑なルートでスイスにやってきた。第2便（1942年10月18日）の36873番，36874番の二本の延べ棒と，第7便（1942年11月27日および12月2日）の36902番，36907番は，ドイツ金貨とともに改鋳された。これらはスイス国立銀行に売却された762本の延べ棒の中から見つかった。1943年11月1日にライヒスバンクに届いた4本の延べ棒（37192番，37193番，37194番，37195番）は，プロイセンの鋳造所で，ベルギー，オランダから送られた金貨・金塊を改鋳して製造されたもので，1944年2月23日から1944年6月8日の間に，スイスに売却された。37198番の延べ棒は，1943年

11月11日にライヒスバンクに持ち込まれた。これはオランダの金貨とともに改鋳され、1944年2月23日にスイス国立銀行に送られた。合計で、ライヒスバンクは、58万1899スイスフランとなる120キログラム弱のメルマー便の金を、スイスに売却した。この量は、2580キログラムに達するメルマー便全体の量に比すると、驚くほど少ない。メルマー金塊の大半は、ドイツの二大民間銀行であるドイツ銀行とドレスナー銀行を通じて販売された。

　ある意味では、この取引は、スイスの銀行業［Bankwesen］とナチスによる大量虐殺の最も明白な物質的つながりである★5。最初の3本の延べ棒を除き、いずれも、精錬能力はなく単に改鋳を行うのみのプロイセンの鋳造所で、西ヨーロッパから——いずれも個人や中央銀行からの略奪による——持ち込まれた金と混ぜ合わされ、鋳直されたものである。精錬が、その前の段階でデグッサ社によってなされていたことは、ほぼ確実である。同社は、ライヒスバンクをはじめとする顧客の依頼で、金歯や宝飾品の金など純度が低いか不純物が混じった金を、金含有量が同じ純粋な金の延べ棒に精錬していたのである。そのため、ナチスによる大量虐殺の犠牲者から得られた金について、個別の金原子の次元でそれらが何処へ行き着いたのかを特定することは、不可能である。

　ヤコブソン、ヴェーバー、ヴェッターらが金取引の政治的な含意について検討していたのと同じ時期の1940年後半、スイス国立銀行は、占領された諸国で個人や中央銀行の金が略奪されたことを示唆する最初の証拠を手にした。後には、ドイツの金が盗品であるという証拠は、スイスの新聞にも掲載された——特に、1942年8月の『ノイエ・ツルヒャー・ツァイトゥング』紙15）。しかし、国立銀行が1946年5月16日に連邦内閣に提出した報告書は、ドイツが中立国に売却している金が略奪品である可能性があると連合国が明確に警告したのは、ようやく1943年1月のことであると、主張していた。この主張は、より非公式な警告がこれよりも以前になされていた点からして、事実に反する。最も明白な証拠は、フランス銀行総裁であるイヴ・ドゥ・ボワサンジェによって

★5 フィンケルスタイン（152頁訳註15参照）は、この文についても、独立専門家委員会自身の調査結果のうちでも重要な点を無視する叙述であるとして、「スイスの諸銀行［the Swiss banks］はそれと知って（knowingly）『犠牲者の金』を購入したわけではない」と批判している。Finkelstein, Norman［2003］、200-201頁（なお立木勝訳による日本語版、フィンケルスタイン、ノーマン［2004］、184頁では、複数形であることは明示されない表現となっている）。しかし、ここではスイスの中央銀行である国立銀行の金塊購入が主題であって、市中銀行を含まざるえない「スイスの諸銀行」についての叙述ではなく、——物質的［materielle/material］という形容詞を「実質的」と解釈しうるとしても——適切さを欠く。また フィンケルスタインが自説の論拠としているのは、政治的な圧力の下で可能な限り早く調査成果を公表するために1998年に公刊された同委員会の中間報告（Independent Commission of Experts, Switzerland —— Second World War (ed.), *Switzerland and Gold Transactions in the Second World War, Interim Report*, Bern 1998）であり、その後の調査を踏まえてその最終報告書として4年後に著された本報告書の叙述を否定するには、不十分といえよう。いずれにせよ、2002年に刊行され、本節の叙述が主として依拠する叢書第16巻では、その3.4においてスイス国立銀行が金塊の出所の問題性を知っていたか否かについて詳細に検討し、連合国が警告を行った1943年初よりも前から、スイス国立銀行はこれを認識していたと結論している。独立専門家委員会［2002］（独立専門家委員会叢書第16巻）、185-194頁参照。他方、同書は市中銀行についても分析し、市中銀行にとっては金の売買業務は副次的に過ぎなかったことを指摘したうえで、ライヒスバンクからのこれら市中銀行による金購入は史料的に確認できるものの、これらの銀行が金塊の出所を知ってその取引を控えたのか否かは不明であると結論づけている。同書、282頁。

1943 年夏にもたらされた。彼は，奪われたベルギーの金がベルリーンに移送され，国際取引に用いられたのではないかという疑惑を裏づける情報を，ベルギー国立銀行の金準備に関する長く詳細な説明とともに提供したのである[★6]。ドゥ・ボワサンジェは，実際にも，ベルギーの金のベルリーンへの移送で中心的な役割を果たした。開戦時にフランスに預託されたベルギーの金は，ボルドーからダカールに船で送られたが，その後，サハラ砂漠を縦断してフランスに戻された。当時フランス銀行の総裁であったピエール=ウジェーヌ・フルニエは，これをベルギーの同意なしにドイツ人に引き渡すことを拒否した。ヴィシー政府は彼を解任し，より従順なドゥ・ボワサンジェを総裁の地位に据えたのである。

しかしながら，1943 年 1 月の警告は，スイス国立銀行の執行部と，政府当局，とりわけスイス国立銀行の業務を監督する銀行理事会（1943 年 7 月 22/23 日，8 月 26/27 日の会合）の間で，新たに議論を巻き起こした。この会合では，執行部の長であるエルンスト・ヴェーバー〔総裁〕と，銀行理事会と銀行評議会の双方で議長を務め，また 1925 年から 1939 年の時期にはエルンスト・ヴェーバーの前任者として総裁を務めたゴットフリート・バッハマンとの間に，意見の相違が生じたのである。ヴェーバーは金本位制の維持のためには他国からの金購入が欠かせないと主張したが，バッハマンは，この問題が持つ政治的な意味を強調し，スウェーデンとオランダは，第一次大戦の間，金購入は信用通貨の膨張を招きかねないという技術的な理由にかこつけてこれを拒絶したと，指摘した。この議論の中で，スイス国立銀行の執行理事〔副総裁・第二部長〕であるパウル・ロッスィは，ドイツの金が略奪によるものであるという情報を銀行は得ていないし，また国際法は，占領軍が金を接収する権利を認めていると，発言した。

スイス国立銀行がこの取引を実行した動機には，不明な点が残されているし，また実際のところ銀行が，戦争当時，その行動の理由を説明する義務を何びとに対しても負っていなかったのも事実である（出来事の後からなされた説明は，通常はなにがしかの事後的な合理化を伴う）。また，銀行が戦争の間ずっと，同一の動機に基づいて行動していたと想定するならば，それも誤りであろう。

1940 年の夏，ドイツによる軍事的な威圧と，完成したかに見えたヨーロッパ大陸におけるドイツの覇権という事態に直面した際には，──ヤコブソンの書簡にあるような意味での──政治的な考慮が重要であったかもしれない。それだからこそ，スイス国立銀行は政府と協議したのである。市中銀行との間でドイツ関連取引の規模が拡大し，またアメリカ合衆国の封鎖政策によってスイスの通貨準備の少なからぬ部分が凍結された中で，重視されていたフランの国際的な安定性と交換可能性を戦後においても維持するために，金取引が集中化された。1943 年夏，スイス国立銀行が購入した金が，ドイツが略奪によって得たのものであったことが明らかになると，新たな考慮が生じた。もし

───────
[★6] これらの経緯については，日本語文献では，ジャン・トレップ著，駒込雄治・佐藤夕美訳［2000］に詳しい。

も取引を中断したり，金の出所の合法性について公式の確約をドイツ側に要求したりするならば，スイス国立銀行が「善意」〔で取得したこと〕がかえって疑われ，戦後，金を奪われた者からの返還要求に道を開くのではないかと，危惧したのである。またドイツからの金購入の継続は，中立法によっても擁護された。中立国たるスイスは，供給者が誰であろうと金を受け入れる義務を負っているというのである。いずれにせよヴェーバーは，1944年1月，国際法上の義務のために，スイスはライヒスバンクからの金購入を拒絶することはできないと，主張したのである。

　スイス国立銀行首脳部は接収権を公然と是認し，それにより1943年夏にドイツの金を合法的なものとみなしたのであるが，この権利は問題を孕んでいる。その問題性は当時すでに，スイス国立銀行とライヒスバンクの双方で，法律家が示した意見書において明確に指摘されていた[16]。接収の権利は，1907年のハーグ陸戦条約第53条においては，国有財産に対してのみ認められていた（同条約は，交戦中に限り，私人による通信・交通手段の接収をも認めていたが，しかしこれも，紛争の終結後に返還しまたそれによる損害を補償するという条件の下でのみ，認められたものであった）。第46条第1項は，私有財産（ならびに民間人の生命，宗教的信条，宗教的祭祀の実施）の尊重を要求していた。また同条第2項は，明示的に，無補償での接収を禁じていた。したがって，私物である金の接収は，当時もその後も有効であった国際法に照らして，合法的とはみなし得ない行為であった。ハーグ条約のこうした原則は，19世紀終わりの3分の1の時期に幅広い支持を受けるに至った原則であった。それには，プロイセンの軍隊が，フランス銀行の金には指一本触れずに去ったという有名な前例までもがあったのである。

　このように，1943年に，政府当局との間で，またスイス国立銀行の監督組織の中で包括的な議論がなされたのであるが，しかしその際には，スイスの防衛のために必要だとの1940年の議論（「威嚇」［Bedrohung］論と「抑止」［Dissuasion］論）も，また通貨価値の維持のために必要だとの1941年後半の議論も，重要な役割は演じなかった。スイス国立銀行は，——その出所の問題性を無視して——単に，それまでの行動の論理と慣性に基づいて，金の購入を続けた。中央銀行は，過去の行為の虜となっていたのである。

戦後の返還

　多くの誤謬に基づいた1943年の議論は，戦後，金購入の問題性が連合国との大きな対立点となった際にも，スイス国立銀行の態度に影響を及ぼした。これはとりわけ，1946年5月にワシントン協定の締結によって決着した交渉に表れた。二つの防御線が設けられた。第一は，中立を守るためには金購入が必要であったとの主張である。この見方は，金購入は中立からの逸脱であるという，連合国によってしばしば主張された正反対の見方と同様に，説得力を欠いていた。実際には，中立は金購入を禁止するものでも要求するものでもなかった。中立は単に，金購入を可能としていたに過ぎない。もう

一つの防御線は，スイス国立銀行には，ドイツの金が戦前からの所有品ではないと推定するなんらの理由もなかったというものである。しかしこれも根拠は薄弱で，ライヒスバンク副総裁のプールに対する尋問の結果にも反していた。彼は，連合国に対して，スイス国立銀行の執行部はこれらの金がベルギーからの略奪品であることを承知していたはずと証言したのである。スイスの立場は，金に関する戦争中の政策に，誰が責任を負っていたのかについてスイス国立銀行理事の間で演じられた激しい争いによって，悪化した。またワシントンでの1946年の交渉の間にも，スイス内の議論を示す内部文書が流出し，しかもこれが，アメリカ合衆国の手にも渡った。——これには，スイス国立銀行の執行理事であるアルフレート・ヒルスの反ユダヤ主義的な態度や，その種の発言を示す情報までもが，含まれていたのである。

ワシントン協定では，結局，スイスが2億5000万フランを支払い，その半分をスイス国立銀行が負担することになり，その見返りとして，戦時下での犯罪的な金取引についてのスイス国立銀行に対する全請求権が放棄された。この合意は，大部分，ベルギーからスイスに持ち込まれた略奪金塊の量についての連合国の計算に基づいていた。しかし実際には，1946年5月の〔協定成立の〕時点では，オランダの中央銀行から奪われた金——そのうち一部は，ドイツによってやはりスイスに販売された——と，個人所有下にあった金——例えばライヒスバンクに送られたメルマーの輸送便によるものなど——の全貌は，連合国の目にはまだ明らかになっていなかった。オランダ政府は，ワシントン協定の条件やスイス側の支払い額の変更には遅すぎる時期になってようやく，これらの事実関係を把握した。その結果，オランダ起源の金——ナチス占領による犠牲者から奪われた金の大半が含まれると推定される——という重大な問題は，ワシントンではまったく看過されてしまったのである。

技術的には，すなわちその通貨政策に関しては，スイス国立銀行そのものは，第一次大戦時よりも大きな自立性と権限を有していた。しかし同行は，とりわけ1942年以降，ナチス金塊の取引に関し，通貨管理上の技術的必要性では説明がつかないようないくつかの重要な決定を下していた。1943年以降になされた法的な分析は，根本的に誤っていた。スイス国立銀行は，金購入を中止するよう繰り返し警告した連合国の面目を潰したばかりでなく，自行の経営顧問や自らが委嘱した法律家の意見をも，無視したのである。それゆえ，スイス国立銀行の決定が，——正当にも——繰り返し歴史的・倫理的な批判に曝され，非難されるべきものと判断されてきたことも，驚くにはあたらないのである。

---

1) 特に記載のない限り，本章の内容は，独立専門家委員会［2002］（独立専門家委員会叢書第16巻），Grossen, Jacques-Michel［2001］（独立専門家委員会叢書第18巻）による。
2) Archiv SNB, Protokoll des Bankausschusses, 21. November 1940, 692頁。

3) Steinberg, Jonathan [1999], 56 頁.
4) Philippe Marguerat とのインタビュー。L' Hebdo, 23 May 1985, 90 頁; Jean-Christian Lambelet: Wo blieb der ökonomische Sachverstand der Bergier Kommission. Das Verhalten der Schweizerischen Nationalbank war besser als ihr Ruf, in: Neue Zürcher Zeitung, 31 June 1998. この二人のその他の著作物については，独立専門家委員会［2002］（独立専門家委員会叢書第16巻）．
5) Crettol, Vincent/Halbeisen, Patrick [1999] 参照．
6) Rings, Werner [1985]; Smith, Arthur L. [1989]; Jost, Hans-Ulrich [1983] .
7) Nazi Gold: Information from the British Archives, History Notes No. 11, 1996. この勘違いは新聞でも取り上げられた。Neue Zürcher Zeitung, 19. September 1996. 英国外務省は訂正版を公刊した。Nazi Gold: Information from British Archives, Revised January 1997.
8) Eizenstat, Stuart E. [1997].
9) 『キャッシュ』誌とのインタビューでは，彼はこの主張を和らげている。Cash, No. 17, 27 April 2001
10) Commission fédérale contre le racisme [1998]; Bähr, Johannes [1999].
11) Banken, Ralph [1999].
12) Archiv SNB, 2224, Brief von Jacobsson an Weber, 25. November 1940. また Perrenoud, Marc [1987/88], 53-54 頁; DDS, Bd. /vol. 13, Nr. 419; Marguerat, Philippe [1991], 113 頁; Fior, Michel [1997], 73-74 頁も参照．
13) Perrenoud, Marc [1987/88], 53 頁での引用。また，Universitätsbibliothek Basel, Handschriftenabteilung, Nachlass Per Jacobsson, Diary, 27. November 1940 も参照のこと．
14) これは Maissen, Thomas [1999], 539 頁の議論である．
15) Salomon Wolff: Das Gold in der Kriegswirtschaft, in: Neue Zürcher Zeitung, No. 1291, 16. August 1942, 4 頁．
16) Rechtsdienst der SNB, Notiz vom 5. April 1944; Schindler, Gutachten vom 22. Juli 1944, das von der SNB in Auftrag gegen wurde, und Sauser-Hall, Gutachten vom 28. März 1946. ベルリーンのライヒスバンクの法律家もまた同じ結論に達しているのは，驚くべきこととえよう．

4.6 銀行システムと金融サービス

民族社会主義やナチスによる犯罪の犠牲となった人々の財産を，スイスの銀行がどのように扱ったかという問題は，スイスとナチスドイツの関係をめぐる近年の対立の発端となった1)。スイスは，第一次大戦後，重要な国際的金融拠点としての地位を確立した。世界恐慌の中，二つの深刻な事態が生じた。第一に，スイスの銀行は，1931年以降，巨額にのぼるそのドイツ資産が封鎖されてしまうという事態に直面した。第二に，大量の逃避資本がスイスに流れ込んだ。その一部は，すでに1945年以前の時点で所有者からの連絡が途絶えており，戦後に「休眠」状態となった。以下本節では，まずスイスの金融市場の構造的特質について概観した後，スイスの銀行とドイツとの関係，その戦争中の業務慣行や有価証券業務を検討し，最後に，〔これらの資金が〕後に「休眠」状態となるに至った理由について，考察する．

両大戦間期のスイスの銀行制度

スイスの金融市場は，銀行，金融・持株会社，投資信託業者，仲介業者（信託業者，弁護士，公証人）など，多種多様な業者からなる。銀行部門は大銀行［Grossbanken /

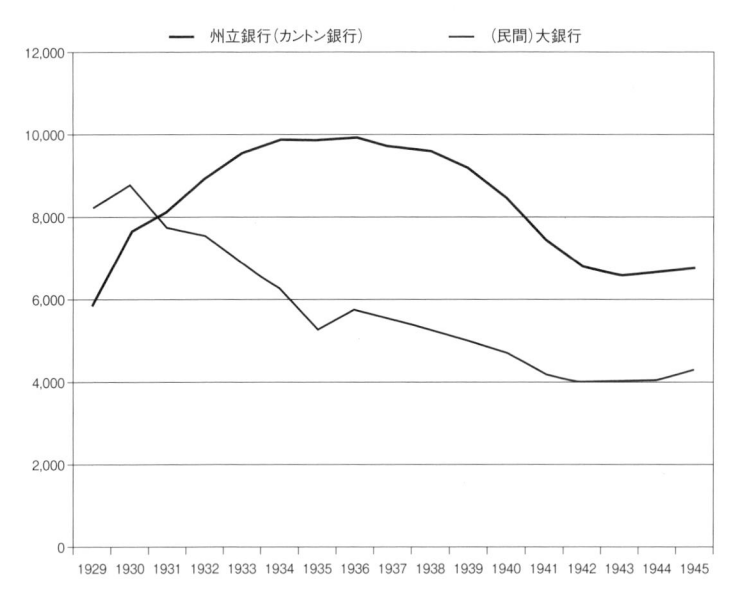

図5　1929年価格でのスイス諸銀行のバランスシート上の資産額（1929-45年）（単位　100万フラン）
出典：SNB, Das schweizerische Bankwesen im Jahre（各年版）

grandes banques], 個人銀行, 州立銀行〔カントン銀行〕, 地方銀行からなり, 1939年には, 総計363行, 総資産額は177億フランに達していた。大銀行としては, その資産額の順に列挙すると, スイス銀行コーポレーション, クレディ・スイス銀行, スイス・フォルクス銀行, スイス・ユニオン銀行, 盟約者団銀行, ロイ株式銀行, バーゼル商業銀行がある。これらの銀行は, 国際的な貿易金融および長期の対産業金融業務を行っていたが, 同時に短期銀行業務をも行っていた。第二のグループは州立銀行であり, これは国家〔＝カントン〕による保証を後ろ盾とし, 公法に基づき設立された企業であるという点で, 大銀行や個人銀行と根本的に性格を異にしていた。しかしいくつかの州立銀行, 例えばベルン州立銀行やバーゼル州立銀行, それにとりわけ, 1939年時点で最大の民間大銀行をも資産額で上回っていたチューリヒ州立銀行の場合には, その顧客もきわめて国際的であった。総じて, 全銀行の資産総額の44.4％は州立銀行の手にあり, 民間大銀行の割合は24.2％に過ぎなかった。スイス国立銀行によって「地方銀行」[Lokalbank / banques locales] に分類された銀行には, 80の土地信用銀行——その資産総額の60％超がスイス内の抵当信用からなる——が含まれるが, そのうち数行は非常に大規模であった。例えば, チューリヒのスイス土地信用銀行のバランスシートは, 二つの大銀行を含む138の銀行を上回っていた。スイス国立銀行の統計は, これと同様に679の協同組合銀行〔信用組合〕と, 111の貯蓄金庫を含む。さらに, これに86の個人銀行が加わる。この個人銀行は, 貿易金融, 有価証券取引, 取引市場業務, 資産管理業務を行っていた★1。

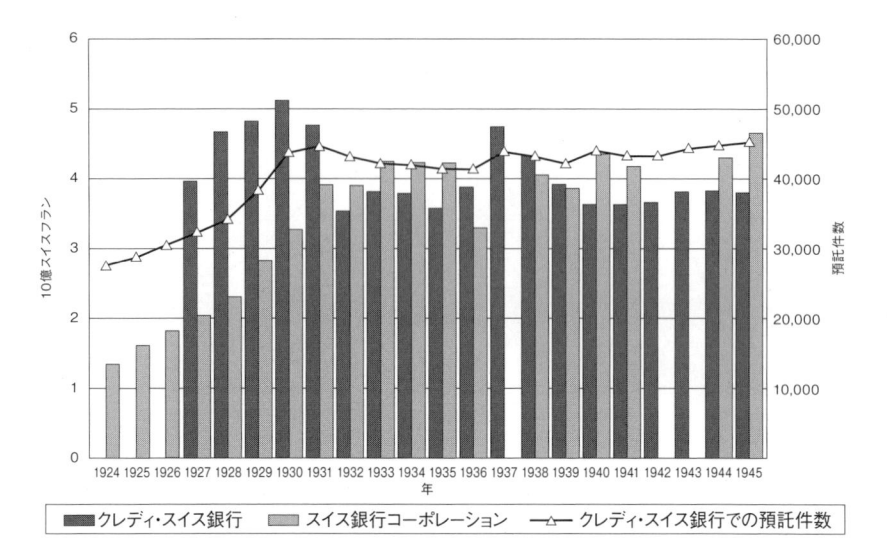

図6 クレディ・スイス銀行とスイス銀行コーポレーションにおける顧客の有価証券預託額（単位：10億フラン，インフレ調整を含まない額）

　1930年から1935年の5年間で，大銀行の総資総額の合計は，安定ぶりを示した州立銀行のそれとは対照的に半分以下に減少した。この減少は，大銀行が世界恐慌の打撃を強く受けたことを示す。総資産額は1930年代後半に安定した後，戦時期にわずかに増えている。スイスの銀行は総資産額には含まれない有価証券の預かり業務をも行っており，その点からすると，バランスシートのみに依拠して経済的な分析を行うのは適当ではない。バランスシートに出ないこの業務の規模は，銀行の最高機密に属する。従来なされてきた推計は基礎的な資料を全く欠く中で作成されており，実際の数字を大幅に下回るものとみなければならない。独立専門家委員会とICEP〔独立有識者委員会，第1章23頁参照〕による企業史料の調査によって，銀行が管理するバランスシート外資産の規模は，1945年には200億フランを超えていたと見積もられている[2]。この額は，バランスシート上の総資産額を上回る。長期をカバーする詳細な数字が残されているのは，クレディ・スイス銀行とスイス銀行コーポレーションに限られる。

★1個人企業ないし合名・合資会社といった人的会社形態で銀行業務を行う企業は，スイスでは歴史的に「個人銀行」（Privatbank / banque privée）と称されてきた。これは株式銀行や，各種の国家銀行・特権銀行などの公的銀行とは組織・設立形態上は区別されるが，業務内容によっては必ずしも区別しえない。しかし20世紀に入ると，スイスの多くの個人銀行は次第に業務の主軸を対個人・企業の資産運用業務（Private Banking / Vermögensverwaltung）に移すようになり，Privat (e) の語は二重の意味を持つに至った。Burckhardt, C. F. W. [1914]．今日，かつての個人銀行のうち有力行は巨大組織となっており，むしろその業務内容によって「プライベート（バンキング）銀行」と称されている。プライベートバンキング業務では，スイスの銀行は，米系銀行と並び世界でも最有力の勢力となっている。スイスでの個人銀行の歴史的な位置づけについては，黒澤隆文 [2004] を参照。

1930年代前半のバランスシートの縮小は，外国の顧客がその保全のために資産を（バランスシートに載らない）預託口座［Depotkont / comptes de dépôt］に移動したことにもよる。資産管理業務は銀行に安定的で大きな利益をもたらしたため，銀行は資産管理サービスに力を入れていた。

　第一次大戦中，中立国スイスの金融センターは，資本取引の中心地としての地位を確立した[3]。それに続く時期には，安定通貨フランを擁するスイスは，あたかも価値下落の荒海に浮かぶ不動の小島のようであった。多くのヨーロッパの投資家にとって，スイスの銀行に口座を持つことは，万一の時への備えであった。1920年代，それにとりわけ1930年代には，政治的・経済的・軍事的危機に反応する形で，大規模な国際資本移動が発生した。投機先を求める短期的な投資資金，いわゆるホットマネーが新たな現象として登場したのである。高度に発達した金融市場であるスイスが，こうした資金の流入・流出からなる無数の取引の中心となったのは，当然の帰結であった。

　資本の最大の流れは，フランスから流入するものであった。とりわけ1936年の人民戦線の勝利の後には，多くのフランス人が，フランスでの課税強化とフランスフランの切り下げを恐れて，その資金をスイスに移した。1936年9月のスイスフランの切り下げの後には，再度，大量の外国資金，とりわけフランスの資金が，スイスの銀行に流入した。

　短期の資本移動がもっぱら為替投機を目的としていたのに対し，長期の投資は，多くの場合，租税回避資金か，あるいは政情不安に対する反応であった。しかし資本移動には，安定性の追求以外にも理由があった。ドイツやその他の中欧諸国で民族社会主義によってますます多くの住民が差別され迫害されるようになると，これらの人々は，資産を外国，とりわけスイスに逃避させることで，その資産を剥奪から守ろうとしたのである。

　「ホットマネー」の激しい流入やその他の動きには，経済的な理由のみならず政治的な理由もあった。ドイツでの厳しい資本取引規制は，不可避的に，ありがちな帰結を招いた。資本の逃避，透明性の喪失，隠匿，汚職である。しかしこうした問題は，ドイツとスイスの間の資本移動に限られたわけではない。というのも，1930年代後半には，資金の最大の部分が，アメリカ合衆国へと流れたからである。他でもないスイスの投資家自身が，しばしば，資本構成を組み替えてアメリカ合衆国へと投資を行った。そのためスイスの大銀行も，1930年代，その資産のますます多くの部分を，スイス国外，とりわけアメリカ合衆国に保有するようになった。米国商務省の数字では，アメリカ合衆国への長期投資資金として流入する資産に占めるスイスからの資金の割合は，1929年には4％であったのが，早くも1934年には8％に達していた[4]。こうした資本流出は，もっぱら経済恐慌と，1931年以降の全般的な通貨不安に対する反応であった。その後，戦争の危険が投資先変更の最大の理由となった時には，アメリカ合衆国への資本の流れはさらに拡大した。

スイス銀行コーポレーションは，1935年から1937年の間，その総資産のほとんど半ばを外国で運用していた。また1936年には，クレディ・スイス銀行の取締役の1人は，「スイスの金融業の将来は，〔…中略…〕海外，とりわけアングロサクソン地域にあるだろう」[5]とコメントしていた。スイスの銀行は，1930年代後半にニューヨーク市場に進出したが，顧客の強い要望もその理由の一つであった。とりわけ，ますます多くの外国人顧客——政治的・人種的迫害の多数の犠牲者，あるいはその潜在的な犠牲者を含む——は安全性を非常に重視しており，彼らが安全と考える地域にスイスの銀行が資産を預託していることを確認しようとすることも頻繁であった。

　他国における通貨の不安定性がスイスの銀行へ向かう資金の流れを生みだしたのであるが，しかしこれによって，——投機の結果である——こうした流れが，突如として逆転するかもしれないという根拠のある不安が生じた。通貨供給量のコントロールに責任を持つスイス国立銀行は，短期資金の流入を注意深く監視していた。他国では，すでにそうした不安定な資金の動きの犠牲者が出ていた。1931年9月から1933年4月の間，ドルの金兌換停止に伴い，アメリカ合衆国の銀行は外国からの預金の流出を経験したし，また1933年4月以降には，やはり多額の資金がフランスの銀行から引き出された（当初は，この資金の大部分はスイスに流入した）。1935年には，投機の流れは実際にスイスフランに向かい，スイス国立銀行の金保有残高は，1935年の最初の5ヵ月で7億4400万フラン減少した。これに対して，国立銀行と市中銀行は1935年6月に紳士協定を締結し，個人顧客に対する金売買業務と外貨定期預金業務を禁止した。1936年には，連邦内閣政令によって，スイスフラン投機に対する刑事罰が導入された。予想された通りこれらの措置に効果がないことが判明すると，スイス政府は金ブロックに加わり，1936年9月にスイスフラン相場を切り下げた。さらに，1937年には新たな紳士協定を結んでホットマネーの流入を抑えようとした。銀行とスイス国立銀行の間で合意されたこの紳士協定は，「外国資金の過剰な流入を抑え，また逃避資金に関してはその流出を促すことによって」スイスの国益を守ることを意図していた。多くの銀行が，非居住者による要求払預金に利子を付けず，かつ定期預金からは1％の手数料を徴収するというこの取り決めに同意した[6]。これにより，スイスの大銀行に預けられた外国人顧客の資産総額は，1937年の9億1700万フランから，1939年の7億900万フランに減少した。ただし，戦争末期にかけてこれは再び増加し，9億フランを突破している（1944年には9億200万フラン）[7]。国際的な資本移動の変動幅の大きさは，スイスフランに対する投機の結果，いつなんどき預金が引き出されるかわからないという点で，スイスの銀行を非常に脆弱にした。それゆえスイスの銀行は，「悪質の」あるいは「熱い」資金を注意深く投資し，これら預かり資金のうちごく一部しか，貸付資金に回さなかった[8]。しかしこうした基本原則を全ての銀行が守ったわけではない。フランス語圏スイスの唯一の大銀行，ジュネーヴのコントワール・デスコントは，中欧での業務に深入りしており，早くも1931年には経営危機に陥った。この銀行を，他の銀行による保証コンソーシア

ムによって救おうとする試みも，またその後の，ユニオン・フィナンスィエールとの合併による救済の試みも失敗に終わり，1934年，この銀行は清算された。スイス・フォルクス銀行も同様に経営危機に陥ったが，国による1億フランの資金投入で，ようやく破綻を免れた[9]。最も深刻な打撃を受けたのは，中欧市場向け業務の割合が高かった中堅以下のスイスの大銀行であった。そのうち数行にとっては，中欧での経済危機は致命傷となった。バーゼル商業銀行は，1931年4月，中欧での貸付を縮小し始めた。ドイツに投じた資産が1930年にバランスシートの46％を占めていた盟約者団銀行は，1931年6月，ドイツ向け貸付の回収を開始した。この両銀行とロイ銀行は巨額の損失を計上し，株価を維持するために自社株買いを始めたが，効果はなかった。必死の努力も功を奏せず，株価の低迷は続いた。この窮状の中でバーゼル商業銀行は政府に援助を求め，公的資金の注入を受けた。しかしそれでもなお不安定な状態を脱することができず，1937年には債務の繰り延べを要請した。こうして資金的に弱体化したバーゼル商業銀行と盟約者団銀行は，ドイツでの貸付業務のために政治的にも信用を失った。社会主義勢力の新聞は，この銀行が「ナチス企業」と取引していると主張した，他方，『フィナンツ・レヴュー』は，「第一次大戦後のドイツの平和的な発展に対する過度の信頼」の犠牲者であると寛大に評した[10]。結局これらの銀行は，1931年に陥った危機から脱することができなかった。盟約者団銀行は1945年9月9日にスイス・ユニオン銀行によって吸収され，バーゼル商業銀行は，その数週後の10月30日にスイス銀行コーポレーションに買収されたのである。

スイスにおける銀行の危機は，世界恐慌の帰結であった。全ての銀行が，上記のような深刻な打撃を被ったわけではないが，しかしそれでも各銀行は，アメリカ合衆国への資金移転業務拠点としてその業務を続けるために，安全かつ秘密を厳守する資産管理者としての評判を強化しようと努めていた。銀行はスイス政府から資金的援助を獲得することに成功し，また経営方針や顧客関係への国による介入を防ぐ銀行法の成立を勝ち取った。銀行と貯蓄金庫を対象とするこの最初の〔連邦〕銀行法により，1934年11月8日，銀行秘密〔守秘義務〕[Bankgeheimnisse / secret bancaire]の導入が承認された[11]。この法律の第47条は下記の条文を含んでいた。

> 銀行の組織・官吏・職員，あるいは監査役・監査補佐役，もしくは銀行委員会の委員および，その事務局の官吏もしくは職員として，意図的に守秘義務に違反し，ないしは職業上の秘密を漏らした者，もしくは，これを教唆し，あるいは教唆を試みた者は，2万フラン以下の罰金もしくは，6ヵ月の禁固，あるいはその双方によって処罰される。これらの行為者が過失によりこれを行った場合には，罰金は1万フラン以下とする。

この立法に先立つ数年間，ドイツやフランスの税務当局によるスパイ活動が活発とな

り，スイスの銀行の行員がこれらに対し預金者の氏名その他のデータを提供することがあったために，非常に厳格な刑罰が定められた。この銀行秘密〔法〕は，ずっと以前から存在した職業上の守秘義務を，刑事罰による保護によって強化したものである。この時点から，銀行秘密の漏洩は親告罪ではなくなった（検察は，被害者による告訴が無くとも必要な措置をとらねばならない）。連邦内閣と議会が1934年に意図したのは，スイスの資産管理業務に最適の法的条件を与え，銀行に対する外国によるスパイ活動の跋扈に終止符を打つことであったのであり，——後に時折主張されたことだが——ナチス体制による攻撃からユダヤ人顧客の財産を守ることが目的だったわけではない。とはいえ，銀行の利害とも部分的には重なる顧客の利害を保護することも，重要な目標であったのである。しかしこの措置も完全ではなく，幾人かのスパイは，ドイツ国籍の顧客，とりわけドイツ当局による迫害を受けていた顧客の情報を手にすることができた。例えばクレディ・スイス銀行バーゼル支店の行員の1人は，ドイツ当局に74人の顧客のデータを手渡した。この違法行為は，このドイツ人顧客が，ドイツの税務当局に強制されてその預金をドイツに引き揚げねばならなくなって発覚した。この行員は，1943年，軍事法廷において終身刑を宣告された[12]）。

スイスの銀行とドイツの関係　1931年から1939年

　1920年代後半，スイスの大銀行は，急激に成長した。前述のように，スイスの銀行は信頼できる安定的な金融機関と評価されており，スイスの金利が総じてインフレーションに悩まされている中欧諸国の金利よりも低かったにもかかわらず，外国から多額の資金を引き寄せた。各国の資金とともに，ドイツからも資金が流入した。しかしドイツでは，資金の国外流出に対する規制が次第に厳しくなり，特に1933年以降は厳罰が科されるようになったため，ドイツからの資本流入は1930年代半ば以降は減少した。ドイツ人顧客の一部はスイスの銀行への有価証券の預託を解約し，資金を引き揚げた。しかし大半の顧客は，ドイツでの立法にもかかわらず，その資金をスイスに残した。通常これらの財産は，仲介者，信託業者，またこの目的のために設立された保有会社の助けを借りて偽装されていた。

　しかし，スイスの銀行とドイツの間の密接な関係は，逆の方向でも存在していた。スイスの銀行は，——スイス資本市場の吸収能力の限界や対外投資の収益性の高さのために——その資産のかなりの部分を外国，とりわけドイツに投資していた。スイスの金融機関がこれに加えて提供した付加価値は，——事実であれ幻想であれ——安定性の保証であった。しかしながら，国際金融システムが1931年に崩壊し始めると，この保証もさして確かなものには見えなくなった。多くのスイスの銀行は，突如として自らの脆弱性を認識したのである。1931年5月のオーストリアでのクレディットアンシュタルトの破綻や，同7月のドイツでのダルムシュタット銀行とナツィオナル銀行の破綻も，スイスの銀行に影響を及ぼした。バーゼル商業銀行，盟約者団銀行の危機については前述

表6 スイスの大銀行の外国との関わり 1934年（単位100万スイスフラン）

	スイス銀行コーポレーション	クレディ・スイス銀行	スイス・ユニオン銀行	盟約者団銀行	バーゼル商業銀行	ロイ銀行	スイス・フォルクス銀行
1. 総資産額	1199	1146	558	435	416	307	937
2. 在外資産額			190	172	224	102	176
3. 在外資産のうち外貨送金制限対象資産額	150	200	115	143	153	84	144
4. 制限対象資産割合（％）	13	18	20	33	37	27	15
5. ドイツ外貨管理下の資産額	105	183	89	135	117	75	116
6. 自己資本額	200	206	112	107	88	47	198

出典：Perrenoud/López/Adank/Baumann/Cortat/Peters,［2002］（独立専門家委員会叢書）第1章

したとおりである。また同時に，為替管理の導入によって非常に巨額の資産が凍結され，動かせない状態となったため，スイスの銀行は大いに流動性を欠くことになった。外国資産での損失のために支払不能となる事例がいくつか出た。1931年7月，ドイツでの恐慌の発生後，ドイツでの短期債権の16％が，スイスの所有者の下にあった[13]。1931年末には，ドイツ向け債権は，クレディ・スイスのバランスシートの23％を占めた。スイス・ユニオン銀行ではこれは20％（1931年9月）に，スイス銀行コーポレーションでも19％に達した[14]。

外国への投資比率の高さは，1930年代を通じてスイスの銀行の問題であり続けた。表6は，三大銀行では1934年時点で封鎖された債権がバランスシートの8分の1から5分の1にも達することを示している。しかしこの割合は，1945年にライバルに吸収された銀行（バーゼル商業銀行や盟約者団銀行）や，厳しい再建過程を経験せざるをえなかった銀行（ロイ銀行など）の場合の，3分の1から4分の1という封鎖債権比率に比すると，低い。こうした固定化されてしまった資産のかなりの部分が，対ドイツ投資であった。

イギリスやアメリカ合衆国の銀行の場合，貸付は貿易決済との関連が深く，ドイツ向け短期債権の大部分（72.4％）は，貿易金融に伴う未払い債権であった。それに対しスイスの金融機関の場合には，商品貿易に伴う債権の比率は3分の1（32.5％）に過ぎず，最大の項目は現金貸付［Kassenkredit / crédits de caisse］（45.2％）で，これはもっぱらドイツ企業に対する貸付からなっていた。こうした信用は，それ自体，商品為替よりも高いリスクを孕んでいる。というのも，これらの短期資金はしばしば長期投資に用いられており，世界恐慌の時期には多くのドイツ企業が流動資産を実質的に全て失い，支払い不能に陥ったからである。それゆえ1931年以降，スイスの銀行は非対称な状況に直面することになった。ドイツの債権者に対する義務は通常どおり履行し続けねばならないのに，ドイツに有した資産は凍結されてしまったからである。

こうした状況下で，スイスの銀行が債権回収のためにドイツの急速な経済的回復に期待をかけたのは，当然であろう。それゆえこれらの銀行は，実際には長期投資に使われているこれら短期債権の市場性を高めるための革新的な手法を求めていた。これら債権に関する交渉で，債権者であるスイスの銀行は，ドイツ各邦の委員会［Länderkomitee］に代表を派遣した。スイスの銀行委員会〔連邦政府内の監督組織〕は，ドイツに対する貸付債権の組み替え，すなわち現金貸付をドイツに対する長期の投資資金に転換することで，これを解決しようとした。結局この提案は，1932年のいわゆる支払猶予協定の第10条に盛り込まれた。この猶予協定は，前年8月に失効した6ヵ月の支払猶予協定［Stillhalteabkommen］にとってかわるものであった。これらに基づいて，スイスの債権者は，1933年までに2330万ライヒスマルクの貸付を転換した（これは全債権額の4分の3に相当する）。この支払猶予協定によって，これら債権者は，ドイツに封鎖された債権の額を着実に減らすことに成功した。1934年にはなお9億フランが残っていたが，1939年の開戦時には2億5000万フランに減少しており，終戦後の1946年には1億5300万フランとなっていた。

しかしこの支払猶予協定には，抜け穴もあった。スイスに拠点を置くドイツ系企業は，スイスで資金を集め，これをすぐにドイツの企業に貸付けることができるのであるが，統計にはそうした資金はドイツ側の債務としては出てこないのである。例えば，スイス・ユニオン銀行は，1929年，チューリヒに本拠を置くノン・フェルン社という企業に貸付けを行った。しかし実際には同社は，シュレジェンの鉱山会社であるゲオルク・フォン・ギーシュ・エルベンに支配されていたのである。ノン・フェルン社は手にした資金をドイツの親会社に貸付けていた。この巨額貸付は，スイス・ユニオン銀行の1936年の貸付の中では単体のものとしては最大であったが，支払猶予協定に含められたのはようやく1937年のことであった。

1933年1月30日のヒトラーの政権掌握によって，ドイツの外国為替管理は新しい局面を迎えた。対ドイツ貸付に深く関与していたスイスの銀行の状況は，同年6月8日にドイツが長期債務利子の国外送金停止を宣言したために，危機的となった。スイスの金融機関や投資家は，自らの債権の極めて大きな部分が封鎖されてしまうという事態に直面したのである。債務返済の再開に関する交渉がすぐに開始され，双方とも決然たる態度でこれに臨んだ。ドイツは，スイスやその他の債権国に対し，巨額の債務を武器に圧力をかけることができた。ジョン・メイナード・ケインズが，債務者の権力について有名な警句を吐いたのはこの時である。100ポンドの借金は債務者にとっての悩みであるが，しかしそれが10万ポンドの借金ならば，悩まねばならないのは銀行の方であると。当時の状況においては，スイスはまさしくこの途方に暮れた銀行そのものであった。問題は，どれだけのものをスイス側が望むか，ドイツの圧力にどれだけ抵抗できるかという点であった。双方とも，機能的な金融的関係を維持することに利益を見出していたため，ドイツ側は交渉と譲歩の用意があることを示唆した。債務返済の再開に関する精力

的な交渉の結果,,両国は,1933年10月に最初の「特別協定」[Sonderbakommen]の締結に漕ぎ着けた。この協定は毎年修正のうえ更新され,これによりスイスの銀行は,対外債権の利子の大部分をスイスへと送金することができた。この協定は,資本ストックを自由にできることよりも安定した利子支払いにより大きな関心を寄せていた銀行の必要に合致したものであった。1934年6月14日にドイツが対外送金停止措置の拡張を決定すると,長期資本の利払いは,初のドイツ=スイス二国間クリアリング協定に組み込まれた。1933年から翌年にかけての,ドイツ側の圧力とスイス側の外交努力の一つの明白な帰結は,ドイツが,国際的な債権者銀行の統一戦線を打ち破ろうとしたということであり,またそれは,スイスの主要銀行の希望にも沿っていたという点である。

　1930年代を通じて,凍結された債権に関する交渉は,金融外交の中心的なテーマであった。1938年2月まで,ドイツの対外債務総額は,段階的になされた返済と二次的市場での返済（後述）によって,また部分的には債権国通貨の切り下げ——1931年夏イギリスポンド,1933年4月アメリカドル,1936年9月スイスフラン——によって,減少していった。ドイツのスイスに対する負債総額は,1931年7月から1938年2月の間に,31億ライヒスマルクから13億ライヒスマルクに減少（58%減）した。アメリカ合衆国に対する債務の減少率はこれよりずっと高く69%であり,他方イギリスに対する債務の減少率はスイスよりも低く53%であった[15]。

　スイスの銀行家は,交渉においては,当時の状況下としては総じて目標を達成することができた。しかし彼らは,その交渉相手ないしはナチス体制をどのように認識していたのであろうか。民族社会主義者の運動は,国際金融資本に対する敵対的な態度を隠そうとはしておらず,債務返済においても強硬な姿勢が予想されており,実際これは,1933/34年の交渉と部分的支払停止宣言となって表れた。他方でナチス政権は安定性を得たように見え,銀行家たちは,信頼できる相手と交渉しているとの印象を持った。多くのスイスの銀行家は,総じて,新政権に対して肯定的印象を持ったのである。ドイツの金融界の大部分と同様,スイスの銀行家にとっても,民族社会主義が社会主義的な形態をとるという危険が無くなったようにみえたこと,それゆえドイツでの銀行の破壊や国有化を想定せずに済むようになったことが,何よりも重要であった。また経済政策当局——とりわけライヒスバンク——が,おそらくは経済的な理由のために,反ユダヤ主義の暴発を抑えようと努め,これに成功しているとの印象も支配的であった。これらのために,スイスの銀行家たちにとって,ナチスドイツは敬意を払うべき交渉相手になったのである。例えばクレディ・スイス社長のルドルフ・ビントシェドラーは,1933年4月——同年4月1日のユダヤ人商店に対するボイコットと,国の指令によるその中断の後——にベルリーン出張から戻って後に,同僚に対して,ヒトラー政権の基本的な価値観は,キリスト教,家族,そして個人財産の尊重に根ざしていると,報告している。その功績は,「コミュニズムを最終的に打倒したこと,それにより,おそらくヨーロッパをボルシェヴィズムから救い,これにより西洋の文化を生き残らせたこと」にあ

るとしていた。この時期,「ユダヤ人問題については,緊張の緩和がみられ」「当分の間は解決した」ように見えたのである16)。政治的な「緊張緩和」が起こりつつあると信じられたにしても,経済的な見通しは明るいものではなかった。この数ヵ月,公共調達の受注に努めている企業や,再編のために公的資金を必要とする企業など,直接・間接に政府に依存するドイツ企業は,ユダヤ人を経営陣から排除するよう圧力を受けていた。「経済の政治化」を目の当たりにして,クレディ・スイスの経営陣は,もはやユダヤ系企業の将来的な事業拡大に全幅の信頼を寄せることはできなくなった。それどころか彼らは,これらユダヤ系企業,とりわけ,ナチスからの著しい圧迫に曝されていたレオンハルト・ティーツ株式会社や,ルドルフ・カールシュタット株式会社といった百貨店にそれ以前に供与した貸付について,憂慮するようになったのである。

戦争終結までのナチスドイツとの間の銀行業務

　1939年の第二次大戦の勃発後,英米の銀行は対独信用協定への参加を打ち切った。それに対しスイスの銀行は,1939年9月18日にドイツとの新たな協定に署名した。これは,ドイツとの関係を維持していく上で不可欠の前提であり,そのためにドイツ側からも大いに歓迎された。1942年以降,スイスの銀行の代表団は,返済額の増額と未使用の信用枠の取り消しを要求した。これが,戦局の変化のために交渉上の立場が強まったように見えたことへの反応であったことは疑いない。しかしスイス代表団は,戦争のこの段階に至っても,自らの特殊な地位を守るために,ドイツの顧客に新たな貸付を行う姿勢を崩してはいなかった。

　協定は,ドイツに併合ないし占領された地域にも及んだ。そのため1940年10月に新たに結ばれたいくつかの契約には,これら占領地域に対する未回収の債権も含まれた(「ベーメン・メーレン保護領」向け1700万フラン,ポーランドのドイツ領併合地域向け2800万フラン,「総督府」向け1100万フラン)。1942年2月には,これに,アルザス,ロレーヌ,ルクセンブルク——亡命政府による抗議にもかかわらず——が加わった。これらの取り決めに際しては,補償協定[Kompensationsabkommen]の形で,アルザス,ロレーヌの住民がスイスの諸銀行に有する預金を,スイスの諸銀行がこの地域に対して持つ債権と相殺する案が検討された。しかし,ドイツの外国為替当局はこれら預金のごく一部しか把握しておらず,預金額の大半はこの相殺取引に充てることができなかった。そのため,スイスの銀行に口座を持つ者の利害に疑問の余地なく反したであろうこの交渉は,上手くいかなかった。それに対しスイス側は,これら地域の新しい支配者に対して,1942年の初めに,スイス人が所有するアルザス企業株について規定に基づいて報告を行った。

　スイスの銀行は,戦争の間,多岐にわたるドイツ企業に対して信用を供与した。その際これらの銀行は,ドイツの軍備やホロコーストとの関係があった企業とも,関わりを持った。クレディ・スイスはドイツ銀行と,またスイス銀行コーポレーションはドレス

ナー銀行と，密接な取引関係を有していた。これらはいずれも，戦時下でなされた問題含みの取引，すなわち戦利品・略奪品である金の取引をめぐっての濃密な協働関係を含んでいた[17]。1943 年になっても，スイス・ユニオン銀行は，ドイツ銀行に 50 万フランを超える新規融資を供与していた。この関係は戦争終結時，またさらには戦後にまで続いていく。

スイスの三大銀行は，さらに，ドイツ空軍の戦力拡張という明確な目的をもって 1939 年に設立されたドイツ航空銀行とも，積極的に取引を行った。1942 年まではスイス銀行コーポレーションが最も密接な与信関係を持ち，その後はスイス・ユニオン銀行がこれとの取引を強めるべく努めた。しかし 1943 年時点では，最大の貸付はクレディ・スイスによってなされていた。

信用はドイツの工業部門の企業にも供与されていた。1940 年，クレディ・スイスは，元々はベルリーン発電社に供与していた貸付を，ＩＧ ファルベン（イー・ゲー）に対する期限 3 年の貸付に転換した。この取引の一番の理由は，この新規の貸付では IG ファルベンがポルトガルに所有する資産を担保にとれるということであった。同年，スイス銀行コーポレーションは，同様に IG ファルベンに対して 2 年間の貸付を供与し，またスイス・ユニオン銀行も，IG ファルベンの在スロヴァキア子会社であるディナミート・ノーベル株式会社（ブラチスラヴァ）に同様の貸付を行った。各銀行は，1941 年と 1942 年にも IG ファルベンに対する信用供与を継続している。スイス銀行コーポレーションは，〔ドイツの〕敵国からさえも IG ファルベンを支援した。同行は，1943 年，ルーマニアの石油株獲得を狙う IG ファルベンに，ポンド・スターリングを貸し付けたのである。これらの貸付が最終的にどのように用いられたのかは，今日ではもはや確認することができず，通貨が交換可能であることからしても，原理的に使途を確定することは不可能である。基本的にこれらの信用は，外貨を用いて物資を調達する可能性を提供した。しかし，これらの信用を，例えばアウシュヴィッツ絶滅収容所近郊の IG ファルベンの巨大な工場群の資金調達に直接に結びつけることはできない。〔ただし，〕おそらくこの信用は原料輸入のために使用されたので，その原料が，アウシュヴィッツ＝モノヴィッツで使用されたということはありうるだろう。スイスの銀行の目的は，未回収の債権を組み替えて，ドイツが敗北した場合に最大の安全性を提供するであろう資金的に盤石な借手に対して，これを投入することであった。

いくつかの事例では，スイスからの貸付は，軍事的インフラストラクチャーとしての機能を直接に担い，ナチスによる大虐殺とも関連性を持つような建設事業においても用いられた。1941 年と翌年，スイス・ユニオン銀行とクレディ・スイスは，〔ドイツ〕国防軍と親衛隊（SS）に対するスイスからの間伐材供給に対して資金を提供した。この取引は異例の形で秘密裏になされ，しかも，高い地位を有する一連の仲介者に対して賄賂が支払われた。その中には，ギザン将軍の息子のアンリ・ギザン〔父と同名〕も含まれており，1 万 3000 フランの仲介料を受け取っていた[18]。

その他にも，同様に疑惑に満ちた取引が周辺的な金融機関によってなされていた。例えば，抵当信用銀行の一つで，クレディ・スイスと提携関係を持つスイス土地信用銀行は，1933年と翌年の債務返済モラトリアムによって送金不能となったスイス銀行保有の対ドイツ債権（いわゆる封鎖マルク）の流動化ビジネスに，次第に専業化していった[19]。この銀行は，ドイツで凍結されたマルク建て債権を流動化したうえで，これを間接的に送金する方法をいくつか編み出していた。そのためにこの銀行は，人的ネットワークを築いたが，これはチューリヒの法律家ヴィルヘルム・フリックを介して，ヘルマン・ゲーリングが信頼を寄せるヴィルヘルム・エディンクにまで達していた。スイス土地信用銀行は，ドイツから輸入した商品や原材料の代金を封鎖マルクで支払う許可を勝ち取って，スイスの買い手の購入代金分を〔スイスの買い手に対して〕スイスフラン建てで貸し付けたのである。この種の取引は，常に多額の手数料や賄賂の支払いを伴っていた。戦時中には一段と込み入った方法が用いられ，封鎖マルク送金の許可は，例えば戦略的重要物資のドイツに対する供給など，より負担の大きな条件と結びつけられた。特殊鋼の生産で不可欠なタングステンのドイツでの全消費量の3％が，スイス土地信用銀行経由で第三帝国に輸入されたのである。

　銀行はドイツに対して他の金融サービスも提供していた。外貨取引，銀行券の売買，金取引の支援，貿易金融，そして第三国との間の三角取引である。銀行によるナチスドイツとの取引の中でとりわけ問題を孕んでいたのは，有価証券取引である。1920年代には，国際市場を志向する金融機関では，有価証券取引はきわめて重要な業務であった。しかし銀行危機の結果，スイス市場でも有価証券の売買は1930年から1935年にかけて大幅に落ち込み，多くの小規模銀行や取引所での取次業者が営業を停止した。その他の銀行や銀行に類した機関――例えばチューリヒのゲゼルシャフト・フュア・フィナンツゲシェフテ株式会社，ツークのアービトリウム株式会社，チューリヒのヴィンターシュタイン社――は，こうした状況から抜け出そうとして，ドイツの貸付証券［Anleihecoupon］（利子・配当支払証券）の買い取り業務に専門化した。これらの証券は二次的市場で購入され，ドイツに持ち込まれて現金化された。これらの専門化した企業は，もっぱら，少額であるために販売困難であるような債券をまとめるための集約拠点として機能した。チューリヒのディスコント・クレディット株式会社の業務責任者であるフリードリヒ・フォン・チャルナーは，以下のように述べている。

　　「業務の性格からして，こうしたことは小さな会社でやる方がよい。というのも，小さな会社なら様々な分野を見渡したうえで自分で集約的にコントロールできるからである。またこの取引では，大銀行なら日常的な取引を持とうとはしないが，かといって必ずしも怪しげな取引先というのではないような顧客をも，相手にしなければならないからである」[20]。

銀行業のもう一つ特殊な業務として，ドイツで発行された有価証券の買い戻し取引があった。これは，スイスで，また開戦後はアメリカ合衆国やその他の多くの国でも行われた。こうした買い戻し業務は，当初は，幾つかのドイツ企業向けに直接に行われた。1930年代半ば以降は，これらの証券は一纏めにしてドイツ金割引銀行に引き渡された。1940年と翌年，オットー・ヴォルフ社も，4ヵ年計画を統括するヘルマン・ゲーリングの委託の下で，多額のドイツ有価証券をスイスで買い戻した。この種の取引の魅力は，ドイツ企業が，償還期限が来ていないこれらの有価証券をきわめて低い価格（額面の20％から50％）で買い戻すことができたこと，他方これら証券の所持者にとっては，その市場価格が下がり続ける中で，損失を一定程度に抑えることができる点にあった。スイスの有価証券には1933年のドイツ＝スイス支払猶予協定で優遇措置が与えられていたため，これら証券には，それ以降，外国人の所有物ではなくスイス人の所有物であるとの疎明保証書〔宣誓書〕［Affidavit］を添付することが必要となった。しかし戦時中は，この種の宣誓書や各種の証明書がさらにやたらと多くなった。ドイツ側は，有価証券が「敵国」国民の所有ではないことの証明を要求し，また連合国側も，当該証券がスイス人あるいは中立国国民の所有であることの「保証」［assurance］を求めた。

　少なからぬ事例で，銀行や金融業者は，外国人の顧客のために疎明保証書を偽造していたが，これは問題になるとは考えられていなかった。これによって損害を被る者がいなかったためである。しかしいずれにせよ，この業務に加わったスイス企業は，これら貸付証券の売買，有価証券の買い戻し業務，疎明保証書の偽造によって利益を得たのである。こうした業務は，ナチスに対しその資産を流動化する方法を与えたが，しかし同時に，ナチス体制から迫害された人々にとっても助けとなった。というのも，多くの亡命者や移住者にとっては，このような取引は，貸付証券や有価証券を処分して外貨を手にいれるための唯一の方法であったからである。

　ドイツ人が，占領地域で略奪した有価証券をスイスで売却するという事態を防ぐために，スイスの取引所は，1940年末，いわゆるスイス人所有宣誓［Schweizerbesetzerklärung］を導入した。しかし当局，とりわけ連邦経済省は，偽造を発見した場合にも，これらの偽造証明書は結局のところ誰に損害を与えるものではないとの見解に基づき，この種の不正な取引を野放しにした[21]。このような状況の結果，1941年から1942年初めの数ヵ月にかけて，偽造された疎明保証書の助けを借りて，略奪された有価証券のかなり大規模な取引が，行われえたのである。国際市場で容易に売買しうるロイヤル・ダッチ社やCHADEの株は★2，ドイツ当局にとっては魅力的な外貨獲得源であった。この取引は，もっぱら，ケルンのオットー・ヴォルフ鉄貿易商会とベルリーンの小規模

★2 CHADE（Compañía Hispano-Americana de Electricidad）社は中南米で電力事業を行うために1920年にマドリッドに設立された企業である。同社の株はスペイン内戦の際に略奪され，同社によって封鎖されていた。Lussy, Hanspeter / Bonhage, Barbara / Horn, Christian［2001］，（独立専門家委員会叢書第14巻）63頁，および http://www.iisg.nl/publications/guide-spain.pdf を参照。

なシュポンホルツ銀行，ならびに両社がスイスに持つ提携会社によってなされた。盟約者団銀行は，オットー・ヴォルフからの委託で，1940年から1943年の間にロイヤル・ダッチ社株を合計2万7000株，またCHADE株を合計6000株，売却した。これら銀行はこうした証券の一部が略奪されたものであることを認識していたが，他の機関もまた，ドイツとの有価証券取引では用心深かったとはいえない。〔スイスの〕ヴォントベル銀行は，シュポンホルツ銀行と，また〔おなじくスイスの〕ホフマン銀行はドイツのドイツ金割引銀行と，それぞれ密接な関係を有していた。それに対して，いくつかの銀行——とりわけクレディ・スイス銀行——は，開戦直後にその行員に対して，ドイツとその占領地域から持ち込まれる有価証券については体系的に調査するよう指示していた。

スイスの証券市場は規制が緩く，そのため怪しげな取引には好適であった。各行の首脳はそうした怪しげな取引に伴うリスクについて議論していたが，その圧倒的多数が，自主規制に止めるべきであるとし，国による法的な規制には反対であった[22]。しかし後の視点でみるならば，この自主規制方式は十分なものではなかった。ドイツによる1940年のベルギーとオランダの占領の後，すなわち，スイスにおいてドイツによる侵攻の危険が最も高まったように見えた時期に，株式市場は二ヵ月の間，閉鎖された。その再開後も占領地域から持ち込まれた有価証券の取引はしばらくの間停止されていたが，しかしその後，これも再開された。有価証券の一部はスイス人所有証券であるとの疎明保証書を添付して売買されたが，これを欠く証券も，より低価格ではあったが売買された。また数ヵ月停止されていたロイヤル・ダッチ株の取引も，1942年末頃再開された。1943年1月，連合国は，まさしくこれらの取引を標的として，ドイツ軍による略奪品を購入することは許容し難いという内容の最初の警告を発した。1943年にはスイスの大銀行はロイヤル・ダッチ株の取引を停止し，これを，より小規模で公衆の目に触れにくい業者に委ねた。戦時中にスイスに持ち込まれた出所に問題のある有価証券の総額は，連邦財務省の1946年の推計によれば，5000万フランから1億フランに達した[23]。

終戦後，こうした有価証券取引は，返還訴訟の対象になった。しかし，略奪された有価証券がスイス市場に持ち込まれた際の経路とネットワークの全容を隈無く明らかにすることは，そもそも不可能であった。こうした取引が1930年代に出現しえたのは，——ドイツやその他の中欧各国が採用した外貨管理に助けられて——怪しげではあるが違法とまではいえない灰色市場がスイスに誕生しえたことによる。国際的な金融恐慌の結果，ドイツでは，ドイツの有価証券の買い戻しと現金化のための秘密の取引への関心が高まった。スイスの金融機関は，グレーゾーンの取引に次第に手を染め，さらに次の一歩をも踏み出した。第二次大戦中，有価証券市場は，違法な取引によって利用されたのである。

1939–45 年のアメリカ合衆国との金融的関係と銀行取引

　戦争中，スイスの銀行による対独投資は縮小し，銀行は本国への資金回収に努力を傾けたが，その間も，スイスの銀行のアメリカ合衆国との取引は拡大を続けた。前述のように，この傾向は早くも 1930 年代に始まっていた。1939 年 3 月のプラハ占領の後，ヨーロッパでの戦争勃発の危険が高まると，スイス・ユニオン銀行は，ニューヨークへの代理店設立を決定し，開戦 6 週間後に営業を開始した。その他のスイスの銀行も，1930 年代末にはより安全な地域に片足を置くことを検討していた。1938 年 9 月の政治的な危機後にイギリス・カナダ市場で起こったパニックの後には，アメリカ合衆国が最善の選択と思われた。クレディ・スイス銀行は，1938 年 12 月，ヨーロッパ域外に買収によって支店を設けることを検討した。著名なシュパイヤー銀行が売りに出されていたからである。しかしクレディ・スイスは，これが「ユダヤ系」銀行であり，「非アーリア系のパートナーを排除することができたとしても，……容易に拭うことのできない臭い」が染みついている点が[24]，深刻な障害であると考えていた。同様にナチ的な調子で，経営陣の 1 人は断言した。「今日でもこの銀行はユダヤ系と目されているが，しかし，友好的な方法でこれをアーリア化する可能性は残されている」と。1940 年初め，クレディ・スイスはシュパイヤーから購入した資産を基盤にニューヨーク代理店を設け，またそれと合わせてシャーロットタウン〔カナダ〕に「カストディアン・トラスト・カンパニー」〔証券保管・信託会社〕を設立した[25]。

　ユダヤ系銀行の買収に際してのクレディ・スイスの躊躇は，ひょっとすると反ユダヤ主義的な基本姿勢を傍証しているかもしれないが，しかし何よりもそれは，そうした企業の買収がドイツ企業やドイツ当局との関係を悪化させるかも知れないという危惧に根ざしていた。1938 年 12 月の上記の議論では，参加者の 1 人は，ユダヤ系銀行の買収は「ドイツとイタリアとの我々の取引に損害を与えかねない」と発言していた。

　アメリカ合衆国はスイスの銀行にとってますます重要な投資先となった。1940 年にクレディ・スイスが有した在外資産のうち 66％，2 億 850 万フランが，アメリカ合衆国への投資であった。スイス銀行コーポレーションではこれは 55％，3 億 4820 万フランであり，スイス・ユニオン銀行でも 54％にあたる 6160 万フランであった。それに対して，きわめて厳しい外貨管理のためにますます魅力のない投資先となっていたドイツへの投資残高比率は，以上の各銀行で，それぞれ 2％，6％，4％に過ぎなくなっていた[26]。アメリカ合衆国へのこうした資産の移転は，第一に経済的安定性を重視しつつも，同時に政治的な安全性をも求める多種多様な顧客の利害に応えようという，スイスの銀行の対応の結果であった。これらの顧客には，ナチス党員も，またナチスによる迫害の犠牲者も含まれていたし，またその資金には，課税回避その他の逃避資金も含まれていた。戦時中，スイスの銀行は，アメリカ合衆国当局に対してこれらの顧客の素性を明かさなかった。

　ドイツとの結びつきが，合衆国での業務の拡大に際しても大きな役割を果たしたこと

は疑いない。1941年1月，ライヒスバンクは，スイス・ユニオン銀行に対し，同行が仲介業者との間で行っていたドル取引を引き継ぐ用意があるか否か問い合わせた。スイス・ユニオン銀行はこれに対し，――問題含みの業務は自行の外で行うとの戦略に忠実に――この取引を第三の企業であるチューリヒのロンバルト銀行株式会社を通じて行ってはどうかと提案した。ロンバルト銀行の行員は，この種の取引のために「アーリア化」されていたのである。スイス・ユニオン銀行はこの取引に関してわずか0.5‰の手数料というきわめて有利な条件を提示していたが[27]，ライヒスバンクは結局これには応じず，スイス銀行コーポレーションとの取引関係を拡大した。1941年3月には，スイス銀行コーポレーションのチューリヒ支店が，ライヒスバンクがスイスで行うドル取引の決済拠点に指定された。アメリカ合衆国での取引では，スイス銀行コーポレーションは，ライヒスバンクとの関わりを隠さねばならなかった。そのためスイス銀行コーポレーションは，ドレスナー銀行の子会社の一つであるバンコ・ゲルマニコ・デ・ラ・アメリカの依頼で，ニューヨークのチェース・ナショナル銀行の複数の口座から，あるメキシコ銀行の口座に29万4000ドルの資金を移した。1941年6月，スイス銀行コーポレーションにライヒスバンクが持つ口座には，72万1565ドル（310万2719フラン）の残高があった。1944年夏の積算では，スイス銀行コーポレーションは，総額82万1000ドルの在米資産をドイツ人あるいはドイツ企業の代わりに管理しており，また同様に，ドイツからの支配を受けている非ドイツ企業の12万ドルの資産をも管理していた。イタリア向けの同様の業務では，前者が413万3000ドル，後者が166万2000ドルと対独業務よりもずっと多額であり，他方日本に対しては，これは6500ドルと3000ドルであった[28]。

各行のニューヨーク拠点では，顧客の名が漏れないように細心の注意を払っていた。というのも，アメリカ合衆国が参戦するか，あるいはスイスが侵略を受けた場合に，アメリカ合衆国当局がこれらの資産を凍結する可能性を怖れたからである。各行はこの行為を，銀行法を根拠に正当化した。銀行法はとりわけ顧客の安全のために設けられたものであり，銀行に対し，「顧客による明白な指示が無い場合でも」その利害を守る権利を付与している[29]，というのがその理由であった。他方，アメリカ合衆国当局は，こうした情報を暴きだそうと躍起になっていた。早くも1941年4月，米国財務省は，スイス銀行コーポレーションのニューヨーク事務所に対して，口座と取引内容に関する情報を引き渡すよう要求していた[30]。スイスの銀行がアメリカ合衆国でドイツ企業のために行っていた取引の不透明さからして，合衆国当局の疑念は当然であった。スイス銀行コーポレーションは，1937年に，ドイツの化学企業であるシェリングの在外資産をアメリカ合衆国の参戦時にも守るために，ヒェファ社（Chepha,「化学・製薬株式会社」）およびフォリンヴェント社（Forinvent,「外国投資・発明社」）という二つの会社を設立した[31]。スイス銀行コーポレーションのニューヨーク支店は，このようにしてシェリングから委託された取引を行った。ヒェファ社とフォリンヴェント社は，早くも

1940年にイギリスのブラックリストに載せられたが，しかしその後も，シェリング旧子会社のドル資産の移転では役割を演じ続けた。

　1941年の6月14日，アメリカ合衆国は，資産凍結措置を全ての大陸ヨーロッパ諸国に拡大した。在アメリカ合衆国外国資産に関する包括的な調査によれば，12億ドルの資産を持つスイスは，調査対象国中で二番目——イギリスの32億ドルに続く——に位置していた。戦時中および戦後において枢軸国がアメリカ合衆国内の資産を利用することを防ぐため，これらの資産は凍結された。そのため，終戦後にこの凍結を解除するにあたっては，凍結された資産に敵国資産が含まれないという証拠が，当該国政府によって提示されねばならないとされた。スイスの金融機関は銀行法の規定のためにそうした文書を提示することができず，そのためスイスの場合には，この規定が問題になった。とりわけ，いわゆるオムニバス・アカウント［Sammelkonten und –depots / comptes et dépôts collectifs］の場合には厄介であった。これは銀行の名義で開かれた口座であり，多数の顧客の資産を一まとめにしたもので，それゆえ出資者は匿名とされたからである。

　アメリカ合衆国の参戦後，スイスの銀行の活動は，ますます連合国側から批判されるようになった。ブレトン・ウッズでの1944年7月の通貨金融会議の第6決議は以下のように明言した。

　　「敵の指導部，敵国民とその協力者は，中立国へと，また中立国を介して，資産を移転し，これを隠匿することによって自らの権力を温存し，将来の拡大と世界支配の計画の能力を保持し続けようとしている」[32]。

　スイス銀行家協会は，ブレトン・ウッズ会議の2ヵ月後になってようやくこの批判に反応した。9月に入って，同協会は，スイスが逃避資金や略奪資産の取引の場となる事態を如何にすれば回避できるかについて，事細かに記した二通の通知を会員に送付することに同意したのである。しかし同団体は，連合国が7月に発した警告を銀行に直接に通知することは拒否した。協会の理事会は，「銀行に警告を通知することを拒否し，連合国に対しては，これら銀行は，そのような問題については一切承知していないと通知」したのである[33]。1945年2月9日，スイスの外交官ヴァルター・シュトゥッキは，スイスに設けられた外国人所有口座の規模について調査を行う旨を公式に表明したが，スイスの銀行はこれに猛然と反発した。シュトゥッキは，スイスは世界中の嫌悪を招き寄せており，「金権支配の最後の避難所」と見なされていると述べていた。1945年2月12日，銀行家協会は，「この決定は，銀行協会の行動の自由を大幅に損ない，大きな疑義と深い憂慮を覚えずにはいられないような新奇な事態を生み出した」と表明した[34]。銀行家協会の抗議にもかかわらず，1945年2月16日の連邦内閣政令によって，スイス内のドイツ人所有口座は凍結された。

オムニバス・アカウントは，ナチスとその体制の犠牲者のいずれによっても，資金逃避の手段として用いることができたため，外国資金管理の重要な手段となっていた。上述したような〔非敵性資産〕証明に関わる問題のために，アメリカ合衆国におけるスイス資産の凍結解除は，他国が所有する資産の場合よりも遅かった。この問題については，結局，1946年5月のワシントンでの交渉において，副次的に協議が行われた。しかし証明手続きに関する問題は年末まで揉め続け，スイス資産の凍結解除が開始されたのは，ようやく翌1947年2月のことであった。複雑で長期にわたるこの解除の過程は，1952年まで続いた。この証明を得るためには，顧客は銀行に対して所有者としての宣誓書を提出しなければならなかった。厳しい審査の後，銀行は，アメリカ合衆国当局に対し，スイス清算局経由で，当該資産が凍結解除の条件を満たすことを通知する。在アメリカ合衆国スイス資産の凍結解除についての最終報告書の中で，スイス清算局は，証明手続きの悪用が，信頼できる契約相手としてのスイスの声価を傷つけ，またスイスのいくつかの銀行の評判を損なったと指摘している。この証明手続きのための調査は，休眠資産をあぶり出し，その所有者の探索を容易にするためにも役立ったはずである。しかしそうした手続きに関する文書は，スイス清算局にも，また独立専門家委員会が調査した銀行の文書の中にも見当たらなかった。1948年——この問題の管轄が，〔米国〕財務省から〔米国〕外国人財産局［Office of Alien Property］〔司法省の一部局〕に移される直前——の封鎖資産のリストは，凍結されていたスイス資産がこの時点でもなお1億6450万ドルに達していたことを示している。そのうちかなりの部分が，インターハンデル事件〔本書6.7の叙述を参照〕に関するものであった。とはいえ，この未だ証明を受けていなかった資産の中に，銀行がもはや連絡を取りえなくなったナチス犠牲者の資金が含まれたということも，推定されるのである[35]。

銀行とナチス犠牲者の資産

1920年代に資産をスイスの銀行に預けた顧客の中には，後にナチスによる財産没収や絶滅政策の犠牲になった人々が多数含まれていた。1930年代にも，民族社会主義に脅かされ，またすでに迫害を受けていた多くの人々が，スイスの金融機関の安全性を頼りにした。これらの顧客の多くは，後に連行され，殺害された。

1930年代には，多くの国が，資本逃避を阻止するためにますます厳しい措置をとるようになり，またスイスの銀行に対し，そうした取引に対するサービス提供を中止するよう圧力をかけた。そのため銀行は，そうした外国人顧客の利益を守るか，あるいはドイツやその他の国の圧力に屈するか，二者択一を迫られた。1931年の銀行・通貨危機の後，ドイツの外貨管理は一段と苛酷になった。外貨資産を申告せずに所有することは，ナチスの政権掌握以前から厳罰の対象となっていたが，ナチス政権誕生後は，処罰はいっそう厳しくなった。1933年6月12日の「ドイツ国民経済反逆法」によって，ドイツ人と全てのドイツ居住者は，外国に所有する外貨と有価証券の全てを申告するよう

義務づけられた。1934年には類似の法がイタリアでも成立した。1938年には，ドイツの全ユダヤ人資産の登録が義務づけられた。同時に多くの特別税や賦課金が導入された。例えばそれは，1938年11月のポグロムの後に制度化されたいわゆる「贖罪金」［Sühneleistung］や，ライヒ出国税である。後者は拡張されて，ドイツを出国する可能性があると目された人々に課せられた。厳しい刑罰を避け金銭的な負担を軽減するために，多くのユダヤ人や迫害を受けたその他の人々は，スイスからその資産や有価証券を引き揚げた。

　ナチスの法機構は，とりわけ在外資産に標的を定めていた。1936年11月19日の法によって，全てのドイツ居住者は，所有する外国企業株を，指定されたドイツの外国為替銀行に預託しなければならなくなった。この規制の実施を確実にするため，その後すぐに，経済的サボタージュ取締法が別途設けられた。これにより，資本逃避には死刑が科せられるようになった。同時に，ナチス当局はその犠牲者に対して，その資産を差し出すよう肉体的・心理的な圧迫を加えた。スイスの銀行は，圧力を受けていた者も含むそれらドイツ人顧客の指示に従い，有価証券を指示された銀行へと移した。1933年から1939年の間，例えばクレディ・スイスは，約800万フランの有価証券をドイツ銀行に移した[36]。またスイス銀行コーポレーションのチューリヒ支店は，預託強制法に従い，1936年以降，総額600万フランを移している。さらにスイス銀行コーポレーションは，これらドイツの顧客の指示で，スイスに上場されている時価800万フラン相当の株式を売却した。おそらく顧客は，その売却益を，同様にライヒスバンクによって指定された銀行に振り込まねばならなかった。こうした取引は1936年にとりわけ活発になされたが，戦争中も続けられた。

　迫害を受けた多くの者は，その資産を銀行から引き出さざるを得ず，スイスもまた，必ずしもはるかに安全な資金逃避先に映ったわけではなかった。しかしそれでも，迫害を受けたユダヤ人には，可能でさえあれば，スイスを経由地あるいは逃避地にしてその資産の保全を図る十分な理由があった。これらの人々が，銀行員や弁護士に管理を委ねて開いた口座の数は，ますます多くなっていった。銀行は口座管理の委託には問題があるとみていたが，しかしこれを阻止する有効な手段を講じることはなかった。スイス銀行コーポレーションは，そうした信託口座の全貌を把握しようとして，1938年11月にそのリストを作成した。他の銀行も，その少し後の1942年に，同様の措置をとった。

　1938年のオーストリア併合とオーストリアへのナチス法体系の導入後，スイスの銀行口座からのオーストリア人資金・有価証券の流出が急増した[37]。迫害され圧迫を受けたユダヤ人たちは，多額の資金をライヒスバンクに差し出した。また一部は，地元当局によって，スイスに口座を持つ事実を自白するよう強制された。これらの銀行は，こうして申告された資金を直接にナチスの財務当局に引き渡した。同時に銀行は，「アーリア化」されたユダヤ系企業の受託管理者［Kommissarischer Verwalter］から，当該企業の所有資産を引き渡すよう要求された。スイスの銀行は統一的な手続きを定め，ユ

ダヤ人所有者の署名がある場合にはこの要求に応じた。会社所有者がスイスで提訴しえた場合には，受託管理者からの要求は裁判官によって却下され，凍結された当該資産は裁判所に供託された[38]。

　後にナチスの犠牲者となる人々の資金は，とりわけ1936年の選挙での人民戦線の勝利後に生じたフランスからスイスへの資本流入にも，含まれていた。スイスの主要銀行（個人銀行は除く）が管理するフランス人顧客の資産は，1935年末から1937年末の間に，2億4160万フランから，5億2040万フランに増加した。これらの資産の一部は後にフランスに戻され，あるいはイギリスやアメリカ合衆国に投資されたが，多くのフランス人顧客はその資産を銀行の貸金庫に預け，スイスの不動産に投資し，またその管理を弁護士や信託業者に委ねた。ハンガリーからスイスへの資金の流れも急増した。スイスの銀行が，ハンガリーの銀行やハンガリー国民——その中には後にナチスによる絶滅政策の犠牲となった人々が含まれる——から預かった資産の総額は，1937年には1550万フランであったが，ハンガリー在住ユダヤ人のアウシュヴィッツへの移送開始の前年の1943年には，3770万フランに増加していた。

　ポーランドからも，後にナチスの犠牲となる人々の多額の資金が，スイスへと流入した。1939年9月のドイツによるポーランド侵攻の後，新しい支配者はここでもまた，スイスにあるポーランド人資産を手にいれようとした。早くも1939年11月20日，ポーランドの銀行であるウーチ産業銀行有限会社は，クレディ・スイス銀行に対して，同行に預託していた資産をベルリーンのライヒスバンクのある口座に移すよう注文した。クレディ・スイスは，この取引が孕む問題に気付き，行内の法務部に検討させた。法務部は，顧客の署名が占領軍の圧迫下でなされた可能性がきわめて高いとして，この送金指示には従うべきではないと判断した。また，この送金指示がポーランドからではなくベルリーンからのもので，しかもクレディ・スイスに預託された資金の額が誤って記載されていたという状況も，この推測を裏づけていた。法務部はまた，占領下のポーランドにとってはドイツの外貨管理規則は占領者による戦時措置であって，スイス政府がこの新たな権力関係を未だ外交的に承認していないことをも考慮すべきとしていた。クレディ・スイス社長のペーター・ヴィーリは，この問題に関してスイス銀行コーポレーション社長のルドルフ・シュパイヒと協議した。シュパイヒがライヒスバンクに連絡をとったところ，ライヒスバンクも，ポーランドの国法上の地位が定まっていない以上，スイスの銀行がライヒスコミッサールの指示に従わずともよいと認めた。それにもかかわらず，ある文書への書き込みによれば，「ライヒスバンク理事会とシュパイヒ博士は，ライヒスバンク理事会の口座にスイスにおける預金残高を振り込むようにとの，顧客のきちんとした署名のあるの指示書については，これを行わないことに何らの正当な根拠も見出されず，よって実行に移されねばならないという見解で，一致した」[39]。法的・倫理的な見地から送金に反対する見解もあったが，同行が「ドイツになお非常に大きな利害関係を有しており，摩擦やドイツ側の不興を買うことを可能な限り避けねば

ならない」との考えが，クレディ・スイスにおいても支配的であった。そのため同行はこの送金指示に従い，また一般に，顧客からの直接の指示ではなく，ベルリーンのライヒスバンクからの送金指示であっても，合法的な所有者の署名がある場合には，それに従うという原則が採用された。

ポーランドの件に関する同行の振る舞いは，ナチス犠牲者の資産に関する銀行の扱いを典型的に示している。総じて銀行は，外国の顧客の送金指示に関しては，その署名がナチス当局の強制下でなされたものか，あるいは預金者の利害に沿ったものなのかをきちんと確認することなく，これに従ったのである。他方，スイスの銀行はまた，部分的には迫害された人々の利益になる措置も講じていた。例えば，ドイツ外貨当局に申告されていない資産については特別な安全策を講じており，ドイツがスイスを侵略した場合に備えて預託品には特別な権限委譲条項を設けていた。またナチス体制に迫害された人々がスイス当局に滞在許可を申請する際には，これを支援した。

スイスの金融機関の多くの外国人顧客が，ナチス体制によって殺害された。彼らの資産のある部分は，その額は不明であるものの直接・間接にナチス当局に引き渡され，残りはスイスの銀行に残された。いずれも，いわゆる休眠資産が生じる要因となった。というのも，犠牲者の子孫や相続人にとっては，口座の存在も，また資金がナチス当局に引き渡されたことも，知るよしが無かったからである。したがって，戦後，これらの資金や有価証券の帰趨の問題は，全く未解決のまま残された。銀行は口座に残る資金を運用し，それによって利益を得ることができた。銀行は，ナチス犠牲者の口座を進んで探索することには僅かの関心しか示さず，これを，秘密保持は顧客の希望であるとの議論で正当化した。民族社会主義の犠牲者とその相続人がスイスの銀行システムの利点とみなしたことが，彼らにとっての欠点に転じた。というのも，スイスの銀行システムの際だった特徴である秘密保持の文化は，安定性と安全性の伝統と相俟って，他国の競争相手に対する非物質的な比較優位となっていたが，これこそが，ナチス体制から迫害された人々にとってのスイス金融業の魅力を高めたからである。後になって，ナチス犠牲者の資産が残されていることが大きな論点となった際にも，銀行は，——この伝統を引き合いに出して——問題解決のためにわずかのことしか行わなかった。戦後において，スイスの金融機関は，休眠資産について正当な所有者に連絡しようとせず，また請求権を持つ人々の調査を助けようとしなかったとして批判された。しかしすでに，1933年1月から1945年5月の時期，これらの銀行の行動は，疑わしい判断といかがわしい態度によって刻印されていたのである。この問題については，6.3にて詳細に論じられる。

---

1) この節は特に以下の研究に依拠している。Perennoud, Marc / López, Rodrigo / Adank, Florian / Baumann, Jan / Cortat, Alain / Peters, Suzanne［2002］（独立専門家委員会叢書第 13 巻）; Lussy, Hanspeter / Bonhage, Barbara / Horn, Christian［2001］（独立専門家委

員会叢書第 14 巻); Bonhage, Barbara / Lussy, Hanspeter / Perrenoud, Marc [2001]（独立専門家委員会叢書第 15 巻); Perrenoud, Marc [2000].
2) 1945 年については，上記のデータを用いて，いくつかの銀行については非常に正確な推計を行うことができる．その額は 200 億フランに達している．ICEP [1999], 57 頁．
3) Guex, Sébastien [1993].
4) Guex, Sébastien [1999], 116 頁．
5) Archiv CSG, Bestand SKA, 02. 105. 201. 302, Protokoll der erweiterten Finanzkommission, 31. August 1936.
6) Archiv SNB, Dossier 2250, Gentlemen's Agreement zur Verminderung des Übermasses der bei der Bank liegenden ausländischen Franken-Guthaben und Bekämpfung der Notenthesaurierung, November 1937.
7) Perrenoud, Marc / López, Rodrigo / Adank, Florian / Baumann, Jan / Cortat, Alain / Peters, Suzanne [2002]（独立専門家委員会叢書第 13 巻).
8) Haberler, Gottfried [1937], 336 頁．
9) 連邦の支出は，1933 年に総額で 4 億 8210 万フランに達した．Perrenoud, Marc [2000], 99 頁を参照．
10) *Arbeiter-Zeitung*（1945 年 8 月 16 日号), *Finanz-Revue*（1945 年 8 月 8 日).
11) *Guex, Sébastien* [2000].
12) Jung, Joseph [2000], 83 頁．アウグスト・ドゥルフリンガーは，銀行守秘義務違反に問われたのみならず，軍事機密漏洩，および，度重なる軍事・経済スパイ行為の罪を問われて判決を受けた．BAR/AF, E5330 (-) 1982/1/5644/1942, Bde. 82–84.
13) Wigging-Layton Report drawn up by the committee set up on the recommendation of the London Conference（Archiv Schweizerische Nationalbank, 2105). スイスが，アメリカ合衆国，イギリスに次ぐ第 3 の位置にいたことに，その重要性が示されている．
14) スイス銀行コーポレーションについては，1931 年 9 月の調査日の数字しか残っていない．
15) Frech, Stefan [2001]（独立専門家委員会叢書第 3 巻), 51 頁を参照．
16) Archiv CSG, Bestand SKA, 02. 102. 201. 302, Protokoll Sitzung Verwaltungsrat SKA, 6. April 1933, 31 頁．
17) ドレスナー銀行とドイツ銀行の金取引については，Bähr, Johannes [1999], Steinberg, Jonathan [1999] を参照．
18) Gautschi, Willi [1989], 522 頁．
19) Bonhage, Barbara [2001]（独立専門家委員会叢書第 21 巻), Kapitel 2 参照．
20) Archiv CSG, 08. 105. 203. 303-1/2, Sanierung Discont-Credit AG 1937–1948, von Tascharner an Blass, 4. August 1938. 1938 年のディスコント株式会社の清算の際に，フォン・チャルナーは，クレディ・スイスに対してこれらの債券取引［Couponshandel］への専門化を提案した．
21) Archiv SB, 02-00-0059, Kantonales Börsenkommmissariat Zürich, Sitzung 16. Januar 1942
22) チューリヒ証券取引所協会［Effektenbörsenverein Zürich］の会長であるヴァルター・J・ベーアは，1940 年 4 月 20 日，取引所の幹部に対して，――ドイツのデンマーク，ノルウェー侵攻を受けて――スイスに居住するスイス人所有の証券に取引対象を限定しようとして，いわゆる「スイス人所有宣誓」を提案した．しかし，個人銀行家であるエミール・フリートリッヒや，大銀行の代表であるグラーフ（クレディ・スイス），ホッホ（スイス銀行コーポレーション），ツェンダー（スイス・ユニオン銀行）らは，強制的な規制によってではなく，市場に参加する取引者の自主規制によるべきだとして，これに反対した．ベーアは，スイスでは数少ないユダヤ人銀行家の 1 人であった．1940 年にベーアの後任としてチューリヒ証券取引所協会会長となったフリートリッヒは，ペーター・ヴィーリ（クレディ・スイス）とともに，「二百人の請願」〔本書 2. 3 訳註 49 参照〕に署名していた（Waeger, Gerhart [1971]).
23) Lussy, Hanspeter / Bonhage, Barbara / Horn, Christian [2001], （独立専門家委員会叢書第 14 巻)
24) Archiv CSG, Bestand SKA, 02. 105. 201. 302, Protokoll der Finanzkommission 12. Dezember 1938.
25) Jung, Joseph [2000], 75 頁．

26) Archiv SNB, Halbjahresbilanzen der Gross- und Kantonalbanken.
27) Archiv UBS, Bestand SBG, 1200000002640, Stillhaltefragen 1933–1945, SBG an Reichsbnk 28. Januar 1944.
28) Archiv UBS, Bestand SBV, 925 013 005, Golay an Caflisch, Erhebung über den Umfang der Achsenmächte an den schweizerischen Guthaben in den USA, 23. August 1944.
29) Archiv UBS, Bestand SBV, 950 000 002 Pouvoirs spéciaux pour l'Amérique（日付は欠落）.
30) Archiv UBS, Bestand SBV, Direktorenkonferenz, 13. Mai 1942.
31) Archiv UBS, Bestand SBV, SBC, 770 054 001; 106; 129 Akten zur Chepha von Dr. Samuel Schweizer.
32) この決議の内容は，1944年10月，ベルン駐在の英米両国の外交官によって伝えられた。スイス側の反応については，DDS, Bd. /vol. 15, S. 401–406, 604–606, 828, 937, 1017–1021.
33) Sitzung des Verwaltungsaratsausschusses der SBV, in: DDS, Bd. /vol. 15, 625頁。Perrenoud, Marc [1988], 85–87頁も参照。
34) Archiv UBS, Bestand SBV, 925 013 000, Verhandlungen mit den Alliierteen, Ausscheidung der schweizerischen Aktiven in den Vereinigten Staaten, Sitzung in Bern am 12. Februar 1945, Notiz von Nussbaumer für seine Kollegen von der Generaldirektion der SBV.
35) Jung, Joseph [2001], 481, 495頁を参照。
36) Jung, Joseph [2000b], 83頁。
37) 1938年3月23日の「オーストリアに関する外国為替法」に基づき，スイス銀行コーポレーションのオーストリアの顧客のみでも，時価にして400万フランの有価証券と，150万フランにのぼる口座資産が「第三帝国」に移された。
38) これについては4.10を参照。
39) Archiv CSG, Bestand SKA, 11. 105. 208. 301-0165, Aktennotiz des Rechtsbüros, 5. Dezember 1939.

4.7　ドイツにおけるスイス保険業

　スイスの銀行と同様，保険会社も，顧客に対する責任と，スイス人の合法性・倫理（公序）理解に明白に反する抑圧的かつ差別的な法政令の間で生じたジレンマに，悩まされていた。そして銀行と同様に，保険会社も，ナチス国家と妥協することで，顧客の利益に反したのである[1]。

多国籍企業の問題

　直接的な国際展開という点では，スイスの保険会社は，銀行に比べてはるかに先行していた。銀行は国境を越える資本の流れを引き寄せていたが，外国の提携機関との緊密な信頼関係のお陰で，基本的には支店網をスイス国内に限定することができた。それに対してスイス保険業の場合には，早くも第一次大戦前から，他国に多数の営業拠点をもつ多国籍企業へと発展していた。少なからぬ企業が海外〔欧州外〕に支店を有しており，開戦後すぐにその数はいっそう増加した。とはいえ，スイスの保険会社にとっての主要市場は，中欧であった。

　第一次大戦終結後，スイスの保険業界は，銀行業と同様に急激に拡大した。ドイツ企業が脱落したために自国市場の重要性が非常に高まったが，しかし1920年代には，ヨーロッパ各地での業務も活況を呈した。これは，ドイツ，ロシアの競合企業の弱体化から他の部門以上に利益を得た再保険部門には特に妥当し，イギリス，アメリカ合衆

国，ドイツ市場で卓越した地位を占めた。とりわけ，インフレーションやハイパーインフレーションが顧客を動揺させていた中央ヨーロッパでは，再保険会社以外のスイスの保険業者も，自国の通貨の安定性のおかげで，自ずと有利な立場に立った。この信頼面での特別な優位性は，とりわけ生命保険分野では，外国において外貨建ての保険業務を急速に拡張する上で有利に働いた。これに伴い，生命保険の機能にもある種の変化が生じた。不慮の事態への備えに加えて，次第に資本形成の手段，したがって投資の一変種としての性格が強まったのである[2]。

　まさしくこれと同一の理由に基づいて，いくつかのドイツ企業は，スイスの安定性に対するドイツ人の信頼を利用しようと，スイス国内に子会社を設立した。例えばドイツ最大の保険会社であるミュンヘン再保険は，ドイツのインフレーション終息前後の1923年にウニオン再保険会社を〔スイスに〕設立し，〔ドイツで〕インフレが終息した直後の困難な時期に，いっそうの安定性を確保しようとした。その際同社は，ミュンヘン再保険株の10％を信託の形で管理するスイス・ユニオン銀行の支援を得た。1933年以降，〔ナチスの政権獲得に〕不安を覚えたチェコスロヴァキア，オランダ，ポルトガル在住のミュンヘン再保険の顧客に対して，ウニオン再保険は，政治情勢のためにドイツ企業が保険契約を履行できない場合には，その契約上の義務を引き継ぐことを保証した。1930年代末から戦時中にかけて，ミュンヘン再保険は，500以上の保険契約を直接にこのスイス子会社に移転した。1939年の開戦直前，ウニオン再保険がドイツ人の所有下にある事実を隠蔽するため，ウニオン再保険の株式は，スイス・ユニオン銀行を介してスイスの信託業者の手に移された。しかし1942年以降，ミュンヘン再保険はこの株の買い戻しを始めた。戦後の交渉において連合国の代表は，ウニオン再保険会社株の新たな割り当てに際して，所有権請求を処理するために設けられた合同委員会に働きかけて，スイス・ユニオン銀行が同社において再び支配的な地位を得ることを阻止しようとした。

　国外業務は二つの大戦に挟まれた時期に拡張した。保険業は，この時期の厳しい経済環境にもかかわらず国外業務でスイス企業が好調であった数少ない分野であった。1930年代末の時点で，保険業・再保険業における国外業務比率がスイスほど高い水準に達している国は他にはなかった。国外業務は，生命保険で4分の1，災害・対物保険業務では60％に達しており，最大手のチューリヒ災害保険は，その保険料収入の85％を国外で稼ぎ出していた。スイスの保険会社はまた，再保険業務でも強力な地位を築き，1930年代末には，世界市場の4分の1のシェアを握り，その活動の90％が外国での業務であった。これは，対物・運送保険でも同様である。1939年の11億スイスフランにのぼる全保険料収入（うち生命保険・再保険が各3億5000万フラン，4億フラン以上が対物・災害保険）のうち，6億7500万フラン（生命保険8500万フラン，対物・災害保険2億7500万フラン，再保険3億1500万フラン）が，外国業務によるものであった。銀行業では1930年代は困難で利益の少ない時代であったが，これとは対照的に，スイスの保険

業はこの時期も拡張を続けた。

　生命保険分野では，1933年以降，ドイツ市場の比重が増していた。ドイツで業務を行うスイスの4つの生命保険会社——バーゼル生命，レンテンアンシュタルト，ヴィータ，ヴィンタートゥール生命——では，ライヒスマルク建ての保険証書が在外契約残高に占める割合は，1939年には50％から85％を占めており，戦時中もこの水準が維持された。スイス企業とスイス人が出資した企業は，1934年と1939年において，ドイツの生命保険市場で4.4％のシェアを有した。この割合は戦時中はわずかに低下した。この間，ドイツでの保険契約数は，1933年の7万件から1944年末の20万6000件，総保険契約額7億7800万ライヒスマルクに増加していた（統計は保険契約者数ではなく保険証書数の数字であり，同一の個人が複数の保険契約を結んだ例がどれだけあったかは不明である）。

　いくつかの企業は，ドイツで新しい保険分野を手がけた。1934年，レンテンアンシュタルトは再保険分野に参入し，1936年以降，バーゼル生命はドイツで賠償責任保険を提供した。1939年にはヘルヴェティア火災がガラス破損保険を，また1942年にはヴィンタートゥール災害がドイツで家財保険の販売を開始した。スイスの保険会社・再保険会社のドイツ市場での保険料粗収入は，1943年末には少なくとも2億1700万フランに達した。そのうち8100万フランはスイス再保険によるものであった[3]。

　第二次大戦の勃発後，ドイツとスイスの関係は困難さを増した。1939年以降，ドイツ当局は，民間企業からの軍事機密の漏洩を危惧し，1939年9月，保険計算に関するデータを外国とやりとりすることを制限した。またスイスの企業は，「戦争上重要」とされた施設のリスクに関する保険引き受けから排除されたが，しかしこれは，スイスの保険業者による軍需品工場の保険引き受けがなかったことを意味するものではなかった。様々な点で困難を増してゆく事業環境の下で，ドイツでの業務は，終戦直前までおおよそ通常の形で続けられた。以下で詳述するが，これは，保険料支払いに伴うドイツからスイスへの毎年の外貨送金額が，年々増加していたことにも表れている。

　1940年の西部戦線での作戦の後，ドイツ保険会社のフランスでの業務はその能力の限界まで拡張されたが，しかしこれは，フランス市場から排除されたイギリスの保険会社の穴を埋めるには全く不十分であり，保険サービスの供給不足が生じていた。スイスの保険会社にとっては，これはイギリスの保険会社に取って代わる絶好の機会であった。これが未だ実現しない時点で，スイスの交渉代表であったハンス・ケーニッヒは，ドイツ当局の心証を害さないようにと，ドイツのライヒ保険評議会［Reichsversicherungsrat］に対して，1940年11月，以下の旨を明言した。

　「ドイツで業務を営むイギリスその他の外国保険会社の既存の保険契約に関して，スイスの保険会社に対して，それらに一切介入しないように指示します。また，フランスで業務を行う外国の保険会社の既存契約も，スイス企業に移されるべきでは

ありません」4)。

　それにもかかわらず，スイス・ナショナル保険，ヌシャテロワーズ・ジェネラルその他のスイスの保険会社は，その能力の限界まで火災保険・運送保険――これらの 90％が戦前にはイギリスの保険会社によって提供されていた――を引き受け，それまで英米の保険会社が所有していた保険契約を引き継いだ。

　ヨーロッパ市場でのこうした業務拡大に勢いを得て，保険会社は，戦時の保険業に特有な課題の解決にも取り組んだ。ヨーロッパ「広域経済圏」形成計画の一環で，1941年 10 月，ドイツ，イタリア，ハンガリー，スイスの保険会社は，「大規模リスクのカバーのためのミュンヘン・プール」（ミュンヘン・プール）の設立を目的に，ドイツの元経済相でミュンヘン再保険の取締役会議長でもあるクルト・シュミットの主導の下，会合を開いた。その目的は，イギリスのロイズの排除によって生じていた，各国の引き受け能力を大きく超える供給不足を埋めることであり，また国際的なリスク分散を促進することであった。この協定で，スイス再保険はミュンヘン再保険と同じ 25％の割当を得た。また再保険会社以外に，一般のスイスの保険会社も，このプール協定に加わった。

　戦時中は，戦争によるリスクに対する保険という新しい活動領域が広がった。この非常にダイナミックで異例の利潤機会は，また同時に特別なリスクとも結びついていたが，これはとりわけ，運送・火災保険の領域に属した。スイスの保険会社にとって最大の潜在市場は占領下のフランスであり，次いでドイツ本国であった。戦争リスクに対する保険者として，スイス企業は，政治的なレジスタンスによるサボタージュで生じた損害に対しても，支払いをしなければならなかった。しかし 1943 年まで，スイス企業は，通常の契約――すなわち戦争リスクをカバーしない保険契約――においてもこのサボタージュによる損害を全面的に補償しており，公的ルールの策定後においても，スウェーデンの保険会社が支払いを拒絶したのとは対照的に，以前ほどではないにせよ，これをカバーし続けた。

　国外業務の拡大につれ，スイスの保険会社は，その資産のますます大きな部分を外国に投じるに至ったが，ここでもやはり，最大の投資先はドイツであった。1930 年代後半には，これらの資金は，国による資本誘導策の下で，軍需産業への資金供給を目的に，ますます対国家貸付に向けられねばならなくなった。1944 年末，ドイツで業務を行う 16 のスイスの保険会社がドイツに投じていた資産は，合計で 5 億 7000 万ライヒスマルク（9 億 8300 万スイスフラン）に達したと推測される5)。

　伝統的に，保険会社は抵当貸付債権の最大の貸し手であり，不動産の形でも大きな資産を有していた。スイスの保険会社が抵当貸付の担保としていた不動産が，「アーリア化」によって強制的に競売にかけられるという事例が，いくつかあった。バーゼル生命は，1936 年にこの種の不動産をマンハイムで，また 1939 年にはフランクフルトでこれ

を落札した。レンテンアンシュタルトとヴィータもまた，こうした強制競売によって不動産を取得したが，戦後にこれを返還しており，汚い手段で富を得たという非難を免れた。他の事例では，スイスの保険会社による不動産取得とその「アーリア化」の目論みは，ドイツの競争相手のためにうまくいかなかった。スイスの保険会社がドイツにおいて不動産の貸し手として顔を出すところでは，これら企業は，ユダヤ人の借り手との契約を国からの圧力を受ける前に解約していた。そのため，1939年4月にこれに関する法律が制定された際には，これらの企業は，当局に対し，その賃貸物件について「ユダヤ人無し」［Judenfrei］と報告し得たのである。

ドイツ市場の特質

1929年，民族社会主義ドイツ労働者党（NSDAP，ナチス党）は，国際経済と「金権支配」に対する一般的なキャンペーンの中で，ドイツ人に対し，「国際企業の保険に加入するな」と訴えた。しかしこの種のキャンペーンにもかかわらず，同党の名の知れたメンバーの幾人かは，1930年代に至るまでスイスの保険会社の保険証書を所有していた。その最たる例は，1930年にレンテンアンシュタルトと生命保険契約を結び，1935年にアリアンツに乗り換えるまでこれを維持していたヘルマン・ゲーリングであろう。トット機関［Organisation Todt］の設立者であり，1940年にライヒ軍需相となったフリッツ・トットも，1929年と1935年の日付がある二つの保険証書を持っており，1942年の彼の飛行機の墜落後には，死亡保険金が支払われている。

ナチスのよく知られた綱領のために，1933年以降，スイスの保険会社は，ドイツ市場での困難が増大すると予測していた。実際，スイス企業がその職員に対して行う支払いは，非常に詳細な税務調査の対象となった。1934年以降，外国保険会社の支店にも，それまではドイツ企業のみを対象としていた通貨規制が適用された。この種の新たな措置や，保険制度の全面的な社会化の危険は，スイスの保険会社が新しい政策に従順な態度を示し，ドイツの経済的・政治的主権に対する介入と取られかねないあらゆる試みを避けるに至った，最大の理由であろう。スイスの保険会社の多くは，ナチス党員の雇用に努め，またその支店もナチス的な理念に基づいて再編し，「新帝国」への順応性を立証しようとしたのである。

ドイツの保険業は，民間企業と公企業の間の（政治的な次元をも含む）激しい競争によって特徴づけられるが，これは1934年以降，「保険」ライヒスグルッペ，およびその下に置かれた「民間保険」「公的保険」の二つの組織に再編された。ライヒ民間保険監督局の下に置かれた全ての企業は，スイス企業も含め，これに加わらねばならなかった。

関連の支払い業務と戦時期のサービス

スイスの保険サービス部門は，スイスの経常収支において重要な黒字項目をなしてい

た。1930年代初頭，保険サービスは，毎年4000万フラン（1930年のスイスの輸出額の2.3％）の受け取り超過をスイスにもたらしていた。十年後にはこれは少なくとも年間6000万フランに達した（1940年のスイスの輸出額の4.5％）6)。この保険料支払いは，1934年に締結されたドイツ＝スイス二国間クリアリング協定からは除外されていた。というのも，ドイツとスイスの民間保険会社は，保険金は遅滞なく支払われねばならないこと，これを制限することも技術的に困難であること，さらに，――外国貿易などの場合と違い――大きな国民経済的損失を生じさせずに保険サービスを割当制にすることが困難であることなどを，当局に納得させることに成功したからである。

　戦時中，ドイツとスイスの間の保険関連支払いでは，スイスにとっての入超額が拡大してゆき，ドイツからは貴重な外貨が流出した。1941年のドイツの純支払い額は670万ライヒスマルクであった。1943年には，この額は1170万ライヒスマルクに増加し，1944年には2000万ライヒスマルクに達した。スイスの保険会社は，依然として，これらの受け取りがクリアリング協定の枠外で迅速になされるべきと主張し続けていた。これによりスイスの保険会社は，金融セクターの中でも優遇された地位を維持しえた。戦時期においてドイツは，総計1億5600万フランをスイス金融部門の債権者に支払ったが，そのうち8960万フランは，保険会社に対する支払いであった。ドイツからみると，この多額の外貨支払いは，戦時経済に対するスイスの保険会社による重要な貢献によって正当化できるものであった。これには，戦時下での軍需工場向けの保険が含まれた。1941年，チューリヒ災害保険は，軍需工場に分類される約50社に対する保険を引き受けていた。またバーゼル運送保険はIGファルベンに対して保険を提供していた。同社は，この取引に際し――その他のスイス保険会社と合同で――，軍事的被害に伴う追加的なリスクを分散するために，ドイツ戦争保険共同体［Deutsche Kriegsversicherungsgemeinschaft］への参加を要請し，加入を認められた。1943年，スカンディナヴィアの再保険業者が保険契約の業績が良くないことを理由に撤退すると，バーゼル運送保険はIGファルベンとの保険契約を大幅に削減した。スイス再保険も再保険業者としてこのリスクの引き受けに参加していた。また同社は，子会社を通じてヒトラー・ユーゲント向けの疾病保険・再保険を引き受けていた。

　他方，スイスの交渉担当者は，ドイツに対する過剰な政治的依存に陥りかねないことを明確に認識していたようである。ナチスの党組織は，保険による保護の提供といった公的サービスを民間企業が提供すること，それもスイス企業がこれを行うことを，とりわけ敵視していた。こうした姿勢に基づいてナチスは，戦争の初年，スイス企業に対して，子会社を売却し関連会社の株を手放すよう，ある程度の圧力をかけた。しかしスイスの保険会社は，1938年の併合後のオーストリアの保険会社の場合とは異なり，この「ゲルマン化」の圧力から相当程度逃れることができた。スイス再保険がドイツに有した多数の出資会社も，1941年にライヒ監督局の要請で手放しナチス党向けの企業となったセントラル・クランケンを除けば，無傷で残った。1942年春，スイスからの出

資の問題は「まったく休眠」してしまい，ドイツでのスイス企業に対する雰囲気も「総じて以前より平穏になった」。ヴィーンのデア・アンカー社の1943年の売却は，経済的な動機によるものであり，スイス再保険はすでに1930年代半ばから売却を模索していた。伝統的に東欧市場を基盤としていた同社のこの時点での売却は，ドイツの保険会社がこの成長市場と目された地域に既存企業の買収によって参入しようとしていたところだったので，有利な取引であった。

　スイス＝ドイツ保険協議でスイス側の代表を務めたハンス・ケーニッヒは，自身の政治信条に基づく民族社会主義に対する嫌悪を隠そうとはしなかったが，それでもナチスドイツとのビジネスを継続した。1943年，連合国がドイツとの商取引に対し最初の警告を発した際には，彼は同業他社と協議し，ドイツが崩壊した場合にこれら保険会社が陥るであろう窮状について具体的に述べた。「もし我々が，最後の最後に破綻に直面しなければならないならば，［ドイツに］屈した挙げ句に間違いなく破綻するよりも，屈することなく破綻する方がましだ」と[7]。しかし彼もまた，自らがかくも明瞭に描いたジレンマから逃れることはできなかった。1945年初，ドイツの敗北が目前に迫り，スイスにあるドイツ資産の封鎖の可能性がますます高まった時期に，スイスの保険会社は，2月1日にドイツとの間で合意した1300万フランの支払いを要求した。この時点では，ドイツはもはや輸出を行いうる状態ではなく，そのためケーニッヒは，ねばり強い交渉で，——ドイツによる金売却の凍結は，連合国の最も強硬な要求項目の一つであり，またこの金が，違法な接収で取得されたことも周知のことであったが——ライヒスバンク所有の金によって支払いを受けようと試みた。1945年2月半ば，ケーニッヒは，「ドイツとの関係は断絶されるべきではない。スイス当局もこの考えに同意している」と断言した[8]。スイスの保険会社は，1945年4月13日の最後の金引き渡しの少なくとも一部を，間接的な形で確実なものにした。ドイツから，引き出せるうちに「できるだけ急いで回収すること」[9]★1，という保険会社の方針は，略奪された金についても例外ではなかったのである。

　総じて，戦前・戦中の発展は，スイスの保険会社のその後に，どのような影響を及ぼしたのだろうか。この時期，また遅くとも戦争末期に，実質的に全ての主要保険国の多国籍企業が深刻な後退に見舞われたことと比較すると，スイスの保険会社の異例の成功ぶりが明瞭となる。スイスの保険業は，戦争に伴う追加的な利益を求めたわけではなく，むしろ持続的な安定性の中にあり，その経営構造や市場は，大部分無傷で存続したのである。

ナチス体制が保険会社に及ぼした影響

　1933年以降の最も目立った変化は，ナチス党による反ユダヤ政策が時を追って苛酷

★1 「回収すること」の原語はabzuservieren「＝とにかく回収する」であるが，英語版ではgrab「＝掠めとる」が宛てられている。仏語ではより中立的なliquiderとなっている。

さを増したこと，そしてその実施においては，程度と形の双方で，各社の間に大きな相違があったということである。スイスのいくつかの保険会社は，早くも1933年に，法的根拠が何ら存在しないにもかかわらず，ユダヤ人社員を解雇していた（スイス再保険の子会社の一つである連合疾病保険株式会社は，その一例）。バーゼル火災も，1936年に「ユダヤ人無し」と宣言し，これはバーゼルの経営陣にも妥当すると付け加えた。それに対しヴィンタートゥール災害は，早くも1935年に政治的な動機に基づく人事異動を行い，1944年にはドイツ業務の代理統括権を正真正銘の民族社会主義者に委ねたが，1938年11月のポグロムの後になっても，ユダヤ人社員を雇用し続けた。

1937年末，ユダヤ人迫害は激しさを増した。その結果，ドイツで業務を行うスイス企業に対しても，「アーリア系」証明書を提出するよう圧力が強められた。しかもドイツ子会社のみならず，スイス本社やスイスの株主についてもこれが要求されたのである。唯一の例外を除き，スイスの保険業者はこの証明書の提出に応じた。これによりユダヤ人に対する差別を追認し，ドイツの人種主義的な法が効力を持つ領域をスイスにまでも拡張したのである[10]。

ドイツでは，1933年に多くの威嚇がなされたものの，国家指令によって民間企業で働くユダヤ人が体系的に解雇されるようになったのは，1937年から1938年のことであった。しかしオーストリア，チェコスロヴァキアにおいては，ユダヤ人社員が「浄化」[Säuberungen]の犠牲となる過程は，ドイツよりもずっと迅速であった。スイス再保険は，1938年3月のオーストリア併合の数日後，役員の1人をヴィーンの子会社であるデア・アンカー社に派遣し，社長とその他の役員を解任した。彼は，この事態に衝撃を受けていたユダヤ人の経営陣に対し，「この措置は，（ナチスの経営内）細胞の圧力の結果ではなく」，「おそらくいずれにせよ，近いうちに法律によって解任しなければならなくなるのだから，新しい人事に反対するのは無駄だ」と述べた[11]。1938年3月から同年9月の間に，デア・アンカー社は72人の社員を解雇し，しかもその際，資格のあった年金の受給権や，解雇一時金の満額の，あるいは部分的な支払いを拒否した。スイスの保険会社に，ユダヤ人社員の扱いに関する行動の余地が広範にあったことは，プラハにある二つの会社の代理店の事例に明瞭である。スイス・ナショナル保険は，ユダヤ法の布告——これもユダヤ人の雇用を禁じたものではなかった——に先立ってプラハ代理店のユダヤ人を解雇したが，ヘルヴェティア・アルゲマイネでは，ユダヤ人の雇用が禁止されてから8ヵ月後の1941年9月になっても，その総代理人の「即時の辞職は」「目下のところは不要」としていたのである[12]。

この反ユダヤ主義は，国境を越えてスイスにも浸透していたであろうか。スイスにおいても，少なくとも若干の差別の事例を挙げることは，可能である。例えば，1939年，ジュネーヴに本拠をおくユニオン・スイスの二人の取締役が，ドイツで就いていた役職を辞するよう強制された直後に，取締役をも解任された。またスイス・アルゲマイネ社では，ユダヤ人に対する株の売却については「今後は慎重」であるべき，との指示を出

した。そして 1941 年には，代理人であるヴィンクラーに対して，彼がユダヤ人であり，いつスイスを去るかわからないという理由をつけて，追加的な保証を差し出すよう要求した。この文書はまた，ユダヤ人の戦争中あるいは戦後の要求に対してはほとんど理解を示していない。なかでも，ユダヤ人が不法な要求を突きつけており，スイスの保険資産で金儲けを企んでいるとの主張に，これが示されている[13]。

　1938 年 11 月 8 日・9 日のポグロムと，各地での騒擾によって生じた物的損害——これによる 91 人の死者は別として——は，保険業にとって大きな問題となった。いったい誰が，損害を補償すべきなのだろうか。ほとんどの損害保険証書は，騒擾による損害に対して保険者の支払い責任を限定する免責条項を有していた。しかし，国が焚きつけた暴力行為を，「社会騒擾」［öffentlicher Aufruhr］とみなしうるか否かには疑問があった。12 月 12 日，この暴力行為の帰結について議論する会合が，四ヵ年計画を所轄するヘルマン・ゲーリングの招集で，航空省において開かれたが，そこではドイツの保険業者は，この騒擾規定に一切言及しなかった。同日の政令は，「ユダヤ人による国際的な扇動に対する民衆の憤激」によって発生した損害は，ユダヤ人によって償われるべきであり，保険会社が支払うべき損害補償金は，ユダヤ人ではなく，民族社会主義国家に払い込まれるべきと規定した。ゲーリングは後に，集団的罰金（贖罪金）［Sühneleistung］を課した。しかし，ドイツの保険会社はこの通達に抗議し，除外規定が無視されていると主張し，さらに，外国の保険会社が法的対抗措置をとり，ドイツ警察・消防が「水晶の夜」に関与していたと言い立てる可能性があると警告した。ドイツ政府側代表の幾人かはこの抗弁を支持し，結局，以下の妥協が成立した。「保険」ライヒスグルッペのメンバー企業は，誠意を示すため，「アーリア系」ドイツ人と外国人（ユダヤ系外国人を含む）の損害に対して支払いを行う。同様にこれらの保険会社は，ドイツ国籍あるいは無国籍のユダヤ人の損害についてもその 50 ％を補償するが，しかしこれは直接にドイツ国家に支払われる。他方，スイスの保険会社も保険金請求を受けており，ドイツの保険会社による上記の妥協と同様の条件で，保険金の支払いを行った。

　総じて，スイスの保険会社は，法的伝統に対する民族社会主義者による蹂躙に対して，著しく受動的に対応した。というのも，ゲーリングの指令に対し社会騒擾免責条項を引き合いに出して異議申し立てをした外国企業もあったのに——例えばロンドン・フェニック社——，ドイツの保険会社と一線を画したスイスの保険会社は，1 社も無かったからである。「騒擾」による損害を補償することを明示した何種類かの特殊な保険証書を販売していたヘルヴェティア火災は，ある事例で，ポグロムが「騒擾」であることを否定した。かくしてスイスの保険会社は，ドイツ国家・党組織による 1938 年 11 月の全く違法かつ反倫理的な行為を白日の下に曝したはずの経緯を隠蔽することに，手を貸したのである。

ドイツにおけるユダヤ人所有保険証書の没収

　スイスの保険会社がドイツに持つ子会社の場合，ドイツの顧客が結んだ保険契約——スイス本社との間で保険契約を結ぶことは，いわゆる属地主義のために不可能であった——の相当部分は，外貨建てであり，通常はスイスフラン建てかアメリカドル建てであった。スイスの保険会社4社は，1932年末，合計すると3万5363件のライヒスマルク建て保険契約と，2万8304件のスイスフラン建て契約，そして7955件のドル建て契約を有していた。外貨保険契約の平均保険金額は，換算すると1万1600フランであり，ライヒスマルク建て保険契約の3倍の額であった。この外貨保険証書は，厳しい外貨管理が一般化していた1930年代の世界では，切迫した問題を引き起こしていた。

　1931年の外貨管理体制の導入後，すべての保険契約者は，その掛け金の支払いに際して，ドイツの外貨管理当局の許可を得なければならなくなった。許可手続きは時とともに厳しくなり，1934年9月10日には原則的に禁止された。またそれに先立って，外貨での掛け金支払いに対する許可では，差別的な取扱いがされていた。例えば，前首相のハインリッヒ・ブリューニング（ナチスに忌み嫌われたカトリック政治家）は，レンテンアンシュタルトとの生命保険契約で，外貨での掛け金の支払いに苦労することになった。

　1934年9月12日，ライヒ民間保険監督局は，外貨保険証書をライヒスマルク建てに転換するよう通達を発した。過去の支払い分は外貨準備に組み込まれ，また今後の掛け金はライヒスマルクで支払わねばならないことになった。この段階で，顧客には，保険契約を買い戻す（すなわち解約する）か，あるいは，既存の外貨保険証書を所有したまま，その後の支払いをライヒスマルクでするか，または掛け金の支払いを停止するという選択肢があった。最後の選択肢には，利子がつくために外貨部分が増えて行くという利点があった。自社の利益と顧客の保護の相反の下で，多くの会社は，紛らわしい情報を与えて，多くの顧客に，保険契約の転換を選択させることに成功した。これは保険会社に最も有利で，逆に顧客にとっては最も不利な選択であった。

　保険期間の終了や買い戻しのためにドイツの外で外貨建て保険証書に対して支払いがなされねばならない場合には，ドイツの通貨当局は，保険会社に対して，ライヒスバンクに外貨を要求せず，ドイツの外貨・金準備に負担をかけないとの確約を求めた。いくつかの例外はあったにせよ，総じてスイスの保険会社は，ドイツ当局に対してこの種の確約を行った。誤解の余地のない法的規定にもかかわらず，1937年以降，スイスの保険会社のうちの1社——外貨保険契約を結んだドイツの顧客の中に多数のユダヤ人が含まれていたバーゼル生命——は，資金をスイスからドイツに送金しなければならなくなるという理由で，スイスフランによる解約返戻金の支払いを停止しようとした。「ドイツ・ユダヤ人の出国が，資金的にはスイスの経済界の負担でなされている」のだから[14]，この種の送金は無責任である，と考えたのである。

　1938年8月26日に施行された法は，ドイツ在住の保険契約者に対し，ハードカレン

シー建て保険証書の全てをライヒスマルク建て証書に転換するよう義務づけた。これにより，出国を考えていた人々にとっては，必要な外貨の確保がいっそう困難になった。スイスの保険会社は，合計で約2万5000件の保険証書を転換しなければならなかった。前述のようにスイスからドイツへの送金が必要になることを憂慮していたバーゼル生命は，この措置を歓迎した。しかし残る保険会社は，当初この措置に抗議した。また〔レンテンアンシュタルトの〕ケーニッヒは，「保険契約者のみならず保険会社からも強奪するような」この種のやり方が違法でないか[15]，連邦政務省に問い合わせた。同省の回答は，この契約はドイツ法に服するというものであった。スイスの保険会社は，転換を阻止することができないと認識するや否や，完全転換を法によって義務づけるよう運動し，これに成功した。これによって保険契約者の選択の自由は奪われたが，保険会社にとっては，保険金の支払い準備金もまたライヒスマルクに転換できるという利点があったのである。

　もう一つの論争点は，接収されたユダヤ人の保険証書に対し，スイスの保険会社が解約返戻金を支払ったことである。保険会社は，後々に保険証書の名義人から返戻金の支払い請求があった場合には，ドイツ政府がこれを負担するとの確約を得ていた。いくつかのスイスの保険会社は，この約束のみで十分と考えたが，唯一レンテンアンシュタルトのみは，ドイツ側のこの申し出を，保険契約には所有権条項が含まれる（それゆえ，後に保険証書を再作成することで解決すべきである）という理由で拒絶した。しかし1940年半ば以降になると，同社も上記のような確約を条件に，これらの接収された保険証書に対する解約返戻金の支払いに応じた。

　ドイツユダヤ人の所有権は，1941年11月25日のライヒ市民法第11政令によって完全に剥奪された。大規模な移送の開始によってドイツを追われたユダヤ人の財産は，丸ごとドイツ国家の手に落ちた。これには，生命保険に伴う請求権の全てが含まれた。ドイツ当局が，解約返戻金の請求しか行わず，通常はこれよりもずっと額の大きい死亡・生存時支払金を請求しなかったことは注目に値する。おそらくこれは，後者が，移送されたユダヤ人の体系的な殺害の明白な証拠となりえたからであろう。銀行や保険会社は，上記の法の対象になるユダヤ人顧客について当局に報告しなければならなかったが，しかし実務上は，ユダヤ人契約者とそれ以外の契約者を識別することや，すでに逃れてしまったユダヤ人の国籍を確定することは容易ではなかった。全ての保険会社が，ユダヤ人保険契約者について報告せよとの要求に，抗議を行っている。しかしその抗議は，法の明らかな蹂躙に対してではなく，実務上の困難さやこの措置に要する費用を理由になされたものであった。しかしまさしくこうした実務上の理由のために，この政令の解釈にはかなりの自由度があった。レンテンアンシュタルトが1人の顧客をも報告していないようである——ただし同社は，1940年1月15日の敵国財産報告義務に対しては306の保険証書について報告している——のに対して，他社——バーゼル生命，ヴィータ，ヴィンタートゥール生命——は，ドイツの要求に比較的速やかに応じた。終

戦までに846件がドイツ当局に報告され，総額で少なくとも680万スイスフランの解約返戻金が，ドイツの国庫に対して支払われた。会社によって大きく件数と額が異なるという事実は，ある程度の行動の自由があったことを示唆する。接収件数の90％はバーゼル生命によるものであり，報告数と同数——ただし必ずしも同一の保険契約についてではないが——の保険証書が接収され，解約返戻金が支払われた。反対の極にあったのはレンテンアンシュタルトであり，同社は報告対象保険証書数の15％についてしか，返戻金を支払っていない。ヴィンタートゥール生命ではこれは30％，ヴィータでは40％であった。

　保険証書を接収され，受け取るはずの返戻金がドイツ当局に払われてしまったこれらの保険契約者は，保険会社に対して，自己に対する返戻金支払いを請求しうるであろうか。アメリカ合衆国は，戦争中にこの問題について検討した唯一の国である。1943年，ニューヨーク州裁判所は，クレーヴェとヴァリッシュがバーゼル生命に対しておこした訴訟において，ドイツ法に則って解約・返戻金が支払われた場合には，保険会社には，保険契約者からの返戻金支払いに応ずる義務はないとの判決を下した。それによれば，当該のドイツ法が非倫理的とみなされることは重要な要素ではない。

　「ドイツの法令のきわめて不快かつ嫌悪すべき性格に関しては，裁判所には，現行の法が悪法であることを理由にその効力を否定することは許されていない。[…中略…] ドイツ政府がドイツの諸政党とともに行った行為を，取り消したり無かったことにしたりすることはできない」16)。

　スイスにおいては，ドイツ国家によって没収された保険証書に対する補償は行われなかった。戦後の司法はナチスの立法の不法性を認めたが，しかし最後の段階で，保険会社の利害を損害を受けた保険契約者のそれに優先させた。保険契約者にはドイツに対して補償を請求する可能性が残されたが，しかし結局これらの人々が，損害の大部分を負担することになったのである17)。

---

1) ナチス期の保険業の役割については以下の文献を参照。Botür, André [1995], Böhle, Igno [2000], Feldman, Gerald D. [1998], Feldman, Gerald D. [1999], Feldman Gerald D. [2001], Stiefel, Dieter [2001], Jüng, Joseph [2000]．
2) 特に記載がない限り，本節の叙述は，Karlen, Stefan / Chocomeli, Lucas / D'haemer, Kristin / Laube, Stefan / Schmid, Daniel [2001]（独立専門家委員会叢書第12巻）による。
3) Archiv SVV, Dossier 52A. Eidgeenössisches Versicherungsamt: Verteilungsplan der Kostenersatzteile pro 2. Halbjahr 1944 für die am direkten deutschen Geschäft beteiligten Gesellschaften, Bern, 26. Februar 1945; Archiv Schweizer Rück, Bericht an den Verwaltungsrat über das Geschäftsjahr 1943, 1. Juni 1944, 64頁以下。
4) Archiv SVV, Schachtel 26, Dossier 122. Koenig and Reichsversicherungsrat (Vizepräsident

Schmidt), 12. November 1940.
5) Archiv SVV, Dossier 52A, Verband konzessionierter schweizerischer Versicherungsgesellschaften: Eingabe an den Bundesrat vom 5. Dezember 1945. また以下も参照。BAR/FA, E 6100（A）25, Bd/vol. 2331; Archiv Rentenanstalt 234. 1/I, Verband konzessionierter schweizerischer Versicherungsgesellschaften Anhang 1 zum Exposé betreffend die Lage der schweizerischen Versicherungsgesellschaften in Deutschaland, Winterthur, 2. April 1946, 1頁。
6) Konig, Peter [1947]。
7) Archiv Rentenanstalt, Handakten Verwaltungsausschuss 1943 I, Referat Koenig an der Sitzung vom 11. Februar 1943, 3頁。
8) Archiv Schweizerische Bankiervereinigung, Protokoll der 58. Sitzung des Komitees Deutschland, 14. Februar 1945, 2頁。
9) Archiv Rentenanstalt, 234. 71/1, Überlegungen zur Frage der Verwendung der Guthaben der Reichsbank in der Schweiz, Dr. Max Karrer, 24, März 1945.
10) 4. 10 を参照。
11) Archiv Schweizer Rück, Berichtssammlung Verwaltungsrat/Verwaltungsausschuss, Bd. III, Aktennotiz: "Der Anker: Wien, Besuch vom 16. und 17. März 1938 der Herren Generaldirektor Bebler und Doktor Froelich", 21. März 1938, 10頁。
12) Archiv Helvetia-Patria（Helvetia Allgemeine）, Protokoll Ausschuss Verwaltungsrat, 17. September 1941.
13) これについてはとりわけ以下を参照。Archiv Basler（Leben）, 05 000 069, Dossier 43, Exposé der Basler Leben（Gaügler）: "Betrifft Judengesetzgebung in Deutschland", 30. Juni 1945, Beilage zum Schreiben Basler Leben（Renfer）an Koenig, 30. Juni 1945.
14) Archiv Basler（Leben）000 060, Dossier 28, Memorandum betr. "Die deutschen Fremdwährungsversicherungen", 日付欠落（1936頃）, EVA 提出文書（手書）。
15) BAR/AF, E2001（D）1, Bd. /vol. 226, Koenig an Rechtsburo EPD, 10. April 1937.
16) Ruling of the Supreme Court of New York *in re* Anna Kleve and Kaethe Warisch vs. Basler Leben, 24 December 1943.
17) これについては6.4参照。

4.8 スイスの製造業と在ドイツ子会社──戦略と経営

19世紀後半以降，多くのスイス企業が，国内市場の狭隘さ，原料調達や労働力確保の困難，関税障壁などを克服するために，その生産拠点を国外に移した1)。この「工業的ディアスポラ」は，とりわけ，隣国のフランス，ドイツ，イタリア，オーストリア＝ハンガリーにおいて，それも，アルザス，バーデン＝ヴュルテンベルク，フォルアルベルク，ロンバルティア，ピエモンテといった国境地域に向けて起こった動きであった。19世紀末から20世紀初頭になると，投資先は，イギリス，アメリカ合衆国，ロシア，スカンディナヴィア諸国，トルコ，アルゼンチン，日本等へと拡大した。本節では主に在ドイツ子会社の活動を取り上げるが，それらの企業の親会社のうちのいくつかは，同時に世界の他の地域で業務を行っており，しかもそれには，連合国での事業が含まれていた。ゲオルク・フィッシャー株式会社は，そのシャフハウゼンの本社からわずか数キロメートルしか離れていない〔ドイツ領の〕ジンゲン（バーデン）に工場を設けたが，同時にベッドフォード（イギリス）にも子会社を有していた。ホフマン＝ラ・ロシュは，ベルリーンのみならず，ウェリン・ガーデン・シティ（イギリス）とナトレー（ニュージャージー州）にも子会社を有し，同様にネスレも，やはりベルリーンに子会社を有し

つつ，スタムフォード（ニューヨーク近郊）★1にもユニラック社を設けていた。統計が無いために，この時期のドイツにどれだけのスイス企業子会社があったかは不明であるが，これらの活動は商工業の広い部門に及んでおり，その規模も社員数名に過ぎないコンスタンツの「インゼル・ホテル」から，社員1万5500人以上を擁するブラウン・ボヴェリ（BBC）・マンハイムまで，大小様々であった。またこれら子会社の大多数は，当然のことではあるが，スイスとの国境から近いバーデンやヴュルテンベルクに位置していた2)。

「第三帝国」経済の一部としてのスイス企業子会社

スイスの親会社と在外子会社の関係は，会社によって大きく異なり，また子会社の経営も多種多様であった。とはいえこれら企業は，いずれも，ナチスドイツ，およびその後のその占領地域では，同一の法律および各種規制の下に置かれていた。この〔スイス企業子会社とドイツ企業の間の〕法律上の同権は，1926年にドイツとスイスの間で締結された協定によって規定されていた。

ナチス経済は一貫して私企業の原則に立脚し続けており，ソ連経済における国有企業体制とは異なっていた。スイスや西側諸国の財界の大部分はこの事実に欺かれ，1930年代の早い時期においては，ナチスの経済政策がある種の全体主義を内包していることを認識しえなかった。しかし実際には，ヒトラーの下で，ドイツの経済は，次第に国と党による計画の下に置かれるようになった。1933年以降，この計画体制は拙速に組織され，ナチスのその時々の優先順位に即して変更された。またこのシステムは，ナチス統治機構内部の競合関係のために，しばしば麻痺した。この不安定な構造は，二つの，互いに密接に関連する目的を追求していた。第一に，ドイツにとっての最大限の経済的自給自足性（アウタルキー）を達成することが目指された。民族社会主義的な「生存圏拡張」計画はこれを目的としたものであり，東方への領土拡大を狙っていた。1939年以降，占領諸国からの文字通りの略奪という形で搾取が開始された。ポーランドが，また後にはウクライナもが，ドイツ人を養うための食糧庫として位置づけられた。その結果発生する資源供給地での飢餓も当然のこととされ，地元住民の征服あるいは抹殺が予定された。同時に，戦争が計画され，後に実施に移された。経済全体が，直接的には戦争に必要な物資を生産することで，また間接的にも，住民の基礎的な需要を賄い，人々が戦争に協力し，犠牲を払えるようにすることで，戦争を支えた。ヒトラーとのその取り巻きは，短期戦での勝利を見込んでおり，それゆえドイツ経済は，長期の持久戦に対する備えができていなかった。最初の敗退（1941年から翌年）に直面し，ドイツは，より能力の高い組織を模索しなければならなくなった。これを担ったのが，シュペーア指揮下の権限を拡張したライヒ軍需省（1942–1945年）である。この総力戦においては，

★1 いずれの言語でも，原著での表記は Stanford となっているが，Stamford〔コネチカット州〕の誤りである。

軍向けの供給は民間向け物資の生産よりも優先された。スイス企業の子会社もまた，その生産品目を転換するよう要求された。シーサー社は下着に代えて薬莢を生産し，ネスレ社は，1942 年に傘下のチョコレート・ビスケット製造工場（ハッタースハイム）を従業員ごと軍需品製造企業に提供した。ベルリーンにあった工場は従来どおりの製品を製造し続けたが，これは軍にのみ供給されるようになった。

　武器製造，金属精錬業，電機工業，合成化学工業（原油・ゴム・繊維原料輸入を代替)，特定の化学・製薬部門，それに，陸軍や艦船での消費に適合的な食料品製造などは，戦争遂行にとって重要な部門であるとして，特権的な扱いを受けた。これらの産業は，国や軍からの受注を獲得した。原材料，エネルギー，人員（強制労働者）が割り当てられ，また必要な場合には，製造に要する設備を備え安全な場所に立地する工場を供された。これらの生産要素は，国と党により統制され，各業界を包括する「アウスシュース」や「リング」を通じ，アルベルト・シュペーアによって配分された。それ以外の部門は，新製品を開発するなどして戦争遂行上の重要性を当局に納得させるか——例えばネスレの鎮痛剤やビタミン剤——，あるいは自ら兵器生産に乗り出すなどしてこれを切り抜けねばならなかった。多くの工場は，受注減や原料・人員の不足のために操業を停止し，あるいは，国による強制により，また価格統制や税の引き上げによる利益水準の低下で，閉鎖に追い込まれた。しかし「戦争上重要」な場合には，反対に，生産の停止は著しく困難となった。例えば，ヘールブルック〔東スイス〕で光学機器を製造するヴィルト社——イエナのツァイス社により設立——が，オーストリア併合直後にフォルアルベルクのルステナウの工場を閉鎖しようとした際には，ナチス当局は，厳しい制裁措置をちらつかせて威嚇し，生産の縮小や停止を公式に禁止したのである。〔もっとも〕ヴィルト社は，その少し後，このルステナウの工場を売却することができた。

　それゆえ，すべての企業が同じ命運の下にあったとはいえないようにみえる。しかしあらゆる企業は，ドイツ企業であれ，外国企業の子会社であれ，ナチス体制下の非常に官僚主義的な指令に，小心翼々としつつ服従しなければならなかった。これを無視すれば，破滅や接収が待ちかまえていた。しかし実際上は，目はしの利く者には，それなりに行動の余地が残されていた。1936 年 10 月，既存の諸官庁・官僚組織とは別に，空軍最高司令官になっていたヘルマン・ゲーリングの下に，四ヵ年計画庁が設立された。この組織は，党官吏と軍関係者，財界人から構成され，原則として，資源の調達と配分，人員配置の許可，外貨管理，価格統制を所掌した。その権力は絶大であったが，体制諸機関の間のライバル関係と手続きの曖昧さのために，既存の官庁組織や軍組織との権限争いが生じた。この迷宮の中でうまく立ち回って，受注を獲得し，公的有用性に関する証明を入手し，また資源と労働力を手にいれて，優位に立つことは，至難ではあったが不可能ではなかった。スイス企業子会社——化学企業とネスレ——の幾人かの経営者は，それほどのリスクを冒すことなく，この状況を巧みに利用する術を知っていた。し

かし他社，例えばマギー〔現地音ではマジー〕社では，必死の努力と，当局に対する忠誠の表明にもかかわらず，それほどの成果を収めなかった。

　南ドイツのバーデンに立地する子会社には，ある特殊な――狭隘ではあるが利益の大きな――対策の余地があった。バーデン州首相であったヴァルター・ケーラーは，経済・財政をも所掌していた。彼は当然ナチスの党員であったが，しかしこの地域の〔ナチス党〕大管区指導者（ガウライター）であるロベルト・ヴァグナーとは異なり，狂信的なナチスの一員ではなかった。傑出した経営者であったケーラーに対するベルリーン官僚機構の評価は高く，1937年には，ヒャルマール・シャハトの後任としても取り沙汰されたほどであった。カールスルーエで，彼は，ゲーリングの方針に従うというよりもむしろ，ベルリーンからは遠く，逆にフランスには隣接するために冷遇されてきた彼の比較的貧しい州の発展のために，尽力した。ケーラーは，州内の，ライン河沿いの国境地域に設立されたスイス企業の子会社を支援するためにあらゆる努力を行い，これら企業の要望に耳を傾けた。1945年3月には，ケーラーは，全工業施設の破壊を命じた「ネロ指令」に抵抗した[3]。

　それゆえ，ナチス経済の権威主義的計画体制の下でも，そこに踏みとどまり可能な限りの利益を上げようとするスイス企業には，強制を回避しつつ，――このきわめて国粋主義的かつイデオロギー的な国で，「外国」企業として活動しなければならなかったにもかかわらず――首尾一貫した戦略を保持する余地が存在したのである。こうした余地は，いくつかの客観的条件，例えば企業の法的形態，資本構造，立地，規模，生産品目といった要素に左右されたが，また同時に，むしろ主観的な他の要素，すなわち，親会社と子会社の経営陣の構成，両者の関係の質と密度，世界の他の地域と比較して，ドイツでの状況がスイスの親会社にとってどれほどの重要性を持つかというその程度，それに，スイス企業子会社とドイツの同業他社の競合関係などにも，依存していた。例えばスイスの染料メーカーは，ドイツのIGフォルベンを牽制するのに格好の存在であったがために，「ライヒ化学全権委員」[Reichsbeauftragter für Chemie]から高い評価を得ていた。

　1933年から1945年の間にドイツ領で事業を行っていたスイス企業は，いずれも，同地での事業の長い伝統を有する企業であった。これは，1918年以降のドイツ経済の慢性的な不安定性と世界恐慌のために，新規に継続的な投資を行うような状況ではなかったからである。非常に小規模な，純然たる局地的市場で事業を営む企業を例外とすれば，ドイツでのヒトラーの政権掌握の後に，ドイツに子会社を設け，上記のような強制と非常に不利な税制を甘受しようとする企業はなかった。しかしすでに進出していた企業は，撤退を選択しなかった。現地の事業所を，収益悪化を理由に閉鎖しようとした上述のヴィルト・ヘールブルックの事例は，少数の例外に属する。より重要な例外事例としては，ヴィンタートゥールのスルツァー兄弟社があるが，同社の事例は，政治的・個人的な考慮が，経済的理由と結びついたものである。戦前，同社は，事業の柱である機

械製品・ディーゼルエンジン——その特許は 1893 年にさかのぼる——の大半を外国，とりわけフランス，南米，エジプトへ輸出していたが，イタリア，ドイツ両国向け輸出は 3% 弱に過ぎなかった。それにもかかわらずスルツァー社は二つの子会社をドイツに有しており，一つはシュトゥットゥガルト（暖房機器），もう一つはルートヴィヒスハーフェン（ディーゼルエンジン）にあった。同社は，早くも 1939 年の開戦とともに，これらの子会社の売却を決定していた。

　ドイツへの残留を決めた企業は，すでに投資を行っており，そこから利益を回収しなければならなかった。これら企業は，市場を開拓し，顧客を獲得していた。また現地で社員を雇い入れており，時には社内での教育も行っていた。それだからこそ，これら企業は何としてでもドイツの事業所を維持しなければならなかったのである。調査対象企業の中には，イデオロギー的動機や，あるいはヒトラー体制に対する型通りの同意を超えた支持のためにドイツでの拠点を残した企業は，一社もない。しかし同時に，これらのうちいくつかの企業では，ドイツやその国民，あるいはドイツ文化と非常に密接に結びついており，そのために，政権の真の意図や文明世界にとってのその危険性を当初認識できなかったということも，また疑う余地がない。全ての企業ではないにせよ，これら企業の一部は，強大で規律あるドイツを，当時最大の脅威とみなされていたボルシェヴィズムに対する防塁と考えていた。

　いくつかのスイス企業は，ユダヤ人に対してナチスが講じた措置を進んで採用し，そればかりかこれを先取りしさえしていた。1933/34 年，J・R・ガイギー株式会社の取締役であったカール・ケヒリンは，彼の企業の資本と経営陣が純然たる「アーリア的」性格を持つことをドイツ当局に納得させようと躍起になっていた。他の企業も，自発的に，あるいは当局の問い合わせに対して，同様のことを行っている。ユダヤ人社員は次から次へと解雇された。まっ先に標的となったのは，経営幹部であった。これらの「浄化」の動きによって，有能な社員が失われ，人間関係が破壊された。サンド社は，有名な化学者で，1915 年にノーベル賞を受賞したユダヤ人，リヒャルト・ヴィルシュテッターを，1926 年に設立したニュルンベルク子会社の監査役会議長に任命していた。しかしサンドのバーゼル本社の社長であるアルトゥール・シュトルは——彼はヴィルシュテッターの教え子でもあった——，早くも 1933 年 4 月には，ヴィルシュテッターに辞職を要請する必要があると考えていた。そのため両者の友好的関係は壊れ，これは，1939 年 3 月にヴィルシュテッターのスイスへの亡命をシュトルが助けるまで修復されなかった。反対に，反ユダヤ主義的な措置に，かなり遅い時期まで執拗に抵抗した企業もあった。ホフマン=ラ・ロシュは，時には配置転換を余儀なくされたにせよ，1938 年までドイツ子会社のユダヤ人幹部を守ることに成功し，またその一部に対しては，ドイツ国外で適切な職場を見つけるべく努力していた。

　ナチス当局は，純粋に「アーリア的」でないとの嫌疑を持った企業に対しては，非妥協的であった。ダンツァス社は 1941 年にこれを経験した。競合他社が，当局に，同社

が「ユダヤ人とフリーメーソンの手に」あり，イギリスの情報機関のために活動していると密告したためである。同様の経緯で，いくつかのユダヤ系企業が，特に併合後のオーストリアで，「アーリア化」された。バリー，ネスレ，ガイギーはアーリア化に加わったが，ロシュは，その提案を拒絶した[4]。

　スイス企業の在独子会社の経営陣の大部分は，ドイツ国籍を有しており，ドイツ国民としての帰属意識を隠すことはなかった。戦争の開始まで，また戦争の初期においても，彼らは民族社会主義を公的な場では支持していた。特に自社の社員の前ではそうであり，そのシンボルと儀式を採用していた。しかし積極的なナチス党員であったものはわずかであった。ちなみにナチス党員であることは，企業の経営幹部となるための必須条件ではなかった。定款の上では子会社の経営を統括することになっている監査役会のメンバーもまた，ナチス党員であることよりも，むしろその能力や，あるいは体制内の要人と良い関係を持つか否かによって選ばれていた。例えばBBCマンハイムでは，9人の監査役のうち，ナチス党員は3人に過ぎなかった。開戦とドイツの状況悪化に伴い，ナチスの指導者層が能力を重視することが知られるようになると，イデオロギー的態度はあまり重視されなくなった。これは，これら企業のそれまでの態度が，競争相手よりも優位に立ち，また当局の好意を得て公的部門からの発注を獲得し，あるいはまた必要な資源を確保するためにとられた御都合主義的なものであったことを示唆している。二つの大企業が，この戦術を極限まで追求し，専門知識を備えているのは確かではあるが，何よりもナチス党との関係が深い人物を，子会社の経営陣に加えた。ロンツァ社は，1936年，法律家であるアルフレート・ミュラーを，「1933年に成立した政権との交渉を円滑に進めうる人物を確保するため」[5]，営業担当取締役に任命した。1938年以降，ラインフェルデン・アルミニウム有限会社（AIAG傘下）を率いたアヒム・トーブラーも，同様の経歴を持つ。しかしマギーは，ジンゲン工場の幹部を入れ替える必要がなかった。というのもここには，最初からナチス新体制の熱心な信奉者をこれみよがしに据えていたからである。他の企業はむしろ党組織とは距離を置いており，BBCマンハイムはその一例であった。同社は非常に大規模で，多数の生産拠点を持ち，またこれらがそれぞれ複数の子会社を有していた。その生産品目である電気器具，変圧器，電動機，タービン等は，戦争遂行の上で，またとりわけ軍艦（潜水艦）にとって，きわめて重要であった。BBCマンハイムは，バーデンの親会社の統制からほとんど離脱してしまった。BBCマンハイム社長である技師カール・シュネッツラーと，その右腕であり，財務担当取締役として同社で非常に大きな影響力を持った法律畑出身のハンス＝レオンハルト・ハンマーバッハーは，いずれも表向きはナチス党に従順に振る舞ったが，入党はせず，あらゆる政治的・イデオロギー的影響から同社を遮断しようと努力していた。この二人が，ともにユダヤ系の妻を娶っていたことも，党に対する消極姿勢の理由の一つかもしれない。しかし彼らは，ドイツ国民としての信念のゆえ，またやり手の経営者として，――バーデン市〔スイス〕の親会社に逆らってさえも――戦争遂行を支え

る事業に同社を向かわせることに、何の疑念も持たなかったのである。戦争末期、工場が爆撃を受けて初めて、この二人は戦争協力に対しある種の躊躇をみせるようになった。ハンマーバッハーは、1944年7月20日のヒトラー暗殺未遂後に逮捕・処刑されたエリザベート・フォン・タッデンなど、ドイツの反政府グループと、時折接触を持ちさえしていたのである。

　このように、ドイツにおけるスイス企業の活動は、純然たる経済的な性格を有していた。ナチス体制に対して企業がとった態度は、フランス占領史においては、迎　合（accommodation）[6]、ないし強いられた順応（adaption contrainte）[7]と表現されている。迎合と順応は、しかし、全ての企業によって同じ形でなされたわけではない。アルミニウム工業株式会社（AIAG）の監査役会議長であり、同時に赤十字国際委員会の代表でもあったマックス・フーバーは、同社の創業50周年を記念して1942年に刊行された出版物の前書き——その中身は著者の人格を表している——の中で、以下のように述べていた。「企業が、自らを受け入れて法による保護を供してくれる如何なる国においても、ためらいなき忠誠と自発的な順応への意志を持って、その国民経済上の義務を果たさねばならないことは、自明である」[8]。通常であれば、この表現も月並みに響くかもしれない。しかし当時の状況に置いてみると、特殊な含意が浮かび上がってくる。その一般的で、時期を限定しない表現は、現実の状況には相応しいものではなく、図らずも、著者の心的葛藤を露呈してしまっているのである。

業務戦略

　構造的条件の多様性、情勢のめまぐるしい変化、戦略の相違にもかかわらず、三つの問題が、当時の企業に共通する関心事となっていた。

　第一に、短期的には、売上を最大化し、可能な限りの利潤を上げることが課題となった。しかもこの努力は、戦争上重要な生産——あらゆる種類の生産が、何らかの形で重要とされる可能性を持ち、また状況の変化によって実際そうなった——を最大化せよとの体制側からの圧力にもかかわらず、その目標達成に必要な資源と人材はますます不足してゆくという、長期にわたる矛盾した状況下でなされねばならなかった。この状況から、しばしば潜在的な——そして時折顕在化する——ドイツ子会社の経営陣と、その所有者であるスイスの親会社の間の対立が生まれた。親会社は総じて、戦前および戦争後半においては、戦争終結後に如何なる事態が生じるか予測不可能であったために、ドイツでの事業に過度に肩入れすることは得策ではないと考えていた。アルミニウム工業株式会社（AIAG）と、カーバイド（肥料）や多様な合成化学製品（接着剤、研磨剤やアセチレン）を製造するロンツァ社は、ドイツ当局によって当初から決定的に重要な企業とみなされていた。両社はカルテルに組み込まれ、これにより、経営の自由度は狭まったものの保護を受けた。また両社は、生産を拡張するよう圧力を受けた。両社のスイス親会社は、渋々ながら、またスイスフランを用いないという条件を付しつつも、これを追認

した。賢明にも，ドイツでの設備拡張は，ドイツ内に凍結されているライヒスマルク資金のみで賄われねばならないとした。スイス側では，平和の回復時に無用となり負担となりかねないような過剰投資を危惧したのである。その上，こうした関わりは，1942/43年以降になると，連合国市場や，解放間近と目された諸国での企業活動を危うくしかねないものとなった（ブラックリスト）。マギーやシーサー（繊維）など，スイス国外での事業がドイツ市場に集中していた企業のみが，無条件にこの市場に執着し続けることを余儀なくされたのである。それに加え，株主——大部分はスイス人やスイス企業——への配当金支払いや，ライセンス料，経営管理費など，親会社に対する支払いをスイスに送金するのは容易ではなかった。ドイツの財務当局は利益のかなりの部分，平均して3分の1を吸い上げた。その際，子会社の法的構造によって異なった税率が課され，またしばしば，配当額を維持するために会社資本金が増額された。残る利益も，外貨送金の制限と，拘束的な決済システム（クリアリング）の下に置かれた。これらを差し引いた後に最終的にスイスに届いた額は，無視しうる規模ではなかったが，しかし，通常の自由な資本移動の下で期待される額を，大幅に下回っていた。全面的にドイツ市場に依存していたマギーなど，ごく少数の例外があったにせよ，金銭的な観点からするならば，スイス企業は，ドイツ子会社の業務を拡張しようという動機を，それほど持たなかった。

　第二の戦略上の関心事は，将来に備えて，市場シェアを維持すべきか，あるいはその拡大を目指すべきかという，中長期的な性格の問題であった。1940年まで，スイス企業は，子会社設立，資本出資，あるいはしばしば行われた現地企業の買収によって，フランス，ドイツ，イタリアなど隣国市場をはじめ，可能な限り多くの市場でそのプレゼンスを維持しようとした。これら企業は，可能とあらば世界のその他の地域に進出しようとし，その皮切りに，戦間期に世界最大の経済大国となったアメリカ合衆国に投資を行った。多くのスイス企業は，未だアメリカ合衆国市場に不慣れであったが，ネスレとホフマン＝ラ・ロシュは，アメリカ合衆国市場に確固たる足場を築いた。ネスレは，1939年の開戦直前に，本社機能をアメリカ合衆国に移した。同様に，ホフマン＝ラ・ロシュ社長のエミール・バレル——彼はすでに本社をバーゼルからローザンヌに移していた——は，1940年春にその住居をアメリカ合衆国に移した。これは会社の将来的な安全性を考慮しての決定であったが，個人的理由もあった。彼の妻はユダヤ系であったのである。戦時中，ネスレは，ユニラック社の名の下，その売上の4分の3を，ドイツ勢力圏の外部で稼ぎ出した。しかし同社のヨーロッパ事業も，ヴヴェイの〔スイス本社の〕統括の下で継続された。法的には，ネスレとユニラックは，互いに独立した二つの会社であった。ネスレは，1936年に持株会社を設立したが，これはこの分離に向けた布石であった。前述のように，ロンツァとAIAGは過剰投資を憂慮していたが，これはBBCでも同様であった。バーデン〔市，スイス〕の本社はマンハイム子会社の過大投資を阻止しようとしたが，マンハイムはこれを無視した。1940年の電撃戦の後には，

そうした慎重な態度は無用に思われた。ドイツ国防軍の勝利によって，大陸ヨーロッパ全域に新しい経済秩序が樹立されるならば，慎重姿勢はあり得ず，そこに収益基盤を確保する他ないではないかと考えたのである。それゆえスイス企業は，ドイツの子会社に対して，併合地域（オーストリア，ベーメン・メーレン，アルザス）やその他の占領地域での活動をドイツ市場のそれに統合するという任務を多かれ少なかれ進んで委ね，またこれら子会社の要求に応じたのである。その挙げ句に，BBC バーデン〔スイス本社〕は，これらの地域で有していた市場シェアを，マンハイムの自社子会社に，奪われてしまった。ドイツでの拡張は，それに加えて，新しい領土にも同様に生産拠点を設け，それにより現地の人員と資源から利益を得る可能性をも約束するものであった。それゆえネスレは，1940 年に，ドイツ・ネスレ株式会社（DAN）が資本金の 93％を所有する孫会社をプラハに設立し，「保護領」に工場を建設した。拡張の可能性があり，かつ現地で資金が確保できる限り，その機会は利用されたのである。

　しかし情勢は，間もなく大きく変わった。1941 年 6 月の対ソ攻撃と，同年 12 月のアメリカ合衆国の参戦によって，当初の想定を越えた戦争の長期化が予測されるようになり，さらに 1943 年初には，枢軸国の敗色が濃厚となった。これにより，スイス企業はジレンマに直面した。ドイツからの撤退は，それまでの投資の全てが水泡に帰することを意味したので，スルツァーを例外として，これを検討した企業は無かったようである。しかしそれでも，新しい状況は，拡張プロジェクトに終止符を打った。生産設備は，連合国の反攻や空襲によって，危険にさらされた。BBC マンハイムの工場は，爆撃を受けた数少ないスイス企業の工場となった。しかしスイス企業の生産拠点の大半は南ドイツのバーデンに立地し，大都市圏や大工業地帯から離れていたため，連合国による空襲を免れた。戦争経済関連の受注が大量に舞い込み，需要は供給能力を上回って，競争はもはや意味を喪失した。国の要求を満たしている限り，当局はあれこれとは介入しなかった。いまや戦争経済の統括者となったシュペーアは，計画を再組織したが，民間企業により大きな信頼を置き，企業の自主性を拡大した。これにより利潤は増大した。しかしスイスの親会社は，連合国の不興を買ってブラックリストに載せられる危険を想定し，連合国市場での事業が全面的に禁止されてしまうのではないかと，危惧した。逆説的であるが，イギリスのブラックリストは，スルツァー株式会社の例にみられるように，ドイツで生産している企業よりもむしろスイスからドイツへ輸出している企業に厳しかった。スイスの親会社は，子会社は親会社から独立して行動しており，連絡をとることさえままならず，子会社に関する情報も得られない，端的にいえば子会社を継続的にコントロールすることは不可能である——これは多くの場合妥当しなかったが——と主張して，自社を守ろうとした。親会社は，通信上の困難，不適切な情報，さらには子会社に対して適切な統制を維持することの困難さを数え上げ，その主張の論拠とした。しかしこれは，ほとんどの場合，全く真実からは遠かった。実際には，これら企業は，巧拙の差はあったとはいえ，時勢を見越した賭けに出ていた。これらの企業は，

戦争が終結次第，荒廃し飢餓に苦しむヨーロッパの再建において役割を演じようと意図していたのであり，多くは，実際にそれに成功したのである。

企業が直面した第三の問題は，競合他社に対する位置である。この問題の深刻度は企業によって大きく異なった。AIAGやロンツァといった企業の場合には，その製品は不可欠で，カルテルに組織されており，競争による圧力を免れていた。ネスレと製薬企業は，競争相手のいない差違化された製品を供給していた。バーゼルの染料企業はIGファルベンとの競争に直面したが，しかしバーゼル企業は，IGファルベンというこの巨大なコンツェルンに対する国家と党の不信感をうまく利用する術を知っていた。それに比して，BBCマンハイムは，こうした利点を持たなかった。工業部門でのその重要性にもかかわらず，BBCは，ジーメンスやAEGの後塵を拝していた。両社は電機部門でBBCより大きな市場シェアを占めたばかりではなく──BBCのシェアはわずか19％であった──，市場と資源の配分のために国が設置した諸団体においても，重要なポストのほとんどを占めていたのである（BBCは，244のポストのうち僅か5ポストを占めたにすぎなかった）。我々の調査対象企業のうち，最も大きな打撃を受けたのは，ケンプタール〔チューリヒ州〕に本拠を置き，1934年にアリメンタナ株式会社と改称したマギー社であった。1897年来の歴史を持ち，ベルリーンに販売拠点と本社機能を持つジンゲン〔バーデン南部，シャフハウゼン近傍〕の同社子会社は，ハイルブロンのクノール社，ケルンのリービッヒ社，それにカールスルーエのグレーベナー社という，同社とほぼ同等の競争力を持つドイツ企業との競争に曝されていたのである。これら企業の間では，19世紀末以来，企業秘密であった製造法をめぐる激しい争いが繰り広げられていた。1930年代の恐慌は食品産業に甚大な影響を与え，敵対的な競争関係がいっそう強まった。ジンゲン・マギー有限会社は，外国企業を標的にした非難に甘んじざるをえず，中傷合戦や不買運動の犠牲となった。ちなみにこれは，製薬企業のホフマン＝ラ・ロシュの場合も同様である。民族社会主義運動による政権の獲得は，そのきわめて国粋主義的な綱領からしてこうした状況をまったく変えなかったが，少なくともそれにより景気回復の可能性が生まれたのは事実であった。そのためジンゲン・マギー有限会社は，ロシュと異なり，この新政権を熱烈に支持し，さらにはこれに卑屈に擦り寄って，同社の「ドイツ的」・「アーリア的体制」を強調する機会を逃さなかった。同社は無条件で新しいイデオロギーを採用したが，これは，規律，社内でのプロパガンダ，ユダヤ人社員の解雇，ナチス党員の経営陣への登用など，実質的な帰結を伴った。これに対する報奨は，有利な生産条件──ベルリーン本社（1939年），ジンゲン工場（1940年）──と，「民族社会主義的模範経営」[Nationalsozialistisicher Musterbetrieb]との呼称であった。同じくスイス企業であるシーサー社も，1940年にこの呼称を得ていた。このように，これらスイス企業子会社をナチズムの掌中へと追いやったのは，イデオロギー的信念ではなく，むしろ企業存続への欲求であった。ケンプタールのマギー本社は，ドイツ子会社の業績に著しく依存しており，好むと好まざるとにかかわらず，子会社のこ

うした方針を支持せざるをえなかった。

手段と関係者

こうした戦略が如何に実践されたかは，多くの要素に依存していた。会社の法的形態，すなわち，子会社の公式の自立性の大小は，決定的な要素であったようにはみえない。これら子会社の多くは株式会社か有限責任会社であり，親会社がその会社資本の全て，もしくは過半数を有していた。これら子会社のいくつかは，BBCマンハイムの事例のように，それ自体が子会社を持っていた。またいくつかの事例では，スイス企業は，法的には互いに無関係の複数の子会社を有していた。これは，1928年と翌年に，株の買収によって子会社化されたネスレ傘下のドイツ・ネスレ株式会社（乳製品，後にネスカフェも製造）とサロティ株式会社（チョコレート，ビスケット）の事例や，複数の企業株を保有していたアルミニウム工業株式会社（AIAG）（アルミニウム）に妥当する。1939年秋，アルミニウム工業株式会社傘下の子会社は，コンスタンツに拠点を置く一種のコンソーシアム，「アルミニウム工業共同体」（ALIG）に再編され，主要子会社であるジンゲン・アルミニウム圧延所の社長を以前から務めていたハンス＝コンスタンティン・パウルセンが，その経営にあたった。この特殊な結合関係は，ドイツでの事業に対するアルミニウム工業株式会社のコントロールを著しく制約したが，しかしそれによって，連合国に対しては同社がドイツ事業と無関係であるように映り，ブラックリストへの掲載や強制管理を回避しうるものと，期待されたのである。それに加え，ALIGは傘下の企業との連結で損益を計算していたから，アルミニウム工業株式会社に対する外貨による配当の送金の可能性も高まった。他方スイスにおいては，三大化学企業であるチバ，サンド，ガイギーが，「バーゼル IG」（1918-1951）の名で利益共同体を形成していた。これはカルテルの機能を果たしており，世界市場における共通の梃子として用いられた。公式の構造のもう一つの例は，ガイギーがグレンツアッハで経営する工場が，子会社ではなく，バーゼル本社の直接の所有下にあったことである。このドイツ領内にある工場は，本社からほんの数百メートルしか離れていなかったが，この時期，国境はますます頻繁に封鎖されるようになっていた。その製品の生産と販売は，ドイツ法と，体制からの経済的要請の下に置かれていた。同様のことは，ジンゲンのゲオルク・フィッシャーの工場にも該当する。ガイギーの工場の隣に位置するホフマン＝ラ・ロシュの工場は，株式会社形態をとっていた。

これら多様な法的形態は業務に影響を及ぼしたが，しかし，国境の両側の経営陣の間で交わされる情報・命令・勧告など，本社＝在ドイツ拠点関係の実態は，それよりもずっと重要であった。多くのスイス企業は，ドイツ戦争経済への子会社の関与に対し受身であったり迎合的であったりしたことを，後に，情報の不足を理由に正当化した。

とりわけ戦争中は，コミュニケーションは実際に阻害されていた。旅行は簡単ではなく，郵便も電話も監視下にあった。ドイツ当局は，経済，生産，技術について，彼らが

機密とみなした情報が国境を越えることのないよう，細心の注意を払っていた。企業は，その生産活動の詳細を秘しておかねばならなかった。史料は，実際にいくつかの親会社が，適切な情報を得られずにいたことを示している。アルミニウム工業株式会社については前述したが，シャフハウゼンのゲオルク・フィッシャーも，もう一つの事例であった。この二社の例は，情報の質がその物理的な伝達距離とは無関係であることを示している。ALIG のオフィスがあったコンスタンツは，スイスとの国境に位置しており，またジンゲンも，国境から目と鼻の先にあった。そのためゲオルク・フィッシャーのジンゲン工場長は，毎晩，シャフハウゼンの自宅に帰宅することができたのである。

　しかし全体としては，情報は十分に得られており，場合によってはきわめて豊富でさえあって，それが途絶することはなかった。情報はまた，純然たる業務情報の範囲を超えることもあった。チバ社は，ポーランド在住ユダヤ人の運命について正確な情報を得ており，サンド社は，1942 年時点で「安楽死」計画，すなわち障害者の抹殺についても知っていた。ヴヴェイでネスレを指揮していたのは，取締役会代理執行役のフランス人，モーリス・パテルノであり，彼は，アメリカ合衆国スタムフォードの世界本社で指揮をとる取締役会議長，エドゥアルト・ミュラーと戦時中も密接な連絡を維持し続けた。ネスレ首脳は，「総括経営執行部［Direction générale］と，各地の下部組織の間の連絡の維持に，最大限の重要性」を置いていた。二つの本社を持つ同社は，これを世界規模で実現していた。ネスレのドイツでの業務を戦中から戦後にかけてベルリーンから統括し続けたスイス人，ハンス・リッゲンバッハを通じて，同社は，ドイツ情勢を細部に至るまで把握していた。彼は，ドイツ人の監査役会議長を同行して定期的にヴヴェイ〔スイス本社〕を訪れ，報告を行い，本社からの指示を受けた。野心家のリッゲンバッハは，レマン湖畔の上司には時に傲慢な男であるとの印象を与えたが，しかし彼は不屈で，しかも才能に恵まれていた。会社に対する揺るぎない忠誠を示した彼は，ネスレの企業構造をよく体現していた。この時期，短期的な犠牲をも厭わずにネスレが一貫して追求した拡張戦略に，彼が影響を及ぼしていたことは疑いない。

　しかし同様のことが，ドイツにおけるスイス企業子会社の経営者の全てに該当するわけではない。BBC マンハイムの責任者は，バーデンへの報告こそ怠らなかったが，しかし思うがままに振る舞い，親会社の取締役会の意向に逆らって拡張戦略をとった。親会社は，この動きにリスクを感じとり，これが長期的にみて非生産的な投資となることを恐れた。投資財生産企業を，消費財生産企業と同じように経営することはできない。同社の例は，親会社が情報を得ていたからといって，子会社をコントロールできたとは限らないことを示している。ジンゲン・アルミニウム製造所と ALIG の長であるパウルセンは，親会社にわずかの情報しか流さなかったのみならず，自分の流儀で経営を行った。その根は，古い世代のドイツの保守的ナショナリズムにあり，これは，民族社会主義とも，またスイスの大企業で支配的であった自由主義的信条とも異質なものであった。またここで指摘されるべきは，イギリスや海外〔ヨーロッパ外〕にある子会社のコ

ントロールは，いっそう困難であったという点である．例えばスルツァー兄弟社は，イギリス子会社と全く連絡がとれなくなってしまった．例外は，アメリカ合衆国とスイスに二つの本社を持ったネスレとロシュに限られた．

　1939年9月からは，ポーランドで事業を行う二つのスイス企業子会社が，ナチスドイツの経済政策の影響下に入った．その一つは，〔バーゼルの〕チバ社によって，現地企業との合弁ですでに1899年時点でウーチ郊外に設立されていたパビャニツェ化学工業株式会社（PCI）である．同社は染料（1938年にはポーランド総生産量の21％）を生産するとともに，医薬品も製造していた．同社社長のヘルマン・トンメンは，スイス人であった．もう一つは，ワルシャワにあるホフマン＝ラ・ロシュの子会社であるが，この子会社は，ロシュの全世界での売上の1％というごくわずかの割合を占めるに過ぎなかった．同社は，ロシュのスペシャリティ系化学製品の製造を1944年8月のワルシャワ蜂起まで続けることができた．同社を経営したのは本社副社長のルイ・ドラショー博士である．彼はバーゼルで勤務したが，可能な限りワルシャワを訪れた．またワルシャワでは，非常に有能で名の知れたポーランド人幹部が，業務を担っていた．チバとロシュが有したこれらの子会社は，いずれも，非常に困難な状況と，占領当局や社内のドイツ人幹部からの圧力によく耐えて，ベルリーンに対する自立性を守り通し，バーゼル本社との密接な関係を維持した．トンメンもドラショーも，本社との密な連絡に努めており，その事業報告は，両者の本社に対する忠誠と稀有の洞察力を示している．二人とも，強靱さと，紛れもない勇気を発揮した．ドラショーは，1939年9月の戦闘を現地で経験しており，その数ヵ月後には，ポーランドの将来に三つの可能性があると結論していた．第一は，総督府（ドイツ占領地のうちドイツ領に併合されていない地域．ワルシャワを含む）がソヴィエト連邦の手に陥ちるというものであり——これは後に現実のものとなったが，1940年5月にそれを予測できた者が他にいるだろうか——，第二は，ドイツの敗北後にポーランドが再建される可能性であり，第三は，「第三帝国」の勝利のうちに戦争が終わり，ポーランドが恒久的にドイツの隷属の下に置かれる可能性である．ドラショーは，第二の可能性とポーランド国家の再建を想定し，それゆえ，子会社を戦前の形のまま維持するよう求めた．ウーチのトンメンと同様，彼も，ナチスの代弁者を会社から遠ざけておくよう努め，ポーランド人社員を保護し，連行される恐れのある若いワルシャワ住民を，雇用実績が無いにもかかわらず給与台帳に記載して，庇護しさえしたのである．ウーチでは，この都市に住んでいた多数のユダヤ人がどのような状況に置かれたかが認識されており，この情報はバーゼル本社にも伝えられた．しかし，顧客と社員が消えたことを確認する他に，なす術はなかった．トンメンは，1942年に交代させられた．パビャニツェ化学工業株式会社は，その後もスイス人によって経営されたが，しかしドイツ人幹部の影響が強まった．とはいえ彼らも，ポーランドのこの競争相手を排除しようとするIGファルベンの試みには抵抗した．ポーランド国籍を持つ社員が，何らの補償も，また支払い済みの掛け金の返還も受けることなく年金基金から

排除された際には，同社はまったく無力であった。

　以上の事例は，事態の複雑さと，それを克服することの困難さを示している。どの会社も，独自の解決法を模索し，これを見出していたが，そのほとんどは，短期的な利益ではなく，長期的な利益を追求していた。同時に，同一の親会社が──チバとロシュがここでも格好の事例である──子会社の立地によって，ナチス当局との関係や，人員構成，組織間関係に関して，異なった行動パターンをとっていたことも窺われる。意識的に備えをし，妥協することなく自社の方針を貫いた企業もあれば，そうした洞察も強さも欠いた企業もあった。以上のことから，政治的・経済的制約条件──これには，スイスの一体性とその物資確保に貢献せねばならないという，しばしば史料にも表れる動機も含まれる──にもかかわらず，スイス企業が，ある人々が戦後になって信じさせようとしたのよりもずっと大きな行動の余地を有していたということが，確認されるのである。

　　帰結　ドイツの戦争遂行のために……
　最後に，企業戦略についての総括が必要であろう。これら企業が「第三帝国」の戦争遂行をどれだけ助けたのか，またそこからこれら企業は利益を得たのか，そして戦後，これらの企業に如何なる運命が待っていたのかが，問われねばならないのである。とはいえ，総括的な判断を下すのは容易ではない。大規模な調査にもかかわらず，情報があまりに不足しているし，我々が発掘した諸要素は，比較のためにも総括のためにも，十分こなれたものではない。しかも数字だけのデータで，全てを語ることはできない。数字では小さな役割が，ずっと大きな結果をもたらしたかもしれないし，状況によっては，非常に規模の大きな役割も，わずかの意味しか持たなかったかもしれないのである。

　いずれにせよ，1933年から1945年の間，ドイツに進出したスイス企業による工業生産活動が，ドイツ経済を支え，それによってドイツの戦争遂行を助けることになったことは否定し難い。この貢献を過大視してはならないが，しかしこれは，無視しうるものでもない。数が限られる中立国企業の中では，スイス企業は，ドイツおよびその占領地域で最大のプレゼンスを有していたため，ドイツの戦争遂行に最も大きく貢献した。その背景には，ドイツと隣り合わせていることや，文化的な類似性，ずっと以前から安定的になされてきた取引関係などがあった。また，スイスのように高度に発展した小規模な工業国にとっては，その生産活動を国境を跨いで隣接地域（バーデン＝ヴュルテンベルク，アルザス）へと，またさらには世界各地へと拡張することが自然であったことも，無視できない。

　そのままで武器や戦争物資として使用されるものを供給する〔ドイツ子会社の〕工場は，一つもなかった。これらのものはスイスで製造されるか，ライセンス生産の形でドイツ企業によって──イギリス，アメリカ，フランス，その他の国の企業も同様であっ

たが——製造されていた。他方，いくつかのスイス企業子会社は，アルミニウム・接着剤・合成化学製品などの素材や，タービン・電動機などの機械・電気機器を供給しており，これらは，兵器産業，とりわけ軍艦や航空機の製造には不可欠なものであった。これらの企業——BBCマンハイム，アルミニウム工業株式会社，ロンツァ，それほどではないがゲオルク・フィッシャー——は，戦争のための軍需品生産計画にすぐさま組み込まれた。アルミニウム工業株式会社のラインフェルデンとレント（オーストリア）の工場は，1944年の3万5000トン弱でその生産量のピークに達したが，これは，同年のドイツのアルミニウム総生産量の14％を占めていた（1939年には2万4000トンで12％）。

しかしながら，スイス企業が製造する製品の大部分は，民生品であった。1919年のヴェルサイユ条約はドイツを非武装化した。そのため，ドイツ国内で武器を製造する誘因はまったくなく，それどころかその正反対であり，ドイツの軍需品企業がスイスに拠点を移したのである[10]。反対に，民生用電気機器，繊維，染料，医薬品，食品に対しては，市場が開かれていた。1930年代初めの恐慌は，これらの部門に甚大な打撃を与えたが，ヒトラーによる政権掌握後の景気の回復は，軍需品に限らず広い範囲で需要を喚起した。これら民生品製造部門が，軍需品製造に加わったのは，戦争が始まってからのことであり，またとりわけ1941年12月以降であった。民生品から軍需品へのこうした生産のシフトは，スイス工業のいくつかの得意部門を強化した。例えば，パラシュート向けの人絹製造（ロンツァ子会社のロンツォナ社），ビタミン剤（ロシュ），医薬品のコラミンと消毒剤のチバゾル（チバと子会社のパビャニツェ化学工業株式会社），負傷者の治療に不可欠な鎮痛・麻酔薬（チバ，サンド，ロシュ），粉乳（ドイツ・ネスレ株式会社），それに缶詰あるいはキューブ状の濃縮スープ（マギー）といった製品である。興味深い事例として，1938年にネスレによって開発され，とりわけアメリカ合衆国で大ヒットしたネスカフェがある。ドイツでは，当局はその製造には消極的であった。この魔法の粉の製造のためにはコーヒー豆を購入しなければならず，それには外貨が必要だったし，また連合国の海上封鎖によってコーヒー豆の輸入は困難であったからである。コーヒーはベルリーンにとって優先すべき品ではなかった。むしろ〔ドイツ〕国防軍が，ロシア作戦の際にこの発明の重要性を認め，1942年からは国防軍への供給に限り，その生産を認可したのである。しかし上述の理由で，この場合も生産は小規模にとどまった。

そしてまたスイス企業のため……

ここで取り上げた企業が計上した利益に関しては，決定的な額を示すことは不可能であり，またそうした数字に大した意味はない。それぞれの企業のそれぞれの製品について，ドイツで得られた利益と，配当，経営管理費，ライセンス料といった形でスイスへと送金された額の割合，それに実際に行われた投資について，知る必要がある。そして

またそれを，これらの企業の他の市場での業績と，比較しなければならない。その結果については，情報が得られた限りで，「第三帝国」のスイス企業を扱った研究書に記載している（独立専門家委員会叢書第6・7巻）。

　総じて――企業による相違を脇におけば――，恐慌と戦争に挟まれた1930年代の事業は，好調であった。売上も利益も大幅に増加し，ドイツ当局の課税と厳しい外貨規制にもかかわらず，多額の利益がスイスに送金され，配分された。この状況は多くの企業で開戦時まで続いたが，これは，1940年以降，またとりわけ1941年からは，変化した。ドイツ政府と国防軍からの受注は増えたが，民生品向け受注の落ち込みを全部門で補うには至らなかった。原材料調達問題は結局解決されなかったか，解決されたにしても遅すぎた。人員，とりわけ熟練労働者が兵役のために失われ，またより重視された企業への配転を余儀なくされた。強制労働者の投入はこの穴を部分的に埋めたに過ぎない。収益は頭打ちになり，減少さえした。いくつかの工場，例えばガイギー社のグレンツアッハの工場などは，赤字操業であった。またスイスへの送金に対する規制も厳しくなった。

　戦前，スイス企業は，他の国への投資と同様に，ドイツでの事業活動からも利益を得ていた。しかし戦時中は，ドイツに拠点を持つことは負担になった。大変な努力を投じた企業も，それに見合った利益を得ることはできなかった。それに対し，増大はしたがドイツ内に封鎖されていた資本を再投資して拡張路線をとること，またそれによって，拡大する需要に応え，生産を中期的に拡大することは，可能であった。しかしそうした投資は，〔生産が開始されるまで時間を要したために〕戦争遂行にほとんど貢献せず，むしろこうした投資は，戦後になって生産能力を拡張することになった。これらの企業の全てが戦後を見据えており，戦争終結後に開かれるはずの展望に確信を持っていた。

　実際，1945/46年以降，これらの企業は，大きな障害に遭うこともなく，その事業を継続し，あるいは再開することができた。たしかにこれらの企業は，ソヴィエト連邦の領土と，ソヴィエト連邦によって東欧に樹立された諸国の支配下に入った地域の工場を，喪失した。サロティ（ネスレ）は解散され，パビャニツェ化学工業株式会社（チバ）は国家管理の下に移され，後に国有化された。ネスレ・プラハ社は，1948年に消滅した。しかしその他の全ての地域では，スイスの所有権は尊重された。フランス占領地域では設備撤去や接収に脅かされたが，これは実行されなかった。BBCマンハイムを例外として，総じてスイス企業の工場は，爆撃や地上戦の被害をほとんど受けなかった。国土の荒廃の中にあって，生産設備は大部分無傷であった。スイス人幹部の職はまず安泰であった。信用を大きく失い，「非ナチ化」の対象となった何人かのドイツ人幹部は，その職を失った。スイス大企業の中では，唯一マギー社のみが，事業活動をナチスの需要に合わせ，その望みに過度に迎合したことの代償を払わされた。マギー社は，ナチス同様，戦争に敗れたのであって，同社の事業は，1947年にネスレが提示した吸収合併の提案を同社が受け入れてはじめて，回復を遂げたのである。

1) 本章は，特に明記しない限り，以下の研究の成果に基づく。Ruchs, Christian / Reis-Liechti, Myriam / Peter, Roland［2001］（独立専門家委員会叢書第 6 巻），Straumann, Lukas / Wildman, Daniel［2001］（独立専門家委員会叢書第 7 巻）．
2) スイス企業子会社が戦時中にスイス本社に支払った経営管理費総額の約 87％が，バーデン州〔内の事業所〕から支払われたものであった。BAR/AF, E7160-11 1968/31, Bd. /vol. 569, Lizenzbüro,"Regiespesen", 9. Februar 1949.
3) ケーラーの多面的な側面については，Bräunche, Ernst Ott［1997］を参照。
4) 4. 10 参照。
5) Archiv UBS, Bestand SBV, Lonza-Dossier, Mappe 6, Brief Schenker an Golay, 8. September 1945.
6) Burrin, Philippe［1995］，468 頁以下。
7) Marcot, François［2000］，283 頁。しかし，政治的情勢がフランスと異なるスイスの企業にこれらの概念を用いる場合には，細心の注意が必要である。
8) Geschichte der Aluminium-Industrie-Aktien-Gesellschaft Neuhausen 1888-1938, Bd. 1, 1942, 18 頁の前書きより。
9) Nestlé, Historical Archives, Report of the Board of Directors to the General Meeting dated 24 April 1940.
10) 4. 2, および Hug, Peter［2002］（独立専門家委員会叢書第 11 巻）を参照。

4.9　戦時捕虜と強制労働者の使用

　スイスは，ドイツに連行され，「異民族」［fremdvölkisch］と称された人々の強制労働に，二つの点で関わりを有していた。第一に，強制労働は，スイス企業の在ドイツ子会社でも行われていた[1]。第二に，南ドイツで働かされていた戦時捕虜や強制労働者は，しばしば，その非人間的な生活・労働環境から逃れようと，スイスに脱出を図った。そこでここでは，国境の近くに位置するスイス企業子会社を中心に検討を行う。

　外国人の民間人や，戦時捕虜，強制収容所の収容者に労働を強いることで，ナチス体制は，いくつかの国際条約に違反していた。1907 年のハーグ陸戦条約の第 52 条は，占領地域における自治体や住民によるサービスは，占領軍の必要を賄う限りにおいて徴用を許されると規定していた[2]。戦闘中に捕虜となった兵士に関しては，1929 年の，ドイツ，スイス両国も署名した「戦時捕虜の扱いに関する条約」［Abkommen über die Behandlung von Kriegsgefangen］が[3]，戦時捕虜を労働力として使用することは基本的には許されるが（27 条），苛酷な労働，危険な労働，あるいは戦争遂行に関わる労働に従事させてはならないと規定していた（29 条，31 条，32 条）。1945 年 8 月，連合国は，「奴隷労働を目的とした連行」[4] を戦争犯罪と認定した。

　しかし，強制労働が刑事訴追の対象となったのは，ほとんど戦争直後の時期，すなわち占領軍の下での裁判に限られた。ドイツ連邦共和国の成立以後は，労働を強制された人々に対する企業もしくは国家による補償が，焦点となった。スイス企業の子会社でも強制労働がみられたが，これは，ホロコースト犠牲者の資産をめぐって行われたスイスの大銀行・保険会社・メーカーに対する集団訴訟において，初めて訴訟の形で問題化した。スイスの主要銀行と原告との間で成立した和解は，スイス子会社で働いていたかつ

ての強制労働者にも，請求権を認めた5)。しかしながら，スイス企業子会社で働いていた強制労働者が，和解金の 12 億 5000 万ドルのうち，どれほどの額の補償金を受け取るべきかは，本書執筆時点ではまだ明らかとなっていない★1。国際法上は，スイス子会社の責任を問うことはできない。というのも，基本的に，民間企業は国際法上の不法行為の主体にはなりえないからである。また国際法上の賠償責任についても，強制労働者の雇用がドイツライヒとその支配地域に限られた点からして，否定せざるをえない。

強制労働者・戦時捕虜徴用の規模と局面

「最大規模の奴隷労働という現象」6) は，戦争の軍事的・経済的成り行きの結果生じた予想されざる事態であった。民族社会主義のイデオロギー的観点では，「アーリア人種」が，「劣等の」諸民族の労働力と能力とに依存するという事態は想定されておらず，したがって当初はそうした意図はなかった。1942 年になってもドイツの諸官庁は以下のように想定していた。

> 「我々の兵器産業の担い手は，ドイツの高度な専門労働者であり，またそうであり続けねばならない。外国の補助民族［Hilfsvölker］は，骨組みになる構造がなければ崩壊してしまう充填剤に過ぎない」7)。

しかし外国人労働力無しには，ドイツ経済は，この時点でとうに機能しなくなってい

★1 スイス主要銀行を一方の当事者とするこの和解（*Swiss Banks Settlement: In re Holocaust Victim Assets Litigation*）に関する公式ウェブサイトには，和解による支払金の 2009 年 12 月末時点での配分額に関して以下の数字が掲載されている。ここから，3 億ドル弱が強制労働に割り当てられていることが読み取れる。

	配分された資金額ないし配分資金枠（米ドル）	受給を認められた請求者数
預金/預託資産分野（Deposited Assets Class）	569,956,308	17,138
略奪資産項目分野（Looted Assets Class）	205,000,000	228,738
奴隷労働分野 I（Slave Labor Class）	287,155,100	197,980
奴隷労働分野 II（Slave Labor Class）	826,500	570
難民分野（Refugee Class）	11,600,000	4,158
保険支払金（Insurance Award）	1,272,313	112
インセンティブ支払金（Incentive Awards）	575,000	7
犠牲者リスト事業（Victim List Project）	10,000,000	n/a
	1,086,385,221	451,770

（http://www.swissbankclaims.com/Documents_New/Distribution%20Statistics%2007302008.pdf）

和解金配分の対象とされたのは，和解に加わったスイス銀行を通じて利益送金を行っていた事業所（スイス企業の子会社であるか否か等は問わない）で強制労働に従事した人々であり，本文でいう「スイス子会社で働いていたかつての強制労働者」よりも広い可能性がある。なお奴隷労働分野 I は 5 つの「ターゲット・グループ」に属する人々が対象であり，奴隷労働分野 II はそれ以外である（詳細については，http://www.swissbankclaims.com/を参照）。この数字によれば，請求権を認められた者の数は 20 万人弱に達し，和解金の支払額は約 2 億 8800 万ドルとなる。

たに違いない。

　開戦による国防軍への招集によって，すでにそれ以前から目立っていた労働力不足は，いっそう深刻になった。しかしポーランド侵攻は，「戦利品としての労働」（ウルリッヒ・ヘルベルト）[8]の可能性を開いた。ポーランドの戦時捕虜は連行され，農場や鉱山での労働に投入された。しかし製造業でこれらの労働力を利用することは，当初は予定されておらず，望ましいともみられていなかった。戦争は短期で終結し，それによって労働者不足もすぐ解消するであろうと考えられていたからである[9]。しかしこの希望は叶えられず，製造業もまた，戦時捕虜を用いるようになった。その対象となったのは，ナチスの人種イデオロギー上の序列でポーランド人よりも上位にランクされ，工業生産においてより有能な労働者とみなされていたフランス人の兵士であった。スイス企業のうち，ドイツの工場に比較的早い時期に戦時捕虜を割り当てられたのは，アルミニウム工業株式会社がバーデンのラインフェルデンに有するアルミニウム有限会社や，ヴァルツフートのロンツァ・ヴェルケである。両工場には，1940年夏のフランス敗北の後，すぐに戦時捕虜が投入されている。

　ソヴィエト連邦への攻撃と，赤軍に対する短期での勝利の見込みの消失により，労働者不足は一段と激しくなり，ヒトラーは，あらゆるイデオロギー的考慮とサボタージュの恐れにもかかわらず，1941年10月31日，「戦争経済の必要」を満たすために，ロシア人戦時捕虜を「大量投入」するよう指示した[10]。劣悪な栄養状態と，専門労働者としての経験と知識が往々にして欠けていたために，当初は「きわめて僅かの労働能力」[11]しか期待できなかったにもかかわらず，各社は進んでソヴィエト連邦の戦時捕虜を受け入れた。例えばロンツァ・ヴェルケは，1941年秋に追加的に400名を調達する必要があると表明し，200人分のソ連人戦時捕虜のための宿舎を用意した。しかし戦時捕虜の連行は，ソヴィエト連邦の住民に対してより広範になされた事実上の奴隷化の前奏曲にすぎなかった。

　1942年2月，「東方労働者政令」によって，ソヴィエト連邦の民間人をも強制労働に従事させる決定が下された。自由意志に基づく徴募は，ごく初期に，非常に少数の人々に対してなされたに過ぎない。強制的徴用の規模はこれをはるかに上回っており，ドイツ占領当局は十分な数の東方労働者を確保するため，しばしばテロを行使していた[12]。それに加えナチス体制は，西ヨーロッパの人々に対しても，自由意志に基いて徴募に応じた労働者に対して帰宅を禁じたり，占領地域の人々をドイツに送り労働に従事させたりするなど，強制的な義務を課した。フランスでは，ヴィシー政権は，二年間の強制的な「労働奉仕義務」［Service du travail obligatoire, STO］を導入した。時間的にみて一番後に徴用されることになったのは，イタリアの「抑留軍人」［Militärinternierte］であり，1943年9月のイタリアの降伏と対独宣戦布告の後に，強制労働を目的にドイツに移送された。自由意志でドイツに入国し労働者として働いていた民間のイタリア人労働者は，この時期にはドイツからの出国を許されず，それゆえ事実上の強制労働者とし

てドイツで働き続けねばならなかった。1944年8月，ドイツには，男女・児童を含む760万人の外国人労働者がいたが，このうち570万人が民間人であり，190万人が戦時捕虜であった。これは，工業部門の就業者総数の26.5%に相当した[13]。

スイス企業の子会社で，いったいどれだけの強制労働者や戦時捕虜が働いていたかを確定することは，不可能である。そもそも，ドイツ内のこれら子会社の総数自体が不明であり，また数に関するデータは，産業分野，時期，地域により非常に大きく変動したので，特定の基準日についてしか，意味を持ちえない[14]。スイス企業子会社に関して報道された，ライヒ全体で少なくとも1万1000人の強制労働者と戦時捕虜を雇用していたとの数字は[15]，1944年7月時点で，バーデン（現在のバーデン=ヴュルテンベルク）の四つの大規模工場（ジンゲン・アルミニウム圧延所，ラインフェルデン・アルミニウム有限会社，ジンゲンのゲオルク・フィッシャー社の工場，BBCマンハイム）のみで4000人を大きく超える数の外国人労働者が雇用されていた点からすると[16]，むしろ少なすぎるように思われる。

とりわけ，軍需工業とその関連産業では，強制労働者と戦時捕虜の割合は，ドイツライヒ内の工業部門での平均値をずっと上回っており，これはスイス子会社の場合にも当てはまった。

少なくとも，強制労働者の使用を企業に強いる必要がなかったということは，断言することができる。それどころか，企業は，深刻な労働者不足に直面し，――これはスイス企業子会社にも妥当する――労働力の配分を受けるべく躍起となっていた。いくつかの企業が，「健康でないか，あるいは専門性が不足しており，またはあまりに若すぎる」との理由で割り当てられた「東方労働者」を拒否したのは事実であるが，しかし，そうした場合でも，多くの場合，代わりの労働者を得ることはできなかった。したがってこれら企業は，例えばBBCのように，これらの強制労働者が国防軍に招集されてしまった専門労働者の「かなり怪しげな代替品」[17]に過ぎないと感じていたにせよ，割り当てられた労働力を好むと好まざるとにかかわらず受け入れざるをえなかった。

表7 1943年3月・4月時点での「戦争上重要」と指定されたスイス子会社での外国人労働者の割合

	全就業者	外国人労働者	割合（%）
ゲオルク・フィッシャー社　ジンゲン	2,127	704	33.1
連合アルミニウム鋳造所　ヴィリンゲン	349	118	33.8
アルミニウム圧延所　ジンゲン（AWS）	2,256	664	29.4
ブラウン・ボヴェリ社（BBC）　マンハイム	5,714	1,693	29.6
ラインフェルデン・アルミニウム有限会社	1,658	622	37.5
ロンツァ・ヴェルケ　ヴァルツフート	1,496	623	41.6
参考値：オーバーライン（バーデン・アルザス）兵器監査局内での労働者総数	158,690	26,876	16.9

出典：BA-MA, RW20-5/39 ゲオルク・フィッシャー社，連合アルミニウム鋳造所，AWS，オーバーライン兵器監査局管轄地域での数字は，フライブルク・マンハイム軍需指令部による1943年4月30日の数値。GLA, 237/24389。その他の企業についての数字は，IHKショプフハイムからバーデンの財務・経済省に宛てた1943年3月10日の文書による。

強制収容所の収容者も，労働力として利用された。しかし独立専門家委員会が詳細に検討した企業の中には，BBCを例外としてそうした事例は見あたらなかった。マンハイムBBCの本社工場と，ハイデルベルク工場では，ダイムラー・ベンツの事例と異なってどの強制収容所の収容者であったかは不明であるが，少なくとも両社のいずれかで，奴隷労働が投入されたことが確かであり，また他にもう一例存在した可能性が非常に大きい。BBC〔マンハイム〕子会社であるシュトッツ・コンタクト社は，ブーヘンヴァルト強制収容所の収容者を数ヵ月にわたって使用しており，また，アウシュヴィッツでのIGファルベンの工場でのBBCによる発電所建設でも，強制収容所の収容者が投入された可能性は非常に高い。

強制労働者・戦時捕虜の居住環境と扱い
　企業は，宿舎と食事を確保できる場合に限り，戦時捕虜や民間外国人労働力の割り当てを受けることができた。戦時捕虜は，通常は，工場の外に設けられ，国防軍によって監視される収容所で起居しており，企業は，これらの収容所の建設と運営に要する経費を分担しなければならなかった。「東方労働者」の場合には，企業は，自ら一ヵ所にバラックを建設し，これを収容した。これらの収容所は，「できれば有刺鉄線を用いた，目的に合致した囲いを備えていなければならず」，また，「事業所内で割り当てられた労働に従事する以外」の外出は禁じられた。規定により定められた収容者密度からして，戦時捕虜や民間の強制労働者にとって，人間的な条件での生活は不可能であった。48平方メートルのバラックに，男性「東方労働者」であれば18人，女性であれば12人を収容すると規定されており，またロシア人戦時捕虜に至っては36人を押し込めることになっていた。例えばカッペルンのネスレの工場では，38人が59.4平方メートルにひしめき合っており，ヴァルツフートのロンツァの工場では，1944年に800人の外国人が17のバラックの64室に別れて生活していた。しかもこれらのバラックは，できる限り短時間で安価に建設されており，それゆえ安普請で，しかも衛生的な設備を欠いていた。「東方労働者」や戦時捕虜とは対照的に，西ヨーロッパ出身の民間人労働者は，これに比べればずっとましな居住環境を与えられていた。彼らはしばしばゲストハウスや一般街区に収容されており，勤務時間以外には自由に外出することもできた[18]。
　総じて，収容者たちは居住環境に対してよりも食事について不満を訴えた。栄養失調状態にあるこれら収容者が，当初は，戦争・軍需経済が必要とする効率性をほとんど発揮しえなかったことは当然であろう。とりわけ，ソヴィエト連邦から連行された戦時捕虜にはこれが妥当した。国防軍最高司令部は，ソ連人戦時捕虜を効果的に使用するためには「適切な栄養状態」が必要と考えていたが[19]，しかしナチス政権は，ソヴィエト連邦が戦時捕虜に関する条約を批准していなかったことを口実に，「質と量においてこの条約に適合する扱い」[20]を与える必要を，認めなかったのである。「東方労働者」の扱いもソ連人戦時捕虜のそれに準じるものとされていたので，彼らもまた，しばしば

極度の栄養失調あるいは栄養不足に陥っていた。あるウクライナ出身の強制労働者は，ジンゲン・マギー有限会社について以下のように回顧している。

「仕事はきつく食事も惨めだった。ウジ虫がわいているスープもあった。パンをもっとくれ，食事をましにしてくれと哀願すると，舎監から無慈悲に滅多打ちされた」21)。

おなじくジンゲンに立地するゲオルク・フィッシャー社の工場や，ジンゲン・アルミニウム圧延所（AWS），またラインフェルデン・アルミニウム有限会社でも，食事は同様に非常に貧弱であったと考えられる22)。こうした状況の責任は，第一には，現場の経営管理者にあった。配給の基準は当局によって決定されたが，食糧の調達・加工・配分は，各社の責任であった。実際のところは，多くの企業が，配給を増やすように要求しており，また強制労働者のために自ら追加的に食糧を調達しようとする場合もあった。例えば，BBCの子会社であるシュトッツ・コンタクトや，ジンゲン・アルミニウム圧延所，ゲオルク・フィッシャーなどは，これに該当する事例のようである。しかし，ソ連人労働者に対する差別と彼らの栄養不足では，いずれも大同小異であった。西ヨーロッパ出身の労働者はドイツ人と一緒に食事をとり，同じ配給に与ったが，ソ連人強制労働者だけは別扱いとされ，これよりずっと劣悪な食事しか与えられなかったのである。

強制労働者・戦時捕虜の居住・労働環境には，配属された事業所による相違があったが，賃金の支払いは，ライヒ内で統一的に定められた規則と賃金率に基づいてなされていた。計算は「ドイツ人労働者と同様の賃金率」に基づいていたが23)，しかし社会保障給付はなく，所得にはきわめて高い税金が課せられ，それゆえ実質的には，ドイツ人が得る所得とは比較にならない水準であった。ドイツ当局でさえ，こうした賃金体系では勤労意欲は生まれようもなく，「労働力の法外な搾取との印象を呼び起こさざるをえない」ことに気づいていた24)。そのために，1942年6月，「東方労働者」の賃金体系が改訂された。目的は能率向上インセンティブを与えることであったが，しかしドイツ人と同等の支払いからは程遠かった。安価な外国人労働力の存在のためにドイツ人が解雇されるという事態を避ける目的で，企業は，両者の賃金格差を埋めるための「東方労働者税」を徴収された。それでなくても非常にわずかな賃金から，食費その他の経費が丸ごと天引きされた。賞与，割増賃金，疾病手当金は強制労働者にはその後も支払われず，多くの場合，賃金は，工場と収容所内でしか使うことのできない「収容所通貨」[Lagergeld]でのみ支払われた。戦時捕虜もまた，通常，収容所通貨のみを受け取り，彼らが本来受け取るべきであった賃金は，彼らの「原属収容所」[Stammlager]のものとなった。

強制労働者と戦時捕虜の投入については，非常に込み入った，しばしば互いに矛盾す

る規則が定められていた。戦時経済上の要請とイデオロギー的前提の間の矛盾が解決されておらず，これがそのまま規則に反映されていたのである。企業のトップに対しては詳細な行動準則は定められておらず，外国人をどのように扱うかは，基本的にもっぱら職長，職場長，「経営内監察員」[Betriebsobmann]，それに職場保安隊[Werkschutzmanschaft]の裁量に任されていた。多くのドイツ企業では，強制労働者と戦時捕虜に対する虐待が日常的に行われていたが，スイス企業の子会社もこれと異なっていたわけではない。例えば，ヴァルツフートのロンツァ・ヴェルケは「工場内での虐待で〔…中略…〕悪名高」かった25)。ジンゲンに配属されたウクライナ人女性の一人は，アルミニウム圧延所の収容所司令官に殴打されたと証言しているし，またジンゲン・マギー有限会社の収容所でも，収容者は殴られていた。ラインフェルデン・アルミニウム有限会社の工場長であったトーブラーは，1942年10月，許可無く労働者に殴打などの私刑を加えることを禁じた。しかし彼とその7人の同僚も，1949年，1人のロシア人を虐待し死亡させたとの嫌疑で，告訴されたのである。しかし当然ながら，ゲオルク・フィッシャーのジンゲン工場で労務を担当していたヘルマン・アマンのように，元強制労働者から，収容者を常に人間的に遇したとの証言を得た者もいた26)。同様に，ドイツ・ネスレ株式会社のスイス人社長であったハンス・リッゲンバッハも，——おそらく単に経営上の配慮からではあったが——ある程度の人間的な生活・労働条件に配慮していたようである。しかし多くの史料からは，多数の「経営指導者」[Betriebsführer]や「経営監察員」が，たとえ自ら虐待を指示しなかったとしても，少なくともこれを黙認していたとの印象が得られる★2。多くの場合，経営陣レベルでは，何らの不法行為の自覚もなかったことは，明らかである。ウルリッヒ・ヘルベルトは27)，この点を根拠に，「東欧出身の労働者の劣悪な労働条件が，ただ当局によって強いられた規制にのみ帰せられるとは，到底いえない」と結論づけている。さらに，非常に些細な違反に対しても，ゲシュタポを呼ぶということがしばしばあった。例えばジンゲン・マギー有限会社では，わずか16歳の女子「東方労働者」が，「同僚に対して何度も盗みを働き」「職場のドイツ人同僚からパンをくすねた」28)罪で，ゲシュタポに通報され，逮捕されている。また労働者が，強制収容所や，悪名高い「労働者矯正収容所」[Arbeitererziehungslager, AEL]送りになる可能性もあった。この手段も，スイス企業の子会社によって使われていた。

スイス本社経営陣の知識と影響力

　スイスの親会社では，在ドイツ子会社での強制労働者や戦時捕虜の使用について，どの程度知られていたのであろうか。ドイツ人の代わりに次第に多くの外国人を雇用するようになっていたことは，知られていた。例えば1943年12月には，アルミニウム工業

★2 英語版・仏語版では，「少なくとも黙認し，自ら指示さえした」とある。

株式会社（AIAG）の取締役会は、「工場（ラインフェルデン）の労働力が、今や非常に高い割合の戦時捕虜，外国人労働者，女性労働者からなっている」29)旨を，知らされていた。ロンツァ社では，取締役会は，遅くとも1941年11月には，外国人労働者の投入について情報を得ており，またジンゲンのマギー社の親会社であるアリメンタナ社も，同様であった。ネスレでも，取締役会は，「東方労働者を収容するための木造の宿舎」30)や「東方労働者の宿泊のためのバラック」31)の建設について知らされていた。しかし強制労働者の投入を知っていたのは，「第三帝国」の勢力圏内で子会社を経営する企業家に限られなかった。1942年10月，ヴュルテンベルクの工場を訪問したスイス人の工業関係者の一団——これにはエルンスト・バリーやエミール・G・ビューレが含まれた——は，以下のように報告している。

「目を引いたのは，ロシア人女子労働者の多さであり，例えばメルセデスの靴工場などはそうであった。ウルムにあるヴィーラント・ヴェルケも，受入予定の500人のロシア人労働者用の宿舎を建てたばかりであった。またショーシュ社の工場では，訪問団は，到着したばかりの20人から30人のロシア人女性労働者を目にした」32)（傍点は原文イタリック）。

これらの人々が，しばしばどれほど残虐な状況の中でドイツに連行されたかについて，多くのスイス人が知っていたとは考えにくい。しかし，強制労働者や戦時捕虜が，極めて非人間的な生活・労働環境の下に置かれていたということは，遅くとも1944年には，スイスでも周知の事実となっていた。1944年3月23日号の『ディー・ナツィオーン』紙において，シャフハウゼンの反ファシスト主義者，カルロ・デーシュレは，強制労働者の搾取と，非人間的な扱いが常態化していることを指摘しつつ，詳細かつ的確に，ドイツにおける外国人労働者の状況について報じていた33)。しかしそれでも，外国人労働者の状況がスイスで関心を呼んだだろうかという点については，疑問が残る。独立専門家委員会が詳細な調査を行った全ての企業は，外国人労働者の使用という事実について情報を得ていた。しかし労働者の生活・労働条件について関心が払われた場合でも，これに介入しようとの姿勢は全くみられなかった。例えば，ゲオルク・フィッシャー株式会社の経営陣は，ドイツ労働戦線（DAF）に対して，「民族社会主義に即した（ジンゲン工場の）経営指導については，介入するつもりはないし，これまで一切介入していない」と表明していた34)。ほとんどの企業は，強制労働や戦時捕虜のややこしい問題に関わろうとはせず，仮に関わることがあるとすれば，それは，戦後，ドイツ人工場管理者が非ナチ化裁判の被告とされ，工場関係者が外国人虐待の罪に対する弁明を迫られてからのことであったのである。

強制労働者・戦時捕虜のスイスへの逃亡

多くの収容所と工場のあまりに非人間的な生活・労働環境のために、多数の強制労働者・戦時捕虜が脱走を図った。南バーデンのスイスの子会社は、スイスとの国境に近いために、当然ながらとりわけこの脱走の問題に直面した。例えば、ラインフェルデン・アルミニウウム有限会社やヴァルツフートのロンツァ・ヴェルケは、ライン河の川岸、すなわちスイスとの国境に直接面している。脱走は死の危険を伴い、少なからぬ者が、ライン河の流れに呑まれて溺死した。しかも1942年の3月・4月には、西ヨーロッパ出身の戦時捕虜・強制労働者が脱走を図った場合には一回の警告の後に、またソヴィエト連邦出身者の場合には即座に、これを射殺するようにとの命令が下された。しかもこれらの人々は、たとえスイス領に辿り着いたとしても、安全とはいえなかった。彼らに対しても、非常に厳しいスイスの難民政策が適用されたのであり、とりわけ、ソヴィエト連邦・ポーランド出身の強制労働者の場合には、1944年後半に至るまで送還が行われていたのである[35]。1944年8月になってようやく、連邦司法警察省警察局長であったハインリッヒ・ロートムントは、「ドイツからの労働奉仕亡命者」を、「その生命身体が深刻な危険にされされている」ものと認定し[36]、これによってその受け入れが認められるようになったのである。フランス戦闘部隊の到着の直前、いくつかの国境に近い工場のこれらの強制労働者や戦時捕虜は、地元のドイツ当局によって、意図的にスイス領内へと追放された。

---

1) ドイツ側では、とりわけ、スイス企業の事業所が非常に多い南バーデンについて、地域史的・郷土史的研究が行われてきた。それらの研究では、スイス企業による強制労働の歴史について、スイスでの研究よりも早くから分析がされていた。ジンゲンについては、Waibel, Wilhelm J. [1997]; Zang, Gert [1995]; Meier, Ingeborg [1992]、ラインフェルデン・バーデンについては、Bocks, Wolfgang / Bosch, Manfred [1992]、バーデン一般については、Peter, Roland [1995]、ジンゲン・アルミニウム圧延所については、Rauh-Kühne, [1999]、マギー有限会社については、Buschak, Willy [1989]、繊維企業シーサー社については、Ludwig-Bühler, Ulrike [1984]、同 [1985]、ラインフェルデン・アルミニウム有限会社、およびヴァルツフート・ロンツァ製造所については、Ruch, Christian [2000] を参照。
2) ニュルンベルク裁判判決文より引用。1989, Bd. 1, 272頁。
3) AS/RO, 1931, 30頁。
4) Randelzofer, Albrecht / Dörr, Oliver [1994], 22頁。
5) これについては、NZZ, 30. Juni 1999 参照。
6) Wallach, Jehuda L. [1977], 479頁。
7) BA-MA, RW 20-5/5, Geschichte der Rüstungsinspektion V, Heft 2:1. Oktober 1940-31.
8) Hebert, Ulrich [1985], 67頁。
9) Hebert, Ulrich [1985], 88頁以下。
10) Hebert, Ulrich [1985], 67頁より引用。
11) GLA, 237/28847, Protokoll Tagung beim Wehrkreisbeauftragten V, 26. August 1941.
12) Herbert, Urlich [1985], 157頁以下、ならびに Waibel, Wilhelm J. [1997], 38—47頁の当時の人々の証言をも参照。
13) 数字は、Herbert, Urlich [1985], 270頁、表41による。

14) Spoerer, Mark [1999/2000], 5 頁以下。
15) これについては，Peter, Roland [1995], 337 頁，表 27。
16) この数字は，SDA (Die Schweizerische Depeschen-agentur, スイスの通信社) 編集者の Roderick von Kauffungen の研究に基づく数字である。Kauffungen, Roderick von [2000]。
17) Bundesarchiv Berlin, R 8119F, Protokoll BBC-Aufsichtsratssitzung, 2. Dezember 1942, 2 頁。
18) 例えばジンゲンについては，Zang, Gert [1995], 354 頁。
19) BA-MA, RW 6/v. 278 OKW-Befehl, 24. Dezember 1941 （複写）
20) StaF, A 96/1, Nr. 1350, Rundschreiben OKH, 6. August 1941.
21) Waibel, Wilhelm J. [1997], 57 頁からの引用。Waibel, Wilhelm J. [1997], 57 頁以下を参照。
22) ゲオルク・フィッシャーと AWS については，Waibel, Wilhelm J. [1997], 57 頁以下。
23) Reichsarbeiterblatt I/1942, 75 頁。
24) ライヒ東方占領地域省の一官吏による表現。Herbert, Ulrich [1985], 172 頁より引用。
25) StaF, D 180/2, Nr. 7/182, Urteil Entnazifizierungsverfahren gegen Gunnar Alfthan, 3. März ohne Jahr （1947）.
26) Wipf, Hans Ulrich [2001], 351 頁以下。
27) Hebert, Urlich [1991], 12 頁。
28) MAS, Nr. 75/1, Betriebsobmann an Gestapo Singen, 14. September 1942.
29) AL, AIAG-Geschäftslagebericht für die VR-Sitzung vom 21. Dezember 1943, 13 頁。
30) AHN, Rapport de la direction générale au conseil d'administration, séance du 14 octobre 1943/acte 2746.
31) AHN, Rapport de la direction générale au conseil d'administration, séance du 21 mars 1944/acte 2766.
32) SAR, A 346. 45, Bericht über die Reise schweizerischer Industrieller nach Stuttgart, 19-23. Oktober 1942, 7 頁（傍点は原文）。
33) Die Nation, 23. März 1944, 10 頁。
34) +GF+-HFA 01-05-0056, Aktennotiz Julius Bührer über Besuch von DAF-Kreisobmann Zipf, 19. März 1942.
35) 独立専門家委員会叢書第 17 巻，4.3 参照。
36) Rothmund, Chef der Polizeiabteilung, an Furrer, Generaldirektor der Oberzolldirektion, 12. August 1944, DDS, Bd. /vol. 15, Nr. 197, 536 頁以下。

4.10 「アーリア化」

ユダヤ系企業の「アーリア化」に対するスイス企業の関与は，1989 年になって初めて，スイスの世論の中で意識されるに至った。ラジオ局の 3 人のジャーナリストによって，ルツェルンのタバコメーカーであるフィリガー社が，1935 年に，ヴュルテンベルクのバート・カンシュタットに位置するシュトラウス兄弟社のタバコ工場を取得していたという事実を明らかにしたのである。このニュースは，買収側企業の一族に属し，その（元の）共同所有者でもあったカスパール・フィリガーが連邦閣僚に選出されたために，とりわけ大きな反響を呼んだ[1]。当時の論争に触発され，ウルス・ターラーは，「第三帝国」におけるスイス系タバコ会社の歴史に関する単著を著したが，これは今日に至るまで，この問題に関して確かな論拠に基づいてなされたスイスで唯一の研究である。彼は，100 以上のタバコ工場の「アーリア化」について明らかにし，1933 年から 1938 年の間に，ドイツで事業を営むスイス系タバコメーカー 12 社のうち 4 社が，ユダヤ系企業を買収していたことを立証した。しかし，この特定産業に関する研究を，一般

化することはできない。というのも，戦争によって打撃を受け，しかもほとんど中小企業からなるこの紙巻きタバコ産業は，スイスに隣接するバーデン地方に集中立地していたが，機械導入の可能性が限られ，ナチスによる政権掌握の直後に，国による保護的なタバコ割当制の下で，固定的な構造を有していたからである。ターラーは，上下巻からなるその著書の上巻で，ライナッハ（アールガウ州）のヘディガーによるファイベルマン（マンハイム）の買収，ブルガー（ブルク，アールガウ州）によるグュンツブルガー（エメンディンゲン）の買収の事例を示し，「アーリア」化過程——これは正確な概念とはいえないが——に関与したスイス企業について，その行動の余地と，各社の対応の相違を明らかにしている[2]。

定義と問題設定

「アーリア化」［Arisierung］なる概念は，1920年代の「民族的」［völkisch］反ユダヤ主義から生まれ，民族社会主義者の政権掌握以降，官庁用語となり，さらに一般的にも用いられる言葉となった。これは，時期，地域，経済分野によって，異なった過程を辿った。大方の理解では，これは，特定の職業への就業の禁止，ボイコット，財産没収，会社の清算や企業の接収などによってユダヤ人を経済生活から排除することを意味しており，民族社会主義者は，こうした文脈で「非ユダヤ化」［Entjudung］との表現も用いた。それに対しより狭い用語法においては，ユダヤ人財産，とりわけ企業資産と不動産を，「アーリア人」の所有の下へ移転することを指した[3]。

1938年6月14日に定められたライヒ市民法第三政令によれば，企業の所有者もしくは個人で無限責任を負う社員が，ニュルンベルク法で定義されるユダヤ人である場合には，その企業は「ユダヤ」企業とみなされた。株式会社の場合は，監査役会に1人でもユダヤ人がいれば，あるいは，ユダヤ人が少なくとも25％以上の株を所有する場合には，即座にユダヤ企業とされた[4]。すなわち，「アーリア化」は，所有関係と人事政策の双方に対してなされたのである。これは，ナチス自身が，1939年以降「アーリア化」の表現を「非ユダヤ化」に置き換えようとし，それによって政策の重点を，財産の移転から「民族浄化的性格」にシフトしようとしたこととも符合している[5]。しかしこうした法的な定義に囚われて，「ユダヤ」企業という烙印や，それがもたらす帰結が，決してこうした法律的な定義や「事実に基づく客観的」な基準によったのではないことを，見逃してはならない[6]。この定義が1938年に定められるに先立って，経済的ボイコット，特定の職業からの排除，法による差別が，ナチスの政権掌握直後から，5年もの長きにわたって続いていたのである。

早くも1933年時点で，ユダヤ人の会社所有者は，所有する企業の売却を求める圧力を感じていた。しかし最初の数年間は，これらの企業の大半は，当局からの攻撃を免れていた。所有者は，会社の買い手を自由に選ぶことができ，また売却価格も買い手との自由な契約で決定しえた。しかしそうした種類の所有権の移転が，たとえ契約当事者間

のその時点での合意に基づくとしても，ただちにこれを，「公正な取引」とみなすことはできない。契約は，自由な市場に基づく法治国家の条件の下で結ばれたものではなく，むしろユダヤ人の売り手は，非常な圧力の下に置かれていた。しかも，売却益を活かすことも，外貨管理・税法上の制限のために，非常に困難となっていた。こうした売買を評価するうえでは，買い手の行動が決定的に重要である。それらの行動は，非常に多岐にわたっていた。密告や威圧──例えば売却交渉をナチス党員の弁護士に仲介させるといった──を用いて状況を徹底的に利用し容赦なく利益を求める買い手もいれば，経営に関与してこなかった出資社員が，市場価格を下回る売却価格から利益を得る場合もあった。またこうした買い手が，会社を手放すことになったユダヤ人経営者の昔からの取引相手であり，所有者に正当な対価を払うよう努力し，さらに状況によっては，法に違反することさえ厭わないという場合もあった[7]。

1936年半ば以降，売却契約はナチス党大管区経済顧問への届け出を義務づけられ[★1]，1937年末には特に大企業に対する圧力が高まり，また1938年以降，売却は当局の許可制となった。この局面では，企業の売却は実質価格をはるかに下回る価格でしかできないようになった。経済的な迫害は，1938年3月以降のオーストリア併合以降，新しい局面に入った。オーストリアでは，わずか数週間のうちに，数千の企業が「アーリア化」されるか，解散されたからである。この「無統制なアーリア化」［wilde Arisierung］の後に，アーリア化に関する国の規定と組織が設けられ，アーリア化から利益を得ようとする国家の意図が露骨となった。当局は，「アーリア化政令」を発して，国の財政収入を最大化するために，売り手に対する補償額と売却価格の差額を，可能な限り大きくしようとした。これは例えば，〔スイスの〕ザンクト・ガレンの林業家であるエドゥアルト・シュトゥルムが，自らが49％出資していたオーストリア企業，トラゲッサー林業社を買収した事例に明らかである。シュトゥルムは，1940年末，同社の清算を目論む国家当局との非常に長い交渉の後に，ユダヤ人の共同出資者でオーストリアから出国したジグムント・グレージンガーから，株式の残りの51％を取得した。グレージンガーは，その持ち株をアーリア化関連業務を委託されていたオーストリア・コントロールバンクに2万ライヒスマルクで売却したのだが，シュトゥルムは，この銀行に対して買収代金として5万5000ライヒスマルクを支払ったのである[8]。

1938年11月12日に発せられた「ドイツ経済からのユダヤ人排除に関する政令」，および，1938年12月3日の「ユダヤ人資産の処分に関する政令」の二つが，国家によるユダヤ人からの財産剥奪の法的かつ終局的な基盤となり，またこれにより，ユダヤ人の経済的な存立の可能性は消滅した。ユダヤ人にできることは，今や売却契約に署名をすることのみとなり，これはしばしば，所有者やその家族の逮捕の威嚇の下でなされた。もっとも当局も，例えば，国民経済上非常に重要だと目され，かつその所有者が何らか

[★1] 邦語の参考文献としては，武井彩佳［2008］，第1章の叙述が具体的である。

の交渉力を持つ——所有者の企業家としての能力が卓越しており余人には代え難いとか，外国企業が出資しているといった——場合には，例外的な扱いをすることがあった[9]。1938 年秋以降のドイツの拡張・侵略政策の中で，ヨーロッパ・ユダヤ人からの全面的な略奪の一部である「アーリア化」は，ナチス支配地域の全域で続けられていった。

　独立専門家委員会の調査の枠組みでは，スイスの行為主体がどれだけこのアーリア化に関与したのかが，焦点となる。スイスの行為主体とは，ここでは，スイスの国家当局の他，スイスに居所を持つ自然人，スイス内で登記された法人，あるいはスイス以外に拠点を置く法人でも，スイス人の出資が多いものを含む。フィリガーの事例で言及したような「古典的」な事例，すなわちナチス支配地域にあるユダヤ人企業のスイス人による買収といったものは，経済の「アーリア化」に対するスイスの関与の，極めて多様な形態の一つに過ぎない。それゆえ以下では，この問題全体についての体系的な概観を試みる。最初に——国に強制されてではなく，もっぱらドイツ市場での自社の立場を考えて——，「アーリア」企業として認定するよう求めたスイス企業について，分析する。これらの場合とは異なり，1938 年以降は，ナチス支配地域で事業を行うスイス企業の子会社は，ユダヤ系企業であるか，非ユダヤ企業であるかを申告することを強制された。しかしそれにもかかわらず，反ユダヤ主義的な措置をどのように実施するかについては，相当な自由度が残されていた。続けて，スイス企業がどのようにユダヤ資産を取得したのかを，いくつかの事例を示して紹介する。また次に，元来の所有者がスイス内に持つ資産に対していわゆる受託管理者が行った請求に対して，スイス側がどのように反応したかを，検討する。最後に，スイス国籍のユダヤ人が国外に持つ資産に対する外交的な保護の問題を扱う。

　以下の叙述では，独立専門家委員会の調査結果の中から，バーゼルの化学企業，「第三帝国」内のいくつかのスイスのメーカー，それに金融・銀行部門の事例などを取り上げる[10]。「アーリア化」過程とスイスの間の構造的な結びつきについては，オーストリアでの状況を基礎に調査を行った。ヴィーンでは，重要な各当局の文書を一括して参照することができ，またオーストリアの歴史家委員会との共同作業が可能であったからである[11]。最後に，法制史的な研究に基づき，ナチス支配地域でのスイス人財産に対する外交的な保護の理論的・実際的な側面に焦点を当てる[12]。これらの研究成果によって，根底にある問題を素描し，また理解を容易にするような事例を示すことが可能となった。スイスの行為主体が多かれ少なかれ首尾一貫した方針をとる必要があったところや，支配的な行動様式がみられたところでは，一般化が可能である。例えば，スイス企業の子会社がユダヤ人に対してとった人事方針，受託管理者による財産権請求への対応，〔ユダヤ系〕スイス人の財産に対する外交的な保護は，これに該当する。しかしスイス企業による「アーリア」企業認定の取得では一般化の可能性は限られ，また狭義の「アーリア化」，すなわち，スイス人によるユダヤ企業やその株式の取得，ユダヤ人不動

産の買収の場合には，一般化はまったく不可能である。スイス人の視点から見ると，ユダヤ資産の買収は私法上の問題であって，国家が関わる問題ではなく，したがって資産移転へのスイス人の関与を体系的・全般的に明らかにするような史料は全く存在しない。そのため，スイス人によるユダヤ資産取得の一覧を作成することは不可能である。いずれにせよ，買収案件ごとにその性格が分析されねばならないから，一覧作成の可否に大した意味はない。またスイス人は，単に買い手となったばかりではなく，売り手，債権者，債務者，代理人としても，「アーリア化」と関わりを持ったのである13)。我々が手にした史料は，いずれも個性的な，多数の個別事例を明らかにしており，また買い手と売り手に関していえば，記録には事例ごとに大きな疎密がある。

「アーリア」企業としてのスイス企業

早くもナチス政権掌握の数ヵ月後には，スイス企業は，ドイツ当局から「アーリア」的事業所であるとの認定を得ようと躍起になっていた。バーゼルの化学コンツェルン，J・R・ガイギー株式会社がドイツ領内に有するグレンツアッハ工場は，1933年12月，ナチス党（NSDAP）の制服に用いられる染料の製造許可を申請した14)。ナチス党の規定では，この種の「民族的運動の象徴（ナツィオナール）」は「ユダヤ人の事業所」で製造・販売されてはならないことになっていた。そのため，ガイギー社の取締役で商務責任者でもあったカール・ケヒリンは，宣誓書を提出する代わりに，「ライヒ物品調達管理局」[Reichszeugmeisterei]〔ナチス党の独占的購買組織〕に対し，「当社の株主は純粋なアーリア系の出であり，一人のユダヤ人も含まれない」と説明した15)。交渉が進展しなかったために，ケヒリンはベルリーンにあるナチス党防衛政策局の担当者に，以下のように説明した。

「貴殿は我が社の経営者を御存知ですので，私がいまさら申し上げる必要はないと思います。貴殿が御存知ない他の者につきましても，職員層の最後の一人に至るまで，この点に関して問題ないと，私は確信しております。誰かの祖母の一人が純血のアーリア人でないとしても，私にはもちろんわかりませんが，いずれにしてもユダヤ人は一人もおりません。これは，私どもの労働者層についても同様です」16)。

1934年11月，グレンツアッハ工場は，「党当局が定めた生地・織物用染料の供給」に関する公式の資格認定書を交付され，これにより，「民族的運動の象徴」向けの染料の供給を許可された。これにより，グレンツアッハのガイギー社の工場は，IGファルベンとともに，開戦まで2社の工場に限られたナチス党公認の染料製造所となったのである。ガイギー社が，ナチス党からの受注を獲得するために「アーリア企業」としての認定を求めたこと，それにより，他の化学企業がユダヤ人社員を雇用し続けていた時期に，ユダヤ人排斥的な経済行為に手を染めたことは，明らかである。これは単にグレン

ツアッハのみではなく，バーゼルの同社の本社においてもそうであった。1937年の社内調査によって，287人の本社職員に1人のユダヤ人も含まれないことが，明らかになった。また3年後になっても，ガイギー社は，依然として，社員と株主のいずれにおいても，「当社の完全にスイス的・アーリア的性格をいつでも証明できる」よう，細心の注意を払っていたのである[17]。

　「アーリア企業」としての認定を得ようと努めていたスイスの株式会社は，しばしば，その取締役や経営幹部の名前と「人種」についての情報を〔ドイツ当局に〕提供していた。株主に関してはより控えめであったが，それでも，会社の所有者の大半が「アーリア」系である旨を請け合った。これら企業は，株主について情報を持たないと主張することもできたはずであった。ライヒ経済省の通達は，外国企業がユダヤ人の資本所有下にあるか否かをドイツ当局が調査することを，少なくともある時期，禁止していたからである[18]。しかし，バーゼル火災保険は，1938年7月，スイス保険協会［Schweizerischer Versicherungsverband, SVV / Association suisse des assureurs, ASA］に対し，ほとんどの保険会社にとって，「〔その〕取締役と執行役員の全員がアーリア系のスイス市民であることにを表明しない」ならば，それは利益とならないだろうと書き送った。それゆえ同社は，ベルリーン商工会議所の調査票に対して情報を提供した。同社が把握している株主の名と住所については，同社は，スイス法の下では株主の人種について証明を要求することは認められていないと指摘しつつも，「一人や二人の非アーリア人が，我が社の株をほんの数株所有しているということはありうるにせよ，我が社にはユダヤ人の資本は投入されていない」〔傍点は原文イタリック〕[19]と恭しく宣言している。スイス・アルゲマイネ保険の取締役会もまた，まったく同様の観点から，「非アーリア人株主」に対する新規の株の譲渡を，今後は控えるべきであると表明した[20]。いわゆる「アーリア証明書」を用いて「アーリア的」出自を証明する慣行は，ナチスの勢力圏で事業を営むスイス企業の所有者や経営陣の場合，非常に広まっていたようである。これは，独立専門家委員会の調査のみならず，例えばネスレについてのダニエル・ブルジョワの研究によっても明らかにされている[21]。スイス航空は，ミュンヘン路線参入の際に，乗務員が「アーリア系」であることを証明しなければならないとされ，これに応じた[22]。また出入国許可の申請においても，「アーリア証明書」は同じく有用であったようである。1941年，タバコ製造業者であったハンス・フィリガーとマックス・フィリガーは，おそらくはいささかの皮肉を込めて，その入国申請書類に「過去400年にわたって」「アーリア系」と記入している[23]。「アーリア証明書」は，経済的分野に限らず，婚姻など戸籍関係の目的でも，発行された。

　ナチス政権の初期においては，スイス企業やその在ドイツ子会社にとって，「アーリア系」企業たる旨の宣言は，ドイツで業務を継続するために必要な法定の義務ではなかったが，1937年以降になると，国からの圧力が高まった。今やドイツ当局は，——例えばスイスの保険会社に対して——経営陣・取締役・株主の「人種」についての情報

を，ますます頻繁に求めるようになったのである[24]。盟約者団保険株式会社（EVAG）は，こうした状況の下で，オーストリアとドイツの同社の代理店は，当局から，同社の人員構成についての情報提出を強要されかねないが，しかしスイス企業としては，ドイツ外に居住する人員に関する情報を提供することは許されていない，と考えていた。同社は，スイス保険協会は一致団結してそうした要求を拒絶すべきであると主張した。しかしながら，この申し入れを受けた同協会も，また同社から提案を受けたその他の保険企業も，これに反対した。

それに対して，連邦政務省法制室は，1938年7月，人種的帰属に関する問い合わせには回答すべきでないとの見解を示した。それにもかかわらず，保険協会が，要求されたアーリア証明を複数の企業と保険者がすでに提出してしまったこと，また今後もこの点に関して自由に行動したいとの要望を同省に伝えると，同省は，法令照会に対する自らの回答からも後退して，以下のように述べた。

> 「ドイツ当局からのその種の問い合わせに対して答えるか否かという問題は，法律の問題というよりは，事業上の目的に合致するか否かという種類の問題である。［…中略…］事業上の合目的性の問題は，個々の企業が個別に判断すべきことである」[25]。

盟約者団保険株式会社がその姿勢を堅持すると，連邦政務省は，1939年3月に，支援の手を差し伸べた。連邦政務省の担当官は，この保険会社が，同社取締役の一人がユダヤ人であるがゆえにその「アーリア」証明を拒絶したのだろうと推測したうえで，以下のような検討を行ったのである。当該の取締役について，「1935年11月14日ドイツ市民権法第一施行令第二条第三項の意味における混血である」と偽れないだろうか，またそれによって，ドイツにおけるユダヤ系企業の定義に同社が該当しないと主張できないだろうかと[26]。この，ドイツの人種立法をスイス企業に適用し，それによってこれを「アーリア系」事業所と認定させようとする提案は，連邦政務省が――ほとんどの保険会社と同様に――，この事案の法的・政治的・倫理的な影響を誤認していたか，あるいは経済的な利益を優先し，そうした考慮を二の次にしたかのいずれかであることを示している。というのも，「アーリア証明書」を性急に提出することは，ドイツにおけるユダヤ人差別を是認することを意味し，また差別政策の遂行に手を貸すことになり，さらにこれは，「アーリア系」であることを宣言したスイス企業によるユダヤ人差別へと繋がってゆくからである。

ナチス支配地域内の「アーリア企業」としてのスイス企業子会社

ドイツにあるスイス企業の多くは，ナチスの政権掌握から間もない時期に，新しい状況に適応した。例えば化学企業であるサンド株式会社は，1933年の4月から5月に，

ニュルンベルク子会社を再編した。スイス側出資比率を下げることで子会社をドイツ企業らしくみせるために，株式資本が増額されたのである。また監査役会メンバーは入れ替えられ，監査役会議長で，ノーベル化学賞受賞者でもあるユダヤ人のリヒャルト・ヴィルシュテッターが，退任した。この人事は，ヴィルシュテッターのかつての教え子で，友人関係にあったバーゼルのサンド本社の社長，後に取締役会議長となったアルトゥール・シュトルによって，間接的になされたものである。後にシュトルは，ヴィルシュテッターのスイスへの出国を助けることになったが，しかし両者の関係は，この人事によって損なわれてしまった。同社が，経済的利害ばかりを追求して新しい事態にかくも迅速に適応したこと，またそれにより，人道的な配慮やこうした人事政策が持つ政治的な含意が二の次にされたことは，明らかである[27]。

これに対し，製薬会社であるホフマン＝ラ・ロシュの社長で，後にその取締役会議長となったエミール・バレルは，ユダヤ人迫害による同社への影響と人事における対応策を検討するためにベルリーンを訪問し，その後の1933年6月に，以下のように明言した。

> 「個々人に関して決定が下される前に，報告者は，この種の決定が，人道的見地からみて大きな責任を伴うことを強調しておく」[28]。

ホフマン＝ラ・ロシュ社でも，その後，職務分野の変更と人事異動があった。しかしここで重要なのは，この企業が，所与の政治的環境の中での企業の利益と，ユダヤ人社員に対する社会的責任とを，可能な限り両立するような人事上の方策を模索し，与えられた行動の余地を最大限活用したということである。1937年末以降，ロシュに対し，これを「ユダヤ」企業として告発する声が増え，時を同じくしてユダヤ人を標的にした法的措置が激しくなった。こうした中，ベルリーンのロシュ子会社の二人のユダヤ人監査役は辞職を迫られ，1938年4月にその職を辞した。しかしこの時までに，ドイツの大企業のユダヤ人監査役のほとんどはその職を失っていた。1938年6月14日のライヒ市民法第三施行令の発令により，全ての「ユダヤ」事業所が登録対象となった際には，ロシュ・ベルリーンは，「非ユダヤ企業」と申告している[29]。

この時期には，ドイツとオーストリアに位置する全てのスイス企業子会社が，この種の宣言を迫られた。しかし，ジンゲンのマギー有限会社など，少なからぬ企業は，すでにそれ以前にこれを行っていた。同社は，早くも1933年春に，「我が社の会社資本は，一片たりともユダヤ人の手にはない」と宣言していたのである[30]。1935年には，同社が「アーリア的」である旨が，宣誓に代わる保証の形で示され，翌1936年には，取締役会は，総計3200人の就業者のうち「アーリア的」でないのはわずか3名に過ぎないと当局に請け合った。当時，経済的困難に直面していた同社が，「アーリア化」の宣言によって市場での位置を改善できると考えたこと，また一般に同社に対して，「ユダヤ

企業」とのレッテル貼りが行われていたことが[31]、上記のような同社の動きの背景にあった。ちなみに、競合他社を陥れるためにユダヤ企業の烙印を押すという策略は、とりわけ中小企業の場合や、経済恐慌の打撃から容易に脱出できなかった部門、そして例えば食品産業のように競争が特別激しかった部門では、よく使われた[32]。スイス企業を、外国企業、ユダヤ企業として攻撃することは、競合する企業が好んで用いた手であった。そうした攻撃を避けるために、例えば、1941年まで取締役会にユダヤ人が1人含まれていたスイスのロンツァ株式会社は、1938年10月に、ドイツ子会社であるロンツァ・ヴェルケ有限会社を、少なくとも表向きは独立の会社に転換し、この子会社がドイツ企業、それも「アーリア企業」とみなされるようにしたのである[33]。

　オーストリア併合の後、ヴィーンに一つの工場と8店舗を持っていた靴メーカーのバリー社も、攻撃対象となった。それゆえ、ゾロトゥルン選出の全州議会議員であり、スイスのバリー製靴株式会社と、バリー・ヴィーン製靴株式会社の双方で取締役会議長を務めるイヴァン・バリーは、同社の顧客に宛てた下記のような広告文に署名した。

「流布している事実無根の噂や主張に抗弁するために、署名者は以下の旨を明言する。バリー・ヴィーン製靴株式会社は、チューリヒの親会社であるC. F. バリー株式会社が株式を完全に所有する企業である。またごく最近まで、チューリヒの親会社は、同社の株の75%を所有していた。残りの株の取得を完了するために、目下、当局に許可を申請しているところである。取締役会や執行役会〔第二部497頁の脚注15参照〕においては、非アーリア人役員は辞職しており、残る構成員はいずれも、まったくのアーリア的血統の出である。経営の執行を統括するのは現在ではヴィルトボルツ氏とグスタフ・ブッシュ氏であり、両者ともアーリア人である。チューリヒのC. F. バリー株式会社は、基本的に一家族が所有する株式会社である。この創業者一族、取締役、執行役員は、いずれも皆アーリア系である」[34]。

　この声明が出される数日前の1938年3月19日、イヴァン・バリーは、取締役会に対し報告を行った。それまでバリー・ヴィーン製靴株式会社株の25%を所有していたオーストリア国籍のユダヤ人、フーゴー・ゲンスラーが、C. F. バリー株式会社に対し、持株の売却を3月13日に申し出て受け入れられたというのが、その内容であった。バリー社が、執行役員の交代とオーストリア人所有者からの株の買い取りによって、そのヴィーン工場を「アーリア化」したのは、オーストリア併合のわずか数日後のことであった[35]。

　スイス再保険会社の反応も素早かった。1938年3月17日、自らヴィーンを訪れた同社社長、エミール・ベブラーは、オーストリア子会社であるデア・アンカー社の全執行役員の任を解いた[36]。ベブラーは、解任されたこの4名に対し、「今後は自分たちを執行役員とは考えず、この避け難い状況を受け容れ、役職の停止への同意を宣言す

る」37) よう，要求した。このうち二人は解雇され，残りの二人は，会社がまだその知識を必要としていたために，他のポストでその後も少しの間，雇用され続けた。その後，193人の社員中73人を占めた残るユダヤ人社員——「半ユダヤ人」は含まれない——は，解雇された。これらユダヤ人社員は，強制解雇を定めた法の制定以前に解雇されており，したがって補償金を受け取る権利を持っていた。しかし，そうした請求を法廷に持ち込んでも勝訴の見込みがまったく無いことを会社は承知しており，損害額のごく一部しか支払わなかった。

>「情勢激変の後，我が社は，一般的なガイドラインに基づき，経営幹部を含む72名の社員を解雇した。その他にも3名の社員が辞職した。［…中略…］我々は，解雇した社員に対して，解雇補償金として4万2000ライヒスマルクを支払い，あるいはその提供を申し出た（職員法に基づく処理の場合には13万5550ライヒスマルクを要したであろうし，また当社の慣行では，それよりもずっと多い額であった）」38)。

ほとんど勝訴の見込みがないにもかかわらず，法定の解雇補償金の支払いを要求する数件の訴訟が起こされ，その後和解交渉が行われた。提示された和解案は，今後一切の請求権を放棄するという条項を含んでおり，また和解額は，職員法の規定額の3分の1を少し上回る程度に過ぎなかった。さらに同社は，——他社と同様——ユダヤ人の元社員に対する年金支払いを停止した。スイス再保険会社は，1939年1月の時点では，このデア・アンカー社の元社員に対する解雇補償金についてなんの心配もしていなかったが，1943年に戦況が転換して以降は，同社はこれに危惧を覚えるようになった。

>「戦争の結果次第では，解雇されたユダヤ人社員によって［…中略…］アンカー社に対する訴訟が起される事態が予想される。将来，この問題から，際限ない厄介事が生じかねない」39)。

ナチス支配地域に立地するスイス企業子会社の「アーリア化」は，1938年以降になると，これら企業が事業活動の継続を望む限りは，不可避となった。それは多くの場合，ユダヤ人株主からの株の買い戻しを意味し，また事実上全ての事例において，企業内のあらゆる階層のユダヤ人の解雇を意味していた。株の買い戻しに関しては，ユダヤ人株主が，スイス人のパートナーに持株の売却を申し入れたという種々の事例がみられる。これは双方にとって自明の解決策であった。株の売却を強制されたユダヤ人株主は，身元不詳で動機も明らかでなく，能力も定かでない人物に株を売却するよりも，以前からよく知っている取引相手に売ることを好んだ。またしばしば，スイスの買い手に売却することで資産の一部を救えるのではないか，あるいは，少なくともスイスへの亡

命が現実のものとなった場合には、スイスとの取引関係が何かしら助けになるのではないかとの希望——たいていは幻想に終わったが——もあった。スイス企業の子会社は、以上の対応によって非ユダヤ事業所である旨の宣言が可能となり、それにより事業活動を継続することができた。スイスの側では、援助と利益は、あれかこれかというものではなかった。このことは、上記のバリー社の事例から読み取れる。〔アーリア化まで〕株主であったフーゴー・ゲンスラーは、1938年3月17日にオーストリアからスイスに出国し、さらにアメリカ合衆国に渡り、バリー社のアメリカ子会社で数年間働いた。1946年になって彼は、オーストリア・バリー社の弁護士であるエンゲルベルト・ツィンスラーと、チューリヒのC.F.バリー株式会社を相手どった補償請求訴訟を、アメリカ合衆国の裁判所に起こした。ゲンスラーは、1938年の株売却に関する和解において、「バリーを『アーリア化』の汚名から解放するために」、C.F.バリー株式会社とその子会社に対する以後の請求権の放棄と引き換えに、3万2500ドルを得た[40]。

これら子会社株の買い戻しと並び、ナチス支配下でのスイス企業子会社の行動を評価するうえで決定的なのは、とりわけ人事である。ユダヤ人の取締役、執行役員、そして最終的には、全てのユダヤ人社員が、ほとんど全ての事例において、解雇された。しかし解雇の時期とその状況は、非常に大きなばらつきを示した。いくつかの企業は、可能な限りユダヤ人社員を雇用し続けようとした。これら社員が、会社にとって重要なノウハウを持つ場合にはとりわけそうであった。また、ユダヤ人に正当な金銭的補償を行おうと努めた企業もあった。また少なからぬ事例で、スイス本社の経営者は、子会社のユダヤ人取締役、執行役員、幹部職員が亡命しようとした時には、これを援助した。しかし大部分の事例では、国から強制されていない段階で、むしろ社会的批判や経済的な利害を考慮して、反ユダヤ主義的な人事を性急に実施したのである。スイスの企業家の発言は、その大半が、新しい状況にできるだけ早く適応しなければならないと強調していた。残されていた行動の余地を、首尾一貫してユダヤ人にために活かそうとした事例は、むしろ希であった。

スイス企業によるユダヤ企業・不動産の買収もしくはその試み　三つの事例

『スイス・ヴィーン総領事館1938年業務報告書』は、「オーストリアのユダヤ人事業所の買収に関心を持つ本国在住スイス人からの文書による照会に度々回答」と記している[41]。ある者の窮状は、他の者の関心を喚起するようである。残念ながら、今日では総領事が言及したこれらの照会文書は残されておらず、これらの問い合わせの数やその性格は不明である。とはいえ、オーストリアに対する関心については、我々の研究によって、少なからぬ事例について詳しく知ることができる[42]。

大規模メーカーであったバリー・ヴィーン製靴株式会社は、特にヴィーンでは多くの靴屋と取引関係を持っていた。これらの販売店の多くは、バリー・ヴィーン製靴株式会社か、あるいはオーストリアの販売会社であるバリー靴販売有限会社に債務を負ってい

た。例えば，リヒャルト・レショフスキー社は，9万シリングの買掛債務を抱えていた。このレショフスキーは，オーストリア併合後，契約で定められた義務を履行できなくなった。ヴィーンでバリーの顧問弁護士を務めていたエンゲルベルト・ツィンスラーによれば，「前述の未回収債権を救うためには，バリー靴販売有限会社が，これまでもその支配下にあったリヒャルト・レショフスキー社の店舗の業務を支店として引き継ぎ，従来の会社所有者から切り離すことがどうしても必要である。この買収により，それまでユダヤ人のものであった店が，アーリア人の手に移される」43)。

　このようにバリーは，債務を抱える——少なくとも4軒の——靴販売店の買収によって，未払いのままとなっている債権を回収しようとしたのである。その際，特に，小売業者から強い反発があった。小売業者は，バリーがユダヤ企業，外国企業であり，独占を画策していると非難した。またデルカといった卸売業者は，有力な競争企業の拡大を阻止しようとした。バリーは，1938年5月初めに反撃を開始し，「一定数のユダヤ人所有店舗の買収に関する承認」を〔当局に〕申請した。これら債務者に対する債権が危うくなっており，それゆえこの措置が必要となったというのである。

　　「これらの店舗の多数について，近年，当社に対して売却の申し入れがあり，当社は，所有する債権を守るために，店舗所有者の一部との交渉を開始した。しかし製靴工業協会からは，当社のこの交渉には反対であると，オーストリア禁治産者法を引用した4月27日付の警告書が送られてきた」44)。

　バリー社は有力な関係筋と何度か連絡をとり，総計43万6000シリングの債権の回収のためにはこれらの店舗の買収が必要であると主張した。1938年7月半ば，同社は，三つの靴販売店を「さしあたりは信託の形で」，引き継ぐ許可を得たが，しかしバリーがこれらの店舗を買収することは認められず，三つの店舗はそれぞれ別々に売却されねばならないことになった。「パウルス靴店」の場合には，バリー社は同店の買い手として名乗りをあげ，店主と一足早く契約を結んだが，当局はこれを承認しなかった。その少し後，バリーはこの店の買収に成功した買い手と債務の引き継ぎに関する契約を結び，これにより，商品在庫はバリーの所有のまま残ることになった。さらにバリーは，買い手の事業活動を「持続的に監視し監督すること」を認められた45)。

　リヒャルト・レショフスキー社に関しては，バリー靴販売有限会社は，1939年1月になってようやくその店舗買収の許可を取得した。しかし，ヴィーンの最も高級なショッピング街に位置する店舗を取得できず，レショフスキー社の靴在庫が手に入るだけだということが判明すると，バリーはこの売買契約を破棄した。バリーは，この種の抵抗を行った後に，債務者の不動産によって損失を取り戻そうと試みた。同社の顧問弁護士のツィンスラーは，1938年，秘密国家警察に対して，土地台帳上の「併合」，すなわち，債務者の家屋に対する抵当権の設定を申請した46)。

ユダヤ人の事業を引き継ぐことによって債権を回収することは，経済的観点からして理解しうることである。また多数の地元企業と競争関係にある外国の大企業にとっては，ナチス当局に対する説明としても有効な議論であった。しかしこれらの努力は，同時に，動きだした市場から利益を上げ，追加的な市場シェアを獲得しようという試みの表れでもあり，とりわけ，この時期のバリーが，非常に好調な売上を記録していたことからすると，そのように言うことができる。1938年の3月から10月の間に，バリーのウィーンでの靴販売額は倍増し，1938年末までのオーストリアでの生産分は，予約販売によって10月には売り切れてしまった。スイスのバリー本社の経営陣は，当然ながらこうした経緯について情報を得ており，同社の事業を左右しかねない国際的な政治情勢についても，大きな関心を持って分析を行っていた[47]。今やこの関心に，ユダヤ企業を買収する可能性が含まれることになったのである。バリーは，1938年までドイツに卸売会社を1社持つのみであり，小売店は一店も所有しておらず，それだけにこうした買収案件は魅力的であった。そのため，シェーネンヴェルト（ゾロトゥルン州）のバリー経営陣は，ケルンにある「ヨーゼフ靴店」の買収を検討した。しかし1938年6月，マックス・バリーは，「ドイツでは，ボン，コブレンツ，ケルンといった都市でも販売店買収の案件があり」，問題が複雑になるかもしれないと指摘した。またバリー社が以前から出資している企業を買収する案については，「遅かれ早かれ資産税が課せられる危険があり，また配当の送金が不可能であるという反対論があった。しかし，これらの店舗が，将来その本来の価値を発揮することも期待できる。考慮の末，当面の間は様子をみる方がよいとの結論に至った」[48]。しかし結局，1940/41年のC.F.バリー・ホールディング株式会社の年次報告書は，元来はユダヤ企業であったアルトゥール・ヤコビィ有限会社について，次のように記している。「同社は，旧ライヒ〔オーストリア併合以前のドイツ領〕内のベルリーンその他の都市に，自前の販売会社を有しており，我が社は同社に出資している。［…中略…］同社の今年の業績は，満足すべきものである」[49]。

バリーとは異なり，食品コンツェルンのネスレは，ヴィーンでは企業買収の意欲を表にはまったく見せず，むしろダミーを介して，非同族企業であるアルトマン＆クーネ社を買収しようとした。この会社は，繁盛する三つのチョコレート店を経営し，24名の従業員を雇用して，1937年には50万シリングの売上を有した。ネスレ・ヴィーン株式会社に長く勤めていたハンス・シェンクは，1938年5月末に，三つの店舗を19万ライヒスマルクで買収する契約を，所有者であるエミール・アルトマン，エルンスト・クーネの両名と結んだ。しかし当局はこの契約を承認しなかった。三つの店舗が別々に売却されるならば，「3人のドイツ民族同胞（フォルクスゲノッセン）が生計の道を得られるはずである」というのが一つの理由であった[50]。しかしむしろ決定的であったのは，シェンクの動きの背後に，ネスレと，同じくスイスのネスレ・コンツェルンに属するその子会社，サロティ・ベルリーンの買収工作が隠蔽されているのではないかとの嫌疑であった。アルトマン

&クーネ社の受託管理者は，当局に対し，「買い手であるシェンク〔ナチス〕党員が，自分自身で所有するためではなく，旧ライヒに位置する会社の意を受けてこれを買収しようとしている」ような印象を，シェンクと協議した際に受けたと書いている。「旧ライヒの企業がアルトマンの店舗を買収することは，我々ヴィーンの甘菓子販売業者にとって，全く利益とならないので，私はシェンク党員について調査した」。その結果，シャンクが永年にわたり，「スイスネスレ株式会社の子会社の職員」であったことが判明した。この子会社は，シェンクに，アルトマン＆クーネ社の買収資金として，17万ライヒスマルクを前貸ししていた。「私は，早くも4月初めには，同じくネスレ・コンツェルンに属するサロティ・ベルリーンが，アルトマンの店舗に強い関心を示していることを知っていた。こうした状況からして，シェンク党員は，ネスレの代理でアルトマンを買収しようとしたのである」[51]。

　8月末，「アーリア化委員会」は，この三つの店舗の一つを閉鎖し，残り二つを売却する旨を決定した。しかしこのうちの一つの店舗に応募した者は，専門能力を欠くために買収が認められなかった。シェンクによる買収については，ネスレとのつながりが依然として障害となって，判断が延期された。スイスのネスレ本社は，これらの経緯を把握していた。1938年9月の初め，執行役会は，取締役会に対し，アルトマン＆クーネ社の店舗のうち最良の立地にある店舗の買収価格は10万ライヒスマルクになるだろうと報告した。これはヴヴェイのネスレ本社にとっては満足できる値段であった[52]。しかしその後間もなく，当局は，アルトマン＆クーネ社全体を清算することを決定した。シェンクが弁護士を伴って当局に出向き，ネスレからの借入れを断念して他の方法で金策すると約束してようやく，彼は，1938年11月にこの店舗を得ることができた。

　戦後間もなく，ハンス・シェンクは，中断していた関係を回復しようと，スイスのネスレ本社に手紙を書いた。ネスレ本社はこれに狼狽した。というのも，サロティ・ベルリーンを統括していたハンス・リッゲンバッハは，1938年に，シェンクがこの取引に必要な資金をオーストリアの州立銀行から借りられるよう，手助けしていたからである。つまりネスレは，自らは資金を提供しなかった——これは受け入れられなかっただろう——が，しかし借入れを仲介したのである。また同時に，エミール・アルトマンが，1938年にアメリカ合衆国への亡命の途中にヴヴェイのネスレ本社を訪れ，彼の事業を3万フランで売却したいと持ちかけたことも，記憶に残っていた。ネスレはこの時，ナチス当局はこうしたスイス国内での取引を決して承認せず，アルトマンに直接に支払う金は，いくらであれ同社にとって無駄金になるだろうとの理由で，この提案を断ったのである。戦後となった今，ネスレ本社は，「ネスレはもちろん，サロティも，〔…中略…〕この件に関わりを持たぬ」ことを望んでいた。アルトマンからの損害賠償請求に備えて作成されたある内部メモは，シェンクが1938年の取引を文書によっては証明できないことを前提とした防御戦略を提案していた。同社は，シェンクがネスレ・コンツェルンの代理人として行動したことはなく，アルトマン＆クーネ社の所有者と

して，自らの利益を追求していたに過ぎないと強調することにしたのである。そうである以上，この期に及んでシェンクを助けることはできず，彼と連絡をとることさえ憚られた。事はネスレと一切関係なかった，というわけである。ドイツの，法的には独立した企業であるサロティ社に，人々の目を向けねばならない。かくして対外的には，結局，——大変満足すべき形とはいえないにせよ——以下のように釈明できることになった。

　「オーストリア併合後，ユダヤ人が追放されその事業活動が清算された際，サロティは，アルトマン＆クーネ社の繁盛する店舗を，これを潰してしまうことが確実なナチスの手には渡さないようにと努めた」[53]。

　バリー社もネスレ社も，ユダヤ人の事業を獲得し，これを自らのコンツェルンの事業に統合しようと多大な努力を払った。オーストリアでは，外国の大企業は激しい競争に直面し，また当局も，地元商店に肩入れして国外大企業に不利な決定を下す傾向があった。とはいえ，そこからスイス企業に対する明確な政策があったと結論することはできない。ベルン企業のドクトォーア・アー・ヴァンダー株式会社傘下のヴァンダー・ヴィーン有限会社は，1938 年から 1940 年にかけて，オーストリアで三つの買収案件に関わった。同社は，二つの比較的小さなオーストリア企業を難なく買収することができたが，ヴィーンの製薬企業であるシンガーラ有限会社の場合には，ドイツ・オーストリア企業とともに 4 社連合を組み，ナチス党にコネを持つ競争相手に競り勝った。当局にとっては，この分野での専門知識と，ヴァンダー 4 社の販売力が決め手となった[54]。

　資金取引に課せられた制限と，配当など，利益のスイスへの移転に対する制約のために，多くのスイス企業は，ユダヤ人企業の買収という形での対独投資には，二の足を踏んだであろう。しかし同時に，スイスに移転できない，あるいはできたとしても大きな損失を伴わざるを得ず，価値下落リスクにも脅かされている金融資産をドイツに有していたことは，実物資産への投資の誘引となった[55]。ベルリーンの「スイスの家（ハウス・デア・シュヴァイツ）」は，そうした例である[56]。既に 1932 年 11 月に，「ウンター・デン・リンデン」通りに事務所を借りていたスイス連邦鉄道は，隣接物件の購入を持ちかけられていた。スイス連邦鉄道はその後，複数のスイスの銀行と協議のうえ，1933 年 12 月に，クレディ・スイスおよびその系列の不動産抵当銀行であるスイス土地信用銀行の支援を得て，買収交渉を開始した。その結果，建築上の理由から，当該物件に加えこれに隣接する不動産を買収することが理想的であるとの結論に達した。この取引を迅速に進めるよう委託を受けた 3 人のドイツ人代理人は，1934 年 2 月に，「ハウス・デア・シュヴァイツ」という名の有限会社を設立した。この会社は，上記の二つの不動産を 1934 年 11 月に取得した。その間，クレディ・スイスはこの件から手を引き，ロイ銀行がこれに代わった。同行の狙いは，ドイツ国内に封鎖されていた金融資産を不動産に転換することであった。この取引の成否は，ライヒ外国為替管理局が，不動産の

購入に 180 万マルクの登録マルクを使用することを認めるか否かにかかっていた。

いずれの建物も，早くも 1933 年の 2 月と 3 月にベルリーンを去ったユダヤ人が所有していたものであった。「バウゲゼルシャフト・ベルリーン・イネンシュタット」の出資金の 40％を所有していたのはハインリヒ・メンデルスゾーンであり，もう一つの不動産の所有者は，医師ケーニヒスベルガー博士であった。前者の場合，購入価格は当時の不動産相場に見合ったものであり，1931 年の課税基準額は 80 万 3000 ライヒスマルクで，購入価格は 83 万ライヒスマルクであった。しかし第二の事例では，スイスの投資家は売り手の窮状から利益を得ていた。1925/26 年の課税基準額が 70 万ライヒスマルクであったこの物件について，1933 年に当局はその評価額を 46 万 8000 ライヒスマルクに下げていたが，支払われたのはこれよりさらに低い 33 万 7000 ライヒスマルクに過ぎなかったからである。1951 年になってメンデルスゾーンは損害賠償を求め，ロイ銀行はある弁護士に調査を依頼した。ロイ銀行はメンデルスゾーンの要求を拒否し，この要求を取り下げなければ法廷で争うと脅した。しかし銀行は，訴訟には持ち込まなかった。というのも，調査を行った弁護士は，〔ケーニヒスベルガーの〕第二の不動産物件の場合には，財産法上の最も厳しい措置である，いわゆる租税当局による接収令状［Steuersteckbrief］が発行されており，したがって売り手の選択の余地がほとんどなかったことを確認したからである。弁護士はこの議論が彼の案件の不動産に拡張されないことを望み，——長い間誰も訴えを起こしてはいなかったものの——第二の不動産についても訴えられる可能性があることを銀行に警告した。この警告は，この土地が東ベルリーン内にあったため，1989 年以降にはじめて現実のものとなった。

これらの事例は，スイス企業がアーリア化において積極的な役割を演じていたことを示している。スイスの本社は，これら——しばしばナチス支配地域の子会社を通じて行われた買収——について知っていたばかりでなく，これを承認し，あるいは自ら進めることさえしたのである。これら企業の動機と戦略とは，著しく多様であった。しかし戦後になるとこれら企業は，不当な行為があったことを知りつつ，提起されるかもしれない賠償請求に備えて対策を練った。ユダヤ人財産の取得に関するスイス企業の検討内容を示す文書には，倫理的な懸念を示す証拠はほとんどみられない。これは，1933 年から 1938 年の間に，相次いで 5 件の企業買収提案を却下し，また 1940 年に，元の所有者の抗議のためにある建物の買収から手を引いたホフマン＝ラ・ロシュ社の場合でさえ，同様である。記録に残されているのは，ただ経済的・政治的・法律的な考慮のみである[57]。また，子会社の人事とは異なり，ユダヤ人資産の取得に反ユダヤ主義が関係していたことを示唆するものもほとんどない。経済的な利害計算こそが決定的だったのであり，「非常に安く」買収するチャンスが多くの企業を惹きつけたことが，兵器製造業者であったエミール・ビューレの事例からも読み取れる[58]。1941 年夏，スイス・ユニオン銀行は，クールに住むオーストリア人銀行家ヴィルヘルム・フォン・グートマンからの委託で，彼が所有するチェコのヴィトコヴィッツ鉱山・製鉄企業組合持分権の買い

取りを，ビューレに打診した。その価格について同行は，「スイスの買い手はドイツの買い手に比して不利に扱われるべきではなく，また上記の価格はおおよそ今日のドイツの価格水準に見合っている」[59]と考えていた。ヴィトコヴィッツの価値は，この時期，7500万ドルから8000万ドルであったが，2000万ドルの買収価格が提示されていた。その直後，スイス・ユニオン銀行社長のアルフレート・シェーファーは，同行代表としてビューレに連絡をとり，売り手は3000万ドルと見積もっているが，彼としては2500万ドルまで値引きできると思う，と伝えた。1941年10月，ビューレは以下のように回答した。「ヴィトコヴィッツ社が何たるかを知っていれば言えることだが，私自身ある程度理解しており，一部は自分で足を運んで確かめさえしたので断言できる。これは極めて有利な取引だ」。しかしビューレは，結局この話に乗らなかった。というのも，提示された売却額はこの企業の実質的な価値からするならば極めて安価であったが，その額自体は巨額であったからである。「この投資に伴う非常に大きなリスクは，この企業自体にあるのではなく，すべて政治情勢にある」[60]。

ナチス支配地域のユダヤ人取引先に債務を負っていたスイスの債務者

　ナチス支配地域のユダヤ人取引相手の中には，事情があってスイスに銀行預金を持つ者や，スイスの納品先に対して売掛債権を持つ者もいた。そうした企業にいわゆる受託管理者が置かれた場合には，これらの債権が，従前の所有者に帰属するのか，あるいはこの受託管理者に帰属するのかが，問題となった。

　銀行資産の引き出しに関しては，スイスの銀行は，オーストリア併合の後の1938年5月に，統一的な処理原則を定めた。いくつかの銀行は，受託管理者による管理はスイスの公序（ordre public）に反するとの見解を有していた。国際私法の分野で適用されるこの公序に基づく留保によれば，外国による決定の執行は，「自国の合法性の観念が受忍の限度を越えて侵害される場合には」[61]，これを拒絶することができる，としていた。しかしこの留保は，後述の，フランスでのユダヤ人差別についての連邦内閣の議論にみられるように，具体的には定義されていなかった。チューリヒ金融機関連合［Verband Zürcherischer Kreditinstitute］★2とスイス銀行家協会は，その一部のメンバーとは異なって，強制的管理者からの指図を完全に無視するように会員行に働きかけることを，拒絶した。銀行は，ドイツライヒとオーストリアにおいて，重大な利益を守らねばならず，そのためにナチス政権が報復措置をとることを恐れたのである。しかしそれにもかかわらず，オーストリアの旧事業所有者たちの利益を可能な限り守るために，銀行家協会は，個人企業，合名会社，合資会社の資産に関する受託管理者の要求について，所有者もしくは単独で署名権を持つ社員1名がこれに同意する旨を宣言した場合に限っ

　★2 チューリヒ金融機関連合は，チューリヒの銀行・保険会社によって1902年に設立された組織である。特に金融分野の教育・人材育成を主たる目的とし，政府への働きかけも行う。http://www.finanzplatz-zuerich.ch を参照。

て従うよう，その会員行に対して義務づけた。株式会社の資産については，受託管理者は，商業登記簿抄本によって自らが会社を代表する旨を証明できる場合に限って手出しできるものとした。紛争が生じた場合には銀行は顧客の資産を封鎖し，裁判に委ねることになった。スイスの裁判所は元来の所有者を擁護したので，ライヒ経済省は，1939年初め，スイスの銀行が米英の金融機関と同じく受託管理者によるドイツ在外資産現金化の要請に応じないことに対し，抗議を行った62)。

商品貿易に伴って生じたスイス側の債務の場合，スイス清算局が主たる当事者であった。というも，貿易債権はクリアリングを介して決済されねばならなかったためである。この間，多くのユダヤ人の企業所有者が亡命し，スイス清算局に対して，彼らの債務者が清算システムに対して負っている払い込みの義務を免除するよう，要請したのである。これが認められれば，スイスの債務者は，債務の額を直接に〔債権者である〕元来の会社所有者に送金できるようになる。しかしスイス当局は，通常はこの要求を却下したため，この資金はナチス支配地域内の封鎖口座に払い込まれ，その結果，債権者はこれを失った。スイスに難民として滞在し，経済的支援を必要とする債権者に限って，この免除要請が例外的に受け入れられた。1939年，ドイツ清算金庫［Verrechnungskasse］はこの免除措置に対して抗議したが，これに対しスイス清算局は，「このたび生じたこの紛争案件については，なんとか引き延ばしてあいまいな態度で対処すること」とした63)。

債務件数もその総額も，その数字を確定することは不可能である。債務に対しては，スイス清算局では通常は特段の考慮なく支払が行われた。元の会社所有者から連絡があった場合や，商品代金の債務者が状況を知って——清算局の要求に反して——払い込みを拒絶した場合にのみ，その額が文書に残されたと推測される64)。

受託管理者の要求と元来の所有者のそれが対立し，両者が合意に至らない場合，これは法廷に持ち込まれた。スイスの裁判所は，通常は元来の所有者に好意的であり，「公序」による留保を引き合いに出した。スイスの裁判所が，所有権を剥奪された所有者を首尾一貫して擁護したことは，前述のドイツの当局者による断言からも明らかである。ライヒ経済省，ドイツ清算金庫，ライヒ財務省，そしてライヒ外務省は，外国諸機関，とりわけ裁判所と銀行の慣行を詳細に観察しており，その決定に非常に注目していた。1939年2月から6月の間に，この問題に関してライヒ経済省と各地のナチス党大管区経済当局の間で数度の協議がなされ，多数の通信が交わされた。1939年2月末，ライヒ経済省は，スイスでの訴訟で受託管理者がことごとく敗訴していることを確認し，不利な情報が広まることを避けるために，以後の告訴を断念する方針とした。それ以降，受託管理者は，ライヒ経済省との協議を経てからでなければ裁判を起こしてはならないことになり，個別交渉，すなわち裁判所外での合意が優先された65)。1942年10月，この問題が再び討議された。それによれば，中立国，とりわけスイスとスウェーデンにおける裁判では，受託管理者に不利な判決が出る傾向がそれまでになく強まっていた66)。

そのため、〔元来の所有者が〕スイスで裁判を起こす機会を有しており、他方で迫害者が法廷外の交渉に持ち込んで要求を貫徹するための圧力手段——親類の投獄といった——を持たない場合には、合法的な〔元来の〕所有者の立場は強くなった。

「アーリア化」とスイス財産に対する外交的な保護

　反ユダヤ主義的な措置は、外国籍の者にも適用された。これについては、社会的な差別による打撃と、国家による法律に基づく圧迫とを区別する必要がある。スイス人〔スイス国籍のユダヤ人〕であっても、他の全てのユダヤ人同様、不買運動や日常的な嫌がらせの対象となった。しかし国家によるその所有権に対する攻撃からは、外国籍である彼らは、二国間居住条約と、外国人の取り扱いについての一般的な国際法によって、少なくとも理論的にはかなりの程度守られていた[67]。この相違は、オーストリア在住のスイス国籍のユダヤ人の場合には明瞭であった。ヴィーンで商店を営むこれらの者は皆、数ヵ月のうちに店を畳むか、これを売却した。少なからぬ店主が、ボイコットに起因する売れ行きの不振に直面していた。当局の監視下に置かれた販売活動からの利益は、本来の水準を大幅に下回っていた。しかしながら、国家に接収されるはずであった不動産は、少なくとも調査対象の半ばの事例で、スイス人所有者の手にとどまり続けた。1920年代にスイス国籍を取得した商人アルベルト・ゲルングロスの事例は、資産に関する扱いが国籍によってどれほど異なっていたかを示している。彼はオーストリア国籍の兄弟とともに、ヴィーンに一軒の住居を所有していた。彼の兄弟の所有部分は補償も無しに接収されてしまったのに対し、アルベルトは、自分の所有部分を持ち続けることができたのである。その彼も、ヴィーン市有数の百貨店会社であるアー・ゲルングロス株式会社の3万4153株を、クレディ・スイスに売却せざるをえなかったのではあるが[68]。

　それでは、スイスの外交は、スイス国民の財産を守るためにどのような努力をしたのであろうか。外交当局の公的政策は、法的な観点でも政治的な観点でも、きわめて問題の多いものであった。第一次大戦後、ソヴィエト連邦で行われたスイス人資産の無補償接収が問題となった際には、スイスの外交当局は、「国際法上の最低限の水準」［völkerrechtlicher Mindeststandard/norme minimale du droit international public］の原則という法的観点を主張した。すなわち、一定の権利、とりわけ所有権の保障は、いずでも不可侵とみなされていると主張したのである。しかしそれに対してナチス期には、スイス当局は次第に、いわゆる均等処遇理論［Gleichbehandlungstheorie / principe d'une égalité de traitement］なるものを採用するようになり、ドイツが自国籍のユダヤ人を差別するのであれば、同様の取り扱いが外国籍のユダヤ人に適用されていても法的には議論の余地はないと宣言したのである。第二次大戦後になって、再び東ヨーロッパでの出来事との関連で、連邦官庁の法律家たちは「国際法上の最低限の水準」の護持に回帰した。したがって連邦官庁は、政治的利害と時々の情勢に合わせて——この場合には

ユダヤ人の利益を犠牲にして——，国際法の概念を変えていたということになる[69]。この点は，1938年4月29日のライヒ政令についての議論に明瞭である。この政令により，ライヒ市民権を持つ全てのユダヤ人と，ライヒ領内に居住する外国籍のユダヤ人に，ライヒ領内に持つ資産の報告義務が課された[70]。スイスユダヤ人共同体連盟の要請で，連邦判事のロベール・ファヅィは，この政令がドイツ在住のスイス国籍ユダヤ人に及ぼす影響について報告書を作成した[71]。彼は，国際法で保障されているスイス国籍ユダヤ人の法的権利が，この政令によって受忍の限度を越えて侵害されていると結論づけた。彼によれば，こうした侵害は，外交的な介入を正当化するものであり，また介入の成功の見込みも大きい。もしこの係争が交渉によって解決しえなければ，スイスはこれをデン・ハーグの常設国際司法裁判所に提訴でき，その場合には，スイスに有利な判決が出ることは確実であろうと結論していた。

　この報告書に勢いを得て，スイスユダヤ人共同体連盟は，法的な手段による解決を模索した。1938年6月22日，連邦政務省との協議が行われた[72]。共同体連盟側の記録によれば，連盟会長のサリ・マイヤーは，スイス国籍ユダヤ人のスイスへの忠誠ぶりと，難民政策へのユダヤ人団体の貢献を強調した。同時に彼は，連邦憲法で保障された全スイス市民の平等原則は，「どのような条件の下でも制限されるものではない」点を譲らなかった。こうして共同体連盟は，「ドイツに抗してスイスが法を守ること」を求めた。イギリス政府と同様の措置を要求したのである。しかし連邦政務省の返事は，ドイツの政令に対抗する国際的な「統一戦線」にはスイスは決して加わらない，というものであった。連邦政務省が言うには，現時点でドイツは，資産登録義務のみを課している。これが，スイス国籍ユダヤ人からの財産接収へとエスカレートするかどうかは——そうなれば，居住に関する二国間協定に実際に反することになるが——不明である。経験上，個々の事態に応じて決定を下すのが最善であることがわかっており，今後もそうした政策を継続したいと考えている。「何らかの基本原則を喧伝することや，他国と統一戦線を組んで行動することは，時宜を得ぬばかりか，害をもたらす」。スイスユダヤ人共同体連盟は，こうした対応にまったく不満であった。ロベール・コリとともに連邦政務省を代表して対応したヴァルター・ホーファーは，「ちなみに，1848年の連邦憲法ではユダヤ人は平等の権利を持っていなかったし，不動産を自由に購入することもできなかった」と言及さえしていたのである。

　こうして連邦官庁は，1938年に，基本的な法原則を放棄する用意があることを示したが，これは，同年，ドイツ国籍のユダヤ人のパスポートに「J」のスタンプを押す協定に署名することによって，現実のものとなった。この措置によって，スイス国籍のユダヤ人のパスポートも同様のスタンプで識別する可能性が，原理的に生じたからである[73]。この立場は，1941年夏，ヌシャテル選出の社会民主党員エルネスト＝パウル・グラベーが，フランスに住むスイス国籍のユダヤ人について行った議会質疑によって確認された。1941年9月29日，連邦内閣は，ユダヤ人は，多くの国で特別の法の下におか

れていると説明した。そうした法的地位もその時々の当該国の「公序」の一部であり，それゆえ外国籍の者にも適用される。したがって，スイス国籍のユダヤ人は，その滞在国のユダヤ人市民とは異なる特権を要求することはできない。しかしスイスの外交官たちは，現行の法と行政令の枠内で，自国民を保護しその利益を守るべく，可能な限りの努力を行っている，と答弁したのである74)。

　スイス当局は，法的・国際法的次元で，ドイツライヒと原則論的対立に至る事態を何としてでも回避しようと望んでおり，むしろ，個々の具体的な事例に対して，より目立たない形で介入しようとしていた。この点では，実際，幾分の行動の余地があった。例えばスイスの駐ヴィーン総領事であるヴァルター・フォン・ブルクは，1938/39年に，「アーリア化関連官庁」に執拗に要請を行い，何人かのスイス国籍ユダヤ人の状況を改善することに成功した。とはいえ，こうした例からスイス外交当局の戦略を読み取るとするならば，それは完全な誤りである。他ならぬフォン・ブルク自身，上層部の支援無しにこれを行わねばならなかったからである。そのため彼は，ヴィーン当局に対して，彼の上司であるハンス・フレーリッヒャー大使にまったくその気がないことを知りつつ，駐ベルリーンスイス大使館による介入をほのめかして交渉しなければならなかった。この場合こけおどし——スイスの側からするならば——が奏功したことになるが，それも驚くには当たらない。ドイツ当局は，かなり以前から外国人の扱いや隣国との関係をめぐる悪評を危惧しており，抗議を受けると態度を軟化させる傾向があったからである75)。ベルンがもう少し毅然たる態度をとったならば，あるいは単に，法の下での平等という憲法上の原則を決然として堅持しさえしたならば，少なくとも自国民を守るために尽力していたこれら外交官にとっては，援軍となったに違いない。しかしベルンは，喧伝された戦略とは異なり，個々の事例に対しても，効果的な介入を行うことに及び腰であった。書籍・新聞販売店主であったオスカー・ポルゲスの事例で引き合いに出された根拠は，典型的である。1935/36年，ポルゲスがドイツでの営業を禁じられると，スイスの外交官であるパウル・ディニッヒェールトはこれに抗議を行おうとした。しかしベルンの連邦当局は，ポルゲスが〔スイス〕国籍を取得した元外国人であり，その顧客がもっぱらユダヤ信徒であること，またポルゲス当人もその事業も，スイスの国益にとって特段重要ではないことを挙げて，「このほとんど見込みもなく，また重要でもない案件には，〔ドイツ側の〕原則論的な対応や対抗措置を誘発したり，あるいはスイスの書籍販売業の重大な利益を危険に曝したりする」ほどの価値はない76)，と断じたのである。「わずかな数のユダヤ人」の利害はいつも「スイスの」利害との間で秤にかけられたのであるが，そうした観点では，個々の案件は，大して重要でないということになりがちであった77)。スイス側の取り組みは，こうした個々の案件に関してもたいていは極めて限定的であったが，それは，スイスが原則をめぐる対立を回避しようとしたためであった。係争の相手が独裁的で不法な体制であるという事実からすると，どの個別案件も，潜在的には，国際法と国際政治の基本原則に関わる問題に発展しかねな

かったのである。

1) この報道は、スイス軍の戦時総動員 50 周年を記念する「ダイヤモンド暦」記念事業を前にしての、社会政策的な論争に関連したものであった。これは、1989 年 3 月 23 日に Radio DRS で放送された。制作者は、Rita Schwarzer, Peter Métraux, Toni Ladner であった。
2) Thaler, Urs [1998]、2001 年 3 月 31 日のターラー・ウルスによる情報では、2002 年末に刊行予定の下巻では、フィリガーとシュトラウスの事例とともに、従来知られていなかった 1938 年の「腕ずくでの」買収事例が、取り上げられる予定である（訳註――2010 年 2 月現在、下巻刊行の情報はない）。
3) Bajohr, Frank [2000]、15 頁以下。
4) Friedler, M. [2000]、62 頁以下。
5) Bajohr, Frank [2000]、15 頁以下。
6) Friedler, M. [2000]、62 頁。
7) この項と、これに続く 2 つの項については、Bajohr, Frank [2000]、17-19 頁の概観を参照。
8) Spuhler, Gregor / Jud, Ursina / Melchiar, Peter / Wildmann, Daniel [2002]、独立専門家委員会叢書第 20 巻。
9) これは少なくとも、オーストリアの場合に妥当する。Spuhler, Gregor / Jud, Ursina / Melchiar, Peter / Wildmann, Daniel [2002]、独立専門家委員会叢書第 20 巻参照。
10) Straumann, Lukas / Wildman, Daniel [2001]（独立専門家委員会叢書第 7 巻）、Ruchs, Christian / Reis-Liechti, Myriam / Peter, Roland [2001]（独立専門家委員会叢書第 6 巻）、Karlen, Stefan / Chocomeli, Lucas / D'haemer, Kristin / Laube, Stefan / Schmid, Daniel [2001]（独立専門家委員会叢書第 12 巻）、Perennoud, Marc / López, Rodrigo / Adank, Florian / Baumann, Jan / Cortat, Alain / Peters, Suzanne [2002]（独立専門家委員会叢書第 13 巻）、Lussy, Hanspeter / Bonhage, Barbara / Horn, Christian [2001]、（独立専門家委員会叢書第 14 巻）
11) Spuhler, Gregor / Jud, Ursina / Melchiar, Peter / Wildmann, Daniel [2002]、独立専門家委員会叢書第 20 巻参照。
12) Haldemann, Frank [2001]（独立専門家委員会叢書第 18 巻）。
13) オーストリアのみでも、ユダヤ人による事業所は推計で 3 万 3000 存在したが、そのうち約 4 分の 3 が清算され、4 分の 1 がアーリア化された。20 件の個別事例についての史料からは、スイスが如何に多様な経済的役割――買い手、売り手、債権者、債務者、仲介者として――アーリア化に関わったかが浮き彫りとなる。Spuhler, Gregor / Jud, Ursina / Melchiar, Peter / Wildmann, Daniel [2002]（独立専門家委員会叢書第 20 巻）を参照。
14) 以下の叙述については、Straumann, Lukas / Wildman, Daniel [2001]（独立専門家委員会叢書第 7 巻）、第 3 章を参照。
15) Geigy-Archiv, BG6, J. R. Geigy A. G. an Reichszeugmeisterei, 日付を欠いた複写。
16) Geigy-Archiv, BG6, Koechlin an Sichting, 11. Juli 1934.
17) Geigy-Archiv, VR 4/10,（おそらく取締役会議長 Albert Mylius からの），C. Geigy-Hagenbach 宛書簡。1940 年 10 月 26 日付。Waibel, Wilhelm J, [1997]、57 頁以下。
18) Österreichisches Staatarchiv, Archiv der Republik, Vermögensverkehrsstelle, Kt. 361 (Fall Perlmooser), Bd. I, f. 48, Schreiben Dr. Edler an das Hauptamt für Technik in der Reichsleitung der NSDAP, z. H. Pg. Dr. Link（München）、日付無し。
19) Archiv Schweizerischer Versicherungsverband （SVV), Schatel 11, Dossier "Deutschland, Ariergesetzgebung", Basler Feuer an SVV, 19. Juli 1938 und 18. August 1938（傍点の強調は原文〔イタリック〕による）。
20) Archiv Schweizer Rück, Bestand Schweiz Allgemeine, Protokoll Ausschuss Verwaltungsrat, 29. Juli 1938.
21) Bourgeois, Daniel [1998].
22) Muser, Alfred [1996]、84 頁。
23) BAR/FA, E 2001 (D) 2, Bd. 38, Visumsantrag der Brüder H. und M. Villiger vom 20.

Februar 1941.
24) 以下の叙述については，Karlen, Stefan / Chocomeli, Lucas / D'haemer, Kristin / Laube, Stefan / Schmid, Daniel［2001］（独立専門家委員会叢書第12巻）4.3を参照。
25) Archiv SVV, Schatel 11, Dossier "Deutschland, Ariergesetzgebung", EPD, Abteilung für Auswärtiges an SVV, 22. November 1938.
26) BAR/FA, E2001（D）-/2, Bd. 100 EPD an Eidgenössische Versicherungs-AG, 10. März 1939; Notiz "Eidgenössische Versicherungs A. -G. in Zürich", 日付無し。
27) Straumann, Lukas / Wildman, Daniel［2001］（独立専門家委員会叢書第7巻），第5章を参照。
28) Roche-Archiv, PE. 2. BAE-101053b, Bericht No. 810, Dr. E. Barell, Besuch in Berlin vom 2. Juni 1933, 3頁。
29) Straumann, Lukas / Wildman, Daniel［2001］（独立専門家委員会叢書第7巻），第6章を参照。
30) MAK, 1529a/20, Tabelle 3, Verfügungen, Rundschreiben, 4. April 1933
31) Ruchs, Christian / Reis-Liechti, Myriam / Peter, Roland［2001］（独立専門家委員会叢書第6巻），第3章。
32) Bajohr, Frank［2000］, 23-25頁以下。
33) Ruchs, Christian / Reis-Liechti, Myriam / Peter, Roland［2001］（独立専門家委員会叢書第6巻），第3章。
34) Österreiches Staatsarchiv, Archiv der Republik, Vermögensverkehrsstelle, Kt. 626, Stat. 3540, f. 4
35) Spuhler, Gregor / Jud, Ursina / Melchiar, Peter / Wildmann, Daniel［2002］，独立専門家委員会叢書第20巻。
36) 以下については，Karlen, Stefan / Chocomeli, Lucas / D'haemer, Kristin / Laube, Stefan / Schmid, Daniel［2001］（独立専門家委員会叢書第12巻）5.1.2，および，Perrenoud, Marc / López, Rodrigo / Adank, Florian / Baumann, Jan / Cortat, Alain / Peters, Suzanne［2002］（独立専門家委員会叢書第13巻），および本書4.7も参照。
37) Archiv Schweizer Rück, Berichtssammlung Verwaltungsausschuss Bd. III, Aktennotiz "Der Anker: Wien, Besuch vom 16. und 17. März 1938 der Herren Generaldirektor Bebler und Doktor Froelich", 21 März 1938, 10頁。
38) Archiv Der Anker, Bericht des Vorstandes über das III. Quartal 1938, 2頁。
39) Archiv Schweizer Rück, Protokoll Sitzung Verwaltungsratsausschuss vom 29.3. 1938. 23頁。スイス再保険会社のTeam Historyによる次の文書も参照。"Deutschlandreport: Die Geschäfte der Schweizer Rück in Nazi-Deutschland", Oktober 1999, 44頁。
40) Österreiches Staatsarchiv, Archiv der Republik, Vermögensverkehrsstelle, Sammelstelle A, Ordner 164-1999（"Meldungen Handel"）, Nr. 199, Verzichtsurkunde unnterzeichnet von Hugo Gänsler am 29. März 1947. Spuhler, Gregor / Jud, Ursina / Melchiar, Peter / Wildmann, Daniel［2002］,（独立専門家委員会叢書第20巻）も参照。
41) BAR/FA, E 2400, Wien, Bd. 361, Geschäftsbericht des Schweizerischen Generalkonsulates in Wien für das Jahr 1938, 34頁。
42) 以下の，バリーとネスレ，およびその他のオーストリアでの多数の事例については，Spuhler, Gregor / Jud, Ursina / Melchiar, Peter / Wildmann, Daniel［2002］Ö.（独立専門家委員会叢書第20巻）を参照。）
43) Österreiches Staatsarchiv, Archiv der Republik, Vermögensverkehrsstelle, Kt. 626, Stat. 3540, f. 7, Schreiben Zinsler an den Reichsstatthalter（österreiche Landesregierung）, Preisbildungsstelle, 22. April 1938
44) Österreiches Staatsarchiv, Archiv der Republik, Vermögensverkehrsstelle, Kt. 626, Stat. 3540, f. 2. バリー・ヴィーン製靴株式会社からN. S. B. O. 第四管区事務所に宛てたヴィルトボルツの署名入り書簡。Kreisführung IV der N. S. B. O., Wien, 4. Mai 1938
45) Österreiches Staatsarchiv, Archiv der Republik, Vermögensverkehrsstelle, Kt. 626, Stat. 3409, f. 16, Generalprotokoll vom 8. September 1938 betreffend ein übereinkommen zwischen Roman Schombacher und der Bally Wiener Schuh AG.
46) Rechtsanwalt Dr. Engelbert Zinsler, Wien 4, Operng. 11, an Geheime Staatspolizi,

Abteilung II H, 13. September 1938
47) これを示す興味深い事例は，いわゆる「戦争日記」[Kriegstagebuch] である。また，国ごとに区分し，さらに戦争リスク（すなわち戦災等による損害の分析等）と経済政策的リスク（送金規制などのために未収債権が取り戻せなくなる等）に分けてこれを数値化したリスク分析も，同じくこうした関心を示している。
48) Bally Archiv, Direktionsprotokolle Nr. 295, 20. Juni 1938, および Nr. 341, 29. September 1938.
49) Bally Archiv, Jahresbericht C. F. Bally A. G. 1940/41.
50) Österreiches Staatsarchiv, Archiv der Republick, Vermögensverkehrsstelle, Ha 503/a, Kt. 251, f. 61f.: "Betrifft: Arisierung der Firma Altmann & Kühne, Süsswarenhandel", o. D., gez. Strobl. （傍点の強調は原文〔イタリック〕による）．
51) österreiches Staatsarchiv, Archiv der Republick, Vermögensverkehrsstelle, Ha 503/a, Kt. 251, f. 73, Wolfgang Mühr, komm. Verwalter von Altmann & Kühne, an Pg. Eduard Strobl. 16. August 1938.
52) Archiv Historiques Nestlé, Rapport de la direction générale au conseil d'administration, séance du 8 septembre 1938/acte 2511.
53) Archiv Historiques Nestlé, SA-A 108 Ofx, Notiz, 日付無し, 3頁。1945年6月12日付のH. Schenk からの手紙に言及しての文言。
54) Spuhler, Gregor / Jud, Ursina / Melchiar, Peter / Wildmann, Daniel [2002]（独立専門家委員会叢書第20巻）．
55) 保険会社の投資政策については，Karlen, Stefan / Chocomeli, Lucas / D'haemer, Kristin / Laube, Stefan / Schmid, Daniel [2001]（独立専門家委員会叢書第12巻）を参照．
56) 以下の叙述に関しては，Perrenoud, Marc / López, Rodrigo / Adank, Florian / Baumann, Jan / Cortat, Alain / Peters, Suzanne [2002]（独立専門家委員会叢書第13巻），Kapitel 5 を参照．
57) Straumann, Lukas / Wildman, Daniel [2001]（独立専門家委員会叢書第7巻），第6章を参照．
58) 以下の叙述に関しては，Perrenoud, Marc / López, Rodrigo / Adank, Florian / Baumann, Jan / Cortat, Alain / Peters, Suzanne [2002]（独立専門家委員会叢書第13巻），第5章を参照．
59) Archiv UBS, Bestand SBG, 12000002601, Mappe 35, XVI M 144a, Notiz vom 4. Juni 1941.
60) Archiv UBS, Bestand SBG, 12000002601, Mappe 35, XVI M 144a, Bührle an Schaefer, 3. Oktober 1941.
61) BGE 64 II 88; Lüchinger, Rechtssprechung, 2001.
62) BAR/FA, E 2001 (D) -/2, Bd. 207, Rundschreiben des Verbandes Zürcherischer Kreditinstitute vom 13. Mai und 14. Juli 1938. Lussy, Hanspeter / Bonhage, Barbara / Horn, Christian [2001]（独立専門家委員会叢書第14巻）も参照．それに対し，フランス，ハンガリー，チェコスロヴァキアの銀行は，ライヒ経済省の要求に対してはるかに協力的であった。Österreiches Staatsarchiv, Archiv der Republik, 04（Bürkelmaterie）, Kt. 89, 2160/00 Bd. II, Reichswirtschaftsministerium an Auswärtiges Amt u. a., 11. Februar 1939.
63) BAR/AF, E 7160-01 (-) 1968/223, Bd. /vol. 349, Jahesbericht der SVSt 1939, 38頁以下．
64) BAR/AF, E 7160-06 (-) 1976/68, Bd. /vol. 409.
65) Österreiches Staatsarchiv, Archiv der Republik, 04（Bürkelmaterie）, Kt. 89, 2160/00 Bd. II, Reichswirtschaftsministerium an Reichsskommissar für die Wiedervereinigung österreiches mit dem Deutschen Reich, 23. Februar 1939.
66) Bundesarchiv Berlin, R 87, 92. Zivilprozesse im neutralen Ausland, Aufzeichnung über die Besprechung im Auswärtigen Amt, 7. Oktober 1942.
67) Haldemann, Frank [2001]（独立専門家委員会叢書第18巻）．
68) Spuhler, Gregor / Jud, Ursina / Melchiar, Peter / Wildmann, Daniel [2002]（独立専門家委員会叢書第20巻）．
69) Haldemann, Frank [2001]（独立専門家委員会叢書第18巻）．
70) オーストリア併合に伴って，オーストリアでもドイツの外国為替法が適用された。1938年3月23日の「オーストリアに関する外国為替法」は，全ての居住者（いわゆる外国為替上の内

国民［Deviseninländer］）は，在外資産・有価証券について報告するよう強いられた。それ以降，多くのユダヤ人を含むオーストリアの顧客は，彼らがそれまでスイスの銀行の管理に委ねていた資産を，ドイツもしくは旧オーストリアの外国為替銀行に移さねばならなくなった。Bonhage, Barbara / Lussy, Hanspeter / Perrenoud, Marc［2001］（独立専門家委員会叢書第 15 巻），3. 3 参照。

71）以下の叙述については，Haldemann, Frank［2001］（独立専門家委員会叢書第 18 巻）を参照。

72）これに続く段落の引用文は，マイヤーとグッゲンハイムが会合に関して作成した議事録からの抜粋である。Archiv für Zeitgeschichte, SIG, Bestand zu Rechtsschutz für Schweizer Juden, Dossier Verordnung der Vermögensanmeldungen deutscher Juden beziehungsweise deren Gültigkeit für Schweizer Juden im Ausland, Faszikal "Besprechung im Bundeshaus". Haldemann, Frank［2001］も参照。

73）Unabhängige Expertenkommission Schweiz — Zweiter Weltkrieg［2001a］, 3. 1. 本書 3 章も参照。

74）BAR/AF, E 1004. 1 (–) 413, Protokoll des Bundesrates vom 29. September 1941, Nr. /no. 1502. Haldemann, Frank［2001］（独立専門家委員会叢書第 18 巻）も参照。

75）Spuhler, Gregor / Jud, Ursina / Melchiar, Peter / Wildmann, Daniel［2002］（独立専門家委員会叢書第 20 巻）。

76）BAR/AF, E 2001 (C) -/4, Bd. /no. 130, Bonna an Schweizerische Gesandtschaft Berlin, 4. Dezember 1935. ポルゲスの事例については，Haldemann, Frank［2001］（独立専門家委員会叢書第 18 巻）も参照。

77）〔在外〕スイス人からの財産剥奪の問題についての最初の本格的な研究は，Winiger, Stefan［1991］である。個別事例についての分析については，Perrenoud, Marc［1992］; Speck, Anton-Andreas［1998］を参照。また Ludi, Rgula / Speck, Anton-Andreas［2001］も参照。

4.11 各種の文化財の流出・取引・略奪

休眠資産とナチス金塊取引をめぐる 1996 年の議論の直後に，ナチスが略奪した美術品の行方の問題が，浮かび上がってきた。これは，すでに終戦直後の時期にスイスで議論となっていた問題であった。金融資産の中で金塊に与えられた伝説的な地位と同様の位置を，文化的な有価物の中で占めているのは，有名な画家による絵画である。独立専門家委員会への調査委嘱の内容を特定した 1996 年 12 月 19 日の連邦内閣決議は，芸術作品・宝飾品取引，略奪品取引の規模とその意味，ならびにそれら有価物の出所がどの程度知られていたのかという問題を，〔調査対象として〕具体的に列挙していた。

しかし，ナチス体制期のスイス芸術品市場が果たした国際的な役割に関する視点は当初は極めて狭く，たった一つの問題が取り上げられたに過ぎなかった。その問題とは，1939 年 6 月にルツェルンのフィッシャー画廊によって組織された「頽廃芸術」［entartete Kunst］の有名なオークションである[1]。この画廊の所有者であるテオドール・フィッシャーは，その後，ポール・ローゼンベールが有していたパリ・コレクションの所有品を売買した。これらの各取引や，これをめぐって 1945 年以降になされた訴訟は，こうした問題が俄然注目を浴びるようになる中で 1998 年に出版されたトーマス・ブオンベルガーの本の，中心的な主題をなしていた★1。このブオンベルガーの研究は，他の事例にも光を当てており，以下の叙述にとって重要な先行研究といえる[2]。

定義の問題　文化財とは何か。また略奪とは何か。

　従来の研究の多くは，もっぱら古典的な意味での芸術作品に焦点を当ててきたが，スイスおけるナチス犠牲者の資産についての近年の文献は，芸術作品を，1945年のいわゆる〔連邦内閣〕略奪財決議［Raubgutbeschluss / arrêté sur les biens spoliés］が想定していた各種資産の一類型としてのみ扱っていた。そのため，有価証券の返還に比して文化財の保全は軽視されてしまった[3]。そこで我々の研究では，文化財［Kulturgüter / biens culturels］という概念を広く定義する。例えば，高価な絨毯や家具，コインや切手の蒐集品，ダイヤモンド等をも含める。とはいえ，史料上の制約から，我々の調査もまた比較的記録が残されている絵画やその他のグラフィック・アートにその対象を限定せざるをえない。宝飾品は，質量に比して価格が高く，重量の点でも扱いが容易な略奪品であることから，単なる原石とは区別して，これもまた「略奪芸術」に含める必要があるが，しかしこれも史料が乏しく，わずかな調査が実現したに過ぎない[4]。もう一つの重要な範疇である広い意味での楽器と音楽関連の品々——楽譜からレコード盤まで——については，ここでは扱わない[5]。他方，略奪された書籍と原稿については，個別の事例のみが，把握できた。略奪された芸術品の多くは唯一無二のものであり，他のもので代替することができない。それゆえこれらは，所有者にとっては金では償えないものであり，個人的な愛着や個人史上の価値と結びついている。

　文化あるいは芸術という概念も，略奪［Raub / spoliation / looting］という概念に比するならば，定義はずっと簡単である。略奪とは何だろうか。窮状［Zwangslage / situation de contrainte / distress］につけ込むこと，強要すること［Nötigung / contrainte / coercion］，足下をみること［Übervorteilung / désavantager un tiers à son profit / overreaching］とは何を指すのであろうか。国や言語，時期によって，異なった言葉が用いられてきたし，現在でも用いられている。1943年1月のロンドン宣言は，「それらの移転もしくは取引が，公然たる略奪・強奪の形をとっている否かにかかわらず」，また「自発的になされた売買であると称され，外見上，形式的には合法的な取引」をも対象に，警告を発していた[6]。「休戦研究のための連合国委員会」［Comité Inter-allié pour l'Etude de l'Armistice］は，フランス語のspolié〔略奪品〕に厳密な定義を与えようと苦心したが，うまくいかなかった[7]。〔フランスの〕マテオリ調査団は★2，2000年に，ドイツ人による違法な接収を意味する語としてspoliation〔略奪〕を宛て，ドイツ語からの連想でフランス人によっても用いられていたpillageという語を退けた[8]。スイスでは，1945年の立法に際して「奪われた諸資産」［weggenommene Ver-

---

★1 ナチスによる美術品の略奪については，このブオンベルガーの著書に先立ち，リン・H・ニコラス（Lynn H. Nicholas）による研究が1994年に英語で公刊されており，全米批評家協会賞を受賞するなどして国際的に注目が高まっていた。これは高橋早苗によって2002年に日本語に訳されているが（ニコラス，リン［2002］），これはこの主題に関する邦語文献としては依然として最も包括的なものである。なお独立専門家委員会の報告書は，本節原注1にあるように，このニコラスの著書をも検討した上で，作成されている。

mögenswerte / biens enlevés〕との表現が用いられた[9]。しかしスイス連邦裁判所は，1945/46 年に，後に「略奪財法廷」［Raubgutkammer］として知られることになる「略奪財訴訟小法廷」［Kammer zur Beurteilung von Raubgutklagen / Chambre pour l'examen des actions en revendication des biens spoliés］を設立し，略奪財［Raubgut / biens spolié］の用語を用い，これはその後，一般にも用いられるようになった。これらの単語の意味内容は，部分的には互いに一致するが，一部は異なる。英語では，transaction under duress（迫害によって生じた窮状の下での売却〔独語版の訳。英文の意をそのままとれば「強迫下での取引」〕），confiscation（有償もしくは無償での接収［Beschlagnahmung / confiscation］），それに looting（本来の意味での略奪［Raub / spoliation］）の表現が，使い分けられている。これら全てを包括する概念としては，ドイツ語では Entziehung〔剥奪，この独語に対する仏語版訳語は spoliation，英語版訳語は expropriation〕の語が用いられる。こうした幅広い定義の視点では，1939 年から 1945 年の期間のみが問題になるのではなく，早くも 1933/35 年以降には，こうした概念に該当する事態が生じていた[10]。ナチス政権の初期や，とりわけ開戦までの時期には，間接的な，一見合法的体裁をとった——例えば強制的な売却や，出国料といった——剥奪がもっぱらであった。しかしその後，また戦時期には，ライヒ指導者アルフレート・ローゼンベルク特捜隊［Einsatzstab Reichsleiter Alfred Rosenberg, ERR］や，外国為替防衛隊［Devisenschutzkommando］といったナチス組織による，接収もしくは公然かつ直接的な略奪や強奪の事例が，いっそう頻繁となった[11]。略奪［Raub］について述べることが如何に困難であるかは，リンツ総統美術館やゲーリングのカーリンハル〔私邸〕などの，ナチス体制の不法性を最も端的に示す蒐集品が示している。両施設は，その絵画の大部分を，公式的にはまったく合法的に取得していたが，しかしその際，出所の怪しい資金が用いられていた。また取得に先立って作品の所有者が代わっていたが，そうした所有の移転は合法的ではなかった。

　個々の事例に分析を加えながら叙述することで，どのような条件の下での如何なる種類の取引の結果，略奪された美術品が美術品市場に出回ったのかを明らかにすることができる。またいくつかの事例を手掛かりに，市場の性格を明らかにすることもできる。さらに中継拠点としての性格を強調する場合にも，これらの分析によってターンテーブルというべきものの性格が明らかになろう。以下はあくまで事例であって，可能性を示

────────
★2　1997 年 2 月に当時のフランス首相，アラン・ジュペによって設置された組織。正式名称を「フランスユダヤ人の強奪被害についての研究調査団」［Mission d'étude sur la spoliation des Juifs de France］といい，その代表者の名前をとって「マテオリ調査団」と呼ばれた。1995 年，当時の大統領ジャック・シラクが公式にヴィシー政権の対独協力を認めたことを契機に，フランスでも収容所送りになったユダヤ人の財産略奪の問題がクローズアップされるようになったことが，この調査団設置の背景となった。この調査団は，世界ユダヤ連盟の長であるアディ・ステッグ（Ady Steg），ユダヤ長老会の長のジャン・カーン（Jean Kahn），歴史家のフランソワ・フュレ（François Furet）らによって構成され，研究調査の結果は 2000 年，報告書の形でまとめられた。その内容については武井彩佳［2008］，58-66 頁の叙述も参照。

唆しようとするに過ぎず，全てがその種の取引だったと主張するものでも，またそこから直接に判断を引き出そうというものでもない。世論は，当然ながらどのくらいの規模の取引があったかに関心を寄せている。そのためここでも，可能な限り規模に関する推測を試みる。しかしながら，そうした数字では，現実についてはごくわずかのことしか伝えられないことも，強調されるべきである。

主要な関係者　売買業者と蒐集家

　売買業者［Handler / marchant］と蒐集家［Sammler / collectionneur］は，売買業者が蒐集も行い，また蒐集家もまた売買に従事するため，多くの場合区別できない。また特殊な範疇として，第三者のために売買を行う信託業者［Treuhändler / fiduciaire］と銀行がある。銀行は美術品を金庫で預かり，あるいは場合によってはこれを代理販売する。保税倉庫［Zollfreilager / port francs］の経営者は，他の関係者にとってインフラストラクチャーとなるサービスを提供するに過ぎず，自身が取引主体となるわけではない。特殊な――かつ史料に特に記録が残されている――のは，公的な博物館・美術館である。これらは作品を購入・蒐集するが，またこれらを預かることもあり，また例外的な事例では，第三者の代理人としても活動する。

　これらの業種のそれぞれについて，十把一絡げに論ずることは不可能である。というのも，これら関係者の役割のみならず，その個人的な態度もまた決定的であるからである。芸術品売買という分野で普通にみられる行動様式については，市場に出回る作品とその価値にのみ関心を抱くという点では総じてビジネスライクであって，今日期待されているような，売り手の窮状への配慮といったものはほとんど無かったということができよう。したがって，彼らの行動の意図ではなく行動の結果が，迫害を受けた人々に対する配慮や冷遇を意味したのである。すでに述べたように，これまでの歴史書では，もっぱらルツェルンの画廊所有者であるテオドール・フィッシャーが取り上げられてきた。我々は当初，非常に有名な事例について個人の行動を描いてきた従来の研究を相対化しようと考えたが，結局，フィッシャーの役割は，これまで考えられてきた以上に重要であったと結論するに至った。スイス人による「リンツ総統美術館」からの購入の90％以上，すなわち総額56万9545フランに上る148点の絵画・デッサンが，フィッシャーの画廊を介して購入されたものだったのである。そのうち大部分の作品は，もともとはユダヤ人が所有していたものであった。またゲーリング・コレクションがスイス人美術商から購入した76点の絵画・デッサン，ゴブラン織，家具，造形美術品のうち，フィッシャーは36点を仲介していた。これに比例して，迫害によって所有品を手放さなければならなかった売り手にとっても，フィッシャーは重要な存在であった。その他，迫害の対象ではないドイツ人美術商がそうした美術品を購入し，直接あるいは間接にスイス人美術商に転売することで，略奪された美術品がスイスに持ち込まれた可能性もある。総じて，所有権を剥奪されたユダヤ人の蒐集品は，もっぱら美術品売買という

形で，スイスへ持ち込まれたのであった。

歓迎されざる亡命美術商と，歓迎された市場効果

　スイスが次第に国際的な美術品取引の中心地となっていったのは，とりわけ，ドイツから亡命した美術商の多くが，スイスに居を構えたからであった。ユダヤ人蒐集家・美術商は就業を禁じられ，その蒐集品の全てあるいは一部を売却しなければならなくなった。しかし亡命先のスイスにおいても，「地元」業者を守るためにやはり制限が課された。1935年11月，本書で取り上げたルツェルンの画廊店主テオドール・フィッシャーは，ドイツからの亡命者のスイス定住に対する反対を表明し，その理由について以下のように述べた。

　「とりわけ戦時下にある現在の状況においては，当該案件は絶対に却下されねばならない。［…中略…］この個別案件は，ドイツからの亡命者による今後の申請にとって，危険な前例となりかねない。早くもナタンは，手当たり次第にスイスの親族にあたっているが，これら亡命者は皆，ナタンと同様の状況にあるからである」12)。

　開戦前に，250人の美術史家のうち85%が外国へと亡命したが，そのうちスイスに移住したのはわずかに17人，すなわち8%のみであった。この数字はとるに足りないようにみえるが，これらの人々の影響力は，その数に比してきわめて大きかった。十数人の美術商が，短期あるいは長期にわたり，スイスに居を構えた（フレヒトハイム，ファイルヒェンフェルト，ローゼンタール，ナタン，カリル=ニーレンシュタイン，ブルムカ，カッツ他）。スイスに流入した専門知識を測定し数値化するのは困難である。フリッツ・ナタンは，これらのスイスに亡命した美術商の中でも，オスカー・ラインハルト，エミール・G・ビューレの大規模な個人コレクションに対する売り手としては，最も重要な存在であった。スイス美術商協会［Kunsthandelsverband / Association du commerce de l'art］の元会長でバーゼル出身のヴィリー・レーバーは，美術品売買に対する亡命者によるインパクトについて，以下のようにコメントしている。

　「スイスで新たに商売を始めた幾人かの美術商が，過去30年の間に美術品売買をどれほど盛んにし，またスイスの美術品コレクションをどれほど豊かにしたかを，我々は目の当たりにしてきた。しかし他方で，「美術商」と称するある種の外国人の悪辣な陰謀によってどれほど甚大な損害が生じるかについても，——他のどこよりも——みてきたのである」13)。

　移民流入によるプラスの「副産物」に対する評価は，遺憾なことに多数の部外者が美術品取引に従事しているという発言によって割り引かれている。

　「これらは皆，一攫千金を狙って，たいていは怪しげな前職から美術品売買に転じた連中だが，何の知識も持たないというのに，ただその厚顔無恥さのためだけで，うまくやっている」14)。

　1933年以降，ユダヤ人の蒐集品の一部は，まだ一つの作品も接収されていないうちか

ら，市場に流入してきた。ユダヤ人が所有していたそれらの美術品の売買では，当然ながら，スイスに亡命した美術商が中心的な役割を演じた。彼らは，その個人的な運命の結果，ドイツとスイスの美術品市場の仲介者となるべく定められていたのである。これらの人々は迫害を受け，困難な状況の下にあった。しかしそれにもかかわらず，これら美術商が少なくとも1938年まではしばしばドイツに旅行し，国内にとどまった親族を訪ね，あるいは蒐集品の売却を考える蒐集家との関係を維持していたという事実は，見逃されるべきではない。この点は，フリッツ・ナタン，ヴァルター・ファイルヒェンフェルト，アルフレート・フレヒトハイム等，多数の美術商について史料によって確認される。

信託業者と銀行

　銀行や信託会社は，当初，美術商や蒐集家といった第三者に対してサービスを提供したにとどまった。しかしこれらも，純粋に営業上の関心から，この分野で積極的に活動し自ら売買に携わるようになった。有名な例としては，チューリヒに立地する「フィデス信託合同」がある。これは1928年以降，クレディ・スイス銀行，すなわち現在のクレディ・スイス・グループ（CSG）の子会社となっていた。今日，単に第三者の代理で売買をしていたに過ぎないとの理由で，原則的に如何なる責任をも否定する議論があるが，同社は，1934年から1943年に至るまで，美術品取引に関する限り活発に，自ら進んでそのサービスを提供したのであり，それにより，ユダヤ人所有の美術品や「頽廃芸術」の売買を活発化させたのである。同社は，ドイツで封鎖されていた800万ライヒスマルクの貸付資産を，ドイツへの再投資や，第三者の代理としての輸出購買〔ドイツからの商品輸入と現地封鎖資産を用いたドイツでの購入代金支払〕で圧縮しようとした。また同じくクレディ・スイスの子会社であるスイス土地信用銀行も[15]，美術品分野でフィデスが果たした役割に相当するような取引を行っていた。ドイツやスイスのメーカーと協力して，スイスに輸入する鉄や金属板を購入していたのである。フィデスの活動は，五つの分野に分けることができる。①すでに接収されたいわゆる「頽廃芸術」の売却を，ドイツライヒの外貨獲得のために独占化しようとする試み。②ドイツの美術館からフランス印象派の作品を他に移す試み。③ドイツの美術商による外国美術商への販売に対する支援サービス。④「ユダヤ・オークション」での，第三者の代理としての文化財の購入。⑤ドイツライヒからスイスの文化施設への文化財の移転の仲介。同社の主体性は，1938/39年に『ヴェルトクンスト』誌に掲載された広告などからも明らかである。この広告では，フィデスは，「外国のお客様に，あらゆる種類の芸術作品のドイツからの輸出」サービスを提供すると謳っていた。また同社の美術部長であるフランツ・ザイラーの行動も同様であり，彼は，1935年にベルリーンの〔旧〕ナショナル・ギャラリーに対して，恥知らずにも，どの芸術品を除去すべきかという助言を行っていた。ベルリーン・ナショナル・ギャラリーの館長であったエバーハルト・ハンフシュテンゲ

ルは，1935 年 11 月の報告ではっきりと述べている。「ザイラー博士はナショナル・ギャラリーにあるこれら芸術家の作品の全てをリストにした。すなわち，ギャラリーが所蔵する最も貴重で他のものには代えられない外国芸術作品のリストである」16)。

どれだけの略奪品が銀行で保管されたのかについては，史料の不完全さと欠落のために確定し難い。銀行の施錠された貸金庫の中身を知ることのできるような書類はほとんど存在しない。公証人立会いの下で，「休眠」貸金庫や預託金庫が強制的に開けられたが，戦後直後の調査でも近年の再調査においても，絵画が出てくることは希であった。独立専門家委員会は，銀行が特に 1960 年代・1970 年代に投資を始めた美術品蒐集品について，独自の調査を行うことはできなかった。銀行が自ら行った調査では，「略奪絵画」は見つからなかった。また，預託品もしくは担保物件として保管されているものの，いわゆる休眠状態になっているごく少数の絵画についても，持ち主が判明するということはなかった17)。

市場と価格

他の市場と同様，美術品市場でも，競争的な条件の下であるが，所有権の移転が可能となる。この市場は，実在の場であることもあるが，単に仮想的な空間であって，売り手と買い手が出会う場であったり，また取引主体が現物を交換するために出会う場であったりすることも，希ではない。商品の出所が怪しげな場合には，これはブラック・マーケットの性格を帯びるが，転売すれば，その後に問題とされるのはこれら仲介者の素性のみであるので，作品は怪しげなものとは見なされない。他の市場同様，1933 年から 1945 年の美術品市場は両義的な性格を帯びていた。これは一方では，資金を必要としている人々を助けた。他方，その価格は，資金を有し迫害に脅かされているわけでもない買い手の主導で決定された。売却は，その他の〔特殊な〕条件の下でなされた。どの通貨でいくら支払うのか，また各種の両替条件のうちどれが適用されるかも，問題となった。クリアリング制度の対象となるか否か，対象となる場合には如何なる条件が適用されるかは，取引の重要な要素であった18)。通常のケースでは支払いは所有権の移転の結果であったが，フィデスの行動が示すように，所有権の移転が，所有資産を処分しようとする努力の結果に過ぎないこともあった。問題のこの時期には，美術品市場では所有者の変更はとりわけ頻繁であったようである。売り手の数は増えたが，買い手は減っていった。これは，1933 年以降に初めて起こったことではなく，それ以前から，恐慌のためにみられた傾向であった。しかし供給の増加が，たとえ突出した規模でなくとも〔市場に〕大きな影響を及ぼしたことは，価格水準の低さから確認できる。価格の最良の指標はオークションによる収入である。というのもこれは開かれた市場であって，最も広く関心を喚起するからである。

多くの事例から，すでに低水準にあった価格が，美術館を含む買い手によってさらに押し下げられ，人々がそれを当然のことと感じていたことが確認される。さまざまな点

からみていわくのつきそうな美術品の売買は，通常の文化財取引の相当部分を占めており，かつこれらの多くは，特に問題ないと考えられていたのである。当時の美術品市場は，個人所有の保護といった伝統的な規範や，戦争の進展に伴って次第に確立していった新しい人道的な規範には，そぐわないものであった。一部のディーラーや絵画所有者による洞察や理解を欠いた行動，しかもこれが，1946年から1952年の連邦裁判所での返還訴訟の時期にもみられたこと，そしてこれに関するいくつかの最高裁判決の内容は，おそらく当時の人々にとってさえ驚きであり，今日の視点ではなおさらそうである。

国家と法律

国家の名において行動する人々も，当然のことながら，たとえ二次的な役割にとどまったとはいえ，こうした取引と関係していた。この，我々にとって興味深い国家の責任という主題においても，十把一絡げの議論は控えねばならないが，込み入った民間の美術品取引に比すれば，一般化して論ずることが容易である。結論からいえば，国境を跨ぐ美術品取引は，その多くが，当局が把握しうる範囲で行われていた。というのも，こうした取引には，かなりの官僚主義的な手続きを要したからである。スイス清算局は，多くの売買に関わっており，しばしば，例外的な優遇措置——クリアリング義務の免除——を，ユダヤ人亡命者や，ナチスのコレクションに対して認めていた。

国家の名において行動する官僚は，法体系に従っていたが，しかし同時にスイスの経済的な利害にも動機づけられていた。経済的な意味についての評価は，1935年5月のクリアリング委員会による所見にはっきりと記されている。

> 「スイスは通過国であり，外国人の往来が激しく，国際的な美術品取引で無視しえぬ地位を占めている。そのため，スイスの美術品取引企業によって開催されるオークションは，常に非常に多数の美術商や愛好家を惹きつけている。ドイツ〔からの参加者〕は，そこで最も大きな割合を占めてきた。〔しかし〕ドイツ＝スイス清算協定の発効や，それによってスイスを原産国としない商品に対する支払いが難しくなったことで，ドイツの買い手は，事実上これらのオークションから姿を消してしまっている」[19]。

1939年6月の有名なルツェルンでのオークションを，当局は，経済全体に寄与するものと位置づけていた。オークションの後には，以下の評価がなされた。

> 「クリアリング義務を免除することによってオークションを実現したことは，経済全体の観点からみて，スイスにとっては直接にも間接にも，良いことばかりであった」[20]。

連邦官庁（連邦政務省，連邦内務省，連邦司法・警察省，スイス清算局）や下級・上級審の各裁判所は，こうした美術品の取引に関する法的規定が不十分か，あるいはまったく存在しないということに，当然気づいていたはずである。しかし国は，法改正の必要性があるとは考えなかった。当局は，長い間手をこまねいた挙げ句，国外からの圧力を受けて初めて，1945年12月に，2年の時限を付した特別法を大慌てで制定した。その結果，ナチス組織によってフランスやオランダで接収された70を超える絵画やデッサンが，スイスで販売され，もしくは「しかるべき美術品」と交換されたことが，判明した。これらの品は，──訴訟が提起された場合には──いわゆる「略奪財政令」によって，スイス人の購入者が「善意の取得」[gutgläubiger Erwerb / acquisition de bonne foi]であったことを証明できたとしても，〔本来の〕所有者に返還されねばならないとされた[21]。

1933年から1945年の間に，文化財の流出入を規制するために三つの措置が講じられた。1935年4月23日の連邦内閣政令，1938年3月17日の政令，ならびに1944年5月25日のコミュニケである。これらはすべて，国内にいる文化財・美術品の購入者を保護するためのものとみることができる。略奪された美術品の流入の問題に触れていたのは最後の措置のみであった。このコミュニケによって，「目下の状況に鑑みて，外国に由来する美術品を購入する際には，種々の理由からして，細心の注意が払われねばならない」[22]と指摘されるまでは，出所の問題はまったく主題となっていなかった。しかしこのコミュニケも，ナチスの支配体制による没収が，違法行為とみなされるようになったということを意味したわけでない。民法典の原則がナチス犠牲者の本来守られるべき利益に反しているという認識は，スイスにおいては，ようやく終戦の頃か，あるいは戦後になって，しかももっぱら連合国によるスイス政府に対する圧力によって，初めて広まったのであった。ここに至ってようやく，──美術商やスイス銀行家協会の抵抗を抑え込んで──スイス民法の原則である善意の取得に対する保護を，時限付きで撤廃したのである。連邦内閣は，1945年12月10日，「戦時占領地域から持ち出された資産の返還に関する訴訟」に関する連邦内閣政令，〔上述の〕いわゆる略奪財政令を定めた。

国際情勢

スイスの美術品取引市場は，輸入ではドイツ占領地域，とりわけフランスと，また輸出では，1937年以降はとりわけドイツと，密接な関係にあった。ナチス体制の略奪・文化政策へのスイスの関わりは深くかつ多様であり，それにより，ヒトラーやゲーリングのコレクションは，古い時代の巨匠の主要作品や，ドイツ・ロマン派の重要な作品を多数含むに至ったのである。美術品・文化財は，さまざまな経路でスイスに持ち込まれた。第一に，逃避財として，それこそ亡命者の鞄に入れて持ち込まれたし，次いで，早くも1933年からドイツで行われていた強制売却の結果，流入した。そして最後には，

略奪財として流入したのである。この略奪財でも，占領地域で国家自身によって，もしくは国家の黙認のもとで行われた略奪から，個人による横領に至るまでの，きわめて多様な違法行為による略奪財と，ドイツ各地の美術館で1937/8年になされた「頽廃芸術」の没収によって生じた「合法的」略奪財とでは，性格が異なる。独立専門家委員会は，以下では，逃避財［Fluchtgut / beins en fuite / flight assets］と略奪財［Raubgut / beins spoliés / looted assets］とを区別する。逃避財とは，ナチスの手を逃れて，（ユダヤ人）所有者自らによってスイスに持ち込まれ，あるいはスイスを経由して運び出されたものであり，場合によってはスイスで売却されたものである。それに対してここでいう略奪財とは，「旧ライヒ領」もしくは「併合地域」や占領諸国から持ち去られ，あるいは接収されて，スイスで換金された文化財である。両方の範疇とも，売り手——彼らがドイツライヒにいるか，スイスに避難しているかには関係なく——の状況，すなわち非自発的にこれを売却したということをもって，定義される。「逃避財」も「略奪財」も所有権を重視した範疇といえるが，「頽廃芸術」という第三の範疇は，芸術の内容によって定義される。しかしこの三つの文化財範疇のいずれの場合でも，移転の理由は同一であり，すなわち，民族社会主義的な迫害・接収・略奪政策である。

　ドイツライヒ市場を介した1930年代初における文化財の「流出」は，ドイツのユダヤ人が所蔵するコレクションの全面解体へと帰結する流れの，第一局面に過ぎなかった。1938年には，ドイツ当局や党組織が，ユダヤ人の美術品コレクション——もしくはその残り——を組織的に接収し売却するという第二局面が，これに続いた。1939年には，「リンツ総統美術館」が設立された。1940年初のフランス，ベルギー，オランダへの攻撃時には，「ライヒ指導者ローゼンベルク特捜隊」（ERR）や，ライヒ外務省の「クンスベルク特別部隊」といった，その他の悪名高い「美術品略奪組織」が設けられた。こうした美術品略奪組織は，ドイツの拡張政策と内容的にも時期的にも連関しており，そのためこれらは，主としてドイツが占領した諸国で活動を行った。

　全面的な「剝奪局面」に関しては，ドイツ帝国の当局や美術館と，スイスの官庁その他の公的機関の間には，直接的な関係はまったく見出されない。それとは対照的に，スイスの美術館や蒐集家，美術商は，1939年の開戦時まで，ユダヤ人が所有していた美術品を，一部は直接に，「ユダヤ・オークション」の場で購入していた。例えば，テオドール・フィッシャー画廊は，エマ・ブッジ・コレクションから，いくつかの陶磁器を購入した。またバーゼル美術館長であるオットー・フィッシャーは，1933年から1937年に地元で，自ら，あるいは仲介者を通じて，グラフィック・アートを購入している。

　迫害に起因して売買が活発化した時期に，スイスでの美術品取引も拡大したようである。そうした時期には，その数量を調査し確定することは困難であるが，機をみて参入した素人による取引も盛んであったと推定される。予想に反し，高価な，したがって記録に残りやすい美術品に関しては，略奪財よりもはるかに多くの逃避財が記録に残されている。

逃避財の売買

ナチスによる迫害によって，合法的な所有者が自らそのコレクションをスイスに持ち込むという事態が生じた。逃避財の移転は，特に1930年代初めには大規模であった。これらの逃避財は，ユダヤ人の中でももっぱら裕福で文化的水準の高い人々によって所有されていたものだが，ヨーロッパ各国や海外に流出していった。国外移住に対する「略奪的課税」や外貨規制は，一気に導入されたのではなく段階的に強化されたので，輸出に伴う困難は，当初はそれほどではなかったのである。幾人かのユダヤ人蒐集家が移住先としてスイスを選んだのは，何よりも，1933年以前から彼らがスイスと関係を持っていたからであった。スイスの美術館は，これら蒐集家に対して，非常に魅力的な資産移転の機会を提供した。これら美術館は「ライヒ」からスイスへと美術品を難なく輸入しえたし，また蒐集家に対しては，美術展への出展貸与の形をとると確約したからである。絵画を売却する場合でも，輸入税は通常は買い手に課されたので，たいていは外貨に事欠いていたユダヤ人所有者にとっての負担は軽かった。貸与の形式をとる場合には，ドイツに居住する蒐集家は〔スイスへの〕輸入税のみならず，〔ドイツの〕国外移住税その他の支払いを免れることができた。というのもその場合，表向きは，恒久的な資産の移転や外国への売却ではないということができたからである。こうした条件のために，スイスの美術館は非常に魅力的な選択肢となった。

スイスの美術館が，1930年代や，特に第二次大戦中に逃避財の流入によって対価として得たのは，多数にのぼる無償の展示作品であった。第二次大戦中，ヨーロッパ全域で芸術品の貸借はほとんど不可能となっており，こうした逃避財のおかげで展覧会を開催し続けられるということには，大きな意味があった。バーゼル美術館，チューリヒ美術館，ヴィンタートゥール美術館を合計しただけでも，少なくとも1000点を超える絵画やデッサンを確保したのである。非ユダヤ人のコレクションからの貸与作品がわずかであったのに対し，ユダヤ人所有者からの貸与作品は多数に上った。そうしたものの一つに，銀行家であるフォン・デア・ハイト男爵のコレクションがある。彼は，早くも1930年にアスコーナ〔スイス，ティチーノ州〕に移住していた。「頽廃芸術オークション」を通じて流入したドイツ人芸術家・蒐集家の預託作品を含めると，1000点という貸与作品の数は倍増する。美術館に貸与されたこれらの大型コレクションの作品のうち，平均すると各1点から2点が，これらの美術館によって購入されている。

所有する芸術品を一品ずつ売却しようと望んだ，もしくはそうせざるをえなかったユダヤ人所有者にとって，これらの展覧会は格好の広告の場でもあった。公的な場で展示されれば，その作品は「美術館が認めた価値」によって販売上有利となり，知名度も上がる。これら逃避財の相当部分を売却したルツェルンの画廊店主であるテオドール・フィッシャーの場合には，展示会の開催直後にオークションを開くことがしばしばであった。フィッシャーは1933年から1945年★3の間に計47回のオークションを開催したが，「亡命者オークション」の最盛期は1939年から1942年であった。しかしこれら

亡命者の多くは，オークションの開催時にはスイスを去っていた。その多くが，多額の手数料をオークションの主催者に払ったうえで，再度の出品を依頼せざるを得なかった。フィッシャーはこうしたオークションで自ら作品を購入したが，彼はまた最大の買い手でさえあった。文化財の一部は，自由な再販売あるいは交換取引——交換の事例は，1942年3月に開催されたルツェルンのオークションでのユリウス・フロイント・コレクションで確認される——によって，再びドイツへと戻っていった。

クルト・グラーザーの事例　「貴方の手に絵の運命を委ねましょう」

1924年から1933年までベルリーン国立美術図書館の館長を勤め，早くも1933年にスイスに亡命していたクルト・グラーザーは，1935年から1938年の間に，エドヴァルド・ムンク，エリック・ヘッケル，パウル・クラインシュミットらの8点の作品をチューリヒ美術館に預託した。彼が絵画の逃避先としてチューリヒ美術館を選んだのは，同美術館が，1922年と1933年に大規模なムンク絵画展を開催していたことと関係している。1939年，グラーザーはさらにもう一点，『街道の音楽』(1899)というムンクの作品をベルリーンからチューリヒに送ろうとしたが，ドイツの外貨当局によって阻止された23)。そこで彼は，チューリヒ美術館の館長であったヴァルトマンを頼り，この作品の購入を依頼した。

「国境の全てが封鎖されてしまっている中で，いったいどうやってこの絵を国外に持ち出せばいいのでしょうか？　［…中略…］私はどうしたらよいのでしょうか？　もはや脱出できなくなってしまった人間たちと同じで，寛大な扱いを得ることは無理なのでしょうか？　もし貴方がこの絵に関心をお持ちでなく，買値を提示してくださらないとしたら，私には他にどうすればよいのか見当もつかないのです。何であれ所有することがむしろ不安の種となり，値段についても，戦争の前とはまったく違う見方をしています。私自身がヨーロッパから脱出できるかどうかも，わかったものではありません。ほとんど見込みがないのではないかと思っています。しかし，どういう形であれ，これらの絵はここ〔ヨーロッパ〕にとどまらねばなりません。あなたは私への手紙の中で，これらの絵がヨーロッパから失われるとするならば遺憾だとお書きになりました。私はいまや，これらの絵の運命を貴方に委ねようと思います」24)。

この手紙は，グレーザーが陥っていた苦境を生々しく伝えている。すでにムンクの作品を6点所有していたチューリヒ美術館は，このムンクの油絵を1941年に1万2000フランで購入した。最初グレーザーは，破格の安値としつつ，1万5000フランという売り値を提示していた。他方，美術館にとっては，この額は実に，通常の美術品購入予算2年分に相当する相当の大金であった。グレーザーはアメリカ合衆国へ出国するためにこの金を必要としていた。1943年と1946年に，同美術館は，さらに3点の作品をグレーザーのコレクションから購入した。7000フランの『アルベルト・コールマンの肖像』それに，合計1万4000フランで購入された『婦人の肖像』と『リューベック港』がそれである。

★3 英語版では1947年とあるが誤りである。

略奪文化財の売買

ここでは,「略奪〔文化〕財」の語を,ユダヤ人が所有していた文化財で,「ライヒ」内で接収されたか,あるいは所有者自身により〔スイスではなく〕ドイツ国内で,例えばオークションや相対取引などでやむなく売却されたものについて,用いる。特殊な類型として,もともとスイスに由来する芸術品であるが,この時期に売却によってスイスに戻った作品がある。ドイツ人美術商は皆,この手の芸術品に最も高い値がつくスイスで,直接に,あるいはスイスの仲買人の手を介して,売却を試みた。これらの売買は,ドイツとスイスの美術品市場間に濃密かつ良好な商取引関係があったことを必ずしも意味せず,むしろ市場条件への適応を示すものである。美術品取引では,1933年から1945年の時期に限らず,いつの時代でもこうした戦略がとられるのが普通であった。さらに,スイスで需要がある限り,ユダヤ人コレクションの作品も,スイスで「活用」された。ドイツ・ユダヤ人コレクションとスイス市場を結びつけたのは,とりわけ,亡命以前もしくはスイス滞在中に「仲介者」としての役割を果たしたドイツ・ユダヤ人美術商であった。これらの取引は,これら仲介者の能力と,ドイツライヒのユダヤ・コレクションからの過剰供給の結果生じた低価格とにもっぱら立脚していた。有利な条件での購入・転売の機会を,スイス人美術商も見逃さず,特にルツェルンのフィッシャー画廊はこれに乗じた。その限りでは,低価格のみが「この時期に特殊的」ということになるが,しかし,仲介者による取引もまた,「第三帝国」におけるユダヤ人コレクションの暴力的な破壊の帰結であったのである。これらの逃避財の流れにおいてスイスがターンテーブルとしての役割を演じたことは容易に証明できるが,略奪品の中継点となったことを証明しうるのは,少数の例にとどまる。そのよく知られた事例は,1890年から1893年の間に描かれたエドゥガー・ドガの『煙突のある風景』であり,以下の経路をたどった。この作品は,1919年にパリのあるオークションで,ブレスラウのマックス・ジルバーベルクのコレクションに加えられた後,1932年にパリのオークションに出品され,オランダの蒐集家であるフリッツ・グートマンがこれを入手した。1939年になり預託もしくは売却のために,1937/38年来パリに住んでいたパウル・グラウペの手に渡り,その後,ハンス・ヴェンデルラントとフリッツ・フランクハウザーの手に渡ることで,スイスに持ち込まれた。1951年,ニューヨークの蒐集家であるエミール・ヴォルフの手に渡り,さらに1987年,ダニエル・C・サールがこれを取得し,1998年,シカゴ美術館に寄贈された[25]。出所にこうした問題があった以上,戦争終結後もしばらくの間,この絵が取引されずにいたのも不思議ではない。

「アーリア化」もしくは略奪品の売却の結果,少なくとも14点の作品が,フランス〔被〕占領地区からスイスに持ち込まれたことが確認されている。その他の「アーリア化」された画廊店の分析を手がかりに,「アーリア化」の対象となりスイスに持ち込まれた文化財の事例をその他にも見出すことが可能である。

ジルバーベルク『シュトックホルン連峰』と『縫製学校』

　ブレスラウ出身の実業家であるマックス・ジルバーベルクは，1935年，生き延びるために，彼の美術コレクションの大半をオークションで売却し，資金をつくらねばならなくなった。彼の美術・書籍コレクションは，ベルリーンのパウル・グラウペが1935年から翌年にかけて開催した5回のオークションで強制競売にかけられた。ごくわずかの売れ残りがこの蒐集家の手に残されたが，それもその後の1940年に，財政当局の協力を得たブレスラウ美術館によって，「アーリア化」された。1942年，マックス・ジルバーベルク夫妻はグリュサウ修道院の一時収容所に収容され，1942年5月3日，おそらくはテレージエンシュタットに移送され，後に殺害された。オークションの報告書によると，パウル・グラウペが開いた1935年5月のオークションには，スイス人美術商も出席していた。またおそらく，フリッツ・ナタンも同様である。これらの人々は，スイス人画家による唯一の出品作，フェルディナント・ホドラーによる『トゥーン湖からのシュトックホルン連峰』に関心を寄せた。この絵は，しばらくの間フリッツ・ナタンの管理下にあったようである。いずれにせよ，同名の絵が，1946年のナタンの在庫・商品目録に掲載されている26)。

　この事例は，人々が作品の出所について簡単に騙されること，またその際，出所に問題が無いかの如く偽った文書が用いられたことを示している。ホドラーはさまざまな角度からトゥーン湖を描いたが，この作品では幅広い水平の筆致で雲が描かれており，比較的簡単に識別できる。これは1910年から1912年の間に描かれたもので，1913年にチューリヒのボルフスベルク画廊によって買い取られた。1921年に，この作品は再びこの画廊の展示品として登場し，1923年，オーバーホーフェンのA・スッター・コレクションに売却された。この絵は，1985年，ベルンのコルンフェルト画廊が開催したオークションで再び姿を現した27)。そこでは，これがずっとベルンの個人によって所有されていたかの如く，直近の所蔵については，スッター・コレクションと記されていた。ホドラーの作品の所蔵先をずっと追っているチューリヒのスイス美学研究所［Schweizer Institute für Kunstwissenschaft］も，コルンフェルト画廊のこの情報を鵜呑みにした。しかし実際には，この絵は1920年代にブレスラウのマックス・ジルバーベルクに売却され，彼のコレクションが1935年に解体した時にオークションに出品されたのである。スイスではスイス人芸術家の作品に対する大きな需要があったために，この絵も売買を通じてスイスに戻ってきたのである。

　マックス・リーバーマン作の『アムステルダム孤児院の縫製学校作業室』(1876) という作品も，マックス・ジルバーベルクの蒐集品の一つであり，これは最近まで，クールのビュンドナー美術館に展示されていた。この絵は1923年まで枢密顧問官ロベルト・フリードベルクの蒐集品の一つであり，遅くとも1927年以降は，ジルバーベルク・コレクションに加えられていたことが判明している。この絵はオークションに出品されたのではなく，ジルバーベルクが，ブルーノ・カッシーラーを介してアドルフ・ヨールに1934年に売却したものであり，1937年にベルンとバーゼルの画廊に展示された28)。ヨールの相続人であったマリアンネ・クルーガー=ヨールの遺言により，この絵は彼女の死後，1992年にクールのビュンドナー美術館に寄贈された29)。ジルバーベルクの義理の娘で，唯一の相続人であるゲルタ・ジルバーベルクは，1990年代末に美術館に対しこの絵の返還を求め，2000年にこれが実現した。その後，この絵はオークションに出品され，新しい所有者の下にある。

「頽廃芸術」の売買

　民族社会主義者は最初から現代美術に敵対的な態度を示していた。弾圧と排除に繋がる「頽廃芸術」なる概念が，彼らによって初めて創始されたわけでないことは確かであるが，いずれにせよ彼らは，以前から存在していた反モダニスト的文化理解の熱心な信奉者となった。しかも，その暴虐な性質にふさわしく，現代美術に対するその敵対的態度は過激であり，他方で同時に，古典主義的・ロマン主義的な作品を強欲に求めたのである。1937年，ドイツでは，美術館や画廊など101のコレクションから，約2万点の美術品が没収された。ユダヤ人画家の作品が犠牲となったことはいうまでもないが，それに加え，ドイツ表現主義派の多くと，すべての抽象芸術家（キュービスト，構成主義派），そして少なくとも「頽廃的（デカダン）」であるとみなされたフランス人印象派画家たちのかなりの作品さえもが，「頽廃芸術」の烙印を押された。没収された作品の大半は，各地の自治体など，公共的・半公共的な所有物であった。没収品が個人からの貸与品を含む場合には，私有物も問題となるが，これについてはこれまでほとんど把握されていない。

　ナチス政権のさしあたりの最大の関心は，頽廃芸術を流通市場から回収し，公衆の目や個人の批評から遠ざけることであった。しかしこれに付随して，これら没収した作品をどうするかという問題が生じた。ナチスの文化政策にとっては，これら「頽廃」芸術には三つの用途があった。政治的なプロパガンダの道具として使用するか，国外で売却して財政収入の足しにするか，あるいは破壊するかである。

　第一の選択肢は，1937年7月から11月にミュンヘンで開かれた「頽廃芸術」展覧会によって知られている。この展覧会は，ナチスによる政権掌握以前の「無責任な」美術館長たちが，数百万マルクもの「民族の財産」を，「民族敵対的」な芸術にいかに浪費したかを示す意図で開催されたものであった。またそれは，同時期に開催されていた「大ドイツ美術展」，すなわちドイツ民族の「健全な」芸術的嗜好に合致し，その真の代表であり指導者であるとされた芸術家の作品を展示する催しに対して，その対極にある姿を示すという意図を有していた[30]。1937年の華々しいデモンストレーション以前にも，1933年の政権掌握直後から，いわゆる「恐怖の部屋」［Schreckenskammer］を設けた展示会が各地で開かれていた[31]。

　第二の選択肢であるこれら美術品の売却は，さまざまな形で行われた。ルツェルンで1939年6月に開かれたフィッシャー画廊での「公式の」オークションはよく知られている。それとともに，ライヒ宣伝省のいわゆる「有効活用委員会」［Verwertungskommission］の信任を受けていた4人のドイツ人美術商（ベルンハルト・A・ベーマー，カール・ブッフホルツ，ヒルデブラント・グルリット，ヒルデブラント・メラー）は，売却品リストを渡され，売却すべき作品を割り当てられた。しかしこれらの売買には，上記の委員会の個々の委員――例えば美術商カール・ハーバーシュトック――も自ら加わった。この取引の比較的わずかな部分が，多様な形での支払いや交換を通じて，スイス経

由で行われた。現代美術の熱烈な支持者や迫害された芸術品の愛好家たちは，ジレンマに直面した。こうした作品をボイコットして，その売却から利益を得ようという目論みを潰し，これらの作品の救出を断念すべきだろうか。あるいは，「ライヒ」の外貨獲得を手助けすることになっても，これらの作品を安全な所に逃すために，これを購入すべきであろうか。バーゼル美術館長のゲオルク・シュミットは，このジレンマとその危険について承知していた。しかし彼は，歴史に耐えてきた視点，すなわち「すぐに時代遅れとなってしまう規範と引き換えに，永遠の文化財」を手に入れることは，どのような場合にも正当化されると確信していた[32]。ドイツ側は，この取引で得た外貨で良質のドイツの芸術作品を国外から買い戻す意向であると，公式に表明していた。「頽廃芸術」の利用（売却あるいは交換）によって，実際，いくつかの古典派の作品が購入されたことも確認できる。スイス清算局をはじめとするスイスの関係当局は，ドイツの宣言を無批判に受け取っていた[33]。しかし実際には，売却益の大半は戦争経済目的で使用された。対象となった作品の作者で，直接に打撃を受けていた画家たちは，例えばオスカー・ココシュカのように，国外からの連帯行動，すなわちこれら絵画の購入に期待する旨を，誤解の余地なく表明していた[34]。

第三の選択肢である芸術品の破壊は，これらの芸術を根絶やしにしようという，当初明瞭であったが売却の可能性が開けて幾分ブレーキがかかった意図に基づいて行われ，また他方では，売れ残り品の処分法としても位置づけられた。ライヒ宣伝省で「頽廃芸術」政策を担当するフランツ・ホフマン博士は，1938年11月，プロパガンダの一環でこれを焼却することを提案し，「気のきいた葬送演説」を行うことを申し出た。ナチス体制による現代版の文化闘争は，単に芸術的な物品に対する攻撃であったのみならず，芸術家，キュレーター，美術史家，芸術愛好家などの人間に対する攻撃でもあった。物品の破壊と人間に対する迫害が，一つの大きな動きの二つの変種に過ぎないことは，その言葉遣いにも明らかである。対象の体系的な特定，特別法による差別，逮捕と移送，売却あるいは絶滅。「芸術とは無縁」な〔非アーリア〕人種とされた人々が後にたどった運命を，「頽廃芸術」もまた，たどったのである[35]。

『ラビ』の運命

1926年に描かれたマルク・シャガールの『ラビ』は，絵画様式とモチーフの組み合わせという点で，格好の事例である。1933年9月4日，バーゼル芸術館〔企画展中心の美術館〕（クンストハレ）は，マンハイム芸術館に対して『ラビ』の貸出について問い合わせた。郵便で寄せられた回答は，貸出はできないが売却は可能というものであった。しかしこの絵は結局，バーゼルの展覧会で展示された。しかしバーゼル芸術館は，「この絵は1933年初に開かれた文化的ボルシェヴィズム展に展示された」との文言を『ラビ』の説明文に入れるよう要求され，これに屈してしまった。

当初，〔マンハイム芸術館が〕絵の貸出を断ったのは，この問い合わせの前に行われたイベントと関係していた。ナチスの権力掌握後，マンハイム市当局と，その傘下にあ

> るマンハイム芸術館は,「体制に強制的に画一化」[gleichschalten] された。まもなく,「文化的ボルシェヴィズムの絵画」を,「模範的作品の展示室」の反対側に展示する展示会が開催された。この展示会を大々的に喧伝するために,主催者は,『ラビ』を中心に据えた劇的な見せ物をお膳立てした。この絵は,解任されたマンハイム芸術館長の自宅の前を引き回された後,もちろん額縁からも外され,マンハイムにある店のショーウィンドウに,「納税者よ,自分の金が何に使われたかを知るべし!」と書かれた看板とともに掲げられた。
>
> 　この絵が,1938/39 年を待つことなく,早くも 1933 年に売りに出されたことは注目に値する。『ラビ』は,その間に,すなわち 1937 年のライヒ当局による最終的な没収政策以前に,市場に出回っていたということになる。しかしこの絵には買い手がつかなかった。ヴィンタートゥール〔スイス〕のオスカー・ラインハルトは,1936 年 6 月にはハンブルクのヒルデブラント・グルリットから 6000 ライヒスマルクで,また 1937 年 5 月にはケルンのアーベルス画廊から 7500 ライヒスマルクで,この絵の購入を持ちかけられている。この絵は,1928 年にマンハイムで 4500 ライヒスマルクで購入されたものであった。ラインハルトは二回とも購入しなかったが,その理由は不明である。
>
> 　シャガールの『ラビ』は,1937 年に開かれたミュンヘン「頽廃芸術展」で,再び見せしめの対象として展示された。その後この作品は,1939 年 6 月のルツェルンでのオークションに出品された。バーゼル美術館の代理であるゲオルク・シュミットが,たった 1600 フラン(および手数料 240 フラン),当時のレートで 850 ライヒスマルクでこれを競り落とした。これにより,シャガールの『ラビ』は,1933 年に貸出品として受け入れられたバーゼルに,終の棲家を見つけたのである。

　約 2 万点の没収品のうち,125 点がルツェルンのオークションに持ち込まれた。99 点はドイツの美術品であり,26 点は他国の作品と分類できる。ドイツの 99 点のうち 57 点でしか売買が成立しなかったが,これとは対照的に外国の作品は,ピカソの『アブサンを飲む女』を例外として,全てに買い手がついた。したがって合計では 82 点が売却されている。そのうち 23 点はスイスに残り,18 点は,当初スイス人によって買い取られたものの,後にスイス国外に流出した。ヨーロッパからの流出についてみると,93 点はヨーロッパ内に残り,21 点はアメリカ合衆国に持ち出され,11 点が結局売られずに終ったということが知られている。いくつかの作品は,後にアメリカ合衆国からヨーロッパに戻ってきている。

美術品の出所の問題

　シャガールの『ラビ』といった著名な事例については,その「遍歴」の全行程を切れ目なくたどることができる。しかし他の多くの作品の場合,その出所に関する情報は,最後の売り手の説明に委ねられていた。最後の売り手もしくは寄贈者が,信頼でき,身元が確かで,正直そうな人物であるとみなされた場合には,その出所について根掘り葉掘り尋ねたり,過去の所有者に関して欠落なく証明することは,不要と考えられた。買い手が例えそうしたことを尋ねたとしても,曖昧な説明や大雑把な答えで満足せざるえないのが常である。これまでの叙述からも明らかなように,作品の出所を示した美術館

やコレクション等のカタログでも，1930・40年代については，欠落を無視するか，あるいは事実に反する情報でこれを埋める例がいくつかみられた。今日の知識水準からするならば，学術的なカタログや美術史的研究も，強制的になされたユダヤ人コレクションの解体のような歴史的な大事件を無視することは，許されないだろう。個人の蒐集家は，公的機関とは違い，略奪品を購入する傾向が強かった。とはいえ，問題の時期に蒐集された個人コレクションの多くは，後になって各地の美術館に遺贈されたり，あるいはその他の形で公的財産となった。その結果，逃避財や略奪品，あるいは「頽廃芸術」が，これら公的なコレクションの中にも紛れ込むに至ったのである。

独立専門家委員会の主たる目標は，個々の事例を解明することではない。むしろ重要なのは，売買の構造やこれに関わった主体の役割を明らかにし，文化財・芸術品市場における取引パターンの類型とそれに関連する諸範疇を提示することにより，これまで知られていなかった事例をも含め，個々の事例を，上述してきたような文脈の中に埋め込んで位置づけられるようにすることである。取引の規模については，今後も調査を続けて補っていく必要があるだろう。しかし，調査対象時期に行われた文化財取引の構造やメカニズム，動機についての独立専門家委員会による分析結果は，将来においても書き換えられることはないだろう。

委員会は，その調査によっても，すでによく知られている事例を別とすれば，特記に値するような略奪財の新たな取引を見出すことはできなかった。しかしこれは，そうした取引が存在しなかったということを意味するものではなく，単に，今日までそうした取引の痕跡が見つかっていないということを意味するに過ぎない。すでに強調したように，スイスは，占領を免れた他の諸国に比して，特に逃避財にとっては，一つの手近な取引拠点であった。たしかに，略奪品の売買が——西ヨーロッパのナチス占領地域に比して——スイスで特に大規模に行われたというような想定を裏付ける証拠はない。しかしこうした調査結果を，次のように逆の方向から表現することもできよう。占領を免れ，法の支配の原則が機能していたスイスにおいて，これらの取引が被占領地域よりも少なくなかったこと自体，驚くべきことであると。

独立専門家委員会は，分析の上で逃避財，略奪財，「頽廃芸術」を区別し，それにより，分析対象時期の文化財取引市場で支配的であったメカニズムやパターン，行動様式や態度の類型とその変種を明らかにした。他方，他国においては，特に「出所についての調査」が開始され，進められている。これらの調査は間違いなく新しい事実やより鮮明な全体像をもたらすであろう。1998年12月に開かれた「ホロコースト期資産」に関するワシントン会議に際して，スイスの美術館は声明を発表し，その中で「略奪芸術」の取り扱いでは細心の注意を払うと誓約した。また連邦文化局は，1999年の初め，「略奪文化財連絡室」を設けた[36]。しかし，通常は調査結果が公にされる「出所調査」自体，スイスでは（現時点においては）行われていない。その間，他国においては，政府機関や美術館の団体によって調査が行われ，その成果の一部がすでに公表されている。

内容は，出所が疑わしいもの，出所情報に欠落があるものについての「欠落リスト（ギャップ）」であり，その多くがインターネットからダウンロードできるようになっている[37]。アメリカ合衆国，カナダ，メキシコの 175 の美術館長が組織する「美術館長協会」〔Association of Art Museum Directors〕は，1998 年 6 月，加盟美術館の所蔵品についての疑惑の解明に着手した[38]。ロンドンにあるビクトリア・アルバート美術館は，1998 年 7 月，英国文化省と協力して，「略奪芸術」〔looted Art〕特定のための指針を定めた。同時に，出所を特定するための調査が開始された。これにより，スイスという「ターンテーブル」を経由してアングロサクソン世界に渡った絵画について何か手掛かりが得られるかもしれない。こうした調査により，財産権剥奪や接収の規模や，その被害を被った人々についての情報が，日に日に明らかにされつつある。

---

1) 最も詳しいのは，Barron, "Stephanie" [1991]〔原著巻末文献リストでは欠落〕，および，Frey, Stefan [1999]。「頽廃芸術」の買い入れに特化した研究としては，Kreis, Georg [1990]。一般的な叙述として重要なものとしては，Nicholas, Lynn H. [1995], Feliciano, Hector [1995], Petropoulos, Jonathan [1996], 同 [2000], Heuss, Anja [2000]。
2) Buomberger, Thomas [1998]。
3) 例えば Balzli, Beat [1997]。
4) 以下の叙述は，特に断らない限り，Tisa Francini, Esther / Heuss, Anja / Kreis, Georg [2001]（独立専門家委員会叢書第 1 巻）による。
5) 例えば Vries, Willem de [1998] を参照。
6) Simpson, Elizabeth [1997] による引用。
7) Nicholas, Lynn H. [1994]。
8) Mission d'étude sur la spoliation des juifs de France. Rapport Général（Mattéoli），Paris 2000, 23 頁。
9) AS/FF61 (1961), 1052-1052 頁。"Bundesratsbeschluss betreffend die Klagen auf Rückgabe in kriegsbesetzen Gebieten weggenommener Vermögenswerte". 1945 年 12 月 10 日の連邦内閣政令のフランス語文については以下を参照。BAR/FA, E 2001 (E) 1967/113, Bd. 443, "Arrêté du Conseil fédéral relatif aux actions en revendication de biens enlevés dans les territoires occupés pendent la guerre "。
10) ヒルバーグは，剥奪［Enteignungen］という上位概念を用い，その下に包摂される概念として，解雇［Entlassungen］，「アーリア化」，財産税［Vermögenssteuer］，さらには接収［Beschlagnahmungen］を挙げている。Hilberg, Raul [1990], Bd. 1, Teil 1.
11) 戦勝国占領部隊による略奪についてはここでは論じない。これはまた別の研究分野である。
12) BAR/AF, J. I. 114 (-), Nachlass Ludwig Friedrich Meyer, Fischer ann Meyer-Rahn, 26. November 1935（引用）および 30. November 1935. ナタンは，スイス入国の 1 年後の 1936 年に，滞在・就労の許可を得た。1937 年に彼は，「スイス美術商協会」に加入した。ドイツ・ユダヤ人亡命者であるヴァルター・ファイルヒェンフェルトは，戦後になってようやくこの許可を得た。これは，1942 年からスイスに居住していたナタン・カッツも同様である。
13) Archiv Galerie Vallotton, Dossier Kunsthandelsverband, Raeber an BIGA, 24. August 1948.
14) 同上。
15) Bonhage, Barbara [2001]（独立専門家委員会叢書第 21 巻）を参照。
16) Zentralarchiv des Stiftung Preussischer Kulturbesitz, Journalnummer 2006, Notiz über eine Besprechung mit Seiler/Fides, 22. November 1935.

17) この問題については，クレディ・スイス・グループおよび UBS 株式会社の両大銀行の事例が解明されている。クレディ・スイス・グループは，自ら 9 点の絵画について詳細な調査を行った。このうち 3 点は，旧スイス・フォルクス銀行（SVB）の所蔵品，1 点は，クレディ・スイス取締役会議長であるアドルフ・ヨールの遺品，また 1 点は，旧フィデスの所蔵品であった。最後の 1 点についてはその由来については不明な点が残るが，これらのいずれについても，財産剥奪あるいは接収との関連は見出されなかった（Jung, Joseph [2001] 参照）。UBS は，8 点の絵画について詳細な調査を行ったが，これには「ゲーリング・コレクション」に由来する 1 点が含まれた。この絵（メルヒオール・フェーゼレン作，『ユーデットとホロフェルネス』）は，戦後，ハインツ・キスタースのクロイツリンゲン・コレクションの一部となり，その後——他の 3 点の絵画とともに——〔同行がスイスに所有する〕ヴォルフスベルク城（エアマティンゲン）の装飾品とするために，UBS の所有品となった。また 2 点は，かつての与信関係に由来するものであり，また他の 2 点についても，「略奪文化財」としての証拠は何ら存在しない（Memorandum UBS AG zum Projekt Kunst, 12. April 2001, および同文書付属資料である, Informationn von Dr. Bruno Wettenschwiler und Dominik Saam, 5. Dezember 2001）。
18) Frech, Stefan [2001]（独立専門家委員会叢書第 3 巻）を参照。
19) BAR/FA, E7160-01（-）1968/223, Bd. 11, Clearingkomissionsprotokoll, 2. Mai 1935, 51 頁。
20) BAR/FA, E7160-08（-）1968/28, Bd. 6, SVSt an Handelsabteilung, 25. Juli 1939.
21)「善意の取得」[gutgläubiger Erewerb / l'acquisition de bonne foi]，略奪文化財の取引についての民法的観点からの分析については，本書 5.2 をも参照。
22) BAR/FA, E 2001（E）1967/113, Bd. 437, Communiqué des EDI〔連邦内務省〕, "Einfuhr von Kunstwerken aus dem Ausland", 25. Mai 1944.
23) この絵は，1938 年までベルリーンの皇太子宮殿に掛けられていたもので，グラーザーの妻が 1932 年に死去した際に，亡くなった妻を記念するプレートを付すことを条件に彼が寄贈したものである。ナチス政権下でこの絵が外されので，グラーザーは，安全のためにこの絵をやはり貸与物件としてチューリヒに避難させようとしたのである。
24) Kunsthaus Zürich, Korrespndenz Ausstellung/Besitzer, 1939/1940, Glaser an Wartmann, 9. Dezember 1940.
25) 詳しくは，Tisa Francini, Esther / Heuss, Anja / Kreis, Georg [2001]（独立専門家委員会叢書第 1 巻），311-314 頁を参照。1987 年以降になって，1943 年にテレージェンシュタットで殺害された絵画所有者の相続人から返還請求が提起されたが，これは和解のモデルとなった。この和解においては，「善意の」取得者である当時の絵画所有者が公共の美術館にこの絵画を寄贈し，他方，寄贈を受けた美術館は，その絵の価格の半額を相続人に支払ったのである。
26) BAR/FA, E 7160-07（-）1968/54, Bd. 1087, Nathan an SVSt, 27. August 1946, Lager-Nr. 378.
27) Auktionskatalog Nr. 188 der Galerie Kornfeld, Bern, vom 19. /20. Juni 1985. この絵は，C. A. Loosli によって編纂された作品目録に掲載されている。Loosli, Hodler, 1924, Nr. 1942 を参照。サイズは 63.5 × 85。今日，この絵はザンクト・ガレンにあり，元カントン閣僚であるジモン・フリックの所有下にある。
28) これらは，クールにあるビュンドナー美術館による調査結果であり，アドルフ・ヨールの遺族が所蔵する書類による裏づけがある。2000 年 12 月 21 日付のベアト・シュトゥツァー [Beat Stutzer] からの書簡を参照。
29) 絵画の来歴については，Eberle, Liebermann, Bd. 1, 1995, 1876/30. を参照。問題となっているのはこの絵の最初のもの（亜麻布・油絵，57.5 × 83）である。
30) Schuster, Peter-Klaus [1987].
31) Zuschlag, Christoph [1995].
32) Schmidt an Regierungsrat Fritz Hauser, 19. Mai 1939. Kreis, Georg [1990], 38 頁参照。
33) スイス清算局は，〔連邦経済省〕貿易局に対して，「望ましくない芸術品と他の種類の芸術品の交換」について協議していた。BAR/FA, E7160-08（-）1968/28, Bd. 6, SVSt an Handelsabteilung, 25. Juli 1939.
34) Kokoschaka, Briefe, 1986. Bd. III, 91 頁。ルツェルンのオークションには出品されなかっ

たが，ノルウェーに亡命中であったクルト・シュヴィッターも，同様の態度を示していた。
35) シュミットもまた，絵画と人間を同じ運命をたどったものとして捉え，1939年5月，輸送ケースから取り出された絵画を，「国境を越えて難を逃れた人々」になぞらえた（Georg Schmidt an Paul Westheim, 15. Juli 1939）。Kreis, Georg［1990］, 21, 79頁参照。
36) http://www.kultur-schweiz.admin.ch/arkgt/.「略奪芸術連絡事務所」［Anlaufstelle Raubkunst］は，連邦の所有品を中心に，他の施設や個人のコレクションについての問い合わせにも対応する中心機関である。同時に同事務所は，国際的な情報交換をも支援している。1999年以降に同事務所に寄せられた多数の問い合わせのうち，作品の返還や，1998年のワシントン原則に基づくような最終的な和解に至った案件は，わずか数件に過ぎない。Tisa Francini, Esther / Heuss, Anja / Kreis, Georg［2001］（独立専門家委員会叢書第1巻），191頁以下および302頁以下を参照。作品の同定に至った案件がすべてを合計してもわずかに十数に過ぎないことは，「失われてしまった」財産の額を特定することが如何に困難であるかを示唆している。
37) インターネット上で見ることができるいくつかの出所調査，特にアメリカ・イギリスの美術館によるそれについては，Tisa Francini, Esther / Heuss, Anja / Kreis, Georg［2001］（独立専門家委員会叢書第1巻），546頁以下の文献目録中のインターネットアドレスを参照。
38) Association of Art Museum Direktors（AAMD）。この件については，Some Museums Decline to Search for Plundered Loot, in: *Washington Post*, 21. June 2000.
39) 特に，http://www.nationalmuseums.ort.uk/spoliations/reports.html〔訳註：当該のページは削除されている。http://www.culturalpropertyadvice.gov.uk/search_spoliationsを参照〕

4.12　ドイツによるスイス国内でのカモフラージュ・回避工作

　戦争終結直後の1945年から翌1946年，連合国からの圧力を受けて，スイス清算局は，在スイスドイツ資産について大規模な調査を行った1)。それまで，外国人がスイスに所有する資金については体系的な情報はごくわずかしか存在せず，この調査によって新たな事実が判明した2)。不十分な点が多々あるにせよ，この調査の結果は非常に示唆に富む。把握された資産額は10億フラン以上という巨大な額に上り，戦前の推計を大きく上回った3)。おそらく最も重要な発見は，把握されたドイツ資産の3分の2が，開戦後にスイスに持ち込まれたものであったことである。したがってこれらの資金は，スイスで当時広く信じられていたのとは異なり，ヴァイマル共和国の時期にも遡るような古くからの資産や投資の残りではなかったのである。これら取引を厳しく禁じたドイツの法令にもかかわらず，戦争の間，極めて巨額の資金がスイスに流れ込んだ。こうした資産移転は，同時期のドイツ略奪経済とどのような関係にあるのだろうかという問いが，ここから生じるだろう。しかしながら，1946年以降の国際的政治情勢の変化のために，それ以上の調査は行われなかった。冷戦の開始で西側連合国は手一杯となり，スイスから関心を逸らしたのである。しかも，1946年5月に署名されたワシントン協定によって，在スイスドイツ資産の扱いは一件落着したようにみえたのである。

調査の問題

　ドイツ資産がいつどのようにしてスイスに移転されたのかという問題は，スイス当局者にとっては，戦後間もない時期には何らの重要性も持たなかった。ただ単に，在スイ

スドイツ資産凍結の基準日である 1945 年 2 月 16 日の時点で，これらがスイス国内にあったか否かだけが，問題とされた。スイスの金融センターの面々にとっては，すでにこの調査さえもが行き過ぎであった。そのため，スイス清算局による上記の注目に値する調査結果は，何事にも結びつかなかった。これは連合国にも，またスイスの公衆にも伏せられたままとなり，今日に至るまで，研究書においてさえほとんど言及されていない[4]。国内政治上の理由と，連合国からの要求に直面して，戦後直後から，防衛的な態度と問題を矮小化しようとする動きが広まった。事態が十分に解明されないまま，スイスでは自分たちは潔白であるとの意識が広まった。他方でこれとは無関係に，時としてすべてを十把一絡げにするような疑いの念が，定期的に噴出してはスイスに向けられてきたのである。終戦時の段階で究明されてしかるべきであった問題を特定するのは容易である。それは，スイスは本当に，ドイツのカモフラージュ活動や資産移転の基地となったのか，という問題である。もしスイスがこれに該当するならば，そうした動きはどのような形をとり，その規模はいかほどであり，スイスに持ち込まれた資産はどれほどの額に上ったのか，あるいはまたターンテーブルであるスイスの金融センターを経て第三国に移転された資産の額がどれほどに上ったのかが，問われねばならない。1944 年から翌年，ドイツの敗北が誰の目にも明白になる中で，スイスは，資産移転や，逃避を図るナチスの犯罪者たちに対して，その手段を提供したのだろうか。

これらすべての問題は，早くも戦争終結時点で活発に論じられ，スイスと西側連合国当局の間の対立点となっていた。1944 年，アメリカ合衆国は，戦争終結が間近いことを見越して，「セイフヘイブン作戦」〔本書 6.1 の叙述を参照〕を開始した。これは，ナチス犯罪者の逃亡を発見・阻止し，また外国への資産移転と疑われる事例について調査を行うものであった。スイスとナチス政権の関わりについての最近の論争では，それまで十分な注目を得ておらず公開されて間もないセイフヘイブン文書が，非常に重要な役割を果たし，未解明の問題を掘り起こしたのである。この作戦の当時に特に議論の的となったいくつかの企業や事例は，それゆえ伝説的な存在と化した。それ以降，そうした事例は，時には学問的な研究の中にも姿を現した。しかしこれらの事例は未知のオーラをまといミステリーに包まれていたために，むしろ，大衆向けの出版物ではるかに頻繁に引用されてきた。例えば，ＩＧファルベン社の在スイス持ち株会社であるバーゼルのＩＧ化学がその例である。同社はむしろ，その後の名であるインターハンデルの名で知られる[5]。またチューリヒの小さな銀行であるヨーハン・ヴェールリ株式会社でもこれは同様である。連合国は，戦争の最終段階において，この会社がドイツ資産の海外〔＝欧州外〕への移転に対し決定的な役割を果たしたと非難した。この非難はその後，何度となく繰り返されてきた[6]。

問題の所在はかくも明らかなのであるが，今日それに対して正確な答えを出すことは極めて困難である。すでに当時の人々は，スイスの金融センターがドイツの秘密工作の隠れ蓑となっているのではないかと疑っていた。これを全面的に否定する見方もあった

が，いずれにせよ，秘密裏に行われるそうした活動を正確に把握するのは困難である。しかし，秘密裏に進められた場合でも，1930・40年代の貿易・金融業が分業によって行われ，時に極めて官僚主義的でもあったために，何らかの文書記録が残されている。国際性や外国との接触に根深い猜疑心を持ち，これを厳格に管理していたナチス体制の場合には，これは特に当てはまった。しかし，自主規制と開放性に基づく自由主義的な経済秩序が広範に残っていたスイスにおいても，ドイツとの取引に関しては外国為替取引の制限が導入されていた。これに関わる企業は，ますます多くの書類と格闘せねばならなくなっていたのである。さらに，戦時経済体制の管理統制のために用いられた多々の文書や，各国の情報機関が収集した情報も利用可能である。さらには，本節の冒頭で言及したように，連合国からの圧力とドイツの無条件降伏ならびに占領によって，戦後直後から一連の調査が行われた。通話や信書の検閲や被疑者への尋問によって，簡単に読み解けるものではないにせよ相当の史料が残されており，当該の企業史料室に情報が残されていない場合でも，これによって欠落を埋めることができる。独立専門家委員会は，この種の史料を大量に調査し，それを，各種の報告書の基礎とすることができた[7]。これら資料の一部は，すでに以前から利用できたはずのものであるが，他の資料，例えば，戦利品としてモスクワに移されたドイツの文書や旧東ドイツの文書館資料などは，1990年代になって初めて利用できるようになったものである。

以下の叙述では，まず1920年代について簡単に言及したうえで，①経済的なカモフラージュ，②ドイツ資産のスイスへの移転——いわゆる犯罪者口座［Täterkonto］の問題を考慮して——，③政治犯として訴追されていたドイツ人のスイスへの逃亡ないしはスイスを経由しての移動について，検討する。

資本逃避，租税逃避，戦時・平時の特別任務

ここで我々が関心を持つ出来事は，真空の中で起こったことでも，また1933年に唐突に生じたことでもなかった。これは，はるかに長い時間軸上の問題であり，20世紀前半のスイスとドイツの経済関係を背景とし，またこの対等とは言い難い両国の間の文化的・社会的関係の非常に濃密なネットワークに根ざしたものとして考察されねばならない[8]。

第一次大戦とその直後は，国境を挟んで緊密な経済関係を持つスイスとドイツの当事者の認識や行動にとっては，重要な時期であった。この時期，スイスの金融センターとしての地位は決定的に高まり，しかも世界市場から切り離されたドイツに対し，当時すでに西側列強から批判されていた中立国としての特殊な機能を提供していたからである。それは，中立の旗の下でなされた戦争経済的な種々のサービスから，在外ドイツ資産の中立国所有者への所有権の偽装的な移転に至るまで，多岐に及んでいた。オランダとスイスは，そうした機能の重要な担い手であった。この組合せは，第二次大戦時にも再現しかねなかったが，1940年5月のドイツによるオランダ占領によって，その可能

性は消えた。1919年以降の戦後体験は決定的であり，これによってドイツの企業は，在外生産拠点や国外の中立的な仲介者の価値を知ることになったのである9)。世界市場におけるドイツからの輸出および国際金融関係の再開は，中立的な拠点が持つ仲介機能から大きな利益を得た。また，ドイツの通貨価値暴落の中では，安定的なスイスフランが価値ある交換手段であったことは言うまでもない。いっそう問題であったのは，特に，軍需産業もまた中立国に拠点を移しえたこと——クルップはスウェーデンに，フォッカーはオランダに，ビューレはスイスに——がもたらした長期的な影響である。これら中立国の支援者によって，国際連盟がドイツに課した武装解除は骨抜きとなった10)。1920年，ヨーハン・ヴェールリ株式会社がチューリヒに，また同様にエドゥアルト・グロイテルト社がバーゼルに，いずれもドイツ資本が過半数を握る銀行として設立された。両者は後に，連合国と深刻な対立に陥ったのであるが，それには十分な理由があったのである。

　税金という要素も看過しえない。賠償金支払いに苦しむドイツは，有利な事業環境という点では，スイスに到底敵わなかった。その一つの帰結がドイツからの資本逃避であり，これについては，1920年代末から1930年代初頭に盛んに議論が行われた。こうした条件の相違のために，景気が好転した1920年代末の短い期間に，多数の金融会社・持株会社が資本逃避受け入れ目的でスイスに設立され，しばしば資金調達目的にも使われた。そしてこれらは，名目上の代理人——多くの場合には弁護士がこれを引き受けた——による経済的代表権の行使という，胡散臭い現象と密接に結びついていた。この種の設立の典型的事例といえるのは，IG化学であり，第二次大戦中のみならず，戦後も非常に長い期間，政治的・法的紛争の種となった〔この件については，6.7の叙述，および同節の訳註19も参照〕。同社は，1928/29年に，IGファルベングループによってバーゼルに金融・持株会社として設立され，このドイツの巨大化学企業による国際的な所有のために用いられた。それゆえその資本額は巨大で，その規模は当時のスイスのあらゆる株式会社を遙かに上回っていた。これに対しては，地元化学企業の独立性にとって潜在的な危険であるとの反発が，当初からみられた。

　1920年代のドイツ人による〔スイスでの〕企業設立は，当時も今も，しばしばカモフラージュ〔Tarnung，語義については後述〕と称されてきた11)。しかしそれは，1930年代の出来事や第二次大戦の経験から生じた結果論的な理解であって，そもそも適切な表現とはいえないし，事実認識としても不十分である。前述のIG化学は，ドイツのIGファルベングループとの密接な関係を隠蔽するどころか，同社の株への投資を増やすためにこれを大々的に宣伝さえしていたのである。1920年代末にはドイツの世界市場へのまったく平和的な統合の一部をなしていたものが，わずか数年後に，——根底的な条件の変化によってではあるが——新しい機能を担うようになったのである。

　1931年夏に発生したドイツでの大規模な銀行破綻の後，外国為替管理が導入され，自由な資本移動は終焉を迎えた。しかしそれにもかかわらず，ここで問題とする全ての

期間にわたり，国境を越える資本移動に関する正確なデータが欠落している。これは，〔スイスの〕銀行界が，統計による資本移動の把握を求める各方面からの要求を拒否し続けることに成功したためである[12]。1933年のナチスの政権掌握後，〔ドイツでは〕在外資産保有に対する統制や刑罰が厳格化され，次第に非合法化されていった。開戦前にドイツの外貨不足が深刻になると，外国に所有する資産を報告させ，ひいてはこれを国内に戻すよう，企業や個人に対する圧力が高まった。こうした動きが結局何をもたらしたのかは，ごく一部しか判明していない。しかし多くの証拠が，ドイツ人がスイスに有する在外資産が1931年に最高額を記録した後，開戦まで増減を繰り返しつつも減少傾向にあったことを示唆している。

　　戦争準備とカモフラージュ
　1937年以降，ドイツ人による外国への資産移転や国外での企業設立の種々の動機に，戦争という恐るべき見通しが加わった。化学・製薬・電機部門における巨大で輸出指向の強いコンツェルンは，アメリカ合衆国，ラテンアメリカ，英国とその植民地などといった市場と密接に結びついており，これに真っ先に反応した。例えばIGファルベン・コンツェルンは，1937年末以降，インドに持つ販売会社の所有権を——英領インドは当時，合成染料の最大の買い手であった——，オランダ，スイスの株主に売却した。その「目的はもちろん，より安全を期するために，中立の旗の下に偽装すること」であったと，〔IG化学幹部の〕ハンス・シュトゥルツェネッガーは，1938年8月に明言している[13]。自らの名を冠した銀行の所有者でもある彼は，戦時中も戦後も，連合国から激しく非難された。「Tarnung」(タルヌンク)(偽装・迷彩)(カモフラージュ)は，ナチスの政治的・経済的語彙に加えられたドイツ語の新語であった。いくつかのドイツ企業にとってこれはむしろ自己防衛の手段であったが，しかしそれらはドイツの政治環境の変化とともに戦争準備としての意味を強め，仮想敵国が講ずると予想される措置，すなわち封鎖と接収とに可能な限り巧みに対処するためのものとなった。1937年以降は，「戦争の危険」や「タルヌンク」(カモフラージュ)といったキーワード，それに英米との戦争という見通しが，この種の計画において，スイス側パートナーが記録として残した見解にも，現れるようになる[14]。

　1938年にチェコスロヴァキアの運命をめぐって繰り広げられた神経戦では，戦争の一歩手前まで緊張が高まり，結局イギリスとフランスは譲歩した。いわゆる「九月危機」であるが，これは本格的なパニックを引き起こした。ドイツの資本所有者や裕福な個人が，その資産の一部をより安全と考えられた外国に移転しようとしたことが，断片的であるとはいえ記録に残されている。時を同じくして，ライヒ経済省内に，国家の手でカモフラージュを行う組織が設けられた。経済省官僚であるグスタフ・フォン・シュロッタラーの指揮の下で，その後の数ヵ月の間に，ライヒスバンクの関連部署および産業別団体との調整がなされ，極度に官僚制的でがんじがらめの複雑な承認手続きが定められた。1939年9月の開戦直後に企業に対して示された指針は，輸出債権，在外支店，

外国で取得した特許を守る必要があることを指摘していた。これは中立国の仲介者に中心的な役割を与えるものであった。同時に，特に活発な大企業，例えばIGファルベンといった企業は，相変わらず極度に官僚主義的で企業家に対する不信感を露骨に示した政府の指示を待つまでもなく，独自の計画に従い対応を進めていた。当局は，中立国の名目的庇護者の傘下にある「隠され」た在外ドイツ資産が，政権の野心に敵対するものに転じかねないことを十分に承知していた。確信的な民族社会主義者は，こうしたカモフラージュ工作を始めたのはライヒ当局や党組織の干渉や統制を免れようとする者達であるとみなしており，これらの活動に根深い不信感を抱いていた。

　1939年9月以降，数百ものドイツ企業が，カモフラージュ工作に対する許可を得るため，もしくは何が許可され何が却下されるのかを知るために，各地方の外貨管理当局に申請を行った。極めてわずかの外貨しか必要としないもの以外は全て――例えば，それほど多額とはいえない資本額でのスイスでの会社設立も――当局の断固たる拒絶に遭遇した。企業形態の転換は可能な限り少ない費用で，すなわち既存の関係や構造を利用してなされるべきであり，しかも単なる信託形態を越えるものでなければならないとされた。中立国の新しい所有者が，外国の当局者に対して，移転された資産の真の所有者であると証明できるような形をとらねばならないとされたのである。

　ドイツの外国為替管理局の断片的な記録からは，1939/40年に生じた戦争経済的カモフラージュの大きな波に関する情報が得られる。口頭での契約，買い戻しオプション，あるいはそれに類するものの記録が残されている。多くの場合その決定は，長期にわたる戦略的な検討の結果ではなく，一時しのぎで下されたものであった。ナチスの次の軍事計画について情報を持たないドイツの企業家が，どちらの方向へ向かえばよいのか不確かであったとしても，当然であろう。しかしながらスイスは，オランダと並び，あるいはそれ以上に，安全な逃避先とみなされていた。例えばケルンの「香水オーデコロン4711」社は，1939年秋，その英国子会社の株式をオランダから引き上げようとした際に，「株の防衛にとって，オランダの地理的条件は，スイスに比すると有利ではないとの見方」を示していた[15]。スウェーデンの立地もまた，ドイツの顧客には欠点があるようにみえた。秘密裏の株取引の可能性に関するある報告は「スウェーデン市場は狭く，スイスよりもさらに保守的である」と述べている。それによれば，持株会社の設立に関し，「スウェーデンの法律は，この種の信託会社をほとんど排除している」[16]。この最後の事例の偽装会社［Tarngesellschaft］であるロドピア社は，結局ジュネーヴに設立された。

　1939年9月のドイツのカモフラージュ指針は，「利益を守るための十分な実質的影響力の維持が，他の方法で十分保証されるならば，既存のドイツ親会社との公的・法的で完全な結合を放棄した方がよい」と勧告している[17]。実質的影響力の確保というこの目的の実現のために最も頻繁に用いられた方法は，当該企業の所有権を持つ中立国の株主グループを組織することであった。そうした所有関係を創出するために，新しい株主

への信用供与が必要となることもあった。しかしこれはドイツ側に厄介な費用を生じさせた。外貨を必要とするこうした手法へのドイツ当局の反対を回避するには，相当の金融技術的熟練が必要であった。理想的な解決方法は，必要な資金の全額を中立国で調達することであった。例えばある事例では，あるスイス人株主は，ドイツと緊密な利害関係を持つあるオランダの銀行から信用供与を受けていた。とりわけ厄介な投資の場合には，最後の手段として，ドイツとの関係を不透明な錯綜する持ち合い関係の裏に隠すという手法が用いられた。この場合，複数の中立国の代理人と多数のダミー会社が動員された。オランダの占領後は，スウェーデンがその役割を拡大して引き継いだ。ヴァレンベリ兄弟のエンスキルダ銀行が，進んでこうした機能を引き受けたのである[18]。こうした手法では，何らかの鍵となる場所に買い戻しオプションが組み込まれるのが常であった。これは，明確な契約上の取り決めから，当事者相互間の非常に厚い信頼関係を必要とする口頭での約束まで，様々な形をとった。そのため信頼関係は，カモフラージュ工作にとって決定的な要素となったのである。

シャフハウゼンのある偽装会社

「経済的・政治的な問題に総じてよく通じていたこれら渦中の人々が，もし1939年初夏の段階で，迫り来るヨーロッパの戦争，また少なくとも大戦の勃発を想定していたならば，当然，これを売却することは［…中略…］なかったでしょう」[19]。戦争勃発後3週間もせぬうちに，チューリヒの著名な弁護士，カール・A・シュパーン（1888-1962）は，シャフハウゼンに設けられた持株会社の過半数株の，あるスイスのコンソーシアムによる取得について，このように弁護した。このオリオン工業・管理株式会社は，1930年に設立された。同社はもともとは，テオドール・カイザーの100％所有下にあった。彼はヴァイプリンゲン（シュトゥットガルト近郊）の菓子製造業者であったが，キャラメルの製法と殺虫剤の発明で財を成し，ヨーロッパ内外に子会社を持つ国際的な企業を作り上げた。

カイザーは1939年，当時フランス，ベルギー，スイス，カナダに子会社を有していた「オリオン」を，スイスのあるコンソーシアムに実質価格を遙かに下回る価格で売却した。この売却は，外国企業への出資を処分し外貨での収益を国内に回収するように迫るライヒ当局の圧力下で行われたが，同時に，当時の緊迫する政治情勢とも関連していた。冒頭で引用したのは，テオドール・カイザーの顧問弁護士による弁論であるが，それには一片の真実もない。1939年5月時点では特別な情報を持たずともその後のヨーロッパでの戦争勃発を予測できたし，それを脇に置くとしても，この売買は1939年5月ではなく開戦直後になされたのであり，日付は偽りであった。シュパーンは購入額と同額の債務を売り手に負っており，しかもこれは無利子であった。戦後になって提示された領収書によれば，彼がこの32万フランの債務を返済したのは，ようやく1941年12月のことであった。しかしこの件を調査したスイス清算局は，この日付もまた実際よりも前の日付に偽ったものであると断定した。支払いは1945年3月に，すなわちドイツ資産が2月16日に凍結されて後に，ようやくなされたのである。この取引はカモフラージュであり，「オリオン」の資産は凍結されるべきものであった。とりわけ，元の所有者であるテオドール・カイザーが，戦争が終結次第株を買い戻すか，あるいは実質

価値よりも遙かに低い売却額を埋め合わせるため追加支払いをする旨，シュパーンと口頭での約束があったと主張していたのであるから，なおさらであった。親独ぶりで悪名が高かったシュパーンは，この種の取引を恒常的に行っていた。彼が取締役を務める23の企業のうち13が，戦時中に連合国のブラックリストに掲載されており，8社は戦後，隠蔽されていたドイツからの出資が発見されたために，資産凍結されている。

　この事件はどのように解決されたであろうか。厳格な対応が採られたならば，シュパーンが支払った購入価格の32万フランは彼に返還されねばならず，そのうえで，「オリオン」はドイツ人のための偽装会社であるとの宣告を受け，同社が各国にもつ資産は接収されたであろう。他方もし，1939/45年の売買が合法的とされたならば，「オリオン」はスイス人の資産となり，またそれとともにその外国子会社もスイス人のものとなる。しかしその場合には，シュパーンは，ドイツ人の元所有者に対し多額の追加支払いをしなければならなくなる。しかしその金は，カイザー本人に支払われるのではなく，清算を受ける在スイスドイツ資産のプールに組み入れられることになったであろう。これが実際におこったことであり，スイスの利益にも適っていた。しかしドイツ人の旧所有者は，その数年後，連合国の要求に抗して在スイスドイツ資産を粘り強く巧みに守り，その資金の大半を返還された。

　カモフラージュは，多々の抜け道がまだ残されているような，短期の，未だ世界規模に拡大していない戦争においては，ドイツにとって効果的な武器であった。ソヴィエト連邦への攻撃とアメリカ合衆国の参戦に至るまでは，この工作は十分うまくいった。というのも，イギリスの大西洋支配にもかかわらず，ソヴィエト連邦と日本を経由しさらに太平洋を越えてアメリカ合衆国市場に至る道が，未だ部分的に開かれていたからである。IGファルベンは，この点に関して，1941年3月末になっても，非常に満足している旨を表明していた。同社の場合は，とりわけ，地元代理人の手に移されたドイツの偽装会社をラテンアメリカに有したことで，取引関係の維持に成功していた。郵便物は，チューリヒの弁護士で，IG化学やシュトルツェネッガー銀行の秘密エージェントでもあるヤーコプ・アウアー博士によって送られた。1940年6月に占領によってフランスとの戦闘が終結したことも，カモフラージュの余地を生みだした。中立の装いの下でそれまで見つからずに活動を続けていたあるドイツ系子会社が，1940年6月，初めてその姿を現わしたのである[20]。

　それに対し，長期にわたる世界規模での戦争においては，通常のカモフラージュ工作には，ドイツの経済力と同様の限界があった。世界市場からの遮断が進むにつれ，工作の見込みは二つの面で狭まった。一方では，多数の偽装会社が，連合国のブラックリストに名を連ねるに至った。他方ドイツの当局は，1939/40年時点でも依然として偽装工作を促していたが，戦争の後半には懐疑的となり，遂にこれを拒絶するに至った。戦争末期には，新規の許可を全て禁止したのである。多くのカモフラージュ組織は，その機能を失い，単なる抜け殻となった。しかしいくつかは，略奪物資の横流しや売却という役割を演じ続けた。ジュネーヴのロドピアはその一例である。同社は，当初こそ外国所有ドイツ証券の秘密裏の買い戻しを業務としていたが，後には，占領地域から略奪した

有価証券を売却する中継拠点となった21)。しかし結局，ドイツの敗北によって，在外ドイツ資産を救出するという現実的な可能性は，当面の間消失してしまった。連合国はドイツで膨大な文書を押収したが，これは，未発見の，未だに残るカモフラージュの探索の手掛かりになった。敗北が次第に不可避となる中で，ドイツの企業家達は，第一大戦後の状況の再現を願っていたが，ドイツの全面占領は1918年の状況とは決定的に異なっており，この希望は打ち砕かれた。いつの日にかドイツ人の手に取り戻すために，中立国の発覚を免れた偽装会社に隠され続け，連合国にも知られることなく終わった巨額のドイツ資産の存在を裏づけるような文書は，存在していない。

　カモフラージュが，理論的にも実務の面でも両義的な概念であるということは，依然としてあまり認識されていない。民族社会主義者は，自ら名付け，時に喧伝し後押ししたこの工作に対して，二律背反的な態度をとったが，それには理由があったのである。というのも，これは体制が望んだ戦争経済上の機能を果たしたばかりでなく，国内からの資産逃避という反体制的な動きをも意味しえたからである。企業や個人は，ドイツの政策によって生じたリスクと一蓮托生となることを避けるために，資産を外国に持ち出そうとした。人々は良心の呵責なく自らの行為を偽ったが，そうした抜け目のなさは，民族社会主義の抑圧的体制に内在するものであった。だからこそ多くのドイツの企業家は，著しく不確実な未来への備えとして，何をおいても資金を国外に持ち出そうとしたのである。そうした行為がどれほど頻繁になされたかは，我々にはわからない。しかし渦中にいる人々は，体制側がもっともと思うような理由を挙げる必要があったのであり，でなければそれは承認されるはずもなかった。こうして国外に持ち出された資産は，状況次第では戦争中ずっとスイスに留め置かれ，ドイツの戦争経済を大きく利することはなかったであろう。単に慎重で疑い深かった者のみならず，体制に反抗した人々も，カモフラージュを利用していた。例えばロベルト・ボッシュ株式会社は，そうした目的でスウェーデンやスイスとの関係を利用した22)。外国為替政策や，対外投資に対する厳格な統制を自ら創り上げたライヒや党の首脳でさえも，自分自身の利害に関わる場合には，自らが定めたルールを躊躇なく破ったのである。

　カモフラージュ活動は，不確実な将来に備えて採用された。これによって柔軟性を維持しつつ，危惧すべき事態——資産処分権の喪失や接収——を延期し，さらにもし可能ならばそれらの危険を完全に解消することを，目的としていたのである。これはまた，事態が進捗して初めて意味を持つ。もしもドイツが，経済戦でみせた手腕そのままに戦争でも勝利していたならば，1945年後の情勢はまったく異なるものとなったであろうし，その場合，これらのカモフラージュ工作が政権に反抗する動きとして位置づけられたとしても不思議ではないのである。

　カモフラージュの機能は，逆説的であるが，その種の手段が全面的に断念され，何の条件を付されることなく中立国の信託業者の手に所有権が委譲される場合に，最も明瞭となる。1940年6月のIG化学はそうした事例であった。IGファルベンに対する同社

の義務を定めた既存の契約は破棄され，同社は，スイスの企業体管理者の手に委譲され，この管理者は，これにより接収の危機に瀕していたアメリカ合衆国の工場にも責任を負うに至ったのである23)。この取引は，戦争終結後には，新たな取り決めによって，スイスとアメリカ合衆国にある提携先企業が IG ファルベンとの関係を回復しうるのではないか，との希望のもとになされた。しかし戦争の結果この期待は裏切られ，スイス人は——書類の上では——，アメリカ合衆国最大の化学工場複合体の所有者となったのである。しかしこの場合，カモフラージュをしないという方針は，ドイツ人のあらゆる行為に対する不信感によって，失敗に終わった。アメリカ合衆国と同様にスイスでも，戦争の間，影響力のある人々は，IG ファルベンとその旧在スイス持株会社〔IG 化学〕の分離は，表向きの姿こそ実に単純無垢であるが，隠れた留保条件や秘密協定など，何らかの策謀が秘められているに違いないと推測していた。参戦後の 1942 年春に，アメリカ人は欲していた工場を接収したが，これによって，同社に出資していたスイス人との間の長い法廷紛争が生じることになった。妥協と係争資産の分割によってこれが決着するのは，ようやく 1960 年代のことであった24)。

ドイツ資産のスイスへの移転

ドイツからの資産移転の規模は，冒頭で触れたスイス清算局の調査によって明らかにされている。それによれば，1945/46 年時点でスイスで確認されたドイツ資産の約 3 分の 2 が，1939 年以降にスイスに持ち込まれたものであった。それに対し，例えば 1944 年 8 月にシュトラースブルクのホテル（ローテス・ハウス）でドイツ産業界と党の指導者たちの会議が開かれたといった説をはじめ，これらの動きが体系的で計画的であったとする見方は，頻繁に引用され，あたかも事実であるかの如く扱われているが★1，立証がほとんど不可能な憶測に過ぎない25)。チューリヒの銀行であるヨーハン・ヴェールリ株式会社について英米人が行った調査も，ドイツの資産移転においてこの銀行が決定的な役割を果たしたのではないかとの疑惑を立証できぬまま，1945 年に終了している。

スイス清算局は，当初，どの資産が戦争の前半に流入したもので，またいずれの部分が，1943 年の戦局の転換後にスイスに流入したのかを明らかにしようとしていた。しかし結局，この調査は行われなかった。膨大な報告書は，戦争の最終局面で資産移転の動きが非常に活発になった可能性を示唆している。連合国やスイスの当局者が得ていた情報——秘密の情報機関による検証不能なものを含む——や，スイス国立銀行その他の機関の情報も，これと同じ結論を示すものであった。1944 年の晩夏に，スイスの新聞は，当然ながら単に連合国での報道を後追いする形であるが，この問題を取り上げた。

★1 邦訳文献では，レボー，アダム［1998］が，諜報員報告を根拠にこの会合を実在のものとして描いているが（108-115 頁），報告自体の信憑性については検討していない。なお同書でレボーは，ヨーハン・ヴェーリについても触れている（同，171 頁以下を参照）。

戦争の最終局面については，救えるものを全て救おうという動機は自明になっていた。しかし戦争の前半での類似の報告の欠落は，この時期こうした取引がはるかに小規模であったことを必ずしも意味しない。ドイツ側の視点では，1939/40年の戦争の最初期においても，事態の帰趨を左右しかねない高度の不確実性があった。連合国からの圧力と，ドイツ敗北の切迫，この二つが，それまでほとんど存在しなかった報告が1944年に急増しはじめる理由であろう。

戦争の最終局面での資産移転は，ドイツ企業が戦後に備えることを目的としたもので，金融資産や在庫品，あるいはライセンスや特許権のスイスへの移転は，可能な限り早い時期に世界市場に再進出するためのものであったかもしれない。しかしまた，滅亡の淵に直面したナチス体制の政治的エリートや党員が，自らの生き残りのために，物的な蓄えや再出発のための拠点の確保を図ったためであるとも考えられる。この場合には，これらの資金等が犯罪的な出所を持つのではないかとの疑惑は，とりわけ大きい。

ドイツ企業の多くの動きが，事実この種のものであったことを示す証拠には事欠かない。政権の公式の政策は，そうした敗北主義的な計画を拒絶していたのではあるが[26]。資産移転の様々な方法について証拠がある。最も好んで用いられたのは，商品貿易において過少もしくは過大な請求書を付すことで，これは非常に見つかりにくいスイスへの資産移転方法であった。スイスの経済団体は，ライセンス移転の問題に取り組まねばならなかったが，首尾一貫した政策があったわけではなく，その都度，会員企業の利益極大化を図ったのである。とはいえ，ドイツ企業の在スイス生産拠点が拡張されたこと，またドイツ製品をスイス製品にみせかける偽装がなされたことに対しては，はっきりと否定的な評価が下された。これらはスイス自身の輸出機会に対する脅威とみなされたし，スイスからの輸出の成否が，戦勝国である連合国の厚意次第である状況下では，なおさらであった。

今日，ドイツ企業によるこうした動きについて，動機や経緯，用いられた手法を把握することは可能であるが，その額を特定することは容易ではない。それとともに，戦争後半には，前半におけるよりも怪しげで不透明な取引が多くみられたこともまた真実である。こうした不審な取引の場合には移転された資産額はほとんど把握不能であり，資金の出所もしばしば全く不明か，あるいは明らかに不法なものであった。これは，移転経路や背後に潜む取引主体にも当てはまる。しかもその大部分は，スイス清算局の調査を免れた。これはとりわけ，小分けにされ，巧妙に隠されて国境を越え密輸されたものに妥当する。これらは略奪された有価証券や，同じく略奪・強奪されたダイヤモンド——とりわけオランダやベルギーからのもの——であるが，なんといっても筆頭に位置するのは，スイスで外貨に両替可能な銀行券であった。こうした取引が大規模に行われたことは，供給過剰のために各種の相場が暴落したことからも読み取れる。スイスでは，1944年にダイヤモンド価格が急落した。下落幅の大きさは，予定していた取引が成立せず，ドイツの売り手が大変なリスクを冒して売却予定のダイヤモンドをドイツに

戻し，また他の方法でどこか不明の場所に持ち出したほどであった。また銀行券の供給過剰，とりわけライヒスマルクとフランスフランのそれのために，両通貨の対スイスフラン相場は大幅に下落した。ドイツ軍によるフランス占領以降，占領軍保有の大量の銀行券が，スイスに流入し続けた[27]。スイス国立銀行による1943年7月付のある報告書は，「フランス駐留の〔ドイツ〕国防軍のメンバーは」，「フランス銀行券の中を泳いでいるとされており」，その一部がスイスにも持ち込まれ両替されていると，断定している[28]。この種の取引の怪しさについては，それ以降，繰り返し言及されている。スイス国立銀行でさえも，1944年春に，これを禁止すべきだとの意見を表明していた。スウェーデンでは，同様の取引は早くも1943年夏には禁止されていたのである。しかしスイスでは銀行界はこれに執拗に抵抗しており，ようやく禁止措置が実現したのは1945年3月のことで，しかも銀行は，極めて不熱心にこれを実施したにすぎなかった[29]。

スイスに「ナチ口座」はあったか？

　近年，ナチスの大物がスイスに資産を隠し持っていたのではないかとの疑惑が，人々の耳目を集めるようになった。どれほどの額に上るかは不明だとしても，上述のような略奪・強奪資産（銀行券・ダイヤモンド・有価証券その他）が，スイスに持ち込まれ，そこで売却もしくは保管されたならば，そうした資産を一時的ないしは長期的に保管するための銀行口座があったと推定するのも，理に適っている。1999年11月，ヴォルカー委員会の名で知られる独立有識者委員会（ICEP）が，所有者不明口座の体系的な調査の過程で，「ナチ口座」とおぼしき1600の口座をスイスで見つけたとの報道が，メディアを駆けめぐった。1999年に公刊された同委員会の最終報告書には，そのようにも解釈しうる叙述が一箇所みられる[30]。しかしマスメディアの報道は，正確さをまったく欠くものであった。

　ヴォルカー委員会の委託を受けた監査会社は，どのように調査を行い，またその結果はいかなるものであっただろうか。調査方法は，いわゆる「氏名照合〔ネイム・マッチング〕」によるもので，410万に上る当時の口座所有者の名簿と，総計1934名に上るナチス幹部のリストを比較対照するという手法である。この調査によって，かなりの数の氏名が一致することが明らかとなった。しかしこれは単に，スイスドイツ語圏でよくある名前は，ドイツでも珍しい名前ではないという事実を示すに過ぎない。調査の次のステップ，すなわち同姓同名の組合せから，単なる名前の一致ではなく同一人物でもある口座を特定するという作業は，委託内容に含まれないとの理由でなされていない。ICEPは，独立専門家委員会が，これを引き継ぐことを期待していた。

　この一次的な結果を全て検証することは不可能であるが，部分的な調査は行われ，その結果，発見された「氏名一致」の事例のほとんど全てが，同姓同名の他人の口座に過ぎず，ナチ口座とはいえないことが明らかとなった。少数の例外を挙げると，例えば

チューリヒ州立銀行では，ナチス幹部の口座は発見されなかったものの，ナチス経済の大物との非常に濃密な関係が明らかとなった。いくつかの銀行，とりわけ大銀行は，ICEP の調査を機に独自の調査を行った。合併前の母体銀行について 1 万人の口座所有者の氏名照合調査を行った UBS でも，重要な事例はまったく見つからなかったが，その唯一の例外が，元ライヒスバンク総裁ヒャルマール・シャハトが所有した口座であった。その他には，1 名の，すでに死亡していたある親衛隊員の未亡人によって，戦争終結後数十年後に開設された口座があるに過ぎなかった。それに対して，クレディ・スイス・グループは，460 名のナチス幹部リストおよびニュルンベルク裁判被告という，より狭い範囲での調査を行い，同銀行の前身となる銀行の口座に，14 の「該当例」があったことを明らかにしている。これは，同行が自ら公刊した独自の調査報告ですでに指摘されている事実である31)。このように鮮烈な対照をなす結果からは，UBS の前身であるスイス銀行コーポレーションとスイス・ユニオン銀行が，戦後に意図的に記録を抹消したのではないかとの疑念も生じよう。実際クレディ・スイスについては，文書が破棄されたことが示唆されている。というのも，同行が，スイスでドイツ銀行を代表するアルフレート・クーツマイヤーのお膳立てで，1944/45 年に親衛隊（SS）との取引関係を持ったことが，ドイツ側の記録から確認されるからである32)。

　はっきりと特定できる少数の口座所有者は，どのような人々であろうか。上で触れた事例では，アルフレート・クーツマイヤーの他には，SS 経済管理局で署名権を持つ 3 名が含まれ，その一人は，ニュルンベルク裁判で死刑を宣告され 1951 年に処刑されたオスヴァルト・パウルである。さらには，占領下オランダのライヒ総督［Reichsstatthalter］であり，やはりニュルンベルク裁判で死刑を宣告されたアルトゥール・ザイス＝インクヴァルトの口座もある。ただしこれは，1935 年，彼がオーストリアのナチス地下組織で活動していた頃にごく短期間有した口座に過ぎないものである。上記のリストには，その他にもニュルンベルク裁判の被告となった口座所有者がいるが，これらはいずれも二級以下の被告であり，大半は無罪判決を受けた者たちである。これらは，体制順応的な保守的エリートで，ナチスに協力し，政治や財界で時に重要な役割を演じた人々であり，例えば，1933 年にナチスの政権掌握を助けた保守主義者フランツ・フォン・パーペンや，1934 年から 1938 年にドイツの駐スイス公使を務めたエルンスト・フォン・ワイツゼッカー〔西ドイツ第 6 代大統領リヒャルト・フォン・ワイツゼッカーの父〕がこれに含まれる。また前述の，経済相でライヒスバンク総裁のヒャルマール・シャハトは，1939 年初にヒトラーの信を失ったまさしくその時に，スイス銀行コーポレーションのロンドン支店に銀行口座を開いている33)。こうした人物が──他の裕福な市民と同様に──スイスに口座を持っていたということは，不思議でも何でもない。これらの口座のうち最大の残高── 80 万フラン以上──を有したのはフランツ・フォン・パーペンであるが，彼は戦争の間，大使としてイスタンブールに駐在していた。イスタンブール大使館もまた，ドイツによる疑惑に満ちた金融取引の中心だったので，こ

の資金が単なる個人財産ではなかった可能性も残る[34]。しかしこの最後の点についてはそれ以上の情報はなく，またこれらの口座での資金の出入りについては一切の記録がないことを，ここで強調しなければならない。実業家でありまた親衛隊員でもあったヘルムート・マウラーがチューリヒ州立銀行に持っていた口座については，これより多くの記録が残されている。この口座は，時に数百万フランに達する金・外貨の取引に用いられていた。しかし彼の名は，上記のどのナチ・リストにも載っていない。この口座は，1945年にドイツ資産の登録が義務づけられ，これを受けて銀行が報告したために発見された[35]。

　ナチスドイツにおける地位が高くなればなるほど，本名でスイスに銀行口座を公然と持つ可能性は低くなる。というのも，そうした口座を持つことは，極刑で罰せられるべき外国為替法違反を意味したはずだからである。ニュルンベルク裁判に先立つ時期，アメリカ人は，後に裁判の被告となるいわゆる主要戦争犯罪人に圧力をかけ，あらゆる手段を用いて捜査を行ったが，しかし何の証拠も見いだせなかった。貪欲な事業の才で伝説を残し，秘密の代理人を定期的にスイスに派遣していたヘルマン・ゲーリングのような人物さえも，特定可能な銀行口座は一切残していない[36]。しかし以上の根拠をもって，訴追を受けた民族社会主義者による，スイスを経由地あるいは移転先とする大規模な資産移転が存在しなかったと結論づけることはできない。アメリカ合衆国が行った「セイフヘイブン」作戦は，1918年以降の事態と同様のことが起こりうるとの類推――それには十分な根拠があった――に基づくものであった。しかしあらゆる証拠が，そうした資産移転は，通常の銀行口座を経由しては行われなかったことを示している。むしろこれらの資産は，信託業者，弁護士，あるいは各種の事業家などの代理人によって移転されたとみるべきであろう。

　一定期間口座が存在していた場合でも，当然ながら，戦争終結のかなり前にそれらは閉鎖された[37]。ドイツ人資産の封鎖は，何ヵ月も議論がなされた挙げ句，ようやく1945年2月16日に実施された。1945年秋以降，ドイツ人に貸し出されていた貸金庫を空けて組織的な調査がなされたが，その約10％は空であった。戦争の全期間にわたりスイスと密接な関係を維持していた様々な人々，例えば四ヵ年計画庁でのヘルマン・ゲーリングの部下などについては，口座は一切見つかっていない。自己の職務のためにスイスで多岐にわたるコネクションを持ち，情報にとりわけ通じていたこれらの人々の場合，戦争の最終段階で，戦後の生き残りのために自己の財産を移転する他の方法を持っていたのである。それゆえ，スイスが，逃亡を図るナチの逃亡先や経由地になったのか，なったとすればどの程度にか，という問題が生じるのである。

トランジット　一時的な避難先・経由地としてのスイス

　1957年に公表されたカール・ルートヴィヒによるスイスの難民政策に関する報告書は，簡潔に結論づけている。「戦争犯罪人にスイスが保護を与えたという，時たま流れ

る外国での報道は，純然たる作り話である。しかしスイスは，報道内容を否定することを断念してしまっている」38)。体系的な調査が欠落しているとはいえ，この結論が妥当でないことは断言できる。犯罪容疑に問われていたドイツ人は，当局の公式の指針が入国を禁じていたにもかかわらずスイスに入国した。彼等は保護を受けたばかりでなく，連合国当局が戦争犯罪を理由としてその引き渡しを求めた場合にも，悠然とスイスからの逃避行を準備することさえできた。調査によって明らかとなった事例は，スイスとドイツの関係のネットワークや，当時におけるその時々の動機を知るうえで，非常に示唆に富んでいる39)。偽名を用いてスイスを旅行した人々と，素性が知られていながら問題視されなかった人々の事例を区別する必要がある。

　スイスで受け入れられるためには，スイスにとって有用とみなされることが必要である。過去の役割に対する謝意も，時に重要であった。決定的な基準は，一般には経済的・軍事的・外交的有用性という狭い定義によった。兵器産業の専門知識を持ったドイツ人エンジニアは，アルゼンチンへ逃れる途中で，スイス軍当局による友好的な扱いを期待できた。例えば，ドイツ人兵器工場主であるベルンハルト・ベルクハウスは，そうした事例である。彼の工場では，強制労働従事者はとりわけ残虐な体制の下におかれていたが，同時に彼は，戦争の間，ベルリーンのスイス大使館に便宜を図っており，そのため労せずして好意的な紹介状を得ることができたのである。またそれまで IG ファルベンで働いていた化学者も，戦後直後に列をなしてスイスにやってきた。スイスでは希望の職につける見込みが高かったからである。何人かは木材糖化株式会社（ホヴァク社）に採用され，そのノウハウは，民需転換およびスイスの化学繊維産業の確立に供された。これらのドイツ人の多くはその後スイスに永住した。他の者は，「非ナチ化」のための調査が終了し，ドイツの「経済の奇跡」によって新たな就職の機会が生まれるまで，数年間スイスに滞在した。その後彼等は故国に帰り，西ドイツ経済で再び高い地位についた。例えば，かつて IG ファルベン職員でありまた国防経済指導者［Wehrwirtschaftsführer］，さらに親衛隊員でもあったエルンスト・ルドルフ・フィッシャーは，そうした一人である。彼はスイスに 10 年間滞在し，その間多数の化学者のスイス入国を助けた。その他，ドイツで人目を避けねばならない人々は，その後も転々とし続けた。これはとりわけ，四ヵ年計画当局の幾人かの幹部に該当するが，これは詳細な検討に値する。

　四ヵ年計画庁は，民族社会主義者によって設けられた巨大な複合体であり，その構成員は，一部は軍需産業で，また一部は原材料供給で，さらに一部は外貨獲得部門で活動していた。前述の E. R. フィッシャーや，官僚であるフリードリヒ・カドギィーンやルートヴィヒ・ハウプトは同庁に属しており，1945 年 4 月半ばにスイスに入国した。戦時中の彼らの有用性は，スイスの石油・ガソリン調達に対する貢献によって測られた。彼らは，スイスの戦争経済シンジケートであるペトロラ株式会社と密接な関係にあった。同社は，著名な社会主義者であるロベルト・グリム〔79 頁訳註 52 参照〕率い

る「電熱セクション」の傘下に置かれていた。しかし今や戦争は終わり，ドイツは占領された。連合国は戦争犯罪容疑でこの人物の引き渡しを要求してきたのである。しかし彼らの政治的な背景に対するスイスの関心は，特筆するほどに低かった。スイス人は，彼らが何者であるかを十分承知している，すなわち彼らが基本的に「立派な」ドイツ人であると，考えていたのである。それゆえスイス側は，連合国からの引き渡し要求に聞く耳を持たなかった。

なかでもフリードリヒ・カドギィーンは，ユダヤ人犠牲者から奪った有価証券やダイヤモンドに絡んだ，犯罪的な手法による外貨獲得に深く手を染めていた。宝飾品や，挙げ句は切手のコレクションまでもが，外貨に交換可能で，かつ国境でも容易に密輸できる品として搔き集められたのである。カドギィーンと彼の同僚がその一部を掠め取ったことは疑いなく，早くも1947年ないし1948年にはスイスの秘密代理人を介して会社を設立し，その直後に南米への渡航を準備した。3人の設立者，イムフェルト，ハウプト，カドギィーンの頭文字をとって名付けたイムハウカ［Imhauka］株式会社は，中部スイスのザルネンに本拠を置いた。また南米への移住直後には，北アフリカのタンジェに，同じ名前で二つ目の会社が設立された。チューリヒの弁護士，エルンスト・イムフェルト博士は，戦時中はペトロラを顧客としていたが，ドイツ人出資者がボゴタとリオデジャネイロに立ち去ってそこで痕跡を断った後は，この会社の業務をチューリヒから管理した。判明している限りでは，イムハウカ社は，製造業企業に出資し，工業設備のラテンアメリカへの移転を仲介した。この会社は今なお，ブエノスアイレスで事業を続けている[40]。

その他，赤十字国際委員会（ICRC）から身分証明書を交付されたドイツ人は，単に逃亡経路としてスイスを通過したに過ぎないか，あるいはそもそもスイスを通過しなかった。それらの中には，アドルフ・アイヒマンや，かつてアウシュヴィッツで親衛隊医として勤務していたヨーゼフ・メンゲレなど，幾人かの主だった戦争犯罪人がいる。彼等は南米に逃亡した。赤十字国際委員会は，戦争直後，身分証明書を紛失した人々に，非常に多くの仮身分証を発行した。ドイツ人戦犯は偽名を騙って他人になりすまし，1945年以降ヨーロッパを離れようとした数万の避難民に，まんまと紛れ込んだのである。身元確認が不十分だったとして赤十字国際委員会を非難する者もいるかもしれないが，しかし赤十字は，お役所仕事によらずに迅速に援助を差し伸べるよう求められていたのである。これらのドイツ人戦犯が，ドイツで自ら地下に潜伏した後，戦争終結後数年後に初めて出国しようとした点が目をひく。1948/49年以降，終戦直後からの混乱が次第に落ち着くにつれ，旅行も次第に容易になっていった。また西側連合国の側でも，冷戦下でソヴィエト連邦に対抗するために悪名高い民族社会主義者を自ら利用するという文脈を除けば，ナチに対する注意や関心は大幅に減退していた。後に偽名が発覚したいくつかの事例で，名の知れたナチ戦犯が登場しているが，発覚せずに終わった者の数を知ることはできない。メンゲレは後に何度かスイスを訪問したが，ドイツ当局が

彼に関する情報を提供したにもかかわらず，逮捕されることはなかった。

数と推定額

ここで示す調査結果は，当時の推測や昨今の憶測よりも，ある程度は客観的なものである。未発見の偽装工作による資産移転が特定されたわけではなく，また，逃亡を図る無数のナチの隠れ場や中間地点としてスイスを描くようなものでもない。しかし，調査結果は無意味なものではない。もし無意味なのであれば，こうした疑念やそれに関する調査が，戦後直後にかくも激しい抵抗に遭遇した筈はない。調査は，強力な利益集団の特権に触れるものであったので，調査対象となる取引が比較的少額である場合にも，抵抗は大きかった。そのため当時明らかにされた事実は，例えそれが公にされた場合でも，すぐに封印されてしまったのである。

上記のような現象がどの程度の広がりをもっていたかについては，以下の点を確認できる。

経済的カモフラージュの件数は，もしも，当時作成されていたドイツ外国為替管理局の統計四季報の大半が残されていたならば，特定しえたはずである。とはいえ，断片的な情報からでも，戦争の初期にはこれは500件を超えるものの，1000件は確実に下回ることが，推定できる。これらが各中立国にどのように分布していたかは正確には判らない。しかしドイツによるカモフラージュ工作は，スイスのみでも数百件に上ったとみられる。これはまた，連合国のブラックリストに載った企業数の多さによっても裏づけられる[41]。

スイス清算局は，1946年5月に，10億フランを若干上回る規模の在スイスドイツ資産を把握していた。しかしこの数字は明らかに少なすぎる。部分的には推測にもよる多々の補足的な情報からするならば，実際にはおそらくその2倍，すなわち20億フラン以上に達していたであろう。1945年のスイスの国民純生産額である138億フランと比較すると，その規模の大きさが理解できる[42]。

戦争の終結後，連合国による戦犯訴追から逃れるためにスイスに逃亡し，あるいはスイスを経由して第三国へと逃れた民族社会主義者については，その数を把握することはできない。しかしいずれにせよ，終戦時のスイスの自己認識と鮮烈な対照をなすような事例が，実際に存在していたのである。

数と伝説

1946年の初め，スイス清算局は，自ら行った調査の結果，在スイスドイツ資産の総額を10億4600万フランと確定した。この数字には，この調査の後に把握された額を加えねばならず，また開封された貸金庫の中身や，ドイツ帝国鉄道（ライヒスバーン）の資産，在スイスドイツ企業の商品在庫や売掛債権なども加算しなければならない。それに，価値換算は困難であるが，スイスで登録された1万件から1万5000件のドイツ人

所有特許も含めねばならない。これらすべてをひっくるめると，在スイスドイツ資産はおおよそ 20 億フランとみなせよう。これらの推計のどれにも含まれず，報道されることも捕捉されることなく，密輸によって国境を超えた資産の額は，これには含まれない。当時，国外でなされた多くの推計は，30 億フランから 40 億フランと，上の推計よりもずっと大きな額を弾き出していた。これらの推計額が，スイスに対する態度を反映していたことは示唆的である。連合国でも，スイスに対して比較的好意的であったところ，例えば英国外務省は，より厳しい見方をとる組織よりも比較的少ない推計額を示していた。しかし突出して高い推計額を示したのは，1947 年 3 月に尋問を受けたライヒ経済省元外国為替部長，ヘルマン・ラントヴェーアである。彼は，戦争中，スイスを目的地か経由地として，150 億ライヒスマルクがここに流れ込んだと供述したのである。これは，当時の為替相場で 26 億フランに相当する。今日に至るまで，この数字が幾度と無く憶測を生んできた。ラントヴェーアは謎の多い人物であった。「外貨の法王」として知られた外国為替部長は，失敗に終わった 1944 年 7 月 20 日のクーデター計画の黒幕でもある保守的反体制派の巨魁，カール・ゲルデラーの友人でもあった[43]。ラントヴェーアは 1944 年 8 月に逮捕されたが，しかし，反逆者とのその周辺の人物に対する報復措置を間一髪で免れた。彼が挙げた数字を，我々は信用すべきであろうか。一つ考慮に入れるべきは，まったく捕捉されなかった休眠資産，例えば貸金庫に入れられたままとなった資産の額である。また，戦争の帰趨の結果大幅に，――たとえ一時的であれ――価値を落とした資産があることも考慮に入れねばならない。例えば，ドイツの株価総額は，戦後は戦前の 10 分の 1 に過ぎなくなっていたのである。ラントヴェーアの証言は，連合国に対して自分の大物ぶりを演出した試みだったのかもしれず，あるいは単に，ドイツの隠蔽工作の巧妙さを誇示し，戦勝国を嘲ろうとしただけなのかもしれない。

とはいえ，在スイスドイツ資産が，30 億フランにさえ達した可能性があることは，強調されねばならない。1949 年に行われた戦後ドイツにおける推計は，在外ドイツ資産の総額が登録額の倍に達するとの前提で行われていたのである。ドイツ国内の貯蓄資産は 1948 年 6 月の通貨改革で大幅に目減りしたが，在スイス資産はこの変化を免れた。個々の事例の額はわずかであったとしても，これらの資金は，戦争の進展に伴い生じたドイツの貧困化の中では，その所有者には高い価値を持っていた。在スイス資産を所有するドイツ人たちは，彼らの資産を管理かつ保護し，1950 年代に，連合国による抗議にもかかわらずその大半をドイツ人の手に返還した忠実なスイス人に対し，感謝の意を示したのである。

動機と利害

スイスは，民族社会主義下のドイツにとって，非常に多面的な，今日なお部分的にしか明らかにしえない秘密業務の立地拠点であった。これは，今日手に入る文書を控えめに評価しただけでも十分に立証できる。先見の明ある同時代人ならば，1937/38 年から組織されたカモフラージュ工作から，ドイツの外交政策がヨーロッパ規模の戦争遂行を織り込んでいることを知ることができたであろう。カモフラージュ工作は来るべき戦争への肩入れを意味し，その勃発後は，まさしくそうした性格を帯びた。介入に及び腰であった国〔スイス〕の姿勢のために，これらの活動は可能となったのであり，さもなく

ばこれは不可能であったろう。ドイツ資産を保護し，ドイツの敗北後に逃亡を図る民族社会主義者に逃げ場を提供したことで，スイス当局は自ら対立に関わりを持ち，戦勝国たる連合国の戦後戦略に対立する側に自らを置くことになったのである★1。

　そのような行動を，どのように解釈したらよいのだろうか。これがナチズムへの共感に起因するというような例は，きわめて少数であった。経済の分野では長期の取引関係は珍しくなく，そのうちのいくつかは，〔ナチス政権掌握の〕1933年よりもはるか以前に遡るものであった。1933年以降，隣国で生じた変化に対しては，経済界では十分な考慮が払われなかった。一般に，ずっと早くに疑念が生じて然るべき状況でも，ドイツの取引相手は依然として，「きちんとした」取引相手とみなされ続けたのである。その間，問題となりそうな取引を阻止しよういう政治的な意志は，薄弱なままであった。そうした態度は，困難な戦時下でのスイス経済の生き残りとはほんど関係がなく，むしろ特定の，数の点ではとるに足りない小集団の金儲けの機会と関連していたことを，ここで強調しておかねばならない。例えば，ドイツとの取引に深入りしたチューリヒの弁護士の事例は，弁護士の世界において非常に少数派でありながら影響力を持つ者が，こうした取引に関与したことを示している。法律家たちは，非常に厳格に守られてきた職業上の守秘義務に対する国家の介入に，共同して抵抗した。同業者の連帯行動が，これらの少数派を守ったのである。1945年，政治的な決断によって，在スイスドイツ資産について報告する義務が法律家に課されたが，そこに至る道は極めて困難であったし，またこの決定の内容自体，まったく不十分なものであった。

　当局は，戦争終結間際に，国内の政治的圧力や連合国からの外圧に直面して，ドイツ資産のスイスへの移転を把握し阻止するために，各種の——相互の調整を欠いた——措置を導入した。しかしそうした圧力が減退し国際情勢が変化するや否や，強固な圧力団体の抵抗を排してこの不人気な措置を貫徹しようという政治的な意志もまた，弱まっていった。スイス清算局は，1945/46年の冬，IG化学に対し，同社が依然としてドイツとの関係を維持しているか否かについての大規模な調査を行ったが，これはこの種の本格的な調査としては最後のものとなった。その後，振り子は反対側に動き，慣れ親しんだ見方が支配的となった。すなわち，過去の経済取引の評価においても，ほとんどの取引はスイス法には違反しておらず，したがって「スイスの利益となった」やり方を問題とすることはできない，との見方が支配的であり続けたのである。スイスにおけるドイツの経済的利害について，信頼できる情報に基づきアメリカ合衆国が作成した報告書は，1946年に，ドイツ関連の取引に深入りしていたのは，弁護士のうちでもわずか十数人に過ぎなかったと断言している。「これらの企業と個人は，ドイツの権力の保護や

★1 アメリカ合衆国が，自国の国益に合致する場合にはしばしばナチ犯罪者を見逃し，あるいは厚遇さえしたことを念頭に，フィンケルスタイン（152頁の訳註15および226頁の訳注5参照）は，この文についても「行き過ぎ」と批判している。Finkelstein, Norman. ［2003］, 201頁，および，日本語版，フィンケルスタイン，ノーマン［2004］, 184頁。

再建に絶大な支援を与えた。というのも，その家族関係・取引関係が，実質的にスイス経済全体を巻き込んだからである。彼等の活動を反スイス的と決めつけることはできず，また多くの場合，こうした組織や彼らの工場の生産物からスイス経済も恩恵を受けているので，彼らの活動を全面的に阻止するのはほとんど不可能である」[44]。かくも小さなグループの利害を，経済全体の利害であるかのごとく喧伝できたということは，社会政治的な定義の力［Difinitionsmacht］を表現するものであった。より上位の規範，——経済的ナショナリズムや集団的エゴイズムを越えるもの——は，存在しなかった。むしろ人々は，近い将来に備えて——たとえ当時，地に落ちていたとしても——，ドイツがやがて再び重要な経済的パートナーとなることを願ったのである。

---

1) 特に記載のないかぎり，この節の内容は，Uhlig, Christiane / Barthelmess, Petra / König, Mario / Pfaffenroth, Peter / Zeugin, Bettina [2001]（独立専門家委員会叢書第 9 巻）による。
2) Bonhage, Barbara / Lussy, Hanspeter / Perrenoud, Marc [2001]（独立専門家委員会叢書第 15 巻）掲載の，1935 年から 1946 年までの外国からの預金総額の毎年の推移は，示唆に富んでいる。
3) Durrer, Marco [1984], 246 頁にこのデータからの抜粋がある。Perrenoud, Marc [1988], 50 頁も参照。この結果に関する議論については，Uhlig, Christiane / Barthelmess, Petra / König, Mario / Pfaffenroth, Peter / Zeugin, Bettina [2001]（独立専門家委員会叢書第 9 巻），10.1 を参照。ドイツ側からの戦前の推計については，Bourgeois, Daniel [2000], 69 頁。また 1935 年についてのスイス側からの数字は，Diplomatische Dokumente Schweiz /Documents Diplomatiscques Suisses, Bd. /vol. 11, 330 頁。
4) Leuzinger, Hans [1960], 115 頁。この結果は，Durrer, Marco [1984], Castelmur, Linus von [1997/1992] のいずれにも無視されている。それに対し，Perrenoud, Marc [1988], 50 頁では言及されている。
5) 特に Elam, Shraga [1998], 61-91 頁，Borkin, Joseph [1978] を参照。今日包括的なものとしては，König, Mario [2001]（独立専門家委員会叢書第 2 巻）。また O'Reilly, Declan [2002] は，この紛争の米国側の状況を詳細に描いている。
6) ヴェーリ社については，Speich, Sebastian [1997], および Uhlig, Christiane / Barthelmess, Petra / König, Mario / Pfaffenroth, Peter / Zeugin, Bettina [2001]（独立専門家委員会叢書第 9 巻）7.4 を参照。
7) 独立専門家委員会の公刊物を参照。Lussy, Hanspeter / Bonhage, Barbara / Horn, Christian [2001]（独立専門家委員会叢書第 14 巻），König, Mario [2001]（独立専門家委員会叢書第 2 巻），Perennoud, Marc / López, Rodrigo / Adank, Florian / Baumann, Jan / Cortat, Alain / Peters, Suzanne [2002]（独立専門家委員会叢書第 13 巻），Karlen, Stefan / Chocomeli, Lucas / D'haemer, Kristin / Laube, Stefan / Schmid, Daniel [2001]（独立専門家委員会叢書第 12 巻），Bonhage, Barbara [2001]（独立専門家委員会叢書第 21 巻）。
8) こうした背景についてはこれまでほとんど研究がなく，ここでは漠然とした指摘以上のことはできない。1914 年以前については Urner, Klaus [1976] がある側面について問題にしているが，20 世紀については研究が欠けている。
9) オランダの役割については，Frey, Marc [1998] を参照。スイスについては類似の研究は存在しない。とはいえ，Ochsenbein, Heinz [1971] も見よ。
10) Hug, Peter [2002]（独立専門家委員会叢書第 11 巻），および本書の 4.2 も参照。
11) Borkin, Joseph [1978], Aalders & Wiebe [1996] を見よ。
12) Guex, Sébastien [1999], 11 頁を見よ。
13) BAR/AF, E7160-07 (-) 1968/54, Bd. 1064 での引用。Revisionsbericht IG Chemie und

Bankhaus H. Sturznnegger, Notiz Hans Sturznegger, 12. August 1938, 482 頁。この銀行の発展については，今日では以下が詳細である。König, Mario ［2001］（独立専門家委員会叢書第 2 巻）．

14) 製薬企業シェリング社のカモフラージュ会社であるチェファ社（Chepha）の事例は示唆に富む。Perrenoud, Marc / López, Rodrigo / Adank, Florian / Baumann, Jan / Cortat, Alain / Peters, Suzanne ［2002］（独立専門家委員会叢書第 13 巻）5.2 参照。

15) Bundesarchiv Berlin, R3101, 3056, Eau de Cologne; Ferdinand Mülhens an RWM, 11. November 1939.

16) いずれも Otto Wolff 社の文書からの引用である。最初のものはモスクワからの通信で，RGVA, 700-1-29, Rudolf Siedersleben an Staatssekretär Erich Neumann, 2. September 1939, 3 頁を，また第 2 のものは，RWWA, Abt. 72, Nr. 265, Fasz. 10. Siederleben an Max Doerner, 8. Oktober 1939 を参照。

17) BAR/AF, E7160-07 (-) 1968/54, Bd. /no. 1066, Erlass des Reichswirtschaftsministeriums, 9. September 1939.

18) ロベルト・ボッシュと IG ファルベンの事例を挙げた Aalders, Gerard / Wiebes, Cees ［1996］を参照。

19) Price Waterhouse & Co., Zürich; Carl A. Spahn an Price Waterhouse, 18. September 1939, 16 頁。本文で取り上げた「オリオン」の事例については，Uhlig, Christiane / Barthelmess, Petra / König, Mario / Pfaffenroth, Peter / Zeugin, Bettina ［2001］（独立専門家委員会叢書第 9 巻）3.5 を参照。

20) O'Reilly, Declan ［1998］による 1 事例。

21) この有価証券取引については，Lussy, Hanspeter / Bonhage, Barbara / Horn, Christian ［2001］（独立専門家委員会叢書第 14 巻）さらに，Uhlig, Christiane / Barthelmess, Petra / König, Mario / Pfaffenroth, Peter / Zeugin, Bettina ［2001］（独立専門家委員会叢書第 9 巻）を参照。

22) Scholtyseck, Joachim ［1999］での叙述を参照。ボッシュに雇用されていたカール・ゲーデラーは，自身の外国旅行を反体制運動のために利用していた。

23) この事例については，König, Mario ［2001］（独立専門家委員会叢書第 2 巻）によって詳しい分析がなされている。

24) その他の情報については，本書第一部 6.7 も参照。

25) 特にドイツ民主共和国（旧東ドイツ）でのいくつかの文献で言及されている「ローテス・ハウス」での会議については，Eichholtz, Dietrich ［1975］を参照。早くも懐疑的な見方を示しているものとしては，Schumann, Wolfgang ［1979］。説得力ある解釈が，Roth, Karl Heinz ［1996］，656 頁および 189 頁の註に示されている。

26) ドイツ企業の戦後計画については，ドイツ側からの研究が豊富である。Roth, Karl Heinz ［1996］．

27) 銀行券取引の規模に関する体系的なデータについては，Perrenoud, Marc / López, Rodrigo / Adank, Florian / Baumann, Jan / Cortat, Alain / Peters, Suzanne ［2002］（独立専門家委員会叢書第 13 巻）4.2 参照。

28) Diplomatische Dokumente Schweiz/Documents Diplomatiques Suisses, Bd/vol. 14, 1226 頁からの引用。Perrenoud, Marc ［1999］，422 頁も参照。

29) 取引の禁止の後にこれが大幅に急増した 1945 年 3 月の情勢については，Perrenoud, Marc ［1999］，423 頁。

30) ICEP ［1999］，103 頁以下。

31) Jung, Joseph ［2000］，84 頁以下参照。そこでは 13 の不審な口座について詳細を記しているが，その後銀行は，さらにもうひとつの銀行口座所有者（フリック［Flick］訴訟の被告人）の身元を確認している。この口座は戦後開設されたものであり，公刊された報告書で描かれた図式を変えるものではない。

32) 詳しくは，Uhlig, Christiane / Barthelmess, Petra / König, Mario / Pfaffenroth, Peter / Zeugin, Bettina ［2001］（独立専門家委員会叢書第 9 巻）4.4 を参照

33) これらの人物のスイスでの銀行取引については，Durrer, Marco ［1984］，247 頁参照。

34) ドイツの金取引拠点としてのイスタンブールの役割については，Steinberg, Jonathan ［1999］を参照。

35) Balzli, Beat [1997], 236 頁ではすでにこの事例が言及されている。
36) 生命保険契約は存在していたが，これは1930年代の早い時期に解約されている。本書〔第一部〕4.6 を参照。
37) Bonhage, Barbara / Lussy, Hanspeter / Perrenoud, Marc [2001]（独立専門家委員会叢書第15巻），59頁を参照。そこでは〔問題口座として〕特定された口座の残高が，1943年から1945年の間に約40％減少していることが示されている。具体的な事例であるヴィルヘルム・オーディンクの資金の引き出しと弁護士ウィルヘルム・フリックへの引き渡しについては，Bonhage, Barbara [2001]（独立専門家委員会叢書第21巻）に記録がある。
38) Ludwig, Carl [1957].
39) 興味深い事例を全て取り上げることはできない。〔本文で触れなかった事例のうち〕特記に値するのは，例えば，パウル・ディコプフの経歴である。1942年にスイスに入国した際，彼は反ナチス体制運動家であると詐称したが，おそらく彼はむしろナチスの工作員であった。Huonker, Tomas/Ludi, Regula [2001]（独立専門家委員会叢書第23巻），96頁を参照。
40) スイスにも，現在はツークに本拠を置く同名の企業が存在しているが，しかしこれは，元になった企業ともはや何の関係も持たない。ツークのこの会社を設立したイムフェルトは，1960年以前にドイツ側出資者との関係を解消していたとみられる。1980年，彼はこの形ばかりとなった会社を，外国の企業グループに売却した。詳しくは，Uhlig, Christiane / Barthelmess, Petra / König, Mario / Pfaffenroth, Peter / Zeugin, Bettina [2001]（独立専門家委員会叢書第9巻）11.4 を参照。
41) Inglin, Oswald [1991] 付録資料の数字をみよ。
42) Ritzmann-Blikcenstorfer, Heiner [1996], 871 頁。
43) IGファルベンのクルト・フォン・クリュガーの証言による。Affidavit Nürnberg, Juli 1947, König, Mario [2001]（独立専門家委員会叢書第2巻）Anhang 3, Dokument Nr. 15a. 参照。
44) NARA, RG 293, Roberts Commission, Entry 10, Box 24, 350/77/1/02, Folder German economic penetration in Switzerland. undatierter Bericht von Nicolas Milrory, Department of State, 27 頁。

5
法とその運用

　ナチス時代，スイスは，外界から遮断された孤立的な法空間を形成していたわけではない。むしろそこでは，1933年以降，ナチス国家との法的な対立もまた発生していたのであり，それは国家活動のあらゆる分野——立法，行政，司法——で顕在化していた。根本的に問われていたのは，枢軸諸国によるパワー・ポリティクス的な挑戦に対し，民主的で自由主義的な法治国家はどのように対応すべきなのか，ということであった。というのもスイスは，法治国家的諸原則を組織的に無視するような不法な体制に，徐々に取り囲まれてしまったからである。

　国家間の次元においては，民族社会主義的な暴力体制は，国際法上の基本問題を引き起こした。古典的な国際法は，19世紀に確立した伝統的構造にひきずられるあまり，ナチス国家の極端なまでの不法行為を前に，生命に関わる多くの領域で，十分な保護を提供しえなかった。とりわけ致命的であったのは，国際的な人権保護の欠如であって，これは1945年以後になってようやく出現するのである。とはいえ，本書が検討の対象とする時期においても，国家権力を制限する法的手段はすでに存在していた。特に言及されるべきは，国家と国家の関係において外国籍保有者にも「最低水準」の諸権利を保障するという，外国人の権利に関する国際法が存在していたことである。戦争法もまた制約を課しており，ナチス国家もこれを尊重しなければならないはずであった。特に占領地域の私有財産を無補償のままに没収するのは，戦時国際法に反する行為であった。

　民族社会主義による不法への対応という問題は，これと同様に国際私法の領域でも生じた。1933年以降，スイスの司法では，スイス国内でのナチス法の適用と執行に関して，判断を下さねばならなくなった。とりわけここで重要なのは，国際私法および民事訴訟法の体系における「防衛条項」としての「公序」［ordre public］であった。確立した判例によると，この条項が適用可能となるのは，「さもなくば，自国における法感覚が受忍し難いまでに侵害されるような」場合であった[1]。

　他方国内的次元では，1933年から1945年の間に，スイスの国家体制・憲法秩序において根底的な変化が顕著となっていた。1939年，国際的な危機への対応として，連邦内閣に包括的な緊急法制定権を与える全権委任体制［Vollmachtenregime］が樹立された。しかしこの「例外法」［Ausnahmerecht］は，必ずしも生活の全ての領域に等しく影響を及ぼしたわけではなかった。私法の中心的な領域では戦時中はほとんど変化はな

く，むしろ戦後になって初めて転換が生じたのである。

以下では，独立専門家委員会の研究にとって重要な特定の論点を取り上げて，ナチスの不法行為に直面したスイスの法やその運用が，いかなるものであったかについて検討する[2]。その際，国家と市民の法的関係を規定する公法（5.1）と，私人間の法関係を規定する私法（5.2）とに分けて，考察を行う。

5.1 公法

国内公法の領域では，1933年から1945年にかけてスイスの法秩序は大きく変化した。公法・行政法におけるこの断続は，とりわけ1939年に議会の決議で導入された全権委任体制に表われている。それに対し，国際法〔国際公法〕では依然として継続性が目立つ。終戦の頃にようやく，ナチス政権の残虐行為への反応として，国際法上の新しい秩序が出現するのである。

「例外法」としての全権委任体制

法律上の転換点となったのは，1939年の全権委任体制の樹立であった。1939年8月30日のいわゆる「全権〔委任〕決議」〔Vollmachtenbeschluss〕[3]によって，議会は政府に，「スイスの安全・独立・中立の保持のために必要な（全ての）措置」を講ずる権限を与えたが，それには，当時の憲法に抵触する権限も含まれていた[4]。これにより，連邦議会は広範な立法権限を連邦内閣に委譲したが，これもまた連邦憲法からの逸脱を意味した。議会の権限は，これにより全権委員会〔66-68頁参照〕の枠内で行使される特定の統制権に制限された[5]。既存の国家・憲法秩序へのこうした介入は，民主的で自由主義的な法的伝統の一つの断絶を意味した。というのも，憲法で保障された有権者の政治的な権利が広い範囲で停止されたことや，立法権が連邦レベルや行政府へ集権化されたことは，中央集権的・権威主義的・反自由主義的性格を持つ体制の成立を示唆していたからである。

とはいえ，全権委任体制は何の準備もなく成立したものではなかった。早くも第一次大戦の勃発時に，連邦議会は，連邦内閣に非常時の措置として全権を与えていた。さらに1930年代，両院は，任意的レファレンダムを停止して連邦内閣に大幅な権限を認める「緊急連邦決議」〔dringlicher Bundesbeschluss / arrêté fédéral urgent〕を頻繁に行うようになった。例えば1931年に連邦議会は，連邦内閣が商品輸入と〔国外との〕支払取引を制限することを認めた[6]。しかしこの「緊急連邦決議」は，任意的レファレンダムを全面的に排除せず，憲法に反する政令の根拠とすることもできず，また連邦憲法に明示的な根拠があるという点で，全権委任決議と本質的に区別される。

1939年以降の全権委任体制はスイスの憲法秩序を大幅に侵害したものの[7]，1939年から1950年までの法学説[8]では，この体制が基本的に許容しうるものであることについては，ほとんど異論がなかった。その根拠としては，実定法たる現行憲法か[9]，あるいは憲

法に明文で規定されていないものの法的には一般に承認されている諸原則10)が，援用された。全権委任体制が違憲であるという点から出発し，全権委任決議が公式の根拠を連邦憲法に持たないことを非難したのは，少数説にとどまった。彼らの法解釈によれば，「超憲法的緊急法」は，政治的必要性によってのみ正当化されえた。この学説を公然と主張した者の中に，チューリヒの憲法学教授，ザッカーリア・ジャコメッティがいた。彼は戦中戦後を通じて全権委任体制を次のように激しく批判した。「我々は今日，非民主的で反自由主義的な全権委任体制の下で生きている。たしかにこれは政治的には必要な臨時的状況である。〔しかし〕この状況は，不法で急場しのぎの橋渡しとなりかねない。というのは，この一時的な状況が，自由主義的なスイスをこれまでスイスが経験したことのない権威主義的・全体主義国家へと転じさせかねないからである。この急場しのぎの橋渡しによって（スイスは）連邦憲法へと回帰しうるかもしれないが，しかしまた，一元的権力に基づく全体主義的行政国家へと移行するかもしれないのである」11)。

> **全権委任体制論争**
>
> 戦時緊急法についての興味深い論争が，チューリヒ大学の二人の憲法学者，ザッカーリア・ジャコメッティとディートリッヒ・シンドラーの間で行われた。論争はまず報道メディアで展開され，学者たちの間や政治の世界で大きな反響を引き起こした。ジャコメッティは，緊急法体制［Notrechtsregime］は憲法の緊急条項に依拠していないので，「憲法上〔これ〕は宙に浮いている」との見方を代表していた。ジャコメッティによれば，それゆえ，「規範意思が，またしたがって合法性意識が，失われてしまう。それが意味するのは，法治国家の解体であり，専制政治の登場である」12)。緊急法に関する連邦議会の権限を連邦憲法が予め明示的に規定していない以上，ジャコメッティにとっては，全権委任に基づく緊急法は法に反するものであった。とはいえ彼も，世論がその政治的必要性を承認しているという理由で，その正当性を認めた。またこうした中で，ジャコメッティは，運用面では全体的にみて，「全権委任の明らかな濫用はない」13)こととも認めていた。
>
> これに対しシンドラーは，法秩序とそれによって実現されるべき価値との間のより広い連関という観点に基づいて，緊急法の正当性を積極的に認めた。彼は，憲法は，その目的条項（連邦憲法第 2 条★1）に鑑みて，国家の最高機関が緊急法上の権限を行使することを妨げてはいない，という見解を示した。「というのは，自らの存在の前提が破壊されることを憲法が望んでいることはありえず，そうした意味で，緊急法と憲法との間に矛盾はない」14)。また，「憲法の意図が，たとえそれによって国家──憲法およびそれにより立法される法律までもがその制定改廃をこれに立脚している──が滅亡するとしても，一字一句違えず文言どおりにこれが適用されることにあるとは，何人も主張しないであろう」15)。

1939 年の全権委任決議が，当時の緊急事態の下では基本的に容認されうるものと評

★1 連邦憲法第 2 条は，以下のように連邦〔=スイス盟約者団〕の目的を規定している。「連邦は，外国に対して祖国の独立を維持し国内における安寧と秩序を維持し，盟約者の自由および権利を保護し，その共通の福祉を増進することを目的とする」（日本語訳は，小林武［1989］274 頁に基づき，一部のみ変更）。

価されるとしても，それは必ずしも，この決議に基づく行政府の措置に法的問題がなかったことを意味しない。緊急法と緊急政策に関する国民投票請求についての1939年4月3日の報告16) の中で，連邦内閣は，緊急法の布告の条件を，自ら次のように定めていた。すなわち，それによれば，緊急法は(1) 共同体（Gemeinwesen / communauté）にとって深刻な危機となる緊急事態が存在し，(2)現行の通常の法体系では当該の危機を避けることができず，(3)緊急法を援用すべき必要性が，現行法秩序を尊重することによる利益に優越するとみられ，(4)当該の措置が，実際上も必要最小限に限定され，危険回避のための必要性の範囲を越えず，(5)また当該の措置が，時間的にも必要な期間に限定され，したがって，当該の危機の克服に必要な期間を超えない場合にのみ，許容されるものとしていた17)。

問題は，連邦内閣が緊急法制定権を行使する際に，この基準を守れたか否かであった。例えば，全権委任体制の下では，政治信条の自由は，いくつかの政党が非合法化され，出版物の検閲が行われたことで，大幅に制限された。国家を守るためのこうした措置は，必ずしも必要性や相当性の基準に合致していなかった18)。さらに問題となるのは，緊急法の施行において，憲法で保障された平等原則（連邦憲法第4条）がどの程度まで尊重されたのか，すなわち緊急法によって国家を防衛する際に，実際にはどの程度まで万人に同じ基準が適用されたのか，という点である。その際に問題となるのは，特に，共産主義者と極右過激派である諸戦線の間で，異なった扱いがされることである。連邦内閣が，1940年11月に，共産党と「スイス民族運動」[Nationale Bewegung der Schweiz / Mouvement national suisse] ★2の双方を解散させたのは事実である。しかし例えば，「第三帝国」に公然と忠誠を誓っていた「盟約者の結集」[Eidgenössische Sammlung / Rassemblement fédéral] ★3のような組織が，放任されていた19)。一般的には，連邦内閣が非常に頻繁に緊急法を発動したことも，問題であると思われた。補完性原則★4によれば，連邦内閣が当該権限を発動しうるのは，――上述のように――時間的制約のために通常の立法過程では問題に対応しえない場合に限定されるからである。

1949年秋になって初めて，「直接民主主義への復帰」[Rückkehr zur direkten Demokratie / retour à la démocratie directe] イニシアティブ20)――これは緊急法の制限と，緊急法決議を1年以内に廃止することを要求していた――によって，全権委任体制の完

★2 1940年10月，複数の諸戦線団体の指導者が，ナチス親衛隊員のクラウス・ヒューゲルの呼びかけでミュンヘンに集合し，「スイス民族運動」を設立した。ナチス党のルドルフ・ヘスを後ろ盾とするマックス・レオ・ケラーがその指導者に選ばれた。この団体は2224名の党員を獲得したが，早くも11月には連邦内閣によって非合法化された。その後，同党はチューリヒのドイツ領事館を拠点に地下組織の構築を続けたが，1941年6月にケラーは逮捕された。その後彼は保釈金を払って釈放され，ドイツに出国して，ヘルマン・ゲーリング・ライヒ工業所の管理者となった。http://de.wikipedia.org/wiki/の関連項目を参照。
★3「盟約者の結集」は民族戦線 [Nationale Front] の自発的解散（1940年）後に，ロベルト・トーブラーによって設立され，スイスの外交政策の枢軸国勢力への「順応」を求めた。この組織は，1943年6月，連邦警察によって非合法化された。http://de.wikipedia.org/wiki/の関連項目を参照。

全廃止への道が開かれた。右派的な「ヴォー連盟」[Ligue Vaudoise] が開始したこのイニシアティブは，連邦内閣と議会の意思に反して，28万票対27万2000票で承認された。

難民法と難民政策

全権委任体制は，スイスの難民政策にも影響を及ぼした。とりわけ緊急法に依拠していたのは，外国人警察法を変更した1939年10月17日の連邦内閣政令であり，外国人の滞在と定着に関する1931年3月26日の連邦法（ANAG / LSEE，以下，「外国人滞在定住法」と略）[21] とともに，戦時中の民間人難民政策の法的根拠を形成した[22]。

スイスの難民法は，民族社会主義の時代には，人種，宗教，出自，政治的信条のために迫害を受け，その生命や生活が脅かされている人々に対し，包括的な庇護を与えてはいなかった。外国人滞在定住法第21条[23] によれば，政治活動を自ら行い，それゆえに出身国当局による制裁が予期される者（「政治難民」）のみが，難民として受け入れられることになっていた。その他の，スイスに逃避地を求めた難民は，原則として庇護の対象から排除されたのである[24]。したがって，ナチスによる迫害政策の多くの犠牲者——例えばユダヤ人，東欧諸国の国民，ならびにロマやシンティ——は，法律上は「難民」とはみなされなかった。スイスは，1944年7月まで，この狭い定義に固執していた。遅くとも1942年夏には，「政治難民」の概念が時代遅れとなったことを，当局は認識することができた。しかしそれにもかかわらず，1939年の全権委任決議を根拠とする難民の概念を抜本的に拡大することは，考慮されなかったのである。

国際法の観点では，スイスには，外国人滞在定住法第21条の規定を超えて難民の概念を用いなければならないような義務はなかった。そもそもこの時期，スイスに難民庇護を義務づけるような国際条約は存在していなかった。国際法上，難民の法的地位に関し，あらゆる国を拘束するような規範が創出されたのは，ようやく1945年以降のことであった。とはいえ，国際連盟による立法活動の結果，すでに1930年代には，拡大された難民概念が登場しつつあったのであり，それは，ナチスによる人種主義的・反ユダヤ主義的迫害の犠牲者をも含んでいた。ここで目をひくのは，国際的な場において，国際難民法の発展に積極的に関与していたスイスが，国内では対照的に，制限的な解釈に固執していたということである[25]。

難民の保護にとって決定的であるのは，ノン・ルフルマン[Non-Refoulement]原

★4 補完性原則（Subsidiaritätsprinzip / principe de subsidiarité / Principle of Subsidiarity）とは，小さな社会単位が自身で達成できることはそれらの主体に委ね，それでは対応できない課題のみを，より上位の社会団体（各種の社団，地域政府，国家）に委ねるという，ヨーロッパの分権制の基本原理を指す概念である。小島健によれば，今日の用法の直接の思想的淵源は，ローマ教皇ピウス11世による1931年の回勅『クアドラジェジモ』にあり，カトリック社会教説を明確化したものであるが，今日では欧州地方自治体憲章や各国の政策理念としても採用されている。小島健[2007]，特にその終章を参照。

則である。この原則によると，難民は迫害国へ送還されることなく，庇護を求めることができる。しかしこの原則が認められたのは，ようやく第二次大戦後になってからのことであった[26]。それゆえ，スイス当局が難民の概念を狭めて運用していた状況下では，第二次大戦前や戦時中には，生命の危険に脅かされていた政治難民のみが，出身国への送還を免れえたのである。他のすべての民間人難民は，〔スイスの〕国内法によれば，原則的に出身国に送還することが可能であった。この送還の可能性を唯一制約していたのは，「ドイツからの難民の法的地位に関する 1936 年 7 月 4 日の暫定協定」の締結によってスイスが負うことになった，国際法上の義務であった。しかし，スイスはこの協定に違反していた[28]。というのもスイス当局は，ドイツからスイスへと（合法・非合法に）国境を越えた後に国境地帯以外の場所で検挙された難民[27]を，ドイツへと送還し，あるいはオーストリア国境やフランス国境でドイツ当局に引き渡していたからである。1940 年代に，些細な規律違反を理由に軍当局がしばしば講じたナチス支配地域への追放の措置は，この点で，ドイツから逃れてきた難民を対象としていた場合には，国際法に違反していた[29]。

　スイスへの入国を望んだ難民の中には，外国人との結婚によりスイス国籍を喪失した元スイス人女性もいた。当時の行政慣行や判例では，外国人と結婚したスイス人女性は，スイス国籍を喪失することになっていた。とはいえこの原則は，連邦裁判所の運用によって緩和されていた。裁判所は，外国人との結婚によっても夫と同じ国籍を簡単に取得できず，スイス国籍の喪失により無国籍者となってしまう場合には，スイス人女性はその国籍を保持できる，とする見解を示したのである。ところが連邦内閣は，全権委任決議に基づき，1940 年にこれら市民権に関する権限を連邦裁判所から奪い，これを連邦司法警察省に移した[30]。三権分立に抵触してまでこの決定を下した連邦内閣の意図は，連邦裁判所による「人道主義的配慮」[31]を阻止することにあった。市民権取得・喪失措置の変更に関する 1941 年 11 月 11 日の政令[32]によって，連邦内閣は，外国人と結婚したスイス人女性は，「不可避的に無国籍者となる場合にのみ，例外的に，スイス国籍を保持できる」とした[33]。つまり当局は，これら多数のスイス人女性が，外交的保護を要求したり，さらにはスイスにたやすく帰国したりするのを妨げようとしていたのである。連邦司法警察省は，「結婚して出て行った」スイス人女性が，「この戦時下で往々にして窮状に陥っている」[34]ことも認識していたが，それにもかかわらず，これらの女性が「スイス市民権の保持や再取得を考えるのは，全く誤っている」と強調していた[35]。それゆえこれに該当するスイス人女性は，原則的に，他の外国人と同じ入国規定に従った[36]。

　スイスに入国が認められた難民にも，当時の法秩序では，十分な保護は与えられなかった。国際法上も，人権の保障はまったく欠落していた。当時承認されていた国際法が，抑留軍人・民間人難民について，宿舎，食糧，看護等，人道的原則に基づいて処遇することを一般的に定めていたということは，確かである。しかしこの義務や，「外国

人にも保障されるべき最低限の水準」というもう一つの原則は、人権という観点を補完するものではなかった。というのも、これらはまさに最低限の規準でしかなく、個人ではなく国家のみに、権利や義務を認めたものであったからである。しかし国内法においても、難民の基本的権利の保護は、わずかに進展しただけであった。例えば、人格的自由や所有権の保障は、不文律的な基本的人権として未だ認められていなかったのである。同様に、連邦憲法第4条に明確に規定された法の下での平等は、大方の場合、単なる恣意的措置の禁止に化してしまい、わずかな保護効果しか生み出さなかった。さらに、全権委任体制と、いわゆる「特別な法的地位」という法律上の概念によっても、難民の基本権の保護は相対化された。その結果、当局の「嫌がらせ」が、難民の基本的な権利を根本的に侵害するということも起こった。嫌がらせとは、例えば、収容された難民には、郵便物にどのヨーロッパ言語であっても使用が認められていたのに、ヘブライ文字の使用は禁止されていた、といったことである。地元民との接触の全面的禁止、女性に対する化粧の禁止、ピストルを突きつけて命令に従わせようとすること、些細な規律違反に重い懲戒処分を科すことなど、特定の収容所でみられた嫌がらせは、合法的とは言い難いものであった[37]。少なくとも、1943年まで実施された子供たちとその両親の隔離は、これらの人々に大きな苦痛を与えたという点で、問題のある政策であった[38]。

　国際私法における「公序」の概念に照らして、非常に問題があるようにみえるのは、スイスの難民政策である。1935年以降、連邦裁判所は、数多くの判決の中で、ナチスによる人種立法は、スイスの法的秩序の基本的価値、すなわちスイスの「公序」に背馳すると、誤解の余地のない形で断言していた[39]。スイス行政当局はこれを無視し、ドイツ人種法の諸規定に直接に結びつく措置を講じた。1938年10月に導入された「非アーリア」ドイツ人に対するビザの強制はその最たるものであり、これによりスイスは、「ドイツの分類法を自国の制限的な入国政策の基礎とした」[40]。また1941年11月には、国籍を剥奪されたドイツユダヤ人に対する定住許可を、取り消したのである[41]。行政実務における反ユダヤ的ナチス法へのこうした順応は、自由主義的な法治国家概念の表現たるスイスの「公序」の精神と、矛盾するものであった[42]。

外交的保護

　古典的な国際法の下では、各国民や無国籍者は、何らの保護も欠いたまま、自国政府ないし滞在国政府の権力に曝されていた。しかしこれは、外国籍保有者には該当しない。国際法上の外国人の権利は、国際慣習法ならびに国際条約に根拠を持つが、これは、外国籍保有者に対する諸国家の権限を、大幅に制限していた。二つの大戦に挟まれた時期、法治国家の中核をなす基本的権利や自由権——例えば、行為能力、身体生命の保護、自由権、正当に得られた私的諸権利の保護、裁判を受ける権利——は、外国人に対しても、いかなる場合にも保障されねばならないとの法解釈が、次第に確立していっ

た[43])。

　ある国家が，外国人に保障されるべき最低水準の権利をも認めなかった場合，国際慣習法によれば，それらの弊害を除去し，損害回復〔この語の語義については 6.1 で詳述〕に応じる義務が生じる。被害者の母国[44]には，一定条件[45]の下で，損害回復を請求することが認められていた。しかし，国際法に反する処遇を受けた個人には，直接に損害回復を請求する権利は与えられていなかった（母国による個人の仲介の原則）。法に抵触する扱いを行った国が損害回復義務に従うことを拒否した場合，当該の母国は，その不法行為に対し，さまざまな制裁措置[46]を取ることができた。（当該の被害者に）外交的保護を付与するか否か，またどのようにそれを行使するかは，母国の裁量に任されていた。母国には，外国で国際法に反する扱いを受けた自国民を保護する国際法上の義務はなかったし，それは今日もなお，存在していない[47]。

　ナチス支配地域のスイスユダヤ人に切迫した危険が生じたため，当局は，外交的保護の問題に直面することになった。ドイツや占領地域での外交的保護の運用に関する研究は，ナチスの迫害に対するスイスの外交政策に，疑問を突きつける結果となった[48]。当局の振る舞いで特徴的であったのは，外交的保護が極度に政治化したことである。外交行動の基準としてますます重要となったのは，危険に曝されているユダヤ系の自国民ではなく，外交上の利害関係であった。そこで当局は，何ら憚ることなく，それまで大切にされてきた法的原則——特に憲法によって保障されている平等権や，国際法上確立した最低限の外国人の権利の原則——を，犠牲にした。外交実務においては，ナチス国家による「民族的（フェルキッシュ）」な規範への順応が，ひときわ目立つのである。そしてこの順応は，1874年以降，憲法によって保障されてきたスイスにおけるユダヤ人の同権化と，根底的に矛盾するものだった[49]。

　1938年4月26日にドイツ政府が発したユダヤ人財産の届出に関する政令を巡る議論は，スイス外交の「政治的個別対応戦略」を示すものである[50]。外交当局は，ドイツ在住のスイスユダヤ人にも向けられた反ユダヤ主義的政令に対して，外交的な対抗措置を取らなかったのである。スイスユダヤ人共同体連盟からの委嘱で連邦判事ロベール・ファヅィが作成した法学的意見書は，外国籍ユダヤ人に対する財産届出義務が明らかに国際法に違反していることをはっきりと指摘していたが，この意見書もまた，ドイツ在住のスイスユダヤ人のために介入しようとしないスイス当局を動かすことはできなかった[51]。

　こうした態度は，1941年夏，ヌシャテル選出の社会民主党議員パウル・グラベーによる，フランス在住のスイスユダヤ人の状況に関する〔連邦〕議会質疑によっても確認される。1941年9月29日，連邦内閣は，ユダヤ人は多くの国家で特別な法的地位の下にあると答弁した。それによれば，こうした特殊な法的地位はそれらの諸国では「公序」[52]の一部をなしており，それゆえ外国人居住者にも適用される。したがってスイスユダヤ人も，それらの国のユダヤ人が享受しえない特権を要求することはできない，

というのである[53]。連邦内閣の回答には，法的視点からみると，極めて深刻な問題があった。憲法上の観点からみて重大な疑問が残るのは，連邦内閣が，フランスにおいてスイスの利害を外交的に擁護するに際して，フランス在住のスイスユダヤ人が，その他のフランス在住スイス人とは異なる「特別の地位」を持つという主張を，受け入れてしまっている点である。これによりスイス政府は，自国籍ユダヤ人の市民的・政治的同権を根底的に揺るがすような態度を公式に示したのである。連邦内閣の答弁のうち，国際法上の問題を孕んでいるのは，フランスの経済生活から組織的に排除されていたフランスユダヤ人とは異なる「特別の処遇」を要求する権利を，フランス在住のスイスユダヤ人は持たないとする見解である。この連邦内閣の答弁は，——国際法の専門家であるポール・グッゲンハイム教授が，スイスユダヤ共同体連盟に委嘱された意見書の中で，誤解の余地なく断言したように——1882年2月23日のフランス・スイス居住条約や，外国人の最低限の権利という当時確立していた原則に，明らかに違反していたのである[54]。

このように連邦当局には，外交的保護の問題に関しても，それまで守られてきた法原則を犠牲にする用意があった。その徴候となったのは，「J」スタンプの導入に関する1938年のドイツ・スイス二国間協定への署名であった。これにより原理的に，ドイツに入国するスイスユダヤ人のパスポートに識別標を要求する権利が，ドイツ側にも生じたからである[55]。御都合主義的な動機と実用性という発想のために，法的・倫理的原則が排除されてしまった。このことは，駐ヴィシースイス公使であったヴァルター・シュトゥッキが，フランスの外交的保護の問題に関して書き送ったアルトゥール・ホムベルガー法律学教授宛の1941年12月20日付の私信の中に，はっきりと表現されている。

　「あなたの，完璧に論理的で法学的にも正しく，かつ納得できる説明を前にして，私は，よき時代を思い出します。というのも当時は，私もまた心安らかな法律家として，人生のさまざまな問題に，仕事机で静かに取り組むことができたからです。残念ながら今日，事情は完全に変わってしまいました。法はその力の大半を失い，権力が法を支配しているのです」[56]。

中立法と中立政策

スイスは第二次大戦中，中立国家として中立法に従っていた。中立法［Neutralitätsrecht / droit de la neutralité］は，19世紀に国際慣習法の基本的部分として発展し，1907年のハーグ第五条約[57]と第十三条約[58]によって成文化された。これらの条約は，19世紀の伝統的な戦争行為の文脈の中に位置づけられるべきである。それゆえに，軍隊のみならず交戦国の全ての経済的・社会的資源が動員されるような現代の戦争の多くの問題について，これらの条約は，なんら解決を示すものではなかったのである。それと同様に中立法も，中立国に対する義務を交戦国がほとんど尊重しなかったこともあり，第二次大戦中には，総じてささやかな役割しか果たせなかった。それでも，こうし

た中立の侵犯が，中立法の撤廃や変更につながることはなかった59)。

一般的な国際法によれば，中立という地位は，中立国の権利や義務と結びついている。ハーグ条約に明記された中立国の義務は，基本的には交戦国に対する援助の禁止（拒否の義務）と交戦国に軍事目的で自国領土を使用させない義務（阻止義務もしくは防衛義務）に限られていた。これに対し，経済的中立に関する一般的な義務は存在していなかった。原則的に中立国は，あらゆる交戦国と通商を行う権利を認められていたのである。同様に中立国には，報道の自由やとりわけ市民の表現の自由を交戦国に配慮して制限するという義務も，課されていなかった。したがって，信条の中立という義務も，なかったのである60)。

中立的地位の中で重要な要素をなしているのは中立政策［Neutralitätspolitik / politique de neutralité］である。これが意味するのは，「永世中立国の国是は，その自由な政治的裁量の範囲で，将来の戦争に巻き込まれないために，あらゆることを行い，また何事をも怠らない61)」ということである。中立法と同じく中立政策も，中立的地位の維持のための柱となる62)。そしてこの中立政策は，法的に議論の余地があり容易に把握し難い領域，またそのために中立法の「グレー・ゾーン」と呼ばれうる領域と関わっているために，とりわけ重要となるのである。このことは特に第二次大戦期に当てはまった。「総力戦」とホロコーストは，1907年のハーグ条約では十分に考慮されていなかった，もしくは全く想像さえされていなかった戦争の新しい現実を生みだした。その結果，中立法の解釈に新たな裁量の余地が生じたのである。

スイスが，第二次大戦中，中立法が定める義務を遵守していたか否かという問題は，特に軍需物資63)の輸出や通過に関して生じる★5。ハーグ条約によれば，中立国〔政府〕による交戦国への軍需物資の輸出は禁止されており，また交戦国の軍需物資が中立国領土を通過することも同様に禁止されていた64)。それに対し，民間の供給者による交戦国への軍需物資の輸出や通過は，認められていた。それゆえ，輸出や通過が，国家によるのかそれとも民間によるのかは，非常に重要であった。武器供給が国家機関によって「手配」されたとすれば，これが国家による行為とみなされることには異論の余地がない。ヴィンミス連邦火薬廠やアルトドルフ連邦弾薬廠は，例えばこれにあたる事例であった。両工廠は，戦時期を通じて，火薬や薬莢をエーリコン工作機械製造所に供給していたが，同社はこれらの物資をフィンランドやドイツへの供給に充てていたのである。連邦軍務省軍事技術局がこの双方の事例の推進者であった。この武器輸送は軍当局の指示に基づいて行われており，連邦政府に責任があり，それゆえ中立に違反していた65)。中立国政府が民間の兵器製造工場に交戦国に武器を供給するよう求める場合も，軍需物資輸出が国家的な性格を帯びることには，異論の余地がない。これには実例があ

★5 Kriegsmaterial / matériel de guerre の定義について検討した第4章では，「軍需」より広い概念たりうるこの語に「戦争物資」の語をあてたが，ここではハーグ条約や関連の国際法を遵守したか否かが焦点となっているため，外務省訳を踏襲して「軍需物資」の語をあてる。

る。1940年夏、〔連邦軍務省〕軍事技術局長は、エーリコン工作機械製造所に対し、ドイツに対し「可能な限り多くの量」の軍需物資を「可及的速やかに」供給するよう、「至急連絡」66)によって、要求したのである。

　原則的に、軍需物資の輸出や通過に対して中立国が設ける制限や禁止には、平等処遇義務が課せられていた。平等処遇義務は、形式的な性格を持ち、交戦国の双方に対して同じ規則を定め、均等に適用しなければならないというものであった。スイスは、第二次大戦中、何度もこの平等処遇義務に違反した。例えば、1939年11月30日のソヴィエト連邦によるフィンランド攻撃の後、連邦当局は、民間企業によるフィンランドへの軍需物資の輸出を積極的に支援したが、ソヴィエト連邦に対しては軍需物資の供給を禁止した。またスイスは、1940年6月から8月、イギリスへの軍需物資の輸送を差し止めたが、ドイツには同様の措置を取らなかった。これも同様に中立違反であった67)。

　さらに、軍需物資の領土通過に関し、中立国が負う管理義務をどのように果たすのかという問題が生じた。自国領土を交戦国に軍事目的で使用させないという中立国の義務は、適切な管理を前提とする。その点では、スイス当局が、第二次大戦中に鉄道貨物に対する実効性のある管理を怠っていたことは、中立違反と言わねばならない68)。たしかに、1200輛もの貨車を毎日徹底的に査察するのは、実際上は不可能であっただろう。とはいえ、抜き打ち検査が行われてさえいれば、軍需物資がスイスを通過しているか否か、はっきりと確認することができたはずなのである69)。

　最後に、軍需物資供給に対する信用供与にも、中立違反の疑いがある。中立法は、交戦国の戦争遂行を支援する目的で交戦国に貸付を供与することを、中立国に禁じている。他方、私人による交戦国への貸付の場合には、中立国はこれを許可しうるが、しかしこれを奨励することは許されていなかった。1940年8月9日のドイツ・スイス協定に従い、連邦内閣はクリアリング信用を供与したが、これはドイツの戦費調達を支えることになった。イタリアもまた、1940年と1942年に、スイスからの軍需物資調達向けに巨額の信用を供与された。これらの融資は、当時有効であった中立法に違反していた70)。

　上で列挙した事例が示すように、スイスは、外交上の配慮を理由に、様々な形で当時の中立法に違反していた。当局が、その行動を、交戦国による中立法違反に対する反応として、あるいは生き残るための手段として、正当化しえたのか否かについては、ここでは問わずにおこう。しかしいずれにせよ、スイスは、戦争の全期間を通じて、交戦国からの要求を拒絶するために、中立法を引き合いに出していた。実際に当局は、1945年3月に至っても、ドイツとの通商を完全に中止したならば中立法に違反するとして、通商関係の維持に執着していたのである71)。

ナチスによる金の略奪と国際法

　これまで見たように、第二次大戦中の中立法は、原則的には、交戦国との経済的関係

を断絶する義務を中立国に課してはいなかった。経済的にも中立を守らねばならないという一般的な義務は，支配的な学説でも，実務上も，存在していなかった。したがって，スイス国立銀行とドイツのライヒスバンクの金塊取引自体は，当時の中立法に違反するものではない[72]。他方，スイスの中立は，国際法に違反して略奪された金の取得を正当化するものではなく，ましてや，スイスに金塊購入の義務を課すものでもない。この金塊購入を判断するうえでむしろ規準となるのは，1907年のハーグ陸戦条約で定められた財産保護や，その他の国際法の原則であろう。

　第二次大戦中にライヒスバンクとスイス国立銀行の間で行われた金塊取引は，その一部に，国際法に違反してドイツ当局が略奪した金を含む限りにおいて，法的に問題がある[73]。というのも，〔ドイツから〕引き渡された金塊には，略奪された金，すなわち接収や掠奪によって得られた品や，ナチス政権が迫害の犠牲者（生死を問わない）から奪ったものが含まれていたからである[74]。

　ドイツのライヒスバンクとスイス国立銀行の間の法律関係には，動産を無権利者から善意取得できるという，スイス民法典上の規定を適用することができる。これによれば，動産（例えば金）の善意の買い主は，一定の条件を満たした場合，譲渡人が所有権譲渡の権利を欠く場合（例えば国際法に違反する没収）であっても，当該の動産を合法的に取得することができる。民法第934条に明記されたこの原則により，スイス国立銀行は，善意取得者として金塊を購入したことが証明できる場合には，ライヒスバンクが供給した金塊に対する所有権を主張することができる。また民法第3条第2項によれば，この原則は，スイス国立銀行の執行部〔215頁の訳註1参照〕が必要な注意を払ったにもかかわらず，購入した金の出所が国際法に違反することを知り得なかった場合に，適用されることになる[75]。しかし，その出所の問題を知らずにドイツから金を購入したという，スイス国立銀行幹部による1943年以降の主張は，きわめて疑わしい。第二次大戦中の金取引に関する研究の中で，独立専門家委員会が指摘したのは，スイス国立銀行の責任者は，すでに1941年の段階で，ドイツが略奪された金を手にしていたことを知っていた，ということであった[76]。なおこの問題については，スイスの裁判所による判決は存在していない。

　このスイス国立銀行による金塊購入について，スイスの国際法上の責任を問うことができるであろうか。国際法によって賠償責任を問うには，少なくとも二つの条件が満たされねばならない。国際法に違反する行為の存在と，帰責性［Zurechenbarkeit / (attribuable) / attributability］である。スイス銀行による多くの金塊購入が，紛れもなく国際法に反する行為[77]——民間所有の金の占領地域での組織的略奪——に基づいていた。しかし法学上問題となるのは帰責性である。ナチス支配地域における国際法に反する没収に，直接に責任を負うのはドイツであって[78]，スイスではなかった。スイスの国際法上の責任を認めるには，共謀や盗品関与といった犯罪構成要件を持ち出さねばならないが，これは当時は国際法ではなく，刑法上の概念であった。そのため，戦後

の国際仲裁裁判がスイスの国際法上の責任を認めるということは，あまりありそうにないことであった。しかしこの問題は，1946年5月25日のワシントン協定によって，略奪金塊に対する補償の問題に拘束力を持つ国際法上の結論が出たために，意味を失った[79]。

ここで問題となっている時期においては，国際法学や国際法の運用の場では，「公序」という法概念はほとんど知られていなかった。ようやく近年になって，「強行法[80]」［ius cogens］の概念が形成されたのである。とはいえ，スイス国立銀行執行部も，国際私法の分野でのスイス連邦裁判所による「公序」についての判例を無視することはできなかったのである[81]。

5.2 私法

スイスの国家秩序・憲法秩序はナチス期に根底的な変化を経験したが，私法の領域はそれとは異なっていた[82]。この分野では，戦争の終結まで大きな構造変化はみられず，ナチスの略奪政策に対し，私法による対応はほとんどなされなかった。戦後になって初めて，財産返還立法の枠組みの中で，スイスの私法の伝統が「断絶」した。立法者のこうした消極性は，スイスの裁判所での判例に表れた大きな動きと対照をなしている。裁判所は，1933年以降，首尾一貫して「公序」条項に依りつつ，ナチス人種法のスイスへの適用を阻止したのである。

略奪された文化財の取引

私法の観点では，「略奪芸術」の取引について，ナチス国家が国際法に違反して略奪した文化財が，なにゆえに，如何にして，どのような事情で，スイスにおいて善意取得されえたのか，すなわち合法的な形で購入されえたのか，という問題が浮かびあがる[83]。この問題は，1912年以降，スイス民法に規定された動産の善意取得に関する法原則に関連づけて考察されなければならない。

スイス民法では，動産（この場合は美術品や文化財）を引き渡し［Übertragung］によって取得する際には，三つの条件がいずれも満たされることが必要とされている。すなわち，有効な法的根拠（例えば，販売，交換，遺言指定），取得者への所有権の移転（譲渡）［traditio］，そして処分能力（譲渡資格）である[84]。しかし民法においては，この原則は，売り手が所有権移転の資格を欠く場合でも，一定の条件の下では善意の買い手がこれを取得できるために，相対化されている。その際，以下の二つの場合が区別される[85]。合法的な所有者が，対象物を第三者に委ね（自由意思に基づく所有権放棄，例えば契約に基づく借り主や借家人への所有権の譲渡），この第三者が当該品を善意の買い手に販売したならば，所有権は遅滞なく取得者に移転する（民法第933条）。それに対して，合法的な所有者が，自らの意思に反して所有物を失った場合（盗難，紛失，没収，その他），善意の買い手は，5年の経過期間を経なければ，これを取得することはでき

ない（民法第934条1項）。

　開かれた形での競売（例えば美術品オークション）や市場において，あるいは同じ種類の商品を扱う商人から，〔所有者が買却を〕委託した品を購入する場合には，特別の規則が適用された。この種の取得は，以下の点で，特別に保護されていた。5年間の経過期間の満了以前であっても，取得者には本来の所有者に取得物を引き渡す義務はなく，本来の所有者がこれを取り戻すためには，善意取得者の購入額と同額を，善意取得者に支払わねばならないとされているのである（民法第934条2項）。民法第935条には，さらに特別な規定が盛られている。それによれば，現金もしくは無記名証券の場合には，元の所有者の意思に反してその手を離れたものであっても，善意の第三者によって即座に取得されるのである。

　善意取得に関する民法の法的原則の根拠としては，とりわけ信頼の原則［Vertrauensprinzip / principe de confiance］が引き合いに出される。この考えの核心には，「対象物を第三者に委託する所有者は，取得者が誤って信頼する契機を作り出す。すなわち合法的なみせかけを自ら作り出す[86]」という考えがある。

　国際的にも，スイスの規則は例外的なものではない。よく似た原則が，例えばベルギー，ドイツ，フランス，オランダ，オーストリア，スペインで採用されている。イタリアの法はさらに先をいっており，盗難品に対しても，即時の善意取得が認められる。それに対し，善意取得はアメリカ合衆国やイギリスではほとんど知られておらず，これらの国々では，所有権は一定期間が経過して初めて喪失する（権利喪失，時効）[87]。戦後になって，ナチス略奪財産の返還が問題となった際に，これらの相異なる法的観念の間で，対立が生じた[88]。

　スイス民法第3条第2項[89]によれば，相応の注意を払ったにもかかわらず略奪財産の不法な出所を知らずにいた取得者は，善意取得者と見なされる[90]。逆にいえば，所有権の移転時に，売り手の非権利者性を知っていたか，あるいは然るべき注意を払いさえすれば知り得たであろう買い手は，「悪意の」取得者となる。その際考慮されるべきは，民法では，取得者の善意性が推定されているということである。それゆえ善意性を争おうとする原告は，買い手の悪意を事実によって証明しなければならない。取得者が善意取得者であるか悪意取得者であるかは，一般に認められた基準に沿って裁判官が判断すべき法律問題である[91]。

　この民法の規則に基づけば，「ナチス略奪美術品」の善意の買い手は，即座に，あるいは5年の経過期間後に，その合法的な所有者となる。その際，善意は，その定義からして一定の注意を前提とする。芸術作品は市場価格の変動が大きいという独自の性質を持つが，それにもかかわらず当時の学説や判例では，美術商に特別の注意義務を課してはいなかった[92]。ようやく最近になって，芸術品取引の場合には，取引参加者には通常よりも大きな注意義務が課せられるということが，最高裁の判例で確立するに至ったのである[93]。

民法の規定は，ナチス略奪政策の犠牲者の，守られて然るべき利害からするならば，不当なものであった。連合国の強い圧力の下，連邦内閣は，1945年12月10日，「戦時占領地域で略奪された財産の返還訴訟に関する政令」を定めた（略奪財産政令）。公法上のこの「例外法」は，1939年の全権委任決議に基づいて定められた[94]。これにより，現在の保有者が善意取得者であるか悪意取得者であるかにかかわらず，被害を被った元来の所有者は——1947年12月31日を期限として——ナチス国家により略奪された文化財の返還を要求する可能性を手にした。これにより，善意取得者に対する保護は，一定期間，停止されたのである。

外国有価証券の取引

第二次大戦中における有価証券取引に関する国内規定もまた，私法の継続性を示すものである。連邦内閣は，略奪もしくは没収された有価証券の取引に関して，全権委任体制に基づいて民法上の特別規定を定めることを怠った。1945年12月10日の連邦内閣政令（略奪財産政令）まで，略奪財産に関わる全ての法的問題は，民法における上述の物権法的秩序，すなわち，動産・金・無記名証券の善意もしくは悪意の取得に関する規定（スイス民法第933-936条）にしたがって扱われた[95]。

ここで問題とされている時期においては，連邦レベルでは，スイスの証券取引所における取引は，連邦法による規制には服していなかった。銀行や証券取引所は，規律を伴った自己責任制を理想とする観点から，取引市場を自己規制の下に置くことを好んだ[96]。こうした体制の下では，連邦は，規制者として有価証券取引に介入する可能性を持たず，したがって当然のことながら，第二次大戦中も，占領地域から持ち込まれた有価証券の取引を規制することもできなかった。とはいえ連邦内閣は，占領ドイツ当局による略奪の被害に遭った有価証券所有者を保護するために，緊急法的権限に基づいて特別の政令を発することもできたはずである。しかし連邦は，たしかに外交政策上の理由によってではあったが，それだけでなく証券取引所や銀行の反対にも遭遇したために，これを断念してしまった[97]。

民間の——自主的に定められた——株式取引規則（例えば，商慣行や各種規定）のレベルでは，法定の注意・予防規定の欠落は，部分的にはいわゆる「疎明保証書〔宣誓書〕」［Affidavit］の導入によって，部分的に埋め合わされた。1940年12月以降，オランダ，フランス，ポーランド，デンマーク，ノルウェー各国の証券の，公開市場における取引は，これら証券が，スイスに居住するスイス市民もしくは法人，あるいはスイス所在の企業によって，1939年9月2日以降中断無く所有されてきたことが確認できる場合に限って，認められた[98]。しかし，この宣誓書の添付義務は，証券取引所での取引に限られた。取引所の外では，スイス人所有宣誓書を欠く場合にも，売買は可能であった。後には，1944年6月1日以降にスイス人の所有下にあったことを立証するに過ぎない，いわゆる「L1疎明保証書」を付した有価証券も，株式取引所で売買された。

さらに，1942年11月以降，ロイヤル・ダッチ社株は，出所に関する宣誓書を欠く場合でも，取引所での取引が認められた[99]。そのような株券の買い手は，とりわけ高いリスクを負った。というのは，宣誓書の有無によって価格に大きな差があったので，買い手は善意取得者とはみなされえず，それゆえ株券に対する返還請求の可能性を推定しなければならなかったからである[100]。

1941年にスイス企業が行った宣誓・証明書の大規模な偽造は，刑法の観点からも問題となる[101]。カントン刑法に代わって1942年1月1日に発効したスイス連邦刑法では，こうした行為は，文書偽造もしくは偽証（第251条），あるいは場合によっては詐欺（第148条）に該当する。しかしこの施行間際の連邦刑法は，運用上も学説上も，未だ確立したものではなかった[102]。

1945年12月10日の略奪財産政令によって初めて，私法の枠組みで，有価証券取引に介入することができるようになった。限時法によるこの特別立法は，略奪や没収を受け，第二次大戦中にスイスに持ち込まれた有価証券について，その返還に法的根拠を創り出したのである[103]。

「休眠資産」

ナチス犠牲者の「休眠資産」に対してスイスがとった法的な対応は，略奪された文化財や有価証券の分野での法の運用と，非常によく似ている[104]。ここでもまた，私法の継続性が目をひく。というのも，1962年12月10日の「報告政令」〔人種・宗教もしくは政治的理由のために迫害された外国人および無国籍者の在スイス資産に関する政令，414頁のコラム参照〕による時限法によって初めて，断絶が生じたからである。そうした意味で，1946年から1962年の時期は，民族社会主義に対する私法の対応を知るうえで，鍵となる期間である。

上記の「報告政令」（1963年9月1日）の施行以前においては，休眠資産の法的な取扱いは，民法と債権法による通常のルールに従っていた。「報告政令」によって，このルールは，時限付きではあれ停止され，同政令が定めた10年間の施行期間が経過した後，通常用いられるスイス私法の原則が，再び適用された。以下では，「休眠資産」についての法的判断に伴ういくつかの基本的な問題について，検討しよう[105]。

・1930年代から1940年代に，スイスの銀行や信託人・信託会社によって結ばれた口座開設契約の法的な地位は，現在でも厄介な問題である。当時，外国の顧客にとっては，収益性よりも，まずその資金を安全に保管することが第一であったと考えるならば，このいわゆる「逃避資金」については，消費寄託［depositum irregulare］〔受寄物を消費して，これと同種・同質・同量の物を返還すればよいという寄託〕の受け入れと解釈しうる。この行為は，通常の管理委託を伴っており，またこの委託は，一般的には暗黙のうちに行われる（債権法第481条）[106]。

・原則的に，「休眠資産」の場合にも，寄託した財産価値の返還請求には，時効が適

用される。スイス法においては，返還に関する時効期間は 10 年であり，利子支払請求では 5 年とされている（債権法 127 条，128 条 1 項）。その際，時効期間が資金の寄託時を起点とするのか，あるいは契約期間の終了——契約による寄託期間の経過によるものであれ，解約によるものであれ——を起点とするのかが，問題となる。1965 年以降，連邦裁判所は，時効期間は，契約期間の満了によって初めて経過を開始するという見解を取っている。しかしこの 1965 年の判決以前の法の運用においても，原告がスイスの裁判所に提訴しえない状況にある場合には，時効は中断された（債権法第 134 条 6 項）。法学説の一部ではさらに進んで，少なくともホロコースト犠牲者の「休眠資産」については，一般的にも，時効による抗弁を弁護の根拠としえないことが，主張されている[107]。

・時効の問題と密接に関連しているのは，文書保管の義務である。債権法第 962 条によれば，帳簿作成義務を課されているすべての個人と企業は，証拠書類の 10 年間の保管を義務づけられている。10 年間の保管期間が，「休眠資産」に関する書類にも該当するのか否かが，近年議論になっている。法学分野の幾人かの著者は，少なくとも口座や貸金庫の開設や閉鎖に関する書類や，顧客の基本的な個人情報は，無期限で保管されるべきであるとの見解を示している[108]。

・さらに，銀行が，「休眠口座」の管理義務を，どのように果たしていたかという点も問題になる。その場合，顧客が銀行に資産管理を委託した口座と，その種の委託なしに預けられた有価証券とを区別しなければならない。前者の場合，銀行が顧客の利益に配慮して管理を行わなければならないのは言うまでもない。しかし，いわゆる「オープンな」寄託であっても，たとえ特段明記されていないにせよ，銀行には通常の管理義務があると推定される。すなわち，銀行は，配当や利子を顧客の当座勘定に記帳し，さらには有価証券の償還や転換その他に際して，顧客の利益を守らねばならないのである。「休眠資産」の適切な管理には，それゆえ，緊急の対応が必要な場合に顧客の利益のために必要な措置を講ずる義務も，含まれていたのである[109]。

・最後となるが，スイスの銀行秘密には，どのような意味があるのだろうか。銀行は，権限を委譲されていない第三者（例えば，権利者の相続人）が請求した場合に，銀行に課せられた守秘義務を理由にこれを拒絶することができるだろうか。銀行秘密の根拠は，プライバシーの保護である。したがって銀行の守秘義務は，情報の開示によって顧客の正当な秘密保持の利益が損なわれる場合にのみ，成り立つと考えられる[110]。このような観点では，スイスの銀行秘密は，銀行が顧客（およびその相続人）のために積極的に調査を行うことを一般的に排除するものではない[111]。

「人種的・宗教的・政治的理由で迫害された外国人および無国籍者の在スイス財産に関する 1962 年 12 月 20 日の連邦政令」（報告政令）によって，スイス国内の全ての資産管理者は，次のような財産について，その額を申告することが義務づけられた。その財

産とは，信頼できる情報が1945年5月9日以降得られず，そのため所有者として知られる最後の者が，人種的・宗教的・政治的迫害の犠牲者であったと推定されるものである112)。しかしながら，この「『あまりに法学的』な連邦政令」113)は何の成果も生まず，「休眠資産」の問題は，未解決のまま残されている。

国際私法の「防御〔排除〕条項」としての公序

「公序」は，国際私法において一般的な防御〔排除〕条項をなしており114)，訴訟においてスイスの判事は，公序を根拠として，外国法の適用，もしくは外国における判決の承認あるいはその執行を，拒否することができる。この国際私法・国際民事訴訟上の「緊急避難条項」は，連邦裁判所の確立した判例によれば，「さもなくば，自国における法感覚が受忍し難いまでに侵害される」場合に，適用される115)。したがって，「公序条項」は，一国の法秩序の根底に位置する「法倫理的価値観念の根底的な中核」116)を守るものである117)。

1933年以降，スイスの裁判所は，民族社会主義的な不法行為に直面した。具体的には，スイスでのナチス法の適用，ならびにドイツにおける判決の承認および執行が，問題になったのである。連邦裁判所と州裁判所は，民族社会主義的な立法や専断的司法がスイスでも適用される事態を拒絶するために，終始一貫して「公序」条項を援用した。

このように裁判所は，司法上のナチスの不法行為がスイスにまで及ぶのを防いだ。1936年に連邦裁判所で争われた「UFA対テヴァーグ」訴訟では，裁判所は，ウニヴェルズム映画株式会社（UFA）に対し，エーリッヒ・レーヴェンベルガー監督の「人種的属性」を理由にした契約解除権118)を認めなかった。当該契約条項のそのような解釈は，スイスの法秩序の原則である法の下での全ての市民の平等（連邦憲法第4条）に反し，それゆえ明らかにスイスの「公序」を侵害する，としたのである119)。同様に，「グスタフ・ハルトゥンクによるヘッセン共和国〔ヘッセン州〕に対する訴訟」120)でも，連邦裁判所は，1937年9月17日の判決により，ナチスの専断的司法のスイスにおける執行を認めなかった。この判決で裁判所は，民族社会主義体制の成立によって即時解雇されたダルムシュタット国立劇場監督に対する解雇補償金支払いの拒否は，ドイツ・スイス二国間執行協定〔Deutsch-Schweizerisches Vollstreckungsabkommen / Convention germano-suisse d'application〕に照らして，「公序」の侵害にあたると判断したのである。

スイスの裁判所は，また同様に，在スイス資産に関連して，ユダヤ企業に対するナチスの強制的管理に法的効力を認めなかった121)。例えばチューリヒの州裁判所〔上級審〕は，「トルシュ訴訟」122)において，強制管理の制度は，補償を欠いた接収と同じ効果を持つがゆえに，「公序」を侵害すると認めた。またナチスによる強制管理が「公序」に反することは，「ベーメン連合銀行によるハイナウに対する訴訟」での連邦裁判所の1942年12月22日の判決で，明確に表現された123)。〔強制管理の〕措置は，スイスの法

秩序の根本規範たる財産の保護および平等の原則に，完全に背馳するものであるとされたのである。

「第三帝国」におけるユダヤ人の相続資格に関しても，裁判所の判断は首尾一貫していた。「J遺産事件」では[124]，ドイツで死亡したあるユダヤ人男性の遺産をめぐって，ロンドンに居住する遺族が，遺産相続権を主張してチューリヒの州裁判所に裁判を起こし，1942年9月25日に判決が出された。この裁判で，ロンドンに住む遺族は，スイスにある相続財産を仮差押さえし，ベルリーンに住む別の遺族に対しその相続財産の引き渡しを請求した。これに対しベルリーンの遺族は，――ほぼ間違いなくナチス当局の圧力の下で――市民権を剥奪されたユダヤ人の財産とその相続権をライヒに帰属せしめた1941年11月25日ライヒ市民法第11政令を援用した[125]。チューリヒ州裁判所は，この政令はスイスの法秩序（公序）の「根本原則」である平等の原則に反しており，したがってスイスの判事にとっては尊重に値しないことを理由に，原告の主張を認めた[126]。

ここに挙げた事例では，裁判所は首尾一貫して，ナチスの反ユダヤ主義的立法はあらゆる法原則に反する不法行為であり，それゆえ法の運用においてこれは適用されてはならない，との見方を示していた。それゆえ，スイスの裁判所の法運用においては，国際私法における「公序」の核心をなす根本的な正義が，広い範囲にわたって守られていたのである[127]。

法の運用のある事例

「オットー・エーリッヒ・ハイナウによるベーメン連合銀行に対する訴訟」事件は，ここで述べた法運用の「リーディング・ケース」といえる。この訴訟の発端は，メーレン〔チェコ語名モラヴィア〕占領後に発せられた，オルミュッツ〔チェコ語名オルモウツ〕のエド・ハムブルガー麦芽製造社に対する強制管理の措置であった。この企業の単独所有者であるオットー・エーリッヒ・ハイナウは，メーレンの軍事占領時（1939年3月15日）にスイスに出張で滞在していたが，「非アーリア人」であった彼は，もはやオルモウツに帰れなくなってしまった。ハイナウは，メーレン占領前の1938年10月3日，エド・ハムブルガー麦芽製造社の単独所有者として，ゴッサウ（スイス，ザンクト・ガレン州）にあるシュタットビュール醸造所と，麦芽納入契約を結んでいた。1939年6月10日のライヒ政令[128]に基づいて強制管理人に任命されたスヴルシェク――ハイナウの元部下――は，ハイナウによる在外資産回収の阻止を特に任務としていたが，1939年8月18日，エド・ハムブルガー社の名で，シュタットビュール醸造所への麦芽の納品を指示した。同日，この強制管理人は，売掛債権をベーメン連合銀行のオルミュッツ支店に「譲渡」〔zedieren〕した。

原告であるオットー・エーリッヒ・ハイナウも，被告のベーメン連合銀行オルミュッツ支店も，シュタットビュール醸造所に，売買代金である4273フランの支払いを要求した。シュタットビュール醸造所は，債務法96条に基づいて，同額をゴッサウの自治体役場に預託した。

ザンクト・ガレン州のカントン〔州〕裁判所の第二民事部は，ベーメン連合銀行オル

ミュッツ支店に対するオットー・エーリッヒ・ハイナウの申し立てを認め，ゴッサウの自治体役場に対し，シュタットビュール醸造所から預託された4273フランを，原告に引き渡すよう命じた。また裁判費用は，ベーメン連合銀行により負担されるべきとした。ザンクト・ガレンの州裁判所は，その判決の中で，当該のライヒ政令のスイスにおける適用を拒否する際に，とりわけスイスの「公序」を援用した。このライヒ政令は，スイスの法秩序において規定されている財産の不可侵性の原則に「受忍し難いまでに」違反しており，それゆえスイスの「公序」に背馳する，と指摘したのである。ザンクト・ガレン州裁判所は，これをもとに，スイスの裁判では，ベーメン連合銀行に対してなされた譲渡は考慮されえない，と結論づけた。

連邦裁判所の第一民事部は，1942年12月22日の判決で，ザンクト・ガレン州裁判所が下した判決を支持した。この判決は，争点となった譲渡の前提をなす強制管理が，如何なる場合にもスイスの「公序」に著しく反することに，なんらの疑いをも差し挟ませないものであった。強制管理は，スイスの法秩序の基本規範である財産の保護と平等の原則とは，全く両立しえない措置であると判断されたのである。

> 「この政令は原告の財産権を完全に無視するものであり，それゆえスイス法の原則に著しく背馳している。これは，国家による無補償接収を排除する私有財産権承認の原則や，人種のみを理由にある個人の財産を侵害することを禁じた法の下での平等の原則に，違反している」[129]。

しかしながら，法実務においてナチスの人種主義立法を不法行為と規定することは，ドイツ当局によるこの不法行為の適用によって既成事実が作られる場合には，問題を引き起こすことになった。この点は，戦後，ドイツユダヤ人からの国籍剥奪[130]や様々な保険に関する事例[131]に関する連邦裁判所の判決で，明らかになった。

行政実務は，上で述べたスイスの裁判所の判決に，必ずしも対応していなかった。こうした観点で示唆に富むのは，「ユダヤ人と，ドイツ国民またはこれと類縁的な血統を持つ者の間の婚姻」に対する民族社会主義的な禁止政策に対して，〔スイス〕当局がとった対応である。「アーリア人」および「非アーリア人」という範疇を当然の如く受け容れたうえで[132]，連邦戸籍局は，婚姻に関する1902年6月12日のハーグ条約に基づき[133]，ドイツユダヤ人は，ドイツにおいては「人種混合婚の禁止」[134]の対象になるので，これがスイスで婚姻契約を結ぶことは許可されない，という立場を取ったのである。そこでは，スイスの「公序」に基づいて婚姻を許可するという議論は行われなかった。これに対し，カントン・バーゼル都市部の州内閣は，異なった見解を取った。すなわち，反ユダヤ主義的な婚姻禁止は，スイスの「公序」と相容れるものではないとして，ドイツでの結婚承認証明書無しに，婚姻許可を交付したのである。州閣僚のアドルフ・イムホフは，連邦政府に対し，その理由について以下のように述べた。

> 「我々はドイツ国籍を持つE. K.と婚約した女性に，結婚資格証明書の提出義務を免除した。というのは，イスラエル人〔ユダヤ人〕男性との婚姻のための証明書

を，ドイツ当局が交付しないだろうことは，前もって予測できたからである。提出された書類によって，スイス法では妻の側に婚姻障害がないことを確認することができた。我々は，この免除をどうしても必要なものと考えている。というのも，連邦裁判所の判決は，「公序」を根拠に，宗教的・政治的理由での婚姻障害を決して認めてこなかったからである。我々の憲法は，法の下での平等ならびに信教と良心の自由を保障しており，それゆえ我々の法は，人種による違いを認めていないのである」[135]。

しかしそれにもかかわらず，連邦戸籍局は，そのような婚姻は婚姻契約に関するハーグ条約に鑑みて許可しえない，ただしこうした問題についてはカントンが最終決定機関であるとする文書を，ベルリーンのスイス代表部に送付した[136]。2年後，同局は，スイスの「公序」への配慮は，理論的には両婚約者のうち〔少なくとも〕片方がスイス国籍を持つ場合にのみ可能であり，ドイツ人亡命者間の婚姻の場合には，「公序」は一切適用されないとする見解を示した[137]。もう一つの同種の事例では，連邦戸籍局の判断はいっそう厳しいもので，カントンは，「〔婚姻〕禁止の理由を判断・承認・拒否する立場にはなく」，その法的立場は唯一，「出身国が婚姻を有効と認めない場合，外国人は結婚することができない」というものでなければならないとした[138]。連邦戸籍局は，戦争終結までこの見解を維持していたようであり，1944年9月になってもなお，次のように回答している。「婚約者は，非アーリア人男性とアーリア人女性である。それゆえ，婚約者達はもう少し辛抱した方がよいように思われる」[139]。

法と倫理（道徳）とは，必ずしも一致しない[140]。しかしだからといって，法が，「倫理から自由な空間」であると結論づけることはできない。法治国家では，法はむしろ正義を要求するのである[141]。この倫理的要素は，1945年以前のスイスの法秩序――例えば基本権，信義則，法の濫用の禁止など――に，紛れもなく存在していた。とりわけこれを明瞭に示しているのは，スイスの裁判所の上述の判決であり，これは，ナチスの不法行為の適用を退けるために，首尾一貫して「スイスにおける法感覚」を引き合いに出したのである。「法律を超越する」人間性の原則と相容れない行為に及んだ時，当局は，正義の，また公正な法に関するこのような感覚を，失っていたのである[142]。

続く第6章では，「損害回復」の問題を扱う。この主題は，ここで論じた法の問題に，密接に関連している。私法の分野ではとりわけそうであり，1946年の略奪財産決議は，1933年から1945年までの物権法秩序の継続性に対する，――公法の上での――反応とみなすことができよう。また1962年の報告決議も，もう一つの転換点とみなせる。「休眠資産」に対する法的な対応を定めたこの決議によって，スイスの「私法上の正常状態」が，一定期間，中断したからである。しかし根底的な変化は，国際法の分野においても起きていた。戦後，連合国によるニュルンベルク軍事法廷の設置によって，国際法の新しい秩序が生み出されたが，それは，国際連合創設の場となるサンフランシスコ会

議を経て，1948年の世界人権宣言や，人権の擁護を目的とするその他の国際条約——1950年のヨーロッパ人権条約，1966年の国連での国際人権規約など——の採択に帰着した。その限りで，「損害回復」は，ナチスの不法行為の法的観点での再検討をも意味したのである。この過程の，経済的・政治的・社会的・精神的な背景については，次章で検討する。

---

1) 例えば，BGE/ATF 64 II 88 E. /cons. 5, 97頁。
2) 独立専門家委員会は，外部の専門家に対し，公法（独立専門家委員会叢書第18巻）と私法（独立専門家委員会叢書第19巻）の分野の問題に関わる各種の法鑑定を委嘱した。しかしなお残された領域があり，例えば，第二次大戦中の軍事裁判の役割は取り上げられていない。
3) 国土防衛および中立性の維持のための措置に関する1939年8月30日連邦決議，BBI/FF 1939 II, 216頁。
4) 歴史的背景については，本書〔第一部〕2.2。Kreis, Georg［1991］，301-320頁参照。
5) 全権委任決議の第6条は，重要な措置は，可能な場合にはその公布前に全権委員会によって討議に付されるべきことを規定していた。実際にもこの委員会は政治的に非常に活発であったので，行政府の決定へのその影響力を随所で確認することができる。これについては，Kreis, Georg［1991］，310頁以下を見よ。
6) 輸入制限に関する連邦決議，AS/RO 47, 785。対外経済分野での緊急政策については，Meier, Martin / Frech, Stefan / Gees, Thomas / Kropf, Blaise［2002］（独立専門家委員会叢書第10巻），3.3章。Hug / Kloter,［1999］，51頁参照。
7) 憲法に反する命令（Verordnung）の事例としては，例えば以下のものがある。1939年9月2日の条例(AS/RO 55, 837/115)は労働奉仕の義務を導入したもので，個人の自由，とりわけ取引および営業の自由（連邦憲法31条），ならびに個人の人格的自由に明らかに反する。また1939年9月22日の条例（AS/RO 55, 1082/1115）は，信書ならびに通話の秘密を廃止したもので，連邦憲法36条IV項と矛盾していた。1941年10月15日の決議（AS/RO 57, 1148/1183）は，住宅不足に悩む（出身地とは別の）自治体に居住する場合には，しかるべき理由が必要であるとしており，これは明らかに連邦憲法45条〔居住の自由〕に違反していた。国家による干渉を甘受せざるを得なかったのは個人だけではなく，カントンの権限もかなり制限された。これはとりわけ，租税面で顕著だった。新たに出された連邦政令の大半は，憲法に合致する原則に基づいてはいなかった。Aubert, Jean-François［1967］，533頁以下。
8) ナチスの法的イデオロギーに対するスイス法学の態度については，Aubert, Jean-François［2001］（独立専門家委員会叢書第18巻）を見よ。
9) 例えば，連邦憲法85条と102条に明記された，外交・中立政策・安全保障・秩序維持に関する連邦議会および連邦内閣の権限，ならびに，〔連邦の〕目的に関する条項（連邦憲法2条）がこれにあたる。また国家の最高組織としての連邦議会の責任を定めた連邦憲法71条もこれに該当する。
10) この学説が依拠しているのは，「成文法には，実際のところ，法の欠如が存在している。こうした欠如は，慣習法，自然法，国際法上実効性を持つ原則など，超憲法的な法原則に依拠することによって，また，非常事態もしくは国家の自己保存といった正当化の根拠によって，補充されねばならない」という見解である。
11) Giacometti, Zaccaria［1942］, 148頁。
12) Giacometti, Zaccaria［1942］, 9頁。
13) Giacometti, Zaccaria［1942］, 8頁。
14) Schindler, Dietrich［1942］, 34頁。
15) Schindler, Dietrich［1942］, 7頁。
16) BBI/FF 1939 I, 541頁。
17) Kälin, Walter［2001］（独立専門家委員会叢書第18巻），410頁以下。
18) ツェルヴェーガーは，1933年から1945年の間に共産党に対して講じられた緊急法に基づく

19) Lasserre, André［1992］, 144 頁以下. Engeler, Urs Paul［1990］, 65 頁; Jost, Hans-Ulrich［1999］, 144 頁以下. 諸戦線運動についてのスイス裁判所の判例については, Haefliger, Arthur［2001］（独立専門家委員会叢書第 18 巻）参照.
20) BBl/FF 1948 I, 1054/1055 頁.
21) BS/RS 1, 121/113 以下.
22) 軍人難民に対する慣行については, Kälin, Walter［2001］（独立専門家委員会叢書第 18 巻）, 335 頁以下.
23) 「連邦内閣は, 政治的迫害により庇護を求めたもののこれが許可されなかったと考えられる外国人に対し, カントンに同人を難民として認定する義務を課すことによって, 庇護を与えることができる. 連邦内閣は, それに先立ち, カントンの意見を聴取する」.
24) Kälin, Walter［2001］（独立専門家委員会叢書第 18 巻）, 283 頁以下.
25) Kälin, Walter［2001］（独立専門家委員会叢書第 18 巻）, 319 頁以下.
26) ノン・ルフルマン原則は, 難民の法的地位に関する 1951 年 7 月 28 日の条約, 第 33 条 (SR/RS 0.142.30) によってはじめて法文化された.
27) この協定は「政治難民」のみならず, ドイツ国内に居住しドイツ国籍を所有していたもののドイツの保護を失ったすべてのドイツ出身者, すなわちドイツから来たユダヤ人難民にも適用された. Kälin, Walter［2001］（独立専門家委員会叢書第 18 巻）, 357 頁参照.
28) Kälin, Walter［2001］（独立専門家委員会叢書第 18 巻）, 352 頁以降, 374 頁.
29) 独立専門家委員会［2001］（独立専門家委員会叢書第 17 巻）, 197 頁以下参照.
30) 1940 年 12 月 20 日の BRB/ACF (AS/RO 56, 2027/2105).
31) Bigler-Eggenberger, Margrith［1999］, 36 頁.
32) AS/RO 57, 1257/1289.
33) Bigler-Eggenberger, Margrith［1999］, 36 頁. これによれば,「夫が国籍を持つ国の国内法が, 婚姻に際し, 宣言書の提出や申請書により, 妻による国籍取得に可能性を与えておりながら, 妻がそれらの宣言書もしくは申請書を提出していない場合」,「不可避的な」無国籍者とはみなされない.
34) BAR/AF E 4260 (C) 1974 /34, Bd. / vol. 53, E 4260 (C) 1974/34, Bd. /vol. 55.
35) BAR/AF E 4260 (C) 1974 /34, Bd. / vol. 55.
36) しかし, 連邦司法警察省の各種の通達からは, かつてスイス国籍を有していた女性に対する, 当局の「好意的」な公式的態度が窺える. 例えば彼女たちが不法入国した場合にも,「不可抗力の事例」とみなされ, 送還されることはなかった. BAR/AF, E 4001 (C) -/1, Bd. /vol. 253, 254 参照.
37) 独立専門家委員会［2001］（独立専門家委員会叢書第 17 巻）, 160 頁以下参照. 本書 3.5 参照.
38) Kälin, Walter［2001］（独立専門家委員会叢書第 18 巻）, 489 頁. 収容所や施設での滞在については, 独立専門家委員会［2001］（独立専門家委員会叢書第 17 巻）, 160 頁以下. 本書〔第 1 部〕3.5 参照.
39) これらの判例については, 本書 5.2 参照.
40) Kälin, Walter［2001］（独立専門家委員会叢書第 18 巻）, 482 頁.
41) 独立専門家委員会［2001］（独立専門家委員会叢書第 17 巻）, 378 頁.
42) Kälin, Walter［2001］（独立専門家委員会叢書第 18 巻）, 481-482 頁, 504 頁.
43) Haldemann, Frank［2001］（独立専門家委員会叢書第 18 巻）, 533 頁以下を見よ.
44) 国家は原則的に, 自国民に対し外交的保護を与えることができるのみである. この規則の唯一の例外は, ある国が, 利益保護国として, 出身国に代わって保護を供与する場合である.
45) 〔一定条件とは〕特に, 国内で司法手続がことごとく尽されていたり, 損害回復請求権がまだ時効に達していない場合である.
46) 特に報復措置である.
47) 外交的保護についての国際法上の条件に関しては, 以下の文献を参照. Borchard, Edwin M.［1925］, 349 頁以下; Oppenheim / Lauterpacht［1947］, 304 頁以下; Ress, Georg［1992］, 57 頁以下; Verdross, Alfred［1937］, 178 頁以下. 同様に, St. I. G., Case of the Mavromantis Palestine Concessions, jugement du 30 août 1924, Publications of the

Parmanent Court of International Justice, Series A - n°. 2, 12 頁。

48) Ludi/Speck［2001］, 907 頁以下, Picard, Jacques［2000］, 177-211 頁, Thürer, Daniel［2000］, 564 頁以下, Haldemann, Frank［2001］（独立専門家委員会叢書第 18 巻）, 562 頁以下参照。
49) 1848 年の連邦憲法では，スイスに居住するユダヤ人には，未だ重要な権利や自由（信教の自由，居住の自由，立法および司法において平等な処遇を受ける権利）が認められていなかった。1866 年の憲法改正と，1874 年の連邦憲法の施行によって初めて，ユダヤ人にとって，他のスイス市民との間での市民的・政治的平等が実現したのである。スイスにおけるユダヤ人の解放については，Külling, Friedrich Traugott［1977］; Mattioli, Aram［1998］, 61-82 頁を参照。
50) 本書 4. 10 参照。
51) Haldemann, Frank［2001］（独立専門家委員会叢書第 18 巻），562 頁以下参照。
52) 連邦内閣の議会答弁における「公序」の用語法には重大な問題がある。まずこれは，フランスの反ユダヤ法はフランス国家の公序の維持のために公布されたものであり，これによって治安・衛生・平穏・良俗などが守られている，という印象を与えるものである。それだけでなく，「公序」概念を援用したことは法学的にも問題がある。というのもこの概念は，原則的に国際私法上のものであって，国際公法上の概念ではなかったからである。「公序」については，本書 5. 2 の説明も参照。
53) BAR/AF, E 1004. 1 (-) 413, Protokoll des Bundesrates vom 29. 9. 1941, Nr. /no. 1502. Picard, Jacques［2000］, 199 頁以下を参照。
54) Haldemann, Frank［2001］（独立専門家委員会叢書第 18 巻），570 頁以下参照。本書 4. 10 参照。
55) 独立専門家委員会［2001］（独立専門家委員会叢書第 17 巻），91 頁以下。本書 3. 1 参照。
56) BAR/AF, E 2200. 42 (-) -/23, Bd. /vol. 1, Stucki an Homberger, 20. Dezember 1941. バーゼルのフェリックス・イゼリン & トビアス・クリスト弁護士事務所の委嘱により，アルトゥール・ホムベルガーが 1941 年 11 月 21 日に作成したフランス在住のスイスユダヤ人の地位に関する意見書に対して，シュトゥツキはこの手紙によって回答した。ホムベルガーは，フランスの新しい「ユダヤ法」は，1882 年のフランス・スイス居住条約と矛盾しており，フランス在住のユダヤ人には適用されないとの結論を出した。BAR/AF, E 2200. 42 (-) -/23, Bd. /vol. 1. Arthur Homberger, Rechtsgutachten vom 21. 11. 1941, 15 頁。Picard, Jacques［2000］, 205-208 頁; Haldemann, Franck［2001］（独立専門家委員会叢書第 18 巻），573-74 頁参照。
57) 陸戦の場合における中立国および中立人の権利義務に関する条約，SR/RS 0. 515. 21.
58) 海戦の場合における中立国の権利義務に関する条約，SR/RS 0. 515. 22.
59) Schindler, Dietrich［2001］（独立専門家委員会叢書第 18 巻），90 頁，Thürer, Daniel［2000］, 413-443 頁参照。
60) Riklin, Alois［1992］, 196 頁（191 頁以下）。
61) Thürer, Daniel［1998］, 139 頁。
62) 例えば連邦内閣は，「中立の保持に関する 1939 年 4 月 14 日の命令」によって，中立法では基本的に認められている交戦国への戦争物資の私的な輸出を，禁止した。「この，中立政策を動機とする自主規制」は，「道徳的にも異論の余地ない中立政策」を目指したものであったが，戦争勃発後わずか数日にして，行政府によって再び放棄された。Schindler, Dietrich［2001］（独立専門家委員会叢書第 18 巻），92 頁参照。スイスに拠点を置く軍需企業の企業としての行動の自由度は，第二次大戦中を通じて広範に認められていた。Hug, Peter［2002］（独立専門家委員会叢書第 11 巻），4. 2。
63) ハーグ第 5 条約は，いかなる財が，軍需物資の輸出・通過禁止規定の対象となるのかを，明確には定義していなかった。スイスは，1942 年夏まで，軍需物資を狭く定義していた。すなわち，直接に戦闘目的で使用される財のみを，軍需物資としていたのである。この狭い解釈は，当時の中立法と矛盾するものではなかった。むしろこれは，スイスが自国の裁量によって定める中立政策の問題であった。Schindler, Dietrich［2001］（独立専門家委員会叢書第 18 巻），96 頁以下。歴史的文脈については，Forster, Gilles［2001］（独立専門家委員会叢書第 4 巻），77 頁以下を見よ。
64) Schindler, Dietrich［2001］（独立専門家委員会叢書第 18 巻），94 頁以下。

65) Schindler, Dietrich［2001］（独立専門家委員会叢書第 18 巻），101-02 頁。歴史的文脈については，Hug, Peter［2002］（独立専門家委員会叢書第 11 巻），5.4，6.2，6.6 章。本書 4.2 参照。
66) Schindler, Dietrich［2001］（独立専門家委員会叢書第 18 巻），103-104 頁。本書 4.2 参照。歴史的文脈については，Hug, Peter［2002］（独立専門家委員会叢書第 11 巻），5.4。
67) 他の事例については，Schindler, Dietrich［2001］（独立専門家委員会叢書第 18 巻），105 頁以下。
68) 1941 年から 1945 年の間，13 万トンの貨物が，鉛で封印された状態で，あるいは十分な申告がされぬまま，貨車でスイスを通過した。Forster, Gilles［2001］（独立専門家委員会叢書第 4 巻）85 頁の表 6 参照。
69) Forster, Gilles［2001］（独立専門家委員会叢書第 4 巻），80 頁以下，85-86 頁。本書 4.4 参照。
70) Schindler, Dietrrich［2001］（独立専門家委員会叢書第 18 巻），111-112 頁。歴史的文脈については，Frech, Stefan［2001］（独立専門家委員会叢書第 3 巻），119 頁以下，195 頁以下を参照。
71) Schindler, Dietrich［2001］（独立専門家委員会叢書第 18 巻），85-86 頁。
72) 交戦国を平等に扱わねばならないという原則の視点からすると，ナチスドイツとの金塊取引の完全停止が是認されえたか否かは，疑問が残る。Grossen, Jacques-Michel［2001］（独立専門家委員会叢書第 18 巻），152 頁以下，201 頁参照。
73) 国際法に違反するのは，とりわけ，占領地域における個人所有の金の接収である（ハーグ陸戦規則第 46 条）。Grossen, Jacques-Michel［2001］（独立専門家委員会叢書第 18 巻），154 頁以下。Mráz,［1998］，212 頁以下参照。
74) ライヒスバンクからスイスに供給された略奪に由来する金塊は，確認されるもののみで，720 万ドイツマルクに上った。独立専門家委員会［2002］（独立専門家委員会叢書第 16 巻），1.5。
75) Grossen, Jacques-Michel［2001］（独立専門家委員会叢書第 18 巻），180 頁以下参照。
76) 独立専門家委員会［2002］（独立専門家委員会叢書第 16 巻），3.4。Grossen, Jacques-Michel［2001］（独立専門家委員会叢書第 18 巻），183 頁。「スイス国立銀行の役員たちが知らなかったとしたら，それは彼らが知りたくなかったからであり，またライヒスバンクの副総裁が言ったことを信じたとするならば，それは彼らがそう信じたかったからである」。
77) Grossen, Jean-Michel［2001］（独立専門家委員会叢書第 18 巻），183 頁以下は，スイスが，国家の緊急事態を引き合いに出してスイス国立銀行の金塊購入を正当化しえただろうか，という問題を提起している。
78) 戦後，損害回復の枠組みの中で，ドイツ政府は，奪われた金を返還し，略奪の犠牲者に補償を行うことを義務付けられた。Grossen, Jean-Michel［2001］（独立専門家委員会叢書第 18 巻），183 頁以下参照。
79) Grossen, Jean-Michel［2001］（独立専門家委員会叢書第 18 巻），198 頁。それでも，スイス政府はワシントン協定の法的根拠を認めなかった。協定締結国に対する 2 億 5000 万フランの支払いは，ヨーロッパ再建に対する支援であるというのが，政府の解釈であった。Vischer, Frank［1998］，54 頁参照。ワシントン協定の国際法としての拘束力に関しては，本書の 6.2 を参照。
80) 今日，強制力を持つ国際法（強行法）にあたるのは，国際的な法秩序にとってのその重要性のゆえに無条件の効力を与えられているような国際法上の規則（例えば，国際人権法の基本的原則，拷問や大量虐殺の禁止など）である。
81) この判例については，次節 5.2 の「防御条項」としての公序を参照。
82) 私法領域での全権委任決議の影響については，Giacometti, Zaccaria［1945］，70 頁。
83) スイスへの芸術作品の移動や通過については，Tisa Francini, Esther / Heuss, Anja / Kreis, Georg［2001］（独立専門家委員会叢書第 1 巻），特に 4 章と 5 章。本書 4.11 参照。
84) Siehr, Kurt［2001］（独立専門家委員会叢書第 19 巻），132 頁以降，Tuor, Peter［1940］，496-397 頁参照。
85) Stark,［1984］，66-82 頁参照〔文献リストになし〕。Siehr, Kurt［2001］（独立専門家委員会叢書第 19 巻），134 頁以下。
86) Haab / Simonius,［1977］Art. 714 Rz62；Siehr, Kurt［2001］（独立専門家委員会叢書第 19

巻），138 頁; Tuor, Peter［1940］，419-420 頁。
87) Siehr, Kurt［2001］（独立専門家委員会叢書第 19 巻），138-139 頁。
88) 本書 6.2 参照。
89) 「当該の状況下で期待される然るべき注意を払った場合に，もはや善意たりえなくなるであろう者は，善意取得者とはみなされえない」。
90) これについては Hurst-Wechsler, Martina［2000］，69 頁の定義を参照。「権利の瑕疵を知らずにいたことについて，不注意の責めを帰することができない場合には，それは善意取得とみなされる。善意は，権利の瑕疵を知っていた場合，もしくはこれを知り得たはずである場合には，存在しない。」
91) Siehr, Kurt［2001］（独立専門家委員会叢書第 19 巻），135-136 頁。Haab / Simonius,［1977］，Art. /art. 714 Rz. /n° 52 以下参照。
92) この場合，例えば，文化財の価値と著しく乖離するような低い売値も，買い手に不審の念を生じさせるとは限らない，ということになる。Siehr, Kurt［2001］（独立専門家委員会叢書第 19 巻），144 頁。
93) BGE/ATF 122 III 4s.（A.M に対する X の保険）。判例の変化に関しては，Siehr, Kurt［2001］（独立専門家委員会叢書第 19 巻），139 頁以下。
94) 1945 年 3 月 8 日のいわゆるカリー協定によって，スイスには，すでに終戦前の段階で，略奪財産を正当なる所有者に返還する措置を講ずることが義務づけられていた。DDS, Bd. /vol. 15, Nr. 391, 986 頁以下。Rappard an Currie, Charguéraud und Foot, 8. März 1945.
95) Vischer, Frank［2001］（独立専門家委員会叢書第 19 巻），19-20 頁。Meier-Hayoz / von der Crone［2000］，特に§ 2 159 頁以下，200 頁以下参照。
96) 制度的側面については，Lussy, Hanspeter / Bonhage, Barbara / Horn, Christian［2001］（独立専門家委員会叢書第 14 巻），47-48 頁。Vischer, Frank［2001］（独立専門家委員会叢書第 19 巻），27 頁参照。今日の視点でみた自己規制システムについては，Nobel, Peter［1997］，特に§ 1.89 頁以下。
97) Vischer, Frank［2001］（独立専門家委員会叢書第 19 巻），27 頁。その経緯については，Lussy, Hanspeter / Bonhage, Barbara / Horn, Christian［2001］（独立専門家委員会叢書第 14 巻），185 頁以下。
98) Vischer, Frank［2001］（独立専門家委員会叢書第 19 巻），27-28 頁。Hunold, Albert［1949］，121 頁以下も参照。
99) Lussy, Hanspeter / Bonhage, Barbara / Horn, Christian［2001］（独立専門家委員会叢書第 14 巻），220 頁。Vischer, Frank［2001］（独立専門家委員会叢書第 19 巻），28 頁参照。
100) これについては，基本的に，Entscheid des Bundesgerichts vom 2. Februar 1954 i. S. Ammonn v. Royal Dutch Co.（BGE/ATF 80 II 53）を参照。詳細については，Vischer, Frank［2001］（独立専門家委員会叢書第 19 巻），34 頁以下をみよ。
101) 概略については，Lussy, Hanspeter / Bonhage, Barbara / Horn, Christian［2001］（独立専門家委員会叢書第 14 巻），6.1.2 を参照。
102) Vischer, Frank［2001］（独立専門家委員会叢書第 19 巻），28 頁。
103) Vischer, Frank［2001］（独立専門家委員会叢書第 19 巻），29-30 頁。
104) 歴史的な背景については，Bonhage, Barbara / Lussy, Hanspeter / Perrenoud, Marc［2001］（独立専門家委員会叢書第 14 巻）。本書 4.6 を参照。
105) 所有者不明財産に関する法的問題については，Aubert, Maurice / Haissly, Bernard / Terracina, Jeanne［1996］，137 頁以下，および，Walder, Hans Ulrich［1997］，130 頁以下を参照。
106) Vischer, Frank［2001］（独立専門家委員会叢書第 19 巻），48-49 頁。略奪資産の返還に関しては，本書 6.5。
107) 例えば，Girsberger, Daniel［1997］，14 頁以下，Vischer, Frank［2001］（独立専門家委員会叢書第 19 巻），49-51 頁を参照。こうした考えに基づき，スイス銀行家協会は，1995 年 9 月 8 日，会員に対して時効を主張しないことを義務づける指針を出した。
108) Vischer, Frank［2001］（独立専門家委員会叢書第 19 巻），52 頁。
109) Vischer, Frank［2001］（独立専門家委員会叢書第 19 巻），53-54 頁。
110) 第二次大戦後，秘密保持が顧客の利害を守るための正当な手段となったのは，とりわけ，

第五章 法とその運用 383

為替管理が導入された東欧諸国出身の顧客の場合であった。これについては，Vischer, Frank［2001］（独立専門家委員会叢書第19巻），545頁を参照。銀行守秘義務の役割については，Girsberger, Daniel［1997］，18頁以下，および Mueller, Peter F.［1998］，110頁以下を参照。

111) Vischer, Frank［2001］（独立専門家委員会叢書第19巻），54-55頁，63頁。
112) Hug / Perrenoud［1997］，66頁以下参照。
113) Vischer, Frank［2001］（独立専門家委員会叢書第19巻），58頁。本書6.3参照。
114) 国際私法は，「外国との関係に関わる事象に関し，多くの国の私法秩序の中からいずれが適用可能であるかを決定する法規の総体」として定義される（Schwander, Ivo［2000］，Rz. 55.）。民族社会主義の時代には，スイスの国際私法は，主として，定住者・滞在者の民法的諸関係に関する1891年6月25日の連邦法と，判事による法創造によって規定されていた。広義においては，国際私法は，スイスにおける外国の判決の承認や執行を規定する国際民事訴訟法をも包摂している。本書が扱う時期におけるスイスの国際民事訴訟法の規則は，多数の二国間国家条約により定められている。
115) 例えば，BGE/ATF 84 I 119 E. /cons. 2, 121頁; 64 II 88 E. /cons. 5, 97-98頁。
116) Schwander, Ivo［2000］，Rz. 471.
117) 詳細については，Lüchiger, Adolf［2001］（独立専門家委員会叢書第19巻），72頁以下を参照。ナチス支配地域でのスイスの生命保険会社の活動については，Dreifuss, Eric L.［2001］（独立専門家委員会叢書第19巻），288頁以下を参照。
118) 1933年2月24日の契約により，テヴァーグ社（Theater-und Verlags-AG Zürich）〔チューリヒ劇場・出版社〕は，ベルリーンのUFA社に，エリック・シャレル作の『オデュッセウスの帰郷』の映画制作権を譲渡した。契約の第6条では，シャレルの病気・死亡その他類似の理由でシャレルが映画の制作を行いえず，UFAとシャレルの間の監督契約を履行しえない場合には，UFAは契約を解除できると規定していた。
119) Lüchinger, Adolf［2001］（独立専門家委員会叢書第19巻），78頁以下参照。
120) Lüchinger, Adolf［2001］（独立専門家委員会叢書第19巻），77-78頁。
121) Lüchinger, Adolf［2001］（独立専門家委員会叢書第19巻），86頁以下。「ユリウス・クライン社によるフェリックス・レヴィに対する訴訟」に関するザンクト・ガレンの州裁判所の判決――これは特定の観点からすると両義的であった――の評価については，Lüchinger, Adolf［2001］（独立専門家委員会叢書第19巻），90-91頁。
122) ZR 39(1940) Nr. /no. 95, 193以下。
123) Lüchinger, Adolf［2001］（独立専門家委員会叢書第19巻），87-88頁。
124) この判決文は公刊されていないが，これについての詳細は，*Schueizerische Juristen-Zeitung / Revue Suisse de jurisprudence*（RSJ），vol. 39(1942/1943)，302頁以下を参照。またLüchinger, Adolf［2001］（独立専門家委員会叢書第19巻），91頁以下も参照。
125) Vischer, Frank［1998］，458頁。
126) 「しかし適用不可能性は，とりわけ，この政令が――その私法的な内容に関する限り――スイスの公序に完全に背馳していることから生じる。民法第11条は，「何人も」法的権利能力を持つとしている。（……）法的権利能力は，人格の最も重要な要素の一つであり，個人によってその人としての能力の範囲で享受されるものである。それが意味するのは，全ての人が，原則として，権利と義務を持つ平等な権能を与えられているということであり，また何人も，他の人々の中に，同等の人格権を認めなければならないということである」。
127) Picard, Jacques［2000］，181頁以下参照。
128) 経済的企業体の管理と監視に関する1939年3月21日の政令(§1, sl. 1)．
129) BGE/ATF 68 II 377 E. 3, cons. 381（独立専門家委員会による強調）．
130) とりわけ示唆に富むのは，マドレーヌ・レヴィータ＝ミュールシュタインが連邦司法警察省を相手におこした訴訟に関する1946年6月14日の連邦裁判所の判決（BGE/ATF 72 I 407）である。これについては，Lüchinger, Adolf［2001］（独立専門家委員会叢書第19巻），109頁以下を参照。
131) スイス生命保険・年金会社がエルカンに対しておこした訴訟事件に対する1953年3月26日の連邦裁判所の判決は，印象的な事例である。本書6.4参照。
132) 通常の行政文書でも，スイスの官吏によって，氏名欄に「アーリア人」「非アーリア人」との書き込みがなされていた。例えば，BAR/AF, E 4160 (B) 2001/201, T. K. an EAZD, 27.

September, 1944 同文書，および EAZW-Archiv 所蔵の以下の文書は，1999 年 9 月に整理され，連邦司法省によって連邦公文書館に移された。
133) BS/RS 11, 795/743 以下。この条約の第 1 条の文言によれば，外国人同士の結婚では原則的に出身国の法が婚約者それぞれについての婚姻契約の権利を規定する。しかし，「定住者・滞在者の民法上の諸関係に関する連邦法」(NAG / LFRDCCES) の第 7 条第 4 項が，抜け道としての役割を果たしていた。同条項は，出身国官庁による証明が無い場合でも，婚姻が許可されうるとしていたからである。Lüchinger, Adolf [2001]（独立専門家委員会叢書第 19 巻），105 頁以下参照。
134) BAR/AF, E 4160 (B) 2001/201 EAZD an die schweizerische Gesandtschaft in Berlin, 16. Februar 1938.
135) Vorsteher des Justizdepartementes des Kantons Basel-Stadt an das EAZD, 15 Februar 1938, BAR/AF, E 4160 (B) 2001/201. 問題は，ドイツ人の妻が人種法違反の罪でドイツで告訴されうるだろうか，ということであった。
136) EAZD an schweizerische Gesandtschaft in Berlin, 16. Februar 1938, BAR/AF, E 4160 (B) 2001/201.
137) EAZD an Freiburger Justizdirektion, 15. Februar 1940, BAR/AF, E 4160 (B) 2001/201. フリブールは，婚姻届を出した者たちが，アルゼンチンへの移住のためには婚姻関係が必要であると強調したにもかかわらず，これを認めなかった。フリブールの法務局は，彼らはイギリスで結婚できると主張した。
138) EAZD an landeskirchliche Flüchtlingshilfe in Meilen, 16. Februar 1940, BAR/AF, E 4160 (B) 2001/201. 同じくこの場合にも，ブラジルへの出国は，結婚できるか否かにかかっていた。〔これが認められれば，〕教会が旅費を負担することになっていた。
139) EAZD an A. Teobaldi, 29. September 1944, BAR/AF, E 4160 (B) 2001/201.
140) Forstmoser / Schluep [1998]，§9 n. 46 参照。法的概念については，Dreier, Ralf [1991]，95-116 頁。
141) Mayer-Maly, Theo [2001]，9 頁，「非人間的野蛮行為を正当化する技術に堕すことを潔しとしないならば，法秩序は，正義の実現を断念することはできない」。Dreier, Ralf [1991]，8 頁; Hofmann, Hasso [2000]，25 頁以下参照。
142) 戦後，ドイツの刑法学者であり法哲学者でもあるグスタフ・ラートブルッフは，「正義を実現しようという意志すらないところ，正義の核心を構成する平等が，実定法の制定に際して意識的に否定されているようなところでは，法は単に『不当な法』といったものに化すのみならず，むしろそもそも法としての性質を失うに至っているのである」として，自然法理論を主張した。それゆえラートブルッフは，正義との間に生じた受忍し難いまでの矛盾を根拠に，民族社会主義による法律的不法の全ての効力を，その時から (ex tunc) 否定すべきであると，結論づけた。Radbruch, Gustav [1946]，346 頁参照。

6
戦後における財産権の問題

　1996年, 第二次大戦中のスイスの役割に関する議論が再燃した。そのきっかけとなったのは, 休眠資産というキーワードに象徴される財産相続権の問題であった。資産管理業務の国際的な中心地であったスイスは, 第一次大戦以降, 後にナチス体制の犠牲者となる人々の貯蓄をも引き寄せるようになっていた。また同時にこの金融センターは, ドイツの多種多様な経済主体に対しても, サービスを提供した。先の第5章では, この問題について法学的見地から検討を行い, (国際) 私法では強固な連続性がみられたのに対し, 同じ時期には国内の公法分野に根底的な変化が生じており, 両者の間で緊張が生じていたことを明らかにした。本章では戦後に目を転じ, とりわけ, スイスの銀行や保険会社が個々人から預かった財産を如何に扱ったのか, またこれらの機関が, こうした財産権をどのように解釈したのか, という問題に焦点を当てる。金融市場のその他の当事者たちは, 1945年以降, 戦争賠償・返還請求に対してどのような態度をとったのだろうか。また当局は, 如何なる措置を講じたのだろうか。さらには, 民族社会主義の犠牲者からの「損害回復」請求に直面した政府・裁判所・経済界の間には, どのような相互作用があったのだろうか。

6.1　補償に関する諸概念とその前提

　略奪財産の返却や個人に対する返還への取り組みは, 戦時中にまで遡ることができる[1]。早くも開戦直後の1939年には, イギリスとパレスチナのユダヤ人によって, この種の計画が準備された。しかし, 個人に対する補償の問題を提起する雰囲気がまったくなかったわけではないにせよ, この時期の補償請求は,「小さな運動」に止まっていた[2]。1944年, 世界ユダヤ人会議は, この問題に取り組んだネーミア・ロビンソン★1の研究を出版した[3]。同書は,「第三帝国」支配下の各国・各地域におけるユダヤ人資産の総額を, 60億ドルから85億ドルと見積っていた。同年, アメリカ政府が設けた省庁横断的な委員会(戦争賠償・返還・財産権に関する部局間委員会) [Interdivisional

---

★1 ネーミア・ロビンソン (1898-1964)。リトアニア出身の弁護士。ドイツのイエナ大学で学び, 1940年よりユダヤ問題研究所に参加, 1947年に同研究所所長となる。ユダヤ人問題に関する多くの著作を著し, 世界ユダヤ人会議の国際法顧問を務めた。またドイツ, オーストリアとの補償 (indemnification) 問題に関する会議で法律顧問として活躍した。*Encyclopedia Judaica, Encyclopedia Judaica Jerusalem*, volume 14, 1990, 208頁を参照。

Committee on Reparation, Restitution and Property Rights］が，その最終報告を作成した。同報告書は，個人の返還請求権に関して，「個々の請求権者は，唯一，帰属する国の政府に対してのみ請求を行うことができる」4）と明記していた。この委員会は，解放された国々の政府が，「強迫の下で行われた引き渡しの無効を宣言するために，必要な措置を講ずることは疑いない」と確信している旨を，表明していた。またこの報告書は，中立国へ移された略奪財産について，以下のように記していた。

「その領土が略奪資産の避難所となることを容認する中立国の姿勢によって，返還計画が破綻してしまうような事態を防ぐために，あらゆる努力がなされねばならない」。

イギリスの主導で作成された1943年1月5日のロンドン宣言は，特に中立国に向けられたものであった。警告を意図したこの宣言によって，連合国は，自らが，所有権移転の無効を宣言する一般的な権利を有するという立場を示したのである。この警告は，以下の表現でなされた。

「この宣言を行う各国政府とフランス国民委員会は，交戦中の政府による直接的・間接的な占領あるいは管理下にある領土内に，現在または過去において置かれていた，あるいはそれらの領土内に現在または過去において居住していた人物（法人も含まれる）に帰属する，あらゆる種類の財産・権利・利益の移転または取引の無効を宣言する権利を有する。この警告は，それらの移転または取引が，公然たる強奪・略奪の形をとろうと，あるいは，見かけ上は合法的な形をとっており自発的に行われたものと主張されていようと，適用される」5）。

この宣言は，それが公然たる略奪の結果であれ，あるいは体系的な占領経済の下でなされたものであれ，全ての所有権の移転を対象としていた。資産移転の「自発性」や，相応の価格が対価として支払われたという事実も，連合国の目には，返還の義務を免除するには十分とは映らなかった。スイス国立銀行によるライヒスバンクとの金取引のために，1942年以来スイスは非難に曝されており，それだけに，この宣言の標的になっていると感じないわけにはいかなかった。連合国がなによりもこの金取引を狙い撃ちしていたことは，容易に理解しえた。1943年，スイスが略奪された金をライヒスバンクから新たに大量に買い付け，また他の中立国——とりわけポルトガル——が同様の取引を行うと，連合国は，1944年2月に，誤解の余地のない表現で，再度警告を発したのである6）。

ドイツとの経済戦争の効率を引き上げるため，アメリカは，経済データの体系的な収集を開始した。後には，こうした活動に，「セイフヘイブン作戦」が加わった。これは，

ナチス高官による外国への巨額資産の移転と，それによるナチス党の再建を阻止するためのものであった。スイスの金融センターは，この種の取引の巣窟であり中継地であるとみなされていたため，スイスはこの作戦の主たる標的であった。これに取り組んだのが，1944年7月にブレトン・ウッズで開かれた連合国通貨財政会議のいわゆる第三委員会（敵国資産，略奪資産，および関連問題に関する小委員会）［Sub-Committee on Enemy Assets, Looted Assets and Related Matters］である。その結果採択された第六決議は，略奪された金の購入や敵国資産の隠匿が罰せられずにはいないであろうことを，明確にすることを意図したものであった[7]。この問題に関するイギリス人の関心はアメリカ人に比べるとずっと弱かったが，それでもこの決議は，幅広い支持を得た。この決議は，連合国に，「所有権剥奪の手法を挫折させるため最善を尽くす」[8] 義務を課した。バーゼルに本拠を置く国際決済銀行（BIS）に対しては，〔ドイツの奇襲・占領を受けロンドンに亡命政府を持つ〕ノルウェーがその解体を要求したが，この国際決済銀行をめぐる論議との絡みもあって，小委員会の議論の焦点は，金融的にみて最も重要な中立国であるスイスに絞られていった。その結果，同委員会は，ドイツ資産の凍結と略奪金塊の問題に関して直接交渉を行うために，連合国の代表団をスイスへ派遣することを決定した。団長となったラクリン・カリーの名を冠したこのカリー代表団は，1945年の年初にベルンに到着した[9]。激しい交渉の末に成立した3月8日のいわゆるカリー協定は，ナチス体制下で略奪され中立国領土に移転された全ての資産の返還を盛り込んだものであった。この協定にもかかわらず，スイスと西側列強の関係はその後も緊張が続いた。スイスは，この協定に対する代償として，「第三帝国」と密接な協力関係にあったスイス企業のブラックリストを廃棄するよう要求したが，これはなかなか実現しなかった。また，1941年6月以降アメリカ合衆国で凍結されていたスイス人資産の凍結解除も，同様であった。

　1945年末のパリ戦争賠償会議は，アメリカの強い要求で，無国籍となった民族社会主義の犠牲者たちが，どのように，そしてどういった手段で戦争賠償に与ることができるのかをという問題を取り上げた。これに関し，1945年12月21日に合意されたパリ協定の第8条は，ドイツ国内で連合軍によって発見された金貨以外の金は，「ドイツの行為による犠牲者のうち本国に帰還しえない者の生活再建と定着のために」，「政府間難民委員会（Inter-Governmental Committee on Refugees, IGCR）の使用に供されるべき」であり，またこれは可能な限り迅速に行われねばならないと規定していた[10]。同様の目的で，中立国，すなわちスイス，スウェーデン，ポルトガルに位置するドイツ資産も，戦争賠償の財源とするため回収されなければならないとした。こうして集められた資金のうち，政府間難民委員会には250万ドルを割り当てるものとした。この問題に関連して，休眠資産にも言及がなされた。会議の最終議定書の結論部分では，この問題について次のように記されている。

「中立諸国の政府は，ナチスの行為によって相続人を残さずに亡くなった犠牲者の資産を，（ドイツの行為による犠牲者のうち本国に帰還しえない者の生活再建と定着のために）提供するよう要請されている」11)。

こうした観点では，1946年春にスイスと西側連合国の間で締結されたワシントン協定［Washington Accord］は，拘束力を欠く口約束をスイス側交渉者から得たに止まった。連合国の代表者は，〔休眠資産ではなく〕スイス国立銀行が購入した略奪金塊の返還を最重視していたため，この時点では，外交的な美辞麗句に甘んじなければならなかった12)。しかし半年もしないうちに，この問題が再び焦点となった。フランスを議長国とする五カ国委員会は，パリ会議の最終議定書の実施を委嘱されており，相続者不在資産をナチスの犠牲者たちのために用いる努力を継続するよう，フランスに対し勧告した。その後の数年間，資産返還を求めるユダヤ人組織も，この問題に取り組んだ。しかしながら，西側連合国の関心が次第に冷戦への対応に向けられるようになったため，これらの努力はいずれも不首尾に終わった。ワシントンでの交渉のもう一つの主要目標，すなわち，在スイスドイツ資産を，西側連合国が設定した戦争賠償のための共通基金に組み入れようという目標も，基本的な点で合意があったにもかかわらず，達成されなかった。銀行にとっての最大の関心事であったこの問題では，スイスの交渉者は時間稼ぎを武器とした。というのも，国際関係で冷戦が支配的になればなるほど，二国間交渉による妥結という馴染みの戦略に持ち込む可能性が高まったからである。それでも，政府間難民委員会の後継組織である国際難民機構（International Refugee Organisation, IRO）〔1946年設立，国連難民高等弁務官事務所（UNHCR）の前身〕は，約束されていた250万ドルを，在スイスドイツ人資産の清算金から前払いで受け取った。とはいえこの250万ドルの支払いは，度重なる圧力を受けた挙げ句にようやく実行されたものであり，またスウェーデンが同国への割当額の全額を支払った後のことであった。銀行は，ワシントン協定に代わって1952年に締結されたロンドン協定★2によって，〔本来の〕所有者に対する補償を行わない限りドイツ人資産を現金化してはならないことになった。これによって，ずっと以前からの約束がようやく履行されたのである。
アメリカ占領当局の返還手続きは1945年に定められ，1947年11月10日の返却・補

★2 1952年，スイスは連合国やドイツ連邦共和国との間で，1946年の協定に代えるため，在スイスドイツ資産に関わる交渉を行った。1952年8月26日，スイスはドイツ連邦共和国との間で，1946年のワシントン協定にとって代わる二国間条約を締結した。またスイスは連合国との間でもこれと並行して在スイスドイツ資産に関する交渉を行い，1952年8月28日に署名に至った。この連合国との交渉過程では，スイス側は，スイスにはナチスの犠牲者による相続人不在資産は存在しないと言明した。その結果，将来そうした資産が発見された場合にはこれをナチスの犠牲となった人々の救援と生活再建のために用いるべきであるとの連合国側の要求を協定付属の覚え書きに明記し，スイス側がその内容を確認するにとどまった。http://www.ess.uwe.ac.uk/documents/twelve.htm，および，http://www.archives.gov/research/holocaust/finding-aid/civilian/rg-84-switzerland.html，http://www.ess.uwe.ac.uk/genocide/Switzerland12.htmを参照。

償に関する軍政府法第59条13)によって，成文化された。これは，後のドイツ連邦共和国の返却・補償法の基礎となる。加えて世界ユダヤ人会議は，1945年，ユダヤ機関［The Jewish Agency］やアメリカ・ユダヤ人大会［American Jewish Conference］〔アメリカ・ユダヤ人会議とは別の，1943年に設立されたユダヤ人団体の連絡会議〕とともに，相続人を残さずに亡くなったユダヤ人犠牲者の遺産の返還を要求した。この結果創設されたユダヤ人賠償金相続者組織［Jewish Restitution Successor Organization, JRSO］は，アメリカ占領地域においては公式に犠牲者の法定相続人に指定された。後には，イギリス占領地域やフランス占領地域においても，各国のユダヤ人組織と連携しつつ，同様の扱いを受けた。

こうした戦後の経緯を追う中で，我々が直面するのは，概念や語義の多種多様性である。戦争賠償（レパラツィオーン）［Reparation / réparations / reparations］，返還〔原状回復〕（レスティテュツィオーン）［Restitution / réstitution / restitution］，〔損害〕補償（エントシェーディグング）［Entschädigung / dédommagement / compensation］，返却・補償（リュックエアシュタトゥンク）［Rückerstattung / indemnisation / refund］，それにドイツ語の「損害回復」（ヴィーダーグートマッフンク）［Wiedergutmachung］といった語★3が，それにあたる14)。「戦争賠償」（レパラツィオーン）は，戦争に関連し，国家間の関係に用いられる概念である。これは，国際法上認められた，敗戦国に対して戦勝国が行う戦費支払い——貨幣であれ現物であれ——の請求である15)。返還（レスティテュツィオーン）の概念は，これとは異なった用法を持つ。狭義の，厳密な意味においては，この語は現物の返還，すなわち，対象物——これが住居であれ，絵画やその他の有価物であれ——の返還による「原状回復」（restitutio in integrum）を意味する。私有財産保護の原則に立脚する返還の概念は，第一次大戦後，またとりわけ第二次大戦後に，国際法で承認された重要な概念となった。戦争賠償とは違い，返還・原状回復の請求においては，あらゆる種類の所有物や有価物を「剥奪された」（エントツォーゲン）者，すなわちこれを持ち去られたり，盗まれたり，略奪された者は，その間ずっと，その所有者であったとみなされる。これは要するに，transaction under duress，すなわち「強迫下での引き渡し」［Abgabe unter Druck］のことである。

1943年1月5日のロンドン宣言は，いわゆる「対外的（エクスターナル）返還・原状回復」，すなわち，ナチス政権を代表する者が占領地域で手に入れた全ての財産の返還・原状回復に，限定された。西側連合国が，「対内的（インターナル）返還・原状回復」，すなわちライヒ領内において奪われ

★3 ドイツにおける「過去の克服」の問題を扱ったペーター・ライヒェルは，Wiedergutmachungの語に「二重の意味」があるとして，次のように述べている。「この語には独特な，『素朴で頑固な要求』の響きが残って」おり（引用者中略），「率直に罪を認め，無条件に負債を支払うことによって，あることを『元通りにする』ことができ，すべてのことが『忘れられ，許されている』という，かの無邪気な，罪のない状態が取り戻せるかのようである。他方で，『埋め合わせをする（gutmachen）』とは，グリムの辞書によれば，すでにバロック時代に，感情が込められることなく即物的に，債権者と債務者の関係に適用され，『対価を支払う（bezahlen）』ことと『補う（ersetzen）』ことと同義となる」（ペーター・ライヒェル［2006］，87頁）。なお小川保博・芝野由和による同書の邦訳ではWiedergutmachungの語には「償い」の訳語があてられているが，本書では本文原文での検討内容に即して「損害回復」の語をあてた。これら関連の諸概念に関しては，宇佐美誠［2004］も参照。

た財産の返還にその注意を向けたのは、もう少し後のことであった16)。そうした財産の返還の場合には、たいていは、返却・補償(リュックエアシュタトゥンク)の概念が用いられた。「原状回復」(restitutio in integrum)が不可能であるような数多くの事例では、代わりに金銭的な埋め合わせがなされたが、その場合には、この代償の額をどのように定めるかという問題が生じた。その額は、接収や略奪の時点でのその資産や文化財の価値によるべきであろうか。それとも、返還の時点での市場価格や、あるいはその資本還元価値に基づくべきであろうか。またその場合には、これをどのように算出すればよいのであろうか。

用語法には、さまざまな危険が潜んでいる。しばしばそれは、国や文化による感覚の違いを反映する。フランス語、英語および他の言語では、奪われた具体的な物(例えば絵画や不動産)を正当な所有者へ返すことを、「返還・原状回復(レスティテュシオン/レスティテューション)」と称する。他方、「戦争賠償(レパラツィオン/リパレイション)」は、戦勝国が支出した戦費や戦勝国の損害を、敗戦国からの支払いによって埋め合わせることに用いられる概念であり、貨幣もしくは現物で支払われる。例えば強制労働のような非物質的な不法行為に関わる場合には、「戦争賠償(レパラツィオン/リパレイション)」や「補償(アンデムニテ/コンペンセイション)」といった語も、用いられる。英語・フランス語等においては、これらの語彙の意味はかなり明白である。それに対してドイツ語では、事ははるかに複雑である。1919年、第一次大戦の戦勝国が、ドイツに対して戦争によって生じた損失に対する巨額の補償金支払いを要求した際、ヴェルサイユ条約では、「戦争賠償金の支払い(レパラツィオン/レパラスィオン)」の概念が用いられた。この語は、ドイツの復讐戦の核心に位置する言葉となり、また国粋主義的憤怒の強力な燃焼剤となって、周知の、恐るべき帰結をもたらすことになったのである。かくして戦争賠償の語は、戦後にはあまりに感情的な概念となっており、それゆえこの語は、「損害回復(ヴィーダーグートマッフンク)」の語に置き換えられた。この語は事実上、戦争賠償(レパラツィオン)と同じことを意味したのであるが、しかしこれにより、不当な義務のネガティブな記憶が、正当な義務というポジティブなイメージに置き換えられたのである。しかしこのような意味論的転換は、無条件に受け入れられたわけではない。法学者ハンス・カイルソンは、この「損害回復」という概念は倫理的な負債を物質的な負債に置き換えるものであり、ゆえに決定的に誤っているとした。他の論者、例えばノルベルト・フライは、かつてナチスの党員だった者までもが自らは「犠牲者」であると称して「損害回復」を要求し、また実際にも、ドイツ連邦共和国の最初の何年かの間には、この措置の対象となったことを指摘している。他方、あらゆる種類の補償に反対していたドイツ人たちは、「いわゆる損害回復という枠組みでの」契約形式での取り決めそのものを、永年にわたり批判してきた17)。つまりこの概念に対する批判は、その趣旨と内容の双方に対するものであったのである。このようにこの概念は万人を満足させるものではなかったが、結局はドイツの学問的・政治的な語彙として確立したのであり、もはやこの用語を無視することはできない18)。

しかしながら次のことに注意しなければならない。「損害回復(ヴィーダーグートマッフンク)」であれ、「戦争賠償(レパラツィオン)」であれ、また他の言語のこれにあたる言葉であれ、それは、金を払うこと

で過去を厄介払いすることと理解することはできないし、またそうしてはならない。負償の支払いは、憶い起こすことや過去を直視することの代わりにはなりえない。むしろ、物質的な損害を「再び良い状態に戻す」ことと、記憶を「と り 戻 す」ことは、今日、正義のためにはいずれも同じくらい、必要なのである。

「損害回復」とスイス★4

スイスでは、1945 年以降、「損害回復」という概念の使用に対しては、強い抵抗があった。これを浮き彫りにしたのは、スイスの銀行に残る休眠口座を特定しようとした「報告政令」に関する 1962 年の論争である。国民院の委員会において、連邦閣僚のルードヴィヒ・フォン・モース★5（カトリック保守人民党）★6は、「損害回復」の意味ではスイスには何らの倫理的な義務もないと断言した。彼は以下のように発言している。

> 「これに関連して、そこかしこで「損害回復」が語られているが、この表現自体、誤解を招くものである。スイスには、民族社会主義による迫害について、あるいはユダヤ人やその他の組織に対して、またいわんやイスラエル国に対しても、「損害回復」すべきことなど、一切存在しない。この点は、誤解の余地のないよう、はっきりと断言しておかねばならない」19)。

「報告政令」の発端となる動議を 1957 年に提出した社会民主党の国民院議員であるハラルト・フーバーも、モースと似たような見解を示していた。「事実として、スイスには「損害回復」すべきことなどないし、各国にもそのようなことを要求する権利はない」20)。「損害回復」要求を拒否するという点で、幅広い意見の一致があったことを、こうした発言は示している。

スイスが占領されず、ナチス支配地域の外部にあったという事実から、少なからぬ人々は、スイスは補償にまつわる問題とは関係なく、あるいは万一関係するとしても、スイス自身が、戦争の結果失われた所有物に対する補償を要求する立場にあると考えていた。こうした論理によると、「損害回復」の要求は（ドイツライヒの法的継承国である）ドイツ連邦共和国★7へ向けられるべきであり、その上で、もしもスイスの法的主

★4 以下では、ドイツ語版の Wiedergutmachung の語は、仏語版でもそのまま用いられるか、あるいはフランス語の réparation の語があてられている。英語版でもドイツ語の Wiedergutmachung がそのまま用いられている。日本語版では基本的には「損害回復」とした。
★5 ルードヴィヒ・フォン・モース（1910–1990）。オプヴァルデン生まれの法律家・政治家。1943–59 年、全州院議院、1946–59 年、オプヴァルデン州閣僚を歴任し、1959 年から 1971 年には、初の原初カントン出身の連邦閣僚（司法警察相）となる。Schweizer Lexikon, Band 8, Visp 1999, 184 頁を参照。
★6 正確には保守キリスト教社会人民党 [Konservativ-Christlichsoziale Volkspartei]（1957–1970）。
★7 ドイツ民主共和国〔東ドイツ〕に対する言及は、本報告書ではきわめてわずかである。周知のように、東ドイツはホロコースト被害者に対するライヒ継承国としての補償・賠償責任を一貫して否認していた。

体に最終的な補償義務があるとすれば，ドイツ連邦共和国がこれに対して求償〔他者の債務を弁済した者が，その他者に対して有する償還請求権を行使すること〕すべきということになる。

　1945年の後，スイスでは，不当なことがあるという感覚は，ほとんど抱かれていなかった。「返還(レスティテュツィオーン／レスティテュスィオン)」は，——ワシントン協定の場合においてのように——部分的にのみ，しかも外部からの圧力でなされたにすぎなかった。それに対し，「損害回復」には，誰も関わろうとはしなかった。こうした拒否は，あらゆる次元でみられたスイスとドイツの緊密な経済関係を，暗黙裡に無視することをも意味していた。そこでは，返還・原状回復や補償金の支払いに対する批判は，あまりにも易々と，反ユダヤ主義的ステレオ・タイプに堕していった。「ユダヤ人は金のことしか考えない」という表現が頻繁に用いられるようになり，これが，正義を求めた犠牲者やその子孫にとって，追い打ちの一撃となったのである。1952年，スイス銀行家協会の法律委員会委員長であったヤーコプ・ディッゲルマンは，休眠資産（「相続人不在資産」とも称される）に関する報告政令に基づく要求は，「切迫した段階」に達したと宣言した。すなわち，

「スイスユダヤ人共同体連盟にとっては，相続人不在資産を，もしかしたらいるかもしれない請求者に引き渡すことなど，どうでもよいのだ。連盟はむしろ，そうした相続人不在の財産を，自分たちに都合よく使えるようにするために，特殊な方法で手に入れようと躍起になっているのである。その点からすると，相手方の行動は，スイスにある資産の紛れもない略奪である」[21]。

　いずれにせよ，スイスの努力——1945年12月と1946年2月の〔連邦内閣〕略奪財政令によるものなど——は，ほとんど全てのヨーロッパ諸国で戦後に開始された「損害回復」の国際的な動きの一部をなすものであった。とはいえそこでは，スイスの事例に示されるように，局面と時期の点で，相当なずれがあったのである。

戦争賠償の優位から，戦前・戦後の負債の返済へ

「戦争賠償(レパラツィオーン／レパラスィオン)」は，「敗者から勝者への，戦後における国民経済的価値の一方的な移転」[22]を意味する。それゆえ戦争賠償請求は国家間で行われるものであり，個人はこれに関与しえない[23]。戦利品（戦闘行為により直接得られた財産）や，「返還(レスティテュツィオーン／レスティテュスィオン)」も，戦争賠償には含まれない。国際法上，この「返還」という概念は，「敗戦国によって占領地域から非合法に持ち去られた物品を返却すること」[24]を意味する。連合国が組織した「返還」の基礎となったのは，連合国軍による進攻の下で1944年9月18日に発布されたアメリカ合衆国軍政府法52号である。その最初の版は，返還の対象としうる財産の管理を軍当局に義務づけた。第2条は以下のように述べている。

「強迫，違法な接収行為，財産権剥奪，略奪の対象となった財産で，ドイツ国外から持ち込まれたものは，それが立法に基づくものであれ，合法的な形をとった手続きを踏んだものであれ，あるいは他の如何なるものであれ，本令をもってその所有権は没収され，軍政府による指示・管理・統制の下に置かれる」25)。

戦後には，機械，船舶，鉄道車輌，自動車，企業所有権，有価証券，文化財，略奪された金(きん)，さらには家畜，ワイン，蒸留酒までもが返還された。しかしその間にも，連合国間の利害対立は次第に拡大していった。ポツダム会談で，ソヴィエト連邦は，戦争賠償以上のものを獲得し，かつドイツの経済的潜在力を利用し尽くすために，返還の概念を幅広く定義することを主張した。しかしアメリカとイギリスは，返還を特定の範囲に止めようとした。一方はドイツ経済の再建に関心を持っており，他方は，可能な限り多くの戦争賠償を獲得することに関心を向けていたのである。要するに，賠償と返還の間に明確に線を引くのは困難だったのであり，今日の歴史家にとっても，それは容易ではないのである。

返還と戦争賠償に関する連合国の要求は，ニュルンベルク国際軍事法廷の設立と同様，罪を犯した者に正当なる罰を与えることで戦争を終わらせようという試みであった。とりわけアメリカ合衆国は，ドイツの主要戦犯を可能な限り迅速に裁くために，軍事法廷の設置を強く主張した。この裁判所は，ロンドン協定（アメリカ，イギリス，ソヴィエト連邦，フランス）によって設けられ，いわゆるニュルンベルクでの最初の審理が1945年11月20日に始まり，1946年8月31日まで続いた。第一次大戦後の対応とは対照的に，この裁判では，意識的に国家ではなく個人が訴追の対象とされた。国際的な注目の中で進められたこの裁判は，戦争犯罪者を裁くことのみならず，民族社会主義による略奪経済の範囲を明らかにし，それによりこれにふさわしい返還・戦争賠償政策の基準を定めることをも目的としていた26)。

終戦からまもない時期には，国際法上の，また国家間の，返還や戦争賠償が焦点となっており，犠牲となった個々人に対する感受性は欠落していた。戦時中においては，民族社会主義者による迫害の犠牲者に対する個人補償の問題は，アメリカ合衆国とその同盟国の間で，戦時補償に関連して若干の議論が行われたに過ぎなかった27)。終戦直後，ナチス体制によって追放された難民のうち本国に送還しえない人々に対する支援がなされたのは事実であるが，しかしそれを除けば，ほとんどの場合，国家による要求が第一であった。金(きん)や銀行口座に関わる場合でも，それは「諸国家に対する返還」を問題にしており，「犠牲者に対する返還」に向けられた注意は，わずかであった。

1946年以降，西側連合国は賠償問題から離れ★8，ヨーロッパ全域を対象とした住民支援と経済再建計画を開始し，やがてこれは，マーシャル・プランに結実する。ソヴィエト連邦との対立が激しくなる中で，今や健全な経済と安定した民主主義の関係が強調

されるようになったのである。1949年のドイツ連邦共和国の創設時には，もはや戦争賠償条約は議題とならなかった。交渉は，1939年時点ですでに存在していた債権と，1945年以降の再建過程で発生した債権に関してのみ行われた。前者は，戦前のドイツの債務に関するものであり，後者はもっぱら，寛大なマーシャル・プランによる援助の部分的返済に関するもので，ドイツはその3分の1強を最終的に返済することになっていた★9。こうした変化の背景として，ドイツがいかなる名目で支払いを行うのかは連合国にとっては重要でない，という事実があった。また同時に，連合国は，第一次大戦の教訓から，ドイツ経済に過度の負担をかけてはならず，むしろ支払い額は，敗戦国の経済的負担能力に応じて決められるべきと考えていたのである。

冷戦の深刻化を背景としたこうした流れの結果，ユルク・フィッシュの言うように，「金貸しを優遇して犠牲者を差別する」状況が生じた。「西ドイツ経済の支払能力」は，「戦争犠牲者のためではなく，〔対ドイツ債権を持つ他国の〕債権者のために振り向けられた」28)のである。これにより，資金を持つ者や金貸しが優遇された。フリードリヒ・イェルヒョーは，戦争賠償の議論にまったく加わらなかったスイスのような諸国も，こうした経緯から利益を得たと指摘している。すなわち「これにより，ドイツの年々の生産物を戦争賠償として受け取ることが断念され，戦前からのドイツの対外債務——そのほとんどがアメリカ，オランダ，スイスに対するもの——の返済という最終目標が優先された」のである29)。ドイツの戦前対外債務のうち15%が，スイスに対するものであった。

6.2　スイスにおける返還の要求　交渉と立法の取り組み

連合国は，1943年の初めから，「第三帝国」に対する勝利の後には，あらゆる略奪資産の返還の措置をとるという意思を，警告の形で繰り返し表明していた。具体的には，前述の1943年1月5日のロンドン宣言，金塊購入に関する1944年2月22日の宣言，1944年7月のブレトン・ウッズ会議の第六決議，そして1945年2月のカリー使節団といった一連の動きである。連合国からのこうした度重なる要求にもかかわらず，連邦内閣は，これらの時点に至るまで，略奪・接収財産の取引を統制下に置く措置を一切講じていなかった。難民政策においては過剰なまでに使用された全権委任体制の諸権限は，この分野ではまったく行使されなかった。スイス国立銀行が自己弁護で身を固め，連合

★8 この表現も含め，以下の叙述での「連合国」の語は，主としてアメリカ合衆国を念頭において用いられており，適切とは言い難い。Schwartz, Thomas A. [1991] によれば，その後もフランスは執拗に賠償を問題にし続けており，西側諸国との賠償問題が決着したのは，1949年10月から12月にかけて交渉され，締結されたペータースバーグ協定においてである。なおこの問題の研究史に関しては，河﨑信樹氏より教示を得た。

★9 この交渉は，1953年2月に債権諸国とドイツ連邦共和国の間で署名（同年9月発効）されたロンドン債務協定 [Londoner Schuldenabkommen] によって妥結した。この協定の交渉は，イスラエルとドイツ連邦共和国の賠償交渉とも密接に関連しつつ行われた。この問題に関する近年の研究動向については，西牟田祐二 [2007] を参照。

国による返還要求を単に戦勝国による権力の誇示とみなしている間に，政府当局は，ある重要な領域，すなわち略奪文化財・有価証券に関し，積極的に動き始めた。しかし，国外からの巨大な圧力の下でとられたこうした政治的な対応は，財界の各種団体，とりわけスイス銀行家協会によって，阻まれた。

1945年2月18日～3月8日のカリー交渉

アメリカとの経済関係に関する1945年2月20日付の〔スイス〕連邦政務省のある報告書によれば，アメリカによる封鎖——当初これは枢軸国占領地域に限定されていたが，1941年6月14日にスイスを含む他の大陸ヨーロッパ諸国に拡大されていた——は，占領された各国・各地域で迫害された人々の財産を保護することを，主たる目的としていた。今日，「ドイツに対する経済戦争の強化が最優先事項となっており」，そこでは，「被占領諸国における略奪資産の問題がますます重要になることが予想される」30)。この推測は，上述のカリー代表団が，ブレトン・ウッズ会議第六決議の実施と，連合国の経済戦争や返還政策の貫徹のためにベルンを訪れてから，2日が経った時点で表明されたものであった。カリー協定の締結前日の3月7日，交渉代表を務めたヴァルター・シュトゥッキ〔85頁訳註55参照〕は，国民院の法律委員会において以下の答弁を行った。

「略奪品売買の撲滅にスイスがどのように協力するかという問題もまた，生じております。スイスが，将来起こるかもしれない戦争で資金的な中心になることがないよう，万全な配慮をすることが要求されています」。

この点でスイスになんらやましいところがないことは，シュトゥッキには自明であった。

「我々は，清廉で異論の余地もない次のような立場を採用しました。すなわち，スイスは，戦利品を受け容れたり戦犯を守ったりすることはありません。スイスはむしろ，不法に取得された財を正当な所有者に返すために，あらゆる措置を講じます」31)。

この公式声明は，翌日3月8日に署名された協定の内容に即したものであり，これによって連邦内閣は，在スイスドイツ資産の封鎖・認証を行う用意がある旨を宣言した。

「スイス政府は，自らの名において，またリヒテンシュタイン公国の名において★10，戦時中，非合法にもしくは強権的な支配によって奪われた財産の隠匿・隠蔽のために，スイスおよびリヒテンシュタイン公国の領土が使用される事態に反対

する決意を表明する。またスイス政府は，同様に，今日存在する，もしくは将来的に補完されることとなるスイス法の枠組みの下で，所有権を剥奪された所有者が，スイスおよびリヒテンシュタイン公国で見出された財産に対する請求を行えるよう，あらゆる措置を講ずる旨を宣言する」[32]。

　スイスがこの協定で表明した約束は，しかし，3週間も経たないうちに，スイス連邦政務省の内部連絡文書によって否定された。この文書は，連合国がスイスに迫った「文字通りの経済的戦争遂行計画」[33] は，中立政策の観点からして容認し難いと明言していた。すでにこの時点でスイスは，一方では連合国の理解を早期に得るよう努め，他方具体的な措置の実施においては可能な限り時間を稼ぐという，裏表のある戦略を実行していたのである。

1945年〜1946年の略奪資産に関する立法

　戦争の最後の数ヵ月間，スイスに対する連合国からの要求——特に略奪された文化財の返還に関する法の制定——が強まったため，スイス政府は，略奪品返還に関する一般的な法律の制定に取りかかった。しかしこの立法過程は遅々としていた。1945年8月20日，略奪資産の接収を可能にするための最初の措置が講じられた。しかし結局，連邦内閣は，特に美術品について実効性のある輸出入規制を導入する代わりに，緩やかな申告方式による手続きを決定した。略奪有価証券と貸金庫に保管されている美術品について連邦政務省が実施しようとした調査は，スイス銀行家協会の抵抗に直面した。同協会の法律委員会は，調査は，連合国が具体的な情報を示した場合にのみ行われるべきであると結論づけた。これにより，カリー交渉で表明された，略奪財産を探索するための

★[10] 1919年，リヒテンシュタイン公国の求めにより，スイスは同国と条約を結び，同国が代表を置いていない各国において，同国および同国民の利益を代表することとなった。また1923年には，リヒテンシュタイン公国はスイスと二国間条約を締結し，スイス関税圏に加わった。これにより，その経済外交権の大半がスイスに委譲された。それ以降，1933年の社会保障内国民待遇条約，1965年の老齢遺族年金制度に関する条約，1978年のPTT（郵便・電信電話）条約，1979年の失業保険条約，1980年のカントン間高等教育拠出金条約，1980年の通貨同盟条約等，経済社会分野で次々と二国間条約が締結され，リヒテンシュタイン経済のスイス経済への制度的統合が進められた。その後，1992年にスイスがヨーロッパ経済領域（EEA）条約を国民投票で否決したためこの経済同盟は一時的に危機に陥ったが，本書の分析対象時期には，スイス政府はリヒテンシュタインをも代表して経済外交を展開していたのである。Schweizer Lexikon, Band 7, Visp 1999, 264頁，およびhttp://www.eda.admin.ch/eda/de/home/topics/fl.htmlの関連項目を参照。

　なおリヒテンシュタインにおいても，第二次大戦・ホロコースト期の歴史の見直しがスイスと同様に進められている。2005年には，「独立歴史家委員会 リヒテンシュタイン 第二次大戦」(Unabhängige Historikerkommission Liechtenstein Zweiter Weltkrieg) により，6巻からなる研究叢書が公刊された。またスイスに関する本報告書と同様の性格を持つ最終報告書も，同委員会によって刊行されている（Peter Geiger, Arthur Brunhart, David Bankier, Dan Michman, Carlo Moos, Erika Winzierl, Fragen zu Liechtenstein inder NS-Zeit und im Zweiten Weltkrieg. Flüchtlinge, Vermögenswerte, Kunst, Rüstungsproduktion. Schlussbericht der Unabhängigen Historikerkommission Lechtenstein Zweiter Weltkrieg. HVFL・Chronos, 2005）。

措置を講ずるとの公約は，脇にやられてしまった。スイスの諸機関は，外国から反論不可能な情報が与えられた場合にのみ国内でこれに対応することを望んでいたのである。また，「善意」の取得〔を保護する〕という民法の原則がある以上，調査を見送った方がよいと考えられた。善意取得者の所有下にある略奪品に元来の所有者への返還義務を課すことは，当初は考えられないことのように思われたのである。これは結局，既存の私法に国家が介入することを阻止する効果を持つことになった。法の安定性と法治国家性という議論は，適切な措置を阻害する働きをした。1945年7月，スイス銀行家協会は，「金および無記名（有価）証券の善意取得者は，その所有権が如何なる意味でも後になって問題にされることはないと，安んじて期待できる」[34]との見解を表明した。各銀行の代表者は，有価証券が，略奪資産に関する特別立法から原則的に除外されることを期待していた。1939年から1944年までスイス銀行家協会の事務局長を務めていたアドルフ・ヤンは，補償問題が内政上の対立に行き着きかねないことを認識していた。それゆえ彼は以下のように自問した。

　「有価証券が善意で取得されたことになんら疑いがない場合については，スイスは，全面的に〔補償のための措置を講ずることを〕拒否すべきではなかっただろうか。結局のところ，かつての被占領国で略奪に遭った被害者は，誰によってその有価証券を奪われ，それを失うに至ったのかを知っているのであって，唯一の正しい方法は，「略奪者」に対して〔彼らが直接に〕請求することであり，戦時賠償の枠組みに補償や返却の問題を組み込むことではないだろうか」[35]。

　スイス銀行家協会の態度をみて，連邦政務省でこの問題を担当していたエティエンヌ・ジュノーは，1945年8月11日の文書に，以下のメモを残している。「〔スイス銀行家協会が〕示した解決策は，まさしく受身の姿勢を示しているように思われる。日和見主義は誤った政策である」[36]。諸銀行がとった妨害戦術は，当局を憔悴させた。スイス美術商協会（KHVS）も，略奪資産に関する政令に先だって，不法に取得された文化財の返還のために例外的な措置を講ずることに反対した。美術商らは，「通常の」状態を前提とする〔当時の〕現行法を引き合いに出したのである。協会はこれについて，もし当局の見方に同調しなければならないとするならば，「スイスが法治国家であることを放棄」しなければならないだろうと表明していた[37]。協会は，たかだか50万スイスフランに過ぎない「略奪芸術」のために，これまで守られてきた私法を犠牲にするのは正当ではないとした。〔しかし〕この価値の問題は，口実に過ぎなかったように思われる[38]。むしろ協会にとってより重要だったのは，スイスの芸術品市場の高い評判を損なわないようにすることであった。

　1945年後半には，連邦官庁は，いよいよもって何らかの行動をとらざるをえなくなった。秋には，連邦政務省は，連合国が送付した略奪絵画77点のリストを受け取っ

た[39]）。その 2 日後には，略奪資産訴訟を扱う特別法定の設置を直截に要求するメモランダムが届けられた。連邦議会は，国際法の専門家であるジュネーヴ大学のジョルジュ・ゾーゼ＝アール★[11]に，特別立法の草案作成のための報告を委嘱した。当局にとっては，スウェーデンが迅速な対応をとっていたことも，プレッシャーとなっていた。結局スイス当局は，略奪財に関する政令を定め，文化財の返還とともに，略奪された有価証券の返還をも支援することになった[40]）。1945 年 12 月 10 日，連邦内閣は——全権委任期間終了間際に，最後となるその権限発動を行って——「戦時占領地域から持ち出された財産の返還訴訟に関する略奪財〔連邦内閣〕政令」を施行した。これは民法における物権法秩序から著しく乖離するものであり，したがって，スイス私法の発展史の中で一時的な断絶を画するものであった[41]）。当初，当局は，この問題について主体的に調査を行いうるような組織の設置を意識的に避けていた。1946 年 2 月 22 日の追加政令の施行によって初めて，スイス清算局に略奪品に関する調査が委嘱された。この，1945 年以降にまでずれ込んだ立法過程は，そうした取り組みに対する抵抗が如何に激しかったかを示している。独立専門家委員会に提出された法学的意見書の中で，フランク・フィッシャーは，「既存の私法体系に影響を及ぼすような立法を，ナチス体制による犠牲者を守るために行うことには，及び腰であった」と述べている。しかし〔立法と法の運用に対する〕前向きな姿勢を，これに先立つ時期の「裁判所の決然たる態度」に見出すことも可能である。裁判所は，「スイスに位置する資産に対し，民族社会主義的な立法の効力が及ぶことを阻止した」からである[42]）。

　これらの立法の結果，返還義務の範囲は，略奪文化財のみならず，ドイツの支配地域で略奪され，戦時中にスイスの銀行や証券市場で売買された有価証券にも拡張され，しかもこれは，善意の取得によるものにも及んだ。連邦財務省は，〔返還を強いられた善意の取得者に対して〕連邦が一般的な補償義務を負う案を提案していたが，しかしその案は，行政府内に設けられた作業チームによって否定された。この作業チームは，連邦の関与は，善意の取得者が前の所有者に〔遡って〕求償することができない場合に限定すべきとしたのである。略奪財政令によって，連邦裁判所内に略奪財法廷が設けられ，これが，紛争に対して最終的な判決を下すことになった。

　返還訴訟を提起しうる期限は 2 年間，すなわち 1947 年末までとされた（当初，1 年という案さえ検討されていた）。このように期間がかなり短く設定されたために，多くの原告にとっては，スイスで連邦裁判所に提訴することは困難になった。しかも，略奪財に関する立法を世界規模で周知するような取り組みは，一切なされなかった。この短い提訴受付期間もまた，民族社会主義による犠牲者の利害よりも，スイス国内の財産権や

★[11] ジョルジュ・ゾーゼ＝アール（1884–1966）。ラ・ショー＝ドゥ＝フォン生まれの法律家，弁護士，法学教授。ヌシャテル大学で民法・国際私法を講じ，1920-24 年には連邦司法警察省法務部長を務める。1924 年よりジュネーヴ大学教授（民法・商法，後に国際私法講座）。スイス民法に範をとったトルコの民法改革に携わり，また戦後は各種の国際仲裁裁判でも活躍した。*Schweizer Lexikon*, Band 10, Visp 1999, 67 頁を参照。

「法の安定性」の原則を優先した結果であった。この点でスイスの取り組みは，略奪の犠牲者がその財産を取り戻せるようあらゆる支援を行うという，1945年5月8日のカリー協定でのスイスの約束に，明らかに反するものであった[43]。またスイス当局はこれによって，1946年春のワシントン交渉で連合国が表明した要望，すなわちこの問題に関しては，「これら犠牲者が貧しく弱者であること」[44]を考慮して，「シンプルで経済的な」解決策を選ぶようにとの要望をも，なおざりにしたのである。

　略奪財政令には，問題意識が欠けていたことや，スイスの関係者の利害が優先されたことの他にも，三つの限界があった。第1に，開戦前に行われた——1933年から1939年のナチス体制による——略奪については，提訴の権利が認められていなかった。第2に，ドイツ，1938年にこれに組み入れられたオーストリア，および1938年から1939年に併合されたチェコスロヴァキアの領土内での略奪には，この連邦政令の効力は及ばなかった。第3に，訴訟の対象となる資産は，スイス領内にあるものに限定された。戦前の略奪が対象に含まれるべきであったことは，すでに1946年1月初めにはスイス当局によっても認識されていたが，それにもかかわらず，政令の内容は改正されなかった[45]。当局に対しては，1946年3月にも，戦時占領地域に対象を限定した場合には，とりわけドイツ国内で略奪を受けた人々に提訴権が認められなくなり，不公正となりかねないとの指摘が，スイス清算局から寄せられていた。さらに「逃避先としてのスイス」への対象の限定は，中継地点としてのスイスの機能を考慮の外に置くものであった。

> **略奪財〔連邦内閣〕政令**
> 　略奪財政令は，現在の所有者が善意の取得者であるか悪意の取得者であるかにかかわらず，略奪の被害者に対し，スイスにある略奪財を取り戻す可能性を与えたという点で，スイス私法の伝統に生じた断絶を意味していた（略奪財政令第1条–第3条）。この政令の制定によって，スイス民法典の基礎をなす善意取得者に対する保護は，時限付きで廃止されたのである。その際，提訴資格のある略奪被害者とされたのは，略奪された者，もしくは詐欺ないし強迫によって資産を奪われた者であり，かつその所有の喪失期間が1939年9月1日から1945年5月8日の間であって，しかも，戦時占領——すなわちドイツ軍により占領された——地域，もしくは例外的な場合にはスイス内[46]でこの被害に遭った者でなければならなかった。
> 　現在の（返還義務を課せられた）略奪財所有者が，善意によってこれを取得した者であった場合には，略奪財政令第4条により，購入価格の払い戻しを売り手に対して要求することが認められており，またその売り手もまた善意の取得者である場合には，この売り手もまた彼に対する売り手に遡って代金の返還を求めることができる。この「求償の連鎖」は，略奪財を悪意の下で取得した売り手のところで初めて終わる。しかしこの遡及のシステムは，売り手が支払い不能であったり，スイスからは捕捉できなかったりするため，実際に運用することは困難である。こうした場合，裁判所は，この善意の取得者がこれを悪意の取得者から購入していた場合に限り，この善意の取得者に対して，連邦政府の費用負担によって，相応の〔通常は満額ではない〕補償を与えることができ

た（略奪財政令第3条・第4条）47)。

　略奪財法廷に対し，芸術品と有価証券という二つの財産範疇の合計で，請求総額340万フランに上る計800件の返還訴訟が提起された。原告の居住国は，ベルギー，フランス，ギリシャ，イタリア，ルクセンブルク，オランダ，ポーランド，チェコスロヴァキア，ユーゴスラヴィアにわたっていた。法廷での審議は，提訴期間が終了した1947年末の後にも続けられた。有価証券に関する個別の請求訴訟のほとんどは，1949年末までに終了した。集団訴訟の形で提訴されたオランダからの訴訟は，結局個別訴訟と同様に扱われ，1951年まで長引いた後，和解によって決着した。

1952年のワシントン協定と償還協定

　略奪資産に関する立法と並び，1946年春にスイスと西側戦勝国の間で行われたワシントンでの交渉も，カリー協定の直接の帰結であった。ヴァルター・シュトゥッキ率いるスイス代表団には，銀行の代表は含まれていなかった。銀行は，自分たちの利益はスイス政府の代表団によって守られるものと信じており，この期待は中期的には満たされた。

　1946年5月25日のワシントン協定は，連合国が要求する戦時賠償支払いとの関連で議題となっていた二つの大きな問題に関わる合意を含んでいた。二つの問題とは，スイス国立銀行によるライヒスバンクからの金塊購入の問題と，1945年2月以降スイスで凍結されていたドイツ人資産の問題とであった。連合国が返還を求めていた略奪金塊については，2億5000万フランを返還することで早々と合意がなされた。この額は，金取引総額の6分の1，またスイス国立銀行の金購入総額の5分の1に相当するに過ぎないものであった（本書4.5を参照）。スイスが，この支払いは「返還」（レスティテュツィオーン／レスティテュシオン）や「戦争賠償」（レパラツィオーン／レパラシオン）によるものではなく，戦争によって荒廃したヨーロッパの再建のための「自発的」な拠出金であると主張していたことを，ここで強調しておかねばならない。これは，連合国の見方とは相容れない見解であった。

　ドイツ人資産の清算は，これよりもはるかに複雑な問題であったが，スイスにとって好都合なことに，ワシントン協定はこれについて期限を定めていなかった。時間を武器にした駆け引きが始まり，1947年以降の冷戦や，1949年のドイツ連邦共和国の成立といった状況が，交渉に影響を及ぼした。スイスはこの状況に乗じたが，アメリカもまた，協定での合意事項の履行を前ほどには急がなくなった。結局，1952年に新しい償還協定［Ablösungsabkommen］が締結されたが，そこではドイツ連邦共和国が決定的な役割を果たした。スイスは，この凍結資産に対する連合国からの請求に応じて1年後に1億2150万フランを支払うことになったが——スイスは，差し押えをめぐる紛争との関係で1954年までにさらに500万フランを支払った——これによりスイスは，二つの重要な目標を達成することができた。その一つは，ドイツ連邦共和国が，スイス側関

係者の大半がとうの昔に引き当て処理を済ませていた 6500 万フランのクリアリング資金(ミリアーデ)を返済したことである。この資金は，1941 年以降にスイス連邦が第三帝国に対して供与したものであり，主として〔スイスからの〕武器購入代金に充てられたものであった。もう一つの——スイス側にとっては第 1 の目標よりもずっと重要な——目標とは，在スイスドイツ人資産を，戦争賠償請求の対象から除外するという点である。資産額 1 万フラン未満のドイツ人所有者の 5 分の 4 以上が，税金分が差し引かれたとはいえ，その資産の 3 分の 2 を取り戻すことができたのであり，これは非常に寛大な措置と受け止められた[48]。かくしてスイスは，戦時期を通じて国際私法の原則を守り続け，西ドイツに対してのみならず他国の人々に対しても，スイスの法律の信頼性を鮮烈に印象づけることに成功した。急激な経済成長を背景に，ドイツ連邦共和国においては通常の社会生活への復帰が進んでおり，この措置によってナチの犯罪者までもがその財産をまんまと取り戻したことに注意を向ける者は，もはやほとんどいなかった。

　ドイツ人資産所有者に対するこうした寛大な払い戻しは，感情的・政治的にナチス体制に距離を置くことが，必ずしも第三帝国の有力者との人的関係の断絶や，ナチス戦争経済との決別の結果起こったわけではなかった，という事実を反映していた。スイスでは，ドイツ人の取引相手は，戦争中も，少なくとも個人としてみたならば「立派な」人物であったという声が，早くも戦後直後から現れていた。親衛隊の幹部でさえ，こうした肯定的な人物評の恩恵に与っていた。そうした証言が妥当するような事例がたとえあったにせよ，そうした評価は，こうした者たちが個人としてではなく，企業グループの代表として，あるいは国家機構の一部としてその任についていた以上，論点をすり替えるものと言わねばならない。ナチス政権の指令に抵抗したことを立証しうる場合にのみ，個人としての無実を推定することができた。ドイツ人にとっても，自分たちの行動が，当然ながらこうした基準で測られるであろうことは，終戦直後の段階で明白になっていた。そのため彼らは自らを，滅び去ったナチス体制に密かに反対していた者として演出し，抵抗運動の幹部との人的なつながりを吹聴したり，あるいは自らも危険な立場にあったと強調したりした。長年にわたって四ヵ年計画庁の最高幹部を務め，略奪財産のスイスへの移送を仕切っていたフリードリヒ・カドギィーンですら，その例に漏れない[49]。スイス当局は彼の弁明を真に受け，連合国による引き渡し要求から彼を守り，1951 年初には，彼が大手を振ってラテンアメリカに出国するのを許したのである。この時期には，戦勝国たる連合国でもスイス国内でも，こうした人物の過去に対する関心は，すっかり薄れていた。スイスの有力な銀行家もまた，この時期には，被告となったドイツの同業者を弁護する証言を行っていた。ドレスナー銀行の事例では，比較的無害で政治的でもなかったハンス・ピルダーがこうした証言を得たのみならず，戦闘的なナチス党員であり国粋主義者でもあった同行社長のカール・ラッシェもまた，スイス・ユニオン銀行社長のアルフレート・シェーファーから，彼を弁護する次のような証言を得たのである。「私の個人的な経験に基づいて，私は，ラッシェ博士を大変立派な人物と

思っておりますし，彼を尊敬しております50)」。この種の証言は，二重の意味で嫌疑を遠ざける働きをした。というのもこうした証言によって，スイス側がこれらの銀行との関係において如何なる役割を演じたかについても，もはや問われることがなくなったからである。

公序と犠牲者の資産の返還

こうして選ばれた解決策は，人々が犠牲者の境遇に対して無関心であったことを示すものであった。同時代の人々は，すでに1945年の時点で，ナチス体制の犯罪の規模からして，返還を実現するためには，私法的関係を修正する特別立法が必要になるかもしれないことを認識していた。こうした状況下で，過去の不正義や民族社会主義による犯罪から企業や個人が利益を得ることを許したのは，「通常の業務(ビジネス・アズ・ユージュアル)」に徹するという態度であった。

これらに関連して問題を端的に示しているのは，1945年以降の判例での，（国際私法上の）「公序」条項の取り扱いであった。というのも，スイスの裁判所は，1933年から1945年に至るまで，ナチスによる財産接収政策がスイスで法的に認知される事態を阻止するために，この公序条項を絶えず引き合いに出してきたのであるが，戦後の判例においては，民族社会主義によって迫害された犠牲者の利益にとって，この「公序」による保護の効果は，ほとんど消えてしまっていたからである。これはとりわけ，ナチス支配地域での保険請求権の接収に関するスイス連邦裁判所の判例に該当する。この点については，後に詳述する。

それと並行して，1945年以降のスイス諸官庁の解釈においても，スイスの「公序」とは，次第に「法的安定性」を意味するに過ぎなくなっていった。略奪財に関しては，——不十分とはいえ——前述のように全権委任体制の下で政令が定められたが，休眠資産に関しては，同様の立法は当面の間まったく行われなかった。こうした態度もまた，スイスとアングロ＝サクソンの戦勝国の間には，法解釈に乗り越え難い溝があるという議論によって正当化された。1945年3月のカリー交渉に関する連邦政務省のある報告書には，以下のように記されている。

「我々の思考様式を規定しているラテン的・ゲルマン的文化の中で育った人々にとって，またローマ法の法源に慣れ親しんだ法律家にとって，1943年1月5日の連合国宣言や，1944年2月22日の声明，あるいはブレトン・ウッズの第6決議は，——我々が馴染んだ厳格さとデカルト的明晰さに照らして，著しく流動的な法概念を反映しており——きわめて危険なものである。というのもこれらの曖昧な文言は，あらゆる種類の解釈を許すものであり，もし実際に極端な解釈が適用されたならば，これに署名した者は誰であれ，高くつく重荷を負わされかねないからである」51)。

これらの防御的な議論の全ては，犠牲者の資産を返還するための特別立法を阻止することを目的としていた。休眠状態という困難な事態を曲がりなりにも解決することを目標とした特別法を頓挫させるために，財産権の保護が持ち出されたことは，逆説的である。諸銀行は，そうした特別立法は，「ばかげた（……）措置52)」であり，阻止すべきと考えた。1952 年 2 月，スイス銀行家協会事務局長のマックス・オッテリは，次のように宣言した。

> 「当局は，安定性――なかんずく立法でのそれ，すなわち法的安定性――が，スイスの銀行制度の発展にとって死活的重要性を持つことを，いまいちど認識すべきである。ワシントン協定，略奪資産に関する立法，〔休眠資産の〕報告義務，ドイツ資産の封鎖等といった特別法は，まさしくこの安定性を危うくする。スイスの貿易や国際金融は，いわゆる『目に見えないもの』[invisibles] を重視してきたのであるが，それは大部分，スイスとその官民の機関が外国で享受してきた評判に立脚しているのである」53)。

その 2 ヵ月後，ヤーコプ・ディッゲルマンは，スイス銀行家協会の理事会で次のように発言した。

> 「銀行や保険会社は，これらの預金や預託品が，私的な契約に基づいて，特別の信頼関係の下でスイスに預けられた資産であることを指摘してきました。こうした私法上の契約への干渉は，公権力に許されることではありません。戦後に様々な形で制定された特別法は，そのたびごとに我々の法秩序を侵害してきたのであって，今やこれを廃止すべき時なのです。さもなければ，経済は，それが必要としている法的安定性を二度と得ることはできないでしょう」54)。

同年 12 月，ヤーコプ・ディッゲルマンは，自らが委員長を務めるスイス銀行家協会の作業部会において，スイスユダヤ人共同体連盟の年次報告書に掲載された報告（国際法の専門家であるポール・グッゲンハイムによる返還計画）★12 から得た印象を以下のように語った。

> 「我々の，公序，所有権概念，定住滞在法（定住者・滞在者の民法上の諸関係に関する 1891 年の連邦法），国家間条約の諸規範，そしてスイスがこれまで尊重してきた外国の法的規定，こういったもの全てを公然と無視し，倫理的・道徳的な粉飾の下

★12 ポール・グッゲンハイム（1899-1977）。国際法学者。ジュネーヴ大学名誉教授。

に，私有財産を一攫千金で掠め取る企みがなされています。そのためこのような特別立法は，その法的・実際的影響という点で，略奪財に関する立法やワシントン協定よりもなお悪いものになりかねません」55)。

総じて銀行関係者の発言は，スイスが1945年から翌年にかけて特にアメリカからの圧力の下でとらねばならなかった対応を，スイスの無力さの表れとみなしていたことを示していた。またこれは，彼らに，外圧への対応という次元を越えて休眠資産の問題に自ら取り組もうという意志が如何に欠けていたかをも，表していた。

犠牲者の保護と迫害によるスイス人犠牲者に対する損害回復

犠牲者に保護の手が差し伸べられなかったという問題は，難民についてのみならず，スイス国籍を持つ人々にも当てはまることであった。1933年以降，多くのスイス人が，ナチス支配地域で人種的迫害，政治的弾圧，優生学的な強制措置の犠牲となった。各国政府が自国の国籍を持つ被害者のための不断の介入を怠った場合には56)，民族社会主義者は，その迫害・絶滅政策の遂行にあたって，原則的に犠牲者の国籍をほとんど考慮しなかったことが，今日の研究では明らかになっている。ナチスの政策は，当時も認められていた国際法の原則（外国人にも保障されるべき最低限の権利）や，条約による義務（例えば居住に関する二国間条約）に反するものであった。この場合，在外自国民の権利が侵害された国には，国際法上の損害回復請求権が生じる。この点でスイスには，ナチス支配地域での自国民に対する国際法違反の行為に対抗して，外交的措置に訴えることが国際法上も認められていた。しかしスイスは，ユダヤ人やその他の在外スイス人，それに彼らの在外資産を守るために，外交的な介入を行うことを怠ったのである57)。とはいえ，現在の研究状況では，在外スイス人に対する連邦の政策を体系的に描くことは困難である58)。

占領下のドイツや後のドイツ連邦共和国で施行された返還・補償法に関しては，生き残ったナチス犠牲者のスイス人にとっては，1950年代の補償法が請求権者をきわめて狭く定義していたという重大な問題があった。西ドイツ領内に居住していない外国人は，補償金支払いから排除されたのである。そのためスイス人被害者たちは，どこにも訴えることができなかった。戦後，カントンや連邦の諸官庁，議会，世論が，「在外スイス人問題」［Auslandschweizerfrage / problème des Suisses de l'étranger］と称される主題に熱心に取り組んだのも事実である。しかしこの語が意味したのは，第1には，在外スイス人や，外国人と結婚したが戦争によって生活基盤を失い，あるいは赤軍の進攻から逃れてきた元スイス国籍の女性に対する救援物資の配給や，彼女たちの帰国，そして社会への統合の問題であった。こうした認識のために，社会集団によって迫害の種類がまったく異なったことや，ナチスによる迫害が特殊な人種主義的性格を持ったことは，見失われてしまった。迫害の犠牲者たちは，きわめて雑多な人々の集団に過ぎず，

はるかに強力な戦争犠牲者団体との救援をめぐる競争の中で，あっと言う間に脇に追いやられ，忘れ去られてしまったのである。ナチスによる迫害の犠牲者に対する補償を連邦に委ねる法律が成立したのは，ようやく1957年のことであった。しかしこの法律は，国内では，1954年頃に表面化した「J」スタンプのスキャンダルを受けて，この事件による打撃を小さくする措置として理解されていた。また外交的には，ドイツ連邦共和国が，西ヨーロッパの旧被占領諸国やいくつかの中立国との間で，ナチス犠牲者に対する補償のための包括的な条約を締結することに同意したことが，この立法にとって追い風となった。これにより連邦政府には，損害回復のための支払いを結局最後に負担させられるというリスクが無くなったからである。ナチス期に外交的な保護を怠ったことに対する国家責任は，今日なお，認められていない。

6.3 銀行部門，休眠資産と返還阻害要因

銀行に関する世論の関心は，ほとんどが，返還請求と所有権の侵害の問題に向けられたもので，これはいわゆる休眠資産に関連したものであった。「休眠」★13は，多くの顧客が匿名性を求めてスイスに送金したこともあって，スイスの銀行ではよく知られた概念であった。匿名性を保つため，顧客は，自らの側から連絡をとる場合を除き，銀行との接触を望まなかった。しかし民族社会主義の時代に，この休眠性はまったく異なる意味を持つようになった。「第三帝国」支配下で迫害を受けた集団に属する顧客の資産は，その所有者が収容所に送られ虐殺されたために，休眠状態〔消息不明〕となったからである。戦後の休眠資産という現象は，民族虐殺に起源を持つのである。主としてユダヤ人たちに向けられた民族社会主義者による迫害と略奪は，ドイツにおいても，また1938年以降のその併合・占領地域においても，犠牲者たちが外国に持つ口座の強制的な閉鎖を伴っていた。この目的を達成するために，外貨規制に関する法律は特に厳格に運用された。ナチス当局は，外国に口座を持つ者に強制して振込依頼書に署名させ，これら在外口座の残高をナチス当局が管理する外国為替銀行に移した。その際，往々にしてこれらの顧客は，その資産が何の目的で誰によって使われるのか知らされておらず，また彼らは通常，これがどこに振り込まれるのかも知らなかった。そのため，彼らの資産がもはやこれらの銀行に残っていないことは，生き残った人々や犠牲者の相続人が終戦直後にスイスで調べて初めて，判明したのである。しかし，請求権を持つ人々が自分たちの資産の行方を追い，その額を確定するためには，銀行の協力が必要であった。

民族社会主義の犠牲者がスイスの銀行に残した休眠資産の残高からは，「第三帝国」に振り込まれた資金の額が差し引かれていたが，この振り込まれた資金もまた返還請求の対象であった。その行方を追う人々は，一部はこれをスイスの銀行に対して請求した

★13 独語ではNachrichtenlosigkeit（口座所有者からの連絡が無いこと），仏語ではdéshérence（相続人不在），英語ではdormancy（休眠性）の語が宛てられている。

が，他の人々は，むしろドイツにおいて，損害回復立法の枠組みで請求すべきとされた。しかしいずれの場合でも，これらの人々の請求の成否は，振込の状況に関して銀行側から情報を得られるか否か次第であった。そうした情報を求める問い合わせに対し，いくつかの銀行は，銀行と当該の人物の間にはもはや何の連絡もないという，正確ではあっても実際上は誤解の元となる回答を行った。また，法定文書保管義務が10年であることを引き合いに出し，――実際には今日なお，それらの文書を社内文書室で見つけることができるにもかかわらず――問い合わせの資産について情報を提供することは不可能だと回答した銀行もあった。いくつかの事例では，銀行は振込の事実を認めたものの，誰の指示で，また誰に対してそれを行ったのかという決定的な情報については，明かさなかった[59]。スイス銀行コーポレーションのチューリヒ本店が1960年代末に〔取締役会宛に〕作成した「極秘」扱いの書簡の内容は，スイスの銀行で支配的であった姿勢を描いている。

「我々の経験からして，当時の情報提供要求には，きわめて大きな危険が潜んでいた。それらは一見したところでは，ドイツでの損害回復請求のみを目的に申請されたものであったが，しかし本当のところは，あの時代に行われた送金の責任を，我々に負わせることにも使われかねないものでり，実際そうなったのである。あの時代，ユダヤ人顧客による振込の依頼は強制的になされたのであって，それゆえ振込依頼者やその法定相続人の権利はそれによって制約されないとの主張が，繰り返し持ち出されたのである」[60]。

スイスに財産を預けていた顧客のうち，人数は不明であるが主としてユダヤ人からなる人々がホロコーストの犠牲となったことは，1945年以降の休眠資産の急増から，容易に推測しえたに違いない。これらの虐殺された人々の口座や預金，貸金庫を，どう扱ったらよいのか。誰が，如何なる条件の下で，これらの資産に対する請求権を持つのか。さらには，ナチスによる迫害を生き延びたものの，戦後間もなく「東側ブロック」で生きることになり，スイスの銀行と連絡をとることができなくなってしまった人々の資産は，どうすればいいのであろうか。こうした諸問題が，「休眠資産」に関わって議論され，今日に至っている。「休眠資産」についての議論は，生き残った人々や殺害された犠牲者の相続人，それに彼らに代わって活動する返還組織が返還請求を行ったために，戦後ずっと続いてきた。これに，五ヵ国協定★14によって開始され，フランスに支援された返還の努力が加わった。

★14 1945年末のパリ戦争賠償会議に基づき，1946年6月に締結された協定で，フランス，アメリカ合衆国，イギリス，チェコスロヴァキア，ユーゴスラヴィアが署名した。この協定により，相続者不明資産返還への協力を中立国から取り付ける役割が，フランスに与えられた。次項の叙述，および，Eizenstat, Stuart E.［1997］（米国国務省による「アイゼンスタット報告書」暫定版，XII〔http://www.ess.uwe.ac.uk/documents/twelve.htm に掲載〕）も参照。

休眠資産化と資産の消失

　前述のように，連合国は，1945年末のパリ戦争賠償会議において，中立国に対し，ナチス体制の犠牲者で相続人を残さずに死去した人々の財産のうち，その領土内にあるものを引き渡すよう要求した。この資金の全額は，会議参加国が提供した戦時賠償金と併せて，「(出身国に)送還しえない犠牲者」のために用いられることになった。1946年の春，スイスは，ワシントン交渉の場で交わされた書面において，西側連合国3ヵ国の交渉団長の要請に対して，基本的にこの努力を支援する用意がある旨を表明した[61]。外交官特有の言い回しで，なにごとも約束はできないと断りながら，ヴァルター・シュトゥッキは以下のように発言した。「私は，スイスの現行法が不十分だとはいささかも考えておりませんが，貴殿らの希望を我が国政府に伝えることにやぶさかではありません」。しかし結局シュトゥッキは，アメリカ合衆国，イギリス，フランスに，以下のように〔文書による〕約束を与えることになった。

　　「本日付で締結される在スイスドイツ資産協定への署名というこの機会に，ドイツの旧政府が犯した近年の暴力行為の犠牲となり，相続人を残さぬまま死去した犠牲者が預けた資産の全額を，3ヵ国〔米，英，仏〕政府に援助目的で引き渡すために，如何なる措置が必要かにつき，我が国政府が誠意をもって検討することを，私は貴殿らに確約する」[62]。

　しかしスイス政府は，銀行にも議会の委員会にもこの文書の存在を知らせなかった。銀行は銀行で，この問題を無視した。1934/35年銀行法に明記された銀行の守秘義務によって，所有権保護というスイスの私法的伝統は強められた。所有権の保証と法によって課せられた秘密保持——銀行守秘義務違反は非親告罪であり，〔被害者による訴えが無くとも〕刑事罰が科せられる——という組み合わせは，スイスにおける資産管理業務のアイデンティティとなり，またその発展の源泉となった。金取引についての分析で明らかにしたように，銀行システムは，国家による介入を最大限排除した自律的組織となっていた。犠牲者資産の供出に関し，銀行が政府による規制を如何に巧みに排除したかが，1945年以降，次第に明らかとなった。この問題で主導権を発揮しなければならなかったはずの連邦政府は，またもや手をこまねいていたのみであった。

　1947年2月，連邦政務省法制局は，スイス内の休眠資金額の報告義務を盛り込んだ連邦内閣政令の草案を，初めて提出した。しかしその6ヵ月後，スイス銀行家協会がかけた圧力のために，連邦政府はこの計画を断念した[63]。その代わりとして銀行家協会は，自らの主導の下で，「消息不明〔=休眠状態〕の犠牲者資産」の総額について協会のメンバーに調査を行わせた。自主申告であったこと，ならびに，額を小さくみせ問題を矮小化することで計画された報告政令を長期にわたって阻止できるだろうとの銀行の目算のために，結局，50万フランにも満たない数字が姿を現した[64]。この小さすぎる数

字は，銀行が，戦後すぐの時期には，顧客との最後の接触から——銀行の内部規定に基づき——5年，10年，もしくは20年後経過した口座のみを休眠資産に分類し，多くの資産について一切報告をしなかった結果でもある。しかし根本的には，多くの銀行が，可能な限り休眠資産を見つけずにおくことを目標にしていたことが，その原因であった。いくつかの銀行は，虚偽の報告を行うことをも厭わなかった。例えばスイス・ユニオン銀行は，大量絶滅政策の犠牲者の資産は一切見つからなかったと報告していた。しかし，1945年に在スイスドイツ資産の凍結と報告が行われた際に，ナチスによって絶滅収容所に移送された顧客の存在を同行が把握していたことが，今日でも確認できるのである。その点からして，この顧客の資産は，1947年の報告に含まれてしかるべきものであった[65]。この終戦直後の数年間，銀行側には，問題の存在を認めることにさえきわめて強い抵抗感があった。スイス・ユニオン銀行社長であり，またスイス銀行協会の元事務局長でもあったアドルフ・ヤンは，「最善の解決策は」，「この件全てについてこれ以上何も話さないことであろう」が，しかし流布している非難からしてまったくの沈黙は不可能であると，1950年に発言していた[66]。この沈黙は，一つには，ナチスによる迫害・絶滅政策を生き残った人々が，口座がどうなったのかを知りたがったために，破られた。同時に，休眠資産の引き渡しを要求するユダヤ人組織は，各銀行や連邦当局に直接赴き，繰り返し抗議を行っていた。

　大銀行の法務部の代表は，1954年5月，各種の問い合わせに対する統一的な防御策を定めるために，相続人に対する対応方針を協議した★15。彼らは，10年以上前の取引については法定文書保存期間を引き合いに出して如何なる場合でも情報を提供しないこと，しかも，実際には情報提供のための文書が残っている場合にもこれに従う旨を，取り決めた。しかし人々がこのテーマへの関心を完全に失ってしまうことは，決してなかった。

　各銀行は，戦後ずっと，問題を慎重に矮小化し，調査にハードルを設けるべく努めてきた。銀行は，消極的な情報提供方針を正当化するために再三にわたって守秘義務を引き合いに出し，さらには調査に対して高額の手数料を請求した。1950年代の申請者の事例ではこれは25フランであったが，1960年代にはすでに250フランに引き上げられており，さらに20年後のある調査では，手数料は750フランとなっていた[67]。休眠口

★15 フィンケルスタイン（152頁の訳註15参照）は，報告書のこの部分の叙述を取り上げて，独立専門家委員会叢書第15巻では「いくつかの大銀行（some big banks）の法務部代表」［独語版ではmehrere Grossbanken］とされているのに対し，これに依拠したはずの本書では定冠詞を付けて「（いわゆる）大銀行（the big banks）〔全ての〕の法務部代表」［独語版ではdie Grossbanken］と誇張されていることを指摘している。当時のスイスで7行が「大銀行」と称されたこと（本報告書執筆時点ではUBS誕生により3行から2行となる）からすると，上記の指摘は誤りとはいえない。しかしその代表格であるクレディ・スイス，スイス銀行コーポレーションの上位2行がこれに含まれることからすると，本書全体の不正確さの例証とするのは，行き過ぎであろう。Norman G. Finkelstein [2003], 203-204頁。なお日本語版186頁の表現は上記の訳とは幾分異なる。

座の残高はしばしば少額に過ぎなかったため，こうした手数料が調査対象口座の残高を上回ることも稀ではなく，定期的に徴収される口座管理料その他を合わせると，残高はいっそう目減りしてしまった。1999 年にまだ残っていた口座の 50％は残高が 100 フラン以下であり，70％の口座では 1000 フラン以下であった[68]。

　休眠状態の口座・預金・貸金庫は，これらの手数料の徴収の結果，数十年の後に消滅することもあった。「独立有識者委員会」〔ヴォルカー委員会〕は，1999 年に，同委員会や独立専門家委員会が調査を開始するまで所有者からの連絡が一切なかった口座の残高を確定した。しかしこれは，上の点からすると実際に預けられた財産の一部に過ぎない。ヴォルカー委員会は，その調査結果報告書の中で，1933 年から 1945 年の間に存在していた 685 万 8100 件の残高（大半は銀行口座）のうち，275 万 8000 件に関してはもはや情報がないとした[69]。これが意味するのは，これらの口座は，顧客によって残高が引き出されたか，あるいは〔上述の口座維持料などで〕残高がなくなり，顧客の指示のないまま銀行によって解約された結果，10 年以上にわたって資産残高の記載がなかったということである。小額の残高しかない休眠口座は，消失の可能性が最も高かった。これは，非常に長い期間にわたって金利支払いがなく，しかも口座維持手数料が徴収される場合には，頻繁におこった。残高が最小限度額に達すると，口座は閉鎖され，その十年後には，その書類も破棄することができた。チューリヒ州立銀行では，10 年以上にわたって顧客からの連絡が途絶えていた口座が，早くも戦前・戦時期から解約されており，口座維持手数料の徴収のために残高が清算されていたことが，記録に残されている。

　こうした手続きにおいて，顧客の請求権に対する銀行の配慮には，大きなばらつきがあった。口座の大半を占める小額（20 フラン以下，後には 100 フラン以下）の残高については，銀行は，予測に反して口座解約後に預金者からの連絡があった場合には，いつでも残金の支払いに応じた。1980 年代になってもなお，スイス・ユニオン銀行は，口座の閉鎖について以下の指示を出していた（しかし実際には，このような運用はされなかった）。

　　「口座の清算〔閉鎖〕は，手数料，雑費その他各種の料金を徴収した結果，残高が残らない場合に行われる。徴収すべき手数料・雑費は，行内に設けた『SV 相続財産』口座に記帳する」[70]。

　銀行は，休眠状態となった資産を一括して内部留保に組み入れることを度々検討したが，通常は法律的な考慮のためにこれを断念してきた。とはいえ，いくつかの事例ではそうした内部留保への移転が実施されたという証拠も存在している。より頻繁にとられたのは，休眠口座の残金を一つの口座に統合して小額口座を清算するという方式であった。このようにして，個々の口座についての痕跡は消えていった。さらに 10 年後には

銀行はこうして清算した口座の顧客についての文書を，破棄することができた。こうした慣行には，1996年12月，独立専門家委員会の設置を定めた連邦議会決議が，書類の保存義務をも盛り込んだことにより，ようやく終止符が打たれた[71]。

散発的にではあるが——最後の事例は1990年代のものである——銀行員による休眠資産の横領も起こっている。世間の悪評を恐れて，犯人に対する刑事告発は必ずしも行われなかった。連邦銀行委員会は，1990年，ある事件の刑事告発を見送ったスイス銀行コーポレーションの決定を支持さえしていたが，その理由は，「犯人はしかるべき時期に誠実義務を果たす意思と能力を持っている」というものであった[72]。ここで問題となった同行副部長は，横領した22万5000フランを銀行に返還することに同意していた[73]。ナチス期の資産額に関する痕跡の消失によって，いわばより高次の休眠性〔消息不明性〕（ナッハリヒテンローズィッヒカイト）が生じた。すなわち，「休眠口座」それ自体が，「消息不明〔＝休眠状態〕」（ナッハリヒテンロス）となってしまったのである。つまり，銀行がもはや顧客情報を持たないのみならず，歴史研究によっても，当時銀行に開設されていた口座についての文書を得ることができないのである。それゆえ，調査はしばしば何の成果ももたらさず，大雑把な史料や限られた事例から，何が起こったかを推測する他ない。

ナチス支配期の迫害犠牲者資産の引き渡しに関する銀行の対応は様々であり，「休眠資産」に関する限り，「スイス銀行」を一括りにして一般化することはできない。たしかに，私法の強固な伝統，全国的な立法（銀行の守秘義務），スイスフランの国際的な交換可能性，スイス銀行家協会による共通利益の追求などは，各銀行に共通している。しかしそれでも，ナチス体制の犠牲者の資産の取扱いでは，銀行による相違が目立っていた。

法律的な面では，休眠資産（および「消尽された」［aufgebrauchter］資産）には，二つの特質がある。第一に，「休眠」（ナッハリヒテンロス）〔＝消息不明〕とは，銀行に資産が置かれているものの，預金者の側からはもはや連絡がない，あるいは連絡できないことである。これにより，金融機関と顧客の関係が中断もしくは途絶している。もはや，顧客の意図を確認することができないのである。

民族社会主義による大量虐殺という例外的な状況を考慮に入れるためには，銀行は，口座の解約に課している通常の要件を変更しなければならなかったであろう。すなわち，法的な相続人や，正当な相続主体として認められたユダヤ人継承者団体への資産の引き渡しは，既存の法体系を犠牲者に有利に解釈しなおすような，ホロコーストに対する特別対応によってのみ，可能となったに違いない。しかし銀行は，多くの顧客が実際にはもはや連絡をとってこないことを確認しただけであった。しかし同時に銀行は，これらの顧客が潜在的にはなお生存していると推定し，特段の対応の必要を認めなかった。消息不明の顧客が，ひょっとしたらいつの日にか現れて，銀行に預金の引き出しを要求するだろうとのフィクションが，歴史の中でホロコーストと結びついて，休眠資産という問題を生みだしたのである。ホロコーストの後，金融機関が，自社の口座・預

金・貸金庫預託物の引き渡しに積極的に協力することや，殺された顧客の遺族や返還組織を支援することを怠った以上，これらの金融機関が意図的に，こうした資産を「休眠状態にした(ナッハリヒテンロス・ゲマハテン)」ともいえるだろう。

各銀行は，私法を引き合いに出しつつ，実行可能な解決策に反対して，「法律的な懸念」を表明した。厳格な遵法主義の名の下，企業の目的のために法的根拠が利用された。銀行は，既存の「法秩序」を維持し，法の安定性を守り，銀行守秘義務を基礎として「所有権」を守る，といったレトリックを駆使したが，その結果，所有者（ならびに相続人，後継者組織）は，その権利を奪われることになった。かくして，銀行と返還請求者が，まったく同じ論拠によりつつ対立するという，矛盾した状況が生じた。ナチス体制の犠牲者の代理人やホロコーストを生き残った人々は，所有権に基づいて請求を行っていたが，銀行もまた，まさしく所有権を引き合いに出して，顧客の利益を一貫して守ろうとしているのだと主張したのである。

しかし，この対立においては銀行の方が有利であった。銀行のみが，探し求められている資産についてあらゆる必要な情報を持っていたのであり，したがってそれはそもそも所有者不明(ナッハリヒテンロス)などではなく，しっかり保管され管理されていたからである。それに対して申請者の側は，預けた場所やその種類についての情報の多くを欠いていた。銀行側は，こうした不均衡の下，守秘義務を盾にとって，申請者が十分な資格証明を行えない場合や，問い合わせ内容に不正確な点がある場合には，情報の提供を拒否することができたのである。極端な場合には，収容所で死亡した者の死亡証明書を要求することさえあった。アウシュヴィッツで死亡証明書が発行されたことなど，およそないというのにである。

休眠資産の第2の特質は，（虚構の）所有権保護は，銀行にとって常に割に合うものであったということである。銀行が債権者であった場合や，――まさしく1930年代の恐慌の文脈ではそうであったように――国内やとりわけ外国にある危機に瀕した資産を救おうと必死の努力がなされた時代とは異なって，銀行が債務者であり，預金管理者であり，また貸金庫の貸し手である場合には，座視している方が割に合ったのである。休眠口座の場合，銀行は，〔利子等の〕支払義務を一度も履行せずに済むことがしばしばあった。休眠状態となった貸金庫や預金では管理手数料収入を，また利子を生む資産の場合には仲介手数料収入を得ることができた。銀行は，休眠状態が長く続いたとしても，何も失うものはなかった。というのも，顧客から預かり重要な運用原資となった資金は，――特に，銀行が休眠口座への利子支払いを止めていたこともあって――むしろ利子勘定の利益拡大に持続的に貢献することになったからである。

休眠口座のこの二つの特質は，銀行自身によって繰り返し議論されていた。戦争終結の1年後，スイス・ユニオン銀行は，これについて以下の文書を残している。

「スイスの政府であれ，銀行や信託会社であれ，相続人がいないか，あるいは利用

されずにいるユダヤ人資産のうち，スイスで保管・管理されているものをせしめて，戦争が作りだした状況に乗じて私腹を肥やそうなどと思っていないことは，間違いなかろう。もしも，相続人がいない資産や，利用されずにいる資産のために，目的に合致した人道的な使途を見つけることができるならば，それ自体は歓迎すべきことであろう。しかしその場合，これが法律上の懸念なく行いうること，とりわけ，所有権を一切侵害しないことが条件となる。所有権の保証は，我々の法秩序では明確に保証されており，問題は，私有権を完全に尊重する場合にのみ，解決されるのである」[74]。

冷戦およびポーランド・ハンガリーとの協定

冷戦の開始と，東西両陣営間の溝の深まりの結果，ホロコーストの犠牲となったと推定される人々の最後の住所地の多くは，いわゆる「鉄のカーテン」の向こう側に位置することになった。犠牲者やその相続人が，ずっと東側諸国に居住している場合には，スイスの銀行からの照会を必ずしも歓迎しないだろうことが推測できた。これら諸国の当局がこうした口座の所在を知ったならば，その所有者はすぐに窮地に陥り，資産も没収されるだろうと予測されたからである。かくして，東欧諸国に多数の顧客を有していた銀行の場合には，「したくないこと」と「できないこと」とが，今や完璧に結び付くことになったのである。特に，銀行界に蔓延する反共主義的な敵意を過小評価するわけにはいかない。多くの企業が，第二次大戦後，これらの諸国で行われた国有化によって，貸付業務において甚大な損失を被っていた。すでに巨額の償却金を引き当てていたところでは，口座・預金・貸金庫についても，銀行には譲歩する気はなかった。銀行の消極姿勢は，主として，気前よく情報を提供することを禁じた銀行守秘義務のお陰で可能となった。実際，銀行の顧問弁護士たちは，手足を縛られていることをむしろ歓迎したのである。というのも，それによって法的係争を回避し，問題を政治的な制約条件のせいにしたり，反共主義的なレトリックで置き換えたりすることができたからである。

しかしながら，ポーランドとハンガリーに住む顧客に対しては，終戦後数年のうちに，対応しないわけにはいかなくなった。これらの国とスイスが結んだ二国間協定は，銀行に対し，銀行との接触を失った所有者の財産を，そのかつての居住地の政治当局に譲渡できるようにするために，公用徴収を行うよう要求していたのである。今や突如として，これらの国の顧客の休眠口座について内部調査を行い，そのリストを作成することが可能となった。これに続いて政治的交渉が行われたが，これは第1に，ポーランドとハンガリーの国有化に際して，スイスの利益を守ることを目標としたものであった[75]。ポーランドとの協定は1949年に締結され，1950年5月17日に発効した。この協定は，以下を対象としていた。

「1939年9月1日にポーランドに居住していたポーランド市民のうち，1945年5月

9日以降，その生存を示す情報がなく，また，戦争を生き延びた，あるいは行方不明の場合には相続人を残したと推定すべき根拠を，銀行が持たない」〔ような人々の資産〕76)。

アメリカ合衆国の複数のユダヤ人組織の代表が，この協定の文言を，非道徳的であると指摘していた。著名なスイスの国際法学者で，弁護士でもあるポール・グッゲンハイムは，こうした財産を，人道的支援のための一般的な基金に回してはどうかと提案した。スイス銀行家協会は，1950年に，ポーランド人名義の在スイス休眠口座の残高が，計59万8000フランに達することを掴んでいた。しかしそれにもかかわらず，1960年代，銀行や保険会社は，わずかに1万5498フラン（うち保険会社は849フラン）を送金したに過ぎなかった。その後，〔1962年に〕報告政令が制定されたのを受け，ポーランド政府は追加の支払いを要求し，その結果，1975年に，以前の額よりは実態に即した46万3955フランが支払われた。1950年には，ハンガリーとの間でも同様の協定が結ばれていた。ハンガリーに居住していた人々の休眠口座残高として1965年に推計された46万500フランの総額のうち，32万5000フランが，1976年になってハンガリー政府に支払われた。この二つの協定は，一般にはまったく知らされないか，あるいは知らされてもその内容はまったく不十分であった。そのため，外国に居住する相続人にさえ，自らの権利を主張する機会はほとんどなかった。〔これらの事例では，銀行側の一般的な主張とは違って〕私的財産権も銀行の守秘義務も，資金移転の障害にはならなかった。

1962年の報告政令

外国からの強い圧力を受けて1962年に定められた「報告政令」は，1950年代末になっても未解決のままであった問題を一挙に解決するはずのものであった。連邦内閣は，その声明において，「おぞましき惨事の犠牲者の財産で，〔スイスが〕私腹を肥やそうとしているのではないかとの嫌疑を晴らす」ためには，この措置は不可欠である，と明言していた77)。

この政令に先立つ経緯は，──前述のように──事が簡単には進まないであろうことを予示していた。この政令に先立って1947年と1956年の2回にわたって行われた試みは，各銀行が一致して抵抗したことにより失敗した。その後銀行は自主的な調査を行ったが，その結果は乏しかった。例えばスイス銀行コーポレーションは，1956年に，同行がそうした〔ホロコースト犠牲者の〕口座を持つと「確定的に」言うことはできないが，13の口座（残高総額8万2000フラン）については可能性がある，とした78)。スイスユダヤ共同体連盟は，こうした状況下で，休眠資産の管理のために信託会社を設立することを提案したが，スイス銀行家協会は，銀行守秘義務・職務的守秘義務への違反となるとの論拠で，これを拒否した79)。この守秘義務に関する懸念がいかほどまでに口

実に過ぎなかったかは，スイス銀行コーポレーション自身が，1959年に類似の構想を持ちえたことからも，明らかである。同行は，ポール・グッゲンハイムの提案に従って，スイス銀行家協会に対して信託会社の設立を提案したが，しかしこの提案もまた，実現しなかった。

休眠資産の報告義務を立法化した1962年12月20日の連邦内閣政令は，社会民主党の国会議員であるハラルト・フーバーの動議を受けてのものであった。1957年3月20日に提出されたこの動議は，休眠資産に関する包括的な調査を行い，それにより発見された「相続人不在の資産」を，「人道目的の基金」に集めることを要求していた[80]。フーバーは，スイスの金融センターを批判する人々が何度も持ち出していた推測を繰り返した。1930年代初頭以降，外貨規制が厳格化されたために，「ドイツのみならず，第二次大戦中に枢軸国に占領され脅かされた国々からも巨額の資本が流出し，これが，スイスの銀行，保険会社，信託業者，弁護士，公証人，その他例えば親しい取引相手などに委託された」のではないか，という推測である[81]。フーバーの動議は，様変わりした国際環境のお陰で反響を呼び，成果につながった。1962年には，エルサレムで行われたアイヒマン裁判が，「絶滅」に対する国際的な関心を呼び起こしていた。もはや，生き残った人々やその親族，あるいは返還組織からの正当なる請求という問題は，容易に無視することのできないものとなっていたのである。

1962年の報告政令

1962年12月20日の連邦内閣決議は，全ての自然人・法人・貿易会社・人的結社に対し，最後の所有者が外国人もしくは無国籍者であり，また1945年5月9日以降その人物についての消息がなく，人種的・宗教的・政治的迫害の犠牲となったことが判明もしくは推測される財産の額を，当局に届け出るよう義務づけた[82]。この定義は，休眠状態を明瞭に確証できる対象に限定せず，後半部分でこれに該当することが推測されるものにも対象を広げており，それゆえ，資産管理者に大きな解釈の余地を残すことになった。そのため疑わしい場合には，報告先である連邦司法警察省司法局の審査を受けねばならないとされた。

如何なる権利者も捜し当てることができない場合には，民法393条に基づき，当該財産の主要部分が位置する地域の後見官庁［Vormundschaftsbehörde / autorité de tutelle］は，財産管理人を設けなければならない。その後1年が経過したならば，失踪宣告手続を行うことができる（第7条）。同手続きによって，権利者の死亡が確認されたならば，スイスにおいて相続手続きが開始されねばならない。ただしこの相続手続きは，スイス内に位置する財産のみを対象とする（第8条）。

相続権者を見つけることができなかった財産は，「相続人不在資産基金」［Fonds für erblose Vermögen/fonds pour biens en déshérence］へ移される。1975年3月3日の連邦決議は，その3分の2をスイスユダヤ共同体連盟へ，3分の1をスイス難民救援センター〔128頁訳註9参照〕に移転するものとした。

1962年の報告政令は，銀行のみならず，保険会社，〔信託〕受託者，官公庁，個人を

も対象としていた。しかしこの政令はここでも，その実効性を決定的に損なう弱点を抱えていた。実効性を持たせるうえで鍵となるプロセス，すなわち休眠資産の報告自体を，銀行に委ねていたからである。団体自治の原則はここでも放棄されず，銀行システムの自己責任と制度施行での自律性が，手つかずのまま残ったのである。

　かくして，政令の実施の場に大きな裁量の余地が生まれた。銀行は，この問題の解決にあたって多種多様な戦略を選ぶことができた。銀行には，刑事罰を真剣に恐れる必要がなかった。というのも連邦司法警察省は，銀行家協会に対して早くも1950年1月，この問題について連邦での規定が設けられたならば，「刑事罰は回避する」と保証していたからである。むしろ，

> 「当局の意図は，報告を義務づけ，長い経過期間が最終的に経過した後には〔資金を〕国の機関に移すことにある。しかし，これに刑事罰を課すことは想定していない」[83]。

　1962年の連邦内閣政令が，ここで言及されたような「刑事的制裁」を盛り込んでいたのは事実である。しかしこれは，政令の実施が銀行の自主組織に委ねられ，かつ休眠資産の判断基準が銀行自身に任されたため，骨抜きになってしまった。どれだけの最低残高があれば報告義務の対象となるのかについても，議論の余地があった。クレディ・スイス，スイス・フォルクス銀行，ロイ銀行は，100フラン以下の口座は申告義務の対象にならないとの見解を示した。スイス銀行コーポレーションは200フランを，またスイス・ユニオン銀行は500フランを下限とすることを望んだ。結局，管轄官庁は，これを100フラン以上の口座とした。こうして低めの最少額が設けられたことにより，小額の資産が新たに報告対象となったが，しかしそれだけではなく，むしろ口座の消滅を促進することにもなった。というのも，報告政令の対象になった口座の登録にも再度手数料が課せられ，しかもいくつかの事例では非常に高額（500フラン以上）であったからである。さらには，残高が小額である場合には，この時期になっても依然として，集合的な口座に統合することが許されていた。

銀行自身による調査の実施と抵抗

　銀行が報告政令をどれほど限定的に実行したかは，銀行が，当初合計1万4186枚の登録用紙を請求したにもかかわらず，わずか1184枚の用紙に記入して申告したのみであったことからも，明らかである。クレディ・スイスは，当初はこれに該当する可能性があると認めていた資産額の5分の1しか申告しなかった。全体としては，46の銀行が，総額619万4000フランとなる739の口座を申告した。そのうち170万フランは，個人銀行のものであった。50の口座では，この申告の時点までに残金がなくなっていた。各銀行は，合計で200の口座について相続人を探し出すことができた。総じて，探

索の結果を意図的に極小化することを狙った措置が, 何段階にもわたって講じられた。いくつかの口座は, 所有者の居住地が不確かであるという理由や, 顧客がユダヤ人か否か確認できないといった口実で, 申告から除外された。また一つの事例では, ナチスによる迫害の犠牲者であることが判明していながら, スイス国籍であるという理由で, この法の対象に含まれないとして, 1人のユダヤ人顧客が対象から除外されていた。病院で死亡した顧客も, 自然死であって暴力による死亡ではないという理由で, 除外された。1945年5月9日以降に亡くなった人々は, たとえ彼らが暴行の被害者で, 民族社会主義者による虐待のために死亡したとしても, 数に入れられなかった。1945年5月13日, すなわち基準日の僅か4日後にダッハウの強制収容所で死亡した1人の顧客も, やはり除外された[84]。その他, 受託者の名義で管理されていた財産も, 考慮されなかった。銀行は, 受託者の名義で管理される資産の背後に, 実際にはどのような経済的権利者がいるのかを, 通常は把握していなかった[85]。受託者が, 後に民族社会主義の犠牲となった人々から受託した資産を自ら報告しなかった場合には, こうした資産は, かなりの確率で, その後も受託者の名義と指示の下に銀行で管理され続けた。いくつかの銀行は, 顧客の氏名がユダヤ人のものであるかを判別するために専門家を雇った。しかし顧客の名前は, 民族社会主義による迫害の可能性を排除するうえでは, 十分な指標ではなかった。

　理論的には, 休眠資産の数を減らす一つの方法として, 報告政令の対象から除外された外国の金融機関に資産を移すという方法があった。そうした工作があったことを示す確実な証拠は存在しない。しかし, こうした外国への資産移転が実際に検討されたことは, 文書によって裏づけられる。報告義務は, 当初は銀行にのみ課させる見込みであったため, スイス・ユニオン銀行社長のアドルフ・ヤンは, 1950年, 休眠資産をノンバンクの会社組織に移そうとした。同行は, パナマにロナック社という格好の会社を持っていた。このロナック社は, スイスが占領された場合にも銀行業務を継続できるようにするために, 1939年に盟約者団銀行によって大西洋の彼方に設立されたものである。その業務目的は,「同社が事実上如何なる業務でも」行えるように,「非常に広く定義」されていた。戦後, この会社は存在理由を失っていたので, 他の目的のために用いることができたのである。1952年以降, スイス・ユニオン銀行は, 休眠口座の預金を無主の財産であるとしてロナック社に移した。いつでも預金者ごとに残高を特定できるようにするため, 顧客の預金番号は変更されなかった[86]。早くも1949年以降, スイス・ユニオン銀行では, 休眠口座は「産業クレディ」［Crédit industriel］という名称のある合同口座に統合されていた。1952年から1968年の間, スイス・ユニオン銀行は, 10年以上連絡がない顧客の144の預金に,「ロナック」の印を付した。1962年に連邦政令が制定されると, 同行は, ロナックの預金を申告対象に加えた。しかしそれにもかかわらず, 1969年〔独立専門家委員会叢書15巻310頁の叙述では1966年〕のリストには, 依然として281万5912フランの資金が, ロナックへ移されていた「休眠資産」として出現

するのである87)。今日なお残る文書からは、ロナックへの移転が政令を回避する目的で行われたのか否かについては、明確な結論を引き出すことはできない。とはいえ歴史的な視点でみるならば、この移転によって銀行に政令回避の可能性が生じたという事実は無視しえない。

中欧・東欧に住んでいた顧客は、スイス銀行家協会が、上述の理由を根拠に調査を行わないよう勧告していたために、報告決議の実施においては不利な立場にいた。

預金価値の維持に関しては、非常に預金額が多い顧客の場合には、銀行はいくつかの事例で、銀行口座を証券預託［Wertschriftendepot］に転換することが、受託者としての銀行の義務であると解釈していた。1957 年、スイス銀行コーポレーションのチューリヒ本店は、この新たに設けられた預託口座は、「〔顧客の〕利益を守るために管理されることになる」とした。これは、資産を運用することは、消息が途絶えた顧客の利益にかなうはずだとの想定に基づいていた。収益性を意識した運用によって、こうした資産は価値を増した。証券預託資産がその価値を時とともに傾向的に高めたにもかかわらず、預金口座や貸金庫の側には利子支払いがなされず、手数料を徴収され続けたためにその価値を減らしたことが、ここでも明らかとなる。1949 年、スイス・ユニオン銀行は、預金者との連絡が 10 年以上途絶えている口座に対し、以後は利子を付さないことを決めた（もっともこの時期には、他の外国人顧客にも、もはや利子は支払われなくなっていた）。バーゼル州立銀行も、1957 年、口座名義人の住所が不明になっている口座に対し同様の決定を行った。ただし外国人の口座に対しては、以前と同じく、他の同種の口座とは違って 1% の低い金利を払い続けることにした。スイス銀行コーポレーションの場合には、1945 年から 1999 年の間に、手数料等の徴収で残高がゼロとなった 735 の休眠口座を閉鎖した。また同じ名義人の他の口座から貸金庫使用料を引き落とせなくなった場合には、この貸金庫は監視の下で開かれ、中身は売却されて、その後数十年にわたり口座管理料支払いに充てられた。意味を失った貸金庫の開錠から 10 年が経てば〔仏語版では「貸金庫契約期間終了 10 年後」〕、当該貸金庫に関する書類の破棄も可能となった。

結論を言えば、銀行の守秘義務と私法の連続性という大義名分の下で、ホロコーストを生き残った人々の権利要求の大半は、拒絶されてしまった。永年にわたってこうした抵抗が続けられる間に、非常に多数の口座で、残高がなくなるか、あるいはほとんど残らないまでに減ってしまったのである。

1990 年代の学習過程

1990 年代、ユダヤ人その他のホロコースト犠牲者に対する銀行の扱いが、再び大きな議論となった。1996 年に設立されたヴォルカー委員会（独立有識者委員会）は、1999 年、大規模な調査の結果を公表したが、その内容は以下のとおりであった。1933 年から 1945 年の間にスイスの銀行に存在していた 685 万 8100 の口座のうち、410 万口座の

記録が今日まで残っている。そのうち5万3886口座，また最新の推定でも依然として3万6132の口座に，ナチスによる迫害の犠牲者の口座であった可能性が残されている。そのうち417口座は，当時ナチス当局に対して残高の全額が払い出された。こうした口座の大部分は，民間の大銀行（89.8％）のものである。州立銀行の割合は8.8％，個人銀行の割合は1.3％でしかない。口座のうち2726は，「〔今なお〕開かれているが休眠状態にある」口座であり，983は「配当支払いのために閉鎖」された口座，そして1322は，「諸費用徴収のため閉鎖」された口座であった。3万692の口座は，間接的な状況から犠牲者の口座と推測されるに過ぎない。これらが閉鎖された理由は「不明」なままである[88]。

独立専門家委員会は，ヴォルカー委員会の調査結果の助けも借りて，二つの点を明らかにした。一つは，ホロコースト犠牲者の資産の規模が，銀行が戦争直後や1962年の報告政令の後に主張し，あるいは信じていた額よりも，ずっと大きかったということである。ヴォルカー委員会の調査は，スイス側の視点をも変えることになった。いまや銀行は，終戦後半世紀の間にとってきた自らの行動について批判的に自問しはじめたのである。例えばある大銀行は，1997年に，以下のように表明した。

「今日の観点からするならば，貴殿の御母堂に当行がとった態度が，容認し難いものであったことは明白です。当行が，故フェリックス・L氏名義の口座について一切の情報の提供を拒否したことは，スイスの当時における法解釈や判例に則ったものでありましたが，すでに証明されたように，それによって貴殿の御家族の正当なる要求が完全に無視されてしまいました。その点につきまして，私どもは貴殿と貴殿の御家族に衷心より謝罪し，かつ，当時のこうした行動が，私どもの現在の見方にはまったく合致していないことを御約束いたします」[89]。

1990年代の調査によって明らかとなったより多額の資金は，スイスの銀行が，1945年以降，顧客と連絡をとるために十分な努力を行わなかったことを改めて示している。このことは，1989年以前ないし1991年以前には，知られている最後の住所が東ヨーロッパにあった顧客の利益を守ることがきわめて困難であったことを考慮に入れたとしても，なおいえることである。また銀行はずっと，問題の規模を小さく見せようとしてきた。

しかし第二の結論として，スイス金融業の高成長がこれらの貯め込まれた休眠資産のおかげなどではまったくないことも，明記されねばならない。休眠資産は，スイスの銀行の成長要因とするには，あまりに小さな額であった。ナチス体制の犠牲者から奪うことで富を築いたというような銀行界についてのイメージは，事実無根である。銀行が正しく対応し，生存者や相続者からの返還請求に対して気前よく応じていたとしても，急成長のために必要な資本も経営組織上の条件も，損なわれることはなかったであろう。

反対に，深刻化してゆく時代情勢に即した特別立法がなされたならば，それによるイメージの改善は，スイスの資産管理業への信頼を，1945年以降，いっそう高めたはずであった。しかし銀行経営のトップたちは，むしろ，銀行秘密を守る姿勢をアピールすることで新しい顧客を獲得しようとしたのである。

このように，戦後50年の間，銀行システムや当局は，休眠資産の問題を解決することができなかった。この挫折は，新しい世代の銀行経営陣にとっては新たな挑戦を意味した。彼らは，この問題を，全ての関係者が受け入れられる方法で解決しようとしたのである。東欧諸国や旧ソヴィエト連邦での1990年代の私有財産権の復活によって，「所有権」への感受性が一般にも高まったこと，またスイスの金融機関も含めて，金融・資本市場でグローバル化が一段と進んだこと。これらのことによって，休眠口座問題の解決はますます不可欠の課題となったのである。この問題に関する激しい議論の結果，過去5年間，和解手続の形で，これまで無視されてきた相続人への資産の引き渡しが行われてきた。民族社会主義やその後の時代の口座の返還や適切な補償の支払いは，今日でも進行中である。

6.4　保険業における返還問題

保険分野での返還問題は，銀行の休眠口座の問題と比べると，ほとんど研究されてこなかった。1998年，ホロコースト期の保険債権に関する国際委員会が，アメリカ合衆国の保険業監督当局，ヨーロッパの保険会社，ユダヤ人組織，イスラエル国家を構成員として設立された。ICHEIC〔ホロコースト期保険請求に関する国際委員会［International Commission on Holocaust Era Insurance Claims］〕あるいは「イーグルバーガー委員会」[16]と称されるこの委員会は，スイスの保険会社からドイツ当局への払い込みが確認される多数の保険証書を特定した。しかしICHEICの任務は，返還対象となりうる事例を探索しその数を算定することであり，独立専門家委員会の任務とはずれもあるので，独立専門家委員会はこれとは独立に調査を行った。

その他にも保険会社の活動に起因する請求権に基づいて，早くも終戦直後から返還訴訟が提起されていた。最も早い時期に問題となったのは，スイスの保険会社がその投資戦略の一環で取得した「アーリア化された」土地・不動産の返却であった。しかしそこで対象となったのは，例外なく，ドイツ連邦共和国と西ベルリーンに位置する不動産であった。そのためこれらの案件は，西側連合国による立法，特にアメリカ軍政府法第59号の規定に服することになった。したがって，1950年代初めに取り扱われたこの種の資産は，全て，スイスの保険会社が「アーリア化された」財産に設定していた抵当権に関連していた。

---

[16] 委員長は，駐ユーゴスラヴィア大使や国務次官を歴任したアメリカ合衆国のローレンス＝シドニー・イーグルバーガーである。日外アソシエーツ編集部編『20世紀西洋人名事典』，1995年，95頁参照。

表8 スイスの保険会社を相手取って起こされた返還訴訟

会社	不動産所在地／状況	原告	管轄裁判所／判決	日付
バーゼル生命	マンハイム, P 13 a, 強制競売による取得	ユダヤ人賠償金相続者組織 (JRSO)	マンハイム地方裁判所／和解金支払	1952年4月23日
バーゼル生命	フランクフルト・アム・マイン, Meinzer Landstrasse 59/63, 強制競売による取得	元所有者	フランクフルト地方裁判所／和解金支払	1952年12月22日
レンテンアンシュタルト	ケルン, Lindenstrasse, 52, 強制競売による取得	返還組織連合 (URO)	ケルン地方裁判所／請求棄却	1953年12月16日
レンテンアンシュタルト	デュッセルドルフ, Kölnerstrasse 44, 強制競売による取得	元所有者	デュッセルドルフ地方裁判所／請求棄却	1951年10月4日
レンテンアンシュタルト	ハノーファー, Engelbostelerdamm 47, 会社清算時に取得	元所有者	ハノーファー地方裁判所／提訴取り下げ	1952年12月22日
ヴィータ	ベルリーン, Innsbruckerstrasse22 強制競売による取得	ユダヤ人賠償金相続者組織 (JRSO)	ベルリーン＝シェーネベルク損害回復局／提訴取り下げ	1952年7月8日
ヴィータ	フランクフルト・アム・マイン, Haus zum Braunfels, 強制競売による取得	旧所有者	連邦裁判所／請求棄却（上訴）	1953年10月28日

史　料：Archiv Baslev (Leben), 01 000 667, Dossier 32 ; Archiv Rentenanstalt, 2 Dossiers «Rückerstattungsverfahren»; Archiv Zürich (Unfall), E 104 208; 25952; Archiv Zürich (Leben) Q 105 207: 29198:2.

　独立専門家委員会は，東ベルリーン（そこではユダヤ人賠償金相続者組織がレンテンアンシュタルト社の3つの建物に対し返還請求を行っていた[90]），旧ドイツ民主共和国領，1937年時点の国境におけるドイツ東部領，あるいはドイツによる占領地域では，類似の事例を明らかにするための体系的な調査は行っていない。

　解雇され，往々にして年金受給権をも奪われていた元職員が，将来において会社を相手どって訴訟を起こす可能性があることを，少なくともスイスの一つの保険会社が早くも戦時中に検討していたという証拠がある。和解金や年金の支払いに関しては，すでに4.1で引用したように，スイス再保険会社は，1943年，「将来，この問題から際限のない厄介事が生じるかもしれない」と記していた[91]。正当な権利者が，この種の損害を受けていた事例はしばしばあったに違いないが，裁判事例や，戦後に事後的になされた支払いの証拠は見つかっていない。この点については，今後の研究が待たれる。

　さらに，1938年11月9日の「水晶の夜」や，その他の迫害に起因する破壊行為で生じたユダヤ人所有物の損害に関して，スイスの保険会社に対する保険金支払請求訴訟がなされたか否かという問題もある。この種の請求は，一連の複雑な法律的問題を提起することになる。この種の保険契約の大部分は，「国内騒擾」による損害を保険金支払いの対象から除外する条項を含んでいた。しかし，スイス企業を含む各保険会社は，

「アーリア人」もしくは外国人の顧客に生じた損害の場合にはこれを負担しながら、ユダヤ人顧客が被った損害に対しては、顧客自身にではなくナチス財政当局に対して、一括してこれを支払ったのである。1952年4月23日、西ドイツの連邦裁判所によって、ポグロムによる損害に関する判決が下された。裁判の行方にとって決定的であったのは、ナチス当局への支払いを根拠に、保険会社が「国内騒擾」に免責条項を適用することを断念していたとみなせるか、という点であった。連邦裁判所はこれを否定した。その見解によれば、この支払いは、「単に当局の権力的手段による圧力によって」[92]行われたものに過ぎない。それゆえポグロムの犠牲者が請求相手とすべきは保険会社ではなく、損害回復に関する法律に基づいてこれを西ドイツ国家〔ドイツ連邦共和国〕に請求すべきである、としたのである。

返還請求権に関わる最も複雑な事例は、ナチス当局に対して保険金支払いがなされた事例、それに、いわゆる相続人不在の保険契約や保険金の請求が行われなかった保険契約である。

ナチス当局に対する解約返戻金の支払い

本書4.7ですでに検討したように、1930年代後半には、非常に多数の保険証書が、税制上・法律上の要請を満たすため、満期となる前に多くは所有者の指示により、〔保険会社によって〕買い戻された〔＝解約と返戻金の支払い〕。この支払い金が（当局に）押収された場合には、これは一種の「合法的な接収」ということになる。実際、解約事例の過半では、直接の脅迫によってであれ、あるいは民族社会主義者の排斥政策による経済的な困窮というもっと一般的な意味においてであれ、所有者による証書買戻し請求は強迫下でなされたものであった。こうした状況下で、保険会社の対応は多岐に分かれた。少なからぬ企業が、明らかに熟慮を欠いたまま、当該証書を買い戻して解約返戻金を支払った。しかし他方では、顧客の利益を守るべく非常に行き届いた配慮を行った企業もあった。1941年11月以降、この時点でドイツ国外に居住していようと、また虐殺のためにドイツから移送されていようと、迫害の対象となったドイツ国籍の人々の資産は、保険証書も含めて接収された。保険会社にとっては、どの証書がドイツでのこうした規則によって解約されたものかを判別することは、困難であった。この問題に関しても、各社は異なった方針でこれに臨み、その対応もさまざまであった。

終戦直後1945年6月27日、「ライヒ」内で生命保険を販売していたスイスの保険会社4社は、こうした形で接収された保険証書の返還を求める「ユダヤ人亡命者」からの請求をどのようにしたら防げるかについて、協議を行った。この議論を支配していたのは、これらの請求に対するきわめて敵対的な姿勢であった。この協議の結果作成された覚書によれば、このうちの1社であるバーゼル生命は、「ユダヤ人被保険者は、彼らが第三帝国から受けた略奪を、スイスの国富への略奪に実質上転換することを狙っているのである」[93]と述べていた。

ナチス当局によって接収され，スイスの保険会社が直接これに支払った保険〔解約返戻金〕の額は，この分野の損害回復請求の理論的な最大限度額であった。この額については，1944年11月に各社が行った社内調査の数字がある。これは，846の保険証書で，総額400万ライヒスマルク（680万フラン）となっていた。バーゼル生命のみでも，これは744件，370万ライヒスマルクに達していた[94]。

保険債権は，物理的に決定できない価値であるとの理由で，スイスの略奪財政令の対象からは除外されていた。当事者たる保険会社の側では，契約で定められた保険金の支払いをもっぱらユダヤ人からなる顧客が請求した場合には，すでにドイツ当局に対し返戻金を支払っているとの理由で，これを拒絶した。その結果いくつかの訴訟が起こされたが，そのうちでも，エルカンがレンテンアンシュタルトを提訴した事件——これは連邦裁判所にまで上告された——が，この問題を典型的に示している。

典型的事例としてのエルカン事件

ミュンヘンの医師ユリウス・エルカンは，1933年に，レンテンアンシュタルト〔スイス生命保険年金会社〕と7万5000フランを超える〔保障〕額の生命保険契約を結んでいた。1942年6月，エルカンはテレージエンシュタットの強制収容所へ移送され，その後彼の保険証書はミュンヘンの財務局長に接収された。権利放棄宣誓書を受領したレンテンアンシュタルトは，1943年6月，2万1747ライヒスマルクの証書買い戻し代金を当局に支払った。エルカンは迫害を生き延び，その後スイスで，レンテンアンシュタルトが保険契約の義務を履行しておらず，したがって保険契約が依然有効である旨の確認を求める訴訟を起こした。

1952年5月27日の判決で，チューリヒ州裁判所は，原告の主張を認めた。しかし連邦裁判所は控訴審でこれとは異なった判断を示し，エルカンの主張を認めずレンテンアンシュタルトに有利な判決を下した。いずれの判決でも，特に二つの側面が論点となった。その一つは，保険請求権がどの国に位置するのか，という問題であった。エルカンの請求に対して，スイスとドイツのいずれの法秩序を適用すべきなのだろうか。また二つ目は，ナチス法によって行われた請求権の抹消を，スイスの公序の観点からしてどのように判断すべきか，という問題であった。この二つの問題について，両裁判所は相対立する結論に達した。

チューリヒ州裁判所は[95]，エルカンの請求を認めた判決の中で，レンテンアンシュタルトのミュンヘン支店が独自の法人格を持たないことを根拠に，レンテンアンシュタルトに対するエルカンの請求権はドイツではなくスイスに位置するとした。その場合，「国際私法の原則」によれば，ドイツ政府には，エルカンの証書を接収する権限が存在しないということになる。その上，接収の根拠とされているライヒ市民法第11政令は，スイスの公序と明らかに矛盾しており，したがってスイスでその効力を認めることは許されない。「この種の権利の剥奪が，スイスの法概念に完全に背馳することはまったく自明である。したがってスイスの裁判官は，原告からのこの接収が依拠する法的根拠に基づいて判断することは許されない」。このようにして州裁判所は，この場合には——ナチスの要求に唯々諾々と従った——保険会社に対して二重支払いの義務を課すことも正当であるとした。

1953年3月26日の判決で[96]，スイス連邦裁判所は，レンテンアンシュタルトによる

第六章　戦後における財産権の問題　423

> 控訴を認めた。連邦裁判所は，当該の保険請求権をドイツの領土主権の下に帰属させることは，スイスの法と何ら矛盾しないと判断した。むしろ考慮されるべきは，ドイツ当局がエルカンの請求権を実際にその支配下に置いたこと，またそれにより，接収を有効たらしめる領土関係を創出していたことである。この判断において，連邦裁判所が，ナチスの人種立法がスイスの公序に背馳することを強調していたことも事実である。しかし，ナチス国家が原告の請求権を接収した以上，「実際に行われた〔ナチス政権による〕介入を無視し，（レンテンアンシュタルトに対し），本来存在しないはずの支払い義務を課すということは，同社がドイツ法に基づく具体的な法関係に則って，原告に対して契約を履行する代わりにドイツライヒに対してその支払い義務をきちんと履行した以上，適当とはいえない」。これと異なる解釈をとるならば，〔レンテンアンシュタルトからの〕「権利の剥奪」［Entrechtung］に帰着せざるをえないが，しかしそのような結果は，「原告が民族社会主義国家から被った権利の剥奪が，スイスの観念でも，また今日のドイツの観念においても，法治国家にはふさわしくない」からといって，正当化されるものではない。以上が，連邦裁判所の判断であった。

　保険請求権の性格が曖昧であることも，裁判官にとっては難しい点であった。そのような請求権が，そもそもどこに——ドイツに，それともスイスに——位置しているのかという問題からして，議論の対象となった（「所在地［Belegenheit］の問題」）。その答えは，訴訟の帰趨を決定的に左右しえた。というのも，ナチス国家が，その統治下にあるのではない有価物を横領したのならば，スイスの保険者は，権利を持たない第三者に支払いを行ったことになり，原告である被保険者に対して依然として支払い義務を負うことになるからである。チューリヒ州裁判所は，保険会社の支店が「本店の名義と勘定の下で」契約を締結した以上，請求権は本店所在地に「位置する」と判断した。それに対して連邦裁判所は，支店が誰の監督下に置かれていたかが決定的であるとし，「債権者が一貫してその所在地を置いていたのと同一の国〔ドイツ〕が，当該の請求権を自らの空間的な統治圏内にあるものとみなした」としても，それはやむをえないと判断した[97]。「第三帝国」が接収したのは同国の支配地域にある資産のみであったとの想定に基づくこうした立場は，今日では法律家から批判されている。例えばフランク・フィッシャーは，こうした姿勢を，「実力行使に基づく外国権力の要求に対する屈服」であるとした[98]。また同様に，当時も今も，法律家は，連邦裁判所が示した次のような見解に対しても批判的である。それはドイツによる接収はスイスの公序に反するが，しかし「実際に行われた介入（すなわち接収）を無視するならば」，保険会社に再度支払い義務を課すというもう一つの不公正が生じ，よって適切でないという見解である[99]。このスイスの連邦裁判所と同様の判断が，ドイツの連邦裁判所やニューヨーク州裁判所によって示されているが，他方で，ベルギー，ルクセンブルク両国の裁判所とオランダの法務省は，スイスの保険会社に，改めて支払い義務を課した。

　多くの判決で原告が敗訴する中で，権利を奪われた被保険者たちは，ドイツの「損害回復」担当官庁を相手に請求を行った。アメリカ軍政府法第59号に基づいて制定され

たドイツ連邦共和国の法律は,「確定することのできる」額を返還するとしていたが,しかしそれが何を意味するかについては,厳密な定義はなかった。保険債権に対する判断は,裁判所によって様々であった。ようやく,1957年の〔ドイツ〕「連邦返却・補償法」[Bundesrückerstattungsgesetz] が,保険金を返却・補償の対象となる財産と明確に定義した。また返還請求とは別に,国に対して補償を要求することも可能であった。保険債権がしばしば「返却・補償不可能」と分類されたために,被害者は,補償を求めて提訴し,これにより,多くの場合少額に過ぎない補償金を受け取ったのである。

かつてドイツの支配下にあった諸国でも,損害回復の実施方法は国によって異なっていた。例えばオーストリアがとった措置はドイツよりも限定的であったが,それはとりわけ,同国では賠償責任をもっぱらドイツの本店ないし親会社に転嫁したからであった。それに対しオランダでは,保険会社は,自ら被保険者に支払うことを義務づけられた。その場合保険会社は,今度は自らが国家に求償することができた。

保険金が支払われなかった生命保険契約(「休眠」保険証書)

保険会社は,「休眠」保険証書を維持することができたであろうか。休眠口座が最大の問題であった銀行とは対照的に,保険の場合には匿名ではないし,また信託財産として受託者が管理する保険証書も,ほとんどなかったと考えられる。そのため保険証書の調査は休眠口座の場合よりもずっと簡単であったが,これは迫害の犠牲者たちにとっては有利な条件とばかりはいえず,不利な面もあった。というのも,ナチス当局にとっても,在外銀行口座を特定するより,ドイツにおいて保険債権を没収する方がずっと簡単であったからである。それによって保険証書の数は減少したが,早くも当時から,これをもって「権利失効」としてよいかが,論議されていた。さらに,近年の調査によると,ホロコーストの犠牲になった可能性がある人々が所持していた保険証書の大半は,開戦前に解約されるか,あるいは担保に入れられていた[100]。しかしそうした解約の多くは,保険契約者に対する迫害の直接の結果であった。前述のように,経済上・租税上の差別的措置のために,多くの保険契約者が,保険証書を現金化せざるをえなくなったからである。しかもそうして得られた現金が預金口座に預けられた場合には,後にこれは封鎖され,結局接収されてしまった。さらに,戦争末期に契約期間が切れた多くの保険証書について,満期保険金が支払われなかったことが確認されている。

こうした保険証書取引の規模を正確に把握することは,もはや困難である。とはいえ,現存するいくつかのデータを用いて,問題の輪郭を描くことは不可能ではない。ドイツの文書館でICHEIC〔前出,419頁〕が行った再調査の結果,迫害の犠牲者のものと特定された3万2300の保険証書のうち,2905,すなわち約9%強が,スイスの会社によって発行されたものであった。これらについては,一般に,強制的に解約されたものと考えられる。前述のように,いくつかのスイスの保険会社は,ドイツに住むユダヤ人の合計846件に上る保険解約返戻金を,ドイツ当局に直接払い込んだ旨を報告してい

た。しかしそうした数値は一つの参考値に過ぎない。というのも，利用可能な史料は不完全で，保険証書のみを手掛かりに，証書のかつての所有者が民族社会主義者によって「非アーリア人」に分類されたか否かを確認することは，大変困難であるからである。大半が中間層に属するユダヤ人コミュニティのメンバーが，全国平均以上に保険に投資をしていたと想定するのは，妥当であろう。迫害の初期には，保険への投資は増加さえしていたであろう。というのも多くのユダヤ人は，その財産の一部を可能な限り流動的な資産，とりわけ保険証書のような投資先に向けようとしたからである[101]。迫害を受けた人々の全てが，所有する保険証書を1938年の規則に従ってナチス当局に申告したわけではなかろうとの推測にも，同様に十分な根拠がある。したがって，ドイツに残ったユダヤ人の保険証書のうち相当数について，ナチス当局に対しても解約返戻金が支払われていない可能性がある。例えば，ユダヤ人保険証書所有者に関する情報を提供するようにというナチスの要求に対しては，レンテンアンシュタルトは意図的に回答を引き延ばし，非協力的に振る舞ったという証拠がある。

同様の問題は，ドイツに占領された多数の国々にも該当する。それらの国に流れ込んだライヒからの避難民——そのうちスイスの保険会社の証書を持つと考えられる人々——と，もとからのユダヤ人住民のいずれにも，これは当てはまる。

保険証書に関わるもう一つの重大な問題は，契約の履行である。保険契約によって発生する請求権は，スイスの保険契約法によれば，早くも保険期間終了の2年後には消滅してしまい，会社にとっては処理済みも同然の問題となる。この期間は異常に短く，ドイツ法で定められた5年という期間とも異なっている。

保険法に詳しい法学者は，例えば民族虐殺の犠牲者の保険など，特別な状況下については時効条項は適用されるべきではないとしていたが，いずれにせよ，時効までの期間がこのように短いことで，保険証券に対する適切な支払いは阻害されかねなかった。1940年に発表されたある研究は，2年という時効期間について論じつつ，より寛大なドイツの規定について以下のように評価した。「とりわけ〔ドイツの場合に〕考慮されたのは，保険金受け取りの資格を持つ者が，場合によっては，保険金の支払い対象となる事象や請求権の存在を，大分時が経ってから認識することもあるだろうということであった。実際には，理由もなく時効までの期間を無為に過ごすような事例は，非常に希である。それにもかかわらず，不当なまでに厳しい基準——時効によって法律の次元が変わるような——があるとすれば，それを改善するのは，保険会社の配慮や業務上の行動規範の役目といわねばならない」[102]。2年間の請求期間が切れた保険証書を，保険会社がどのように記録に残したかという問題が残されている。ある種の書類はこの期間の経過後も保存されたが，しかしそれらも，欠落がないわけではない。多くの場合，これらの文書は時が経つとともに廃棄されてしまった。

以上に加え，前述のように，次の点も問題となる。保険会社は，ドイツ政府が接収したユダヤ人顧客の証書については，解約返戻金を支払った時点で，契約を履行したもの

とみなしていた。その場合，請求は，もはや保険会社にではなくドイツ政府に向けられるべきことになった。損害回復という形でそうした請求を行えない場合には，この請求権は，誰によっても満たされないまま，残り続けることになった。例えばそれは，被保険者が殺された場合や，その相続人が生命保険契約の存在を知らなかった場合，あるいは「鉄のカーテン」の向こう側に住んでいるなど，政治的な理由があって請求できない場合などである。

　最後に問題となるのは，ドイツ当局に支払われた解約返戻金が，契約で定められた死亡保険金額よりも少ない額であったということである。そのため，ドイツ政府に対する——正当化しえない——返戻金の支払いがなされた場合でも，依然として保険者には支払い義務が残るのではないかという点が，議論となる。

　戦後，戦争被害者・ホロコースト被害者に対する未払いの保険証書を探索する試みがなされたが，ほとんど成果はなかった。そうした保険契約をより寛大に扱った前例の存在にもかかわらず，保険会社が2年間の時効期間を厳格に適用し続けていたことからすると，しかしそれも，何ら不思議なことではなかった。1950年，スイス生命保険会社協会［Vereinigung Schweizerischer Lebensversicherungsgesellschaften / Association des compagnies Suisse d'assurance sur la vie］は，その加盟会社が行った調査では，ナチス体制の陰謀によって所有者が殺され，そのために保険請求権が「休眠」状態となっているような保険証書は1件も見つからなかったと公表した。また8件の保険契約では，1945年以降，顧客との連絡が絶えているが，しかし暴力によって死亡したと推定する如何なる根拠もないとされたのである。保険会社が永年にわたり反対してきた1962年の報告政令によっても，保険会社は，60件の保険契約の総額26万4903フランの請求権の存在を報告したに過ぎなかった。そのうち27の事例では，事後的に相続人を突き止めることができた。1990年代末にスイス保険協会によって行われた調査によっても，新たに相続人が特定された事例は多くはなかった。同協会による第1次調査によって，112の休眠契約が見つかり，そのうち3件では，より詳しい調査によって相続権が確認された。それらはレンテンアンシュタルトのドイツ支店による契約であった。

　1920年代から1930年代初，スイスに立地する再保険会社は，中欧・東欧で販売された生命保険契約について，これら保険契約を販売した保険会社が支払い不能に陥った場合には，自社がそれに代わって保険金を支払う旨を保証していた。これは，銀行における「休眠」口座と比較しうる事例である。スイス再保険は，オーストリアの保険会社であるデア・アンカー社の生命保険証書に対し，201件の保証契約を提供していた。デア・アンカー社の顧客には，多数のユダヤ人が含まれていた。またユニオン・ジュネーヴ社も，ポーランド子会社（ヴィータ・ワルシャワ社，1932年以降，ヴィータ＆クラクフ社。1937年以降，ヴィータ・コトヴィツェ社）の1034人の顧客の保険契約者に，支払い保証を与えていた。これらのうち最大の部分を占めるのは，ドイツ企業がスイスに設立

した子会社であり，その筆頭は，バルト海地域の保険契約者を中心に3500件の保証を与えていたウニオン再保険会社であった。戦後，これらの事例のうち問題が解決したのは，比較的少数の事例に限られた（ウニオン再保険会社は1947年から1955年の間に40件を解決した）。非常に多くの権利者がそもそも請求を行わなかったことは，ほぼ確実である。というのも，再保険についてはほとんど知られておらず，また保険契約者やその相続人は，そうした再保険による支払い保証の性格についても，まったく手探りで調べなければならなかったからである。

独立専門家委員会は，この種の支払い保証の広がりを把握してはいる。しかし，同時期に行われた「ホロコースト期保険請求に関する国際委員会」（ICHEIC）の調査にもかかわらず，スイスの保険会社による正当な権利者への未払い契約の正確な数とその額を示すことは，不可能である★17。この問題は，未だ解決していないのである。また，外国で販売され，スイスでの払い戻し条項を盛り込んだ保険証書の数や，後に占領された諸国でユダヤ人に販売された保険証書の数を確定することも，不可能であった。膨大な数の古い保険証書を逐一調査するというのは，未だ残された途方もない規模の課題であるが，現在これは，ICHEICによって部分的に着手されている。なおICHEICの作業は，この種の保険証書を所有していた人々を特定することに限定されており，保険会社の行動の分析は対象としていない。

6.5 略奪された有価証券の返還問題

スイスの銀行は，1943年まで，ドイツが略奪で得た証券の証券取引所での売買を取り次いでいた。ドイツはこれにより，喉から手が出るほど欲しかった外貨を手に入れた。1943年1月，枢軸国による略奪に由来する資産の売買を中止するよう連合国が中立国に警告を発して初めて，スイスの証券市場と銀行家協会はようやく対応に乗り出した。しかしそうした措置は穴だらけであったため，灰色のマーケットが出現した。そのため終戦直後から様々な問題が生じた。銀行口座や保険証書とは違い，有価証券は――略奪文化財と同様――，6.2で論じた略奪財〔連邦内閣〕政令の対象となる物理的に返還可能な資産であった。

そのためこの新しい法律によって，ドイツやその占領地からスイスに有価証券を輸入した企業に焦点が当てられることになった。スイス銀行家協会は，金融市場の利益を代表し，この問題に関わる銀行の代弁者として，重要な役割を果たした。同協会は連邦裁判所に持ち込まれた訴訟の当事者にはならなかったが，盗品売買に手を染めたとの告発に抗して，銀行の威信を守る役割を担った。スイス・ユニオン銀行の社長であったアドルフ・ヤンは，終戦の数ヵ月後，「スイスに対して，アメリカ合衆国が従来よりも友好的で好意的な態度を示すか否かは[103]」，略奪資産問題の帰趨如何だとみていた。ヤン

★17 仏語版では，この文以下の叙述が段落末尾まで省略されている。

は，非常に早い時期から，連邦裁判所での裁判の焦点が，スイス連邦と銀行のどちらが原告に補償金を支払うことになるのかという点にあることを，見抜いていた。裁判で連邦政府の利害を代表した連邦財務省金融財政局は，自らが補償金求償訴訟の被告となるような事態を避けようと，略奪された証券をそれと知りつつ輸入したのはどの銀行なのかを明らかにしようとした。銀行は，略奪財の悪意の輸入者として罪を着せられ評判が傷つくことを恐れていた。また銀行には，特別立法によって生じる費用を負担する用意もなかった。ヤンは，略奪財政令の成立以前の段階で，以下のように信じていた。

「銀行は結局，ほとんどの場合，格好の憎まれ役にされてしまった。というのは，外国から全く普通の方法で購入したり売却を請け負ったりしただけで，あるいは問題の証券を疎明保証書なしに窓口で受け取っただけで，銀行自体が「悪意の」取得者であると言い触らされているからである」[104]。

しかし，有価証券に関する各種の略奪財訴訟が終結した1951年までに，連邦裁判所が銀行による悪意の取得を認定したのは，わずか1件にとどまった。合計で25件に上った個別訴訟のうち，4件が，告訴の資格なしとして棄却された。9人の原告が自ら告訴を取り下げたが，その際，連邦政府から訴訟費用の一部を受け取った[105]。7件の訴訟で，連邦裁判所は略奪された証券を元の所有者に返還するよう命じた。他の5件では，被告となった銀行と連邦は，和解に応じて，3万フラン弱の補償金を共同で支払った[106]。25件の原告の分布は，チェコスロヴァキア（1），オランダ（760名の原告を代表しての1件の集団訴訟），ベルギー（2），フランス（5），ルクセンブルク（16）となっており，平均的な係争金額は1件あたり6401フランであった[107]。集団訴訟に加わった合計760人のオランダの原告の場合には，平均請求額は700フランを下回っておりわずかである。これらの請求のうち，額面が4000フランを超える証券に対するものは，60件程度に過ぎなかった[108]。

銀行が悪意の取得者であることが認められた唯一の判決は，有価証券の輸入に関するものではなく，預託品取引に関するものであった。ベルギーのオイペンに住む原告のローラ・マイヤーは，戦後になって，クレディ・スイスが彼女の預託品の中から証券会社のA. ホフマン社に1940年に引き渡した証券の返還を求めた。ホフマン社は，当時ベルギーの資産が凍結されている状況ではこの証券を売買してはならなかったが，これをドイツ金割引銀行に売却していたのである。その売却益を手にすることができなかったマイヤーは，戦後になって裁判を起こした。略奪財法廷〔316頁参照〕は，1949年9月21日，クレディ・スイスは国際法に違反する接収が行われていたことを知りえたし，また知っていなければならなかったのであり，それゆえ銀行は，「1945年12月10日の連邦内閣政令，および民法940条の意味において悪意を有して」いたとの判断を下した[109]。略奪された証券を売買したとして銀行が訴えられた他の全ての裁判において，

連邦裁判所は，銀行はこれらが略奪品であることを知らなかったと判断した。

　被告となったスイスの民間銀行は，連邦裁判で自らを弁護する際，スイス国立銀行がモデルとなったことを繰り返し引き合いに出した。スイス国立銀行は，戦争の全期間を通じて，ドイツのライヒスバンクと取引を行っていた。そのため民間銀行は，ライヒスバンクとの有価証券取引が不法な取引とされることは想定できなかった，と主張したのである。連邦裁判所で初めて争われたこの種の訴訟で，ルクセンブルクの原告ニコラス・キィフェールは，1937年に発行された利子3%，額面1000フランの連邦国債5点の返還を要求した。クレディ・スイスは，国立銀行の慣行を引き合いに出して，この債権の購入は善意の取得であったと主張した。クレディ・スイスは，1941年にライヒスバンクからこれを購入したが，「それが意味するのは，これが，全てのスイスの銀行，なかんずくスイス国立銀行が，戦争の全期間を通じて，銀行に相応しい全ての業務を躊躇も留保条件もなく行っていた，まさしくそうしたドイツの銀行からの」[110] 購入であったということだ，と抗弁したのである。

　結局，この最初の略奪財訴訟は，和解によって決着した。1947年11月10日，すなわち，提訴可能期間満了よりも前に，連邦裁判所は，原告，クレディ・スイス，および求償の相手として訴えられていた連邦の間で，和解を成立させた。連邦裁判所は，クレディ・スイスによって行われた取引は不法なものではなかったと認定し，1941年の段階では，ある銀行が，「同じく一つの銀行であるドイツ側取引相手との通常の証券取引業務を拒否する[111]」ということは，想定できないと述べた。原告は5000フランの補償金の請求額を3000フランに引き下げ，スイス連邦とクレディ・スイスは，これを折半して支払うことになった。

　スイス銀行コーポレーションもまた，ヨアンヌ・ヴィルヘルミー＝ホフマンが提訴した略奪資産訴訟で，国立銀行を引き合いに出して自己を弁護した。当該証券はライヒスバンクから購入したものであり，それゆえスイス銀行コーポレーションは，その出所が合法的であることを疑う理由などなかったと主張したのである。しかし裁判所は，それらの証券が1943年になって購入されたものであることを根拠に，この議論を退けた。

> 「国立銀行による金取引とは違って，係争中の証券の購入は，国益のために行われたものではなく，（中略）スイス銀行コーポレーションの私的な営業利益を唯一の目的に行われたものである」[112]。

　連邦裁判所は，スイス銀行コーポレーションも1943年の時点では，「実際に行ったよりもより慎重に対処」[113] しなければならないと判断しえたはずであることを強調した。しかし連邦裁判所は，銀行は善意取得者として行動しなかったと明確に指摘しておきながら，1948年11月に以下のように結論づけた。「以上の全てを考慮すると，スイス銀行コーポレーションが悪意取得者として係争対象の証券を売買したとは断定できな

い」114)。ヴィルヘルミー＝ホフマンの事件に対する連邦裁判所の判決は，その他の略奪証券訴訟に対して先例となった。銀行を悪意取得者として断罪はしないが，しかしこれに補償金の支払い義務を課すという判例をつくったのである。

　補償金の負担では，明確な費用分担の原則が登場した。スイスの証券の場合には，無条件に善意取得であるとみなされて，連邦が金銭的な損害を補償した。外国証券を売買した銀行に対しては，「善意取得と認めるが，しかしなお損害補償義務を課す」という妥協がなされた。連邦裁判所は，「単に名誉を守るだけのことであっても」「輸入者による善意取得を」認めておいた方が，その後の法的解決には好都合だろうと判断した。銀行は金を出さねばならなくなったが，代わりにその「名誉」は守られたというわけである。スイス銀行コーポレーション側は，「連邦財源からの支出による輸入者への補償の一切の拒否」を批判したが，しかし訴訟のこの結末を，妥協的解決策と解釈していた。

> 「これが，連邦裁判所側と，連邦財務省・連邦政務省の側の双方の間で交わされた合意に基づくことは，周知の通りである。財務省と政務省は，略奪財訴訟に関する補償金を連邦の国庫から支出することがないようにしたいとの具体的な期待を表明していた」115)。

　略奪財訴訟のその後の経緯や，キィフェール訴訟とヴィルヘルミー＝ホフマン訴訟という二つの事例は，連邦裁判所が，どの銀行が善意取得者であり，またどの銀行が悪意のそれかを明らかにすることに，あまり関心を持っていなかったことを示している。裁判所は，判決を下すという古典的な機能よりも，原告・銀行・連邦の間で，仲介者としての位置を占めたのである。調停者たろうというこの目標は，可能な限り多くの訴訟を和解に導くことで達成された。和解に応じる原告には訴訟費用を免除して，和解に応じるよう促した。760人のオランダ人原告によって提起され，失踪者や殺害された人々の代理としてオランダ政府が訴訟補助人となった集団訴訟においても，連邦裁判所は，和解による解決に持ち込むことに成功した。原告側の共同弁論の中で，オランダ人たちは，1948年6月に連邦判事のゲオルク・ロイヒが出した評価に基づき，170万フランの有価証券の返還を請求した。1949年3月，ロイヒは，目前の和解交渉を前にして，依然として130万フラン近くの請求金額を前提としていた。多くの原告が，その間にその提訴を取り下げていた。長い交渉の後，スイス連邦は1951年に，オランダの原告に対し63万5000フランを支払う用意があると表明した。銀行はそのうち20万フランを拠出したが，——盟約者団銀行を例外として★18——善意の取得であったことを認めるよ

★18 仏語版では，一民間銀行たる「盟約者団銀行」ではなく，「国立銀行」(la Banque nationale, 中央銀行の呼称)と表記されているが，盟約者団銀行の仏語名は Banque Fédérale であり，明らかに誤訳である。また英語版の Federal Bank は誤訳とはいえないが，定冠詞 the が付されていることもあって，連邦準備制度理事会の傘下に連邦準備銀行 (Federal Reserve Banks, FRB) という中央銀行組織を持つ米国の読者には，中央銀行であるとの誤解を与える可能性がある。

う要求した。銀行は和解交渉に直接には参加せず、自らに非があったと認めることを一切拒否した。スイス銀行家協会は、こうした和解に加わることによる利点について以下のように述べた。

「連邦が支払う和解金63万5000フランに、20万フランを拠出することで、銀行業に対する政治的悪影響を回避できるならば、その利益は三大銀行のみならず、銀行業全体に及ぶだろう」116)。

唯一、盟約者団銀行のみが、オランダからの集団訴訟の中で、略奪された有価証券の悪意取得を認めた。盟約者団銀行は、最終的には和解金のうち銀行側拠出金の半分を支払ったが、同時に、この負担割合は実態にそぐわないと指摘していた。実際、略奪証券の輸入者としてずっと以前から知られていた盟約者団銀行は、全ての略奪証券輸入者が明るみに出る事態を避けるために、犠牲にされたのである。1945年以降、略奪証券の輸入者についての体系的な調査はスイスでは一度も行われなかったが、その責任は、連邦裁判所の姿勢と銀行による一連の働きかけに帰せられる。両者は、スイスの利益のためにダメージを一定の範囲に押さえ込もうとしたのである。その効果は、早くも1946年2月22日の補足的な連邦内閣政令に表れ、銀行を安堵させた。この政令によれば、銀行は、スイス清算局の調査と外国からの照会に基づいて連邦政務省が公表したリストに掲載された有価証券のみを、略奪財として報告すればよいことになったのである。1945年12月10日の連邦内閣政令の時点では、依然として、銀行の管理下にある略奪財と判明したもの全てを報告することになっていた。オランダ人との和解の中で、銀行が、略奪証券を輸入した銀行を割り出すための調査をする用意がある旨を表明していたにもかかわらず、この期に及んで連邦判事のロイヒが、体系的な調査を放棄してしまったのである。そのため、多くの訴訟が、司法的な調査によって白日の下に曝される前に、連邦裁判所で和解によって解決されることになった。ロイヒにとってこれは望ましい解決であった。というのも、「和解による解決によって」「事件の根本的な側面を未決定のまま残しておける」117)からである。連邦裁判所は、こうした決定を、連邦内閣の略奪財政令が「懸念すべき点がないとはいえない特別なルール」118)である、という理由で正当化した。つまり、この特別立法の不適用は、まったく意図的なものであったのである。連邦行政府内には、ロイヒが、オランダが提訴した略奪資産訴訟を、銀行に有利な形で党派的に進めたに違いないとする見方があった。

「彼（ロイヒ）はいまや、この略奪財訴訟を、連邦に負担を押しつけて和解に持ち込もうと決め込んでしまっており、銀行に協力させるなどということは聞きたくもないようであるが、そうしたことは、事情を知る者には自明のようである。この目的のためには彼は、真っ赤な嘘を持ち出すことさえ躊躇しなかった」119)。

かくして，略奪された有価証券を輸入した者の名はついに挙げられることなく，いわんや罪に問われることもなかった。1945年の冬の間，銀行の最大の関心は一切の責任から逃れることであったが，1950年になると，一時的にではあるが，国際的な取引関係を可能な限り早期に正常化するために，調査に応じる用意があるとして，協力の姿勢を示した。

結果からいうと，略奪財に関して制定された法律には，スイスに持ち込まれた略奪有価証券の返還を容易にした限りにおいて，既存の民法の法秩序に比して利点があったことは確かである。しかしながら，返還請求訴訟の対象となった有価証券の数が，戦争中スイスに持ち込まれた証券の実際の数よりもはるかに少なかったことも明らかである。また，全ての証券を取り戻すことができた原告の数が比較的少数で，補償金の額が略奪された証券の価値を下回ったことも確かである。そもそも，有価証券の略奪とスイスへの転売を証明できた被害者のみが，所有物を取り戻すチャンスを持っていた。多くの所有者は死亡しており，あるいは生きていたとしても返還請求の可能性を知らず，また知った時には遅すぎたり，訴訟費用を賄えなかったりした。しかもこの法律は，開戦後に占領された地域で略奪された有価証券しか対象にしていなかった。連邦は，1946年時点で，スイスに持ち込まれた有価証券のうち，略奪ないし強迫下で売却された可能性があるものの価値を5000万フランから1億フランと推定していた[120]。しかし1952年までに返還された額は，100万フランにも満たなかったのである。

6.6 略奪された文化財の返還問題

文化財の分野では，返還が具体的な問題となったのは，イギリスの美術品保護担当官ダグラス・クーパー作成のリストに掲載された75点（後に77点）の品々に限られた。このリストは，1945年10月に西側連合国3ヵ国からスイス当局に公式に手交されたものである。リストの掲載品のうち，19点がイギリス人，1点がオランダ人の所有品であった他は，いずれもフランス人の所有品であった。クーパーの文書は，1945年以降にスイスで行われた返還の基礎となるものであった。というのも，この証拠を突きつけられたがために，略奪財政令が不可避となったからである。しかし連邦内閣は，これを機にその他の略奪文化財の探索を独自に行おうとはしなかった。戦後になっても，クーパーのリストに掲載されていない品は，1点たりとも返還されていない。スイス当局が何もしようとしない中で，例えばフランス人美術商のポール・ローゼンベールは，自らの手で略奪された品を取り戻そうとした。しかしそれには，裁判所の外でなされる示談が連合国による取り組みを妨げかねないというリスクもあった。スイス当局は，略奪文化財の最も著名な事例であるフィッシャー画廊の件でさえ，「示談による」解決を望んでいたかのようである。スイス銀行家協会は，個々の会員行が貸金庫の中身や預託物について独自に調査をすることを望まず，外国からの具体的な照会や訴訟を待つべきであ

「銀行は，封じられた預託物の中身が何であるかを承知していない。銀行の金庫にあるものは，通常は梱包され鍵が掛けられており，預託物の品名について正確に答えることは不可能である。たとえ銀行職員であっても，そのような所蔵目録を作成する資格があるとはほとんど思われない」[121]。

容易に予想されるように，自主的な調査の開始の遅れは調査の成果にも悪影響を及ぼした。後になって調査を委嘱されたスイス清算局は，連邦政務省へ宛てた1946年7月22日の書簡の中で，1943年以降，特にクーパーとローゼンベールが略奪美術品の独自調査に乗り出した後に，書類のみならず作品までもが消えてしまった可能性が相当程度考えられる，と述べた。作品は展示から外され違法に外国に売り払われたか，銀行の貸金庫に隠されたのであろう。スイス清算局がフィッシャー画廊に関する調査を開始したのは，ようやく1946年夏のことであった[122]。しかも同局には，美術史家や美術商といった専門家はいなかったのである。

1946年から1953年に行われた略奪財返還訴訟

2年間の提訴可能期間の間に，5人の男性と2人の女性が，文化財の返還請求訴訟を連邦裁判所に提起した[123]。これらの原告のうち，ポール・ローゼンベール，ポール＝ジュリエット・ルヴィ・ドゥ・ベンズィオン，アルフレート・リンドン，アルフォンス・カーンの4人の原告は勝訴した。他方，アレクサンドリン・ドゥ・ロートシルトは部分勝訴にとどまり，残る2組の原告，アレクザンダーとリヒャルト・バール，およびグートスティッカーとドゥイッツ兄弟の訴訟では，請求はまったく認められなかった。これらの訴訟の一覧を表9に示す。

これらの訴訟では，被告側の「法的防御戦略」は，以下のモデルに従っていた。第1に，原告側の返還請求に対しては，まず当面は，必ず争う。第2に，連邦内閣の略奪財政令の拘束力に疑問があると主張する。第3に，当該の作品がドイツ軍や非軍事組織によって略取された点や，作品が奪われた作品そのものか否かという点で，疑いがあると主張する。被告側弁護士の議論は，ナチス法の問題性に疑問を差し挟まない法解釈に基づいていた。すなわち，ドイツ占領権力による略奪政策を，いわば合法的であるとみなしたのである。

連邦裁判所では，比較的著名なコレクターや美術商が原告となった訴訟のみが扱われた。その結果，フランスで接収された絵画のみが，返還された。オランダのコレクションの一部であったある絵画に対する返還要求は，棄却された。この絵は，「ライヒ指導者ローゼンベルク特捜隊」（ERR）や「外国為替防衛隊」によるフランスでの接収とは異なり，オランダにおいて「アーリア化」され，その後，ゲーリングのお抱え美術商の

表9 略奪財法定に提訴された文化財に関する返還訴訟[124]

番号	原告	被告	対象	提訴日	訴訟の結果
R3	ポール・ローゼンベール	テオドール・フィッシャー (23) フリッツ・トリュッセル (1) エミール・ビューレ (6) ベルタ・コニン=ジラルデ (1) アンドレ・マルタン (2) アロイス・ミエール (4) アンリ=ルイ・メルモ (1) ピエール・デュビー (1)	39点の絵画とデッサン	1946年10月8日	1948年6月3日の判決により全作品を返還
R5	ポール=ジュリエット・レヴィ・ドゥ・ベンズィオン	エミール・ビューレ (2) テオドール・フィッシャー (5) イーダ・ベニガー=リズ (1) アルトゥール・ストール (1) ウルシナ株式会社 (1) ピエール・デュビー (1) パウル・ユリン (1)	12点の絵画	1947年4月24日	1948年12月15日の判決により全作品を返還
R9	アルフレート・リンドン	テオドール、フィッシャー、エミール・ビューレ、アレクサンダー・フォン・フレイ	3点の絵画	1947年7月3日	1948年12月15日の判決により2点を返還[125]
R10	アルフォンス・カーン	テオドール・フィッシャー (10) エミール・ビューレ (3) フリッツ・ヒール (1) アンドレ・マルタン (1)	15点の絵画	1947年8月5日	1949年7月7日の判決により全作品を返還
R16	アレクサンドリン・ドゥ・ロートシルト	エミール・ビューレ (1)	ヴァン・ゴッホ「風景」	1947/11/13	1948年7月5日の判決により返還
R17	アレクサンドリン・ドゥ・ロートシルト	アロイス・ミエール (1)	セザンヌ「湖畔の別荘」	1947年11月13日	1948年6月24日の判決により返還
R18	ジャック・グートスティッカードウイッツ兄弟	アロイス・ミエール (1)	ヤン・ステーン「カナの婚礼」	1947年11月15日	1951年2月1日に提訴取り下げ。1951年2月5日に裁判所命令*
R22	アレクザンダーとリヒャルト・バール	ハンス・ヴェンドゥランドフリッツ・フランクハウザー (2)	2個の角型キャビネット	1947年12月22日	1948年10月13日に棄却。1948年10月14日裁判所命令
R35	アレクサンドリン・ドゥ・ロートシルト	シャルル・ブラン (1)	海図	1947年12月31日	1948年12月2日に提訴取り下げ。1948年12月4裁判所命令
合計	原告7人〔組〕訴訟数9	19人〔組〕人の被告、うち16人がスイス人	訴訟対象作品75点		70点が返還

注：判決〔Urteil/jugement〕と裁判所命令〔Verfügung/décision〕はいずれも公式の決定であるが、両者の相違についてはここでは立ち入らない。
出典：ローザンヌ連邦裁判所の略奪財法廷文書より作成。

ヴァルター＝アンドレア・ホッファーの手に渡った。二つの例外を除き，返還訴訟の対象となったのは絵画とデッサンのみであったが，それには多くの理由があった。まず，クーパーは，絵画作品とデッサンしか調査していなかった。国際的な芸術専門家の世界でも，それ以外の文化財に対する関心が低かった。さらには，絵画分野の古典的な作品の場合には特定が容易であって，専門書で調べることができたのである。

裁判によって，クーパーのリストにある 77 点の絵画やデッサンが返還されたと繰り返し言われてきたが，しかし実際は，その全てが裁判によって返還されたわけではなかった[126]。一点の絵画が，法定外での示談によって返還された[127]。4 点の絵画については，略奪財法廷での訴訟に至らなかった[128]。さらに 1 点で，提訴にもかかわらず返還は実現しなかった[129]。さらにもう 1 点では，提訴の後に，対象の作品が原告の求める作品と同一物ではないことが判明した[130]。77 点の絵画・デッサンのうち，結局 70 点が，判決によって返還された。

クーパーのリストに記載された 77 点の絵画は，19 人の所持者のものとなっていた。終戦時に，最も多くの作品を所持していたのは，テオドール・フィッシャー（39 点）と，エミール・G・ビューレ（13 点）であり，残りの所持者は，いずれも各 1 点を所持していた。そのうち半ダース弱は，財界の個人コレクターであり，アルトゥール・ストール，ベルン州コノルフィンゲンのウルシナ株式会社，ピエール・デュビー，アンリ＝ルイ・メルモ[131]，パウル・ユリンである。また，アルビン・ノイペルト，ヴィリ・レーバーといった職業的な美術商や，アレクサンダー・フォン・フレイ，アンドレ・マルタン，マックス・ストックリンといった，時に売買をも行うコレクターが，各 1 点を所有していた。略奪美術品の買い付けに携わったのは職業的美術商だけではなく，アマチュア的なコレクターも同様であったのである。少なからぬ人々が，不安定と危機の時代に，スイスの美術品市場で印象派の絵画を売買する機会を，またとない好機とみなしたのである。

連邦裁判所が関心を寄せたのは，とりわけ，善意取得か否かという問題であった。他の問題は無視されるか，あるいは意識的に避けられた。それは例えば，スイスの美術商は，ドイツ軍による占領時に，直接にパリの美術市場で売買を行っただろうか，といった問題である[132]。連邦財務省金融財政局は，ビューレとフィッシャーによる悪意取得

表10 略奪文化財に関するスイス連邦による補償金支払い額（フラン）

	訴訟終結日	請求額	合意額	支払額
テオドール・フィッシャー	1952 年 6 月 25 日	1 123 768		265 259.92
エミール・G・ビューレ	1951 年 7 月 5 日			16 943.20
アルビン・ノイペルト	1952 年 3 月 26 日	15 000	12 000	8 993.15
アロワ・ミィードゥル	1951 年 2 月 19 日	4 00 000	150 000	—
合計				291 196.27

資料：AF, E2001(E), 1969/121, vol. 209, Forderungen des Bundes aus Raubgutprozessen（著者，期日不明史料）

を裏付ける多数の証拠を提出していた。しかし連邦裁判所はこれに反する判決を下し，全ての購入を善意取得と認定した。これによって特にフィッシャーの訴訟では，補償額は極端に引き下げられてしまい，いかがわしい妥協にて決着することになった。

ハンス・ヴェントラントやヴァルター＝アンドレア・ホッファーといったドイツ人売り主を訴追することはできなかったので，求償の連鎖の末端に位置したのは連邦政府であった。金融財政局は，悪意の売り手であるドイツ人の封鎖資産を，補償金支払いに充てるつもりでいた[133]。しかし，この2人の資産をスイス清算局管理下の資産からみつけることはできず，金融財政局は，1958年，補償金として支出した30万フラン弱をドイツ連邦共和国に請求し，これを受け取った[134]。しかしこのドイツ政府に対する求償は略奪財政令では想定されておらず，事後的に，スイスの外交当局の交渉で獲得したものであった。このようにスイスは，補償費用を自ら負担することを避けるために，求償の連鎖を拡張したのである。こうした対応が奏功することで，「美術品売買拠点としてのスイス」のイメージが守られたのみならず，求償の連鎖に余儀なく巻き込まれた側として，「政治的なスイス」の汚名をそそぐことにも成功したのである。

1947年以降の返還要求

1947年に提訴期限が切れた後にも，少なからぬ訴訟が起こされたが，その大半は原告の敗訴に終わった。そうした試みの典型例として，ここでは，ベルナイム＝ジュヌ画廊による1957年の提訴を取り上げる。これは，『花束のある静物画』もしくは『キュレネのヴィーナス』と題されたピエール・ボナール作のある1枚の絵の返還を求めたものであった。これはドイツ軍の占領下で奪われ，1956年以降，バーゼル美術館で展示されていたものである[135]。ベルナイム＝ジュヌの相続人と美術館の間では，この絵を美術館にとどめることで1998年に合意が成立しており，今日なお，この絵をバーゼルで観ることができる[136]。

1957年6月，フランス大使館は，ボナール作の『キュレネのヴィーナス』の返還をバーゼル美術館に求めたものの拒否された旨を，スイス連邦政務省に通知した。この拒否を受けて，フランス教育省は，公式ルートで返還を要求してきたのである[137]。連邦政務省による照会に対し，バーゼル美術館の館長であるゲオルク・シュミットは，以下のように説明した。

「問題となっているボナールの静物画は，博物館が購入したものではなく，遺贈［Legat］によって得たものです。そこで私は寄贈者に問い合わせ，以下の情報を確認しました。寄贈者であるホテル・ジュラ（バーゼル）のロベルト・ヘス氏は，1955年に，この絵画を，バーゼル人女性画家，エスター・メンゴルト氏の遺言執行人として，バーゼルのボイムライン通り9番地にあるエルンスト・バイエラー画廊で購入しました。ヘス氏はこれを，エスター・メンゴルト財団からの寄贈品とし

て当美術館へ譲渡したのです。それ以上の説明を行う権限を，私は与えられておりません」138)。

これを受け，連邦政務省は，エスター・メンゴルト財団の理事長であったロベルト・ヘスに直接問い合わせた。しかし彼も，それ以上の情報は提供できなかった。

『エスター・メンゴルト財団』の理事長である私は，その絵を，1955年11月25日に，バーゼルにあるバイエラー画廊の展示会で購入し，その後，財団からの遺贈品として，『バーゼル公共文化コレクション財団』〔バーゼル美術館およびバーゼル現代美術館を傘下におく法人組織〕にこれを譲渡しました。私は，個人的にバイエラー画廊のことをよく知っております。この画廊は，スイスでも国際的にも，最高の評価を得ています。ですので私は，バイエラー画廊にボナールの絵の出所を訊ねようなどとは，少しも思いませんでした。今でもなお，私は，この絵の購入に何もおかしな点はなかったと確信しています。しかしそれから先，ボナールのこの絵が，どのようにして画廊にたどり着いたのかについては，バイエラー画廊自身が一番はっきりした情報を貴殿らに提供できるでしょう」139)。

そのバイエラーは，この絵をスイスで1955年にある個人から購入したとしたうえで，「その売り手は，パリのコレクターからまったく合法的に購入した」と説明した。バイエラーは以下のように付け加えた。

「前の所有者が知っていたのは，彼にその絵を売ったフランス人所有者が，当時，その絵は戦争中にベルナイムによって売却されたものであると語っていたということだけです。戦争中，その画廊がたくさんの絵を知り合いの画廊店主やコレクターに売っていたというのは，有名な話です」140)。

いまや，ベルナイム=ジュヌ家が，実際にも戦時中に自ら絵画を販売していたことが判明したのだが，それはパリではなく，リヨンとローザンヌでのことであった。しかし，もしそのパリにある画廊が絵画を販売していたとすれば，売り手はベルナイム=ジュヌ家の者ではなく，シャルル・モンタもしくはエデュアール・グラであったに違いない141)。バイエラーは，連邦政務省に対し，自ら法的な調査を行ってもよいと伝えた。しかし連邦政務省は，バイエラーに対し，自らの法的権利を守る仕事は，ベルナイム=ジュヌ自身にやらせておけばよいと返答したのである。1957年9月4日，連邦政務省は大使館に対し，通常の法的手続きによって訴訟が起こされる可能性があると返信した。

「ベルナイム画廊のやり口にはいかがわしい点がある。というのも彼らは，戦争中，まさしく先手を打って接収を逃れるために，今日他人の手に渡っている相当数の有名な絵を，知り合いの買い手に販売しておきながら，今になって——おそらくその絵の値段が一段と高くなったのをみてだろう——，これを取り戻そうとしているからである。他の事例であれば，とうの昔に裁判で負けていたはずである」[142]。

1957年12月4日，フランス大使館は，この絵は画廊の所有物だったわけではなく，ベルナイムの私的コレクションの一部であったとの情報を寄せた。これは，当時の専門家の証明書によって明らかになったことであった[143]。その私的コレクションのその他の作品も戦後に返還されており，略奪された品として扱われていた。

「もしもその絵がユダヤ人の所有物として販売されていたならば，当時誰一人として，接収された品々の公的競売が強制的になされたことを無視することはできなかったであろう。この点では，デボルデ＝ヴァルモール通りのホテルの同じ目録に記されていた多くの絵画が，ドイツで発見されて返還されていることを想起する必要がある」[144]。

ボナールのこの絵は，ベルナイム＝ジュヌ家の私的コレクションの一部だったものであり，しかもボナールが同家のために描いたもので，非常に私的な性格の作品であった。その絵には，ドアの開いたある部屋の中の光景が描かれているが，その部屋には，花瓶と，『キュレネのヴィーナス』という題の一冊の本が載った一台のテーブルが置かれている。この本は，当時ジョス・ベルナイム＝ジュヌが執筆し，自費出版で公刊したものであった。

大使館は，正当にもこの絵を略奪された作品の目録(レベルトワール)に加えるべきであると指摘し，本省に対しこの事例について再調査をするよう求めた[145]。しかし連邦政務省は，新しい情報が出てきたとしても，この件についての見方を変えるつもりはないとした。結局のところ，ベルナイム画廊の帳簿にも，この絵の売却を示す情報を見つけることはできないのだから，というわけである。それゆえ連邦政務省は，この件を解決済みの案件とみなし，この結論をバーゼル美術館に通知した。美術館長のゲオルク・シュミットもまた，この件は美術館には関係なく，バイエラー画廊の問題だという意見を持っていた。それに対しバイエラーは，彼がパリで得たという情報，すなわち件の絵は，誤って目録に記載されたものであるという説に固執していた。この絵はまったく合法的に販売されたというのである。

バイエラーがその絵画を購入した1955年には，目録はすでに利用可能になっており，バイエラーもまた，目録を参照していた。この絵は目録に載ってはいたが，しかしバイエラーは，これが略奪されたものであることを疑っていた。彼がフランスで得た情報の

ために，彼は，画廊とそのコレクションの「アーリア化」を「略奪」とはみなさないようになった。しかしそれらを考慮しても，バイエラーやバーゼル美術館を善意取得者とみなすことはできない。

　最近のケース

　返還問題が再燃する中で，スイスでも，新たな事例が議論されるようになった。1999年に，裁判によらず示談によって，マックス・リーバーマン作『アムステルダム孤児院の縫製学校作業室』が，グラウビュンデン美術コレクション財団〔ビュンドナー美術館〕から，ゲルタ・ジルバーベルクに返却された。彼女は，1942年にテレージエンシュタットで殺害されたブレスラウ出身の蒐集家，マックス・ジルバーベルクの義理の娘である。マックス・ジルバーベルクは，1934年，ベルリーンの出版社主で美術商でもあったブルーノ・カスィラーを介して，この絵をアドルフ・ユールに売却した。この作品は，ずっと後の1992年に，クールのビュンドナー美術館に寄贈された。この絵はこの間に，ハンブルク，フランクフルト，ライプツィヒで開催された大規模なマックス・リーバーマン展で展示され，そこでベルリーンの調査会社の目にとまってそれと判明したのである。

　2001年，永らく行方不明となっていたカミーユ・コロー作の『オダリスク』の所在が，元来の所有者と現在の所有者の間の平和的な合意とともに明らかとなった。この絵はもともとはパリの美術商，ジョス・ベルナイム＝ジュヌのものであったが，1941年に「アーリア化」され，紆余曲折を経てスイスに持ち込まれた。1959年，ウルスラ・ヴェラグートのコレクションの一つだったこの作品を，略奪品とは知らぬままに購入して最後の所有者となったのは，フリッツ・ナタンの息子，美術商のペーター・ナタンであった。ベルナイムの財産相続人の一人であるミシェル・ドーベルヴィルも，ナタンの家族と同様，迫害に追われ，転々とした後にスイスに逃れた。彼がナタンに連絡をとった結果，両者は，この絵を，「ナチス体制の時期に，スイスが彼らの家族を受け入れてくれたことを感謝とともに記念して」，これを〔スイスの美術館に〕寄贈することで合意した。ドーベルヴィルにはバーゼルの美術館との，またナタンにはザンクト・ガレンの美術館との縁があったので，この作品は両美術館に寄贈され，2年ごとに，バーゼルとザンクト・ガレンで交互に展示されることになったのである[146]。

　その他の二つの事例は未解決であり，所有権の問題が残っている。一つは，ゾフィー・キュッパースがハノーファーの芸術館に貸与したワシリー・カンディンスキー作『即興10番』である。この作品は1937年にナチス当局によって接収され，1939年に美術商フェルディナント・ミュラーに売却された後，1952年頃に，エルンスト・バイエラーに販売された。バイエラーはヴィンタートゥールのある顧客にこれをすぐに転売したが，1955年にこれを買い戻している。いまや彼は，ゾフィー・キュッパースの息子であるリシツキーからその返還を要求され，この件はバーゼルの裁判所で民事訴訟

として争われることになった。第二の未解決事例であるフェルディナント・ホドラー作の『トゥーン湖からのシュトックホルン連峰』もまた、ジルバーベルクのコレクションの一点だったものである。これは1935年にベルリーンのグラウペによってオークションにかけられ、おそらくフリッツ・ナタンによって1936年にスイスに持ち込まれた。1945年頃、ベルン大学医学部の教授、ベルンハルト・ヴァルトハルトが、これをオーバーホーフェンのA. スッター・コレクションに由来する絵だと考えて、この絵を購入した。この作品は、1985年に、ベルンのコルンフェルト画廊によるオークションに出品され、元ザンクト・ガレン州閣僚であるシモン・フリックが、かつて略奪された品とは知らずにこれを購入した。

作品の売買経路を切れ目なく把握することは、文書による証拠が往々にして欠けており、あるいは不完全であるために、特に1930年代・40年代については非常に困難である。しかしそれでも、多くの外国の美術館やコレクションの努力は、成果を生んできた。もしも将来、スイスにおいても、ユダヤ関連コレクションの強制的な解体をもはや無視せず、公的・私的所蔵品の調査が行われるならば、それは望ましいことであろう。その成果もまた、公開されるべきである。

6.7 カモフラージュ工作と返還要求

開戦時あるいはその直前に、スイスの協力者の助けを借りてドイツ側が設けたダミー会社は、所有権に関する法律からすると、紛争を引き起こしやすい所有権移転の形態である。その理由の一つは、そうした企業の多くが持つ複雑な構造である。この複雑な構造を通じて、ドイツの親会社は、各国に散らばる在外資産を、スイスの新たな所有者や見かけだけ「スイス化された」持ち株会社に移したのである。これに、カモフラージュの根本的な両義性がもう一つの要因として加わる。こうして、連合国によるドイツ占領後、あちこちで紛争がもちあがることになった。

第1は、こうして取得した資産はスイス人の所有下にあるとするスイスの受託者と、これを否定する連合国の間の紛争である。第2は、スイスの受託者とドイツの旧所有者の間の対立である。戦争が終わって数年後、ようやく身動きができるようになったドイツの旧所有者は、特定の資産の移転は条件を留保した上で行われたと主張するようになったのである。第3は、ドイツ資産を手に入れようとするスイス人相互の間で起こった争いである。

これらの全ての紛争に対して、当該企業の性格の判定をも任務とするスイス清算局が、介入を行った。スイス清算局は、1945年春、在スイスドイツ資産の包括的な調査の実施を、連邦内閣から委嘱されたのである。

「カモフラージュ」工作への支援自体は、スイスでは刑事罰の対象とはならない。そのため、これに関わったスイスの当事者達は、戦時中や戦後において、ドイツの協力相手や当該の工作での自分たちの役割について繰り返し虚偽の説明を当局に行ったとして

も，それが悪い結果を招くのではと恐れる必要はなかった。しかし何はともあれ，ある会社がドイツの支配下にあると突き止められるならば——カモフラージュであろうとなかろうと——，それは直接に財産権を左右することになった。というのもその場合には，その資産は，1945年2月に発せられた全ドイツ資産・所有権の封鎖の対象となるからである。これは，スイスのあらゆる資産管理者の激しい抵抗を引き起こした措置であった。しかしこの封鎖は，1946年5月のワシントン協定によって初めて実効性を持つに至った。これにより，ドイツ人がスイスに持つ資産は，そのドイツ人所有者に統一為替レートに基づいてドイツの通貨で補償を行ったうえで，清算されることになったのである。またこれに先立ち，1945年秋に発せられた連合国管理理事会法第5号には，すでに在外ドイツ資産の引き渡しを求める連合国の要求が含まれており，スイスで反発を引き起こしていた。「スイス側は，ドイツ国家に対して以下のことを繰り返し主張してきた。法的な協力を定めた既存の協定にもかかわらず，スイス国内にあるドイツ資産への〔上記理事会法第5号の〕強制適用や，あるいはその他のドイツの外国為替関連法に基づく措置は，スイスの「公序」に反しており，これを拒否することは正当である」[147]。すでに1945年末から翌年の初め，法学者は，この引用にあるように，連合国の行動を民族社会主義者の要求と同列に置いたうえで，外国法をスイスの領土に適用させようとの試みは，一国の主権の核心に対する侵害であり，いわんや，戦勝国による民間人財産のそのような接収は，現行国際法の規範によっても禁じられていると，断言していたのである。それに対し連合国側は，このドイツ資産は部分的にはナチス体制による略奪の結果形成されたものであって，その中には，ナチ犯罪者の意図による逃避資金も含まれているかもしれないと指摘していた。

　それゆえ，在スイスドイツ資産との関わりはそれ自体で紛争の種であったが，これがカモフラージュと関係するか否かについて連合国とスイス政府の間に不一致が生じた場合には，問題はいっそう深刻となった。これは通常，スイス国内での対立を伴っており，重要な経済的利害や影響力の大きな団体に関わる場合には，対立は特に激しいものとなった。スイス・ユニオン銀行の経営トップが，直接かつ個人的に，ドイツの保険会社のスイスでのカモフラージュ工作に関わっていたことが発覚すると（ユニオン再保険会社，スイス・ナショナル保険），自らが知ることを連合国に明かすべきであったか否かが問題となった。連合国はいずれにせよドイツでこれを示す手がかりを見つけるだろうから，さっさと情報を明かした方がよい，という意見もあった。それに続いたのは，工作に関わったこれらのスイスの名士の行為を，どのように考えればよいのかという問題であった。工作への関与が明るみに出たならば，彼らにはどのような不利益が生じるだろうか。彼らがそうしたリスクを想定していたことは間違いない。さもなくば，見つかった証拠書類は，「連合国の機関にも，税務当局にも，また他のどの機関にも引き渡さ」れないだろうと[148]，連邦司法警察省保険局長であるボスが，渦中の人物に請け合う必要はなかったであろう。しかしこれらの人物は，清算されることになるこれらドイ

ツ出資会社の買い手として，またその取締役の一人として，なお信用に値するのだろうか。これについてスイス商工業連盟代表部（ホムベルガー）とスイス銀行家協会（デュナン）は，まさしくそうした「財界・銀行界の名士」の存在自体が，「それらの株式が二度とドイツ人の手に渡ることがない」ことの保証になる，という主張を強く支持した[149]。その同じ人物が，ドイツ人に名義を貸してその利益に奉仕していたということは，問題にもされなかったのである。とはいえ，スイス・ユニオン銀行の取締役会議長を長い間務めていたパウル・ヤーベルクは，この件では，ドイツとの利害関係の断絶に対する連合国の疑念を深めないために，少なくともそれ以上の関わりを断念せざるを得なかった。

　「我々は一種の破産管財人であり，ドイツ人債権者の利益を代表しなければならない」。この問題で大きな影響力を発揮した外交官ヴァルター・シュトゥッキは，1947年3月，スイスの利害状況を，このように表現した。この言葉は，連合国のみに向けられたものなどではなかった。スイスの政府当局者にとっては，スイス内のドイツ人資産やスイスで管理されるドイツ人資産の扱いは，連合国，スイス，ドイツのそれぞれの利害の間で機敏にバランスをとらねばならない曲芸飛行も同然であった。それぞれの時点でどのように未来を展望していたかが，各自の判断を決定的に左右していた。例えば連邦財務省保険局は，スイスにあるドイツの保険会社の封鎖資産を，できるだけ早期に解放しようと躍起になっていた。しかしその理由は，これらが利益の大きな企業であり，これに損害を与えることを望まなかったという点に限らなかった。それはまた，局長の言葉によれば，「ドイツが再び強国となって，相互主義に基づく権利を要求する時が来ることを考え」なければならないからであった[150]。ある者は〔戦中・戦後の〕状況の連続性を信じていた——これは1946年9月という時期には，またドイツが敗北し占領された状況では，一般的な見方ではないと思われる——が，他の者は，ドイツの排除が長期にわたって続くだろうと想定していた。スイス清算局のドイツ資産部長であったマックス・オットは，「これらのドイツ資産で一儲けできるだろうと信じている人々が如何に多いことか。なんとも恥ずべきことだ」と述べ，またその後，1948年11月に，その結果起こりかねない事態について，以下のように付け加えた。「連合国がドイツに対する圧力を緩めたならば，多くのドイツ人が，彼らから我々が奪ったと主張するに違いない」[151]。

　ドイツ人が1949年に行動の自由を回復すると，まさしくそうした事態が，繰り返し起こったのである。カモフラージュされた在スイスドイツ企業の所有関係については，時折，裁判になった結果が窺い知れるのみである。親会社から独立したスイスの旧ドイツ系企業——ウニオン再保険とスイス・ナショナル保険——は，1950年代の初めになってから，ドイツのかつての親会社に数百万フランを支払わなければならなくなった。というのも，開戦時の「スイス化」は無条件でなされたものではないとのドイツの元親会社の主張が，信憑性のあるものと認められたからである。これらの事例では，こ

うした主張には十分な証拠書類が残されていた。また，少なくともスイス・ナショナル保険の場合には，同社が，もはや煩わしく，財政的にも負担となっていた親会社との関係を絶つ好機を窺っていたことは，明らかであった。この分離を画策したハンス・テーラーは生粋のスイス人であったが，ドイツの保険会社であるアリアンツで職を得て，長期にわたってドイツ，スペイン，イタリアで勤務し，同社の信頼を得ていた。ドイツ側では，「テーラー氏とスイス・ユニオン銀行の（…〔態度は〕），きわめて恥ずべきもの」[152]と受け止められていた。このような倫理的観点で問題を捉えることは，珍しいことではなかった。国境を跨いで行われるこの種の取引では，たとえカモフラージュと何の関係もない場合でも，信頼は常に中心的な要素であった。しかし同様にスイスでも，ドイツ人が，あたかもその間に何事もなかったかの如く再びドアの前に現れたことに対し，憤懣の声が聞かれたのである。

インターハンデル社の事例

インターハンデル社の事例では，法廷とメディアでの対立が異例の広がりをみせた。同社は，IGファルベンがかつてスイスに設立した金融持株会社であり，1945年まではIG化学と呼ばれた企業である[153]。アメリカ人は，同社を，ドイツのカモフラージュ工作の典型例と考え，その主たる目的が，アメリカ合衆国でも最大級の化学工場を過半数株の所有を通じて支配することにあるとみていた。アメリカによる非難の激しさと，争点となった資本の巨額さのために，インターハンデル社とドイツの関係の解明は，スイスにとっても重要な課題となった。

問題となったこの二つの企業で，1945年から翌年にかけて，徹底的な監査がそれぞれ行われ，豊富な資料が残されている。スイス清算局は，一般的な事例については1945年2月の在スイスドイツ人資産凍結の時点での状況を把握したにとどまった。しかし両社の調査担当者は，この件に関しては戦前にまで遡って調査を行った。その結果，戦争の初期に遡る両社間の密接な結びつきが明らかになった。しかし1940年春に両社が公式に関係を絶った後については，IGファルベンに対する従属関係の持続については，幾分の徴候が見出されたに過ぎない。この件は，さまざまな点で異例であった。第一に，IGファルベンは，すでに1930年代初めからスイスの持株会社の株を公式には所有しておらず，単に，IGファルベンの投資先企業株のパッケージを対価とする買い戻しオプションを定めた共同出資契約によって，この金融持株会社を支配していたに過ぎなかった。しかしこの契約は，1940年5月に失効した。しかもこの事例では，通常のカモフラージュで文書として残される痕跡，すなわち買い戻しオプション，各種の秘密契約といったものが，一切欠落していたのである。ドイツ人たちは，事実が持つ力をあてにし，将来においても自分たちは状況を支配する力を持ち続けられるだろうと信じていた。アメリカ合衆国でのIGファルベンの巨大な資産さえもが，いまや「スイス人のものに」なったと〔合衆国当局に〕信じさせるためには，スイスの金融持株会社

は，なんらの留保条件なしにスイス人の手に移さねばならなかった。戦争の結末と IG ファルベン・コンツェルンの接収，同社経営首脳の逮捕によって，そもそもの初めから高度の不確定要素を孕んでいたこの偽装工作に対する希望は，打ち砕かれた。いまや，IG ファルベンの支援を受けつつ 1930 年代末に構築されたスイス人（優先株）株主の一団がこの金融持株会社を支配していた。彼らにとっては，同社の前史を彩った両義的な性格など，知りたくもない話であった。

　IG 化学・インターハンデルと IG ファルベンの関係をどのように解釈するかは，1948 年以降，米国司法省とスイスの持株会社の間で争われ上級審まで執拗に続けられた裁判で，争点となった。この裁判は，1960 年代の初めに和解によってようやく終結した★19。しかし，IG 化学やインターハンデルがドイツ人の利害のためのカモフラージュ会社であったのか，さらにその経営陣はドイツ人の代理で動くだけの名義貸人に過ぎなかったのか，またそうであったとすれば，戦後になっても彼らはその立場にとどまったのか，といった核心的な問題については，裁判所の法的判断は示されずに終わってしまった。1946 年から翌年にかけ，アメリカ合衆国からの非難は証拠不十分であるとの見方がスイスで広まると，巨額の企業資産をスイスの株主のものにする可能性が開かれた。しかし，スイス・ユニオン銀行が米国司法省との妥協に漕ぎ着けたのは，ようやく 1963 年のことであった。かつて IG ファルベンのものであったアメリカの工場は，競売にかけられた。1958 年以降インターハンデル社の過半数株を保有していたスイス・ユニオン銀行は，競売の収益金の 40％を得て，残る 60％がアメリカ合衆国に引き渡された。

　インターハンデル事件は典型的なものではなかった。この企業複合体に，たとえドイツ企業が行った一般的なカモフラージュ工作と違った特徴があったにせよ，同社はやはり，丸ごと「ドイツ色（ファルベン）に染められて」いた。1963 年の和解はこの紛争に終止符を打ったが，それにもかかわらず，さまざまな点でこれは公明正大な決着にほど遠いとする噂が，執拗につきまとい続けた。疑惑の矛先は，IG 化学とインターハンデル，スイ

★19 この間，スイスは，インターハンデル社の請求を受け入れ，国際司法裁判所に提訴している。しかし国際司法裁判所は，1957 年，国内的救済完了の原則に基づくアメリカの抗弁を認め，この訴えを棄却した。『コンサイス法律学用語辞典』三省堂［2003］，73 頁。
　　この IG 化学・インターハンデルの事例については，本報告書の後にその内容をも踏まえて出版されたフォルカー・コープ［2010］（原書出版は 2005 年）も参照。コープは，ドイツ・スイス両国に跨る濃密な人脈を新史料を用いて再構成し，IG ファルベンとこのスイスに設けられた金融・持株会社の間のその後の分離が見せかけに過ぎなかったこと，スイス・ユニオン銀行やスイス清算局（同書では「手形交換所」）等のスイス側関係者が戦後において自己利益の最大化のために欺瞞に満ちた行動をとったこと，アメリカ合衆国政府との和解が怪しげな性格を持つこと等を指摘している。また本報告書 29 頁と関連の原註 38（34 頁）で言及されている「レース報告」作成の経緯と，その後に同報告書が封印された経緯についても，明らかにしている。なお，独立専門家委員会の研究に言及した数少ない日本語文献でもある同書は，委員会報告については「偏った見方」があると述べているが，具体的に報告書のどの部分を問題視しているかは明示していない。コープの叙述の少なからぬ部分が実質的には同委員会の研究成果に基づいており，本最終報告書が示した歴史像自体を否定する内容とはなっていない。

ス・ユニオン銀行，そして 1963 年の和解に対して向けられた。しかもドイツでは，IG ファルベンの名を冠した清算会社が，かつての化学コンツェルンが残した資産の管理を行っており，1958 年以降，自らの要求を実現すべくこの紛争に頭を突っ込み，また今日なお，その機会を窺っていて，さまざまな憶測を呼んでいるのである。しかし，1980 年代にドイツの裁判所で何年にもわたって続けられた裁判では，原告が主張する陰謀説，すなわち同社もまたドイツの隠蔽資産であったとの主張を裏づける証拠は，一切出てこなかった。

6.8　結論

　以上を総括して，以下のように言うことができよう。1930 年代から 1940 年代にかけて起こった前例のない破局的な出来事は，所有権に関わる多くの問題を生みだしたが，それらは 1945 年の後においても，未解決のまま残された。終戦直後と 1960 年代の初め——1962 年の報告政令——，これらの問題を解決するために個別的にいくつかの努力がなされた。しかしそれはいつも遅きに失し，かつ外圧によって初めて実現したものであり，しかもその実施は不完全であって，重要な問題を除外して行われた。スイスの政府当局も財界も，「損害回復」に類するものを自分たちが行う義務はまったくないと確信していた。独立専門家委員会の調査も，こうした態度によって生じた問題の全てを明らかにしえたわけではない。ナチス体制の犠牲者の資産が，銀行口座としてのみならず，他の資産の形——例えば不動産——で，スイスの受託者の下で管理されていたのではないかという問題については，解明することができなかった。ICHEIC による保険証書に関する調査は，未だ終了していないが，その結果が出て初めて，事態の正確な分析が可能となるだろう。スイス政府が自国民であるにもかかわらず外交的保護の提供を拒否したスイス国籍のナチス体制犠牲者の運命も，部分的に明らかとなったに過ぎない。自国市民に対して保護を怠ったというこの事例こそ，「損害回復」という概念に特にふさわしいものであったはずであるが，やはりこれも，部分的にしか解明されていない。しかしとりわけ調査結果が不十分に終わったのは，第三国への資産移転においてスイスの金融センターが果たした中継拠点としての機能であろう。

　終戦直後，最初の反応として講じられた措置は，スイスに持ち込まれた略奪資産に対するものであった。これを定めた 1945 年末の連邦内閣政令は，西側連合国からの強い圧力の下で初めて実現したものであった。しかしこの政令は，仔細にみれば，その有効性を最初から大きく削ぐような深刻な欠陥を有していた。提訴はわずか 2 年間に限って認められ，しかも対象の時期と地域は，戦時期とドイツに占領されていた諸国に限定されていたのである。ドイツ本国，オーストリア，チェコスロヴァキアで略奪に遭った犠牲者は，この政令に基づいて提訴することはできなかった。しかも，挙証責任は全て犠牲者の側に課せられていた。1945 年 3 月のカリー協定でスイスが与えた言質に反して，スイスは，略奪資産に関する調査を自ら行おうとはしなかった。当局は，犠牲者側が十

分な証拠を集めて提訴した場合に限り，調査に乗り出したのである。しかし当然ながら，そのような提訴は多くの場合ほとんど不可能だった。犠牲者は死んでしまったか，あるいは生きていたとしても，終戦直後の困難な状況下で，スイスで裁判を起こす機会も手段も持たなかったからである。しかもスイス当局は，この略奪財政令を国際的に周知する努力をも怠った。そうした周知活動は，この政令を実効性あるものとするためには不可欠の前提であったはずである。それゆえその後の裁判は，不完全で偶然的なものとなった。略奪文化財の場合には，裁判の対象は，略奪されスイスに持ち込まれたことが1945年に連合国によって示されていた（クーパー・リスト）作品にほとんどまったく限られていた。また大規模に行われていた略奪有価証券の売買では，ほぼ全ての裁判がオランダの原告によって提訴されたものであったが，それは単に，オランダでの有価証券略奪については，ドイツの記録文書が残されているという偶然的事情の反映に過ぎなかった。略奪された有価証券の取引総額の推計（5000万から1億フラン）からすると，返還されたのは，取引総額のごくわずかの部分に過ぎない。我々が知りうる限りでは，こうした返還訴訟の全ては，1950年代初めに終結した。

　それからかなり後になって，スイスの銀行や信託業者に残された休眠資産が問題にされ始めた。終戦直後の，当然ともいえる返還請求や，スイスの行政当局のいくつかの対応は，銀行の抵抗に直面して成果を生まなかった。問題を最終的に解決すると期待された1962年の報告政令も，銀行その他の財産管理者にその実施が委ねられたため，やはり不完全なままに終わった。保険の事例においては，行政による対応は何一つ講じられなかった★20。

　ここでみたような対応の遅れや不十分さは，第1に，スイス国内で政治的圧力を行使するような組織力ある利益団体が欠落していたことによるだろう。犠牲者はほとんどが外国人であり，単なる個人として，あるいは政治力のないユダヤ人団体を通じて，活動しえたに過ぎない。連合国は，国際難民機構（IRO）に対して，相続人を欠くユダヤ人犠牲者資産を引き渡すと約束をしていた。しかし，結局この組織は何も得ることができなかった。スイス国内のユダヤ人共同体は，効果的な対応がなされるよう努力はしていたが，要求を貫徹するには弱体すぎた。この点は，スイス人傷病者団体が関わった事例との比較から明らかとなる。

　1949年に締結されたハンガリー，ポーランド両国との協定が，まったくの挫折か部分的な成果にとどまった上述の返還請求と対照的であったという事実は，興味深い。この事例では，さしたる障害もなく，両国の国籍を持つ犠牲者が残した休眠資産の引き渡しが合意された。というのも，両国で行われた産業国有化をめぐる対立の中で，この合意によってスイスの利益に対する配慮が両国から得られるのではないかと期待されたからであった。他の事例で常に持ち出された法の安定性，所有権保護，銀行の守秘義務と

★20 仏語版では本章はここで終わっており，以下の段落は欠落している。

いったものは，この事例ではどこかへいってしまったのである。旧ドイツ資産に対するスイスの請求権が焦点となったインターハンデルの事例では，スイス当局は，休眠口座に対しては何十年も受身の対応を続けたのとは対照的に，熱心に肩入れし，デン・ハーグの国際司法裁判所に提訴した。ドイツ人が，かつての戦争経済的カモフラージュ工作の結果に他ならない財産の返還を求めて提訴した訴訟に対しても，スイスの裁判所は，1950年代初めに同じく迅速に対応した。略奪品の分配をめぐる争いを抱える旧ナチ犯罪者さえ，スイスの裁判所にこれを提訴することができたのである[154]。それに対して犠牲者は何十年も待たされ，その結果，そうした請求の多くは，もはやはっきりと決着の付けようのないものとなってしまったのである。

1) Fisch, Jörg [1992], 126頁, Keilson, Hans [1988], 122頁。
2) Sagi, Nana [1989], 99頁参照。
3) Robinson, Nehmiah [1944], 83頁。
4) 上記の引用および続く引用に関しては，次の資料による。NARA, RG226, Entry 27, Box 2, Final Report of the Interdivisional Committee on Reparation, Restitution and Property Rights, Reparation Memo, 29, 31 May, 1944. 部局間委員会は，アメリカ連邦議会により1944年に設立された「経済外交に関する執行委員会」[Executive Committee on Economic Foreign Policy] の一部である。国務次官補のディーン・アチソンが議長を務めた。
5) «Inter-Allied Declaration against Acts of Dispossession Committed in Territories under Enemy Occupation or Control», in FRUS, 1943, I, 444頁。アメリカ合衆国，イギリス，ソヴィエト連邦，〔自由〕フランス国民委員会以外の署名国は，オーストラリア，ベルギー，中華民国，インド，ユーゴスラヴィア，カナダ，ルクセンブルク，オランダ，ニュージーランド，ノルウェー，ポーランド，南アフリカ連合，チェコスロヴァキアであり，これらの諸国は共同で，「連合国（ユナイティッド・ネイションズ）」〔83頁訳註54参照〕と称した。
6) DDS, Bd. /vol. 15, 1026頁。
7) Eckes, Alfred E. Jr [1975], 153頁。
8) Proceedings [1948], 939頁。
9) Durrer, Marco [1984] を参照。
10) Paris Final Act, Article 8, FA, E 2001 (E) 1969/121, vol. 155.
11) Paris Final Act, Article 8, FA, E 2001 (E) 1969/121, vol. 155.
12) この交渉の経緯と，スイスに有利な形での決着については，本書4.5を参照。
13) Junz, Helen B [2002], 8頁, 15頁。
14) Pawlita, Cornelius [1994], Goschler [1992] を参照。
15) Fisch, Jörg [1992]
16) Junz, Helen B [2002], 3頁を参照。
17) 例えば，ドイツ外務省職員でボッフム大学の教授称号も持つヘルムート・ランプフはこうした意見を持つ。Helmut Rumpf, *Die deutschen Reparationen nach dem Zweiten Weltkrieg*, (www. vho. org/D/DGG/Rumf33_3) を参照。
18) Herbst, Ludolf [1989], 8頁以下。
19) Protokoll der nationalrätlichen Kommission, 25. August 1962, 8頁; BAR/FA, E4110 (A) 1973/85, Bd. 3。
20) Protokoll der nationalrätlichen Kommission, 25. August 1962, 9頁。
21) Archiv SVB, Protokoll de 206. Sitzung des Verwaltungsrats der SBVg, 22. Dezember 1952, 14頁。
22) Fisch, Jörg [1992], 29頁。
23) Frowin, Jochen Abr. [2001]（独立専門家委員会叢書第18巻所収), 620頁。Fisch, Jörg

[1992], 34 頁.
24) Fisch, Jörg [1992], 31 頁.
25) Hoover Library, Stanford University, Government Documents Germany, Territory under US–Military Occupation, 1945–, US Zone, Military Government Gazette, Issue A, June 1946.
26) Fisch, Jörg [1992], 30 頁. フィッシュは, 西ドイツで返還された「10 億マルク強」のうち, 約 50％は戦時賠償とみなせると推計している (213 頁).
27) Goschler, Constantin [1992], 63 頁.
28) Fisch, Jörg [1992], 120, 122 頁.
29) Jerchow, Friedrich [1978], 180 頁.
30) Rapport sur les relations financières avec les Etats–Unis d'Amérique, in: DDS, Bd. /vol. 15, 923 頁.
31) DDS, Bd. /vol. 15, 984 頁.
32) DDS, Bd. /vol. 15, 986 頁.
33) DDS, Bd. /vol. 15, 1028 頁.
34) Archiv SBVg, J3 (laufende Ablage), Vorbericht zur Sitzung der Juristichen Kommission, 13. Juli 1945.
35) Archiv UBS Bestand SBG, 12000003024, Notiz [gezeichnet Jann], 23. Oktober, 1945.
36) BAR/AF, E 2001 (E) 1967/113, Bd. /vol. 442; Aktennotiz 1945 年 8 月 11 日. Tisa Francini, Esther / Heuss, Anja / Kreis, Georg [2001] (独立専門家委員会叢書第 1 巻), 354 頁からも引用.
37) BAR/AF, E 2001 (E) 1967/113, Bd. /vol. 443; Kunsthandelsverband an EPD, 30. November 1945.
38) BAR/AF, E 2001 (E) 1967/113, Bd. /vol. 443; Kunsthandelsverband an EPD, 27. Dezember 1945.
39) Buomberger, Thomas [1998], 456 頁には, 追加的な情報とともにクーパーのリストが掲載されている.
40) スウェーデンはこれより早く法を制定した. しかし, あまりにも「素朴」で「日常性」に囚われた調査当局のメンタリティのために, その実施には失敗した. Seyler, Hans [2001] 参照.
41) Vischer, Frank [2001] (独立専門家委員会叢書第 19 巻所収).
42) Vischer, Frank [2001] (独立専門家委員会叢書第 19 巻所収), 22 頁.
43) Currie Agreement of 8 March 1945. DDS, Bd. /vol. 15, 896 頁.
44) 連合国代表団の 3 人の長が, スイス代表団宛に送った書簡. スイス連邦議会による批准手続のために内容が公開されたワシントン協定とは違い, 犠牲者に関して触れた 2 通の書簡は, 当時は秘密にされた. www. dodis. ch:document n° 1732 を参照.
45) ロベルト・フォン＝ヒルシュ男爵の事例については, Tisa Francini, Esther / Heuss, Anja / Kreis, Georg [2001] (独立専門家委員会叢書第 1 巻), 341 頁を参照.
46) Art. 1 Abs. 2. Raubgutbeschluss /Art. 1, 2e al. arrêté du Conseil fédéral relatif aux actions en revendication de biens enlevés dans les territoires occupés pendant la guerre.
47) 詳しくは, 以下を参照. Grell, Boris Throsten [1999], 197 頁以下, Siehr, Kurt [2001] (独立専門家委員会叢書第 19 巻所収), Kapitel 1. 2, 2. 2, ならびに Vischer, Frank [2001] (独立専門家委員会叢書第 19 巻所収), 29–32 頁.
48) Castelmur, Linus von [1992]; Frei, Norbert [1969].
49) Uhlig, Christiane / Barthelmess, Petra / König, Mario / Pfaffenroth, Peter / Zeugin, Bettina [2001] (独立専門家委員会叢書第 9 巻) ヘルマン・ヨーゼフ・アプスもしくは親衛隊員のレオ・フォルクについての, アルフレート・クーツマイヤーによる弁護証言については, 同書 4. 4 を参照.
50) Archiv UBS Bestand SBG, 1200000002680, 13, Mai 1950, Erklärung von Alfred Schaefer; Perrenoud, Marc / López, Rodrigo / Adank, Florian / Baumann, Jan / Cortat, Alain / Peters, Suzanne [2002] (独立専門家委員会叢書第 13 巻) 4. 6. 2 も参照.
51) Bericht des EPD über die Finanzverhandlungen mit der alliierten Delegation, in : DDS, Bd. /vol. 15, 1018 頁.

52) BAR/AF, E 2001（E）1967/113, Bd. /vol. 474, Aktennotiz einer Besprechung vom 21. August, DDS, Bd. /vol. 17, Nr. 19 にて公刊。
53) Archiv CSG, Bestand Leu, 53. 105. 201, «Herrenlose Vermögen in der Schweiz. Konferenz auf dem Eidg. Justiz-und Polizeidepartement, Bern, 20. 2. 1952», 7. März, 5 頁。
54) Archiv SBV, Protokoll der 203. Sitzung des Verwaltungsrats der SBVg, 23. April 1952, 9 頁。
55) Archiv SBV, Protokoll der Sitzung des Arbeitsausschusses der Juristischen Kommission, 1. Dezember 1952, 3 頁。
56) Picard, Jacques [2001]，199-229 頁。
57) Haldemann, Frank [2001]（独立専門家委員会叢書第 18 巻）。
58) Ludi, Regula; Speck, Anton-Andreas [2001], Huonker, Tomas/Ludi, Regula [2001]（独立専門家委員会叢書第 23 巻），その他，Spuhler, Gregor / Jud, Ursina / Melchiar, Peter / Wildmann, Daniel [2002]，(独立専門家委員会叢書第 20 巻), Kapitel 3, Speck, Anton-Andreas [1998] も参照。
59) Bonhage, Barbara / Lussy, Hanspeter / Perrenoud, Marc [2001]（独立専門家委員会叢書第 15 巻），6. 4.
60) Archiv SBV ohne Signatur SBV Zürich an Generaldirektion «sehr vertraulich»，21. November 1969.
61) 1946 年 5 月 25 日，連合国代表団の 3 人の長は，ヴァルター・シュトゥッキに以下の要請を行った。「ドイツによる略奪の犠牲者で，スイスでその財産を見つけられるかもしれない人々の利益となるように，貴国政府が，これら犠牲者の貧しさや弱さも考慮しつつ，簡単で経済支援も含むような行政手続きを設ける可能性を検討すること」。BAR/FA, KI/646, Alliierte Delegationsleiter an Stucki, 1946. Mai 1946 を参照。www. dodis. ch/Dokument Nr. 1732.
62) BAR/FA, KI/646, Bestätigung des Briefs Stuckis an die Alliierten Delegationsleiter durch diese, 25 mai 1946. www. dodis. ch/Dokument 1730.
63) Hug, Peter/ Perrenoud, Marc [1997]，6 頁。
64) Bonhage, Barbara / Lussy, Hanspeter / Perrenoud, Marc [2001]（独立専門家委員会叢書第 15 巻），6. 1 の Figure 11 を参照。
65) Bonhage, Barbara / Lussy, Hanspeter / Perrenoud, Marc [2001]（独立専門家委員会叢書第 15 巻），6. 1. 2.
66) Archiv UBS, Bestand SBG, 12000003018, « Notiz über die Besprechung in Bern beim Eigenössischen Politischen Departement von Dienstag, den 10. Januar 1950, betreffend herrenlose Güter, die bei schweizerischen Banken verwaltet werden» 10. Januar 1950.
67) Archiv CSG, Bestand SVB, 43. 104. 205. 399, Dossier 656, SVB an Albert B., 5. Februar 1987. 1960 年から 1987 年までの手数料の上昇は，スイスのインフレ率と対応していた。とはいえ，多くの調査申請者にとって重要な基準であったドルの相場が，この間，スイスフランに対して半値以下に下落している点を考慮すると，手数料の高騰は顕著であったといえる。
68) ICEP [1999]，95 頁。
69) ICEP [1999]，10 頁。
70) Archiv UBS, Bestand SVB, 12000003741, «Umsatzlose Konti/Depots verstorbener Kunden; Verrechnung von Spesenforderungen, Saldierung», 1. Oktober 1987; «Liquidierung von ganz alten Dossiers bei SVZE durch SVZE-VAR (Dr, V.)», 9. Oktober 1986.
71) Art. 4 des Bundesbeschluss 984 bettreffend die historisches und rechtliche Untersuchung des Schicksals der infolge der nationalsozialistischen Herrschaft in die Schweiz gelangten Vermögenswerte, 13. Dezember 1996（AS/FF 1996, 3487 頁)。
72) Archiv UBS, Bestand SBV, 1000, Fall U. A., EBK an SBV-GD, 12. Juli 1990.
73) Archiv UBS, Bestand SBV, 1000, Fall U. A., «Starafanzeige gegen U. A. ? », 日付記載なし。
74) Archiv UBS, Bestand SBG, 12000003024, «Exposé zur Frage der erblosen oder nicht disponiblen jüdischen Vermögen in der Schweiz», 16. Juli 1946, 2 頁。
75) Hug, Peter/ Perrenoud, Marc [1997] 参照。

76) Archiv CSG, Bestand SKA, 11. 105. 208. 301, SC2052, SBVg-Zirkular Nr. 90 D (Abschrift), 13. Juli 1955.
77) BB/FF 1962/I, 936頁.
78) Bonhage, Barbara / Lussy, Hanspeter / Perrenoud, Marc［2001］（独立専門家委員会叢書第15巻），119頁.
79) Picard, Jacques［1993］，9頁参照.
80) BBl/FF 1962/I, 933頁参照.
81) 連邦内閣は，1962年の報告書の中で，この引用文のように状況を要約していた。FF1962/I, 969-970頁.
82) 詳細については，Vischer, Frank［2001］（独立専門家委員会叢書第19巻所収），55-58頁.
83) Archiv UBS, Bestand SBG, 12000003018, «Notiz über die Besprechung in Bern beim Eidgenössischen Politischen Departement vom Dienstag, den 10. Januar 1950, betreffend herrenlose Güter, die bei schweizerischen Banken verwalter werden», 10. Januar 1950.
84) アルトゥール・Dの事例については，Bonhage, Barbara / Lussy, Hanspeter / Perrenoud, Marc［2001］（独立専門家委員会叢書第15巻）8.3.2を参照.
85) 1990年3月23日の連邦法および1994年3月18日の連邦法によってマネーロンダリングに関する法規制が導入されるまでは，銀行は〔形式的な名義人の背後にいる〕経済的な権利者について，質問する義務も権利も有していなかった.
86) Archiv UBS, Bestand SBG 12000007141, «Rapport, Isak C. und Frau Lida C.», 日付記載なし.
87) Bonhage, Barbara / Lussy, Hanspeter / Perrenoud, Marc［2001］（独立専門家委員会叢書第15巻），310頁.
88) ICEP［1999］，69頁。ヴォルカー委員会が公表した5万3866という口座数は，その後，最終的な数に修正された。ヴォルカー委員会によるカテゴリー1からカテゴリー4には，ナチスによる犠牲者との関係の可能性が幾分ある口座と，これが相当程度ある口座とが分類されているが，仲裁裁判所による作業の結果，これに残ったのは3万6132口座のみであった.
89) Archiv UBS, Bestand SBV, 分類記号無し。SBV an Hans, H., 7. Februar 1997.
90) これらの建物はLutherstrasse 30, Kurfürstenstrasse 88とViktoriastrasse 33に位置していた.
91) Archiv Schweizer Rück, Dossier «Verkauf des Anker durch die Schweizer Rück, Korrespondenz 1938-1942, Besprechungen in Zurich, Der Anker, Wien», 25. Februar 1943.
92) Bundesgerichtshof, Entscheidungen in Zivilsachen, 6. Bd. 34頁.
93) Archiv Rentenanstalt, Dossier Emigrantenversicherung II, Exposé der Basler Leben, vom 30. Juni 1945.
94) 戦後に同社が行った自主調査（Anhang Exposé Karrer［Rentenanstalt］«Zur Frage der beschlagnahmten deutschen Lebensversicherungsverträge von Emigranten», 8. November 1945）。考慮されるべきは，ここに挙げた数は保険会社による自主調査の結果であるという点である。これには，1944年12月31日までに行われた支払いしか含まれていない。実際に支払われた額は，これより幾分多かったと推定される。というのも，いくつかの会社は1945年になってもナチス当局へ返戻金の支払いを続けており，またこれらの本社は，支社からの支払い分について完全で信頼しうる情報を未だ得ていなかったからである。これに，スイス再保険のヴィーン子会社であるデア・アンカーが支払った額が加わる。アンカーは，同社の自主的な推計によると，終戦時までに，「40万ライヒスマルク弱」をライヒ当局に支払った。これについては，Stiefel, Dieter［2001］，92頁を参照.
95) ZR 55［1956］，Nr. 60, 123頁。Dreifuss, Eric L.［2001］（独立専門家委員会叢書第19巻所収），269-275頁，および，Lüchinger, Adolf［2001］（独立専門家委員会叢書第19巻所収），7.5を参照.
96) ATF 79 II 193. Dreifuss, Eric L.［2001］（独立専門家委員会叢書第19巻所収），269-275頁，および，Lüchinger, Adolf［2001］（独立専門家委員会叢書第19巻所収），7.5を参照.
97) Urteil des Schweizerischen Bundesgerichts von 26 März 1953 i. S. Rentenanstalt vs Elkan, 9頁以下を参照.
98) Vischer, Franc［1998］，461頁.

99) BGE/ATF 79 II, 202 頁.
100) Feldman, Gerald D.［2001］; Stiefel, Dieter［2001］を参照.
101) Junz, Helen B.［2001］を参照.
102) Thalmann, Ernst［1940］, 155 頁。.
103) Archiv UBS, Bestand SBG, 12000003024, «Notiz［gez. Jann］betreffend Beutegüter», 18. September 1945.
104) Archiv UBS, Bestand SBG , 12000003024, « Notiz［gez. Jann］betreffend Beutegüter», 23. Oktober 1945.
105) この関連で支払われた補償金の総額は, 約 6000 フランにのぼった (Bger, Raubgutfälle R13, R28, R29, R30, R32, R34, R39, R40, R41).
106) 詳細については Lussy, Hanspeter / Bonhage, Barbara / Horn, Christian［2001］(独立専門家委員会叢書第 14 巻), 第 9 章を参照.
107) ルクセンブルクからの R33 の告訴は, クレディ・スイスを相手どっての 31 人の原告による集団訴訟であった. これを含めると, 連邦裁判所へのルクセンブルクからの提訴は 47 件となる.
108) BAR/AF, E 6100 (A) -/24, Bd. /vol. 11, Leuch an Bundesrat, 29. August 1950.
109) Bger, R11/II, «Kammer zur Beurteilung von Raubgutklagen», 21. September 1948, 18 頁.
110) Bger, R4, «Klageantwort der SKA in Sachen Nicolas Kieffer», 5. Dezember 1946, 7 頁.
111) BAR/AF, E 6100 (A) -/24, Bd. /vol. 5, EFV an Bundesrat Nobs, 9. Februar 1948.
112) Bger, R15, «Kammer zur Beurteilung von Raubgutklagen Sitzung von 3. November 1948», 3. November 1948, 15 頁.
113) Bger, R15, «Kammer zur Beurteilung von Raubgutklagen Sitzung von 3. November 1948», 3. November 1948, 15 頁.
114) Bger, R15, «Kammer zur Beurteilung von Raubgutklagen Sitzung von 3. November 1948», 3. November 1948, 15 頁.
115) Archiv UBS, Bestand SBV, AN1948, 1396/3, 4. 108, D-13-4-1, «Raubgutprozess Jeanne Wilhelmy［...］Verhandlung vor dem Schweizerischen Bundesgericht», 4 頁.
116) Archiv SVBg, Vorbericht zur 112. Sitzung des Ausschusses der SVBg, 19. März 1951,
117) Archiv CSG, 11. 105. 205. 301-0112 SC2258 «Verband Schweiz. Dahrlehenskassen St. Gallen», «Bericht über die Vobereitungsverhandlungen in Sachen Nicolas Kieffer», 3. November 1947.
118) BAR/AF, E6100 (A) -/24, Bd. /vol. 5, AFF an Bundesrat Nobs, 9. Februar 1948.
119) BAR/AF, E6100 (A) -/24, Bd. /vol. 11, Notiz an Bundesrat Nobs, 26. Dezember 1948.
120) BAR/AF, E2001 (A) -/24, Bd. /vol. 5, Aktennotiz für den Rechtsdienst des EFZD, 3. Januar 1946.
121) BAR/AF, E 2001 (E) 1967/113, Bd. /vol. 437, Protokoll der Sitzung der Juristischen Kommission der SBVg, 19. Juli 1945.
122) これに先立ち, スイス清算局は, 決済取引とクリアリング規定違反について多数の調査を行っていた. しかし同局は, 略奪された美術品については未だ調査を行っていなかった.
123) この評価は, 連邦裁判所文書館での関連書類の体系的な調査に基づく.
124) これは, 「略奪財法廷」で争われた文化財の全てを表にしたものである.
125) ボムベルガーは, 3 点が返還されたとしたが誤りである. Buomberger, Thomas［1998］, 118 頁.
126) ボムベルガーは, 6 点の絵画では提訴に至らなかったとしている. Buomberger, Thomas［1998］, 120 頁. 他の著者は, 77 点の略奪財全てが返還されたと記している. Kreis, Georg［1998］, 127 頁, Frehner, Matthias (Ed.)［1998］, 135-146 頁, Heuss, Anja［2001］, 91 頁.
127) ワトソンが所有していたダリ作『海岸〔砂漠〕』は, 1942 年, エマヌエル・ホフマン財団からの預託品として, バーゼル公共文化コレクション財団に持ち込まれた. 戦後, この絵については法廷外で示談が成立し, ワトソンは 3000 フランをバーゼル美術館に支払い, この絵を取り戻した. 決定的であったのは, この絵が――クーパーの推測と異なり――ERR〔ライヒ指導者ローゼンベルク特捜隊〕に接収されたのではなく, ワトソンのアパートから彼の友人によって盗まれたものであったという点である. この絵は, アルベルト・スキーラの手でスイスに持ち込まれた. (Buomberger, Thomas［1998］, 86 頁). Bundesarchiv

Berlin, B323/290; NARA, RG84, Entry 3221 Box8, Safehaven Subject Files, «Looted Pictures»; NARA, RG84, Entry 3223, Box 90, Safehaven Name Files; BAR/AF, E 420（B）1987/187, Bd./vol. 78; BAR/AF, E 2001（E）1967/113, Bd./vol. 442, BAR/AF, E 7160-07（-）1968/54, Bd./vol. 1087.

128) ベルナイム=ジュヌ・コレクションのコロー作2点とピサロ作1点。出所不明のユトリロ1点。
129) グートスティッカー・コレクションのヤン・ステーン作1点。
130) ランドン・コレクションのルノワール作1点。
131) H. L. メルモ（1891-1962）は実業家であったが、後にはもっぱら出版者ならびに芸術パトロンとして知られた。彼はヴォーの現代美術を蒐集していたが、それだけでなくセザンヌ、ヴュイヤール、マティス、グリス、ピカソの作品をも所有していた。*Encyclopédie ilustrée* [1978], 第7巻, 211頁。ヴォーの他の蒐集家に関しては250頁以下を参照。
132) フランスでも事情は同じであった。フランスでもまた、略奪の核心的問題は脇にやられていた。フランスでは、約60人の人物が、「芸術作品の略奪」の容疑で告訴された。しかしその審理の対象は、ユダヤ人コレクションの略奪ではなく、ドイツ占領権力への協力であった。フランスでもまた問題は、美術商やコレクターがどの程度までナチスの美術品・文化財略奪に加わったかではなく、作品が略奪品であるとの情報を得ていたか、それと知ったうえで、占領された諸国から美術品を購入したのかということが、問題とされたのである。
133) BAR/AF, E 7160-07（-）1968/54, Bd./vol. 83, Jahresbericht 1948 der SVSt, Abteilung für die Liquidation deutscher Vermögenswerte, Abschnitt «Behandlung der Regressansprüche gemäss Bundesratsbeschluss betreffend Rückgabe von Raubgut vom 10. Dezember 1945», 10. Dezember 1945, 16頁。
134) BAR/AF, E 7160-07（-）1968/54, Bd./vol. 1093-95（Wendland）; 1096（Hofer）.
135) Feliciano, Hector [1995], 94頁。フェリシアーノは、この絵は「アーリア化主義者」に接収されたと記している。
136) Buomberger, Thomas [1998], 87頁。カタリーナ・シュミット博士（バーゼル公共文化コレクション財団元理事長）、ドーベルヴィル、ミシェル（ジョス・ベルナイム=ジュヌの相続人）の両名からの著者による聞き取り。*Le Temps*, 7 août 1998 も参照。
137) BAR/AF, E 2001（E）1970/217, Bd./vol. 279, Französische Botschaft an EPD, 20. Juni 1957.
138) BAR/AF, E 2001（E）1970/217, Bd./vol. 279, Schmidt an EPD（Chef des Rechtsdienstes）, 13. Juli 1957.
139) BAR/AF, E 2001（E）1970/217, Bd./vol. 279, Hess an EPD, 18. August 1957.
140) BAR/AF, E 2001（E）1970/217, Bd./vol. 279, Bayeler an EPD, 27. August 1957.
141) Tisa Francini, Esther / Heuss, Anja / Kreis, Georg [2001]（独立専門家委員会叢書第1巻）, 5.2. および 2.4。
142) BAR/AF, E 2001（E）1970/217, Bd./vol. 279, Aktennotiz von Zoelly, 29. August 1957.
143) BAR/AF, E 2001（E）1970/217, Bd./vol. 279。ある証拠が、1957年9月5日にシャルル・デュラン=リュエルによって提出された。彼は、1941年6月27日にジョス・ベルナイムの私的なコレクションの目録を作成した人物であるが、このボナール作の絵が、食堂と居間をつなぐ扉に掛けられていたことを記憶していた。また2人目の専門家、ラインゴ=ブルーズがドーベルヴィルに宛てた1957年10月15日付の手紙は、この証言を裏付けている。ラインゴ=ブルーズもまた、このボナール作の絵について専門家としての鑑定を行い、これを『扉の下のボナール作（静物画）』と呼んだことを記憶していた。この絵は、デボルデ=ヴァルモール通り17番地の「あるホテル」において発見された。
144) BAR/AF, E 2001（E）1970/217, Bd./vol. 279, Ambassade de France an EPD, 4. Dezember 1957.
145) Groupe français du Conseil de Contrôle [1947], vol. 2, no. 4998, OBIP 43572, 225頁。所有者: Jean Bernheim-Jeune.
146) Dominik Heitz, Basler Zeitung, 19. Juni 2001.
147) Peter, Franz Xaver [1946], 25頁。
148) Archiv Schweizer Rück, Bestand Union Rück, Sitzung Verwaltungsrat, 23. November

1945, 6頁。
149) BAR/AF, E 7160-07（-）1968/54, Bd./vol. 13, Protokolle der Aufsichtkommission über das Abkommen von Washington, 11. März 1947, 108頁。
150) Archiv Schweizer Rück, Bestand Union Rück, Sitzung Verwaltungsrat, 4. November 1946, 61頁以下。
151) BAR/AF E 2001（E）1968/79, Bd./vol. 2ss, Protokolle der Aufsichtkommission über das Abkommen von Washington, 23. November 1948.
152) Archiv de la Münchener Rück, A 2. 19 109, Schweizerische National, Abkommen von Schieren betr. «Schweizer National»（Herzog）, 25. März 1976, 5頁。
153) 詳しくは，König, Mario [2001]（独立専門家委員会叢書第2巻）を参照。
154) 〔この原注の位置は，ドイツ語版では示されず，仏語版では省略されたこの段落ではなく前の段落の末尾に付されている〕Miedl と Schwend の係争に関しては，Uhlig, Christiane / Barthelmess, Petra / König, Mario / Pfaffenroth, Peter / Zeugin, Bettina [2001]（独立専門家委員会叢書第9巻），364頁，註4を参照。

7
結論：研究成果と未解明の問題[★1]

　1996年12月13日，独立専門家委員会が設立され，ホロコーストの時代のスイスについて，未解明のままとなっている問題の調査に取り組むこととなった。この時点ですでに，連合国とスイスの間で結ばれたワシントン協定への署名から，半世紀が経っていた[1]。当時は，この協定によって，枢軸国とスイスの関係をめぐる論争に，終止符が打たれると期待されていた。またこれにより，民族社会主義者やその迫害の犠牲者がスイスに持ち込んで守ろうとした資産の問題が，余すところなく解明されると思われていた。

　この協定によってこの主題が姿を消したわけではなかったが，その後長い間，この問題が一般の人々の意識にのぼることはなかった。この問題に取り組んだ歴史家も，彼らの本が売れそうにないことを知っていた。また犠牲者やその組織も，根気よく努力を続けてはいたが，多くの人々の関心を集めることには成功していなかった。つまりこの問題は，1990年代半ばに世論の注目を浴びるようになるまで，犠牲者の銀行口座と同じく，休眠状態を続けていたのである。しかし今回は，もはや何事もなかったかの如くやり過ごすわけにはいかなった。理解し難い過去[★2]——この戦後の重荷——に関する沈黙は，とうとう破られたのである。半世紀以上の歳月が経過したことで，とりわけここ20年の間に，新しい条件が生まれてきた。若い世代が，批判的な問いを投げかけ始め，つまるところ彼ら自身のものでもあるその過去について，知りたいと望んだのである。その間に，国際関係において人権がますます重要な役割を演ずるようになり，また冷戦の終結は，膠着状態に陥っていたイデオロギー対立を終わらせた。こうした大変動によって，古い問題に新たな光を当てることが可能となり，ここ数年，この問題が人々の

[★1] この総括部分では，フランス語版は随所で省略が行われ，ドイツ語版・英語版よりも簡潔な内容となっている。

[★2] ドイツ語版原文は単に nicht fassbare Vergangenheit「=理解し難い過去」とあるが，英文版では，「想像を絶する過去」a past, that beggared the imagination という強い表現となっている。フィンケルスタインは，英語版のこの箇所の表現を例に挙げつつ，本報告書が「誇張と遺漏と歪曲に満ちあふれている」［訳は立木勝による］と評しているが，この評も行きすぎであろう。とはいえ各国語版の表現の相違や単純な誤植などが本書で散見されるのは事実であり，日本語版では可能な限り訂正し，また訳注を付した。もっとも，上の指摘を行ったフィンケルスタイン自身も，歴史家であるマルク・ペルヌーを「会計士」と表現するなど，不正確さを免れていない。Norman G. Finkelstein [2003], 200頁，フィンケルスタイン，ノーマン [2004], 183, 186頁参照。

関心を集める大きな議論となったのである。その結果，ホロコーストの時代に由来する資産の取り扱いと，その行方についての調査が，世界的ともいえる規模で行われ始めたのであり，それは今でも続いている。

　スイスがこの論争で真っ先に槍玉に挙げられたことに対し，——驚くべきことではないが——多くのスイス人は，独裁国家ではなく，暴力に至るような種の反ユダヤ主義も知らず，ユダヤ人の移送にも関与していないというのに，なぜ他でもなくスイスが批判の標的になるのか，という疑問を抱いた。「なぜスイスなのか」という問いに対する，周知ではあるが不十分な答えは，1930年代よりもずっと以前から，資産の保管や人々の逃避先として魅力的かつ安全な場所とみなされてきたという，この国の特徴にあった。スイスは，不安定な世界のただ中に位置する秩序だった国家として認識されていたのである。このイメージによれば，スイスは政治的にも経済的にも安定的で，永きにわたって中立を厳格に守り，大規模な金融センター——とりわけ資産管理と財産保護分野のそれ——を有し，また何といっても，少なくとも19世紀に遡る人道主義的伝統を持つ国であった。

　これらの組合わせの結果，自らの財産や生命を救おうとした亡命者や迫害の犠牲者にとって，スイスは魅力的な存在となった。したがって，犠牲者と彼らの財産に対する取り扱いに関して，未だ答えられていない問いの多くは，スイスが，自らの伝統に根ざした大きな期待に十分に応えることができたのか，できたとすれば如何にしてそれを果たしたのか，という点に帰着するのである。

　最近になって噴出した国際的な批判は，当初スイスに対するものであったが，スイスにのみ矛先が向けられる状況が長くは続かなかったことも，また当然であった。他国においても，財産権の侵害や，未解決の返還問題に関する議論が巻き起こったのである。スイスの議論では，国全体が攻撃に曝されていると受け止められたが，他国においては，人々の関心の対象は，核心的な問題の当事者である企業や政府当局に限られていた。独立専門家委員会の設立に続いて，各国でこれに類する24の委員会が設立され，それぞれ特定の問題に取り組んだ。こうした他国の委員会の多くとは対照的に，独立専門家委員会の調査の主題は非常に広く，この種の委員会としては最長の活動期間と強力な手段を与えられていた。中でも，企業や団体が所蔵する文書を特権的な閲覧権限を用いて調査し，作業を進めることができたことは，重要である。

　委員会の目標について言えば，我々は，戦中戦後のスイスの歴史的現実を，一つの鏡に——今日の視点で——映して描こうとしたのではなかった。むしろ，断片的な事実を集めて，スイスという国の一つの像を再構築しようとしたのである。しかしその像は，時間の経過とともに定着したスイスの自己イメージとは，異なったものとならざるをえない。伝えられてきたイメージを包括的に検討し，隠され，忘れ去られてきた事実を掘り起こすことが，どうしても必要になったのである。50年を経過した今となっては，これはまた，あの時代の現実を，それを直接に体験した人々が生きているうちに幅広く

記録する，最後の機会でもあった。それゆえ，かくも多くの国々で類似の調査が始められ，他国もまた不愉快な真実に直面したということも，偶然ではないのである。例えば，フランスでは皆がレジスタンスに加わったわけではなく，全てのオランダ人が，占領軍に対して英雄的に抵抗したわけでもない。またノルウェーだけにクヴィスリング★3がいたわけでもない。一面的な見方を避けようとして我々が描いたのは，両極端な二つのステレオ・タイプとは異なるスイス像である。そのステレオ・タイプの一つでは，スイスは，1940 年代に枢軸国に完全に取り囲まれながら，ただ自らの抵抗の意志によって生き延びた小さな中立国として描かれてきた。反対にもう一つのステレオ・タイプでは，スイスは，周辺国の戦争による人々の苦難や経済的な荒廃に乗じて一儲けすることしか考えない，いかがわしい銀行国とされてきたのである。

犠牲者とナチ犯罪者をどのような態度で如何に遇したのかを明確にするためには，三つの時期を区別しなければならない。第 1 は，民族社会主義者が権力を握った 1933 年から 1939 年に至る時期で，この時期に，後々の経緯を左右する各種の状況が生まれた。第 2 は，1939 年から 1945 年にかけての戦争の時期である。そして第 3 は，1945 年以降の，日常性への復帰の時期である。このように対象時期を区分したうえで，経済的な依存関係，スイスと近隣諸国の密接な関係，中立によって可能となった決定と行動の余地，戦後のホロコーストに対する沈黙について，分析を行った。

もちろん，民族社会主義者による迫害・絶滅政策に対するスイスの関係や，その帰結に関する独立専門家委員会の研究は，従来まったく未開拓であった領域を拓いたものではない。しかし従来の研究は，いずれも，個々の側面を集中的に扱ったものであった。例えば，スイス国内でも，制限的で差別的な難民受け入れ政策，とりわけ庇護を求めてやってきたユダヤ系難民の扱いは，常に主題となってきた。それに対して，他の側面は，これまでまったく問題にされないか，あるいはごく周辺的に扱われたに過ぎなかった。例えば，スイス企業のドイツ子会社の行動，より一般的には，民族社会主義者による権利・財産剥奪政策に直面してのスイス財界の態度は，そうした問題の一つである。このような過去の様々な側面は，互いに密接かつ複雑に入り組んでおり，単に法学的な観点や，一つの視点での分析では，捉えることができない。したがって我々の任務は，民族社会主義の時代の前後をも含む長い期間を対象に，委嘱の内容にふさわしい答えを探し，問題相互の間に内的な連関を見出すことなのである。

★3 クヴィスリング（1887-1945）は，ノルウェーの軍人・右翼政治家。1930 年代にナチスの路線に沿った政治運動を行い，1939 年 12 月には訪独し自国の占領をヒトラーに要請した。ドイツのノルウェー侵攻時には歓迎のラジオ演説を行い，ドイツの傀儡政権の首相を自称した。ドイツは彼を評価せず 1 週間で政権を追われたが，1942 年にはドイツの支援によって政権に復帰した。ノルウェー解放後，反逆罪を宣告され処刑された。ラカー，ウォルター（編）（井上茂子・他訳）［2003］184 頁，リーベク，ステーネシェン（岡沢憲芙監訳・小森宏美訳）［2005］125-141 頁を参照。

歴史と歴史像

スイスは，19世紀から20世紀の初めにかけて，安定的な政治システムを形成した。この政治システムによって，スイスのさまざまな地域，言語圏，文化圏が，一つの国民的アイデンティティの下に統合されたのである。また経済が繁栄を続けたこの時期に，製造業と金融センターが発展を遂げた。スイスは，孤立とは無縁であったのである。スイスもまた，第一次大戦から打撃を受けた。ドイツ語圏とフランス語圏の間に生じた緊張によって，国民統合は危機に陥った。幅広い社会階層の困窮と，政治的な多極化によって，社会的な連帯感も動揺した。こうした国内の対立は，1918年のゼネストで頂点に達した。1920年代末の安定局面の後，世界恐慌が，次なる打撃となった。スイス経済の落ち込みは近隣諸国に比べれば小さかったが，失業の急増と全体的な不安によって，国内政治の緊張は高まった。しかし，1930年代半ば以降，またそれに続く戦争の時代には，スイスは，政治的・社会的な団結を強め，雇用者と労働者を堅固な同盟関係で結びつけることに成功した。

短期間に次から次へと現れた困難は，1930年代から1940年代の，スイス人の心性，文化，政治的・経済的・社会的行動を刻印した。1930年代を彩ったのは，共産主義と戦線運動という，左右両極の伸張であった。文化人の一部や，伝統的な右翼の大物の幾人かも，この危機の時代に一般的な，権威主義的国家への傾向に惹きつけられた。この傾向はまた，緊急法が頻繁に発動されたことにも表れていた。イタリアのファシズムは，右翼の支持者を感化せずにはいなかった。ヒトラーでさえ，当初こそは，ドイツの秩序を迅速に再建し，投資家に新たな信頼感を与え，ボルシェヴィズムに対する防塁となる者として，スイスのいくつかの社会集団を安堵させたのである。1934年以降，あるいはどんなに遅くとも1935年の人種差別的なニュルンベルク法によって，少数派を暴虐的に迫害する「第三帝国」の全体主義的性格が，露わになった。分権的な連邦国家体制の下，強固な民主主義の伝統を持つスイスの政治文化が，ナチス体制と全く相容れないものであることも，また明らかであった。とはいえ，スイスにおいても自由主義的な価値は後退を余儀なくされ，実利志向のコーポラティズムが浸透して，戦争勃発に先だって設けられた戦争経済組織を特徴づけることになった。「時代精神」はこれらの危機を育み，また多くの人々に，自国の文化とは異質にみえた全てのものに対する深い不信感を植え付けた。1914年以前に横溢していたコスモポリタニズムと，その時代の移動性は後退してしまった。多くの人々が，遠く大西洋の彼方からやってきた生活様式・考え方・信条といったものに，不信感を抱いた。ジャズはその一例であった。それに対して，外国起源の技術に関しては，人々の抵抗感はわずかであった。

スイスもまた，西洋の他の社会と同じ問題を抱えていた。反ユダヤ主義的な見方が，多かれ少なかれ，政治・行政・軍・教会の各階層に広まっていた。ユダヤ人に敵対的な見解は，もっぱら言葉で示されるのが常で，たいていは暴力を伴っていなかったものの，しかし，国民がこれをほとんど意識しなかっただけに，かえって危険であった★4。

スイスでは，早くも 19 世紀半ば以降，反ユダヤ主義が存在したことを確認することができる。1900 年以降は，反ユダヤ主義はもっぱらユダヤ人移民の流入に向けられた。20 世紀初頭になると，ロマ，シンティ，イェニッシュに対する差別も始まったが，これもまた，流浪民の文化に対する根強い偏見と，優生学的概念や〔民族構成を意識しての〕人口政策の帰結であった。このわずかな考察だけからでも，スイス人の行動を理解するためには，より長い時間軸の中にそれを位置づけるべきこと，少なくとも 1914 年まで遡って分析する必要があることが，明らかとなる。

　第二次大戦は，単に軍事的な戦いにとどまらず，経済的・イデオロギー的な闘争でもあったのであり，これは第一次大戦に比しても際だっていた。一つの民族集団を丸ごと迫害し，その絶滅を企てるに至って，その暴虐性は，前例のない次元に達した。スイスは，この大戦を傍観者として生き延びた。しかしその経済は，戦争に深く巻き込まれた。それは，スイスが海港も十分な天然資源も持たなかったためでもあった。スイスの経済活動は，はるか以前から国外に広がっており，大陸各地や世界各地とも密接な関係を持っていた。それだけに，たとえ短期間であっても，「自給自足（アウタルク）」たることは不可能であった。1940 年 6 月から 1944 年秋まで，この中立国は，枢軸国とヴィシー政権下のフランスに囲まれてしまい，それらの国から原材料・燃料・食料を輸入し，製品を輸出しなければならなくなった。枢軸勢力に二重に依存することになったのである。高度に工業化を遂げていたスイスには，これら諸国との貿易を続ける以外の選択肢はなかった。1943 年以降は，連合国との輸出入も再び増加していった。問題は，スイスが交戦国との取引関係や貿易関係を維持すべきか否か，あるいはそもそもそれが可能かではなく，どの程度までこうした関係を持つかであり，言い換えれば，交戦国に対する不可避的な譲歩と意図的な協力との間で，いったいどこに位置すべきなのか，という問題であった。

　1945 年以降，戦争を免れたスイスは，他国に比べれば恵まれた状況にあった。生産設備が無傷で残り，市場も維持され，また断絶と崩壊に見舞われた世界の中で，スイスのみが例外的に，政治的にも安定していた。そのためスイスは，戦後ヨーロッパの中で，卓越した地位を占めることができた。こうした事情と「冷戦」の影響の結果，過去について批判的な問いが投げかけられることはほとんどなく，まして自己批判が許容されることもなかったであろう。人々の記憶は，通常，戦争の時代の肯定的な側面に彩られており，これが一面的な歴史像を支えたのである。もちろん，この理想化された集団的記憶を批判する見方も，記憶の全ての要素が「誤り」であったとみなしているわけではない。そうした批判的な見方も，さまざまな場所で，崇高な目的のために尽力し，ナチス体制になにがしかの抵抗を試みた当時の兵士やその他の男女による貢献を，貶めよ

★4 フィンケルスタイン（152 頁の訳註 15 他を参照）は，この叙述に対して，「本当にユダヤ人が殺された方がましだった，というのだろうか」と批判している。Norman G. Finkelstein [2003], 201 頁，および，日本語版，フィンケルスタイン，ノーマン [2004], 184 頁参照。

うとしているわけではないのである。しかし、順応(アンパッスンク)の傾向を無視し、抵抗にのみ焦点を当てるこの理想化された歴史像が，1945年以降になると，重要な問題を遠ざけてしまったのも事実である。すなわち、スイスを「第三帝国」に，したがってまたこれら犠牲者の略奪・迫害・絶滅の場に結びつけていた経済的・金融的な関係の網の目と同様、ナチス体制の犠牲者が，脇に追いやられてしまったのである。

　20世紀末，1945年以来支配的であった肯定的な歴史像は，次第に批判に曝されるようになった。開戦50周年の節目に，総動員を記念する「ダイヤモンド式典」[《Diamant»-Feiern]が開催されたが，これを機に論争が巻き起こった★5。この年はまた，冷戦が終焉したという点でも，転換点であった。ホロコーストとその帰結への認識の高まりは，ヨーロッパでの戦争終結50周年を記念して開かれた連邦議会の特別会合と，1995年にベルンの大聖堂で——連邦閣僚が参列して——開催された式典に表れた。長く続いた沈黙の後，この時期になって，ナチスによる迫害の犠牲者とその子孫たちが，声をあげ始めた。かくして，返還と補償の倫理的・経済的側面がようやく世論の注目を浴びるに至ったのである。しかも，多くの文書館が1945年前後の文書を公開したことによって，新たな事実が明らかにされ，解明すべき問題の幅が広がった。一方には深く根付いた，ほとんど神話化された記憶が立ちはだかり，また他方には，事実を発掘して残された問題の解決を求める者たちがこれに対峙する，そうした感情的な雰囲気の中で，独立専門家委員会が設立されたのである。5年を経た今，歴史学的考察・調査結果・法学的所見から構成され，合計で1万ページを超える25巻の研究成果が，公刊された。これは，特別な文書閲覧特権に基づいて行われた委員会による精力的な努力の成果である。以下，その成果を検証し，いくつかの残された課題を挙げておこう。

難民政策

　1938年，スイスは，外国人と難民に対する政策を，大幅に厳格化した。しかしこれは，早くも19世紀末・20世紀初頭に始まり，1920年代に強められた，特定の集団に対する排斥政策の強化として行われたものであった。そうした差別は，外国人であるロマ

★5 1982年，軍隊の廃止を求めて，「軍隊のないスイスのためのグループ」[Gruppe für eine Schweiz ohne Armee]が設立され，イニシアティブ・キャンペーンを開始した。1986年秋，この運動は，11万1300の有効署名を集めて「軍隊のないスイスと包括的平和政策のためのイニシアティブ」を成立させた。1989年11月に行われた国民投票では，このイニシアティブは，否決されたとはいえ予想を上回る105万票，35.6%の賛成票を得て，スイス軍や保守政党に衝撃を与えた。

　これに先立ち，就任したばかりの連邦軍務相カスパール・フィリガーの主導で第二次大戦開戦50周年記念式典が開催された。背景には，このイニシアティブに対抗し，退役軍人の投票力を動員する政治的意図があったといわれる。こうした対立構図の中で，英雄的「抵抗」史としてスイス軍の役割を高く評価する旧態依然たる歴史像に，むしろ枢軸国に対する密接な経済協力によって侵略を免れたとの歴史家の見解が対立することとなった。同時に，女性の役割が完全に忘却されているといった批判もみられた。Heiniger, Markus [1989]，および，http://www.nzzfolio.ch/の«Diamant»-Feiern関連記事を参照。

第七章　結論：研究成果と未解明の問題　461

やシンティに対する政策や，国内に居住するイェニッシュ〔ツィガーヌ〕の扱いにも表れた。イェニッシュの子どもたちは，1926年以降，強制的にその家族から引き離されていたのである★6。こうした事実は，19世紀以来，人道主義的な伝統で描かれてきたスイス像を裏切るものである。スイスの人道主義的な伝統は，スイス人の自国イメージに深く根を下ろしており，同時にそれは，中立政策を倫理的に根拠づけるものでもあった。この連邦国家の内外での声評は，とりわけその庇護政策の伝統，外交上の仲介〔ボン・オフィス〕，ジュネーヴの赤十字国際委員会によるものであった。また，スイスが公式には，経済的に常に，商品・資本・サービスの国境を跨いでの自由な交換を擁護していたこと，そしてこれを制限することなく，仮に制限するとしても不承不承のことであったということも，そうした評価を支えていた。しかし，庇護を求める人々や難民，その他の歓迎されざる流入者に対して実際に追求された政策は，スイスの人道主義的で開かれたイメージと激しく対立するものだったのである。同様の対照は，顧客保護と銀行守秘義務を求めて流入した外国資金に対する歓迎ぶりと，ナチス体制による略奪・迫害から逃れてきた人々に対する入国拒否にも，みることができる。本書に示した調査の結果，総じて，既存研究によっても知られている以下の点が再確認された。すなわち，スイスのかつての人道的・庇護政策的イメージからするならば，中立国たるスイスは，自らが定めた水準を満たしえなかったのみならず，人間性が求める基本的な要求にさえ反していたのである。

　こうした流れの中で，決定的な措置が打ち出された。スイス当局は，1938年，すな

★6 非定住的な社会集団であるイェニッシュは，一説には地元貧窮民の子孫とされ，またロマの一派ともいわれる。「ツィゴイネ／ツィガーヌ」の他，地域・職種その他によって多様な呼称で呼ばれた。1850年代以降，彼らは滞在するスイスの各州で市民権を取得していた。1926年，Pro Juventute財団〔1912年にスイスに設立された著名な非宗教的・非政治的慈善団体。「慈善切手」の販売や募金によって運営される〕は，「街道の子どもたちのための救援組織」〔Hilfswerk für die Kinder der Landstrasse〕を設けた。同組織は，連邦政府等の支援を受けて，これらの人々の定住化を目的に，1972年までで総計800名近くのイェニッシュの子どもたちを両親から強制的に引き離し，里親に預け，あるいは精神病院や刑務所に収容した。当時その法的根拠とされたのは，両親の養育義務違反や非行等の場合に養育権を停止することを定めた民法の規定であり，また学術的な装いをまとった各種の精神医学的・優生学的見解であった。1972年，週刊誌『シュヴァイツァリッシェ・ベオバハター』に，この活動の非人間性を告発する記事が載り，社会的に批判が高まって，翌1973年にこの活動は中止された。1975年，イェニッシュは固有の民族集団として認知され，また1980年代以降，イェニッシュの自助組織，とりわけ1975年に設立された「街道の車輪組合」〔Radgenossenschaft der Landstrasse〕が，この措置に対する公的補償を要求した。1997年以降，補償と生活支援のための基金として，連邦によって「スイス流浪民の未来」〔Zukunft für Schweizer Fahrende〕が設立された。また連邦内務省の委嘱で，この児童隔離政策を検証する歴史研究も行われ，1998年に公刊されている（Leimgruber, Walter [1998]）。今日では，イェニッシュの子孫とされる人々がスイスに推計で3万5000人（全欧で10万人）ほど居住しており，そのうち1割程度が非定住生活を送っているとされる。Historischen Lexikon（http://www.hls-dhs-dss.ch）の当該項目，および，http://www.admin.ch/cp/d/387c8327.0@fwsrvg.bfi.admin.ch.htmlを参照。独立専門家委員会の研究以来の歴史像の見直しをも背景に編集されたチューリヒ州の学校教育向け歴史教材，Bonhage, Barbara / Grautschi, Peter / Hodel, Jan / Spuler, Gregor [2006] 132-133頁（邦訳：スイス文学研究会 [2010], 132-133頁）の記事も参照。

わち開戦に先立って，ナチスドイツに対し，ドイツ国籍のユダヤ人のパスポートに，「J」スタンプを押すよう促したのである。スイス当局は，人種を理由にドイツ当局から迫害された人々を，もはや庇護に値する人々とは認めようとはしなかったのである。スイスは，その地理的な位置のために，多くの人々にとって逃亡と生き残りの唯一の希望となったその決定的な時期に，その国境を閉ざしてしまった。またスイスは，療養疎開目的で外国児童を滞在させた際に，ユダヤ人児童の受け入れを拒否したのである。そうした当局の決定には，公然たる，あるいは秘かな反ユダヤ主義的態度が影響を及ぼしていた。しかもそうした態度は，長くスイスに定住しスイス国籍をとることを望んでいたユダヤ人が，1920年代以降に経験した差別にも表れていた。それだけでなく，1938年春以降のスイスの公的な政策は，法的にも政治的にも，外国に居住するスイス国籍のユダヤ人とその財産に対する外交的保護を渋るようになった。そしてとりわけ戦後においては，ナチス犠牲者に対するいわゆる損害回復の問題が生じると，かつての難民政策のつけを，できる限り衆目を集めることなく「処理」しようとしたのである。

　1944年ないし1945年以降においても，スイスは，迫害の受難者たちに，長期的な滞在をなかなか認めようとはしなかった。スイスは，難民には一時滞在のみを認めるとの立場を，依然として崩していなかったのである。ナチス時代に迫害されていた人々は，戦後になっても長い間，文化的・民族的理由でスイスへの入国を拒否された。もっとも，以上のような全体像の中では例外をなす幾人かの役人がいたことも事実である。例えば，ザンクト・ガレンの警察次長であるパウル・グリュニンガーが1938年に行った勇気ある救助活動や，ブダペシュト駐在の外交官，カール・ルッツの1944年の行動を人々は引き合いに出す。しかしながらスイスは，これらの事例があるからといって，人種差別主義的観念や反ユダヤ主義的偏見に囚われていたという非難を免れることはできない。歴史を取り繕うような見方は，スイスの難民政策に関する1957年のカール・ルートヴィヒの研究以来，多くの歴史研究によって，様々な角度からますます否定されつつある。

　とりわけ深刻な問題といえるのは，スイス当局がドイツの人種差別法を受け入れたことであった。これは，ヨーロッパのドイツ占領地域から流入するユダヤ人難民の受け入れ拒否を内容とする1938年と1942年の決定と指示にとどまる問題ではない。同様に重大であったのは，1941年11月25日のライヒ市民法第11政令による，ドイツユダヤ人からの市民権剥奪への対応であった。これにより無国籍者となった者には，スイスにずっと以前から〔在外ドイツ人として〕住んでいた人々が多数含まれたが，これらの人々は，難民として辛うじて滞在が許される身分に格下げされてしまったからである。しかも，連邦当局が1945年2月に在スイスドイツ人資産を封鎖した際には，数年前に市民権を剥奪されたこれらの難民たちは，一転して再びドイツ国民とみなされ，その財産もまた，凍結の憂き目に遭ったのである。ただし国際法上は，難民の保護や送還に関して，また難民の人道的な扱いに関しては，ごくわずかの義務しか定められていなかっ

たということも，同時に指摘する必要があろう2)。いずれにせよスイスは，きわめて頻繁にこうした国際法上の規範を引き合いに出してはいたが，しかしこれを迫害を受けた者の利益となるようには解釈しなかったのである。

独立専門家委員会は，新しい事実を掘り起こし，またすでに知られていることをより深く掘り下げた。後者の事例として，下記のような事実が挙げられる。カントンは，滞在許可証を発行する際に担保として保証金や約束手形を要求することが許されており，この制度は，カントンによってきわめて多様な形で運用されていた。また「亡命者」には，いわゆる「連帯税」〔3.4 参照〕という形で特別税の支払いが義務づけられ，そのため彼らの多くは，第三国への出国のために必要な資金を使い果たしてしまった。さらには，「非合法に」入国した難民の資産全体の——スイス・フォルクス銀行による——強制的な信託管理も，こうした知見の例である。またこれまで知られていなかった事実としては，第一次大戦後に設けられた国際刑事警察委員会［International Criminal Police Committee］〔1923 年設立。1956 年に改組され国際刑事警察機構（ICPO）となる〕でスイスが果たした役割が挙げられる。この組織は，民族社会主義者によるマイノリティに対する扱いを肯定的に評価していた★7。同様に注目すべきは，ドイツによる身代金要求に際して，スイスが，駆け引きの余地と利益保護国としての権限を，第三国へのユダヤ人の亡命のために用いようと努力したことであろう。

スイス像の忘れられてはならない一つの側面は，内外の多くの援助団体が，人道的な支援を——スイスで生活する難民に対するものであれ，他国で困窮し苦しむ人々をスイス内の拠点から助けるものであれ——提供したことである。こうした活動があったがために，スイスの諸官庁は，もっぱら人口政策・外国人政策・雇用政策の観点で政策決定を行っていたとはいえ，一時的・部分的ではあっても難民の受け入れを容認する姿勢をみせたのである。連邦政府は，援助団体の活動を民間主導で行われるべき事業と位置づけており，この原則は，長い間変わることがなかった。いずれにせよ，国の対応と，民間や難民自身による取り組みの違いを無視して，難民支援を丸ごと官公庁の功に帰してはならない。また，スイスで提供された援助の大きな部分が，外国の救援組織，とりわけアメリカのユダヤ系援助団体の資金で賄われたことも，忘れてはならない。しかも当局は，ユダヤ人その他のマイノリティの絶滅という民族社会主義体制の非人間的な目標について，例えば 1941 年に東部戦線に公式に派遣された医師団からの情報や，多数の経済的な接触を通じて，早くから正確な情報を得ていた。そうした情報を脇においても，すでにそれに先立つ時期に，差別，迫害，追放は，公然と行われていたのである。

とはいえ，知ること，知ろうとすること，行動することの間には，大きな溝があるのであって，今日の視点で振り返ると，なにゆえ連邦内閣が，1938 年時点で，あるいは特に 1942 年の段階で，迫害された人々を断固として保護し，有効な援助・救済政策を

★7 この事実は，この最終報告書の本文では触れられていない。国際刑事警察委員会におけるナチスと各国警察当局の関係については，例えば，Deflem, Mathieu［2002］を参照。

執ろうとしなかったのかを，理解するのは容易でない。1938年のエヴィアン会議と，それに続く2年間の時期には，スイスの対応は，他国のそれと大きく変わるものではなかった。しかし1942年から1944年の時期には，ナチスに迫害された人々の命を守り，国際的に活動する援助・救援団体に引き渡すという点では，スイスは，地理的にも歴史的にも，これが可能な唯一無二の位置に立っていたのである。これが可能であったろうことは，スイスに受け入れられ，支援と理解を得た非常に多数の難民，特に軍人難民の存在によって示されている。しかし，スイスがその国境を次第に閉鎖し，拘束した難民を迫害者の手に引き渡し，あまりにも長い間制限的な難民政策に固執した結果，多くの人々が確実な死へと追いやられてしまった。これによってスイスは，民族社会主義者がその目標を達成するのを手助けしたのである★8。

　かつての難民たちや，彼らを救った人々，またその他同時代の人々による証言，あるいは，難民の拒絶を正当化する「満員のボート」という比喩を批判してきた文献や映画，さらには，かつて迫害者に引き渡された難民たちに関する近年の訴訟，これら全ての，過去を振り返って理解しようとする試みの中では，常に，先見の明やあるべき行動，受け入れや拒絶，救済や死といったことに関する疑問が，投げかけられてきた。そしてそのつど，謝罪めかした自己弁護がなされてきた。しかしそれらはいつも，当時難民を救った人々を素通りしてきたのであり，いわんやナチスによる迫害によって殺害され，あるいはこれを生き抜いた犠牲者たちは，まったく無視されてきたのである。ユダヤ人の記憶の中では破局の語で追憶される大虐殺〔「供物」〕の生存者たちや，そしてその子孫達が，スイスにおいても，まだ我々とともに生きていることを，我々は忘れてはならないのである。

経済的・資金的側面

　他国よりも高いスイスの生活水準は，昔から，国外との関係に依存していた。スイスの主要工業部門は，国内よりも外国に多くの顧客を持ち，また多数の多国籍企業が，その本拠をスイスに置いていた。こうした外部市場との密接な関係のために，1930年代の出来事と趨勢——世界恐慌，為替管理の広まり，通商関係での保護主義と二国間主義——は，スイスの企業や政府当局の思考方法や行動に，大きな影響を及ぼさずにはいなかった。それゆえ，当時すでにスイスの最大の貿易・投資相手国となっていたドイツの景気が力強く回復を始めると，ドイツ市場がますます魅力的となったことも当然であった。重要な立場にいる多くのスイス人の眼には，政治情勢も，経済動向に対するこうした楽観的な見方を裏づけているように映った。当初は1933年に成立したナチス政権によってようやく安定性が回復したように思われた。また，——「望ましくない人物」の場合を除けば——私的所有権が維持されることが明らかになると，党綱領の「社会主義

★8 第3章の結論が繰り返されている。いずれも，独立専門家委員会委員長のベルジエが，本報告書の公刊後，最も議論となったと証言する部分である。

第七章　結論：研究成果と未解明の問題　465

的」側面に対する憂慮も薄れていった。

　こうした状況の下で，多くのスイス企業は，ドイツとの取引関係の拡大に努めた。保険会社は，新しいビジネスチャンスを求めて，営業網を拡張した。また各社のドイツ子会社も，景気回復に乗って利益を伸ばしたマギー社や，軍拡ブームの追い風を受けたAIAG社などのアルミニウム製造企業にみられるように，生産量を拡大した。経済恐慌から深刻な打撃を受けていたスイスのホテル業界は，裕福なドイツ人旅行者を惹きつけるために，外貨制限の緩和を要求した。

　しかし，ドイツ業務の拡大に挙って邁進するスイス産業界の中で，銀行業は一つの例外をなしていた。銀行は，特殊な状況の下にあった。1920年代にドイツの顧客に対して供与した多額の信用が，1931年の大規模な金融恐慌によって凍結されてしまっていたからである。それ以降，各銀行は，モラトリアム協定によって凍結された貸付枠を徐々に削減することで，ドイツ・リスクを軽減しようとした。いくつかの銀行，特に盟約者団銀行とバーゼル商業銀行は，あまりに多くのドイツ資産をバランスシート上に抱えていたため，ドイツ資産の清算さえままならない状況にあった。しかし，ドイツでのリスク軽減に躍起になっていた他の銀行も，完全な撤退は避け，むしろ，信頼できる提携先のドイツ企業に与信業務を委ねて，事業の質を高めようとした。それら提携先のドイツ企業——例えばIGファルベンやドイツの大銀行——は，大企業であるか，あるいは国や党と密接な関係を持つ企業であった。その点では，これら提携先企業のうちのいくつかが，民族社会主義下のドイツでも最も問題を孕み，政治に肩入れをしていた企業であったということも，驚くにはあたらない。

　ドイツの輸入の中心品目が，消費財から，投資財——とりわけエンジニアリング製品や工作機械——へとシフトすると，いくつかのスイス企業は積極的にこの新しいニッチ市場に参入していったが，他方では，例えばヴィンタートゥールのスルツァー株式会社などのように，撤退する会社もあった。ドイツへ新規に直接投資を行う会社はほとんどなかったが，しかし既存の企業は為替管理のためにその利益をドイツ内で再投資せざるをえず，スイス企業による投資は右肩上がりで増え続けた。ドイツ事業に深入りした企業は，新しい政治的潮流や，ドイツでの取引関係，その他の経営環境に順応しなければならないと感じていた。そうした企業はユダヤ人株主との関係を絶ち，ドイツではユダヤ人の職員や経営幹部を解雇し，あるいは退職を促した。いくつかの事例では，スイス国内でもこれが行われた。スイス当局は，社員や役員，株主の「アーリア的」ないし「非アーリア的」出自についての調査には回答する義務はなく，この種の情報は一切漏らしてはならないとの通達を出したが，これらのスイス企業は，その行動を変えなかった。既成事実を前にした当局は，結局これを追認した。このようにしてその地位を失った人々の運命はさまざまであった。単に解雇された者もいれば，経営者の配慮で，スイスやアメリカ，南アフリカなどへ転勤させられ，救われた者もいた。これらの企業は，迫害を受けた人々に何が起ころうとも，ドイツでのビジネスを危険にさらすことは望ま

なかった。

　スイスの政治当局は，この戦略的な「順応」（アンパッスンク）で大きな役割を演じ，自由主義経済の伝統から遠ざかっていった。この動きは，部分的には，1930年代の国際経済環境の変化と結びついていた。ドイツとの資金的なつながりの深さのために，1934年以降，クリアリング協定に関する交渉が，公式の外交日程にのぼった。この協議では，例えばフォアオルト（スイス商工業連盟代表部）やスイス銀行家協会といった民間経済団体の代表が，政府官僚に毎回のように同行した。政府部門と経済界のこのような結びつきは，1930年代に目立つようになったある種の組織的コーポラティズムの特徴を帯びていた。国家は利益団体のネットワークの中に完全に統合されてしまったのである。とりわけ，ドイツが抱える多額の未払債務に関する交渉は，「労働」と「資本」のそれぞれの取り分をめぐるスイス国内の論争と絡み合っていた。ドイツにあまりに高い利子・元本支払いを要求すると，ドイツ人はスイスからの輸入を減らさざるをえず，回り回ってスイスの雇用が減ることになりかねない，という議論が行われたのである。

　戦前に発達したこのような行動様式は，戦時期の政策の基礎となった。スイス経済界は，自国政府ならびにドイツとの間に，三角形で結ばれる利害関係を構築したのである。しかもそれは，ドイツの再軍備が加速し，ユダヤ人からの所有権の剥奪がエスカレートした1937年末の時点よりも，ずっと以前に遡るものであった。しかし後世の視点で振り返ってみると，この1937年頃に，重大な危機が生じていたことが明らかである。まず外交面では，ドイツは平和にとってますます大きな脅威となっていた。他方ドイツの国内政策をみても，スイスの政府当局者には，ドイツの措置が法に反することは疑う余地がなかった。しかしながら，ドイツの地位が強まった結果，スイスの経済界はドイツの状況に順応しなければならないとの圧力をますます感じるようになっており，経済界の圧倒的多数の者が——スイスの法観念に反することは無視して——これに屈したのである。その結果，銀行や保険会社は民族社会主義者の迫害を受けた顧客の利害を無視するに至り，ユダヤ系社員を解雇し，挙げ句の果てには，スイスの新聞社に対して，ドイツの取引相手や政治組織について批判めいたことを書かないようにと圧力をかけさえしたのである。幾人かの人々は，こうした行動を，多くのヨーロッパ諸国が推進していた「宥和政策」［appeasement］と政治的によく似た議論で正当化した。要するに，より豊かなドイツは，孤立したドイツよりも，より平和的で友好的なドイツたりうるであろう，というわけである。ビジネス上・通商上の利益のみを考慮すべきだとの意見も広く共有されており，この点では，財界と政府当局は一致していた。

　戦争の間も，スイスの銀行はドイツの経済界に資金供給を続け，信頼に値する取引相手を求め続けていた。例えばこれらの銀行は，IGファルベンやドイツの国家銀行に，新規に信用を供与していたのであるが，これらドイツの借り手は，強制労働者にますます依存しながら軍需生産に邁進する企業の資金需要を賄っていた。他方，スイスの保険会社は，ドイツ戦争保険共同体に参加していた。これらの企業は，占領された西ヨー

ロッパ諸国で新しいビジネスチャンスがあることに気付き，これを事業化した。総じてスイスの保険会社は，ドイツ経済が戦争に備えるにあたって重要な役割を果たした。またスイスの輸出企業——特に工作機械メーカーと精密機械メーカー——にとって，ドイツは，大規模で非常に収益性の高い市場であった。スイスのメーカーのドイツ子会社は，経済の再編に適応し，戦争の間もその活動を続け，強制労働者や，いくつかの事例では強制収容所の収容者をも雇用していた。外国企業がスパイ活動を行うのではないかとのドイツ側の危惧や，民族間の闘争，ひいては「人種」闘争という意識が，戦時期の雰囲気を支配していたが，そのためにドイツに拠点を置くスイス企業の子会社は，可能な限りその「ドイツ性」を強調することになった。何らかの保護が得られるのではと期待して，ナチスの党員を優先的に採用するといったことも，そうした振る舞いの一つであった。ドイツ国家への忠誠をデモンストレーションする必要のために，スイス本社とドイツ子会社の間の関係は制限され，文書の受け渡しも減って，多くのやりとりが口頭で済まされるようになった。しかしいくつかの事例では，この人的接触は頻繁かつ濃密に行われていた。

　独立専門家委員会が調査した事例では，ドイツと密接な関係を持つスイス企業の多くは，状況に順応していた。これは，そのドイツでの事業についても，またスイス本社が下す決定についても，あてはまる。しかしながら，潜在的には企業行動には一定の自由度があり，しかもそうした行動の余地を利用した場合にも処罰を受けずに済んだことが，いくつかの例外的な企業の事例から明らかとなっている。ドイツ領内に立地するスイス企業の利害はドイツの利害に沿っていたのであるから，それら在独子会社には一定の行動の余地があったに違いない。しかしそれが十分に利用されることはけっしてなかったのである。

　スイスの政府当局が，スイスの企業活動による外交政策や安全保障への影響のみならず，それが国内の生産活動や社会関係に及ぼす影響に対しても注意を払っていたことは，明らかである。例えば，1944年3月という遅い時期になっても，雇用創出に関するある報告書は，雇用を創出するために，スイスの輸出品生産を「戦前水準よりもずっと」高い水準に引き上げねばならないと，論じている。この主張がなされた時期は注目に値する。というのも当然これは，スイスの企業は，ドイツ財界との密接な関係をドイツの敗戦が明白になった時点で断ち切ったのだろうか，という疑問につながるからである。しかしそうした認識の正確な時期を定めることは，なかんずく軍事情勢についての認識が人によって異なる以上，不可能である。

　スイスからドイツへの輸出は，1943年に大幅に減少した。同年，「ライヒ」との通商交渉に臨んでのスイスのスポークスマンの発言は，従来とは異なる厳しい調子を帯びていた。1944年4月以降，スイス国立銀行は，ドイツからの金貨の受け取りを拒否した。また同年10月，スイス政府は武器と弾薬の輸出を禁止した。1945年1月，スイス政府は，イタリアへのドイツ炭の鉄道輸送を制限した。しかし，「ライヒ」の敗北が近付き，

その支払い能力がますます怪しくなると，スイスの債権者たちは，未回収の債権を取り立てる最後のチャンスを捉えようとし，いくつかの事例では，非常にいかがわしい交渉を行った。例えば，レンテンアンシュタルトのハンス・ケーニッヒは，一連のスイス保険会社の債権を回収すべく，戦争の最末期に，ドイツが供給する金塊に手を出そうとした。しかし，ライヒスバンクの金塊が略奪品であることはずっと以前から知られていたし，連合国は，この種の取引で得た金塊は戦後返還されねばならないと警告しており，しかもスイスの交渉担当者は，ラクリン・カリーが率いる連合国側交渉団に対して，1945年3月初めに，この種の取引を禁じる旨を約束していたのである。

既存の債権の回収とともに，他の点でも利益の確保が図られた。多くのスイス人実業家は，ドイツの経済的な発展は，戦後も続くだろうと確信していた。もしそうだとすれば，ドイツ市場に早い時期に再進出するか，あるいはそもそも撤退せずに事業を維持することに，大きなメリットがあるということになる。こうした発想があったと考えると，個人や企業が，今日の視点では疑問視されざるをえないような決定をなぜ下したのかが，理解できる。スイス財界の大物たちは，ナチス体制を積極的に支えたとして訴追された戦時中からのドイツ人取引相手のために，繰り返し弁護を行い，いわゆる「ペルジール証明書」★9を発行した。他の事例では，ドイツ資産のカモフラージュ工作をスイスの実業家が助けたことが，文書に残されている。また部分的ながら，その種の取り決めが，戦後になって表沙汰になっている。しかし，IGファルベンとIG化学ないしインターハンデルの間で争われた有名な紛争では，文書によるなんらの取り決めも存在しなかったようである。IGファルベンは，アメリカ合衆国での自社の利益を守れるのではないかと期待して，その子会社を，友好関係にあるスイス人の手に無条件で委ねたのである。

総じて，各企業は，先進的な革新的技術に対する需要が戦後も拡大するであろうと見込んでいた。そうした状況の下では，スイスのエンジニアリング企業は，ドイツに確固たる拠点を持つことによって，またしばらくの間は——ドイツの競合企業の脱落の結果——独占的な地位を享受することで，利益を得られるに違いない。スイスの行政当局も，経済界のこうした見方と近いところに位置しており，その見方を共有さえしていた。前述のように政府当局は，その政策を弁護するために，しばしば労働市場の状況を引き合いに出していた。スイスは，1946年5月のワシントン協定で，在スイスドイツ資産の登録と清算について連合国と合意していたものの，スイス当局者は，この措置に対して後に否定的な態度をとった。こうした姿勢は，ドイツ市場の重要性の高まりに関するスイスの財界と政府の共通認識によって，説明することができる。

後に返還請求の対象となったホロコースト期の資産に対する銀行の対応も，こうした

★9 ペルジールはヘンケル社（ドイツ）の有名な洗剤の商標である。多くのナチ犯罪者がこの種の証明書でその「潔白」を証明し処罰を免れたことを，当時の人々が「よく落ちる」強力な洗剤の効果に例えた表現である。

構図の一部をなしている。銀行の活動は，大部分がスイスの領土内で行われており，それゆえドイツ法に順応する必要はなかった。しかしそれにもかかわらず，自らの資産を安全のためにスイスに移したこれら銀行の顧客の利益や，「アーリア化」された企業の元来の所有者で，スイス人顧客に対する債権を守ろうとした人々の利益よりも，枢軸勢力との取引が重要であるとみなされた。これに関しては，為替管理によって課せられた制限によって，これら銀行のバランスシートの相当部分が，あたかもドイツ側にとられた「人質」のようになっていたことが，重きをなしていた。しかし，利用可能な史料によって，スイスの銀行の行動を一般化することはできない。とりわけ個人銀行については，量的にも質的にも，また公的文書でも私的文書でも，残された史料は少ない。独立専門家委員会の認識では，個人銀行は，総じて合法的であった商業銀行の一般的な行動モデルに同調していたようには思われない。これは部分的には，個人銀行がその顧客とより密接な関係を有していたことから説明できる。戦争が始まる前から，銀行界では一般に，口座所有者の署名が入った振込依頼書を受け取った場合には，口座資産をドイツの外国為替銀行に移していた。少なくとも1938年までは，これが本当に所有者の意思に基づくものなのか，それともその署名が強迫下でなされたものであるかの判断を，銀行員に期待することはできない。しかしその後は，迫害された人々の財産を奪おうというナチス当局の意図は明白になっており，「合法的な理由に基づく」資産移転という観点からして，より慎重な態度が期待しえたはずなのである。

中立法と中立政策

スイスの外交政策の原則である中立は，長い伝統の中で生まれ，1815年に列強によって国際法上も認知された後，国際法の運用の中で何度も再確認されてきた。スイスは，1920年，国際連盟への加入によって，全ての非軍事的な集団的安全保障措置への参加を義務づけられた際に，「制限中立」［differentielle Neutralität／neutralité différentielle］を宣言した。しかし1938年には，連盟理事会の承認を得て，「絶対中立」［integrale Neutralität／neutralité intégrale］に復帰した。中立国としてのスイスの地位は，中立国の権利と義務を定めた1907年の二つのハーグ条約に成文化された一般的な中立法に基づいている。この条約は，中立国の権利として，その領土の独立と不可侵，ならびに交戦国との通商の権利を認めている。また中立国の義務としては，交戦国の戦争遂行を支援すること，軍事的な目的で交戦国に自国領土を利用させること，また経済的な規制——例えば，民間人による戦争物資の輸出や通過の許可など——を行う際に，交戦国を不平等に扱うことが，禁止条項として数えられている。中立法は，国家にのみ義務を課すものであって，個々人の行動を縛るものではなく，またとりわけ，信条の点で中立の義務を課すものではない。したがって個人も企業も，中立法の下には置かれない。このように純然たる国家のみを対象としたのは，これが，国家と社会の截然たる区分に基づく19世紀的で自由主義的な思想の古典的産物であったからに他ならない。

しかしながら，こうした伝統的な中立概念は，第一次大戦以降，国家と民間経済がますます密接に結びつくようになった結果，疑問視されるようになった。この事実は，中立政策に影響を及ぼした。戦争物資の輸出に関しては，自由放任政策への批判が強まっていった。武器禁輸に関する政策のめまぐるしい変遷は，スイス国家が，もはや中立法の狭い定義に引きこもってはいられなくなったことを示している。また，中立原則が想定している交戦陣営の──「通常の状態(クラン・ノルマル)」に基づく──平等処遇は，20世紀には，中立国の義務をめぐる議論の中で重要な位置を占める政治的争点となったのである。

第二次大戦では，一般的な中立法の規則は，大幅に侵害された。中立は，ベルギー，オランダ，デンマークといった小国を，「第三帝国」による占領から守ることができなかった。その限りでは，中立が提供する保護は，恥知らずで予見不可能な侵略者の専横を前にしては，きわめて脆いものであった。スイスの場合にも，交戦国は，中立法をしばしば侵害していた。例えばスイスは，繰り返し領空を侵犯されていた。他方スイスの側も，中立法が課す義務を常に厳格に履行していたわけではない。戦争物資の輸出や，その通過に対する監視が不十分だったこと，それにドイツやイタリアへの戦争目的での信用の供与は，中立義務に反していた。スイスは何度も，中立を盾にとった。スイスは，さまざまな問題に関する自らの決定を正当化し，あるいは国の不作為を弁護するために，中立を妄りに引き合いに出した。例えば，枢軸国のみが利用できる鉄道輸送を連合国が非難した際には，そうした非難は中立に対する侵害であると反論したのである。

第二次大戦中のスイスの防衛・外交・経済政策における利害計算では，中立は中心的な役割を果たした。行政当局や国民の当時の自己評価によれば，中立は，スイスを戦争から遠ざけておくことに大きく貢献していた。スイスが，連合国の非妥協的な戦いと幸運によって侵略を免れたという事実は，そこでは見落とされていた。

中立は，スイス人の教義においては，独立を維持する手段であるとされていた。中立は，戦争と占領がもたらす暴力と圧政から，スイスの国土，その住民（難民も含め），そしてその諸制度を，守るものとされていたのである。中立はまた，伝統的には，人道主義の原則とも結びついており，またこれによって正当化されていた。もちろん我々は，今日，第二次大戦中のスイスの行動が，倫理的にどのように評価されるのかと自問している。人々が，実際的な原則，すなわち，どのような潜在的敵国にとってもスイスを放っておく方が好都合であるようにしておくという原則に，従っていたことも確かである。しかし今日，我々は，人道主義的な取り組み，とりわけ難民政策に深入りせずにすむようにするために，政府が，中立の議論をどれほど「教条主義的」かつ「鈍感に」利用したのかを，知っている。第二次大戦後の国際法の発展によって，中立政策の中心的な要素──人道主義的国際法と国際的な人権保護──は，法的に大幅に強化され，またその地位も高まった。

ナチスの不法体制による法治国家への挑戦

1933年，民族社会主義者が権力を掌握し，ヴァイマル共和国の憲法は破壊された。憲法が定めた基本権は廃止され，代議制民主主義の諸制度は，指導者原理と人種的に定義された「民族共同体（フォルクスゲマインシャフト）」への（プレビシット的）アピールに取って代わられた。連邦国家的な構造は「画一化（グライヒシャルテン）」され，権力分割は権力一元論に道を譲った。司法の独立や公正な裁判といった制度的保障も，崩れ去った。法律は，それがまだ残っているところでは，体制の権力政治的かつ犯罪的な目標を貫徹するために，あるいは，全体主義国家の「より高次な利益」の名の下に自由権・参政権・所有権保護を剥奪するために，再解釈された。合法性の尊重を装う行為でさえ，法の観点に背馳していた。例えば，1938年に，ナチスの党機関紙である『デア・シュトゥルマー』★10は，「無統制なアーリア化」［wilde Arisierung］は，「法治国家」においては容認されないと批判していたのである。総じて，今日の視点で振り返ると，「セーフティ・ネット」となりうるような強力な国際法——すなわち，国家が創出する法秩序の基礎となり，その当否の規範となるような国際法——が，あの時代に欠けていたことが，如何に大きな損失であったかが，浮かび上がるのである。

ドイツにおいて民族社会主義の旗印の下に行われた法の革命を前にして，スイスの憲法体制も，無傷ではすまなかった。しかしスイスの法学は，民族社会主義的秩序について，内容のある批判的研究を行うことはなく，むしろ，単にこれを拒絶するか，無視したのである。スイスの法学は独自の道をたどった。スイス憲法の体系にドイツ法を摂取することは，一度たりとも考慮されたことはなかった。しかしスイスは，外部からの権力政治的な挑戦に対しては反応を示して，1939年の連邦議会は，連邦内閣に対し，緊急法の制定権限を与えた。これは，すでに1914年の時点で第一次大戦に直面して構築された全権委任体制——これは当時，連邦裁判所によって合憲と判断された——を指向したものであった。同様に，1930年代に連邦議会が作り上げた胡散臭い慣行，すなわち，緊急性条項を引き合いに出して，連邦法をレファレンダムの対象からますます頻繁に除外してゆくという慣行も，こうした挑戦に対する反応であった。連邦内閣は，1939年8月30日の全権委任決議の結果，補完性原則〔361頁訳註4参照〕と均衡性［Verhältmässigkeit］の原則の枠内で，憲法に基づく市民とカントンの権利に干渉する権限を得た。連邦内閣が緊急的権限を露骨に濫用することはほとんどなく，一般国民も全権委任体制を合法的なものとみなしていたが，しかしその合憲性には疑問が残った。一方では，憲法の条文に緊急事態に関して明文化された条項が欠けていることが批判されていたが，他方で政府当局は，法学者の多数の支持を得て，憲法自体が破壊される事

★10 1923年から1945年まで刊行された反ユダヤ主義的・通俗的週刊新聞。編集長はニュルンベルク裁判で死刑となったユリウス・シュトライヒャーである。同紙はヒトラーの愛読紙であり，その内容はナチス党の反ユダヤ主義政策と密接な関係を有していたが，一般にナチス党機関紙とされる『フェルキッシャー・ベオバハター』と違い，ナチス党自体が刊行主体であったわけではない。

態は憲法が意図するところではないとして，憲法との間に矛盾はないと主張した。戦争終結後4年もたった1949年秋，「民主主義への復帰」国民イニシアティブが僅差で成立し，緊急政策の発動と緊急法によって連邦憲法が20年間にわたり経験した侵食の過程に，ようやく終止符が打たれたのである。

　ドイツの法哲学者，グスタフ・ラートブルッフ〔384頁原註142参照〕は，民族社会主義者による独裁とそれに続くドイツの敗北・占領に直面して，実定法を，その性質からして，正義に奉仕すべく定められた一つの秩序であると定義した3)。通常は，公正な法秩序の基準を定め，それに照らして一般法の適否を判断するのは，何よりも憲法の役割である。しかし，民族社会主義者による不正義の体制との対決においては，この役割は，何よりも国際私法と国際的な民事訴訟法の運用での，「公序」条項によって担われることになった。一連の判決の中で，州裁判所と連邦裁判所は，「自国における法感覚が受忍しがたいまでに侵害される」との理由で，――例えばニュルンベルク人種法の場合などは――外国の判決の効力をスイスに及ぼすこと，あるいは外国法を適用することを，拒否したのである。国際私法・民事訴訟法システムにおける「緊急避難条項」としての「公序」は，個人の尊厳，法の下での平等，恣意の禁止といったあらゆる法治国家に固有の基本的価値の拠り所となっている。このような観点で，スイスの司法制度と判例は，明確に一線を画していた。労働権の問題や所有権の剥奪に関する事例では，裁判所は，多くの場合，枢軸国，とりわけドイツの規定の有効性を否定する判決を下した。経済界の行動や政府の決定，ありえたかもしれない行動の余地も，こうした背景に照らして判断されねばならない。

　難民政策との関連で言及したスイスの行政法と行政慣行におけるナチス的範疇の受容は，これとは異なった方向性を示している。戦後，「休眠資産」に関する議論において，銀行と行政当局は，「公序」を引き合いに出してまで，この分野での特別法の制定に反対した。ここで「公序」は，1934年の銀行守秘義務法――その存在理由(レゾン・デートル)は所有権保護の強化にあった――を，ナチスによる犠牲者から正当な所有権を奪い取り，資産の返還を阻止するような形で解釈するために，利用されたのである。

責任と返還

　略奪と戦争の歳月が，「第三帝国」の支配地域で生きる全ての者に壊滅的な打撃をもたらすであろうことは，1945年のはるか前から明らかであった。しかしこの荒廃の実際の規模は，想像を絶するものであった。それだけに，連合国が戦争の間繰り返し通告した措置，すなわち強制的に行われた資産移転を戦争終結後に無効化するという警告を実行に移すことが，緊急に必要であると思われた。それゆえ，連合国が中立国に狙いを定めて，この措置を実行するよう要求したことも，驚くにはあたらなかった。実際，これに関する交渉は，すでに終戦前から行われていた。しかし結局，資産の返還は迅速には行われず，しかも不完全なものにとどまった。

戦争が終わったというのに，なぜこのようなことが起こりえたのであろうか。スイスへの脅威は消え去り，スイスはもはや「包囲」されてもいなかった。その諸制度は無傷のまま残り，その経済力のお陰で，スイスはヨーロッパの経済的な再建に深く関与することができた。連邦とスイスの銀行がフランス（1945年3月以降），イギリス，その他多くの国に供与した貸付によって，これらの国は，自国で不足する生産財，例えば工作機械などをスイスから購入しえた。しかし間もなく，西側とソヴィエト・ブロックの間に発生した「冷戦」が，戦前・戦時中に発生した問題を後景に押しやってしまった。戦勝国がかつてスイスに突きつけた——そして1945年2月にカリー交渉団によって繰り返された——要求は，もはや喫緊の優先事項ではなくなってしまった。1946年5月のワシントン協定は，何よりもスイスの不適切な行動に言及することなく，しかも全ての請求権を国家間レベルで解決するものと解釈されたために，スイスにとっては非常に好都合な内容であった。こうした状況下で，スイスで官民の責任ある地位に就いていた人々は——ある者は無関心のために，またある者は良心の呵責を覚えつつ——戦争の重い遺産を黙殺したのである。また一般世論も，この問題への関心を失った。人々はますます，眼前のスターリニズムの脅威に心を奪われ，ほとんど消え去った民族社会主義の脅威を忘れてしまい，むしろ普段の生活を取り戻すことを望んだのである。

戦後，過去に対する責任の意識は，迫害や略奪の結果スイスで預けられ，その後もスイス国内に残された資産を，その正当な所有者に返還することによって最も明示的かつ具体的に示すことができたはずであり，また示されてしかるべきであった。

個々の事例について，誰に何が帰属するのかを明らかにしたり，休眠資産や，文化財，その他の資産の具体的な返還の問題に直接に携わったりすることは，委員会に与えられた任務ではない。またスイスに残されている資産を特定し，これを外国の合法的な所有者のもとに送り届けることも，委員会への委嘱内容には含まれていない[4]。そうした任務は，他の組織によって取り組まれ，その一部はなお進行中である。独立専門家委員会の任務は，可能な限り広範囲に問題を検討し，この問題が生じた状況を解明することであった。前章までの叙述において我々は，法の抜け穴，裁判所の無力さ，責任ある者たちの抵抗，略奪を受けた所有者たちが往々にして無力であったこと等について，詳述してきた。

返還すべき資産全体の中で，最大の部分をなすのは，銀行で単に「休眠」状態にあるか，あるいは手続き上も休眠口座に分類された資産であった。銀行は，私的財産権保護の義務を口実にこれらの口座や所有者を真剣に探す努力を怠り，全ての形式的な証明書類（口座番号，公的機関が発行した死亡証明書）を提示できなかった相続人からの返還請求に応ずることを拒否した。多くの相続人にとって，公式の死亡証明書や口座番号を手に入れることがほとんど不可能——また殺害された相続人の代理団体にはそもそもまったく不可能——であることは，誰が見ても明らかだったにもかかわらず，これを要求したのである。銀行家たちは問題を認識してはいたが，一般的なルールを設けようという

あらゆる試みに長い間抵抗を続け，これをまんまと阻止した。1950年代末にようやく成立した1962年の報告政令でさえ，犠牲者やその子孫を代表する組織の提案を，ほとんど考慮していなかった。この特別法は，不十分な形で，きわめて狭く定義された対象にのみ，適用された。

　保険会社や，戦前・戦中に枢軸国が支配した市場に大きく傾斜していたその他全ての企業も，同様の問題に直面した。迫害を生き延びた人々や，犠牲者の相続人が，その所有権を回復しようとしたのである。しかし保険会社の場合には，根本的な相違があった。保険証書には，常に契約者の氏名が記載されており，容易に権利者を特定しえたのである。しかし，スイスの保険会社はその保険証書の大部分を枢軸国支配地域で作成しており，またこれらの証書は同地域内で強制的に売却〔保険契約を解約〕ないし接収されていたため，スイスの裁判所は，返還を請求した人々に対し，ドイツ連邦共和国の損害回復担当部局に訴えを持ち込むよう指示したのである。後に東側陣営となった地域で民族社会主義者の略奪に遭った人々も，スイスでは基本的に門前払いされた。こうした行動は新しいものであった。というのも，戦争中でさえ，スイスで解約返戻金を支払うとの条項を持つ保険証書が提示された場合には，原告の主張が認められ，ドイツ側諸機関の主張を退けて，スイスで裁判が行われたからである。とはいえ，スイス国内で発行された保険証書が如何なる運命をたどったかについては，余すところなく解明することはできなかった。多くの物損事例，例えば1938年9月9日の「水晶の夜」による損害に関する保険金支払請求に対しては，保険会社は，戦後になってごくわずかの額を支払うにとどまった。

　金額的には二次的であるが，心情的にはより大きな意味を持つのは，美術品・蒐集品・文化財その他の動産である。これらは1943年1月5日のロンドン宣言と，カリー代表団との協定の対象に含まれていた。しかしその返却はたやすいこととは思われなかった。これらの品の多くは，多くの人々の手を渡ったものであり，スイスはしばしば，その取引拠点となった。多くの場合，その出所はもはや容易には判らなくなっていた。多くの芸術品で，その出所に不審な点があるように見えたはずであるが，これがしばしば，多かれ少なかれ略奪品とは気づかれぬまま美術館や愛好家の手に渡ったことも事実であった。他の範疇の資産と同様，美術品や文化財でも，略奪された可能性がある品を特定する作業は，外国からの情報によってはじめて行われた。実際に連邦内閣は──連合国が作成した作品のリストに基づき──1945年12月と1946年2月の政令によって，損害を被った本来の所有者に対し，連邦裁判所の「略奪財法廷」に返還申請を行うことを許可した。連合国のリストに掲載された77点のうち70点の作品が，判決もしくは和解によって，返却された。しかし，この連邦の政令は，問題を解決することができなかった。というのも，この措置は，対象時期を戦時期に，また対象地域を1939年以降ドイツによって占領された諸国に限定し，しかも元来の所有者には2年間に限って提訴を認めたに過ぎず，しかもこうした法規定を国際的に周知する努力を一切しな

かったためである。そのため多くの所有者は戦後の混乱の中でこれについての情報を十分なタイミングで得ることができなかったか，あるいは必要な書類を手に入れることができなかったのである。

　連邦のこの政令は，有価証券の返却についても規定していた。しかしここでも，返還手続きは，有価証券取引業者がより柔軟な姿勢を示したにもかかわらず，見せ掛けの遵法主義を振りかざす銀行によって阻止されてしまった。ここでも，2年という提訴期間のために，個人が十分な返還を受けることはほとんど不可能となってしまった。

　スイス人は，直近の重大な過去に対する責任を認めることを躊躇したのだが，しかしそれは，物質的・金銭的な返却・補償の問題に限られたわけではない。同様のためらいは，少なからぬいかがわしい事業――インターハンデル――や，名義人，弁護士，受託業者，実業家らの一部が関わった怪しげな活動が表沙汰となって，スイスの面目や利害が損なわれることに対する政府や経済界の危惧にも表れていた。

　当然ながら，全ての民間企業が，迫害された人々の所有権の回復に対して例外なく防御的な姿勢をとったわけではない。迅速かつ実効性ある形で返却・補償が行われた例もあったのである。とはいえ，そうした事例も無視しえないにせよ，それはあくまで例外であった。しかもそれは，民間部門に限られたことではなかった。政府もまた，公的資産，とりわけ略奪されてスイスに持ち込まれ，あるいはスイスを通過した金(きん)に関しては，対応を遅らせ，問題を矮小化することに躍起となり，それに成功したのである。この件が，1946年5月26日のワシントン協定でスイスに非常に有利な形で決着すると，――連邦政府もその他の関係筋も――最大の困難は乗り越えられたと考えた。不当に非難されたという記憶のみが後に残され，非難の対象となった状況は，集団的記憶の中からは消えていった。1946年春以降，連邦政務省の政治局長を務めたアルフレート・ツェーンダーの回想は，そうした記憶喪失を具体的に示す事例である。1980年時点で彼は，1946年に，「以前からの嫌疑と誹謗」が取り除かれたと満足げに回顧していたのである。そこで彼が念頭に置いていたのは，何よりも，ナチスドイツがオランダの国立銀行から奪い取ってスイスに売却した金のことであった。ツェーンダーはこの嫌疑を立証不可能な主張だと片付けていた。「我々が行ったあらゆる調査によっても，上述のような取引はまったく確認されなかった。しかし噂や嫌疑はなかなか消えようとはしなかった」[5]。しかし実際には，ツェーンダーは，この「調査」が完璧にはほど遠く，「噂」の方が正しかったことを，すでにその時点で知っていたはずだったのである。

　こうした戦時期の記憶の抑圧は，1990年代まで続いた。その一部は，政治的・経済的な利益を守ろうとした結果として解釈できる。しかし銀行の場合には，完全な返還を行う場合に必要な資金の規模が，協力姿勢を妨げたということは考え難い。よりもっともだと思われるのは，戦後に，資産管理業務の分野で事業基盤を固め，またこれを拡大するためには，あるいはまた，匿名性を看板にする口座の魅力を維持するためには，銀行守秘義務の不可侵性を何としてでも維持しなければならないと銀行が思い込んでいた

ということであろう。そうした中では，ホロコーストの時代の顧客の特殊な状況は，顧慮されなかったのである。

認識，知識，権力
　本書に示した研究結果は，それぞれの調査対象領域の間にある事実関係の相違を考慮に入れたとしても，経済的・政治的な自己利益のいずれか，あるいはその双方が，当事者たちの行動を支配しており，これが，民族社会主義の時代の初めから戦後に至るまで，迫害された人々の扱いを一貫して規定していたことを，はっきりと示している。そのため，周囲を枢軸国に包囲された小国が直面した侵略の脅威やそれに対する危惧によっても，あるいは，ホロコーストについて何をいつ知ったのかという問題によっても，民族社会主義国家の犠牲者に対する疑問の余地ある行動様式を，うまく説明することはできないのである。
　スイスの住民の多くにとっては，外部からの脅威は，軍事的な観点でも，また，食糧その他の生活必需品の供給が制約される可能性があるという点でも，国内における危険――インフレーションや社会的対立――と同様に，現実的なものであった。それに対して，上述のような行動をとった政財界の要人は，状況をはるかに正確に判断することができた。しかしそうした中で，民衆の中にさえ，日常生活上の抑え難い不安を脇において，声を上げる者がいた。それは例えば，1943年4月に『ベルナー・タークヴァハト』に引用されているある女性の文に表れている。

　　「私たちは小麦粉のことばかりを考え，また小麦粉についてばかり話題にしています。私たちは，本や思想を交換する代わりに，小麦粉・バター・肉・チーズの配給切符ばかりをせっせと交換しているのです。小麦粉は，私たちの一番の心配事です。小麦粉に目が眩んで，小麦粉だけでなく，まったく他のもの，法律・名誉・自由な言葉が，ますます乏しく，配給品になってしまっていることが，見えなくなってしまっているのです。しばし小麦粉のことは忘れましょう。少なくとも小麦粉のことは忘れて，私たちにもっと欠けているもの，すっかり失くしてしまったもののことを考えましょう」[6]。

　同様に，ドイツで何が起こっていたのかを人々は知ることができず，知った時には手遅れだったのだという，しばしば引き合いに出される議論もまた，経済的・政治的な自己利益を隠すための口実に過ぎなかったように思われる。一般の人々が脅威をどの程度認識していたか，また政治的な決定が，どの程度の知識を背景に下されたのかということに関していえば，一般人が明確な情報を得ていたのは難民政策についてのみであったことが想起されるべきである。銀行口座の取扱い，ドイツにおける投資，「アーリア化」といったことについては，政財界の要人のみが知ることであった。そしてこれらの要人

たちが，1933年以降に展開された民族社会主義者による政策とその帰結を認識していたことは，ほとんど疑う余地がない。1939年まで，情報はほとんど自由に得られ，一般人もまた，多くのことを知っていた。しかし開戦後は，情報を得るには非公式なルートが頼りとなった。そうした中で，他でもなくスイスの企業・銀行関係者がドイツに築き上げた密接な関係が，情報を得るための窓口となり，場合によっては，ドイツでは容易に得られない情報さえ入ってきた。それに加え，スイスに入国した難民が，人間性の悲劇についての知識を国境を越えてもたらした。そのため，官民の要職にある人々で，比較的早い時期に情報を得ていなかった者は，非常にわずかだったはずである。

　国家に関する限り，独立専門家委員会の調査は，権力の行使という点で非常にはっきりとした濃淡があったことを明らかにしている。特に，重要な問題に関して，連邦内閣のプレゼンスが不足していたことが目をひく。これは逆説的な状況である。というのも，困難な戦時下では，政府は，自国民の安全を確保するためにも，また自国が信頼に値することを他国にアピールするためにも，国家の重要な任務を果たそうととりわけ強い責任を感じることが想定されるからである。しかも連邦内閣の責任は，特別な全権によって拡大されており，連邦内閣は，非常に広範な対策を講ずるために必要な権限を与えられていたのである。政府が，中心的な問題に関してなぜ主導権を握ろうとしなかったのかは，歴史的視点でも法的視点でも，重要な問題である。

　とりわけ，下記の二つの事例では，政治的な権力が行使されなかったことが目を惹く。第1は，ライヒスバンクとの金取引である。連邦内閣は，これについて情報を得るために何もせず，しかも重要な政治的決定をスイス国立銀行に任せきりにした。その結果，連邦内閣は，1940年以降終戦時まで，政治的に大きな問題になったこの件にほとんど介入しなかったのである。この件を采配していたのは国立銀行であったが，しかしそれは，国立銀行が厚い信頼を得ていたからではない。財務大臣エルンスト・ヴェッターやその他の閣僚と，パウル・ロッスィとアルフレート・ヒルスという国立銀行の二人の理事との間の接触は頻繁ではなく，また彼らは特に懇意でもなかった。したがってむしろこれは，無関心ないし問題意識の欠如を示すものであった。第2の事例は，列車によるスイスの通過交通の問題であった。連邦内閣は，この問題にも無関心であり，政治的な影響を持つこの問題を，スイス連邦鉄道に任せきりにしていた。この喫緊の問題に対し，政府からはほとんど何の回答も得られなかった。

　また他の史料は，連邦内閣が，とりわけ外国との経済関係に関する問題について，その責任を行政府の高級官僚に委ねていたことを示している。例えば，連邦経済省の貿易局長であったジャン・ホッツは，1940年7月以降，彼の上司である連邦閣僚のヴァルター・シュタムプフリよりも，実際上は大きな権力を持っていた。また経済界も大きな影響力を有しており，諸団体は，仲介者として際だった役割を果たした。その中でも，特にフォアオルト〔スイス商工業連盟代表部〕と各種の産業別団体が言及に値する。このような組織された利害は，戦争経済が機能するためには決定的な存在であった。戦争

経済体制は，1937年以降，影の組織として準備され，1939年8月4日，すなわち軍事的衝突の勃発以前に，動きだしていた。そこでは，ロドルフ・シュタッドラー（〔ヴォー州〕コソネのケーブル製造業者），ハンス・スルツァー（ヴィンタートゥールのスルツァー株式会社），カール・ケヒリン（ガイギー社）といった，スイス経済界の大物たちが，中心的な役割を演じた。

　この分野でも今後の研究が待たれるが，しかし今日の研究水準によっても，以下のように言えよう。1930年代以降，スイスの政治システムにおいても，民間経済部門の組織化された利害と連邦内閣の間で，非公式な分業関係が定着していた。この間これは，しばしば，団体民主主義［Verbandsdemokratie/démocratie associative］と称されてきた。この時代に始まった連邦憲法の「経済条項」に関する議論は，憲法において諸団体の影響力をどのように規定しうるのか，という問題をめぐって行われた〔53頁の訳註16参照〕。1947年，これに関する条文は，老齢遺族年金保険（AHV/AVS）と同時に国民投票にかけられ，承認された。こうしたコーポラティズム的体制は，戦時期に全権委任体制下で定着したが，この体制においては，国外との経済関係，通貨政策，社会政策といった分野における重要な機能を，半官半民的な組織に委ねた。これにより連邦内閣の統治には，1939年以降，ある種の不均衡が生じた。一方では，例えば難民政策の場合のように，非常に影響が大きく厳しい措置を講じていながら，他方では，政策決定を民間の利益団体に委ねることが好まれたのである。

　しかし1945年以降になると，こうした構造は対立を引き起こした。1946年と1962年の2回にわたり，連邦内閣が，以前から続く外国からの圧力に屈して自らの約束を履行するために資産の返還措置に着手すると，各種の団体に組織されている経済界との間で摩擦が生じた。こうした問題に関する慣行に従って，政策の実行が関連の民間団体と各企業に委ねられたため，懸案となった諸問題は，事実上，未解決のまま残されてしまった。この「解決」が本当の問題を生みだしたことは，1990年代になって知られるようになった。

　スイスの政府システムに関する歴史分析は，連邦閣僚の平均的な経歴が，政府の構造の現実を反映していることを明らかにしている。カリスマ性のある指導者は，通常は閣僚にはなれないのである。それだけに，国家の基本的な政策原理を追求するような明確で敢然たる決定は，不足しがちであった。こうした点からすると，1940年のリーダーシップの欠如は，個々の連邦閣僚の弱さの結果というよりは，むしろ，時代状況に起因するところの，経済団体，戦争経済上の諸組織，交渉の委託，企業経営といった諸要素の影響力が高まった結果として理解されるべきである。国をまとめ上げる力強い国民的指導者を求める人々の期待は，アンリ・ギザン将軍と，フリートリヒ＝トラウゴット・ヴァーレン（その名を冠した「ヴァーレン計画」の主唱者）★11の登場で，叶えられた。彼らは既存の政治的「メカニズム」の外側にいると信じられており，それゆえ，既存の政治体制が提供しえなかった国内統合の象徴となりうると考えられたのである。

こうした政治的「自由放任」の帰結は，如何なるものであっただろうか。スイスは実際に，戦争によって利益を得る国になったのであろうか。これは，過去の抑圧と，返還や補償の阻止によって，いっそう破壊力を増した問いであった。この重要な問いは，1990年代に再燃し，スイスの行動を批判する議論として用いられることになった。

スイスは戦争を長引かせたのか

スイスに対しては，スイスが戦争や戦争による惨禍を長引かせたのではないかという非常に感情的な非難が投げかけられた。そうした非難は，すでに戦争中からなされていた。1943年，イギリス外相アンソニー・イーデンは，駐英スイス大使に，「スイスがドイツに送る戦争物資1フランごとに，戦争は長引くのだ[7]」と発言していた。ドイツが依然として頑強に防衛線を維持していた1945年の冬，この非難は激しさを増した。連合国にとっては1日1日の戦闘が重要であり，敵国に提供しているサービスをスイスが一切停止することを，期待していた。戦争末期の切迫した雰囲気の中でなされた発言は，外交的圧力の手段と認識されたに違いない。この非難は，1997年のアイゼンスタット報告の序文に，再び登場した。

スイスが提供したサービス・輸出品・信用が戦争の帰趨を左右したと主張するこの説を，立証することはできない。しかしそれは，スイスからの輸出やスイスの金融センターが提供したサービスが総じて「重要でなかった」からではなく，むしろ，この戦争が巨大な経済的規模で行われたからであり，また戦争経済の成否や前線での戦闘の勝敗が，非常に多様な要素によって決せられたからである。戦略爆撃や，各軍司令官の戦術，通信システムや情報戦争も重要であったが，しかしこれに対しては，スイスはまったく影響を及ぼせないか，あるいは少なくとも，直接に重要な影響を及ぼすことはできなかった。武器供給でも，また戦略的に重要な原材料のための資金調達でも，戦争を長引かせる効果を検証することはできない。委員会は，スイスが戦争を長引かせたという説を裏付ける証拠を，まったく見いださなかった。逆にいくつかの分野では，これまで信じられてきたドイツに対する支援の効果を否定する結論が得られた。例えばスイスのボールベアリングメーカーはドイツへの輸出に力を入れていたが，それでも，連合国の爆撃によって生じた供給不足をまったく埋め合わせられなかった。またドイツの経済力がなお残されていたこと，それに，最後の瞬間まで闘う決意をドイツ側が持っていたことからすると，スイスがなかったならば戦争はより早く集結していただろうとの結論

★11 フリートリヒ＝トラウゴット・ヴァーレン（1899-1985），ベルン生まれの政治家。スイス連邦工科大学などで農学を学び，カナダのケベック農業省の試験場の長となった。1929年にエーリコンのスイス連邦試験場の責任者となり，1935年には農工市民党に加わった。1938年，戦争経済体制の中で農業生産セクションの長となった。1940年11月，後に「ヴァーレン計画」と称されるようになる耕作地拡大計画を発表して注目を集めた。連邦工科大学での教授職の他，戦後はFAOに勤務した。1958年，連邦閣僚となった。*Schweizer Lexikon*, Band 12, Visp 1999, 124頁を参照。

は，出てこない。とはいえ，これは必ずしも，スイスフランを利用できたことや，スイスが鷹揚に提供した信用が，ドイツ戦争経済の特定の部門にとって重要でなかったことを意味するものではない。それゆえ，数量的な推計を引き合いに出してスイスの貢献を過小評価することは，適切とは言えない。例えば1943年6月にドイツのクローディウスが作成した覚え書きは，スイスが供給する戦争物資はドイツの生産の0.5%に過ぎないと指摘しているが，しかしそうした数字のみでは，なぜドイツ側当局者が，スイスの経済的な役割を高く評価する見解を繰り返し表明していたのか，たとえそれらの発言が官僚組織の利益拡大動機に基づくものであったことを割り引いたとしても，説明できないのである。いずれにせよ，連邦閣僚のマックス・プティピエールは，1947年，これを次の言葉で公に認めた。「これらの貸付や，戦争物資その他の製品の供給は，(……)両交戦陣営の戦争遂行に貢献しました。我々は絶対中立から離脱したのみならず，さらに我々は，これによってかくも容易に，中立の原理に背いてしまったのです[8]」。そのため，問いは，スイスが戦争を長引かせたのか否かに向けられるべきではない。決定的なのは，当事者たちがそうした問いかけをしたのか否かであり，また当時の行動が，どの程度まで中立によって課された制限を踏み越えていたのか，という問題なのである。

スイスは戦争によって利益を得たのか

　戦争を長引かせたという批判とともに，スイスは，戦争によって利益を得たという，それより幾分控えめな批判にも直面した。1945年，スイスに対しては，略奪品の闇商人，汚れた武器商人であって，金塊を貯め込んでいるいかがわしい国との非難が投げかけられた。こうした批判に対しては，スイスの戦時期の国内総生産がアメリカ合衆国やイギリスに比すると低い伸びにとどまったことを示す各種の時系列的統計に基づいて，反論がなされた[9]。しかしそうした議論は十分なものではない。第一にそれは，戦争の効果が仮になかったならば，スイス経済がどのように推移したかについては，何も示していないからである。国民総生産の指標が，戦時期を通じて，明瞭な趨勢線から上にも下にもはっきりと乖離せず，趨勢線上にとどまっていることが確認されたとしても，それはせいぜい，戦時下のスイス経済が，危機的な崩壊も，全般的な好景気も経験しなかったことを意味するに過ぎない。総じて戦争が，経済的にみてスイスにプラスの効果をもたらしたのか，マイナスの効果をもたらしたのかについては，何も結論しえないのである。同じく，戦争による利益と負担とが，異なる社会層・地域・産業部門にどのように分配されたのかについても，何ら情報を与えるものではない。また第二に，アメリカ合衆国やイギリスとの比較は，あまりに表面的である。この両国とも，戦争目的の生産拡大に全力を挙げた結果，生産機構に歪みが生じた。そのため戦後にこれを修正することは不可避であって，新たな戦後恐慌が発生するのではないかと怖れられていた。それに対してスイスは，戦争によっていくつかの隘路が生じていたにせよ，戦時中も戦後も，相当程度均衡のとれた生産機構を維持していたのである。

とはいえ，戦争によって利益を得たという非難は，スイス経済全体を標的としたものというよりは，むしろその二つの特殊な側面に向けられたものであった。その第一は，スイスが，あらゆる種類の怪しげな取引に対して，ターンテーブルとしてのサービスを提供したという非難であった。実際，当局によって支援されることはまったくなかったとはいえ，多かれ少なかれそのお目こぼしに与っているような「灰色」市場やブラック・マーケットが，公式の市場を補完していたのは事実である。それらの市場では，銀行券，有価証券，芸術作品，ダイヤモンド，時計，宝飾品，切手その他の略奪品が，売買されていた。しかし，公式の市場とこうした地下市場の境界線はもはや明確ではなくなっていた。ドイツのライヒスバンクによる金供給において，略奪された貴金属が，秘密裏とはいえ上層幹部が知る中でスイスに持ち込まれていたことは，その顕著な事例である。また多くの隠蔽された取引や非合法な取引，そしてそのための資金調達は，「通常の」業務活動と密接に関連しつつ行われていた。それらの一部は，公式にナチス体制との間で行われた取引であったが，しかし一部は，目前に迫った敗北を見越して，奪った資産を安全のためにスイスに移し，私腹を肥やそうというナチス要人との取引であった。独立専門家委員会はいくつかの事例を示すことはできたが，しかし数量的な結論を示すことは不可能であった。とはいえ，こうした取引が「名義貸人」達に大きな利益をもたらしたことは確実である。

　第二に，当然のことながら，戦争によって生じた特定の製品への需要の増大で利益を得た者がいた。戦争経済組織は，そうした特別利潤の発生を，上限価格の設定，割当制度，その他の行政的な統制によって制御し，押さえ込もうとした。第一次大戦で蔓延した状況の再来を回避するため，連邦内閣は，各政党や経済団体との密接な協力関係の下で，金融政策や，戦時利得税といった特殊な財政的対策を講じた[10]。ここでの問題は，スイスが，外国との取引関係や通商関係を維持すべきだったか否かではない。そのようなことはそもそも不可能であった。むしろここでの問題は，こうした経済関係がどの程度の広がりを持っていたかであり，またそれが，不可避の「譲歩」としてやむをえずなされたものなのか，あるいはそうではなく，企業や官庁が喜んでこれに飛びついたのか，ということである。なおその場合，外国との経済的取引関係の全てを十把一絡げにして，否定的評価を下すことはできない。枢軸国に対する武器供給やナチスドイツからの金購入は，例えば食料品の輸出に比すれば，ずっと深刻な政治的・倫理的問題を孕んでいる。スイスの大企業は，戦争の間，まさしく枢軸国との経済関係を継続したことによって，新しい生産方法・組織技術・製品を導入して，技術革新に基づく成長を維持しえたのであり，またそれによって終戦時までに大きな蓄えを築くことができたのである。スイス企業の在ドイツ子会社は，戦争の間，特段言及に値するような利益を得ていないが，しかしそれでも，戦後への備えという点では，最善のポジションを確保していたのである。

　スイスは戦争から利益を得たのだろうかという問いに対する答えは，評価の基準次第

で変わってくる。戦時中の実質成長がゼロであったとはいえ，他国との競争の上では，中立国として戦争の惨禍を免れたスイスが，有利な立場にあったことは間違いない。この特権的な立場のゆえに，スイスには，戦争によって荒廃した諸国の苦しみを和らげ，再建を助ける特別の役割が期待された。いわゆる「スイス義捐金」[Schweizerspende/Don suisse]（1944年12月）★12や，国家による輸出信用，マーシャルプランへの参加★13によって，こうした期待に応える努力がなされた。ヨーロッパの再建過程への税金の投入は，同時に大きな利益をもたらした。それによってスイス経済は，その有利な位置を生かすことができたからである。ヨーロッパ規模で市場が拡大を開始した1940年代末以降，スイス企業は——輸出に対する国からの融資によって——この大きな成長のチャンスを掴むことができたからである。

過去と向き合うこと

　歴史家は裁判官ではなく，歴史家の委員会は裁判所ではない。それゆえ我々の任務は，戦前・戦中・戦後の行動について，個人・集団・国全体を告発したり，反対にその無実を証明したりすることではない。しかし我々は，ここで責任という問題に取り組まねばならない。

　民主主義的な国家は，ただそこにあるわけではない。その市民，立法者，行政官，その他の当事者は，自分の国と国際社会の双方に対して，いわば二重の責任を負っている。しかし，我々が対象としている時代においては，この両者の均衡は崩れていた。国際社会への責任は，——外部からの強制がない限り——十分に認識されなかった。それは，誤った判断，状況変化の無視とその帰結（「通常のビジネス」），不安の蔓延，そしてまた利己的な動機のために，脇にやられてしまったのである。「国家理性」が引き合いに出され，その名のもとに多くの措置が正当化されたが，それは当時の段階で，すでに適切な行為ではなくなっていた。ここでの問題の焦点は「現実主義者」の見方と「理想主義者」の見方の対立にあるのではない。脅威の下，危機の只中にあってさえも，いやそうした状況ではなおのこと，放棄されてはならない国家の倫理的規範の認識こそが，問題なのである。多くの問題で，これが焦点となった。1938年の「J」スタンプ。難民を拒否し，死の危険に押しやったこと。自国市民に対する外交的保護の拒否。クリアリ

★12 戦禍にあった諸国の援助を目的とするスイスの民間援助組織。連邦政府は財政資金から5000万フランを同様の目的で支出したが，スイス義捐金はスイス国内での募金によってその3倍にあたる1億5000万フランの資金を集めた。その一部は，例えばスイスに隣接するフリードリヒスハーフェンに設立された「スイス学校給食」[Schweizer Schülerspeisung]によるドイツの学校児童向けの毎日600食の給食の提供に用いられた（http://www.currentconcerns.chの関連URL掲載のUrs Knoblauchの記事を参照）。

★13 1948年にアメリカ合衆国によってマーシャルプランが開始されると，中立政策をとるスイスもこれに加わり，また援助の配分を立案するOEEC（1948年4月16日パリに設立）にも当初から参加した。ただし戦災を免れたスイスは，援助資金は受け取っていない（Schweizer Lexikon, Band 12, Visp 1999, 4293頁を参照）。

ング協定に基づき連邦が枢軸国に対し鷹揚に供与した信用。大量のドイツ向けアルプス通過交通を，あまりに長い期間にわたって容認し続けたこと。ナチス国家に対する武器供給。ドイツ人やイタリア人に供与された金融上の特権。正当な所有者に対してではなく，民族社会主義国家に支払われた保険証書の解約返戻金。略奪された金やその他の品のいかがわしい取引。「第三帝国」内のスイス企業子会社による約１万 1000 人の強制労働者の雇用。犠牲者やその子孫への返還における意思の欠如と明らかな怠慢。戦後，民族社会主義者の要人を「立派な人物」として受け容れたこと。これらの行為の少なからぬものが，当時の法律に反していたのみならず，かくも頻繁に引き合いに出されていた「公序」にも，背馳していたのである。その当時，責任の意識は欠落していた。そして過去 50 年間，繰り返しそれを求める声があがったが，しかしそれは，今なお欠けている。スイスは今日，こうした過去に直面しているのである。

　返還・原状回復（レスティテュツィオーン／レスティテュスィオン）の努力は，再発見された責任意識の一つの表現である。その場合，物的・金銭的な原状回復は必須条件であるが，しかしそれだけで十分と理解されるべきではない。というのも，原状回復とは，記憶をとりもどすこと，憶い出すことでもあるからである。憶い出すことは，犠牲者に対する我々の責任である。しかしそれだけでなく，憶い出すという行為は，なによりも一般社会に対する責任でもある。一般社会とは，一つにはスイスのことである。はっきりした自覚の下で自らに責任を負うためには，スイスは，自らの歴史を知らねばならないのである。もう一つは国際社会である。国際社会には，スイスに疑問を投げかける権利があったのであり，しかもこれを，強い決意を持って行ったのである。委員会の使命は，伝説の背後に隠された現実を見出すことであった。それは，光の瞬間をも持つある複雑な現実であるが，しかしそこには，これまで人々が認めようとしてきたよりも，より多くの影の部分があった。独立専門家委員会の研究とこの総括報告書が，事実を提示し解釈を行いつつ示したのは，そうした現実であり，これは今後の議論と研究に道を開くであろう。

残された疑問点と今後の視角

　調査が進めば進むほど，独立専門家委員会は，困難な選択にますます直面するようになった。連邦内閣による委嘱内容は，研究プロジェクトの主題の範囲をごく一般的な形で表現していた。しかし実際に調査を始めてみると，予定されていなかった興味深い主題が次々と現れた。それは一つには，調査の間に世論の注目が集まった――例えば強制労働の場合など――からであり，あるいは，その重要性が史料によって明らかになったからであった。しかしそれ以上に重要であったのは，このプロジェクトが，新史料を発掘する空前絶後のチャンスであったことであり，それだけに，当初我々は，非常に幅広く，野心的な計画を構想した。しかし第 1 章ですでに述べたように，すぐに，調査対象の史料は単に膨大であるだけでなく，非常に多くの民間文書が長期にわたって放置されてきたために，きわめて労働集約的な作業によらねば分析しえないものであることが判

明したのである。そのため我々は、新しい知見が一番得られそうな分野、あるいは既存の知識を深めることができそうな分野を選択して、そこに努力を傾注せざるをえなかった。そしてそうした分野での研究もまた、かなりの程度、これまで分析されたことのない史料が得られるか否かによって、主題を限定していったのである。

このようにして成立した研究プログラムは、政府からの委嘱の際に明記されていた金塊購入と休眠資産の問題にとどまらず、スイス国内や「第三帝国」を舞台とした、スイスの金融機関やメーカーの枢軸国との関係をも対象とした。その結果、個別主題に関する単行本のシリーズが、法学的問題に関する研究とともに公刊された。

この決定に伴って、当然ながら重要ないくつかの問題は扱われずに終わり、また十分な史料が得られないその他の問題についても、結論を出すことを断念せざるを得なかった。例えば、スイスに移された資産とその額について、その全容を数量的に示すことは不可能であった。我々が示した部分的かつ特定時点に限られる数字は、総額を推計するには十分なものではない。そうした数字で無理に推計をするならば、誤った結論に行き着かざるを得ないだろう。同様に、弁護士や受託業者などの名義貸人・仲介業者については、信頼できる情報が欠けており、その疑惑に満ちた役割を部分的に解明することしかできなかった。というのもこれらの者たちは、後に証拠を残さないよう、細心の注意を払っていたからである。

出所に疑惑の残る資産がスイスに持ち込まれ、スイスの仲介者を経由して第三国に密かに持ち出されたのではないかという問題も、委員会が脇に置かざるを得なかった主題の一つである。これはたしかに、史料による立証が最も困難な分野であるが、しかし近年、その移転の経路やこの取引に関わったとみられる人物について、多くの史料が得られるようになっている。これは一つには、旧ソヴィエト連邦の文書館の公開の結果であり、また同時に、アメリカ合衆国やイギリスで、整理が済んだ文書が大量に公開されたためでもある。これらはいずれも、今後の研究と評価が待たれるところである。

第二に、官民の文書館で得られる史料は、スイス企業のドイツでの活動を知る上で、非常に豊富な情報を含んでいることが明らかになった。しかしながら、これに類するような徹底的な研究を、イタリアや、ドイツによる占領地域、とりわけフランス、ベルギー、オランダについて行うことは、史料の不足のために困難であった。

スイス国内においても、ナチスドイツやファシストのイタリアで犠牲になったスイス人の運命や、連邦政府が彼らを保護したか、あるいはこれを拒否したかについて、またさらには、この問題の戦後の扱いについて、今後も調査が行われねばならないだろう。また、今回分析対象とならなかった民間企業、とりわけ輸出入や運輸部門の企業についても、研究が待たれるところである。国境を跨ぐ接触が、どの程度の頻度で、如何にして行われたのかが明らかになれば、有益であろう。我々の研究が明らかにしたいくつかの事例は、国境を跨ぐ移動が、従来考えられていたよりも頻繁であったことを示している。さらには、独立専門家委員会の任務からは外れるが、やはり核心的といえる問題に

ついても，取り組む必要がある。それは，エリートや政府の問題，あるいは，威嚇と抑止の問題に，本格的に取り組むという課題である。この最後のテーマについては，我々の検討は，金塊取引や鉄道による通過交通という限定された主題に即した範囲にとどまっている。

　人々は，歴史家の物語に期待している。しかしその物語には，意味がなければならない。言い換えれば，歴史家は解釈を提示しなければならない。独立専門家委員会叢書の各巻と，この最終報告書でその総括として示した解釈は，我々にとって，現在の時点で最も妥当なものと思われる解釈である。しかしそれは，およそ「固定の真実」などではないし——独立専門家委員会はその名の通り国からも独立している——あるいは，終局的な真実などでもない。我々の関心事は，学問的な性格のものなのである。歴史研究には，終わりというものはない。まして，かくも大きな主題の研究であれば，なおさらそうである。委員会は，その成果が議論に一石を投じ，今後の研究の刺激となることを願っている。我々は，いくつかの空白を埋め，いくつかの知見を深めたと考える。おそらく，上で述べた研究成果の概要には，まだ議論すべき点が残されている。しかしまた，我々に与えられた任務の中で，基本的に実現可能であると我々が考えたことは，この研究成果に結実しているのである。

　歴史意識の変化に伴って，歴史研究には，新たな問いが登場してくる。未来を手にするためには，過去を憶い起こさねばならない。委員会の研究を将来において検証するために，また新たな研究の道を拓けるようにするために，独立専門家委員会は，スイスの企業に，その歴史文書を公開するよう要請する。我々の共通の歴史を記録するためには，民間企業やそれらの団体が共同で責任を負うことが必要なのである。

　最終的には，20以上の国で行われている他の委員会による研究の成果を摂取することが必要となろう。それらの委員会はいずれも独自の任務を有しているが，我々の委員会ほど広範な任務を与えられたものはない。しかしそれらの成果を総合するならば，新しい視角が開かれるだろう。そしてそれにより，より正確な比較が可能となるに違いない。各国はそれぞれきわめて異なった状況下にあり，国際比較には限界があることも忘れてはならない。しかしいずれにせよ必要なのは，国境を越える視点であり，諸国民の見紛うことなき個性や国民的感受性を越えて幅広く対象を視野に入れるような，巨視的なアプローチなのである。自らを過去の中に位置づけることは，未来のための条件であり，国際社会はそれに共通の関心を抱かざるをえないのである。それゆえ，次なる研究の段階においては，各国の国内情勢や国際関係に関する研究成果や，民族社会主義と第二次大戦の時代の，そしてまたホロコーストの時代における，各国の経済的・政治的・倫理的状況についての新しい知見を，国の枠を越えて共有してゆかねばならない。これは野心的な企てであり，大きな困難を克服しなければ達成されないだろう。しかし，人類史的規模といえるこの20世紀の惨劇の総括は，そのような方法によらずしては不可能であるに違いない。我々はそれを記憶し，教訓としなければならないのである。

1) ワシントン協定は 1946 年 5 月 26 日に署名された。
2) これはとりわけ，ドイツからの難民を送還しないことを定めた 1936 年 6 月 4 日の国際協定と関連している。第 3 章参照。
3) Radbruch, Gustav [1973], 346 頁。
4) しかしいうまでもなく，資産やその返還に有用な情報が委員会の調査で得られた場合には，ただちに関係者に通知された。
5) Zehnder, Alfred [1980], 28 頁以下から引用。
6) Emmy Moor, in *Berner Tagwacht*, 92 番, 22. April 1943; Kunz, Matthias [1998], 47 頁より引用。
7) Eden at Norton, 1943 年 5 月 5 日, PRO FO 837/980, Inglin, Oswald [1991], 90 頁から引用。Cf. DDS, Bd. /vol. 14, 1134 頁。
8) 1947 年 9 月 12 日のスイス在外外交官会議における連邦政務相プティピエールによる演説。In: DDS, Bd. /vol. 17, 87 頁。
9) Lambelet, Jean-Christien [1999], 87 頁。
10) 1940 年 1 月 12 日の連邦内閣政令。1941 年 11 月 18 日，法人税率は従来の 30-40％から，50-70％へと引き上げられた。

第二部

スイスの近現代史と歴史認識

第二部扉写真──戦時期のスイスで張り出される総動員令の告知（招集通知）
出典（Source）：BA Peter Keckeis, Archiv für Zeitgeschichte, ETH Zürich

はしがき

　本書第一部『ナチズム・第二次大戦とスイス—最終報告書（以下では『最終報告書』と略記）』の分析対象は，国際情勢から，難民問題，経済的関係，補償や法学的問題へと，極めて多岐にわたっている。しかしその分析は，何よりもホロコースト被害者への説明責任を果たすという目的に即して行われている。これは，委員会が，国際的な告発・補償請求・非難——その中には正当なものも不当なものもあったが——の嵐の中で，歴史を直視する姿勢を国際的に示す目的で設立されたことの，直接の帰結であった。当委員会の任務からするならば，従来の歴史研究に最も欠けていたのは「犠牲者へのまなざし」であるという認識は当然であって，実際の研究活動でも，この視点を最重視して研究が組織され，最終報告もこれに即して編集されたのである。

　しかし，以上のような事情をいささかでも相対化してみるならば，特別法による史料閲覧特権と，膨大な人員・資金，5年の歳月をもってなされた同委員会の研究が，委員会の目的・意図を超えて，様々なアプローチでの解釈を可能とするような，スイス現代史に関する膨大な新知見をもたらしたことも事実である。1990年代半ばの議論の中で，またその後も委員会の研究プロジェクトに直接に触発される形で，極めて多くの，しかも対象領域・アプローチの点では遙かに多様な歴史研究が生み出されたが，『最終報告書』を，そうした研究の中に位置づけ直すことも可能なのである。

　他方，とりわけ日本においては，スイス像はスイス自身やヨーロッパにも増して，極端な二面性を持っている[1]。そうした状況では，『最終報告書』の問題設定を広げつつスイス近現代史に光をあてることが，『最終報告書』を理解する上でも必要であろう。

　そこでこの第二部では，経済史・経営史・ユダヤ人論・移民政策史・地域史・社会史等へと分析視角を広げ，また最小限の背景説明をも意図しつつ，日本人研究者の目から，近現代スイス史に関して追加的な検討を加えてみたい。

　第一章「多国籍企業・小国経済にとってのナチズムと第二次大戦」（黒澤隆文）は，経営史・経済史的視角に基づく分析である。企業経営や国境経済圏の盛衰にとって，ナチズムや戦争は何を意味したのか。また，世界規模で活動を行う多国籍企業が，世界市場の長期にわたる分断やナショナリズムの高まりにいかに対応し，またそれは，こうした企業にいかなるインパクトを与えたのか。また『最終報告書』で描かれたスイスの政府や企業の行動，それに戦争・ナチズムとスイス経済の関係は，スイスに似た条件を持つヨーロッパ各国と比較した場合，どのように位置づけられるのだろうか。こうした問題が，ここでの検討課題である。

　第二章「スイス・フランス国境地域と第二次大戦」（尾崎麻弥子）は，国境を跨いで極めて濃密な経済的・社会的関係を有してきたジュネーヴとその周辺地域を対象に，総力戦の時代の戦争が，国境を越えた一体性を持つ地域のアイデンティティにいかなる影

---

[1]　黒澤隆文［2004］参照。

響を及ぼしたのかという問題を検討する。

　第三章「スイスのユダヤ人解放をめぐって」(川崎亜紀子) は、日本ではこれまで研究が欠落していたスイスのユダヤ人史に関する分析である。近世史・近代史を対象とする本章は、第一部や第二部第四章の叙述の歴史的背景を明らかにしており、スイスでのユダヤ人解放の遅れとともに、アルザスとスイスの密接な関係を描く。

　第四章「スイスの外国人政策」(穐山洋子) は、「外国人過多 (Überfremdung)」という概念を軸に、20世紀スイスの外国人政策を、社会史的なアプローチで検討した分析である。外国人の急増とそれに対する政策対応、スイスの市民権概念の特質と市民権付与政策の変遷、伝統的なよそ者嫌い・反ユダヤ主義・「東方ユダヤ人」嫌い等の反外国人意識の多様な源泉など、多くの論点が検討対象となる。多言語国家であるスイスにおいて、ネイションをいかに定義するかが、社会像・国家像の基底をなす中心的主題であることを示唆する章ともいえよう。

　第二部のもう一つの課題は、独立専門家委員会とその報告書の成立までの状況自体を、同時代史的観点から分析の俎上に載せることである。「日本語版のための前書き」におけるベルジエ委員長の言葉が示唆するように、専門家委員会が提示した歴史像――ナチス体制に対する「抵抗」のみではなく「順応」もあったとするもの――は、小さな中立国の抵抗の歴史を誇りとしてきた保守派のスイス人の反発を呼んだ。しかもこの反発は、小国スイスを真っ先にスケープ・ゴートとした米国ユダヤ・ロビー発の非常に大きな政治的・経済的圧力――これが多分に問題を孕んでいたことについては、既にフィンケルスタインによる告発がある★2――に対する怒りや不信によって、多分に増幅され、マスメディアの断片的でしばしば一面的な報道も禍いして、自国中心的な歴史観に従来から批判的であった人々に対してまでも、委員会の活動やその報告書に対する不信感を与える結果となった。その限りでは、委員会報告書への反発の少なくとも一部は、そこに示された歴史研究の成果や歴史観自体に対するものというよりも、むしろ同時代の国際政治の構図――アメリカ合衆国の親イスラエル的な中東政策への批判も多分に含んだ――に対するものであったといえるかもしれない★3。しかしいずれにせよ、こうした対立と論争は、それ自体、自国の過去と真摯に向き合うことに伴う困難や意義をも浮き彫りにし、同時に、歴史観と不可分に結びついている国民意識のありかたを明らかにしている。そこで最後の第五章「スイスの『過去の克服』と独立専門家委員会」(穐山洋子) では、専門家委員会をめぐる状況それ自体を歴史研究の対象とし、国民意識と、この巨大な歴史研究プロジェクトの同時代史的な意義について、検討を行う。

★2　フィンケルスタイン、ノーマン [2004]。
★3　もちろん、ローザンヌ大学のランベレによる批判 (Lambelet, Jean-Christian [1999]) のように、独立専門家委員会の方法論や歴史認識自体を批判したものも少なくはない。しかし、委員会報告に批判的な人々の多くが、報告書それ自体は読まずに、もっぱら断片的になされる新聞報道などによって、委員会報告に対する評価を形成していたことも、また事実なのである。

1
多国籍企業・小国経済にとっての ナチズムと第二次大戦

黒澤　隆文

▌はじめに──問題の所在

　1990年代にスイスの内外で行われた論争において,「歴史への責任」を問われたのは, 連邦政府や中央銀行ばかりではなかった。事の発端となった「休眠口座」やナチスによる略奪金塊の問題は, 民間の金融機関の行動にも密接に関わっており, またドイツの戦争経済においてスイス企業が果たした役割や強制労働への関与にも, 注目が集まった。これらの事実からも明らかなように, スイスの民間企業は, 紛れもなくこの論争の焦点に位置していた。また「スイスは戦争を長引かせたのか」という問いも, スイスの経済構造や経済政策に向けられた嫌疑を体現していた。このように, スイスにおける「歴史への責任」の問題は──スイスが参戦せず, また枢軸勢力による侵略をも免れたがゆえに──政治史・外交史の問題というよりも, むしろ多分に, 経済史・経営史の主題なのである。だとするならば, スイス企業の行動やスイス経済の動向は, 経営史・経済史の視点から, 再度位置づけなおされねばならないはずである。

　そこでここでは, スイス企業の世界的なプレゼンスの大きさと★1, スイス企業をもっぱら戦争やユダヤ人資産, ナチズムとの関わりで位置づけることに対する経営史家からの批判を念頭に★2, スイスの企業に対象を絞りつつ, 以下の課題に取り組みたい。

　第1の課題は,『最終報告書』の4.8等で総括的・要約的に描かれたスイス企業の当時の行動について★3, 一つの企業が経験した具体的なエピソードを通じて, より明瞭な歴史像を読者に提供することである。極限状況での企業行動の意味は, 細部にこそ表れると考えられるからである。

★1　Fortune社の世界トップ500社ランキング,「Global 500」(2008年) には, 15社のスイス企業がランク入りしている (http://money.cnn.com/magazines/fortune/global500/2008/index.html)。この数は, 欧州ではフランス (39社), ドイツ (37社), イギリス (34社) 3大国に次ぎ, スイスに倍する人口規模を持つオランダ (13) や, 遙かに人口・経済規模の大きなスペイン (11社)・イタリア (10社), さらに主要4ヵ国の合計でも12社にとどまる北欧企業の数を上回っている。ランク入りした日本企業の数が64社である点と比較しても, 東京都よりも人口の少ない小国スイスの企業が, 相対的に極めて大きなプレゼンスを持つことが理解されよう。これらスイス企業の大半は, 他国からスイスの立地優位を求めてスイスに本拠を移した企業ではなく──そうした企業も多数存在するが──スイスに生まれ育った企業なのである。

これに並ぶ第2，第3の課題は，時間軸と空間軸の双方において，比較の視座を提供することである。第2の課題たる時間軸に即した変化の分析においては，個別の企業の発展史の中に，第二次大戦期を位置づけることが必要となる。企業行動は，何よりも当該企業の過去の経験——この場合特に第一次大戦の経験——や，企業の組織・戦略・各種の経営資源の状況に左右されたからである。また第二次大戦後から今日までを視野に入れた場合，『最終報告書』とは逆の因果関係に関する疑問，すなわち，戦争はスイス企業の盛衰に如何なる意味をもったのかという問いに関する答えも，こうした通時的な経営史分析によってしか得られない。

　また第3の課題である空間軸による比較は，条件のよく似た他のヨーロッパ諸国との異同の検討という形で行いうるだろう。『最終報告書』では，他国との比較は，難民・亡命者に対する扱いや，ナチスによる人種主義的な法体系に対する態度といった問題に限られている。しかし経営史や経済史の分野でも，1990年代半ば以降，各国でナチス期・大戦期に関する研究が大きく進展している。それらの研究の全貌を把握することは一研究者の手に余るが，少数の重要な研究に依りつつ最小限の比較を試みることは，不可能ではない。ここでは対象を製造業分野の多国籍企業や小国経済の事例に限定して，この課題に取り組みたい。

　第一節では，上の第1の課題を果たすべく，シャフハウゼンに本社を置く鋳鋼・継手製造企業，ゲオルク・フィッシャー社を取り上げる。焦点の一つはここでもナチス支配地域の子会社に対するコントロールや知識の有無であるが，ライン河の両岸に工場を有した同社はまた，国境を跨いで存在する経済圏が，ナショナリズムと総力戦の時代にどのような試練を経験し，如何にして存続したのかを示す好例でもある。同社については，ハンス・ウルリッヒ・ヴィプフが，工場現場の雰囲気さえ再現する緻密で大部な実証研究を公刊しているので，ここではその内容を簡単に紹介する。

　次の第二節では，バーゼルの製薬企業であるF. ホフマン=ラ・ロシュ（以下ロシュと

★2　スイス社会経済史学会（SGWSG/SSHES）の会長を永年務め，スイス経営史研究の第一人者でもあるマルグリット・ミュラーは，「スイスの経済や企業にとって，第二次大戦はドイツの場合とは違い断絶や構造変化を意味せず，ナチスの関わりや世界大戦の問題は，スイス企業の経営史にとっては二次的主題にすぎない」と指摘し，独立専門家委員会の調査を契機に多くの経済史家が戦時期の研究に向かったことに批判的な目を向けている（筆者とのインタビューでの発言）。しかしスイス企業にとって大戦が如何なる意味をもったのかについてはなお検討の余地が残されているし，また仮に否定的な答えが出るとすれば，それ自体，参戦や占領を免れた中立国スイスの企業の特殊条件として重視されるべきであろう。

★3　独立専門家委員会は，金融・サービス部門を含む多数のスイス企業に関して調査を行ったが，製造業で分析の対象とされ，叢書において本格的な分析がなされているのは，化学大手4社〔チバ，ガイギー，サンド，ロシュ，これらについては，Straumann, Lukas/Wildmann, Daniel [2001]，独立専門家委員会叢書第7巻〕，および，AIAG（アルミニウム），ロンツァ（電気化学），BBC（電機・エンジニアリング），ネスレ（食品），マギー（食品），それに，繊維工業分野の中小企業〔同様に Ruch, Christian / Rais-Liechti, Myriam / Peter, Roland [2001]，独立専門家委員会叢書第6巻〕である。最終報告書では，これら各社の他，時計工業の企業やここでとりあげるGF社についても，断片的に言及されている。

略記)，食品分野の多国籍企業であるネスレにそれぞれ一項を割き，次いで，国際比較を目的として，英蘭二重国籍企業であるユニリーバ社の事例を取り上げたい。これら三つの企業は，いずれも，両交戦陣営による世界市場の分断に直面して，ユニークな双子の法人構造に加え複数の本社組織を設けた企業である。第一節では地続き的な国境経済圏の中での国境による分断が最大の焦点となるのに対し，ここでは，大陸欧州と海外市場の間に生じた分断への対応が，焦点となるであろう。

　研究史上，こうした問題については，多国籍企業史研究の大家であるジェフリー・ジョーンズが，欧州系多国籍企業の分権的組織構造の背景に欧州を戦場とした二度の大戦があることを示唆しつつ，戦時期の経験の結果，これら企業が両大戦間期には直接投資よりも国際カルテルを好んだこと，特に敗戦国ドイツの企業が対外直接投資に消極的となったこと，他方，中立国（オランダ，スウェーデン，スイス）企業が国際競争上の優位を高めたことを指摘している。いずれも妥当な評価といえるが，戦争や政治体制，特にナチズムと企業の関係についての実証的な研究の大半は，もっぱらドイツ企業やドイツに拠点を置く米系多国籍企業に焦点をあててきた★4。ここでは，スイス企業やユニリーバの事例を取り上げることで，世界大戦が企業構造に与えたインパクトを中立国・小国の視点から再確認し，加えて，第二次大戦後のこれら多国籍企業の世界市場での優位が，戦争に直面してなされた北米への軸足の転換の直接の帰結であったことを示したい。

　最後の第三節では，ドイツの大陸支配に直面したヨーロッパの小国・被占領国・中立国に関する経済史・経営史的研究をごく簡単に紹介し，スイスとの比較を試みることで，スイスの事例がどの程度の一般性と特殊性を有したのかを，浮き彫りにする。

1 国境経済圏の多国籍企業
　　　——ゲオルク・フィッシャー社の事例

1.1　ゲオルク・フィッシャー社の概要と経営陣

　ゲオルク・フィッシャー社（以下 GF 社と略称）★5 は，今日では，自動車用鋳造部品，配管システム，工作機械製造の主要 3 分野を業務内容とするスイス企業である。近年の売上高は 45 億フラン（約 4000 億円，2007 年），従業員 1 万 3000 人弱（同）と，巨大化した今日の製造業の中ではとりたてて巨大な企業とはいえないが，当該部門では

★4　ジェフリー・ジョーンズ［2007］，110-125 頁，247-249 頁，341-342 頁等を参照。ドイツ企業やドイツに拠点を置く米系多国籍企業についての研究史に関しては，西牟田祐二［1999］，9-12 頁の注記を参照。その後も，エドウィン・ブラック［2001］を始め，ドイツ企業や在独米系企業に関しては多数の研究が公刊されている。

★5　1903 年以降，20 世紀半ばまでは，同社の正式名称は，Aktiengesellschaft der Eisen- und Stahlwerke vormals Georg Fischer in Schaffhausen である。1947 年以降は，Georg Fischer Aktiengesellschaft, Schaffhaussen と称している。

世界的なシェアと競争力を持つ★6。歴史的には，同社に連なる事業は，1802年，大陸欧州で初めて坩堝製鋼法を開発したヨーハン・コンラート・フィッシャーによって，スイスの領土の中では例外的にライン河の右岸（北側）に位置するシャフハウゼンで創始された★7。GF社はまた，鋳鉄製の配管用継手（Fitting）の大量生産をヨーロッパで初めて実現した企業でもあり，スイスの工業国としての歴史的蓄積を体現する名門企業といえるだろう。

両大戦・戦間期のGF社の主要事業分野は，民需・軍需の双方に関わる以下の3つの領域にわたっていた。①継手製造。19世紀後半以降の水道の普及とともに成長した部門で，見込み生産による規格品の大量生産部門である。②各種の可鍛鋳鉄・鋳鋼の鋳造品製造。顧客の設計・仕様により製造する受注鋳造品（Kundenguss）が中心で，機械工業・電機工業・鉄道向け生産が主体であったが，両大戦間期には，ホイールなど自動車用鋳鋼部品も重要となった。③機械製造。鋳造機械の外販の他，大戦間期には，買収によって農業機械や工作機械の製造にも多角化した。これらの製品のうち，①の継手は民需（建設需要）が中心であるが，②の一部は軍需品であり，また一部は，③の機械類とともに間接的に戦争経済を支える資本財・中間財にもなりうる製品であった。

ゲオルク・フィッシャー社の事業拠点

GF社は，これらの製品を両交戦国市場に輸出していたのみならず，現地生産も行っていた。そのため戦時下の同社についての分析では，各国拠点間の関係が，重要な焦点となる。そこでまず，同社の事業拠点の配置を確認しておこう。

国境都市で創業され，当初から近隣各国を市場としていたGF社の多国籍化は，19世紀前半に遡る長い歴史を持つが★8，第二次大戦期のGF社は，国の内外に六つの製

★6 今日でも取締役会メンバーのほとんどはスイス人であり，スイス人（自然人・法人）持ち株比率は64％と，「スイス企業」としての性格が維持されている。現在の主要事業分野は自動車用鋳造部品（50％），配管システム（24％），工作機械（放電加工機，フライス盤等。26％）である。鋳物・水道用鋳鉄管から産業・生活インフラ関係の総合エンジニアリング企業への発展という点では，日本のクボタなどと似ている。GF社の売上高・従業員数はクボタの4割程度であるが，業界内では世界的にも有力企業といえよう。http://www.georgfischer.com を参照
★7 GF社は，1860年代には可鍛鋳鉄の工場制生産を開始し，大陸におけるこの分野のパイオニア企業となった。19世紀の同社ならびにスイス機械工業の状況については，黒澤隆文 [2002]，280頁および第4章の関連の叙述，ならびに，Georg Fischer [1952]，35-84頁を参照。
★8 ここでは，スイス，ドイツ，フランス，オーストリアの4ヵ国の領土に跨り，ライン河の最上流部に位置する産業革命期以来の経済的中心地を，「高ライン地域」と称する。黒澤隆文 [2002]，特に第6章を参照。この国境経済圏内に設立されたGF社であるが，創業当初はシャフハウゼンから近隣ドイツ地域への輸出が容易であったこともあり，最初の対外直接投資は，むしろ遠隔地への飛び地的な投資として行われた。1826年，同社は，近代的特許法が整備されたオーストリアのハインフェルト（ニーダー・エースタライヒ州）の廃工場を買収し，ここで鋳鋼とヤスリの製造を開始している。1840年代には，同じくオーストリアのトライセンにも可鍛鋳鉄・鋳鋼所を設けた。ハインフェルトの工場は創業者ヨーハン・コンラートの次男ゲオルク・フィッシャー（1世）が引き継いだが，これらの拠点がその後どうなったかは不明である。GF社は両大戦間期にはこれらを所有していない。Georg Fischer [1952]，41-42頁。

第一章　多国籍企業・小国経済にとってのナチズムと第二次大戦　495

写真1　ゲオルク・フィッシャー社エプナット工場（シャフハウゼン）での鋳造作業（第二次大戦頃）
出典：Konzernarchiv Georg Fischer AG 所蔵（Nr. 12150, 許諾を得て転載）

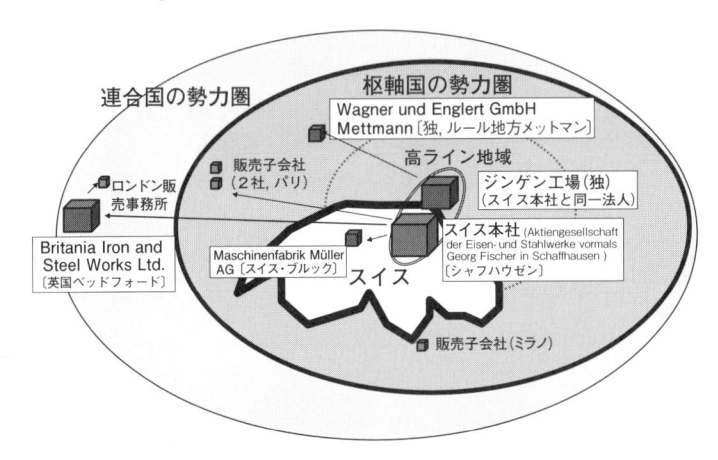

図1　ゲオルク・フィッシャー社の事業所と所有・支配構造（第二次大戦期）
出典：Wipf, Hans Ulrich［2001］各章の叙述を基に，筆者が作成。

造拠点を有していた。スイスでは，本社所在地であるシャフハウゼンの工場群の他，アールガウ州に小規模な子会社（Maschinenfabrik Müller A.G., Brugg, 1941年買収）があった。ドイツでは，ジンゲンとルール地方のメットマン（Wagner & Englert GmbH）に，各1工場が位置している。またイギリスでは，ベッドフォードに工場（Britania Iron and Steel Works Ltd.）が置かれていた★9。GF 社の工場はいずれも大規模である

が，多国籍化の度合という点では，100ヵ所近くの工場を世界展開していたネスレや，欧米各地に11の工場・加工包装拠点を有したロシュには及ばない。しかし両交戦陣営に製造拠点を持つ点では，第2節で取り上げるこれら世界的多国籍企業と共通する条件下に，GF社も置かれていたということができる（図1）。

　これらの拠点のうち，シャフハウゼンの工場群は，ミューレンタールの本社事務棟の他，4つの工場（大型鋳鋼製品鋳造所，パイプ継手・可鍛鋳鉄工場，小型鋳鉄工場，副工場）と，エプナットの鋳造所，機械工場からなっており，その就業者数は，1920年代には4000人を超えていた。これは1930年代の不況期には2000人台に半減したが，開戦後の1940年には4000人に回復し，以後，1940年代を通じて4000人を前後している★10。

　この本社の工場群に次ぐ規模を有するのが，関税障壁を回避するためにドイツ領のジンゲンに設立された工場であり，1895年の建設当初から，継手の大量生産拠点と位置づけられ，第二次大戦期には1600人前後が就業していた。ジンゲンは，原材料供給地であるドイツ北部からは遠く離れるが，他の産業に乏しく労働者の確保が容易で，鉄道の結節点でもあった。ジンゲン市当局が，用地・税・外国人居住許可等の点で優遇策を提供したことも，立地の理由である。このジンゲン工場は独自の法人格を持たず，シャフハウゼン本社の分工場という位置づけであった。本社と子会社の二重課税の回避が理由の一つと考えられるが，本社からわずか20kmと近く，工場管理部門をドイツ側ではなくスイス側に置けることが，そもそもの前提であった。後述のように，ロシュをはじめとして，各国で現地生産を行っていたスイス企業は，いずれも戦時期には在外拠点と本社の関係を目立たせぬよう努めていたが，ジンゲン工場についても，第一次大戦中には，協商国によるボイコットや，原産地証明が要求される事態を想定して，法人格を付与することが検討された。しかしこれは実行されず，ずっと後の1990年に至るまで，本社分工場の地位に留まったのである★11。第二次大戦中，このジンゲン工場の経営陣は，スイスの本社に代わり，ドイツ第二の生産拠点であるメットマン工場（就業者500人前後）統括の役割をも担った。

　政治的な障害よりも，距離の大きさそれ自体と戦時下での交通・通信の途絶が問題となったのは，GF社の在英拠点である。ベッドフォードに位置するBritania Iron & Steel Works Ltd.（以下，ブリタニア鉄鋼社と略称）は，GF社が1932年に設けた製造子会社である。これに先立つ1903年，GF社は，可鍛鋳鉄のイギリスへの輸出を開始し，1905年には現地の鉄製品商社であるEdward Le Bas & Co.（後にLe Bas Tube Co.に再

★9　Wipf, Hans Ulrich［2001］，26頁。
★10　Wipf, Hans Ulrich［2001］，124頁。
★11　Wipf, Hans Ulrich［2001］，184頁。戦後になっても法人格を付与しなかった理由は明らかでないが，戦間期にボイコットのリスクが現地法人化に直結しなかった背景としては，製品が一般消費者向けの消費財ではないこと，またドイツでの市場シェアが十分に高かったことが考えられよう。

編）を代理店として，同国や帝国圏市場向けに販路を拡大した。しかしその後，1931年のポンドの金本位制離脱と翌年のイギリスによる高関税導入や現地での外国製品反対運動等によって，高為替国スイスからの輸出が困難となる中で，代理店の合弁提案に乗る形で，ブリタニア鉄鋼社が設けられたのである★12。また同社は 1940 年には Le Bas Tube Co. を吸収合併し，製販統合子会社となった。第二次大戦開戦時には 400 名前後の就業者規模であったが，戦時中には 600 名を超える水準に増加していた★13。

経営組織

次に，GF 社の経営組織と経営陣について簡単にみておこう。創業以来パートナーシップに基づく同族経営が続いていた GF 社であるが，1896 年には株式会社に改組されていた。1902 年にゲオルク・フィッシャー（3世）が経営から退いて後に，銀行の影響力が強まり，専門経営者の手で経営が行われた★14。また 1921 年以降，GF 社は，同時代のスイスの多くの大企業と同じく，取締役会と執行役会からなる二層制の経営組織を有するに至った★15。

1930 年時点では，この両組織のいずれにも創業家の出身者は含まれず，取締役会は，専門経営者であるエルンスト・ホムベルガー議長（会長）を除いて，社外取締役によって占められた★16。具体的には，主要取引銀行 4 行（スイス三大銀行ならびにバーゼルの個人銀行）の代表者と，GF 社の重要な顧客企業（スイス機関車機械製造所〔〜1934〕，エッシャー・ウィス社〔〜1937〕，ドイツの MAN 社〔〜1939〕）の代表の計 3 名，ならびに地元シャフハウゼンの元市長シュパーンなどの名士 3 名である。

★12　ブリタニア社の持ち株比率は，GF 社が 75%，Le Bas Tube Co. 社が 25% であった。
★13　Wipf, Hans Ulrich [2001], 331, 460, 514 頁。
★14　創業者ヨーハン・コンラートの 1854 年の死去後，シャフハウゼンの工場はその孫のゲオルク・フィッシャー（2世）へ，また同名の曾孫（3世）へと継承され，この 3 世の時代に，株式会社化された。スイスでも製造業で株式会社が目立つようになるのは，1870 年代以降のことである。Georg Fischer [1952], 35–84 頁。
★15　会社組織に関するスイスの法体系（1911 年施行のスイス連邦債務法）では，株主総会の決定事項を除き，会社の最高執行機関としての任務は，Verwaltungsrat（独語）ないし conseil d'administration（仏語）に与えられている。またその下に経営の執行にあたる組織を別途設け，執行権を一部委譲してドイツ型の二層制に近似した形にすることも，委譲可能な権限が限定されるものの可能である（スイス連邦債務法 716 条）。その場合，ドイツの Vorstand（取締役会）に相当する下位の執行組織は，スイスでは Geschäftsleitung（独語）ないし direction（仏語）と呼ばれる（同 663 条 b）。二層制はドイツの影響の下で普及したものであり，本書に登場する大規模な企業の多くが二層制を採用している点からすると，比較を容易にするため便宜的に Verwaltungsrat に「監査役会」，Geschäftsleitung に「取締役会」の語をあてることも可能であるが，ここでは Verwaltungsrat を最高執行機関と位置づけたスイスの法規定や，会計監査を主たる任務とする「監査役」[Revisor] が別途存在すること，一層制のスイス企業にも用いうる訳語とする必要を考慮して，前者には「取締役会」の語を，また後者には「執行役」（単数の場合）ないし「執行役会」の語を宛てる。スイスの会社法一般については，細田淑允 [1997] を，またその条文については下記の URL を参照。http://www.admin.ch/ch/d/sr/2/220.de.pdf（独語），http://www.admin.ch/ch/f/rs/2/220.fr.pdf（仏語）。
★16　Wipf, Hans Ulrich [2001], 29 頁。

1930年代半ば以降、顧客企業代表が退任した後も、後任は補充されなかった。またMAN社長のドイツ枢密顧問官イマニュエル・ラウスターは、MAN社からの潜水艦用ディーゼルエンジン製造の受注の継続や★17、ドイツとの関係強化のために、1930年に外国人として初めて取締役に選任されたが、第二次大戦が勃発すると、直後に解任されている。第一次大戦時と同様、敵陣営によるボイコットや接収を回避するために、交戦国出身の取締役が一掃され、経営陣の「中立化」が図られたのである★18。またこれに先立ち、1929年には、購入権を既存の株主に限定した記名式の黄金株（普通株の5倍の議決権を持ち、譲渡には取締役会の承認を要する）が導入された。これは一つには、会長であり大株主でもあるホムベルガーがGF社に対する自らの支配権強化のために行ったものであったが、同時に、「過度の外国化」（Überfremdung）に対する戦間期スイス企業の防衛策の一例でもあった★19。

　他方、ヨーロッパで国際関係上の緊張が高まった1938年には、ホムベルガーの後任として1929年に執行役社長に就任していたユリウス・ビューラーが、またその2年後には、執行役のエルンスト・ミュラーが、取締役も兼務するようになった★20。同時に、ゲオルク・A・フィッシャーの取締役就任によって、久々に創業家出身者が経営組織に復帰している。大戦の予兆とその勃発に直面して、決定の迅速化とともに、社内の求心力を高めるための人事が行われたといえよう。

　ナチス期・戦時期には、GF社の執行役会は★21、社長のビューラー、商務部長で副

★17　1923年以降、GF社の機械製造子会社であったラウシェンバッハ機械製造所は、ヴェルサイユ条約で潜水艦建造を禁じられたドイツのMAN社との契約で、MANの設計に基づく高速4サイクルディーゼルエンジンを18基製造した。この契約は、ベルンに設けた偽装会社を間に挟んで行われた。しかし、ワシントン海軍軍縮条約による各国での需要減や、ナチス政権の下でのドイツの公然たる再軍備（＝ドイツ企業による軍需品生産の本格的な再開）によって、GF社はそれ以上の発注を得られず、製造設備も廃棄せざるをえなかった。Wipf, Hans Ulrich [2001]、102頁。

★18　なお、19世紀来の企業の国際化の後に突如勃発した第一次大戦では、「中立化」の影響は遙かに大きく、幾つかの重要な「外資系」企業がこれによってスイス企業となった。ドイツ資本主導で設立され、ドイツ人取締役が多数を占めていたアルミニウム工業株式会社（AIAG）の「スイス化」は、その一例である。Ruch, Christian / Rais-Liechti, Myriam / Peter, Roland [2001]（独立専門家委員会叢書第6巻）、124頁参照。

★19　この場合には、この語に反ユダヤ主義的含意（本書第二部第四章参照）はなく、むしろ外資やドイツ企業一般に対する警戒感を示す表現である。マルティン・ルポルトによれば、両大戦期および戦間期のスイスでは、各国企業のスイスへの逃避・カモフラージュを警戒し、株式の記名株化等を行う動きが萌芽的にみられ、長期的にはスイス企業のコーポレート・ガバナンスに影響を与えた。Lüpold, Martin [2008] 99–115頁。またこうした防衛の動きは、ウィルキンズによればスイス企業に限られず、ドイツでは、Überfremdungの語は、むしろ米系資本によるドイツ企業の買収を警戒して用いられた言葉であった。ウィルキンズ、マイラ [1976]、上巻183頁の指摘を参照。

★20　ただし両者は取締役就任以前から取締役会事務局等の立場でこれに出席し、参考意見を述べ、議事録作成等にあたっていた。Wipf, Hans Ulrich [2001]、34頁。

★21　当初は執行組織も未成熟で、1910年から1921年にはホムベルガーが単独で執行役（Direktor）の地位にあり、ラウシェンバッハ機械製造所の子会社化後（1921年）に、ようやくビューラーら4名（1925年以降3名）を加えた執行役組織が設けられた。全執行役による定例会議が導入されるのは、さらに後の1951年のことである。Wipf, Hans Ulrich [2001]、27–34頁。

社長格のエルンスト・ミュラーの他，鋼鋳造所技術部長，可鍛鋳鉄鋳造所技術部長，そして二人の機械製造所担当部長から構成された[22]。

上述のようにジンゲン工場は本社と同一法人であり，シャフハウゼンの工場と同じ形で本社経営陣の直接の指揮下に置かれていた。他方メットマン工場は別法人であるが，その独立性は低く，シャフハウゼン本社の指揮下に置かれ，また戦時中はジンゲン工場首脳の指揮に服した。それに対し，在英子会社のブリタニア鉄鋼社では，取締役は不在がちで[23]，経営の統括はスイス本社からの書簡や電信・電話での指示によって行われた。これが途絶えがちとなった大戦中の経営判断は，スイス人商務部長で，開戦後の1940年3月にようやくブリタニア鉄鋼社取締役に就任し，後に同社社長（Managing Direktor）となるパウル・ブッヒャーと，イギリス人で，シャフハウゼン本社で18ヶ月の研修を受け，1940年5月に工場長となったジョージ・レジナルド・ウェブスターが合議によって下し，ブッヒャーが取締役会に対して責任を負った[24]。

このように，GF社の場合，組織構造の点では各国子会社の独立性は高くはなかった。そのため戦時下では，公式の統制ルートが機能を喪失する中で，いかにして実質的な支配を維持するかが，重要な問題となった。

経営者

ナチス期から大戦期にかけてのGF社本社の経営判断は，上記のように，ホムベルガー会長，ビューラー社長，ミュラー副社長によって下されていた。中でも，エルンスト・ホムベルガー［1869-1954］は，1901年に執行役としてGF社に入社して以降，社長・会長として半世紀の永きにわたり，強烈な個性でGF社に君臨しつづけた人物である。ホムベルガーは，20世紀初頭からスイスでも目立つようになってきた専門経営者の代表といえるが，相続・婚姻や経営者報酬を通じてGF社の大株主にもなっており[25]，1954年に死去するまで，GF社を直接・間接に指揮した。また彼は，社長職を

---

[22] Wipf, Hans Ulrich［2001］, 27-34頁。
[23] 取締役会は，ホムベルガーの他，Le Bas Tube Co.の2名と，ロンドンの証券仲買業者のヘンリー・サミュエル・ロォブル，それにシャフハウゼン本社社長のユリウス・ビューラーGF社長からなり，また1937年からは，英政府との関係強化を考慮して英国人のノース・ヴィクトール・ダリンプル＝ハミルトン大佐を加えた。しかし以上のいずれも，ベッドフォードに住所を持たなかったため，開戦の危機が高まった1938年，ブッヒャーがビューラーの代理となり，また1940年にはビューラーと正式に交代した。Wipf, Hans Ulrich［2001］, 489-490頁。
[24] Wipf, Hans Ulrich［2001］, 490-491頁。
[25] ホムベルガーは，1901年，業績が悪化していたGF社に，取引銀行の主導で商務担当執行役として採用された。相続や経営者報酬による株取得の結果，社長就任の1907年には，GF社第三の大株主にもなっていた。またそれに先立つ1903年，彼はシャフハウゼンの工場主の娘と結婚し，義父ラウシェンバッハの機械工場（Maschinenfabrik Rauschenbach, MRS）と時計工場の共同所有者となったが，1921年，この機械工場が経営危機に陥ると，GF社は株式交換によって同社を買収したため，ホムベルガーの持株比率はさらに高まった。2年後には彼は取締役を経て取締役会副議長となった。1929年になされたMRSの完全統合は，会長に就任したホムベルガーがGF社にもたらした「持参金」といえた。Wipf, Hans Ulrich［2001］, 37-39頁。

ビューラーに譲り会長に退いた後も，思い入れの深かった英国の子会社では，取締役会議長の座に留まり続けた。また開戦後のスイスの総動員令で社長のビューラーが軍に招集された際や，1946年のビューラーの急死にあたっては，経営の第一線に一時的に復帰している。また，チューリヒの繊維企業家の息子として生まれ，英国でビジネス経験を積んだホムベルガーは，繊維工業から機械・金属工業へと発展したスイス東北部の歴史的産業連関を個人史のうちに体現した経営者でもあった★26。

このホムベルガーには，ナチスとの関係では見逃せないエピソードがある。1923年8月，未だ泡沫政党のデマゴーグに過ぎなかったヒトラーが，シャフハウゼンのGF社を訪れ，当時社長であったホムベルガーと面会しているのである。ホムベルガーは，ヒトラーの話を「非常に興味深い」と評し，スイス電機大手のBBC社副社長であるフリッツ・フンクに，訪問を歓迎するか否かを問い合わせた。しかしフンクは，面会すれば後々それをどう利用されるかわからないとして，これを断っている。この時ヒトラーが語った内容は不明であるが，その後，ホムベルガーのヒトラーに対する評価は，1933年末時点での経済・政情安定の手腕への瞠目と賞賛から，ドイツの統制経済への失望（1935年頃）に転じ，さらに平和に対するヒトラーの脅威が明白となった1938年2月には，「何をしでかすかわからない狂犬」という表現へと変遷している。若い時期に英国で過ごし，保養地サン・モリッツでの交友を通じて濃密な英国人人脈を持つホムベルガーは★27，英独の軍事的対立の図式では明確にイギリス贔屓であった。しかし「老マンチェスター主義者」を自認する彼は，同時代の多くのスイス企業経営者と同様，1930年代半ばまでは左派による革命を最大の脅威と考え，当初はヒトラーにその対錘としての役割を期待していたのである★28。

ホムベルガーとは対照的に，博士の学位を持つ社長のビューラーは，沈着冷静な能吏といった風貌であるが，第6国境部隊配属のスイス軍総司令部付騎兵士官でもあり，後述のようにドイツ当局との交渉では驚くべき豪胆さをみせた★29。また政治家としての

★26　ホムベルガーは，スイス綿工業の中心地であるウスター近郊で，色織物工場主の息子として生まれた。祖父は新生スイス連邦の第一期の国民院議員，兄はエーリコン機械製造株式会社の営業部長である。彼自身は，スイス西部，ヌシャテルの商業学校で学んだ後，チューリヒとロンドンの貿易商会や銀行で経験を積み，その後は，英国の銀行員として西インド諸島で勤務したとも，マンチェスターに住んだともいわれる。社外の公職でも活躍しており，スイス国立銀行の銀行評議員（Bankrat / Conseil du Banqueの他，金属・機械工業や金融業の10を超える企業で社外取締役を兼任していた。「スイス機械製造業者協会」Vereins Schweizerischer Maschinen-Industrieller（VSM），「スイス機械・金属工業雇用者委員会」Ausschuss des Arbeitsgeberverbandes Schweizerischer Maschinen- und Metall-Industrie（ASM）など，スイスの各種の業界，財界団体の要職も務め，また，自らが主導してドイツに設立したカルテル組織，Weichguss-Fitting-Verbandでも主導的な役割を果たしていた。Wipf, Hans Ulrich [2001], 36-45頁。

★27　スイスは，独仏伊墺の各国に囲まれた内陸国であるが，19世紀以来のアルプスの観光業・保養地経済の発展では，英国人旅行者・滞在者に大きく依存していた。ダヴォスのようにドイツ人滞在客によって発展した保養地もあるが，アルプスを舞台とする濃密な社会的・人的接触は，伝統的に良好なスイス＝イギリス関係の背景の一つである。

★28　Wipf, Hans Ulrich [2001], 41-44頁。

活動も特筆に値する。彼は，1942年，重工業・輸出工業の利害や雇用者の視点の政治への反映を目的とする「スイス経済振興協会」［Gesellschaft für Förderung der Schweizerischen Wirtschaft］の中心メンバーとなった。この組織は，積極的な恐慌対策を求めた左派主導の「危機イニシアティブ」（1935年）に反対する団体から発展したものであり★30，古典的自由主義と反左派の立場に立つビューラーの姿勢が窺われるが，終戦時には連邦政府による社会政策的施策にも賛成するなど，柔軟な現実主義者としての側面もみられる。1940年には，シャフハウゼン州議会議員，また1943年には，連邦の全州議会議員となった。政官財のエリートの一体性が強く，政治家の兼職が珍しくないスイスでも，現役の有力企業社長の中央政界での活動は，珍しい事例といえるだろう。彼のナチス観は，その政権獲得以降についてしか把握できないが，ホムベルガーと似たような変遷を辿っている★31。

　他方，副社長のエルンスト・ミュラーは農民の出で，苦学した後，1905年にGF社に入社し，英語圏を中心に各国での営業で成果を挙げ，次第に頭角を表した叩き上げの経営者である。戦時中の鉄原料不足に際しては，彼は戦争経済労働局製鉄・機械セクション［Sektion Eisen und Maschinen des Krigs-Industrie- und Arbeits-Amtes, K.I.A.A.］の副代表を務め，「国産」資源たる屑鉄回収システムの構築と電炉による生産の拡大に尽力した★32。

1.2　スイス本社の業務と戦争・中立・国境経済圏
戦時下のGF社（シャフハウゼン）の業務概観

　ここではまず，スイス本社の業績について概観しておこう。1930年代の世界恐慌の中で，GF社の売上は，1929年の半分の水準に低迷していた。本格的な回復が始まるのはようやく1937年のことであるが，開戦後売上が急増し，1941年には1929年の水準に回復し，1943年まで高い水準を保った。1944年には開戦前の水準に戻るが，翌年には戦時期の平均値近くまで回復している。インフレーションを考慮すると，1930年代の落ち込みと戦時中の回復は，いずれも2割程度割引されるが，戦時中にはやはり，一時的ながら1929年のピークまで回復している★33。

　このように戦時期は売上が回復しており，輸出も絶対額で戦前に比し2割から3割増

★29　ユリウス・ビューラー［1890-1946.6］は，地元シャフハウゼンで生まれた。父は近隣のドイツ領に位置する煉瓦工場の経営者である。ローザンヌ，チューリヒ，ベルリーンの大学で法学と経済学を学び，1916年に博士号を取得した後，GF社に入社した。早くも1921年には執行役となり，1933年には，英国ベッドフォード工場の取締役に就任した。またクレディ・スイスの社外取締役の他，継手メーカーによる国際的カルテル団体の代表も務めた。Wipf, Hans Ulrich［2001］，47-55頁。
★30　本書第一部63頁の訳註30を参照。
★31　Wipf, Hans Ulrich［2001］，66-67頁。
★32　Wipf, Hans Ulrich［2001］，57-62頁。
★33　Wipf, Hans Ulrich［2001］，166-170頁。

加したが、この間に国内での売上は輸出以上に増加しており、輸出比率は、1936年62％、1937/38年53％、戦時中は45％（いずれもジンゲン分工場向け含む）とむしろ低下していた。このように、交戦国向けの戦争特需でGF社が輸出に傾斜したとはいえないものの、枢軸国向け軍需品生産がGF社の業績を支えたことは間違いない。輸出全体に占める対ドイツ向け輸出比率は戦時中（1939-45年）に76％に達し、またそのほとんどが、広義・狭義の軍需品（鋳鋼・可鍛鋳鉄・ホイールの総計で550万フラン、機械が370万フラン）で占められたからである。戦前においては、民需主体の継手の輸出も大規模になされており、かつ輸出先も多様であったのに対し、戦時中は軍需品輸出・対枢軸国輸出（1940年5月のスイス包囲以降）の比率が上昇し、他方、継手を含む可鍛鋳鉄部門では、建築需要が消失する中で輸出比率が急落し、内需を主体とするようになっていた★34。

いずれにせよ、戦時中の外需・内需の増加によって、GF社の収益構造は著しく改善した。世界恐慌下で100万フランを割ってゼロに近づいていたキャッシュフローは、1937年以降500万フランを超えるようになり、戦時中は1929年の水準を凌駕した（ただしインフレ換算では開戦前の水準に留まる）。その半ばは利益として計上され、残りは減価償却や引当金の計上など、内部留保の蓄積に充当された。他方、1937年以降、本社の決算から切り離されていたジンゲン工場は、1942年に巨額の赤字を出すなど戦時下でも業績が悪く、本社にとっては負担となった。とはいえ、全社的にみるならば、GF社は戦時下において財務体質を改善させ、設備の減価償却も進めたといえよう。これによりGF社は、戦後の民需転換の下でも比較的有利な競争条件でスタートを切ることができたのである★35。

GF社と戦時需要

すでに開戦前から、大恐慌の中で各国が導入していた保護主義的通商政策やクリアリング制度がスイスからの輸出にとって障害となっていたが、大戦の勃発前後から各国が導入した戦時経済体制は、企業活動をいっそう困難なものにした。『最終報告書』の叙述でも明らかなように、伝統的に経済的自由主義が強かったスイスでも、経済外交・戦時経済上の必要から政府介入が行われた。その中心は、連邦官庁の政策体系の下、民間企業団体の自主規制の形で実施された統制である。これは国際的にみるならば緩やかな統制ではあったが、それでも、GF社法律顧問の1944年の証言では、ドイツへの輸出には14の許可が必要とされていたのである★36。

GF社でも、両陣営による経済封鎖や各国の輸入制限とともに、クリアリング制度に

★34 戦前には輸出先はほぼ世界中であったのが、1943年の可鍛鋳鉄の出荷先は13ヵ国となり、翌年には9ヵ国に減少していた。Wipf, Hans Ulrich [2001], 74頁, 168-170頁。
★35 Wipf, Hans Ulrich [2001], 173-177頁。
★36 Wipf, Hans Ulrich [2001], 66頁。スイスの経済外交・戦時経済体制については、本書第一部, 2.2を参照。

より定められた輸出決済枠が，輸出を制約する大きな障害となった★37。とはいえ，密接な工程間分業関係にある分工場をドイツ領に有し，加工賃優遇制度（後述）を利用できるGF社は，この点では幾分有利な状況にあった。またクリアリング制度が対外債権の回収リスクを解消したことも，GF社には大きなメリットとなった。輸出先企業が支払義務を履行せず，クリアリングに払い込みがなされない場合には，連邦がこれを肩代わりし，輸出企業はスイスフランでその輸出代金を回収しえたからである。1943年4月以降，製造・供給リスクは保証対象外となったが，これについても連邦は，損失額の55％を上限に肩代わりを行った★38。

　輸出入の統制は，当然ながら，軍事的観点からもなされていた。スイスでは，1938年の国民投票の結果，民間企業による武器弾薬の輸出がはじめて政府の統制下に置かれた★39。また開戦半年前の1939年4月，連邦は，ハーグ条約でも認められていた民間企業による交戦国への「戦争物資」の輸出を，政令によって禁止した。しかし軍備が不充分なまま戦争に突入した英仏両国の圧力を受けて，開戦1週間後の1939年9月8日，連邦は上記の政令を撤回し，民間企業による武器輸出に道を開いた。枢軸国による包囲で連合国向け輸出が困難となり，またドイツが姿勢を変えて兵器輸入に関心を示すようになる翌年5月までの間は，スイスからの武器輸出はもっぱら連合国向けであり，しかもその製造には，ドイツからの輸入原材料が用いられていた。輸出再開にあたって，政府は，スイス軍の軍備や国内原材料調達の障害にならない範囲でこれを許可すること，外国への販売は，外国政府やその代理機関に限定して認める旨を定めていた。しかしスイスの対独防衛をも意図した前者の規定は，ドイツがスイスへの原材料輸出をスイスからの対独軍需品供給にリンクさせるようになると，実効性を失った。またそもそも，『最終報告書』の指摘にあるように★40，この審査機関の長を軍需企業の有力者が務めるなどの点からして，国防の観点がどれほど貫徹したかには，疑問が残る★41。

　次に，GF社の主要事業部門について，戦争との関係を確認しておこう★42。戦前に

★37　Frech, Stefan［2001］（独立専門家委員会叢書第3巻）参照。
★38　Wipf, Hans Ulrich［2001］，173頁。
★39　本書第一部190-191頁本文の叙述および訳註1を参照。政府統制の対象となったのは，武器・武器付属品・照準機器・弾薬・爆発物・装甲車輛・航空機部品・軍用化学品である。
★40　本書第一部191頁参照。
★41　具体的に審査を行ったのは，スイス連邦軍務省戦争技術局傘下の官民調整機関である輸出入部会［Sektion für Ein- und Ausfuhr der KTA］である。ドイツ国防軍総司令部［OKW］は，この部会との連絡調整のために，ベルンに「ドイツ工業委員会」［Deutsche Industrie- Kommission, DIKO］を，またチューリヒには「ドイツ航空工業委員会」［Deutsche Luftfahrt- Industrie Kommission, DELIKO］を設け，スイスでのサプライヤー企業の掘り起こしを進めた。GF社は該当しないが，エーリコン・ビューレやディクシー社，タヴァロ社など，OKWからの受注の多いスイス企業には，納品検収のために，DIKOやDELIKO配下のドイツ人が常駐した。これは連合国の場合も同様で，1940年4月までは，英仏の調達担当官もスイス企業に常駐していた。Wipf, Hans Ulrich［2001］，96-99頁。
★42　1942年時点で，製品構成は，鋳鋼製品35％，ホイール（鋳鋼品）7％，継手16％，継手以外の可鍛鋳鉄製品11％，鋳鉄製品9％，機械類22％（工作機械8％，鋳造機械6％，木工機械5％，繊維機械1％）となっていた。Wipf, Hans Ulrich［2001］，68頁。

GF社の売上の半ば占めていたのは継手であるが，その売上は，とりわけ輸出の急減のために，開戦後1年で半減した。内需でこそ戦前水準を維持したが，輸出に占める割合は，1930年代前半の47％，開戦直前の30％から，戦時期には16％にまで落ち込んでしまったのである★43。交戦国での建設需要の減退のほか，各国の輸入割当も障害となった。継手以外の可鍛鋳鉄製品も，開戦とともに輸出は急減してしまった。

　それとは対照的に，鋳造機械と工作機械を柱とする機械製造では，1937年以降大きく売上が伸び，かつ1940年以降にドイツ支配地域向け生産を中心にいっそう生産が拡大した。鋳造機械では，フィアット向けの販売が目をひく。また工作機械では，1940年まではイギリスの航空機エンジンメーカーであるブリストル，ロールズロイス両社向け生産など連合国向けの供給が目立つが★44，枢軸国にスイスが完全包囲されてからはドイツとその支配地域への輸出が急増し，1942年にはこれが8割を超えた。ドイツ向けの販売はシュトゥットガルトの輸入商社経由で行われたが，製品のほとんどは，自動車・航空機工場向けであった。

　とはいえ，広義の軍需品（第一部での「戦争物資」）が一様に輸出増の恩恵に与ったわけではない。例えばトラック用ホイールでは，むしろ状況は悪化した。ホイールは，そのほぼ全量が実質的に軍需品であり，GF社がドイツ統一規格品のライセンス供与者として53％の協定シェアを保証されながら★45，ドイツとのクリアリング決済の上限額と，イタリアが課した輸入割当によって，開戦後にむしろ輸出が急減した製品である。加工貿易に対する優遇措置（後述）を用いて輸出自体は維持されたものの，1942/43年には，対ドイツ向け輸出量は戦前の3分の1に減少している。

　GF社は，狭義の軍需品，すなわち武器（同部品）・弾薬をも製造していた。国内市場向けには，20mm対空砲の砲架や，可鍛鋳鉄製の手榴弾を連邦工廠・スイス軍から断続的に受注している。またGF社が特許を有するトリレックス・ホイールがスイス軍でも採用され，航空機用のホイールも生産された。他方，第一次大戦時とは異なり，兵器完成品の輸出は行われなかった。しかし，部品では，艦船向けの鋳鋼製品や軍用機（メッサーシュミットMe109）用の鋳造部品をごく少額（後者は38万フラン）ながら受注し，1942年までドイツに輸出している★46。

　こうした戦争物資や狭義の軍需品・兵器部品の輸出に対する批判は，共産主義的新聞

★43　Wipf, Hans Ulrich［2001］，76頁。
★44　スイス全体では，開戦後半年間の工作機械輸出は，フランス925万フラン，イギリス497万フラン，ドイツ278万フランと，むしろ連合国側向け輸出が大半であった。Wipf, Hans Ulrich［2001］，89頁。
★45　GF社は1922年に自動車用ホイールの生産に本格参入した。GF社が開発し特許を取得したトリレックス・ホイールは，専用工具を用いずにタイヤの着脱が可能であり，かつ安全性が高いことから，ドイツで統一規格に採用された。ドイツ企業へのライセンス供与のため，GF社は企業団体を設立し，その中で53％の市場シェア割当を確保した。同様の協定はイタリア，フランスでも結ばれた。Wipf, Hans Ulrich［2001］，80-84頁。
★46　Wipf, Hans Ulrich［2001］，99-110頁。

などでごく少数みられたに留まり，一般世論ではこれを問題視する見方はほとんどなかった。労働者はむしろ雇用創出を歓迎していたし，反ファシスト的新聞の批判も，利益が労働者に還元されていないことに向けられていた。製品の種別や納入先が社外にはほとんど知られていなかったことも，その理由であろう。作業現場でも，鋳造部品は型番で識別されるのみで，労働者は発注者の名前を知らないのが普通であった。一般世論においても，自国の安全保障のために武器輸出を制限すべきであるという議論は上述の1938年の国民投票で決着がついており，政府統制への漠然たる期待の下，関心が低下していたのかもしれない。こうした中で，在独工場での極めて厳格な保秘体制（後述）とは対照的に，シャフハウゼンでは驚くほどおおらかな姿勢がみられた。1941年と翌年，社員の家族や一般人向けの工場見学会が開催され，千人を超す人々が軍需品をも生産する工場群を訪れたのである。また輸出先であるドイツの調達当局からも，スイスでの生産分については特段の保秘・防諜の要求はなされなかった★47。

　GF社とドイツとの関係は，輸出面に留まらない。石炭・コークスや，粗鋼その他の金属原材料ではドイツの他には調達先は乏しく，スイス側に選択の余地はなかった。1941年に発効したドイツとスイスの二国間通商協定では，ドイツが発注する製品に対して，ドイツは原材料供給義務を負った。GF社はこれにより，終戦時までに4765トンの粗鋼・金属材料の供給を受けた。またGF社は，設備の近代化のため，戦時中に本社ミューレンタール第一工場の建て替えと設備更新を行ったが，建築資材や設備の多くはやはりドイツから調達された。ドイツから輸入する場合，クリアリングの制約を受けずに封鎖マルク資産を流動化できるという利点があった★48。ドイツ企業にとってさえ資材や機械の確保が困難になる中で，ドイツからの輸入が滞ると，GF社はドイツ軍の調達当局に働きかけ，ドイツ国防軍向け供給が滞る危険を訴えて，なんとか輸入を実現している★49。こうした中で，GF社は，第一次大戦時と同様に，泥炭・木炭利用や国内鉱山の開発努力，屑鉄回収網の構築，電炉導入など，国内での原燃料調達に努め，部分的には成果をあげた★50。

　GF社においても，第二次大戦時の企業行動を少なからず規定していたのは，第一次大戦時の経験であった。特に同社の場合，会長のホムベルガーは社長として，また社長のビューラーは上級幹部として第一次大戦と戦後恐慌を体験しており，戦時特需への対応よりも，戦後の民需転換への備えを優先させた。その結果，戦時期の投資は，常に合理化をも意識して行われた。戦況の転換が明らかとなった1942年には，戦後の復興建

★47　Wipf, Hans Ulrich［2001］, 109, 111-115頁。
★48　GF社は，ドイツ銀行のジンゲン支店に，Aski-Verrechnung，すなわち「（ドイツ）国内での支払いのための外国人向け特別口座」［Ausländer-Sonderkonto für Inlandszahlungen］を有していた。ドイツへの輸出企業は，ライヒ経済省が認める上限の範囲内で，クリアリング枠とは別に，この口座残高からドイツで購入した商品の代金支払いを行うことができた。Wipf, Hans Ulrich［2001］, 172頁。
★49　Wipf, Hans Ulrich［2001］, 155-157頁。
★50　Knoepfli, Adrian［2008］, 183-185頁，Wipf, Hans Ulrich［2001］, 158頁。

設需要を見込んで，原料その他の不足の中で，継手の在庫を積み増し，また民需転換を意識した設備投資を行った★51。戦後への備えは，生産面のみならず販売面でも重要であった。1940年以降，海外市場への輸出はとりわけ困難になったが，GF社は戦後に備えて，南米での販売網をブラックリストへの掲載リスクにもかかわらず維持し続けた。またGF社の主導で設立され，日本のメーカーを除く世界の主要継手メーカーを網羅したカルテル組織（IMATUFIA）は，開戦によってその機能を失ったが，GF社はその事務所をデュッセルドルフからシャフハウゼンに移し，戦後に備えた★52。

スイスの武装中立とGF社

このようにGF社はドイツの軍需にも与ったのであるが，同社が同時に，侵略の危険に怯える小国の企業であったことも，また紛れもない事実であった。ドイツの侵略に対する危機感は，ライン右岸に位置するシャフハウゼンでは，とりわけ強かった。開戦直後の1938年9月半ば，ライン河の橋梁には爆発物が仕掛けられ，その数ヶ月後には，スイス軍の大半は南方のリマート川線まで後退した。シャフハウゼンは，開戦当初からスイスの防衛ラインの外側に，まったく無防備のまま放置されることになったのである。

こうした中，企業もまた，対応を迫られた。早くも開戦の前年には，国際情勢の緊迫化の中で，英国子会社への重要文書の疎開が検討された。この案は，開戦後短期間で英国との交通条件が悪化したため断念されたが，その後，1940年3月から5月にかけて，GF社は36箱の重要文書をスイスの内陸，グリンデルヴァルトにあるシャレーの地下室に疎開させた。日々の業務に必要なその他の重要書類は，毎晩，終業後にライン左岸の国境から離れた場所に運び出され，翌朝再び社屋に戻された。調達困難な希少金属など25トンの原材料や，スイス軍向け製品の設計図等は，連邦軍務省の指示でやはり内陸に位置するエメンタールに疎開された。取締役会副議長のカール・シュパーンはスイスの最奥地ともいえるエンゲルベルクに避難し，英米晶屓であった副社長のミュラーは，アルプスの南側に私財を移した。また会社全体の接収を避けるため，本社が占領された場合に会社の法的所在地を（亡命）政府所在地とする手続きが執られた★53。

ドイツによる侵略と占領に備えて，軍当局の指示の下，有事の際の工場破壊・使用不能化の措置が1940年5月以降に具体的に検討され，業界単位で協議が行われた。しかし企業側では破壊方針には反発が強く，全国的に実施体制が構築されたのはようやく1943年5月のことであった。GF社では，機械・設備や発送電設備の運転に不可欠な中

★51　第一次大戦時のGF社については，Knopfli, Adrian［2008］, 193-198頁を参照。
★52　Wipf, Hans Ulrich［2001］, 76-80頁。
★53　これは，1939年10月30日の連邦内閣決議により可能となった。第2節の叙述も参照。なおスイス本社は，在英子会社による軍需生産について把握していたはずであるが，ドイツ軍がスイスに侵攻する事態をも想定して，取締役会の議事録ではその事実は慎重に伏せられた。Wipf, Hans Ulrich［2001］, 94, 142-144, 504頁。

枢部品を黄色でマークし，有事にはこれを破壊するか取り外して持ち去る方法がとられた★54。これらはいずれも，侵攻に対して脆弱なスイス平野部を放棄し，内陸の山岳地帯に立て籠もる「レデュイ」作戦（本書第一部77-79頁参照）の一部であり，その有効性への疑問が表明されることはほとんどなかった★55。

国防上の必要や配慮は，時にGF社の企業活動を制約した。国境に隣接するGF社の立地はその一つであるが★56，最大の障害は，スイスの軍事体制の根幹である民兵制そのものであった。徴兵年齢の若年者と職業軍人からなる通常の国民皆兵制と異なり，スイスの場合には，成人男性は通常の徴兵年齢を過ぎた後にも定期的に軍事訓練に参加する。一般兵士はもちろん，軍の幹部も，平時には軍務以外の本職を持ち，総動員時にのみ，常勤的に軍務に服する。これは市民参加制度（ミリッツ・システム——本書第一部50頁の訳註9を参照）の一種であるが，スイスの直接民主主義に根ざしたこうした軍事体制は，人口規模に比して大規模な軍隊を——あくまで限られた期間に限り——動員することを可能にする。とはいえ動員はすなわち企業にとっての人員喪失を意味したため，企業活動に深刻な打撃をもたらした。

開戦直前の1939年8月末から9月初旬，国境部隊に対する動員令の発令によって，総就業者の実に4割に相当する1480人の労働者・職員が，シャフハウゼンのGF社から突如として引き抜かれた。軍当局への事前申請で67名が招集を免れたが，事後になされた追加免除に対する認可は遅れ，副社長のミュラーが自ら連邦軍務省に出向き，スイス軍向け納入に携わる者に限定することを条件に，400名弱の動員免除をようやく取り付けた。「奇妙な戦争」の間は免除も比較的寛大に認められ，動員者は従業員数の15-20％にまで減少したが，西部戦線の開戦後の第二次総動員で欠員者は再び1330名に達し，一般の製造部門では著しい障害が生じた。

1940年の夏からは，ドイツの大陸支配確立後の一部動員解除——経済の麻痺を回避するためには不可避であった——と，占領や封鎖等による販路喪失のため，GF社ではむしろ人員余剰が問題となった。その限りで，戦争後半には，軍務や，戦時食糧増産計画・各種労働奉仕プログラムへの人員供出は，時には余剰人員吸収のバッファーとなっ

★54　Wipf, Hans Ulrich［2001］, 145-146頁。
★55　開戦当初は，パラシュート部隊の降下に備え，州の武器庫から銃器を調達して社員による監視隊が組織された。しかしフランス軍があっけなく崩壊すると，軍事的抵抗の有効性への疑念のためか，その後，工場防備はむしろ緩められた。結果的には，ドイツ軍のスイス侵攻はなされず，シャフハウゼンでの直接の戦争被害は，むしろ連合国側の「誤爆」（意図的爆撃との証拠はない）によって生じた。シャフハウゼンでは，ドイツの圧力でドイツ都市と同様の灯火管制を行っており，これが誤爆被害を拡大した。GF社では物的・人的損失はなかったものの，空襲警報による作業中断で，幾分かの経済的損害が生じた。Wipf, Hans Ulrich［2001］, 146-149頁。
★56　スイス連邦軍工廠から砲架や手榴弾を受注した際には，国境に位置するGF社の立地が疑問視され，工場をスイス内陸に移転するよう圧力を受けた。ただしこの場合には，移転の困難性が大きく，結局はそのまま受注している。他方，侵略の脅威に怯える中で，スイス企業がその仮想侵略国に武器を供給するという矛盾は，ほとんど問題にされなかった。Wipf, Hans Ulrich［2001］, 93-94頁。スイス企業からの微々たる武器供給の有無は，圧倒的なドイツ軍の侵略能力を大きく左右する要素ではないと判断されたのであろう。

たといえる。しかしそれも常にうまくゆくとは限らなかった。動員者の割合は終戦までGF社就業者の6％から18％を推移し，しかも上述のようなスイスの民兵制の特質上，特定の者が長期に招集されるのではなく，ほとんどの就業者が短期間で交代する形で招集されたから，頻繁な人員の入れ替わりへの対応は，人員が余剰基調となっても容易ではなかった。企業に対する損失補償はなく，しかも政府は，動員解除者の解雇自粛を企業に求めた。また人員変動回避のために抑留ポーランド兵を雇用する計画も，国境都市に抑留者が滞在することに政府が反対したことで，実現しなかった★57。

　経営幹部や上級職員の場合には，問題は単に人員の確保に留まらなかった。1990年前後の冷戦体制の崩壊まで，スイスでは，企業幹部は軍においても士官の地位を有することが多かったからである★58。それゆえ，交戦国へ軍需品を輸出し，あるいは在外子会社で軍需生産を行うような企業の幹部が，同時に中立国スイスの軍士官でもあるという，軍事・外交的にも，また経営上も微妙な状況が生じたからである。

　この点で，GF社も例外ではなかった。社長のビューラー自身，1939年夏から1942年にかけて，断続的に会社経営から離れ，第6国境部隊配属の総司令部所属中佐として軍務に就いていた。しかもその間の1941年末，ビューラーはGF社の社長として，ベルリーンを訪問してさえいるのである★59。また在英子会社の技術部長で，1939年初のスイス帰国後もスイス本社から在英工場に指示を出していたカール・ツェンダーも，スイス軍の少佐であった。彼もまた開戦後は国境防備隊を指揮していたが，その後3度にわたり休暇を取得し，渡英して在英工場を監督している。特に1940年4月の休暇はドイツの北欧侵攻後であり，ギザン総司令官の署名を得てようやく許可されたものであった★60。

　当然ドイツ当局も，スイス企業経営者・職員の軍歴に無関心ではありえなかったであろう。次項でみるように，在独ジンゲン工場長であったラウエンブルガー（スイス人）は，開戦前の1937年1月，軍事機密の収集・漏洩の嫌疑によってゲシュタポに逮捕・

★57　GF社では動員中の社員に対する給与は支払わなかったが，当初，自社負担で1日あたり2フランの手当と児童手当を支給した。1939年12月，世論の圧力の下で，連邦政府は軍務中の逸失所得を政府負担で一部補填することとした。Wipf, Hans Ulrich [2001], 134頁。

★58　民兵としての教育訓練過程で，士官の道を選択し——当然高学歴者が多い——，能力を示して高い階級を持つことは，企業経営者の資質の一部と考えられることも多かった。軍における人的な繋がりは，スイスでは政・官・財を貫くネットワークの基盤にもなっていたといわれる。次節でとりあげるロシュの場合にも，創業者社長であるフリッツ・ホフマンは，第一次大戦時には総動員令により社長の業務を離れ，騎兵隊中尉として国境警備にあたった。Peyer, Hans Conrad [1996], 68頁。

★59　Wipf, Hans Ulrich [2001], 156頁。

★60　英政府に対しては，英軍に納入する在英工場での任務の重要性を強調し，入国を許可された。その後，1942年にもフランス自由地区からリスボン経由での英国渡航を計画したが，断念している。またツェーンダーは，部下に対しても同様の行動原則で接している。開戦後，在英工場の鋳造技師であったアウグスト・プロプストは，祖国の危急を知って急遽スイスに帰国し従軍した。しかし軍幹部であったツェーンダーは彼を練兵場に呼び出し，「ヒトラーに一矢報いたいなら，イギリスで働くほうが重要だ」と述べ，在英子会社に送り返したという。Wipf, Hans Ulrich [2001], 122, 517頁。

拘禁された。これはジンゲン工場長をナチス党員のドイツ人にすげ替えるための口実であったとみられるが、スイス軍士官としての彼の肩書き・経験と、従軍中の他のスイス軍士官との交流が、実際にドイツ側の軍事的警戒心をかき立てたということも、十分考えられるのである★61。

　国民の6割超がドイツ語を書き言葉として用いるスイスにとって、ドイツからの防衛は軍事面に限定される概念ではありえなかった。1930年代後半に市民権を得た「精神的国土防衛」は、端的にはナチス的なイデオロギーに対する国民的闘争であった。GF社が位置するシャフハウゼンは、歴史的にもスイスで最もドイツ的かつ親独的な州であり、この闘争の最前線にあった。

　こうした中で、スイス軍総司令部警察局や州の政治警察は、「外国人過剰な」(überfremdet——ここでも反ユダヤ的というよりはむしろ反ドイツ的表現)GF社にも、警戒の目を向けていた。1930年代半ば、シャフハウゼンのGF社の従業員のうちドイツ人は8.8％を占め、開戦時には4.5％に低下していたものの、戦争末期にも3.2％、100人を超えるドイツ人労働者が残っていたからである。上級管理職の唯一のドイツ人であったホルストマンは開戦とともに在独工場に転じたが（詳細は後述）、その他、1名のナチス党員（冶金技師ルドルフ・グナーデ）を含む3名のドイツ人技師長・技術顧問が、開戦後もGF社のスイス本社工場で勤務を続けていた。しかし戦時期には、シャフハウゼンのGF本社でナチス党籍を持つ者は5名のドイツ人に限られ、当局の執拗な捜査にもかかわらず、積極的なナチ的政治活動の証拠が得られた社員は皆無であった★62。

　警戒の対象となったのは、当然ながらドイツ人ばかりではなかった。スイス軍総司令部中佐であるGF社のビューラー社長にさえ、州の政治警察は、（親ナチス的な）「戦線派（フロンティスト）」ではないかとの疑惑の目を向けていた。これはジンゲン工場長でナチスの党員でもあるホルストマンとの接触が密であることのみを理由とした嫌疑で、ほとんど根拠がなかったが、いずれにせよスイスの政治警察は、ドイツ人のみならずスイス人の極右運動をも、情報収集と警戒の対象としていたのである★63。

連合国の経済戦とGF社

　両陣営で製品を製造・販売するGF社にとって、連合国の政策もまた、特に1940年

★61　Wipf, Hans Ulrich［2001］, 187頁。
★62　1933年に設立されたナチス党シャハフウゼン支部には、114名が所属していたが、その半ばは入党が事実上不可避となっていた帝国鉄道（ライヒスバーン）職員であった。少数の党員の1人で、GF社では管理職の立場にあるルドルフ・グナーデに対し、連邦警察・検察はナチス的策謀の嫌疑で執拗に盗聴・郵便検閲を行ったが、政治的言動は確認できずに終わった。彼は戦後、党員であったためにスイスを追われたが、GF社は彼をジンゲン工場に転勤させ、雇用を続けた。Wipf, Hans Ulrich［2001］, 135-141頁。
★63　GF社でも、職員層では4-5名の者が戦線派ないしそのシンパとして警察資料に記録されているが、「諸戦線の春」の時期と、ドイツが優勢であった戦争初期以外には、その活動は目立ったものではなかった。また労働者層の多くは左派政党を支持しており、戦線派とは対極にあった。Wipf, Hans Ulrich［2001］, 54-55頁。

5月の西部戦線での開戦以降は，事業にとっての制約要因となった。連合国は，1940年8月にスイスがドイツとの経済協定を締結すると，原料封鎖などの包括的な対抗措置をとったが，個別企業を狙い撃ちしたブラックリストも，大きな脅威となった★64。これに掲載されたのは，敵国の支配ないし所有下にあるか，あるいは直接・間接に敵国の戦争経済にとって重要な非交戦国の人物や企業である。これに掲載されると，連合国支配地域での経済活動は，その対象が民生品であるか軍需品であるかを問わず禁じられ，資産も封鎖される。ブラックリストによる制裁は，掲載企業と取引する企業にも連鎖的に及ぶのが原則であったため，掲載された場合には中立国企業からも取引を打ち切られる可能性が高く，絶大な効力を発揮した。そのため英米当局はリストの周知に努め，スイスでも各方面にこれを送付した。

　スイスの少なからぬ企業がこれに掲載されたが，その多くは，本来的なスイス企業というよりも，ドイツ資本の企業やドイツの偽装会社であった。GF社でも，細々と続けられた第三国向け取引において，これが問題となった。スペインやアルゼンチンの販売代理店がドイツ系企業であったため，偽装会社を介してこれらに供給を続けたが発覚し，1941年8月，駐チューリヒ英国領事がこれをリストに載せようとしたのである。掲載されたならば，南米での微々たる継手販売とは比較にならぬ重要性を持つ在英子会社の所有・経営権が危うくなる。危機感を覚えたGF社長のビューラーは，自らチューリヒ総領事に入念な釈明を行い，登録を免れた★65。その後GF社は，掲載企業との取引を慎重に回避している。

　しかし当然ながら，より深刻であったのは，GF社自身の対独取引に向けられた連合国の疑念であった。1941年6月半ばに駐チューリヒ米国副領事が本省宛に送付した書類には，チューリヒ領事館の管轄区域内の，GF社を含む61社が対独輸出企業として列挙されていた。チューリヒの米国総領事は，これら企業全てを掲載するならば，独立を維持しようとするスイスの努力に水をさし，むしろドイツを利すると指摘していた。しかしその後も危機は続いた。1942年2月，ベルンの英国大使館は，GF社が潜水艦用ディーゼルエンジン用鋳鋼とメッサーシュミットの部品を製造しているという事実を掴んだからである。英米の在スイス公館による執拗な事情聴取に対して，GF副社長のミュラーは，ドイツ向け供給は，ディーゼルエンジン，ならい旋盤，自動車用鋳造品，空気タイヤ向けホイールであるが，航空機部品は製造を停止し，ディーゼルエンジンは英国の要請に応じて解約すること，残りについては，納品を3ヵ月延期する旨を説明し

★64　ブラックリストは，第一次大戦時にも採用されていたが，第二次大戦では，開戦2週間後にイギリスがこれを作成（British Statutory List）し，1940年2月にはカナダ政府がこれに倣った。米国は，参戦前の1941年7月に南米企業のみを掲載したリストを作成したが，参戦後の翌年2月以降，この3国は緊密に連携し，リストは事実上，同一となった。その後リストの更新が行われ，1944年7月28日には1万5446件の企業・個人名が掲載されていた。Wipf, Hans Ulrich [2001], 115頁。これとは対照的に，ドイツ側は，中立国企業をも対象としたリストは作成していない。

★65　Wipf, Hans Ulrich [2001], 78頁。

た★66。また二つの在独工場については，戦争物資を製造しないために週2日分の石炭しか配給されず，その分しか操業していない，それ以外は，在独工場で何が起こっているかは把握できていないと釈明した。しかし，特に米国の駐チューリヒ総領事はこの釈明を信用せず，またミュラーがGF社の所有構造やドイツ人持株比率について明言しなかったことにも不信感を抱き，リストにGF社を載せるべきと主張した。これに対しGF社は，比較的好意的な英国側に多数の業務文書を開示し，実際に数ヵ月間にわたりドイツ側からの軍需品受注要請を拒否したことを証拠立て，辛うじて掲載を回避した。この間GF社は，もともと濃密であった英米人脈を最大限動員し，また英米大使を工場見学に招待するなどして，疑惑の払拭に努めた★67。

戦時下の高ライン経済圏

ライン河上流域に，複数の国家の領土に跨って広がる工業地帯では，19世紀初の産業革命期から国境を跨ぐ経済活動が濃密に行われていたが★68，ドイツとスイスの国境では，両国間の緊張が頂点に達した第二次大戦中においても，人や物資の往来は途絶えなかった。両国は，西部戦線での戦闘開始後の3ヵ月間，国境を相互に封鎖した。しかし残る期間においては，不動産価格が安いドイツ領に住み，シャフハウゼンのGF本社工場で働くスイス人労働者による通勤は，1941年から44年の間に33人から15人に減少したものの，途切れることはなかったのである。3ヵ月の封鎖の間，これらスイス人国境通勤者たちは，帰宅できずにスイス側で宿を探さねばならなかったが，しかしこの封鎖期間でさえ，査証を持つ者は国境を越えることができたのである★69。

とはいえ，戦争中，人的な接触の多くは，非交戦国たるスイス領内でなされる傾向が強まっていたのも確かであった。1940年末のGF社の4ヵ月間の来社記録では，顧客やサプライヤーなど，ドイツ・イタリア両国からの訪問者数は33名を数えた。もっとも，欠落の多い1941年以降の記録では訪問者は減っており，1942年には少数の英米外交官の来社が確認されるのみである★70。

逆の動き，すなわちGF関係者のドイツ訪問も確認される。GF社の法律顧問で，1941年に同社執行役員となったフリッツ・ビュールマンは，国境取引・多国籍企業課税問題の専門家であり，開戦後も1941年秋頃までは，頻繁にベルリーンを訪れていた。前述のように社長のビューラー自身，1941年末まで商談のためにベルリーンを訪問しており，その他，2名の経営幹部・上級職員が，1942年3月にドイツに出張している★71。

国境経済圏に位置するジンゲン工場の場合，本社との関係は，単に資本や人員，技術

★66　Wipf, Hans Ulrich［2001］，78頁。
★67　Wipf, Hans Ulrich［2001］，116-122頁。
★68　これについては，黒澤隆文［2002］を参照。
★69　Wipf, Hans Ulrich［2001］，125-126頁。
★70　Wipf, Hans Ulrich［2001］，125-126頁。

やライセンスの領域に限られず，原材料・機械機器の供給や工程間分業にも及んでおり，またスイス側から供給される電力エネルギーや，ジンゲン工場が果たした対独輸出仲介商社としての機能も，重要な役割を果たしていた。

原材料でのスイス本社とのつながりとしては，開戦前の事例が確認できる。1936年，第二次四ヵ年計画の下で，ドイツでは屑鉄・銑鉄の配給制が導入された。基準年に操業短縮を実施していたジンゲン工場では，割当は需要実績を3割下回っており，原材料不足に直面した。こうした中，翌年にかけて全調達量の約4割にあたる不足分（フランス産屑鉄〔1500トン〕，フェロシリコン〔使用量の55％〕，亜鉛〔同53％〕，鉛）をスイス本社が提供し，操業を維持したのである。しかもその大部分は無償譲渡であり，これによる本社からの支援額は総計400万マルクに達した。ただし，その後は同種の取引記録は残されていない。戦時中は，スイス本社自身の原料調達難やジンゲン工場の独立性の高まりの中で，この種の支援は打ち切られたとみられる★72。

これに対し，機械や電力のスイスからの供給は，戦時中も継続された。工作機械や加工具は，社内規格の維持や企業秘密の保持のためにも，可能な限りシャフハウゼン本社の工作機械製造部門が供給した★73。

スイスからドイツへの電力輸出は，独立専門家委員会の主要な調査テーマの一つであるが★74，ジンゲン工場も，1920年代初頭以降，シャフハウゼン州が所有する発電所（Elektrizitätswerk des Kantons Schaffhausen，EKS）からその消費電力の全量を購入していた。同発電所は，約6000万キロワット時の発電量の約25％を南ドイツの47の自治体や多数の事業者に供給していたが，ジンゲン工場はその4割を占める最大のドイツ側需用者であった。クリアリングを介してなされる電気料支払いの遅れやスイスでの電力不足にもかかわらず，1945年3月にスイス連邦政府がドイツへの電力輸出を禁ずるまで電力輸出は継続された★75。

ドイツの外貨不足と厳しい為替管理のために本社工場の対独輸出の余地が狭まる中で，GF社は，国境立地を活かして，ドイツ当局が認めた加工貿易〔再輸出貿易〕優遇措置を利用し，ドイツでの市場シェアの維持に努めた。従来スイスで行っていた前工程を在独工場に移した場合，スイスでの付加価値は「（再輸入品向け）加工賃」［Veredelungslöhne］として扱われ，その分，ドイツへの輸入枠が引き上げられて，関税も

★71　そのうち1人は，チェコ人技師で，ユダヤ人の妻を持つエリック・マテヤカであった。Wipf, Hans Ulrich［2001］，126, 204頁。

★72　Wipf, Hans Ulrich［2001］，384-386頁。

★73　その額は，1941年には総額19万4000フラン，1942年には11万フランに達した。またライスハウアー社（チューリヒ）からの1944年のねじ切り旋盤の購入も，スイス本社の仲介で行われた。Wipf, Hans Ulrich［2001］，386-387頁。なおライスハウアー社は，スイスを代表する工作機械メーカーである。http://www.reishauer.com を参照。

★74　本書第一部4.3，および，Kleisel, Jean-Daniel［2001］（独立専門家委員会叢書2巻）を参照。

★75　その後は，カールスルーエ発電所からの購入に切り替えられた。Wipf, Hans Ulrich［2001］，387-389頁。

免除されたからである。スイス本社工場で完成した製品は，ジンゲン工場を経ずにドイツの顧客に直送することができた。これは主としてホイール生産で用いられたが，この「加工賃」は，スイス本社からのホイールの対独輸出額の40％を占めていた。

また一般にも，ジンゲン工場の存在は，スイス本社からの対独輸出では有利な条件となった。工作機械を除き，ジンゲン工場はGF社の対独輸出に関する商社業務を担っており，ドイツの顧客は，輸入代金をクリアリングによる制約に煩わされることなくライヒスマルク建てでジンゲン工場に払い込めばよかったからである。ジンゲン工場はこれらの購入代金を月単位でまとめ，事後的に外貨送金許可を取得し，クリアリングを利用してシャフハウゼンに送金した★76。

1.3　国境経済圏と在独工場——コントロールを巡る闘争

在独ジンゲン工場の軍需生産と業績

次に，GF社が，スイスの本社からみて国境のすぐ反対側，ドイツ領ジンゲンに有した最大の在外工場の状況についてみてみよう。1930・40年代，同工場の年間鋳造量は，大恐慌後の落ち込み（1932年，3058トン）とドイツの敗戦（1946年，1852トン）によって二つの深い谷を描いている。この20年の間，1943年（1万6055トン）と1944年（1万8784トン）の両年を除き，1929年の水準（1万4346トン）を上回ることはなく，戦時中も1942年までは1万2000トンを割っていた。

平時の主力品目たる継手にとっては，この20年間は厳しい時代であった。その生産量は1932年には1929年水準の5分の1に急減し，その後緩やかに回復して1937年には29年水準の7割に復したが，その後再び減少し，1945年には生産停止に近い状態となった。構成比（重量ベース）でも，1930/31年には9割を占めていたのが，再軍備後の1935年には5割，開戦後は4割に低下し，さらに「総力戦」期の1943・44年には2割以下に落ち込んだ。このうち戦時期の減少は需要不足の結果ではなく，むしろ統制経済下での強制的な軍需部門優先策の帰結であった★77。

これとは対照的に，受注鋳造品は当初1割台であったのが，1933年以降の軍需の拡

★76　この販売仲介業務に対して，ジンゲン工場は販売価格の3.33％の手数料を受け取っていた。なお，スイス本社への代金の送金は遅延しがちで，1939年から1944年の輸出代金総額6230万フランのうち，760万フランは終戦時にも未送金のまま残されていた。Wipf, Hans Ulrich［2001］，389-391, 421-422頁。

★77　1940年4月，国内向け継手生産には，当局によって前年実績比7割減という厳しい上限が課せられた。GF社首脳は，継手の用途の多様性や，戦時下でも不要不急品ではないことをドイツ当局に訴えた。その結果，上限はその後段階的に1939年比15％減まで引き上げられたが，在庫を取り崩し，輸出を減らしてドイツ市場への供給量を確保する状況が続いた。しかしこの間，ドイツの競合他社は輸出量を維持しており，ジンゲン工場長ホルストマンは輸出市場の喪失を怖れた。そのため，軍需部門の急拡張下でも継手生産量を維持するために合理化を進め，製造品目数を9000から段階的に550に減らした。継手とは対照的に，ホイールや弾薬では当局から毎月生産ノルマが与えられた。受注残・納品量の毎月の報告や，原料配給と産出を対応させた鉄収支簿の作成が義務づけられるなど，管理は厳格であった。Wipf, Hans Ulrich［2001］，274-281頁。

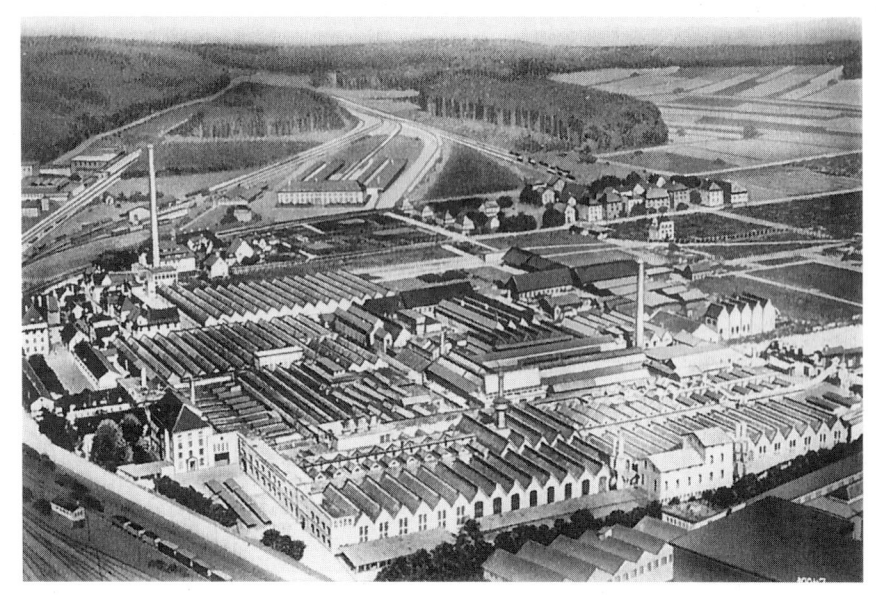

写真2　ゲオルク・フィッシャー社　ジンゲン工場（1936年）
出典：Konzernarchiv Georg Fischer AG 所蔵（Nr. 10047, 許諾を得て転載）

大で増勢に転じ，1939年には過半を占め，1944年には絶対量（1万5644トン）でも構成比（83％）でもピークに達した。1942年までその中心はホイール，排気管，ギア用のハウジングといった車輌部品であったが，1936年ないし翌年には弾薬（主として手榴弾部品）の生産も開始された。弾薬部門が総生産量に占める割合は，戦時下でも1941年までは2割弱であったが，1942年には36％となり，続く2年間には6割に達している。この部門は製品の平均重量が大きく，就業者比ではその構成比は幾分低くなるが，いずれにせよ，戦況悪化の下での「総力戦」への移行が，GFジンゲンを文字通りの軍需工場に変えたのである★78。

次に売上高をみてみよう。継手の販売不振が顕著であった1930年代前半には，ジンゲン工場の売上高は1000万ライヒスマルク（RM）を下回っていた。しかし開戦前の3年間（1934-1938年）には平均1340万RMに増えており，戦争前半（1939-1941年）には1925万RMに，また後半（1942年-1944年）には2501万RMに跳ね上がった★79。

★78　弾薬製造が，発注者・受注者のいずれの主導で開始されたのかは明らかではないが，GF社は既に第一次大戦時にドイツ軍に弾薬を供給していた。両大戦間期には，ヒトラーが公然と再軍備を開始する以前の1933年，継手販売の著しい落ち込みの中で，ドイツからの弾薬受注交渉が開始され，1936年に契約に漕ぎ着けた。在独工場で手榴弾製造が開始されたのは，シャフハウゼン本社第3工場でのスイス連邦軍向けの手榴弾製造の開始と同じ時期である。後述のように，翌1937年，スイス人工場長ラウエンベルガーが逮捕されるという状況下で，軍需生産からの撤退が検討されたが，ドイツ側は撤退を容認しなかった。以後は，在独工場での軍需生産にスイス本社が抵抗した形跡はみられない。Wipf, Hans Ulrich［2001］, 93, 277, 291-292頁。

また戦争物資（軍需品および軍需・民需両用製品）が製品全体に占める割合も，重量・出荷額ともに開戦時点で6割に達しており，1942年には7割を，また1943年と翌年には8割を超えていた。

中立国スイスの資本の下にあるこの在独工場は，こうした軍需生産の拡大で戦時利得を得たのであろうか。GF社の損益の推移は，統制下での自主的な価格決定権の喪失や，軍需が営業利益を押し上げたことと同時に，最終損益が，予測可能とは言いがたいドイツ当局の政策，特に戦時利得没収政策に大きく左右されたことを示している。

大恐慌さなかの1930年代前半，GF社の在外拠点は建設不況の中でいずれも赤字を計上しており，ジンゲン工場も例外ではなかった。その後1937年にようやく黒字転換し，1938・39年の両年は67万RMの大きな単年度黒字を計上したが，累積損失を一掃しえたのは1940年のことであった。しかし翌1941年には，一転して再び89万RMの巨額損失を出した。その後，生産高・売上が大きく伸びた1943年・44年にそれぞれ63万RM・51万RMの単年度黒字を計上して，終戦の1945年には繰越金も黒字となった。この間，1941年と1945年以外は，業績にかかわらず毎年シャフハウゼンに9万2237万RMを送金している★80。

こうした推移の中では1941年の損失額の大きさが目立つが，これは，1939・40年のドイツ国防軍への納品でGF社が過大な利潤をあげたとして，事後的にドイツ国防軍総司令部から代金返済命令を受けたために生じた欠損であった。近年の研究では，ナチス戦争経済下の統制政策が，私企業に対する利潤インセンティブを組み込んでいたことが強調されているが★81，GF社の場合にも，合理化努力が認められてその分返済額が減額され，売上の7％を上限に利潤も容認されている。とはいえ，その後も1943年に再度62万RMを，また翌年には51万RMの返済を強いられており，事後的請求が経営の予測不可能性を高めたことは間違いない★82。また，国際移転税制を巡っても，事後的な損失が生じた。1942年，ジンゲン市当局は，原価以下でスイス本社に製品を販売

★79　この数字には，ジンゲン工場からの委託の形でスイス本社工場で製造され，ジンゲン工場の名義で販売された製品が，1割から3割弱含まれた。ジンゲンからスイス本社への供給はこれより1桁少ない。スイス本社工場が，在独工場の供給力の一翼を担っていたことは明瞭である。Wipf, Hans Ulrich［2001］，420頁。

★80　Wipf, Hans Ulrich［2001］，426-427頁。

★81　マルク・シュペーラー，ヨッヘン・シュトレープ［2008］を参照。1936年10月18日を基準日に価格が凍結され，またその後に受注した軍需品では公定価格（単位価格ないしグループ価格）が設定されており，価格設定の自由は失われていた。しかしこれは生産性向上にインセンティブを与えたはずであり，工場長ホルストマンも，戦後，経営努力で利益を出しうる水準にあったと証言している。Wipf, Hans Ulrich［2001］，423頁。なお本書再校後に，この問題について中小資本の位置づけに着目しつつ検討した論文が，柳澤治によって公表された（柳澤治［2010］）。柳澤は，価格統制機構の編成と運用，原価計算原則，「適性利潤」・「適性価格」概念と戦時超過利潤の国庫納入等について検討したうえで，ナチス期のドイツでは市場機構への介入が包括的かつ精緻な形で構想され，また強力に実施されたと結論づけている。なお価格統制にも関連して経済統制政策の重要な手段となった「グルッペ」（Wirtschaftsgruppe, 本文参照）については，同論文の他に，柳澤治［2008］も参照。

し，本社に利益を付け替えたとしてGF社を税務当局に告発したのである。しかしGF社は，自社に有利な経済統制団体（鋳造グルッペ）の意見書を盾に，340万RMの支払による和解案を拒否し，長い交渉の末，56万5000RMの支払いにのみ応じた★83。

戦時下においても，スイス本社に対する各種の支払いが続けられていた。最大の費目は経営管理料（41万～54万フラン）であり，これに，本社からの借入に対する利子支払い（38万～19万フラン弱で減少傾向），上述の利益送金（16万フラン），電気料金基本料（7万～11万フラン弱）が続き，さらに，少額ながら本社研究所への少額の支払いと，本社がドイツ企業に供与した機械製造ライセンス料で，ジンゲン工場が本社に代わって受け取った資金の送金が加わった。経営管理料の送金は一般法上は認められていたが，ドイツ当局はスイス本社との直接的な管理関係が切れている以上，その支払いは適切でないとした。しかしGF社側はこれに反論し，終戦までその支払いを続けた★84。

戦時中，ジンゲンからスイス本社への上述の利益送金額は，総計では約80万フランであった。これに対しスイス本社は，在独拠点が大きな欠損を出した1941年と1945年に，合計で251万フランを肩代わりしていた。経費の中に実質的な利益送金が紛れ込んでいた可能性もあるが，これらの数字からして，ジンゲンでの生産増・売上増と営業損益の黒字にもかかわらず，戦時期には在独拠点が本社の利益を押し下げたことは明らかである。しかも，設備資本の損耗や通貨価値下落など，ジンゲン所有資産の著しい劣化が，本社のバランスシートを圧迫した。設備更新が不十分で，戦時中の投資が生産に直接関係しない宿舎や食堂の建設に投じられたため，ジンゲン工場資産の主たる構成要素である固定資産の評価額は，開戦時の3分の1近くに下落し，戦時期の資産損失額は1500万フランに達した★85。

★82　返済命令の根拠は，1938年11月15日発令の「公的発注者向け納入に際しての自己経費に基づく価格設定準則」［Leitsätze für die Preisermittlung auf Grund der Selbstkosten bei Leistungen für öffentliche Auftraggeber, LSö］，ならびに戦時利得の取得を原則禁止した1940年2月15日の戦争経済法［Kriegswirtschaftsverordnung, KWVO］であった。国防軍総司令部による事後の価格査察は定期的に行われていた。査察官は，GF社が1939・40年の対国防軍納入で得た利益を363万4000RMとしたうえで，120万RMを業績インセンティブ相当分として，また43万4000RMを特別償却分として差し引き，要返済額を200万RMとした。これに伴う利益減での100万RMの税還付分を差し引き，実質返済額を100万RMとした。Wipf, Hans Ulrich［2001］，423-425頁。
★83　スイス本社の交渉担当者は，開戦後も数次にわたりドイツに入国していたビュールマンらであったが，その入国をゲシュタポが拒否したため，この交渉は，国境の税関事務所で行われた。Wipf, Hans Ulrich［2001］，425頁。
★84　Wipf, Hans Ulrich［2001］，427頁。
★85　ジンゲン工場は法人格を持たなかったが，ドイツ当局による課税要求や価格統制，スイスへの情報伝達の制限の下では，実質的に子会社としての独自の会計を行うことは不可避であった。スイス本社は，ジンゲンの会計処理の結果を，その時々の為替レートでそのまま本社の会計に組み込んでいた。なおGF社のもう一つの在独子会社，Wagner & Englert in Mettmannは1937年からジンゲン工場の指揮下に置かれていたが，スイス本社の貸借対照表では，その株は額面の100万マルクを下回る60万マルクとして資産の部に計上されていた。同社資産における損失もまた，スイス本社への戦時期の送金総額を大きく上回っていた。Wipf, Hans Ulrich［2001］，430-432，476-477頁。

このように，GF社は，民需から軍需への転換によって在独工場の操業を維持することに成功したのであるが，それは必ずしも，スイス本社がそれによって戦時利得を手にしたことを意味するものではなかったのである。

ナチスの標的となったスイス人工場幹部

　独立専門家委員会の研究が，ブラウン・ボヴェリ（BBC社）やAIAG，マギーなど複数の業界の多数の企業の事例で明らかにしたように[86]，多国籍企業にとって，ナチズムと世界大戦は，子会社に対するコントロールの喪失の危機を意味した。GF社のジンゲン工場も，その例外ではなかった。

　最初の危機は，ナチス政権誕生後間もなく訪れた。1933年10月，ナチス党員であるジンゲン工場の二人の社員が，スイス人部長（プロクリスト）であるフィリップ・ボップ[87]を，封鎖マルクの違法取引や脱税の咎で当局に告発し，彼を罷免してナチス党員に交代させることを要求したのである。告発者の1人は，ナチス体制下で工場内の思想統制や反体制分子の監視・告発を任務としていた「経営内監察員」[Betriebsobmann]であった。この告発は党上層部に送られ，その結果，ジンゲン市長であり同時に郡内の事業所の経営内観察員を統括する立場にあるナチス党員ハインと，スイスのGF本社社長のビューラー，それにジンゲン工場長ラウエンベルガー（スイス人）の間で交渉が行われた。GF側は告発を事実無根として更迭要求を拒絶した。結局，捜査によっても嫌疑は立証されず，ボップはその職にとどまった[88]。

　しかしこれは，危機の第一幕に過ぎなかった。1937年1月末，ジンゲン工場長（経営指導者（ベトリープスフューラー））ラウエンベルガーと，その補佐役であるドイツ人ベルネッカーが，第5国防管区防衛局（シュトゥットガルト）の指示により，ゲシュタポに逮捕・拘禁されたのである。GF社には，軍事機密漏洩の嫌疑によるとの情報が伝わったが，実態としては工場長をスイス人からドイツ人のナチス党員に代えるのが真の狙いであったとみられ，これ以降，ジンゲン工場トップ人事を巡る激しい神経戦が，ドイツ当局とGF社の間で繰り広げられた[89]。

　1937年2月初旬の接触で，GF社長のビューラーは，ドイツの検察当局に対し，ジンゲン工場は戦時には国防軍に全面的に協力する用意があり，そのためにもスイス本社との密接な関係が不可欠で，工場長の交代はその障害となると強調した。その後，3月半ばに駐ベルリーンスイス大使が介入して間もなく，ラウエルンベルガーは釈放され，工場長の職務を継続した。

　しかしその後も，防諜・保秘を理由とするドイツ当局によるスイス人更迭の圧力は続

---

[86] 本書第一部4.8, 265-281頁を参照。
[87] スイス生まれのボップは，1904年に21歳でジンゲン工場勤務を始め，1923年に同部長，1931年には取締役となった。Wipf, Hans Ulrich [2001], 185頁。
[88] Wipf, Hans Ulrich [2001], 185-186頁。
[89] Wipf, Hans Ulrich [2001], 187-188頁。

いた。国防管区防衛局とドイツ陸軍兵器局が，軍需部門からのスイス人社員の排除と，同部門の他部門からの隔離を要求したのである。1937 年 7 月，GF 社は譲歩し，シャフハウゼン工場でドイツ国防軍向け製品の製造を指揮していたドイツ人技師長ハンス・ブルッシュを，ジンゲン工場に転勤させ，他の 2 名のドイツ人とともに，軍需主体の受注鋳造品営業担当者とした。ブルッシュはナチス党員であった。二人のスイス人幹部はその職にとどまったが，ドイツ市場での営業の指揮はドイツ人に交代し，また工場長のラウエンベルガーも，国防軍向け製造には関わらないものとされた。こうした中，同年 8 月，GF 社は，ドイツ労働戦線（DAF）やその他ドイツ当局との交渉に備えて，GF 社に好意的であったコンスタンツの法律家で，ナチス党に入党したばかりのヘルマン・アマンを，ジンゲン工場の人事担当部長として採用し，ラウエンベルガーを補佐させた★90。

　しかしこの件はこれで落着したわけではなく，国防管区防衛局は，その後も執拗にこのスイス人工場長の更迭を要求し続けた。とはいえ対する GF 社も容易にこれに屈しなかった。ビューラーは，外交ルートを通じ，令状なしに行われた不当逮捕に対する補償金をドイツ当局に請求し，またスイス連邦軍務省に働きかけて，スイス政府による公式書簡をベルン駐在ドイツ武官に手交し，嫌疑に反論した。さらに，工場長更迭をドイツ側が要求し続けるならば，ドイツ陸軍への納入契約を破棄するとして逆に揺さぶりをかけた。結局，ドイツの検察当局は，反逆罪ではなく，スイス士官による情報提供要求について当局へ通報することを怠ったとの罪状で，ラウエンベルガーに 7 週間の禁固刑を課した。彼の拘禁期間はすでに 7 週間を超えていたので，これは形式的処罰に過ぎなかったが，陸軍総司令部はこの判決を根拠に彼の即時更迭を要求し，従わない場合には契約を破棄し，違約金を GF 社に課すとして圧力をかけた。しかしこれにもビューラーは屈せず，1938 年 2 月，上告の方針とともに，違約金を払ってでも全受注契約を破棄する用意がある旨を表明した★91。

　しかしその数日後，ビューラーは突如姿勢を変えてドイツ側の要求に譲歩した★92。ラウエンベルガーを在英生産子会社の技術統括部長に転出させ，GF 社のもう一つの在独拠点であるメットマン工場のスイス人技術部長，エミール・ベーリを，その後任としたのである。3 月に行われた陸軍調達局との協議では，ベーリはジンゲン工場全体の技術監督に就任するものの，ドイツ軍向け製造部門の指揮は行わず，ナチス体制に極めて忠実なハンス・ブルッシュにその統括を委ね★93，しかも同部門はドイツ人にのみ立ち入りを許可することが合意された。その後も物理的隔離の措置が強化され，スイス人工場幹部の監督・統制に服さない治外法権的な空間が，ジンゲン工場内に出現するに至ったのである。

★90　Wipf, Hans Ulrich［2001］, 191 頁。
★91　Wipf, Hans Ulrich［2001］, 191-193 頁。
★92　突然の譲歩の理由は明らかでない。ラウエンベルガーが後に英国に出国している点からすると，彼自身の意向が考慮された可能性も考えられよう。

この一連の交渉では，ビューラーが，軍需生産の打ち切り案をも提示して人事権を守ろうとしたことが目をひく。しかし当然ながらドイツ側はこの案を拒否し，ビューラーも最終的にはこれに譲歩した。ビューラーは後に回顧して，接収の危険を認識していたと述べている★94。

開戦とナチス党員の工場長就任・国境通勤

以上のようにいったんはスイス人の後任工場長を置いた GF 社であったが，第二次大戦の勃発で事態はさらに深刻化した。スイス人を工場長とし続けることはもはや不可能に思われたし★95，また，両陣営を市場とする GF 社には，ボイコットやブラックリストへの掲載を回避するためにも，会社首脳を「中立化」する必要が生じていた。実際，開戦間もない 1939 年 9 月，フランス当局は，国内で営業を行うスイス企業に対し，会社幹部リストの提出を要求していた。

こうした中，GF 社は，ドイツ人で，スイス本社の幹部であったアルフレット・ホルストマンを，ジンゲン工場長に任命した。彼はまた，ルール地方のメットマン工場をもジンゲンから指揮することになった。ホルストマンは，メットマン工場長を永年務めた後，1932 年にシャフハウゼン本社に転勤となり，以後，継手販売部長として，英・独在外工場での継手製造を統括し，継手の国際カルテルをも担当していた人物である★96。1933 年には，本社の商事代理権を与えられ，執行役会の次期拡大時には執行役に昇進することが約束されていた。しかし上記のように大戦の勃発により，スイス本社のドイツ人幹部は辞職せざるをえなくなっており，ジンゲンに工場長として転出することに

★93 ブルッシュはリューネベルクに 1895 年に生まれ，1926 年にエンジニアとしてシャフハウゼンの GF 本社に入社した。GF 社が特許を持つトリレックス・ホイールのドイツ制式ホイールへの採用を実現し，その後もホイール事業では優れた専門知識を発揮した。入党はホルストマンと同じく政権獲得後の 1933 年 6 月 1 日であるが，ジンゲン転勤後は，「100％のナチ」と評されたその世界観とゲシュタポとの密接な関係で，社員たちに恐れられた。上司のホルストマンでさえ，彼の機嫌を損ねぬよう，細心の注意を払わねばならなかった。外国人労働者への態度も冷酷で，文字通り工場内のナチス支配を体現する人物といえた。Wipf, Hans Ulrich［2001］，251-254 頁。
★94 この交渉では，ナチス党の党籍を有する GF 社のドイツ人幹部が，ドイツ当局との交渉で，GF 社首脳とともに，あるいはまたその意向を代弁して，交渉にあたっている。Wipf, Hans Ulrich［2001］，194-197 頁。
★95 とはいえ戦時下でも，スイス人社長・工場長の更迭要求を免れたスイス企業は存在していた。例えばネスレの在独子会社で，ドイツ軍への納入実績もある DAN, Sarroti の両社では，スイス人であるハンス・リッゲンバッハは戦時中，問題なく社長の座に留まり続けている（次節参照）。ネスレの製品は直接に軍事機密に関わるものではなく，GF 社とは条件が異なっていた。また軍事機密との関係の深い BBC（電機）の在独子会社の場合には，監査役会議長はスイス本社が送り込んだスイス人であったが，事業所の業務を直接指揮していたのはドイツ人のみからなる取締役会であり，GF 社と同様の事態は生じなかった。Ruch, Christian / Rais-Liechti, Myriam / Peter, Roland［2001］（独立専門家委員会叢書第 6 巻），113-117 頁。
★96 GF 社は，大陸市場のカルテルでは主導的な立場にあった。現地生産が遅れた英国市場ではこれと異なり，ここでのカルテルでは，地元メーカー価格に 8.75％を上乗せした価格で販売することが定められていた。ただし開戦後の軍需品では英国メーカーと同一価格での販売が認められた。Wipf, Hans Ulrich［2001］，487 頁。

なったのである。彼はまたナチス党員であり（政権掌握後の 1933 年 6 月 1 日に入党），しかもドイツ財界に豊かな人脈を持っていた。半面，工場経営の能力では，彼に対する評価はむしろ低かった。したがってこの人事は，ドイツ当局・財界との関係を維持しつつ，軍需部門の比率の増大とともに在独工場で権力を拡張しつつあったブルッシュ（ジンゲン工場の副経営指導者［Betriebsführer-Stellvertreter］）の独走を抑え，同時に，在独工場を間接的に統御するための仲介・伝達役を確保することを狙ったものであったと考えられる★97。

　国境経済圏に立地する GF 社が戦時下で享受した「地続き性」のメリットを最も端的に示すのは，この工場長ホルストマンを介した本社と在独工場の関係である。ドイツ人ホルストマンは，ジンゲン工場長に就任した後も，5 年半の戦争の全期間，スイスのシャフハウゼン市内に以前から持つ自宅から，ドイツ領内のジンゲン工場へ，毎日あるいは毎週，通常は二等列車で国境を越えて通勤したのである。これは GF 社長のビューラーの指示によるものであったが，ホルストマンがナチス党員かつドイツ国防軍予備役将校で，従兄弟である総司令部所属大佐の口利きがなければ，ドイツ当局がこれを容認することはなかったとみられる。ホルストマンは 1 週間から 10 日の間隔で本社を訪れ，口頭でジンゲン工場について報告を行った。

　もちろん，頻繁な接触が情報の円滑な流れや本社によるコントロールを即座に保障するわけではない。ホルストマンはドイツ当局から厳重な保秘指令を受けており，国境ではゲシュタポが毎回手荷物検査を行った。軍需品の生産情報はもちろん，経営の概況を数字で示す文書でさえ，スイスへの持ち出しは即座に反逆罪を意味した。ホルストマンが，「全てを私に知らせるように」と命じたビューラー社長の期待を裏切って，そうした保秘義務を少なくとも表向きは慎重に遵守したことも事実であり，本社は，細かな数字を知ることが実際にできなくなっていた★98。とはいえ，ドイツの官憲の監視が及ばぬスイスの本社で毎週交わされる会話が，在独工場に対するコントロールを維持する上で極めて大きな意味をもったことは，疑いなかろう★99。

★97　ホルストマンが――戦後の本人の自己弁護のように――，継手販売での実利のために入党した，ナチスよりも会社に忠実な実務家であって，せいぜいが機会主義的な保守主義者・愛国的退役軍人というに過ぎないのか，それとも，戦時中の本人の弁のようにヒトラーの「忠実な崇拝者」であったのかについては，見方は分かれる。彼が工場内でたびたびナチ的演説を行ったことも，また対照的に工場外では政治活動を行わず，外国人労働者の待遇改善に努力し，密かに 2 名のユダヤ人の国外への逃亡を幇助したのも，共に事実であった。なお 1947 年に行われた非ナチ化裁判では，彼は，「重罪者・積極分子・軽罪者・同調者・無罪者」の 5 分類のうち，同調者［Mitläufer］とされている。Wipf, Hans Ulrich［2001］, 198-201, 240-250, 268-270 頁。
★98　とはいえ個人的な領域では，ホルストマンが GF 社の社員のために危険を冒して保秘規定に違反していたことも，確認される。1944 年夏，同社のチェコ人幹部技術者のユダヤ人妻に宛てて，テレージエンシュタット収容所に収容された母親が送った手紙が，知人を介してジンゲン工場に届けられた。ナチス党員でもあるホルストマンは，この手紙を自らスイスに持ち出し，このチェコ人社員に届けている。Wipf, Hans Ulrich［2001］, 204 頁。

在ドイツ工場の「ドイツ化」

　スイス人工場長の追放や国境往来の制限の最大の動機は保秘であったが，同じ理由で，戦前に多くの数にのぼった工場内のスイス人社員の排除が進められた。1930年に54名を数えたスイス人社員は，1938年でもなお34名であったが，開戦後の1939年には5名となり，1941年にはわずか2名となってしまった。これら社員の多くは，シャフハウゼン本社に配置転換され，スイスでの総動員によって生じていた本社の欠員を埋めた。しかし彼らの多くは経営幹部ないし現地での確保が困難な職長や熟練労働者であり，徴兵による人員減の下で，ジンゲン工場での生産はいっそう困難になった★100。

　1936年の軍需品生産の開始以降，「国防経済事業所（W-Betrieb）指定」を受けた他の工場と同様に，ジンゲン工場にも防諜担当者［Abwehrbeauftragte］の任命が義務づけられた。これは直接に軍の防諜部門の指揮下に置かれ，保秘の執行責任を負わされ，工場長にも明かされることのない秘密の密告者組織［Vertrauensleute/V-Leute］を用いて，スパイ行為や反体制的言動，サボタージュの摘発に任じた★101。原材料の発注・使用状況，生産・出荷量やその価格等，工場での生産とその管理に関わる基本情報，特に数字を含む情報は本社に対しても機密とされ，設計図の持ち出しも，当然禁じられた。ドイツ当局との間では，保秘体制に関する交渉が何度も行われ，労働者確保の困難，石炭の調達条件，輸送条件等についても，同様にスイスへの連絡が禁じられた。1939年2月のドイツでの動員令後，保秘規定はいっそう厳しくなり，工場の経理事務は国防当局が指定した「ドイツ監査・信託株式会社」［Deutsche Revisions- und Treuhand AG］に委ねられた★102。数字情報の大半を除去した，厳密性を欠くごく大まかな経営概況のみが，シャフハウゼン本社への伝達を認められた。本社と工場の間の社内便は廃止され，検閲対象となる一般郵便を用いることとなったが，郵便は信頼性に欠けたため，通し番号を打って遅配や不達に備えた。こうした状況は，独立した法人格をジンゲン工場に与えていないGF社にとっては，決算の厳密性に関わる深刻な事態を意味した★103。もちろん，防諜・保秘は党・軍・国家による各種の統制のごく一部に

★99　ホルストマンの他にも，数名のエンジニアや工場幹部が，戦時中にスイス本社を訪れていたことが確認される。他方，スイス本社幹部によるジンゲン工場の訪問も，困難の度を高めつつも続けられていた。ホルストマンの他に，ドイツ人1名を含む5名のGF社幹部が，ドイツ当局から，越境のための「国境カード」［Grenzkarte］を交付されていた。スイス人に対する制限は戦前から厳しく，カードを予告なしに没収されることも度々で，開戦後はいっそう厳しくなった。他方，ドイツ人で，ナチスの党員でもある冶金学の専門家，ルドルフ・グナーデはこれに比すると自由に往来しており，間接的ながら，ジンゲン工場に関する情報を本社にもたらした。Wipf, Hans Ulrich［2001］，205-207頁。

★100　Wipf, Hans Ulrich［2001］，208-210頁。

★101　1944年7月のヒトラー暗殺未遂の直後には，共産党，社会民主党，カトリック中央党のかつての党員ら5名が，おそらくは密告によって逮捕され，収容所に送られた。Wipf, Hans Ulrich［2001］，234頁。

★102　1922年に国有企業として設置されたこの監査会社については，シュペーラー，マルク，ヨッヘン・シュトレープ［2008］，53-54頁を参照。

★103　Wipf, Hans Ulrich［2001］，210-214頁。

過ぎず，原燃料の配分，生産編成，労働力の管理と賃金・福利厚生その他あらゆる面で，ジンゲン工場は輻輳して存在するドイツの各種監督機関の指揮の下に置かれた★104。

　在独工場の体制順応は，当然ながら単に生産の領域に限られず，ナチス・イデオロギーに基づく工場管理は多方面にわたった。スイス法人の一つの分工場という，戦時下のドイツでは極めて異例の存在であったジンゲン工場も，その点では純然たるドイツ資本の工場となんら異なるところはなく，各種のナチス的セレモニーや政治動員が日常茶飯事的に行われていた★105。また1943年以降，工場労働者の3割から5割を占めるに至った外国人労働者の扱いにおいても，地域内では最も良好な待遇だったとの評はあるものの，ドイツ企業と大枠において大きく変わるものではなかった★106。スイス本社も，ナチス・イデオロギーに基づく工場管理体制を容認しており，外国人労働者の投入

★104　工場内には陸軍調達部の分室が設けられ，士官1名と数名の部下が駐在していた。1937年6月には，ナチス党員でもある社員の解雇を巡って，工場内人事権を巡る党組織と工場幹部の間の紛争が持ち上がった。この件ではGF社は人事権を貫徹することができたが，党とゲシュタポによる介入はその後も続いた。Wipf, Hans Ulrich [2001], 224-230頁。

★105　早くも1935年，「取引上好ましい」との理由で，商用書簡の結びの挨拶に「ハイル・ヒトラー」の表現が採用された。この決定は，スイス本社のミュラー副社長の承認の下でなされた。また1937年と1941年の工場規則に，ドイツ労働戦線への加入を就業者に義務づけていた。さらに1943年5月には，ジンゲン工場は，ドイツでも少数の軍需企業にしか授与されていない「ガウディプローム」[Gaudiploms für hervorragende Leistungen] を授与された。他方，ジンゲン工場就業者に占めるナチス党員の割合は，戦時中も15%程度に留まっていた。地元のナチス当局は，ジンゲン工場では民族社会主義が貫徹しておらず，依然としてマルクス主義に染まった労働者が多いとして，これに警戒の目を向けていた。Wipf, Hans Ulrich [2001], 233-237, 255-267頁。

★106　ジンゲン工場に関しては，戦時期を含め，4万枚を超える職員・労働者個人情報カードが史料として残されている。Wipf, Hans Ulrich [2001], 327-375頁では，これを用いて，従来の研究にない実証密度で，経営内の外国人労働者の動態を再構成することに成功している。それによれば，ジンゲン工場では，1941年4月以降，外国人労働者が投入され，その比率は，1942年2.8%，1943年34.0%，1944年45.7%，1945年48.9%と推移（各年の年初での数字）し，最多となった1945年には，940人の外国人がジンゲン工場で就労していた。通算では1707名となるが，うち男性は1298名，女性は409名であり，このうち185名が戦争捕虜であった。自発的に募集に応じた労働者は，初期のごく少数の者に過ぎない。国籍別では，ロシア人560名，フランス人334名，イタリア人269名，オランダ人169名，「アルザス人」135名，ポーランド人84名，ギリシア人49名，以下その他となる。このうち，275名が終戦前に他の場所へ移送され，132名が逃亡し，102名は病気となり，62名は休暇先から戻らず，54名は逮捕され，10名が死亡した。賃金水準・労働時間・栄養基準等は他社とも共通の一般的規定に則しており，労働条件は非常に悪く，食事も劣悪であって，特に東方労働者にとっては著しく苛酷な環境であった。しかしながら，宿舎など企業の負担と裁量に任される部分では，――高温の作業場での煤と塵にまみれた労働という，鋳造業固有の労働環境の悪さを除けば――ジンゲン工場の外国人労働者待遇は，工場長ホルストマンが誇ったように，地域内で最も良かったようである。それを端的に示すのは，東方労働者バラック内に設けられた分娩室と保育室であろう。戦争中に26名がここで誕生しており，かつて収容されていた女性の証言によれば，妊娠しても叱責を受けず，両親と乳幼児は特別の家族バラックに住むことを許され，妊産婦は厨房などで負担の軽い労働をあてがわれたという。バラックには緑の植栽を整備し過密を避けるなど，家庭的雰囲気を維持するよう留意されていた。また戦争後半には，東方労働者も工場外への外出を許された。GF社は地元の映画館と協定を結び，隔週日曜日に東方労働者向けの映画上映会を開催していた。Wipf, Hans Ulrich [2001], 327-375頁。

についても当然ながら情報を得ていた。しかしそのいずれも，当時のドイツで操業を維持する以上，不可避の措置と認識されていたのである。

　こうした中で，スイス本社はどれだけの影響力をジンゲン工場に行使しえたであろうか。戦時中，ジンゲン工場が本社に決裁を仰いだ事項は，労働者の福利厚生に関する決定など，直接生産に関係のないものがほとんどで，1941年以降は決裁を求めた記録もなくなる。しかしそれ以降も，1943年のメットマン工場の拡張など，大規模な投資決定に際しては本社が同意を与えていた。その際，入手しうる情報は極めて不十分であったが，本社はそれでも在独工場に資金を貸与した。原燃料・設備の不足と配給制の下で，いずれにせよ投資決定の自由度は極めて限られており，ドイツ当局の投資要求を完全に拒否したならば，接収を覚悟しなければならなかった。しかし1938年時点で──スイス企業の中では例外的に在独子会社を売却して撤退の道を選んだスルツァー兄弟社とは違い──体制への順応による事業継続を選んだGF社にとって，体制に追随する以外の道は，もはや考えられなくなっていたのである。

ドイツの敗戦とジンゲン工場

　1945年4月24日，ジンゲンはフランス軍により無抵抗で占領され，GF社のジンゲン工場も操業を停止した。工場設備は破壊を免れ，1週間後には戦前・戦時期に排除されたスイス人幹部がジンゲン工場に戻り，工場にはスイス国旗が掲揚された。しかし，原材料・燃料供給の途絶や，ボーデン湖周辺地区の外国人労働者集約拠点に指定されたことなどで，工場の再開は1年後の1946年4月まで遅れ，本格的な回復は1947年以降にずれ込んだ★107。

　戦後，スイス資本傘下の工場は，いずれも占領軍による接収を免れた。スイス政府は外交ルートを通じて占領軍に働きかけ，在外スイス企業の資産保全に努めた★108。またフランス占領当局は，戦後の「非ナチ化」の枠組みの中で★109，法人としてのGF社やマギー社の訴追をも検討したが，ドイツ側の調査委員会は，強制労働や軍需生産で両社が利益を得たと立証することは困難として，1949年7月，起訴を断念した。ホルストマンやブルッシュなど，ジンゲン工場の旧経営陣は工場を追われたが，スイス本社との密接な人的関係のゆえに，経営に支障を与えるような大きな断絶は，人事の面では生じなかった。

★107　Wipf, Hans Ulrich［2001］, 393-397頁。
★108　バーデンでは，終戦後1年の間に州内の工作機械の4分の1が占領軍により接収されたが，スイス資本の工場は除外された。1947年には，戦時中に設備拡張した場合にはスイス資本の工場であっても没収対象とする方針が示されたが，GF社から撤去されたのは，結局旋盤3台に過ぎなかった。仕掛品や製品在庫も，いったんは没収されたが，後に返却された。Wipf, Hans Ulrich［2001］, 399-400頁。

1.4　ブリタニア鉄鋼社——二重の封鎖の外側で

　以上みたようにスイスの GF 本社と，ジンゲン分工場ならびに在独メットマン社の間の情報伝達・コントロールの問題は，枢軸国によるスイス包囲線とドイツの抑圧的な政治体制，さらには保秘の要求に起因する障害をいかに克服するのかという課題であった。しかし，より大きくみるならば，次節で詳述するように，枢軸国の支配地域自体が，連合国による封鎖と枢軸国側の反封鎖の中にあったのであり，連合国勢力圏との連絡では，別種の困難があった。そこで本節の最後に，GF 社の在英生産拠点であるブリタニア鉄鋼社（ベッドフォード工場）の状況について，ごく簡単に確認しておこう★110。

　1933 年に操業を開始したベッドフォード工場は，開戦時まで，スイスの親会社からの支援に大きく依存していた。同工場の立ち上げ時には機械工具類がスイスから持ち込まれ，12 名の職員と 6 名の労働者が派遣されて，うち 4 名の経営幹部はその後も長期間残留した。それまでスイスから輸入されていた品のうち，売上の 80％相当の品目は現地生産に切り替えられたが，少量生産品を中心にスイスからの供給も続いていた。しかし 1939 年末以降は，スイスからの輸入には英国政府の許可が必要となり，翌年の西部戦線での戦闘開始後は，輸送が困難となって，輸入は途絶してしまった。

　戦時期，在英工場は 400 名から 570 名前後を雇用していた。戦前は民需主体の継手が主たる製品であったが，開戦後はその出荷量は年 2000 トン前後で停滞した。他方，戦前には 300 トン以下であった受注鋳造品の生産は，ここでも急拡大をとげ，1941 年から 1944 年まで，3500 トンを超える高い水準を維持した。後者は政府に納入する軍需関連品が主体で，兵舎・飛行場・対空防御装備等の軍事施設向けの大型鋳造品や，各種の軍用配管，さらには，戦車のキャタピラー用の履板・転輪，ボギー・ホイール部品など純然たる兵器の部品からなっていた。しかし，戦争終結とともに民需への再転換が必要

★109　ジンゲン工場でのナチス体制の体現者ともいえる副経営指導者ブルッシュは，占領間もなく，ジンゲン新市長の命で逮捕された。その後，工場内に結成された「経営委員会」［Betriebsrat］の手によって，政権獲得以前からのナチス党員，SS, SA メンバー，あるいはこれらの幹部のリストが作成され，経営側との協議の結果，24 名が解雇された。後には占領当局自身により追加審査がなされ，これに数十名を加えた者が，訴追を受けて有罪を宣告された。工場長ホルストマンは 1945 年時点では訴追対象に含まれず，GF 本社は彼の留任を望んだが，住居を有したシャフハウゼンの州警察・検察によって，ホルストマンはスイスから国外退去を命じられた。その後彼は，ルール地方で GF 社社員として原燃料の調達にあたり，後には雇用関係を解消して GF 社の継手販売代理商となった。後任の工場長には，ドイツ人で，鋳造部門の経済統制団体に勤務していたものの，ナチス党歴のないヴァルター・ムルマンが就任した。ナチス当局と GF 社の紛争で GF 社の側に立ち，後に GF 社人事部長となったヘルマン・アマン（1937 年入党）も，密告により訴追された。対立することの多かったブルッシュ一派の陰謀ともいわれる。外国人労働者にも公正で，その待遇改善に尽力したアマンに対しては，ロシア人捕虜も弁護の証言に立つなどしたが，結局有罪を宣告され，「100％のナチ」であるブルッシュと同じく，1948 年 2 月まで服役した。釈放後は GF 社に再雇用され，定年退職まで勤務し，社会政策分野での業績によって，連邦政府から功労勲章（Verdienstkreuz 1. Klasse, 8 つの位階のうちの 3 番目）を授与されている。Wipf, Hans Ulrich［2001］, 407-415 頁。

★110　本項の叙述は，Wipf, Hans Ulrich［2001］, 481-538 頁に基づく。

となるであろうことは常に意識されており，経営陣は継手部門が50%を割ることのないように努めた★111。イギリスでも，政府への納入では利潤率に上限（10%）が設けられており，政府受注の獲得は，むしろ操業率と市場シェアの維持を狙って行われたものであった★112。

開戦後，ブリタニア鉄鋼社の売上は1942年まで増加したが，これは，創設以来の売上拡大の趨勢線上にあるもので，軍需転換のみの結果ではない。それ以降1944年まで売上高は停滞し，1945年には大きく落ち込んで，趨勢線に復したのはようやく1948-49年のことである。粗利の水準も，1941年以降は1947年まで停滞気味で，特に税引後の利益は，戦時課税の結果戦時期の停滞がひときわ目立つ★113。戦時特別課税額の確定には長い交渉を要したので，経営陣は配当に慎重となり，配当率は戦前の10%から，戦時期には7%前後に低下した★114。典型的な軍需転換企業であるが，英子会社もまた，戦時利得で潤ったわけではなかったのである。

在独拠点の場合と同様，英子会社との間でも，情報伝達とコントロールの維持が，経営上の課題となった。開戦後も人や手紙の往来は続いていたが，西部戦線での開戦後は著しく困難になり，役員の相互訪問も途絶えた。郵便も滞りがちとなり，また時折完全に途絶した。航空便は二通ずつ，通し番号を付して投函された。当然ながら，レイランド・モータース等の主要顧客との連絡も，著しく困難となった。こうした中，GF社の関係者が文書を自ら運ぶこともあった。1941年5月にはブリタニア鉄鋼社に勤務するスイス人女性秘書ヘレン・ガスナーが，また後には，ロンドン・スイス人クラブの関係者が，Uボートが遊弋する海域を大陸に渡り，社名はもちろん差出人も宛名も記さないメモを，私物に紛らせて直接にスイスに持ち帰った。また1943年には，スイス銀行コーポレーション社長のヌスバウマーが，経営情報の詳細を記した数ページの手書きのメモをスイス本社に届けた★115。また1943年以降，GF社は，少なくとも3度にわた

★111 こうした中でも，キャタピラー部品の製造のために焼鈍炉が1基，新設されている。この炉の設置に関し，スイス本社では最新の技術を取り入れたトンネル型の連続焼鈍炉とし，スイスから派遣するツェーンダーの指示に従うことを条件にこの投資を承認した。しかし彼の渡航は軍事情勢のために困難となり，英子会社は，結局本社からの承認を得ないまま，スイス本社が送った図面に基づき投資に踏み切った。この炉は軍需品製造のみを目的としたため，英政府が投資資金の50%を費用負担している。結局，過剰投資との憂慮は杞憂に終わった。Wipf, Hans Ulrich [2001], 509-512頁。
★112 Wipf, Hans Ulrich [2001], 500-504頁。
★113 法人所得税（Income Tax）は，1938年には25%であったが，1942年までに段階的に50%まで引き上げられている。また開戦とともに，超過利潤税（Excess Profit Tax, E.P.T.）が導入された。1937・38年の2年間の利潤平均と，実物資産額・流動資産額を考慮して，課税基準額が決められ，この額を利潤が上回ると，その超過分に対して60-100%の税が課せられることになった。支払税額の20%は戦後に払い戻されることになっていた。Wipf, Hans Ulrich [2001], 531頁。
★114 配当のスイスへの送金にはイングランド銀行による承認が必要で，配当額の確定前に毎回協議を行う必要があったが，大きな障害とはいえず，在独子会社での閉塞状況に比すれば遙かに有利な状況であった。なお戦時中は，連絡の困難もあって，配当以外の管理料等の支払いは停止されていた。Wipf, Hans Ulrich [2001], 536頁。

り，スイス連邦政務省の協力を得て，クーリエ（外交郵袋）によって技術関連文書をベッドフォードに発送している。連邦政務省はこれをあくまで例外的措置としていたが★116，例えばネスレの場合には，この手段は恒常的に利用されていた★117。

イギリスでは，体制イデオロギーに起因する障害はなく，外貨規制も比較的緩やかであったが，地続きのジンゲン工場と異なり子会社との物理的距離が大きく，当局の保秘規定も，ドイツの場合同様，障害となった。1940年以降，英国の検閲当局は生産・財務情報を直接に国外に知らせることを禁じ，英子会社の幹部はスイス本社への連絡を控え，ホムベルガーを苛立たせた。結局，1942年から1944年の決算の詳細な数字をスイス本社が手にしたのは，戦後の1945年秋のことであった★118。

ドイツ支配地域に親会社を持つ他の事業所では，本社の支配下にあるとみなされた場合には，対敵通商法上の問題が生じる危険があった（次節参照）★119。中立国に親会社を持つブリタニア鉄鋼社も，シャフハウゼンに対しては，指令的な表現は避け，単なる意見表明的な表現にするよう依頼していた★120。

英子会社には，開戦後も13人のスイス人職員が勤務しており，うち10名が，終戦までここに留まった。開戦後，イギリスに滞在する外国人には夜間外出禁止令が出され，移動も制限されて個人所有の地図も没収されたが，スイス人に対しては，すぐにこれらの措置は緩和された。1941年末には，ドイツ軍の侵攻に備えてスイス本社工場と同様に設備の使用不能化や防空のための措置が講じられた。しかし結局，同社の工場は，爆撃の被害も受けずに終戦を迎えた。

以上のように，本社と英国子会社の間のコミュニケーションは，交通の途絶や政治的・軍事的理由による情報の遮断によって大きく妨げられた。これが時に，相手方への不信や摩擦を生んだことも事実であった。しかしブリタニア鉄鋼社の場合には，スイス人幹部社員の駐在自体に大きな障害はなく，また本社の企業文化を熟知しこれに忠実なイギリス人経営者を確保しえており，本社によるコントロールは，実質的に維持されたといえるだろう。

★115　なお，1943年に，ブリタニア鉄鋼社の代表取締役社長でありながら，スイスを離れることができなかったホムベルガーは，スイス銀行コーポレーションロンドン支店長のピエール・ドゥ・ヴォルフを代理に指名していた。Wipf, Hans Ulrich［2001］，493頁。

★116　Wipf, Hans Ulrich［2001］，496-497頁。

★117　Ruch, Christian/Rais-Liechti, Myriam/Peter, Roland［2001］（独立専門家委員会叢書第6巻），274頁。

★118　開戦後の本社とのやり取りは，英当局の嫌疑を避けるためにドイツ語から英語に切り替えられた。また，英国からポルトガル等を経てスイスに届く郵便物は，当然ながらスイスに届く前に枢軸国当局の目にも触れることになる。そのためGF社では，ドイツ語・英語の社名が独英の両検閲当局の目を惹くことを恐れ，役員の自宅を宛先とした。Wipf, Hans Ulrich［2001］，496頁。

★119　Wipf, Hans Ulrich［2001］，497頁。

★120　Wipf, Hans Ulrich［2001］，495頁。

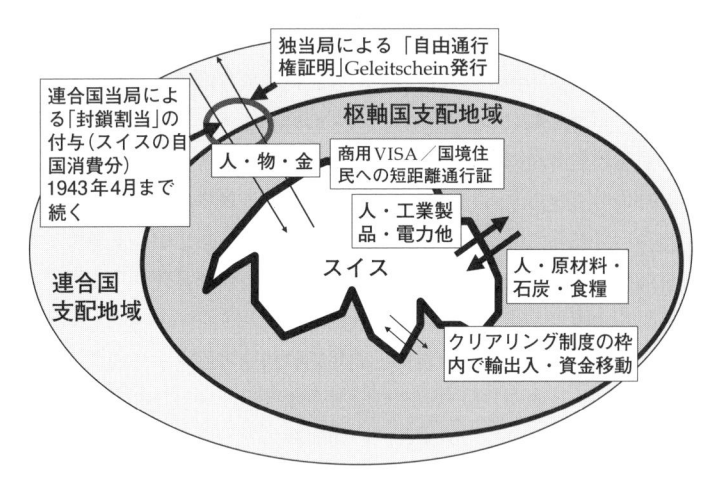

図2 「二重の封鎖」とスイスにとっての通行可能性

小括

中立国スイスに本社をおく GF 社は，以上のように，戦時期にも両交戦陣営で民需から軍需に軸足を移しつつ現地生産を継続し，しかもそのいずれの拠点でも，戦争による直接の破壊や戦中・戦後の接収を免れた。在独工場では当局の保秘要求とスイス人排除政策が本社によるコントロールを脅かしたが，ナチス体制への「順応」によってドイツ市場での事業を継続することに成功し，また近接性という国境経済圏固有の条件を活かすことで，企業としての一体性を曲がりなりにも維持した。在独工場は軍需転換と生産拡大にもかかわらず本社の業績を圧迫したが，スイス本社は対独輸出や国内需要の拡大を梃子に大恐慌期の業績低迷から脱出しえた。対する在英拠点との連絡でも障害は大きかったが，いずれの市場においても GF 社の事業は大きな断絶や根底的な組織再編を免れ，比較的有利な出発条件で，戦後を迎えることができたのである。

2 ┃ 二重の封鎖・二つの陣営・双子の法人と二つの本社

第二次大戦は，枢軸勢力がスイスを完全に包囲したという点で，スイスにとっては第一次大戦とは決定的に異なっていた。これは，安全保障上の脅威に留まらず，スイス経済やスイス企業にとっても大きな困難を意味した。枢軸勢力が，事実上大陸欧州を完全に支配下におき，かつ，それを連合国支配地域が外から包囲する形となったため，スイスは同心円状の二重の封鎖線の只中におかれてしまったからである（図2参照）。

こうした戦時下での二重の封鎖の下でも，量的・時期的に限られるとはいえ，スイスと枢軸国の間の通行可能性や，連合国支配地域との通行可能性が残されていたことは，無視しえない。前節でみたように，ドイツとの国境は完全には閉鎖されていなかった

し，さらにその外周にある連合国・枢軸国双方の相互封鎖線でも，ドイツ当局は「自由通行権証明書」［Geleitschein］の発行によって，また連合国側はスイスの国内消費分についてのみ封鎖の例外とした「封鎖割当」制度の適用によって，中立国スイスの人や物資に対して，封鎖線を跨ぐ通行を認めていたからである★121。

しかしいずれにせよ，世界大戦の結果，世界市場は両交戦陣営によって二つに分裂することになった。ヨーロッパ大陸の外にも事業拠点を拡大していた本格的な多国籍企業にとって，これが組織の存続を左右しかねない深刻な危機を意味したことは，いうまでもない。とはいえ，そうした多国籍企業は，備えなくして第二次大戦を迎えたわけではなかった。第一次大戦とは異なり，第二次大戦はいわば予測された総力戦であって，多国籍企業の多くは，第一次大戦時の苦い経験をも参考にしながら，戦争による世界市場の分裂に備えていたからである。ここでは，多国籍企業のそうした戦略的・組織的対応の一つの極限的な形ともいえる，法人構造自体の二重化（双子ないし「パラレル」法人構造の創出）ならびに複数の世界本社の創出に，焦点をあててみたい。具体的には，スイスの二つの企業と，英蘭多国籍企業として知られるユニリーバ社をとりあげる。

2.1 ホフマン・ラ・ロシュ

ホフマン・ラ・ロシュの概要

今日，抗インフルエンザ薬「タミフル」等で知られるロシュは，製薬業界世界第4位の442億ドルの売上（2009年）を誇り，同6位のノバルティス社（売上414億ドル）とともに，スイス製薬業界の双璧をなす巨大企業である★122。同社の歴史は，1896年にバーゼルに設立されたF. Hoffmann-La Roche & Co.（以下ロシュと略称）に遡る。同社は，タール染料から直接に発展した同時代の他のバーゼル3大企業（チバ，ガイギー，サンド）とは異なり，染料工業と多くの点で接点を持ちつつも，初発から製薬企業として創設された企業である。創業者の出自はやはりバーゼルの絹リボン工業や個人銀行に深く関わっており，同社もまた，この地域固有の歴史的産業連関から生まれた企業といえる★123。

ここでは，同社の社史と，独立専門家委員会叢書第7巻の研究成果によりつつ★124，①国境経済圏の企業としての特質，②法人構造の二重化の経緯と背景，③二つの交戦国勢力圏への世界市場分断に対する組織構造上の対応の3点に即して，経営史的観点から比較分析を試みる。

★121 Ruch, Christian/Rais-Liechti, Myriam/Peter, Roland［2001］（独立専門家委員会叢書第6巻），158頁。
★122 http://money.cnn.com/magazines/fortune/global500/2009を参照。なお日本企業で首位の武田薬品工業の2009年の売上げは100億ドル台前半で，世界十数位にとどまる。
★123 Peyer, Hans Conrad［1996］，15-30頁。
★124 Peyer, Hans Conrad［1996］，Lukas Straumann/Wildmann, Daniel［2001］（独立専門家委員会叢書第7巻）。

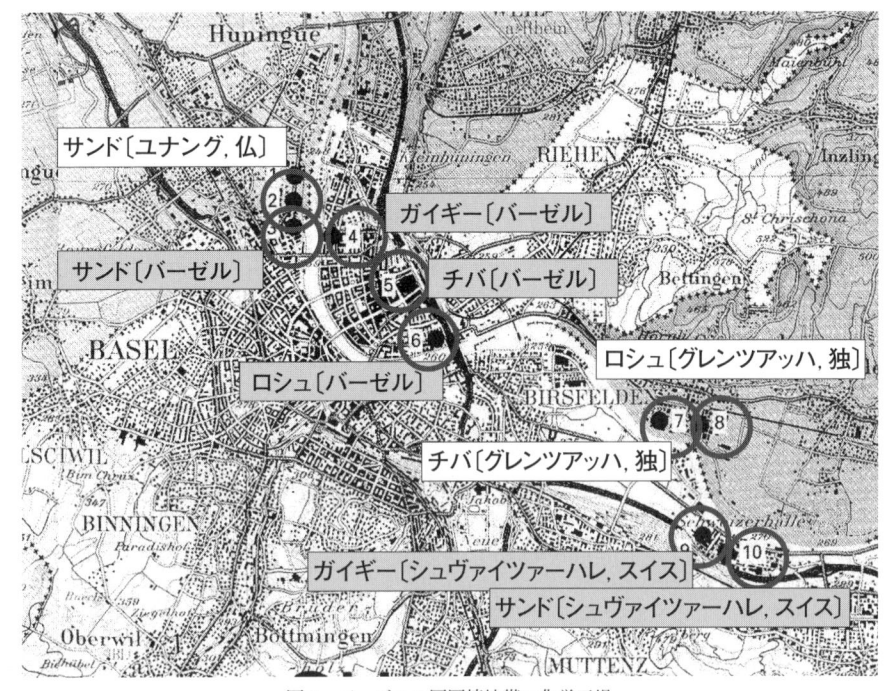

図3 バーゼル3国国境地帯の化学工場

出典：Forter, Martin［2000］，18-19 頁の地図に企業名・地名を加筆して作成。

国境経済圏の企業ロシュ

　ロシュにとって，バーゼルという立地は，繊維・化学産業との産業連関ばかりでなく，国境都市という点でも，本質的な重要性を有していた。当初からドイツ市場を最大の販売市場と考えていた同社は，ドイツの特許法が3年以内の領内での特許実施（製造）を要求していたため，創業のそもそもの初めから，工場をスイス国内ではなく，ライン河の対岸のドイツ領グレンツアッハに設けたからである。1910年までに，全製造工程に加え，研究所の大部分，医療関係者・一般向け営業，特許管理の機能もここに移された。バーゼルの本社には，経営陣の他，経理部，倉庫と，各国子会社管理機能，生産と研究の残余部分が残された。創業から20年弱の1914年には，同社は世界中で700名を雇用するに至っていたが，バーゼルでの就業者はそのうち145人を占めたに過ぎない★125。

　このように，内需を基盤に一定の規模を確立した後，国内市場で築いた競争力を武器に近隣諸国に進出するという，大国市場を前提にモデル化された多国籍企業化のパター

★125　Peyer, Hans Conrad［1996］，35 頁。

ンは，同社の場合には当てはまらない。しかし小国スイスの多国籍企業，国境経済圏たる高ライン地域の企業の中では，これはむしろ典型的な発展経路といえる★126。

したがって，ロシュが，外国での販路の構築を非常に早い時期から積極的に進めたのも当然であった。これは当初は代理店網の構築によったが，早くも第一次大戦以前から，直接に支配権を握る現地子会社の設立に乗りだし，梱包の現地化や各国法規への対応なども進めた。またそれと相前後して，専門知識を持つMR（医薬情報担当者）による医療従事者向けの濃密な販売・営業活動を展開した。こうした販売網構築の動きは，欧米の大手同業他社に比しても，非常に早いものであり，日本に初めてMRを導入したのも，ロシュの代理店であった★127。1927年には，同社はドイツのIGファルベンに次ぐヨーロッパ第2の医薬品メーカーとなっており，2年後の1929年には，世界35ヵ国に子会社や代理店などからなる販売網を構築していた。そのうち主要8ヵ国，すなわちアメリカ合衆国，ドイツ，フランス，イタリア，スイス，スペイン，日本，チェコスロヴァキアの合計でも，売上の74%を占めるに過ぎず，市場の多国籍性が際立っていた★128。

第一次大戦による打撃とロシュの対応

ロシュのこうした多国籍的な企業構造のゆえに，第一次大戦は同社にとって予期せぬ甚大な打撃となった。足下では，国境が封鎖され，最大の製造拠点たる独領グレンツアッハ工場と本社の間の往来は著しく困難になった。ドイツによる国境封鎖はその後幾分緩和され，バーゼルに住む労働者の国境通勤も再開されたが，ドイツからスイスへの中間原料供給は，ドイツ側の禁輸のために停止してしまった。製薬部門に特化し，しかもその製造を在独工場に頼っていたロシュは，スイスで合成染料を製造する他のバーゼル企業に比しても，大きな打撃を受けた★129。

★126 この地域では，前節のGF社や次項のネスレ（アングロ・スイス・コンデンスミルク社）を含め，19世紀前半に多く誕生した繊維企業や，19世紀末に勃興した化学・金属・機械・食品関連企業は，いずれも，初発から国内市場よりも独・仏・墺・伊等の周辺国市場を主たる市場としていた。黒澤隆文［2002］を参照。

★127 日本への進出は，日本法人の社史によれば1904（明治37）年のことであり，神戸のカール・ロデ社を代理商とした。1912年には，横浜のシーベル・ヘグナー社にロシュ学術部が設置され，「プロパー（MR）制度」を導入している。これにより「学術部員」に採用された二宮昌平（東京薬学校〔東京薬科大学の前身〕卒，東京巣鴨病院薬局長）が，日本初のプロパーとなった。1924年には，「エヌ・エス・ワイ合名会社」（日本スイッツェル薬品合名会社［N.S.Y. Co.］，所在地東京）が日本子会社として設立された。設立資本金は20万円，従業員は100名前後で，その8割は女性であったという。ただしその後も，複数の代理店との販売契約は維持された。なおスイス本社の社史では，製造認可を巡る日本政府当局との紛争でRoche & Co.の社名での営業が不可能になったとの記述があるが，詳細は不明である。1932年には，同社は「日本ロシュ株式会社」に改組された。Peyer, Hans Conrad［1996］，35-65，114頁。日本ロシュ株式会社［1982］，3-39頁。

★128 Peyer, Hans Conrad［1996］，116頁。

★129 パリの子会社は，開戦直後，スイスの工場を拡大するよう本社に強く要請したが，しかし戦争の早期結結を想定していた本社は，これに応じなかった。Peyer, Hans Conrad［1996］，68頁。

前節の GF 社と同様，ここでも政治リスクは逮捕劇となって表れた。1915 年 7 月，グレンツアッハ工場長で，後にロシュの社長となって同社の発展を担うエミール・C・バレルが，ドイツ官憲により突如逮捕されたのである。彼はその後釈放されたが，終戦の 1918 年までの長期間，ベルリーンを離れることを許されなかった。逮捕容疑はバーゼルへの違法輸出であったが，同時にこれは，ロシュのパリ子会社が，同社がフランス寄りであることを明言する広告を出したことへの反応でもあった。当時のフランスでは，ドイツに工場を持つロシュに対して，これをドイツ企業とみなしてボイコットが行われており，またその官憲も，同じ理由でロシュの現地子会社に監視や尋問を行っていたのである。他方，ドイツ側でもフランス語風の家名を社名に冠したロシュへの警戒感は強く，ドイツでは同社はブラックリストによる監視の対象となった★130。

こうした状況下で，ロシュはバーゼル本社工場を拡張し，他の交戦国のブラックリストへの掲載を避けるため，各地の子会社の社名をことごとく変更し，外資企業色を可能な限り薄め，宣伝活動も控えた。グレンツアッハの工場は，1916 年初，独自の法人格を持つ「グレンツアッハ化学工場株式会社」[Chemische Werke Grenzach AG，略称 Cewega] に改組された。資本の面でも「ドイツ化」が進められ，講和成立後 3 年以内に買い戻すという条項を盛り込んだ契約の下，南ドイツ・ディスコント・ゲゼルシャフトが株主となった。監査役会と取締役会はほとんどドイツ人で占められたが，工場経営はスイス人を中心とする既存の幹部によって続けられた。しかしバーゼル勤務のドイツ社員の多くはグレンツアッハに，またグレンツアッハ勤務のスイス人社員はバーゼルへと配置換えされた。端的には，グループ構造の分権化と各国拠点の――少なくとも表向きは――現地化が進められたのである★131。

戦後の 1920 年，ロシュは，買い戻し条項を用いて Cewega の株を取得した。1929 年には，ドイツでの業務を統括する子会社，F. Hoffmann-La Roche & Co. AG Berlin をベルリーンに設け，既存のベルリーン営業事務所とともに，Cewega 社をこの新会社に統合した。これにより，グレンツアッハの工場も再びロシュの名を名乗るようになった。また，バーゼルの本社からは目と鼻の先に位置し，実質的にはバーゼルの指揮も受ける在独工場は，形式的にはベルリーンの子会社を経由して間接支配されることになった★132。

こうした第一次大戦期の困難と，戦後の各国通貨切り下げによる外貨資産価値の暴落

★ 130　Peyer, Hans Conrad [1996], 68 頁。Lukas Straumann/Wildmann, Daniel [2001]（独立専門家委員会叢書第 7 巻），186 頁。
★ 131　Peyer, Hans Conrad [1996], 69 頁。
★ 132　監査役会長のバレルを除くと，この在独子会社の監査役・取締役はいずれもドイツ人であった。しかしその 350 万 RM の株式資本は，全てスイス人の所有下にあった。ロシュ本社の所有は 50 万 RM に過ぎず，残余のうち，バーゼル商業銀行が受託管理する株が 200 万 RM にのぼった。ドイツ当局には詳細な株主情報を公開しなかった。これは 1937 年になっても同様である。Peyer, Hans Conrad [1996], 69-70 頁，Lukas Straumann/Wildmann, Daniel [2001]（独立専門家委員会叢書第 7 巻），187 頁。

によって，同社は第一次大戦直後に経営危機に陥り，1919年，バーゼル商業銀行等の支援を得て，株式会社であるF. Hoffmann-La Roche & Co. AGに再編された。会社の債務は，無限責任社員であった創業者のフリッツ・ホフマンが，私財やバーゼル商業銀行からの株担保借入資金で穴埋めし，同行の社長で，フリッツの義兄でもあるアルベルト・ケヒリン・ホフマンが，取締役会議長（会長）に就任した。翌1920年のフリッツ・ホフマンの病死後，軟禁先のベルリーンから帰国していたバレルが，社長［Generaldirektor］に就任した。1921年には，米国子会社が戦時下で積み上げた在庫が不良資産化し，グループ全体が再び存亡の危機に瀕したが，バレルは，銀行引受株による資本増強策や全グループ従業員（1500名）の3分の1に達する人員削減で，これを乗り切った。また彼は，これを契機に執行役会に残っていた古参幹部や同族役員を一掃し，創業家が手放した株を子飼いの幹部に配分して，権力を固めた★133。これによってロシュでは専門経営者支配が確立し，以後同社は，第二次大戦後の高度成長期まで続く「バレルの時代」に入るのである。

　この再編の中で，グループ全体を統括するバーゼルの本社管理組織は，他の業務部門から実質的に切り離され，九つの機能別ユニットに再編された★134。外国子会社は，持株会社であり，かつスイスでの事業会社でもあるバーゼル本社の下に置かれた。次項でみるネスレ同様，第一次大戦後の経営危機を契機に経営者企業への転換がなされ，同時に，一元的な本社組織の下に各国子会社が置かれる体制が整えられたのである。

米国市場への進出

　次に，第二次大戦期に焦点となる米国・西半球市場の動向をみてみよう。ロシュの米国市場への進出は，1895年の代理店設置（ボストン）にはじまり，1905年のニューヨークへの子会社（The Hoffmann-La Roche Chemical Works Inc.）設立で本格化した。この子会社は当初は振るわず，第一次大戦では大きな利益を上げたものの，上述のように戦後は債務超過に陥り，スイス本社の梃子入れでようやく再建された。その後，スペシャリティ製品の営業部長となっていたアメリカ人のエルマー・H・ポプストが経営を

★133　フリッツの死後，その従兄弟で商務部長であったアルベルトはバレルによって辞職に追い込まれ，執行役からは創業家の名が消えた。以後は，再建資金を提供し，上場の予定を変更して大株主として留まったバーゼル商業銀行と，専門経営者バレルの間の均衡の下で，長期の戦略決定が行われた。なおフリッツの末子のアルフレートはバレルに株を売却したが，フレッツの長子で，バレルの教育の下で帝王学を学んだブリュッセル支店長エマニュエルはこれを手放さず，均衡の中心に位置していた。しかし彼は，1932年に事故死した。Peyer, Hans Conrad [1996], 69-70, 84-86, 125頁。

★134　バレルが選任した経営幹部は，彼の製薬事業観をよく表している。1920年に執行役に，また1925年に取締役となったのは，いずれも博士号を持つ3人の幹部社員（化学特許を専門とする弁護士クプリ，外国語にも堪能な財務専門家のセン，薬剤師の家系の出で，経済学を学んだベーリンガー）であり，後に，ロシア・日本市場開拓で卓越した手腕を示したサレがこれに加わった。もっともバレルは権限委譲を嫌い，些末なことまで自らの決裁事項とする傾向があった。九つの管理組織はバレルに直結しており，部門相互の横の連絡は最小限に抑えられた。Peyer, Hans Conrad [1996], 84-90頁。

引き継ぐと，業績は急回復した。1926年にはそれまで最大の売上高を誇っていたドイツ子会社を抜き，1929年にはバーゼル本社の売上をも追い越した。1921年以降は，梱包のみではなく調剤済薬品の現地製造をも開始した。1929年，この米国子会社は，ニュージャージー州のナトレーに広い社有地を確保してここに移転した★135。

　新興の経済大国アメリカの自負，1920年代後半の空前の株ブーム，急激に売上を伸ばすロシュ米国子会社の独立志向，これを率いる社長ボプストの自信と傲岸さを示すエピソードが，残されている。1929年7月，ボプストはニューヨークの銀行家とともにバーゼルのロシュ本社に現れ，ロシュをグループごと2500万米ドルで，あるいは少なくともアメリカ子会社を500万ドルで購入したいと持ちかけたのである。スイス本社のバレルはこれを拒否したが，以後，研究所を設置するなど，米国市場を重視する姿勢を明確にした。しかしボプストは，その後も，バーゼルからの分離を画策し続けた★136。

二重法人への転換，大恐慌，再度の大戦への備え

　第一次大戦の終結後も戦前の国際経済秩序は復活せず，報復感情と相互不信，ナショナリズムの高まりの下で，多国籍企業は新たな対応を迫られた。各国の課税当局は，現地子会社のみならず，スイスの親会社の利益をも標的とするようになった。またロシュの商標や特許に対する保護を，自国内で製造された製品に限る国もあった。交戦国の双方で，子会社に敵国企業というレッテルが貼られた第一次大戦での苦い経験も，記憶に新しかった。これらのいずれもが，スイス本社と各国子会社の関係を希薄にすることを要求していた。しかし，多国籍企業としての競争力や一体性の維持のためには，各国子会社に対する実質的な統制を維持しなければならないことも，また明白であった。

　こうしたジレンマに対する一つの解が，後にネスレにも模倣されることになる自社法人組織の二重化であった。ロシュではそれまで，バーゼル本社が直接に外国子会社の株式を所有していたが，1927年以降，順次これを，リヒテンシュタインに設けたサパック（Sapac）という持株会社の所有下に移したのである★137。その際，サパック株はロシュ株と同一とされ，ロシュの株主は，その持株1株に対してサパック株1株を自動的に割り当てられた。株式資本の払い込みは，配当からの天引きでなされた。両社の株は分離できないものとされ，ロシュの株主は，ロシュの配当と共にサパックの配当も受け取るが，サパックの株は株主によって個々に所持されるのではなくロシュの手で信託業者に預託され，ロシュの株主が直接処分できない形とされた。法形式上は，ロシュとサパックは直接には資本関係を持たず互いに独立した，しかし定款によって完全に同一の株主構成を有することを義務づけられた，特殊な双子会社になったのである★138。

★ 135　Peyer, Hans Conrad [1996], 62, 73, 109, 115, 151頁。
★ 136　Peyer, Hans Conrad [1996], 115頁。
★ 137　当初この会社は，セルロイド完成品製造への多角化を念頭に設立され，そのためS. A. pour l'application de Celluloïd（略称Sapac）と名付けられた。その後この計画は撤回されたが，この法人名がそのまま資産管理会社に転用された。Peyer, Hans Conrad [1996], 117頁。

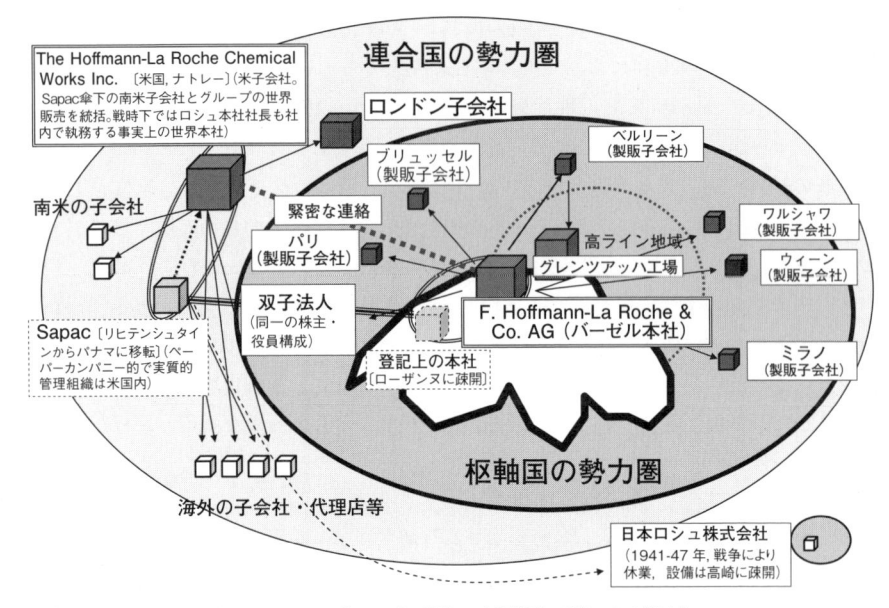

図4 ロシュ・グループの所有・支配構造（第二次大戦中）
出典：Peyer［1996］118-122, 155-168 頁の分析に基づき，筆者が作成。

　この特殊な二重法人のスキームの狙いや意義を，その後の第二次大戦で果たした機能までも含めて解釈するならば，各国子会社に起こりうる接収や親会社への課税請求，親子関係を通じたブラックリストへの掲載等のリスクを，他の子会社やバーゼル本社から分離しつつも，企業としての一体性を維持し，グループ会社の利益を株主に均等に配分することがこの組織再編の眼目であったと考えられよう。リヒテンシュタインが選ばれたのは，スイスに近接し，スイスと関税・通貨同盟関係にありながら★139，1926 年に制定されたその会社法がきわめて柔軟であったからであった。1927 年にまず米国やドイツの子会社の株式がサパックに移され，その後順次，他の各国子会社の株も同様に移された（図4参照。ただし図は 1940 年半ば以降の状況を示す）。
　1929 年以降の世界恐慌の影響は，ドイツとアメリカ合衆国で特に深刻で，両国市場を最大の販売先としてきたロシュにとって大きな打撃となった。売上は 1934 年（1929 年のピークから4割減）を底に回復に向かったが，恐慌前の水準を回復したのはようや

★138　当初は，ロシュの株主に個々の外国子会社の利益参加証券［Genussschein］を配布する案も検討された。1926 年のロシュの株主総会では，必要な場合にはロシュがその子会社株を自社の株主に譲渡しうる旨が承認され，このスキームの基礎ができた。1927 年，Sapac AG が設立された。その株主資本は，額面 50 フランの 8000 株からなり，1 対 1 でロシュの発行済株式 8000 株と結びつけられた。Sapac の株式数はロシュ株のそれと同一に保たれる。形式上は，両者は同一の株主構成を持つのみであり，両者間に所有関係は存在しない。Peyer, Hans Conrad［1996］, 119 頁。
★139　両国の関税・通貨同盟については，第一部 388 頁の訳註 10 を参照。

く1938年のことであった。この間，売上回復と各国による関税障壁構築の動きに対応して，在外拠点の生産能力の拡張が進められた。アメリカ子会社では，この時期に主力商品となったビタミン剤の現地生産が開始された。それまで不振が目立ったイギリスでも，業績改善を受けて積極的な投資が行われた。1938年には，英子会社の本拠がウェリン・ガーデン・シティに移され，工場と研究所が拡張された★140。

ドイツの再軍備宣言以降，ヨーロッパ情勢に不穏な空気が漂い始めると，ロシュは有事への対応を進めた。原材料や製品の備蓄を進め，1938年3月にドイツがオーストリアを併合すると，ロシュはサパックの登記地を，膨張を遂げた「第三帝国」に隣接するリヒテンシュタインから，大西洋の彼方のパナマに即座に移した。ヨーロッパ大陸に，もはや安全な場所はないと判断されたのである。同年末，バレル社長は米国視察から帰国すると，同社の事業の重点を西，すなわちイギリス帝国圏と南北アメリカ大陸に移すべきであるとして，決定したばかりの1000万フランの投資計画を変更し，バーゼルでの研究所拡張の規模を縮小して，その分を米英両国に投ずる決定を下した。これにより，予算の3分の2が，米英子会社での研究所拡張に振り向けられることになった。同時に，本社をドイツ国境から離れたスイス内陸部に移す案が検討されるなど，有事への備えが進められた★141。

大戦の勃発——バレル社長の米国への「逃亡」と二つの「本社」

大戦勃発2週間後の1939年9月15日，ロシュの臨時取締役会は，ドイツによるスイス侵攻に備えて，本社の移転を日付を特定せずに経営陣に認める旨を議決した★142。全取締役の辞表が弁護士に預託され，役員の署名権を失効させる文書が作成され，有事にはこれを登記所に届けるものとした。これは，ドイツ軍の威迫の下で，役員がロシュの利害に反する決定を強いられる事態を避けるための措置であった。この取締会役会で，バレルは米国への本社移転を主張した。米国子会社社長のボプストも，これに先立ちバレルの米国への出国を要請していた。しかしこの主張は他の役員の反対に遭い，当面の策としてローザンヌへの移転のみが決定された★143。その後，ローザンヌのホテルに事務所を借り，ヴヴェイに倉庫を確保したが，実際の業務は，その後もバーゼルで続けられた★144。

開戦後半年の「奇妙な戦争」の間，この警戒態勢が続いたが，西部戦線での開戦によ

- ★140　Peyer, Hans Conrad［1996］，152頁。
- ★141　Peyer, Hans Conrad［1996］，152, 177-178頁。
- ★142　翌月のスイス政府の政令は，（亡命）政府所在地への登記地の自動変更を可能にしており，この取締役会の決定に法的根拠を与えることになった。註53と註190も参照。
- ★143　Straumann, Lukas/Wildmann, Daniel［2001］（独立専門家委員会叢書第7巻），179-180頁。
- ★144　ローザンヌやヴヴェイは「レデュイ」での防衛線の外部にあるが，開戦直後にはフランスの短期間での敗北と占領は予想されておらず，ドイツ国境からの距離によって相対的に「安全」とみなされたのである。

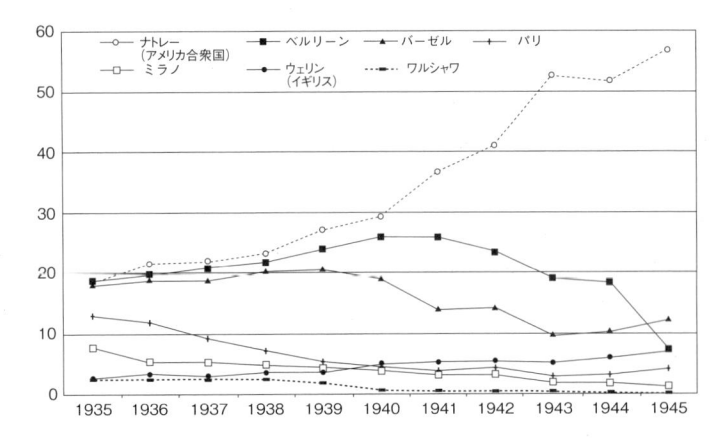

グラフ1　ロシュ主要子会社・バーゼル本社売上高の対グループ売上高比率（％）
出典：Lukas Straumann, Daniel Wildmann［2001］（独立専門家委員会叢書第7巻），183頁より転載。

り，状況は一変した。ドイツの戦車部隊がアルデンヌの森を越え，ベルギー，フランス両国の崩壊が目前に迫った1940年5月21日，バレルは，有力な複数の取締役の同意の下に，いずれも1930年代からの執行役であるリッツ（営業担当），フックス（財務担当），ヴェイエル（商務担当）の3名を改めて執行役（議長はリッツ）に任ずると，同日のうちに家族とともにジェノヴァへと向かい，そこからニューヨークへと出航したのである。本社組織をバーゼルに置き去りにしての社長個人の唐突な出国には，第一次大戦中にドイツの官憲によって逮捕拘禁されたという彼自身の経験のほか，彼の妻がロシア・ドイツ系ユダヤ人であったことも影響していたと考えられる。なお，執行役の1人であるヴェイエルは，ドイツ人であり，1938年までベルリーンのロシュ子会社の社長であったが，やはりユダヤ人の妻を持つがゆえに国外勤務を希望し，スイス本社の商務部長に転じた人物である★145。

　バレルの出国後，バーゼルでは執行役会が毎日開かれ，欧州大陸の業務に関する決定が下された。重要な決定については，週に一度開かれる取締役会で，バレルの代理人でもあるブルッガー（バーゼル商業銀行より派遣された取締役）に諮られた。バレルの出国は，戦前からの彼の持論である西半球重視戦略に沿ったものであったが，残された者には社長の「逃亡」との印象も残した。とはいえ，米国ナトレーに移ったバレルは，郵

★145　任命の経緯は不明であるが，本文中の3名に加え，やはり戦前からの経営幹部であるグゼル（法務担当），フェッター（製造・技術担当），ヴュスト（製造・技術担当）が，バレル不在中にバーゼルで執行役として経営にあたった。このうちリッツとヴュストは後述のように戦時中に渡米した。4名体制となってからはフックスが執行役会の長を務めたが，決定は合議によって行われた。他方，ドイツ人で，第一次大戦時には空軍士官でもあったヴェイエルの任命は，フランスでロシュへの不信感を生みかねなかったため，バレルは，パリで勤務するフランス子会社社長のエドゥアルド・コプフをも，形式的にバーゼルの執行役会に加えた。コプフはまた，1940年に取締役にも就任している。Peyer, Hans Conrad［1996］，152–158頁。

便・電信・電話でバーゼルと濃密な連絡を維持し，ロシュ・グループ全体を統括し続けた。連合国の勢力圏に位置する大半の子会社や代理店は，バーゼルの指揮を離れ，ナトレーの下に置かれた。これに伴い，1940年秋から1941年にかけて，バーゼルから経営幹部や多数の研究者が米国に呼び寄せられた。執行役となったリッツもその1人で，外交官出身のフランス人，ルネ・ジャニンとともに，西半球市場への輸出を米国から統括した。米国子会社では開戦前からほとんどの薬品が製造されていたが，戦争中には研究開発機能も強化され，グループ最大の研究拠点となった。戦時下で，ロシュは連合国への最大のビタミン供給メーカーとなり，1943年には米国政府の政策に沿ってペニシリン生産も開始した。米子会社の人員は，1940年の669名から1945年には2000名に急増しており，同じ時期に800名から1200名への人員増に留まったバーゼル本社の規模を凌駕した★146。

　米国市場を重視するこのバレルの戦略は，ロシュの業容拡大をもたらした。1935年時点では，スイス本社と，在米・在独子会社の売上は拮抗し，グループ全体に占める割合は，各々20%弱であった。しかし1943年には，米国子会社の売上は1935年の17倍となり，1億フランを突破した。この間のスイス本社の売上増は3倍に留まっており，全社の売上に占める米国子会社の比率は，50%を超えるに至った（グラフ1）★147。

　しかし，グローバルな企業構造の公式の再編を回避する中で実現した米国子会社のこうした急拡大は，ロシュの企業統治に影響を及ぼさざるを得なかった。戦前から独立を画策していた米国子会社社長のボプストが，同社のニューヨーク市場への上場を試みたのである。渡米後病気がちとなっていたバレルはこの案を受け入れたが，コンツェルンの分裂を危惧したバーゼル本社の役員はこれに反対した。その急先鋒であった本社財務担当執行役のフックスは，この計画を阻止すべく，危険を冒して戦時中二度にわたって渡米し，ボプストの権限を米国内の製造・販売業務に限り，それ以外は，連合国勢力圏での販売や米国での研究開発も含め，バレルとリッツが担当すべきことを主張した。グループの構造と権限配分を巡るこの闘争は，結局，ボプストの辞職によって決着をみた。これによってロシュは二つの企業への分裂を回避したが，米国政府との関係はこれによって悪化し，戦後にも続く税務当局との紛争に悩まされることになった★148。

　他方ヨーロッパでは，ドイツ支配地域の拡大と軍需の増大に伴って売上を伸ばしていたベルリーンの子会社との間で，本社からのコントロールを脅かす危機が生じていた。1941年，ベルリーン子会社の2人の取締役が独断専行を強め，ドイツ占領地域の子会社を自らの支配下に置こうとしたのである。しかし，バーゼルに隣接するグレンツアッハの工場長はスイス本社の側に立ち，当局に対しスイス本社との関係を擁護したため，

★146　Peyer, Hans Conrad［1996］，159頁。
★147　Lukas Straumann/Wildmann, Daniel［2001］（独立専門家委員会叢書第7巻），181頁。
★148　ロシュを去ったボプストは，まだ小企業に過ぎなかったワーナー・ランバートに移り，その後同社を世界的な製薬企業に育てた。Peyer, Hans Conrad［1996］，162頁。

当該の在独子会社役員の解任によってこの危機は乗り越えられた★149。

第二次大戦後の再々編

戦争による市場分断に対応して，形式上の双子会社構造に加えて事実上の二本社体制を構築したロシュは，戦争が終結すると一転して，グループ全体の凝集力の再強化を模索することになる。1946年の初め，バレルはバーゼルにほぼ6年ぶりに帰国し，即座に執務を再開した。ロシュの場合，本社機能の北米への移転は非公式のものであり，本社の人員や資源もかなりの部分がバーゼルに残されていたので，ヨーロッパへの復帰は比較的スムーズに行われた。同年6月，全ての外国子会社社長とバーゼル本社役員が出席する会議が開かれ，グループ組織の再集権化と，重複する機能・組織の整理が合意された。研究開発は，バーゼル，ウェリン（英），ナトレー（米）の三拠点に集約され，相互の緊密化が図られた。他方，臨床試験その他の個別市場への対応が重要な分野については，各国子会社の主体性を重視するという方針が採用された。戦時中はバーゼルとナトレーに二分されていた国外子会社への統括も，終戦後に再編された。二重法人の一半をなすサパックは，戦時中には米国子会社の指揮に服していた南米の子会社を再び傘下に置き，さらに，同様に米国子会社が行っていたグループの海外販売組織の統括機能も継承したのである。サパックは，1962年に中南米の政情不安が高まってカナダに移転されるまで，パナマに留まった。またグループ企業間の決済組織がウルグアイの子会社内に設けられ，ロシュ本社の執行役商務部長のヴェイエルが，現地に駐在して指揮にあたった★150。

このように，ロシュのグローバル組織は戦後に一元化されたが，ロシュとサパックからなる法人組織上の双子会社形態は，戦後も大きく変更されることなく，1989年にロシュの名を冠した Roche Holding AG にサパックを再編するまで，維持された★151。

小括　多国籍企業ロシュにとっての世界大戦

国境都市バーゼルに誕生し，初発から多国籍企業としての性格を持ったロシュの発展史は，GF社のそれと同じく，国境を跨ぐ経済圏が，ナショナリズムの時代にも生き延びたことを示していた。とはいえそれは，世界市場の分割や戦争が，同社の戦略や組織に決定的な影響を及ぼしたことをも示すものでもあった。

戦前，売上高に占める欧州外市場比率が2割台に留まっていたロシュにとっては，第

★149　Peyer, Hans Conrad［1996］，163頁。
★150　グループ本社のトップマネジメント組織は，戦時中の合議制（同僚制）原理を継承して，財務・法務・商務・技術の各部門を統括する4名からなる執行役会を，社長のバレルが監督する形で再発足した。その後，執行役会は拡大されたが，1953年にバレルが79歳で死去した後も，彼の下でのワンマン体制から引き継いだ，横の連絡の乏しい職能別組織が維持された。Peyer, Hans Conrad［1996］，171-172頁。
★151　Peyer, Hans Conrad［1996］，120頁。

二次大戦とそれによる市場の分断は，その後まぎれもなく世界経済の中心となる米国で基盤を固め，ヨーロッパを主な事業基盤とする多国籍企業から，真にグローバルな多国籍企業へと転換する上で，重要な契機となった。その際同社は，世界市場の分裂を，戦前に導入していた双子の法人組織と，開戦後に築いた事実上の二本社体制によって，乗り越えたのである。半面それは，会社の解体を招来しかねない要素も有していたが，分裂の危機を克服することで，同社は，スイス生まれの多国籍企業としてのアイデンティティを維持したのである。またそれによって同社は，米国市場発のプロダクト・イノベーションと本国市場の巨大さに立脚した競争力資源で世界市場に臨む米国の多くの多国籍企業とは異なり，各国市場への指向性がより強い，ヨーロッパ的な多国籍企業として成長してゆくことになったのである。

2.2　ネスレ・アングロ・スイス
ネスレの概要と第一次大戦までの発展史

今日，ネスレは世界最大の食品メーカーとして知られるが，同社はすでに第二次大戦前夜において，22の子会社を各国に持ち，ヨーロッパ，アメリカ合衆国，中南米，オーストラリア，日本の計105ヵ所の工場で生産を行い★152，世界中でその製品を販売する多国籍企業であった。独立専門家委員会の研究とその『最終報告書』においては，同じくスイス生まれの食品メーカーであるマギー（アリメンタナ）社との比較分析が行われ，組織能力に優れ，ドイツ市場への依存度の低かったネスレが，子会社に対するコントロールを維持し，マギー社がみせたようなナチスに対する過度の「順応」の回避にも成功したことが明らかにされている（第一部4.8を参照）。本項では，ネスレのこの第二次大戦への対応を，同社の経営史のより長い文脈の中に位置づける。特に，第一次大戦の経験の意味と，報告書ではごく簡単にのみ言及されている同社の二本社体制の実態に焦点をあて，前項のロシュや次項のユニリーバとの比較の基礎とする。

ネスレの創業は1866年に遡る。この年，駐チューリヒ米国領事であったチャールズ・ペイジは，まだ米国に住んでいた兄のジョージらとともに，地元チューリヒの銀行家の支援を受けて，アングロ・スイス・コンデンスミルク株式会社（Anglo-Swiss Condensed Milk Co.）を設立し，ツーク州のハームでコンデンスミルク（練乳）製造を開始した★153。同じ年，スイス西部，フランス語圏に位置するレマン湖岸のヴヴェイでは，フランクフルト・アム・マイン生まれのアンリ・ネスレが，自ら開発した乳児

★152　Lüpold, Martin [2003], 215頁。Heer, Jean [1966a], 190頁, 同 [1966b], 168頁。
★153　コンデンスミルク製造は米国生まれの産業であり，ボーデン社の創業者たるゲイル・ボーデンがそのパイオニアであった。ペイジ兄弟の試みも，ボーデン社の成功に直接に触発されたものであり，機械設備も当初は米国からの輸入によった。とはいえ，金融業や各種の近代工業の基盤が酪農地帯に近接して存在したというスイスの立地条件も，無視することはできない。1866年から1872年の間に，欧州では25のコンデンスミルク工場が設立されたが，スイスには最多の6工場が分布していたのである。Jean Heer [1966a], 64頁, 同 [1966b], 56-57頁。

用粉ミルクの発売を始めた。1875年，62歳になっていたアンリ・ネスレは，年産50万缶に成長していたこの事業を特許権や商標権とともに地元の実業家グループに売却したが，ネスレの名は，買い手の企業名（Farine Lactée Henri Nestlé）に残された。スイスの東西に生まれたこれら二つの企業は★154，その後相手の製品分野に互いに参入し，ヨーロッパの内外で激しい市場争奪戦を繰り広げた。1905年，両社は合併し，ネスレ・アンド・アングロ・スイス・コンデンスミルク株式会社（Nestlé and Anglo-Swiss Condensed Milk Co．，以下では便宜的にネスレと略称）が誕生した★155。同社はその後も多数の企業を吸収合併し——その中には上述のマギー社も含まれる——，今日のネスレへと至るのである。

　しかし，40年近く熾烈な競争を繰り広げてきた二つの組織の一元化は容易でなく，この時期のネスレは，単一の法人に合同しつつも，ヴヴェイとハームの二つの旧本社に別れた二つの経営管理組織を維持していた★156。これは，次にみる英蘭企業ユニリーバとは対照的である。

　ドイツ語圏に位置するハームの本社では，アングロ・スイスの取締役であったアロイス・ボスハルト（取締役会代理執行役）とフレッド・H・ペイジ（同，アングロ・スイス創業者の1人であるジョージ・ペイジの息子）が勤務し，経理，法務，保険・税務，技術・製造，輸送とともに，ドイツ語圏での販売を指揮した。他方，フランス語圏に位置し，粉ミルクの発祥の地であるヴヴェイの本社では，旧ネスレ出身のオーギュスト・マヨール（取締役会代理執行役）とオーギュスト・ルスィ（執行役，取締役会議長のエミール＝ルイの息子）が，ドイツ語圏以外の大陸欧州での販売と，フランスとスイスの4工場における生産を指揮した。この二つの本社組織に加え，ロンドンには合併前の両社の組織の統合で第三の本社ともいうべき拠点が生まれており，やはり旧ネスレ出身のギュスターヴ・アゲ（取締役会代理執行役）が，イギリスと，北米を除く海外市場の事業を

★154　スイスのドイツ語圏に位置する大企業の大半は，繊維工業から機械・金属・化学工業への歴史的産業連関，および，水力利用から電力利用への技術系譜の中で生まれた企業である（黒澤隆文［2002］を参照）。それに対してネスレは，こうした歴史的産業連関・技術連関からは外れ，しかもスイスの独仏二つの言語圏に跨る形で誕生した企業であって，スイスの企業史の中ではむしろ例外的な存在といえるだろう。

★155　合併はアングロ・スイス・コンデンスミルク株式会社を存続会社とし，対等合併の形でなされた。合併時，両社はそれぞれ9工場を有していた（アングロ・スイス社側ではスイスに3工場，イギリスに4工場，ノルウェーに1工場。対するネスレ側では，スイスに4工場，イギリス，ノルウェー，ドイツ，スペイン，アメリカ合衆国に各1工場）。19世紀末，アングロ・スイス社は米国に多数の工場を設け，ジョージ・ペイジも米国にその居所を移して米国市場を重視した経営を行っていたが，米国市場の首位企業であるボーデン社の牙城を崩すことができず，1902年に米国工場を同社に売却して撤退している。その結果，1905年の合併時点では，ネスレ・アンド・アングロ・スイス・コンデンスミルク株式会社の生産設備の大半はヨーロッパ内に位置していた。Jean Heer［1966a］，98-100頁，同［1966b］，87-89頁。

★156　合併会社では，取締役会議長には旧ネスレ出身のエミール＝ルイ・ルスィが就任したが，10名の取締役は合併前の両社から半数ずつ選出された。執行役会（Generaldirektion / direction générale）の構成員（取締役会代理執行役）も，両社から2名ずつ選出された。Heer, Jean［1966a］，111頁，同［1996b］，99頁，［1991a］，108頁，同［1991b］，110頁。

指揮した★157。

このように，1920年代初頭の経営危機までのネスレの経営管理組織は，合併前の両社の事業を，製品や市場ごとの旧合併企業の強弱に即して最小限の範囲で合同・再編したものであり，一元的で機能的な管理組織からはほど遠かった。また，早い時期からの銀行出資と度重なる増資によって，株式上場企業であるネスレの所有はこの時期にはかなりの程度分散していたと推定されるが，経営陣は依然として，創業家ないし19世紀末からの所有者グループの親族によって構成されていた。

第一次大戦による試練・拡張路線と経営危機

以上のように，ネスレは早くから世界各地に事業拠点を設けていたが，その動きを決定的に促進したのは，欧州を舞台とする大戦の勃発であった。

コンデンスミルクは，携帯性と保存性に優れ，伝統的な基礎的食材に代替する大量生産型の工業製品であった。それゆえ，軍隊の動員や社員食堂の普及，栄養学への関心など，「食の工業化」を促進した現代の戦争によって★158，各国でのネスレ製品の売上は急激に拡大した★159。軍からの直接の受注も重要であった。1915年6月，ネスレは，イギリス軍から大量の納入契約を得た★160。

そのため，ネスレにとって大戦下での困難は，もっぱら原材料の確保と製品の安定供給にあった。大戦前，ネスレの製品の3分の1はイギリスとノルウェーで製造され，イギリス本国とその帝国圏で販売されたが，スイスでも依然4割弱が製造され，各国に輸出されていた。しかし輸入の途絶によって極度の食糧・飼料不足に見舞われた大戦期のスイスでは，左派勢力が乳製品輸出を激しく批判し，政府による乳価統制や乳加工品に対する賦課金・配給制が相次いで導入された。突出した最大手企業であるネスレへの風当たりは強く，同社は都市居住者向けの牛乳（市乳）供給を確保するため，1918年10

★157 ネスレによる国外現地生産は19世紀のうちに開始されている。とりわけ，米国人によって設立され，当初から英国市場向け販売比率が75％に達していたアングロ・スイス社はこれに積極的で，早くも1872年にイギリスに工場を設立していた。対する旧ネスレでは国内生産へのこだわりが強かったが，1898年に国外生産に乗り出し，その後，各国の関税引き上げに対応するため急激にこれを拡充した。合併後もこの動きは続き，1907年にはオーストラリアで，1912年にはオランダで，現地生産が開始されている。またシンガポール，香港，カルカッタ，マドラス，ボンベイ，コロンボ，日本，ブエノスアイレス，イスタンブールには，安定供給のために倉庫が設けられた。Heer, Jean［1966a］，63,112,116-117頁，同［1966b］，57,100,104-105頁，同［1991a］，109-113頁，同［1991b］，111-114頁。
★158 Tanner, Jakob［1999］を参照。
★159 米国でのコンデンスミルク産業の登場自体，南北戦争の直接の帰結であった。また19世紀にアングロ・スイス・コンデンスミルク社の最大の市場であったのは，大洋航海船舶向けの販売であった。Fenner, Thomas［2008］，317, 333頁。
★160 Fenner, Thomas［2008］，323頁。イギリスとのこの密接な関係のために，ドイツなど中央同盟国市場での販売はほとんど不可能となった。そのため，英語名を持つスイス本社（Nestlé and Anglo-Swiss Condensed Milk Co.）がそれまで直接所有していた二つの在独工場は，ドイツ語名を冠した新設の現地子会社（Das Milchmädchen Kondensmilch GmbH）の所有下に移され，従来のMilkmaidという英語の商標も，同義のドイツ語のMilchmädchenに変更された。

月にはスイスの全濃縮工場の操業を停止した★161。こうした中，ネスレは国外供給拠点の確保に努め，ノルウェー，スウェーデン，南アフリカ等に多数の外国子会社を設け，現地生産を拡大した★162。

　ヨーロッパを戦場とする大戦下でネスレが最も重要な供給基地として選んだのは，世界最大のコンデンスミルク市場であったアメリカ合衆国であった。ネスレにとって米国は，合併前にアングロ・スイス・コンデンスミルク社が積極的に進出して大規模な現地生産を行いながら，首位のボーデン社の市場支配を崩すことができず，同社に工場を売却して撤退した市場であり，合併後もボーデン社との市場分割協定の下で，現地生産を断念していた★163。しかしネスレは，欧州での上記のような供給不足に直面して，1915年にはボーデン社をはじめとする米国各社から製品を調達してこれをネスレ・ブランドで販売し，また1917年末には，ボーデンと資本関係を結んだ上で従来の協定を改定し，異常な勢いで工場買収（1920年には43工場を所有）に乗り出した。同時にオーストラリアにも調達先を広げ，ブラジルでも現地生産を開始した。戦時下で開始されたこの拡張路線は極端なもので，ネスレの全世界での生産能力は，戦前の倍となった。これにより，全社生産能力の半ばを，米国拠点のそれが占めるに至った★164。

　第一次大戦が終結すると，ネスレは極めて深刻な経営危機に陥った。戦時中に高値で調達した原材料や高コストで生産した製品在庫が，休戦後は不良資産となったからである。戦時下で進めた米国での巨額の買収は，借入や社債発行，大規模な増資によって賄われており，財務体質は極端に悪化した。戦後の各国通貨の乱高下でも大きな損失を出した。ネスレの主な生産・販売地域は英米圏であるが，債務の大半はスイスフラン建てであり，各国通貨の切り下げとスイスフラン高は深刻な打撃となった。著しい業績悪化と株価の暴落に直面して，ネスレは買収したばかりの米国工場の大半を売却せざるをえなかった★165。

　こうした中，1922年5月，ネスレは専門経営者であるルイ・ダップルを再建のために迎えた★166。彼は事業の整理と債務削減を進め，同時に，スイスの二つの本社とロ

★161　Fenner, Thomas［2008］，323-328頁。
★162　Heer, Jean［1966a］，131頁，同［1966b］，116頁，同［1991a］，113-114頁，同［1991b］，115-116頁。
★163　市場分割協定の内容は，ネスレが米国で現地生産を断念する代わりに，ボーデン社はヨーロッパへの輸出を行わない，というものであった。両者は南米でも，製品販売価格に関するカルテル協定を結んでいた。Fenner, Thomas［2008］，320，322頁。
★164　イギリスの20%，スイスの14%がこれに続いた。1920年には，オーストラリアで11工場を買収している。Fenner, Thomas［2008］，229頁，Heer, Jean［1966a］，147頁，同［1966b］，130頁，同［1991a］，116頁，同［1991b］，118頁。
★165　Heer, Jean［1966a］，147-159頁，同［1966b］，130-140頁，同［1991a］，127頁，同［1991b］，130頁。
★166　ルイ・ダップルはスイスのボー州出身の銀行家の息子として1867年にジェノヴァに生まれた。チューリヒで教育を受けた後，ロンドンのクレディ・リヨネ支店に勤務し，イタリア商業銀行［Banca Commerciale Italiana］社長などを歴任していた。Heer, Jean［1966a］，156頁，同［1966b］，137-138頁。

ンドン（イギリス国内と帝国圏を管轄），パリ（ネスレ社長のギュスターヴ・アゲが居所を置き，1919年以降，大陸欧州での販売を統括）の4ヵ所に分散していた本社機能を，ロンドンに集約した。また，全世界を4つの販売地域に分割し，一元的で機能的な管理体制を構築した。その2年後の1924年，本社組織は，ロンドンからネスレ創業の地であるヴヴェイに移された★167。翌1925年の経営組織の再編では，取締役会には19世紀来の創業・所有者一族が残ったものの，執行役会は専門経営者によって占められるに至った。この年ネスレは復配し，以後は再び拡張路線に転じて，大恐慌後の1930年代にも健全な財務体質を維持した★168。

1922年以降の組織再編は，いずれも，第一次大戦期に各国の政策や外国製品ボイコット，輸出入の困難の下で状況対応的に進められた分権化の動きを押し止め，本社による集権的な管理を構築しようとする動きであった。しかし戦後においても自由貿易体制は復活せず，各国はむしろ関税障壁を高めたから，本社機能の集約と同時に，製造・販売面ではむしろ現地化がいっそう進められた。第一次大戦期と異なって，この時期の直接投資は，ヨーロッパ市場への供給よりも現地市場の獲得を主眼としていた。また，統一性を欠き，重複が目立った各地の拠点を，単一の各国子会社へ再編する動きも進められた。1930年代には，これらの傾向はいっそう強まった★169。

第一次大戦後の経営危機は，ヨーロッパのコンデンスミルク市場に過度に依存した経営の脆弱性を浮き彫りにした。そのため以後，欧州外の販売市場の開拓のみならず，製品の多様化が指向され★170，1920年代末にはチーズの有力メーカーであるゲルバー社や，以前から製品調達契約を結んでいたチョコレートメーカーのペーター・カイエ・コラー・チョコレート株式会社を傘下におさめた。1938年の「ネスカフェ」の開発も，この路線上にある★171。

★167 ロンドンに本社機能が集約されていた2年間も，取締役会はスイスで開かれていた。Fenner, Thomas [2008]，336頁。
★168 この1925年の再編で，第二次大戦期にネスレを率いるエドゥアルド・ミュラーやギュスターヴ・ウグネンらが執行役に就任している。第一次大戦直後の危機の記憶が鮮明であったネスレは，拡張路線に復した後も，財務の健全性を重視した。大恐慌による経済の落ち込みが深刻であった以前からの主力市場では，ネスレの製品は基礎食材として定着していたため，恐慌の中でも売上の減少は比較的軽微であった。Heer, Jean [1966a]，159，179-192頁，同 [1966b]，140，158-170頁，同 [1991a]，128，164-166頁，同 [1991b]，166-168頁。
★169 ドイツの複数の子会社は1927年に単一の子会社に集約され，また1935年には，スイス本社の支店として運営していたイギリスの組織を，現地子会社に転換した。両大戦間期の製販一体の各国子会社の設立ないし現地生産の開始年は，スペイン（1920年），イタリア（1923年），ベルギー（1925年），フランス（1925年），ニュージーランド（1925年），アルゼンチン（1927年），南アフリカ（1930年），キューバ（1930年），デンマーク（1933年），日本（1933年，ただし日本人による所有の形態をとる），チェコスロヴァキア（1935年），メキシコ（1935年）である。Lüpold, Martin [2003]，215頁。Heer, Jean [1966a]，159-179頁，同 [1966b]，140-170頁。
★170 19世紀のうちに製品化されたミルクコーヒー飲料やミルクチョコレート飲料は振るわず，第一次大戦時には，ネスレの売上の82％をコンデンスミルクが占めていた。なお利益の面では，売上比率では3％に過ぎない乳児用粉ミルクが，16％を占めていた。Fenner, Thomas [2008]，322頁。

二つの持株会社の設立と第二次大戦勃発後の安全保障策

　1930年代には、上述のように各国での事業が子会社の管理下に移された結果、本社が直接に管理する市場は、スイス市場などごくわずかとなっていた。他方、これらの各国子会社を一元的に管理する中枢の必要性はむしろ増していた。そのためネスレは、1936年11月、持株会社である「ネスレ・アングロ・スイス・ホールディング株式会社」（Nestlé and Anglo-Swiss Holding Company Limited、以下ネスレ・ホールディング社と略記）に改組され、それまでネスレ本社の下にあったスイス市場などの旧直轄事業を、新たにヴヴェイに設けた子会社（Nestlé and Anglo-Swiss Condensed Milk Company Limited）に移した★172。

　これと同時に、海外での事業拡大に対応し、また安全保障上のリスクに対応するため、第2の持株会社としてユニラック（Unilac Inc.）が設立された。同社の登記上の本社は、以前からネスレの市場でもあったパナマに置かれ、西半球のネスレの子会社・関連会社の所有権は、このユニラックに移された。ユニラックの株式は、議決権を付した「設立者株」[action de fondateur]と「普通株」[action ordinaire]からなり、前者はネスレ・ホールディング社のみが所有し、後者はネスレ・ホールディング社の株主に無償で配布された。ネスレ・ホールディング株とユニラック株は同一の発行番号を持ち、別個に売買できないものとされた。これにより両社は、前項でみたロシュとサパック同様の、同一の株主構成を持つ双子会社となった★173。

　翌1937年7月、社長のルイ・ダップルが死去し、エドゥアルド・ミュレーが取締役会議長（president/président、社長に相当）に就任した。有事の際には、ミュレーと取締役会代理執行役（administrateur délégué/Managing Director、副社長に相当）のギュスターヴ・ウグネンがアメリカ合衆国に執務の拠点を移し、残余の役員はヴヴェイに残ることが取り決められた★174。これは開戦直前の1939年8月に発動され、ミュレーは大西洋を渡った。大陸欧州以外の在外資産のほとんどは、ネスレ・ホールディングからユニラックの所有下に移されたが★175、もはやユニラックは単なる持株ペーパー・カンパニーではなくなった。同社はスタムフォード（コネチカット州、ニューヨーク近郊）にあるネスレの米国子会社内に「支店」を置き、この第二の――規模と統括地域の広がりという点ではむしろ第一の――世界本社から、ミュレーが指揮を執ったのである★176。

★171　Fenner, Thomas [2008]、336頁、Heer, Jean [1966a]、161, 187頁、同 [1966b]、143,163-164頁、同 [1991a]、133-147頁、同 [1991b]、135-149頁。
★172　ただし、このスイス市場での事業会社は、当時の法制で持株会社が商標権を所有することが認められていなかったため、グループ全体の商標権を所有することになった。Heer, Jean [1966]、188頁、同 [1966b]、166頁、同 [1991a]、173頁、同 [1991b]、175-176頁。
★173　ただし、設立者株の所有関係の点では、ユニラックがネスレ・ホールディング社の子会社となっている。この点ではロシュとはスキームが若干異なるが、パイヤーは、ネスレがロシュを模倣したとしている。Peyer, Hans Conrad [1996]、119頁。なお、1930年代には、ネスレとロシュは、コンデンスミルクベースのビタミン剤の開発・販売で、提携関係にあった。ロシュの法人形態は、当然ネスレの研究対象となったと考えるべきであろう。
★174　Heer, Jean [1991a]、194頁、同 [1991b]、196頁。

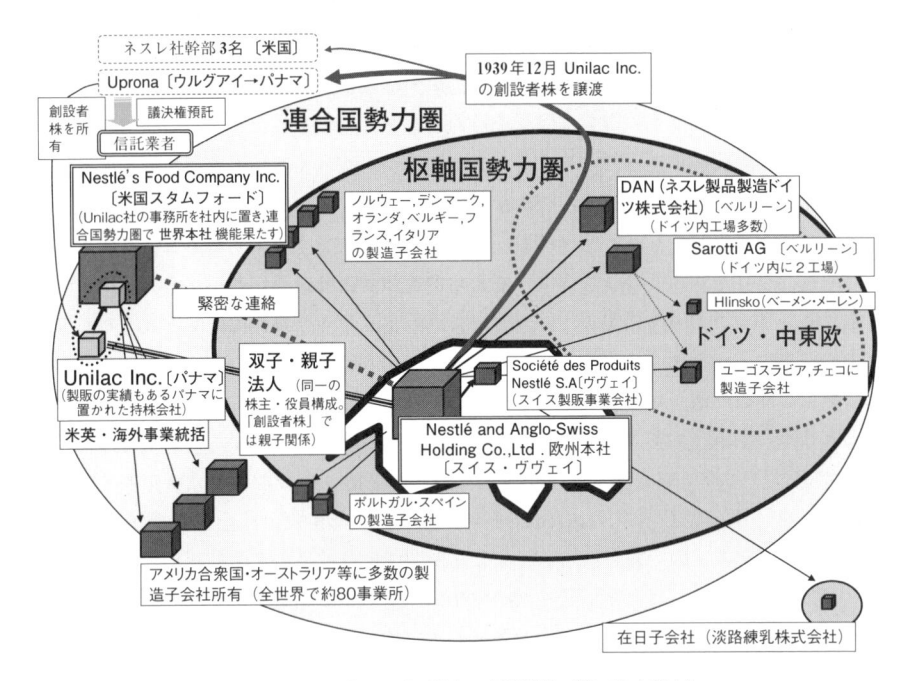

図5 ネスレ・グループの所有・支配構造（第二次大戦中）

出典：Lüpold［2003］216-234 頁，Heer, Jean［1966 b］，189-192，200-207 頁の分析に基づき，筆者が作成。

　こうした再編の結果，ヴヴェイのネスレ・アングロスイス・ホールディングの傘下に残ったのは，イギリスを除くヨーロッパ大陸子会社のみとなった。ただし，日本の子会社（淡路練乳株式会社）のみは，おそらくは国際情勢を考慮して，この間に名称を変更していたスイスの事業会社（Société des Produits Nestlé S.A.）の傘下に残った★177（図5）。

　1936 年の末に行われたユニラック設立の理由としては，第一にアメリカ市場での事業強化の必要性が挙げられていたが，緊迫するヨーロッパ情勢も考慮されていたことは，間違いなかろう。1936 年は，ドイツがロカルノ条約を破棄し，ラインラントに進

★175　これらの地域における商標権もユニラックに移された。子会社所有権のこの移転の結果，ユニラックは，ネスレ・ホールディングに債務を負うことになった。これは分割払いでネスレ・ホールディングに返済され，1949 年にこれが終了することになっていた。Ruch, Christian/Rais-Liechti, Myriam/Peter, Roland［2001］（独立専門家委員会叢書第 6 巻），165-166 頁。Heer, Jean［1966a］，188-189 頁，同［1966b］，166-167 頁。
★176　Heer, Jean［1966a］，189-192，200 頁，同［1966b］，167-170，178 頁，同［1991a］，194-195 頁，同［1991b］，196-197 頁。
★177　ただし，日本法人の株は全て日本人名義で所有されており，表向きはネスレとの資本関係は存在しなかった。いずれにせよ日本では，戦時統制下で乳業も統制的な組合組織に再編されており，経営の自由度は制限されていた。

駐，再軍備4ヵ年計画を発表した年である。秋には独伊の枢軸が成立し，スペイン内戦も激化していた。ただしネスレの対策は，企業の存続自体が脅かされる事態を想定したものというよりは，株主の所有権保護を目的としたものであった。またこれは，枢軸勢力による資産接収に対する対策でもなかった。ドイツがスイスに侵攻した場合には，その支配地域内の資産接収を防ぐ方法はなく，他方，ドイツの手が及ばない地域のネスレ資産を形式上接収しても，ドイツは実際にはこれをコントロールすることはできないからである。むしろ問題となったのは，ネスレの本社や在外資産がドイツの支配下に入った場合に，ドイツとの交戦国が，自国勢力圏内のネスレの在外資産を敵国資産として接収する危険であった★178。

しかしこうした観点からすると，ユニラックの創設者株がネスレ・ホールディングの手にある以上，双子会社のスキームも，十分なものではなかった。そのため開戦後の1939年12月，ネスレ・ホールディングはUpronaという名の企業をウルグアイに設立し，ユニラックの創設者株の大半を同社の手に移した★179。残余は，米国に渡ったミュレー，ウグネンの二人の経営トップと，米国子会社社長のダニエル・ノートンの個人名義とされた。これにより，ドイツがネスレ・ホールディングを接収したとしても，その実質的な支配下にあるユニラックを掌中に収めることはできないことになった。さらに1940年7月，Uprona社——この間にその所有権はネスレ・ホールディングからユニラックに移されていた——とユニラックは，3名の信託業者と議決権信託契約を結び，ユニラックの創設者株をこれに預託した★180。これにより，両交戦陣営に跨るネスレ・グループの資産を，ドイツによる接収や連合国側の対敵通商法の適用から可能な限り守る体制が構築されたのである。

第二次大戦中のネスレ

第二次大戦中，ユニラック傘下のネスレの事業は，大幅に拡大した。中南米では生産能力が拡張され，米国では開発間もない「ネスカフェ」を初めとして軍からの受注を獲得し，売上を伸ばした★181。ミュレーは米国政府首脳とも良好な関係を維持し，ブラックリストへの掲載も回避した。戦時中はクリアリング枠のためにスイスへの配当の送金はなされず★182，ユニラックの秘密積立資金として社内に蓄積された。戦争に伴

★178 イギリスの対敵通商法は，第一次大戦を教訓に，敵との通商や金融取引を禁止し，敵国資産を終戦時まで接収管理することを内容としていたが，1930年代の経済環境の変化を受けて，敵国市民のみならず，敵国の支配地域にある資産や企業全般を対象に含めるものとなっていた。基本的には，米国についても同様である。Wubs, Ben [2008]，80頁。
★179 Lüpold, Martin [2003]，217頁。
★180 Lüpold, Martin [2003]，217-218頁。
★181 ラテンアメリカの生産拠点は，1945年には13工場，1946年には16工場となっていた。「ネスカフェ」は1938年にスイス市場に投入されて成功し，翌年からは米国市場でも販売され，1942年の米国での生産は年産100万箱に達した。Heer, Jean [1966a]，205頁，Heer, Jean [1966b]，182頁。
★182 Heer, Jean [1966a]，203頁，同 [1966b]，180-181頁。

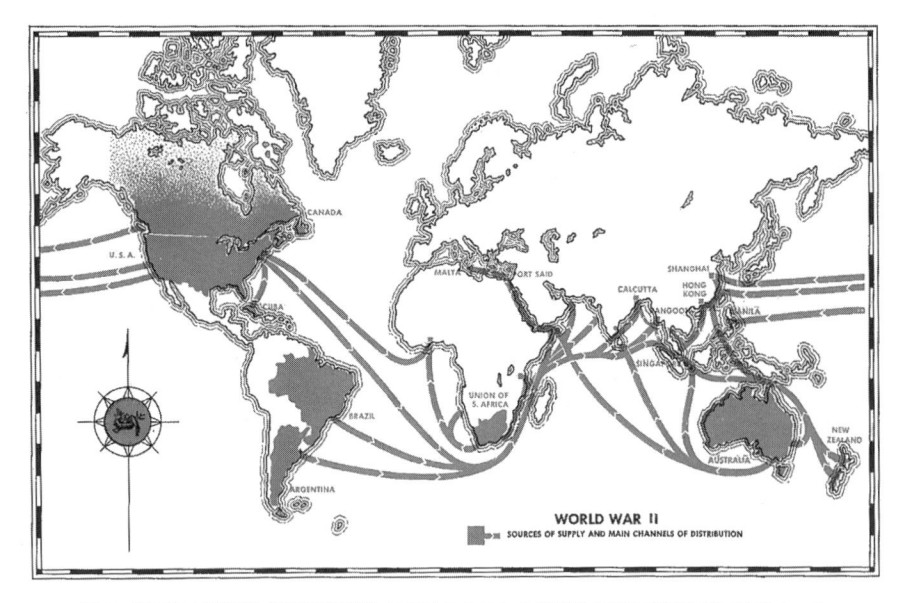

図6 第二次大戦初期（日米開戦前）におけるネスレの欧州外主要生産国と製品供給ルート

出典：Nestlé and Anglo-Swiss Holding Company Limited [1946], 116頁より転載 [Historical Archives Nestlé, Veveyの許諾による。© NESTLE S. A./NESTEC S. A.]。

う交通の困難の中で，各国子会社は現地調達・現地販売の傾向を強めた。

　他方，ドイツの覇権の下に置かれた欧州では，副社長であるスイス人のカール・アーベックがネスレ・ホールディング社の取締役会議長を務め，フランス人のモーリス・パテルノが，取締役会代理執行役としてヨーロッパ業務を統括し，これをアンドレ・ペロシェ（1942年取締役就任）が補佐した★183。1940年以降，スタムフォードとの大西洋を跨ぐ人員の往来はほとんど絶えたが，郵便と電信による連絡は比較的密であり，二つの本社は世界戦略をおおよそ共有していたといえよう。

　ヨーロッパ市場では，特にドイツ子会社に対するコントロールが課題となったが，『最終報告書』が明らかにしたように，ネスレは十分に状況を制御しえていた。マギーと異なり，ドイツ市場のトップ企業であるネスレは，有力な競合他社による外資反対キャンペーンに見舞われることもなく，ナチスの政権掌握後も販売を伸ばした。開戦後も，1943年頃まで売上高は急増した。特に粉乳部門ではドイツ国内に競合企業がなく，ネスレは人員削減や工場閉鎖を免れた。第一次大戦期とは対照的にネスレはドイツでも軍需を獲得し，特に陸軍総司令部とは良好な関係を保った★184。イタリア，オランダ，

★183　カール・ユリウス・アーベックは，1934年にネスレの取締役に就任し，その他，チューリヒ保険，ヴィータ生命保険，スイス再保険の取締役も務めていた。1944年に父が死去すると，アリメンタナ株式会社の取締役の地位を引き継ぎ，1947年のネスレとの合併をお膳立てした。Heer, Jean [1991a]，194-196頁，同 [1991b]，196-198頁。

デンマーク，スイスのネスレの工場からは，コンデンスミルクがドイツに輸出された。

こうした中，ドイツ支配地域のネスレの事業を統括していたのは，ベルリーンに置かれた二つのドイツ子会社（乳製品を販売する Deutsche Aktiengesellschaft für Nestlé Erzeugnisse ［DAN］ と，チョコレートを製造・販売する Sarroti AG）の社長を務めるスイス人のハンス・リッゲンバッハであった★185。ドイツによるオーストリア，ズデーテンラントの併合，ベーメン・メーレン保護領の創設に相前後して，ネスレは保護領内に新規に工場を設立したが，その際，多額の手元現金を持つドイツ子会社（DAN）がチェコ子会社の株の93％を所有することを許し，リッゲンバッハはチェコ子会社の監査役に就任した。ナチス政権は占領地域への投資をドイツ企業にのみ許可していたため，競合他社に対抗するためにも，ネスレはドイツ子会社にこれを委ねたのである。しかしヴヴェイの本社首脳は，ドイツ子会社に対する支配を巧みに維持し，同時に，子会社によるナチスへの露骨なイデオロギー的迎合も回避した★186。

ユニラックの売上は，ネスレ・グループ全体のそれの4分の3を占めており，また残るネスレ・ホールディングの事業においても，保護領を含む「ドイツ地域」の生産能力は，ヨーロッパ全体の4分の1に留まっていた★187。製販に占める欧州外市場の比率が低く，ドイツ子会社の事業規模が親会社のそれに比して不均衡に肥大化していたBCCや，ドイツ市場への依存度がいっそう高く，しかも現地生産よりも輸出の比率が高かったマギーに比すると，ドイツ子会社に対するネスレの依存度は遙かに低く，ネスレは十分な余裕を持って，これを統御することができたのである。

第二次大戦後の「再統合」と安全保障のための組織

大戦下で再び「強いられた分権化」を進めたネスレにとって，戦後の課題は「再融合」［Re-fusion］，とりわけ大西洋を跨いで成立した二つの本社の再統合であった。しかし意外なことに，戦争終結後も二つの本社首脳の往来はしばらくみられず，社長の

★184 ネスカフェの製造は，当初，奢侈品に外貨を用いることは不適切であるとして，ライヒ経済省やライヒ給養・農業省に却下された。そのためネスレは，ネスカフェの価値を評価していた陸軍総司令部に介入を依頼して許可を得たが，戦時中の製造・販売量はごく微々たるものであった。Ruch, Christian/Rais-Liechti, Myriam/Peter, Roland ［2001］（独立専門家委員会叢書第6巻），183-188頁。

★185 合衆国からヨーロッパを観察していたネスレ社長のミュレーは，戦後，リッゲンバッハがドイツ子会社のトップとして留任することに否定的であったが，しかし彼はその職に留まった。彼は非ナチ化裁判でも訴追されず，むしろ訴追の是非を判断する側に回り，1954年にはスイス政府によってフランクフルト・アム・マイン駐在の名誉領事に任命されている。本書第1部276頁，ならびに，Ruch, Christian/Rais-Liechti, Myriam/Peter, Roland ［2001］（独立専門家委員会叢書第6巻），309頁参照。

★186 Ruch, Christian/Rais-Liechti, Myriam/Peter, Roland ［2001］（独立専門家委員会叢書第6巻），165, 180-192, 266-269頁。

★187 フランスでの生産比率が25％でドイツに並び，スペイン10-15％，ノルウェー10％，スイス10％と続いていた。Ruch, Christian/Rais-Liechi, Myriam/Peter, Roland ［2001］（独立専門家委員会叢書第6巻）166, 188頁。

ミュレーがスイスに帰国したのは，解任の可能性を示唆して取締役会がスイスへの帰国を要請した後の 1947 年 3 月のことであった。ミュレーは，ソ連との間で第三次大戦が勃発する事態を危惧しており，ベルリーン封鎖のさなかの 1948 年 5 月には，取締役会で否決されたものの，安全保障上の理由を挙げて両持株会社の完全分離さえ提案していたのである。ミュレーは，今や世界の中心となり巨大な市場と成長可能性を持つ合衆国に，本社を置きつづけるべきと確信していた。彼はそもそも，戦時中の経験で合衆国の社会そのものに魅せられており，一元化は，むしろ米国に本社機能を集約する形で行うべきであると考えていたのである[188]。

しかし，ヴヴェイの経営幹部の見解はこれとは異なっていた。東側との間で次の戦争が勃発すれば，合衆国の参戦は確実であり，中立国スイスの立地は依然として利点を持つと考えられた。外国人によって創業されたとはいえ，ネスレの歴史はスイスに深く根ざしているし，収益の大半がアングロサクソン圏で得られるとしても，依然として株主の 8 割はスイス人である。無国籍企業やアメリカ企業にネスレが変わることは，社員や株主にとっては望ましくなく，また税制上も，スイスへの一元化の方が有利である[189]。しかも本社組織の分割を承認した 1940 年の株主総会では，休戦後の「帰国」を約束しており，これを履行する責任がある。スイスに残った経営幹部の認識は，およそこういったところであった。

大西洋のいずれの側でも，経営管理機構の一元化が必要であることは理解されていた。しかし同時に，米国市場への収益依存度の高さや米国への政治的配慮と，スイスとの歴史的な繋がりの間で，妥協を図らねばならないことも，認識されていた。こうした中で，結局ネスレは，安全保障策を充実させつつ[190]，スイスを本社所在地とする道を選んだ。その結果，ミュレーとともにスタムフォードで勤務していた社員の多くがヴヴェイに移り，戦時中は 155 名前後に過ぎなかったスイス本社の社員数は，1947 年 6 月には 490 名へと増えた[191]。しかしその後の「再融合」は時間をかけて漸次的に行われ，二重法人構造も長く維持されることになったのである。

1947 年 4 月，ネスレ・ホールディングはユニラックの創設者株を移していた Uprona

---

[188] Lüpold, Martin [2003], 119-222 頁.
[189] パナマに登記上の本社を置くユニラックは，米国では在内外国企業 [Resident Foreign Company] であり，収益の一定割合を国外で得た場合には，課税額が大幅に減額されるという優遇措置を享受していた。スイスへの一元化では，この優遇措置を維持することが前提とされていた。Lüpold, Martin [2003], 224 頁.
[190] 東側陣営との戦争勃発に備えて様々な対策が検討されたが，結局採用されたのは，議決権株の預託契約を用いた第二次大戦時以上に複雑なスキームであった。スターリング圏の子会社をスイス本社に移す際にも，ソ連のスイス占領時に英米諸国による海外資産接収を回避するためのダミー会社が第三国に設けられた。ハンガリー動乱後の 1957 年，スイスでは，1939 年の有事立法（全権委任体制下での連邦内閣政令）が改訂され，有事の際には，本社所在地のみならず所有資産も（亡命）政府の所在地に移転可能となったが，ネスレはこの立法作業に加わっていた。その詳細については，Lüpold, Martin [2003], 225-226 頁.
[191] Heer, Jean [1966a], 239 頁, 同 [1966b], 212-213 頁.

を吸収し，ユニラックに対する支配権を回復した。同年，ネスレ・ホールディングは経営危機に陥っていたスイスのアリメンタナ社（マギー・ブランドを所有）を買収し，ネスレ・アリメンタナ社［Nestlé Alimentana］となって，ヨーロッパ事業の比率を高めた。しかしミュレーは，マギー製品を海外市場にも投入して，ヨーロッパ外事業を重視しつづける姿勢を示した。ユニラックの米国での統括組織の一部はその後も残され，ミュレーとペロシェは半年交替でこれを指揮することになった。

しかしミュレーが1948年に米国で死去すると，その後はスイスへの回帰傾向が目立つようになった。ネスレ・アリメンタナ社は1950年にスターリング圏の子会社を傘下におさめ，また1953年にかけてカナダとバハマに新たにダミー会社となる子会社を設けて，安全保障策を完成された。ヴヴェイには研究棟や新社屋を設けて本社としての威容を整え，1959年には，購入権をスイス人に限定した記名株を発行することで，スイス・アイデンティティを高めた★192。

とはいえ，スイス本社がアメリカ子会社株をユニラックから買い戻したのはようやく1964年ことであった。その2年後，ユニラックがスタムフォードに置いていた組織は，バハマに移された。ユニラックが解散されたのは，冷戦終結の兆しが明瞭となった1985年のことである★193。

小括　多国籍企業ネスレにとっての世界大戦

ネスレについても，ロシュとよく似た総括を行うことが可能であろう。他社に先駆けて19世紀から極度の多国籍化を進めていたネスレの場合，ヨーロッパを舞台とした第一次大戦への対応は，米国での製造基盤の急拡大とそれによる経営危機という劇的な展開を辿ったが，ここでもそれは，機能的な管理組織を備えた経営者企業への転換をもたらした。両大戦間期の国際環境は，企業組織の一面での各国化・分権化を必須としたが，これは同時に，グローバルな一元的管理をも不可欠ならしめた。ネスレもまた，米国市場の勃興や安全保障上の利点を見据えて双子の法人構造を導入し，第二次大戦の開戦前後には——ロシュよりも計画的に——二本社体制を構築した。ネスレにおいても，超大国への上昇過程にある米国市場への依存度はこの間に高まり，ロシュと瓜二つのアイデンティティの危機を——ネスレでは特に戦後に——経験したが，結局ロシュと同様，小国スイスに本社を置くグローバルな多国籍企業としての道を選択したのである。

2.3　英蘭企業ユニリーバ——比較の視点で

最後に，スイス企業との比較という観点から，ネスレ，ロシュと同様に大戦中も両交戦国陣営で事業を継続し，しかもこの両社とよく似た二元的な本社組織を有したユニリーバの事例を，主としてベン・ウプスの研究に依りつつ検討する★194。同社は英蘭

★192　Lüpold, Martin［2003］，224頁。
★193　Lüpold, Martin［2003］，227頁。

企業として知られるが，オランダは第一次大戦時にはスイスと同様に中立を保って戦禍を免れ，またフォッカー社の例にみられるように，第一次大戦後にドイツの再軍備が禁じられた際には，スイスと同じくドイツ企業の逃避やカモフラージュの拠点ともなっていた★195。また第二次大戦でも，ドイツ軍の侵攻を受けるまではオランダはやはり中立を宣言していた。そうした点でも，比較の前提となる環境条件の類似性が存在していたといえよう。

今日，食品企業としてネスレに次ぎ，トイレタリー分野でも世界的大企業となっているユニリーバ社は★196，すでに両大戦間期において，非鉱物油・油脂部門で多角的な事業を行う世界最大級の企業であった。その製品の主力はマーガリンと石鹸であるが，同社は，プランテーション経営から最終製品の販売にいたる垂直統合をも実現し，40ヵ国以上で事業を行っていた。同社の主たる販売市場は英独蘭の三国であり，原料は熱帯・亜熱帯性の植物油を主体にしていたため，ヨーロッパを戦場とした大戦とそれに伴う海上封鎖は，同社に大きな影響を与えることになった。

ユニリーバ──二つの会社の１つの経営管理組織

ユニリーバは，オーストリア・ハンガリー帝国やフランスの企業をも統合することになる全欧的な合併運動から生まれた企業である。それにもかかわらず同社が英蘭二国籍企業とされるのは，同社が，英蘭両国に形式上対等の二つの法人組織を有していたからである。1930年初に行われたリーバー・ブラザーズ［Lever Brothers］とマーガリン・ユニー／ユニオン［Margarine Unie/Union］の大合同では，ユニリーバ・リミテッド［Unilever Limited］とユニリーバ N V［Unilever NV］という二つの持株会社がロンドンとロッテルダムに設けられ，両者が「対等化協定」［Equalisation Agreement］なる契約で結合される形をとったのである★197。

しかしながら，第二次大戦の勃発まで，この二重性は法人組織上の形式的な次元に留まっており，本社の管理機構は，同じく合併で誕生した前項のネスレとは違って，当初からロンドンに一元化されていた。そもそもこの法人組織の二重化は，国際的な合同運動の所産というユニリーバ成立史の事情に根ざしていた。市場によって利益や将来の成長見込みが異なったとしても，合同する各社の株主に，合併後も企業利潤を平等に配分できるようにと考案されたものだからである。合併前の各社はいずれも固有の地盤を有しており，相互参入による利益の喪失を回避するのが合併のそもそもの目的であったか

★194 Wubs, Ben［2008］。
★195 本書第一部186-190頁を参照。
★196 ユニリーバについては比較的多くの邦語文献があるが，多国籍企業史の観点からその組織について簡単に解説したものとしては，ジョーンズ，ジェフリー［2007］の関連項目と同書249頁のコラムが参考となる。
★197 このスキームは，これに先立つ1927年の合併でのMargarine Unie/Unionの設立でも，またさらにその一方の当事者であったVan den Berghの会社組織でも採用されていた方法であった。Wubs, Ben［2008］，16頁以下。

ら，こうしたスキームは，合併を実現するための重要な手段となったのである。同時に，ロシュとサパックの場合と同様に，本社と子会社への二重課税の回避も意図されていた。

1930年の大合同後，ユニリーバでは，日常的な経営管理業務は専門経営者が構成する「特別委員会」（the Special Committee, 当初8名，後6名）で行われるようになっていた★198。これには創業家の出身者も含まれたが，経営の主導権を握ったのは，リーバー・ブラザーズの財務危機の際に銀行団から送り込まれた会計士出身のフランシス・ダーシー・クーパー（イギリス人）と，1910年にファン・デン・ベルフ [Van den Bergh] に入社したマーガリン・ユニー出身のパウル・レイケンス（オランダ人）であり，いずれも典型的な専門経営者であった。

この特別委員会の傘下には，以下の4つの地域別・機能別組織が置かれた。①英国執行部（石鹸・マーガリン・製油・食品の各製品別グループ幹部により構成），②大陸委員会（欧州大陸），③海外委員会（英帝国圏市場・北米），④ユナイテッド・アフリカ取締役会（貿易子会社を統括）。ベン・ウプスは，これを製品別事業部と地域別事業部からなる多事業部制の変種としたチャンドラーの見方を否定し，1930年代のヨーロッパ大企業に一般的な，各国ごとに事業会社を持つ典型的な持株会社組織であるとしているが，妥当な見方といえよう。合併・買収を通じて多角化を急激に進めたユニリーバでは，結果的に子会社は，大きな自立性を有することになった。消費財産業では市場ごとの環境の相違も大きく，各国子会社は依然として独自ブランドや独自の製品を展開していた。均質で大規模な本国市場を持たない欧州の多国籍企業の場合，米国のそれと違って，各国子会社の自立性を残した分権的体制は不可避的ともいえ，場合によっては望ましくさえあったのである。

ナチス政権の下でのユニリーバと，全社的な大戦への備え

1933年，ユニリーバ社は，ドイツのマーガリン市場の70%を握り，ドイツ最大の外資系直接投資企業となっていた。また石鹸市場でも，ヘンケルに次ぐ位置にあった。ユニリーバの旧創業家には，ファン・デン・ベルフ家やハルトフ家などユダヤ人も含まれていたが，その重要性からしてドイツ市場からの撤退は考えられず，同社は，「アーリアの流れの中で泳ぐ」ことを選択した。1933年10月，同社首脳のダーシー・クーパーとレイケンスはヒトラーに面会を求め，私的資本・外国企業に対するナチス政権の姿勢が未だ流動的な時点で，ドイツでの事業活動の継続にお墨付きを得た。ドイツ当局は，植民地プランテーションを含め垂直統合を達成していたユニリーバの市場支配力を高く

★198　とはいえ，大株主が名を連ねる取締役会も，この時期には依然として頻繁に開催されていた。各合併会社の創業者一族は，黄金株を所有することもあり，1938年になっても24名の取締役のうち11名を占めていた。なおこれにはチェコ・ズテーテン地方のドイツ系市民であるシヒト家の出身者も含まれており，英蘭企業としての企業アイデンティティは未だ不鮮明であった。Wubs, Ben [2008], 20-21, 35頁。

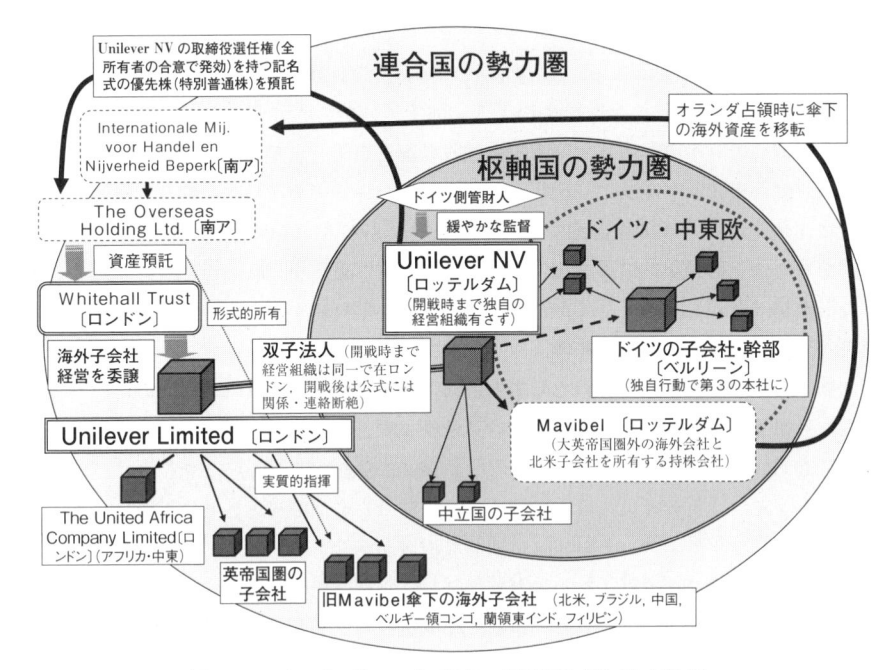

第一章　多国籍企業・小国経済にとってのナチズムと第二次大戦　553

図7　ユニリーバ・グループの所有・支配構造（第二次大戦中）
出典：Wubs［2008］62-65, 77-84, 120-124頁の分析に基づき、筆者が作成。

評価し，同社の自立性を残してこれを利用するほうが望ましいと判断したのである★199。

　その結果，椰子油供給と引き換えに封鎖マルク資産の流動化を容認するという取引が，ユニリーバとドイツ当局の間で成立した。ユニリーバは，1934年から1936年の間に8000トン級貨物船17隻，1万4500トン級タンカー26隻，500トン級トロール船19隻をドイツの造船所に発注し，その支払いの35％を椰子油の供給で，65％をユニリーバNV所有の封鎖マルクで支払った★200。同様のバーター取引は，同じく英蘭多国籍企業であるロイヤル・ダッチ・シェルや米国の自動車メーカーにおいても知られている★201。ユニリーバのこの取引は，ドイツの外貨情勢が一時的に改善するまで続けられた。しかしその後は，ユニリーバは，国外に送金しえないドイツでの利益を，しばしば中核事業と関連の薄いドイツ企業――「アーリア化」の対象となった企業も含む――

★199　ユニリーバ本社の取締役会には5人のユダヤ人がいたが，ドイツ当局に対しては，彼らはドイツ市場の事業には一切携わっていないと説明していた。結局ユニリーバのドイツ子会社は，ヘルマン・ゲーリング自身の判断により，「アーリア企業」と認定された。Wubs, Ben［2008］，54-57頁。
★200　Wubs, Ben［2008］，47-49, 57頁。
★201　Jonker, Joost/Van Zanden, Jan L.［2007］，465-497頁。フォード社の在独子会社であるドイツ・フォードは，ユニリーバよりも時期的に遅い1936-39年の間，「ゴム協定」をライヒ経済省との間で結び，バーター取引を行っていたとされる。西牟田祐二［1999］，180-185, 235頁。

の買収のために用いた★202。

次に全社的な動きをみると，この時期の英蘭両法人の収益格差の拡大に対応して，1937年末，両法人の収益が均衡するように傘下子会社の入れ替えが行われた。これにより，高収益の北米事業と，大英帝国圏以外の海外事業（ブラジル，中国，ベルギー領コンゴ，蘭領東インド，フィリピンなどの旧リーバー社の資産）が，欧州大陸の事業とともに，オランダのNV社が設立した持株会社であるMavibel社の傘下に置かれることになった。その結果，海外事業は「NV大陸・海外委員会」によって指揮されることになったが，しかし依然として，これはロンドンの本社組織内に置かれており，経営組織の一元性は維持されていた★203。

欧州での緊張が高まる中でのこの組み替えは，当然ながら，大戦の勃発の可能性を考慮したものでもあった。有事に際しても，オランダと米国が中立を維持する限り，米国子会社からの利益でオランダのNV社は自立しうると期待されたのである。しかしオランダがドイツに占領された場合には，この措置は安全保障策としては不十分である。そのため，ロシュやネスレと同様，追加的な措置が講じられた。同じくオランダに登記地を持つフィリップスやロイヤル・ダッチ・シェルは，海外植民地への本社所在地変更を可能にする登記地移転法［Wet op de Zetelverplaatsing］を利用したが★204，ユニリーバはこの方法をとらなかった。同社は，南アフリカ共和国のダーバンに子会社・孫会社を設け，これに，取締役選任権を付与された記名優先株と海外資産を移転し★205，さらに，ロンドンに設けた「ホワイトホール・トラスト」による信託契約をこれに組み合わせたのである（図7）★206。

★202 これらの投資の結果，ドイツとその直接の占領地でのユニリーバ・グループの就業者数は3万3900名に達し，この地域で102社の事業会社を傘下に有する同社の組織は，4万1000人を雇用する英国市場のそれに次ぐ規模となった。Wubs, Ben［2008］, 49-53頁。

★203 Wubs, Ben［2008］, 63-64頁。

★204 Howarth, Stephen/Jonker, Joost［2007］, 29-31頁。

★205 1990年代以降，2008年の金融危機の発生に至るまで，大陸欧州でも，株主価値を重視すべきとの論調が強まり，少数・一般株主に不利になりかねない黄金株や所有構造の重層化への批判が盛んに行われた。この問題は，一般に市場観・企業観の違いやコーポレート・ガバナンスの問題として理解されているが，大陸欧州で黄金株制度が戦後も根強く残った背景としては，欧州を主戦場とした二度の大戦，特に大陸部での占領の記憶も考慮されるべきであろう。

★206 1939年2月，ユニリーバは，有利な税制を持つ南アフリカのダーバンにInternationale Mij. voor Handel en Nijverheid Beperk（国際商工有限公司）という名の持株会社を設立し，さらにその下に，The Overseas Holding Ltd.を設けた。戦争が勃発しオランダが占領された場合には，ユニリーバNV傘下のMavibel社が所有するユニリーバの海外資産（英帝国領と蘭領東インドのそれを除く）は，この孫会社に移されることになった。同時にユニリーバは，英米法体系に固有のエクイティ的法概念に基づいて，ロンドンにその名もホワイトホール（＝英国官庁街）・トラストという信託機関を設け，これに，上記のユニリーバの海外資産の所有権を預託した。またこのトラストは，ユニリーバ自体の所有権を保護するためにも用いられた。取締役選任権（全所有者の合意で発効）を持つ記名式優先株（Special Ordinary Shares）の半分が，上記の南アフリカの持株会社に移転され，リミテッド社がNV社に対して持つ債権（海外事業の移転に伴い生じたもの）の担保として，やはりホワイトホール・トラストに預託されたのである。Wubs, Ben［2008］, 62-65頁。

これにより，対敵通商法に基づく連合国による在外資産の接収や，オランダ法人の人事権や所有権がドイツ占領下で法的にも奪取される事態のいずれをも回避し，企業の自立性を可能な限り維持する体制が，構築されたのである。このうちホワイトホール・トラストは，イギリス当局の容認の下，ロンドンのユニリーバ・リミテッドが実質的にはユニリーバ海外子会社を管理できるように便宜を図るものと期待されていた。この期待は，大戦中おおよそ実現された★207。ネスレやロシュの場合と同様，二つの勢力圏への世界市場の分断に際して，二つの持株会社組織が両勢力圏の同社子会社をそれぞれ支配する体制が，中立国オランダが侵略・占領を受ける事態をも想定して構築されたのである。

中立国オランダと二本社体制への転換（1939.9～1940.5）

　法人組織上の仮構にすぎなかったユニリーバの二重構造は，大戦の勃発によって，二つの経営管理組織からなる実質的な二本社体制へと転換した。ロッテルダムのNV社は，ロンドンのリミテッド社の取締役会とは別個の取締役会を持つに至ったのである。今やNV社の取締役会はオランダ人のみで，またリミテッド社の取締役会は英国人のみで構成された。それまでロンドンに住み，二社同一の取締役会に名を連ねていた創業家出身のドイツ人，フランツ・シヒトとハインリヒ・シヒトはベルリーンに移り，ドイツ子会社であるマーガリン・フェアカウフス・ウニオン［Margarine Verkaufs Union］の取締役となった。他方，最大の個人株主で，同じくシヒト家の一員であるゲオルク・シヒトはイギリスに帰化しており，3人の「特別委員会」の1人として，また取締役として，ロンドンのリミテッド社に留まった。リミテッド社の役員には，英蘭の政界関係者も含まれており，大戦中，同社は，イギリス政府やオランダ亡命政府，亡命オランダ人社会と密接な連絡をとり，連合国側の戦争遂行を支えた。グループ全体としてみるならば，ユニリーバは連合国の勝利にその社運を賭けていたのであり，この点では，ロシュやネスレと同様であった★208。

　大陸の子会社を統括していた「大陸委員会」はロンドンからロッテルダムに移され，大陸子会社のロンドン本社との直接の連絡は禁じられた。なおフランス子会社のみは，——英仏の同盟関係を考慮して——ロンドン本社の傘下に置かれた★209。

★207　対敵通商法の原則が厳格に適用されたならば，法的には，ドイツ占領下にあるNV社に間接所有され，ロンドンのトラストに支配権が預託されている同社の海外子会社は，本来ならば英政府によって接収管理されるべきものであった。また，オランダ亡命政府の最初の政令（Royal Decree A1）は，占領下のオランダの株式・負債・債権のうち，国外で現金化しうるものは，オランダ政府による接収の対象となると定めていた。しかし結局，イギリス政府はこれを接収せず，またNVの海外資産を形式上いったんは管理下に置いたオランダ亡命政府も，ロンドンのユニリーバ・リミテッド社にその管理を委ねたのである。Wubs, Ben［2008］，83頁。
★208　Wubs, Ben［2008］，78-79頁。
★209　Wubs, Ben［2008］，77-78頁。

オランダの占領，二つの陣営，三つの本社（1940.5〜1944秋）

1940年5月，ドイツの西部戦線での攻勢と中立国オランダへの侵略によって，情勢は再度変化した。ロッテルダムは爆撃で破壊され，オランダは占領下に置かれた。これは即座に，同地に拠点を置くNV社やその子会社の人事に影響を及ぼした。

すでにその前年，ユニリーバは，ドイツ当局との関係強化のために，シャハトとともに1939年2月にライヒスバンク理事の職を解かれていたライヒ経済省官僚，カール・ブレッシングを★210，マーガリン・フェアカウフス・ウニオンの取締役に任命していた。ドイツによるオランダ占領後，ブレッシングは，彼を含むドイツ人をロッテルダム本社の経営幹部とするならば，ドイツ当局による直接管理が回避できるとして，自身の登用を働きかけた。ユニリーバはこれを受けて，ブレッシングと，ハインリヒ・シヒト，それに北ドイツ・ロイズ（ブレーメン）の監査役会議長であったカール・リンデマンを，NV社と，いずれもその子会社で，ドイツ勢力圏内の子会社を傘下に持つ三つの持株会社の取締役とした。これにより，NVの取締役の半ばはドイツ人となり，さらに顧問として，ドイツ銀行のヨーゼフ・アプスとオランダナチス党員のJ.M.ホーニフが加わった★211。

他方，NV社のユダヤ人取締役のうち，シドニー・ファン・デン・ベルフは亡命してロンドンのリミテッド社の取締役となり，アルトゥール・ハルトフはカナダに逃れた。また，1937年5月から1939年末まで国際決済銀行（BIS）総裁を務め，第二次大戦後には欧州統合史に「ベイエン・プラン」で名を残すことになる取締役のヤン＝ヴィレム・ベイエンもロンドンに逃れ★212，リミテッド社の財務部長となった。

このようにNV社ではナチ化・ドイツ化が進められたが，取締役となったドイツ人は，いずれも戦前から同社の内外で同社の業務に密接に関わっていた人物であり★213，またドイツ人取締役は，通常は，ロッテルダムのNVの社屋ではなく，ベルリーンの

★210　カール・ブレッシング（1900-1971）は，1920年にライヒスバンクに入行し，ヒャルマール・シャハトを補佐して，賠償問題に取り組んだ。その後国際決済銀行の創設に関わり，1930年から1934年，同行の銀行局長を務めた。その後，ライヒ経済省顧問となり，1937年にナチス党に入党，ライヒスバンクの理事となったが，1939年にシャハトとともに解任された。1941年から1945年には新設の石油会社であるKontinentale Öl AGの取締役に就任し，ユニリーバを離れた。戦後，戦犯として服役した後，1948年にMargarine Union AGの首脳に復帰した。1958年8月，前年に創設されたばかりのドイツ連邦銀行の第2代総裁に就任し，1969年までその地位にあった。Kopper, Christopher [2005]，183-205頁。なおG・トレップ [2000]，36頁では，彼のユニリーバとの関係は，国際決済銀行（BIS）人脈として言及されている。

★211　Wubs, Ben [2008]，77-79頁。ドイツ銀行のアプスと，彼のナチ政権，アーリア化との関わりについての最新の研究動向については，山口博教 [2008] を参照。

★212　ベイエンについては，小島健 [2007]，261-294頁，ならびにG・トレップ [2000]，36頁を参照。彼がユダヤ系であったか否かは確認できなかった。http://www.bis.org/about/former-board.htm も参照。

★213　1941年12月以降，ユニリーバNVの取締役会は，3名のオランダ人専門経営者と，3名のドイツ人（創業家出身のフランツ・シヒトとハインリヒ・シヒト，および，ナチス党員ではないもののナチス体制の熱心な信奉者で，ベルリーン子会社の取締役でもあったカール・ザントキン）によって構成された。Wubs, Ben [2008]，84, 110頁。

マーガリン・フェアカウフス・ウニオン社で勤務した。そのため組織上の断絶は限定的なものにとどまり，大戦中も，ロンドンのリミテッド社と，ロッテルダムのNV社は，分断されながらも共通のグループ戦略を維持することができた。もっとも後者の決定は，そのつどドイツ当局の承認を得なければならず，またドイツとその支配地域での業務は，次第にベルリーン子会社が独断で統括するようになっていった★214。

ナチス支配下でのユニリーバの存続

結果的には，ナチスの支配下でも，ユニリーバは事実上接収を免れ，企業としての自立性の維持に成功した。しかしこれは必ずしも自明のことではない。法令上は接収の条件は整えられており，また実際に，占領直後には法務官僚出身のフリードリヒ・エルンスト（非ナチス党員）がユニリーバの管理者に任命されている。また1941年6月には，NVへの不信を強めたゲシュタポやゲーリングの判断によって，ライヒ経済省次官であるハンス＝エルンスト・ポッセが，「ユニリーバ・コンツェルン担当ライヒスコミサール」［Reichskommissar für den Unilever-Konzern］の名で新たに管理者となった。しかし，一般的な管理当局たるベルリーンの「敵国資産管理ライヒスコミサール」［Reichskommissar für die Behandlung feindlichen Vermögens］の下に置かれることはなく，それにより自立性の喪失が回避された★215。これは多分に偶然や僥倖の結果でもあったが，以下のような要因にも助けられていた。

第1は，上述の戦争準備によって，連合国の株主や経営陣との関係を極限まで絞り込んでいたことである。ドイツ当局は，ユニリーバの複雑な所有構造を調べたが，双子法人関係の核心を把握するには至らなかった。これは偽装の成果ともいえるが，しかし，実際にも大陸の関係各社がロンドンから自立して行動しえた結果でもあった。若干の綻びはあったにせよ★216，総じて，二つの勢力圏に対応した経営組織の分割は，占領当局による接収を回避する上で，期待どおりの成果をあげたといえるだろう。

また大陸での統括拠点がロッテルダムとベルリーンとに二重化したことも，結果的には完全なドイツ化の回避に繋がった。1942年以降も，西欧と，スウェーデンを除く北欧は，ロッテルダムの統制下に残ったからである。ドイツ子会社は次第に独断専行を強め，中東欧に支配の手を伸ばしたが，NV社のドイツ人取締役がベルリーンに常駐してドイツ子会社をむしろ中枢と位置づけたために，逆説的ながら，ロッテルダムのオランダ人NV社取締役には，行動の余地が残された。ことにポッセが管理者となってからは，中立国の子会社を含め，各地の子会社へのオランダ人取締役の出張さえ可能となっていた★217。

★214　Wubs, Ben［2008］, 79頁。
★215　Wubs, Ben［2008］, 84, 107-109頁。
★216　1940年10月，ロンドンを送り先とするユニリーバの植民地子会社関連文書が，ゲシュタポによってボルドーで押収され，ロンドンとの関係の存在を疑っていたドイツ当局に証拠を与えることになった。これは，後のポッセの任命に繋がった。Wubs, Ben［2008］, 88頁。

第 2 に指摘されるべきは、ドイツ当局の側に、敵国・被占領国企業に対する首尾一貫した方針が欠けており、結果的にその扱いが——ユダヤ系企業に対するそれと決定的に異なって——、総じて寛大なままに留まったことである。これは、ドイツが英国との講和を考慮していたこととも関係するが、ライヒ権力の多元性と輻輳性という、後に歴史家が再発見する状況の必然的帰結でもあった。1940 年以降、同社の接収を巡って生じた対立にも、これは反映されていた。食糧・農業省次官バッケの部下であり、四ヵ年計画の下で食品産業を統制する「セクション」の長であったゲオルク・ライヒハルトは、農業利害と反ユニリーバ・ロビーを背景に、同社の軍事的・経済的危険性を訴え、その接収・分割と完全なドイツ化を主張した。他方、これと対立したのが、ゲーリングを後ろ盾とし、円滑な原料・食糧調達を重視して、ユニリーバの組織力の利用を狙うライヒ経済相のヴァルター・フンクであった。オランダでの粗暴な略奪政策を抑制し、むしろ民心掌握を優先しようとしたライヒスコミサール（民政長官）のザイス・インクヴァルトも、同社の接収には反対であった。1941 年以降は、四ヵ年計画庁とライヒ経済省の対立の構図となった。ドイツでも高度に多角化していたユニリーバは、多方面でドイツの官公庁や党組織、政財界の要人と接点を有しており、これら権力の多元性を把握し、それに乗ずるだけの力を備えていたのである[218]。

　第 3 は、ユニリーバ自体の多国籍企業としての組織能力それ自体と、ドイツの戦争経済におけるその必要性である。先にみたように、同社は、その組織を維持したままで、事業の「ドイツ化」を推進するだけの人的資源を有していた。ドイツ人幹部が、同社の事業を我がものにしようとした場合でさえ、生え抜きの人材の場合には、組織文化や組織能力を一定程度保全する効果を持ちえたであろう。また、ドイツでの油脂不足が開戦後急速に深刻化し、ドイツの恒久的覇権を前提とした組織の「ドイツ化」よりも、目先の原料確保が優先されるようになったことも、同社に幸いした。

　第 4 は、同社を取り巻くドイツ人関係者の多くが、イデオロギー色やアウタルキー指向が弱い実務官僚や経済人であった点である。ポッセは、ナチスの政権掌握後（1933年 11 月）に入党したいわば機会主義的な実務官僚で、「アーリア化」への関わりを除けばイデオロギー色は弱く、1930 年代からユニリーバと関係を有していた。彼の経済観は現実的であり、むしろ同社の組織を温存し利用すべきと考えていた[219]。また、体制の利害よりも自己利益を優先する個々のドイツ人の行動も、資金力に富むユニリーバを時に助けた[220]。

---

[217] スウェーデンとスイスの二つの中立国の子会社には、ロンドンのリミテッド社も間接的ながらコントロールを及ぼしえた。スウェーデン子会社は、NV を監督するポッセによる要求に対しては、面従腹背と時間稼ぎで対応していた。Wubs, Ben [2008]、111-112 頁、120 頁。
[218] Wubs, Ben [2008]、84-88 頁。
[219] ポッセの方針を覆してユニリーバ NV 自体をベルリーンに移し、より強い統制下に置く計画もあったが、油脂調達の困難化やベルリーンへの空爆の激化によって実施されずに終わった。Wubs, Ben [2008]、121-123 頁。

第5は，ユニリーバが，組織存続のためには「新秩序」への「順応」を厭わなかったことである。同社は，率先してナチス・イデオロギーに迎合することこそなかったが，非常に早い段階で「順応」方針を固め，以後，イギリスの経済的対独宥和論（Economic Appeasement）と軌を一にしつつ，対独投資額を以前よりも増大させた。また1935年以降は，「アーリア化」の中で売りに出たユダヤ企業・資産の買収も行った。ドイツ子会社が，全面的にドイツの戦争遂行に協力したことは言うまでもない。これとは異なり，ロッテルダムのNV社では，オランダ人取締役は対独協力の圧力に対しては時間稼ぎで応じるなど，ロンドンのリミテッド社の全面的な対英協力姿勢とは異質の対応をとっていたが，企業存続に不可欠——利潤を得ることも含め——と判断した場合には，ドイツの軍需・官公需に応ずることに躊躇はなかった★221。

　第6は，ドイツの競合他社による攻撃が不発に終わったことである。商標権を巡る紛争こそドイツのヘンケル社に有利に推移したが，ユニリーバが敵の支配下にあるというヘンケルによる告発は，ドイツ当局が，被占領国・敵国企業資産の管理に競合他社が口を挟むことを嫌ったために，徒労に終わった★222。

大戦後のユニリーバと，ユニリーバにとっての大戦の意味

　オランダ解放後，NVのドイツ人取締役は，オランダ軍当局によって追放された。ドイツ子会社を牛耳っていたハインリヒ・シヒトらも，紆余曲折の末，その地位を追われた。他方，ロンドンに残っていたゲオルク・シヒトは，チェコスロヴァキアでの国有化政策へのユニリーバの対応に抗議して，取締役を辞した。結果的に，第二次大戦と終戦直後の経過は，同社の英蘭企業としてのアイデンティティを強めることになった★223。

　オランダの解放後，占領下での同社の行動に対する疑問の声も出たため，オランダ政府は，いったんは調査の意向を示した。しかし同社幹部との折衝の結果，結局同社を不問とした。ドイツ人管理者の下で行動の自由を欠いた以上，責任は問えないというのが，その理由であった。亡命先から帰国して間もないオランダ政府にとっては，復興こそが最優先課題であり，自国の最有力企業の国際的評価を損なう用意はなかったのである。その結果，同国の多国籍企業の戦争との関わりは，間もなく人々の意識から消え去り，ごく近年まで忘却の中に留まることになったのである★224。

★220　例えばドイツ当局は，1940年7月，ドイツ人会計士のアルベルト・カントロップと，「ドイツ監査・信託株式会社」（前出の註102参照）に，ユニリーバの所有構造を精査させた。カントロップはデン・ハーグで豪奢な生活を享受しつつこの調査に長い期間をかけ，結局，詳細だが曖昧な報告書を提出した。これによりユニリーバは接収を免れたが，彼は，同社から相場の10倍近い額の監査報酬を得ていた。Wubs, Ben［2008］，88頁。

★221　Wubs, Ben［2008］，49-53，179頁。なお，ナチス期のドイツへの直接投資額の増加は，米国の多国籍企業にも共通する現象である。Wilkins, Mira［1974］を参照。

★222　Wubs, Ben［2008］，90頁。

★223　Wubs, Ben［2008］，162-165頁。

★224　Wubs, Ben［2008］，163頁。

第二次大戦は，ユニリーバに如何なる影響を及ぼしたであろうか。まず指摘しうるのは，ロシュやネスレ同様，大戦によって非欧州事業，特に米国やアフリカでの売上の比率が増大したという点である。利益総額に占める海外事業比率は，戦前の30％から，1945年には44％に上昇した。またドイツの覇権の崩壊は，直接に東欧社会主義国での同社の事業の国有化に帰結した。その後の1950年代には，欧州事業の比率が再び高まるが，これはヨーロッパ重視の戦略の結果というよりは，米国での合成洗剤事業の失敗の帰結であり，それ自体，ドイツ化学メーカーとの提携関係が戦争で喪われた結果であった。ドイツ系のシヒト家の影響力喪失や，戦争による英蘭企業としてのアイデンティティの強まりも，無視し難い。また製品戦略への影響も考えられる。ドイツからの利益送金が困難になる中でユニリーバが進めた多角化路線が，戦後に継承されたからである★225。

多国籍的管理組織への影響も無視しえない。1940年，「英国の戦い」(バトル・オブ・ブリテン)のさなかに，ユニリーバ・リミテッドの経営陣は世界各地の拠点を視察し，その成果は，戦後の組織再編に活かされた。戦前の集権的な大陸委員会・海外委員会は廃止され，戦時期に高まった各国子会社の経営の自立性は，戦後も維持された。他方，これらを支援する本社のサービス部門が拡張され，「コンタクト・ディレクター」制が新設されたが，各国子会社への統制は，毎年の事業計画・支出計画の承認と，各国経営陣の選任に限られた。これらが長期的に同社の国際競争力を強めたか否かを脇におくならば★226，戦時中に形成された分権的構造が戦後の企業組織に影響を及ぼしたという点では，ユニリーバも，ここでとりあげたロシュ，ネスレや，ブラウン・ボヴェリ（BCC）といったスイスの多国籍企業と同様であった★227。

3 国際比較の試み──小国・中立国・被占領国を中心に

前節の分析は，英蘭多国籍企業とスイスの多国籍企業の間の類似性・共通性を示唆していたように思われる。そこで本節では，分析の単位を個別企業から産業や各国経済に移して，スイスと他国の比較分析を試みたい。対象とするのは，ドイツの周辺に位置する小国で，経済的な発展の点でもスイスとの共通性の多い五つの国──オランダ，ベルギー，デンマーク，ノルウェー，スウェーデン──である。ここでは，英文で公刊された近年の研究成果に依りつつ，欧州の小国・中立国・被占領国が有した共通性と個別性

★225　Wubs, Ben [2008], 158-160頁。
★226　ウブスは，戦時下では合理的であった分権体制が，集権的な米国企業との1950年代以降の競争では競争劣位要因となったと評価している。Wubs, Ben [2008], 179-180, 185-186頁。他方，同じく英蘭企業であるロイヤル・ダッチ・シェルについては，英蘭の不均衡を解消し，トップマネジメント構造を効率化し，西半球を重視する戦略に転ずる上で，第二次大戦が重要な契機となったという肯定的な評価がある。Howarth, Stephen / Jonker, Joost [2007], 1-103頁。
★227　Ruch, Christian / Rais-Liechti, Myriam / Peter, Roland [2001]（独立専門家委員会叢書第6巻），79-123頁。

という観点から，あくまで試論的に，国際比較を試みたい★228。

3.1　オランダとベルギー——占領経験・産業組織と対独協力

「ベネルクス」の語に象徴されるように，オランダとベルギーは多くの共通点を有し，経済的にも互いに密接な関係を有してきたが★229，その両国の比較で浮き彫りとなるのは，第一次大戦の経験や産業構造の両国間の相違が，第二次大戦下の対独協力においても両国の間に大きな違いをもたらしたという事実である。

　第二次大戦時の各界のエリートの多くは，第一次大戦時にはすでに成人していた。そのため第二次大戦では，先の大戦での記憶と経験が重要な判断材料となった。そしてその第一次大戦では，第二次大戦時の被占領国であるオランダ，デンマーク，ノルウェーは，スイスと同様に侵略を免れた。ナチスの支配を二度目の占領として経験したベルギーと，1830年以来植民地を除けば戦争を体験しなかったオランダとの間には，この点で大きな違いがあったのである。

　占領を免れたオランダにとって，第一次大戦の経験とは，何よりも海外貿易の途絶と

★228　ナチス期・第二次大戦期のヨーロッパの経営史・産業史・経済史については——当然ながらドイツを中心に——，とりわけ1990年代以降，膨大な数の研究が現地語や英語で公刊されている。近年の研究では，例えば，Kobrak, Christopher/Hansen Per H. (eds.) [2004] や，Nicosia, Francis R. /Huener, Jonathan (eds.) [2004] などの国際共同研究があり，また従来からナチス期のドイツ企業について精力的に研究を公刊してきたジェラルド・フェルドマンも，2001年にアリアンツ社に関する研究を公刊している（Feldman, Gerald D. [2001]）。また日本でも，やはりドイツ研究者を中心に，独自の研究（例えば，ナチス期・戦時期における米国自動車メーカーとその在独子会社の動向に着目した西牟田祐二 [1999]。同書序章における研究史の整理も参照）や，現地研究動向の紹介等がなされている（ごく近年のもののみを挙げれば，シュペーラー，マルク，ヨッヘン・シュトレープ [2008] や，山口博教 [2008] など）。翻訳書でも，経営史の基礎概念を踏まえたものとは言えないが，IBMを扱ったエドウィン・ブラックの研究など米系多国籍企業とナチスの関わりを扱った作品がある（ブラック，エドウィン〔著〕，宇京頼三〔監修〕，小川京子〔訳〕[2001]）。しかしそれとは対照的に，研究者が日本では非常に限られる小国についてはほとんど研究はなく，また特に経営史的研究は極めて少ない。現地語文献を踏まえた専門家による研究動向の紹介が待たれるが，それまでは，英語による国際共同研究（例えば，James, Harald/Tanner, Jakob (eds.) [2002] や Lund, Joachim (ed.) [2006]）に依拠した本節のような試みにもなにがしかの意味はあろう。なお小国以外でも，公式には「中立国」として，自国政府（ヴィシー政権）の下に存在していたフランス自由地区の状況や，デンマークの状況とも近く，本章と同様の視点で比較対象とすることも可能であろう。ヴィシー政権については，経済史・経営史を扱ったものではないが，米国のロバート・O・パクストンの著書（Paxton, Robert O. [1972]，邦訳書は渡辺和行・剣持久木訳，『ヴィシー時代のフランス　対独協力と国民革命——1940-1944』，柏書房），いわゆる「レジスタンス史観」の見直しに先鞭をつけたものとして評価されており，比較史の観点からも依然重要である。同様の観点で経済史や経営史の見直しが進むのは，フランスでも1990年代半ば以降とされ，Rochebrune, Renaud de/Hazera, Jean-Claude [1995] や，Dard, Olivier/Daumas, Jean-Claude/Marcot François (direction) [2000] などの研究は，いわば「パクストン革命」の経営史版といえよう。これらの研究では，ドイツからの安定受注と外国との競争の消滅からフランス企業が利益を得たことや，フランスの大企業の一部がアーリア化に深く関与したことが，明らかにされている。なお政策・思想にも及ぶ広い主題を扱った作品としては，日本では竹岡敬温 [2007] が，世界恐慌から対ドイツ戦での敗北に至る時期のフランスの経済・社会を描いている。

★229　小島健 [2007] を参照。

原材料の欠乏であった。そのため，ドイツ軍が侵攻したとしても英軍の来援まで数ヶ月抗戦しうるとの非現実的な期待を抱いたオランダでは，1938年以降，官民双方で大量の原材料を備蓄し戦争に備えた★230。しかし1940年5月10日にドイツ軍が突如侵攻すると，閣僚と王家はイギリスに亡命し，オランダ軍は早くも4日後には降伏を表明した。その結果，オランダの産業は，爆撃で破壊されたロッテルダムを例外として，ほぼ無傷のまま，ドイツの支配下に入ったのである。

　オランダの占領政策においては，ヘルマン・ゲーリングとその輩下のゲオルク・トーマスは略奪経済を指向しており，また実際に備蓄品の半ばはドイツに持ち去られたが，地元民のナチスへの支持獲得を任務としていたザイス・インクヴァルトは，むしろオランダの政治的・社会的安定，特に失業対策を優先し，ドイツの軍需品需要を満たすために，オランダ企業に積極的に発注を回した。早くも1940年6月には金属産業がドイツ軍からの受注を得て生産を再開し，その後，備蓄原材料の残余を用いて，航空機，船舶，機械，軍服，兵器等が製造されドイツに供給された。備蓄が底をつくと，ドイツ当局はドイツ向けの生産に対しては原材料供給に努めた★231。

　その結果，占領初期にごく短期間落ち込んだ工業生産は，その後急回復を遂げ，1940年末には過去最高の水準に達し，開戦までオランダ経済を悩ませていた失業は減少した。1940年の9月時点でオランダ企業がドイツ当局から得ていた受注額は，同年のオランダの国内総生産の11.5%に相当すると推計されている★232。また1938年を100とした工業生産指数は，112（1939年），107（1940年），113（1941年）と推移した後，1942年に初めて94に落ち込んでいる。戦争前半期の生産拡大は，化学工業や鉱山業，建設業にも及び，設備投資も拡大した。蘭領東インドや米国からの投資収益の喪失によって国民所得は減少し，占領費の負担も大きく国民の可処分所得は減少したが，製造業の活況のために総じて1942年まで経済は好調であった。特に戦前に不況に苦しんだ社会層の場合には，むしろ実質所得の改善がみられた★233。

　こうした状況が変わるのは，「総力戦」の下でドイツの占領政策が民心掌握重視の微温的方針から被占領国経済の容赦ない搾取へと転換し，またアルベルト・シュペーアが軍需相となった1942年以降のことである。その後，発注は個々のドイツ企業からではなく，ドイツの経済統制組織たる各リング（Ring）から直接に割り振られるようになり，オランダ企業の主体性は大幅に失われた。原料不足の中で工業生産は減少し，労働力や機械設備のドイツへの徴発や工場の閉鎖も頻繁となった。占領権力の暴虐性が露わになり，国民の生活水準も劇的に低下して行く中で，レジスタンス運動が初めて本格化した★234。とはいえ，戦争前半に拡張された設備の少なからぬ部分が残存し，金属・

★230　Klemann, Hein [2006], 47-50頁。
★231　Klemann, Hein [2006], 50-53頁。
★232　Klemann, Hein [2006], 55頁。
★233　Klemann, Hein [2006], 45-55頁。

石鹸・食品部門は，むしろ戦前よりも大きな生産能力をもって，終戦を迎えた★235。

第一次大戦後に対敵協力者処罰を経験しなかったオランダの企業の場合には，ドイツの占領当局・軍からの受注への躊躇はわずかであった。ロンドンに亡命したデ＝ヘール首相（1940年9月に辞職）でさえ無抵抗を説いており，ましてや，占領下に残された人々の場合には，戦争はドイツの勝利で既に終結したとの意識が強く，敗北感と現状追認が支配的であった。各界のエリートも，日常への復帰，すなわちドイツ覇権下での「欧州新秩序」への順応を説いた。軍需を含めた対独協力に消極的なヴィンケルマンが被占領政府代表の地位を追われると，オランダ経済省は，ドイツからの発注に応える姿勢を明確にした。法務次官も，それにより将来訴追されることはない旨を請け合った。政府が容認姿勢を示すと，オランダ産業界の「順応」には歯止めが無くなった。ドイツへの供給は，広義の戦争物資はもちろん，狭義の軍需品――航空機エンジン部品や上陸用舟艇など――にも及んだ★236。

こうした全面的な「順応」には，それなりの背景があった。植民地から切断された貿易国オランダにとって，ドイツとの関係強化が唯一の生存の道であるとの認識は，一般にも広まっていた。また経済省は，雇用維持の必要を対独協力の根拠とした。占領当局が，失業者はドイツに移送すると明言していたからである。第一次大戦時に，ベルギーで12万人の労働者がドイツに連行されたことは，隣国オランダの政策当局者の記憶に残っていた。また政府主導で体系的に実施した備蓄活動によって，各企業の在庫や設備の公的記録が作成されており，能力の欠如を装うことも困難であった。また，ユニリーバ等のごく少数の巨大多国籍企業を除き，オランダ経済は中小の同族企業が主体であり，足並みを揃えて対独協力を抑制することも，著しく困難であった★237。

隣国ベルギーの状況は，これとは対照的であった。第一次大戦時，ドイツの侵略を受けたベルギー政府は，フランスのル＝アーブルに亡命して抗戦を続けた。占領下のベルギーでは，「資源と食糧に関する国民評議会」が設立され，ソシエテ・ジェネラルとソルヴェ社もこれを支援して，海外からの食糧調達とその配分に尽力した。この過程で財界人の政策への影響力が高まり，労働者をも含む挙国一致体制が形成されて，これが戦間期の政治構造の基礎となった★238。戦後は対独協力者が訴追され，財界人の一部も有罪判決を受けた。こうしてベルギーは，緊密な官民協力体制と，占領下での抵抗や対敵協力者への戦後の処罰と報復の記憶をもって，一世代のうちに二度目の占領を迎えた

★234 大戦の前半と1942年以降の後半とでは，ナチス主導の「新秩序」への態度や認識が大きく異なっていたことや，戦後の回顧での戦時期のイメージが，もっぱらその後半の記憶によっており，戦後秩序の価値観にそぐわない前半期の記憶が意識的・無意識的に忘却されたことが，前出のパクストン，ロバート［2004］で指摘されている。オランダについても同様の現象をみることができよう。

★235 Klemann, Hein［2006］，65-71頁。

★236 Klemann, Hein［2006］，55頁。

★237 Klemann, Hein［2006］，59-63頁。

★238 津田由美子［1998］，416-419頁。

のである。

　ドイツ軍の侵攻から5日後，ソシエテ・ジェネラルのアレザンドル・ガロパンら政財界の有力者は，亡命政府から後事を託され，「ガロパン委員会」と称される影の経済政策立案組織を形成した★239。この委員会が定めた占領下での行動規範が，「ガロパン・ドクトリン」である★240。これは，占領下での生産再開について，第一次大戦後の法解釈が求めた規範に反し，敵の軍隊を利することになるが，ベルギーの生存のためには不可避であると結論づけていた。食糧輸入のための対独輸出の必要性や，失業者連行の恐れも，生産再開の理由とされていた。1942年以降は，ドイツによる生産設備の撤去や工場閉鎖を回避し，経済基盤を維持する必要性が，理由に加わった。協力を拒否しても，ドイツは設備を接収し生産を継続するであろうし，そうなれば戦後の競争相手を有利にするだけであるとの指摘もなされていた。

　しかしこのドクトリンは，同時に，対独協力に一定の制約を課していた。食糧供給を理由に協力する以上，生産は食糧・原材料の輸入量に見合う範囲とするものとされ，武器・弾薬の生産も否定された。また競争がドクトリンの効力を損なう事態を避けるため，個々の企業が個別に受注するのではなく，雇用者団体が主体となって産業ごとに受注することや，国際競争上不利となる場合を除き受注を控えることが，定められた。個々の企業には，戦後の訴追を避けるため，これらの産業団体で協議するインセンティブが生じた★241。

　このドクトリンは，地下組織が定めた抵抗の原則であり，公式の執行力を持ちえないものではあったが，上述のように政財界のエリートが緊密に結びつき，かつ，戦時下の統制経済体制のもとでコーポラティズム的産業編成がいっそう強まっていたベルギーにおいては，相当の効力を持った。企業は，少なくとも，将来における占領からの解放の可能性を想定する限り，これを無視することはできなかったであろう。実際，ドイツ人の直接管理下に置かれた場合を除き，武器弾薬の生産は行われなかった。ドイツが強い圧力を加えた場合にはこれに屈せざるをえなかったが，経営者容認のサボタージュや，時間稼ぎが行われることが多かった。またベルギーの産業構造は，こうした組織的な抵抗の効果を高めた。工業部門の40％を支配するソシエテ・ジェネラルをはじめ，持株会社を通じた金融グループの産業支配力が強く，中小企業体制のオランダとは異なって，一元的な行動が容易であったからである★242。例外的に中小企業体制であった繊維工業部門で対独協力が目立ったことは★243，この関係を逆方向から傍証している。

　★239　小島健によれば，ガロパンと，前財務大臣でブリュッセル銀行のジェラール，クレディットバンクのフェルナン・コランの3名は，1940年5月，亡命するスパーク外相とギュット経済・財務相から，ベルギーの後事を託す旨の指令を受けていた。またこの3人は，経済省事務総長のスノアによる地下の経済政策研究組織をも支援していた。小島健[2007]，143頁。
　★240　Luyten, Dirk [2006]，77-92頁。
　★241　Luyten, Dirk [2006]，79-80頁。
　★242　Luyten, Dirk [2006]，91頁。
　★243　Klemann, Hein [2006]，61頁。

ガロパン・ドクトリンに，占領下での苦渋の生き残り策としての側面のみならず，現状追認的・機会主義的な側面があったことも，否定できない。食糧供給が滞り，1942年から労働者のドイツへの移送が本格化すると，この両者の回避を理由とした対独協力はその名目を失ったが，生産機構を維持し，戦後の国際競争に備えるとの理由で，対独供給は継続された。戦前から欧州規模でのカルテルが成立していたセメント業界では，ドクトリンの存在にもかかわらず，カルテルで保証されたシェアを守るために高水準の生産が維持され，大きな利益を上げた。石炭鉄鋼部門はこれよりもずっと抑制的であったが，それでも，1944年を除き，利益を計上していた★244。「解放後」への展望は，対独協力を抑制することもあれば，このように対独協力継続の根拠となることもあったのである★245。

3.2 デンマークとノルウェー──占領・支配の形態と産業構造

　ドイツに占領された諸国の中では，デンマークの損害は最も軽微であった。それに対しノルウェーは，ドイツによる資源収奪や重い占領費負担に苦しんだ。デンマークでは国王と自国政府が国内に留まったのに対し，ノルウェーではいずれも国外に亡命し，ドイツによる事実上の直接統治が占領の早い時期から行われた。北欧のこの二国は，被占領国の状況の多様性を，ベネルクスとは異なった形で示している。

　1939年9月のポーランドの占領と，11月末のソ連のフィンランド侵攻後，翌年5月の西部戦線での攻勢の開始までの時期，大戦の焦点となったのは北欧であった。1940年4月9日，中立を宣言していたノルウェーとデンマークをドイツ軍が奇襲すると，デンマークのスタウニング内閣は，同日のうちに無抵抗で降伏した。デンマーク政府は亡命せず，ドイツの軍事的支配の下で，限定的ではあるが自治権を維持した。この状態は，議会が自主的に機能を停止し，戒厳令が布告されてドイツによる軍政が開始される1943年8月末まで続いた。その間は形式的には中立政策も維持され，ナチス以外の政党の活動も認められていた★246。侵攻と占領によって戦前に目立ったナチズムへの共感は消え去り，特に戦局の転換後は国民の反独姿勢が強まって，1943年3月の選挙ではナチス系の政党は2.1%の得票率しか得られなかった。しかし戦争前半に限れば，デンマークが，ヨーロッパの「新秩序」への国家的「順応」を示すモデル国家としての役割を演じたことは，間違いなかった★247。

　デンマークでは，亡命政権の樹立によってドイツとの交戦状態が公式に続いたノル

★244　Luyten, Dirk［2006］，86頁。
★245　ドイツの敗北による「戦後」を見据えたこうした動きは，対敵協力やドイツ主導の「ヨーロッパ新秩序」への「順応」が，同時に，ドイツの覇権や暴虐的政治支配を排除した戦後の市場統合・欧州建設と，少なくとも企業行動の次元では多分に重なりうるものであったことを示唆していよう。
★246　中立政策の位置づけを含むこの間の政治史については，武田龍夫［1998］，201-212頁が詳しい。その他，百瀬宏・熊野聰・村井誠人［1998］，342-349頁，橋本淳［1999］，187-191頁も参照。

ウェーやオランダとは違い，占領当局やドイツ企業向け供給を「対敵協力」とする認識は，相対的に弱かった。また対敵協力に対する訴追への危惧も，第一次大戦時に占領を免れたデンマークでは，やはり希薄であった。しかもデンマーク政府は，対独供給を公式に是認し，民間企業の責任を軽減する姿勢を示していた★248。こうした姿勢はその後制度化され，1940年夏以降，デンマーク企業のドイツ向け供給は政府の許可の下に置かれた。ドイツからの原材料供給の確保が，その動機であった。

こうした中で，民間企業の対独供給は，造船業から衣類製造業に至る広い分野で急拡大した。これは兵器の供給にも及び，デンマーク最大の兵器メーカーであったDansk Industri Syndikat A/Sは，機関銃や大砲をドイツ国防軍に供給した。航空・通信・光学機器もドイツに輸出された。ドイツからの受注が，輸入の確保や生存のための必要を越えて，国際市場での競争優位の確保や純然たる利潤獲得のために行われた例は，デンマークの建設会社が受注したドイツの東方占領地域での工事などにみられた★249。

高度な国際分業に組み込まれ，原燃料を全面的に国外に依存していたデンマーク経済にとって，大戦の勃発と両陣営による海上封鎖は紛れもなく厄災であって，1938年から1945年の間に，工業生産は21％減少した。しかしそれゆえにこそ，唯一残された需要先であるドイツへの依存は高まらざるをえなかった。多くの企業が，コペンハーゲンのドイツ商業会議所の会員となって，ドイツからの受注獲得に奔走した。その結果，1945年5月までに，ドイツからデンマークへの発注総額は5億RMに達した。1943年には，デンマークの総生産の15％がドイツ向け，ないしはデンマークに駐留するドイツ国防軍向けの生産であった。製鉄・金属業ではこれは28％，男性用衣類製造業では37％，セメント製造業では62％であった。対照的に，対独供給の無い部門では工場閉鎖や操業短縮に見舞われた。戦争後半には対独供給部門ではサボタージュが頻発したが，それでも全体的な物資不足の中で工業部門の利潤は総じて高く，1940年から1944年の平均資本収益率は9％であり，株価も戦時下でむしろ上昇していた。投資が減少に転ずるのは，原料不足が深刻になった1943年以降のことであった★250。

デンマーク企業とドイツ当局の契約関係は，デンマーク側の「産業委員会」と，ドイツの「デンマーク国防経済部」に一元化されていた。政財界の緊密な関係と，産業界の

★247　ノルウェーやデンマークは，ナチスの人種主義的階層秩序の中でゲルマン的「北方民族」国家として位置づけられており，ポーランド等のスラブ系諸国とはイデオロギー上も全く異なる位置づけがされていた。こうした中，デンマークの側でナチス・ドイツの呼びかけに呼応する動きもあり，武装SSが組織した義勇兵に1万2000名のデンマーク人が志願し，うち6000名が実際に東方戦線で従軍した。デンマーク国内では共産主義者は逮捕され，国粋主義的・保守的財界人による圧力と政治キャンペーンによって，左派政党の閣僚は内閣から追われた。

★248　例えば，占領直後，占領軍による飛行場建設工事の受注の是非を問い合わせた国内の建設会社に対して，政府はこれを受注するよう指示した。拒否しても占領軍はどのみち自らこれを建設するであろうし，自国企業が受注すれば，幾分なりとも影響力を行使できるだろうというのが，その論拠であった。Joachim Lund［2006］，119頁。

★249　Joachim Lund［2006］，119頁。

★250　Joachim Lund［2006］，120頁。

一元的行動は，ベルギーの場合には対独協力を抑制する方向に働いたが，デンマークの場合，そうした効果はみられない。むしろ，自国政府が占領下で政権に留まったことにより，政財界のエリートが地下組織を介して組織的に抵抗する余地が失われたようにみえる。しかも一部の有力財界人は，反共的・保守的価値観に忠実で，ナチス・イデオロギーに公然と接近した政治運動をも展開した★251。

この「順応」戦略は，自国の経済や産業への大戦による打撃を最小限に抑えるという点では，有効であった。大戦後半に目立ったサボタージュや連合国による空爆にもかかわらず，産業施設は大きな被害を受けず，企業も接収を免れた。戦後も，早くも1946年に，生産性は戦前水準に回復した★252。

終戦直後のデンマーク社会は対独協力者に厳しく，政治家や公務員とともに財界人も訴追され，1000人を超える企業関係者が有罪を宣告された。セメント業界の有力者であり，親独勢力の政治圧力によって公共事業相に就任していたグンナー・ラールセンはレジスタンスに拘束され，戦後は対独協力で訴追され刑に服した後，デンマークを去った★253。

しかしこれらの訴追による企業への打撃は限られ，また終戦直後の短い期間が過ぎると，すべては日常に復帰した。その後は，占領下では労働者の犠牲の下に企業が利益を得たとする左派勢力の歴史認識と，対独供給は輸入確保のために不可欠で，産業界は抵抗に努めておりむしろ戦争の犠牲者であったとする右派勢力の「レジスタンス史観」が対立することになった。しかし，1990年代半ばに全欧的に大戦期への歴史関心が高まるまで，企業行動や政策の是非に関する研究は行われなかった★254。

次にノルウェーについてみてみよう。ノルウェーでは，デンマークと異なり，オスロ近郊での軍事的抵抗によって政府と国王は内陸部へ逃れることができた。北部ではその後，イギリス軍と共同で一時的にナルヴィクの奪回をも果たし，その後，政府と国王はイギリスに亡命した。首相就任を宣言した親ナチス政治家のクヴィスリングからは民心が離反し，しかも国会など残留した政府勢力との交渉も進展せず，結局ドイツ占領軍は，クヴィスリング率いる国民統一党が構成する国家評議会を傀儡政府として，事実上の直接統治に乗り出さざるをえなくなったのである★255。

ドイツの覇権の下で「広域経済」に組み込まれたという点では，ノルウェーもデンマークと同様であった。しかし，被占領国としての性格がより明確で，純然たる資源収奪の対象となったノルウェーでは，大戦や戦争経済への動員は，デンマークと異なって

★251　Joachim Lund［2006］，122頁。
★252　Joachim Lund［2006］，128頁。
★253　Joachim Lund［2006］，126-128頁。
★254　Joachim Lund［2006］，115-128頁。
★255　武田龍夫［1998］，151-158頁，ステーネシェン，リーベク［2005］126-141頁。当時海外にあった1000隻，400万トン超のノルウェーの商船隊は占領軍による接収を免れ，連合国の物資輸送を支えた。

ドイツによる露骨な搾取の様相を呈した★256。

　ドイツは，占領地の経済力によって占領軍の経費を賄うのを常としていたが，ノルウェーに駐留した36万5000人の占領軍は，被占領国の人口規模に対する比率ではドイツの占領国中で最多であり，大きな負担となった。大戦初期にイギリス軍との戦闘の舞台となり，その後も連合国の海上覇権に対する最前線となったノルウェーでは，防御施設・道路・鉄道・飛行場の建設が大規模に行われ，他の産業部門を圧迫した。ベネルクス諸国と異なり，失業の発生はここでは問題にならなかった。連合国支配地域からの輸入の途絶で生じた不足はドイツ支配地域からの輸入では埋め合わせできず，食糧，飼料，石炭の不足が著しくなった。占領下では徴税機構も強化された。これらはいずれも，国民の生活水準を引き下げた★257。

　とはいえ，占領軍の支配下で行われた投資の全てが，非生産的なものであったわけではない。水力資源に恵まれるノルウェーでは，戦前から電源開発とアルミニウム生産が行われていたが，天然資源の利用権を政府と国内企業に限定した法律によって，それまでドイツ資本の進出は限られていた。占領下でこの制約がなくなると，IGファルベンはNorsk Hydroを傘下におさめ，航空戦によって飛躍的に重要性が高まったアルミニウムの生産能力を急拡大すべく，巨額の投資を行った。これは大戦中には未完に終わり，大戦後，ドイツ資本はノルウェー政府によって接収されたが，その生産設備は，戦後のノルウェーアルミニウム産業の基盤となった。ドイツからの技術移転も，この間になされたと考えられる★258。ここでは，占領国による搾取と投資は一体のものであった。しかしいずれにせよ，この第一級の軍需物資の場合には，ノルウェーの側に行動の自由は無かったとみるべきであろう。

　占領軍がノルウェーで行った建設工事や物資の調達に，ノルウェー企業がどのように関係したかは不明である。しかし，戦前においてノルウェー産業の中枢部分を占めたのは外資系企業であり，特に英・米・仏の資本が大半を占めていたため★259，占領下では敵国資産として接収された。こうした中では，企業による自発的な対敵協力の余地は，いずれにせよきわめて限られていたと考えられる。

3.3　スウェーデン──独立を守ったもう一つの中立国

　欧州の小国の中でも，スイスに最も状況が似ていたのは，二度の大戦で占領を免れ，中立を維持したスウェーデンである。スウェーデンの中立ないし非同盟政策は，列強による国際条約で保証されたものではないが，スイスのそれに劣らぬ長い歴史をもち，20世紀の二度の大戦の際には，すでに国是として確立していた★260。ここでは，その中

★256　占領ではデンマークの場合に比して当初から収奪色が強かったが，1942年4月には，ヒトラーはノルウェー経済の収奪を命令する総統指令を発している。武田龍夫［1998］，156頁。
★257　Bohn, Robert［2006］，106-111頁。
★258　Sandvik, Pål Thonstad［2008］，51-63頁，Bohnm, Robert［2006］，111-112頁。
★259　Bohn, Robert［2006］，112頁。

立政策と対独貿易について，スイスと比較しながらみてみよう★261。

　スウェーデンでも，第一次大戦の記憶は，極端な食糧不足と激しいインフレーションに彩られていた。第一次大戦時，スウェーデンは中立政策を厳格に守り，スウェーデンが輸入した財のドイツへの再輸出の禁止を求めた英国政府の要求を拒否した。そうした措置は中立法に違反するというのが，その根拠であった。その結果，イギリスからの輸入は途絶し，極端な食糧・燃料不足が発生し，国民の困窮は深刻となった。これを教訓にスウェーデンは，第二次大戦では，交戦国の均等処遇原則に反しても，中立国は国民の生存のために輸出入を統制しうるとの姿勢を明確にした★262。

　スイスとスウェーデンという二つの中立国の相似的状況は，ドイツの北欧侵攻（ウェーゼル作戦）と西部戦線での勝利以降，地政学的な構図にも表れている。デンマーク・ノルウェー両国へのドイツ軍の進駐により，スウェーデンは長大な陸上の国境線を挟み36万5000人のドイツ軍と対峙することになったからである。スウェーデンをイギリスに結びつけていたスカゲラク海峡はドイツによって機雷封鎖された。東の隣国フィンランドは中立を維持しつつもドイツ軍に領内の通過を許していたから，枢軸国支配地に地続きで完全包囲されたスイスほどではないにせよ，スウェーデンもまた，ドイツの勢力圏の内側に封じ込められる形となったのである。

　この二つの「包囲」の結果，両国のいずれにおいても，通過交通が中立の試金石となったが，特にスウェーデンの場合には，この問題は中立政策を揺るがす試練となった。スウェーデンは，対英戦との前線であるノルウェーや，対ソ戦の兵站線となったフィンランドへの通過を要求したドイツに対し，休暇将兵の輸送という名目で封印列車の国内通過を認めた。しかし実際には，輸送人員や物資の査察は行われず，これによって，ドイツ軍はノルウェー駐留軍の再編を行った★263。ドイツのアルプス通過交通を容認ないし黙認したスイスの対応との類似性が目につく（第一部 4.4 参照）。

　北欧でも，この包囲は，文字通りの完全な封鎖を意味しなかった。両交戦陣営から許可を得て行われるこの対連合国支配地域貿易は，「ヨーテボリ交通」（The Gothenburg traffic）と称され，1941年から1945年までの間に430隻が封鎖線を通過し，スウェーデンに石油や食糧が輸入された。この通過許可は，独英両国にとってはスウェーデンに圧力を加えるための手段となった。しかしいずれにせよ，戦前にはスウェーデンの貿易の7割を占めたスカゲラク海峡経由の貿易は激減し，スウェーデンは枢軸国を交易相手

★260　武田龍夫［1998］，4-15頁。
★261　マルティン・フリッツの整理によれば，1970年代から1980年代初頭にかけて，スウェーデンとドイツの第二次大戦中の経済関係に関する研究が多数公刊された。その焦点は，スウェーデンが如何にして食糧・原材料供給の確保に成功したのかという問題であり，鉄鉱石やボールベアリング輸出，石炭・コークス輸入，近代的兵器の製造の問題をも扱っていた。多くの中立研究と同様，それらの研究では，こうした貿易は国民の生存を最優先した結果であり，いわば小国のリアリズムを示すものと評価された。Fritz, Martin［2006］，129頁。
★262　Fritz, Martin［2006］，130-131頁。
★263　武田龍夫［1998］，56-58頁。

とする他はなく，1940年以降，1944年の秋まで，ドイツの勢力圏は，スウェーデンの輸出の9割（対独輸出は4割），輸入の8割（対独輸出は5割）を占めた。これもまた，1940年の初夏を境に貿易相手地域を西側連合国から枢軸国へと激変させたスイスと酷似していた★264。

　戦時中，ドイツからスウェーデンへは石炭・コークス，化学原料や肥料，金属加工機械等が輸入され，またスウェーデンからは，鉄鉱石，木材製品，パルプ，紙，ボールベアリングがドイツに輸出された。スウェーデン鉱は品位が高く，ドイツの軍需生産にとってきわめて重要であった★265。連合国が問題視したベアリング輸出は，ドイツの総需要の1割程度を満たすに過ぎないが，その比率や，中間財・資本財として軍需にも間接的に貢献したという点では，スイスからドイツに輸出された工作機械や，スイスの電力を用いて在独スイス企業がドイツの軍需企業に供給したアルミニウムの位置に相当する★266。

　他方，スイスとは違い，大量の機械・金属・化学製品や武器・弾薬がスウェーデンからドイツへ輸出されることはなかった。しかしその違いは，伝統的にドイツから原燃料を輸入し，ドイツへは専ら工業製品を輸出してきた工業国スイスと，ドイツに原料を輸出し，工業製品を輸入してきた資源国スウェーデンの産業・貿易構造の違いの反映ともいえる★267。両交戦陣営がスウェーデン鉱の戦略的価値を極めて重視していたこと★268，現代の総力戦では狭義の戦争物資概念がほとんど意味をなさず，ドイツが武器不足よりも原燃料不足に悩んでいたことからすると，鉄鉱石の輸出を武器輸出よりも無害なものと言い切ることはできない。

　バルト海を挟み一衣帯水であるとはいっても，スウェーデンの場合には，密接な工程間分業関係で結ばれる国境経済圏は，ドイツとの間では存在しなかった。また少なくとも，ドイツ本国との間では，国境を跨ぐ送電も当時はありえなかった。さらに，スイスの金融センターに比較しうるような金融業の集積も，スウェーデンには欠落していた。数十年来の経済産業構造の相違が，両国の対独経済関係の濃淡の違いをもたらしたと解釈することも，可能であろう。

★264　1930年代，この両国にとってドイツは最大の貿易相手国であった。スイスの場合には対独貿易比率は輸出では25%前後，輸入で10%台後半であったのに対し，スウェーデンでは輸出で10%，輸入では33%（1931年）であり，スウェーデンについては対独輸入の，またスイスについては対独輸出の重要性が目立つ。Fritz, Martin [2006], 131-134頁。スイス側については，Meier, Martin/Frech, Stefan/Gees, Thomas/Kropf, Blaise [2001]（独立専門家委員会叢書第10巻）61-69頁。
★265　Fritz, Martin [2006], 134-135頁。
★266　本書第一部172-173, 199-204頁。
★267　スウェーデン側が重視したのは，イギリスからの輸入が途絶えた石炭・コークスのドイツからの輸入であり，また食糧生産のための肥料の輸入であった。Fritz, Martin [2006], 134頁。
★268　両陣営は，いずれもスウェーデンの鉄鉱石を確保すべく，北欧諸国の中立を犯す作戦を立案し，かつ実行していた。これについては，例えばコルヴィル，ジョン [1990], 179-215頁の叙述を参照。

こうした中でも，両国の違いが目立つとすれば，それは，貿易・経済の統制体制と，対独通商交渉における譲歩の程度であろう。両国とも，1930年代前半から，ドイツとの貿易はクリアリングを介して行っていた。スウェーデンでも，対独貿易黒字が積み上がり，スウェーデンがドイツに信用を供与する形となっており，1943年前後には，これは対独輸出額の4割弱に達した★269。これらはいずれもスイスと同様であるが，政府管理の度合いは，スウェーデンのほうがより高かったようであり★270，その分，民間企業の責任が問われる余地は少なかったといえよう。また通商交渉では，総じてスイスの方が大きな対独譲歩を行ったことは間違いない。しかしこれが，「順応」指向の表れなのか，あるいは，軍事的・経済的にみてスイスの交渉力がより弱かった結果なのかは，明確にはいえないのである。

3.4　スイス——各国との共通性と異質性

スイスの経済・産業界にとってのナチス期と世界大戦——スイスは特別（Sonderfall Schweiz）なのだろうか？

上で試みた国際比較からは，スイスの特殊性よりも，むしろその一般性が浮かび上がるように思われる。中立を掲げていたスイスやスウェーデンが独立を維持しえたのは決して必然ではなく，むしろ，抵抗と順応の両面を持つ生き残り策が奏功した結果であり，あるいはそれ以上に，僥倖に恵まれたためでもあった。独立を維持しえた二国も，占領された各国と変わらぬ程にナチスの軍事的脅威にさらされていたのであって，独立は必ずしも，より大きな行動の自由を意味しなかった。むろん，独立を維持しえたか否かによって，結果的には国家と国民の命運は大きく異なったのであるが，ドイツの戦争経済への協力や，その下での企業行動という点では，独立を維持した中立国とこれを失った被占領国は全く異なった体験をしたのではなく，むしろ各国は，完全な独立と完全な従属という両極端の間に，微妙な差異をもって位置していたとみられるべきであろう。

いずれの場合も，第一次大戦の経験は，各国の政府や企業の行動を左右する重要な要因であった。占領体験や対敵協力者訴追の経験を欠いたという点で，スイスが，対独供給で抑制が効きにくかったオランダやデンマークと条件を同じくしたことは，その企業行動に歴史的評価を下す場合にも考慮されるべきであろう。スウェーデンの場合には，国家が統制に強く関わり，個別企業の無秩序な利潤動機に基づく行動を抑制したが，その統制自体，第一次大戦時の厳格すぎる中立政策への反省の所産であった。スイスの企業は，第一次大戦期に交戦国向けに兵器を含む戦争物資を供給したが，中立政策や倫理的観点でこれを問題視する見方は，第一次大戦後には，国内にも国外にもほとんどみら

★269　Fritz, Martin［2006］, 138頁。
★270　スウェーデンでは，外務省内の貿易局が，財界と密接に連絡を取りながら年々の鉄鉱石輸出とコークス・石炭輸入の価格・量について交渉していた。Fritz, Martin［2006］, 137頁。

れず，第二次大戦にとっての「先例」となった。

　ここで取り上げた諸国は，占領下にあるか否かを問わず，いずれも戦時下でドイツとの経済関係を維持した。ドイツの大陸での覇権の下，連合国支配地域との貿易の可能性は被占領国では消滅し，また中立のスウェーデン，スイス両国でも著しく制約された。いずれの国も，食糧や原燃料，その他の生活必需品を国外から調達せざるをえない小規模開放経済（small open economy）であったから，輸入のためにも対独輸出が必要という論理に，疑問を差し挟む余地はわずかであった。もちろん各国間の差異もあり，ベルギーやスウェーデンに比して，オランダ，デンマーク，スイスの場合には対独供給に対する抑制は弱かった。しかしこの3国の中でも，スイスの食糧自給率が約50％と極端に低かった点は，留意されるべきであろう。

　いずれの国でも，民間企業の自由度が残されている場合には，企業行動を支配していたのは，基本的には利潤動機ならびに組織保存の本能であった。とはいえ，それが政治的極限状況の下で露骨な機会主義に至るか，生存と競争力維持のための現実主義的な妥協の線に留まるかは，占領の有無とその形態，政府ないし「影の政府」の対独協力に対する姿勢，産業構造（集中度の高低や高度な工業の有無）等の多様な要素に左右された。

　西欧諸国の中でも最高度に分権的な国家体制を持ち，伝統的に中央の行政権力を著しく抑制してきたスイスの場合，『最終報告書』が強調したような「全権委任」体制が成立していたとはいっても，民間セクターに対する政府の統制力は各国との比較では相対的に弱かった。しかもこれは戦時期に限ったことではなく，今日に至るまで続く，スイス経済の構造的な特質なのである。他方，スイスでも銀行の産業支配が目立ったが，ベルギーのような隔絶した金融資本は存在せず，スウェーデンとも違って特定財閥への所有の集中もみられなかった。対独供給の組織的な抑制に困難が伴うという点では，中小企業中心のオランダに近い条件を有していたといえる。

　ノルウェーでは，戦時経済で重要となる国内企業の大半は戦前から外資に属しており，それゆえ戦時下では即座に接収の対象となって企業による自発的な対独協力は問題となりえなかった。他方，スイス――部分的にはオランダも――は，その反対の極にあった。スイスは人口430万人（当時）の小国であるが，前節でもみたようにスイス企業は19世紀から対外直接投資を大規模に行っており，多国籍化の水準では世界の首位に立っていたからである。この多国籍企業密度とともに，ドイツと国境を接するのみならず，その国境地帯が同時に中核性を備えた経済圏（高ライン地域）であり，多国籍企業の成立・立地の場でもあるという状況が，結果的にナチス・ドイツとスイス企業の多くの接点を生み出したともいえるであろう。

　ドイツとの密接な経済関係は，必ずしもナチス・イデオロギーへの共感や接近を意味しない。1930年代にはスイスでもナチス的政治勢力が生まれるが，それは少数勢力に留まっていた。ドイツの拡張主義と開戦，総力戦の中での露骨な搾取政策への転換の中

で，民衆の反ナチス・反ドイツ感情が高まるという点では，スイスは比較対象とした諸国と異ならない。むしろ，最大の言語圏で書き言葉としてドイツ語を用い，特に19世紀以降，ドイツの大学とも密接な交流を持ちつつその文化的価値を広く受け容れてきたスイスで，ナチズムが極めて限定的にしか受容されなかったことを重視すべきであろう。

　ユダヤ人迫害やホロコーストに関する情報や知識が，企業倫理に関わる問題として認識されなかった点も，各国に共通するように思われる。個人的にユダヤ人救援に関わった経営者も，経営判断では営利原則を優先した。アーリア化等で直接に両者に矛盾が生じる場合には，企業や個人による対応は大きく分かれたが，スイス企業が全体として突出した傾向を持っていたとはいえない。ベルギーでのガロパン・ドクトリンの策定に際しても，ユダヤ人の問題は考慮されていない★271。コペンハーゲンのドイツ商業会議所に加入したデンマーク企業にとって，ユダヤ企業に対する迫害は重要な倫理的問題ではなかった★272。反ユダヤ主義がスイスにも根強く存在したことや，『最終報告書』が他国に類をみないとして厳しく批判した人種主義的法概念の受容という事実は軽視されてはならないが，これもまた，国際比較でみて歴史的に高い水準を推移していたスイスの外国人比率や，市民権概念のスイス的特質とも関連づけて，議論されねばならないだろう★273。

　上記の点を勘案した場合，独立を維持した中立国という環境の意味を，通常なされる解釈とは正反対に捉える余地があることを，強調しておきたい。スイスの過去をめぐる多くの議論では，占領を免れ独立を維持した中立国の場合には，より大きな行動の自由があり，それゆえナチス・ドイツへの「順応」やドイツの戦争経済への関わりも，その分抑制されるべきであったとの想定が，暗黙のうちに存在したように思われる。しかし上記の国際比較は，むしろ逆のことを示唆しているかもしれない。占領を免れたがゆえに，ドイツが「敵」と認識されることもなく，多くの企業が倫理的な問題と捉えぬまま，ドイツとの取引を続けたとも解釈できるからである。同様に，政府や私企業の行動の自由が少なくとも形式的には存在したがゆえに，両者の責任が後に問われたともいえるだろう。また中立という歴史性を帯びた概念自体が，交戦各国との従前の経済関係の維持へと政府や企業を動機づけた可能性がある。

★271　Luyten, Dirk［2006］，85頁。
★272　Lund, Joachim［2006］，122頁。
★273　ここで付言するならば，『最終報告書』のこの評価は，ヴィシー政権との比較を欠く点では，いささかスイスに対して不当である。ヴィシー政権のユダヤ政策がナチスの強制によるものではなく自発的なものであったことは，パクストンの研究以来，通説といえよう（『最終報告書』ではパクストンの著書は参照されていない）。なおスイスの難民政策は，部分的にはスイスの市民権制度に規定されているが，分権的な国家構造をとり，市民権概念が重層化しているスイス――フランス的普遍主義・個人主義の対極にある――の場合には，州・自治体の市民権取得においては，外国人のみならず，他州や同じ州の他の自治体の出身者に対しても高いハードルが課されていることも，留意されるべきであろう。Argast, Regula［2007］，および，黒澤隆文［2009］，58-60頁。

最後になるが，「スイスは戦争によって利益を得たのか」という『最終報告書』の率直な問いに再度立ち返ってみたい★274。この時期のスイスでは製造業のGDP比率が30％台後半と高い水準に達していたので，まずは工業生産高を確認しておこう★275。まず全産業の総計では，1913年を100とすると，第一次大戦でこの数字は大きく低下して1918年に65，1921年には57に下落して底を打つ。その後，1920年代後半の回復で，1929年には125.8を記録している。しかし大恐慌で再び落ち込み，1932年に99.6と再び第一次大戦直前の水準を割っている。ナチス政権誕生の1933年から1938年までは，フラン切下げ後の1937年（129）を除き，100から110前後を上下した。その後，開戦の1939年に134と両大戦間期のピークに達し，以後，122（1940年），98（1941年），99（1942年），88（1943年），89（1944年），105（1945年）と推移した。このうち，1943年の88は1922年来の低い数字である。通時的にみるならば，二度の大戦，特にその後半での落ち込みが顕著といえよう。第二次大戦の最初の2年間は戦争特需の存在を示しているが，原燃料供給その他の隘路が深刻となった後半には，戦前以下の水準に落ちており，振幅の大小や幅を脇に置くとすれば，オランダやデンマークでの状況とよく似た動きを示している。同時に，為替変動に対する脆弱性も明瞭である。

産業別では，当然ながら輸出工業の不振と，それに比較しての内需の健闘が目立つ。第二次大戦中には繊維（1943年の43.5が最低値），食品（1944年の68，同），時計（1941年の71）が全産業平均値を下回っており，他方，製紙（1944年の227，同）が異例の拡大をみせている。バーゼル国境地帯に集中し，ドイツとの取引が密接な化学工業では，1913年比の数字は他のほとんどの産業より高く，231（1939年），173（1940年），154（1941年），113（1942年），93（1943年），97（1944年），148（1945年）と推移しているが，戦前では1928年以降，1932年を除き158から188の間を推移しており，むしろ趨勢からすると第二次大戦期は最初の2年を除いて著しい不振の時期であったことが判明する。軍需産業と関わりの深い金属機械部門でも，化学工業ほどではないが類似の傾向がみられる。139（1939年），137（1940年），106（1941年），123（1942年），104（1943年），110（1944年），105（1945年）と，全産業平均を上回るものの，やはり第二次大戦期の数字は，1920年代に比すると特に高いとはいえない。このように製造業に関しては，スイスは，戦争の埒外にあって戦時期に成長を遂げたとは言い難いのである。

名目国民所得の指数は，1938年から1946年の間に100から175に急伸しているが，これは大部分インフレーションの結果である。実質でみると，1938年を100として，101（1939年），97（1940年），87（1941年），86（1942年），89（1943年），89（1944

★274 本書第一部480頁。『最終報告書』では，経済統計に基づく議論の限界を指摘し，これを，怪しげな金融取引や，特定部門で非倫理的ないし不法な行動をとった者に向けられるべき問いとしているが，少なくとも上記の各国についての分析と比較するためにも，基礎的な数字を確認しておく必要はあろう。

★275 David, Thomas［1995］, 109–130頁の推計を参照。

年），96（1945年），107（1946年）と推移している。これは，多くの被占領国よりは恵まれた，安定的な数字と考えられるが，それでも，戦時期がスイス人にとっても経済的に苦しい時代であったことを示しているのである★276。

4 ┃ おわりに──スイスとその企業にとっての第二次大戦

　以上の分析を踏まえて，第二次大戦がスイス企業──ここでは製造業を中心とする──に与えたインパクトについて，簡単に要約しておこう。

　第1に，多くのスイス企業の事業活動は戦時下でも大きな混乱なく継続された。国内では直接の物的損失はなく，在外工場の被害も致命的ではなかった。大戦中も戦後も，両陣営で接収を免れた。子会社への統制を一時的に失った企業があったにせよ，多くの企業は，その内外の組織をおおよそ無傷で維持することに成功した。販売面では部門による差違が大きいが，開戦後2年ほどの間は，多くの部門で，軍需が民需の，また国内需要や現地生産が輸出の落ち込みを補った。当初は労働力不足によって，また後には原燃料不足で困難が生じたが，事業の停止に至るほどの打撃を受けた企業はわずかであった。利益の推計は困難で，産業ごとの差違も大きいが，極端な戦時利得や利益喪失の事例は目立たない。戦後，戦争中の行動を理由に訴追された者は在外子会社の幹部に限られ，またその数も多くはなかった。端的には，スイス企業の事業にとって──本章の冒頭で紹介したマルグリット・ミュラーの指摘（註2）のように──，第二次大戦は決定的な断絶を意味しなかったのである。

　第2に，上記の結論にもかかわらず，投資には変化が生じていた。戦時下では配当が抑えられ，各国子会社からの利益送金も困難であったから，内部留保の蓄積や，一部は在外拠点の拡張にまわされた。企業のほとんどは，第一次大戦の経験もあって「戦後」の民需転換や戦後恐慌の可能性に備えていたから，軍需の増大下でも極端な拡大投資を行う企業は少なかった。こうして内部に蓄積された資本は，戦後の成長の原資となった。在外子会社が暴走して拡張路線を追求した例もみられるが，そうした部門では戦後不況は杞憂に終わり，むしろ市場シェアを確保する上で有利な財産となった。

　第3に，欧州を主戦場とした大戦は，多国籍化と海外市場，とりわけ超大国への上昇過程にあった米国の市場へのいっそうの拡大の契機となった。第2節で示した三つの企業の事例は，西半球へのこうした重心移動と，製販の現地化・分権化，ならびにこれと対応する幾つかの本社機能の半面での集中化──機能的な多国籍企業組織の構築──が，第二次大戦の極限状況の中で国籍を問わず進められたことを示している。この組織転換が戦後に競争力を支える要因となったか否かは一概にはいえないが，スイスの幾つかの巨大企業にとっては，世界市場を分断した大戦が，グローバル展開をむしろ促進す

★276　Siegenthaler, Hansjörg [1996], 871頁。

る効果をもったことは，無視されるべきではないだろう。

　第4は，戦争経済による市場環境の変化である。戦時下での統制経済は寡占化を促し，あるいは少なくとも市場シェアを固定化したから，上位企業には有利に働いた。19世紀初頭以来，工業化で周辺国に先行していたスイスの企業にとって，国際競争上もこの条件は追い風となった。他方，国内では，官民協力の進展や，コーポラティスト的業界団体の影響力の強まりによって，戦後1980年代まで続く組織資本主義的な市場秩序が形成された。戦後，スイスの労使関係を特徴づけることになる産業平和協定も，大戦の直接の所産であった。

　第5に，戦争による大量動員や技術革新，消費様式・需要構造の変化によって，新規市場が創出され，産業構造の高度化も促進された。ネスレの「ネスカフェ」に象徴されるように，スイスの企業は，こうした変化を事業機会に転ずる上で，総じて有利な位置にあった。

　以上の点から，大戦はスイス企業にとって明確な断絶を意味せず，特筆するような戦時利潤ももたらさなかったが，その国際的な競争優位を長期的に高める効果を持ったと結論することが可能であろう。また連続性の顕著さ自体——例えばドイツ企業との比較では——スイス企業の一つの属性と評価できよう。もっとも，同様の評価を与えられる企業は他国にも存在するであろうし，また多くの点で，相違は相対的なものに過ぎないという点にも，留意されるべきである。

　第1節にみたゲオルク・フィッシャーの事例は，組織存続を第一の目標とした大戦下の企業行動の意味と，その中での個々人の役割を浮き彫りにするとともに，「抵抗」と「順応」とが，あれかこれかの二者択一ではなく，分かちがたく絡み合った複雑な現象であったことを示している。また，国境に位置するこの企業の事例は，領土内の経済主体・経済取引に対する国家の支配要求と，空間を越えて利潤機会を求める企業の行動原理の相克を浮き彫りにしている。また同時にそれは，総力戦のさなかにあって，国境を跨ぐ地続き的な経済圏がもった強靭な自己再生産能力を傍証するものでもある。

　第2節の三つの巨大多国籍企業の事例は，欧州を主戦場とした二度の大戦の世界史的な意味，すなわち欧州の分裂と地位の低下，他方でのアメリカ合衆国の覇権国への上昇を，経営史の観点から浮き彫りにしている。またこれは，二つの陣営への世界市場の分裂に対する企業の生き残り策と，国籍を超えたその共通性を示すものでもある。『最終報告書』では，スイスを舞台として行われた多数のカモフラージュに言及がなされているが，国家が生み出す政治リスクに対して能動的に組織的対策を講じたのは，なにもドイツ企業やナチスの関係者ばかりではなく，その必要性・能力・意思・機会を持ったあらゆる組織であって，ブラックリストによってスイス企業を脅かした英国に本拠を置く多国籍企業もまた，例外ではなかったのである。しかも，大戦による政治リスクの回避という点では，ドイツの覇権の前で風前の灯火にもみえた中立国スイスは，およそ安全な逃避地とはみなされず，大西洋の彼方の南北アメリカ大陸，とりわけ，日本による攻

撃まで非交戦国として「中立」を維持し，しかも比類ない市場機会を提供していたアメリカ合衆国が，欧州の戦禍を逃れ，世界本社を置くための逃避先に選ばれたのである。

　第3節のごく簡単な国際比較からは，中立国スイスの位置や状況が，決して他の欧州の小国と異なる特殊なものではなかったことが浮かび上がった。スイスは孤立した特殊事例としてではなく，一本の軸線の上に微妙な差違をもって位置づけられる多数の事例の一つとして位置づけられるべきであろう。幾つかの基準においては，たしかにスイスはその一方の極に位置するのであるが，他国との相違は相対的なものであり，絶対的なものではないのである。

　『最終報告書』冒頭の表現をここで用いるならば，スイスが第二次大戦を「場外の傍観者」として経験したというのは，たしかに一つの真理ではあるが，しかし一面の真理にすぎない。スイスは，必ずしも自明の安全な避難所であったわけではなく，その国民や企業が，易々とこの試練を生き延びたわけでも，またここで比較した他国と全く異質の環境下にあったわけでもないのである。たしかに，ホロコーストの言語を絶した凄惨さとその恐るべき規模，また交戦国における莫大な人的・物的被害と対照させるならば，スイスは全く無傷で残ったに等しく，その「試練」は牧歌的にさえ映るであろう。しかしそれが幸いに「牧歌的」な次元で終わりえたのは，幾つかの決定的な僥倖とともに，──時に反倫理的な利己主義・機会主義に逸脱することがあったとしても──抵抗と順応からなる生存戦略が，ぎりぎりのところ奏功したからであった。本書第一部の『最終報告書』はスイス史の中から「順応」の側面を発掘し，厳しい倫理規範に基づいてスイスの過去に光をあてたのであるが，それは，抵抗のみに焦点をあててきたスイスの自国中心的で保守的な歴史観と均衡をとるためであって，抵抗の側面が紛れもなく存在していたことは★277，けっして無視されてはいないし，また忘れられてもならないのである。

★277　完全な「抵抗」戦略や「順応」戦略においては，スイスは独立国として存続しえなかったであろうし，その場合には，スイスに逃れたユダヤ人にとっても生き残る道はなかったであろう。したがって，「順応」戦略の採用自体を非倫理的とする見方は，現実的には意味を持たない。

2
スイス・フランス国境地域と第二次大戦

尾崎麻弥子

はじめに

　本章では，スイス・フランス国境地域をとりあげ，第二次大戦中の国家による国境のコントロールがどのようになされたのか，また平時には日常的に国境線を越えての人・モノが自由に往来していた国境地域の実態が，それによってどのように変化したかを検討する。

　スイス・フランス国境地域に位置するカントン・ジュネーヴおよびカントン・ヌシャテルがスイス盟約者団に正式に加盟することになったのは 1814 年のことであった。1848 年のスイス連邦憲法の成立，1874 年の憲法改正を経て，19 世紀末から 20 世紀初頭にかけてようやく法律・インフラストラクチャー・教育などの統一が進展し，国境の向こう側の地域と異なる制度が確立した。しかしそのような制度の違いにもかかわらず，国境の両側において，平時においてはさかんに人，モノの移動および経済的・文化的交流がおこなわれていた。境界は分離のためというよりも「接続部分（インターフェイス）」★1としての役割をもち，地理的な近接性・自然条件の類似性・交流によって進展する文化的共通性・経済的な取引による相互依存関係などを維持していた。このような中世以来の「交流の場」であった国境を防衛のための分離線としたのが戦争であった。戦争は国対国という対立を際立たせ，国境線の運用のあり方を変化させることになった。人・モノの移動に対する監視は強くなり，移動量も平時と比べて制限された。本章ではそうした戦争という状況下でのコントロールに対して実際の人・モノの移動がどのようにおこなわれ，住民がどのように反応したのかを検討することによって，国境地域の特徴の一端をあきらかにしたい。そしてそうした地域における，国境をコントロールしようとする国家の意図と，それとは異なる地域の独自のダイナミズムを見出したい。

　はじめに本章で扱うスイス・フランス国境地域の特徴について簡単に説明する。スイス・フランス国境地域には，自然的・文化的な共通性により，3 つの地域に分けられ

★1　Belot, Robert (éd.) [2006], *Guerre et frontières. La frontière franco-suisse pendant la seconde guerre mondiale*, Edition Alphil, 7-9 頁。

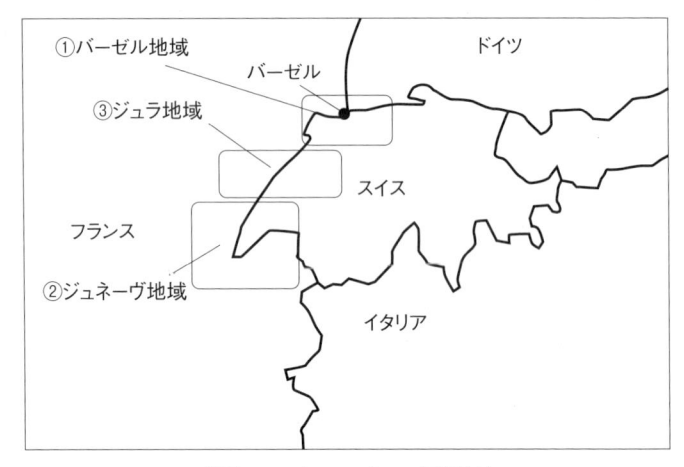

地図1　スイス・フランス国境地域
出典：筆者が作成。※太線は全て現在の国境線である。

る。すなわち，①バーゼル地域，②ジュネーヴ地域，③ジュラ地域である（地図1参照）。

　まず①のバーゼル地域は1963年にレギオ・バジリエンシス（バーゼル地域の意味）★2と呼ばれる地域で，スイス，フランス，ドイツの三国の国境が接する位置にある。都市バーゼルを中心とし，フランスのアルザスと西南ドイツの一部が含まれる。都市バーゼルは古くから商業の要所であり，化学工業を中心とした工業地帯でもある。ただし，バーゼルはドイツ語圏に位置し，国境を接するフランスのアルザス方言もドイツ語に近いため，ドイツ語をベースとしたある種の文化的共通性をもっている。当然のことながら，ドイツのバーデンとも交流が盛んである。バーゼルのフランス（サン＝ルイ）駅は，フランスからの物資がスイスへ入る重要な窓口の1つであった。

　②のジュネーヴ地域はバーゼル地域に倣い近年ではレギオ・ゲウェネンシスとも呼ばれる地域★3で，都市ジュネーヴとその周辺のフランスのサヴォワ（イタリア語読みでサヴォイア）★4地方北部（オート＝サヴォワ県），ジェクス地方の一部を含む地域である。都市ジュネーヴと農業を主産業としていた周辺地域との間には農産物の取引を通じて伝統的に補完関係があった。19世紀にジェクスとオート＝サヴォワにそれぞれ「関税フリー・ゾーン」★5が設定され，食糧，燃料，建築材などの決められた品目がゾーン内

★2　ポール・ギショネ著，内田日出海・尾崎麻弥子訳［2005］『フランス・スイス国境の政治経済史——越境，中立，フリー・ゾーン』昭和堂，訳者まえがきix-x頁。
★3　ギショネ［2005］，訳者まえがきx頁。
★4　現フランス・サヴォワ地方は，イタリア統一の中心となったサルデーニャ王家の前身であるサヴォイア家の出身地域である。イタリアとの関係を重視してイタリア語読みで「サヴォイア」（もしくはサヴォーイヤ）と表記されることも多いが，本章では現地の言語を考慮して「サヴォワ」と表記する。
★5　ギショネ［2005］。

からスイスへ無関税で輸入された。周辺地域から都市ジュネーヴへの人の移動もさかんであった★6。また，都市ジュネーヴでは古くから時計産業が発達しており，その部品製造業が周辺地域に拡大していたが，第一次大戦後には周辺地域の時計部品製造はほとんど見られなくなった。また，北サヴォワ東部のサン＝ジャンゴルフ村は，スイスのカントン・ヴァレー内に隣接する同じ名の村を持つ★7。

③のジュラ地域はほぼジュラ山脈と位置が重なりスイスのカントン・ヌシャテル，カントン・ジュラ，カントン・ベルンおよびカントン・ゾロトゥルンの一部とフランスのジュラ県，フランシュ＝コンテ地方を含む。ジュネーヴと比べて比較的安価で大衆向けの時計産業が発達した地域であり，部品製造を通じて国境を越えた取引がなされていた★8。現在では精密機械やメガネなどの製造がおこなわれている。以上あげたように，商工業を通じてのつながりが強いバーゼル地域，都市ジュネーヴと周辺農村との間の補完関係が強いジュネーヴ地域，地形・気候などの共通性が多く同質のジュラ地域とそれぞれ性質は異なっていたが，いずれも国境を接した地域と密接な往来・交流は自明のことであった★9。

国家同士の戦争は，このような国境を越えた日常的でローカルな交流関係を変化させるきっかけとなることがある。第一次大戦時には，サヴォワ住民がフランスへの愛国心によりフリー・ゾーンからスイスへ輸出される食料品の一部がドイツ人へ補給するために転売されるのではないかということを疑い，食料品の輸出に反対した事例がある★10。また，北サヴォワの一部の地域で発達していたジュネーヴやジュラ（スイス）の時計産業の部品製造は，第一次大戦時にフランス政府の命で武器の部品をつくることになり，戦後もそのままフランスの自動車などの機械の部品製造へ転換することとなった。

第二次大戦期においては南東フランスがイタリア・ドイツに占領されるなど，スイスとフランスの国境地域においておこなわれたコントロールは第一次大戦時より厳しく，地域に与えた影響も大きかったように思われる。第二次大戦期の国境地域に関する研究の多くはレジスタンスの活動および難民に関する★11ものである。とくに2000年を過

★6　サヴォワからの移出民については拙稿［2000］「山岳地帯と移民――18世紀サヴォイア地方フォシニー地域の事例」『早稲田経済学研究』第50号，83-94頁。ジュネーヴへの移入民については拙稿［2005］「18世紀後半ジュネーヴ市の移入民における出身地・職業構成の転換と連続――アビタンの記録と滞在許可証の分析を中心として」『社会経済史学』第71巻第2号，71-85頁を参照。ただしどちらにおいてもサヴォワとジュネーヴの関係というよりもドイツを中心とした遠隔地との関係が主題になっている。

★7　Winiger, Anouchka,《Le perception économique et sociale de la frontière franco-suisse á Saint Gingolph》, dans Belot (éd.)［2006］215-228頁．

★8　Jequier, François,《L'horlogerie du Jura : évolution des rapports de deux industries frontalières des origines au début du XIXe siècle》, Frontières et contacts de civilisation : colloque universitaire franco-suisse (Besançon-Neuchâtel, octobre 1977), Neuchâtel, La Baconnière［1979］, 159-176頁．

★9　dans Belot (éd.)［2006］8頁．

★10　ギショネ［2005］159頁。

ぎてから，スイスでの独立専門家委員会の研究の進展を受けて，第二次大戦期の国境地域の研究についても国境の両側でさまざまな成果が出された★12。たしかに，中立国スイスへの入り口として，また，フランスの辺境として，本章で扱うスイス・フランス国境地域が難民問題および抵抗活動において重要な役割を果たしていたことは間違いのない事実である。しかし，本章では基本的に先に述べたように国家による国境のコントロールの実態とそれによって地域の実態がどのように変化し，住民はどう反応したのかに焦点をあてる。

はじめに戦争開始後の国境の状況と占領後の状況を概観し，国境のコントロールが「誰（どの国）によって」「どのように」おこなわれたかを確認する。次に，スイスからフランス方面へ国境を通過する鉄道路線について着目し，戦時中の交通・輸送の変化を概観する。次に戦時中の人間の往来がどのようにコントロールされたかをみることによって，当時の国境地域住民の日常生活の一端をあきらかにする。最後に，非スイスのカントン・ヴァレーと国境を接し，スイス側，フランス側に同じ名をもつサン＝ジャンゴルフ村の人の往来における変化と，スイス側の住民が戦争の被害を受けた国境の向こう側の村に対してどのような意識をもったかについて検討する。

1 ┃ 国境閉鎖・占領の状況

はじめにフランス側の国境警備の状況を概観する。1939年のフランスの第二次大戦への宣戦布告後，国境地域に駐屯するフランス軍の規模は増加した。とくにジェクス地方において，ジュラもしくはスイス高原からの侵略を警戒して警備が強化された。1939年から1940年までの「奇妙な戦争」の間には，大きな戦闘行為がなかったため，国境の兵士たちは警戒を続けるのみであった★13。

スイス政府は，ドイツとフランスの参戦を受け，1939年8月28日に，従来の税関吏，国境監視員に加えて，国境守備隊を配備することを決定した。ベルギーの中立が侵犯された後には，スイスはみずからの領土についてより警戒を強めることとなった。ドイツだけでなく，イタリアおよびフランス軍がスイス領内を通過することを警戒しなければならなくなったのである★14。

1940年6月17日，ドイツ軍がジェクス地方のフォール＝レクリューズを占領し，フ

★11 国境地域におけるレジスタンスの活動に関しては，Belot, Robert, 《La frontière franco-suisse dans la stratégie de la résistance française : enjeux politiques, organisations et pratiques》 dans Belot (éd.) [2006] 143-173頁などの研究がある。フランスからジュネーヴを通過してスイスへ避難しようとした難民については Flückiger, Pierre et Bagnod, Gérard, [2000] *Les Réfugiés civils et la frontière genevoise durant la Deuxième Guerre mondiale*, Genève, Archives d'Etat de Genève がある。

★12 その代表が Belot, Robert (éd.), [2006] *Guerre et frontières. La frontière franco-suisse pendant la seconde guerre mondiale*, Edition Alphil, である。

★13 Neury, Laurent, 《Passer légalement la frontière franco-genevoise de 1939 à 1945》 dans Robert (éd.) [2006], 181頁。

★14 Neury [2006], 182頁。

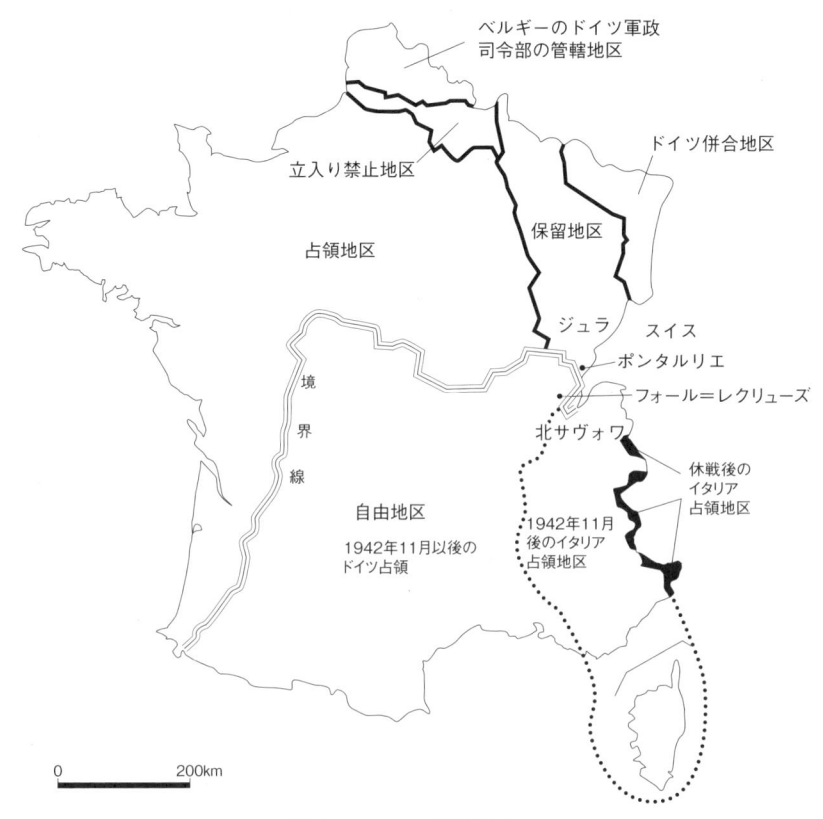

第二章　スイス・フランス国境地域と第二次大戦　583

地図2　フランス占領状況

出典：柴田三千雄・樺山紘一・福井憲彦編［1995］『世界史体系・フランス史3　19世紀なかば〜現在』山川出版社、301頁の地図に一部加筆。

ランシュ＝コンテのポンタルリエへ，そしてスイス国境へと進軍した。6月22日のフランスの降伏を受け，スイス・フランス国境のフランス側をドイツ軍が支配することとなった。しかし，この時点においてはドイツ軍の国境の支配には一貫した体系が存在せず，併合地区にあたるアルザス，保留地区にあたるジュラ，1942年11月までは自由地区であったサヴォワにおいて，それぞれ国境監視の措置は統一されていなかった（地図2参照）。1941年5月11日に，ドイツ軍による国境監視団がフランス領の境界に設営されることになり，フランスの税関吏の職権に優越することになった。1942年11月から，サヴォワはイタリア占領地区に入り，その税関などのスイスとの国境地帯の業務はすべてイタリアの支配を受けることになった。1943年3月には，イタリア人兵士・税関吏とドイツ人が共同でイタリア占領地区とスイスとの国境の管理にあたることになった。1943年9月のイタリア降伏の後は，ドイツが国境地帯全てのコントロールにあたることとなった★15。

1944年4月には，ドイツ当局によって，フランス・スイスの国境，フランス・イタリアの国境線上10〜20キロメートルの帯状の地域に「進入禁止ゾーン」が定められ，住民以外の進入が禁止された。特に外国人，無国籍者，ユダヤ人などはゾーンの外へ追い出された。

1944年夏に，フランスの地域レジスタンス運動が国境の諸県をドイツ軍から解放した。しかし，スイス側のギザン将軍の警戒もあいまって，国境は開かれることなく，そのまま閉鎖状態にあった。ドイツ軍に代わり，フランス・レジスタンス軍が国境を警備することとなった。国境が通常の状態へ戻ったのは，1945年5月19日にスイス連邦内閣とド＝ゴール・フランスの間で協定が結ばれてからのことであった。

2 スイス・フランス国境を通過する鉄道路線と輸送

戦前から「奇妙な戦争」の初期にかけて，スイス・フランス間国境を通過する鉄道路線は5つあった。すなわち，ジュネーヴ・コルナヴァン―ラ・プレーヌ―ベルギャルド線，ヴァロルブ―フラーヌ線，レ＝ヴェリエール―ポンタルリエ線，デル―ベルフォール線，そしてバーゼル・フランス駅（サン＝ルイ駅）を通過する路線である。それに加えて，クラシエ，ル・ロクル，ル・ブーヴレを通過する3つのローカル線があった★16（地図3参照）。

戦争が始まると，伝統的にスイスへのフランスからの物資の入り口であったバーゼル・フランス駅が一時的に閉鎖された。そのため，ジュラ地域のデルとヴァロルブを通過する鉄道による輸送が重要視され，「奇妙な戦争」期1939年の10月および11月のスイス国営鉄道とフランス国営鉄道の間の交渉において，フランス，ベルギー，海外からのスイスへの石炭の輸入はデルとヴァロルブを通じておこなうことが規定された。しかし，この2つのルートは1940年6月のドイツの勝利とともに閉鎖された。ほぼ同時に，フランスからスイスへ入る路線は，ル・ブーヴレ―サン＝ジャンゴルフ―エヴィアンを通るローカル線（通称トンキン線）を除いては閉鎖された。1940年7月まで，スイスは，このローカル線を通じてかろうじて，フランス非占領地域や連合国と取引することが可能であった。

一方スイスからフランス方面へ輸出することに関しては，厳しい制限が加えられることになった。1940年8月9日の協定により，ドイツ当局により，スイスが輸出する際にはベルンのドイツ公使館の許可証（Geleitscheine）が必要であるということが決定され，自由な輸出入は不可能となった。しかし，この時点ではまだ，ドイツ当局はこの措置がきちんと実行されているかを確かめる手段として，ヴィシー政府の役人の協力を信用するしかなかったため実態に関しては不鮮明であった。こうした，ドイツから見て不法な取引を阻止するため，ドイツ当局はいくつかの方策を用いた。一つはサヴォワの

★15　Neury [2006]，183頁。
★16　地図において本文中に挙げられていない場所は，ドイツ，イタリアとの通行点である。

第二章　スイス・フランス国境地域と第二次大戦　　585

地図3　スイスと諸外国を結ぶ路線が通過する点
出典：Forster［2006］141 頁より筆者作成。

表1　1939-1943 年におけるスイスからフランス方面への輸送量（トン）

経由地／年	1939	1940	1941	1942	1943
ジュネーヴ	203 324	166 673	80 066	不明（＋）*	310 431
プーヴレ	33 613	119 607	218 639	不明（－）*	19 340
合計	234 937	286 280	298 705		329 771

出典：Forster［2006］，137 頁より。
＊1942 年の正確なデータは不明であるが，ジュネーヴのほうが多かった。

　ラ・ロシュ＝シュル＝フォロンの近くにあったラヴィーリャ高架橋の破壊工作であり，もう一つは他の路線と同様閉鎖されていたジュネーヴ・コルナヴァン－ベルギャルド線を再び開いたことであった。この路線は占領地域を通過しているため，商品の内容や許可証を得ているかということについて厳密にコントロールすることができた。ドイツ兵はフランスのアン県とジュネーヴとの国境にある途中のシャンスィ＝プニィで綿密な検査をおこなった。しかしシャンスィ＝プニィ駅はこのようなコントロールには向かず，検査にかかる時間が輸送を遅らせる原因となってしまった。このため，ドイツ当局はスイス領内のラ・プレーヌ駅で調査をおこなう権利を獲得した★17。

　表1はスイスからフランス方面へのジュネーヴ線およびル・ブーヴレ線を利用した国際輸送量である。1939 年までに関しては，ル・ブーヴレ線は副次的な役割しか果たし

★17　Forster, Gilles, 《Les transports transfrontaliers durant la Seconde Guerre mondiale》, dans Belot（éd.）［2006］，136 頁。

ていなかった。1940年のドイツによる一連の政策により自由地域を通過していたル・ブーヴレ線による輸送量は大幅に増大したことがわかる。1942年「自由」地域の占領によりこうした優位性がなくなったため，1943年には，ふたたびその輸送の大半がジュネーヴ－ベルギャルド線を経由することになった★18。

ドイツはヴィシー政権がスイスとの関係を深めることを望まなかったため，スイス・フランス国境のコントロールを厳しくおこなっていた。状況が変わるのは枢軸国による包囲が解けてからのことであった。1944年12月1日に，レ・ヴェリエールからの交通が復活した。その他の路線については，1945年夏まで待たねばならなかった★19。

ドイツ・イタリア方面の通過点は戦時中も同様に維持され，戦時中のスイスとの商品輸出入はほとんど枢軸国が独占することとなった。スイスからフランスへの輸出はもちろんナチス・ドイツにとって都合が悪かったため，交通の制限，および，国境のフランス側でのコントロールなどさまざまな制限が加えられた。しかしフランス側への輸出は完全に遮断されたわけではなく，戦争開始直後からその分量をわずかに減らしただけで存続していた。

3 人の往来

1939年9月に部分的に閉められた国境を越えるためには，ヴィザを取得するか，フランスの国境地域の県知事もしくはスイスのパスポート事務所が認めた国境カードを取得するかのどちらかの手段が必要であった。国境カードのシステムは，基本的にはスイスに土地を所有しているフランス側の農民（穀物・野菜・ブドウの栽培者）のためのものであった。徒歩や馬や自転車での移動の場合は，カードは身分を証明する手段となった。車やオートバイで移動する場合は，カードに加え，土地所有証明と車の登録番号が必要であった。しかし，通過が可能であったのはスイスからフランスへの，もしくはフランスからスイスへの帰国者がほとんどであり，外国人にヴィザが認められることはまれであった★20。

通過の正当な許可をもらえた理由の一つとして，健康上の理由で医師の治療を受けるケースがあった。平時において，サヴォワやジュラ・フランスの住民が国境を越えてスイスの病院へ行くということは日常的な行動であった。また，スイスの産科医の評判がよかったため，堕胎や出産のためにスイスへ向かう妊婦も多かった。戦争中においては，深刻な事情によるものでなければ許可はもらえず，それまでのような移動は全て禁じられた★21。

また，職業上の理由によりフランスからスイスへの移動についてもある程度認められ

★18　Forster［2006］，136-137頁。
★19　Forster［2006］，137-138頁。
★20　Neury［2006］，193頁。
★21　Neury［2006］，195頁。

ていた。1939年の後も，フランスとスイスのいくつかの協定により季節労働のための移動は可能であった。時計産業とブドウ栽培はいずれも，人手不足に悩んでいたため，許可証を得やすかった。こうした移動はおもに地元の女性・若者・老人によるものであった。また，逆にスイスからフランスへ移動する場合，許可を得て容易に通過することができた職業は，医者，獣医，実業家などであった。たとえば，1939年10月12日のオート＝サヴォワ県知事の許可の記録によると，医者ジャン＝エマニュエル・ボームギャルトゥネは，外科手術のために呼ばれ，緊急にアヌマス★22へ移動することが認められた★23。

合法的でない通過の例としては，レジスタンス，スパイ，脱走兵，難民（ユダヤ人を含む），密輸人などの国境通過があったが，そのほかに，普通の農民による生活上の必要からの非合法なフランスを出てスイスへ移動する例も見られた。1940年5月21日，上院議員ポール・ジャキエはヴェイジー＝フォンスネの耕作者シャルル・ジョゼフから，彼がスイスに持っているブドウ畑の管理を妻がおこなえるよう，通行許可証を請願する手紙を受け取った。この手紙はフランス語の文法・綴りのミスが多く，このシャルル・ジョゼフという人物は普段この種の手紙を書くことに慣れていなかったことが研究者ニューリーによって推察されている。この農民の要求は1940年5月31日に県庁へ移され，6月7日にトノンの副県庁へ移されたが，許可書発行の事実は発見されなかった。息子たちの調査と他の書類の調査により，シャルル・ジョゼフの妻は国境カードを受け取っていなかったが，戦時中を通してスイスのブドウ畑で働き続けていたことが明らかになった。彼女は税関吏と打ち合わせをして，非合法のまま，朝に有刺鉄線の道を越え，夜に同じ道を通って家へ帰っていたという。彼女が通った道は，戦争前に密輸人が通っていた道であった。こうした行為の背景には食料不足と農民の深刻な経済状況という背景があった★24。以上のように，国境の通過は平時とは異なりコントロールは強められたが，貨物と同様，完全に閉ざされたわけではなく，健康上や職業上の理由などによってはある程度の移動の自由が認められていた。しかし，最後にあげた農民の例のように，十分な理由があるように思われたにもかかわらず資格が与えられず，平時にはおそらく日常的におこなわれていた行動様式をつらぬくために密入国を繰り返した例もあった。

4 ｜サン＝ジャンゴルフ村と第二次大戦

北サヴォワとスイスのカントン・ヴァレーの境界に位置するサン＝ジャンゴルフ村は16世紀以来，モルジュ川を境に，同じ村名のまま村の東半分はヴァレー領，西半分はサヴォワ公国領に分かれたという歴史を持っている。19世紀以降は同じ東半分がスイ

★22　フランス，オート＝サヴォワ県の，ジュネーヴに隣接する小都市。583頁の地図4参照。
★23　Neury [2006], 197頁。
★24　Neury [2006], 193頁。

ス領（カントン・ヴァレー），西半分がフランス領（オート＝サヴォワ県）となった。2つの村はフランス革命期までは共通の村議会をもち，同じカトリック教会を利用していた。1829年には共通関税政策をもつサン＝ジャンゴルフ関税フリー・ゾーンがつくられた★25。

このような独自の歴史をもつサン＝ジャンゴルフにおいては，住民たちはその他のフランス・スイス国境地域にもまして，「同じ村の住民」という共通の帰属意識を持ち，国境を越えての互いの村の往来は平時においては他の国境地域にも増して日常的なことであった。しかし1939年8月にドイツの宣戦布告をうけてから，国境はフランスによって閉鎖された。

国境を通過することのできたのは基本的には向こう側の村に農地を持つ農民や聖職者などであった。国境の両側から定期的に国境を通過することができた人物は約140人であり，これは国境の両側の全住民の約10％のみであった。すなわち，90％の人々が国境を越えることができなかった。国境のあるモルジュ川の橋の上には有刺鉄線が張られたが，その両側で，鉄線越しに，離れ離れになった家族が会話をしたり，伝達をたのんだりする光景がみられたという★26。

ただし，例外的に，何らかの行事の際に国境が開かれたケースもあった。1940年のクリスマスのミサ，1942年の復活祭，同年8月1日のスイス建国記念祭などの際に，一時的に国境が開かれた。こうした機会は，離れ離れになっていた家族・友人の再会の機会として住民の記憶に残っていたが，同時にタバコやコーヒーなどの密輸の絶好の機会でもあった★27。

この村の特殊な背景を反映した例として，戦争による一層深刻な事態に対して，フランス側の隣人をスイス側の住民が救おうと試みた例が2つほどみられる。一つは1943年に，強制労働のためにドイツへ送られる恐れのあった14人のフランス側のサン＝ジャンゴルフ住民を受け入れるよう，スイス側の住民からスイス政府に対して陳情がなされたことである。このことはスイス連邦レベルでの議論の引き金となった。在フランス・スイス公使のストゥツキ，警察局長のロートムント，連邦司法警察省のフォン＝シュタイガーらがこの問題に当たった。しかし，彼らの回答は以下のようなものであった。ロートムントは，「家族や隣人を守りたいというサン＝ジャンゴルフ住民の要求はよく理解できるが，14人のフランス人のために例外を作ることは不可能であるし，望ましくないことである」と述べた。また，フォン＝シュタイガーは，フランス国家のヴィシー政権が決定したことに逆らうことは不可能であると述べた上で，「これらのフランス人を受け入れることは，他の国籍を持つ強制労働を課せられた難民たちの流入を

★25 内田日出海「フランスのフリー・ゾーン（1）——制度的展開」『成蹊大学経済学部論集』第37巻第1号，[2006]，24-27頁。
★26 Winiger [2006]，219頁。
★27 Winiger [2006]，220頁。

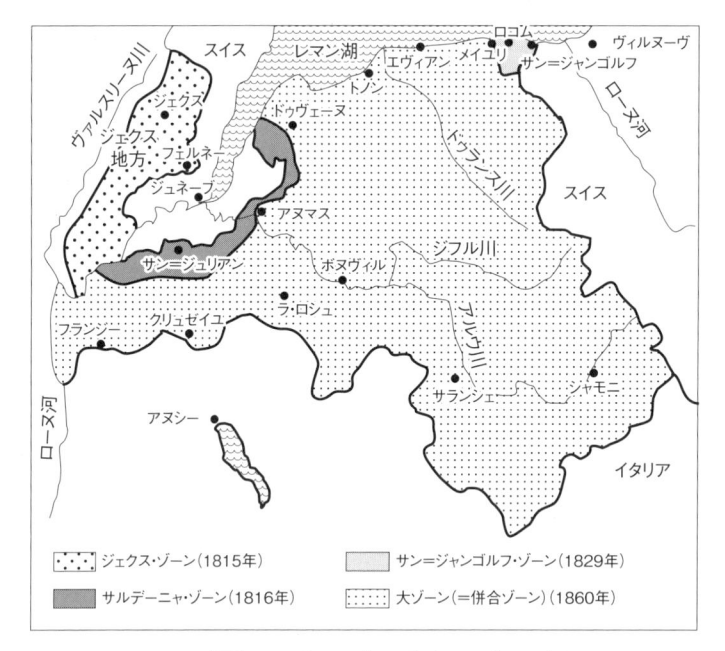

地図4　フリー・ゾーンとサン＝ジャンゴルフ

出典：内田［2006］25頁より。

正当化する前例となる恐れがある」という理由で，この請願を却下することとした[28]。スイス政府は，サン＝ジャンゴルフ村のケースを特別視せず，他の難民問題と同様に扱うことを選択した。このように，スイス政府がおこなった政策にみられた国家としてのロジックと，地域住民の隣接領域に対する実感との間には，かなりのずれがあった。

　もう一つの例は，対独レジスタンスの行動をきっかけとしておこった事件である。サン＝ジャンゴルフ近くのベルヌの対独レジスタンスが，国境封鎖を破壊するため，また，ドイツ軍が連合軍の上陸に対抗する前線を強化することを防ぐために，サン＝ジャンゴルフのドイツ占領地域（フランス側）のスイスとの国境線に駐屯するドイツ軍を攻撃した。この攻撃は失敗であったが，報復のためにナチの親衛隊（Schutz-staffel, SS）がサン＝ジャンゴルフのフランス側へ送られた。スイス側からの調停の試みにもかかわらず，強硬な手段が取られた。司祭を含む6人の人質が処刑され，村に火が点けられた。スイス側の村長アンドレ・シャプロンは，何度かフランス側との交渉を試みたがそれ自体は失敗に終わった。しかし，その妻マリー＝アンヌ・シャプロンによるフランス側の住民の受け入れのための設備の設置，アンドレ・シャプロンによる火事の犠牲者に

---

[28] Winiger［2006］，220頁。

援助するための赤十字の寄付の呼びかけ，スイス国民への呼びかけ，地域相互扶助団体の設立など，さまざまな措置が取られた。最終的には，対独レジスタンス運動員に対する，武器，食料，薬品，衣服の援助にいたった[29]。ここでは，国家のロジックと，国境地域の地方当局との間の意識の違いがはっきりとみられた。

このように，スイス側の住民がフランス側の住民に対してもっていた心理的な距離は近いままであったが，すでに見たように90％の住民は実際に向こう側へ移動する自由は限られていた。シャプロン村長は，サン＝ジャンゴルフ住民が特別な越境の権利を得ることができるために，ヴィシー体制の司令官に，住民全てに身分証明書を持たせ，それを提示すれば自由に村内の国境を越えられることを提案した。しかし，フランス当局，イタリア占領軍，ドイツ占領軍ともその提案を拒否した。彼らにとっては，他の国境地帯と同様に，更新できる，ヴィザもしくは国境カードのほうが好ましかった。そのほうがすぐに移動をコントロールし，問題がある場合には規制することができたからである[30]。

サン＝ジャンゴルフ村は，その他の国境地域と比べても平時における往来が多く，互いの物理的・心理的距離が近かったため，戦争に参加していなかったサン＝ジャンゴルフ・スイス当局はスイス政府に対してフランス側の住民を救済できるよう訴えかけたが，それらの訴えは認められなかった。

おわりに

以上のように，第二次大戦期のスイス・フランスの国境地域は，平時には日常的におこなわれていた国境を越えての人・モノの移動が制限された。はじめに述べたように，「接続部分（インターフェイス）」という役割が前面に出ていた国境が，戦時には「防衛のための国境」という側面が前面に押し出され，交流の場という側面は後景に退いた。戦争突入によるフランスからの国境閉鎖，フランス敗戦によるヴィシー政権の成立，イタリア，ドイツによる占領により，それぞれの主体が国境の通過をコントロールした。

しかし交通，輸送の状況および人の往来に関しても，コントロールはされていたものの，完全に遮断されていたわけではなかった。戦時においておこなわれた人・モノの移動からは，当該地域の住民たちの，日常時な人・モノの越境を維持しようという動きがみられた。スイスからフランス方面への物資の移動はそれなりにおこなわれており，職業上の事情などで国境カードの取得を得ることも可能であった。さらに非合法で越境していたケースを加えると，実際の人・モノの往来はさらに多かったと考えられる。これはまたそうした移動が必要とされていたことを示している。また，サン＝ジャンゴルフ村の例のように，国境の向こう側に対する心理的距離の近さが示された例もあった。

14人のサン＝ジャンゴルフ・フランスの住民をスイス側で受け入れようとした試み

---

[29] Winiger [2006]，220-221 頁。
[30] Winiger [2006]，220-221 頁。

がスイス連邦政府によって拒否された事例に関しては，例外を認めないという連邦単位の判断と，平時には互いの接触が密であった国境地域に生活する住民との間の意識の違いが浮き彫りとなった例であるといえる。

　以上のように，第二次大戦期の国境地域には，戦時という特殊な状況のために人やモノの移動をコントロールしなければならなかった国家と，それによって従来の生活が不可能となった住民との間での意識の相違によるせめぎ合いが存在した。言い換えれば，これまで挙げてきた事例は，平時にはそれほど大きな問題にならなかった，国家の国境地域に対する認識と地域における実態とのずれが，戦争という非常事態によって顕在化したものであるといえる。そして，上記のような国家のコントロールとそれに対抗する住民の動きは，この地域が，戦争によって，それ以前にもっていた固有のダイナミズムを完全に奪われてしまったわけではなかったことを示すものである。

3
スイスのユダヤ人解放をめぐって
アルザスユダヤ人との関係を中心に

川﨑亜紀子

はじめに

『最終報告書』第3章は、第二次大戦中のスイスによる難民政策、そして難民の大半を占める対ユダヤ人政策が主要なテーマになっている。そこでは、ナチス政権によるユダヤ人迫害についてスイスでも徐々に知られるようになる一方で、「Jスタンプ」の導入や出身国へ送還したユダヤ人の多さについて議論されている。そして、ナチスの影響とは別に、当時でも依然としてスイス国内での反ユダヤ主義的風潮が強く残存していたことが指摘されている。

ヨーロッパのユダヤ人は、フランス革命が起こるまでは例外的に限られた地区で居住を認められていたものの、キリスト教徒と同等の権利は与えられていなかった。しかしながら、1791年のフランスを皮切りにして19世紀以降ユダヤ人は各国で市民権を享受するようになり、いわゆる「解放」が行われた。ところが、スイスのユダヤ人に対しては長い間市民権が与えられず、彼らが解放されたのは1866年のことであり、これはヨーロッパ諸国の中でかなり遅い方である★1。ただし、このユダヤ人解放が実現されたのは、スイス国内における論議の高まりの結果というよりは、フランスをはじめとする外国からの圧力の産物であったといわれている。

そこで、本章では、この理由を考えるために、スイスにおけるユダヤ人の解放に至る過程はどのようなものであったか、「外圧」の中心であったとされているアルザス地方のユダヤ人との関係を中心に概観する。また、本章は、主に19世紀末を扱った次章の穐山論文より以前の時期を考察対象にすることで、19世紀後半以後のスイスの対ユダヤ人政策を考える上での前提条件を明らかにすることをも目的にする。

1 1798年までのスイスのユダヤ人

スイスには、13世紀ごろに都市を中心にユダヤ人が定着するようになったといわれている。しかし、中世のヨーロッパ諸国では、ユダヤ人は「神殺し」とされ、彼らに対

★1 例えば、ベルギーでは1830年、プロイセンでは1850年（ドイツとしては1871年）、オーストリア＝ハンガリーでは1867年にユダヤ人解放が実現されている。

する偏見や迫害は非常に激烈なものであった。ペストの大流行の際に井戸に毒を投げ入れたとしてユダヤ人が迫害を受けるという事件は、ヨーロッパ各地で頻発している。スイスにおいてもその例にもれず、1348年から1349年にかけて、そして1401年にユダヤ人が火刑にかけられるという事件が発生した★2。その後、15世紀までにユダヤ人はスイス各都市から次々に追放されていったのである★3。

しかしながら、その後バーデン★4において、「よそ者の保護民 fremde Schutzgenossen」として保護税と引き換えにユダヤ人の滞在が認められるようになり、いわゆる「アールガウ・ユダヤ人村落 aargauischen Judendörfer」が成立した★5。1776年以降、ユダヤ人はバーデンの2つの村、オーバーエンディンゲンとレングナウに集住させられるようになった★6。ユダヤ人が多くなっていくにつれ、シナゴーグや墓地も建設され、また近隣にあるツルツァハは市が開催される場所であり、市の開催日には各地からユダヤ人が商売をしにやって来るなど、この2つの村落はユダヤ人コミュニティとして活発に機能するようになった。1774年に108家族、553人がオーバーエンディンゲンとレングナウに居住していたという★7。

またこれとは別に、1560年ごろ、アルザスユダヤ人の中にバーゼル司教領に居を構えた者が存在★8するようになったが、バーゼル側は彼らの居住を認めなかったので、アルザス側の国境沿いにあるエーゲナイム、アゲンタール、ブシュヴィレール、ブロツァイムといった村落にユダヤ人コミュニティが成立していった。17世紀以降商業都市・工業都市としての重要性を増していったバーゼルは、アルザス南部のユダヤ人にとって大きな魅力であり、彼らの居住は禁止されていたにもかかわらず、定着を図ろうとしていた者も少なからずいたようである★9。18世紀末になると、彼らの中にはラ・ショー・ド・フォンなどジュラ方面に居住しようとした者も出てくるようになった。ここでも彼らの居住は認められなかったものの、アルザスユダヤ人商人はスイスに頻繁に

★2　Kamis-Müller, Aaron [2000], *Antisemitismus in der Schweiz 1900-1930*, Zürich, 21頁。

★3　ルツェルンでは1384年、バーゼルでは1397年、ベルンでは1427年、フリブールでは1428年、チューリヒでは1436年、ジュネーヴでは1490年、ツールガウでは1491年。Guggenheim-Grünberg, Florence [1982], Vom Scheiterhaufen zur Emanzipation. Die Juden in der Schweiz vom 6. bis 19. Jahrhundert, in : Guggenheim, Willy (Hg.), *Juden in der Schweiz. Glaube, Geschichte, Gegenwart*, Zürich, 21頁。

★4　バーデンは旧盟約者団の8邦が統治していた両宗派並存地域であったが、フィルメルゲン戦争後の1712年以降カトリックの5邦が切り離され、チューリヒ、ベルン、グラールスによる統治となり、1803年からカントン・アールガウに帰属。

★5　Guggenheim-Grünberg [1982], 21頁。

★6　Mattioli, Aram [1998], Antisemitismus in der Geschichte der modernen Schweiz. Begriffsklärungen und Thesen, in : Mattioli, Aram (Hg.), *Antisemitismus in der Schweiz 1848-1960*, Zürich, 10頁。

★7　Guggenheim-Grünberg [1982], 27頁。

★8　Kaufmann, Uri R. [1997], Les relations entre Juifs alsaciens et suisses entre 1560 et 1910, *Société d'histoire des Israélites d'Alsace et de Lorraine*, XIXe colloque, Strasbourg, 32頁。

★9　Neher, André [1952], L'Emancipation des Juifs en Suisse au XIXe siècle et les Israélites d'Alsace, in : *L'Alsace et la Suisse à travers les siècles*, Strasbourg-Paris, 388頁。

顔を出し，商業活動を始めるようになっていた。

さらに，当時のサヴォワ公がジュネーヴに対抗するために，その近郊にあるカルージュという村にユダヤ人を呼び寄せる政策を講じた。この結果，1790年にはおよそ80人のユダヤ人がカルージュに居住していた★10。また，当時バーゼル司教領でアルザスユダヤ人のコミュニティがあるドゥルムナックやセポワ・ル・バからさほど離れていないポラントリュイにも数世帯のユダヤ人が居住していたという★11。

このように，1798年までのスイスでは，ユダヤ人は原則としてアールガウのオーバーエンディンゲンとレングナウにしか居住が認められていなかったのであるが，それ以外の地域にも，ユダヤ人の存在は確認されている。また，アルザスユダヤ人がすでにスイス，特にバーゼルと密接な関係があったことも指摘できる。この時点ではアルザスユダヤ人は地域の寛容政策によって，若干の例外を除き農村部に限り居住が認められているに過ぎず，キリスト教徒と比べてさまざまな制限を課されていた。しかしながら，その後フランス革命が進展していく中で彼らに市民権が与えられることにより，法的地位が向上していくことになる。その一方で革命以降，国境概念や国民意識の強化が図られていく。こうしたなかで，フランスとスイスの「国境」を越えていたアルザスユダヤ人の存在は，フランスにとってもスイスにとっても大きな問題となっていくのである。

2 ヘルヴェティア共和国の誕生

1789年に始まったフランス革命の波はスイスをも襲い，社会のさまざまな面でフランスの影響が見られるようになった。ユダヤ人の処遇に関しても同様であり，特にアルザスユダヤ人が1791年に解放されたことはスイスのユダヤ人社会にとっても一つの契機となった。

まず，これに先立ち1781年にアルザスユダヤ人に対し，フランスでは彼らだけに課されていた「ペアージュ・コルポレル péage corporel」といわれる人身通行税が廃止され，1784年には開封特許状により彼らに対する一般規則が作成された★12。これは彼らの法的地位向上の第一歩となった。そして，先述したように1791年にアルザスユダヤ人に市民権が与えられ，彼らには職業選択の自由，居住・移動の自由，不動産取得の自由などが認められたのである。これにより，フランスのユダヤ人とスイスのユダヤ人との間の法的地位に関して格差が生まれることになった。問題は，アルザスユダヤ人にとって常にバーゼルが重要な場所であったという点である。

1798年，フランスの影響下で中央集権的なヘルヴェティア共和国が樹立した。また，

★10　Kaufmann［1997］，32頁。
★11　Kaufmann［1997］，32頁。
★12　これらについては以下の文献を参照。安斎和雄［1988］「1784年の公開勅許状をめぐって——革命直前のアルザスのユダヤ人問題」『社会科学討究』第97号，1045-1073頁；Feuerwerker, David［1962］, Les Juifs en France : l'abolition du péage corporel en France, *Annales : Economies, sociétés, civilisations*, 17, 857-872頁。

フランスの1795年憲法を模範にしたヘルヴェティア共和国憲法も作成された。このことにより，これまでのスイスの伝統とは完全に相反する「一つであり不可分」な国家が成立し，法の前の平等，拷問の禁止，言語に関する平等，思想及び信仰の自由が宣言された。そして当然の結果として，このような原則をユダヤ人にも適用すべきかどうかがスイス国内での議論の対象となったのである。

先に結論を述べれば，結局ユダヤ人は憲法の適用から除外され★13，彼らに対する特別税のみが廃止されるにとどまった。1797年，フランス使節の要求により，バーゼルを通過するフランスのユダヤ人（とはいえアルザスユダヤ人がその対象のほとんどである）に対するペアージュ・コルポレルが廃止され，翌年にはこの適用が全ヘルヴェティア共和国領内に拡大された★14。1798年5月には大評議会内に「ヘルヴェティアユダヤ人法の改革についての委員会」が設立されており，ペアージュの廃止はここで決議され，その後ユダヤ人のスイス領内の滞在も認められるようになった。また，アールガウのユダヤ人に課されていた「保護状」も撤廃された★15。しかしながら，ユダヤ人に対する市民権付与，すなわち解放の問題は，委員会内でこのことに対して積極的な人物が何人かいたにもかかわらず，ユダヤ人に対する偏見の根強さが改めて浮き彫りになり，決議されるに至らなかった。1802年秋に勃発した「こん棒戦争 Stecklikrieg」と呼ばれる内乱は，主にスイス中央部によるフランス占領軍に対する反抗であったが，このときにはアールガウのユダヤ人に対する略奪行為も発生している★16。結局，スイスの伝統とは異質のヘルヴェティア共和国自体も長く続かず，1803年2月のナポレオンによる「調停条約 Mediationverfassung」によってヘルヴェティア共和国憲法は破棄されてカントンの「旧体制の復活」が果たされることになり，共和国は解体した★17。

ヘルヴェティア共和国解体後も，スイスに対するナポレオンの介入は彼の失脚まで続いた。調停条約に続き1803年9月，フランスとスイスとの間に「防衛同盟」が締結され，フランス軍は撤退しスイスの中立が認められたが，同じ条約によってスイスのカントン内に居住するフランス人は，スイス市民と同等の権利を享受できることになった。また，フランス領内に居住するスイス市民に対してはフランス人と同等の権利が付与された★18。ところが，ここでも，防衛同盟の内容がユダヤ人に適用されるかどうかについて，見解の違いが問題になってくる。1809年にはアールガウのユダヤ人に対する特別法が出された。これは前年にアルザスユダヤ人の経済活動を制限するために出された「恥辱令 Décret infâme」★19に範をとったもので，オーバーエンディンゲンとレングナ

★13　Mattioli［1998］，68頁。
★14　Kaufmann［1997］，33頁。
★15　Bönig, Holger［1998］, Die Emanzipationsdebatte in der Helvetischen Republik, in : Mattioli, Aram（Hrg.）, *Antisemitismus in der Schweiz 1848-1960*, Zürich, 88頁。
★16　Bönig［1998］，103-104頁。
★17　イム・ホーフ，U.（森田安一監訳）［1997］『スイスの歴史』刀水書房，148頁。
★18　Ponteil, Félix［1934］, Les israélites français et la Suisse sous Louis-Philippe, *Revue politique et parlementaire*, 41, 305頁。

ウが1803年に創設されたアールガウ・カントンに組み入れられたものの，そこに居住するユダヤ人は非ユダヤ人と区別され，営業の自由の制限や結婚に関する特別の承認が規定されたのであった。

このように，ナポレオンが失脚した1815年の時点では，スイスのユダヤ人に対する統一的な法的取り決めがないままであった。その一方で，市民権を獲得したアルザスユダヤ人は，防衛同盟は自分たちに適用されると考え，スイス領内への流入をさらに促進させていったのである。

3 ▎1848年までの状況

1815年のナポレオンの失脚後，スイスは独立を回復し，カントンに重きが置かれる伝統的な体制に戻ったのであるが，対ユダヤ人政策においても同様であり，各カントンは旧来の規定を復活させた。ヘルヴェティア共和国時代とナポレオン支配時代にバーゼルに流入するようになったアルザスユダヤ人にとって，この転換の影響は非常に大きく，これ以降のスイスのユダヤ人の解放をめぐる問題においては，アルザスとの関係が非常に重要になってくる。ここではアルザスユダヤ人の行動とそれに対するバーゼルの対応に焦点を当てて，特に「ヴァール事件」を取り上げることで考察を進めていく。

先述したように，バーゼルはユダヤ人の居住を認めていなかったのであるが，ヘルヴェティア共和国時代の1801年，宿屋を経営していたアルザスの小村ニーダーアゲンタール出身のユダヤ人，レオポール・レヴィ Leopold Levi の居住を初めて許可した。これを皮切りにしてユダヤ人の流入が進み，1808年時点では22家族128人のユダヤ人がバーゼルに居住していた★20。しかしながら，バーゼル独自で出された1816年6月19日法によって，新たに外国人がカントン内で居住・定着することが禁止されてしまった。ユダヤ人に対しては独立した条項（第5条）が設けられ，これによれば，すでにカントン内の居住が許可されていれば3年間の定着許可と産業従事が認められ，状況によっては更新されうるが，3度目以降の更新は認められない，というものであった。もちろん，新しくユダヤ人がカントン内に定着・居住することは禁止された。この条項により，アルザスに居住していてもカントン内に店を持つユダヤ人は大きな打撃を受けた★21。

これに関してとりわけ社会的にも大きな影響を与えた事件となったのは，アルザスの

★19 詳しくは拙稿［2003］，「「解放」後アルザス・ユダヤ人の法的改善・人口・職業——バ・ラン県を中心に」『早稲田大学教育学部学術研究——地理学・歴史学・社会科学編』第51号, 18-19頁を参照。

★20 Haumann, Heiko［2005］, Von der Gründung einer neuen Gemeinde bis zur Stabilisierung jüdischen Lebens. Juden in Basel während des 19. Jahrhunderts, in : Haumann, Heiko (Hrg.), *Acht Jahrhunderte Juden in Basel*, Basel, 61頁。

★21 Feuerwerker, David［1976］, *L'émancipation des Juifs en France, de l'Ancien Régime à la fin du Second Empire*, Paris, 480-481頁；Brisac, Jacques［1916］, *Ce que les Israélites de la Suisse doivent à la France. Esquisse d'histoire diplomatique*, Lausanne, 8頁。

ミュルーズ出身のヴァール Wahl 兄弟とバーゼル当局をめぐるトラブルである★22。この事件はフランスとバーゼルとの国交問題にまで発展してしまったので，どういう経過をたどったのか概観してみたい。

彼ら兄弟（兄アレクサンドル，弟バルーフ）の父親は，1803 年の防衛同盟を受けて 1806 年ごろからバーゼルで商いに従事するようになったのであるが，その後アレクサンドルがバーゼル在住のフランス人女性と結婚した際，1816 年 6 月 19 日法の適用の対象となり，バーゼルの居住と義父の家に滞在することが禁止された。そのためアレクサンドルは，日中は父親とともに働くことができたが，夜になるとアルザス側の小村ユナングへの帰宅を余儀なくされた。実は 1821 年 4 月 7 日法によって 1816 年法の第 5 条は廃止されており，これに基づき兄弟はバーゼルや在スイス・フランス大使への請願を頻繁に行ったのであるが，依然としてバーゼル滞在は認められなかった。1827 年 5 月 30 日，防衛同盟に代わる条約としてスイスとフランスとの間に新しい条約が締結され，これによれば，フランス人は連邦の各カントンにおいて他のカントンのスイス人居留民が受ける処遇と同等の処遇を受けることが規定された。また，カントンのスイス人居留民に許可されている産業であればフランス人も従事できることが認められた。ところがこの条約交渉の過程において，これらの処遇はユダヤ人には適用されないことも合わせて決められてしまったのである。弟のバルーフは 1829 年に結婚したが状況は何も変わらず，兄と同じ境遇に置かれる羽目になった。兄弟はこのときも何度も請願を行っているが，結局バーゼルの滞在は認められないままであった。

1835 年になると，新たな問題が発生した。バーゼル滞在が認められないまま，兄弟はバーゼルの知人イザーク・ランドレルからカントン・バーゼル・ラント★23のライナッハの土地を 9 万 6000 フランで購入することを決定した。当事者は契約を交わし，バーゼル・ラント参事会による承認を受け，兄弟は居住せずに前金として 6000 フランを払い込んだ。ところが，大評議会は 1816 年 6 月 19 日法を楯にとって参事会の決定を破棄し，しかも兄弟の払った前金は売り手のランドレルの損害賠償分だとして返還されなかったのである。兄弟は 1821 年法を根拠に反撃を開始するが大評議会は沈黙を保ったままであり，結局兄弟は残りの 9 万フランも支払うことになってしまった。事件が重大視されたのは，フランス政府がこれに介入することになったからである。スイス在大使によってパリへ一連の経過が伝えられ，外務大臣によるバーゼル・ラント宛の書簡において兄弟の契約の正当性が主張された。ここで問題になったのは，アルザスユダヤ人にはフランス市民権が付与されているので，外国へ行ってもフランス市民としての権利

★22 事件の詳細については，Feuerwerker [1976]，479-564 頁; *Du différend survenu entre la France et Bâle-Campagne à propos de l'annulation prononcée par le Grand Conseil de ce Canton d'une acquisition d'immeubles faite par deux citoyens français, MM. Alexandre et Baruch Wahl de Mulhouse (Haut-Rhin), mars 1836*, Mulhouse を参照。

★23 バーゼルはリベラル派と保守派との対立により内紛が起こり，1833 年バーゼル・ラントとバーゼル・シュタットとに分裂した。

を行使できるはずであるが，スイスではユダヤ人は他の外国人と区別されてしまい，外国人に認められている権利が享受できないという点である。外務大臣は書簡の中で「この1世紀の間に日々野蛮だった時代の最後の偏見が弱まり消えようとしている中で，スイス政府は領内からこの階層の外国人（ユダヤ人）を追い出そうとしている[24]」と「啓蒙された近代国家フランス」を意識した言説で抗議しているが，単にユダヤ人の擁護というよりは1827年協定が双務協定であったため，バーゼル・ラントの措置はこの原則に抵触しているのではないか，とする国際法上の問題を取り上げたのだと思われる。その後，国王ルイ・フィリップの名で1827年協定の無効を通達し，フランスとバーゼル・ラントとの国交が一時中断されたのであった。また，アルザス側のオ・ラン県知事は県内に居住するバーゼル・ラントの居留民をすべて追放することすら提案し，両者の関係は一時的に非常に険悪なものとなったのである。結局スイス代表邦がこれ以上この問題を長引かせないように対応することを決め，バーゼル・ラントがヴァール兄弟に補償金を支払うことで一応決着した。

　このような事件があったにもかかわらず，その後もバーゼル・ラントのユダヤ人に対する態度は変わることがなかった[25]。カントンごとの自立性が強い中で，とりわけバーゼル・ラントはユダヤ人に対し後の時期までずっと厳しい態度を保持し続けた。その背景には，バーゼルで特にユダヤ人に対する偏見が強いということよりも，アルザスユダヤ人がそれだけバーゼル（ラントもシュタットも）にとって身近な存在であったということが挙げられるのではなかろうか。このようなバーゼル・ラントの態度が問題となるのは，1848年に連邦憲法が作成されるときである。

4 ▍1848年以降，そしてユダヤ人解放へ

　前章で述べたように，19世紀前半のスイスにおいては，フランス側からの介入があったにもかかわらず，ユダヤ人の解放について本格的に議論されることはなかった。しかしながら，この状況は1848年以降大きく変化していく。いったいその変化はどういうものであったのか，いくつかの事件を取り上げることでその実態を明らかにしていきたい。

　まず，1848年，フランスで二月革命が起こり，この革命の波はヨーロッパ各地に拡大した。そしてスイスでもこの二月革命の影響を受け，大きな動きがあった。一点目はアルザスで勃発した反ユダヤ暴動，二点目は連邦憲法の作成である。

　二月革命が起こった際，アルザスでは農村部を中心に大規模な反ユダヤ暴動が勃発した[26]。暴動はバ・ラン県でもオ・ラン県でも発生しているが，オ・ラン県のユダヤ

---

[24] Archives des Affaires étrangères, Correspondance politique, t.530, 1835.
[25] 例えば，1839年から1844年にかけてはやはりアルザス出身のディーティスハイム兄弟がバーゼルへの定着を図ろうとして拒否されている。Archives des Affaires étrangères, Correspondance politique, t.547, 1843；t.548, 1844.

の多くはこの暴動を逃れ，バーゼルとその周辺に避難したのであった。避難が始まった当初はバーゼルではかなり好意的にユダヤ人を迎え入れていたようであるが，彼らの滞在が長くなるにつれ，再び彼らへの警戒心が高まり，「市民がしばしばユダヤの貪欲と暴利の犠牲になっている」との理由で彼らは追い返されることとなってしまった。このことはその後のスイスの難民受け入れの態度にも共通して見られることであろう。あくまでも一時的な受け入れにとどめ，これを契機にユダヤ人の居住を認める，ユダヤ人に市民権を与える，などといった議論は起こらなかった。

そして同年に連邦憲法が制定されたのであるが，この憲法では，諸権限が各カントンからスイス連邦に移されるという大きな転換が見られた。つまり，連邦法がカントン法に優越することを意味した。また，多くのカントン法にすでに盛り込まれていた基本的人権についても規定された。言論，結社，信仰，居住の自由，請願権や法の下の平等などが確認された。しかしながら，この時もヘルヴェティア共和国憲法制定時と同様，ユダヤ人への適用は見送られることとなったのである。この背景には両バーゼル・カントンのみならず，旧来のユダヤ人共同体を抱えているアールガウなどカトリックのカントンを中心として，ユダヤ人を法の適用対象にすることへの強い反対意見があった。連邦憲法の制定はユダヤ人に対する処遇を改善し，市民権を与える契機となりえたのであるが，それは実現されずに終わってしまったのである。

次に，1851年から1852年にかけてバーゼルで起きた事件についてとりあげる★27。1851年，バーゼル・ラントはカントン内で活動しているアルザスのユダヤ人59家族に対し，突然最後通牒を突きつけたのである。その内容は，以後ユダヤ人に対しカントン内の居住，あらゆる種類の商工業への従事を禁止し，ユダヤ人に家を貸したり店や営業施設を貸したりした者に対しても罰金を課す，というものであった。実は，バーゼルの執拗なまでのユダヤ人に対する閉鎖的な態度にもかかわらず，アルザスユダヤ人は，しばしばスイス人の名義を借りてバーゼルで商売を営んでいた。バーゼルはこの状況に対して強硬な措置をもって臨んだのであった。アルザスユダヤ人側の請願によってフランス政府は交渉をしたが，よりよい結果は得られずじまいであった。また，連邦議会は連邦としてフランスとの関係を悪化させるのは得策ではないと考えていたが，バーゼルの態度に押し切られる格好となり，カントンが連邦に優先されてしまった。翌年，改めてバーゼル政府によって年内にすべてのフランスのユダヤ人は退去するようにという命令が出されており，この時はアルザスのラビ，ノールマン Nordmann らユダヤ人指導者による抗議があったにもかかわらず，この決定は実行されたようである。

このようにして，結局1848年以降もユダヤ人解放に関する具体的な進展は何もなく，

★26 詳しくは拙稿［2006］，「アルザス地方における1848年の反ユダヤ暴動」『早稲田政治経済学雑誌』364号，83–98頁を参照。

★27 Brisac, Jacques［1916］, 25–35頁; Cohen, David［1980］, *La promotion des Juifs en France à l'époque du Second Empire (1852-1870)*, Aix-en-Province et Paris, 261–264頁。

かえって事態が悪化したかに見えたのであるが，そのさなか，今度はアメリカ合衆国による介入が見られるようになった。これは，在ベルンアメリカ大使フェイ Théodore-Sedgwick Fay によって行われたスイスのユダヤ人の状況についての大規模な調査と，それに基づく報告書である★28。合衆国は 1851 年にスイスと相互定着条約を締結したのであるが，フェイは条約内容のキリスト教徒とユダヤ人との処遇の違いに気づき，ユダヤ人自国民が不平等な立場におかれると考え，調査を行い，1859 年に『北米のユダヤ人のスイス定着の許可に関する覚書』を出版した。これによると，問題の根本にはアルザスユダヤ人の存在があるとし，彼らの状況について非常に詳細に説明している。そして，カントンごとのユダヤ人に対する態度についても調査・分類し，その上で今後スイスはユダヤ人に対しどのような対応が求められるか，といった点を明らかにした。この報告書は独仏双方の言語で出版され，連邦政府と各カントンに送付された。この報告書によって直接スイス当局が反応したことはなく，その意味で言えばフェイのもくろみは失敗に終わったわけだが，個人レベルでは大きな影響を与えた。またメディアによって注目されたことで，フランスはもちろんバイエルンやイギリスでも好意的に受け止められたという。

　結局，スイスがユダヤ人解放へ舵取りの向きを変えるきっかけとなったのは，直接スイス自体に利害関係が関わる事件であった。すなわち，1863 年から 1864 年にかけて行われたスイス・フランス間の通商条約締結をめぐる一連の交渉である★29。

　これは，1860 年以降フランスが自由主義貿易へ転換したことを受け，スイスとも新たな通商条約を締結する必要が生じたことによる。通商条約の内容は非常に多岐にわたるものであり，交渉も 1 年半とかなり長い時間がかかった。そして，フランス側は，条約締結の実現のためにはスイスにいるフランスのユダヤ人の処遇を非ユダヤ人と同等にするのが前提だとする態度をとったのである。その結果，あくまでユダヤ人の地位向上に反対するバーゼルをはじめとするカントンと，対仏通商条約の締結を優先させる連邦との対立の構図が明らかになった。交渉が長期にわたった原因は，取り決めた事項が多かったのみならず，ユダヤ人の処遇をめぐるカントン対連邦の対立が長引いたことにもあったのである。最終的に，29 回目の交渉の 1864 年 9 月 20 日，スイスとフランスは合意に達し，24 日の国民議会で条約が批准され，フランスのユダヤ人は連邦領内のどこでも非ユダヤ人のフランス国民と同様の権利を享受できるようになり，フランス側の主張が通った形になった。通商条約締結後，条約の文言が連邦憲法と矛盾するということで，1866 年連邦憲法第 41 条と第 48 条の改正についての国民投票が行われた。そしてこれが可決されたことで，ようやくユダヤ人に市民権が付与されるようになったのである。こうして，スイスに存在するフランスのユダヤ人の地位向上の結果，スイス国内

★28　Cohen［1980］，267–269 頁。
★29　Cohen［1980］，275–286 頁；Feuerwerker［1976］，651–685 頁；Archives des Affaires étrangères, Correspondance politique, t.592–593, 1863, 1864.

のユダヤ人問題の法的解決をもたらすことになったのであった。

おわりに

　最終的に正式な形でユダヤ人に市民権が与えられたのは、1874年の憲法改正のときであり、フランスでのユダヤ人解放後80年以上経ってのことであった。しかも、これまで見てきたように、スイス国内での議論の高まりの結果というより、フランスとの国際関係のなかでやむを得ず決定された感が強い。そして、スイスにおいてアルザスユダヤ人の重要性は無視できるものではなかったが、このことはアールガウのように土着のユダヤ人がいたにもかかわらず「外国の＝よそ者の」ユダヤ人の印象が強い、ということでもあった。他のヨーロッパ諸国に比してスイスのユダヤ人人口は非常に少なかったが、早い時点から「よそ者」ユダヤ人に対する警戒心が強かったことは、その後のスイスのユダヤ人の歴史に深く影を落とすことになるのである。

4
スイスの外国人政策
19世紀末から「外国人の滞在と定住に関する連邦法（1931年）」成立まで

穐山　洋子

はじめに

　ナチ期および第二次大戦中の厳しい難民政策の要因の一つとして，独立専門家委員会の最終報告書で指摘されている概念が「外国人過多（Überfremdung）」である。「外国人過多」という概念は，20世紀のスイスの政治文化に持続的かつ決定的に影響を及ぼし，スイス人と外国人との関係を形作ってきた概念である★1。そしてこの概念は，スイスの市民権法（国籍法）★2および外国人政策を長期的に決定付け，現在も大きな影響力を持ち続けている★3。「Überfremdung」を日本語に翻訳することが難しいのは，この言葉が多義的で曖昧にしか定義されず，非常に伸縮性のある概念として使用されてきたからである★4。「Ausländer（外国人）」が国や国籍という概念が前提となっているのに対し，「Überfremdung」の語幹である「fremd」の名詞形「Fremde」という言葉は，アイデンティティやある集団への帰属という理解と関係している。「Fremde」には「放浪者」，「外国人」，その中でもとりわけ旅行や保養で「一時的なスイス滞在者」，「かけ離れた」，「よその出身である」，「その土地のものでない」という意味や，あるいは「我々」と対置させる概念である「他者」など使用者によってさまざまな意味が付され

★1　Buomberger, Thomas / Kury, Patrick [2005], Behördliche Überfremdungsbekämpfung und Überfremdungsbewegung. Zürcher Spuren eines wirkungsmächtigen Diskurses, in : Niederhäuser, Peter/Ulrich, Anita（Hg.）, *Fremd in Zürich- Fremdes Zürich?, Migration, Kultur, und Identität im 19. und 20. Jahrhundert*, Zürich, S. 177.
★2　国籍（Staatsbürgerschaft）という用語は連邦憲法の中にも法律の中にも見つけることができない。その代わりとしてスイス市民権（Schweizer Bürgerecht）が使われている。この概念は二つの意味を含んでいる。ひとつはスイスの連邦国家における単なる法的な構成員資格という意味と公民としての権利と義務ならびに政治的な参加を含んだ構成員資格という意味である。Argast, Regula [2007], *Staatsbürgerschaft und Nation, Ausschliesung und Integration in der Schweiz 1848-1933*, Gottingen, S. 30-31.つまり市民権ということばに国籍という意味が含まれている。本章ではこの原語が持つ意味を明確に表現するために市民権ということばを使用する。
★3　Unabhängige Expertenkommission（UEK）[2002], Die Schweiz, Der Nationalsozialismus und der Zweite Weltkrieg, Schlussbericht der Unabhängigen Expertenkommission, Schweiz-Zweiter Weltkrieg, Zürich, S. 123. 本書第一部109頁。
★4　Kury, Patrick [2003], *Über Fremde reden. Überfremdungsdiskurs und Ausgrenzung in der Schweiz 1900-1945*, Zürich, S. 75.

ていた★5。しかし、「Überfremdung の克服」の対象となったのが主にスイスに短期的または長期的に滞在した外国人であるため、本章ではこのことばが多義的であることを踏まえたうえで、その訳語として「外国人過多」を使用することとする。

「外国人過多」ということばが初めてスイスで登場したのは1900年の国家学の文献であるが、その概念誕生から100年以上の歴史の中で、「外国人過多の克服」問題が二度集中的に議論された時期があった。経済恐慌に見舞われた1930年代と、戦後の高度成長期の1965年から1975年の10年間である★6。1930年代の「外国人過多の克服」運動は、「外国人過多」問題に取り組むことを最重要任務と捉えていた外国人警察によって決定付けられていた。さらにその概念は、ナショナル・アイデンティティを高揚させるための運動である「精神的国土防衛（Geistige Landesverteidigung）」運動や★7、第二次大戦中の難民政策にも大きな影響を及ぼすことになった。1930年代とは異なり、戦後の「外国人過多の克服」運動は政治政党や政治的な運動によって行われている★8。

本章では、スイスが外国人問題に、その発生から現在の外国人政策の基礎をなす1931年の「外国人の滞在と定住に関する連邦法」の成立まで★9、どのように取り組んできたかを、「外国人過多」という概念の誕生と発展の歴史とその影響を中心に考察す

★5 戦間期の連邦警察局の事務官補であったマックス・ルートは「Fremde」は外国人（Ausländer）そのものとしながらも、特に短期的に観光や保養のためにスイスに滞在する人だと規定した。そのためルートは「Fremdenfrage」よりも「Ausländerfrage」という表現が適切であると主張した。Kury［2003］, S. 73-75.

★6 Buomberger/Kury［2005］, S. 177.

★7 「精神的国土防衛」は1930年代から60年代の間の政治文化活動で、その起源は第一次大戦に遡る。総力戦の中で非軍事部門である経済・文化の分野においても外部からの影響に対する抵抗努力は必要だと考えられた。人種主義・民族主義・ナチズム・ファシズムを否定し、それらに「スイスの独自性・基本的な価値」を対置させる運動である。しかし、スイスの独自性が具体的に示されることはなく、「精神的国土防衛」のコンセプトは各方面に開かれた、最低限のプログラムに留まった。1938年にチューリヒで開催された博覧会「Landi」では、国内の士気を高めるため、本来のテーマであった経済・工業発展の展示から変更され、「精神的国土防衛」がテーマとなった。

★8 戦後スイスは好景気に見舞われ、それに伴い労働者不足の問題が持ち上り、それを解消すべく多くの外国人労働者を受け入れた。50年代半ば、好景気が続き、市民権付与の承認も増え、外国人労働者の枠も拡大されると、労働組合から景気が長引けば外国人労働者（特にイタリアから）の本国への帰国は不可能になるなどの不安が抱かれるようになった（Gerber, Brigitta［2003］, *Die Antirassistische Bewegung in der Schweiz*, Zürich, S. 91）。60年代初め「外国人過多の克服」を謳ってNational Aktion（National Aktion gegen die Überfremdung von Volk und Heimat（NA）、1961年設立、1990年Schweizer Demokratenへ改名）などの右派政党が設立され、スイスの外国人政策にかなりの影響力を与えることになった。特徴的なのは、外国人問題（Ausländerfrage）は外国人労働者問題（Ausländerarbeiterfrage）から外国人問題（Fremdenfrage）と変化し、労働市場政策の側面ではなく、南イタリア人による「外国人過多」からスイスの文化を保護しようという文化的な側面が関心の的となった（Ebd. S. 89.）。つまり外国人の増加によってスイスがそのナショナル・アイデンティティの喪失に脅かされていると主張されたのである。この理論展開は30年代の議論にその類似性が確認できる。このような背景で、60年代、70年代にスイスの有権者はさまざまな、いわゆる「外国人イニシアティヴ」に関して判断を下さなければならなかった（Ebd. S. 495）。

★9 Das Bundesgesetz über Aufenthalt und Niederlassung der Ausländer（ANAG）、1931年3月26日決議、1934年1月1日施行。

る。また，独立専門家委員会の最終報告書の中で指摘された，「外国人過多」と反ユダヤ主義との関係も射程に入れる★10。

1 外国人労働者の増加と外国人問題の顕在化

1 外国人労働者の増加

「外国人過多」という概念の誕生や「外国人過多」が社会問題となった大きな要因の一つは，19世紀後半の外国人の急激な増加である。産業革命による工業の発達や自由主義的な風潮のおかげで，スイスは職を求める外国人にとって魅力的な国であった★11。また，スイス自身も工業発展を支えるための外国人労働者を必要としていた。交易の自由化と平行して，徐々に移住の自由に関する制限も撤廃されると，スイスの人口構造に大きな変化がもたらされた★12。多くの外国人労働者がスイスに短期的・長期的に移住したことで，人口全体に対する外国人の割合が急上昇し，その傾向は第一次大戦前まで続いた。1850年から1910年の間に外国人の割合は690％も上昇し，第一次大戦前までには，スイスの人口に占める外国人の割合は15.4％と，20世紀前半の最も高い値に到達した★13。しかしながらこの外国人の増加には，労働需要と密接に関係するはっきりとした地域差がみられた。特に外国人の割合の高かった都市は，ジュネーヴ（41.6％），バーゼル（37.8％），チューリヒ（33.8％），ザンクトガレン（31.1％），ルガノ（50.5％），アルボン（46.1％）であった★14。外国人の国籍別の割合を見てみると，そのほとんどが国境をはさんだ隣国のドイツ，フランス，イタリア国籍で占められていた。スイスの言語の多様性が様々な国の外国人を引きつける要因になっていた。その国籍別の割合を20世紀前半の外国人の割合が一番高かった1910年で見てみると，ドイツ国籍が39.8％，フランス国籍が11.5％，イタリア国籍が36.7％，オーストリア・ハンガリー国籍が7.1％で，スイスの言語的な割合に比較すると，イタリア国籍が突出して多かった★15。さらに，この国籍別の割合の傾向を，1870年からの推移の中に見てみると，ドイツ人がその割合に余り大きな変化が見られないのに対し，イタリア人の割合は1870年の11.9％から，1900年の30.5％と約3倍に増加している★16。これは，外国人

★10 UEK [2002], S. 124. 本書第一部109頁。
★11 Kury [2003], S. 35.
★12 Arlettaz, Silvia und Gerald [1998], Die Schweizerische Ausländergesetzgebung und die politischen Parteien 1917-1931, in: Mattioli, Aram (Hg.), *Antisemitismus in der Schweiz 1848-1960*, Zürich, S. 327.
★13 Kury [2003], S. 35. 2007年の外国人の割合は21.1％，連邦統計局（Das Bundesamt für Statistik）のウェブサイト（http://www.bfs.admin.ch/bfs/portal/de/index/themen/01/01/key.html）より（2009年3月30日取得）。
★14 1910年現在。Kury [2003], S. 35.
★15 Hartman, J. [1917], Die „Überfremdung" der Schweiz, in: *Weltwirtschaftes Archiv: Zeitschrift des Instituts für Wirtschaft an der Universität Kiel*, Bd. 11, S. 96*. 1910年のスイス人の母語の割合は，ドイツ語72.7％，フランス語22.1％，イタリア語3.9％，レート・ロマンス語1.2％。Eidgenössisches Statistisches Amt (Hg.) [1965], *Statistisches Jahrbuch der Schweiz*, Basel, S. 38.
★16 Hartman [1917], S. 96*.

労働者を必要とした産業構造と関係があった。外国人労働者の割合が高かった産業は，まず建設業で，外国人の割合は43.2％で，2番目の化学産業（27.6％）を大きく引き離している★17。建設業に従事する外国人のうちイタリア人の割合は，約76％で，イタリア人の中で建設業に従事する人も76％と高い割合を占めていた★18。急激な外国人労働者の増加は地元労働者との間の軋轢を生み出し，その結果多くの暴動が発生した★19。このような事態に直面して，国やカントンは外国人の急激な増加をスイス人と外国人の「通常でない状態」と認識し，それを解消する対策を模索し始める。それは，第一次大戦勃発後に特に顕著に求められたエスニック・文化的なネーションの考え方ではなく，政治的に平等な公民という共通の意志のうえに定義された「意志のネーション（Willensnation）」という★20，政治的なネーションとして統合することで，外国人の数を削減する試みであった。

2 市民権法改正による最初の外国人削減の試み

スイスの市民権はゲマインデ，カントン，連邦と3段階のシステムを採用しているため非常に複雑である。もともと市民権付与はゲマインデ，カントンの権限であったが，1874年の連邦憲法全面改正によって，連邦も市民権付与の規定に権限を持つことができるようになり，また外国人も市民権に関する政策の重要なグループとしてその視野に入ることになった★21。これ以降第一次大戦まで，外国人をどのようにしてスイス社会に統合すればよいかという問題に連邦は取り組むことになる。1876年の最初の連邦市民権法は，外国籍者によるスイス市民権の獲得と外国の市民権獲得によるスイス人のスイス市民権の喪失を規定した★22。市民権の付与で一番の問題となっていたのが，兵役義務のある外国人の市民権付与であったため，それを管理する担当官庁は外交を担当していた連邦内務省の管轄に定められた★23。この法律により，連邦はカントンの権限であった市民権問題にいっそう関与できるようになった。

外国人の割合の増加は単純に移民だけがその原因ではなく，外国人の高い出生率や，

★17 いずれも1910年時点。Hartmann［1917］, S. 97*.
★18 Hartmann［1917］, S. 98*.
★19 1891年3月1日のローザンヌでの暴動，1893年ベルンの「鳥篭塔騒擾」，1896年アウサージール（現在のチューリヒ第4区）での「イタリア人騒擾」，1902年のアルボンでの騒乱，ゴットハルトトンネルやシンプロントンネルの建設中に起こった大暴動など。Kury［2003］, S. 37.
★20 Argast［2007］, S. 82.「単なる言語がナショナリティを形成するのではなく，積極的な意識と結びついた歴史と結びつこうとする意志がナショナリティを形成するのだ」と高名な法律学者カール・ヒルティがスイスのネーションについて1875年に語っている。Argast［2007］, S. 100. 現在でもスイスは自国を「意志のネーション（Willensnation）」と表している。たとえばスイス連邦内閣のウェブサイトで，「スイスは意志のネーションである（Die Schweiz ist eine Willensnation.）」と表記している（http://www.admin.ch/org/polit/index.html?lang=de を参照）。
★21 Argast［2007］, S. 155.
★22 Argast［2007］, S. 161. Bundesgesetz betreffend die Ertheilung des Schweizerbürgerrechtes und den Verzicht auf dasselbe.（Vom 3. Heumonat 1876.）
★23 Argast［2007］, S. 162.

長期滞在する外国人の市民権獲得が促進されないことも原因であった。市民権獲得が促進されない原因は，スイス側と外国人側の双方にあった。外国人にとって，スイスの市民権を得るメリットはあまり大きくなかった。スイスの市民権を取得しないことによって，政治的な権利は要求することはできないが，労働協定によって健康保険や学校などの社会保障は受けることができたうえ，兵役も免除されていた[24]。スイス側の外国人の市民権獲得が促進されない要因の一つが，スイスで生まれた外国人の子どもの市民権の問題であった。スイスは出生地主義を採用していないため，スイスで生まれた子どもは父親の国籍を引き継ぐことが規定され，親が市民権を獲得しない限りその子どもも外国籍のままであった。

外国人が増加する中，19世紀末に国民院で外国人の市民権付与条件の緩和を検討するように要請が出された。要請は，兵役義務のない外国人は兵役義務を負うスイス人よりも労働市場において有利であり，スイス人の労働の機会が奪われる可能性があるため，この「危険」を回避するため，「スイスのネーションに適しているものを市民権付与条件の緩和によって同化させる」という提案であった[25]。この提案にはスイスで生まれた外国人の子どもに市民権を付与することも視野に入っていた。この要請を受けて連邦内閣は，市民権付与の権限を持つカントンに市民権付与条件の緩和に関する質問状を送った。市民権付与条件の緩和と市民権に関するさらなる連邦の関与に対して22カントンのうち16カントンが反対の態度を表明した[26]。その理由として，市民権付与はゲマインデの権限であること，また，市民権はゲマインデの管轄である貧民救済法と密接な関係がある点が挙げられた[27]。つまり，市民権の付与はその人が困窮化した場合の支援資金の負担を意味していた。連邦が貧民救済の財政上の負担を負わずして，市民権の問題に関与することにカントンは反対であった。

また，カントンの間でもこの問題に対する姿勢に温度差が見られた。多くの外国人を抱えるカントンとそうでないカントンが存在することは，包括的な解決策の導入が難しいことを意味していた。しかしながら，カントンへのこの質問状は影響のないものではなかった。連邦内閣は，スイス人と外国人の間の数的な関係と外国人の市民権獲得の緩和に関する問題をカントン政府に問題として認識させる第一歩を行ったのである[28]。大部分のカントンから反対の反応を受けた外国人の市民権付与条件の緩和の提案であったが，連邦内閣は1876年の市民権法の改正に取り組もうとしていた。その改正の中心となったのは，外国人移民者の第二世代に対して選択権つきの出生地主義の導入をカントンに許可するというものであった[29]。この議論の中で，連邦司法警察省は連邦レベ

---

[24] Hartmann［1917］, S. 99*.
[25] 1898年，国民院の4月セッション。カントン・サンクトガレン選出の国民院議員テオドール・クルティによる要請。Argast［2007］, S. 174.
[26] Argast［2007］, S. 179.
[27] Argast［2007］, S. 179.
[28] Argast［2007］, S. 182.

ルの出生地主義の導入の必要性を訴えたが，現行の憲法ではその導入は難しいこと，またスイスの市民権の歴史的な背景から，連邦レベルでの導入はカントンとゲマインデの権限を侵すことになるとして却下された★30。最終的に新しい連邦法は1903年，1876年の最初の連邦市民権法に基づいて制定され，その第5条で，カントンに対して第二世代の移民に対し必要に応じて選択権つきの出生地主義を導入する権利を付与した★31。ゲマインデの市民権が貧民救済法と密接な関係があることなどから，この法律はどのカントンも利用せず，事実上カントンレベルの出生地主義の導入は失敗に終わってしまった★32。しかし，1909年以降再び，外国人の数を市民権付与によって削減しようとする試みは連邦レベルおよび各種団体によって模索され，連邦レベルの出生地主義の導入が検討され始めるのである。

2 伝統的なよそ者嫌い・反ユダヤ主義・「東方ユダヤ人」嫌い

1 伝統的なよそ者嫌いと外国人排斥

スイスにはもともと土着的なよそ者嫌いの伝統があるといわれている。にわかには，よそ者嫌いとスイスは結びつかないかもしれない。確かに，スイスは18世紀後半から19世紀にかけての農業国から工業国への発展段階において，多くの外国人を受け入れ，その恩恵にあずかってきた。早くには，16世紀にユグノーの亡命者によって一部に広められた繊維産業（絹リボン産業と綿加工業）は17世紀，18世紀のスイスの重要な産業の一部を占めており★33，また時計製造業においてもユグノーの亡命者によって新しい製造・販売方法が伝えられた。彼らは繊維産業，時計製造業の発展において非常に重要な役割を果たしたのである★34。また，政治的に対立している人を受け入れることで，スイスは19世紀に亡命者・難民のための避難場所という名声を確立していた★35。

よそ者嫌いは，スイス建国から連邦国家成立までの歴史と政治システムに大きく関係している。スイスが現在のような連邦国家として成立したのは1848年で，それ以前のスイスは，さまざまな同盟によって小さい国家が緩い紐帯で結ばれていたに過ぎなかっ

★29 Argast [2007], S. 185.
★30 Argast [2007], S. 187-189.
★31 Argast [2007], S.190. Bundesgesetz betreffend die Erwerbung des Schweizerbürgerrechtes und den Verzicht auf dasselbe (Vom 25. Juni 1903).
★32 Argast [2007], S. 193.
★33 De Capitant, Francois [2004], Beharren und Umsturz (1648 - 1815), in: Comité pour une Nouvelle Histoire de la Suisse (Hg.), *Geschichte der Schweiz und Schweizer*, Dritte und unveränderte Auflage der Studienausgabe in einem Band, Basel, S. 461.
★34 イム・ホーフ，U.〔著〕，森田安一〔監訳〕[1997]，『スイスの歴史』，刀水書房，120-121頁。
★35 UEK [2001], *Die Schweiz und die Flüchtlinge zur Zeit des Nationalsozialismus*（独立専門家委員会叢書17巻），Zürich, S. 22.

た。こういった歴史的背景から，スイスの連邦制は他の連邦国家と比較しても，連邦政府・機関にそれほど大きな権限が与えられておらず，地方分権が非常に強いのが特色である。またその言語的，文化的，宗派的な多様性を認める政治的な統一を目指しているのもその特徴である。つまり各カントンがそれぞれの独自性を有し，それを保持しようと努めているのである。このような背景から，スイス人はスイス国家よりもカントンに，カントンよりゲマインデにより大きな帰属性を感じ，自分たちの共同体とそれ以外との間に境界線を引き，そこからよそ者（他者）を排除していく傾向がある。こういった考え方は，1848年の新しい連邦国家形成の過程で中央集権化が進むと，自分たちのアイデンティティが失われてしまうのではないかという不安の中で，連帯とは逆の作用が働き，地方意識がさらに高まり，外に対する拒否反応として現れたものでもある★36。

　このような排外主義に基づいた外国人排斥暴動や運動が19世紀後半に社会的背景と関連して表出するようになった。それらは，1896年にチューリヒで起こった「イタリア人騒擾」のように外国人労働者に対するものや，「東方ユダヤ人★37」嫌悪に基づいたものや反ユダヤ主義的な運動や政策，またシンティ・ロマに対する政策であるが，その理由は人種的なものというよりは，よそ者嫌い，外国人排斥という動機が中心となっていた★38。特に，「東方ユダヤ人」の排斥はよそ者嫌いと反ユダヤ主義が結びついたスイスの反ユダヤ主義の特徴として指摘されている★39。

2　「東方ユダヤ人」の移住

　19世紀後半以降，スイスのユダヤ人を取り巻く環境が一変した。1866年の連邦憲法の一部改正により，完全な移住の自由と営業の自由が認められ，1874年の新連邦憲法により，信仰の自由が認められ，完全なユダヤ人の解放が行われた。ユダヤ人開放後，スイスのユダヤ人に二つの大きな変化がみられた。まず，それまで基本的には現在のカントン・アールガウにあるいわゆるユダヤ人村（ゲットー），レングナウとエンディンゲンにしか居住できなかったユダヤ人が都市へ移住し，ユダヤ人の都市化という変化が見られた。さらに外国からユダヤ人が移住してくるようになった。フランス，ドイツ，オーストリアの近隣諸国のユダヤ人や，いわゆる「東方ユダヤ人」と呼ばれるユダヤ人

★36　Kury［2003］, S. 33.
★37　ユダヤ教の法的な規定の集成であるハラハーによると，ユダヤ人とは「ユダヤ人の母から生まれたものまたはユダヤ教に改宗したもの」と規定されている（西川正雄他〔編〕［2001］,『角川世界史辞典』, 角川書店, 970頁）。本章のユダヤ人とは特に断りがない限り，「人種的な」意味でのユダヤ人ではなく，ユダヤ教徒およびユダヤ共同体に属するものという意味で使用する。
★38　Kury［2003］, S. 33.
★39　Picard, Jacques［1997a］, *Die Schweiz und die Juden 1933-1945, Schweizerischer Antisemitismus, jüdischer Abwehr und internationale Migration- und Flüchtlingspolitik*, 3. Auflage, Zürich, S. 37. ピカールは外国籍のユダヤ人に向けられた反ユダヤ主義を，「反ユダヤ主義のスイス化（Verschweizerung des Antisemitismus）」と定義づけている。

がスイスに移住してきた。「東方ユダヤ人」とは，ロシア，ポーランド，ガリチア，白ロシア，ウクライナ，リトアニア出身のユダヤ人で，彼らは19世紀後半，特に1881年の皇帝アレクサンドル2世の暗殺をきっかけとしたポグロムや，ユダヤ人居住地区での法的・社会的な差別，これに関連する経済的な改革に伴う物資不足などが原因で移民を余儀なくされた人びとである。1881年から1930年の間に200から300万人の「東方ユダヤ人」が移民をし，その移民先として，アメリカ合衆国，ベルギー，オランダ，ドイツ帝国，フランス，パレスチナが選ばれた★40。

数的には少ないがスイスにも「東方ユダヤ人」が経由または定住を求めて訪れた。第一次大戦前までにスイスのユダヤ人の数は約2万人に増加したが，そのうち4分の1から3分の1が「東方ユダヤ人」であったとされている★41。それまで，スイス国籍のユダヤ人とアルザス・アレマン系のユダヤ人のいわゆる「西方ユダヤ人」しかいなかったところに，「東方ユダヤ人」が移住してきたことで，ユダヤ人の中にも差異が見られるようになった。「西方ユダヤ人」がユダヤ人解放後一般的に世俗化して，スイス社会に「同化」していたのに対し，「東方ユダヤ人」は宗教的に厳格で古い慣習を重んじ，言語もイディッシュ語を話し，独自の文化を保持していた★42。また「西方ユダヤ人」の中にも，世俗化の流れを嫌いトーラに基づいた生活を求め，新たなコミュニティーを形成する動きもみられた。しかし，スイスのユダヤ人は多少の意見の相違は見られたが，「ネクタイ」と「カフタン」のユダヤ人に分裂することはなく，さまざまな差別や抵抗に柔軟に対応すべく，ユダヤ人コミュニティーは宗教的差異や，出自の前提を超えて統合していた★43。

「東方ユダヤ人」の中には多くのユダヤ人留学生も含まれていた。ロシアがユダヤ人学生を大学から締め出したときに，スイスの大学が多くのユダヤ人学生を受け入れたのである★44。スイスの大学における外国人の割合は全体の半分以上とかなり多く（1902年から1912年），そのうちの51％がロシア国籍で，そのロシア人は，正確な史料は存在しないが，優勢的にユダヤ人であると考えられている★45。しかし，第一次大戦が始まるとロシアからのユダヤ人学生の数は激減した★46。

外国から多くのユダヤ人が移住してきたことで，スイス在住のユダヤ人は外国籍のユ

★40　Huser, Karin [2005], Fremd sein in Zürich – Ostjüdisches Leben an der Sihl, in: Niederhäuser, Peter/Ulrich, Anita（Hg.）, *Fremde in Zürich ? fremdes Zürich? Migration, Kultur und Identität im 19. und 20. Jahrhundert*, Zürich, S. 27.

★41　Weingarten, Ralph [1983], Gleichberechtigt in die neue Zeit. Die Gründerzeit des Schweizer Judentums 1866–1920, in: Guggenheim, Willy（Hg.）, *Juden in der Schweiz*, Küsnacht / Zürich, S. 54.

★42　Weingarten [1983], S. 59.

★43　Picard [1997a], S. 64.

★44　ロシア出身のユダヤ人の学籍登録は，1867年に始まり1907年に最高潮に達した。Kamis-Müller, Aaron [2000], *Antisemitismus in der Schweiz 1900-1930*, Zürich, S. 222.

★45　Kamis- Müller [2000], S. 222.

★46　Kamis- Müller [2000], S. 225.

ダヤ人のほうが優勢となった。1920年にはスイス国籍を持つユダヤ人が9428人（全ユダヤ人の44.9％）に対し，外国籍のユダヤ人の数が1万1551人（同55.1％）であった。急激にユダヤ人の数は増加したが，それでもスイス人口全体に対する割合は0.54％にしか過ぎず，隣国と比較するとかなり低い割合であった★47。

3　反ユダヤ主義と「東方ユダヤ人」嫌い

その形態や機能が変化しても，ユダヤ人嫌いは歴史上継続して見られる現象であり，現在においても依然として時事的な問題であり続けているという事実には疑問の余地がない★48，といわれているようにユダヤ人に対する嫌悪は2つの大きな戦争や世界的な経済危機から突然発生したものではない。ユダヤ人はその長い歴史の中で，祖国喪失，ディアスポラ，迫害・差別などを経験してきた。スイスもユダヤ人嫌いという問題に関して，人道主義に基づく「特殊な事例（Sonderfall）」ではなく，「ヨーロッパの通常のケース」に当てはまる★49。確かにスイスでは，19世紀後半から20世紀にかけて，ロシア，フランス，ドイツなどとは異なりユダヤ人に対するポグロムは発生せず，反ユダヤ主義を標榜する政党も成立せず，「ドレフュス事件」に相当するような事件も起こらず，不穏な暴走反ユダヤ主義的な事件もほとんど起こらなかった★50。しかし，ユダヤ人憎悪や反ユダヤ主義は社会的，政治的，経済的な問題を背景としてスイスにもはっきりと実在していた。特に19世紀後半以降のユダヤ人，とりわけ「東方ユダヤ人」の増加は社会的な軋轢や政治的な問題となり，スイスの反ユダヤ主義の歴史にアクセントをつけることになった。

19世紀後半以降，ユダヤ人は時折，世論の中で経済的な出来事について責任を負わされていた。すでに1860年代初頭や破産した鉄道会社を国有化する際に，ユダヤ人はその原因と目されたり，責任転嫁の矛先として標的にされたりしたが，実際にはユダヤ人はほとんど関係がなかった★51。1900年以降，特に第一次大戦中にはユダヤ人を敵対視する要因が増えた。自由主義的な資本主義への反発がユダヤ人の敵意と結びついて行ったのである。例えば，第一次大戦中，戦時経済のすさまじいインフレで食料品の価格が高騰した背景でユダヤ人が暴利を得ているとして，バーゼルでユダヤ人が訴えられた，いわゆる「食料品の不当利益訴訟」がある★52。

★47　Picard [1997a], S. 61.
★48　Picard, Jacques [1997b], «Antisemitismus» erforschen? Über Begriff und Funktion der Judenfeindschaft und die Problematik ihrer Erforschung, in: Kreis, Georg/Müller, Bertrand (Hg.), *Die Schweiz und der Zweite Weltkrieg/ La Suisse et la Seconde Guerre mondiale*, Basel, S. 580.
★49　Mattioli, Aram [1998], Antisemitismus in der Geschichte der modernen Schweiz- Begriffsklärungen und Thesen, in: Mattioli, Aram (Hg.), *Antisemitismus in der Schweiz 1848-1960*, Zürich, S. 9.
★50　Mattioli [1998], S. 15.
★51　Picard [1997a], S. 36.
★52　Kamis- Müller [2000], S. 76-81.

1892年のドイツ語圏スイス動物保護協会の「シェヒター」の禁止を求める国民イニシアティヴと93年の国民投票で「シェヒター禁止」の連邦憲法への採択が決まったことは[53]，スイスのユダヤ人の歴史，および反ユダヤ主義の歴史の中で重要な意味を占めている[54]。「シェヒター」とはユダヤ教の戒律に従って行われる屠殺方法で，事前の麻酔なしに鋭利なナイフで動物の気管と食道を一気に切り裂き，同時に大動脈を切断し，瞬時に動物の意識を失わせて屠殺する方法である。ドイツ語圏スイス動物保護協会は，ユダヤ教の屠殺法「シェヒター」が動物虐待だと非難し，この禁止を求めるキャンペーンを展開し，連邦憲法の部分改正を求める国民イニシアティヴを提起した。1893年のイニシアティヴは，「シェヒター」の禁止は連邦憲法の定める信仰の自由に抵触すると考えていた連邦内閣の意に反して，国民投票で過半数多数の賛成を得て承認され，連邦憲法が改正された[55]。

　「シェヒター」はスイスのみならず，フランス，イギリス，ドイツ，オーストリアなどでも問題にされていたが，この時期に「シェヒター」が禁止されたのは，ザクセン王国とスイスのみであった[56]。しかし，はっきりと反ユダヤ主義を標榜する政党が，ユダヤ人の解放を再び問題にしていたドイツでは，「シェヒター」の問題は周縁的なテーマでしかなかったが，スイスにおいては，ユダヤ人の統合問題だけでなく，憲法で保証された平等権や信教の自由といった憲法解釈の問題を含む広範な議論の凝結点にまでなった[57]。

　このドイツ語圏スイス動物保護協会の国民イニシアティヴは，表向きは動物保護を装っているが，ユダヤ教の文化の継承や戒律の遂行を困難にすることで，スイス居住のユダヤ人に対しては，ユダヤ人は解放されたが，いまだ彼らを同等の市民として受入れていないということを示し，外国のユダヤ人に対してはスイスを魅力的でないものにする狙いがあったと指摘されている[58]。特に，ユダヤ教の戒律を忠実に守っている「東

---

[53]　1874年の連邦憲法第25条^{bis}の文言は「事前に動物の感覚を麻痺させずに動物の屠殺を行うことは，どのような屠殺方法および家畜種においても例外なく禁止する」というもので，文言上「シェヒター禁止」は明記されてはいなかった。しかしユダヤ教の戒律では，動物の感覚を麻痺させずに屠殺を行わなければならないため，事実上「シェヒター」の禁止を意味した。

[54]　ゲマインデやカントンレベルでは「シェヒター」の禁止を求める動きは屠殺方法の近代化と文明化とが相まって1850年代からみられた。Krauthammer, Pascal [2000], *Das Schächtverbot in der Schweiz, Die Schächtfrage zwischen Tierschutz, Politik und Fremdenfeindlichkeit*, Zürich, S. 29-36.

[55]　1893年の国民投票では，賛成19万1527票，反対12万7101票で国民の過半数を獲得し，カントンでは，賛成11.5カントン，反対10.5カントンで，ぎりぎり過半数を超えた。当時の投票率からみるとかなり低い投票率（50％以下）であった。Krauthammer [2000], S. 85-87.

[56]　Mesmer, Beatrix [1998], *Das Schächtverbot von 1893*, in: Mattioli, Aram (Hg.), *Antisemitismus in der Schweiz 1848-1960*, Zürich, S. 215. ザクセン王国では1892年に事前に動物の感覚を麻痺させずに動物を屠殺することが禁止された。Schäbtiz, Michael [2006], *Juden in Sachsen- jüdische Sachsen? Emanzipation, Akkulturation und Integration 1700-1914*, Hannover, S. 284. シェビッツは「シェヒター」がロイス候国（兄系）とシュバルツブルク・ソンダーハウゼン候国でも禁止されていたのではないかと指摘している。Ebd. S. 285.

[57]　Mesmer [1998], S. 215.

[58]　Mesmer [1998], S. 234.

方ユダヤ人」の流入を抑えようとする意図があったことが指摘されている★59。

「シェヒター禁止」がユダヤ人にとってどれほど大きな問題であったかは，1904 年にスイスユダヤ人共同体連盟（Schweizerischer Israelitischer Gemeindebund, SIG）が個々のユダヤ人組織を統合する形で設立されたことが示している。これは特に「シェヒター禁止」に反対して，連邦レベルで団結して戦うための組織として設立されたものである。しかし「シェヒター禁止」が反ユダヤ主義的であると理解されるのは，一般的なユダヤ人嫌いあるいは反ユダヤ主義という視点でみた場合のみであり，動物保護の視点から動物虐待だと主張されると反論の余地がなかった★60。しかもこの「シェヒター禁止」をめぐる議論は，決して歴史的な過去の問題ではない。1973 年に，この条文は連邦憲法から削除されたが，現在でも「シェヒター禁止」は動物保護法の中に明記されている。2001/02 年にスイス連邦経済省とユダヤ団体がその廃止に取り組んだが，多くの国民の反対を受け断念している。つまり，スイスでは現在も「シェヒター」は禁止されており，スイスに住むユダヤ人はコシェルされた肉（シェヒターによって屠殺された肉）を輸入しなければならないのである。

第一次大戦が始まると反ユダヤ主義的な傾向がますます強くなっていった。ユダヤ人は戦争から暴利を得た戦争成金や，革命家，世界征服者として表象され多くのカリカチュアが描かれた★61。また新聞広告の中などで，「ユダヤ人お断り（Juden ausgeschlossen）」と表記されている場合も少なくなかった★62。世界恐慌の影響や，それにともなう失業者の増加に打撃を受けた 1930 年代の混沌とした社会経済状況の中で，33 年春に「諸戦線の春」と呼ばれるほど諸戦線運動が活発化した。この諸戦線運動はかなりの数にのぼり，さまざまな性格を帯びていた。伝統主義的，貴族主義的，小営業者的なもの，カトリック的な身分制度国家的なもの，小農民的，社会革命的，ファシズム的な活動があり，その中に反ユダヤ主義的な活動も多数存在した★63。諸戦線運動の中で比較的支持を獲得した団体はドイツ語圏では「国民戦線」，フランス語圏では「国民同盟」であった★64。両団体とも反ユダヤ主義を標榜していた。純粋なナチスである「民族社会主義スイス労働党」も存在したが，勢力は弱かった。反ユダヤ主義を標榜する組織は全部で 14 団体存在し，反ユダヤ主義的な出版物を多く発行していた★65。ドイツから反ユダヤ主義的な印刷物も多数スイスに流入し，ヘンリー・フォードが『シオンの長老の議定書』を模して著した『国際的ユダヤ人』もスイスの鉄道のキオスクで無料配布されていた。しかし諸戦線運動は政治の表舞台に上がることもなく，国民の同意を得るま

★ 59　Picard ［1997a］, S. 37, Kamis- Müller ［2000］, S. 54.
★ 60　Picard ［1997a］, S. 39.
★ 61　Kamis- Müller ［2000］, S. 125–137.
★ 62　Kamis- Müller ［2000］, S. 112.
★ 63　イム・ホーフ ［1997］, 215 頁。
★ 64　森田安一 ［2000］,『物語　スイスの歴史』，中公新書，228 頁。
★ 65　Kamis- Müller ［2000］, S. 214–215.

でには至らず，1935 年以降衰退していった。反ユダヤ主義的な諸戦線運動は姿を消したが，ユダヤ人から自分たちを守ること，特に外国籍のユダヤ人から守ることは，スイスの反ユダヤ主義のライトモチーフとして，1933 年以降のユダヤ人に対する冷酷な難民政策の基準点として残った★66。

3 新しい概念「外国人過多」の誕生から外国人政策の法制化へ

1 「外国人過多」という概念の誕生

1899 年秋，シュニーダ・フォン・ヴァルテンゼー・チューリヒ財団から外国人法に関する国家学の懸賞論文の募集が行われた。求められたのは，立法，法運用，市民権政策に関する論文，スイスの外国人の存在評価，現行の法運用，市民権付与基準の緩和についての評価，批判または提案であった★67。応募論文のひとつ，チューリヒの貧民救済担当事務官であったカール・アルフレッド・シュミットの論文「我々の外国人問題（Unsere Fremdenfrage）」のなかで初めて「外国人過多」という言葉が登場した★68。シュミットの論文は内容的に不十分ということで採用されなかったが，シュミットはチューリヒという多くの外国人労働者を抱えるカントンでの問題を訴えていた★69。19世紀後半から，外国人の増加の問題が指摘される中，ここで初めて「外国人過多」という表現を得ることになったが，この言葉が頻繁に使用されるまでしばらくの時間を要した。

1909 年以降，第一次大戦開戦までの時期に，「外国人問題（Ausländerfrage）」や当時その同義語として使用されていた「よそ者問題（Fremdenfrage）」に関する論文，出版物の中で「外国人過多」が頻繁に登場するようになった★70。そして 1914 年に連邦司法警察省の報告書の中で使用されるようになったことで，官庁用語に採用されるまで浸透していった★71。「外国人過多」は否定することはできない事実と認識されていたが，この言葉の明確な定義が行われなかったため，多義的で曖昧な部分を含んだまま多用されるようになっていった★72。

2 連邦レベルの市民権付与による外国人削減の議論

1903 年のカントンに出生地主義導入の権限を付与する連邦法制定以降，しばらくは

★66 Picard [1997a], S. 37.
★67 Buomberger/Kury [2005], S. 178.
★68 1900 年。シュミットは増え続ける外国人の数を危惧し，「スイスの過剰な外国人過多」を指摘。連邦の関与なしのゲマインデによる自動的な市民権付与を支持していた。Kury [2003], S. 41, Argast [2007], S. 183.
★69 Argast [2007], S. 183-184.
★70 Kury [2003], S. 42.
★71 Buomberger/Kury [2005], S. 178.
★72 Buomberger/Kury [2005], S. 179.

市民権付与の緩和の問題は連邦レベルで問題にされなかった★73。1909 年に，国民院行政監視委員会から連邦内閣に対し，定住している外国人もしくはスイスで生まれた外国人の市民権獲得がどのように軽減されるべきか調査し報告するように要請が出された★74。その際特に調査すべきとされたのは，ゲマインデの市民権から切り離された国籍の創出と，スイスで誕生した外国人の強制的な市民権の付与の問題であった。この要請は外国人の市民権獲得の緩和をめぐる取り組みの新たな一面を切り開いた★75。しかし，連邦内閣はいわゆる「外国人問題」に対して 1912 年まではっきりと消極的な態度をとったため，その問題は「9 人委員会（Neunerkommission）★76」，「スイス共益協会（Schweizerische Gemeinnützige Gesellschaft）」，「スイス法律家連盟（Schweizerischer Juristenverband）」などの超党派の団体やカントンを超えた団体よって取り組まれた★77。

1912 年 12 月に「9 人委員会」によって，連邦憲法第 44 条の改正を求める申請が提出された★78。その改正案は出生地主義の一部導入と，定められた条件を満たした外国人に対して市民権を付与することを求めるものであった★79。市民権付与の条件を緩和することで，外国人をスイス市民に変えて，外国人問題の解決を図ろうとする提案であった。第一次大戦前は，「外国人問題」の解決策は外国人の市民権付与条件の緩和という中央集権的な方法によって行われるべきという意見が大半を占めていた★80。しかし，第一次大戦をきっかけとして，外国人を市民権付与によりスイス市民にすることで政治的なネーションとして統合しようという流れは，エスニック・文化的なネーションの考え方の台頭によって途絶えることとなる。

3　第一次大戦と「外国人過多」議論の転換

第一次大戦は自由主義的な時代を終わらせ，自由経済市場と自由な人の往来の終わりも意味し，国家による管理の強化をもたらした。そして新しいシステムとして保護主義が台頭し，経済や文化などさまざまな分野に影響を及ぼすことになった。

第一次大戦の後半の 3 分の 1 以降，政党や経済団体の多くが経済保護に力を注ぐようになった。自由民主党は「価値の低い外国人労働者」からのスイスの労働市場の保護とスイスの外資系企業の増加に対抗する措置を求めた★81。当時一番影響力を持っていた

- ★73　Argast［2007］，S. 205.
- ★74　Kury［2003］，S. 57.
- ★75　Argast［2007］，S. 330.
- ★76　バーゼル，ジュネーヴ，チューリヒの自由主義急進派と社会民主派，自由主義派 3 名ずつからなる超党派委員会。連邦憲法改正の提案を目的に 1910 年結成。
- ★77　Argast［2007］，S. 208-216.
- ★78　第 44 条の文言：「外国人へ市民権を付与するための条件ならびに，外国の市民権の取得目的のためのスイスの市民権の放棄に関する条件は連邦法の立法によって定められる」。
- ★79　Arlettaz［1998］，S. 328.
- ★80　Arlettaz［1998］，S. 328.
- ★81　Kury［2003］，S. 152.

政党である自由民主党が，経済的自由主義から明白に距離をとったのである。スイスの労働組合は国内労働者の保護を求めたのに対して，スイス社会民主党は国内労働者保護と政治路線である国際主義的な要求の両方を考慮に入れていた。しかしながら，「経済的な外国人過多の克服」に精力的に取り組んでいたのは，政党ではなく，スイス共益協会，新ヘルヴェティア協会（Neu Helvetische Gesellschaft），スイス商工組合（Schweizerischer Handels - und Industrie - Verein）などの組合や団体で，それらは大きな影響力を持っていた★82。1918年のゼネストや1931年から始まった世界恐慌も「経済的な外国人過多の克服」運動が活発になる要因となった。

　外国人問題，外国人政策，よそ者についての語りも変化した。第一次大戦前は，外国人問題を市民権獲得条件の緩和によって，その割合を削減しようとしていたのに対し，第一次大戦中および戦後になると，「よそ者自体（Fremde per se）」，「外国人（Ausländerei）」，は次第に問題であるとか脅威であると受け止められるようになった。「望ましくない（indésirables, unerwünscht）」や「同化できない（nicht assimilierbar）」といった言葉が使用され，よそ者をスイスに統合するのではなく，排除する方向へと転換し，「外国人過多をめぐる言説」がナショナル・アイデンティティの議論の影響下で形成され始めた★83。問題の中心がこれまでの外国人の数の問題や市民権付与の問題から，外国人の質の問題へと論点が変化した。つまり，スイス社会の一員として適切か，あるいはスイス社会に同化することができるかという問題へと移行し，「望まれない」，「同化できない」よそ者が増加することで，スイスの独自性や独自の文化が侵食されると主張されたのである。「望まれない」要素として排除の対象になったのは，ロシア革命を背景に革命の扇動者，第一次大戦を背景に脱走兵，兵役忌避者，そして「東方ユダヤ人」であった。特に「外国人過多をめぐる言説」における排除の語りにおいて，重要な役割を担ったのが反ユダヤ主義的，特に「東方ユダヤ人」嫌悪的な論拠であった★84。「望まれないもの」，「同化できないもの」を具体的に指すものとして，「東方ユダヤ人」という小さなグループが利用されたのである★85。服装で簡単に「東方ユダヤ人」だと認識できることや，政治的な後ろ盾を持たなかったので，彼らを「理想のよそ者」として排除の対象にすることができたのである★86。

4　外国人警察の中央機関の設立

　これらの「脅威」を管理し，「外国人過多」を克服するために，連邦内閣は，第一次大戦中の1917年に，国境警察の総合的な管理および外国人の管理のため，外国人警察

★82　Kury［2003］, S. 153.
★83　Kury［2003］, S. 13.
★84　Kury［2003］, S. 132.
★85　統計的には，1920年ごろ，近隣諸国のドイツ，フランス，イタリア，オーストリアの外国人が外国人全体の95％を構成していた。Kury［2003］, S. 132.
★86　Kury［2003］, S. 132.

の中央機関である外国人警察連邦統括局を創設した★87。戦後そこから，連邦司法警察省の下部組織である連邦外国人警察が誕生したのである★88。これによって，第一次大戦後の外国人政策は完全に新たな段階へ進むことになった★89。これまでは，外国人の定住許可や市民権に関する権限はカントンにあったが，これにより連邦も外国人の管理に関してさらなる影響力を持つことができるようになり，国による外国人政策の管理が行われるようになったのである。そして，警察的および経済政策的な考えが相互に影響しあうなかで，「外国人過多」という言葉が，外国人政策の中でスローガンならびに支配的な概念となった★90。

1919 年，外国人警察連邦統括局のトップにハインリッヒ・ロートムントが就任した★91。ロートムントはスイスのその後の外国人政策の主要責任者であり，第二次大戦中の難民政策にも甚大な影響力を及ぼした人物で，最終報告書でもその責任が問われている★92。ロートムントは外国人排斥主義者で「外国人過多の克服」に熱心に取り組んでいたが，こういった考え方を持っていたのは，ロートムントだけではなかった。ロートムントの上司であるエルンスト・ドラキ★93や同僚のマックス・ルート★94らはロートムントと全く同じ考え方を共有していた。1920 年代には，指導的な立場にある人たちが，外国人の数を政策どおりに減らすように，一連の法的，文化的な措置を講じたのである★95。1926 年には市民権付与の管轄が連邦内務省から連邦司法警察省に移管され，連邦司法警察省は外国人政策に加え市民権政策の管理も行い，外国人の入国から市民権付与まで包括的に外国人を管理する機関となった★96。

5 官庁の反ユダヤ主義

世紀転換期から，特に第一次大戦後，官庁はさまざまな反ユダヤ主義的な措置を講じた。連邦レベルで行われたのは（政府の意に反してではあるが），すでに述べた「シェヒター禁止」であるが，カントンレベルでも様々な反ユダヤ主義的な措置が行われた。

★87　Die eidgenossische Zentralstelle für Fremdenpolizei。スイス入国者のうち疑わしい人物と国内調査で疑わしいと判明した人物を登録する機関として設立。少なくとも 1918, 19 年の冬までは連邦司法警察省（EJPD）警察局の下部組織. Gast, Uriel [1997], *Von der Kontrolle zur Abwehr. Die eidgenossische Fremdenpolizei im Spannungsfeld von Politik und Wirtschaft 1915 - 1933*, Zürich, S. 37-38.
★88　Die eidgenossische Fremdenpolizei.
★89　Buomberger/Kury [2005], S. 180.
★90　Buomberger/Kury [2005], S. 180.
★91　1919 年から 1954 年までの長きにわたり連法司法警察省において指導的な立場にあった。1929 年まで外国人警察連邦統括局局長を務めた後，連邦警察局局長に任命された。Kury [2003], S. 111.
★92　UEK [2002], S. 132-133. 本書第一部 116-117 頁。
★93　1919 年から 29 年まで連邦司法警察省連邦警察局局長を務め，同時に国際刑法，監獄研究，教会法を専門とするベルン大学名誉教授でもあった。Kury [2003], S. 111.
★94　法律家。1920 年から 44 年まで連邦警察局の第一事務官補を務める。Kury [2003], S. 120.
★95　UEK [2001],（独立専門家委員会叢書 17 巻）, S. 64.
★96　Argast [2007], S. 306.

カントン・チューリヒのシャバットの特免の廃止議論はその一つである。シャバットとはユダヤ教の安息日（土曜日）であるが，その日に学校を休むことを特例として認めるか認めないかという議論であった。実際にはほとんどすべてのカントンでシャバットの特免は認められており，これをめぐって議論が起こったのは，カントン・チューリヒだけであった★97。最終的にシャバットの特免は廃止されず，それぞれの教師が現場で判断していた。また，多くのユダヤ人，特に「東方ユダヤ人」が従事していた行商に関する様々な制限がカントン・ベルン，カントン・バーゼル，カントン・ザンクトガレン，カントン・チューリヒで導入された★98。

「外国人過多」という言葉の誕生の地であるチューリヒでは，当然「外国人過多の克服」にも積極的に取り組んでいた。チューリヒ地域ではユダヤ人の移住に対する官庁の態度が特にはっきりしていた。チューリヒ地域には1914年に，スイスに住むユダヤ人全体の3分の1を占める，約6800人のユダヤ人が居住していて，そのうち4分の3が外国籍であった★99。他都市と比べて外国人の増加が顕著で，市民権獲得を希望する外国人の数が急激に増えたことで，特にブルジョワ的な階級で，これまでのリベラルな市民権獲得政策に対し抗議の声が上がった★100。

1911年，チューリヒの市民権委員会で市民権の付与条件の厳格化について議論され，「東方ユダヤ人」がこれまで2年間滞在すれば申請することができた市民権申請の滞在期間の条件を，一律10年に引き上げることが提案された（他の外国人は5年間の滞在で申請可能であった）。しかし条件はこれだけではなかった。そのほかにドイツ語能力，ある程度「同化している」こと，他の市民にとって有益な一員であると思われることなども調査するべきとされたが，実際どのような性質が望ましいのかは，明確な説明はなされなかった★101。この議論で大きな役割を担ったのが，チューリヒ市文書官であったルドルフ・ボルリンガーであった。ボルリンガーは「東方ユダヤ人」の増加に対して，市民権付与条件の厳格化を提案した★102。彼の主張は市民権を獲得する前に十分スイス社会に「同化すること」が重要であるということであった。この市民権委員会からの提案は，1912年に市議会で議論され，「東方ユダヤ人」は文化的，経済的な生活にとって歓迎されざる悪い影響を及ぼすという理由で承認された★103。

1920年に「東方ユダヤ人」に対する市民権付与基準がさらに厳格になった。その条件は，「15年間中断することなくチューリヒ市に居住し，話し言葉，書き言葉の両方の

★97　Kamis- Müller［2000］, S. 64-70. カントン・チューリヒでのシャバットの特免の廃止への動きは，1893年，1901年，1913-14年，1920-22年にあった。Ebd. S. 64.

★98　Kamis- Müller［2000］, S. 70-73. 主に1900年代。

★99　Picard［1997a］, S. 63.

★100　Huser Bugmann, Karin［1998］, *Schtetl an der Sihl. Einwanderung, Leben und Alltag der Ostjuden in Zürich 1880-1939*, Zürich, S. 99.

★101　Huser Bugmann［1998］, S. 100-101.

★102　Kamis- Müller［2000］, S. 85. ボルリンガーは「9人委員会」のメンバーでもあった。

★103　Kamis- Müller［2000］, S. 85.

ドイツ語を習得し，家庭的にも，職業的にもよく順応し，国民経済において有効な存在であること」であった★104。この「東方ユダヤ人」に対して厳しい条件を導入する主な理由として主張されたのは，「東方ユダヤ人」はスイスに「同化」することが難しいということであった。我々の文化と異質の人たちが増えることで，スイス特有の文化が損なわれると主張されたのである。この議論でも，単に「東方ユダヤ人」の数を問題にしているのではなく，その性質を問題にし，スイスとは異質で，同化することが難しいと主張されたのである。この差別的な政策は，1936年秋にチューリヒ・ユダヤ信徒共同体（Israelitische Cultusgemeide Zürich, ICZ）の理事会の尽力により撤廃されたが，1912年から1936年のチューリヒ市の姿勢は，すでにロートムントのもとで1926年から始まっていた連邦外国人警察の基本方針として引き継がれていった★105。

6 「外国人の滞在と定住に関する連邦法（1931年）」の成立

第一次大戦後の社会経済的な危機的状況下で，国家による経済政策および人口政策と「外国人過多」に対する運動との関連が重要になっていった★106。その結果，外国人労働者・外国人流入民を規制する動きが第一次大戦後から現れる。1931年，両院で可決された「外国人の滞在と定住に関する連邦法」はその象徴である。1920年から1931年3月26日の両院での決議までに，ドラキ，ルート，ロートムントに代表される熱心な「外国人過多の克服」運動の擁護者たちによって立法化に向けて準備が行われた。この法律の排他性と恣意性を象徴しているのが，第13条2項において「望ましからざる外国人に対して入国を禁止する権限を連邦官庁は有する」と明記されていることであろう★107。

この法律は外国人に対して3つの滞在形式を定めていた。まず，無期限の滞在を許可する定住許可（第6条）と主に長期の仕事や勉学のために発行される1年から2年間の滞在許可（第5条）であるが，これらの滞在の許可申請の際には，出身国の有効な証明書の提示が前提となっていた。そして3つ目は3ヶ月から6ヶ月の滞在を許可する寛容許可（第7条）で，この査証には保証金が必要であったが，国籍を持たない外国人が申請できる唯一の滞在形態であった★108。出身国から迫害され，証明書と資金のいずれも持たない難民は上記の3つの滞在許可に申請することができなかった。政治的に迫害を受けた外国人を連邦内閣は第21条に基づいて政治難民として承認することができたが，その認定には消極的で，特に共産党員は望まれていなかった★109。また，ナチス・ドイツによって迫害されたユダヤ難民は，「単なる人種が問題」の難民であるとして，

★104　Kamis-Müller [2000], S. 89.
★105　Kury [2003], S. 184.
★106　Buomberger/Kury [2005], S. 183.
★107　Bundesblatt [1931], No.13 Band. 1, S. 429, Mattioli [1998], S. 12.
★108　UEK [2001]，（独立専門家委員会叢書17巻），S. 34.
★109　UEK [2001]，（独立専門家委員会叢書17巻），S. 34.

政治難民として認められなかった★110。

この法律の制定と実施規則によって，連邦内閣，官庁，議会は外国人の割合を，市民権獲得政策ではなく入国規制によって調整することができる装置を作り上げた★111。そしてこの法律はまた第二次大戦中の難民政策の基礎を成していた。難民政策は外国人政策の一部で，連邦内閣が連邦検察庁の管轄にある政治難民をのぞけば，すべての難民の取り扱いは基本的にこの「外国人の滞在と定住に関する連邦法（1931年）」に規定されていた。第一次大戦勃発以降，カントンの権限は大きく制限され，「外国人の滞在と定住に関する連邦法（1931年）」によってほとんどのケースで最終的な判断を下す権限を連邦司法警察省警察局が持っていた。そして，カントンに対して特別査証の発行の権利を与えるなどの政策を通じて，カントンも国家レベルの外国人政策に組み入れられることになった★112。

おわりに

これまで見てきたように「外国人過多」という概念は，スイスの政治文化と外国人もしくは「よそ者」や「他者」との付き合いに大きな影響を持続的に与えてきた。19世紀後半の人の流動の活発化や多くの外国人労働者の流入によって，スイスの外国人の割合が急上昇した。第一次大戦前は外国人の割合を減らすために市民権付与条件を緩和する政策が議論されたが，「外国人過多」という概念が出現し，戦中戦後はその危機的な状況により，保守的な考え方がますます強くなり，「外国人過多」の言説が次第に影響力をもつようになった。保守的な考え方は経済の分野のみならず社会政治的な分野でも広まった。それまでは外国人の数が問題であったのが，外国人の質が問題にされ，スイス社会に「同化」することができるのか，スイスにとって「有益」な存在であるのかが問題視されるようになった。そこでは，スイスのネーションの理解の変化も影響を及ぼした。世紀転換期から，移民の増加，労働者運動の国際化，自由主義の終焉，経済危機を背景に，スイス・ネーションを自発的・政治的なネーションとして理解する考え方から，エスニック・文化的なネーションとして理解する考え方への変化がみられる★113。例えば，「シェヒター禁止」は単なる反ユダヤ主義的なものととらえるだけではなく，異質なものの排除を通じたスイスの文化的ネーション形成の一例としてもとらえることができるだろう。

第一次大戦以降，急速にスイスは，「内的な統一性」，「内的な連帯」，国家的な管理に

★110 ユダヤ人が政治難民と認められたのは1944年7月。
★111 Buomberger/Kury［2005］, S. 184.
★112 UEK［2001］,（独立専門家委員会叢書17巻）, S. 76.
★113 Argast［2007］, S. 101, Tanner, Jakob［1997］, Diskurse der Diskriminierung, Antisemitismus, Sozialdarwinismus und Rassismus in den schweizerischen Bildungseliten, in: Graetz, Michael/Mattioli, Aram（Hg.）, *Krisenwahrnehmungen im Fin de Siècle, Jüdische und katholische Bildungseliten in Deutschland und der Schweiz*, Zürich, S. 329–330.

重点を置くようになった。統一は強さ，差異は弱さとして考えられたが，この考え方は，決定的にスイスの社会政治的な現実と社会文化的な自己認識と矛盾している★114。この矛盾した状況の中で，複雑で伸縮性のある概念である「外国人過多」が選択的に利用されたのである。「外国人過多」は他者と自己を同時に規定する試みで，「スイスの」という自己規定と他者規定を可能にし，今日まで危機が来るたびに，繰り返し社会的な接着剤として機能している★115。

　スイスの外国人問題との取り組みは，21世紀の現在でも継続している。2000年に提出された「流入民規制」のための国民イニシアティヴは，スイスの住民における外国人の割合を，18％を上限とすることを求めたものであった。国民投票において僅差で否決されたものの，過半数近い国民がそれに賛同したことは見逃せない。また2006年に行われた国民投票では，EUとEFTA諸国以外からの移民受入規制の強化と，旅券などの身分証明者を持たない難民の受入規制の強化が問われたが，7割近い賛同をもって可決された。グローバル化やヨーロッパ統合の進むなかで，スイスでは外国人問題は常にアクチュアルな問題としてあり続けている。外国人問題を政策の中心に掲げているスイス人民党が近年躍進を続け，2007年10月の総選挙でも躍進し，2003年に引き続き議席を伸ばした背景には，外国人問題が国民の多くに共有された問題であることを示している。

★114　Kury［2003］，S. 211.
★115　Kury［2003］，S. 215.

5
スイスの「過去の克服」と独立専門家委員会

穐山 洋子

▍はじめに

　スイスの銀行に残されたままになっていたナチズム犠牲者の休眠口座問題は，1996年，97年にスイスが世界中から厳しい非難を受ける原因を作ったばかりだけではなく，スイスが「ナチ期および第二次大戦期のスイス」という過去に改めて向き合うきっかけも作った。休眠口座問題は戦後たびたび指摘されていたが，個人の財産の返還というこの問題は，スイスのみならず世界中でそれまでは政治的にも学術研究の対象としても副次的なテーマでしかなかった。スイスの学術研究（歴史学）も例外ではなかった。1980年代なかばから文書館で新しい史料が公開されるようになり，現代史を扱う歴史家は様々な局面で休眠口座の問題に遭遇していたにもかかわらず，1990年代なかばにいたるまで，わずかな例外を除いてこの問題をほとんど取り扱ってこなかった★1。しかし，冷戦終結と東ヨーロッパの共産圏の崩壊が，今日まで続くナチズムとの取り組みにおいてパラダイム転換を導いた。「未解決の分野（unfinished business）」というスローガンのもと，1990年代に返還と補償政策の問題が提起され，その解明と解決が求められた★2。スイスの銀行に残るナチズム犠牲者の休眠口座問題はこの世界的な潮流をつくるきっかけを作った。さらに，スイスはこの休眠口座問題をきっかけとして，ナチス・ドイツとの金塊取引や経済取引の問題，さらには難民政策の問題など，第二次大戦中の自国の行動や役割を改めて問われることになった。国際的な非難と注目を背景に，そのスイスの行動や役割を法的，歴史的に検証するために設立されたのが独立専門家委員会である。

　本章では，いわば「外圧」から始まったスイスの「過去の克服」の取り組みを概観し，その中で独立専門家委員会の位置づけを考察する。この問題に関しては，トーマ

★1 Hug, Peter [1997], Die Nachrichtenlosen Guthaben von Nazi-Opfern in der Schweiz, in: Kreis, Georg/Müller, Bertrand (Hg.), *Die Schweiz und der Zweite Weltkrieg / La Suisse et la Seconde Guerre mondiale*, Basel, S. 532-533.
★2 Surmann, Jan [2005], Raubgold und die Restitutionspolitik der USA gegenüber der neutralen Schweiz, in: *Sozial. Geschichte, Zeitschrift für historische Analyse des 20. und 21. Jahrhunderts*, S. 57.

ス・マイセンが 2005 年に『拒否された記憶』というタイトルで詳細かつ包括的な研究書を公刊している★3。時系列的な経過に関してはマイセンの研究書を参考にし、スイスの「ナチ期および第二次大戦期のスイス」という過去との取り組みを考察する。

1 スイスの休眠口座問題から世界的なホロコースト時代の財産問題へ

1 財産返還への端緒

　ナチズム犠牲者への財産返還や補償問題は、冷戦終結と東ヨーロッパの共産圏の崩壊により全く新しい段階へと進んだ。それまで請求の声を上げられなかった国の人々の返還や補償の請求が可能となり、ほとんど手付かずであった個人への返還や補償が問題として取り上げられるようになった。スイスでは、1962 年の「報告政令」に基づいて銀行側から不十分な回答が出されて以来、スイスの銀行に残るナチズム犠牲者の財産問題は、冷戦などの世界情勢の変化と銀行側の消極的な態度とが相まって、厳しく追及されない時期が長く続いた。こういった状況のなかでも、1980 年代に精力的に休眠口座問題の解明に取り組んでいたのが、イスラエルに移民したスイス人でユダヤ機関（The Jewish Agency）の元会計担当のアキヴァ・レビンスキーであったが、当時は国際的にはおろか、イスラエルもスイスユダヤ人共同体連盟 (Schweizerischer Israelitischer Gemeindebund, SIG) も関心を示していなかった★4。1989 年にレビンスキーは、バーゼルのスイス社会民主党の元国民院議員で弁護士のアンドレアス・ゲルヴィックに休眠口座の調査をするように求め、調査が行われたが、思うような調査結果は得られなかった。レビンスキーはさらに 1992 年、イギリス紙『メイル・オン・サンデー（*Mail on Sunday*）』および BBC と共同で、スイスの歴史家ジャック・ピカールにスイスに残されている財産の調査の依頼をした★5。当時、この報告書は非公開だったが、1995 年 3 月に経済ジャーナリスト、ビート・バルジリによって見つけ出され、その要約が『ゾンタークスツァイツゥング（*SontagsZeitung*）』に掲載された★6。さらに翌月、ジャーナリストのイタマー・レヴィンがイスラエルの経済誌『グローブス（*Globes*）』にスイスに残された財産の問題にかんする記事を掲載すると、1980 年代とは異なり、この問題に世界的な関心が集まり注目を浴びるようになった★7。マスメディアがスイスの休眠

★3　Maissen, Thomas [2005], *Verweigerte Erinnerung, Nachrichtenlose Vermögen und Schweizer Weltkriegsdebatte 1989-2004*, Zürich. マイセンは現在ハイデルベルク大学の近代史担当教授。専門は政治哲学史、修史、歴史像。ノイエ・ツルヒャー・ツァイトゥング（*Neue Zürcher Zeitung, NZZ*）の歴史分析の研究協力を 1996 年から 2004 年まで担当していたためこの問題に多く関わった。マイセンはこの著書でこの問題の時系列的な経過を詳細に考察した上で、休眠口座問題および第二次大戦中のスイスの問題が人々に受け入れられなかった原因を批判的に分析している。
★4　Hug [1997], S. 545.
★5　Hug [1997], S. 546.
★6　Hug [1997], S. 546.

口座に対する関心の喚起に重要な役割を果たし，休眠口座問題の解明への原動力のひとつとなった。

　財産返還へのもう一つの原動力となったのが，返還と補償を取り扱うユダヤ組織の設立である。1992年6月の世界ユダヤ人会議（World Jewish Congress, WJC）とユダヤ機関による，世界ユダヤ人返還組織（World Jewish Restitution Organization, WJRO）の設立は★8，その後のユダヤ人財産の返還問題の重要な出発点となった★9。世界ユダヤ人返還組織は，設立当初おもに東ヨーロッパの財産の返還を扱っていたが，その後未解決であった西ヨーロッパに残された財産の問題，つまりスイスの銀行問題にも大きく関与した。また世界ユダヤ人返還組織の会長に，世界ユダヤ人会議の会長エドガー・ブロンフマンが兼任していたこともあり，両機関が協力して西側に残されたままの財産の解明と返還・補償に取り組んだ。

2　ユダヤ団体の取り組みから国家よる取り組み，そして世界的な取り組みへ

　1995年に入り，世界ユダヤ人会議がナチズム犠牲者の休眠口座についてスイス銀行家協会に調査を求めると，両陣営の間で集中的な話し合いがもたれた。スイス銀行家協会によって休眠口座の調査が行なわれるも，スイス銀行家協会が1996年2月に出した調査結果は，世界ユダヤ人会議の納得のいく数字ではなかった★10。しかもこのスイス銀行家協会による一方的な調査結果の公表を，取決め違反だと受け止めた世界ユダヤ人会議は，更なる対策を打つため，アメリカ合衆国（以下，アメリカ）上院議員で銀行委員会議長のアルフォンス・ダマートに協力を依頼した。ダマートは世界ユダヤ人会議が独自に行った調査で明らかになったスイスに不利な公文書を新聞・テレビ局をはじめとするマスメディアに公開し，米上院で開かれた公聴会にホロコースト犠牲者の親族である年老いた証言者を出席させるなど，スイスに圧力をかけはじめた★11。さらにスイスの銀行の消極的な対応を公表し，批判することでスイスの銀行に対して徹底した追及を行った。そしてその追及はマスメディアを駆使した一大キャンペーンに発展していった。

　さらに，世界ユダヤ人会議の会長であり，世界ユダヤ人返還組織の代表であるブロンフマンはアメリカ元大統領のビル・クリントンに協力の要請をした。ブロンフマンは，

★7　Hug［1997］, S. 546.
★8　世界ユダヤ人会議とユダヤ機関によって設立された世界ユダヤ人返還組織は，さまざまなユダヤ人組織の上部組織としての機能を持ち，各組織の利益上の対立はない。
★9　Thonke, Christian［2004］, *Hitlers Langer Schatten, Der mühevolle Weg zur Entschädigung der NS-Opfer*, Wien・Köln・Weimar, S. 129.
★10　合計775口座，総額3870万スイス・フラン。スイス連邦議会のウェブサイトより。http://www.parlament.ch/do-ch-wk2-chronologie.pdf（2005年9月29日取得。現在はアクセス不可能）。
★11　証言者のグレタ・ビアーは当時75歳。数ヶ国語を話し，教養を備えている人物。彼女の証言は，父親の遺産を1940年にスイスの銀行に預けたが，1962年の「報告政令」の際に調査を依頼するも見つからず，というものであった。Maissen［2005］, S. 211-212.

クリントン元大統領の1992年の大統領選での重要な支援者でもあった★12。クリントン元大統領は，スチュアート・アイゼンスタット国務次官にドイツの占領地域における略奪された財産と金塊の解明ならびにその返還状況の調査を任命した★13。1997年5月7日に公開された，いわゆる「アイゼンスタット第一報告」は，冷戦終結後新たに公開された史料とワシントンの国立公文書館の史料をもとに，これまであまり調査されてこなかったアメリカおよび連合国のドイツとの経済戦争について明らかにし，中立国の戦中のナチス・ドイツとの経済関係，戦後の略奪資産および金塊の返還に関する中立国との交渉を明らかにしている★14。中立国のなかでもとりわけスイスに関心が寄せられ，アイゼンスタットはその序文でスイス一国だけを取り上げるつもりはないとしつつも，スイスは「ナチスの銀行家」であったと明言し，さらには「中立国のドイツとの経済取引がナチス・ドイツの戦争遂行能力を下支えし，戦争を長期化させた原因だ」として，明確な批判を行った★15。

「アイゼンスタット第一報告」はスイスに新しい歴史事実の発見ももたらした。報告書の中で指摘された，ホロコーストの犠牲者の金がネーデルランドの中央銀行の金貨とともに溶かされ，その金塊の83%がスイスに渡ったという事実は，スイスの金塊取引とホロコーストを結びつけるものとなった★16。それまでの研究でスイス国立銀行がナチスの略奪金塊を受け取っていたということは周知の事実であったが，そこにホロコースト犠牲者の金が含まれていたことは新たな事実であった。

スイス国内の「アイゼンスタット第一報告」に対する反応は，一時的なものではなく，長期にわたる持続的なものとして，戸惑いと怒りを含む感情的な動揺となって現れた。独立専門家委員会はこの報告書を肯定的に受け止めた一方，連邦内閣は5月22日に発表した声明の中でアイゼンスタットの序文に対し，「歴史的な報告を超越した，政治的，道徳的な評価になっている」として批判的な留保をつけた★17。スイスの世論の最初の反応はおとなしく，ほとんどの新聞が控えめな報道にとどまり，一部ではこの報告を肯定的に受け止めさえしていた★18。その後，次第に批判の声が上がり始めた。スイス人民党は当時の大統領アルノルト・コラーによって提案された「スイス連帯基金」に反対する運動を開始し，スイスが「戦争を長期化させたという主張」に対してはすべての陣営の政治家から非難の声が上がった★19。

★12 Thonke [2004], S. 177.
★13 クリントンはアイゼンスタットにアメリカ所有の史料を包括的に調査する権限を付与。
★14 Eizenstat, Stuart E. [1997], *U.S. and Allied Efforts to Recover and Restore Gold and Other Assets Stolen or Hidden by Germany During World War II. Preliminary Study*, Washington.
★15 Eizenstat [1997], pp. iii–vii.
★16 Eizenstat [1997], pp. 167–168.
★17 Erklärung des Bundesrates zum Eizenstat-Bericht (22. 05. 1997), http://www.admin.ch/cp/d/1997May22.093655.7790@idz.bfi.admin.ch.html（2007年10月25日取得）.
★18 Maissen [2005], S. 329.
★19 Maissen [2005], S. 330–331.

しかしながら，アイゼンスタットの批判は中立国だけでなく，戦後のアメリカと連合国の財産返還に対する姿勢にも及んでいる。アメリカ，イギリス，フランスによって1946年のパリ合意によって設立された，金の返還を取り扱う「三者による金委員会(Tripartite Gold Commission, TGC)」が保管していた金塊の中にホロコーストの被害者の金が含まれていたにもかかわらず，その対応を怠ってきたことも批判の対象となっている★20。

　その約1年後の1998年6月に公刊された「アイゼンスタット報告（増補版）」では，スイスに対する集中的な批判は和らぎ，ナチス・ドイツによって略奪された金塊をおもにスイス国立銀行がスイス・フランへ変換したと指摘しているものの，「第一報告」のようなスイスに批判的な論調は消え，他の中立国と同等の扱いとなっている★21。

　ナチスの略奪金塊に関する国家による調査報告書は「アイゼンスタット報告」が公開される以前にも存在していた。1996年9月（改定版1997年1月）にイギリス外務省の報告書，『歴史記録，ナチ金塊――イギリス公文書館からの情報』という報告書が公刊され，ナチスの略奪金塊の多くがスイスに渡っていたことが指摘されていた★22。

　ナチスの略奪財産の問題，特にその個人の財産の返還は，スイス以外の国の問題でもあった。多くの国で調査委員会が設置されこの問題の解明に取り組み，その流れは国際的な取り組みにも拡大した★23。1997年12月に「ナチ略奪金塊のためのロンドン会議」，続いて1998年11月・12月に「ホロコースト時代の財産問題のためのワシントン会議」が開催され，それぞれ50近い国と機関が参加し，この問題の解明に取り組んだ。そしてこの流れは2000年1月にストックホルムで開催された「ホロコースト国際会議」および「ストックホルム宣言」の採択へと続いた。休眠口座問題を発端とした戦中のスイスの役割および戦後の対応に対する批判とそれに関する議論は，終戦から50年以上経ってようやく，各国がナチスの略奪財産およびナチ期の未返還の財産の返還に取り組むきっかけを作ったのである。

★20　Eizenstat [1997], p. ix.
★21　Eizenstat, Stuart E. [1998], *U.S. and Allied Wartime and Postwar Relations and Negotiations with Argentina, Portugal, Spain, Sweden, and Turkey on Looted Gold and German External Assets and U. S. Concerns about the Fate of the Wartime Ustasha Treasury, Supplement to Preliminary Study on U.S. and Allied Efforts To Recover and Restore Gold and Other Assets Stolen or Hidden by Germany During World War II*, Washington.
★22　Foreign & Commonwealth Office General Services Command [1996/1997], *HISTORY NOTES, Nazi Gold: Information from the British Archives*, London. 1996年9月に公開された第一版はスイスが受け取った金の量を500万スイス・フランのところ，500万ドルと誤って発表。その結果，スイスは私腹を肥やしているとして激しく非難された。
★23　Thonke [2004], S. 145. オーストリア：歴史家委員会（Historikerkommission der Republik Österreich），フランス：1940年から44年のフランスのユダヤ人財産の略奪にかんする調査任務（Mission d'étude sur la spoliation des Juifs de France, Mission Mattéoli）など。

3　法的手段による返還請求：集団訴訟

スイスの銀行に対する返還・補償要求は法的な手段，集団訴訟（クラスアクション）という形でも現れた。集団訴訟とは，同様の地位にある多数人のうち，一部のものが自己および他の全員のために原告になる訴訟で，薬害訴訟や人権訴訟の場合によく見られる訴訟である。1996年10月に，ニューヨークでアメリカの弁護士エド・ファーガンによってスイス・ユニオン銀行，スイス銀行コーポレイションならびにスイスの金融機関（名前の提示なし）に対して総額200億ドルを求める最初の集団訴訟が起こされた。請求金額の内訳は，スイスの銀行や金融機関に実際に預託した金額5億ドル（現在の価値で60億ドル相当），40億ドルが隠匿資産，残り100億ドルがそれらの資産を元手に得た利子や投資による利益であった★24。その2週間後には，同じくアメリカの弁護士ミッシェル・ハウスフェルドとメルバン・ワイスによって，スイスの3大銀行（スイス・ユニオン銀行，スイス銀行コーポレイション，クレディ・スイス）とスイス銀行家協会に対し2番目の集団訴訟が起こされた。ハウスフェルドはアメリカ国立公文書館の史料を丹念に調査し，その訴訟内容は歴史的，史料的な裏づけに基づいたものであった。ファーガンが戦後のスイスの対応と金銭を問題にしているのに対し，ハウスフェルトの関心は，休眠口座の解明とその返還および補償だけでなく，戦中のスイスの中立性やモラル，人権問題やスイスに持ち込まれた略奪品，強制労働によってスイスが得た利益にまで及んでいた★25。さらに1997年1月，3番目の訴訟が正統派ユダヤ団体世界評議会（World Council of Orthodox Jewish Communities）と数名の個人によってスイスの銀行に対して起こされた。これらの訴訟はその後，ホロコースト犠牲者の財産訴訟を有利に進めるために，一つの訴訟にまとめられた。スイスの銀行や金融業界に対して起こされた訴訟は，ドイツ，オーストリア，フランスと続くヨーロッパの企業に対するアメリカの弁護士による集団訴訟のさきがけとなった★26。

4　スイスとスイスの銀行の対応

スイスの銀行は当初，休眠口座の解明には積極的でなく，個人からの調査請求に対し死亡証明書を請求したり，多額の調査手数料を課したりするなど消極的な対応をとっていた★27。しかし，アメリカのユダヤ団体の批判や圧力が強まるとあらたな対応を求め

★24　Maissen [2005], S. 244.
★25　Maissen [2005], S. 247.
★26　ドイツ銀行，ドレスナー銀行，コメルツ銀行，オーストリア銀行，パリバ，クレディ・リヨネ，ソシエテ・ジェネラルなど。アメリカの弁護士によるヨーロッパ企業に対する返還訴訟の経緯は，武井彩佳 [2006]，「ユダヤ人財産の返還補償再展開：アメリカにおけるホロコースト訴訟との関連で」，『現代史研究』52, 57-70頁，武井彩佳 [2008]，『ユダヤ人財産はだれのものか　ホロコーストからパレスチナ問題へ』，白水社，199-226頁が詳しい。
★27　Maissen [2005], S. 189. スイスの銀行は不当な調査請求を防ぐため，口座調査手数料を課していた。当初300スイス・フランだった手数料は1996年夏にナチズム犠牲者の場合は100スイス・フランに減額された。Maissen [2005], S. 259.

られた。スイス銀行家協会は国際ユダヤ人会議ならびに世界ユダヤ人返還組織と合意のもと，1996年5月の「理解のための覚書」の合意に基づき，1996年6月にヴォルカー元米連邦準備委員会議長を代表とする調査委員会，独立有識者委員会（Independent Committee of Eminent Person, ICEP，通称ヴォルカー委員会）を設置した。ヴォルカー委員会は，①第二次大戦以降に休眠口座になっている，あるいはその所有者または相続者にその存在が知らされていないスイスの銀行に残されたナチスによる迫害被害者の口座の究明と，②スイスの銀行のナチスによる迫害被害者の口座の取り扱いを調査することを目的とした★28。また，連邦内閣は10月，「休眠口座問題に対応するための特別対策本部」（Task Force „Vermögenswerte Naziopfer"）を連邦外務省に設置し，スイス連邦議会は1996年12月，第二次大戦中のスイスの行動を歴史的，法的に精査することを目的とした独立専門家委員会（通称ベルジエ委員会）の設置を決議した。独立専門家委員会の成立の経緯と活動に関しては本章第二節で詳しく取り扱う。

こうしたスイス側のナチス犠牲者の財産問題の解明への取り組みが始まった矢先に，問題の解決とはまったく逆の方向性の事件，つまりスイス大統領の失言や銀行のスキャンダルが発覚して，それがまた世界中の注目と批判を集める結果となってしまった。独立専門家委員会設置が発表された直後の1996年12月末に，当時の大統領ジャン＝パスカル・ドラミュラ（経済相を兼任）のインタビューが★29，フランス語圏の日刊紙『トリビュンヌ・ド・ジュネーヴ（*Tribune de Genève*）』と『ヴァンテキャトゥウール（*24 heures*）』に掲載された★30。インタビューの中でドラミュラは，「ニューヨークとロンドンでスイスの地位を不安定にさせ，スイスの評判を落とし信頼を失墜させようとする強い政治的意志が働いている」と発言し，金融の中心地としてのスイスの地位を失墜させようとする行為以外の何ものでもないと主張した。さらに，スイスに対する2億5000万スイス・フラン相当の基金の設立要求は「身代金」に相当し，「ゆすり行為」であるとし，「このような行為はスイスにおいて反ユダヤ主義を誘発するものである」と発言した。さらにドラミュラは，「スイスにアウシュヴィッツがあったのだろうかと自問するときがある」とまで述べたのである★31。この退任直前のスイス大統領の発言は大きな波紋を呼ぶことになり，アメリカ政府をはじめ，イスラエル政府，ユダヤ団体から激しく非難され，遺憾の意が表明された★32。さらにドラミュラの発言が撤回されな

★28 Independent Committee of Eminent Persons [1999], *Report of Dominant Account of Victims of Nazi Persecution in Swiss Bank*, pp. 1–2.
★29 スイスの大統領は輪番制で，7人の連邦内閣閣僚が順番に就任している。任期は1月から12月の1年間。
★30 『トリビュンヌ・ド・ジュネーヴ（*Tribune de Genève*）』と『ヴァンテキャトゥウール（*24 heures*）』は同じ新聞社から発行されている新聞で内容的にはほぼ同じ。その違いは対象とする地域で，前者がジュネーヴ，後者がヴォーを対象とした新聞。
★31 Maissen [2005], S. 272. 世界ユダヤ人会議の会長のブロンフマンはスイスに対し歴史的な解明だけではなく，道徳的な姿勢，つまりホロコースト犠牲者のための基金の設立を要求していた。Maissen [2005], S. 271.

ければ，今後のスイス側との交渉は中断するという声明がなされたが，最終的にドラミュラが発言を撤回して交渉は再開された。

　しかしながらスイスの世論は，ドラミュラ発言を擁護するものが多かった。1997年1月17日付けの『ノイエ・ツルヒャー・ツァイトゥング（*Neue Zürcher Zeitung, NZZ*）』によれば，NZZに寄せられた投書の多くはドラミュラ発言に賛同するものだった★33。投書の内容は，スイスの過去の政策を肯定し，さもなければドイツに占領されていたと主張するものや，戦争を始めたのはスイスではなくドイツであるとするもの，なぜ今要求されるのか，もう時効ではないか，スイスはスケープゴートにさせられているといった意見や，ナチスによって略奪された財産を返還していないのはスイスだけではないといったものであった。少数であったが，スイスの第二次大戦の役割の負の部分を指摘し，基金の設立をすべきという意見もあった。スイスユダヤ人共同体連盟の会長ジーギー・ファイゲル（当時）宛の投書でも，ドラミュラの発言を擁護する内容が多くを占め，1997年1月から3月に送付されたドラミュラに関する投書48通中37通が彼の立場を擁護するものであった★34。

　前大統領の失言に続いてさらに致命的であったのは，スイスの銀行の休眠口座問題に対する姿勢が問われる事件が明るみに出たことであった。当時のスイス・ユニオン銀行勤務の警備員クリストフ・マイリが，銀行のシュレッダー室に処分するために置かれていたナチ期を含む銀行資料を発見し，それをチューリヒ・ユダヤ信徒共同体（Israelitische Cultusgemeinde Zürich, ICZ）に届けた★35。休眠口座問題を解明するため，ナチ期の銀行資料を処分してはならないという規定にもかかわらず，その時期の資料が処分されようとしていたのである。

　「マイリ事件」が世間を賑わせている最中，3番目のスキャンダルが発覚した。駐米スイス大使カルロ・ジャクメテイの書いた内部資料の一部が1997年1月26日付けの『ゾンタークスツァイトゥング』で公表され批判された。「ジャクメテイ大使，ユダヤ人を侮辱」というタイトルの記事はヤクメッティの記した内容ではなく，その表現方法を非難していた。ジャクメテイはユダヤ側との交渉を「戦争」と描写し，「ほとんどの敵（交渉相手）は信用できない」と記していたのであった★36。ジャクメテイは文章公開直後に引責辞任をした。

★32　Maissen [2005], S. 274. アメリカ合衆国外務省，イスラエル政府，サイモン・ヴィーゼンタール・センター，スイスユダヤ人共同体連盟などが非難の声または遺憾の意を表した。

★33　*Neue Zürcher Zeitung, Internationale Ausgabe*, 13.01.1997, Nr.9, S. 13, 〈Aufwallungen der Volksseele um die nachrichtenlosen Vermögen, Empörung, Sorge und Gehässiges in Briefen an die NZZ〉.

★34　Gisler, Andreas [1999], *„Die Juden sind unser Unglück", Briefe an Sigi Feigel 1997-98*, Zürich, S. 117. スイスユダヤ人共同体連盟の会長（当時）ジーギー・ファイゲル宛の投書1073通（1997年から1998年）の内容を分析した博士論文。

★35　スイス・ユニオン銀行は1998年6月，スイス銀行コーポレイションと合併し現在のUBSになる。

★36　Maissen [2005], S. 286-287.

ドラミュラやジャクメテイの失言やスキャンダルは個人的な問題として捉えることができるが，「マイリ事件」は休眠口座問題解明の根底を揺るがす事件であった。つまりスイスの銀行のこの問題に対する姿勢が問われる事件であった。それまでも守秘義務を盾にして情報公開に対して消極的であったスイスの銀行に対する不信感が増幅し，休眠口座の調査の影で偽装工作が行われているのではないかという疑念が広まり，調査の信憑性と銀行のイメージにとって致命的であった★37。

これらのスキャンダルを契機に，これまでにも示唆されていた経済界からの経済制裁が現実味を帯びてきた。スイス製品のボイコットが呼びかけられ，エルサレムのユダヤ機関の会長アブラハム・ブルクがスイスの銀行対して世界規模のボイコットをすると発言した★38。さらに，スイスがホロコースト犠牲者のための基金を設立しなければ，スイスの銀行との取引を中止するという法案がニューヨーク州議会でニューヨーク市議会議長ペーター・ヴァローネらによって提出されると，続いてニュージャージー州，ロードアイランド州議会でも，スイスの銀行を召還して公聴会が開かれ，休眠口座の解明とホロコースト被害者の財産の返還が求められた★39。

スイスの3大銀行は，「マイリ事件」発覚後の1997年2月，ホロコースト犠牲者のための基金設立のために1億スイス・フランの拠出を決定した。連邦内閣も，これまでの歴史事実がはっきりするまで基金設立を考慮しないという立場から基金設立へと態度を変化させ，2月26日に「困窮するホロコースト／ショアー犠牲者のためのスイス基金」に関する条例を制定した★40。この基金に経済界から約7000万スイス・フランの資金が提供され，スイス国立銀行から1億スイス・フランを拠出することが6月25日に決定された★41。その際，このスイス国立銀行の基金への拠出金は，独立専門家委員会の調査結果を先取りするものでないことが確認された★42。この基金に対して，決定過程が遅い，または給付金額が少ないなどの批判もあったが，5年にわたる活動期間に約3億スイス・フランが，救済を必要としている約60ヶ国30万人に給付された★43。また，同年3月，当時の大統領アルノルト・コラーのイニシアティヴで，スイス国立銀行が所有する約70億スイス・フラン分の金を売却した資金を元手に，「スイス連帯基金」を設

★37　Maissen［2005］, S. 290.
★38　Thonke［2004］, S. 141.
★39　Maissen［2005］, S. 295, Thonke［2004］, S. 142.
★40　Maissen［2005］, S. 292–293.
★41　スイス国立銀行の拠出分1億スイス・フランの根拠：スイス国立銀行がナチス・ドイツとの金取引で得た金額2000万スイス・フランを今日の金相場に換算し（3.5倍，7000万スイス・フラン），それをもとにきりのよい金額である1億スイス・フランとした。Bundesblatt［1997］, 97–051, Botschaft betreffend die Beteiligung der Schweizerishen National Bank am Fonds zugunsten bedürftiger Opfer von Holocaust / Shoa vom 25. Juni 1997, S. 1371.
★42　Bundesblatt［1997］, 97–051, S. 1364.
★43　Schlussbericht Schweizer Fonds zugunsten bedürftiger Opfer von Holocaust / Shoa［2002］, Bern. http://www. eda. admin. ch/etc/medialib/downloads/edazen/doc/publi. Par. 0021. File. tmp/Schlussbericht%20Schweizer%20Fond%20zugunsten%20beduerftiger%20Opfer%20von%20Holocaust%20und%20Shoa.pdf.（2007年10月20日取得）。

立し，ホロコースト犠牲者に限定しない現在の戦争，紛争，自然災害の被害者をも援助する基金の設立案が発表された。しかし，この基金は前述のとおり，スイス人民党の強い反対にあったうえ，議会で審議された後，2002年9月の国民投票で否決され，最終的に実現することはなかった★44。

5 集団訴訟の和解

基金の設立が決定され，ヴォルカー委員会や独立専門家委員会の調査が続く一方で，集団訴訟の交渉はなかなか進まなかった。あくまでも調査結果をもとに支払いをしたいスイス側と，犠牲者の高齢化を危惧し早期の解決（「包括的な解決（Globallösung）」）を望む原告側の希望との間の溝がなかなか埋まらなかった。このようなこう着状態の中，経済界からは経済制裁という圧力が再び現実味を帯びてきた。1997年10月9日には，ニューヨーク州の会計監査長官アラン＝G・ヘヴェシは，スイス銀行コーポレイション（後のUBS）の資金調達のための銀行シンジケートからの締め出しを決定した★45。実質的な損失は大きくないが，警告のシグナルが激しくなっていることが明白になった★46。また，スイス銀行コーポレイションとスイス・ユニオン銀行は合併を予定しており，集団訴訟の問題は合併をスムーズに行うためには解決しなければならない問題でもあった★47。

集団訴訟は，最終的に1998年8月，スイスの3大銀行が原告側に12億5000万ドルを支払うことで和解し，1999年1月に和解文章に両陣営が署名を行なった。このいわゆる「包括的な解決」による支払いは，①預託クラス（休眠口座），②略奪財産クラス，③強制労働クラス（ドイツとドイツ占領地）④強制労働クラス（スイスとスイス企業），⑤難民クラス（スイスの国境で入国の拒否を受けた難民）の5つのクラスに分類され，支払対象者は，ユダヤ人だけでなく，ナチス・ドイツによって迫害されたすべての人が含まれた★48。和解の条件としてUBSとクレディ・スイスのみならず，他のスイス企業やスイス国家に対し将来的に訴訟が起こされないことが合意された。また，この和解金の支払いはあくまで銀行という私企業から支払われるものであって，スイス政府やス

★44　http://www.parlament.ch/homepage/do-archiv/do-goldinitiative-inhalt/do-goldinitiative-stifung.htm．（2007年10月20日取得）

★45　被害者代表の中心的な人物の一人。ブタペシュトの上級ラビの係で，ホロコーストを下水道の中で生き延びた難民の甥として，ホロコースト犠牲者のために情熱的に取り組む。ニューヨークの巨大な年金ファンドを運用し，スイスの銀行にかなりの圧力をかけることが可能であった。ファンドは，3大スイス銀行の36万株を所有し，ニューヨーク支店と重要な取引があった。Thonke［2004］，S. 143.

★46　Maissen［2005］，S. 369.

★47　Maissen［2005］，S. 397.

★48　和解文章と和解金の分配に関しては，公式ウェブサイト，Holocaust Victim Assets Litigation (Swiss Banks) http://www.swissbankclaims.com/newswissbanks/Overview.aspx で詳しく参照可能。和解金の分配に関する問題点については，武井彩佳［2005］，『戦後ドイツのユダヤ人』，白水社，163-168頁が詳しい。

イス国立銀行は一切関与していない。最終的にスイス国家からの補償は,「スイス連帯基金」が実現しなかった今,「ホロコースト／ショアー基金」にスイス国立銀行が拠出した1億スイス・フランのみという結果となった。

　この和解はアメリカ側,ユダヤ団体からは一様に肯定的に受け止められた一方,スイスでは複雑な反応を伴って受け止められた。スイスの経済界は,この和解を経済制裁の脅威がなくなったということで好意的に受け止めたが,政界からは経済制裁が回避されたことに対する安堵と銀行への圧力という手段に対する憤りという反応が同時に表れた★49。スイスの世論はこの「包括的な解決」に基づいた和解をどのように受け止めたのだろうか。8月21日付けのNZZの読者からの投稿欄によれば,そのほとんどがこの和解金の支払いを圧力による「ゆすり」のようなものだとしながらも,スイスの銀行側にほかの選択肢はなかったとしている。また,この和解において政府の不在を指摘するもの,さらにはこの和解は銀行側の現在と将来の企業利益を考慮しての支払いでもあり,スイス政府やスイス国立銀行がその和解に加わらなかったことを評価しているものもある。また,極端な意見では,和解の日を「降伏と屈辱の日」と捉えるものもあった★50。ヴォルカー委員会ならびに独立専門家委員会の調査なかばに結ばれたこの和解は,その後の調査,特に独立専門家委員会の政治的な存在意義とその評価に大きな影を落とすことになる。

6　問題の背景

　「ナチ時代の財産問題」はスイスに過去との取り組みを強要し,さらに世界的なレベルで「未解決の分野」として取り組まれた。では,なぜ戦後50年以上を経てこの問題が取り上げられ,世界的な規模で取り組まれたのか,その背景について少し考えてみたい。すでに指摘されているように,この時にスイスに関して指摘された問題の多くが,ホロコースト犠牲者の金の問題などを除けば,歴史的な新事実ではない。難民政策に関しては,命からがら逃れてきた難民を国境で追い返す行為は,スイスの伝統である人道主義に反するものであるという議論が,戦時中すでにスイス国内で行われており,またドイツとの略奪金塊取引や経済取引に関しても,戦時中から連合国から非難を受けていた。国境でユダヤ人を判別しやすいようにと,スイスがユダヤ人のパスポートに押す「J」のスタンプ導入にかかわったことは,すでに1953年のドイツ側の外交史料公開で明らかになっていた★51。ナチス・ドイツとの経済取引および厳しい難民政策や国境での難民の入国拒否は,戦時中のスイスの行為であるが,ナチス犠牲者の休眠口座の問題は,戦時中ではなく戦後のスイスの対応の問題である。この問題は戦後たびたび問題に

★49　*NZZ, Internationale Ausgabe,* 14.08.1998, Nr. 186, S. 25,〈Verhaltene Reaktionen auf den Bankenvergleich, Die Schweiz ist laut Bundesrat zu nichts verpflichtet〉.
★50　*NZZ, Internationale Ausgabe,* 21.08.1998, Nr. 192, S. 41,〈Zur《Globallösung》von New York〉.
★51　Die Akten zur deutschen auswartigen Politik.

されるも、スイスの銀行とスイス政府は場当たり的な応急措置と法律で対応し、守秘義務を盾に沈黙を守ってきたのである★52。

これらの既知の事実が新たに問題として取り上げられるようになった背景には、まず冷戦終結と東ヨーロッパの共産圏の崩壊により国際政治体制が変化したことが大きく影響している。政治的なイデオロギーの対立が和らぎ、国家という大きな枠組みから、それまで向けられることがなかった個人に視点が向けられるようになったのである。冷戦という政治体制のもとでは、ナチス・ドイツにおいて民間企業や民間部門がどのような役割を担ったのかという調査を行うことが困難であり、特に道徳的な問題は、政治的なイデオロギー対立によって後景に追いやられていたのである★53。さらに冷戦終結によって新しい史料が公開され、またそれまで「鉄のカーテン」の向こうで請求の声をあげられなかったホロコースト犠牲者やその親族が、財産の返還請求をすることができるようになった。

次に、この問題におけるアメリカの役割の大きさが指摘できるだろう。スイスの休眠口座問題でもアメリカの弁護士によって裁判を起こされ、アメリカの司法によって裁判が行われ、さらにはアメリカの政治家およびアメリカ政府もこの問題に大きく関与したように、アメリカはホロコーストの問題に関して大きな影響力を持つようになっている。アメリカでホロコーストの問題が幅広く議論されたのは、1985年、当時のドイツの首相コールの要請に従ったアメリカのレーガン元大統領のドイツのビットブルク軍人墓地の訪問をめぐってであった。当初予定されていたダッハウ強制収容所訪問を、国防軍将兵だけでなく武装親衛隊が埋葬されているビットブルク軍人墓地訪問に変更したことで、アメリカの従軍兵士団体や、ユダヤ団体から抗議の声があがり論争に発展した。ビットブルク事件をめぐる論争は、アメリカでホロコーストの記憶をどのように受け継いでいくかについて、改めて考えさせるきっかけとなり、ホロコースト犠牲者の記念・追悼をめぐる議論が盛んになった。1993年に設立されたワシントンにある国立ホロコースト博物館はそうした議論から生まれたものである★54。加害国でもない、また最も有力なマイノリティ集団であるユダヤ人が存在するとはいえ、直接的な被害国でないアメリカにホロコースト博物館が開かれたことで、アメリカがホロコーストに関する事柄に影響力をもつことを指摘する、「ホロコーストのアメリカ化」という言葉が使われるようになった。また、ホロコーストとその歴史の商業化、いわゆる「ホロコーストの商業化」を批判する意見も多くある。それらは、歴史的事実の啓蒙ではなく、それを利用した商業主義に乗っているという批判である★55。

ホロコーストへの人々の関心の高まりは、アメリカにおいてだけではない。「マイリ

★52　Hug [1997], S. 532.
★53　Huber, Thomas [2002], Holocaust Compensation Payments and the Global Search for Justice for Victim of Nazi Persecution, in: *Australian Journal of Politics and History*, vol. 48, No.1, p. 88.
★54　石田勇治 [2002]、『過去の克服　ヒトラー後のドイツ』、白水社、288頁。

事件」もそれを証明しているだろう。警備員のマイリは第二次大戦それ自体についてはあまり知識がなかったが、処分されようとしている書類を持ち出した動機は、彼が映画「シンドラーのリスト」を見て、ユダヤ人の運命に同情し、ユダヤ人のために何かをしなければという思いだったと語っている★56。しかしながら、スイスではホロコーストがテーマとして取り上げられるのが遅かったことが指摘されている。隣国の西ドイツ、フランス、オーストリアがホロコーストへの共同責任を激しく議論している一方で、スイスではこういった議論は起こらなかった。このときスイスでは、第二次大戦に関して、国民全体が一致団結してスイスの中立を守ったという記憶が大半を占め、それは1989年に総動員50周年記念式典を華々しく開催したことに象徴されている★57。スイス人の大部分はスイスとホロコーストの間に関連性を見出してはいなかった★58。スイス国立銀行がライヒスバンクから引き受けた金塊の中にホロコースト犠牲者の金が混ざっていたことが明らかになるまで、ホロコーストとスイスとの関連付けはスイスにはほとんど存在しなかったのである★59。

　グローバル化、特に経済のグローバル化はこの問題にも大きな影響を及ぼした。スイスの銀行はアメリカでかなりの事業展開を図り成功を収めていた。そのためアメリカによる経済制裁という圧力が大きな効力をもったのである。世界中の商品やサービスが手に入る現代において、スイス製品の購入のボイコットや外国でのイメージダウンは小国スイスにとって大きな痛手であった。ヴォルカー委員会の調査結果や独立専門家委員会の調査結果を待たずして和解が成立した背景には、企業の利益を優先するという経済的な考慮があった。

　また集団訴訟というヨーロッパにはなじみのうすい法手段は、この問題を道徳的（金銭的）な面で解決することを促した。集団訴訟は一人以上の複数の原告がその他の同じ訴えを持つ人の代表として訴訟を起こすことができ、後から原告として名乗り出ることが可能な訴訟である。つまり休眠口座の問題のような原告がはじめから確定できない

★55　Huber [2002], p. 87.「ホロコーストの商業化」に辛らつな批判をしているのは、ユダヤ人政治学者のフィンケルスタインである。詳細はフィンケルスタイン、ノーマン・G. [2004]、『ホロコースト産業——同胞の苦しみを売り物にするユダヤエリートたち』、三交社を参照。

★56　Maissen [2005], S. 281.

★57　総動員50周年記念式典「ディアマント(Diamant)」は軍廃止の議論とも大きな関係がある。当時軍を廃止するかどうかという議論のなかで、軍廃止の反対者からスイスは軍のおかげで第二次大戦を乗り切れたという軍の肯定的なイメージが強調された。Kreis, Georg [2002a], Zurück in den Zweiten Weltkrieg, Zur schweizerischen Zeitgeschichte der 80er Jahre, in: *Schweizerische Zeitschrift der Geschichte*, S. 60.

★58　Altermatt, Urs [2004], Verspätete Thematisierung des Holocaust in der Schweiz, in: Kreis, George (Hg.), *Erinnern und Verarbeiten zur Schweiz in den Jahren 1933-1945*, Basel, S. 47.

★59　1994年に放送されたテレビ映画「スイスとユダヤ人」と「スイスからアウシュヴィッツへ」はスイス国境で入国拒否された難民がテーマで、スイスとホロコーストの関連付けが行われていた。Kreis, Georg [2002b], Zurück in den Zweiten Weltkrieg (Teil II), Zur Bedeutung der 1990er Jahre für den Ausbau der Schweizerischen Zeitgeschichte, in: *Schweizerische Zeitschrift der Geschichte*, S. 498-499.

ケースの場合は特に有効であった。アメリカで裁判を起こすことのメリットは、弁護士の報酬が成功報酬制となっている点、また敗訴した場合裁判費用を負担する義務もない点で、このようなアメリカ司法の特徴がスイスの休眠口座訴訟などにはじまるホロコーストからなんらかの利益を得ていた企業に対する訴訟に有利な環境を作っていたのである★60。集団訴訟という法システムはヨーロッパでの過去の不正をアメリカで裁くことを可能にしたのである★61。

休眠口座解明においてマスメディアの果たした役割とその影響力は非常に大きかった。この問題に世界がまだ関心を寄せていなかった時期に、新聞や雑誌がこの問題を取り上げたことで世界からの注目と関心が集まった。アメリカとユダヤ側はマスメディアを戦略的に駆使してスイス側との交渉を有利に進めた。スイスの銀行に調査を依頼したが断られたと証言する年老いたホロコースト犠牲者の遺族をともなった記者会見や、調査で判明した事実をマスメディアに流すなどのマスメディア戦略は大きな影響力を持った。

終戦50周年という時期も少なからず影響を持った。終戦50周年の前後にスイスで第二次大戦を振り返る催しが多数開かれ、映画、テレビ番組、出版物が公開された。国民院で休眠口座の解明を求めるイニシアティヴを発動したグレンデルマイヤー（後述）もそういったものに影響を受けていた。終戦50周年に際し、当時のスイス大統領カスパー・フィリガーが第二次大戦中の不適切な難民政策に対し公式に謝罪を行ったのも、そのような風潮のなかで、政治的な圧力や世論の圧力が無視できないほど大きくなっていたからである★62。

2 独立専門家委員会設立とその活動

1 独立専門家委員会設立の経緯

独立専門家委員会の設立が決定されたのは1996年12月で、スイスの銀行に対して集団訴訟が起こされた2ヶ月後であったが、設立への動きはその2年ほど前からあった。初めて議会レベルでスイスの銀行に眠るナチズムの犠牲者の財産問題が指摘されたのは、1994年12月6日にカントン・フリブール出の全州院議員オットー・ピラー（スイス社会民主党）による議会質問（Einfache Anfrage）によってであった。これに対し

★60 武井彩佳［2008］、202-204頁。
★61 Thonke［2004］、S. 122.
★62 フィリガーの公式謝罪が行われた1995年5月7日の特別セッションは、キリスト教・ユダヤ教共同作業団体（Christliche-Jüdische Arbeitsgemeinschaft（CJA））の式典での政府と議会に対する強い要請によって実現した。1990年代初めからスイスの過去との新たな取り組みを求めるさまざまな動議が、──すべて左派からであったが──、出されていた。たとえば、1993年12月に難民を不法入国させた罪を問われたパウル・グリュニンガーの罪の免除に関する説明要求、1995年には、「J」スタンプやホロコースト記念碑の設置に関する動議がスイス社会民主党員から出されていた。Kreis［2002b］、S. 502-503.

1995年2月15日の連邦内閣の返答は,「そういった財産の一部は混合預託に統合されており,その調査費用は受益者が負担すべきもの」というものであった★63。1995年3月7日には,ジャン・ツィーグラー（当時スイス社会民主党員）からスイスの銀行が返還していない財産がどのぐらいあるのかという議会質問が提出されたが,これに対する連邦内閣の返答は,連邦銀行委員会によって提案されたスイス銀行家協会の私法的な措置を引き合いに出して,「法人やダミーの財産が見つかればよいが,その金額についてはまだはっきりしない」と返答した★64。同月24日の国民院において,1962年の「報告政令」に基づいたスイスの銀行に残る資産の把握とその返還のための議会イニシアティヴが無所属同盟の小会派（当時）に属するフェレーナ・グレンデルマイヤーによって出されたことが,独立専門家委員会設立決議への議会における第一歩であった。グレンデルマイヤーはスイスユダヤ人共同体連盟の前会長で名誉会長のジーギー・ファイゲルと親交が深く,特に終戦50周年の際に多数公開された映画や出版物に影響を受けていた★65。このイニシアティヴは,対象を銀行だけではなく,他の金融機関,財産管理会社および個人にもその対象を広げた議会決議案を起草するために,この問題を国民院法務委員会に委ねることで取り下げられた。

1995年8月に正式に法務委員会がこの問題を引き受け取り組む一方で,全州院では,1995年6月12日にオットー・ピラーによってスイスの銀行の休眠口座問題の解明のために出された動議が,同年12月20日,6対4で否決された。このことは,この時期まだ休眠口座問題の解明への気運が一枚岩でなかったことを表しているだろう。

法務委員会がこの問題を引き受けてから約1年後の1996年8月に提出された議会決議案は,1996年9月16日連邦内閣によって合意された。連邦内閣はその際,「スイスには,これを限りにこの問題を必要な誠実さをもって解明し,終止符を打つという政治的な利益がある」と表明した★66。ここで,休眠口座の解明は政治的な問題でもあるとの認識がはっきりと示された。両院における議論を経て,1996年12月13日,「ナチス政権のためスイスに送られた財産の歴史的,法的な調査に関する連邦議会決議」が採択され,独立専門家委員会の設立が決定された。

★63 Maissen［2005］, S. 156.
★64 Maissen［2005］, S. 158. ジャン・ツィーグラーは, Zieger, Jean［1997］, *Die Schweiz, das Gold und die Toten*, München, などホロコースト犠牲者の金の問題を扱った本を執筆している。
★65 Maissen［2005］, S. 158.
★66 Bundesblatt［1996］, Band 4, Heft 42, S. 1185 : Parlamentarische Initiative Bundesbeschluss betreffend die historische und rechtliche Untersuchung des Schicksals der infolge der nationalsozialistischen Herrschaft in die Schweiz gelangten Vermögenswerte Stellungnahme des Bundesrates zum Entwurf und zum erläuternden Bercht vom 26. August 1996 der Kommission für Rechtsfragen des Nationalrates vom 16. September 1996, http://www.amtsdruckschriften.ber.admin.ch/loadDocQuery.do?context=results&documentIndex=7&dsUID=1313906:12041eed28a:-737a#detailView（2007年6月27日取得）。

2 独立専門家委員会委員の選考と問題点

　独立専門家委員会（以下，委員会）委員の選考は国民院法務委員会が1996年5月に議会イニシアティヴを発表したときから始まっていたが，委員長の選任は難航し，その決定は公式任命の前日であった★67。委員長に選任されたチューリヒ連邦工科大学（ETH）教授，ジャン＝フランソワ・ベルジエは，中世・近世史の専門家で，メンバーの中でも少数派のフランス語圏の出身者であった。その他の委員の構成は，スイス人が延べ5人，外国人が延べ5人で，スイス人の委員のうち3人はドイツ語圏の歴史家であった。バーゼル大学教授のゲオルク・クライスは現代史の専門家，チューリヒ大学教授のヤーコブ・タンナーは経済史の専門家で，バーゼル大学教授（2001年より）のジャック・ピカールはユダヤ史の専門家で，全員がドイツ語圏の現代を扱う研究者であるため，委員の中に現代史を専門とするフランス語圏もしくはイタリア語圏の研究者はいなかった。法律の専門家は常時一人が在任していて，当初元ローザンヌ連邦裁判所判事のジョセフ・ヴォアヤムが担当していたが，2000年4月，チューリヒ大学の国際法学者のダニエル・テューラーと交代した。ヴォアヤムはフランス語圏の出身で，ベルジエのよき相談相手で，ヴォアヤムなしでは委員長の職を最後まで全うできなかったのでは，とベルジエはインタビューで答えている★68。外国人の委員には，自身がナチスによる迫害の経験者でナチス研究者のカリフォルニア州立大学教授のサウル・フリートランダー，アウシュヴィッツを経験し，ポーランド外務大臣（当時）のヴラティスワフ・バルトシェフスキー，ドイツ銀行史の専門家でプリンストン大学教授のハロルド・ジェイムズ，ワシントンのホロコースト博物館の創設者の一人であったシビル・ミルトンが任命された。2000年10月にミルトンが死去し，その後任として経済学者のヘレン・ユンツが選任された。

　委員会の人員構成に関して指摘された問題点はいくつかある。まず，委員長のベルジエをはじめほとんどの委員が兼任であったことである。委員会に専任で活動していたのはピカールだけで（80％），他のメンバーは通常の仕事と平行して委員会の活動を行い，また外国人の委員は活動の拠点が外国にあるため，委員会活動に積極的に参加することができなかった★69。また，言語の均等性に欠け，それに伴う歴史観の偏りも指摘された。メンバーはベルジエとヴォアヤムを除くと，ドイツ語圏出身者で占められ，ドイツ語圏の研究者よりもより伝統的な歴史観に近いラテン語圏の現代史研究者が委員に選出されなかった★70。また，戦争体験者が排除されているという批判があったが，実際に

★67　Bergier, Jean-François [2007], *Im Gespräch mit Bertrand Müller und Pietro Boschetti, Gelebte Geschichte, aus den Französischen von Eva Moldenhauer*, Zürich, S. 58. 当初委員長候補は，フリブール大学現代史教授のウルス・アルタマットに内定していたが，アルタマットは中傷などを受け辞退した。

★68　Bergier [2007], S. 61.
★69　Maissen [2005], S. 490.
★70　Maissen [2005], S. 268.

は，総動員世代の排除とその記憶の継承が排除されていた。それは，スイス人の委員がベルジエを除き，クライス（1943年生まれ），タンナー（1950年生まれ），ピカール（1952年生まれ）の若手研究者で占められていること，さらに単に戦争体験があるだけでなく，迫害を実際に体験した外国人の研究者の参加によって，総動員世代の記憶の継承が行われなかったと指摘された[71]。また，ベルジエははっきりと否定しているが，委員会のメンバーにピカール，フリートランダー，ミルトンなど多くのユダヤ系の委員の存在の指摘とユダヤ団体とのつながりとその圧力にかんする批判も存在した[72]。

3　独立専門家委員会の問題点

　委員会の問題点には，委員会内部の問題，調査資料の問題，さらには外部の問題があった。まず委員内部の問題は，歴史家の史料に対する姿勢とその扱い方であった。ベルジエは，中世史研究者は限られた史料を用いて考察する訓練ができているが，現代史研究者は史料を文字どおりに受け取りがちであると指摘している。またドイツ語圏とフランス語圏の研究に対する文化の違いもあげ，ドイツ語圏のドイツ社会史の手法と，フランス語圏のアナール学派の影響を受けた手法との違いがあったと指摘している[73]。多文化・多言語国家のスイスにおいては言語間の文化や考え方の違いは常に起こりうる問題として容易に想定できるであろう。

　調査資料，特に企業資料に関しては序盤と終盤で2つの問題を抱えた。序盤の問題は企業の資料公開に対する理解の欠如とそこから生まれる消極性であった。委員会はあらゆる資料／史料にアクセスできる特権を有していて，銀行は初めから自分たちの関心と利益にかかわる問題だったため資料公開に協力的であったが，他の企業は当初はかなり消極的であった。委員会は，企業に対し根気強く調査の必要性を説明する努力をし，それに供って徐々に各企業も協力的になっていった。終盤の問題は収集した資料の返還の問題であった。多くの資料は調査を効率的に進めるため複写して企業の外に持ち出されていた。しかし，調査終盤の2001年7月になって，経済界からの圧力により連邦内閣が作業の済んだ複写資料の返還を認めた[74]。これにより，今後他の研究者が再検証することが困難になったうえ，企業側が資料を破棄するという可能性も否めなくなってしまった[75]。

　委員会の外部つまり特別対策本部や外務省関係者との問題点は戦略の方向性の相違であった。1998年8月の集団訴訟の和解成立後の12月に開かれた「ホロコースト時代の

---

[71]　Maissen［2005］, S. 268.
[72]　Bergier［2007］, S. 102.
[73]　Bergier［2007］, S. 75-76, Maissen［2005］, S. 502.
[74]　Unabhängige Expertenkommission Schweiz-Zweiter Weltkrieg（UEK）［2002］, *Die Schweiz, der Nationalsozialismus und der Zweite Weltkrieg Schlussbericht*, Zürich, S. 37, 本書第一部18頁。
[75]　Bergier［2007］, S. 66. 連邦内閣は企業に対し30年間資料を保管するように要請を出している。

財産のためのワシントン会議」での出来事でそれが浮き彫りとなった。委員会はこの会議で、それまで調査した難民、略奪された芸術品、保険会社の対応に関する報告書を作成し公表する予定でいた。しかし、会議の間際になって駐米スイス大使のトーマス・ボーラーと外務大臣のフラビィオ・コッティから報告書を配布しないように求められた。ボーラーらは、スイスの銀行等に対する集団訴訟の和解が成立し、国際的な関心が他国へ移ったにもかかわらず、報告書が公開されることで議論が蒸し返されるのを恐れたのであった。スイスのイメージやその背後にある国益を守ろうとする政治的な配慮によるものであったが、あくまでも歴史的な検証を目的としていた委員会との対立が明らかになった★76。しかし、この一件は委員会が名実ともに独立した機関であったことを証明しているだろう。

委員会にとって最大の転換点となったのは、1998年8月の集団訴訟の和解であった。ベルジエは、それを転換というよりも唐突に現れた分断だと表現している★77。和解が成立したことで、特に世界ユダヤ人会議に近いグループからの国際的な批判は緩んだが、経済界、特に銀行が協力的な態度から無関心な態度に変わり、彼らにとって委員会は次第に重荷になっていった。そしてそれは政治的なレベルでも同様であった★78。つまり集団訴訟の和解により決着をみた問題をそれ以上調査することで新たな事実が出て来ても、政治的にも経済界においてもメリットのないものだと考えられたのである。

4 報告書への反応

委員会は合計で25の報告書と最終報告書を公刊した。この中で委員会自身が著者となったものは、法に関する報告書（18巻と19巻）を除けば、金取引（16巻）と難民政策（17巻）だけで、その他の報告書はそれぞれ担当の研究者の名前で刊行されている。委員会が著者となった報告書のなかでも難民政策に関する報告書は特に人々の注目を浴びた。正式な報告書に先立って1999年12月に発表された難民政策に関する中間報告書は★79、既存の歴史観を覆す視点が含まれた報告で、連邦内閣の言葉を借りれば、「この重要な配慮を要するテーマを批判的な視点で考察し、犠牲者をその中心に置いた」研究であった★80。特に、「スイスの官庁が（入国を希望する難民に対して）更なる障害を作り出したことで、意識的あるいは無意識的にせよ、彼らはナチス政権の目的達成のために手を貸したのである」（括弧内は著者による補足）という一文は、中立を守るため、自国を守るために講じてきた難民政策だったというこれまでの歴史観を180度転換

★76　Bergier [2007], S. 64, Maissen [2005], S. 497. 報告書はボーラーらによって回収されたが、その後返却され会議で配布された。
★77　Bergier [2007], S. 101.
★78　Bergier [2007], S. 95–96.
★79　UEK [1999], *Die Schweiz und die Flüchtlinge zur Zeit des Nationalsozialismus*, Bern.
★80　Die Schweiz und die Flüchtlinge zur Zeit des Nationalsozialismus: Erklarung des Bundesrates (10.12.1999), http://www.admin.ch/cp/d/3850e810.0@fwsrvg.bfi.admin.ch.html（2007年10月22日取得）。

させるものであった★81。中間報告書が発表されると、スイス国内の各方面から非難と訂正を求める声が上がり、委員会は学術界からも多くの批判と指摘を受けた。ローザンヌ大学教授の経済学者ジャン＝クリスティアン・ランベレは委員会が提示した難民の受入れと入国拒否した数に異を唱えた。ランベレによれば、スイスが国境封鎖を決定した1942年8月でさえ、難民が国境を越えることはかなり容易であったし、委員会が提示した入国を拒否した人数（約2万4500人）は★82、何度も入国を試みた人が二重に数えられている可能性を考慮せず、数字をそのまま鵜呑みにしたものであると論難し、独自の見解を発表した★83。また歴史家のエルマー・フィッシャーは、難民にかかる費用の問題に関して一つの史料に依拠した偏りのある研究だと指摘した★84。ルート・フィヴァ＝シルバーマンはジュネーヴで入国を拒否された人の数は、これまで考えられていたよりもずっと低いものだという研究を2000年に発表した★85。こうした研究者からの批判に対して、委員会はあまり大きな反応を示さなかったが、指摘された部分で正当と認めたものに関してはその後の報告書に反映されている★86。後にベルジエは、このような批判に関して、議論が表面的なものにとどまり本質的なものではかったと述べ、「入国を拒否された難民の数は興味深いかも知れないが、決して正確な数字を知ることはできない副次的な議論である。それよりもより本質的な問い、なぜ彼らが国境で入国を拒まれたのか、どんな影響が入国拒否によってもたらされたのかという問いが真の問題である」と主張している★87。またローザンヌ大学教授のハンス＝ウルリッヒ・ヨストは、難民の数の議論が先行することで、犠牲者の存在が意識から抜け落ちてしまう危険性をはらんでいると指摘したうえで、最終報告書は「数」に関しては不十分な報告かもしれないが、個人の運命を忘却から救ったのだとして評価している★88。

　研究者以外の反応は様々であった。ユダヤ団体と左派陣営からはこの報告は肯定的に

★81　UEK［1999］, S. 286. この表現は最終報告書にも引き継がれている。UEK［2002］, S. 172, 本書第一部152頁。
★82　UEK［1999］, S. 21. この数字はKoller, Guido［1996］, Entscheidung über Leben und Tod. Die behördliche Praxis in der schweizerischen Flüchtlingspolitik während des Zweiten Weltkrieges, in: Die Schweiz und die Flüchtlinge- La Suisse et les réfugiés 1933-1945, Studien und Quellen 22, Bern に依拠した数字。改定版の報告書でも同じ数が提示されたが、それ以上の可能性もあると示唆している。UEK［2001］, Die Schweiz und die Flüchtlinge zur Zeit des Nationalsozialismus, Zürich,（独立専門家委員会叢書17巻）, S. 31. 最終報告書では、二重に登録された人も考慮し入国を拒否された人の数を2万人以上に訂正し、史料不足のため正確な数を知ることはできないと付け加えている。UEK［2002］, S. 120-121, 本書第一部106-107頁。
★83　Lambelet, Jean-Christian［2001］, *A Critical Evaluation of the Bergier Report on "Switzerland and Refugees during the Nazi Era", With a New Analysis of the Issue*, Translated and reworked from the original French version published in March 2000, Lausanne, http://www.hec.unil.ch/jlambelet/docs.html#rech（2007年10月22日取得）。
★84　NZZ, 11. 09. 2000:〈Der Bergier- Flüchtlingsbericht auf dem Prüfstand der Kritik〉, Maissen［2005］, S. 499.
★85　Fivaz- Silbermann, Ruth［2000］, *Le refoulement de réfugiés civils juifs à la frontière franco genevoise durant la Seconde Guerre mondiale*, Paris.
★86　Maissen［2005］, S. 498.
★87　Bergier［2007］, S. 95.

受け入れられる一方，キリスト教民主人民党，自由民主党からは「政治的な偏りのある表現」だと非難を受けた★89。「独立と中立スイスのための行動★90」と「体験した歴史のための作業グループ★91」などの右派グループは，「真実がゆがめられた描写」で人道主義に基づいて政治を行った連邦内閣や，当時の国民の生き延びるための努力と国民の不安に関してまったく理解を示していないと，報告書を激しく批判した★92。連邦内閣は，その声明の中で，スイスの当時の難民政策の評価を世界的な状況の中で考慮することが望ましいという指摘をした★93。連邦内閣は，世界的に見てもスイスだけが厳しい難民政策を行っていたわけではないという視点も考慮すべきだという立場を取ったのである。

発表からほぼ1年後の2000年11月に，スイス人民党から難民政策の中間報告書の修正を求めた回収要請が出されたが，2001年2月，連邦内閣はこれを却下した★94。2001年11月に，改訂された報告書が公刊され，指摘を受けた資金面と財産権に関する点についての考察がより具体的に示されている★95。

難民政策の批判の多くは，これまで多くのスイス人に共有されてきた歴史認識に基づくものであった。それは，スイスはナチス・ドイツの脅威にさらされる中，多少のドイツとの取引はあったものの中立を守り通し，自国の窮状にもかかわらず，多くの難民を受け入れ，援助したという歴史認識である。そしてこの歴史認識は戦後政府が積極的に確立しようとしていたものでもある★96。

本書，独立専門家委員会の最終報告書は，2001年の12月19日にドイツ語版が完成し，その後フランス語，英語，イタリア語に翻訳する作業が始められた。フランス語版の作成には委員長のベルジエがかなりの労力を払い，英語版にはユンツが尽力し，2002年3月に独，仏，伊，英の4ヶ国語で公刊された★97。1996年12月の発足から委任期間であった5年の年月をかけてようやく最終的な報告書が完成したのである。

★88　Ulrich Jost, Hans [2002], Die Schweiz, der Nationalsozialismus und der Zweite Weltkrieg. Schlussbericht der UEK Schweiz-Zweiter Weltkrieg, in: *Schweizerische Zeitschrift für Geschichte*, Nr. 55, S. 365.

★89　Maissen [2005], S. 501.

★90　Aktion für eine unabhängige und neutrale Schweiz, 1986年国連加盟に反対するメンバーにより創設。スイスの独立と中立のために活動し，スイスのEU加盟やスイス軍の国連軍への参加に反対を唱える。1986年から2003年までスイス人民党のクリストフ・ブロッハー（元司法警察省大臣）が代表を務めた。

★91　Arbeitskreis Gelebte Geschichte (AGG) は，「スイスは，ベルジエ報告が示したような加害国ではない」と主張した。2008年12月，AGGはそのミッションを終え解散した。

★92　Maissen [2005], S. 501.

★93　Erklärung des Bundesrates (10.12.1999).

★94　Rückweisung des Flüchtlingsberichtes der Kommission Bergier (00. 3633 Postulat), Erklärung des Bundesrates vom 21.02.2001, http://www.parlament.ch/D/Suche/Seiten/geschaefte.aspx?gesch_id=20003633（2007年10月22日取得）。

★95　UEK [2001]（独立専門家委員会叢書 17 巻）。

★96　UEK [2001]（独立専門家委員会叢書 17 巻), S. 25-26.

★97　Maissen [2005], S. 514.

最終報告書に対する各方面の反応は，賞賛と批判が混在するさまざまなものであったが，全体的には賞賛する声が優勢であった。世界ユダヤ人会議，スイスユダヤ人共同体連盟，自由民主党，スイス社会民主党，キリスト教民主人民党，経済団体は，最終報告書をスイスの歴史研究における必要不可欠で興味深い貢献だとして評価した★98。こういった評価の一方で，スイス人民党，「独立と中立スイスのための行動」，スイス民主党は，経済組合連合の「エコノミースイス」とともに，当時のスイスの経済的な状況をまったく考慮しない，「政治的に偏りのある見解」であると非難している。2000年5月に設立された「スイス・第二次大戦利益協同体★99」などの委員会の設立と活動をきっかけとして創設された委員会に反対する協会の一部は，委員会の報告書と最終報告書に対して現在も批判的な活動を続けている。

　連邦内閣はその最終報告に関する声明のなかで，スイスが，特に政治的な責任者が常に人道的な要求に必ずしも沿うことができなかったこと，特に「J」スタンプ導入によって人間を差別し，死が確実な難民の入国を拒否したことを認めているが，それに関して1995年のフィリガーの謝罪を引き合いに出しただけで，新たな謝罪のことばはなかった。さらに，「ユダヤ人」，「ホロコースト」，「ショアー」という言葉は一語も使われておらず，世界がホロコーストと取り組む中で，スイスはいまだ中立的な（部外者としての）立場をとっている印象を受ける。また，連邦内閣は独立専門家委員会に第二次大戦中のスイスとスイス国民の完全な歴史を記述することは要求していないし，それは依頼に当てはまらないとした上で，最終報告書にはほとんど触れられていなかった，スイス国民が自由と民主主義と連帯のために戦ったことに対して感謝の意を表すことも忘れてはいない★100。マイセンは，連邦内閣は委員会の研究とその記憶を国民と分かち合うことを拒否したのだと指摘している★101。ベルジエも，最終報告書に関する政治的な議論は内閣でも議会でももちあがらず，反応がほとんどなかったと述べている。その象徴としてベルジエがあげたのは，完成したドイツ語版の最終報告書の原本を連邦内閣に提出する式典のさい，当時大統領だったロイエンベルガーをはじめ，最初はだれも率先してベルジエの差し出した報告書を受け取ろうとしなかったという事実である★102。政治的な要請で設置された独立専門家委員会であったが，5年の年月の経過のなかで1998年の和解の成立などにより政治的な意味合いが薄れ，最終報告書の政治的

★ 98　NZZ, 23.03.2002, Nr. 69, 〈Lob und Tadel für die Arbeit der Historiker Reaktionen zum Bergier-Schlussbericht〉.
★ 99　Interessengemeinschaft Schweiz Zweiter Weltkrieg（IG）。IGは20以上の組織の上部組織で約2万5000人の会員を有する。その目的は動員世代の記憶の継承とスイスの名声の回復。（IGのウェブサイトより http://www.igschweiz.ch/index.html）。
★ 100　Erklärung des Bundesrates anlässlich der Veröffentlichung des Schlussberichtes der Unabhängigen Expertenkommission "Schweiz-Zweiter Weltkrieg"（22.03.2002）, http://www.admin.ch/cp/d/3c9b02f3_1@fwsrvg.bfi.admin.ch.html（2007年10月23日取得）。
★ 101　Maissen［2005］, S. 517.
★ 102　Bergier［2007］, S. 96-97.

存在意義が失われてしまったのである。

　最終報告書は，1990年代まで共有されてきた歴史認識——スイスは反抗精神を持ち，軍事的な抵抗を行う用意があったとする既存の固定化した歴史認識，いわゆる総動員世代の記憶や苦境にありながら多くの難民を救済したという歴史認識——をもつ多くのスイス国民にとってすぐには受け入れがたいものであった。また多くのスイス国民は，外国のメディアや外国から発せられる誤ったスイス像や誹謗・中傷によって傷つき，それらを腹立たしく思っていた。国民の多くにはスイスの第二次大戦の議論はもうたくさんだという思いが広がっており，委員会の最終報告書に対して多くが無関心な態度をとり，一部が批判的な態度を示しただけであった★103。

おわりに

　1990年代半ばから，スイスは世界的な批判と注目を浴びるなか，自国の歴史を再び振り返ることを余儀なくされた。この一連の出来事はスイスの歴史像にどのような影響を与えたのだろうか。最後に本章の締めくくりとして，この論点，すなわち「外圧」によって半ば強制的に行われた過去の内省と委員会の示した犠牲者からの視点の歴史像がスイスの歴史認識に与えた影響を考えてみたい★104。

　第二次大戦期のスイスに関する自己イメージを，委員会メンバーであったゲオルク・クライスは，既存の「防備を固めたスイス」像，「慈悲深いスイス」像，「残酷なスイス」像と90年代後半に確立された「醜いスイス」像という4つのイメージ（像）で説明している★105。具体的には，「防備を固めたスイス」像は，ナチス・ドイツの脅威にさらされ，経済的な困難の中，アンリ・ギザン将軍を中心に国民が一致団結して，スイスの中立を守ったというイメージである。「慈悲深いスイス」像は，難民救済，子ども救済，負傷した軍人の救済，赤十字の活動への参加などが表すスイスの国是として認識されている人道主義のイメージである。「残酷なスイス」像はスイスの人道主義の伝統とは矛盾するように思われる難民の国境での入国拒否や，ユダヤ人のパスポートに押した「J」スタンプ導入に指導的な役割を演じたことに代表される，厳しい難民政策のイメージである。そして最後が，戦後50年以降に新たに加わった「醜いスイス」像である。これが表象するものは，特にホロコーストに関する問題で，スイス国立銀行の金塊問題やナチズム犠牲者の休眠口座問題である。委員会が主に扱ったのは，「残酷なスイス」と新たに加わった像である「醜いスイス」であった。NZZが一連の第二次大戦中

★103　Maissen [2005], S. 519.
★104　スイスの1933年から1945年までの歴史叙述において犠牲者の視点からの歴史はほとんど扱われていなかった。Altermatt [2004], S. 49.
★105　Kreis, George [2004], Das Bild und die Bilder von der Schweiz zur Zeit des Zweiten Weltkrieges. in: Flacke, Monika (Hg.), *Mythen der Nationen 1945 − Arena der Erinnerungen, Eine Ausstellung des Deutschen Historischen Museums*, Begleitbände zur Ausstellung, 2. Oktober 2004 bis 27. Februar 2005, Ausstellungshalle von I. M. Pei, Band II, Berlin, S. 593-617.

のスイスにかかわる問題を「第二次大戦の影（Schatten des Zweiten Weltkrieges）」というタイトルで連載したことが象徴する「影」の部分のスイス像である。

　スイスは中立国であるため、第二次大戦に関与したという認識はかなり薄く、隣国から降りかかってくる火の粉を何とか振り払って、自国の中立と独立を守ったという認識のほうが強い。こういった認識は、祖国防衛に駆り出されたいわゆる総動員世代に共通のものである。「戦争はドイツが仕掛けたものだ」というNZZに寄せられた投書はそういった認識を反映している。

　人道主義はスイスのナショナル・アイデンティティのひとつであり、伝統的な亡命者受入国、また赤十字発祥の地であるスイスにとって、人道主義は放棄することのできない伝統あるいは遺産として受け止められている。そのため、人道主義とは矛盾する厳しい難民政策に関しては、各方面からの反応も大きい。難民の入国を国境で拒否する政策は、1942年8月の決定時に大きな議論となり、政府決定に反対する声や非難が連邦内閣に届けられ、新聞では人道主義かそれとも国益かという議論が繰り広げられた。その際も、厳しい難民政策はスイスの伝統である人道主義とは相容れないものであると主張されていた。今回の委員会の報告書の中でも一番反響が大きかったのが難民政策の問題である。金塊取引や休眠口座問題は銀行という一つの機関の行為であるのに対し、難民政策はスイスのナショナル・アイデンティティを揺るがす問題なのである。そうであるにもかかわらず、人道主義はスイスの独立と中立という基本原則の前では二の次になってしまうのである。

　このような複雑なスイスの事情を端的に表している事例は、グリュニンガーの一件である。カントン・ザンクトガレンの国境警察のパウル・グリュニンガーは、1939年の初頭まで、連邦内閣の決定に背き、数百人のユダヤ難民を、パスポートの偽造や入国者の数値の操作、国境越えの案内などをして入国させた。この一件でグリュニンガーは懲戒解雇となり年金受給権も剥奪された★106。ここで明らかなのは、スイスの人道主義はスイスの基本理念である自由と独立が守られてこそ実現できるものであり、人道主義よりも国の中立と独立が優先されるということである★107。

　しかしながら、戦時中グリュニンガーのように個人や民間団体が多くの難民の救済に尽力したことも事実である。国家としての大きな枠組みで行った難民政策と民間や個人レベルでの難民救済や援助に乖離があるため、人々の難民政策に対する認識も複雑でアンビバレントなものとして表れるのだろう。

　それではスイス人のアイデンティティにかかわる第二次大戦の難民政策の問題および「第二次大戦中のスイス」との取り組みは、第二次大戦をめぐる議論以降どう変化した

★106　グリュニンガーの名誉が完全に回復されたのは彼の死後である1995年。グリュニンガーの一件に関しては、Keller, Stefan [1998], *Grüningers Fall Geschichten von Flucht und Hilfe*, Zürich に詳しい。

★107　スイスの自由と独立の精神に関しては、コーン・ハンス〔著〕、百々巳之助、浦野起央〔訳〕[1962]、『ナショナリズムと自由——スイスの場合』、アサヒ社を参照。

のだろうか。戦後，多くの難民政策を扱った著書や映画が刊行，公開されたが，それらはほとんどジャーナリストの手によるものだった。特に有名なのは，スイスの難民政策を批判的に描いたアルフレッド＝A・ヘスラーによる『ボートは満員だ』であろう★108。この著書は数ヶ国語に翻訳され，その後映画化もされた。学術的な研究は連邦内閣からの依頼を除けば，1990年代に入るまでほとんどなかったが，その後，徐々にではあるが第二次大戦を扱った研究書が発表されるようになった★109。遅かったとはいえ，90年代からスイスの負の部分を見直そうという動きがみられ，それが委員会の研究でさらに加速した。

　委員会の業績は政治レベルでは議論が起こらなかった一方，学術研究には大きな影響を及ぼした。委員会の活動や研究をきっかけとして広範な学術研究が行われるようになった。委員会の犠牲者の視点の研究に対して，スイスの難民に対する処遇は本当に厳しいだけであったのかという問題を扱った研究が行われ，難民救済や人道主義に焦点をあてた研究や，中央官庁よりは人道的であったことを主張する各カントンの難民政策の研究や難民収容施設などの研究が進んだ★110。

　それでは，金取引や休眠口座と関連性を持つホロコーストに対する認識はどうであろうか。委員会の示した歴史像は，これまでの歴史ではほとんど叙述されてこなかった犠牲者の視点による歴史像である。犠牲者つまりナチス・ドイツおよびホロコースト犠牲者とスイスの歴史との関連付けが行われたのである。中立国のスイスはそれまでホロコーストの問題に関して無関係であるという態度をとり，無関心を示してきた。

　1995年，国民院議員のアンドレアス・グロス（スイス社会民主党）によって，終戦

★108　Häsler, Alfred A. [1967], *Das Bot ist voll, Die Schweiz und die Flüchtlinge 1933-1945*, Zürich.
★109　例えば，スイスの難民政策を扱った Picard, Jacques [1994], *Die Schweiz und Juden*, Zürich，ユダヤ人迫害についてスイスはいつその情報を得て，どのぐらい知っていたのかを問題にした Haas, Gaston [1994], 《*Wenn man gewusst hätte, was sich drüben im Reich abspielte…*》, *1941-1943, Was man in der Schweiz von der Judenverfolgung wusste*, Basel，研究書ではないが，難民担当の職員の回想録 Weber, Charlotte [1994], *Gegen den Strom der Finsternis. Als Betreuerin in Schweizer Flüchtlingsheimen 1942-1945*, Zürich など。Kreis [2002b], S. 499–500。
★110　子ども救済や人道的な政策を扱った Schmidlin, Antonia [1999], *Eine Andere Schweiz. Helferinnen, Kriegskinder und Humanitäre Politik 1933-42*, Zürich，バーセルのユダヤ人共同体の難民の援助・救済を研究した Sibold, Noemi [2002], »…*Mit den Emigranten auf Gedeih und Verderb Verbunden.«Die Flüchtlingshilfe der Israelitischen Gemeinde Basel in der Zeit des Nationalsozialismus*, Zürich，左派の難民救済と亡命者救済の連帯を研究した Lupp, Björn-Erik [2006], *Von der Klassensolidarität zur humanitären Hilfe. Die Flüchtlingspolitik der politischen Linken 1930-1950*, Zürich，スイス北東部に位置する国境沿いのカントン・シャフハウゼンの難民政策とその実務を研究した Battel, Franco [2000], *Wo es Hell ist, dort ist die Schweiz. Flüchtlinge und Fluchthilfe an der Schaffhauser Grenze zur Zeit des Nationalsozialismus*, Zürich，同じく国境沿いのカントン・ザンクト・ガレンの難民政策を取り扱った Krummenacher, Jörg [2005], *Flüchtiges Glück. Die Flüchtlinge im Grenzkanton St. Gallen zur Zeit des Nationalsozialismus*, Zürich は新しく発見した史料を元に，スイスがこれまで考えられていたよりも1万人ほど多くの難民を受け入れていたと主張。また同時に子どものいる家族も入国を拒否された事実も明らかにしている。Erlanger, Simon [2006], «*Nur ein Durchgangsland» Arbeitslager und Internierungsheime für Flüchtlinge und Emigranten in der Schweiz 1940-1949*, Zürich はこれまで研究がなかった難民収容施設とくに労働施設を扱っている。

50周年に際しホロコースト記念碑を建設してはどうかという提案がなされたが，政府はその提案を却下した。その根拠は，スイスの難民政策は「非常に複雑」で，単純にひとつの彫刻品で表現できるものではなく，そういったものは，むしろ教材や史料の編集などにより行われるべきだというものであった★111。その後，委員会の研究等でスイスとホロコーストの関連が指摘されたが，現在まで国家によるホロコースト記念碑は設立されていない。

　1998年スイス人の芸術家シャング・フッター作のショアー記念碑と名づけられた彫刻（黄色のキューブの中に彫像が捕らわれている）がベルンの連邦議会の前に設置された。連邦議会の真正面（通常は中心から3メートルずらして設置される）に彫刻を設置したことに憤慨した右派大衆政党の自由党がその彫刻をフッターのアトリエに戻すという事件が起こった。これをきっかけにして新聞各紙で「ショアー記念碑がスイスに必要なのか，あるいは望ましいのか」という問題提起がなされ，はじめてホロコースト／ショアーの記念をめぐる議論が世論に起こった★112。この彫刻はその後スイス各地を巡回しその行く先々でさまざまな問題や議論が起こった。極右的，反ユダヤ主義的なプロパガンダが増加し（特にインターネット上），外国のユダヤ団体に対する誹謗中傷だけでなく，スイスのユダヤ団体にも攻撃が及んだ★113。こういった傾向を単にスイスでホロコーストを受け入れる準備がないとか，無関係であり続けたいと考えていると捉えるのは早計であろう。1998年は休眠口座の問題で世界中から非難を受け，早期解決へ向けた各方面からの圧力がかかっていた背景も考慮しなければならない。

　このような外からの圧力はまた，スイス国民が最終報告書に対して無関心を装った理由のひとつと考えられる。新しい歴史像が形成される過程，つまり休眠口座を発端とした世界中からの批判，スイスの銀行に対する経済制裁，イギリス外務省やアイゼンスタットの報告書によるスイス批判などの外からの圧力がスイス国民に「第二次大戦のスイスの過去」はもうたくさんだという気持ちにさせたのである。また，休眠口座の裁判が，歴史的事実の解明とそれに基づいた資産の返還と補償ではなく，「包括的な解決」の名のもとに，道徳的責任という実際は金銭で計ることのできない責任を，巨額の和解金という形で支払うことになったことも一つの要因であろう。その結果，大半の国民が国内から発生した歴史の内省ではなく，「外圧」によって押し付けられた歴史像という印象をうけたのであろう。

　しかし，委員会の研究結果を基礎とした高校生向けの歴史副教材『見つめて考えよう (Hinschauen und Nachfragen)』がカントン・チューリヒで導入されたことは，スイスの歴史認識が変わる第一歩である★114。この歴史副教材には，スイス人民党からベルジエ報告を拡大解釈しているなどと非難もあがっている。しかし，新しい歴史像が若い世

★111　Kreis［2002b］, S. 503.
★112　Altermatt［2004］, S. 49-50.
★113　Maissen［2005］, S. 386.

代から定着してゆくきっかけとなるであろう。2004年には，2003年にEUで導入されたホロコースト祈念日と人権侵害防止の日（1月27日，アウシュヴィッツ解放の日）がスイスでも導入され，多くの学校がホロコーストに関する映画を鑑賞したり，犠牲者の手記を読んだり，関連する展示会を訪れたりするなどの特別プログラムを実施している。こういった取り組みもまた，若い世代の意識を変えるきっかけとなり，ホロコーストやジェノサイドをはじめとする人道に反する行為についての認識が深まることにつながる。さらに世代に関してもう少し言えば，これまで圧倒的にスイスの集団的記憶を支配していた「総動員世代」が年齢の関係で後景に退きつつある。こういった時代背景のなかで，新たな研究の提示とそれを基礎とした教育を通じて徐々に新しい歴史像が認知されていくであろう。

　最終報告書公刊から8年が経過したが，その後「ナチ期および第二次大戦のスイス」という過去にスイスはどのように向き合ってきたのだろうか。前述したとおり学術的な議論や研究は委員会の活動や報告書をきっかけとして盛んに行われてきた。連邦政府は，委員会の報告書をもとにした「ベルジエ報告展」の開催を通じてその研究結果を国民に公表し，議論をうながしてきた★115。しかしその一方で内閣や議会において政治的な議論はまったく起こらなかった。連邦政府は，委員会の委任はスイスの第二次大戦中の全体の歴史を叙述することではない，として最終報告書に対してはっきりとした態度を表明することはなかった。残念なことにスイスの政府機関や官庁がウェブサイトに載せていたさまざまな第二次大戦中のスイスや休眠口座問題に関する資料は，その多くがすでにアクセス不能となっている★116。スイスはその一件を処理済みと捉えているように見受けられる。ベルジエは委員会の報告書は完全なスイスの歴史の叙述ではないとした上で，報告書を元にさまざまな議論をすること，特にトランスナショナルな議論の重要性を指摘した★117。EU化およびグローバル化によって，国内の価値や基準を世

★114　Bonhage, Barbara/Gautschi, Peter/Hodel, Jan/Spuhler, Gregor［2006］, *Hinschauen und Nachfragen, Die Schweiz und die Zeit des Nationalsozialismus im Licht aktueller Fragen*, Zürich. バルバラ・ボンハーゲ／ペータ・ガウチ／ヤン・ホーデル／グレーゴル・シュプーラー〔著〕，スイス文学研究会〔訳〕［2010］，『スイスの歴史　スイス高校現代史教科書〈中立国とナチズム〉』，明石書店。この副教材の使用は義務ではない。

★115　「ベルジエ報告展」は，2002年の3月から6月までベルンにあるケーフィヒトゥルム（Käfigturm，連邦内閣官房と連邦議会事務局の機関で政治的なテーマを取り扱う政治フォーラム）で開催されたあと，リースタル，シュヴィーツ，アーラウ，チューリヒ，シャフハウゼンなど計8ヶ所で開催された。ベルンでの展示会の資金は，外務省と内務省が負担し，巡回展示会の資金は，人種主義と人権侵害に反対するプロジェクト基金と外務省が提供した。展示会の展示品はチューリヒの国立博物館に保管される予定。連邦官庁の2005年12月12日付けの記者発表より。Die Bundesbehörden der Schweizerischen Eidgenossenschaft, Pressemitteilung, http://www.admin.ch/cp/d/439d1ebf_1@fwsrvg.html（2009年3月30日取得）。

★116　例えば，連邦外務省特別対策本部のウェブサイト（http://www.switzerland.taskforce.ch/）や連邦議会の休眠口座にかんするウェブサイト（http://www.parlament.ch/D/Nachrichtelose_Vermoegen/Nachrichtenlose_Vermoegen.htm）など。

★117　*NZZ*, 23.03.2002,〈Bergier-Kommission sieht sich《am Ziel》: Anerkennung für international einzigartige Leistung〉, Bergier［2007］, S. 129-130.

「Jスタンプ」が押されたドイツ政府発行のパスポート

出 典（Source）：Verband Schweizerischer Jüdischer Fürsorgen（VSJF），Archiv für Zeitgeschichte, ETH Zürich

界のそれに合わせていかなくてはならなくなっている。中立国であるスイスもその例外ではない。例えば，長年守られてきたスイスの銀行の守秘義務も，世界的な要請によって情報公開に踏み出そうとしている。歴史も一国の視点のみで語ることが難しくなっている。このような状況の中，今回取り組んだ「過去」とスイスは今後再び向き合わざるを得なくなる可能性もある。そのためにも政治を含めた包括的な議論をしておく必要があるだろう。

第一部付録

史料・参考文献

　以下には，本最終報告書において引用を行った文書館史料・参考文献のみを記載している。『スイス・第二次世界大戦に関する独立専門家委員会叢書』（独立専門家委員会叢書と略記），および，法学的な分析に関する2冊の刊行物も参照のこと。この叢書は，2001年から2002年にかけて，チューリヒのクロノス社（Chronos Verlag）から刊行された。この叢書の各巻は，個々の調査主題に関する包括的な文献資料，および，調査に用いられた各種史料についての情報を含む。

　〔★訳者注──各言語の版で各々の言語に置き換えられている各種の書誌・引用記号等については，原則として日本語に置き換えた。訳書があり各言語の版によって表記されている文献名が異なる場合には，報告書で使用された言語の版を優先し，可能な場合には他の言語の書誌情報も併記した。〕

1　公刊史料

1.1　編纂史料

Akten zur Deutschen Auswärtigen Politik 1918-1945 (ADAP), Serien D (1937-1941), Bd. 9-10, und E (1941-1945), Bd. 3-9.

Bonjour, Edgar [1975], *Geschichte der schweizerischen Neutralität. Vier Jahrhunderte eidgenössische Aussenpolitik*, Bd. 8 (Dokumente 1939-1945), Basel.

Diplomatische Dokumente der Schweiz (DDS), Bd. 11-15(1934-1945), Bern 1989-1992; Bd. 16-17 (9.V. 1945-30.VI. 1949), Zürich 1997-1999.

Domarus, Max [1973], *Hitler. Reden und Proklamationen 1932-1945,* Bd. 3, Wiesbaden.

Foreign Relations of the United States (*FRUS*): *Diplomatic papers*, 1943 Vol. I; 1945 Vol. V (United States Government Printing Office [1963; 1967], Washington).

Humbel, Kurt (Hg.) [1987], *Das Friedensabkommen in der schweizerischen Maschinen- und Metallindustrie: Dokumente zur Vertragspolitik 1899-1987*, Bern.

Nürnberger Prozess gegen die Hauptkriegsverbrecher vor dem Internationalen Militärgerichtshof, 14. 11. 1945-1. 10. 1946, Bd. 1, [1989] (再版, München 1989).

1.2 官庁公刊物

Amtliche Sammlung der Bundesgesetze und Verordnungen (*AS*), 各年版。

Amtliche Sammlung der Entscheidungen des Bundesgerichts (*BGE*), 各年版。

Eidgenössische Zentralstelle für Kriegswirtschaft (Hg.) [1973], *Die Schweizerische Kriegswirtschaft 1939/1948. Bericht des Eidgenössischen Volkswirtschafts- Departementes*, Bern.

Schweizerisches Bundesblatt (BB1), 各年版。

1.3 統計史料

Monatsstatistik des Aussenhandels der Schweiz [1939 年まで: *Monatsstatistik des auswärtigen Handels der Schweiz*], hg. von der Eidgenössischen Oberzolldirektion, Bern, 各年版。

Ritzmann-Blickenstorfer, Heiner (Hg.) [1996], *Historische Statistik der Schweiz*. Unter der Leitung von Hansjörg Siegenthaler, herausgegeben von H. R.-B., Zürich.

1.4 史料目録

Schweizerisches Bundesarchiv (Hg.) [1999], *Flüchtlingsakten 1930-1950. Thematische Übersicht zu Beständen im Schweizerischen Bundesarchiv*. Zusammengestellt von Guido Koller und Heinz Roschewski unter der Leitung von A. Kellerhals-Maeder, Bern.

2 未公刊史料

2.1 スイス

2.1.1 企業・団体史料館,個人史料

Algroup, Zürich (AL), 現 Alcan

Asea Brown Boveri AG, Baden (Archiv ABB)

Bally AG, Schönenwerd (Bally-Archiv)

Basler Versicherungen, Basel (Archiv Basler Leben)

Credit Suisse Group, Zürich (Archiv CSG)
Bestand Bank Leu
Bestand SVB (Schweizerische Volksbank)
Bestand SKA (Schweizerische Kreditanstalt)

Galerie Vallotton, Lausanne (Archiv Galerie Vallotton)

Georg Fischer AG, Schaffhausen (Archiv + GF +-HFA)

Helvetia Patria Versicherungen, St. Gallen (Archiv Helvetia-Patria)

Hoffmann-La Roche AG, Basel (Roche-Archiv)

Kunsthaus Zürich

Leica AG, Herbrugg (Archiv Wild)
Bestand der Verkaufs-Aktiengesellschaft Heinrich Wilds geodätischer Instrumente

Nestlé Schweiz AG, Vevey
Archives Historiques Nestlé (AHN)

Novartis AG, Basel
Geigy-Archiv (GA)
Sandoz-Archiv (SAR)

Oerlikon-Contraves AG, Zürich-Oerlikon (Archiv WO)
Bestand Werkzeugmaschinenfabrik Oerlikon (1924-1938)
Bestand Werkzeugmaschinenfabrik Oerlikon-Bührle & Co. (1938-1958)

Price Waterhouse, Zürich (Archiv Price Waterhouse & Co)

Privatarchiv Familie Dr. Martin Wetter (Tagebuch Wetter)
Abschrift des handschriftlichen Tagebuches von Bundesrat Ernst Wetter, 1939-1954

Schweizer Börse, Swiss Exchange, Zürich (Archiv SB)

Schweizerische Bankiervereinigung, Basel (Archiv SBVg)

Schweizerische Lebensversicherungs- und Rentenanstalt, Zürich (Archiv Rentenanstalt)

Schweizerische Rückversicherungs-Gesellschaft, Zürich (Archiv Schweizer Rück)

Swissair-Archiv, Balsberg-Kloten (SR-Archiv)

Tavaro S.A., Genève (Archives Tavaro)

UBS AG, Zürich (Archiv UBS)
Bestand SBG (Schweizerische Bankgesellschaft)
Bestand SBV (Schweizerischer Bankverein)

Schweizerisches Institut für Kunstwissenschaft, Zürich (SIK)
Nachlass von Adolf Jöhr

Schweizerischer Versicherungsverband, Zürich (Archiv SVV)

Zurich Financial Services, Zürich (Archiv Zürich)
Bestand Zürich (Unfall)
Bestand Zürich (Leben)

2.1.2　公的文書館

Archiv für Zeitgeschichte der ETH Zürich, Zürich (AfZ)
Institutioneller Bestand Schweizerischer Handels- und Industrieverein/Vorort (IB SHIV/Vorort)
National Archives, 所蔵マイクロフィルム史料, Washington
Russian Military State Archives 所蔵マイクロフィルム史料, Moscow (RGVA)
Nachlass Heinrich Homberger (NL Homberger)
Schweizerischer Israelitischer Gemeindebund (SIG)

Bundesgericht/Tribunal fédéral, Lausanne（Bger/TF）
Bestand "*Raubgutkammer*"

Schweizerisches Bundesarchiv/Archives fédérales suisses, Bern/Berne (BAR/AF)
Eidgenossische Räte und Bundesrat/Assemblée fédérale et Conseil fédéral

E 1002 (-)　　　Protokolle des Bundesrates (handschriftliche Notizen des Bundeskanzlers)
E 1004.1 (-)　　Protokolle des Bundesrates
E 1050.1 (-)　　Vollmachtenkommissionen, National- und Ständerat
E 1050.15 (-)　Zolltarifkommission, National- und Ständerat
E 1301 (-)　　　Verhandlungsprotokolle des Nationalrats

Eidgenössisches Politisches Department (EPD)

E 2001 (C)	Abteilung für Auswärtiges 1927-1936
E2001 (D)	Abteilung für Auswärtiges 1937-1945
E 2001 (E)	Abteilung für Auswärtiges/Politische Direktion
E 2200.41	Gesandtschaft in Paris
E 2200.42	Gesandtschaft in Vichy
E 2400	Verwaltungsabteilung (Geschäftsberichte der Auslandvertretungen)
E2500	Verwaltungsabteilung (Personaldossiers)
E 2800	Handakten Bundesrat Max Petitpierre
E2801	Handakten Minister Walter Stucki

Eidgenössisches Justiz- und Polizeidepartement (EJPD)

E 4001 (C)	Departementssekretariat 1941-1951
E 4110 (A)	Justizabteilung
E4160 (B)	Amt für das Zivilstandswesen 1935-1947
E 4260 (C)	Polizeiabteilung 1931-1956
E 4264 (-)	Bundesamt für Polizeiwesen, Personenregistratur
E4320 (B)	Bundesanwaltschaft 1931-1959
E 4800.1 (-)	Handakten Heinrich Rothmund

Eidgenössisches Militärdepartement (EMD)

E27 (-)	Landesverteidigung
E5330 (-)	Oberauditorat

Eidgenössisches Finanz- und Zolldepartement (EFZD)

E 6100 (A)	Eidgenössische Finanzverwaltung
E 6351 (-)	Oberzolldirektion

Eidgenössisches Volkswirtschaftsdepartement (EVD)

E 7160	Schweizerische Verrechnungsstelle (SVST)
E 7170 (A)	Bundesamt für Industrie, Gewerbe und Arbeit (BIGA)
E 7800 (-)	Persönliche Sekretariate der Departementsvorsteher und Chefbeamten

Eidgenössisches Verkehrs- und Energiewirtschaftsdepartement (EVED)

B 8190 (A)	Eidgenössisches Amt für Energiewirtschaft
E 8300 (A)	Generaldirektion und Kreisdirektionen SBB

Depositen und Schenkungen

J.I. 114 (-)	Nachlass Ludwig Friedrich Meyer

Saatsverträge (K I)

Schweizerische Nationalbank, Zürich (Archiv SNB)

Universitätsbibliothek Basel
Nachlass Per Jacobsson

2.2 ドイツ

2.2.1 企業文書館

Maggi GmbH, Singen (Archiv MAS)

Münchener Rückversicherungs-Gesellschaft, München (Archiv Münchener Rück)

Rheinmetall DeTec AG, Ratingen (Archiv DeTec)

2.2.2 公的文書館

Badisches Generallandesarchiv, Karlsruhe (GLA)
Badisches Finanz- und Wirtschaftsministerium

Deutsches Bundesarchiv, Berlin (BArch)

R 3101	Reichswirtschaftsministerium
R 8119 F	Deutsche Bank
R 87	Reichskommissar für die Behandlung feindlichen Vermögens

Deutsches Bundes archiv-Militärarchiv, Freiburg im Breisgau (BA-MA)

RW 6	Oberkommando der Wehrmacht (OKW)/Allgemeines Wehrmachtsamt
RW 19	Oberkommando der Wehrmacht (OKW)/Wehrwirtschafts- und Rüstungsamt
RW 20-5	Rüstungsinspektion V (Stuttgart beziehungsweise Strassburg)

Politisches Archiv des Auswärtigen Amtes (PA/AA), Berlin
Handelspolitische Abteilung IIa

Rheinisch-Westfälisches Wirtschaftsarchiv zu Köln e.V. (RWWA)

Abt. 72　　　Fortsetzung Rodopia-Akten

Staatsarchiv Freiburg im Breisgau (StaF)

A 96/1　　　Landeskommissär Konstanz
D 180/2　　　Spruchkammer-Verfahren

Zentralarchiv der Stiftung Preussischer Kulturbesitz, Berlin (ZdSPK)

Akten der Nationalgalerie Berlin

2.3　アメリカ合衆国

National Archives and Records Administration, Washington (NARA)

RG 84　　　Records of the Office of the Department of State
RG 226　　　Records of the Office of Strategic Services
RG 239　　　Records of the American Commission for Protection and Salvage of Artistic and Historic Monuments in War Areas

2.4　ロシア

Russian Military State Archives, Moscow (RGVA)

(Ehemals Zentrum für die Aufbewahrung historisch-dokumentarischer Sammlungen CChIDK, ehemals "Sonderarchiv")

700　　　Beauftragter für den Vierjahresplan

2.5　イギリス

Public Record Office, London (PRO)

FO 371　　　Foreign Office

2.6　オーストリア

2.6.1　企業文書館

Der Anker Allgemeine Versicherungsgesellschaft, Wien

2.6.2　公的文書館

Österreichisches Staatsarchiv, Archiv der Republik
04   Inneres, Reichskommissar für Wiedervereinigung (Bürckel-Materie)
06   Bundesministerium für Finanzen/Vermögensverkehrsstelle (VVSt)

3 参考文献

3.1 独立専門家委員会叢書・同委員会内部報告文書

Aubert, Jean-François [2001], La science juridique suisse et le régime national-socialiste (1933-1945), in: Unabhängige Expertenkommission Schweiz — Zweiter Weltkrieg (Hg.) [2001], *Die Schweiz, der Nationalsozialismus und das Recht*, Bd. 1: Öffentliches Recht, Zürich, 17-78 頁 (独立専門家委員会叢書 第 18 巻).

Bonhage, Barbara [2001], *Schweizerische Bodenkreditanstalt: "Aussergewöhnliche Zeiten bringen aussergewöhnliche Geschäfte"*, Zürich (独立専門家委員会叢書 第 21 巻)

Bonhage, Barbara / Lussy, Hanspeter / Perrenoud, Marc [2001], *Nachrichtenlose Vermögen in bei Schweizer Banken. Annahme ausländischer Gelder seit 1931 und Restitution von Opferguthaben seit 1945*, Zürich (独立専門家委員会叢書 第 15 巻).

Dreifuss, Eric L. [2001], Die Geschäftstätigkeit der Schweizer Lebensversicherer im "Dritten Reich". Rechtliche Aspekte und Judikatur, in: Unabhängige Expertenkommission Schweiz — Zweiter Weltkrieg (Hg.) [2001], *Die Schweiz, der Nationalsozialismus und das Recht*, Bd. 2: Privatrecht, Zürich, 207-314 頁 (独立専門家委員会叢書 第 19 巻).

Forster, Gilles [2001], *Transit ferroviaire à travers la Suisse 1939-1945*, Zürich (独立専門家委員会叢書 第 4 巻).

Frech, Stefan [2001], *Clearing. Der Zahlungsverkehr der Schweiz mit den Achsenmächten*, Zürich (独立専門家委員会叢書 第 3 巻).

Frowein, Jochen Abr. [2001], Einordnung der schweizerischen Praxis zum NS-Unrecht nach dem Zweiten Weltkrieg, in: Unabhängige Expertenkommission Schweiz — Zweiter Weltkrieg (Hg.) [2001], *Die Schweiz, der Nationalsozialismus und das Recht*, Bd. 1: *Öffentliches Recht*, Zürich, 599-633 頁 (独立専門家委員会叢書 第 18 巻).

Grossen, Jacques-Michel [2001], Transactions germano-suisses sur l'or pendant la Seconde Guerre mondiale, in: Unabhängige Expertenkommission Schweiz — Zweiter Weltkrieg (Hg.) [2001], *Die Schweiz, der Nationalsozialismus und das Recht*, Bd. 1: *Öffentliches Recht*, Zürich, 127-259 頁 (独立専門家委員会叢書 第 18 巻).

Haefliger, Arthur [2001], Rechtsprechung der Schweizer Gerichte auf dem Gebiet des öffentlichen Rechts im Umfeld des nationalsozialistischen Unrechtsregimes und der Frontenbewegung, in: Unabhängige Expertenkommission Schweiz — Zweiter Weltkrieg (Hg.) [2001], *Die Schweiz, der Nationalsozialismus und das Recht*, Bd. 1: *Öffentliches Recht*, Zürich, 217-259 頁 (独立専門家委員会叢書 第 18 巻).

Haldemann, Frank [2001], Der völkerrechtliche Schutz des Privateigentums im Kontext der

NS-Konfiskationspolitik, in: Unabhängige Expertenkommission Schweiz — Zweiter Weltkrieg (Hg.) [2001], *Die Schweiz, der Nationalsozialismus und das Recht*, Bd. 1: *Öffentliches Recht*, Zürich, 517-598 頁 (独立専門家委員会叢書 第 18 巻).

Hauser, Benedikt [2001], *Netzwerke, Projekte und Geschäfte: Aspekte der schweizerisch-italienischen Finanzbeziehungen*. Beitrag zur Forschung, Zürich (独立専門家委員会叢書 第 22 巻).

Hug, Peter [2001], Schweizer Rüstungsindustrie und Kriegsmaterialhandel zur Zeit des Nationalsozialismus. Unternehmensstrategien — Marktentwicklung — politische Überwachung, Zürich (独立専門家委員会叢書 第 11 巻).

Hüneke, Andreas [1999], *Die Schweiz und die "entartete Kunst"*, Potsdam (独立専門家委員会内部研究報告書).

Huonker, Thomas / Ludi, Regula [2001], *Roma, Sinti und Jenische. Schweizerische Zigeunerpolitik zur Zeit des Nationalsozialismus*, Zürich (独立専門家委員会叢書 第 23 巻).

Imhof, Kurt / Ettinger, Patrick / Boller, Boris [2001], *Die Flüchtlings- und Aussenwirtschaftspolitik der Schweiz im Kontext der öffentlichen politischen Kommunikation 1938-1950*, Zürich (独立専門家委員会叢書 第 8 巻).

Kälin, Walter [2001], Rechtliche Aspekte der schweizerischen Flüchtlingspolitik im Zweiten Weltkrieg, in: Unabhängige Expertenkommission Schweiz — Zweiter Weltkrieg (Hg.) [2001], *Die Schweiz, der Nationalsozialismus und das Recht*, Bd. 1: *Öffentliches Recht*, Zürich, 261-515 頁 (独立専門家委員会叢書 第 18 巻).

Karhen, Stefan / Chocomeli, Lucas / D'haemer, Kristin / Laube, Stefan / Schmid, Daniel [2002], *Schweizerische Versicherungsgesellschaften im Machtbereich des "Dritten Reiches"*, Zürich (独立専門家委員会叢書 第 12 巻).

Kleisel, Jean-Daniel [2001], *Electricité suisse et Troisième Reich*, Zürich (独立専門家委員会叢書 第 5 巻).

König, Mario [2001], *Interhandel. Die schweizerische Holding der IG Farben und ihre Metamorphosen – eine Affäre um Eigentum und Interessen*, Zürich (独立専門家委員会叢書 第 2 巻).

Lüchinger, Adolf [2001], Rechtsprechung der schweizerischen Gerichte im Umfeld des nationalsozialistischen Unrechtregimes auf dem Gebiet des Privatrechts, unter Einschluss des internationalen Zivilprozess- und Vollstreckungsrechts (Schwerpunkt Ordre public), in: Unabhängige Expertenkommission Schweiz — Zweiter Weltkrieg (Hg.) [2001], *Die Schweiz, der Nationalsozialismus und das Recht*, Bd. 2: *Privatrecht*, Zürich, 67-124 頁 (独立専門家委員会叢書 第 19 巻).

Lussy, Hanspeter/ Bonhage, Barbara/ Horn, Christian [2001], *Schweizerische Wertpapiergeschäfte mit dem "Dritten Reich". Handel, Raub und Restitution*, Zürich (独立専門家委員会叢書 第 14 巻).

Matt, Lukas [2000], *Swissair, Lufthansa und das Dritte Reich. Unternehmenspolitik, Flugbetrieb und Aufträge im Zeitraum 1933 bis 1945*, Lizentiatsarbeit und Expertise für UEK, Zürich.

Meier, Martin / Frech, Stefan / Gees, Thomas / Kropf, Blaise [2002], *Schweizerische Aussenwirtschaftspolitik 1930-1948. Strukturen - Verhandlungen -Funktionen*, Zürich (独立専門家委員会叢書

第 10 巻).

Perrenoud, Marc / López, Rodrigo / Adank, Florian / Baumann, Jan / Cortat, Alain / Peters, Suzanne [2002], *La place financière et les banques suisses à l'époque du national-socialisme*, Zürich (独立専門家委員会叢書 第 13 巻).

Ruch, Christian / Rais-Liechti, Myriam / Peter, Roland [2001], *Geschäfte und Zwangsarbeit. Schweizer Industrieunternehmen im "Dritten Reich"*, Zürich (独立専門家委員会叢書 第 6 巻).

Schindler, Dietrich [2001], Fragen des Neutralitätsrechts im Zweiten Weltkrieg, in: Unabhängige Expertenkommission Schweiz — Zweiter Weltkrieg (Hg.) [2001], *Die Schweiz, der Nationalsozialismus und das Recht*, Bd. 1: *Öffentliches Recht*, Zürich, 79–126 頁 (独立専門家委員会叢書 第 18 巻).

Siehr, Kurt [2001], Rechtsfragen zum Handel mit geraubten Kulturgütern in den Jahren 1935–1950, in: Unabhängige Expertenkommission Schweiz — Zweiter Weltkrieg (Hg.) [2001], *Die Schweiz, der Nationalsozialismus und das Recht*, Bd. 2: *Privatrecht*, Zürich, 125–203 頁 (独立専門家委員会叢書 第 19 巻).

Spuhler, Gregor / Jud, Ursina / Melchiar, Peter / Wildmann, Daniel [2002], *"Arisierungen" in Österreich und ihre Bezüge zur Schweiz*, Zürich (独立専門家委員会叢書 第 20 巻).

Straumann, Lukas / Wildmann, Daniel [2001], *Schweizer Chemieunternehmen im "Dritten Reich"*, Zürich (独立専門家委員会叢書 第 7 巻).

Tisa Francini, Esther / Heuss Anja / Kreis, Georg [2001], *Fluchtgut – Raubgut. Der Transfer von Kulturgütern in und über die Schweiz 1933-1945 und die Frage der Restitution*, Zürich (独立専門家委員会叢書 第 1 巻).

Uhlig, Christiane / Barthelmess, Petra / König, Mario / Pfaffenroth, Peter / Zeugin, Bettina [2001], *Tarnung, Transfer, Transit. Die Schweiz als Drehscheibe verdeckte deutscher Operationen 1939-1952*, Zürich (独立専門家委員会叢書 第 9 巻).

Unabhängige Expertenkommission Schweiz — Zweiter Weltkrieg (Hg.) [1999], *Die Schweiz und die Flüchtlinge zur Zeit des Nationalsozialismus*, Bern.

Unabhängige Expertenkommission Schweiz — Zweiter Weltkrieg (Hg.) [1998], *Die Schweiz und die Goldtransaktionen im Zweiten Weltkrieg. Zwischenbericht*, Bern.

Unabhängige Expertenkommission Schweiz — Zweiter Weltkrieg (Hg.) [2001], *Die Schweiz und die Flüchtlinge zur Zeit des Nationalsozialismus*, Zürich (独立専門家委員会叢書 第 17 巻).

Unabhängige Expertenkommission Schweiz — Zweiter Weltkrieg (Hg.) [2001], *Die Schweiz und die Goldtransaktionen im Zweiten Weltkrieg*, Zürich (独立専門家委員会叢書 第 16 巻).

Unabhängige Expertenkommission Schweiz — Zweiter Weltkrieg (Hg.) [2001], *Die Schweiz, der Nationalsozialismus und das Recht: Bd. 1: Öffentliches Recht*, Zürich (独立専門家委員会叢書 第 18 巻).

Unabhängige Expertenkommission Schweiz — Zweiter Weltkrieg (Hg.) [2001], *Die Schweiz, der Nationalsozialismus und das Recht: Bd. 2: Privatrecht*, Zürich (独立専門家委員会叢書 第 19 巻).

Vischer, Frank [2001], Der Handel mit ausländischen Wertpapieren während des Krieges und die

Probleme der deutschen Guthaben in der Schweiz sowie der nachrichtenlosen Vermögen aus rechtlicher Sicht, in: Unabhängige Expertenkommission Schweiz — Zweiter Weltkrieg (Hg.) [2001], *Die Schweiz, der Nationalsozialismus und das Recht*, Bd. 2: *Privatrecht*, Zürich, 15-65 頁 (独立専門家委員会叢書 第19巻).

Zeugin, Bettina / Sandkühler, Thomas [2001], *Die Schweiz und die deutschen Losegelderpressungen in den besetzten Niederlanden. Vermögensentziehung, Freikauf, Austausch 1940-1945*, Zürich (独立専門家委員会叢書 第24巻).

公刊文献

Aalders, Gerard / Wiebes, Cees [1996], *The Art of Cloaking Ownership. The secret collaboration and protection of the German war industry by the neutrals. The case of Sweden*, Amsterdam.

Adler-Rudel, Salomon: The Evian Conference of Rescue Efforts, in: *Leo Baeck Institute Yearbook* 11 (1966), 214-241 頁, 同, 13(1968), 235-273 頁.

Albers-Schönberg, Hein [2000], *Die Schweiz und die jüdischen Flüchtlinge 1933-1945. Eine unabhängige Studie*, Zürich.

Altermatt, Urs [1991], *Die Schweizer Bundesrate: Ein biographisches Lexikon*, Zürich.

Altermatt, Urs [1999], *Katholizismus und Antisemitismus. Mentalitäten, Kontinuitäten, Ambivalenzen*, Frauenfeld / Stuttgart / Wien.

Angst, Kenneth (Hg.) [1997], *Der Zweite Weltkrieg und die Schweiz. Reden und Analysen, von Hugo Butler, Kaspar Villiger, Arnold Koller, Hans Schaffner, Klaus Urner, Hans Senn, Dietrich Schindler, Walther Hofer, Thomas Maissen*, Zürich.

Arlettaz, Gérald / Arlettaz, Silvia [1998], Die schweizerische Ausländergesetzgebung und die politischen Parteien 1917-1931, in: Mattioli, Aram (Hg.), *Antisemitismus in der Schweiz 1848-1960*, Zürich, 327-356 頁.

Arlettaz, Gérald / Arlettaz, Silvia [1992]: L'immigration en Suisse depuis 1848. Une mémoire en construction; in: Allgemeine Geschichtsforschende Gesellschaft der Schweiz (Hg.), *Geschichtsforschung in der Schweiz*, Basel, 137-147 頁.

Arlettaz, Gérald / Arlettaz, Silvia [1996], La "question des étrangers" en Suisse 1880-1914, in: *L' Europe entre cultures et nations*, Paris, 257-268 頁.

Arlettaz, Gérald / Arlettaz, Silvia [1990], La Première Guerre mondiale et l'émergence d'une politique migratoire interventionniste, in: Bairoch, Paul / Körner, Martin (Hg.), *Die Schweiz in der Weltwirtschaft — La Suisse dans l'économie mondiale (15e-20e siècle)*, Zürich, 319-337 頁.

Arnold, Jonas [2001], Die Ausland- und Flüchtlingshilfe des Schweizerischen Caritasverbandes 1933-1945, in: Conzemius, Victor (Hg.), *Schweizer Katholizismus 1933-1945*, Zürich, 499-525 頁.

Arnold, Jonas [1197], *Vom Transitprinzip zum Daueraryl. Die schweizerische Flüchtlingshilfe 1933-1951*, Lizentiatsarbeit, Universität Freiburg / Université de Fribourg (未公刊).

Arx von, Cäsar [1985], *Briefwechsel und Dokumente 1929-1949*, Bern.

Aubert, Jean-François [1991 / 1995], *Bundesstaatsrecht der Schweiz*, Basel/Frankfurt a. M.

Aubert, Jean-François [1984], *So funktioniert die Schweiz: Dargestellt anhand einiger konkreter Beispiele*, Muri bei Bern (Marianne Rohr によるドイツ語への翻訳第4版).

Aubert, Jean-François [1967-1982], *Traité de droit constitutionnel suisse*, Paris/Neuchâtel.

Aubert, Maurice / Haissly, Bernard / Terracina, Jeanne [1996], Responsabilité des banques suisses a l'égard des héritiers, in: *Schweizerische Juristen-Zeitung 92*, 137-149 頁.

Auer, Felix [1997], *Das Schlachtfeld von Thun oder Dichtung und Wahrheit bei Jean Ziegler*, Stäfa.

Bachmann, Hans R. [1996], *Schweizer Schifffahrt auf den Meeren*, Zürich (Schifffahrtsfibeln, 3).

Bähr, Johannes [1999], *Der Goldhandel der Dresdner Bank im Zweiten Weltkrieg*, Leipzig.

Bajohr, Frank [2000], "Arisierung" als gesellschaftlicher Prozess. Verhalten, Strategien und Handlungsspielräume jüdischer Eigentümer und "arischen" Erwerber, in: *"Arisierung" im Nationalsozialismus. Volksgemeinschaft, Raub und Gedächtnis, hg. im Auftrag des Fritz Bauer Instituts von Irmtrud Wojak und Peter Hayes*, Frankfurt a. M. / New York, 15-30 頁.

Balzli, Beat [1997], *Treuhänder des Reichs. Die Schweiz und die Vermögen der Naziopfer: Eine Spurensuche*, Zürich.

Banken, Ralph [1999], Der Edelmetallsektor und die Verwertung konfiszierten jüdischen Vermögens im "Dritten Reich". Ein Werkstattbericht über das Untersuchungsprojekt "Degussa AG" aus dem Forschungsinstitut für Sozial- und Wirtschaftsgeschichte an der Universität zu Köln. in: *Jahrbuch für Wirtschaftsgeschichte* 1/1999, 135-162 頁.

Battel, Franco [2000], *"Wo es hell ist, dort ist die Schweiz" Flüchtlinge und Fluchthilfe an der Schaffhauser Grenze zur Zeit des Nationalsozialismus*, Zürich.

Bauer, Yehuda [1981], *American Jewry and the Holocaust. The American Jewish Joint Distribution Committee 1939-1945*, Detroit.

Bauer, Yehuda [1994], *Jews for Sale? Nazi-Jewish Negotiations 1933-1945*, New Haven.

Baumann, Jan / Halbeisen, Patrick [2000], *Die Internationalisierung des Finanzplatzes Schweiz und ihre Folgen für die Währungspolitik: Konsens und Konflikte zwischen der Nationalbank und den Geschäftsbanken 1919-1939*, Zürich (未公刊).

Baumann, Werner / Moser, Peter [1999], *Bauern im Industriestaat. Agrarpolitische Konzeptionen und bäuerliche Bewegungen in der Schweiz 1918-1968*, Zürich.

Béguin, Pierre [1951], *Le Balcon sur l'Europe. Petite Histoire de la Suisse pendant la guerre 1939-1945*, Neuchâtel. 【邦訳】P.ベガン〔著〕，鶴岡千仞〔訳〕[1952]『ヨーロッパのバルコニー』岩波書店．

Belot, Robert [1998], *Aux frontières de La liberté: Vichy, Madrid, Alger, Londres, s'évader de France sous l' occupation*, [Paris] (Pour une histoire du XXe siècle).

Beltran, Alain / Frank, Robert / Rousso, Henry [1994], *La vie des entreprises sous l'Occupation*. Une enquête à l'échelle locale, Paris.

Ben Elissar, Eliahu [1969], *La diplomatie du IIIe Reich et les Juifs, 1933-1939*, Paris.

Bigler-Eggenberger, Margrith [1999], Bürgerrechtsverlust durch Heirat: Ein dunkler Fleck in der jüngeren Schweizer Rechtsgeschichte, in: *Recht* 1999/2, 33 頁以降.

Bill, Ramón [2001], *Waffenfabrik Solothurn (1923 bis 1961). Schweizer Entwicklungsstätte für Deutsche Waffentechnologie,* Solothurn (Schriftenreihe des kantonalen Museums Altes Zeughaus, 14).

Binnenkade, Alexandra [2001], *Sturmzeit. Die Evangelisch-Reformierte Landeskirche des Kantons Aargau zwischen 1933 und 1948,* Baden.

Bischof, Franz Xaver [2001], Verkündung zwischen Réduit-Denken und Weltverantwortung, in: Conzemius, Victor (Hg.): *Schweizer Katholizismus 1933-1945. Eine Konfessionskultur zwischen Abkapselung und Solidarität,* Zürich, 461–494 頁.

Bloch, Marc [1949], *Apologie pour l'histore ou le métier d'historien,* Paris.【邦訳】マルク・ブロック〔著〕，松村剛〔訳〕[2004]『歴史のための弁明 ── 歴史家の仕事』岩波書店.

Bocks, Wolfgang / Bosch, Manfred [1992], *Fremd und nicht freiwillig. Zwangsarbeit und Kriegsgefangenschaft in Rheinfelden-Baden und Umgebung 1940-45,* Rheinfelden / Baden.

Böhle, Ingo [2000], Die Volksfürsorge Lebensversicherungs AG ── ein Unternehmen der Deutschen Arbeitsfront (DAF) im "Dritten Reich", in: *Zeitschrift für Unternehmensgeschichte* 45/1, 49-78 頁.

Bohny-Reiter, Friedel [1993], Journal de rivesaltes: *1941-1942,* édition préparée par Michèle Fleury-Seemuller, Carouge–Genève (Michèle Fleury-Seemuller による独語からの翻訳).

Boissard, Guy [2000], *Quelle neutralité face à l'horreur? Le courage de Charles Journet,* Saint-Maurice.

Bonjour, Edgar [1981], Wie lange glaubte Pilet-Golaz an den deutschen Endsieg?, in: *Bonjour, Edgar: Die Schweiz und Europa,* Bd. 7, Basel, 313–316 頁.

Bonjour, Edgar [1970], *Geschichte der schweizerischen Neutralität: Vier Jahrhunderte eidgenossische Aussenpolitik,* Bde. III–VI, Stuttgart.

Bonjour, Edgar [1970], *Histoire de la neutralité suisse,* vols. IV–VI, Neuchâtel (上記ドイツ語版のフランス語訳版).

Borchard, Edwin M. [1925], *The Diplomatic Protection of Citizens abroad,* New York.

Borkin, Joseph [1978], *Die unheilige Allianz der IG Farben,* Frankfurt a.M. 1981 (英語初版 1978 年).

Böschenstein, Hermann [1978], *Vor unsern Augen. Aufzeichnungen über das Jahrzehnt 1935-1945,* Bern.

Botur, André [1995], *Privatversicherungen im Dritten Reich: Zur Schadensabwicklung nach der Reichskristallnacht unter dem Einfluss nationalsozialistischer Rassen- und Versicherungspolitik,* Berlin.

Bourgeois, Daniel [2000], *Das Geschäft mit Hitlerdeutschland. Schweizer Wirtschaft und Drittes Reich,* Zürich.

Bourgeois, Daniel [1998], La Suisse, les Suisses et la Shoah, in: *Revue d'histoire de la Shoah* 163, 132–151 頁.

Bourgeois, Daniel [1998], Quand Nestlé donnait l'argent à un mouvement d'inspiration nazi, *Le Temps,* Genève.

Bräunche, Ernst Otto [1997], Ein "anständiger" und "moralisch integrer" Nationalsozialist? Walter Köhler, Badischer Ministerpräsident, Finanz- und Wirtschaftsminister, in: Kissener, Michael / Scholtyseck (Hg.): *Die Führer der Provinz. NS-Biographien aus Baden und Württemberg,* Konstanz, 289–310 頁(*Karlsruher Beiträge zur Geschichte des Nationalsozialismus,* Bd. 2).

Braunschweig, Pierre Th. [1989], *Geheimer Draht nach Berlin. Die Nachrichtenlinie Masson-Schellenberg* und der schweizerische Nachrichtendienst im Zweiten Weltkrieg, Zürich.

Brayard, Florent (Ed.) [2000], *Le Génocide des Juifs entre procès et histoire 1943-2000*, Paris.

Breitman, Richard [1999], *Staatsgeheimnisse. Die Verbrechen der Nazis – von den Alliierten toleriert*, München.【邦訳】リチャード・ブライトマン〔著〕,川上洸〔訳〕[2000]『封印されたホロコースト ローズヴェルト,チャーチルはどこまで知っていたか』大月書店 (英語による原書からの翻訳).

Breitman, Richard / Kraut, Alan M. [1987], *American refugee policy and European Jewry: 1933-1945*, Bloomington.

Broggini, Renata [1993], *Terra d'asilo: i riftigiati italiani in Svizzera, 1943–1945*, [Bologna] (Biblioteca storica).

Bucher, Erwin [1993], *Zwischen Bundesrat und General. Schweizer Politik und Armee im Zweiten Weltkrieg*, Zürich (初版: St. Gallen 1991 年).

Bucher, Rudolf [1967], *Zwischen Verrat und Menschlichkeit. Erlebnisse eines Schweizer Arztes an der deutsch-russischen Front 1941/42*, Frauenfeld.

Buomberger, Thomas [1998], *Raubkunst-Kunstraub. Die Schweiz und der Handel mit gestohlenen Kulturgütern zur Zeit des Zweiten Weltkrieges*, Zürich.

Burrin, Philippe [1995], *La France à l'heure allemande 1940-1944*, Paris (第 2 版).

Buschak, Willy [1989], *Die Geschichte der Maggi-Arbeiterschaft 1887-1950*, Hamburg.

Busset, Thomas [1994], *"Va-t'en!" Accueil de réfugiés et naissance du mythe de la "terre d'asile" en Suisse*, Lausanne.

Butikofer, Roland [1996], *Le refus de la modernité. La Ligue vaudoise: une extréme droite et la Suisse (1919-1945)*, Lausanne.

Castelmur, Linus von [1997], *Schweizerisch-alliierte Finanzbeziehungen im Übergang vom Zweiten Weltkrieg zum Kalten Krieg: Die deutschen Guthaben in der Schweiz zwischen Zwangsliquidierung und Freigabe (1945-1952)*, Zürich 1997 (第2版,初版：1992 年).

Catrina, Werner [1991], *BBC. Glanz, Krise, Fusion: 1891-1991. von Brown Boveri zu ABB*, Zürich.

Cerutti, Mauro [1998], La Suisse, terre d'asile? in: *Revue d'histoire de la Shoah* 163, 25–49 頁.

Charguéraud, Marc-André [1998], *Tous coupables? Les démocratiens occidentales et les communautés religieuses face à la détresse juive 1933-1940*, Genève / Paris.

Chenaux, Philippe [1992], Die Schweiz, in: *Geschichte des Christentums*, Bd. 12: *Erster und Zweiter Weltkrieg. Demokratien und totalitäre Systeme*, hg. von Jean-Marie Mayeur, Freiburg i. Br. / Basel, 666–680 頁.

Chiquet, Simone / Meyer, Pascale / Vonarb, Irene (Hg./ Ed.) [1995], *Nach dem Krieg. Grenzen in der Regio 1944-1948 / Après la guerre. Frontières dans la régio 1944-1948*, Zürich.

Churchill, Winston S. [1953], *The Second World War*, vol.6: *Triumph and Tragedy*, Boston.【邦訳】ウィンストン・チャーチル〔著〕,佐藤亮一〔編訳〕[1977]『第 2 次世界大戦史』あかね書房.

Citrinbaum, Tirza [1977], *La participation de la Suisse à la Conférence internationale sur les réfugiés, Evian, juillet 1938*, mémoire de licence, Université de Genève, Genève.

Clavien, Alain [1993], *Les Helvétistes. Intellectuels et politique en Suisse romande au début du siècle*, Lausanne.

Conzemius, Viktor (Hg.) [1998], *Der schweizerische Katholizismus im Zeitalter der Totalitarismen*, Zürich.

Crettol, Vincent / Halbeisen, Patrick [1999], *Die währungspolitischen Hintergründe der Goldtransaktionen der Schweizerischen Nationalbank im Zweiten Weltkrieg*, Bern.

Däniker, Gustav [1996], *Dissuasion. Schweizerische Abhaltestrategie heute und morgen*, Frauenfeld.

Dard, Olivier / Daumas, Jean-Claude / Marcot, François (Sous la direction de) [2000], *L' Occupation, l'Etat français et les entreprises*, Paris.

Degen, Bernard [2000], "Plebiszit mit dem Portemonnaie" oder "Plebiszit des Portemonnaies"? Anmerkungen zur Wehranleihe 1936, in: *Die Finanzen des Bundes im 20. Jahrhundert*, Bern, 123-156 頁 (*Zeitschrift des Schweizerischen Bundesarchivs*, 26, hg. von Gerald Arlettaz).

Degen, Bernard [1991], *Abschied vom Klassenkampf. Die partielle Integration der schweizerischen Gewerkschaftsbewegung zwischen Landesstreik und Weltwirtschaftskrise (1918-1929)*, Basel.

Degen, Bernard [1987], Der Arbeitsfrieden zwischen Mythos und Realität, in: *Arbeitsfrieden – Realität eines Mythos: Gewerkschaftspolitik und Kampf um Arbeit – Geschichte, Krise, Perspektiven*, Zürich, 11-30 頁 (Widerspruch-Sonderband).

Degen, Bernard [1993], *Sozialdemokratie: Gegenmacht? Opposition? Bundesratspartei? Die Geschichte der Regierungsbeteiligung der schweizerischen Sozialdemokraten*, Zürich.

Degen, Bernard / Kübler, Markus [1998], Die Gewerkschaften zwischen Integration und Ausgrenzung, in: Guex, Sebastien / Studer, Brigitte / Degen, Bernard / Kübler, Markus / Schade, Edzard / Ziegler, Béatrice (Hg.): *Krisen und Stabilisierung. Die Schweiz in der Zwischenkriegszeit*, Zürich, 127-143 頁 (*Die Schweiz 1798-1998. Staat-Gesellschaft-Politik*, 2).

Dentan, Paul-Emile [2000], *Impossible de se taire. Des protestants suisses face au nazisme*, Genève.

Dickenmann, Heinz [1983], *Das Bundespersonal in der Wirtschaftskrise 1931-1939*, Dissertation, Zürich.

Dieckhoff, Alain [1995], *Rescapés du Génocide. L'action Musy: une opération de sauvetage de Juifs européens en 1944-1945*, hg. vom Schweizerischen Israelitischen Gemeindebund (SIG) / éd. par la fédération suisse des communautés israélites (FSCI), Basel / Frankfurt a. M. (Beiträge zur Geschichte und Kultur der Juden in der Schweiz, 3).

Dosi, Davide [1995], *Il cattolicesimo ticinese e i fascismi. La Chiesa e il partito conservatore ticinese nel periodo tra le due guerre mondiali*, Freiburg (Religion-Politik-Gesellschaft in der Schweiz, 25).

Dreier, Ralf [1991], *Recht-Staat-Vernunft*, Frankfurt a. M.

Droz, Laurent [1999], L' antisémitisme au quotidien: l' emploi d' un tampon "J" dans les administrations fédérales et vaudoises entre 1936 et 1940, in: *Schweizerische Zeitschrift für Geschichte 49*, 353-370 頁.

Dürr, Emil [1928], *Neuzeitliche Wandlungen in der schweizerischen Politik. Eine historisch-politische Betrachtung über die Verwirtschaftlichung der politischen Motive und Parteien*, Basel.

Durrer, Marco [1984], *Die schweizerisch-amerikanischen Finanzbeziehungen im Zweiten Weltkrieg. Von der Blockierung der schweizerischen Guthaben in den USA über die "Safehaven"-Politik zum Washingtoner Abkommen (1941-1946)*, Genève/Bern.

Dürst, Daniel [1983], *Schweizerische Neutralität und Kriegsmaterialausfuhr*, Dissertation jur. Zürich.

Eberle, Matthias [1995], *Max Liebermann 1847-1935. Werkverzeichnis der Gemälde und Ölstudien*, Bd.1, München.

Eckes, Alfred E. Jr. [1975], *A Search for Solvency. Bretton Woods and the International Monetary System, 1941-1971*, Austin / London.

Ehrbar, Hans Rudolf [1976], *Schweizerische Militärpolitik im Ersten Weltkrieg. Die militärischen Beziehungen zu Frankreich vor dem Hintergrund der schweizerischen Aussen- und Wirtschaftspolitik 1914-1918*, Bern.

Ehrlich, Ernst Ludwig / Richter, Klemens [1982], *Die katholische Kirche und das Judentum, Dokumente 1945-1982*, Freiburg i. Br./Basel.

Eichenberger, Patrick [1999], *"Koste es, was es wolle"? Die schweizerisch-deutschen Handelsbeziehungen während des II. Weltkrieges aus gewerkschaftlicher Sicht*, Lizentiatsarbeit Uni Basel, Basel.

Eichengreen, Barry [2000], *Vom Goldstandard zum EURO. Die Geschichte des internationalen Währungssystems*, Berlin.

Eichholtz, Dietrich [1975], Das Reichsministerium für Rüstungs- und Kriegsproduktion und die Strassburger Tagung vom 10. August 1944, in: *Bulletin des Arbeitskreises "Zweiter Weltkrieg"*, hg. von der Akademie der Wissenschaften, Zentralinstitut für Geschichte, 3/4, 5–21 頁.

Eichholtz, Dietrich [1985], *Geschichte der deutschen Kriegswirtschaft 1939-1945*, Bd. 2: *1941-1943*, Berlin.

Eidgenössische Kommission gegen Rassismus (EKR) [1998], *Antisemitismus in der Schweiz. Ein Bericht zu historischen und aktuellen Erscheinungsformen mit Empfehlungen für Gegenmassnahmen*, Bern.

Eizenstat, Stuart E. [1997], *U.S. and Allied Efforts to Recover and Restore Gold and Other Assets Stolen or Hidden by Germany during World War II. Preliminary Report*, coordinated by Stuart F. Eizenstat, Washington.

Elam, Shraga [1998], Die Schweiz und die Vermögen der IG Farben. Die Interhandel Affäre, in: *1999. Zeitschrift für Sozialgeschichte des 20. und 21. Jahrhunderts* 13/1, 61–91 頁.

Encyclopédie illustrée du pays de Vaud, vol.7 [1978], "Les arts: architecture, peinture, littérature, musique. De 1800 à nos jours, sous la direction de Claude Reymond", Lausanne.

Engeler, Urs Paul [1990], *Grosser Bruder Schweiz. Wie aus wilden Demokraten überwachte Bürger wurden. Die Geschichte der politischen Polizei*, Zürich.

Etter, Philipp [1933], *Die vaterländische Erneuerung und wir*, Zug.

Favez, Jean-Claude [1995], Le Don suisse et la politique étrangère, in: Roth-Lochner, Barbara / Neuenschwander, Walter (Ed.): *Des archives à la mémoire. Mélanges d'histoire politique, religieuse et sociale offerts à Louis Binz*, Genève, 327–339 頁.

Favez, Jean-Claude [1998], Le prochain et le lointain, l'accueil et l'asile en Suisse au printemps 1945, in: *Revue suisse d'histoire* 4, 390-402頁.

Favez, Jean-Claude [1998], *Une mission impossible? Le CICR, les déportation les camps de concentration nazie*, Lausanne.

Favez, Jean-Claude [1994], *Warum schwieg das Rote Kreuz? Eine internationale Organisation und das Dritte Reich*, München.

Feldman, Gerald D. [1998], German Private Insurers and the Politics of the Four Year Plan, in: Gesellschaft für Unternehmensgeschichte, *Arbeitspapier* 4, 1-8頁.

Feldman, Gerald D. [1999], *Unternehmensgeschichte des Dritten Reichs und Verantwortung der Historiker: Raubgold und Versicherungen*, Arisierung und Zwangsarbeit, Bonn (www. fes. de/fulltext/historiker/00501.htm).

Feldman, Gerald D. [2001], *Die Allianz und die deutsche Versicherungswirtschaft 1933-1945*, München (Karl Heinz Siberによる英語版からの翻訳).

Feliciano, Hector [1995], *Le musée disparu. Enquéte sur le pillage des œuvres d'art en France par les Nazis*, Paris.【邦訳】エクトール・フェリシアーノ〔著〕，宇京頼三〔訳〕[1998]『ナチの絵画略奪作戦』平凡社.

Festschrift der Bundesversammlung zur 700-Jahr-Feier der Eidgenossenschaft, *Das Parlament – "oberste Gewalt des Bundes"*? [1995] : Festschrift der Bundesversammlung zur 700-Jahr-Feier der Eidgenossenschaft / *Le Parlement – "autorité suprème de la Confédération"*?: mélanges sur l' Assemblée fédérale à l'occasion du 700e anniversaire de la Confédération / *Il Parlamento "potere supremo della Confederazione"*?: miscellanea sull'Assemblea federale in occasione del 700esimo anniversario della Confederazione, im Auftrag der Präsidenten des Nationalrates und des Ständerates, hg. von den Parlamentsdiensten, Redaktion: Madeleine Bovey Lechner, Martin Graf, Annemarie Huber-Hotz, Bern / Stuttgart.

Fiedler, M. [2000], Die "Arisierung" der Wirtschaftselite. Ausmass und Verlauf der Verdrängung der jüdischen Vorstands- und Aufsichtsratsmitglieder in deutschen Aktiengesellschaften (1933-1938), in: *"Arisierung" im Nationalsozialismus. Volksgemeinschaft, Raub und Gedächtnis*, publiziert von Imrtrud Wojak und Peter Hayes für das Fritz Bauer Institute, Frankfurt a. M. / New York, 59-83頁.

Fior, Michel [1997], *Die Schweiz und das Gold der Reichsbank: Was wusste die Schweizerische Nationalbank?*, Zürich.

Fisch, Jörg [1992], *Reparationen nach dem Zweiten Weltkrieg*, München.

Fivaz-Silbermann, Ruth [2000], *Le refoulement de réfugiés civils juifs à la frontière franco-genevoise durant la Seconde Guerre mondiale suivi du Mémorial de ceux parmi eux qui ont été déportés ou fusillés*, préface de Serge Klarsfeld, Paris.

Fleisch, Alfred [1947], *Ernährungsprobleme in Mangelzeiten. Die schweizerische Kriegsernährung 1939-1946*, Basel.

Fleury, Antoine [1995], La Suisse et la préparation de l'après-guerre, in: *Plans des temps de guerre pour l'Europe d'après-guerre 1940-1947: actes du colloque de Bruxelles, 12-14 mai 1993 / Wartime plans for postwar Europe 1940-1947: contributions to the symposium in Brussels,* May 12-14, 1993, sous la direction de Michel Dumoulin, Bruxelles, 175-195 頁 (Groupe de liaison des historiens auprès des communautés, 5).

Flückiger, Pierre / Bagnoud, Gérard [2000], *Les réfugiés civils et la frontière genevoise durant la Deuxième Guerre mondiale. Fichiers et archives,* sous la direction de Catherine Santschi; avec la collaboration de Joëlle Droux, Ruth Fivaz-Silbermann et Roger Rosset; avant-propos de Robert Cramer; préface de Jean-Claude Favez, Genève.

Foreign and Commonwealth Office, General Services Command (ed.) [1996], *Nazi Gold: Information from the British Archives, History Notes* No. 11.

Foreign and Commonwealth Office, General Services Command (ed.) [1997], *Nazi Gold: Information from the British Archives, History Notes* No. 11, Revised January 1997.

Forstmoser, Peter / Schluep, Walter [1998], *Einführung in das Recht,* Bern (第 2 版).

Frech, Stefan [1998], *Die deutsche Kriegswirtschaft und die Schweiz 1943-1945.Bedeutung der Schweiz als Handelspartnerin und Warenlieferantin,* Lizentiatsarbeit Universität Bern (未公刊).

Frehner, Matthias (Hg.) [1998], *Das Geschäft mit der Raubkunst: Fakten, Thesen, Hintergründe,* Zürich.

Frei, Daniel [1967], *Neutralität — Ideal oder Kalkül? Zweihundert Jahre aussenpolitisches Denken in der Schweiz,* Frauenfeld.

Frei, Norbert / Laak, Dirk van / Stolleis, Michael (Hg.) [2000], *Geschichte vor Gericht. Historiker, Richter und die Suche nach Gerechtigkeit,* München.

Frey, Marc [1998], *Der Erste Weltkrieg und die Niederlande. Ein neutrales Land im politischen und wirtschaftlichen Kalkül der Kriegsgegner,* Berlin.

Frey, Stefan [1999], Die Auktion der Galerie Fischer in Luzern am 30. Juni 1939 — ein Ausverkauf der Moderne?, in: Blume, Eugen / Scholz, Dieter (Hg.): *Überbrückt. Ästhetische Moderne und Nationalsozialismus. Kunsthistoriker und Künstler 1925-1937* (im Auftrag der Ferdinand- Möller-Stiftung), Köln, 275-289 頁.

Friedländer, Saul [1998], *Das Dritte Reich und die Juden. Die Jahre der Verfolgung, 1933-1939,* München.

Gast, Uriel [1997], *Von der Kontrolle zur Abwehr. Die eidgenossische Fremdenpolizei im Spannungsfeld von Politik und Wirtschaft 1915-1933,* Zürich.

Gast, Uriel / Hoerschelmann, Claudia [1993], L'importance de la politique d'asile dans le cadre de la politique suisse à l'égard des étrangers et des conventions internationales sur les réfugiés, de la Première Guerre Mondiale à 1933, in: *Relations internationales* 74, 191-205 頁.

Gautschi, Willi [1968], *Der Landesstreik 1918,* Zürich (増補初版: Zürich 1988 年).

Gautschi, Willi [1989], *General Henri Guisan. Die schweizerische Armeeführung im Zweiten Weltkrieg,* Zürich.

Gauye, Oscar [1984], "Au Rütli, 25 juillet 1940". Le discours du général Guisan: nouveaux aspects, in: *Studien und Quellen* 10, Bern, 5-56 頁.

Gauye, Oscar [1978], Le général Guisan et la diplomatie suisse, 1940-1941, in: *Studien und Quellen* 4, Bern, 5-67 頁.

Germann, Raimund E. [1994], *Staatsreform. Der Übergang zur Konkurrenzdemokratie*, Bern.

Giacometti, Zaccaria [1945], *Das Vollmachtenregime der Eidgenossenschaft*, Zürich.

Giacometti, Zaccaria [1942], Die gegenwärtige Verfassungslage der Eidgenossenschaft, *Sonderdruck aus der Schweizerischen Hochschulzeitung*, 16 (1942/3), Zürich, 139-154 頁.

Giacometti, Zaccaria [1949], *Schweizerisches Bundesstaatsrecht, Neubearbeitung der 1. Hälfte des gleichnamigen Werkes von F. Fleiner*, Zürich.

Giltner, Phil [1998], *In the Friendliest Manner. German-Danish Economic Cooperation during the Nazi Occupation of 1940-1945*, New York.

Giltner, Phil [2001], The Success of Collaboration: Denmark's Self-Assessment of its Economic Position after Five Years of Nazi Occupation, in: *Journal of Contemporary History*, 36/3, 485-506 頁.

Girsberger, Daniel [1997], *Das internationale Privatrecht der nachrichtenlosen Vermögen in der Schweiz*, Basel.

Gitermann, Valentin [1944], *Und nach dem Krieg? Internationale Probleme der Nachkriegszeit*, Zürich / New York.

Glaus, Beat [1969], *Die Nationale Front. Eine Schweizer faschistische Bewegung 1930-1940*, Zürich.

Goschler, Constantin [1992],*Widergutmachung: Westdeutschland und die Verfolgten des Nationalsozialismus (1945-1954). (Quellen und Darstellunngen zur Zeitgeschichte, 34)* München/Oldenburg〔原書のリストでは欠落，訳者による補足〕.

Grell, Boris Thorsten [1999], *Entartete Kunst: Rechtsprobleme der Erfassung und des späteren Schicksals der sogenannt Entarteten Kunst*, Dissertation, Zürich.

Grieger, Manfred [1998], Das Volkswagenwerk ― Unternehmensentwicklung zwischen Rüstung und Zwangsarbeit, in: Gall, Lothar / Pohl, Manfred (Hg.): *Unternehmen im Nationalsozialismus*, München, 263-291 頁.

Groupe français du Conseil de Contrôle, Direction générale de L'Economie et des Finances, Division des Réparations et Restitutions, Bureau central des Restitutions [1947], *Répertoire des biens spoliés en France durant la guerre*, 8 vols., Paris, vol. 2.

Guex, Sébastien [1993], *La politique monétaire et financière de la Confédération suisse, 1900-1920*, Lausanne.

Guex, Sébastien [1999], *La Suisse et les grandes puissances 1914-1945. Relations économiques avec les Etats-Unis, la Grande-Bretagne, l'Allemagne et la France*, Genève.

Guex, Sébastien [2000], The Origins of the Swiss Banking Secrecy Law and its Repercussions for Swiss Federal Policy, in: McCraw, Thomas K. (ed.): *Business History Review*, Vol. 74, No. 2, 237-266 頁, Harvard.

Gugerli, David [1996], *Redeströme. Zur Elektrifizierung der Schweiz 1880-1914*, Zürich.

Gysling, Erich / König, Mario / Ganz, Michael T. [1995], *1945 ― Die Schweiz im Friedensjahr*, Zürich.

Haab, Robert / Simonius, August [1977], Art. 714 ZGB, in: *Zürcher Kommentar des Schweizerischen Zivilgesetzbuches,* Bd. IV/1, Eigentum, Zürich (第2版).

Haas, Gaston [1997], *"Wenn man gewusst hätte, was sich drüben im Reich abspielte", 1941-1943. Was man in der Schweiz von der Vernichtungspolitik wusste,* hg. vom Schweizerischen Israelitischen Gemeindebund, Basel / Frankfurt a. M. (Beitrage zur Geschichte der Juden in der Schweiz, 4) (第2版).

Haberler, Gottfried [1937], *Prosperity and Depression,* New York.

Hahn, Fritz [1986], *Waffen und Geheimwaffen des deutschen Heeres 1933-1945,* Bd. 1: *Infanteriewaffen, Pionierwaffen, Artilleriewaffen, Pulver, Spreng- und Kampfstoffe,* Koblenz.

Haim, Avni [1982], *Spain, the Jews and Franco,* Philadelphia.

Halbeisen, Patrick [1998], Bankenkrise und Bankengesetzgebung in den 30er Jahren, in: Guex, Sebastien / Studer, Brigitte / Degen, Bernard / Kübler, Markus / Schade, Edzard / Ziegler, Béatrice (Hg.), *Krisen und Stabilisierung. Die Schweiz in der Zwischenkriegszeit,* Zürich (*Die Schweiz 1798-1998. Staat-Gesellschaft-Politik,* 2), 61–79 頁.

Halbeisen, Patrick [1999], *Von der vorarchivischen Schriftgutverwaltung zur vorarchivischen Bewertung. Konzeptionelle Überlegungen zum Aufbau eines Bankarchivs am Beispiel der Schweizerischen Kreditanstalt,* Bern.

Hansen, Ernst Willi [1978], *Reichswehr und Industrie. Rüstungswirtschaftliche Zusammenarbeit und wirtschaftliche Mobilmachungsvorbereitungen 1923-1932,* Boppard.

Häsler, Alfred Adolf [1967], *Das Boot ist voll ...: die Schweiz und die Flüchtlinge 1933-1945,* Zürich et al.

Heiniger, Markus [1989], *Dreizehn Gründe. Warum die Schweiz im Zweiten Weltkrieg nicht erobert wurde,* Zürich.

Helbling, Barbara [1994], *Eine Schweiz für die Schule: Nationale Identität und kulturelle Vielfalt in den Schweizer Lesebüchern seit 1900,* Zürich.

Heller, Daniel [1990], *Eugen Bircher. Arzt, Militär und Politiker,* Zürich (第2版).

Herbert, Ulrich (Hg.) [1991], *Europa und der "Reichseinsatz". Ausländische Zivilarbeiter, Kriegsgefangene und KZ-Häftlinge in Deutschland 1938-1945,* Essen.

Herbert, Ulrich [1985], *Fremdarbeiter. Politik und Praxis des "Ausländer-Einsatzes" in der Kriegswirtschaft des Dritten Reiches,* Berlin.

Herbst, Ludolf [1989], Einleitung, in: Herbst, Ludolf / Goschler, Constantin (Hg.): *Wiedergutmachung in der Bundesrepublik Deutschland,* München, 7–31 頁.

Herbst, Ludolf / Goschler, Constantin (Hg.) [1989], *Wiedergutmachung in der Bundesrepublik Deutschland,* München.

Herren, Madeleine [1997], "Weder so noch anders". Schweizerischer Internationalismus während des Zweiten Weltkrieges, in: Kreis, Georg; Müller, Bertrand (Hg.): *Die Schweiz und der Zweite Weltkrieg, - La Suisse et la Seconde Guerre mondiale,* Basel, 621–643 頁 (Schweizerische Zeitschrift für Geschichte, 47/4, Sondernummer).

Hettling, Manfred / König, Mario / Schaffner, Martin / Suter, Andreas / Tanner, Jakob [1998], *Eine kleine Geschichte der Schweiz. Der Bundesstaat und seine Traditionen*, Frankfurt a. M.

Heuss, Anja [2000], *Kunst- und Kulturgutraub. Eine vergleichende Studie zur Besatzungspolitik der Nationalsozialisten in Frankreich und der Sowjetunion*, Heidelberg.

Hilberg, Raul [1990], *Die Vernichtung der europäischen Juden*, 3 Bde., Frankfurt a. M. (英語原書の刊行は 1961 年).【邦訳】ラウル・ヒルバーグ〔著〕, 望田幸男, 原田一美, 井上茂子〔訳〕, [1997]『ヨーロッパ・ユダヤ人の絶滅 上・下巻』柏書房.

Hilberg, Raul [1996], *Täter, Opfer, Zuschauer. Die Vernichtung der Juden 1933-1945*, Frankfurt a. M.

Historical Commission Appointed to Examine the History of Deutsche Bank in the Period of National Socialism (Barkai, Avraham / Feldman, Gerald D. / Gall, Lothar / James, Harold / Steinberg, Jonathan (principal author of the report)) [1998], *The Deutsche Bank and its Gold Transactions during The Second World War*, München (オンライン版).

Hoerschelmann, Claudia [1997], *Exilland Schweiz. Lebensbedingungen und Schicksale österreichischer Flüchtlinge 1938 bis 1945*, Innsbruck / Wien.

Hofmann, Hasso [2000], *Einführung in die Rechts- und Staatsphilosophie*, Darmstadt.

Hohermuth, Berta [1945], Bericht über die Fragebogen-Enquete, in: Schweizerische Zentralstelle für Flüchtlingshilfe (Hg.): *Flüchtlinge wohin? Bericht über die Tagung für Rück- und Weiterwanderungs-Fragen in Montreux*, Zürich.

Homberger, Arthur [1943], *Das schweizerische Zivilgesetzbuch: In den Grundzügen dargestellt*, Zürich (第 2 版).

Homberger, Heinrich [1970], *Schweizerische Handelspolitik im Zweiten Weltkrieg: Ein Überblick auf Grund persönlicher Erlebnisse*, Erlenbach-Zürich / Stuttgart.

Homburg, Heidrun [2000], *Wirtschaftliche Dimensionen der deutschen Besatzungsherrschaft in Frankreich 1940-1944: Das Beispiel der elektrotechnischen Industrie*, Basel (マニュスクリプト).

Höpflinger, François [1977], *Das unheimliche Imperium*, Zürich.

Hotz, Jean [1950], Handelsabteilung und Handelspolitik in der Kriegszeit, in: *Die schweizerische Kriegswirtschaft 1939-1948. Bericht des Eidgenossischen Volkswirtschafts-Departementes*, hg. von der Eidgenossischen Zentralstelle für Kriegswirtschaft, Bern, 52-107 頁.

Hug, Peter [1996], *Analyse der Quellenlage für mögliche Nachforschungen im Zusammenhang mit dem Bundesbeschluss betreffend die historische und rechtliche Untersuchung des Schicksals der infolge der nationalsozialistischen Herrschaft in die Schweiz gelangten Vermögenswerte*, erstellt im Auftrag des Schweizerischen Bundesarchivs, Bern.

Hug, Peter [1991], Kriegsmaterialausfuhr durch Industriepolitik im Rüstungssektor, in: Bernecker, Walther L. / Fischer, Thomas (Hg.): *Unheimliche Geschäfte*, Zürich, 25-72 頁.

Hug, Peter [2001], Steuerflucht und die Legende vom antinazistischen Ursprung des Bankgeheimnisses. Funktion und Risiko der moralischen Überhöhung des Finanzplatzes Schweiz, in: Tanner, Jakob / Weigel, Sigrid: *Gedächtnis, Geld und Gesetz. Vom Umgang mit der Vergangenheit des Zweiten Weltkrieges*, Zürich.

Hug, Peter / Kloter, Martin [1999], Der 〈Bilateralismus〉 in seinem multilateralen Kontext, in: Hug,

Peter / Kloter, Martin (Hg.): *Aufstieg und Niedergang des Bilateralismus. Schweizerische Aussen- und Aussenwirtschaftspolitik 1930-1960: Rahmenbedingungen, Entscheidungsstrukturen, Fallstudien,* Zürich.

Hug, Peter / Perrenoud, Marc [1997], *In der Schweiz liegende Vermögenswerte von Nazi-Opfern und Entschädigungsabkommen mit den Oststaaten. — Les avoirs déposés en Suisse par des victimes du nazisme et les accords d'indemnisation conclus avec les pays de l'Est,* hg. vom Schweizerischen Bundesarchiv, Bern (*Bundesarchiv Dossier* 4).

Hüneke, Andreas [1999], Bilanzen der "Verwertung" der "Entarteten Kunst", in: Blume, Eugen; Scholz, Dieter (Hg.): *Überbrückt. Ästhetische Moderne und Nationalsozialismus. Kunsthistoriker und Künstler 1925-1937, im Auftrag der Ferdinand-Möller-Stiftung,* Köln, 265-274 頁.

Hungerbühler, Helmut [1951], *Der dringliche Bundesbeschluss unter besonderer Berücksichtigung der Praxis der Bundesversammlung,* Dissertation Zürich, Stuttgart.

Hunold, Albert [1949], *Die schweizerische Effektenbörse,* Zürich.

Hurst-Wechsler, Martina [2000], *Herkunft und Bedeutung des Eigentumserwerbs kraft guten Glaubens nach Art. 933 ZGB,* Zürich (*Zürcher Studien zur Rechtsgeschichte,* 40).

Im Hof-Piguet, Anne-Marie [1987], *Fluchtweg durch die Hintertür. Eine Rotkreuz Helferin im besetzten Frankreich 1942-1944,* Frauenfeld (Margrit von Dach によるフランス語版からの翻訳).

Imhof, Kurt [1996], Das kurze Leben der geistigen Landesverteidigung. Von der "Volksgemein- schaft" vor dem Krieg zum Streit über die "Nachkriegsschweiz" im Krieg, in: *Konkordanz und Kalter Krieg. Analyse von Medienereignissen in der Schweiz der Zwischen- und Nachkriegszeit,* Zürich, 19-83 頁 (*Krise und sozialer Wandel,* 2).

Independent Committee of Eminent Persons (ICEP) [1999], *Report on Dormant Accounts of Victims of Nazi Persecution in Swiss Banks,* Bern.

Inglin, Oswald [1991], *Der stille Krieg. Der Wirtschaftskrieg zwischen Grossbritannien und der Schweiz im Zweiten Weltkrieg,* Zürich.

Irving, Abella / Troper, Harold [1982], *None is too many: Canada and the Jews of Europe 1933-1948,* Toronto.

Jäger, Herbert [1989], *Makrokriminalität. Studien zur Kriminologie kollektiver Gewalt,* Frankfurt a. M.

Jaun, Rudolf [1999], *Preussen vor Augen. Das schweizerische Offizierscorps im militärischen und gesellschaftlichen Wandel des Fin de siècle,* Zürich.

Jenni, Manuel [1978], *Gottlieb Duttweiler und die schweizerische Wirtschaft: Die Entwicklung der Persönlichkeit und des Werks bis zum Eintritt in den Nationalrat 1935,* Bern.

Jerchow, Friedrich [1978], *Deutschland in der Weltwirtschaft 1944-1947: Alliierte Deutschland- und Reparationspolitik und die Anfange der westdeutschen Außenwirtschaft,* Düsseldorf.

Jöhr, Walter Adolf [1971], Zur Strategie der Schweiz im Zweiten Weltkrieg, in: *Wirtschaft und Recht* 23, 14-59 頁.

Joseph, Roger [1975], *L'Union Nationale 1932-1939. Un fascisme en Suisse romande,* Neuchâtel.

Jost, Hans Ulrich [1983], Bedrohung und Enge (1914-1945), in: *Die Geschichte der Schweiz und der*

Schweizer, Bd. 3, Basel / Frankfurt a. M.

Jost, Hans Ulrich [1998], *Politik und Wirtschaft im Krieg. Die Schweiz 1938-1948,* Zürich.

Jung, Joseph (Hg.) [2001], *Zwischen Bundeshaus und Paradeplatz: Die Banken der Credit Suisse Group im Zweiten Weltkrieg: Studien und Materialien,* Zürich.

Jung, Joseph [2000], *Die Winterthur.* Eine Versicherungsgeschichte, Zürich.

Jung, Joseph [2000], *Von der Schweizerischen Kreditanstalt zur Credit Suisse Group: Eine Bankengeschichte,* Zürich.

Junz, Helen B. [2001], *US Restitution Policy regarding Assets seized from Nazi Victims during World War II,* February 14, 2001 (未公刊) 〔2002 年に公刊〕.

Kaba, Mariama [1999], *Les milieux protestants suisses au temps du national-socialisme: réactions face à la situation politique européenne et actions en faveur des réfugiés entre 1933 et 1945. Un cas particulier, Genève,* mémoire de licence (未公刊), Genève.

Kamis-Müller, Aaron [1990], *Antisemitismus in der Schweiz 1900-1930,* Zürich.

Käser-Leisibach, Ursula [1994], *Die begnadeten Sünder: Stimmen aus den Schweizer Kirchen zum Nationalsozialismus 1933-1942,* Winterthur.

Kauffungen, Roderick von [2000], *Firmen mit Schweizer Kapital und Zwangsarbeit in Deutschland.* Über 11000 Zwangsarbeiter wurden beschäftigt, [発行地不明] (スイス通信社 (SDA) の調査, 2000 年 8 月 24 日発行).

Keilson, Hans [1986], Die Reparationsverträge und die Folgen der "Wiedergutmachung", in: Brumlik, Micha et al. (Hg.), *Jüdisches Leben in Deutschland seit 1945,* Frankfurt a. M.

Keller, Stefan [1993], *Grüningers Fall. Geschichten von Flucht und Hilfe,* Zürich.

Kistler, Jörg [1980], *Das politische Konzept der schweizerischen Nachkriegshilfe in den Jahren 1943-1948,* Bern.

Knoepfli, Adrian [1998], Von Georg Fischer III zu Ernst Homberger. Die Georg Fischer AG 1890-1940, in: *Schaffhauser Beitrage zur Geschichte* 75, 111-160 頁.

Kocher, Hermann [1996], "Rationierte Menschlichkeit". *Schweizerischer Protestantismus im Spannungsfeld von Flüchtlingsnot und öffentlicher Flüchtlingspolitik der Schweiz 1933-1948,* Zürich.

Kocher, Hermann [1986], Heimatlos in einer gnadenlosen Zeit, Flüchtlingsbriefe an Gertrud Kurz, Paul Vogt und Clara Ragaz, in: Karlen, Rudolf (Hg.): *Fluchtpunkte. Menschen im Exil,* Basel, 48-67 頁.

Koenig, Peter [1947], Der Beitrag der Privatassekuranz an die schweizerische Ertragsbilanz, in: *Schweizerische Zeitschrift für Volkswirtschaft und Statistik* 83, 500-509 頁.

Kokoschka, Oskar [1986], *Briefe,* Bd. III, hg. von Olga Kokoschka und Heinz Spielmann, Düsseldorf.

Koller, Guido [1996], Entscheidungen über Leben und Tod. Die behördliche Praxis in der schweizerischen Flüchtlingspolitik während des Zweiten Weltkrieges, in: *Die Schweiz und die Flüchtlinge — La Suisse et les réfugiés 1933-1945, Studien und Quellen* 22, 17-136 頁.

Kraut, Peter [1991], *Für eine gerechte Überwachung ist gesorgt. Die Eidgenossische Kunstkommission und die Einfuhrbeschranken für Kunstwerke in der Zwischenkriegszeit,* Lizenziatsarbeit, Universität

Bern.
Kreis, Georg (Hg.) [1996], Die Schweiz im internationalen System der Nachkriegszeit 1943-1950, in: *Itinera* 18.
Kreis, Georg [1990], *"Entartete" Kunst für Basel. Die Herausforderung von 1939*, Basel.
Kreis, Georg [1991], *Der Mythos von 1291. Zur Entstehung der schweizerischen Nationalfeiertages*, Basel.
Kreis, Georg [2000], *Die Rückkehr des J-Stempels: zur Geschichte einer schwierigen Vergangenheitsbewältigung*, Zürich.
Kreis, Georg [1998], Die Schweiz und der Kunsthandel 1939-1945, in: Frehner, Matthias (Hg.): *Das Geschäft mit der Raubkunst. Fakten, Thesen, Hintergründe*, Zürich, 125-134 頁.
Kreis, Georg [1993], *Die Schweiz unterwegs: Schlussbericht des Nationalen Forschungsprogramms "Kulturelle Vielfalt und nationale Identität"*, Basel/Frankfurt a. M.
Kreis, Georg [1997], Die schweizerische Flüchtlingspolitik der Jahre 1933-45, in: Kreis, Georg / Müller, Bertrand (Hg.): *Die Schweiz und der Zweite Weltkrieg*, Basel, 552-579 頁 (*Schweizerische Zeitschrift für Geschichte*, 47/4, Sondernummer).
Kreis, Georg [1990], Henri Guisan- Bild eines Generals. Glanz und Elend einer Symbolfigur, in: *Schweizer Monatshefte* 1990/5, 413-431 頁.
Kreis, Georg [1973], *Juli 1940: Die Aktion Trump, mit einem Nachwort von Herbert Lüthy*, Basel/Stuttgart (第 2 版).
Kreis, Georg [1991], Parlamentarismus und Antiparlamentarismus in den Jahren 1933-1945, in: *Festschrift der Bundesversammlung zur 700-Jahr-Feier der Eidgenossenschaft*, Bern/Stuttgart, 301-320 頁.
Kreis, Georg [1997], Vier Debatten und wenig Dissens, in: Kreis, Georg; Müller, Bertrand (Hg.): *Die Schweiz und der Zweite Weltkrieg*, Basel, 451-476 頁 (*Schweizerische Zeitschrift für Geschichte*, 47/4, Sondernummer).
Kreis, Georg [1973], *Zensur und Selbstzensur: Die schweizerische Pressepolitik im Zweiten Weltkrieg*, Frauenfeld/Stuttgart.
Kreis, Georg [1998], Zwischen humanitärer Mission und inhumaner Tradition. Zur schweizerischen Flüchtlingspolitik der Jahre 1938-1945, in: Sarasin, Philipp / Wecker, Regina (Hg.): *Raubgold, Reduit, Flüchtlinge. Zur Geschichte der Schweiz im Zweiten Weltkrieg*, Zürich, 121-139 頁.
Kreis, Georg/Kury, Patrick [1996], *Die schweizerischen Einbürgerungsnormen im Wandel der Zeiten- Une étude sur la naturalisation Suisse avec un résumé en français*, Bern.
Kreis, Georg / Müller, Bertrand (Hg.) [1997], *Die Schweiz und der Zweite Weltkrieg - La Suisse et la Seconde Guerre mondiale*, Basel (*Schweizerische Zeitschrift für Geschichte*, 47/4, Sondernummer).
Külling, Friedrich Traugott [1977], *Antisemitismus in der Schweiz zwischen 1866 und 1900*, Zürich.
Kunz, Hans Beat [1981], *Weltrevolution und Völkerbund. Die schweizerische Aussenpolitik unter dem Eindruck der bolschewistischen Bedrohung, 1918-1923*, Bern.
Kunz, Matthias [1998], *Aufbruchstimmung und Sonderfall-Rhetorik: die Schweiz im Übergang von der Kriegs- zur Nachkriegszeit in der Wahrnehmung der Parteipresse 1943-50 / Réélaboration de la*

rhétorique du Sonderfall: l'image de la Suisse de la guerre à l'aprés-guerre dans la presse politique des années 1943 à 1950, hg. vom Schweizerischen Bundesarchiv, Bern (Bundesarchiv Dossier 8).

Kunz, Matthias / Morandi, Pietro, [2000], *"Die Schweiz und der Zweite Weltkrieg"; zur Resonanz und Dynamik eines Geschichtsbildes anhand einer Analyse politischer Leitmedien zwischen 1970 und 1996,* Bern.

Kury, Patrick [1998], *"Man akzeptierte uns nicht,* man tolerierte uns!" *Ostjudenmigration nach Basel 1890-1930,* Basel.

La crise des années 30 / Die Krise der 30er Jahre, traverse [1997/1].

Lambelet, Jean-Christian [2000], *Evaluation critique du rapport Bergier sur "La Suisse et les réfugiés à l'époque du national-socialisme" et nouvelle analyse de la question,* Lausanne (*Cahiers de recherches économiques*/Université de Lausanne, Département d'économétrie et d'économie politique).

Lambelet, Jean-Christian [2000], Kritische Würdigung des Bergier-Berichts "Die Schweiz und die Flüchtlinge zur Zeit des Nationalsozialismus", in: *Schweizer Monatshefte* 2000/3, 7-15 頁.

Lambelet, Jean-Christian [1999], *Le mobbing d'un petit pays: onze thèses sur la Suisse pendant la Deuxième Guerre mondiale,* Lausanne (Mobiles géopolitiques).

Lasserre, André (dir.) / Droz, Laurent / Gardiol, Nathalie [2000], *La politique vaudoise envers les réfugieés victimes du nazisme, 1933-1945. Rapport présenté en juin 2000 au Conseil d'Etat du canton de Vaud en exécution de son mandat du 18 juin 1997,* Lausanne.

Lasserre, André [1995], *Frontières et camps. Le refuge en Suisse de 1933 à 1945,* Lausanne.

Lasserre, André [1993], La politique de l'asile en Suisse de 1933 à 1945, in: *Relations internationales* 74, 207-224 頁.

Lasserre, André [1989], *La Suisse des années sombres. Courants d'opinion pendant la Deuxième Guerre mondiale 1939-1945,* Lausanne.

Lasserre, André [1996], Raison d'Etat et sentiment populaire. Le concept du droit d'asile en 1942, in: Clavien, Alain / Muller, Bertrand (Ed.): *Le goût de l'histoire, des idées et des hommes. Mélanges offerts au professeur Jean-Pierre Aguet,* Lausanne.

Lasserre, André [1989], La Suisse des années sombres. Courants d'opinion pendant la Deuxième Guerre mondiale 1939-1945, Lausanne. 〔ドイツ語版〕[1992], Schweiz: *Die dunkeln Jahre. Öffentliche Meinung 1939-1945,* Zürich.

Lasserre [1998], La vie des réfugiés en Suisse, in: *Revue d'histoire de la Shoah* 163, 50-71 頁.

Leuenberger, Martin [1996], *Frei und gleich ... und fremd: Flüchtlinge im Baselbiet zwischen 1830 und 1880,* Liestal.

Leuzinger, Hans. W. [1960], *Die deutschen Vermögenswerte in der Schweiz und ihre statistische Erfassung auf Grund des Abkommens von Washington vom 25.5.1946 und des Ablösungsabkommens vom 26.8.1952,* Dissertation, Winterthur.

Levine, Paul A. [1996], *From indifference to activism: Swedish diplomacy and the Holocaust, 1938-1944,* Stockholm.

Lezzi, Otto [1996], *Sozialdemokratie und Militärfrage in der Schweiz,* Frauenfeld.

Liberman, Peter [1996], *Does Conquest Pay? The Exploitation of Occupied Industrial Societies*, Princeton.

Linder, Wolf [1999], *Schweizerische Demokratie. Institutionen, Prozesse, Perspektiven*, Bern.

Lindig, Steffen [1979], "Der Entscheid fällt an den Urnen". *Sozialdemokratie und Arbeiter im Roten Zürich, 1928 bis 1938*, Zürich.

London, Louise [2000], *Whitehall and the Jews, 1933-1948: British immigration policy, Jewish refugees and the Holocaust*, Cambridge.

Loosli, Carl Albert [1924], *Ferdinand Hodler, Leben, Werk und Nachlass*, Bd. 4, Zürich.

Ludi, Regula / Speck, Anton-Andreas [2001], Swiss Victims of National Socialism: An Example of how Switzerland Came to Terms with the Past, in: Roth, John K. / Maxwell, Elisabeth (ed.): *Remembering for the Future, The Holocaust in an Age of Genocide*, vol. 2, London / New York, 907-922 頁.

Ludwig, Carl [1957], *Die Flüchtlingspolitik der Schweiz in den Jahren 1933 bis 1955. Bericht an den Bundesrat zuhanden der eidgenössischen Räte*, Bern.

Ludwig-Bühler, Ulrike [1984], Höchstleistung und Fürsorge. Wie sich die Arbeitswelt und der Betriebsalltag nach 1933 veränderten – Das Beispiel der Firma Schiesser AG in Radolfzell am Bodensee, in: Schott, Dieter / Trapp, Werner (Hg.): *Seegründe. Beiträge zur Geschichte des Bodenseeraumes, Weingarten*, 350-371 頁 (*Leben in der Region, 1*).

Ludwig-Bühler, Ulrike [1985], Im NS-Musterbetrieb. Frauen einem Textilunternehmen an der Schweizer Grenze, in: Niethammer, Lutz / Plato, Alexander von (Hg.): "*Wir kriegen jetzt andere Zeiten.*" *Auf der Suche nach der Erfahrung des Volkes in nachfaschistischen Ländern*, Berlin, 72-90 頁 (*Lebensgeschichte und Sozialkultur im Ruhrgebiet 1930-1960, 3*).

Lüönd, Karl [2000], *Gottlieb Duttweiler (1888-1962)*, Meilen.

Lüthy, Herbert [1973], Die Disteln von 1940, Nachwort, in: Kreis, Georg: *Juli 1940. Die Aktion Trump*, Basel.

Mächler, Stefan [1996], Abgrund zwischen zwei Welten. Zwei Rückweisungen jüdischer Flüchtlinge im Jahre 1942, in: *Die Schweiz und die Flüchtlinge – La Suisse et les réfugiés. 1933-1945, Studien und Quellen* 22, 137-232 頁.

Mächler, Stefan [1998], Kampf gegen das Chaos. Die antisemitische Bevölkerungspolitik der eidgenössischen Fremdenpolizei und Polizeiabteilung 1917-1954, in: Mattioli, Aram (Hg.): *Antisemitismus in der Schweiz 1848-1960*, Zürich, 357-421 頁.

Maissen, Thomas [1999], Was motivierte die Nationalbank beim (Raub-) Goldhandel?, in: *Revue suisse d'histoire* 1999/4, 530-540 頁.

Mann, Thomas [1986], *An die gesittete Welt. Politische Schriften und Reden im Exil*, Frankfurt a. M.

Mantovani, Mauro [1999], *Schweizerische Sicherheitspolitik im Kalten Krieg 1947-1963. Zwischen angelsächsischem Containment und Neutralitäts- Doktrin*, Zürich.

Marcot, François / Dard, Olivier / Daumas, Jean-Claude [2000], *L'Occupation, l'Etat français et les entreprises*, Paris.

Marguerat, Philippe [1991], *La Suisse face au IIIe Reich. Réduit national et dissuasion économique, 1940-*

1945, Lausanne.

Martin, Bernd [1985], Deutschland und die neutralen Staaten Europas im Zweiten Weltkrieg, in: Roulet, Louis-Edouard / Blättler, Roland (Ed.): *Les Etats Neutres Européens et la Seconde Guerre Mondiale*, Neuchâtel, 367-392 頁.

Mattioli, Aram (Hg.) [1998], *Antisemitismus in der Schweiz 1848-1960*, Zürich.

Mattioli, Aram [1998], Die Schweiz und die jüdische Emanzipation 1798-1874, in: Mattioli, Aram (Hg.): *Antisemitismus in der Schweiz 1948-1960*, Zürich, 61-82 頁.

Mattioli, Aram [1994], *Zwischen Demokratie und totalitärer Diktatur. Gonzague de Reynold und die Tradition der autoritären Rechten in der Schweiz*, Zürich.

Maurer, Peter [1985], *Anbauschlacht. Landwirtschaftspolitik, Plan Wahlen, Anbauwerk 1937-1945*, Zürich.

Mayer-Maly, Theo [2001], *Rechtsphilosophie*, Wien / New York.

Meienberg, Niklaus [1972], Aufforderung zur seriösen Erforschung der jüngsten schweizerischen Vergangenheit (1939-1945). Lesehilfe zum Bonjour-Bericht, in: *Die Schweiz. Nationales Jahrbuch der NHG*, 168-178 頁.

Meier, Ingeborg [1992], *Die Stadt Singen am Hohentwiel im Zweiten Weltkrieg*, Konstanz (Konstanzer Dissertationen, 337).

Meier, Thomas Dominik / Wolfensberger, Rolf [1998], *Eine Heimat und doch keine. Heimatlose und Nicht-Sesshafte in der Schweiz (16.-19. Jahrhundert)*, Zürich.

Meier-Hayoz, Arthur / von der Crone, Hans Caspar [2000], *Wertpapierrecht,* Bern (第 2 版).

Mélanges sur l'Assemblée fédérale à l'occasion du 700e anniversaire de la Confédération — *Le Parlement—"aurotité suprême de la Confédération"* ?   [1991], Bern / Stuttgart. 〔ドイツ語版・英語版には記載なし〕

Meinecke, Friedrich [1976], *Die Idee der Staatsräson in der neueren Geschichte*, München (初版 1924 年).

Meyer, Alice [1965], *Anpassung oder Widerstand. Die Schweiz zur Zeit des Nationalsozialismus*, Frauenfeld.

Milward, Alan S. [1977], *Der Zweite Weltkrieg. Krieg, Wirtschaft und Gesellschaft 1939-1945*, München (Geschichte der Weltwirtschaft im 20. Jahrhundert, 5).

Milward, Alan S. [1966], *Die deutsche Kriegswirtschaft 1939-1945*, Stuttgart (*Schriftenreihe der Vierteljahrshefte für Zeitgeschichte,* 12).

Milward, Alan S. [1970], *The New Order and the French Economy*, Oxford.

Mission d'étude sur la spoliation des juifs de France [2000], *Rapport Général* (Commission Mattéoli), Paris.

Mittenzwei, Werner [1978], Exil in der Schweiz, in: *Kunst und Literatur im antifaschistischen Exil 1933-1945 in sieben Bänden,* Bd. 2, Leipzig (*Reclams Universal-Bibliothek,* 768).

Mooser, Josef [1997], Die "Geistige Landesverteidigung" in den l930er Jahren. Profile und Kontexte eines vielschichtigen Phänomens der schweizerischen politischen Kultur in der Zwischenkriegszeit, in: Kreis, Georg; Müller, Bertrand (Hg.): *Die Schweiz und der Zweite Weltkrieg*, Basel. (*Schweizerische Zeitschrift für Geschichte*, 47/4, Sondernummer), 685-708 頁.

Morandi, Pietro [1998], Die Entstehung eines neuen Wirtschafts- und sozialpolitischen Leitbildes in der Schweiz der 1930er Jahre und die ordnungspolitische Debatte der Wirtschaftsartikel der Bundesverfassung, in: *Werkstatt Bundesverfassung*, hg. vom Schweizerischen Bundesarchiv, Bern, 197-248 頁.

Morandi, Pietro [1995], *Krise und Verständigung. Die Richtlinienbewegung und die Entstehung der Konkordanzdemokratie 1933-1939*, Zürich.

Mueller, Peter F. [1998], *Wegleitung zum schweizerischen Bankgeheimnis*, Zürich.

Muschg, Adolf [1997], *Wenn Auschwitz in der Schweiz liegt. Fünf Reden eines Schweizers an seine und keine Nation,* Frankfurt a. M.

Muser, Alfred [1996], *Die Swissair 1939-1945. Der Überlebenskampf während des Zweiten Weltkrieges.* Ein Bericht, Adliswil.

Nach dem Krieg: Grenzen in der Regio 1944-1948 / Après la guerre: frontières dans la régio 1944-1948, hg. von Chiquet, Simone, Meyer, Pascale, Vonarb Irene, [1995], Zürich (Archäologie und Museum, 32), (Thomas Busset と Sabine Caruzzo-Frey による翻訳)〔フランス語版には記載なし〕.

Narbel, Nathalie [2001], *Les Eglises protestantes vaudoises et les réfugiés victimes du nazisme 1933-1949, Studie unter der Leitung von André Lasserre im Auftrag der reformierten Kirche des Kantons Waadt,* Lausanne.

Naucke, Wolfgang [1996], *Die strafjuristische Privilegierung staatsverstärkter Kriminalität*, Frankfurt a. M.

Newton, Ronald C. [1986], The Neutralization of Fritz Mandl. Notes on Wartime Journalism, the Arms Trade, and Anglo-American Rivalry in Argentina during World War II, in: *Hispanic American Review* Vol. 66, No. 3, 541-579 頁.

Nicholas, Lynn H. [1994] *The Rape of Europe*, New York.〔原著巻末リストに掲載はないが，本文では次のドイツ語版が参照されている〕Nicholas, Lynn H., *Der Raub der Europa*, München, 1995.

Nobel, Peter [1997], *Schweizerisches Finanzmarktrecht*, Bern.

O'Reilly, Declan [1998], *IG Farben, Interhandel & GAF. A Problem in Political and Economic Relations between Germany, Switzerland and the United States 1929-1965,* Ph. D. Thesis, Cambridge (未公刊).

Ochsenbein, Heinz [1971], *Die verlorene Wirtschaftsfreiheit 1914 bis 1918. Methoden ausländischer Wirtschaftskontrollen über die Schweiz,* Bern.

Oekumenische Kirchengeschichte der Schweiz, im Auftrag eines Arbeitskreises, hg. von Lukas Vischer, Lukas Schenker und Rudolf Dellsperger [1994], Freiburg i. Br./Basel.〔フランス語版には記載なし〕.

Oppenheim L. / Lauterpacht H. [1947], *International Law, Bd. 1,* London / New York / Toronto, 304 頁(第 2 版).

Overy, Richard J. [1988], "Blitzkriegswirtschaft"? Finanzpolitik, Lebensstandard und Arbeitseinsatz in Deutschland 1939-1942, in: *Vierteljahrshefte für Zeitgeschichte* 36, 379-435 頁.

Overy, Richard J. [1994], *War and economy in the Third Reich*, Oxford. 【邦訳】リチャード・オウヴァリー〔著〕，永井清彦・秀岡尚子・牧人舎〔訳〕[2000]『ヒトラーと第三帝国』河出書房新社.

Paquier, Serge [1998], *Histoire de l'électricité en Suisse. La dynamique d'un petit pays européen (1875-1939)*, 2 vol., Genève.

Pawlita, Cornelius [1994], *"Wiedergutmachung" als Rechtsfrage? Die politische und juristische Auseinandersetzung um die Entschädigung der Opfer nationalsozialistischer Verfolgung (1945-1990)* Frankfurt a. M./New York.

Perrenoud, Marc [1987], "La Sentinelle" sous surveillance: un quotidien socialiste et le contrôle de la presse (1939-1945), in: *Schweizerische Zeitschrift für Geschichte / Revue suisse d'histoire* 37, 137-168 頁.

Perrenoud, Marc [2000], Aspects de la politique financière et du mouvement ouvrier en Suisse dans les années 1930, in: *Die Finanzen des Bundes im 20. Jahrhundert*, Bern, 83-119 頁 (*Zeitschrift des Schweizerischen Bundesarchivs*, 26, hg. von Gerald Arlettaz).

Perrenoud, Marc [1988], Banques et diplomatie suisses à la fin de la Deuxième Guerre mondiale. Politique de neutralité et relations financières internationales, in: *Studien und Quellen / Etudes et Sources* 13/14, 7-128 頁.

Perrenoud, Marc [1992], De La Chaux-de-Fonds à Auschwitz. L'itinéraire tragique d'André Weill, in: *Traverse* 1992/2, 230-237 頁.

Perrenoud, Marc [1996], La diplomatie et l'insertion de la Suisse dans les nouvelles relations économiques internationales (1943-1950), in: *Itinera* 18 (*Die Schweiz im internationalen System der Nachkriegszeit 1943-1950*), 130-145 頁.

Perrenoud, Marc [1997], Commerce extérieur et politique suisse 1939-1945, in: *Schweizerische Zeitschrift für Geschichte / Revue Suisse d'histoire* 47, 477-491 頁.

Perrenoud, Marc [1989], La politique de la Suisse face à l'immigration italienne (1943-1945), in: Dumoulin, Michel (Ed.): *Mouvements et politiques migratoires en Europe depuis 1945. Le cas italien*, Bruxelles, 113-141 頁.

Perrenoud, Marc [1990], Problèmes d'intégration et de naturalisation des Juifs dans le canton de Neuchâtel (1871-1955), in: Centlivres (Ed.): *Devenir Suisse. Adhésion et diversité culturelle des étrangers en Suisse*.

Perrenoud, Marc [1999], La diplomatie suisse et les relations financières avec la France 1936-1945, in: Guex, Sébastien (Ed.): *La Suisse et les grandes puissances 1914-1945. Relations économiques avec les Etats-Unis, la Grande-Bretagne, l'Allemagne et la France*, Genève, 385-426 頁.

Peter, Franz Xaver [1946], *Auslieferung deutschen Privateigentums*, Zürich.

Peter, Roland [1995], *Rüstungspolitik in Baden. Kriegswirtschaft und Arbeitseinsatz in einer Grenzregion im Zweiten Weltkrieg*, München (Beitrage zur Militärgeschichte, 44).

Petropoulos, Jonathan [1996], *Art as Politics in the Third Reich*, Chapel Hill.

Petropoulos, Jonathan [2000], The Faustian Bargain. The Art World in Nazi Germany, Allen Lane.

Picard, Jacques [2001], Antiuniversalismus, Ethnizismus, Geschichtspolitik, in: Tuor-Kurth, Christina (Hg.): *Neuer Antisemitismus – alte Vorurteile?*, Stuttgart, 79-101 頁.

Picard, Jacques [1994], *Die Schweiz und die Juden 1933-1945. Schweizerischer Antisemitismus, jüdische Abwehr und internationale Migrations- und Flüchtlingspolitik*, Zürich.

Picard, Jacques [1993], Swiss made oder Jüdische Uhrenfabrikanten im Räderwerk von Politik und technischem Fortschritt, in: *Allemende*, 13, 36/37, 85-105 頁.

Picard, Jacques [1993], *Switzerland and the Assets of the Missing Victims of the Nazis. Assets in Switzerland belonging to victims of racial, religious and political persecutions and their disposition between 1946 and 1973*, o.O. (再版：Zürich, 1996 年).

Radbruch, Gustav [1973], Gesetzliches Unrecht und übergesetzliches Recht, in: *Radbruch, Gustav: Rechtsphilosophie*, hg. von Wolf Erik Wolf und Hans-Peter Schneider, Stuttgart, 339 頁(第 8 版).

Randelzhofer, Albrecht / Dörr, Oliver [1994], *Entschädigung für Zwangsarbeit*, Berlin.

Rauh-Kühne, Cornelia [1999], Hans Constantin Paulssen. Sozialpartnerschaft aus dem Geiste der Kriegskameradschaft, in: Erker, Paul / Pierenkemper, Toni (Hg.): *Deutsche Unternehmer zwischen Kriegswirtschaft und Wiederaufbau. Studien zur Erfahrungsbildung von Industrie-Eliten*, München, 109-192 頁 (*Quellen und Darstellungen zur Zeitgeschichte*, 39).

Ress, Georg [1992], Diplomatischer Schutz, in: Seidi-Hohenveldern, I. (Hg.), *Lexikon des Rechts: Völkerrecht*, Neuwied/Kriftel/Berlin, 57-62 頁 (第 2 版).

Riegner, Gerhart M. [1998], *Ne jamais désespérer: soixante années au service du peupie juif et des droits de l'homme*, Paris.

Riklin, Alois [1992], Die Neutralität der Schweiz, in: Riklin, Alois / Haug, Hans / Probst, Raymond (Hg.): *Neues Handbuch der schweizerischen Aussenpolitik*, Bern, 191-209 頁.

Rings, Werner [1985], *Raubgold aus Deutschland: Die "Golddrehscheibe" Schweiz im Zweiten Weltkrieg*, Zürich/München.

Robinson, Nehemiah [1944], *Indemnification and Reparations, Institute of Jewish Affairs of the American Jewish Congress and World Jewish Congress*, New York.

Roschewski, Heinz [1996], Heinrich Rothmund in seinen persönlichen Akten. Zur Frage des Antisemitismus in der schweizerischen Flüchtlingspolitik 1933-1945, in: *Die Schweiz und die Fluchtlinge – La Suisse et les réfugiés. 1933-1945, Studien und Quellen / Etudes et Sources* 22, 107-136 頁.

Roschewski, Heinz [1997], *Rothmund und die Juden. Eine historische Fallstudie des Antisemitismus in der schweizerischen Flüchtlingspolitik 1933-1957*, Basel / Frankfurt a. M.

Rossel, Virgile / Mentha, F.-H. [1992], *Manuel du droit civil suisse*, Lausanne (第 2 版).

Roth, John K. et al (ed.) [2001], *Remembering for the future: the Holocaust in an age of genocide*, 3 vols., selected papers from the international conference "Remembering for the Future 2000", Oxford/London, Juli 2000. Basingstoke.

Roth, Karl Heinz [1996], Wirtschaftliche Vorbereitung auf das Kriegsende und Nachkriegsplanungen, in: Eichholtz, Dietrich: *Geschichte der deutschen Kriegswirtschaft, 1939-1945*, Bd. III: 1943–1945, Berlin.

Roulet, Louis-Edouard / Surdez, Maryse / Blättler, Roland [1980], *Max Petitpierre. Seize ans de neutralité active. Aspects de la politique étrangère de la Suisse (1945-1961)*, Neuchâtel (Le Passé Présent. Etudes et documents d'histoire).

Ruch, Christian [2000], Schweizer Industriebetriebe am Hochrhein zur Zeit des "Dritten Reiches", in: Badische Heimat. *Zeitschrift für Landes- und Volkskunde, Natur-, Umwelt- und Denkmalschutz 3*, 418–439 頁.

Ruffleux, Roland [1974], *La Suisse de l'entre-deux-guerres*, Lausanne.

Rutschmann, Verena [1994], *Fortschritt und Freiheit: nationale Tugenden in historischen Jugendbüchern seit 1880*, Zürich.

Sagi, Nana [1989], Die Rolle der jüdischen Organisationen in den USA und die Claims Conference, in: Herbst, Ludolf / Goschler, Constantin (Hg.): *Wiedergutmachung in der Bundesrepublik Deutschland*, München, 99–118 頁.

Salis, Jean-Rodolphe von [1982], *Weltchronik 1939-1945*, Zürich (第 2 版).

Sarasin, Philipp / Wecker, Regina (Hg.) [1998], *Raubgold, Reduit, Flüchtlinge. Zur Geschichte der Schweiz im Zweiten Weltkrieg*, Zürich.

Sauvy, Alfred [1984], *Histoire économique de la France entre les deux guerres*, avec la collaboration de Anita Hirsch, 3 vol., Paris.

Sauvy, Alfred [1978], *La vie économique des Français de 1939 à 1945*, Paris.

Schaffner, Hans [1950], Eidgenössische Zentralstelle für Kriegswirtschaft, in: *Die Schweizerische Kriegswirtschaft 1939/1948. Bericht des Eidgenössischen Volkswirtschafts-Departementes*, Bern, 2–53 頁.

Schaub Georg (Hg.) [1998], *Kurt Schwitters und die "andere" Schweiz. Unveröffentlichte Briefe aus dem Exil*, hg. und kommentiert von Georg Schaub, Berlin.

Schaufelbühl, Janik [2001], *Les relations économiques franco-suisses à l'issue de la Deuxième Guerre mondiale (1944-1949)*, Mémoire, Université de Lausanne.

Schiemann, Catherine [1991], *Neutralität in Krieg und Frieden. Die Aussenpolitik der Vereinigten Staaten gegenüber der Schweiz 1941 bis 1949. Eine diplomatiegeschichtliche Untersuchung*, Chur.

Schindler, Dietrich sen, [1942], Notrecht und Dringlichkeit, *Neue Zürcher Zeitung* Nr. 1669 vom 19. Oktober 1942 und Nr. 1671 vom 20. Oktober 1942.

Schindler, Dietrich [1942], Zur Diskussion über das Notrecht, *Neue Zürcher Zeitung* Nr. 1973 vom 6. Dezember 1942, abgedruckt in: Schindler, Dietrich: Notrecht und Dringlichkeit, Separatdruck aus der *Neuen Zürcher Zeitung* Nr. 1669 vom 19. Oktober, Nr. 1671 vom 20. Oktober und Nr. 1973 vom 6. Dezember 1942.

Schmidlin, Antonia [1999], *Eine andere Schweiz. Helferinnen, Kriegskinder und humanitäre Politik, 1933–1942*, Zürich.

Scholtyseck, Joachim [1999], *Robert Bosch und der liberale Widerstand gegen Hitler 1933 bis 1945*,

München.

Schumann, Wolfgang [1979], Die wirtschaftspolitische Überlebensstrategie des deutschen Imperialismus in der Endphase des Zweiten Weltkrieges, in: *Zeitschrift für Geschichte* 6, 499-513 頁.

Schürch, Oskar [1951], *Das Flüchtlingswesen in der Schweiz während des zweiten Weltkrieges und in der unmittelbaren Nachkriegszeit 1933-1950.* Bericht des Eidg. Justiz- und Polizeidepartementes (未公刊.BAR, E 4260 (C) 1974/34, Bd. 131 を参照).

Schuster, Peter-Klaus (Hg.) [1987], *Die "Kunststadt" München 1937.* Nationalsozialismus und "Entartete Kunst", München.

Schütt, Julian [1996], *Germanistik und Politik. Schweizer Literaturwissenschaft in der Zeit des Nationalsozialismus,* Zürich.

Schwander, Ivo [2000], *Einführung in das internationale Privatrecht,* St. Gallen 2000.

Schwarzenbach, Alexis [1999], *Portraits of the Nation.* Stamps, Coins and Banknotes *in Belgium and Switzerland 1880-1945,* Bern.

Schwengler, Arnold /Grellet, Pierre / Jordan, Joseph, *Schweizerische Demokratie 1848-1948/ La démocratie suisse,* 1848-1948, Morat 1948

Schweizerisches Bundesarchiv (Hg.) [1995], *Aufbruch in den Frieden? Die Schweiz am Ende des Zweiten Weltkrieges / Un nouvel élan vers la paix? La Suisse a la fin de la Seconde Guerre mondiale,* Bern (*Bundesarchiv Dossier* 1).

Schweizerisches Bundesarchiv [1998], *Jubiläen der Schweizer Geschichte,* Bern (*Studien und Quellen/Schweizerisches Bundesarchiv,* 24).

Senn, Hans [2000], *Das Schicksalsjahr 1940. Gründe für die Verschonung der Schweiz vor einem deutschen Angriff,* Stäfa.

Senn, Hans [1991], *Erhaltung und Verstärkung der Verteidigungsbereitschaft zwischen den beiden Weltkriegen, mit einem Vorwort von Bundesrat Kaspar Villiger,* Basel / Frankfurt a. M. (*Der Schweizerische Generalstab,* 6).

Senn, Hans [1998], *Unsere Armee im Zweiten Weltkrieg,* Zürich (Gesellschaft für militärhistorische Studienreisen, 18).

Seyler, Hans [2001], Der Handel mit gestohlenen Vermögen und die Anwendung des Washingtoner Abkommens, in: Lindgren, Irène / Walder, Renate (Hg.), *Schweden, die Schweiz und der Zweite Weltkrieg, Beiträge zum internationalen Symposium des Zentrums für Schweizerstudien an der Universität Örebo,* Frankfurt a. M./Berlin/Bern, 161-183 頁.

Sherman, Ari Joshua [1973], *Island refuge: Britain and refugees from the Third Reich,* 1933-1939, London (第 2 版, 1994 年).

Simpson, Elizabeth (ed.) [1997], *The Spoils of War,* New York.

Smith, Arthur L. [1989], *Hitler's Gold: The Story of the Nazi War Loot,* Oxford.

Société des Nations. [1934], *Service d'Etudes économiques, Les Banques commerciales 1925-1933,* Genève.

Spahni, Walther [1977], *Der Ausbruch der Schweiz aus der Isolation nach dem Zweiten Weltkrieg.*

Untersuchung anhand ihrer Aussenhandelspolitik 1944-1947, Frauenfeld.

Speck, Anton-Andreas [1998], *Schweizerische Entrechtungsschäden durch nationalsozialistische Verfolgung. Der "Fall" Rothschild,* Lizenziatsarbeit, Universität Bern [未公刊].

Speich, Sebastian / David, Fred / Elam, Shraga / Ladner, Anton (Hg.) [1997], Die *Schweiz am Pranger. Banken, Bosse und die Nazis,* Wien.

Speiser, Ernst [1946], Die schweizerisch-deutschen Handelsbeziehungen während des Krieges, in: *Schweizerische Monatshefte,* März 1946, 738-748 頁.

Sperber, Manès [1977], *Bis man mir Scherben auf die Augen legt: All das Vergangene....* Wien.

Spoerer, Mark [1999/2000], Zur Berechnung der Anzahl heute noch lebender ehemaliger Zwangsarbeiter, in: *Historicum. Zeitschrift für Geschichte,* Winter 1999/2000, 5-7 頁.

Spuhler, Gregor [2001], Zurückgestellt, zugeführt, freiwillig ausgereist. Eine Liste deutscher Zivilflüchtlinge im Thurgau 1944, in: *Traverse* 2001/1, 114-122 頁.

Stadelmann, Jürg [1998], *Umgang mit Fremden in bedrängter Zeit. Schweizerische Flüchtlingspolitik 1940-1945 und ihre Beurteilung bis heute,* Zürich.

Stadelmann, Jürg / Krause, Selina [1999], *"Concentrationslager" Büren an der Aare 1940-1946: Das grösste Flüchtlingslager der Schweiz im Zweiten Weltkrieg,* Baden.

Stadler, Peter [1969], Die Diskussion um eine Totalrevision der schweizerischen Bundesverfassung 1933-1935, in: *Schweizerische Zeitschrift für Geschichte / Revue Suisse d'histoire* 19, 75-169 頁.

Stamm, Konrad Walter [1974], *Die guten Dienste der Schweiz: Aktive Neutralitätspolitik zwischen Tradition, Diskussion und Integration,* Bern.

Stauffer, Paul [1998], *"Sechs furchtbare Jahre ...": auf den Spuren Carl J. Burckhardt durch den Zweiten Weltkrieg,* Zürich.

Steinberg, Jonathan [1999], *The Deutsche Bank and Its Gold Transactions during the Second World War,* München.

Stiefel, Dieter [2001], *Die österreichischen Lebensversicherungen und die NS-Zeit. Wirtschaftliche Entwicklung - politischer Prozess- jüdische Polizzen,* Wien.

Stolleis, Michael [2000], Der Historiker als Richter - der Richter als Historiker, in: Frei, Norbert / Laak, Dirk van / Stolleis, Michael (Hg.): *Geschichte vor Gericht. Historiker, Richter und die Suche nach Gerechtigkeit,* München, 173-182 頁.

Stucki, Lorenz [1968], *Das heimliche Imperium. Wie die Schweiz reich wurde,* Bern.【邦訳】ロレンツ・ストゥッキ〔著〕，吉田康彦〔訳〕[1987年]『スイスの知恵——経済王国・成功の秘密』サイマル出版会.

Studer, Brigitte [1994], *Un parti sous influence,* Lausanne.

Stutz, Hans [1997], *Frontisten und Nationalsozialisten in Luzern 1933-1945,* Luzern.

Tackenberg, Marco / Wisler, Dominique [1998], Die Massaker von 1932: Protest, Diskurs und Öffentlichkeit, in: *Swiss Political Science Review* 4/2, 51-79 頁.

Tanner, Jakob [1995], Aufbruch in den Frieden?, in: Schweizerisches Bundesarchiv (Hg.): *Aufbruch in den Frieden? Die Schweiz am Ende des Zweiten Weltkrieges / Un nouvel élan vers la paix? La Suisse à la fin de la Seconde Guerre mondiale*, Bern, 27-75 頁 (*Bundesarchiv Dossier* 1).

Tanner, Jakob [1986], *Bundeshaushalt, Währung und Kriegswirtschaft. Eine finanzsoziologische Analyse der Schweiz zwischen 1938 und 1953,* Zürich.

Tanner, Jakob [1999], *Fabrikmahlzeit. Ernährungswissenschaft, Industriearbeit und Volksernährung in der Schweiz 1890-1950,* Zürich.

Tanner, Jakob [2000], Goldparität im Gotthardstaat: Nationale Mythen und die Stabilität des Schweizer Frankens in den 1930er und 40er Jahren, in: *Die Finanzen des Bundes im 20. Jahrhundert,* Bern, 45-81 頁 (*Zeitschrift des Schweizerischen Bundesarchivs,* 26, hg. von Gerald Arlettaz).

Thaler, Urs [1998], *Unerledigte Geschäfte.* Zur Geschichte der schweizerischen *Zigarrenfabriken im Dritten Reich,* Zürich.

Thalmann, Ernst A. [1940], *Die Verjährung im Privatversicherungsrecht,* Dissertation jur., Zürich.

Thürer, Daniel [1998], *Perspektive Schweiz,* Zürich.

Thürer, Daniel [1998], Die Bundesverfassung von 1848: Kristallisationspunkt einer Staatsidee — Drei "Paradoxe" und die Frage der Bedeutung ihrer Fortentwicklung der Verfassungskonzeption im Zeitalter der Globalisierung, in: *Zeitschrift für schweizerisches Recht / Revue de droit suisse,* 1998/I, 163-180 頁.

Thürer, Daniel [1986], Humanität und Neutralität – Zum politischen und völkerrechtlichen Spannungsverhältnis zweier Grundprinzipien der schweizerischen Aussenpolitik, in: Hangartner, Y / Trechsel, S. (Hg.): *Festschrift für Hans Haug,* Bern / Stuttgart, 279-308 頁.

Thürer, Daniel [1998], Modernes Völkerrecht: Ein System im Wandel und Wachstum — Gerechtigkeitsgedanken als Kraft der Veränderung, in: *Zeitschrift für ausländisches öffentliches Recht und Völkerrecht,* 60/3-4, 557-604 頁.

Thürer, Daniel: Raubgold und Völkerrecht — Eine Analyse im Lichte der Haager Landkriegsordnung, in: *Neue Zürcher Zeitung* vom 20. Februar 1997, p. 15/16.

Thürer, Daniel [2000], Über die Schweiz im Zweiten Weltkrieg: Bewährung der Neutralität? Folgerungen für die Zukunft, in: *Zeitschrift für schweizerisches Recht / Revue de droit suisse, / 119,* 413-443 頁.

Tuor, Peter [1940], *Das schweizerische Zivilgesetzbuch: Eine systematische Darstellung mit Berücksichtigung der Rechtsprechung des Schweizerischen Bundesgerichts,* Zürich (第 4 版).

Tuor, Peter / Schnyder, Bernhard / Schmid, Jörg [1995], *Das schweizerische Zivilgesetzbuch,* Zürich (第 11 版).

Urner, Klaus [1990], *"Die Schweiz muss noch geschluckt werden!": Hitlers Aktionsplane gegen die Schweiz, Zwei Studien zur Bedrohungslage der Schweiz im Zweiten Weltkrieg,* Zürich.〔同書のフランス語版は, *"Il faut encore avaler la Suisse": les plans d'invasion et de guerre économique d'Hitler contre la Suisse,* Genève, 1996〕.

Urner, Klaus [1976], *Die Deutschen in der Schweiz. Von den Anfängen der Kolonienbildung bis zum Ausbruch des 1. Weltkrieges,* Frauenfeld.

Urner, Klaus [1985], Neutralität und Wirtschaftskrieg. Zur schweizerischen Aussenhandelspolitik, in: Bindschedler, Rudolf L. / Kurz, Hans-Rudolf / Carlgren, Wilhelm / Carlsson, Sten (Hg.): *Schwedische und schweizerische Neutralität im Zweiten Weltkrieg*, Basel, 250-292 頁.

Verdross, Alfred [1937], *Völkerrecht*, Berlin.

Vetsch, Christian [1973], *Aufmarsch gegen die Schweiz. Der deutsche 〈Fall Gelb〉. Irreführung der Schweizer Armee 1939-1940*, Olten.

Viroli, Maurizio [1992], *From Politics to Reason of State. The Acquisition and Transformation of the Language of Politics, 1200-1650*, Cambridge.

Vischer, Frank [1998], Das nationalsozialistische Recht im Spiegel einiger Entscheidungen schweizerischer Gerichte, in: Basedow, J. / Hopt K. J. / Kötz H. (Hg.): *Festschrift für Ulrich Drobning zum siebzigsten Geburtstag*, Tübingen, 455 頁.

Vischer, Frank [1998], Rechtliche Aspekte des Washingtoner Abkommens und der nachrichtenlosen Vermögen, in: Sarasin, Philipp / Wecker, Regina (Hg.): *Raubgold, Réduit, Flüchtlinge: zur Geschichte der Schweiz im Zweiten Weltkrieg*, Zürich, 45-70 頁.

Vogler, Robert U. [1997], *Die Wirtschaftsverhandlungen zwischen der Schweiz und Deutschland 1940 und 1941*, Basel.

Vogt, Adolf [1974], *Oberst Max Bauer (1869-1929). Generalstabsoberst im Zwielicht*, Osnabrück.

Volkmann, Hans-Erich [1975], Aussenhandel und Aufrüstung in Deutschland 1933 bis 1939, in: Forstmeier, Friedrich / Volkmann, Hans-Erich (Hg.): *Wirtschaft und Rüstung am Vorabend des Zweiten Weltkrieges*, Düsseldorf, 81-131 頁.

Vries, Willem de [1998], *Sonderstab Musik. Organisierte Plünderungen in Westeuropa 1940-1945*, Köln (第 2 版: [2000], *Kunstraub im Westen. Alfred Rosenberg und der Sonderstab Musik*, Frankfurt a. M.).

Vuilleumier, Marc [1987], *Immigrés et réfugiés en Suisse. Aperçu historique*, Zürich.

Waeger, Gerhart [1971], *Die Sündenböcke der Schweiz: Die Zweihundert im Urteil der geschichtlichen Dokumente: 1940-1946*, Olten/Freiburg i. Br.

Waibel, Wilhelm J. [1997], *Schatten am Hohentwiel. Zwangsarbeiter und Kriegsgefangene in Singen am Hohentwiel*, Konstanz (第二増補版).

Walder, Hans Ulrich [1997], Rechtliches zur Frage der nachrichtenlosen Vermögenswerte auf Schweizer Banken, in: *Schweizerische Juristen-Zeitung* 93, 130-134 頁.

Wallach, Jehuda L. [1977], Probleme der Zwangsarbeit in der deutschen Kriegswirtschaft, in: *Jahrbuch des Instituts für deutsche Geschichte* 6, 477-512 頁.

Weber, Charlotte [1994], *Gegen den Strom der Finsternis: Als Betreuerin in Schweizer Flüchtlingsheimen 1942-1945*, Zürich.

Wegmüller, Hans [1998], *Brot oder Waffen. Der Konflikt zwischen Volkswirtschaft und Armee in der Schweiz 1939-1945*, Zürich.

Weil, Arthur [1947], *Aus ernster Zeit*, Basel.

Weill-Lévy, Anne / Grünberg, Karl / Isler, Joelle [1999], *Suisse: un essai sur le racisme d'Etat (1900-*

1942). *A propos du débat sur l'histoire. Des faits. Des noms. Des dates,* Lausanne.

Weingarten, Ralph [1981], *Die Hilfeleistung der westlichen Welt bei der Endlösung der deutschen Judenfrage. Das "Intergovernmental Committee on Political Refugees" (IGC) 1938-1939,* Bern.

Weldler-Steinberg, Augusta [1970], *Geschichte der Juden in der Schweiz,* Bd. 2: *Die Emanzipation,* hg. vom Schweizerischen Israelitischen Gemeindebund, Goldach.

Werner, Christian [2000], *Für Wirtschaft und Vaterland. Erneuerungsbewegungen und bürgerliche Interessengruppen in der Deutschschweiz 1928-1947,* Zürich.

Whaley, Barton [1984], *Covert German Rearmament, 1919-1939. Deception and Misperception,* Maryland.

Widmer, Paul [1997], *Die Schweizer Gesandtschaft in Berlin. Geschichte eines schwierigen diplomatischen Postens,* Zürich.

Wilkins, Mira [1999], Swiss investments in the United States 1914-1945, in: Guex, Sébastien (ed.): *La Suisse et les Grandes puissances 1914-1945. Relations économiques avec les Etats-Unis, la Grande-Bretagne, l'Allemagne et la France / Switzerland and the Great Powers 1914-1945. Economic Relations with the United States, Great Britain, Germany and France,* Genève, 91-139 頁.

Winiger, Stefan [1991], *Auslandschweizer in Frankreich 1939-1944. Ihre spezifischen Probleme vor dem Hintergrund des Zweiten Weltkrieges und der deutschen Besetzung Frankreichs,* Lizenziatsarbeit, Universität Zürich (未公刊).

Wipf, Hans Ulrich [2001], *Georg Fischer AG 1930-1945. Ein Schweizer Industrieunternehmen im Spannungsfeld Europas,* Zürich.

Wischnitzer, Mark [1935], *Die Juden der Welt. Gegenwart und Geschichte des Judentums in allen Ländern,* Berlin.

Wohlfeil, Rainer [1972], *Heer und Republik,* München.

Wolf, Walter [1969], *Faschismus in der Schweiz. Die Geschichte der Frontenbewegung in der deutschen Schweiz 1930-1945,* Zürich.

Wood, E. Thomas / Jankowski, Stanislaw [1997], *Jan Karski – Einer gegen den Holocaust,* Gerlingen (英語の原書からの翻訳).

Z'Graggen, Yvette [1998], *Les Années silencieuses,* Vevey (初版は 1982 年).

Zala, Sacha [1998], *Gebändigte Geschichte. Amtliche Historiographie und ihr Malaise mit der Geschichte der Neutralität 1945-1961. / Histoire entravée. Historiographie officielle et son malaise avec l'histoire de la neutralité. 1945-1961. / Storia inbrigliata. Storiografia ufficiale e il suo malessere con la storia della neutratlità. 1945-1961,* Bern.

Zala, Sacha [2001], *Geschichte unter der Schere politischer Zensur,* München.

Zang, Gert [1995], *Die zwei Gesichter des Nationalsozialismus. Singen am Hohentwiel im Dritten Reich,* Sigmaringen.

Zehnder, Alfred [1980], Die aussenpolitische Lage der Schweiz am Ende des Zweiten Weltkrieges, in: *Max Petitpierre. Seize ans de neutralité active,* Neuchâtel, 13-32 頁.

Zeidler, Manfred [1994], *Reichswehr und Rote Armee 1920-1933. Wege und Situationen einer ungewöhnlichen Zusammenarbeit,* München.

Zeller, René [1999], *Emil Sonderegger. Vom Generalstabschef zum Frontenführer,* Zürich.

Zellweger, Ivo [1975], *Die strafrechtlichen Beschränkungen der politischen Meinungsäusserungsfreiheit (Propagandaverbote),* Dissertation, Zürich.

Zimmermann, Horst [1980], *Die Schweiz und Grossdeutschland,* München.

Zöberlein, Klaus Dieter [1969], *Die Anfänge des deutschschweizerischen Frontismus,* Meisenheim.

Zumstein, Hansjürg [1999], Waldemar Pabst. Mann der flinken Ausreden, in: *Das Magazin* 1999/12, 41–48 頁.

Zuschlag, Christoph [1995], *"Entartete Kunst". Ausstellungsstrategien im Nazi-Deutschland,* Worms (*Heidelberger kunstgeschichtliche Abhandlungen,* 21).

Zuschlag, Christoph [1997], Das Schicksal von Chagalls "Rabbiner", in: *Mannheim unter der Diktatur 1933-1939,* hg. von Jörg Schadt und Michael Caroli, Mannheim, 179–190 頁.

Zuschlag, Christoph [1999], Die Ausstellung "Kulturbolschewistischer Bilder" in Mannheim 1933 — Inszenierung und Presseberichterstellung, in: Blume, Eugen / Scholz, Dieter (Hg.): *Überbrückt. Ästhetische Moderne und Nationalsozialismus. Kunsthistoriker und Künstler 1925-1937,* im Auftrag der Ferdinand-Möller-Stiftung, Köln, 224–236 頁.

独立専門家委員会事務局員・委員・被委嘱者

Adam Lotti
Adank Florian
Allen Keith
Aubert Jean-François
Barthelmess Petra
Bartoszewski Wiadyslaw
Baumann Jan
Baumgartner Serge
Béguin Daniel
Bergier Jean-François
Berner Samuel
Bienlein Martin
Bill Ramón
Billeter Geneviève
Blanc Estelle
Boillat Laurence
Boillat Valérie
Boller Boris
Bonhage Barbara
Bourgeois Daniel
Busset Thomas
Ceni Monique
Chocomeli Lucas
Claret Virginie
Cortat Alain
Crivelli Pablo
D'haemer Kristin
Dreifuss Eric L.
Ebell Annette
Ettinger Patrik
Fior Michel
Fischer Alex
Fischler Hersch
Fleury Michèle
Forster Gilles
Fraefel Marianne

Frech Stefan
Friedländer Saul
Frowein Jochen A.
Gautier Michael
Gees Thomas
Gillespie James B.
Godichet Armelle
Grossen Jacques-Michel
Gruber Jörg
Haefliger Arthur
Haldemann Frank
Hauser Benedikt
Hetzer Nicaj Tanja
Heuss Anja
Hilbich Dusica
Hinni Haslebacher Regina
Horn Christian
Huber Martina
Hug Peter
Hüneke Andreas
Huonker Thomas
Imhof Kurt
James Harold
Jetel Vladimira
Jud Ursina
Junz Helen B.
Kälin Walter
Karlen Stefan
Kleisl Jean-Daniel
Knapp Blaise
König Mario
Kreis Georg
Kropf Blaise
Lambertz Jan
Latham Ernest H.
Laube Stefan

Lind Martin
López Rodrigo
Lüchinger Adolf
Ludi Regula
Lussy Hanspeter
Marden Matthew D.
Mathis Regina
Matt Lukas
Matter Sonja
Meier Martin
Melichar Peter
Milton Sybil
Mueller Richard
Müller Laurenz
Müller Philipp
Ne'eman Arad Gulie
Odermatt André
Paquier Serge
Perrenoud Marc
Perz Bertrand
Peter Roland
Peters Suzanne
Pfaffenroth Peter C.
Picard Jacques
Rais-Liechti Myriam
Reinhart Urs
Ribeaud José
Ringger Kathrin
Ritter Gerold
Ruch Christian
Ryter Sandra

Safrian Hans
Sandkühler Thomas
Schafroth Anina
Schär Bernhard
Schindler Dietrich
Schmid Daniel
Siehr Kurt
Sluc Sergej
Spuhler Gregor
Staub Gertrud
Stein Laurie A.
Straumann Lukas
Summermatter Stephanie
Tanner Jakob
Thürer Daniel
Tisa Francini Esther
Trooboff Hannah Elizabeth
Tschirren Ursula
Uhlig Christiane
Viganò Marino
Vischer Frank
von Castelmur Linus
Voyame Joseph
Welti Myrtha
Wenck Alexandra-Eileen
Wiesmann Matthias
Wildmann Daniel
Zeugin Bettina
Zielinski Jan
Zürcher Regula

日本語版付録
第一部訳注と第二部に関する史料・参考文献
（第一部参考文献に掲載のものは除く）

文書館史料（第二部第三章関連）

Archives du Ministère des Affaires Etrangères (AAE)

  Mémoires et documents, Suisse, t. 36, Rapport sur la situation des Français en Suisse, 1825.

  Correspondance politique, Suisse, t. 511-t. 539, 1825-1840.

Archives du Consistoire de Paris

  B, Relations avec les autorités religieuses et civiles.

  M, Affaires étrangères, IX Juif de Suisse.

Archives départementales du Haut-Rhin (ADHR)

4M206-207, Evénements politiques de Suisse, surveillance des croyageurs et de la presse en Suisse.

  206, 1803-1838. 207, 1840-1870.

4M208-209, Relations franco-suisses différentes.

  208, 1802-1836. 209, 1836-1863.

4M210-212, Correspondance avec les autorités suisses au sujet de ressortissants suisses et français.

  210, 1800-1833. 211, 1834-1843. 212, 1844-1869.

IZ295, Relations franco-suisses: crise entre la France et le canton de Bâle-Campagne, 1835-1836.

IZ297, Relations franco-suisses: violations frontières, rixes entre ressortissants français et suisses, vexations et mauvais traitements essuyés par des Français en Suisse, 1808-1854.

同時代刊行物（第二部第三章関連）

Baseler Zeitung [1836], Basel.

Du différend survenu entre la France et Bâle-Campagne à propos de l'annulation prononcée par le Grand Conseil de ce Canton d'une acquisition d'immeubles faite par deux citoyens français, MM. Alexandre et Baruch Wahl de Mulhouse (Haut-Rhin) [1836], mars 1836, Mulhouse.

L'Industriel alsacien, Journal de l'Industrie, du Commerce et de l'Agriculture, Mulhouse, 21 mai 1836, numéro 21.

Zickel-Koechlin, François [1863], *Le traité de commerce entre la France et la Suisse et la liberté des cultes ou la véritable réciprocité entre les citoyens des deux pays*, Paris.

公刊文献（第一部参考文献に掲載のもの，および一般的なレファレンス文献であり訳註等に書誌情報を記載した文献を除く）

★和書は五十音順，洋書はアルファベット順。なお邦訳のある文献で，参照箇所等において原著の参照箇所をも併記した文献については，邦訳についても「欧語文献」の項目に原著者順に配列した。

【日本語文献】

石田勇治［2002］『過去の克服　ヒトラー後のドイツ』白水社。

イム・ホーフ, U〔著〕，森田安一〔監訳〕［1997］『スイスの歴史』刀水書房。

上野喬［2003a］「赤十字国際委員会の活動と財政——Pecunia est nervus pacis」『東洋大学大学院紀要』（法・経営・経済）第 40 集，221-247 頁。

上野喬［2003b］「「独立専門家委員会——第二次世界大戦」叢書——After all survival is the best policy for the Swiss, isn't it?」『経営論集』（東洋大学経営学部）第 58 巻，179-200 頁。

宇佐美誠［2004］「過去を繕う——人権侵害補償の道徳的機能」『中京法学』第 39 巻第 1-2 号，7-35 頁。

内田日出海［2006］「フランスのフリー・ゾーン（1）：制度的展開」『成蹊大学経済学部論集』第 37 巻第 1 号，17-47 頁。

岡本三彦［2005］『現代スイスの都市と自治——チューリヒ市の都市政治を中心として』早稲田大学出版部。

尾崎麻弥子［2000］「山岳地帯と移民——18 世紀サヴォイア地方フォシニー地域の事例」『早稲田経済学研究』第 50 号，83-94 頁。

尾崎麻弥子［2005］「18 世紀後半ジュネーヴ市の移入民における出身地・職業構成の転換と連続——アビタンの記録と滞在許可証の分析を中心として」『社会経済史学』第 71 巻第 2 号，71-85 頁。

黒澤隆文［2004］「スイスの工業化過程における商人と商業・金融業」『社会経済史学』第 70 巻第 4 号，417-436 頁。

黒澤隆文［2009］「近現代スイスの自治史——連邦制と直接民主制の観点から」『社会経済史学』第 75 巻第 2 号，55-71 頁。

コープ，フォルカー〔著〕，八木正三〔訳〕［2010］『ナチス・ドイツ，IG ファルベン，そしてスイス銀行』創土社。

小島健［2007］『欧州建設とベルギー——統合の社会経済史的研究』日本経済評論社。

小林武［1989］『現代スイス憲法』法律文化社。

コルヴィル，ジョン〔著〕，都築忠七・見市雅俊・光永雅明〔訳〕［1990］『ダウニング街日記——首相チャーチルのかたわらで』〔下〕，平凡社。

権上康男〔編〕［2006］『新自由主義と戦後資本主義——欧米における歴史的経験』日本経済評論社。

柴田三千雄・樺山紘一・福井憲彦〔編〕［1995］『世界史体系——フランス史 3　19 世紀なかば〜現

在』山川出版社。

シュペーラー，マルク，ヨッヘン・シュトレープ〔著〕，雨宮昭彦・三ツ石郁夫〔訳〕[2008]「ナチス経済研究のパラダイムチェンジか——ドイツにおける最新の研究動向」『歴史と経済』第200号, 46-58頁。

シュリンク，ベルンハルト〔著〕，岩淵達治・藤倉孚子・中村昌子・岩井智子〔訳〕[2005]『過去の責任と現在の法——ドイツの場合』岩波書店。

ステーネシェン，Ø., I. リーベク〔著〕，岡沢憲芙〔監訳〕・小森宏美〔訳〕[2005]『ノルウェーの歴史——氷河期から今日まで』早稲田大学出版部。

ニコラス，リン・H〔著〕，高橋早苗〔訳〕[2002]『ヨーロッパの略奪——ナチス・ドイツ占領下における美術品の運命』白水社。

武井彩佳 [2005]『戦後ドイツのユダヤ人』白水社。

武井彩佳 [2006]「ユダヤ人財産の返還補償再展開——アメリカにおけるホロコースト訴訟との関連で」『現代史研究』第52巻, 57-70頁。

武井彩佳 [2008]『ユダヤ財産はだれのものか——ホロコーストからパレスチナ問題へ』白水社。

竹岡敬温 [2007]『世界恐慌期フランスの社会——経済・政治・ファシズム』御茶の水書房。

武田龍夫 [1998]『北欧の外交——戦う小国の相克と現実』東海大学出版会。

田村光彰 [2006]『ナチス・ドイツの強制労働と戦後処理——国際関係における真相の解明と「記憶・責任・未来」基金』社会評論社。

津田由美子 [1998]「二十世紀のベルギー・ルクセンブルク」森田安一編『スイス・ベネルクス史』山川出版社, 416-419頁。

土屋慶之助・小林健一・須藤功〔監訳〕[2008]『アメリカ経済経営史事典』(Olson, James S. *Dictionary of United States Economic History*) 創風社。

西牟田祐二 [1999]『ナチズムとドイツ自動車工業』有斐閣。

西牟田祐二 [2007]「1953年ロンドン債務協定に関する最近の研究動向」『社会経済史学』第73巻第1号, 85-93頁。

日本ロシュ株式会社 [1982]『日本ロシュ物語』日本ロシュ。

橋本淳 [1999]『デンマークの歴史』創元社。

ブラック，エドウィン〔著〕，小川京子〔訳〕[2001]『IMBとホロコースト——ナチスと手を結んだ大企業』柏書房。

ヘスラー，アルフレート・A〔著〕，山下肇・山下萬里〔訳〕[2005]『ミグロの冒険——スイスの暮しを支えるミグロ生協の歩み』岩波書店。

細田淑允 [1997]『スイス会社法概説』法律文化社。

百瀬宏・熊野聰・村井誠人〔編〕[1998]『北欧史』山川出版社。

森田安一 [2000]『物語 スイスの歴史——知恵ある孤高の小国』中央公論社。

矢後和彦 [2001]「戦後再建期の国際決済銀行——ペール・ヤコブソンの軌跡から」秋元英一『グローバリゼーションと国民経済の選択』東京大学出版会, 101-130頁。

柳澤治 [2008]「ナチス期ドイツにおける社会的総資本の組織化——全国工業集団・経済集団」『政経論叢』(明治大学政治経済研究所) 第77巻第1・2号, 1-34頁。

柳澤治〔2010〕「ナチス期ドイツにおける価格政策の展開——利潤原則との関連で」『政経論叢』（明治大学政治経済研究所）第78巻第3・4号，161-121頁。

矢野久〔2004〕『ナチス・ドイツの外国人——強制労働の社会史』現代書館。

山口博教〔2008〕「ユダヤ系資産の「アーリア化」に関する研究の進展——ハロルド・ジェームスの「アーリア化」関連第二著作を中心として (1)」『北星学園大学経済学部北星論集』第47巻第2号（通巻第53号），157-175頁。

ライヒェル，ペーター〔著〕，小川保博・芝野由和〔訳〕〔2006〕『ドイツ 過去の克服——ナチ独裁に対する1945年以降の政治的・法的取り組み』八朔社。

ラカー，ウォルター〔編〕，井上茂子・他〔訳〕〔2003〕『ホロコースト大事典』柏書房。

レイプハルト，アレンド〔著〕，粕谷祐子〔訳〕〔2005〕『民主主義対民主主義——多数決型とコンセンサス型の36ヵ国比較研究』勁草書房。

レーヴィ，プリーモ〔著〕，竹山博英〔訳〕〔1980〕『アウシュヴィッツは終わらない——あるイタリア人生存者の考察』朝日新聞社。

【欧語文献】

Alfred Kölz (Hg.) [1996], *Quellenbuch Zur neueren Schweizerischen Verfassungsgeschichte. Von 1848 bis in die Gegenwart*, Bern.

Altermatt, Urs [2004], Verspätete Thematisierung des Holocaust in der Schweiz, in : Kreis, Georg (Hg.), *Erinnern und Verarbeiten. Zur Schweiz in den Jahren 1933-1945*, ITINERA Fasc. 25, Basel, 31-55頁.

Argast, Regula [2005], Bürger machen? Das Scheitern der erleichterten Einbürgerung von Ausländern in der Stadt Zürich 1897-1905, in : Niederhäuser, Peter / Ulrich, Anita (Hg.), *Fremd in Zürich — fremdes Zürich? Migration, Kultur und Identität im 19. und 20. Jahrhundert*, Zürich, 167-175頁.

Argast, Regula [2007], *Staatsbürgerschaft und Nation, Ausschließung und Integration in der Schweiz 1848-1933*, Göttingen.

Arnold, Ambrunnen [1935], *Juden werden "Schweizer". Dokumente zur Judenfrage in der Schweiz seit 1789*, Zürich.

Baur, Hans [1998], *EU oder Direkte Demokratie*, Schaffhausen.

Belot, Robert (éd.) [2006], *Guerre et frontières. La frontière franco-suisse pendant la seconde guerre mondiale*, Neuchâtel.

Bergier, Jean-François [2007], *Im Gespräch mit Bertrand Müller und Pietro Boschetti, Gelebte Geschichte*. Aus dem Französischen von Eva Moldenhauer, Zürich.

Bloch, Rolf [2004], Anerkennung für erlittenes Schicksal. Entstehung, Arbeitsweise und Rolle des Schweizer Fonds für bedürftige Opfer von Holocaust / Shoa vor dem Hintergrund der Kontroverse in den 1990er Jahren. in : Schweizerischer Israelitischer Gemeindebund (Hg.), *Jüdische Lebenswelt Schweiz / Vie et culture juives en Suisse*, Zürich, 414-422頁.

Bohn, Robert [2006], Grundzüge der deutschen Wirtschaftsinteressen in Norwegen 1940-45, in :

Lund, Joachim (ed.), *Working for the New Order. European Business under German Domination 1939-1945*, Copenhagen, 105–113 頁.

Bonhage, Barbara / Grautschi, Peter / Hodel, Jan / Spuler, Gregor [2006], *Hinschauen und Nachschauen. Die Schweiz und die Zeit des Nationalismus im Licht aktueller Fragen*, Zürich. 【邦訳】ボンハーゲ, バルバラ他〔著〕, スイス文学研究会〔訳〕[2010]『世界の教科書シリーズ 27 スイスの歴史——スイス高校現代教科書〈中立国スイスとナチズム〉』, 明石書店, 2010 年。

Böning, Holger [1998], Die Emanzipationsdebatte in der Helvetischen Republik, in：Mattioli, Aram (Hg.), *Antisemitismus in der Schweiz 1848-1960*, Zürich, 83–110 頁.

Brisac, Jacques [1916], *Ce que les Israélites de la suisse doivent à la France. Esquisse d'histoire diplomatique*, Lausanne.

Buomberger, Thomas / Kury, Patrick [2005], Behördliche Überfremdungsbekämpfung und Überfremdungsbewegung. Zürcher Spuren eines wirkungsmächtigen Diskurses. in：Niederhäuser, Peter, Ulrich, Anita (Hg.), *Fremd in Zürich — fremdes Zürich? Migration, Kultur und Identität im 19. und 20. Jahrhundert*, Zürich, 177–196 頁.

Burckhardt, C. F. W. [1914], *Zur Geschichte der Privatbankiers in der Schweiz*, Zürich.

Clinquart, Jean [2000], *L'administration des douanes en Framce de 1914 à 1940*, Paris.

Cohen, David [1980], *La promotion des Juifs en France à l'époque du Second Empire (1852-1870)*, Aix-en-Province et Paris.

Dard, Olivier / Daumas, Jean-Claude / Marcot François (dir.) [2000], *L'Occupation, L'Etat français et les entreprises*, Paris.

David, Thomas [1995], «Un indice de la production industrielle de la Suisse durant l'entre-deux guerres,» in：*Zeitschrift für schweizerische Geschichte / Revue Suisse d'histoire*, Bd. / vol. 45, 1995, 109–130 頁.

De flem, Mathieu [2002], The Logic of Nazification: The Case of the International Criminal Police Commission ("Interpol"), in: *International Journal of Comparative Sociology*, Vol. 43, No. 1, 21–44 頁.

EDA, Direktion für Völkerrech [2008], *Fremde Interessen. Völkerrechtliche Aspekte der Schutzmachtpolitik im Allgemeinen und für die Schweiz im Besonderen EDA, Gutachten vom 14. September 2007* (http://www.bk.admin.ch/dokumentation/02574/04084/)

Edmund Jan Osmańczyk [2002], *Encyclopedia of the United Nations and International Agreements*, (3rd. Edition), Vol. 3, London / New York.

Encyclopedia Judaica [1990], Jerusalem, volume 14.

Fenner, Thomas [2008], Nestlé & Anglo-Swiss. Vom Schweizer Milchimperium zum Multinationalen Nahrungsmittelkonzern, in：Rossfeld, Roman / Straumann, Tobias (Hg.), *Der vergessene Wirtscahftskrieg. Schweizer Unternehmen in ersten Weltkrieg*, Zürich, 317–343 頁.

Feuerwerker, David [1976], *L'émancipation des Juifs en France. De l'Ancien Régime à la fin du Second Empire*, Paris.

Finkelstein, Norman G. [2003], *The Holocaust Industry: Reflections on the Exploitation of Jewish*

Suffering, Second paperback edition, London / New York.【邦訳】ノーマン・G・フィンケルスタイン〔著〕, 立木勝〔訳〕『ホロコースト産業——同胞の苦しみを「売り物」にするユダヤ人エリートたち』三交社, 2004年.

Flückiger, Pierre / Bagnod, Gérard [2000], *Les Réfugiés civils et la frontière genevoise durant la Deuxième Guerre mondiale*, Archives d'Etat de Genève, Genève, 2000.

Forter, Martin [2000], *Farbenspiel. Einjahrhundert Umweltnutzung durch die Basler chemische Industrie*, Zürich.

Friedländer, Saul [1998], *Das Dritte Reich und die Juden*, München.

Friedländer, Saul [2007], *Den Holocaust beschreiben: Auf dem Weg zu einer integrierten Geschichte*, Weimar.

Fritz, Martin [2006], Swedish Adaptation to German Domination in The Second World War, in： Lund, Joachim (ed.), *Working for the New Order. European Business under German Domination 1939-1945*, Copenhagen, 129-139頁.

Gall, Lothar / Feldman, Gerald D. / James, Harold / Holtfrerich, Carl-Ludwig / Buschen, Hans E. [1995], *The Deutsche Bank, 1870-1995*, London.

Geiger, Peter / Brunhart, Arthur / Bankier, David / Michman, Dan / Moos, Carlo / Winzierl Erika [2005], *Fragen zu Liechtenstein inder NS-Zeit und im Zweiten Weltkrieg. Flüchtlinge, Vermögenswerte, Kunst, Rüstungsproduktion. Schlussbericht der Unabhängigen Historikerkommission Lichtenstein Zweiter Weltkrieg*, Zürich.

Georg Fischer Aktiengesellschaft, Schaffhausen (Hg.) [1952]〔参照箇所では Georg Fischer [1952] と略記〕*Hundertfünfzig Jahre Gerog Fischer Werke 1802 / 1952*, Schaffhausen.

Gerson, Daniel [2006], *Die Kehrseite der Emanzipation in Frankreich. Judenfeindschaft im Elsass 1778 bis 1848*, Essen.

Gisler, Andreas [1999], *"Die Juden sind unser Unglück" Briefe an Sigi Feigel 1997-98*, Zürich.

Guggenheim-Grünberg, Florence [発行年不詳], Vom Scheiterhaufen zur Emanzipation. Die Juden in der Schweiz vom 6. bis 19 Jahrhundert, in: Guggenheim, Willy (Hg.), *Juden in der Schweiz*, Zürich, 10-53頁.

Guichonnet, Paul (éd.) [1986], *Histoire de Genève*, 3e éd., Toulouse-Lausanne.

Guichonnet, Paul (éd.) [1996], *Nouvelle Histoire de la Savoie*, Toulouse.

Guichonnet, Paul / Hussy, Jocelyne [1975], *Frontières et sociétés: le cas franco-genevois*, Lausanne.

Guichonnet, Paul [2001], *La Savoie du nord et la Suisse. Neutralisation. Zones franches*, Société Savoisienne d'Histoire et Archéologie, Chambéry【邦訳】ポール・ギショネ〔著〕, 内田日出海, 尾崎麻弥子〔訳〕『フランス・スイス国境の政治経済史——越境, 中立, フリー・ゾーン』昭和堂, 2005年.

Haumann, Heiko (Hg.) [2005], *Acht Jahrhunderte Juden in Basel*, Basel.

Haumann, Heiko [2005], Von der Gründung einer neuen Gemeinde bis zur Stablisierung jüdischen Lebens. Juden in Basel während des 19. Jahrhunderts, in：Haumann, Heiko (Hg.), *Acht Jahrhunderte Juden in Basel. 200 Jahre Israelitische Gemeinde Basel*, Basel, 61-85頁.

Heer, Jean [1966a], *Weltgeschehen 1866-1966. Ein Jahrhundert Nestlé*, Rivaz.

Heer, Jean [1966b], *World Events 1866-1966. The First Hundred Years of Nestlé*, Rivaz.

Heer, Jean [1991a], *Nestlé 125 Years 1866-1991*, Vevey.

Heer, Jean [1991b], *Nestlé Cent vingt-cinq ans de 1866 à 1991*, Vevey.

Heiniger, Markus [1989], *Dreizehn Gründe. Warum die Schweiz im Zweiten Weltkrieg nicht erobert wurde*, Zürich.

Heinrichs, Ruth [2005], Die demographische Entwicklung 1831-1914. in：Brunschuig, Annette / Heinrichs, Ruth / Huser Karin, *Geschichte der Juden im Kanton Zürich. Von den Anfängen bis in die heutige Zeit*. Zürich, 169-282頁.

Historische Kommission bei der Byerischen Akademie der Wissenschaften (Hg.) [1990], *Neue Deutsche Biographie*, München.

Stiftung Historisches Lexikon der Schweiz (HLS) [2001-]〔2010年現在Band 8 まで刊行〕, *Historische Lexikon der Schweiz*, Basel. (本書の Web 版, *Historische Lexikon der Schweiz / Dictionnaire historique de la Suisse / Dizionario storico della Svizzera* [http://www.hls-dhs-dss.ch] では，未刊行部分についても暫定編集終了事項［進捗は各言語により異なる］については参照が可能)

Howarth, Stephen / Jonker, Joost [2007], *Powering the Hydrocarbon Revolution, 1939-1973. A History of Royal Dutch Shell*, Vol. 2, Oxford.

Huber, Thomas [2002], Holocaust Compensation Payments and the Global Search for Justice for Victims of Nazi Persecution, in：*Australian Journal of Politics and History*, Volume 48, No. 1, 85-101頁.

Huser Bugmann, Karin [1998], *Schtetl an der Sihl. Einwanderung, Leben und Alltag der Ostjuden in Zürich 1880-1939*, Zürich.

Huser, Karin [2005], Vom Ersten Weltkrieg bis in die heutige Zeit, in：Brunschuig, Annette / Heinrichs, Ruth / Huser Karin, *Geschichte der Juden im Kanton Zürich. Von den Anfängen bis in die heutige Zeit*, Zürich, 283-426頁.

James, Harald / Tanner, Jakob (eds.) [2002], *Enterprise in the Period of Fascism in Europe*. Aldershot / Burlington.

Jequier, François [1979], «L'horlogerie du Jura: évolution des rapports de deux industries frontalières des origines au début du XIXe siècle,» in：*Frontières et contacts de civilisation: colloque universitaire franco-suisse* (Besançon-Neuchâtel, octobre 1977), Neuchâtel.

Jones, Geoffrey [2005], *Multinationals and Global Capitalism from the Nineteenth to the Twenty First Century*. Oxford / New York【邦訳】ジェフリー・ジョーンズ〔著〕，安室憲一・梅野巨利〔訳〕『国際経営講義——多国籍企業とグローバル資本主義』有斐閣，2007年。

Jonker, Joost / Van Zanden, Jan Luiten [2007], *From Challenger to Joint Industry Leader, 1890-1939. A History of Royal Dutch Shell*, Vol. 1, Oxford.

Kamis-Müller, Aaron [2000], *Antisemitismus in der Schweiz 1900-1930*, Zürich.

Kaufmann, Uri R. [1997], *Les relations entre Juifs alsaciens et suisses entre 1560 et 1910*, Société d'histoire des israélites d'Alsace et de Lorraine, XIXe colloque, Strasbourg, 31-37 頁.

Klemann, Hein〔2006〕, Occupation and Industry. The International Development in the Netherlands, 1940-1945, in：Lund, Joachim (ed.), *Working for the New Order. European Business under German Domination 1939-1945*. Copenhagen, 45-73 頁.

Knoepfli, Adrian〔2008〕, «... das äusserste herausgeholt». Die Eisen- und Stahlwerke Georg Fischer im Ersten Weltkrieg, in：Rossfeld, Roman / Straumann, Tobias (Hg.), *Der Vergessene Wirtscahftskrieg. Schweizer Unternehmen in ersten Weltkrieg*, Zürich, 171-199 頁.

Kobrak, Christopher / Hansen Per H. (eds.)〔2004〕, *European Business, Dictatorship, and Political Risk 1920-1945*, New York / Oxford.

Kopper, Christopher〔2005〕, *Bankiers unter dem Hakenkreuz*, München / Wien.

Kreis, Georg〔2002〕, Zurück in den Zeiten Weltkrieg (Teil II). Zur Bedeutung der 1990er Jahre für den Ausbau der schweizerischen Zeitgeschichte, in：*Schweizerische Zeitschrift für Geschichte*, Vol. 52, 494-517 頁.

Kreis, Georg〔1998〕, Öffentlicher Antisemitismus in der Schweiz nach 1945, in：Mattioli, Aram (Hg.), *Antisemitismus in der Schweiz 1848-1960*, Zürich, 555-576 頁.

Kreis, Georg〔2002〕, Zurück in den Zeiten Weltkrieg. Zur schweizerischen Zeitgeschichte der 80er Jahre, in：*Schweizerische Zeitschrift für Geschichte*, Vol. 52, 60-68 頁.

Kreis, Georg〔2004〕, Das verpasste Rendez-vous mit der Weltgeschichte. Zurück in den Zweiten Weltkrieg (Teil III), in：*Schweizerische Zeitschrift für Geschichte*, Vol. 54, 314-330 頁.

Kreis, Georg〔2004〕, Judenfeindschaft in der Schweiz. in：Schweizerischer Israelitischer Gemeindebund (Hg.), *Jüdische Lebenswelt Schweiz / Vie et culture juives en Suisse*, Zürich.

Kreis, Georg〔2004〕, Zwischen Mangel und Überfluss. Das Versorgungsproblem der Jahre 1939-1943 aus der Sicht des «Nebelspaltars». in：Kreis, Georg (Hg.), *Erinnern und Verarbeiten. Zur Schweiz in den Jahren 1933-1945*, ITINERA, Fasc. 25, Basel, 119-140 頁.

Kreis, Georg〔2005〕, Schweiz Das Bild und die Bilder von der Schweiz zur Zeit des Zweiten Weltkrieges in：Flacke, Monika (Hg.) *Mythen der Nationen* 1945- Arena der Erinnerungen Eine Ausstellung, des Deutschen Historischen Museums Begleitbände zur Ausstellung, 2. Oktober 2004 bis 27. Februar 2005, Band II, Berlin, 593-617 頁.

Kury, Patrick〔1998〕, «... die Stilverderber, die Juden aus Galizien, Polen, Ungarn und Russland.... Überhaupt die Juden.» Ostjudenfeindschaft und die Erstarkung des Antisemitismus. in：Mattioli, Aram (Hg.), *Antisemitismus in der Schweiz 1848-1960*, Zürich, 423-444 頁.

Kury, Patrick〔2003〕, *Über Fremde reden. Überfremdungsdiskurs und Ausgrenzung in der Schweiz 1900-1945*, Zürich.

Kury, Patrick / Lüthi, Barbara / Erlanger, Simon〔2005〕, *Grenzen Setzen. Vom Umgang mit Fremden in der Schweiz und den USA (1890-1950)*, Köln.

LaBor, Adam〔1997〕, *Hitler's Secret Bankers, the myth of Swiss neutrality during the Holocaust*, Secaucus, N. J.【邦訳】アダム・レボー〔著〕, 鈴木孝男〔訳〕『ヒトラーの秘密銀行――いかにしてスイスはナチ大量虐殺から利益を得たのか』KK ベストセラーズ, 1998 年.

Lambelet, Jean-Christian [1999], *Le Mobbinng d'un petit pays: Onze thèses sur la Suisse pendant la Deuxième Guerre Mondiale*, Lausanne.

Leuilliot, Paul [1952], Esquisse d'une histoire des rapports de l'Alsace et de la Suisse au début du XIXe siècle (1814-1830), in：*L'Alsace et la Suisse à travers les siècles*, Strasbourg-Paris, 327-348 頁.

Lorenz-Meyer, Martin [2007], *Safehaven: The Allied Pursuit of Nazi Assets Abroad*, Columbia.

Lund, Joachim (ed.) [2006], *Working for the New Order. European Business under German Domination 1939-1945*. Copenhagen.

Lund, Joachim [2006], Business Elite Networks in Denmark: Adjusting to German Domination, in：Lund, Joachim (ed.), *Working for the New Order. European Business under German Domination 1939-1945*. Copenhagen, 115-128 頁.

Lüpold, Martin [2003], Globalisierung als Krisenreaktionsstrategie. Dezentralisierung und Renationalisierung bei Nestlé 1920-1950, in：Gilomen, Hans-Jörg / Müller, Margrit / Veyrassat, Béatrice (Hg. / éd.), *Globalisierung-Chancen und Risiken. Die Schweiz in der Weltwirtschaft 18.-20. Jahrhundert / La globalisation-chances et risques. La Suisse dans l'economie mondiale 18e-20e siècles*, Zürich, 211-234 頁.

Lüpold, Martin [2008], Wirtschaftrskrieg, Aktienrecht und Corporate Governance. Der Kampf der Schweizer Wirtschaft gegen die «wirtschaftliche Überfremdung» im Ersten und Zweiten Weltkrieg, in：Groebner, Valentin / Gex, Sébastien / Tanner, Jakob (Hg. / éd.), *Kriegswirtschaft und Wirtschaftskriege / Economie de guerre et guerres économiques*, Zürich, 99-115 頁.

Luyten, Dirk [2006], The Belgian Economic Elite between Economy and Politics, in：Lund, Joachim (ed.), *Working for the New Order. European Business under German Domination 1939-1945*, Copenhagen, 75-92 頁.

Maissen, Thomas [2004], Führerlosigkeit als Normarlzustand. Die Schweizer Weltkriegsdebatte und die Kiese um die nachrichtenlosen Vermögen in einem langfristigen Perspektive, in：Kreis, Georg (Hg.), *Erinnern und Verarbeiten. Zur Schweiz in den Jahren 1933-1945*, ITINERA Fasc. 25, Basel, 57-69 頁.

Maissen, Thomas [2005], *Verweigerte Erinnerung. Nachrichtenlose Vermögen und Schweizer Weltkriegesdebatte 1989-2004*, Zürich.

Marandin, Jean-Pierre [2005], *Résistances 1940-1944. Vol.1 À la frontière franco-suisse des hommes et des femmes en résistance*, Besançon 2005.

Mattioli, Aram [1998], Der «Mannli-Sturm» oder der Aargauer Emanzipationskonflikt 1861-1863, in：Mattioli, Aram (Hg.), *Antisemitismus in der Schweiz 1848-1960*, Zürich, 135-170 頁.

Mattioli, Aram [1998], Die Schweiz und die jüdische Emanzipation 1798-1874, in：Mattioli, Aram (Hg.), *Antisemitismus in der Schweiz 1848-1960*, Zürich, 61-82 頁.

Mesmer, Beatrix [1998], Das Schächtverbot von 1893, in：Mattioli, Aram (Hg.), *Antisemitismus in der Schweiz 1848-1960*. Zürich, 215-239 頁.

Miller, E. [1999], *United States Immigration*, Santa Barbara.

Munos-du Peloux, Odile [2002], *Passer en Suisse. Les passages clandestins entre la Haute-Savoie et la Suisse 1940-1944*, Grenoble.

Münzel, Martin [2006], *Die jüdischen Mitglieder der deutschen Wirtschaftselite 1927-1955. Verdrängung-Emigration- Rückkehr*, Paderborn.

Neher, André [1952], L'Emancipation des Juifs en Suisse au XIXe siècle et les Israélites d'Alsace, in：*L'Alsace et la Suisse à travers les siècles*, Strasbourg-Paris, 385-395 頁．

Nestlé and Anglo-Swiss Holding Company Limited [1946], *This is Your Company*, New York.

Nicosia, Francis R. / Huener, Jonathan (eds.) [2004], *Business and Industry in Nazi Germany*, New York / Oxford.

Niederhäuser, Peter (Hg.) [2006], Die Jüdische Winterthur Zürich.

Nordmann, Achilles [1914], Geschichte der Juden in Basel seit dem Ende der zweiten Gemeinde bis zur Einführung der Glaubens-und Gewissensfreiheit. 1397-1875, in：*Basler Zeitschrift für Geschichte und Altertumskunde*, 13, 1914, 1-190 頁．

Paxton, Robert O. [1972], *Vichy France: Old Gurad and New Order, 1940-1944*, London.【邦訳】ロバート・O・パクストン〔著〕，渡辺和行・剣持久木〔訳〕［2004］『ヴィシー時代のフランス——対独協力と国民革命1940-1944』，柏書房．

Peyer, Hans Conrad [1996], *Roche-Geschichte eines Unternehmens 1896-1996*, Basel.

Picard, Jacques [1998], Zentrum und Peripherie. Zur Frage der Nationalsozialistischen Lebensraumpolitik und schweizerischen Reaktions- und Orientierungsmuster, in：Mattioli, Aram (Hg.), *Antisemitismus in der Schweiz 1848-1960*, Zürich, 521-553 頁．

Picard, Jacques [2004], Über den Gebrauch der Geschichte: Die UEK im Kontext schweizerischer Vergangenheitspolitik, in：Schweizerischer Israelitischer Gemeindebund (Hg.), *Jüdische Lebenswelt Schweiz / Vie et culture juives en Suisse*, Zürich. 391-406 頁．

Ponteil, Félix, Les israélites français et la Suisse sous Louis-Philippe, in：*Revue politique et parlementaire*, 41, 1934, 304-325 頁．

Riemer, Hans Michael [2004], Das Problem der Nachrichtenlosen Vermögen und seine Bewältigung durch das «Schiedsgericht für nachrichtlose Konten in der Schweiz» (1997-2001), in：Schweizerischer Israelitischer Gemeindebund (Hg. /ed.), *Jüdische Lebenswelt Schweiz / Vie et culture juives en Suisse*, Zürich. 407-413 頁．

Rochebrune, Renaud de / Hazera, Jean-Claude [1995], *Patrons sous L'occupation*, Paris.

Sandvik, Pål Thonstad [2008], European, Global or Norwegian? The Norwegian Aluminium Companies, 1946-2005, in：Schroeter, Harm Gustav (ed.), *The European Enterprise. Historical Investigation into a Future Species*, Berlin / Heidelberg, 241-252 頁．

Santschi, Catherine (éd.) [2002], *Le passage de la frontière durant la Seconde Guerre mondiale. Sources et méthodes*, Genève.

Schwartz, Thomas Alan [1991], *America's Germany: John J. McCloy and the Federal Republic of Germany*. Cambridge (Mass.)

Schweizer Lexikon [1999], Band1-12〔各巻〕Visp

Siegenthaler, Hansjörg (Leitung / direction / supervision) [1996], Ritzman-Blickenstorfer, Heiner (Hrsg. / éd), *Historische Statistik der Schweiz / Statistique historique de la Suisse / Historical Statistics of Switzerland*, Zürich.

Slany, William Z. / Eizenstat, Stuart E. (United States Central Intelligence Agency, Corporate Author) [1998], *U.S. and Allied Wartime and Postwar Relations and Negotiations With Argentina, Portugal, Spain, Sweden and Turkey on Looted Gold and German External a: Ssets and U.S. Concerns About the Fate of the Wartime Ustasha Treasury*, (Department of State Publication) Washington, DC.

Sonderegger, Christian / Stampfli, Marc [1996], *Aktuelle Schweiz, Lexikon für Politik, Recht, Wirtschaft, Gesellschaft*, Oberentfelden / Aarau.

Sorrel, Christian (éd.) [1998], *La société savoyarde et la guerre. Huit siècles d'histoire (XIIIe-XXe siècles)*, Chambéry.

Spuhler, Gregor [2004], Wiedergutmachung ohne Unrecht. Die Aufarbeitung der Epoche des Nationalsozialismus in der Schweiz, in：*Zeitgeschichte* 31 Jahrgang, Heft 4, Wien, 242-258頁.

Surmann, Jan [2005], Raubgold und die Restitutionspolitik der USA gegenüber der neutralen Schweiz, in：*Sozial. Geschichte, Zeitschrift für historische Analyse des 20. und 21. Jahrhunderts Neue Folge*, 20 Jahrgang, Heft 3, Bern, 57-76頁.

Thonke, Christian [2004], *Hitlers Langer Schatten, Der mühevolle Weg zur Entschädigung der NS-Opfer*, Wien.

Trepp, Gian [1996], *Bankgeschäfte mit dem Feind. Die Bank für Internationalen Zahlungsausgleich im Zweiten Weltkrieg; vom Hitlers Europabank zum Instrument des Marshallplans*, 2. Auflage, Zürich.【邦訳】G. トレップ〔著〕, 駒込雄治・佐藤夕美〔訳〕『国際決済銀行の戦争責任──ナチスと手を組んだセントラルバンカーたち』日本経済評論社, 2000年。

Walter Leimgruber, Thomas Meier, Roger Sabloni / Schweizerischen Bundesarchiv (Hg.) [1998], *Das Hilfswerk für die Kinder der Landstrasse: historische Studie aufgrund der Akten der Stiftung Pro Juventute im Schweizerischen Bundesarchiv*, Bern.

Wedler-Steinberg, Augusta [1970], *Geschichte der Juden in der Schweiz vom 16. Jahrhundert bis nach der Emanzipation*, Zürich.

Weinmann, Barbara [2002], *Eine andere Bürgerschft. Klassischer Republikanismus und Kommunalismus im Kanton Zürich im späten 18. und 19. Jahrhundert*. Göttingen.

Werner, Christian [2000], *Für Wirtschaft und Vaterland, Erneuerungsbewegungen und bürgerliche Interessengruppen in der Deutschschweiz 1928-1947*. Veröffentlichung des Archivs für Zeitgeschichte ETH Zürich, Zürich.

Wilkins, Mira [1974], *The Maturing of Multinational Enterprise: American Business Abroad from 1914 to 1970*, Cambridge.【邦訳】マイラ・ウィルキンズ〔著〕, 江夏健一・米倉昭夫〔訳〕『多国籍企業の成熟』上・下巻, ミネルヴァ書房, 1976年。

Wipf, Hans Ulrich [2001], *Georg Fischer AG 1930-1945: Ein Schweizer Industrieunternehmen im Spannungsfeld Europas*, Zürich.

Wubs, Ben [2008], *International Business and National War Interests: Unilever between Reich and Empire, 1939-1945*, New York.

Yammine, Anne [2004], Humanitäre Propaganda am Ausgang des Zweiten Weltkriegs. Die Schweizer Spende für Kriegsgeschädigten 1944-48, in：Kreis, Georg (Hg.), *Erinnern und Verarbeiten. Zur Schweiz in den Jahren 1933-1945*, ITINERA, Fasc. 25, Basel, 141-154 頁.

編者あとがき

　本書の構成——第一部（翻訳）と第二部（論文）
　本書は，同一の主題を扱いながらも性格を異にする二つの部からなる。
　第一部は翻訳であり，分量にして本書の約7割強を占めている。翻訳の元となったのは，「独立専門家委員会 スイス＝第二次大戦」が2002年に刊行した『最終報告書』である。この国際的な歴史研究プロジェクトは，ナチズムと第二次大戦の時代のスイスの行動とその意味を明らかにするために，1996年末から2001年の5年間にわたり行われた。背景となったのは，第二次大戦中にスイスがナチスから購入した略奪金塊や，ホロコースト被害者の休眠口座など，「スイスの過去」をめぐる問題が，1990年代半ばに国際的なスイス批判となって表面化し，ついには米国からの外交圧力にまで増幅したことである。この，いわば「戦後処理」と「歴史認識」の問題に直面したスイス政府の一つの対応が，歴史研究を目的とする専門家委員会の設置であった（第一部序章および第二部第五章を参照）。
　独立専門家委員会による研究は，上記のような設立の経緯にとどまらず，予算・組織規模の巨大さ，研究対象領域の広範さ，私企業にも強制的な文書公開義務を課した世界にも異例の特別立法によることなど，注目されるべき点を多く有する。しかもこの研究は，歴史への責任や歴史認識といった主題を率直に検討の俎上にあげており，その研究成果は，スイス社会に大きな反響を巻き起こした。世界各国の現代史研究の中でも，特筆に値する内容を持つといえよう。
　これに対して第二部は，第一部の翻訳者（黒澤隆文・川﨑亜紀子・尾崎麻弥子）とスイス近現代史研究者（穐山洋子）による独自の論考からなる（第二部冒頭の「はしがき」を参照）。性格を異にする第二部を併せてあえて一冊の本としたことには，否定的な評価もありえよう。しかし編者には，第一部の内容・意義の理解を助ける周辺的・解題的な情報が不可欠であるように思われた。日本の一般的なスイス・イメージが清濁の両極端に偏っており，学問的な紹介が少ないからである。また原著の公刊前後から，欧州各国でも同委員会と類似の問題意識に基づく研究が増えている。第一部で浮かび上がった「スイスの過去」を，こうした多面的な視角と国際的な比較の中に位置づけることが，第二部を設けた一つの意図である。
　もう一つの理由は，スイスの内外で「歴史認識論争」を巻き起こした本書第一部の内容や，委員会をめぐる多様な政治的・社会的・学問的な動向が，それ自体，歴史観と一国のアイデンティティに関する同時代史的な研究の格好の対象であることである。こうした研究の課題に取り組む章として，第二部第五章が設けられている。
　読者はあるいは，第二部の各論文の間に，スイス観や歴史像の比較的大きな違いを読

み取るかもしれない。翻訳である第一部とは違って，第二部については，編者による調整は最小限の範囲に留めている。執筆者間のこのありうる相違が，むしろ読者のスイス理解や歴史像を深める一助になれば幸いである。

「独立専門家委員会」の研究と本書第一部『最終報告書』の位置づけ

本書第一部については，これが独立専門家委員会の研究全体の中で占める位置と，原著各言語版の性格，それに本書での翻訳分担や経緯について，説明が必要であろう。

同委員会の研究成果は，その5年の活動期間の途中でも中間報告や内部報告文書として公表されたが（第一部付録参照），その最終的な成果は，『独立専門家委員会叢書』(*Veröffentlichung der UEK / Publication de la CIE*) 全25巻〔総計約1万1000頁〕に集大成されている。その各巻は，2001年にチューリヒの歴史専門出版社である Chronos 社から順次，刊行された。これらはドイツ語（計21冊）あるいはフランス語（4冊）で執筆されており，各巻の標題紙には独立専門家委員会（Unabhängige Expertenkomission Schweiz — Zweiter Weltkrieg / Commission Indépendante d'Experts Suisse — Seconde Guerre Mondiale）の名も記載されている。しかし第16巻〔金取引〕，第17巻〔難民〕，第18巻〔公法〕，第19巻〔私法〕の4冊を除く各巻には，これとは別に著者の名が示され，むしろ個々の著者が研究上の執筆責任を負うことが示唆されている。なおこの叢書については，上野喬氏が，自らの解釈を各巻の内容に織り交ぜつつ簡単に紹介している（上野喬［2003］）。

これに対し，本書が第一部において訳出した『最終報告書』(*Schlussbericht / Rapport final / Final Report / Rapporto finale* 原題の全文は本書扉参照）の各言語版では，その標題紙に独立専門家委員会の名のみが示されている。同委員会の委員（入れ替わりを含め11名）の名が見開き扉に，また131名の研究従事者・事務局員の名が巻末付録に記載されているものの，執筆者責任が組織としての同委員会にあることは明らかである。よって本最終報告書こそが，5年間に及ぶ巨大研究プロジェクトの「公式見解」ないしは最大公約数的な歴史認識の総括であるといえよう〔本書第二部第五章も参照〕。

これらのうち，『最終報告書』は，同委員会のホームページ上で全文を読むことができる (http://www.uek.ch/de/index.htm〔独〕, http://www.uek.ch/fr/index.htm〔仏〕, http://www.uek.ch/it/index.htm〔伊〕, http://www.uek.ch/en/index.htm〔英〕, Reports 2001/2002 等からのリンク）。同委員会が公刊した各種中間報告も同様である。それに対し，上記の25冊の『叢書』各巻に関する Web 上の情報は要旨と刊行後の訂正内容に限られる。本書では，紙幅の制約のために，『最終報告書』原著掲載の人名・企業名索引を大幅に絞り込んだが，参照の必要のある読者は，上記 Web 上の PDF ファイルを利用していただきたい。

このように本書第一部の原著（各言語版）は，いずれも独立専門家委員会が直接に執筆・翻訳責任を負う作品である。またスイス政府との関係では，その内容に関しては同

委員会はその名の通り政府から一貫して独立しており，公刊後も政府は，その内容に対する説明責任を直接的・積極的には負わなかった。とはいえ，政府の予算措置と立法，その組織的支援の下で編集・公刊されたという点では，スイス政府が少なくとも間接的にこれに責任を負うことは，明白である。最終報告書には著作権記号©とともに出版社名が記載されているが，在日公館経由での照会への回答によれば，同書の編集出版に関する権利義務はスイス連邦建築ロジスティクス局［Bundesamt fur Bauten und Logistik］が有し，出版社側は翻訳権を持たない。

それに対し，本書第一部をなす『最終報告書』日本語版は，内容をこれら4言語の版と基本的に同じくし，またスイス政府からも翻訳許可を得ているが，独自に日本で企画された二次著作物であり，独立専門家委員会もスイス政府も，その内容には一切の責任を負わない。

第一部の翻訳分担と翻訳作業

本書第一部の翻訳は，黒澤隆文・川﨑亜紀子・尾崎麻弥子の3名が，以下のように分担して行った。

> 黒澤―「前書き」「1. 委員会設立の経緯と課題」「2. 国際情勢とスイス」「4. 国際経済関係と資産取引」（計280頁）。
>
> 川﨑―「3. 難民と難民政策」「5. 法とその運用」（計93頁）。
>
> 尾崎―「日本語版のための前書き」「6. 戦後における財産権の問題」「7. 結論：研究成果と未解明の問題」（計103頁）。

訳文・訳語の点検や語彙・文体の統一，再校以降の作業は章を問わず黒澤が一貫して行い，川﨑・尾崎両名が黒澤による変更内容を確認する形をとった。訳註の多くは黒澤が付したものであるが，川﨑・尾崎の担当章に黒澤が付した註については，当然ながら両者の了承を得ている。なお第一部の翻訳には加わらなかった穐山も，巻末の文献リストの入力・点検作業や訳註の作成・調査などで翻訳に貢献している。

『最終報告書』は4つの言語で出版された。これらは委員会の最終報告という点では同格であるが，フランス語版，イタリア語版，英語版には訳者名が記されている（フランス語版の訳者には委員長ベルジエの名も含まれる）。各言語版の間には，各言語の構文上の傾向や語彙上のニュアンスといった範囲を超える相違も散見される。特にフランス語版では，大胆な言い換えや省略が目立った。これら各言語版の編集過程について，独立専門家委員会で事務局を務めたマルク・ペルヌは，以下のように証言している。①ごく一部を除きドイツ語草稿が敲き台となった。多くの場合，これに対しフランス語の対案が文書や口頭で出され，議論のうえドイツ語・フランス語での表現が固まった。②英語版も同様であるが，編集作業の最後の1週間には英語圏の関係者は関わっていない。③各国語版への最終的な翻訳は委員以外の翻訳者によって行われた（一部の例外を除く）。④イタリア語版のみは，他の言語の版からのより直接的な翻訳である（2006年

9月21日，チューリヒでの聴き取り）。スイスは今日4つの国語・公用語を持つ多言語国家であるが，法律やその解説書等を含め，特定言語（通常は独仏2言語。戦後かなり経っても独語のみの場合が多かった）でしか公式のテキストが存在しない事態は，珍しくない。そうした場合も，各言語間にある概念やニュアンスの相違をさほど問題にせず，各言語圏で他言語による法典・法学書等を実務的に解釈・運用するのが一般的である。翻訳文化の相違ともいえるかもしれない。

このような状況を踏まえて，日本語への翻訳作業は，ドイツ語を一応の「底本」としつつも，いずれも500頁を超える独・仏・英3言語の各版の表現を実質的に全文にわたって相互対照させつつ行った。イタリア語版は，委員長のベルジエ自身が「各言語版の中では最善」と評した作品であるが，残念ながら編訳者らの能力の制約のために，ごく断片的にしか参照しえなかった。

各言語版の比較対照には，メリットもあった。言語間の概念のずれや，各国の読者に与えた印象の相違，誤記等が浮かび上がったからである。日本語版では可能な限りこれを訂正し，あるいは訳註を付した。その際には，『叢書』（これは索引を欠く）25冊での叙述や，その他の研究書等を参考とした。スイス現代史に関しては日本語でのレファレンス文献や研究書が少ないため，重要な人名や組織，スイス固有の歴史事象や概念には努めて訳註を付した。

以上の経緯からすると，結果的には，日本語版は一応の「底本」とした独語版の翻訳というよりは，独・仏・英各言語の版とほぼ等距離にある独自の版になったといえるだろう。なお出版後に判明するであろう要訂正箇所については，Web上に訂正情報を記載する予定である（http://www.econ.kyoto-u.ac.jp/~kurosawa/ からのリンクを予定）。

訳語の選択については，Nationalsozialismus についてのみ，触れておこう。この語に漢語をあてる際には，通常は「国家社会主義」や「国民社会主義」の語が用いられてきたが，本書では「民族社会主義」の語を用いている。ソ連型社会主義や State Socialism の語を連想しがちな「国家社会主義」は論外としても，「国民社会主義」を忌避するのは，多様な内容を持ちうる Nation を，何よりも人種主義的に定義された「民族」共同体として捉え，それを極限化したところにこそ，ナチズムの本質があると考えるからである。こうした理解は，例えばナチズムを「フェルキッシュ革命」なる概念で把握し，またその際に völkish の語が必ずしも人種主義を伴わない点に留意する見方（ジョージ・L・モッセ）によっても，否定されえないであろう。

いずれにせよ，ナチズムの Nation 概念は，「国民（nation）とは日々の国民投票である」（エルネスト・ルナン）とするような「国民」観の対極にある。また，「精神的国土防衛」の下でドイツの人種主義的民族イデオロギーと激しく対峙し，「意志に基づく国民」として自らを規定したスイスの「国民」概念との対照を示すことができる訳語が，本書には必要である。これらを踏まえ，本書では，Nation の語について，ナチスやド

イツの文脈では基本的に「民族」の語を，他方スイスドイツ語圏での用例については——「諸戦線の春」の時期にナチスの指導下で活動した一部極右団体の名称を除き——「国民」の語を宛てている。

翻訳と本書出版の経緯

スイスで『最終報告書』各版が刊行されたのは2002年3月であるが，その翻訳を編者が最初に思い立ったのは公刊から2年半が経っていた2004年の9月のことであり，それが出版企画となって具体化したのは，翌2005年5月末のことであった。

これに先立つ1990年代半ば，スイスの過去が国際的な論争となっていたことは，日本でも，小さな扱いながら逐次報道されていた。日本が時を同じくして「戦後処理」と「歴史認識」の問題に直面していたこともあって，歴史家として，また日本で数少ないスイス研究者として，編者もこの問題に関心を持たないではなかった。とはいえ，近代スイス経済に関する自身の研究成果を纏める前に，その主題から外れる現代史のこれらの主題に取り組む余裕はなかった。また，日本のヨーロッパ現代史研究においてナチス研究が不均衡に盛んであることや，日本で公刊されるスイス関連文献の「きわもの」への偏りには違和感を覚えており，独立専門家委員会の活動期間中にこの問題に研究者として立ち入ることは，ほとんどなかった。

編者の印象と関心が変化したのは，2002年の夏から翌年冬にかけてである。編者は，前年に刊行された『叢書』全25巻と『最終報告書』の現物を手にし，この研究プロジェクトが，途方もない規模で行われたこと，しかもその対象が，略奪金塊や難民政策といった特定の問題領域を越えて極めて多岐にわたり，しかもその大半が，経済史・経営史，政策・外交史上の普遍的な主題に関わることを知るに至った。またこれが，歴史研究の意味，歴史認識の方法と限界についての徹底的な検討を踏まえた第一級の歴史研究であることも，直感的に理解した。「昭和」とよばれる時代に生まれた歴史家として，またスイスを研究対象に選んだ近現代史家として，この作品を避けては通れないと，感じずにはいられなかった。

2004年9月，チューリヒに在外研究員として滞在していた編者を，本書第二部第四・五章の執筆者である穐山洋子が訪れた。スイスの過去をめぐる論争が外交問題化した時期にスイスに在住していた穐山は，この問題にも触発されて，帰国後，大学院修士課程にてスイス史の研究を開始していたのである。難民政策を主題とする日本人研究者が登場したことは，『最終報告書』の出版の意義を判断する上では，心強い要素であった。そうした可能性も念頭に，編者は，帰国後の2005年5月から翌月，京都大学学術出版会に翻訳出版を提案し，好意的な反応を得た。

このように2005年には本書の企画が本格的にスタートしたが，出版に漕ぎ着けるまでには，独立専門家委員会の活動期間をさえ超える5年以上の歳月を要した。

2005年10月，翻訳企画に対する承諾が，スイス政府から在日スイス大使館を通じて

得られた。ユダヤ史の専門家や，フランス語圏を本来のフィールドとする研究者の協力を得る必要を感じていた編者は，翌2006年2月，フランス・スイス両国境地域間関係史をテーマとしていた尾崎麻弥子と，フランス・ユダヤ史を専門とする川﨑亜紀子を翻訳に誘った。両名の参加に意を強くした編者は，出版会とも相談の上，「解題」部分をむしろ独立した研究に拡張し，「日本語版」を二部構成からなる独自の作品とする方針を立てた。これを受けて，大学院での学習・研究に忙しく翻訳には加われなかった穐山洋子も，自身の研究テーマに即した論文を，第二部に寄せることになった。

2006年8月26日，ヘルシンキ大学で開催されたIEHC（国際経済史会議）の合間に，編者は，同学会の名誉理事としてこれに参加していた独立専門家委員会のベルジエ委員長と面談し，日本語版の出版企画について了承を得た。2006年10月，第一部の仮訳と第二部の5編からなる解題原稿が揃った。しかしこれは未だ仮訳・仮原稿に過ぎず，翌2007年5月から，全ての訳に対する点検作業を進めた。主題の多様性や各言語版間の相違，日本での現代スイス史研究における蓄積の浅さ等のために，翻訳には当初の予想を遙かに超える労力と時間を要した。その分量も厄介の源泉であった。品質管理の難度や複雑性の処理の必要性は，部品点数の増大に伴い逓増することを，身を以て実感した。2008年8月下旬，ようやく第一部を入稿したが，独自の論文からなる第二部の入稿はさらに4ヵ月後の2008年末となった。

入稿後，刊行計画の遅れはいっそう深刻になった。入稿原稿での詰めの甘さのために，再校でもゲラは真っ赤になり，結局，当初の予想よりも大幅に遅延して，刊行まで入稿から数えても実に1年9ヵ月を要した。この遅れに責任を負うべきは編者であり，それは端的には，拙劣なプロジェクト・マネジメントの帰結である。厖大な分量の第一部の品質管理に時間と労力をとられた結果，編者による第二部への本格着手は2008年の半ばとなった。予想を超えて編者・訳著者が多忙となったことも，スケジュールを遅らせた。特に2008年からの3年間は，編者にとっては公私双方で不測の出来事が多かった。バッファー・タイムを持たない窮屈な生産・納入計画は何度も破綻し，これによる心身の負荷は，いっそうの遅延を生んだ。「終わっているはず」の多数のプロジェクトのピークが重なる中で，制度的な外からの締切圧力から自由な本書のプロジェクトが，犠牲となってしまった。結果的に，出版会はもちろん，第二部の他の3人の著者にも迷惑をかけた。編者としては，忸怩たる思いである。

こうして，原著の刊行から8年，具体的な計画から5年以上の歳月が過ぎゆくうちに，歴史研究をとりまく状況も，少なからず変化した。スイスでは，学校教育の一部で委員会の成果が定着してきているものの，「ベルジエ委員会」の印象自体は一般の人々の記憶からは薄れつつある。しかし歴史研究の世界では，本書で穐山が取り組んだような同時代史的な研究が，着実に積み重ねられている（例えば，Stefan Schürer, *Die Verfassung im Zeichen historischer Gerechtigkeit. Schweizer Vergangenheitsbewältigung zwischen Wiedergutmachung und Politik mit der Geschichte,* Bern 2008）。他方，日本や東アジアで

は,「村山談話」の時代の国内外の論争や,「靖国問題」で揺れた小泉政権下での議論の文脈は, 中国の国力・軍事力の急激な拡大への不安や未知の国際秩序の予感を前にして, いささか遠くに霞んだようにもみえる。日中韓の歴史家を組織して進められた国際共同研究とその成果も, 目立った社会的インパクトを及ぼしたようには思われない。

こうした今日の時代状況の下で, 本書がどのように読まれるかは, 編者の予測を超えている。翻訳を着想した時代に編者が想像した一般的な読まれ方とは違って, あるいは本書は, 東アジアでの「戦後処理」に「教訓」を与えるような作品としてではなく, むしろ, 自国の「公序」や価値観と相容れない巨大な隣国への「抵抗」と「順応」の間で揺れた社会が, 自らの屈曲の歴史を振り返った作品として読まれるかもしれない。

そこから先は読者の歴史観次第であろう。しかし, 結果的に如何なる政治的・外交的文脈に結びつけられようとも, 自らの過去を真摯に振り返り, それを自身の倫理観・価値観に照らして位置づけ, それによって自らの歴史を持つことは, 如何なる社会にとっても不可欠の, しかも第一級の価値を持つ課題であるに違いない。また, その社会が, 自由な, 人間性にその価値の基本を置く社会であろうとするならば, その時のその「歴史」は, 学問的な手法と普遍的な倫理観に裏打ちされたものでなければならないであろう。

本書が, そうした営みへのささやかな一助となるならば, 編者にとっては望外の喜びである。

謝辞

本書の出版にあたっては, 多数の方の御協力と御助言を頂戴した。全ての方の名を挙げることはできないが, この場を借りて御礼を申し上げたい。

第一部に関しては, 3人の方に下訳の全体を御覧いただいた。河﨑信樹さん（米国経済史・同対外政策史）からは全編にわたるコメントの他, 賠償関係外交史について御教示を得た。永岑三千輝先生（ナチス史・第二次大戦史）にはナチス史関係の御助言の他,「民族社会主義」との訳語にも好意的な評を頂戴した。「アーリア化」について精力的に論文を発表されている山口博教先生（ドイツ証券市場史）にも, 下訳を御覧いただき, コメントを頂戴した。

編訳者にとって馴染みのない法学分野については, 下訳の段階で大川四郎先生（西洋法制史）に「5. 法とその運用」の全文を御覧いただき, 基礎的な用語法や概念についての御教示ばかりか, 訳文の改善案さえ頂戴した。同様に髙山佳奈子先生（国際刑事法・ドイツ法）にも無理を御願いし,「5.2 私法」の下訳段階で, 貴重なコメントと解説をいただいた。

本書のその他の主題や, 各国・各言語に固有の問題・発音表記等についても, 多数の方から御助言を頂戴したが, ここでは御名前を列挙するにとどめたい。渡邉尚先生（ドイツ関係全般）, 今久保幸生先生（同）, 小島健先生（ベルギー関係）, 踊共二さん（ス

イス宗教史），ピェール=イヴ・ドンゼさん（スイス関係・フランス語圏固有名詞），ユリア・ゲネタートさん（ドイツ語圏固有名詞），藤井和夫先生（ポーランド関係），井上直子さん（イタリア関係）。その他，スイス史研究会，経済空間史研究会，経営史学会等では，編者・訳著者それぞれが「独立専門家委員会」に関する紹介と関連の研究発表の場を得て，多数の方から貴重なコメントを頂戴した。

「推薦のことば」（カバー）を御寄せ下さった國松孝次氏（元駐スイス日本国大使・元警察庁長官）にも，この場を借りて御礼申し上げたい。氏は，徹底した現場主義でスイス社会を隅々まで観察され（御著書に『スイス探訪——したたかなスイス人のしなやかな生き方』角川書店〔2003年〕），また御帰国後はスイスをモデルにドクター・ヘリの日本への導入に尽力されてきた。倫理と力とがせめぎ合う修羅場を御経験された方に，歴史家の問題意識を奥底まで汲んだ御言葉を御寄せいただいて，勇気づけられる思いである。

スイスの関係者にも，多方面で御世話になった。駐日スイス大使館・総領事館（大阪・当時），および本国のスイス政府関係先には，翻訳の許可に謝意を表したい。Marc Perrenoud氏（独立専門家委員会事務局〔当時〕，その後連邦外務省政治局〔DFAE/PolS〕）とその同僚のCaterina Abbati氏からは，独立専門家委員会の編集作業やその『最終報告書』に関する疑問点等について，多々の教示を頂戴した。また専門家委員会の委員であったJakob Tanner氏（チューリヒ大教授）は，編者の在外研究時の受入教員でもあるが，本書第一部の内容——委員の守秘義務に反しない範囲で——や，その後の歴史学・歴史教育での動向について，多数の関連情報を提供してくださった。チューリヒ大学社会経済史研究所（FSW），チューリヒ連邦工科大学現代史文書館（ETH-AfZ），ネスレ史料館（Nestlé Historical Archives），ロシュ史料館（The Roche Historical Collection and Archive），ゲオルク・フィッシャー財団「鉄の図書館」（Eisenbibliothek, Stiftung der Georg Fischer AG）等，スイス各地の官民の史料館にも御世話になった。またこれら史料館の個々のアーキビストからも，同委員会について貴重な情報を得た。特に，ネスレ史料館のTanja Aenis氏やAlbert Pfiffner氏，ロシュ史料館のAlexander Bieri氏からは，委員会による調査当時の模様や，スイスでの企業史料保存・公開の状況について，詳しく御教示いただいた。

第二部の個別論文については詳しく触れることができないが，第二章の作成過程では，尾崎が新川徳彦氏から御助言を頂戴している。また第二部第一章（黒澤執筆）は，2件の科学研究費（基盤研究（C）代表者: 黒澤隆文，研究課題番号: 17530266，同，代表者: 加藤房雄，分担者: 黒澤隆文，研究課題番号: 19530310）の研究成果の一部である。

本書の出版企画では，その進行が当初の予定から大きく遅れたがために，多方面に迷惑をかけたが，中でも最大の痛恨事は，Jean-François Bergier氏の御存命中に本書を献じることができなかったことである。同氏は，2009年10月27日，77歳にて永眠され

た。同氏は，「ベルジエ委員会」というその通称の通り，独立専門家委員会を体現する存在であった。氏は，スイスの内外で，またあらゆる機会を捉えて，過去を直視することの意義を説いておられた。本書の企画に対しても，「日本語版が出たら，東京のスイス大使館で盛大なシンポジウムを開催し，日本の読者にこの作品を知ってもらう場としたい」との希望を語っておられた。編者の力不足のために，氏の存命中にこの構想を実現することは，幻に終わった。無念という他はない。歴史家のささやかな努力，過去と向かい合いそれを理解しようとする営みが，私たちの未来を変えうると信じていた氏の墓前にせめて本書を献じて，一人でも多くの読者の目に本書が触れることを願いつつ，氏の冥福を祈りたい。

　最後となったが，京都大学学術出版会とその関係者の方々に，この場を借りて御礼を申し上げたい。編集者の鈴木哲也さんは，編者が本書の性格と編訳構想に触れたその場で出版の意義を認めてくだり，迅速に企画を立ち上げて下さった。「解題」を充実させて二部構成の本格的な研究書とした点も，鈴木さんの提案である。その後，2年間に3件の出版助成に外れるなど，資金的には予想外の不運に見舞われたが，力強い支援を変わらず賜った。

　2008年頃からは斎藤至さんが編集担当となり，編訳者・訳著者らを献身的に支えて下さった。日英独仏4言語が交錯し，文字数にして100万字を超える本書の編集は，誰よりも編集者にとって苦行であり難物であったに違いないが，斎藤さんは，その卓越した外国語能力と粘り強さで，この難事をこなしてくださった。何よりも，入稿と校正の再三再四の遅れ，入稿原稿の練度の低さ，校正の際の編者のわがまま等のために，多大な御迷惑をお掛けしたが，多々の困難を乗り越えてこのような作品として仕上げて下さったことに，心より御礼を申し上げる。

2010年10月1日

黒澤隆文

索　引

『最終報告書』各言語版の巻末には人名・企業名索引が付されている。これについては，紙幅の制約，スイスの人名・企業名の大半が日本の読者には知られていないこと，原著の索引が Web 上で確認可能である点を考慮して項目数を絞り込んだ。他方，原著には付されていない事項索引を新たに追加した。また第一部に登場する邦訳書・訳註関係の固有名詞や，第二部関連の事項については，基本的には掲載していない。

1．原著では最終報告書中で言及された全企業名が索引に掲載されている。日本語版では，章を跨って言及される企業名やスイス国外で知名度のある企業名に限定した。
2．組織団体名は，言及が個別の章に限られまたその際に原語を併記したものは除いた。
3．人名は同時代の重要人物・複数回言及されている人物を中心に掲載した。

企業名・組織名・人名索引

［A-Z］
BBC →ブラウン・ボヴェリ
BIS →国際決済銀行
IG ファルベン（IG Farben） 203, 241, 335
IG 化学［持株会社］（［Holding］IG Chemie） 38, 83, 337, 338, 341, 342, 352, 443, 444, 468
IMF 5, 84, 224
J. R. ガイギー株式会社（J. R. Geigy AG） 269, 294
MAN →アオクスブルク＝ニュルンベルク機械製造所
SBB →スイス連邦鉄道
SIG →スイス工業会社
Schweizerische Volksbank →スイス・フォルクス銀行
Schweizerischer Bankverein →スイス銀行コーポレーション
Swiss Bank Corporation →スイス銀行コーポレーション
UFA →ウニヴェルズム映画株式会社
SHIV 92, 179-180 →スイス商工業連盟
SVSt 77, 333 →スイス清算局

［あ 行］
アイゼンスタット，スチュアート（Stuart Eizenstat） 20-21, 34, 223, 406, 626-627, 647
アイヒマン，アドルフ（Adolf Eichmann） 13, 349, 414
アオクスブルク＝ニュルンベルク機械製造所（Maschinenfabrik Augsburg-Nürnberg, MAN） 189
アメリカユダヤ人合同分配委員会（American Jewish Joint Distribution Committee, AJJDC/JDC） 131, 147
アルミニウム工業株式会社〔AIAG〕（Aluminium-Industrie AG） 275-276, 279, 498
アルミニウム工業共同体（Aluminium-Industrie Gemeinschaft, ALIG） 275
イーグルバーガー委員会 419
イストカンビ（Istcambi） 165
イスパノ・スイザ〔会社〕（Hispano-Suiza） 192, 195, 197
イーデン，アンソニー（Antony Eden） 479
インターハンデル（Interhandel） 27, 34, 335, 443-444, 446, 448, 475
ウィルソン，ウッドロー（Woodrow Wilson） 38
ウニヴェルズム映画株式会社（Universum-Film-Aktiengesellschaft, UFA） 374, 419, 424, 427, 446
エコノミースイス（Economiesuisse Verband der Schweizer Unternehmen） 643 →スイス商工業連盟
エッター，フィリップ（Philipp Etter） 58, 68, 70, 76, 78, 84, 102, 116, 120, 129, 156
エンスキルダ銀行（Enskilda Bank） 340
エーリコン・ビューレ〔会社〕〔エーリコン・ビューレ株式会社（Oerlikon-Bührle AG），およびエーリコン・ビューレ工作機械製造所（Werkzeugmaschinenfabrik Oerikon-Bührle & Co.）〕 28, 196-197, 503
オブレヒト，ヘルマン（Helman Obrecht） 69-70, 76, 177, 189, 191
オメガ（Omega） 193

［か 行］
カイテル，ヴィルヘルム（Wilhelm Keitel） 173
〔連邦〕価格統制庁（Eidgenössische Preiskontrollstelle / Service de surveillance des prix） 76
カトリック保守派（Katholisch-

Konservative/catholiques-conservateurs）50, 58-59, 63, 68-69 →カトリック保守人民党，キリスト教民主人民党，保守キリスト教社会人民党，スイス保守人民党

カトリック保守人民党（Katholisch-Konservative Volkspartei）〔保守キリスト教社会人民党の別称〕 391

カドギィーン，フリードリヒ（Friedrich Kadgien） 348-349, 401

ルッツ，カール 56, 462

ガイギー，J. R. 269-270, 275, 280, 294-295, 478, 492

カリー，ラクリン（Lauchlin Currie）〔Laughlin とも綴られることがあり，本書第一部原書はいずれの言語版でも Laughlin としている〕 85, 92, 166, 218, 387, 468

カンディンスキー，ワシリー（Wassily Kandinsky） 439

ガロパン，アレサンドル（Alexandre Galopain） 564-565, 573

キリスト教民主人民党（Christdemkratische Volkspartei der Schweiz, CVP/ Parti démocrate-chrétien, PDC/Christian Democratic People's Party）〔1970 年以降の名称。前身は「保守キリスト教社会人民党」（Konservativ-Christlichsoziale Volkspartei/ Parti conservateur-chrétien social, 1957-1970），さらに前身はスイス保守人民党（1912-1957）〕 50, 642-643

ギザン，アンリ（Henri Guisan） 18-19, 54, 60, 69-71, 90, 114, 120-121, 155, 242, 478, 508, 584, 644

クヴィスリング，ヴィドクン（Quisling, Vidkun） 73, 457, 567

クレディットアンシュタルト（Creditanstalt）〔オーストリア〕 237

クレディ・スイス〔銀行〕（Schweizerische Kreditanstalt, SKA / Crédit Suisse） 34, 48, 217, 231-232, 234, 237, 239, 240-242, 244-245, 249-252, 304, 308, 319, 333, 346, 408, 415, 428-429, 452, 501, 628, 632

グラーザー，クルト（Curt Glaser） 325, 333

グリム，ロベルト（Robert Grimm） 79, 113, 200, 348, 389

グリューニンガー，パウル（Paul Grüninger） 98, 462, 636, 645

〔連邦〕軍工廠 186, 190, 197, 507

軍事技術局 183, 189, 197, 366, 367

〔連邦〕軍務省 68-69, 100, 154, 183, 189-191, 366-367, 503, 506-507, 518

ゲオルク・フィッシャー〔株式会社〕（Georg Fischer AG） 189, 265, 276, 279, 284, 286, 290, 492-495, 497, 576

ゲーリング，ヘルマン（Hermann Göring） 184, 243, 257, 261, 267, 360, 562

ゲルデラー，カール（Carl Goerdeler） 351

国際決済銀行（Bank of International Setilement, BIS） 40, 215, 218-219, 224, 387, 556

国際司法裁判所（International Court of Justice, ICJ） 309, 444, 448

国際通貨基金（International Monetary Fund, IMF） 84

国際連合〔連合国〕（United Nations） 41, 83-84, 377

国際連盟（Völkerbund / Société des Nations / United League） 19, 21, 38-41, 45, 55, 68, 75-76, 118, 186, 189, 224, 337, 361, 469

国際労働機構（International Labour Organization, ILO） 83

国民院（Nationalrat / Conseil national） 3, 11, 19, 34, 49-51, 58, 68-70, 79, 81, 85, 90, 96, 111, 121, 125, 177, 191, 391, 395, 500, 607, 614, 624, 637-638, 647

国民院行政監視委員会（Geschäftsprüfungskommission des Nationalrats） 614

ココシュカ，オスカー（Oskar Kokoschka） 329

コベルト，カール（Karl Kobelt） 69, 108, 154

コントワール・デスコント〔銀行〕（Comptoir d' Escompte） 235

［さ 行］

三者による金委員会（Tripartite Gold Commission, TGC） 627

サンド〔株式会社〕（Sandoz AG） 269, 275-276, 279, 296-297, 433, 492, 528, 598, 610

ザイス＝インクヴァルト，アルトゥール（Arthur Seyss-Inquart） 346

シイベルヘグナー〔会社〕（Siber Hegner & Co.） 192

シェリング〔会社〕（Schering AG） 246-247, 354

シェレンベルク，ヴァルター（Brigadeführer Walter Schellenberg） 19, 68

〔連邦〕司法警察省 5, 20, 96-98, 100, 104, 115-117, 120-121, 123, 127, 130, 132, 134, 142, 144, 153, 289, 362, 379, 398, 414-415, 441, 588, 607, 614, 617, 620, 642

シャガール，マルク（Marc Chagall） 329-330

シャハト，ヒャルマール（Hjalmar Schacht） 176, 268, 346, 556

シュタイガー，エドゥアルド，フォン（Eduard von Steiger） 68, 84

シュタイガー，ハンス，フォン（Hans von Steiger） 188

シュトゥッキ，ヴァルター（Walter Stucki）43,
　84-86, 93, 247, 395, 400, 407, 442, 450
シュトゥルツェネッガー，ハンス（Hans Sturzenegger）338
シュペーア，アルベルト　173, 199, 266-267, 273,
　562
〔ナチス〕親衛隊（Schutzstaffel, SS）146-147,
　225, 241, 346-360, 401, 589, 634
新ヘルヴェティア協会（Neue Helvetische Gesellschaft）616
ジャコメッティ，ザッカリーア（Zaccaria
　Giacometti）67, 359
自由民主党［急進民主党］（Die Freisinnig-Demokratische Partei der Schweiz, FDP/Parti radical-démocratique suisse, PRD/ Partito liberale radicale svizzero, PLR）11, 52, 57, 59, 63,
　68-70, 615, 642-643
スイス人民党　52, 632, 642-643, 647
スイス銀行家協会（Schweizerische Bankiervereinigung, SBVg/ Association suisse des banquiers）62, 247, 306, 322, 382, 392,
　395-397, 403, 407, 410, 413-414, 417, 427,
　430, 432, 442, 466, 625, 629, 637
スイス銀行コーポレーション（Schweizerischer Bankverein, SBV / Société de Banque Suisse / Swiss Bank Corporation, SBC）30-31, 165,
　216, 231-234, 241, 245-247, 249, 252, 346,
　406, 408, 413-415, 417, 429-430, 526
スイス共益協会（Schweizerische Gemeinnützige
　Gesellschaft）615-616
スイス工業会社（Schweizerische Industrie-Gesellscahft, SIG）184, 188
スイス航空（Swissair）212-213, 295
スイス再保険〔会社〕（Schweizer Rück / La Suisse
　de Ré）255-256, 258-260, 298-299, 312,
　420, 426, 451, 547
スイス社会民主党（Sozialdemokratische Partei der
　Schweiz, SPS/ Parti socialiste suisse, PSS）
　50, 63, 79, 128, 616, 624, 636-637, 643, 647
スイス商業会議所（Schweizerische Handelskammer / Chambre suisse de commerce）10,
　167, 171
スイス商工業連盟（Schweizerischer Handels- und
　Industrieverein, SHIV / Union suisse du
　commerce et de l'industrie）10, 52, 69, 73,
　162-163, 167, 442, 466, 477
スイス商工業連盟代表〔フォアオルト〕（Vorort
　des Schweizerischen Handels- und Industrieverein / Directoire de l'Union suisse du
　commerce et de l'industrie）52, 69, 73, 163,
　167, 442, 466, 477 →フォアオルト

スイス清算局（Schweizerische Verrechnungsstelle, SVSt /Office suisse de compensation, OSC
　/ Swiss Clearing Office）29, 32, 45, 52, 248,
　307, 321-322, 329, 333-335, 340, 343-344,
　350, 352, 398-399, 431, 433, 436, 440,
　442-443, 452
スイス赤十字・児童救援（Schwerizerisches Rotes
　Kreuz, Kinderhilfe /Secours aux enfants de la
　Croix-Rouge suisse）119
スイス戦災児童救援協会（Schweizerische Arbeitsgemeinschaft für kriegsgeschädigte Kinder/
　Cartel suisse de secours aux enfants）118
スイス・第二次大戦利益協同体（Interessengemeinschaft Schweiz Zweiter Weltkrieg, IG）
　643
スイスの独立のための人民同盟（Volksbund für
　die Unabhängigkeit der Schweiz）72
スイス美術商協会（Kunsthandelsverband, KHVS）
　318, 332
スイス法律家連盟（Schweizerischer Juristenverband）615
スイス保険協会（Schweizerischer Versicherungsverband, SVV /Association suisse des
　assureurs, ASA）295-296, 426
スイス保守人民党（Schweizerische Konservative
　Volkspartei）〔キリスト教民主人民党の前身〕
　50, 52, 59
スイス・ユニオン銀行　29, 231, 235, 237-238,
　241, 245-246, 252, 254, 306, 346, 408-409,
　411, 416-417, 427, 441-444, 628, 630, 632
スイス連帯基金（Stiftung solidarische Schweiz /
　Fondation Suisse solidaire）4, 626
スイス連邦鉄道　164, 204, 210-212, 304, 477
スイス労働組合総同盟（Schweizerischer Gewerkschaftsbund/ Union syndicale suisse）63, 128
スイス・フォルクス銀行　48, 143-144, 333, 415,
　463
スルツァー〔兄弟〕社（Gebrüder Sulzer）〔日本法
　人のカナ表記スルザー〕166, 268, 277, 523
正統派ユダヤ共同体世界評議会（World Council of
　Orthodox Jewish Communities）628
世界ユダヤ人会議（Jüdischer Weltkongress）108,
　127, 385, 389, 625, 629, 640, 643
世界ユダヤ人返還組織（World Jewish Restitution
　Organization, WJRO）625, 629
赤十字国際委員会（Internationale Komitee vom
　Roten Kreuz, IKRK / Comité international de
　la Croix-Rouge, CICR / International Committee of the Red Cross, ICRC）20, 55-56, 70,
　108, 118-120, 126, 129, 147, 154, 175, 218,
　271, 349, 461

714　索　引

戦時運輸局（Kriegs-Transportamt / office de guerre du transport）76
戦時産業労働局（Kriegs-Industrie-und Arbeitsamt/ Office de guerre pour l'industrie et le travail）11
戦時食糧局（Kriegsernährungsamt/office de l'alimentation de guerre）75-76
戦時福祉局（Kriegs-Fürsorgeamt / office de guerre pour la prévoyance）76
ゾロトゥルン兵器製造所（Waffenfabrik Solothurn）184, 189-190, 194
ゾンダーエッガー，エミール〔大佐・少将〕（Emil Sonderegger, Oberst/Oberstdivisionär）58, 188

[た　行]
体験した歴史のための作業グループ（Arbeitskreis Gelebte Geschichte, AGG）642
チェーリオ，エンリーコ（Enrico Celio）69, 203
チバ（CIBA）275-280, 528
チャーチル，ウィンストン（Winston Churchill）11
チューリヒ災害〔保険〕（Zürich Unfall）254, 258
チューリヒ州立銀行（Zürcher Kantonalbank, ZKB）231, 346-347, 409
ツアイス（Zeiss）189, 267
テレフンケン（Telefunken Berlin）189
デグッサ（Degussa）203, 223, 226
トット，フリッツ（Fritz Todt）257
ドイツ銀行（Deutsche Bank）5, 217, 223, 226, 241, 249, 252, 346, 505, 556, 628
ドイツ工業委員会（Deutsche Industriekommission）197, 503
ドイツ帝国鉄道〔ライヒスバーン〕（Deutsche Reichsbahn）350
ドゥ・アレール，エドゥアール（Edouard de Haller）118-120, 149, 156
ドゥトヴァイラー，ゴットリープ（Gottlieb Duttweiler）50-51
独立者の全国連合（Landesring der Unabhängigen, LdU / Alliance des Indépendants）50-51, 89, 177
独立と中立スイスのための活動（Aktion für eine unabhängige und neutrale Schweiz, AUNS）642
独立有識者委員会（Independent Committee of Eminent Person, ICEP）3, 5, 23, 232, 345, 409, 417, 629 →ヴォルカー委員会
ドルニエ航空機製造所（Dornier-Flugzeugwerk）189

[な　行]
ネスレ（Nestlé）30, 265, 267, 270, 272-277, 279-280, 285, 288, 295, 302-304, 312, 492-493, 496, 519, 526, 531, 533-534, 538-551, 554-555, 560, 576
ノイエ・ツルヒャー・ツァイトゥンク〔新聞〕（Neue Zürcher Zeitung, NZZ）177
農工市民党（Bauern-, Gewerbe-, und Bürgerpartei, BGB/ Parti des paysans, artisans et bourgeois, PAB）50, 52, 68-69, 479
農民党（Bauernpartei/parti agrarien）63, 68-69, 73

[は　行]
ハイドリヒ，ラインハルト（Reinhard Heydrich）88
バルト，カール（Karl Barth）65
バリー製靴株式会社（Bally Schuhfabriken AG）170, 298
バルトシェフスキ，ヴワディスワフ（Wladyslaw Bartoszewski）4, 6, 638
パープスト，ヴァルデマー〔少佐〕（Major Waldemar Pabst）189, 191
パーペン，フランツ，フォン（Franz von Papen）346
ヒトラー，アドルフ（Adolf Hitler）14, 19, 40-41, 55, 57-58, 65, 68, 74, 79-80, 82, 86, 88, 108, 110, 131, 173, 184-185, 222, 238-239, 258, 266, 268-269, 271, 279, 283, 322, 346, 457-458, 471, 500, 508, 514, 520-521, 552, 634
ヒムラー，ハインリヒ（Heinrich Himmler）146-147
ヒルバーグ，ラウル（Raul Hilberg）10, 332
ビューレ，エミール・ゲオルク（Emil Georg Bühle）192, 288
ビルヒャー，オイゲン〔大佐〕（[Oberst] Eugen Bircher）19, 80, 191
ピクテ，アルベール（Albert Pictet）176
ピレ=ゴラ，マルセル（Marcel Pilet-Golaz）19, 51, 60, 69, 70, 72, 80-81, 84, 90-91, 169, 179, 192, 224
フーバー，ハラルト（Harald Huber）391, 414
フーバー，マックス（Max Huber）271
ファヴェ，ジャン=クロード（Jean-Claude Favez）119, 149
フィッシャー画廊（Galerie Fischer）314, 323, 328, 432-433
フィッシャー，テオドール（Theodor Fischer）58, 317-318, 435
フィデス信託合同（Fides Treuhand-

索　引　715

Vereinigung）147
フォークト，パウル（Paul Vogt）105, 125-126, 132, 140
フォアオルト　10, 162, 202, 466, 477 →スイス商工業連盟代表部
フォッカー（Vokker）〔航空機メーカー〕187, 337, 551
フランス銀行（Banque de France）227-228, 345
フレーリッヒャー，ハンス（Hans Frölicher）19, 84, 92, 118, 179, 310
ブラウン・ボヴェリ〔会社〕（Brown Boveri & Co）11, 164, 517, 560
ブリューニング，ハインリヒ（Heinrich Brüning）59, 262
プール，エミール（Emil Puhl）180, 218-219, 224, 229, 256, 341
プティピエール，マックス（Max Petitpierre）69-70, 480, 486
ヘルマン・ゲーリング・ライヒ工業所（Hermann-Göring Werke）184, 360〔正式名称 Reichswerke AG für Erzbergbau und Eisenhütten „Hermann Göring"〕
ホドラー，フェルディナント（Ferdinand Hodler）327, 440
ホムベルガー，ハインリヒ（Heinrich Homberger）10, 73, 85, 163, 167, 169, 171, 178, 202, 380, 442, 497-501, 505, 526
ボンジュール，エドガー（Edgar Bonjour）18, 115

[ま 行]
マイヤー，サリ（Saly Mayer）131, 146-147, 309
マギー（Maggi）〔原音は「マジー」〕268, 270, 272, 274, 279-280, 286-289, 297, 465, 492, 517, 523, 539-540, 547-548, 550
マン，トーマス（Thomas Mann）88
ミュンヘン再保険〔会社〕（Münchener Rück）254, 256
ミンガー，ルドルフ（Rudolf Minger）68-69, 81, 169
ムシュク，ヴァルター（Walter Muschg）177-178
ムズィ，ジャン＝マリー（Jean-Marie Musy）68, 146-147, 159
ムッソリーニ，ベニート（Benito Mussolini）39, 165, 205, 208-209
ムンク，エドヴァルド（Edvard Munch）325
メンゲレ，ヨーゼフ（Josef Mengele）349
モッタ，ジュゼッペ（Giuseppe Motta）19, 68-69

[や 行]
ヤコブソン，ペール（Per Jacobsson）224,

226-227
ユダヤ機関（The Jewish Agency）389, 625
ユダヤ人賠償金相続者組織（JRSO: Jewish Restitution Successor Organization）389, 420
ユニラック（Unilac Inc.）〔ネスレの持ち株会社〕266, 272, 544-550
ユニリーバ（Unilever）493, 528, 539, 550-560
〔ドイツ〕四ヵ年計画庁（Vierjahresplanbehörde）225, 267, 347-348, 401, 558

[ら 行]
ライヒスバンク（Reichsbank）20, 27, 173-174, 176, 180, 215-219, 222, 224-226, 228-230, 239, 246, 249-250, 262, 338, 346, 368, 381, 386, 400, 429, 468, 477, 481, 556, 635
ラインメタル・ボルジッヒ（Rheinmetall-Borsig）184
ラヴァル，ピエール（Pierre Laval）59
ラガツ，レオンハルト（Leonhard Ragaz）65
ラートブルフ，グスタフ（Gustav Radbruch）22, 384, 472
リーグナー，ゲルハルト・M.（Gerhart M. Riegner）108, 126-127
ルーティ，ヴァルター（Walter Lüthi）64, 72, 113
ルート，マックス（Max Ruth）117, 135, 604, 617
連合国救済復興機関（United Nations Relief and Rehabilitation Administration, UNRRA）149
レンテンアンシュタルト〔スイス生命保険年金会社〕（Schweizerische Lebensversicherungs- und Rentenanstalt）255, 257, 263-264, 422-423, 425-426, 468
連邦関税局（Oberzolldirektion/Direction générale des douanes）210
連邦外国人警察（Eidgenössische Fremdenpolizei/ police fédérale des étranger）61, 84, 109, 155, 205, 617, 619
連邦外務省（Eidgenössisches Departement für auswärtige Angelegenheiten）117, 629, 648 →連邦政務省
連邦銀行委員会 48, 410, 637
連邦警察（Bundespolizei/police fédérale）75, 360, 509, 604, 617
連邦経済省（Eidgenössische Volkswirtschaftsdepartement, EVD/ Département de l'éconmie publique, DFE）11, 69, 76, 85, 117, 163, 177-178, 190, 213, 243, 295, 307, 313, 333, 338, 477, 505, 553, 556-558, 563-564, 613
連邦戸籍局（Eidgenössisches Amt für Zivilstandsdienst, EAZD / Office fédéral de l'état civil,

OFEC) 376-377
連邦裁判所（Bundesgericht/ Ttribunal fédéral）5, 28, 50, 316, 321, 362-363, 369, 373-374, 376, 383, 398, 402, 421-423, 428-431, 433-436, 452, 471-472, 474, 638
連邦財務省（Eidgenössische Finanzdepartement（EFD）/ Département fédéral des finances（DFF））86, 144, 244, 398, 428, 430, 436
連邦財務・関税省（Finanz- und Zolldepartement / Département des finances et des douanes）〔今日の連邦財務省〕117
連邦政務省〔外務省〕（Eidgenössisches Politisches Departement, EPD / Départment fédéral politique, DFP）19, 93, 117-120, 133, 138, 153, 163, 180, 193, 208, 263, 296, 309, 322, 395-397, 402, 407, 430-431, 433, 436-438, 475, 526
連邦戦時食糧問題委員会（Eidgenössische Kommission für Kriegsernährung / Commission fédérale pour les questions alimentaires en temps de guerre）75
連邦内務省（Eidgenössisches Departement des Innern, EDI/ Département fédéral de l'intérieur, DFI）5, 322, 461, 606, 617
連邦難民問題有識者委員会〔Eidgenössische Sachverständigenkommission für Flüchtlingsfragen / Commission d'experts pour la question des réfugiés〕142
ロイ株式銀行（Aktiengesellschaft Leu & Cie.）231
労働戦線（DAF〔ドイツ〕）288, 518, 522
ロシュ〔ホフマン=ラ・ロシュ〕（Hoffmann-La Roche）265, 269-270, 272, 274, 277-279, 297, 305, 492, 496, 508, 528, 530-539, 544, 550, 552, 554-555, 560

ローズヴェルト，フランクリン，デラノ（Franklin Delano Roosevelt）82, 85, 150-151, 166
〔ライヒ指導者〕ローゼンベルク特捜隊（Einsatzstab Reichsleiter Rosenberg, ERR）316, 323, 433, 453
ロッスィ，パウル（Paul Rossy）215, 227, 477
ロートムント，ハインリヒ（Heinrich Rothmund）19-20, 84, 98, 102-103, 109-112, 114-115, 117-119, 121, 123, 125, 128, 132, 139, 153, 155, 289, 588, 617, 619
ロビンソン，ネーミア（Nehmiah Robinson）385
ロンツァ〔会社〕（Lonza）〔日本法人の表記は「ロンザ」〕30, 202, 270-272, 274, 279, 283, 285, 287-289, 298, 492

〔わ 行〕
ワイツゼッカー，エルンスト，フォン（Ernst von Weizsäcker）346
ヴァーレン，フリートリヒ=トラウゴット（Friedrich Traugott Wahlen）478-479
ヴァレンベリ，ラウル（Raoul Wallenberg）150
ヴィンタートゥール災害〔保険〕（Winterthur Unfall）255, 260
ヴィンタートゥール生命〔保険〕（Winterthur Leben）255, 263-264
ヴェッター，エルンスト（Ernst Wetter）19, 66, 69, 72, 154, 224, 226
ヴェーバー，エルンスト（Ernst Weber）215, 224, 227
ヴォルカー委員会（Volcker-Komitee）3, 5, 23, 345, 409, 417, 418, 451, 629, 632-633, 635
ヴォントベル銀行（Bank Vontobel）244
若き教会（Junge Kirche/jeune Eglise）64, 125, 155

事項索引

[A-Z]
Aktivdienst →総動員
arrêté du conseil fédéral →連邦内閣政令
arrêté fédéral →連邦〔議会〕決議
bons offices →〔外交上の〕仲介，ボン・オフィス
Bundesbeschluss →連邦〔議会〕決議
Bundesratbeschluss →連邦内閣政令
Dringlichkeitspolitik →緊急政策
Frontenbewegung / frontisme →諸戦線〔運動〕
Kriseninitiative / initiative de crise →恐慌イニシア

ティブ
Meldebeschluss →報告政令
service actif →総動員

[あ 行]
イエニッシュ 109-110, 459, 461 →シンティ，ロマ
意見聴取〔手続〕（Vernehmlassungs [verfahren] / [procédure de] consultation）52-53, 67
イニシアティブ（Initiative / initiative）〔国民発議〕

4, 49, 51, 53, 59, 62-63, 72, 76, 91, 191, 360-361, 460, 472, 501
ヴァーレン計画（Plan Wahlen）74, 478-479
ヴァンゼー会議（Wannseekonferenz）88, 101
エヴィアン会議（Evian Konferenz/Evian Conference）97, 148, 150, 159, 464

[か 行]
革新運動（Erneuerungsbewegungen / mouvements de rénovation）50-51, 57
カリー交渉（Currie Negociation / Currie-Verhandlungen / négociation Currie）85-86, 203, 395-396, 402, 473
寛容許可（Toleranzbewilligung / autorisation de tolérance）97, 105, 122
〔外交上の〕仲介（ボン・オフィス）（guter Dienst / bons offices / good offices）57, 461
外国人過多（Überfremdung/surpopulation étrangère）603-605, 614-621
休眠資産〔休眠口座〕3, 15, 18, 31, 144, 251, 314, 351, 372-374, 385, 387-388, 391-392, 403-413, 410-411, 413-419, 424, 447-448, 472-473, 484, 491, 623-625, 627-633, 635-637, 644-648
恐慌イニシアティブ（Kriseninitiative / initiative de crise）62
緊急政策〔条項〕（Dringlichkeitspolitik〔clause d'urgence〕）59, 360, 378
緊急法〔条項〕（Notrecht）54, 69, 357, 359-361, 371, 378, 458, 472
緊急連邦決議（Dringlicher Bundesbeschluss/arrêté fédéral urgent）75, 358
金本位〔制〕39-40, 46-47, 61-62, 165, 216, 223, 227, 497
銀行秘密（Bankgeheimnis/secret bancaire/banking secrecy）〔銀行の守秘義務〕4, 29, 48, 86, 235-236, 373, 407, 410, 413, 417, 419, 448, 650
銀行法（Bankgesetz）45, 47-48, 68, 86, 235, 246-247, 407
クリアリング協定（Verrechnungs〔abkommen〕）45-46, 168, 170, 176, 239, 258, 466
広域経済（圏）（Grossraumwirtschaft）82, 171, 256, 567
合意民主主義（Konkordanzdemokratie/Démocratie de concordance / concordance democracy）52-53
公序（ordre public）15, 253, 306, 310, 357, 363, 369, 374-377, 380-381, 383, 402-403, 422-423, 441, 472
綱領運動（Richtlinienbewegung/lignes directrices）63
コーポラティズム（Korporatismus/corporatisme）51, 53, 458, 466, 478, 564
国際決済銀行 40, 215, 218-219, 224, 387, 556
国内への物資供給（Landesversorgung/ravitaillement du pays）54, 162, 164, 166, 175
国民国家（Nationalstaat / État-nation）18, 56, 109, 163
国家理性（Staatsräson/raison d'Etat）18, 55-56, 118, 482
コンセンサス・デモクラシー→合意民主主義

[さ 行]
産業平和協定（Friedensabkommen/paix du travail）64, 576
支払猶予〔モラトリアム〕協定（Stillhalteabkommen）238, 243, 465
市民諸政党（Bürgerliche Parteien / partis bourgeois）51-52, 59, 62, 64, 66, 122
主権（Souveränität / souveraineté）18, 49, 67, 74, 86, 115, 163, 178, 191, 257, 423, 441
収容所（Konzentrationslager/camp de concentration）9, 17, 34, 57, 82, 88, 96, 99-102, 107, 110, 119-121, 127, 129, 134, 136, 138-141, 143, 145-147, 149-150, 152, 205, 241, 281, 285-287, 289, 327, 363, 379, 405, 408, 411, 416, 422, 467, 520-521, 634
絶滅収容所 9, 17, 96, 101-102, 107, 110, 205, 241
証券預託（Wertschriftendepot）232, 417
消息不明（Nachrichtenlosigkeit）14, 405, 407, 410〔「相続人不在」、「休眠」も参照〕
贖罪金（Sühneleistung）249, 261
諸戦線〔運動〕（Fronten）51, 57-59, 62, 68, 69, 360, 379, 509, 613
所有者不明口座　　　345, 411 →休眠資産〔休眠口座〕
史料特権（Archivprivileg）24
シンティ（Sinti）9, 87-88, 101, 109-110, 361, 459-460, 609
順応（Anpassung/adaptation）10, 12-13, 17-19, 34, 58, 80, 141, 169, 178-179, 257, 271, 346, 360, 363-364, 460, 465-467, 469, 490, 523, 526, 539, 559, 563, 565, 567, 571, 573, 576-577, 618
〔民族〕浄化　291
スイス工業社　184, 188
スイス連邦鉄道　164, 204, 210-212, 304, 477
戦争賠償　385, 387-394, 400-401, 406-407
精神的国土防衛（Geistige Landesverteidigung / défense spirituelle）55, 63-65, 76, 604
「セイフヘイブン」作戦（Safehaven-

Programme) 167, 335, 347, 386
戦時〔戦争〕捕虜（Kriegsgefangene）
　56, 102-103, 127, 218, 281-289, 522
戦時利得税（Kriegsgewinnsteuer/impôt sur les bénéfices de guerre) 66, 481
戦争賠償（Reparation/réparation/reparation)
　385, 387-394, 400-401, 406-407
ゼネスト　19, 50, 57-58, 68, 70, 74, 113, 458, 616
善意（の）取得　322, 333, 368-372, 382,
　397-399, 429-430, 435-436, 439
全権委任決議（Vollmachtenbeschluss/ arrêté sur les pleins pouvoirs）116, 358-359, 361, 371,
　378-379, 381, 471
全権委任体制（Vollmachtenregime/Pleins pouvoirs）60, 66-67, 70, 80, 122, 162,
　357-361, 363, 394, 402, 471
相続者不明資産　406
総動員　19, 54, 66, 77-78, 80, 311, 460, 500,
　507-508, 521, 635, 639, 644-645, 648
総力戦　166, 173, 184, 266, 366, 492, 513-514,
　528, 562, 570, 572, 576, 604
損害回復（Wiedergutmachung）364, 377-379,
　381, 385, 389-391, 404-406, 421-422, 424,
　426, 446, 462

[た　行]
頽廃芸術（entarteter Kunst）314, 319, 323-324,
　328-332
恥辱令（Décret infâme）596
中立
　制限中立　469
　絶対中立　76, 469, 480
　武装中立　69, 77, 506
　永世中立　55-56, 366
直接民主制（direkte Demokratie / démocratie directe）48, 67
ツィゴイナー／ツィガーヌ（Zigeuner/Tiganes）
　110, 461
抵抗（Widerstand/résistance）10-13, 15, 17-19,
　34, 45, 65, 71, 75, 78, 80-81, 86, 88, 104,
　121, 129, 179, 239, 268-269, 277, 301, 322,
　345, 350, 352, 391, 396, 398, 401, 408, 413,
　415, 417, 441, 447, 457-460, 473-474, 490,
　507, 514, 523, 563-565, 567, 571, 576-577,
　582, 604, 610, 644
逃避財（Fluchtgut / biens en fuite / flight assets）
　322-324, 326, 331
逃避資金（Fluchtgelder/capitaux en fuite）24,
　47, 165, 234, 245, 247, 372
東方労働者（Ostarbeiter）82, 283-288, 522

[な　行]
「二百人の請願」（Eingabe der Zweihundert）
　71-72, 252

[は　行]
ハーグ条約（ハーグ陸戦規則）（Haager Landkriegsordnung）100, 134, 205, 208, 214, 228,
　366, 376, 469, 503
反ユダヤ主義（Antisemitismus）38, 40, 60-61,
　90, 109-110, 113, 115, 117, 121, 130-133,
　142, 147, 155, 229, 260, 269, 293, 300, 305,
　308, 364, 375-376, 456, 458-459, 462, 471,
　490, 498, 573, 593, 604, 608-609, 611-614,
　616-617, 620, 629, 647
非ナチ化（Entnazifizierung）280, 288, 348, 523,
　548
非ユダヤ化（Entjudung）291
ブレトン・ウッズ〔連合国通貨財政会議〕（the Bretton Woods Conference / UN Monetary and Financial Conference）83, 86, 247, 387,
　394-395, 402
報告政令（Meldebeschluss/arrêté sur les avoirs en déshérence）15, 144, 372-373, 391-392,
　407, 413-416, 418, 426, 446-447, 474
補完性原則（Subsidiaritätsprinzip/principe de subsidiarité/ Principle of Subsidiarity）361, 471
補償〔返却・補償〕（Entschädigung/dédommagement /compensation）389-390, 424, 475

[ま　行]
ミリッツ・システム（Milizsystem / systèm de milice）49, 507
民兵〔軍・制度〕（Miliz Armee）19, 49-50, 54,
　73, 507-508

[や　行]
ユダヤ化（Verjudung / judaïsation）61, 110

[ら　行]
ライヒ（帝国）市民法（Verordnung zum Reichsbürgergesetz/Reichsbürgergesetz）291,
　297, 422, 462
ラテン通貨同盟（Lateinische Währungsunion / Union monétaire latine）218
利益保護国（Schutzmacht / protecting power/ puissance protectrice）56-57, 118, 145, 379,
　463
略奪芸術（Raubkunst/art spolié）315, 331-332,
　334, 369, 397
略奪財（Raubgut / biens spoliés / looted assets）
　4, 9, 12, 15-16, 69, 86, 222, 315, 322-323,

331, 370-372, 377, 385-386, 392, 396, 398-402, 404, 422, 427-436, 447, 627, 632
略奪財法廷（Raubgutkammer） 316, 398, 400, 428, 434-435, 452, 474
略奪財〔連邦〕政令（Raubgutbeschluss / arrêté sur les biens spoliés） 322, 398-400, 422, 428, 431-432, 436, 447
レデュイ（reduit） 19, 33, 78, 80-81, 507, 535
レファレンダム（Referendum/référendum） 3, 49, 51-53, 59, 67, 358, 471
連帯税（Solidaritätsabgabe/contribution de solidarité） 135, 463
連邦制／連邦主義（Föderalismus / fédéralisme） 10, 48-49, 191, 193, 608
連邦内閣政令（Bundesratbeschluss/arrêté du conseil fédéral） 102, 116, 122, 130, 135, 142, 216, 234, 248, 322, 361, 407, 414-415, 428, 431, 446, 486, 549
老齢遺族年金（AHV/AVS, Alters-und Hinterlassenenversicherung/ Assurance-vieillesse et survivants） 58, 70, 396, 478
ロマ（Roma） 9, 43, 58, 87-88, 101, 109-110, 322, 328, 361, 459-461, 605, 609

［わ　行］

ワシントン協定（Washingtoner Abkommen / Accord de Washington / Washington Agreement）〔1946年5月26日〕 87, 228-229, 334, 369, 381, 388, 392, 400, 403, 441, 449, 455, 468, 473, 475, 486

著訳者紹介

黒澤　隆文（くろさわ　たかふみ）

1997 年　京都大学大学院経済学研究科博士後期課程研究指導認定退学，広島大学経済学部助手
2001 年　京都大学博士（経済学），京都大学大学院経済学研究科助教授
2010 年　京都大学大学院経済学研究科教授
【主要著作】
- 『近代スイス経済の形成——地域主権と高ライン地域の産業革命』京都大学学術出版会 2002 年
- Takafumi Kurosawa, "Common European Assets: A Japanese View on the 'European Enterprise'" in: Schröter, G. Harm (ed.) *The European Enterprise. Historical Investigation into a Future Species*, Springer Verlag 2008, 51-63 頁。

川﨑亜紀子（かわさき　あきこ）

2001 年　マルク・ブロック大学歴史学部ＤＥＡ課程修了
2005 年　早稲田大学大学院経済学研究科博士後期課程満期退学，2009 年早稲田大学博士（経済学）
2007 年　東海大学文学部専任講師
【主要著作】
- 「19 世紀アルザス・ユダヤ人の国内・国外移住（1808〜1872 年）」鈴木健夫編『地域間の歴史世界——移動・衝突・融合』早稲田大学出版部　2008 年，172-193 頁。
- 「アルザス地方における 1848 年の反ユダヤ暴動」『早稲田政治経済学雑誌』364 号（2006 年 7 月）83-98 頁。

尾崎麻弥子（おざき　まやこ）

2002 年　ジュネーヴ大学社会経済学部経済史学科ＤＥＡ課程修了
2007 年　早稲田大学大学院経済学研究科博士課程満期退学
2010 年　國學院大學経済学部助教
【主要著作】
- 「18 世紀後半ジュネーヴ市の移入民における出身地・職業構成の転換と連続——アビタンの記録と滞在許可証の分析を中心として」『社会経済史学』71 巻 2 号（2005 年 7 月）197—211 頁。
- 〔訳書〕ポール・ギショネ著，内田日出海・尾崎麻弥子共訳『フランス・スイス国境の政治経済史——越境，中立，フリー・ゾーン』昭和堂　2005 年。

穐山　洋子（あきやま　ようこ）

2010 年　東京大学大学院総合文化研究科（地域文化研究専攻）博士課程単位取得退学
2010 年　東京大学大学院総合文化研究科附属グローバル地域研究機構ドイツ・ヨーロッパ研究センター助教
【主要著作】
- 「スイスの難民政策（1933 – 1945）と 1942 年 8 月の国境封鎖をめぐるドイツ語圏の新聞報道の展開過程」（東京大学大学院総合文化研究科修士学位請求論文，2006 年）
- *Die Hegemonie der Mehrheit in einer multikulturellen Gesellschaft. Unter besonderer Berücksichtigung des Schächtverbotes im Jahr 1893 in der Schweiz* (日独共同大学院プログラム（東京大学＝ハレ大学）ワーキングペーパーシリーズ第 4 号，2010 年)

中立国スイスとナチズム──第二次大戦と歴史認識

平成22（2010）年11月10日　初版第一刷発行

原編者　　独立専門家委員会 スイス＝第二次大戦

編訳者　　黒　澤　隆　文

訳著者　　川　﨑　亜紀子

　　　　　尾　崎　麻弥子

　　　　　穐　山　洋　子

発行者　　檜　山　爲次郎

発行所　　京都大学学術出版会
　　　　　京都市左京区吉田近衛町69
　　　　　京都大学吉田南構内 (606-8315)
　　　　　電話　075 (761) 6182
　　　　　FAX　075 (761) 6190
　　　　　http://www.kyoto-up.or.jp/

印刷・製本　亜細亜印刷株式会社

ⓒT. Kurosawa 2010　　　　　　　　　　Printed in Japan
ISBN978-4-87698-965-2　定価はカバーに表示してあります